2022
대입전략
수시올림

임병훈 지음

도서출판 대가

이 책을 시작하며

대입 수시의 본질은 예측과 대응입니다. 난맥상을 뚫어야만 하는 복잡한 수험시대를 살고 있습니다. 예컨대 디지털과 4차 산업 시대의 흐름을 대변하는 자료가 과년도합불 또는 배치표 등의 수치를 드러내는 각종 데이터 자료라 한다면, 이제 역으로 회귀할만한 발상의 대전환이 필요한 시기이기도 합니다.

대입의 맥락을 얻는 제 1의 보고는 각 대학 입학처의 의지와 계획, 변화의 흐름, 원하는 인재상 등에 대한 전방위적 통찰이라 여겨지며, 여기에 지피지기의 단순 진리를 바탕으로 한 실로 다양한 분투가 있어야만 할 것입니다.

이제 2022 대입의 후반기를 맞아 다시 시작합니다.

학생부 성적과 모의수능 성적 등을 근거로 한 현실적이고 효과적인 수시 목표 달성이라는 사명과 아울러 우리 학생들을 위한 적확한 입시 지원방향 등의 노력과 고민을 함께 나누고자 합니다.

- **학생부 학업 역량의 기본이 되는 개별 대학의 내신 반영 방법을 분류하고 지원자를 위한 최적의 조합을 제시하여 합격 가능성을 극대화하였습니다.**

- **지피지기의 단순한 진리를 바탕으로 전국 75개 대학 전형의 특징과 모집 인원, 수능 최저 적용사항, 전형 방식의 변화 등을 분석하여 활용하였고, 학교장 추천의 고교별 인원 제한 대학을 분류하여 상위권 대학 지원자의 효과적인 합격 가능성을 다양화하였습니다.**

- **대학별 전형 특징의 실제적 의미와 과년도 입학 결과를 분석하여 지원자 최상의 수준에 도달하는 과학적이며 성공적인 적정 지원에 기여하게 될 것입니다.**

입시는 대응이지만 또 예측 능력이며,

파도를 일으키는 깊은 원인을 지목하지 못하고

바람을 예측하는 혜안과 고민을 인식하지 못하는 우를 범한다면

향후 10년을 더 한다 할지라도 통찰은 없을 것이라는 반성과 다짐을 더합니다.

아직 단 한 번도 패배를 경험하지 못한 우리 학생들을 위해 미리 알고 대비합니다.

처음이면서 끝판을 준비하는 이-

루키이면서 베테랑의 운명을 지닌 자-

그 이름도 숭고한 고3입니다.

입시 진학교사로서

고된 작업의 고통이 클수록 그것은 다시 부메랑이 되어

고스란히 보람으로 다가온다는 평범한 진실을 해마다 경험합니다.

가르침과 배움은 결코 다르지 않은 하나라는 것도 늘 실감하고 있습니다.

대학별 내신반영 방법과 그 의미는 '지피지기'에 다름이 아닙니다.

입시를 알고 목표를 정하면 그것이 공부하게 하는 힘의 원천이 되듯

수험생을 새삼 자극하는 소중한 기능을 하며 이즈음 대비할

수시 지원의 또 다른 방향타가 되어 줍니다.

나무보다는 숲을 보려 하는 평범한 제 원칙 아래

수험생 자신이 가진 모든 정량 정성의 가치를 찾아내고

대학의 모든 전형과 변수들을 융합하는 것이야말로 참된 입시의 정수라고 생각합니다.

수시 지원을 위한 이른바 '체크리스트'를 만들어 활용하도록 합니다.

복잡하기 이를 데 없는 대학과 전형, 그리고 그 방법을 알게 하고

나아가 현실을 직시하며 자신에게 맞는 효율적 수시 지원을 위한 맥락입니다.

지난 수년 동안의 작업은 이제 쉼 없는 순환의 새로운 날들을 맞이하게 합니다.

여러 가지 자료를 극대화하며 모든 학생들을 위해

지금까지 해 온 책무를 오늘도 즐겨 할 뿐입니다.

저자 씀

입시일정 및 대학 목록

| 2022 대입 수시모집 주요대학 전형분석표 |

2022 대입 수시모집 주요대학 전형분석

2021년 7월 현재 확정판 *ollim*

구분		2022 대입 수시모집 주요 입시일정 수시 학생부 기준일: 2021. 8. 31(화)	* 일정변동 확인바랍니다
수능시험일 / 수능통지일		수능: 2021년 11월 18일(목) 통지: 2021년 12월 10일(금)	2022 수능접수기간 8/19(목) ~ 9/3(금)
2022대입 수시모집 일반대학 전문대학 전체일정	원서접수(일반대)	2021년 9월 10일(금) ~ 9월 14일(화)	
	원서접수(전문대)	1차: 2021년 9월 10일(금) ~ 10월 4일(월) 2차: 2021년 11월 8일(월) ~ 11월 22일(월)	
	합격 발표	2021년 12월 16일(목) 까지	
	수시 등록	2021년 12월 17일(금) ~ 12월 20일(월)	
	미등록충원기간	2021년 12월 21일(화) ~ 12월 28일(화)	

지역	2022 수시모집 주요대학	2022 전형유형별 분류
서울	가톨릭대, 건국대, 경희대, 고려대, 광운대, 국민대, 덕성여대 동국대, 동덕여대, 명지대, 삼육대, 상명대, 서강대, 서경대, 서울대, 서울과기대, 서울시립대 서울여대, 성공회대, 성균관대, 성신여대, 세종대, 숙명여대, 숭실대, 연세대, 이화여대 중앙대, 한국외국어대, 한성대 한양대, 홍익대	1. 학생부교과 전형 2. 학생부종합 전형 3. 논술 전형 4. 면접 전형
인천	가천대메디컬, 인천대, 인하대, 경인교대 , 청운대 인천캠	
경기	강남대, 경기대, 가천대글로벌, 단국대죽전, 대진대, 성결대, 수원대 아주대, 용인대, 을지대, 평택대, 한신대, 협성대, 한경대, 한국산업기술대 경희대국제, 중앙대안성, 한국외대글로벌, 한국항공대, 한양대에리카	5. 사회배려 전형 6. 기초 차상위 전형
강원	강원대춘천, 강원대삼척, 강원대도계	
충북	충북대, 한국교통대	7. 지역균형 (학교장추천) 8. 지역인재 전형
대전	충남대, 을지대대전, KAIST	
충남	백석대, 선문대, 순천향대, 한국기술교대 한서대, 호서대, 청운대, 고려대세종, 단국대천안, 상명대천안	9. 특기자(어학/과학) 전형
전북	군산대, 전북대, 서남대, 예수대, 우석대, 원광대, 전주대, 전주교대, 한일장신대, 호원대	10. 군사학 기타 전형 **11. 학교장추천제한 전형** **12. 과기원대학 6개 대학**
광주	전남대, 광신대, 광주대, 광주여대, 광주교대, 남부대, 조선대, 호남대, 호남신학대, GIST	
전남	대불대, 동신대, 목포대, 목포가톨릭대, 목포해양대, 순천대, 초당대, 한려대, KENTECH	
대구	경북대, 계명대, 대구교대, DGIST	*※ 최종 입시사항 변경가능함* *대학별 최종 입시요강 확인* *자료활용 당사자 책임의무*
경북	가야대, 경북외대, 경일대, 경주대, 금오공대, 대구가톨릭대, 대구대, 대구예술대, 대구외대 대구한의대, 대신대, 동양대, 영남대, 영남신학대, 위덕대, POSTECH, 한동대, 상주대 경운대, 안동대, 동국대(경주)	
부산	경성대, 고신대, 동명대, 동서대, 동아대, 동의대, 부경대, 부산대, 부산가대, 부산교대, 부산외대	
울산	울산대, UNIST 한국해양대, 신라대	<수시주요대학 전형> 전형별 12section 총 75대학 전형
경남	경남대, 경상대, 부산신대, 영산대, 인제대, 진주교대, 진주산업대, 영산대, 창원대	
제주	제주대(제주교대), 탐라대	

수시오감도 · 전형유형

| 2022 수시 대학별 전형유형 서울주요 25개 대학 |

2022 대입수시 서울 주요대학별 전형유형 수시오감도 01

2022 수시 전형별 대학선발 유형 분류   ★=최저있음 밑줄=신설/변화

연번	지역	대학명	2022 학생부교과 유형 100% 일괄 / 단계면접		학생부종합 (★는 최저있음)				논술	최저영어필수	면접		고른기회	기회균형	특기자
			학교장추천	교과일괄100% / 일괄면접 단계면접	2단계면접 전형1	2단계면접 전형2	서류일괄 면접없음1	서류일괄 면접없음2			일괄	단계	유공배려등	기초및차상위	과학어학등
1	서울	서울대학교	★ 지균 2명		★지균 면접일괄 761명 →664명	일반전형 1,686명 →1,592명							농어촌 84명 →67명	저소득 80명 →49명	
2	서울	연세대학교	● 추천형 3% →5%	● 5% 추천형 단계면접 523명	★ 활동우수 768명 →525명	★ 국제형 125명 →178명	● 시스템 반도체 단계면접 40명	● 특기자 UD생명10 인사114 체능38	384 →346	영어필수	●		●한마음 80명→43명 ●기회1 80명 ●기회2 30명		
3	서울	고려대학교	★ 학교추천 4%	★ 학추 서류일괄 1,158명 →839명	★ 일반 학업우수 1,178명 →890명	● 일반 계열적합 495명 →458명		● 특기자 사이버18 체교40 ★디자15					● 고른기회 보훈/농어촌/ 기초차/장애인 37명→165명		
4	서울	서강대학교	★ 고교장 추천 10명	★ 고추 교과백 172명			● 종합 서류일괄 423+332 →549명	● S/W 16명	★ 235 →169				통합 42명 →26명	고른 60명 →72명	
5	서울	성균관대학	★ 학교장 추천 4%	★ 학추 교과백 361명			● 계열 서류일괄 655명 →330명	● 학과 서류일괄 915명 →757명	★ 169 →357	영어필수	● 영상 예체 103명	★ 스포츠 과학 32명	● 고른 40명 →60명	● 이웃 정원외 60명	

2022 대입수시 서울 주요대학별 전형유형 수시오감도 02

2022 수시 전형별 대학선발 유형 분류   ★=최저있음 밑줄=신설/변화

연번	지역	대학명	2022 학생부교과 유형 100% 일괄 / 단계면접		학생부종합 (★는 최저있음)				논술	최저영어필수	면접		고른기회	기회균형	특기자
			학교장추천	교과일괄100% / 일괄면접 단계면접	2단계면접 전형1	2단계면접 전형2	서류일괄 면접없음1	서류일괄 면접없음2			일괄	단계	유공배려등	기초및차상위	과학어학등
6	서울	한양대서울	● 지역균형발전 11%	● 학추 교과백 284명 →320명	● 소프트 웨어인재 13명		● 종합 서류일괄 979명 →800명		● 373 →241				고른기회 보훈/농/기초등 115명		
7	서울	이화여대	●고교추천 5% 최대10	● 고추 일괄면접 370명 →400명	● 특기 어학 57 →50명	● 특기 과학 50 ● 특기 국제 54	★ 미래 서류일괄 844명 →879명		★ 479 →330				★ 고른기회 55명→150명 ★ 사회기여 15명		
8	서울	중앙대학교	★ 지역균형 10명	★ 지균 비교과30 404명 →501명	● 다빈치 단계면접 590명 →575명		● 탐구형 서류일괄 538명 →579명	● S/W 서류일괄 75명 →75명	★ 789 →686				사회 통합 24명	기회 116명 →122	
9	서울	경희대학교	★ 고교 2+3+1 총 6명	★ 고교연계 750명 →544명	★ 네오르네 1,180명				★ 684 →493		실기 S/W 10명		고른2 90명	고른1 145명 →150	
10	서울	한국외대	★● 학교장 추천 20명	★ 학추 491명 →373명	●면접형 학생종합 626명 →300명	● S/W 글로벌캠 34명	● 서류형 서류일괄 서274 글380 368→654		★ 489 →477				고른기회1 57명→185명		

2022 대입수시 서울 주요대학별 전형유형 수시오감도 03

2022 수시 전형별 대학선발 유형 분류 ★=최저있음 밑줄=신설/변화

연번	지역	대학명	학교장추천	교과일괄 100%	일괄면접 단계면접	2단계면접 전형 1	2단계면접 전형 2	서류일괄 면접없음1	서류일괄 면접없음2	논술	최저영어필수	면접 일괄	면접 단계	고른기회 유공배려등	기회균형 기초및차상위	특기자 과학어학등
11	서울	서울시립대	★ 지역균형 4명	★ 지역균형 192명		● 종합전형 563명 →439명				● 101 →77				● 공헌 32명	● 고른 141명 / ★ 기초 33명	
12	서울	건국대서울	★ 지역균형	★ 지역균형 340명		자기추천 850명 →790명				★ 445 →435				통합 63명 →39명	● 일괄 기초차 63명	
13	서울	동국대서울	● 학추인재 7명	● 학추인재 서류일괄 398명		● 두드림 609명 →451명	● 두드림 S/W 64명	● 불교추천 단계면접 108명		★ 452 →340					● 고른기회통합 130명, 4.2%	
14	서울	홍익대학교	★ 학교장추천 5명	★ 383명 →237명			★ 2단계 미술종합 247명 →293명	★ 학교생활 383명 →529명		★ 383 →379				● 보훈 18명 →24명	● 기초차 27명	
15	서울	숙명여대	★ 지역균형 10%	★ 244명 →243명		● 숙명인재2 230명 →185명	● S/W 19명 →16명	● 숙명인재1 423명 →343명		★ 300 →228					● 고른기회통합 67명→80명	

2022 대입수시 서울 주요대학별 전형유형 수시오감도 04

2022 수시 전형별 대학선발 유형 분류 ★=최저있음 밑줄=신설/변화

연번	지역	대학명	학교장추천	교과일괄 100%	일괄면접 단계면접	2단계면접 전형 1	2단계면접 전형 2	서류일괄 면접없음1	서류일괄 면접없음2	논술	최저영어필수	면접 일괄	면접 단계	고른기회 유공배려등	기회균형 기초및차상위	특기자 과학어학등
16	서울	국민대학교	★ 교과성적무제한	★ 463명 →386명		● 프런티어 613명 →610명	● S/W 15 어학 47	● 학교생활우수 323명 →390명						● 단계 유공+기초차 101명	● 일괄 기초차 한부모 57명	
17	서울	숭실대학교	★ 지역균형	★ 479명 →474명		● SS미래 728명 →628명	● S/W 특기자 25명			★ 292 →281	최저영어 제외지속			● 단계 고른기회 보훈/농/기초차 200명→169		
18	서울	세종대학교	● 지균 8명 3+5명	● 지역균형 교과백 118명	★ 교과백 389명 →270명	● 창의인재 525명 →505명	★★ 국방30 항공17			★ 338 →330				● 기여 20명	● 고른 60명	
19	서울	단국대죽전	★ 지균 8명	★ 지역균형 275명 →261명		● S/W인재 단계면접 50명		● DK인재 346명 →312명	● 창업인재 18명 →15명	● 340 →330				● 배려 87명 →66명	●● 고른84 기회74	
20	서울	광운대학교	● 지균 인원무제한	● 지역균형 151명 →202명		● 광운참빛 523명 →491명	● S/W 단계면접 30명			● 206 →187					● 고른기회 서류 100% 86명	

연번	지역	대학명	2022 학생부교과 유형 100% 일괄 / 단계면접			학생부종합 (★는 최저있음)				논술	최저 영어 필수	면접		고른 기회	기회 균형	특기자
			학교장 추천	교과일괄 100%	일괄면접 단계면접	2단계면접 전형 1	2단계면접 전형 2	서류일괄 면접없음1	서류일괄 면접없음2			일괄	단계	유공 배려등	기초및 차상위	과학 어학등
21	서울 경기	명지대학교	● 학교장 추천 인원미정	● 241명 →306명		● 면접 명지인재 761명 →394명	● 크리스천 60명 →52명	●자소서 명지인재 서류일괄 287명				● 5배수 교과면접 409명 →290명		●● 고른기회교과 67명→105명 배려종합 35명		● 문학 바둑 19 등
22	서울	상명대서울	★ 고교 추천 10명	★ 233명 →317명		상명인재 370명 →278명							● 교과 안보학 단계면접 24명→19명	고른기회통합 서류 100% 73명		
23	인천	인하대학교	★ 지역 추천 7명	★ 지역추천 623명 →385명		● 자소서 인하미래 877명 →834명		● 자소서 인하참 서류100% 286명		● 530 →509	의예 논술 최저 3개1			● 고른기회 서류100% 보훈+기초/차 135명→137명		
24	서울 경기	가톨릭대학	★ 지역 균형 15명	★ 266명 →232명		● 자소서 잠재능력 474명 →366명	● 자소서 가톨릭추천 의예 포함 89→85명	●★ 자소 학교장추천 단계면접 76→75명		● 175 →509				● 고른기회1 90명 ★ 고른기회2 약학 3명		
25	경기	아주대학교	● 고교 추천 무제한	● 259명 →235명		● 자소서 아주ACE 561명 →541명	● 자소서 SW융합 30명	● 실기 국방IT 단계면접 20명	● 자소서 다산인재 222명 →180명	● 203 →187					고른2 46명 →44명	고른1 75명 →79명

수시 학교장추천대학

| 2022 수시 학교장추천 주요대학 |

연번	대학명	전형명	전형구분	추천인원	고3제한	모집 인원	증감	전형방법	내신반영 교과	공통일반+진로 / 진로선택 반영특징	수능최저유무 *별표표기 없음 ✓✓ 자연=수=미적/기하 탐=과탐 적용
1	가천대학교	지역균형	일괄면접	제한없음		335명	▲335	교과60+면접40 일괄면접 신설★	국영수사/국영수과 총 20개/35:25:25:20	진로선택과목 반영 성취도A→등급 1상향 2개교과 한정	▶의:3개1(탐2) 절사 ▶한:2개1 약:3개5 절사
1	가천대학교 *교과전형 (학교장추천 아님)	교과		해당없음		428명→381명	▼47	교과100%	국영수사/국영수과 총 20개/35:25:25:20	진로선택과목 반영 성취도A→등급 1상향 2개교과 한정	▶2개합 6 (탐1) 기하/미적 1등급상향
2	가톨릭대학	지역균형	교과	15명		266명→232명	▼34	교과100% 진로선택 미반영	국영수사/국영수과 →국수영사과史 변화	진로선택과목 미반영	▶의:4개합5(탐2) 절사 ▶약:3개5/간:3개6 ▶인:2개6 ▶자:2개7 (탐1) 미적기하:2개7
3	가톨릭대학	학교장추천 의예/일반	단계종합	의 1명 기타 x		의예과 1명 일반 75명		①서류100%(4배) ②서류70+면접30	*의예탐2 소수점절사 *의예탐2 동일不인정	진로선택과목 미반영	▶의:3개4(탐2) 절사 ▶약:3개5(탐1)
4	강남대학교	학교장추천	교과	10명		150명→196명	▲46	교과100%	인: 국영수사 자: 국영수과	진로선택과목 미반영	최저 없음
5	건국대서울	KU지역균형	교과	제한없음	최저신설	340명 유지 2021 서류100%	0	교과100% 교과전형 신설★	국영수사과+史	진로선택 상위 3과목 반영방식 미정	▶2개합5(탐1)+史5 ▶수: 3개합5(탐1)
6	경기대학교	학교장추천	교과	20명		316명	▲316	교과100% 교과분리 신설★	전과목 반영	진로선택과목 미반영	▶2개합7(탐1)+史6
6	경기대학교 *교과성적우수 (학교장추천 아님)	교과		해당없음		644명→325명	▼319	교과100%	인: 국영수사통사통과 자: 국영수과통사통과	진로선택과목 미반영	▶2개합7(탐1)+史6
7	경희대학교	고교연계	교과	6명 2/3/1	고3최저	750명→544명 2021 교30+서70	▼206	교과100% 교과전형 신설★	인: 국영수사 자: 국영수과	공통일반80+진로20 인문 2개, 자연 4개	▶2개합5(탐1)+史5 ▶예:국/영1개3+史5
8	고려대서울	학교추천	교과	4%		1,158명→839명	▼319	교과80+서류20 일괄, 면접폐지	전과목 반영 *탐구 동일不인정	진로선택 전체반영 성취비율→등급환산	▶인:3개5(탐2)+史3 ▶자:3개6(탐2)+史4 ▶의:4개5(탐2)+史4
9	광운대학교	지역균형	교과	제한없음		151명→202명	▲51	교과100%	인: 국영수사 자: 국영수과	진로선택과목 미반영	최저 없음
10	국민대학교	학교장추천	교과	제한없음		463명→386명	▼77	교과100%	인: 국영수사 자: 국영수과	진로선택과목 반영 별도비율 등 미정	▶인: 2개합5 (탐1) ▶자: 2개합6 (탐1)
11	단국대죽전	지역균형	교과	8명		275명→261명	▼146	교과100%	국영수사/국영수과 가중치 유지	진로선택과목 미반영	▶2개합6 (탐1)
12	대진대학교	학교장추천	교과	제한없음		56명	▲46	교과100% 교과전형 신설★	인: 국영수사 자: 국영수과	진로선택과목 미반영	최저 없음
12	대진대학교 학생부우수자 (학교장추천 아님)	일괄면접		해당없음		533명→435명	▼98	교과70+면접30	인: 국영수사 자: 국영수과	진로선택과목 미반영	최저 없음
13	덕성여대	고교추천	교과	제한없음		120명	▲120	교과100% 교과전형 신설★	국영수사/영수과 →국영수+사/과 전체	진로선택과목 미반영	최저 없음
13	덕성여대 학생부100% (학교장추천 아님)	교과		해당없음		173명→155명	▼18	교과100%	국영수사/영수과 →상위3개x4개=12개	진로선택 미반영 *수능최저 3등급내	▶2개합7 (탐1) ▶약: 3개합6 (과2) *미적/기하 1필수
14	동국대서울	학추인재	교과서류	5명→7명	계열4명내	398명 유지 2021 서류100%	0	교과60+서류40 교과전형 신설★	국영수사+史 10개 국영수과+史 10개	진로선택과목 미반영	최저 없음
15	명지대학교	학교장추천	교과	제한미정		241명→306명	▲65	교과100%	국영수사/국영수과 4개씩 총 16개 유지	진로선택과목 미반영	최저 없음
16	상명대서울	고교추천	교과	10명		257명→336명	▲79	교과100%	인: 국영수사 자: 국영수과	진로선택 3과목 A=100 B=96 C=90	▶2개합7 (탐1) ▶국가안보: 최저 x
17	서강대학교	고교장추천	교과	10명	고3최저	172명	▲172	교과100% 교과전형 신설★	국영수사/국영수과 →국영수사과 변화	진로선택 전체반영 등급80봉10진로10 성취비율→점수환산	▶3개3 (탐1)+史4 * 국수사과탐 무제한
18	서울과기대	고교추천	교과	10명		395명→412명	▲17	교과100%	인: 국영수사 자: 국영수과	진로선택 3과목가산 A=5점 B=3점 C=1점 *진로 과II 2개이상	▶2개합6 (탐2) *자: 미적/기하, 과2

2022 수시 학교장추천전형 02 - 총 59개 전형 (45대학 47전형+교과 12전형)

2021. 06. 28. (월) ollim

연번	대학명	전형명	전형구분	추천제한 & 인원변화 2021→2022					보통교과 공통/일반선택	공통/일반+진로 반영 비율(%)	수능최저유무 *별도표기 없음 ✓✓ 자연: 수=미적/기하 탐=과탐 적용
				추천인원	고3제한	모집 인원	증감	전형방법	내신반영 교과	공통일반+진로 진로선택 반영특징	
19	서울대학교	지역균형	일괄종합	2명	고3 최저	761명→664명	▼97	종합일괄면접 서류70+면접30	전과목 반영 *탐구 통일不인정	진로선택과목 반영 별도비율 없음	▶지균 3개 3등급 (탐2개 각각) 이하 생략
20	서울시립대	지역균형	교과	4명		192명 유지	0	교과100%	전과목 반영 국영수사/국영수과	진로선택과목 미반영	▶3개합7 (탐1)
21	서울여자대	교과우수자	교과	제한 없음		221명→172명	▼49	교과100%	국영수사/국영수과 →국영수+사/과 변화	진로선택과목 미반영	▶2개합7 (탐1) *영어포함 2개합5
22	성균관대학	학교장추천	교과	4%	고3 최저	361명	▲361	교과100% 교과전형 신설★	전과목 반영 진로선택 정성평가	공통일반80+진로20 학업수월+학업충실	▶2개합5 (탐2)+영3 +史4, 소수점 절사
23	세종대학교	지역균형	교과	8명 인3자5		118명	▲118	교과100% 교과분리 신설★	인: 국영수사과★ 자: 국영수과	진로선택과목 반영 원점수→변환점 환산	최저 없음
	세종대학교 *교과전형 (학교장추천 아님)		교과	해당 없음	최저 신설	389명→270명	▼119	교과100% 수능최저 신설★	인: 국영수사과★ 자: 국영수과	진로선택과목 반영 원점수→변환점 환산 1~3등급 급간 10점차	▶인: 2개합5 (탐1) ▶자: 2개합6 (탐1)
24	성신여대	지역균형	교과	제한 없음		184명→224명	▲40	교과100%	인: 국영수사 자: 국영수과	진로선택과목 미반영	▶인: 2개합6 (탐1) ▶자: 2개합7 (탐1)
25	수원대학교	지역균형선발	교과 면접	10%		184명	▲184	교과60+면접40 일괄면접 신설★	국영수사/국영수과 →국영수+사/과 20개	진로선택과목 미반영	▶1개 4등급 (탐1) *국수사과탐 무제한
	수원대학교 교과우수 (학교장추천 아님)		교과	해당 없음		253명→132명	▼121	교과100%	국영수사/국영수과 →국영수+사/과 20개	진로선택과목 미반영	▶1개 4등급 (탐1) *국수사과탐 무제한
26	숙명여대	지역균형선발	교과	10%		244명→243명	▼1	교과100%	국영수사/국영수과 →국수영사과史 변화	진로선택 등급변환 A=1 B=2 C=4등급	▶2개합5 (탐1) *통계,의류: 선택무제한
27	숭실대학교	지역균형	교과	제한 미정	영어 제외	479명→474명	▼5	교과100% 최저 영어제외★	인: 국영수사 자: 국영수과	진로선택 등급변환 A=1 B=2 C=3등급	▶인: 2개합6 (탐2) ▶자: 2개합7 (탐2)
28	신한대학교	지역균형	교과	제한 없음		64명→120명	▲56	교과100% 교과분리 신설★	최우수 2개학기 전과목 반영 50:50	진로선택과목 미반영	최저 없음
	신한대학교 교과일반전형 (학교장추천 아님)		일괄 면접	해당 없음		925명→677명	▼248	교과70+면접30	최우수 2개학기 전과목 반영 50:50	진로선택과목 미반영	최저 없음
29	아주대학교	고교추천	교과	제한 없음	최저 신설	259명→235명	▼24	교과100% 수능최저 신설★	국영수사/국영수과 가중치/20:80 유지	진로선택과목 미반영	▶2개합4 (탐1) * 자연 과탐만 지정
30	연세대서울	추천형	교과	3% →5%	고3	523명 유지	0	①교과100% ②면접40%	전과목AB(기타포함) 등급50+z점수50	공통30일반50+진로20 A=20 B=15 C=10	최저 없음
31	을지대학교	지역균형	교과	제한 없음		106명	▲106	교과100% 교과분리 신설★	국영수사과+史 내신반영 유지	진로선택 미반영 수과 무제한, 영필폐지	▶간: 2개합8(탐1) ▶보/임: 1개4(탐1)
	을지대학교 교과성적우수 (학교장추천 아님)		교과	해당 없음		201명→96명	▼105	교과100%	국영수사과+史 내신반영 유지	진로선택 미반영 수과 무제한, 영필폐지	▶간: 2개합6(탐1) ▶보/임: 2개8(탐1)
	을지대학교 교과면접우수 (학교장추천 아님)		단계 면접	해당 없음		152명	▲152	①교과100%(4배) ②면접30 신설★	국영수사과+史	진로선택과목 미반영	최저 없음
32	이화여대	고교추천	교과	5% 최대10		370명→400명	▲30	교과80+면접20 일괄면접	국영수사과+史	공통일반90+진로10 A=10 B=8.6 C=5.0 A=1 B=4 C=7등급	최저 없음
33	인천대학교	지역균형	교과	제한 없음		275명	▲275	교과100% 교과전형 신설★	국영수사/국영수과 가중치 적용유지	진로선택과목 이수단위 가중치	최저 없음
	인천대학교 *교과성적우수 (학교장추천 아님)		교과	해당 없음		647명→471명	▼176	교과100% *자연 수/과 1필	국영수사/국영수과 가중치 적용유지	진로선택과목 이수단위 가중치	▶2개합7 (탐1) ▶사범: 2개합6(탐1) ▶동북: 2개합5(탐1)
34	인하대학교	지역추천	교과	7명		623명→385명	▼238	교과100%	인: 국영수사 자: 국영수과	진로선택과목 미반영	▶2개합5 (탐1) ▶의: 3개합1 (탐2)

연번	대학명	전형명	전형구분	추천제한 & 인원변화 2021→2022					보통교과 공통/일반선택	공통/일반+진로 반영 비율(%)	수능최저유무 *별도표기 없음 √√ 자연: 수=미적/기하 탐=과탐 적용
				추천인원	고3제한	모집 인원	증감	전형방법	내신반영 교과	공통일반+진로 진로선택 반영특징	
35	중앙대학교	지역균형	교과	10명	고3 최저	574명→501명 교404명+학170명	▼73	교과100%	인: 국영수사 자: 국영수과	공통일반90+진로10 성취도별 환산미정	▶인: 3개합7 (탐1) ▶자: 3개합7 (과1) ▶약: 4개합5 (탐1)
36	차의과학대	학교장추천	교과	제한없음		55명	▲55	교과100% 교과분리 신설★	국영수사/국영수과 →국영수사과+史	진로선택 3과목 가산점 부여	▶약: 3개합6 (탐2) * 수학만 미적/기하
	차의과학대 (학교장추천 아님)	학생부교과	단계면접	해당없음		151명→77명	▼74	①교과100%(3배) ②면접30 단계변화	국영수사/국영수과 →국영수사과+史	진로선택 3과목 가산점 부여	최저 없음
37	평택대학교 (학교장추천)	PTU추천	교과	제한없음		59명	▲59	교과100% 교과분리 신설★	국수영사과 중 3개	진로선택과목 미반영	최저 없음
	평택대학교 (학교장추천 아님)	PTU교과	교과	해당없음		302명→308명	▲6	교과100%	국수영사과 중 3개	진로선택과목 미반영	▶일반 최저없음 ▶간호:2개6 (탐1)
38	한국외대	학교장추천	교과	20명	원점수 /등급	491명→373명 서울200 글로173	▼118	교과100% 원점수/등급 반영	국영수사/국영수과 가중치 유지	진로선택과목 미반영	▶서: 2개4(탐1)+史4 ▶글: 최저없음
39	한양대서울	지역균형발전	교과	11%		284명→320명	▲36	교과100%	국영수사과+史	진로선택 3과목 별도비율 없음	최저 없음
40	한양에리카	지역균형선발	교과	10명		302명→301명	▼1	교과100%	국영수사/국영수과 →국영수사과+史	진로선택 전체반영 반영비율x이수단위 미적/기하, 과Ⅱ 1개필	▶2개합6 (탐1) ▶약: 3개합5 (탐1)
41	홍익대서울	학교장추천	교과	5명		383명→237명	▼146	교과100%	인: 국영수사 자: 국영수과	공통일반90+진로10 반영방식 미정	▶인: 3개7(탐1)+史4 ▶자: 3개8(탐1)+史4
42	경인교육대	학교장추천	일괄종합	2명	졸업포함	70명	▲70	서류100% 일괄종합 신설★	전과목 반영	진로선택과목 포함 종합정성평가	최저 없음
43	서울교육대	학교장추천	단계교과	제한없음	고3	60명→50명	0	①교과100%(2배) ②2단계 면접10	전과목 반영	진로선택과목 미정★	▶4개합9(탐2)+史4 ▶미적/기하과탐 4개11
44	서울교육대	사향인재추천 (학교장추천)	단계종합	제한없음	고3	30명	0	①서류100%(2배) ②서류50+면접50	전과목 반영	진로선택과목 포함 종합정성평가	최저 없음
45	KAIST	학교장추천	단계종합	2명	고3	85명	0	①서류100%(3배) ②서류60+면접40	전과목 반영 국영수과/수과	진로선택과목 포함 종합정성평가	최저 없음
46	DGIST	학교장추천	단계종합	2명	고3	40명	0	①서류100%(4배) ②서류50+면접50	전과목 반영 국영수과/수과	진로선택과목 포함 종합정성평가	최저 없음
47	GIST	학교장추천	단계종합	2명	고3	40명	0	①서류100%(5배) ②서류60+면접40	전과목 반영 국영수과/수과	진로선택과목 포함 종합정성평가	최저 없음

대학별 수시요강 분석

| 2022 수시 주요대학 수시요강-수록 UNIV.목록 및 분석 |

2022 수시올림 대학별 입시요강 - 주요대학 목록표 UNIV.

※ 2022 대입 수시요강 완성목록 2021. 07. 현재

연번	지역	대학명	연번	지역	대학명	연번	지역	대학명
1	경기	가천대학교	31	서울	서울여자대학교	61	경기	한국항공대
2	서울	가톨릭대학교	32	충남	선문대학교	62	충남	한서대학교
3	경기	강남대학교	33	경기	성결대학교	63	서울	한성대학교
4	강원	강원대학교 춘천	34	서울	성공회대학교	64	경기	한신대학교
5	강원	강원대학교 삼척도계	35	서울	성균관대학교	65	서울	한양대학교 서울
6	서울	건국대학교 서울	36	서울	성신여자대학교	66	경기	한양대학교 에리카
7	경기	경기대학교	37	서울	세종대학교	67	경기	협성대학교
8	대구	경북대학교	38	경기	수원대학교	68	충남	호서대학교
9	서울	경희대학교	39	서울	숙명여자대학교	69	서울	홍익대학교 서울
10	대구	계명대학교	40	충남	순천향대학교	70	대전	카이스트 KAIST
11	서울	고려대학교 서울	41	서울	숭실대학교	71	경북	포스텍 POSTECH
12	세종	고려대학교 세종	42	경기	아주대학교	72	광주	지스트 GIST
13	서울	광운대학교	43	경기	안양대학교	73	대구	디지스트 DGIST
14	서울	국민대학교	44	서울	연세대학교 서울	74	울산	유니스트 UNIST
15	경기	단국대학교 죽전	45	경북	영남대학교	75	전남	한전공대 KENTECH
16	충남	단국대학교 천안	46	경기	용인대학교			
17	경기	대진대학교	47	경기	을지대학교			
18	서울	덕성여자대학교	48	서울	이화여자대학교			
19	서울	동국대학교 서울	49	인천	인천대학교			
20	서울	동덕여자대학교	50	인천	인하대학교			
21	서울	명지대학교	51	서울	중앙대학교			
22	충남	백석대학교	52	인천	청운대학교			
23	서울	삼육대학교	53	대전	충남대학교			
24	서울	상명대서울	54	충북	충북대학교			
25	충남	상명대천안	55	경기	평택대학교			
26	서울	서강대학교	56	경기	한경대학교			
27	서울	서경대학교	57	충북	한국교통대			
28	서울	서울과기대	58	충남	한국기술교대			
29	서울	서울대학교	59	경기	한국산기대			
30	서울	서울시립대학교	60	서울	한국외국어대			

2022 수시올림 75개 대학교 수록
2021. 07. 07 현재 ollim

2022 대학별 수시모집 요강	가천대학교	2022 대입 주요 특징

2022 대입 주요 특징
정시 인/자 35:25(국/수 중 우수):영20:탐1 20 백분위
영어: 98-95-92-86-80 .... 정시일반2 40:30:20:10

▶인: 국영수사 자: 국영수과 상위 5개씩 총 20개 유지★ 높은순 가중치35:25:25:15
▶학년별 가중치 없음
▶진로선택성취 A가 2개일 때 최하 등급과목 1과목을 1계급 특진, A 2개당 1개등급 최대 2개 교과에 한정함
▶의예/한의: 국영수과 전체

1. 2022 전형 신설: 지역균형, 논술전형, 농어촌교과
2. 2022 전형 폐지: 적성, 바람개비2, 학석사통합전형
3. 2022 모집단위 신설: 스마트팩토리전공, 스마트보안전공 스마트시티융합, 차세대반도체전공
4. 학생부우수(교과100%): 2022 전년대비 30명 감소, 최저동일
5. 지역균형(단계면접): 365명 신설, 교과100(10배), 바람개비2
6. 논술전형 919명 신설: 수능특강 수준, 국어수학 도전

7. 가천대 종합전형 일반 자기소개서 1,2번 2문항 종합전형 의/약/한 자기소개서 1,2,3번 3문항
8. 2022 조기취업형 계약학과 200명 <2021 입결 70% 참고>
▶1단계: 서류/자소서 100 (5배수) 2단계: 면접 50+1단계 50
▶1단계: 10.21(목) 2단계면접: 11.03(수)~06(토) 최종: 12.16(목)
▶첨단의료기40명-2.7-4.9등급-1명, 게임영상학40명-5.8-4.8등급-2
▶디스플레이40명-2.2-4.4등급-2명, 미래자동차40명-3.7-4.9등급-3

2021. 06. 21. 8Hour~ ollim

모집시기	전형명	사정모형	학생부종합 특별사항	2022 수시 접수기간 09. 10(금) ~ 14(화)	모집인원	학생부	논술	면접	서류	기타	2022 수능최저등급
2022 수시 2,961명 (72.6%) 정시 1,227명 (27.4%) 전체 4,081명 2021 수시 2,744명 (69.1%) 정시 1,227명 (30.9%) 전체 3,971명	학생부우수자	일괄	학생부교과 최종 12.15(수) 국영수사 국영수과 상위 5개씩 총 20개 학년비율없음	1. 2022 전년대비 30명 감소 2. 2021 경쟁률 평균 15.4 평균 2.54, 70% 2.7 3. 의/한의/약학 모집없음 4. 교과 내신 총 20개 반영 ①국영수사/국영수과 ②성적순 가중치 적용 ③35:25:25:15 ④진로선택 적용 전 부여 ⑤학생부우수자/지균전형	412 2021 442	학생 100%	▶2021 교과입결 0.3정도 하락예측 3.5등급권 과감한 지원 고려 ▶2021 학령인구 감소영향 예측 시뮬레이션 결과 0.3등급 하락 2등급대 후반까지 지원 및 합격 전국 총지원회수 45만건 감소				인/자: 2개합 6 (탐1) *선택과목 무제한 *미적/기하 1등급상향
	지역균형 학교장추천 (신설/바람개비2)	1단계	학생부교과 학교장추천 단계면접 변경	1. 지역균형 356명 신설 2. 바람개비2 전형 승계★ 3. 지원자 전원 수능이후 면접 4. 의5, 한의5, 약학3 모집 5. 2021 경쟁률 평균 9.24 평균 3.66등급	356	교과 100 (10배수)		▶2021 바람개비2 ★ 서류 70+면접 30 일괄			의예: 3개 1 (과2) 한의: 2개 1 (과2) 약학: 3개합 5 (과2) *의/약: 과탐 소수절사* *한의: 과탐 모두1등급*
		2단계	면접 11.20(토) ~11.22(월) 최종 12.15(수)			교과 60 면접 40		▶2020 바람개비2 ★★ 1단계: 교과100 (6배수) 2단계: 면접 40			
	논술전형 (신설)	일괄	논술전형 최저없음 논술 일정 인/간 11.25(목) 자연 11.25(목) 최종 12.15(수)	1. 논술전형 919명 신설 2. 국영수사/국영수과 교과별 상위 3과목씩 총 15개 반영 3. 진로선택과목 반영	919	교과 40 논술 60	총 80분, 문항당 10점 인문 15문: 국어9+수학6 자연 15문: 국어6+수학9 기본 450점+실질 150점				1개 3등급 (탐1)
	가천바람개비	1단계	학생부종합 자소서제출 ~09.15(수)	1. 2022 전년대비 45명 증가 2. 최저 없음 교내활동위주 3. 서류: 교과비교과+자소서 4. 면접: 비교과+자소서, 10분 5. 전공적합30%, 기초학업20% 발전가능20%, 인성30% 6. 의/한의/약학 모집없음 7. 경쟁 13.0, 등록70% 3.52	472 2021 427	서류 100 (4배수)	1. 바람개비1=전공적합성, 바람개비2=발전가능+전공적합 2. 학과별 활동서류 수준 차이가 매우 큼 3. 지원학과에 대한 목표의식과 학과지식을 분명히 할 것 4. 생명과학계열 언제나 최고수준 지원합격 5. 인문, 미디어, 유아교육, 관광 등 최고인기학과 제외 전략 6. 어려운 학과명이나 비인기학과의 서류경쟁력 지원전략★ 7. 결국 인기 비인기학과의 서류활동 편차 활용 전략 8. 가천프런티어 5.8등급합격자 용인시와 안양시 일반고교			
		2단계	1단계 10.21(목) 면인 10.23~24 면자 10.30~31 최종 12.15(수)			1단계 50 면접 50					
	가천 AI SW	1단계	학생부종합 자소~09.15(수) 1단계 10.21(목) 면접 10.23~24	1. 소프트17명+인공지능25명 2. 서류평가: 학생부+자소서 3. 최종: 2021.11.13(토)	42 2021 42	서류100 (4배)	21 모집-경쟁-70%-충원 ▶소프트17-10.7-3.5-20 ▶인공지25-6.00-3.5-29				없음
		2단계				1단계 50 + 면접 50					
	가천의약학 (가천의예)	1단계	학생부종합 자소~09.15(수) 1단계 11.30(화) 최종 12.15(수)	의예20, 한의12, 약학12 신설 ▶면접 약학 12.02(목) ▶면접 한의 12.03(금) ▶면접 의예 12.09(목)	44 2021 31	서류100 (4배)	21 모집-경쟁-70%-충원 ▶의예 20-33.3-2.6-14 ▶한의 11-15.2-2.2-03				의예: 3개 1등급 (과2) 한의: 2개 1등급 (과2) 약학: 3개합 5 (과2) *의/약 과탐 소수점절사*
		2단계				1단계 50 + 면접 50					
	▶사회기여자 ▶교육기회균형	1단계	학생부종합 자소~09.15(수) 1단계 10.07(목) 면접 10.09(토)	▶유공자 등 사회기여대상자 ▶기초수급자 및 차상위 자녀 최종: 2021.11.13(토)	84 글로벌	서류100 (4배)					일반 최저없음 약학: 3개합 5 (과2) *과탐 소수점절사*
		2단계				1단계 50 + 면접 50					

인문: 2개합 6 (탐1)
자연1: 2개합 6 (탐1) 수가
자연2: 2개합 6 (탐1)
한의: 2개 1등급 (탐2)
의예: 3개 1등급 (탐2)

대학	학과	2022 인원	2021 학생부우수자 ▶교과 100% ▶국영수사/국영수과 총 20개					2020 학생부우수자 ▶교과 100% ▶국영수사/국영수과 총 20개				
			인원	경쟁률	최종합격 70%	최종합격 90%	충원	인원	경쟁률	최종합격 70%	최종합격 90%	충원
경영	경영학부	40	36	12.6	2.70	3.10	159	18	11.2	2.50	2.60	50
사회과학대학	미디어커뮤니케이션	8	10	11.4	2.40	2.50	27	10	9.00	2.30	2.50	25
	관광경영학과	6	7	12.7	2.70	3.00	26	7	12.0	2.60	2.70	22
	경제학과	10	12	13.3	2.60	2.90	41	12	7.33	2.80	2.80	24
	의료경영학과	7	7	22.4	2.60	2.70	15	7	8.00	2.90	2.90	21
	응용통계학과	6	8	15.0	2.70	2.90	20	8	8.75	2.80	2.90	31
	사회복지학과	6	7	9.90	2.90	3.20	23	7	13.9	2.40	2.40	13
	유아교육학과	7	8	7.50	2.50	3.00	22	8	6.50	2.10	2.30	11
	심리학과	6	6	11.0	2.30	2.40	13	6	15.8	2.20	2.20	12
인문대학	한국어문학과	6	7	17.3	2.90	3.00	20	7	8.57	2.80	2.90	18
	영미어문학과	6	7	15.3	2.80	2.80	33	7	7.29	2.70	3.00	8
	동양어문학과	9	11	14.2	3.00	3.20	34	12	11.2	2.70	2.70	32
	유럽어문학과	7	7	14.0	2.90	3.00	30	7	8.14	2.80	3.00	13
법과대학	법학과	8	10	9.30	2.60	2.70	31	10	14.4	2.40	2.50	31
	경찰행정 특성화	6	7	15.3	2.30	2.30	26	7	7.86	2.30	2.40	11
	행정학과	6	7	10.7	2.90	3.00	35	7	10.1	2.40	2.50	15
예술아츠	패션디자인전공	6	6	18.2	2.60	2.80	14	6	14.3	2.90	3.20	20
	자유전공학부	7	10	12.0	2.60	2.80	28	11	9.64	2.50	2.50	15
경영	금융수학과 특성화	7	7	9.9	2.70	2.80	19	7	7.57	2.60	2.70	15
공과대학	도시계획.조경학부	7	8	13.6	2.80	2.80	22	10	6.90	2.90	3.20	17
	건축학부	12	13	12.3	2.80	3.10	41	13	9.62	2.70	2.80	29
	설비.소방공학과	8	10	11.5	3.00	3.20	11	11	8.36	2.90	3.00	12
	화공생명공학과	10	10	18.0	2.10	2.20	42	10	7.00	2.30	2.40	23
	기계공학과	11	11	22.4	2.50	2.60	49	12	7.58	2.60	3.10	31
	산업공학과	7	7	13.0	2.70	3.30	25	7	9.14	2.70	2.80	27
	토목환경공학과	7	7	27.9	3.00	3.10	22	7	7.43	3.30	3.80	15
	신소재공학과	7	7	14.3	2.30	2.40	15	7	20.0	2.30	2.40	13
바이오나노공학	식품생명공학과	7	6	16.7	2.50	2.60	18	6	24.5	2.40	2.60	8
	식품영양학과		7	27.9	2.90	3.00	22	7	7.57	3.30	3.90	17
	바이오나노 특성화	7	7	20.1	2.30	2.40	10	7	5.57	2.80	2.90	7
	생명과학과	6	7	9.90	1.90	2.10	8	7	5.57	2.20	2.30	8
	물리학과	6	7	11.7	3.20	3.20	27	7	5.71	2.90	3.30	12
	화학과	6	7	7.90	2.40	2.50	15	7	6.71	2.30	2.30	3
IT융합대학	소프트웨어 특성화	8	8	15.5	2.30	2.40	39	10	10.3	2.30	2.40	21
	인공지능 특성화	12	21	23.8	2.60	2.80	64	5	7.20	3.10	3.80	10
	컴퓨터공학과	15	12	12.3	2.60	2.70	15	12	10.8	2.30	2.40	17
	전자공학과	12	13	11.5	2.60	2.60	58	15	7.13	2.40	2.60	30
	전기공학과	8	9	11.8	3.00	3.10	42	10	11.8	2.40	2.60	13
	의공학과	6	7	26.9	2.50	2.90	13	7	4.86	3.50	4.30	11
인천캠 보건과학	치위생학과	4	5	8.40	3.50	3.70	8	5	9.80	2.00	2.30	6
	응급구조학과	-	4	13.8	2.60	2.70	5	4	8.50	2.60	2.60	5
	방사선학과	4	5	13.0	2.60	2.60	22	5	9.00	2.40	2.40	9
	물리치료학과	4	5	15.6	1.80	1.90	6	5	18.6	1.90	1.90	4
	운동재활학과	4	5	15.8	2.50	2.60	9	5	10.2	2.80	2.90	7
공과	스마트팩토리	7	2022 신설		-	-	-	-	-	-	-	-
IT	스마트보안	7	2022 신설		-	-	-	-	-	-	-	-
융합	차세대반도체	7	2022 신설		-	-	-	-	-	-	-	-
대학	스마트시티융합	7	2022 신설		-	-	-	-	-	-	-	-
간호	간호학과	35	22	17.1	1.60	1.80	53	22	5.55	1.90	2.10	44
한의	한의예과	-	5	33.4	1.10	1.20	5	10	29.7	1.30	1.40	8
의에	의예과	-	5	25.8	1.00	1.10	12	5	16.8	1.10	1.10	7
평균		405	420	15.4	2.54	2.70	1294	402	10.3	2.52	2.69	801

가천대 2021 입결분석 02 - 바람개비2 (2022 지역균형)   ollim

2022 지역균형 승계전형 교과 60+면접 40		2022 지역균형 인원	2021 바람개비2 ▶서류 70+면접 30, 일괄면접 ▶발전가능성 40%가 핵심					2020 바람개비2 ▶1단계: 교과 100% (6배수) ▶2단계: 1단계 60% + 면접 40%				
		인원	인원	경쟁률	최종 합격 70%	최종 합격 90%	충원	인원	경쟁률	최종 합격 70%	최종 합격 90%	충원
인문	경영학부	25	22	9.00	4.00		13	18	8.69	2.60		3
	미디어커뮤니케이션	6	5	21.4	3.20		2	7	14.4	2.20		3
	관광경영학과	6	5	13.2	4.70		4	12	11.0	2.60		2
	경제학과	6	8	6.50	3.90		8	7	8.00	2.90		8
	의료경영학과	8	5	6.40	3.30		1	7	7.80	2.80		1
	응용통계학과	6	5	5.80	3.50		4	7	6.40	3.00		7
	사회복지학과	6	5	15.2	4.30		1	10	9.00	2.50		3
	유아교육학과	6	6	12.7	3.60		1	7	13.0	2.40		7
	심리학과	7	6	14.3	3.10		5	8	17.7	2.50		4
	한국어문학과	6	5	8.20	3.60		1	6	7.00	2.40		4
	영미어문학과	6	5	8.80	3.40		3	7	9.00	2.40		2
	동양어문학과	7	6	11.2	4.70		5	7	9.00	2.70		7
	유럽어문학과	6	5	6.20	5.70		4	12	9.20	2.60		2
	법학과	8	6	8.30	3.40		0	7	8.88	2.60		12
	경찰행정 특성화	6	6	12.7	3.00		6	10	11.7	2.20		5
	행정학과	6	5	7.80	3.80		8	10	7.80	2.70		2
	패션디자인전공	5	4	13.3	4.10		1	8	16.0	2.80		0
	자유전공학부	6	7	8.70	3.60		6	7	8.64	2.70		7
자연	금융수학과 특성화	6	5	5.60	3.60		2	7	8.20	3.00		3
	도시계획.조경학부	7	6	6.20	3.80		1	7	8.33	2.90		5
	건축학부	7	6	10.2	4.10		9	10	8.43	2.70		4
	설비.소방공학과	6	5	5.80	3.60		0	13	8.33	3.20		1
	화공생명공학과	7	6	10.0	3.20		0	10	8.00	2.40		5
	기계공학과	7	6	9.30	3.60		10	6	7.86	2.50		7
	산업공학과	5	5	5.80	3.80		4	7	7.20	2.90		4
	토목환경공학과	5	5	7.20	4.40		6	12	11.6	2.80		7
	신소재공학과	5	5	8.20	3.60		1	7	13.0	2.40		11
	식품생명공학과	5	5	10.0	3.40		10	10	8.00	2.60		4
	식품영양학과	6	5	9.20	3.60		7	6	6.50	3.00		1
	바이오나노 특성화	6	5	7.40	2.90		2	7	7.80	2.50		5
	생명과학과	6	5	12.0	2.50		0	7	9.60	2.30		5
	물리학과	6	5	4.80	4.30		2	7	5.40	3.00		3
	화학과	6	5	8.40	3.10		1	7	11.2	2.40		5
	소프트웨어 특성화	8	7	10.1	3.60		7	10	11.6	2.40		12
	인공지능 특성화	13	12	7.50	3.80		3	5	10.8	2.90		1
	컴퓨터공학 자연	13	10	7.60	3.40		2	12	11.4	2.40		3
	전자공학과	12	8	6.00	3.60		7	15	6.33	2.70		15
	전기공학과	6	5	5.20	3.50		8	11	7.00	2.90		5
	의공학과	7	6	6.30	3.70		4	16	5.00	2.70		3
	간호학과 자연	20	18	12.6	2.70		12	11	9.54	2.00		15
	치위생학과	6	5	6.60	3.70		3	7	10.2	2.60		5
	응급구조학과	-	-	-	-		-	-	-	-		-
	방사선학과	6	5	5.60	3.70		0	5	8.80	2.50		4
	물리치료학과	6	5	20.6	3.20		1	4	16.6	2.10		4
	한의예과	3	-	-	-		-	-	-	-		-
	의예과	5	-	-	-		-	-	-	-		-
	약학과	3	2022 신설		-		-	-	-	-		-
	스마트팩토리	7	2022 신설		-		-	-	-	-		-
	스마트보안	7	2022 신설		-		-	-	-	-		-
	차세대반도체	7	2022 신설		-		-	-	-	-		-
	스마트시티융합	7	2022 신설		-		-	-	-	-		-
	운동재활학과	6	5	8.60	3.80		4	5	15.0	2.20		5
평균		364	281	9.24	3.66		179	381	9.66	2.60		221

		2022	2021 바람개비1 종합					2020 바람개비1 종합				
			▶1단계: 서류 100% (4배수) 최저없음 ▶2단계: 1단계 50% + 면접 50%					▶1단계: 서류 100% (4배수) 최저없음 ▶2단계: 1단계 50% + 면접 50%				
		인원	인원	경쟁률	최종 합격 70%	최종 합격 90%	충원	인원	경쟁률	최종 합격 70%	최종 합격 90%	충원
인문	경영학부	53	47	11.4	3.60		55	24	12.2	3.30		22
	미디어커뮤니케이션	7	11	23.5	3.30		4	11	31.5	2.80		3
	관광경영학과	8	8	20.4	3.40		24	8	23.0	3.30		10
	경제학과	11	10	9.00	3.80		11	10	10.5	3.60		18
	의료경영학과	7	6	11.7	3.20		5	6	11.7	3.90		2
	응용통계학과	7	5	9.40	3.50		11	5	10.0	3.50		6
	사회복지학과	10	10	22.0	3.70		11	10	20.6	3.30		18
	유아교육학과	10	11	18.5	3.60		6	11	20.4	3.00		7
	심리학과	10	1	15.1	3.20		13	6	39.0	2.90		5
	한국어문학과	7	8	11.9	3.70		7	10	12.3	3.40		15
	영미어문학과	7	7	13.6	3.60		19	9	14.6	3.10		21
	동양어문학과	11	13	15.3	4.00		26	12	12.3	4.10		12
	유럽어문학과	10	10	9.60	4.70		10	10	11.4	3.90		17
	법학과	12	14	11.9	3.60		17	13	13.2	3.20		14
	경찰행정 특성화	11	10	14.7	2.70		8	10	19.7	2.60		9
	행정학과	7	8	14.4	3.60		18	8	14.4	3.40		15
	패션디자인전공	6	6	26.3	4.30		12	6	27.8	4.10		12
	자유전공학부	-	-	-				-	-	-		-
자연	금융수학과 특성화	7	6	4.50	3.70		6	6	7.17	3.30		6
	도시계획.조경학부	9	9	7.00	3.50		14	10	10.5	3.30		10
	건축학부	15	14	12.4	3.60		23	14	12.0	3.40		32
	설비.소방공학과	8	7	7.70	3.70		6	6	11.3	3.60		3
	화공생명공학과	15	13	9.10	3.40		16	11	12.9	2.60		16
	기계공학과	12	12	12.6	3.60		24	12	12.3	3.10		7
	산업공학과	5	5	6.80	3.20		11	6	11.7	3.00		4
	토목환경공학과	6	6	10.5	3.80		17	6	16.3	3.40		13
	신소재공학과	6	6	14.3	3.10		15	6	22.0	3.10		6
	식품생명공학과	6	5	17.4	3.30		14	6	17.5	3.10		7
	식품영양학과	6	6	14.8	3.60		5	6	15.7	3.20		8
	바이오나노 특성화	6	6	12.5	3.70		1	6	12.0	3.00		2
	생명과학과	8	8	10.4	2.70		7	8	24.9	2.40		8
	물리학과	10	9	7.30	3.60		14	9	7.44	3.80		6
	화학과	10	9	7.90	2.90		15	9	11.3	2.70		16
	컴퓨터공 자연	18	16	13.4	3.00		28	14	17.0	3.10		19
	전자공학과	16	13	9.10	3.40		17	8	10.9	3.20		23
	전기공학과	10	7	9.00	3.20		10	10	8.40	3.40		7
	의공학과	7	7	8.70	3.40		8	7	7.7	3.20		12
	간호학과	41	40	13.2	2.60		26	40	12.6	2.40		32
	치위생학과	7	6	11.2	3.30		1	6	11.2	3.40		2
	응급구조학과	4	5	16.6	4.60		0	2	25.5	3.50		0
	방사선학과	7	6	8.30	4.00		2	6	7.50	3.20		1
	물리치료학과	7	6	28.3	3.30		0	6	33.2	3.20		3
	운동재활학과	7	6	12.8	4.20		6	6	24.0	3.50		6
	스마트팩토리	5	2022 신설		-		-	-	-	-		-
	스마트보안	5	2022 신설		-		-	-	-	-		-
	차세대반도체	5	2022 신설		-		-	-	-	-		-
	스마트시티융합	5	2022 신설		-		-	-	-	-		-
평균		467	418	13.0	3.52		543	395	15.9	3.25		455

021

2021 영어반영 인/자: 98-95-91-80-70 .. 2022 영어반영 변화 ★ 인/자: 98-95-92-86-70 ..	2022 정시수능	2021 정시수능 ▶정시일반1　국수영탐1 국/수 중 우수 순35:25:영20:탐1 20					2021 정시수능 ▶정시일반2: 45:40:15			
	인원	인원	경쟁률	모집군	백분위 70%	충원			백분위 70%	
의예과		15	5.00	나	98.60	8				
한의예 자연		10	7.40	나	96.60	18	간호자연	나	97.00	
간호학 자연		45	3.60	나	92.00	18	인공지능	다	96.40	
물리치료		10	8.70	다	89.70	17	화공생명	가	96.30	
방사선학		10	7.50	다	88.20	7	소프트웨어	다	96.20	
컴퓨터공 자연		30	5.90	가	87.80	58	컴공자연	가	95.80	
운동재활복지		10	5.90	다	86.70	23	전자공학	다	95.30	
도시계획조경		22	6.70	가	86.60	40	기계공학	다	95.20	
인공지능전공		11	4.90	다	86.60	19	건축학부	다	94.60	
건축학부		32	6.10	다	86.40	43	설비소방	다	93.80	
산업공학		13	6.00	가	86.40	23				
소프트웨어전공		22	5.80	다	86.30	42	글로벌경영	나	95.30	
식품영양학과		14	7.80	나	86.30	33	경영학	다	94.90	
설비소방학과		20	5.20	다	86.20	17	경제학과	가	94.90	
화공생명공학		21	5.60	가	85.60	40	자유전공	다	94.70	
응급구조학과		7	6.10	다	85.60	8	동양어문	가	94.30	
전자공학		24	5.70	다	85.30	66	법학과	가	93.70	
치위생학		10	5.00	다	85.20	15				
신소재공학		13	8.00	다	85.20	38				
생명과학		13	5.80	가	84.90	20				
기계공학		24	5.20	다	84.90	46				
의공학과		13	4.60	다	84.70	30				
전기공학		18	6.10	가	84.60	54				
바이오나노공학		15	6.80	다	84.20	29				
화학과		12	6.30	다	83.90	18				
물리학과		12	5.10	나	83.60	24				
식품생명공학		13	4.40	다	83.10	20				
토목환경공학		10	6.60	나	82.10	19				
한의예 인문		10	6.80	나	98.50	6				
심리학과		15	7.90	다	88.70	23				
미디어커뮤니케		15	6.00	다	88.10	37				
응용통계학과		15	5.00	가	87.70	14				
글로벌경영학		32	5.90	나	87.40	43				
자유전공학부		18	5.60	다	87.00	35				
경영학전공		32	6.20	다	86.90	86				
경찰안보학과		14	3.50	가	86.80	20				
경제학과		26	5.20	가	86.70	50				
금융수학과		15	6.70	가	86.40	10				
행정학과		13	4.60	가	86.40	20				
법학과		21	4.70	가	86.30	34				
한국어문학과		13	5.50	가	86.30	18				
의료경영학과		13	5.00	다	86.20	25				
영미어문학과		15	5.50	가	86.00	21				
패션디자인전공		10	7.00	다	86.00	19				
유럽어문학과		18	5.20	가	85.90	26				
사회복지학과		13	7.50	나	85.70	25				
동양어문학과		22	5.50	가	85.20	37				
관광경영학과		13	6.70	가	85.10	28				
유아교육학과		15	5.20	가	84.80	26				
평균	0	827	5.90		86.84	1396		0	95.23	0

2022 대입 주요 특징

정시 인자: 30:30:20:20 의/약/간호만 수/과 지정
영 200-196-190-180-170.. 미적/기하 10%가산 등

▶ 교과 5개학기 지균/논술
  인:국영수사 자: 국영수과
  → 국영수사과史 변화★★
▶ 학년비율 100%
▶ 진로선택 미반영

1. 2022 지역균형(교과100%) 신설, 최저있음, 고교당 15명
2. 2022 학교장추천 76명 모집: 의예/약학/간호/신학만 선발
3. 2022 잠재능력종합 전년대비 44명 감소, 의치약 모집없음
4. 학교장추천 의예만 해당, 고교당 1명, 졸업생 가능 변경★
5. 약학과 선발신설 35명: 지균5, 학추13, 정시12, 고른/농어5
6. 신설학과: 데이터사이언스, 자유전공 3분리 인문/자연/공학

7. 내신변화: 국영수사/ 국영수과 →국영수사과史 ★
8. 의예 학추/논술최저 탐구2개 소수점 절사유지, 수리단일논술
9. 의예/간호 정시: 국30:수40:탐2 30 (영어 가산점), 정시일반탐구1개

2021. 06. 21 ollim

모집시기	전형명	사정모형	학생부종합특별사항	2022 수시 접수기간 09. 10(금) ~ 14(화)	모집인원	학생부	논술	면접	서류	기타	2022 수능최저등급
2022 정원내 수시 1,316명 (68.9%) 정시 645명 (32.9%) 전체 총 1,961명 2021 정원내 수시 1,329명 (68.9%) 정시 554명 (29.4%) 전체 총 1,883명	**지역균형**	일괄	학생부교과 고교별 15명 학교추천명단 ~09.17(금) 의예 일괄면접 11.27(토) 최종 12.16(목)	1. 지균신설, 고교별 15명 추천 2. 2022 전년대비 14명 감소 3. 수능최저 2022 자연만 완화 4. 의예 10명, 약학 5명 신설 5. 내신변화: 국영수사과史 ※ 2021 국영수사/국영수과	267 2021 281	교과 100					▶확통: 2개합 6 (탐1) ▶미기: 2개합 7 (탐1) *수학 제외시 2개합6(탐1) 적용* ▶간호: 3개합 6 (탐1) ▶약학: 3개합 5 (과1) *수학: 미적분/기하* ▶의예: 4개합 5 (과2) +史4, *소수점 절사* *과탐 동일과목불가*
	학교장추천 의예/약학 간호/신학 일반모집 없음	1단계 2단계	학생부종합 자소서제출 ~09.15(수) 학교추천명단 ~09.17(금) 추천서 폐지 최종 12.16(목) 의예 추천 고교별 1명 졸업생 허용	<2022 고교별 추천인원> 의예 1명, 간호/신학 제한없음 1. 일반모집 없음, 졸업생 가능 2. 약학 13명 신설 3. 의예 16명 축소, 40→24명 4. 간호통합 14명, 최저없음 5. 학업역량, 전공적합성 발전가능성, 인성 6. 인문사회과학등 다양 분야 융합형 인재선발의지 7. 의예면접 개인별 20분내외	75 약13 의24 간14 신24 2021 76 의40 간14 신22	서류 100 (4배수) 1단계 70 면접 30					▶2021 의예 최종등록 40명 모집, 경쟁 10.2, 추합 23명 <최초> 평균-최저 1.00-1.23-1.97 <최종> 평균-최저 1.03-1.26-2.03 ▶2021 간호 최종등록 14명 모집, 경쟁 20.0, 추합 7명 <최초> 평균-최저 1.36-2.04-2.55 <최종> 평균-최저 1.56-1.99-2.42 ▶의예/간호 면접일정 1단계: 11.26.(금) 면접: 12.04(토)	▶간호: 최저없음 ▶약학: 3개합 5 (과1) *수학: 미적분/기하* ▶의예: 3개합 4 (과2) +史4, *소수점 절사* *과탐 동일과목인정* ▶학교장일반 일정 1단계 11.03(수) 면접 11.07(일) 최종 12.16(목)
	잠재능력우수자	1단계 2단계	학생부종합 자소~09.15(수) 최저없음 1단계 11.03(수) 면인 11.06(토) 면자 11.07(일) 최종 12.03(금)	1. 2022 전년대비 59명 감소 2. 의예/약학/간호 모집없음 3. 서류: 교과 비교과, 자소서 자기소개서 매우중요★ ①학업역량 25% ②전공적합성 35% ③발전가능성 25% ④인성 15%	430 신학3 포함 2021 489	서류 100 (3배수) 1단계 70 면접 30					<2020 잠재능력 분석> ▶경쟁률평균 인문 16.4 ▶경쟁률평균 자연 15.3 ▶최종합격 인문평균최저 3.6-4.6 ▶최종합격 자연평균최저 3.7-5.1 ▶추가합격충원 인 77%, 자 66% ▶추합포함실질경쟁 인10.1, 자9.5 ▶수능최저충족 → **최저 없음**
	논술우수자	일괄	논술전형 의예 11.20(토) 논자 11.21(일) 논인 11.22(월) 내신 반영 국영수사과 최종 12.16(목)	1. 2022 전년대비 8명 증가 2. 간호 통합선발, 최저유지 3. 의예20, 간호통합20 4. 논술내신: 국영수사과 논술 3문항 100분, 과학없음 인문/사회: 자료제시형 3문항 (1문항 250자, 2문항 400자) 자연/공학: 수학 3문항 의예: 수리논술 4문항, 100분 간호: 수리논술로 일원화	183 의20 간20 포함 2021 175 의21 간22 포함	학생 30 + 논술 70					<2020 논술전형 분석> ▶경쟁률평균 인문36.6, 실질31.0 ▶경쟁률평균 자연33.3, 실질27.7 ▶최종합격 인문평균최저 4.2-5.2 ▶최종합격 자연평균최저 4.3-5.4 ▶최종합격 인문논술 92.1-90.9 ▶최종합격 자연논술 82.6-76.5 ▶추가합격충원 인 22%, 자 33% ▶의예최종 경쟁률161.8 합격등급분포 1.30-2.00-4.40	▶논술일반: 최저없음 ▶간호: 3개합 6 (탐1) ▶의예: 3개합 4 (과2) +史4, *소수점 절사* *과탐 동일과목인정*
	가톨릭지도자추천	1단계 2단계	학생부종합 자소~09.15(수) 추천서 폐지	1. 가톨릭사제, 고교장추천자 2. 신학 18명, 약학 없음 3. 의예 2명 선발 (최저없음) ※ 일반 추천서 2022 폐지 ※ 의/간 면접 12.04(토)	96 2021 89	서류100 (3배수) 1단계 70 + 면접 30					<2020 최종합격성적> ▶경쟁률평균 5.6 → 5.2 ▶인문평균최저 3.9-4.3 ▶자연평균최저 3.8-4.2	의예포함 최저없음 ▶1단계 11.03(수) ▶면자 11.06(토) ▶면인 11.07(일) ▶최종 12.03(금)
	고른기회1 고른기회2	일괄	학생부종합 자소~09.15(수) 최종 12.03(금)	1. 보훈대상, 만학도 2. 기초수급 및 차상위 등 3. 고른2 약학과 3명이상 선발 4. 약학 최저: 3개합 7 (과1)	90 2021 90	서류100%					<2020 최종합격성적> ▶경쟁률평균 4.8→ 6.0 ▶인문평균최저 4.0-4.8 ▶자연평균최저 4.2-5.0	일반 없음, 약학 있음 <2022 기타전형 생략> 농어촌 66명 특성화 85명 장애인 10명 고른2 3명 등

▶교과: 국영수사/국영수과
▶학년: 동일비율
▶인/자: 2개합 6 (탐1)
▶간호: 3개합 6 (탐1)
　　　자연수가과 응시

2021 입학결과 - 교과전형

		2022 지균	인원/경쟁률		최초 합격자		최종 등록자			최저 충족	충원 충원율		★★ 실질경쟁률	
		모집 인원	모집 인원	경쟁률	평균	최저	최고	평균	최저		인원	충원율	추합 포함	최저 충족
신학	신학과	-	-	-	-	-	-	-	-	-	-			
인문 계열	국어국문	5	6	3.8	2.70	2.92	2.55	2.93	3.16		4			
	철학과	5	6	6.3	2.65	2.82	2.55	2.76	3.09		11			
	국사학과	5	6	8.8	2.47	2.72	2.41	2.63	2.75		8			
어문 계열	영어영문	12	12	4.6	2.69	3.05	2.66	3.80	5.20		24			
	중국언어문화	6	9	4.4	2.70	2.85	2.69	3.56	4.96		11			
	일어일본문화	6	9	4.2	2.97	3.39	2.64	3.18	3.52		3			
	프랑스어문화	5	5	4.0	2.99	3.15	3.00	3.17	3.45		2			
사회 과학 계열	사회복지	5	9	3.9	2.17	2.44	2.28	3.55	4.77		14			
	심리학과	8	10	4.0	1.68	2.14	1.58	2.48	4.82		17			
	사회학과	5	7	3.7	2.53	3.41	3.36	3.91	4.39		7			
	특수교육	-	6	4.0	2.16	2.49	2.49	2.79	3.26		10			
경영 계열	경영학과	11	11	4.6	2.30	2.57	2.33	3.23	3.90		23			
	회계학과	11	12	4.3	2.66	3.04	2.44	3.53	4.49		14			
국제 법정경 계열	국제학부	13	11	11.3	2.49	2.77	2.51	2.84	3.04		28			
	법학과	5	7	4.7	2.57	2.91	2.61	2.97	3.43		10			
	경제학과	7	10	4.4	2.66	2.93	2.76	3.36	4.07		21			
	행정학과	5	7	8.1	2.39	2.61	2.70	3.81	4.58		18			
인문	자유전공 인문	13	2022 신설											
	인문 계	114	143	5.2	2.52	2.84	2.56	3.21	3.93		225			
자연 과학 계열	화학과	6	7	7.4	2.34	2.50	2.33	2.63	2.90		19			
	수학과	6	7	12.0	3.84	3.31	2.95	3.09	3.21		21			
	물리학과	6	7	5.3	2.84	3.02	3.00	3.45	3.79		13			
	의생명과학	6	5	10.0	1.98	2.17	2.16	2.34	2.68		18			
생활 과학 계열	공간디자인/소비자	5	7	6.0	2.77	3.33	2.48	2.95	3.33		10			
	의류학과	5	7	4.3	2.69	3.12	2.64	3.21	3.87		4			
	아동학과	5	7	3.1	2.60	2.78	2.61	3.25	4.04		8			
	식품영양학과	5	7	9.0	2.52	2.75	2.54	2.84	3.18		21			
ICT 공학 계열	컴퓨터정보공학	10	11	6.6	2.57	2.93	2.64	3.02	3.40		21			
	미디어기술콘텐츠	5	9	5.6	2.52	2.97	2.97	4.07	5.13		11			
	정보통신전자공학	10	11	5.5	2.57	2.89	2.90	3.49	4.88		19			
바이오 융합 공학	생명공학과	6	6	9.2	2.12	2.38	2.11	2.52	2.72		18			
	에너지환경공학과	5	5	7.0	2.57	2.77	3.47	3.60	3.75		7			
	바이오메디컬화학공	9	7	8.4	1.99	2.17	1.92	2.24	2.56		20			
공학	인공지능학과	5	15	6.3	2.86	3.35	2.79	3.40	3.84		25			
	데이터사이언스	5	2022 신설											
자연	자유전공 자연	5	2022 신설											
공학	자유전공 공학	7	2022 신설											
자연 과학 계열	간호인문	14	10	6.0	1.66	1.87	1.55	1.81	2.17		5			
	간호자연		10	10.4	1.56	1.83	1.38	1.91	2.31		15			
	약학과	5	2022 신설		-	-	-	-	-		-			
	의예과	10	2022 신설		-	-	-	-	-		-			
	자연 계	140	138	7.2	2.47	2.71	2.50	2.93	3.40		255			

2021 입학결과 - 종합 잠재능력

▶ 교과: 국영수사/국영수과
▶ 학년: 동일비율
▶ 1단계: 서류100 (3배수)
▶ 2단계: 서류70+면접30

		2022 모집인원	인원/경쟁률 모집인원	경쟁률	최초 합격자 평균	최초 합격자 최저	최종 등록자 최고	최종 등록자 평균	최종 등록자 최저		충원 인원	충원율	★★ 실질경쟁률 추합포함	
신학	신학과	3	5	1.4										
인문계열	국어국문	9	11	10.7	3.13	3.55	2.92	3.38	3.92					
	철학과	9	11	7.0	3.81	5.51	3.23	4.14	5.67					
	국사학과	11	11	22.2	3.16	3.59	2.91	3.39	3.96					
어문계열	영어영문	15	25	7.8	3.70	5.48	2.97	3.97	6.24					
	중국언어문화	14	16	13.3	3.95	5.98	3.20	3.88	5.98					
	일어일본문화	14	16	15.4	5.18	6.94	1.88	4.44	6.94					
	프랑스어문화	11	11	9.2	4.25	6.67	3.68	4.53	6.67					
사회과학계열	사회복지	15	16	16.6	3.10	3.76	2.56	3.34	5.36					
	심리학과	15	20	13.5	2.88	5.85	2.05	2.99	5.85					
	사회학과	10	11	10.3	3.34	4.40	3.08	3.58	5.26					
	특수교육	15	13	5.7	2.43	3.09	2.48	3.04	4.27					
경영계열	경영학과	15	19	14.0	3.32	5.73	2.50	3.64	6.19					
	회계학과	15	18	3.8	3.76	7.97	2.20	3.60	7.97					
국제법정경계열	국제학부	15	22	11.5	3.71	5.39	3.10	4.01	5.86					
	법학과	10	12	15.8	3.31	3.85	2.87	3.48	4.27					
	경제학과	10	15	5.3	3.40	4.55	2.72	3.61	4.81					
	행정학과	10	11	14.0	3.18	3.86	2.78	3.41	3.98					
인문	자유전공 인문	15	2022 신설											
	인문 계	231	263	11.5	3.23	5.07	2.77	3.67	5.48					
자연과학계열	화학과	10	12	18.1	2.98	3.53	2.47	3.10	3.47					
	수학과	10	12	8.7	3.23	3.63	2.76	3.42	4.08					
	물리학과	10	12	6.0	3.50	5.55	2.52	3.73	5.20					
	의생명과학	10	16	18.5	3.13	6.83	2.27	3.76	7.99					
생활과학계열	공간디자인/소비자	8	12	7.2	4.39	6.96	3.40	4.29	6.96					
	의류학과	8	12	8.7	3.65	4.29	3.30	3.95	5.04					
	아동학과	8	12	8.3	3.75	7.66	3.21	3.96	7.66					
	식품영양학과	8	12	8.8	3.11	4.12	2.24	3.23	4.12					
ICT공학계열	컴퓨터정보공학	16	23	10.4	3.66	5.29	2.96	3.81	5.29					
	미디어기술콘텐츠	12	16	21.3	3.57	5.25	2.99	3.92	5.67					
	정보통신전자공학	16	22	10.5	3.90	6.82	2.81	4.33	6.82					
바이오융합공학	생명공학과	10	15	19.3	2.68	3.06	2.63	3.36	6.47					
	에너지환경공학과	9	14	13.4	3.52	5.46	2.43	3.87	5.96					
	바이오메디컬화학공	15	21	17.1	3.04	5.49	2.36	3.32	5.49					
공학	인공지능학과	16	15	8.1	3.34	3.97	2.86	3.64	4.09					
	데이터사이언스	14	2022 신설											
자연	자유전공 자연	9	2022 신설											
공학	자유전공 공학	10	2022 신설											
	자연 계	199	226	12.3	3.43	5.19	2.75	3.71	5.62					

2021 입학결과 - 가톨릭추천자

▶교과: 국영수사/국영수과
▶학년: 동일비율
▶1단계: 서류100 (3배수)
▶2단계: 서류70+면접30

계열	학과	2022 인원	인원	경쟁률	최초 합격자 평균	최초 합격자 최저	최종 등록자 평균	최종 등록자 80%	최종 등록자 최저	충원 인원	충원율	추합포함	
신학	신학과	18	18	1.1									
인문계열	국어국문	-	2	11.5	4.51	4.90	3.87		4.11				
	철학과	-	2	3.5	3.77	4.01	3.77		4.01				
	국사학과	3	2	5.5	3.97	3.97	4.55		4.55				
어문계열	영어영문	4	4	6.5	4.27	5.08	3.82		4.68				
	중국언어문화	-	2	8.0	4.45	5.51	4.92		6.44				
	일어일본문화	-	2	5.5	3.74	4.17	3.74		4.17				
	프랑스어문화	-	2										
사회과학계열	사회복지	4	2	9.0	2.63	3.25	3.32		3.39				
	심리학과	4	4	7.3	2.91	3.52	3.04		3.52				
	사회학과	-	2	6.5	3.44	3.87	3.44		3.87				
	특수교육	3	2	4.0	3.31	3.42	3.31		3.42				
경영계열	경영학과	3	3	4.7	4.11	4.45	4.50		5.95				
	회계학과	3	3	3.3	3.94	5.19	4.70		5.19				
국제법정경계열	국제학부	4	3	5.0	3.59	3.94	3.59		3.94				
	법학과	-	2	7.0	3.37	3.67	3.37		3.67				
	경제학과	3	2	3.0	4.71	6.13	3.89		4.49				
	행정학과	-	2	4.5	3.37	3.43	4.10		4.88				
인문	자유전공 인문	5	2022 신설										
	인문 계	59	59	5.9	3.76	4.28	3.87		4.39				
자연과학계열	화학과	-	2	6.0	3.45	3.93	3.62		3.93				
	수학과	-	2	4.5	2.72	3.12	3.42		3.71				
	물리학과	-	2	4.5	3.27	3.60	4.50		4.57				
	의생명과학	-	2	8.0	3.64	3.93	3.96		3.98				
생활과학계열	공간디자인/소비자	3	2	4.0	3.85	4.10	3.85		4.10				
	의류학과	3	2	4.0	4.86	5.74	5.25		5.74				
	아동학과	3	2	8.0	4.12	4.64	4.12		4.64				
	식품영양학과	3	2	10.0	3.64	3.77	3.39		3.52				
ICT공학계열	컴퓨터정보공학	5	2	5.5	5.87	6.27	5.87		6.27				
	미디어기술콘텐츠	3	2	9.0	4.41	5.20	4.34		5.20				
	정보통신전자공학	5	3	2.7	4.11	5.64	4.11		5.64				
바이오융합공학	생명공학과	3	2	7.0	3.68	4.06	3.68		4.06				
	에너지환경공학과	3	2	7.0	3.01	3.38	3.01		3.38				
	바이오메디컬화학공	3	3	9.3	3.40	4.32	3.34		4.32				
공학	인공지능학과	3		3.6	3.99	4.11	3.80		4.08				
	데이터사이언스	3	2022 신설										
자연	자유전공 자연	-											
공학	자유전공 공학	-											
자연과학계열	간호인문	-											
	간호자연												
	약학과	-	2022 신설		-	-	-	-	-	-	-	-	-
	의예과	2			-	-	-	-	-	-	-	-	-
	자연 계	30	30	6.2	3.87	4.39	4.02		4.48				

2021 입학결과 - 고른기회

▶ 교과: 국영수사/국영수과
▶ 학년: 동일비율
▶ 서류100% 일괄전형

		2022 모집인원	인원/경쟁률		최초 합격자		최종 등록자				충원 충원율		★★ 실질경쟁률		
			모집인원	경쟁률	평균	최저	평균	80%	최저		인원	충원율	추합포함		
신학	신학과	-	-	-	-	-	-	-	-	-	-	-	-	-	-	-
인문계열	국어국문	3	3	7.0	3.31	3.53	4.04		4.06						
	철학과	3	3	5.3	3.08	3.89	4.92		5.17						
	국사학과	3	3	5.7	3.65	3.99	4.24		5.42						
어문계열	영어영문	4	3	9.0	4.11	5.26	4.13		4.55						
	중국언어문화	3	3	6.0	4.39	6.47	4.47		5.18						
	일어일본문화	3	3	7.0	4.64	5.08	4.75		5.08						
	프랑스어문화	-	-												
사회과학계열	사회복지	4	2	14.0	3.14	..45	3.14		3.45						
	심리학과	3	3	5.0	4.76	8.07	4.76		8.07						
	사회학과	3	2	7.0	3.11	3.32	4.08		4.16						
	특수교육	-	-												
경영계열	경영학과	3	4	7.5	3.67	4.25	4.06		4.28						
	회계학과	3	4	4.3	2.72	3.81	3.73		6.47						
국제법정경계열	국제학부	4	7	6.4	4.38	6.32	4.86		6.32						
	법학과	3	2	9.0	3.76	4.05	3.96		4.23						
	경제학과	3	3	5.7	3.68	4.25	4.18		4.64						
	행정학과	3	3	6.3	4.00	6.13	4.39		4.69						
인문	자유전공 인문	5	2022 신설												
	인문 계	53	48	7.0	3.76	4.89	4.25		5.05						
자연과학계열	화학과	3	2	4.5	2.95	3.00	4.09		4.10						
	수학과	3	2	5.5	3.63	4.17	3.71		3.86						
	물리학과	3	2	3.0	5.23	7.27	5.49		6.36						
	의생명과학	3	2	7.5	3.01	3.01	3.01		3.01						
생활과학계열	공간디자인/소비자	3	3	4.0	4.21	5.54	3.77		4.87						
	의류학과	3	3	9.7	3.48	3.84	4.30		4.83						
	아동학과	3	3	6.3	3.82	4.03	3.82		4.03						
	식품영양학과	3	3	7.3	3.59	3.86	3.26		3.84						
ICT공학계열	컴퓨터정보공학	3	5	8.0	3.30	3.90	3.44		4.90						
	미디어기술콘텐츠	3	2	9.5	3.34	3.66	5.36		7.06						
	정보통신전자공학	3	5	4.2	3.39	4.27	3.87		4.64						
바이오융합공학	생명공학과	3	3	7.0	3.64	4.53	3.93		4.53						
	에너지환경공학과	3	3	5.3	3.40	3.97	3.62		3.87						
	바이오메디컬화학공	3	4	7.0	2.82	3.06	3.68		4.06						
공학	인공지능학과	3		3.4	3.84	4.19	5.22		5.75						
	데이터사이언스	3	2022 신설												
자연	자유전공 자연	-													
공학	자유전공 공학	-													
	자연 계	48	42	6.1	3.58	4.15	4.04		4.65						

2021 입학결과 - 논술전형

▶ 교과: 국영수사/국영수과
▶ 학년: 동일비율
▶ 일반: 최저없음
▶ 간인/자: 3개합 6 (탐1)
▶ 의예: 3개합 4 (탐2)

		2022 모집인원	인원/경쟁률		최초 합격자		최종 등록자			실질	충원 충원율		★★ 논술환산점수		
			모집인원	경쟁률	평균	최저	최고	평균	최저		인원	충원율	최종 최고	최종 평균	최종 최저
신학	신학과	-	-	-	-	-	-	-	-	-	-	-	-	-	-
인문 계열	국어국문	5	4	23.8	4.82	5.87	4.25	4.69	5.36						
	철학과	5	4	22.3	4.48	5.49	4.13	4.73	5.49						
	국사학과	-	4	18.5	4.83	5.30	3.61	4.78	5.44						
어문 계열	영어영문	5	5	21.4	4.79	5.62	3.88	4.79	5.62						
	중국언어문화	5	4	20.5	5.04	6.00	4.45	5.04	6.00						
	일어일본문화	5	4	24.0	4.97	6.10	4.42	5.29	6.10						
	프랑스어문화	-	-												
사회 과학 계열	사회복지	-	5	24.0	4.54	5.28	3.98	4.54	5.28						
	심리학과	5	5	29.0	3.79	4.61	4.07	4.27	4.61						
	사회학과	5	5	23.0	4.36	6.26	3.45	4.79	6.26						
	특수교육	-	-												
경영 계열	경영학과	5	6	27.0	4.53	5.58	4.08	4.64	5.58						
	회계학과	5	6	21.7	4.67	5.71	4.10	4.66	5.71						
국제 법정경 계열	국제학부	5	7	27.6	4.87	5.93	3.52	4.77	5.93						
	법학과	4	4	24.5	4.38	5.01	3.67	4.38	5.01						
	경제학과	5	4	23.0	4.78	6.64	3.07	5.00	6.64						
	행정학과	4	4	23.0	4.14	5.28	3.50	4.54	5.56						
	인문 계	63	71	23.6	4.60	5.65	3.88	4.73	5.64						
자연 과학 계열	화학과	4	4	12.3	5.16	6.22	3.52	4.31	5.10						
	수학과	4	4	11.3	3.98	4.62	3.82	4.55	5.10						
	물리학과	4	4	9.0	5.30	5.60	5.11	5.30	5.60						
	의생명과학	5	5	13.8	4.77	5.85	4.63	5.03	5.85						
생활 과학 계열	공간디자인/소비자	4	3	9.7	5.08	5.79	3.94	4.70	5.29						
	의류학과	4	3	10.7	4.85	4.87	4.68	4.77	4.87						
	아동학과	4	3	10.7	4.93	5.64	3.71	4.83	5.64						
	식품영양학과	4	3	9.3	5.02	6.01	4.41	4.72	5.11						
ICT 공학 계열	컴퓨터정보공학	6	5	20.4	4.45	4.82	4.66	5.18	6.39						
	미디어기술콘텐츠	6	5	12.4	4.54	5.40	3.57	4.50	5.40						
	정보통신전자공학	6	5	16.4	5.25	6.37	4.31	5.25	6.37						
바이오 융합 공학	생명공학과	5	5	14.4	4.65	5.72	3.15	4.46	5.72						
	에너지환경공학과	5	5	14.6	4.95	6.08	3.71	4.81	6.08						
	바이오메디컬화학공	6	7	16.4	4.86	6.50	3.66	5.13	6.50						
공학	인공지능학과	7	2022 신설												
	데이터사이언스	6													
자연 과학 계열	간호인문	20	11	33.6	3.62	5.29	2.36	3.62	5.29						
	간호자연		11	26.3	3.82	5.46	2.84	3.59	4.85						
	약학과	-			-	-	-	-	-				-	-	-
	의예과	20			2.33	4.59	1.17	2.38	4.59				-	-	-
	자연 계	120	83	15.1	4.56	5.58	3.72	4.54	5.51						

표준점수 국수영탐1 의예/간호는 탐구2개반영 인문 30:30:20:20 자연 30:30:20:20 의예 30:40:30+영/史 가산 간호 30:40:30+영/史 가산		2022	2021 입학결과 - 정시 수능										
			인원/경쟁률			2020 국수탐 합 백분위				충원 충원율		★★ 실질경쟁률	
		모집 인원	모집 인원	경쟁률			최고	평균	최저	영어 등급 평균	인원	충원율	추합 포함
신학	신학과	5	15	0.6							0		
인문 계열	국어국문 철학과 국사학과	38	36	3.9							28		
어문 계열	영어영문 중국언어문화 일어일본문화 프랑스어문화	65	61	4.1							76		
사회 과학 계열	사회복지 심리학과 사회학과	51	45	3.5							30		
	특수교육	12	12	4.1							7		
경영 계열	경영학과 회계학과	41	38	3.5							74		
국제 법정경 계열	국제학부 법학과 경제학과 행정학과	64	58	3.5							68		
인문	자유전공 인문	-	2022 신설										
	인문 계	276											
자연 과학	화학과 수학과 물리학과	39	38	4.0							70		
생활 과학	공간디자인소비자 의류학과 아동학과 식품영양학과	52	45	5.3							44		
	의생명과학	17	11	9.4							20		
ICT 공학	컴퓨터정보공학 미디어기술콘텐츠 정보통신전자공학	62	63	4.4							121		
바이오 융합	생명공학 에너지환경공학 바이오메디컬화공	51	46	4.5							91		
공학	인공지능학과	11	2022 신설										
	데이터사이언스	11											
자연	자유전공 자연	-	2022 신설										
공학	자유전공 공학	-	2022 신설										
자연 과학 계열	간호인문	16											
	간호자연	16											
	약학과	12				-	-	-	-	-	-	-	-
	의예과	37	2022 신설			-	-	-	-	-	-	-	-
	자연 계	324											

강남대학교

2022 대입 주요 특징
<영어> 인문: 영탐1+국/수 택1 30:20+50 *수가20%*
인/자: 100-95-90-80-70 ...자연: 수영탐1 50:30:20

▶ 교과 반영
　국영수사/국영수과 전체
▶ 학년반영 100%
▶ 학교장추천: 교과전형
▶ 서류면접: 단계면접종합
▶ 학생부전형: 서류일괄종합
▶ 이수단위 적용
▶ 진로선택과목 미반영

1. 학교장추천 신설, 고교당 10명 추천, 교과 100%
　 2022 교과100% 2022 전년대비 46명 증가
2. 트윈종합: 서류면접 6명 증가, 학생부(서류100%) 73명 감소
3. 2022 내신반영유지 인: 국영수사, 자: 국영수과
4. 서류면접 VS 학생부전형 서류평가 비중 차이★
　①서류면접형: 전공적합45%, 발전가능30%, 인성25%, 자소○
　②학생부전형: 전공적합30%, 발전가능25%, 인성45%, 자소 x
5. 서류면접 단계전형만 자소서 제출 (자소서 3번 없음)
6. 강남대 2021 야간 3개학과: 사복야간, 글경영야간, 정경야간

모집시기	전형명	사정모형	학생부종합 특별사항	2022 수시 접수기간 09. 10(금) ~ 14(화)	모집인원	학생부	논술	면접	서류	기타	2022 수능최저등급
2022 수시 1,006명 (67.5%) 정시 485명 (32.5%) 전체 1,491명 2021 수시 1,027명 (63.7%) 정시 585명 (36.3%) 전체 1,612명	**학교장추천** (학생부교과) 2021	일괄	학생부교과 최저없음 고교별 10명 최종 12.16(목) 국영수사 국영수과 전체반영	1. 2022 학교장추천 신설 2. 2022 전년대비 46명 증가 3. 교과100% 유지 3년차 4. 학교장추천명단 입력기간★ 09.15(수)~09.24(금) 5. 2022 야간모집단위★ 글로벌경영10, 정경학부19 *농어촌 81명 교과100% 생략	196 2021 150	교과 100					<2020 교과전형 인원-경쟁-최초평균-최종80%-추합> 사복주10-15.0-**2.1-2.8**-*48*　사복야10-6.60-**3.8-4.8**-*23* 실버산08-13.5-**3.0-3.5**-*16*　글경영17-11.4-**2.7-3.5**-*52* 세무학10-13.3-**2.6-3.5**-*16*　글경야12-8.33-**3.9-4.5**-*18* 공공인08-12.8-**2.7-3.4**-*17*　세무야10-10.7-**4.0-4.6**-*10* 공공야09-7.33-**4.2-4.5**-*03*　문화콘06-14.3-**2.8-3.3**-*19* 글로벌10-11.1-**2.6-3.5**-*44*　부동산16-11.6-**3.2-4.0**-*31* 소프트웨어응용학부15-11.2-**3.0-3.6**-*41* IOT전자공학과05-12.0-**2.9-3.6**-*16* 융합자유전공야간10-9.00-**43.7-4.2**-*22* 산업데이터사이언스10-10.2-**3.3-3.9**-*24*
	서류면접 2019 잠재역량우수자	1단계	학생부종합 최저없음 자소서제출 ~09.15(수)	1. 2022 전년대비 6명 증가 2. 1단계 4배수→3배수 축소 3. 진로탐색을 통해 관심분야 지속적 관심 탐구 학생 학교생활기록부 면접 11분 4. 2022 야간모집 없음	290 2021 284	서류 100 (3배수)					<2020 서류면접 인원-경쟁-최초평균-최종80%-추합> 사복주14-19.4-**3.6-4.1**-*17*　실버산13-9.38-**4.1-4.3**-*05* 글경영22-11.6-**3.8-4.5**-*17*　세무학13-5.00-**4.1-4.8**-*06* 공공인11-8.09-**3.9-4.5**-*07*　기독교15-4.07-**4.9-5.8**-*14* 문화콘10-15.5-**3.9-4.6**-*01*　유아교20-14.5-**3.3-3.9**-*20*
		2단계	1단계 11.10(수) 면접 11.22(월) ~11.26(금) 최종 12.16(목)	▶서류평가 반영비율★ ①전공적합성(학업역량) 45% ②발전가능성(자기주도) 30% ③인성(성실,공동체) 25%★ ▶수능전 자소서제출 ▶수능후 면접		서류 70 + 면접 30					글로벌15-8.53-**3.9-4.6**-*11*　소프트20-8.80-**4.2-4.6**-*11* 전자공10-6.60-**4.4-4.6**-*07*　데이터13-7.08-**4.2-5.1**-*08* 교육학16-2.94-**3.4-4.7**-*14*　부건설22-4.36-**4.5-5.2**-*12* 초특교10-5.10-**3.0-3.5**-*05*　중특교10-4.90-**3.1-3.5**-*03* 스포츠복지13-9.54-**3.5-4.6**-*05*
	학생부전형	일괄	학생부종합 자소서없음 최저없음 최종 12.16(목)	1. 2022 전년대비 73명 감소 2. 기초학업역량과 교내활동 자발적 성실 참여학생 3. 2022 야간모집단위★ 글로벌경영10, 정경학부25 ▶서류평가 반영비율 ★ ①전공적합성(학업역량) 30% ②발전가능성(자기주도) 25% ③인성(성실,공동체) 45%★	243 2021 316	서류 100					<2020 학생종합 인원-경쟁-최초평균-최종80%-추합> 사복주30-6.90-**3.0-4.0**-*42*　사복야17-5.53-**4.7-5.9**-*26* 실버산20-4.10-**4.2-4.6**-*06*　글경영30-4.53-**3.6-4.4**-*36* 세무학20-4.35-**3.5-4.4**-*22*　글경야25-3.80-**4.6-5.4**-*28* 공공인19-4.26-**3.7-4.6**-*19*　세무야20-3.15-**4.8-5.5**-*15* 공공야17-2.94-**4.7-5.3**-*16*　문화콘20-4.35-**3.6-4.3**-*17* 글로벌30-3.40-**3.8-4.8**-*38*　소프트30-6023-**3.8-4.7**-*43* 전자공13-5.15-**3.7-5.0**-*25*　데이터20-4.00-**4.1-5.6**-*14* 부건설30-3.17-**4.3-5.2**-*32*　교육학06-5.17-**3.2-3.6**-*06* 초특교04-5.25-**2.3-3.8**-*07*　중특교04-4.50-**2.7-3.0**-*05* 융합자전야15-3.47-**4.2-4.7**-*09*
	국가보훈대상자	일괄	학생부종합 자소서없음 최종 12.16(목)	국가보훈법령 지원자 *만학도/특성화/장애/실기 등 전형생략	23	서류 100					사복5.1-5.4　실버4.6-6.8　글경4.7-6.5　소프트웨어3.9-6.1 공공4.3-5.8　문콘5.1-4.7　세무5.3-8.8　데이터사이6.1-6.6 부동산건설7.6-8.6　<2020 국가보훈 최초합평균-최종80컷>

<2020 정시나다 인: 영탐1+국/수 택1, 자: 수영탐1, 백분 *최초평균-최종80%컷*>

사회복지 888.1-842.0	실버산업 855.9-817.0	글로경영 882.5-844.0
경제세무 909.9-856.0	공공인재 868.5-842.0	기독교학 806.4-756.0
글로벌학 873.7-829.0	교육학과 79.24-78.04	유아교육 890.8-834.0
초등특교 926.6-889.0	중등특교 929.3-857.0	전자공학 894.4-796.0
사복야간 780.8-741.0	글경야간 813.9-772.0	경세야간 814.7-772.0
부동산건설 851.8-797.0	산업데이터 878.7-828.0	소프트웨어 892.5-840.0
사복야간 780.8-741.0	글경야간 813.9-772.0	경세야간 814.7-772.0
공공야간 800.6-768.0	융합자전야간 830.4-773.0	
한영문화콘텐츠 873.4-816.0	유니버설비주얼디자인 299.5-244.8	
스포츠복지 229.3-160.5		

▶ 인/사: 국/수x0.5+영x0.3+탐구1개x0.2 / 100 x 1,000
▶ 자연: 수가x1.2x0.5+수나x0.5+영어x0.3+탐1x0.2 / 100 x 1,000

▶ 국어 3등급, 백분위 77 x 0.5 = 38.5
　 수나 5등급, 백분위 48 x 0.5 = 24.0
▶ 영어 4등급, 백분위 80 x 0.3 = 24.0
▶ 탐구 3등급, 백분위 80 x 0.2 = 16.0

인문 국영탐 합산점수 785점
→ 강남대 정시 야간합격권★★

		2022 학추 인원	2021 교과 (학교장추천) ▶교과 100% 반영 인: 국영수사 자: 국영수과 전체						2020 교과전형 ▶교과 100% 반영 인: 국영수사 자: 국영수과 전체				
			인원	경쟁률	최초평균	최종80%	충원		인원	경쟁률	최초평균	최종80%	충원
인문 사회	사회복지학부	13	9	5.56	2.6	4.2	21		10	15.0	2.1	2.8	48
	사회복지학부 야간	9	9	13.8	3.8	4.4	26		10	6.60	3.8	4.8	23
	실버산업학과	9	7	5.57	3.2	3.6	12		8	13.5	3.0	3.5	16
	글로벌경영학부	20	16	5.63	2.7	4.8	58		17	11.4	2.7	3.5	52
	정경학부	23	16	5.56	3.0	4.2	52						
	글로벌경영학 야간	10	28	5.57	3.9	4.6	48		12	8.33	3.9	4.5	18
	정경학부 야간	19											
	기독교학과	-	-	-	-	-	-						
	글로벌문화학부	25	14	4.93	3.0	4.0	40		10	11.1	2.6	3.5	44
자연	ICT융합공학부	24	27	7.63	3.1	3.8	89						
	인공지능융합공학부	24											
	부동산건설학부	20	15	6.67	3.3	4.2	36		16	11.6	3.2	4.0	31
인문 사회 사범	교육학과	-											
	유아교육과	-											
	초등특수교육과	-											
	중등특수교육과	-											
예체	스포츠복지전공												
		196	141	6.77	3.2	4.2	382		83	11.1	3.0	3.8	232

		2022 학추 인원	2021 서류면접 종합 ▶1단계: 서류 100 (4배수) ▶2단계: 서류 70+면접 30						2022 학추 인원	2021 학생부전형 ▶서류일괄 100%					
			인원	경쟁률	최초평균	최종80%	충원			인원	경쟁률	최초평균	최종80%	충원	
인문 사회	사회복지학부	30	23	13.9	3.7	4.1	26		20	20	10.9	3.1	4.1	45	
	사회복지학부 야간	-							17	15	10.7	4.8	5.2	17	
	실버산업학과	20	16	3.31	4.6	5.2	5		12	15	5.60	4.3	4.7	17	
	글로벌경영학부	31	23	8.61	4.0	4.5	18		22	27	8.22	3.8	4.0	58	
	정경학부	33	33	3.70	4.2	4.7	24		25	28	3.93	3.8	4.6	51	
	글로벌경영학 야간	-	-	-	-	-	-		10	59	2.86	4.8	5.5	45	경영 야간
	정경학부 야간	-	-	-	-	-	-		25						
	기독교학과	15	15	4.20	5.0	5.8	11		-	-	-	-	-	-	
	글로벌문화학부	34	37	6.62	4.2	4.7	28		23	37	5.95	3.8	4.4	61	
자연	ICT융합공학부	20	52	5.10	4.5	5.1	48		20	50	6.84	3.9	4.6	75	
	인공지능융합공학부	20							20						
	부동산건설학부	30	22	4.00	4.7	5.4	10		23	28	4.89	4.2	4.8	36	
인문 사회 사범	교육학과	10	16	4.19	3.8	4.5	18		8	5	5.20	2.5	3.5	12	
	유아교육과	20	20	12.5	3.2	3.7	11		10	10	12.5	2.8	3.6	27	
	초등특수교육과	10	10	4.60	3.2	3.6	8		4	4	6.50	3.0	4.1	14	
	중등특수교육과	10	10	4.20	3.1	3.7	15		4	4	5.25	2.5	3.2	6	
예체	스포츠복지전공	7	7	1.70	4.3	5.5	8		-	-	-	-	-	-	
		290	284	5.89	4.0	4.7	230		243	302	6.87	3.6	4.3	464	

▶인문: 영30%탐20% (탐1) +국/수 택1 50% ▶자연: 수영탐1 50:30:20 ▶영어: 100-95-90-80-70...		2022 정시	2021 정시 수능					2020 정시 수능
		인원	인원	경쟁률	최초평균	최종80%	충원	
인문 사회	사회복지학부		32	3.47	863.5	804.0	55	
	사회복지학부 야간		27	3.04	767.4	701.0	47	
	실버산업학과		17	4.41	822.6	794.0	22	
	글로벌경영학부		59	3.98	860.8	771.0	118	
	정경학부		53	2.64	846.8	592.0	55	
	기독교학과		5	2.80	791.6	717.0	5	
	글로벌문화학부		66	3.61	840.7	786.0	118	
자연	ICT융합공학부		108	3.21	850.1	680.0	166	
	인공지능융합공학부							
	부동산건설학부		56	2.66	836.2	768.0	59	
인문 사회 사범	교육학과							
	유아교육과		15	4.53	878.9	824.0	35	
	초등특수교육과		6	3.67	905.8	834.0	8	
	중등특수교육과		7	3.57	893.1	860.0	6	
예체	스포츠복지전공		18	8.78	217.0	195.0	24	
			469	3.87	798.0	717.4	718	

2020 정시 수능

▶인문/사범   <정시성적 사례>
　국/수x0.5+영x0.3+탐구1개x0.2 / 100 x 1,000
▶자연
　수가x1.2x0.5+수나x0.5+영어x0.3+탐1x0.2
　/ 100 x 1,000

▶국어 3등급, 백분위 77 x 0.5 = 38.5
　수나 5등급, 백분위 48 x 0.5 = 24.0
▶영어 4등급, 백분위 80 x 0.3 = 24.0
▶탐구 3등급, 백분위 80 x 0.2 = 16.0

인문 국영탐 합산점수 785점
→ 강남대 정시 야간합격권★★

2022 대학별 수시모집 요강	강원대학교 춘천	2022 대입 주요 특징	국수영탐2 인30:20:30:20 자20:30:20:30

2022 대학별 수시모집 요강 — **강원대학교 춘천**

2022 대입 주요 특징
- 국수영탐2 인30:20:30:20 자20:30:20:30
- 영: 100-97-94-84-81-78.. 미적기하10%+과탐10%

▶ 교과 인/자: 국영수사과史
※ 2021 인문: 국영수사 史
　경제/정보통: 국영수사과 史
　자연: 국영수과史
▶ 학년비율 없음
▶ 진로선택 상위 3개 반영

1. 강원대 2022 수능최저변화: ①2개합→3개합★ ②탐구 1개★
2. 2022 종합전형 자기소개서 및 추천서 폐지
3. 일반전형 및 지역인재만 수능최저 적용
4. 탈 수도권 지원전략, 전과제도 활성화, 캠퍼스간 전과허용
5. 교과전형 수능최저 충족여부 입결 면밀검토 지원전략★★

▶ 2022 등급산출과목 급간 <30점차>: 1000-970-940-910-880 ...
▶ 2022 진로선택과목 가산점 부여: <상위 3과목> 평균 반영
　A=15점, B=9점, C=3점　이수단위 미반영

2021.05.01 ollim

모집시기	전형명	사정모형	학생부종합 특별사항	2022 수시 접수기간 09. 10(금) ~ 14(화)	모집인원	학생부	논술	면접	서류	기타	2022 수능최저등급
2022 춘천수시 2,240명 (70.2%) 춘천정시 952명 (29.8%) 전체 3,192명 2021 춘천수시 2,198명 (69.6%) 춘천정시 958명 (30.4%) 전체 3,156명	일반전형	일괄 변경	학생부교과 100% 최저있음 사범 면접 교과 80% 면접 20%	1. 2022 전년대비 5명 증가 2. 사범: 교과80%+면접20% 3. 자연 수학포함 필수확인 4. 교차시 수가나, 사과탐 확인 5. 자연 2021 최저확인 참고 ▶수의예: 수가포함 3개합 7 (과탐 응시지정) ▶수교/과교: 수가포함 2개7 (과탐 응시지정) ▶기타모든 자연전체 : 수나포함 2개합 7 수가포함 2개합 9	810 2021 805	▶2022 수능최저 인문: 2개합 (탐2) → 3개합 (탐1), 제2외 대체가능 ①간호인문: 2개합5 (탐2) → 3개합8 (탐1) ②사범 전체: 2개합6 (탐2) → 3개합10 (탐1) ③기타모든 인문전체: 2개합7 (탐2) → ▶경영대학/사회과학대학/인문대학: 3개합11 (탐1) ▶영상문화학과/자유전공인문: 3개합12 (탐1) ▶사범특수교육: 3개합13 (탐1) ▶2022 수능최저 자연: 미적/기하필수★→의예/수의/수교/과교★ ①의예: 수학포함 3개합5 (과2)+영어 2등급, 서로다른 과탐2개 ②수의: 수학포함 3개합7 (과2)+영어 2등급, 서로다른 과탐2개 ③수교/과교: 수학포함 3개합11 (과1) 가정교:그냥 3개11 (사과1) ④간호자연: 수나 2개합 5, 수가 2개합 7→ 3개합9 (과탐1) ⑤공과/IT대학/의생명/농업/동물 등: 3개합12 (탐1) 사/과 유의★ ⑥자연자유전공: 3개합13 (과1)					
	지역인재	일괄	학생부교과 100% 최저있음 사범 면접	1. 강원도가 낳은 고교생 2. 2022 전년대비 11명 감소 3. 사범: 교과80%+면접20% 4. 2022 지역인재 최저 완화★ 자유전공을 제외한 모든 최저 2021년엔 일반전형과 동일 했으나 2022 각 1개 등급씩 완화 (사범은 일반전형 동일) 5. 자유전공 2021 최저참고 ▶인문자전: 2개합8 (탐2) ▶자연자전: 수나포함 2개합8 수가포함 2개합10	527 2021 538	▶2022 수능최저 인문: 2개합 (탐2) → 3개합 (탐1), 제2외 대체가능 ①간호인문: 2개합5 (탐2) → 3개합9 (탐1) ②사범 전체: 2개합6 (탐2) → 3개합10 (탐1) ③기타모든 인문전체: 2개합7 (탐2) → ▶경영대학/사회과학대학/인문대학: 3개합12 (탐1) ▶영상문화학과/자유전공인문: 3개합13 (탐1) ▶사범특수교육: 3개합13 (탐1) ▶2022 수능최저 자연: 미적/기하필수★→의예/수의/수교/과교★ ①의예: 수학포함 3개합6 (과2)+영어 2등급, 서로다른 과탐2개 ②수의: 수학포함 3개합8 (과2)+영어 2등급, 서로다른 과탐2개 ③수교/과교: 수학포함 3개합11 (과1) 가정교:그냥 3개11 (사과1) ④간호자연: 수나 2개합 5, 수가 2개합 7→ 3개합10 (과탐1) ⑤공과/IT대/의생/농업/동물 등: 3개합13~14 (탐1) 사/과 유의★ ⑥자연자유전공: 3개합15 (과1)					
	미래인재	1단계	학생부종합 최저없음 자소서폐지	1. 2022 17명 인원감소 2. 미래인재 서류평가요소 학업역량30% 전공적합성25% 인성24% 발전가능성21% 3. 블라인드면접 15분 4. 모집단위별 인재상, 주요 관련교과활동, 추천도서 등	543 2021 560	서류100% (1단계 3배수) (1단계 140점)			17명 이상은 2배수 14명~16명은 2.5배수 13명 이하는 3배수		최저없음
		2단계				1단계 70 (140점)		면접 30 (60점)			
	소프트웨어 인재	1단계	학생부종합 최저없음 자소서폐지	<2021 소프트웨어 입결> ▶경쟁률 7.0 추가합격 6명 ▶1단계 4.17등급, 편차 0.82	15 2021 15	서류100% (1단계 2.5배수)			<2021 소프트웨어 입결> ▶최초 4.18등급, 표준편차 0.71 ▶최종 4.17등급, 표준편차 0.79		
		2단계				1단계 70		면접 30			
	국가보훈	일괄	학생부교과 최저없음	사회배려와 분리모집 개편 유공/고엽/518/특수임무 등	15	학생부100% (120점)					최저없음
	사회배려자	일괄	학생부교과 최저없음	국가보훈과 분리모집 개편 다문화/소이암 백혈병 광부10년자녀/다자녀3인 등	49 2021 54	학생부100%		1. 농어촌 108명 서류100% 2. 실기우수 27명 전형생략 3. 체육특기 8명 등전형생략			최저없음
	저소득층 학생	일괄	학생부종합 최저없음	기초수급 및 차상위자녀 + 검정고시	55 2021 60	서류100%					

▶2021 <저소득층학생> 입결 최종평균-최종편차-최종최하 ★★
경영회계 4.05-0.40-4.47　　경제정보 4.94-0.00-4.94　　관광경영 3.59-1.35-4.94
국제무역 4.23-0.26-4.55　　인문학부 4.74-0.21-5.01　　바이오산업 5.32-0.35-5.67
생물자원 5.81-1.09-6.90　　원예농업 5.82-0.57-6.39　　지역건설 5.65-0.00-5.65
환경융합 7.09-0.32-7.41　　동물산업 5.67-0.00-5.67　　동물응용 5.15-0.00-5.15
동물자원 3.84-0.00-3.84　　건축토목 5.70-0.92-6.62　　건축5년제 4.19-0.00-4.19
기계의용 4.01-1.28-5.72　　화공생물 3.85-0.00-3.85　　에너지자원 5.10-0.46-5.56

산림과학 5.27-0.90-6.17　　산림응용 6.17-1.14-7.31
분자생명 8.06-0.00-8.06　　생명건강 5.43-0.00-5.43
의생융합 3.65-0.15-3.80　　생물소재 6.38-0.00-6.38
지질지구 5.82-1.58-7.39　　화학생화 5.65-0.00-5.65
전기전자 3.95-0.73-4.69　　전자공학 5.41-0.00-5.41
컴퓨터공 4.06-0.27-4.41

▶교과 인/자: 국영수사과史
※2021 인문: 국영수사 史
　경제/정보통: 국영수사과 史
　자연: 국영수과史
▶학년비율 없음
▶진로선택 상위 3개 반영

1. 삼척도계캠 수능최저 없음
2. 삼척/도계간 교과 중복지원불가
3. 2022 종합전형 자기소개서 및 추천서 폐지
4. 2022 정시 변화: 국수영탐2 4개영역→백분위 상위 2개영역
　①수학선택 : 반영 점수의 10%
　②미적분/기하 선택: 수학 10% 가산 후 반영점수의 10%
　③과탐 선택 : 과목당 반영 점수의 10% (Ⅰ,Ⅱ구분 없음)

5. 탈 수도권 지원전략, 전과제도 활성화, 캠퍼스간 전과허용

▶2022 등급산출과목 급간 <30점차>: 1000-970-940-910-880 ...
▶2022 진로선택과목 가산점 부여: <상위 3과목> 평균 반영
　A=15점, B=9점, C=3점　　이수단위 미반영

2021.05.01 ollim

모집시기	전형명	사정모형	학생부종합 특별사항	2022 수시 접수기간 09. 10(금) ~ 14(화)	모집인원	학생부	논술	면접	서류	기타	2022 수능최저등급
2022 삼척도계 수시 1,165명 (72.0%) 정시 452명 (28.0%) 전체 1,617명 2021 삼척도계 수시 1,126명 (69.6%) 정시 491명 (30.4%) 전체 1,617명	일반전형	일괄	학생부교과 최저없음	교과 100%, 최저없음	삼척도계 446 2021 447	학생부100% (120점)					최저없음
	미래인재	1단계 / 2단계	학생부종합 자소서폐지	1. 미래인재 서류평가요소 학업역량30% 전공적합성25% 인성24% 발전가능성21% 2 블라인드면접 15분 3. 모집단위별 인재상, 주요 관련교과활동, 추천도서 등	삼척도계 110 2021 110	서류100% (1단계 3배수) (1단계 140점) 1단계 70 (140점) / 면접 30 (60점)		17명 이상은 2배수 14명~16명은 2.5배수 13명 이하는 3배수			최저없음
	지역인재	일괄	학생부교과 최저없음	강원도가 낳은 고교생	삼척도계 285 2021 285	학생부100% (120점)					최저없음
	국가보훈	1단계	학생부교과 최저없음	사회배려와 분리모집 유공/고엽/518/특수임무 등	9	학생부100% (120점)					최저없음
	사회배려자	1단계	학생부교과 최저없음	국가보훈과 분리모집 다문화/소아암 백혈병 광부10년자녀/다자녀3인 복지시설생활자	68	학생부100% (120점)					최저없음
	저소득층 학생	일괄	학생부종합 최저없음	일괄전형 유지, 최저없음 기초수급 및 차상위자녀 등	40 2021 40	서류 100%				1. 농어촌 44명 서류100% 2. 실기우수 109명 전형생략 3. 체육특기 9명 전형생략 4. 특수교육 4명 교과100%	최저없음

2021 저소득층 (서류100%) 최종등록 내신평균-표준편차-내신최저★

●삼척캠퍼스 저소득층 입학결과
글로벌인재 4.9　　　레저스포츠 7.0　　　멀티디자인 4.3
신소재공학 6.3-1.4-7.7　에너지공학 7.1-0.8-7.9　생활조형디자인 6.3
전기제어 5.4-1.2-6.6　전자정보통신 6.7

●도계캠퍼스 저소득층 입학결과 *(최하위 표준편차 1.5 이상 참고할 것)*
소방방재 6.4-1.0-7.4　간호학과 4.6-0.5-5.2　물리치료 4.7
방사선학 8.5　　　식품영양 5.1　　　응급구조 5.3
관광학과 6.3　　　사회복지 4.9　　　유아교육 4.0
일본어학 6.7　　　연극영화 7.7

★★ 삼척캠퍼스 및 도계캠퍼스 학과 소개 ★★

●삼척캠퍼스 학과
<인문사회> 공공행정/지역경제/영어과
<디자인스포츠> 멀티디자인(실)/생활조경디자인(실)/레저스포츠(특기)
<공과대학> 토목/에너지/건축공/환경/기계/자동차/메카트로닉스 전기/제어/화공/신소재/전자공/컴공/산업/건축학/ 재료금속

●도계캠퍼스 학과
<인문사회> 관광학/일본어/유아교육/사회복지
<디자인스포츠> 연극영화학과
<공학대학> 소방방재학부/해양건설시스템공학
<보건과학대학> 식품영양/생약자원/응급구조/간호/방사선/ 물리치료/안경광학/치위생/작업치료/방송미디어

2021 강원대춘천 교과우수자 (인문)

		최저 있음 2022 인원	① 간호인문: 2개합 5등급　② 국교/영교/사범 기타: 2개합 6등급　③ 기타모든 인문전체: 2개합 7등급													
▶학생부 100% 일괄			2021경쟁률 및 충원률				실질경쟁률 올림				최종등록률		최초 합격		최종 등록		
			모집 인원	경쟁률	추합 인원	충원률	지원자	최저 충족	최저 충족률	실질 경쟁률	최종 등록	등록 률%	평균 등급	표준 편차	평균 등급	표준 편차	최종등록 최하등급
경영 대학	경영·회계학부	52	52	5.31	99	190%	276	152	55.1%	1.01	46	88%	2.81	0.25	3.69	0.69	6.29
	경제·정보통계	17	14	7.79	37	264%	109	59	54.1%	1.16	12	86%	3.03	0.38	3.60	0.32	4.09
	관광경영학과	6	5	6.40	6	120%	32	15	46.9%	1.36	4	80%	2.79	0.47	3.69	0.30	3.88
	국제무역학과	11	11	4.91	9	82%	54	20	37.0%	1.00	10	91%	3.38	0.37	4.72	1.04	6.51
문화예술	영상문화학과	13	11	10.1	13	118%	111	48	43.2%	2.00	10	91%	2.75	0.56	3.17	0.50	3.60
사회 과학 대학	문화인류학과	12	12	5.00	15	125%	60	27	45.0%	1.00	8	67%	3.31	0.22	4.21	1.04	6.80
	부동산학과	14	14	5.29	16	114%	74	32	43.2%	1.07	14	100%	3.27	0.32	3.96	0.60	5.40
	사회학과	6	6	7.17	12	200%	43	22	51.2%	1.22	4	67%	2.60	0.29	3.56	0.32	3.96
	미디어커뮤니케	6	5	5.20	3	60%	26	11	42.3%	1.38	5	100%	3.67	0.88	4.16	0.96	5.11
	정치외교학과	8	7	13.6	14	200%	95	33	34.7%	1.57	7	100%	3.17	0.22	3.82	0.42	4.35
	행정·심리학부	15	14	5.43	29	207%	76	43	56.6%	1.00	12	86%	2.21	0.34	3.65	1.50	7.77
간호대	간호학과 인문	7	7	10.3	6	86%	72	36	50.0%	2.77	6	86%	1.96	0.21	2.18	0.20	2.42
인문대	인문학부	80	78	5.63	102	131%	439	213	48.5%	1.18	74	95%	3.21	0.28	3.68	0.30	4.25
사범 대학	교육학과	3	3	18.3	3	100%	55	16	29.1%	2.67	3	100%	2.84	0.09	2.94	0.22	3.25
	국어교육과	6	6	7.33	14	233%	44	25	56.8%	1.25	6	100%	2.14	0.19	3.11	0.24	3.50
	역사교육과	6	6	12.7	9	150%	76	43	56.6%	2.87	6	100%	1.99	0.29	2.48	0.27	3.03
	영어교육과	9	9	5.33	22	244%	48	35	72.9%	1.13	9	100%	2.40	0.30	3.19	1.02	5.93
	윤리교육과	6	6	9.33	18	300%	56	38	67.9%	1.58	5	83%	2.15	0.12	2.72	0.12	2.85
	일반사회교육과	-	-	-	-	-	-	-	-	-	-	-	-	-	-	-	-
	지리교육과	9	9	8.67	10	111%	78	42	53.8%	2.21	8	89%	3.13	0.24	3.15	0.22	3.44
독립학	자전인문	14	11	18.8	13	118%	225	81	36.0%	3.38	12	109%	3.01	0.33	3.36	0.14	3.62
인문 총계		286	275	8.09	437	160%	1824	910	49.7%	1.55	249	90%	2.78	0.32	3.46	0.54	4.55

2021 강원대춘천 종합전형 미래인재 (인문)

		최저 없음 2022 인원	▶종합평가 지표: 전공적합성20%, 학업역량30%, 공동체의식15%, 성실/열정15%, 잠재역량/도전발전가능성20% ▶기타 주요사항: 모집단위별 인재상, 주요 관련 교과 및 활동, 추천도서 등													
▶1단계: 서류 100% 　(3배수) ▶2단계: 면접 30%			2021 경쟁률 및 충원률				1단계 합격				최종등록률		최초 합격		최종 등록		
			모집 인원	경쟁률	추합 인원	충원률	합격 인원	평균 등급	표준 편차	최하 등급	최종 등록	등록 률%	평균 등급	표준 편차	평균 등급	표준 편차	최종등록 최하등급
경영 대학	경영·회계학부	43	49	4.82	38	78%	98	3.47	0.48	4.30	36	73%	3.36	0.45	3.66	0.51	4.30
	경제·정보통계	17	17	4.18	8	47%	34	3.59	0.42	4.50	11	65%	3.54	0.43	3.86	0.22	4.24
	관광경영학과	9	10	13.9	5	50%	30	3.62	0.53	5.47	10	100%	3.48	0.43	3.65	0.35	4.30
	국제무역학과	13	15	4.00	15	100%	38	3.77	0.66	5.98	15	100%	3.61	0.84	3.81	0.50	5.11
문화예술	영상문화학과	6	8	18.5	4	50%	24	3.37	0.47	3.93	8	100%	3.34	0.35	3.41	0.35	3.71
사회 과학 대학	문화인류학과	2	2	6.50		0%	6	5.20	1.22	7.89	2	100%	4.83	0.02	4.83	0.02	4.85
	사회학과	8	8	9.00	12	150%	24	3.38	0.41	4.48	8	100%	3.12	0.24	3.49	0.33	3.89
	미디어커뮤니케	6	6	6.67	5	83%	18	3.43	0.55	4.66	6	100%	3.09	0.60	3.53	0.42	4.04
	정치외교학과	4	4	10.8	2	50%	12	3.84	0.62	5.51	4	100%	3.94	0.93	4.15	0.79	5.51
	행정·심리학부	12	12	8.75	18	150%	36	3.10	0.31	3.92	12	100%	2.79	0.17	3.01	0.30	3.55
간호대	간호학과 인문	4	4	9.50	5	125%	12	3.01	0.89	5.32	4	100%	3.34	1.32	3.76	1.01	5.32
인문대	인문학부	48	49	6.02	38	78%	98	3.47	0.43	4.30	36	73%	3.27	0.43	3.61	0.39	4.30
사범 대학	교육학과	3	3	8.67	2	67%	9	2.52	0.25	2.97	3	100%	2.55	0.10	2.45	0.20	2.69
	국어교육과	10	10	4.20	15	150%	30	2.55	0.39	3.49	8	80%	2.48	0.37	2.87	0.35	3.49
	영어교육과	8	8	3.50	10	125%	24	2.90	0.41	4.10	7	88%	2.69	0.31	2.74	0.27	3.33
	윤리교육과	4	4	11.0	4	100%	12	2.67	0.27	3.27	4	100%	2.50	0.20	2.83	0.15	3.27
	일반사회교육과	3	3	9.33	3	100%	9	2.34	0.41	3.07	3	100%	1.93	0.11	2.69	0.38	3.07
	한문교육과	3	4	5.25	3	75%	12	3.48	0.37	4.17	3	75%	3.33	0.28	3.15	0.14	3.34
인문 총계		203	216	8.03	187	88%	526	3.32	0.50	4.52	180	92%	3.18	0.42	3.42	0.38	4.02

2021 강원대춘천 교과우수자 (자연)

20210429 올림

① 수의예: 3개합 7 (수가, 과탐 응시지정)　　② 간호: 수나포함시 2개합 5 수가포함시 2개합 7
③ 수교/과교: 2개합 7 (수가, 과탐 응시지정)　　④ 기타 모든자연학과: 수나포함시 2개합 7 수가포함시 2개합 9

▶ 학생부 100% 일괄

		수능최저있음 2022 인원	2021경쟁률 및 충원률				실질경쟁률 올림				최종등록률		최초 합격		최종 등록		
			모집인원	경쟁률	추합인원	충원률	지원자	최저충족	최저충족률	실질경쟁률	최종등록	등록률%	평균등급	표준편차	평균등급	표준편차	최종등록최하등급
공과대학	건축·토목·환경	35	38	4.95	51	134%	188	107	56.9%	1.20	36	95%	3.52	0.24	3.90	0.30	4.40
	건축학과 5년	4	6	7.33	7	117%	44	22	50.0%	1.69	5	83%	2.90	0.24	3.05	0.39	3.49
	기계의용·메카	37	37	3.43	25	68%	127	62	48.8%	1.00	20	54%	3.24	0.30	4.12	0.84	6.36
	에너지자원	23	23	3.91	25	109%	90	50	55.6%	1.04	22	96%	3.65	0.32	4.13	0.56	5.77
	화학생물공학	19	19	6.26	29	153%	119	68	57.1%	1.42	17	89%	2.71	0.28	3.08	0.39	3.65
농업생명과학대학	바이오산업공	11	11	4.55	15	136%	50	29	58.0%	1.12	10	91%	3.26	0.24	3.69	0.28	4.03
	생물자원과학	11	13	3.92	10	77%	51	26	51.0%	1.13	8	62%	3.48	0.35	4.06	0.65	4.85
	원예·농업자원	12	11	5.73	12	109%	63	24	38.1%	1.04	11	100%	3.66	0.24	4.04	0.35	4.58
	지역건설공학	6	7	6.86	12	171%	48	20	41.7%	1.05	6	86%	4.02	0.13	4.73	0.42	5.34
	환경융합	15	15	4.53	15	100%	68	34	50.0%	1.13	15	100%	3.54	0.31	4.22	0.53	5.02
동물생명과학	동물산업융합	10	11	5.82	10	91%	64	21	32.8%	1.00	11	100%	4.04	0.40	4.73	0.64	6.15
	동물응용과학	11	13	7.38	17	131%	96	39	40.6%	1.30	13	100%	3.88	0.19	4.15	0.25	4.55
	동물자원과학	11	13	10.9	15	115%	142	40	28.2%	1.43	13	100%	3.27	0.41	3.91	0.72	4.71
산림환경과학	산림과학부	24	22	8.45	42	191%	186	88	47.3%	1.38	20	91%	3.27	0.23	3.83	0.43	4.47
	목재·종이과학부	15	17	4.71	5	29%	80	28	35.0%	1.27	17	100%	4.15	0.26	4.32	0.19	4.65
	생태조경디자인	6	6	5.00	3	50%	30	9	30.0%	1.00	5	83%	3.65	0.55	3.77	0.84	5.17
수의대	수의예과	18	18	10.8	41	228%	194	85	43.8%	1.44	17	94%	1.17	0.05	1.35	0.13	1.56
간호대	간호학과 자연	15	15	9.40	27	180%	141	68	48.2%	1.62	14	93%	2.32	0.17	2.70	0.15	2.90
의생명과학대학	분자생명과학	8	9	3.67	6	67%	33	19	57.6%	1.27	9	100%	3.23	0.23	3.33	0.24	3.67
	생명건강공학	9	10	3.50	7	70%	35	17	48.6%	1.00	6	60%	3.35	0.25	3.91	0.99	6.08
	생물의소재공	8	8	4.25	12	150%	34	22	64.7%	1.10	8	100%	3.48	0.08	3.72	0.30	4.19
	의생명융합학	16	16	4.50	22	138%	72	38	52.8%	1.00	13	81%	2.86	0.30	3.59	0.76	5.24
자연과학대학	물리학과	7	10	6.90	15	150%	69	33	47.8%	1.32	9	90%	3.57	0.34	4.09	0.38	4.43
	생명과학과	6	7	7.29	7	100%	51	32	62.7%	2.29	6	86%	2.92	0.24	3.19	0.30	3.47
	수학과	6	6	5.17	8	133%	31	22	71.0%	1.57	6	100%	2.86	0.16	3.37	0.31	3.80
	지질·지구물리학부	17	18	5.72	13	72%	103	35	34.0%	1.13	18	100%	4.04	0.34	4.35	0.48	4.95
	화학생화학	21	21	7.10	18	86%	149	66	44.3%	1.69	21	100%	3.05	0.35	3.45	0.35	3.84
IT대학	전기전자공학	32	32	4.50	45	141%	144	79	54.9%	1.03	30	94%	2.96	0.24	3.65	0.67	5.17
	전자공학과	12	12	6.50	19	158%	78	48	61.5%	1.55	11	92%	3.09	0.22	3.34	0.19	3.58
	컴퓨터공학부	43	39	6.05	73	187%	230	125	54.3%	1.12	34	87%	2.86	0.23	3.43	0.54	4.52
	AI융합학과(신설)	10	-	-	-	-	-	-	-	-	-	-	-	-	-	-	-
사범대학	가정교육과	4	4	4.50	0	0%	18	6	33.3%	1.50	2	50%	3.20	0.40	3.52	0.21	3.73
	과학교육학부	8	8	7.38	6	75%	59	30	50.8%	2.14	7	88%	2.62	0.30	3.09	0.23	3.45
	수학교육과	7	7	10.1	5	71%	71	29	40.8%	2.42	7	100%	2.44	0.26	2.66	0.31	3.00
약학대	약학과 (신설)	15	-	-	-	-	-	-	-	-	-	-	-	-	-	-	-
의과대	의예과	10	10	31.9	28	280%	319	92	28.8%	2.42	6	60%	1.02	0.01	1.08	0.05	1.15
독립학	자유전공(자연)	14	10	17.6	7	70%	176	70	39.8%	4.12	10	100%	3.32	0.13	3.51	0.13	3.71
자연 총계		536	522	6.09	617	115%	2958	1421	48.3%	1.34	447	89%	3.22	0.27	3.65	0.43	4.39

2021 강원대춘천 종합전형 미래인재 (자연)

▶1단계: 서류 100%
　(3배수)
▶2단계: 면접 30%

수능 최저 없음

▶**종합평가 지표:** 전공적합성 20%, 학업역량 30%, 공동체의식 15%, 성실/열정 15%, 잠재역량/도전발전가능 20%
▶**기타 주요사항:** 모집단위별 인재상, 주요 관련 교과 및 활동, 추천도서 등

| | | 2022 인원 | 2021 경쟁률 및 충원률 | | | | 1단계 합격 | | | | 최종등록률 | | 최초 합격 | | 최종 등록 | | |
			모집 인원	경쟁률	추합 인원	충원률	합격 인원	평균 등급	표준 편차	최하 등급	최종 등록	등록 률%	평균 등급	표준 편차	평균 등급	표준 편차	최종등록 최하등급
공과 대학	건축·토목·환경	15	15	5.13	11	73%	38	3.82	0.36	4.90	12	80%	3.60	0.41	3.72	0.38	4.90
	건축학과 5년	6	6	21.8	3	50%	18	3.74	0.55	4.57	6	100%	3.51	0.50	3.67	0.42	4.53
	기계의용·메카	26	26	6.04	20	77%	52	3.61	0.43	4.66	26	100%	3.52	0.45	3.69	0.44	4.66
	에너지자원	10	11	2.91	5	45%	31	4.23	0.61	6.64	11	100%	3.87	0.24	4.06	0.25	4.59
	화학생물공학	13	14	3.50	12	86%	35	3.10	0.54	4.42	14	100%	2.73	0.35	3.12	0.70	4.42
농업 생명 과학 대학	바이오산업공	14	14	3.43	12	86%	35	3.64	0.67	4.52	13	93%	3.61	0.26	3.64	0.63	4.23
	생물자원과학	10	10	4.50	7	70%	30	4.05	0.88	6.09	10	100%	3.40	0.66	4.03	1.05	6.09
	원예·농업자원	17	20	4.90	11	55%	40	4.12	0.55	5.02	19	95%	3.89	0.45	4.25	0.53	5.02
	지역건설공학	7	8	3.75	3	38%	24	4.66	0.52	5.96	8	100%	4.36	0.30	4.32	0.25	4.81
	환경융합학부	15	16	4.88	12	75%	40	3.92	0.39	4.78	16	100%	3.70	0.42	4.06	0.36	4.78
동물 생명 과학	동물산업융합	13	15	5.80	8	53%	38	4.28	0.59	5.49	15	100%	4.18	0.37	4.18	0.37	4.95
	동물응용과학	10	11	5.82	2	55%	33	4.48	0.44	5.89	11	100%	4.18	0.30	4.40	0.41	5.19
	동물자원과학	10	10	6.10	4	40%	30	4.19	0.92	6.40	10	100%	3.60	0.40	3.89	0.34	4.32
산림 환경 과학	산림과학부	15	15	5.07	9	60%	38	3.66	0.80	6.19	15	100%	3.41	0.94	3.63	0.90	6.19
	산림응용공학	9	9	3.44	2	22%	27	4.89	0.56	6.06	9	100%	4.59	0.31	4.67	0.30	5.15
	생태조경디자인	5	5	8.20	5	100%	15	3.84	0.60	4.75	5	100%	3.85	0.30	3.72	0.22	4.07
의과대	의예과	9	9	19.6	4	44%	27	1.30	0.30	2.42	9	100%	1.30	0.27	1.20	0.10	1.33
간호대	간호학과 자연	6	6	13.8	8	133%	18	2.47	0.25	2.93	6	100%	2.28	0.21	2.65	0.18	2.93
의생명 과학 대학	분자생명과학	5	5	7.20	4	80%	15	3.89	1.38	7.56	5	100%	3.25	0.26	3.30	0.23	3.71
	생명건강공학	5	5	5.00	1	20%	15	3.71	0.33	4.53	5	100%	3.45	0.05	3.54	0.19	3.91
	의생명융합학	12	12	7.75	15	125%	36	3.40	0.40	4.45	12	100%	3.21	0.25	3.50	0.35	4.45
자연 과학 대학	물리학과	3	4	3.50	5	125%	12	4.24	0.88	5.69	4	100%	3.80	0.86	4.56	0.73	5.69
	생명과학과	8	8	6.25	14	175%	24	3.34	0.33	4.04	8	100%	3.29	0.27	3.54	0.34	4.04
	수학과	6	6	6.33	10	167%	18	3.78	0.28	4.42	6	100%	3.66	0.23	3.74	0.33	4.42
	지질·지구물리학부	8	9	5.22	9	100%	27	4.15	0.42	5.36	9	100%	4.03	0.37	4.28	0.33	4.69
	화학생화학 (신설)	15	15	4.20	16	107%	38	3.41	0.44	4.18	14	93%	3.17	0.38	3.60	0.32	4.09
IT 대학	전기전자공학	16	16	5.19	14	88%	40	3.46	0.55	4.50	13	81%	3.15	0.51	3.80	0.33	4.50
	전자공학과	8	9	6.56	10	111%	27	3.85	0.43	5.24	9	100%	3.63	0.32	3.78	0.17	4.03
	컴퓨터학부	20	20	11.3	12	60%	40	3.37	0.34	4.37	13	65%	3.35	0.40	3.46	0.46	4.37
사범 대학	과학교육학부	16	16	5.50	17	106%	40	2.81	0.84	7.38	16	100%	2.79	1.24	3.13	1.14	7.38
	수학교육과	8	8	3.75	9	113%	24	2.69	0.39	3.54	8	100%	2.32	0.24	2.73	0.29	3.10
자연 총계		340	353	6.66	278	82%	925	3.68	0.55	5.06	337	97%	3.44	0.40	3.67	0.42	4.53

▶학생부 100% 일괄		최저있음 2022 인원	2021경쟁률 및 충원률				실질경쟁률 올림				최종등록률		최초 합격		최종 등록		
			모집인원	경쟁률	추합인원	충원률	지원자	최저충족	최저충족률	실질경쟁률	최종등록	등록률%	평균등급	표준편차	평균등급	표준편차	최종등록최하등급
경영대학	경영·회계학부	29	31	3.55	35	113%	110	67	60.9%	1.02	28	90%	2.80	0.21	3.42	0.70	5.82
	경제·정보통계	13	11	3.18	3	27%	35	14	40.0%	1.00	6	55%	3.25	0.37	3.77	0.43	4.39
	관광경영학과	5	5	4.00	3	60%	20	8	40.0%	1.00	4	80%	2.63	0.55	4.03	1.14	5.87
	국제무역학과	10	10	3.80	7	70%	38	18	47.4%	1.06	8	80%	3.27	0.38	4.21	0.99	6.35
문화예술	영상문화학과	8	6	16.8	3	50%	101	34	33.7%	3.78	6	100%	3.20	0.18	3.46	0.15	3.60
사회과학대학	문화인류학과	5	5	9.20	3	60%	46	19	41.3%	2.38	5	100%	3.44	0.28	3.79	0.06	3.84
	부동산학과	5	5	5.60	3	60%	28	14	50.0%	1.75	5	100%	3.50	0.14	3.70	0.20	3.95
	사회학과	3	2	12.0	2	100%	24	8	33.3%	2.00	2	100%	2.64	0.80	3.57	0.14	3.71
	미디어커뮤니케	5	5	4.40	9	180%	22	14	63.6%	1.00	4	80%	2.31	0.30	2.82	0.80	3.99
	정치외교학과	5	4	6.50	2	50%	26	15	57.7%	2.50	4	100%	3.36	0.18	3.53	0.09	3.67
	행정·심리학부	10	9	4.44	17	189%	40	29	72.5%	1.12	9	100%	2.20	0.24	2.92	0.32	3.35
간호대	간호학과 인문	7	7	9.00	6	86%	63	25	39.7%	1.92	7	100%	2.19	0.29	2.58	0.31	3.06
인문대	인문학부	33	34	4.09	31	91%	139	73	52.5%	1.12	33	97%	3.06	0.35	3.91	0.67	4.81
사범대학	교육학과	3	3	5.33	5	167%	16	10	62.5%	1.25	3	100%	2.57	0.05	3.35	0.91	4.45
	국어교육과	4	4	5.75	6	150%	23	14	60.9%	1.40	4	100%	2.33	0.35	2.71	0.08	2.83
	역사교육과	3	3	5.33	3	100%	16	10	62.5%	1.67	2	67%	2.04	0.23	2.62	0.05	2.67
	영어교육과	6	6	4.67	11	183%	28	20	71.4%	1.18	4	67%	1.96	0.28	2.79	0.45	3.49
	일반사회교육과	6	6	4.17	7	117%	25	18	72.0%	1.38	6	100%	2.01	0.30	2.66	0.32	3.06
	지리교육과	3	3	5.00	6	200%	15	11	73.3%	1.22	3	100%	2.55	0.30	3.22	0.47	3.84
	한문교육과	3	2	5.50	1	50%	11	5	45.5%	1.67	2	100%	2.91	0.15	3.01	0.26	3.27
독립학	자전인문	14	16	10.1	15	94%	162	94	58.0%	3.03	16	100%	2.96	0.24	3.34	0.24	3.58
인문 총계		166	161	6.31	163	105%	826	426	54.0%	1.57	145	91%	2.71	0.30	3.30	0.43	4.00
공과대학	건축·토목·환경	20	24	3.29	11	46%	79	37	46.8%	1.06	23	96%	3.58	0.47	3.97	0.29	4.54
	건축학과 5년	5	5	5.80	10	200%	29	15	51.7%	1.00	5	100%	2.72	0.25	3.51	0.55	4.35
	기계의용·메카	20	23	3.13	17	74%	72	43	59.7%	1.08	20	87%	3.14	0.37	3.61	0.45	4.22
	에너지자원	10	10	2.40	2	20%	24	12	50.0%	1.00	10	100%	4.05	0.26	4.17	0.29	4.83
	화학생물공학	11	11	3.18	17	155%	35	28	80.0%	1.00	11	100%	2.22	0.19	2.74	0.53	3.86
농업생명과학대학	바이오산업공	12	15	2.87	3	20%	43	18	41.9%	1.00	12	80%	3.73	0.58	4.29	0.94	6.61
	생물자원과학	13	13	4.31		0%	56	9	16.1%	0.69	6	46%	4.73	0.45	4.80	0.45	5.44
	원예·농업자원	17	17	4.29	5	29%	73	22	30.1%	1.00	16	94%	4.33	0.54	4.71	0.47	5.46
	지역건설공학	6	6	5.50	2	33%	33	12	36.4%	1.50	4	67%	4.31	0.09	4.35	0.16	4.68
	환경융합	18	18	4.22	8	44%	76	29	38.2%	1.12	18	100%	3.94	0.60	4.54	0.53	5.20
동물생명과학	동물산업융합	5	5	4.60		0%	23	4	17.4%	0.80	4	80%	5.11	1.05	5.11	1.05	6.18
	동물응용과학	7	7	4.71	1	14%	33	8	24.2%	1.00	6	86%	4.52	0.24	4.76	0.59	5.96
	동물자원과학	8	8	6.63		0%	53	4	7.5%	0.50	2	25%	4.32	0.67	4.54	0.41	4.95
산림환경과학	산림과학부	22	20	6.10	8	40%	122	33	27.0%	1.18	20	100%	3.70	0.28	3.91	0.37	4.58
	목재·종이과학부	15	19	5.94	4	21%	101	25	24.8%	1.09	17	89%	4.46	0.38	4.68	0.33	5.12
	생태조경디자인	5	5	5.00	1	20%	25	8	32.0%	1.33	5	100%	3.85	0.32	4.01	0.44	4.61
수의대	수의예과	7	7	6.43	8	114%	45	23	51.1%	1.53	7	100%	1.37	0.11	1.65	0.14	1.79
간호대	간호학과 자연	7	10	11.3	4	40%	113	26	23.0%	1.86	10	100%	2.24	0.21	2.46	0.26	2.86
의생명과학대학	분자생명과학	7	7	2.86	4	57%	20	11	55.0%	1.00	6	86%	3.33	0.21	3.68	0.47	4.48
	생명건강공학	7	7	3.14	4	57%	22	12	54.5%	1.09	6	86%	3.79	0.54	4.72	0.81	5.48
	생물의소재공	5	5	3.20	3	60%	16	8	50.0%	1.00	5	100%	3.84	0.16	3.98	0.33	4.56
	의생명융합학	13	13	2.69	5	38%	35	18	51.4%	1.00	8	62%	2.86	0.34	3.55	1.10	6.05
자연과학대학	물리학과	5	7	4.00	2	29%	28	11	39.3%	1.22	7	100%	3.47	0.49	3.66	0.53	4.31
	생명과학과	6	7	5.00	2	29%	35	9	25.7%	1.00	5	71%	3.07	0.58	3.73	1.21	5.46
	수학과	5	5	2.40		0%	12	5	41.7%	1.00	2	40%	3.20	0.48	3.08	0.17	3.25
	지질·지구물리학부	9	10	3.60		0%	36	9	25.0%	0.90	6	60%	4.40	0.76	4.80	0.30	5.17
	화학생화학	13	13	2.23	4	31%	29	17	58.6%	1.00	9	69%	3.19	0.19	3.95	0.94	6.23
IT대학	전기전자공학	13	15	4.33	22	147%	65	50	76.9%	1.35	14	93%	2.72	0.21	3.17	0.26	3.52
	전자공학과	6	6	5.33	5	83%	32	16	50.0%	1.45	6	100%	3.15	0.35	3.64	0.21	3.89
	컴퓨터공학부	16	15	5.80	19	127%	87	57	65.5%	1.68	11	73%	2.64	0.21	3.11	0.28	3.46
	AI융합학과(신설)	5	-	-	-	-	-	-	-	-	-	-	-	-	-	-	-
사범대학	가정교육과	2	6	6.50	1	17%	13	4	30.8%	0.57	2	33%	2.96	0.14	3.36	0.26	3.62
	과학교육학부	4	4	4.75	1	17%	19	9	47.4%	1.29	4	67%	2.45	0.34	2.36	0.42	2.94
	수학교육과	5	5	3.60	2	60%	18	8	44.4%	1.00	2	40%	2.34	0.28	2.51	0.04	2.55
약학대	약학과 (신설)	11	-	-	-	-	-	-	-	-	-	-	-	-	-	-	-
의과대	의예과	15	15	8.67	15	100%	130	35	26.9%	1.17	15	100%	1.17	0.09	1.73	0.34	2.40
독립학	자유전공(자연)	14	11	9.55	13	118%	105	68	64.8%	2.83	9	82%	3.12	0.32	3.56	0.20	3.79
자연 총계		329	350	4.52	176	49%	1502	703	41.6%	1.10	291	81%	3.45	0.37	3.79	0.47	4.55

인문: ① 간호인문: 2개합 5등급　② 국교/영교/사범 기타: 2개합 6등급　③ 기타모든 인문전체: 2개합 7등급
자연: ① 수의예: 3개합 7 (수가, 과탐 응시지정)　③ 간호: 수나포함시 2개합 5 수가포함시 2개합 7
② 수교/과교: 2개합 7 (수가, 과탐 응시지정)　④ 기타 모든자연학과: 수나포함시 2개합 7 수가포함시 2개합 9

대학	2021학년도 모집단위	국어	수학가	수학나	사탐2	과탐2	국수탐2 백분위합 자연수나기준	영어 등급	영어 백분위 변환점수
경영대학	경영·회계학부	75.18	58.00	74.38	76.22	61.67	225.78	2.68	93.97
	경제·정보통계학부	75.72		76.72	77.45		229.89	2.78	93.56
	관광경영학과	73.11		74.44	77.31	73.50	224.87	2.67	94.22
	국제무역학과	75.50		67.33	64.46		207.29	3.00	92.83
사회과학 대학	문화인류학과	68.91		64.27	76.14		209.32	2.64	93.82
	부동산학과	72.29		78.43	73.71		224.43	2.29	96.14
	사회학과	70.89		56.56	74.78		202.22	3.00	93.22
	신문방송학과	67.67		73.67	77.42		218.75	3.00	91.67
	정치외교학과	68.67		68.83	74.67		212.17	2.83	93.33
	행정·심리학부	78.61	61.00	72.81	75.93	90.50	227.35	2.50	94.75
인문대학	인문학부	73.40		65.78	72.71		211.90	2.89	93.14
문화예술	영상문화학과(인문사회계열)	76.23		76.23	71.79	76.00	224.25	2.69	94.38
간호대학	간호학과 인문	88.20		83.00	82.30		253.50	2.40	95.80
사범대학 인문계열 체능계열	교육학과	75.17		70.83	80.92		226.92	3.17	91.17
	국어교육과	82.55		75.91	77.64		236.09	2.45	95.00
	역사교육과	82.00		74.14	91.00		247.14	2.14	96.57
	영어교육과	77.55		78.45	69.86		225.86	2.27	96.18
	윤리교육과	76.17		76.00	79.92		232.08	2.50	95.50
	일반사회교육과	78.00		84.14	74.93		237.07	2.43	94.71
	지리교육과	78.50		71.25	84.00		233.75	3.25	91.50
	한문교육과	66.33		64.00	75.50		205.83	3.50	89.00
	체육교육과 (수능 300점 만점)	72.77		80.38	64.30	46.33	199.49	3.15	91.38
독립학부	자전인문	73.94	34.00	72.04	74.87	69.00	220.85	2.96	92.88
문화예술 공과대학	건축 토목 환경공학부	60.54	51.48	72.20		64.38	197.12	3.20	91.40
	건축학과 5년제	79.89	56.38	69.00		69.17	218.06	2.11	95.11
	기계의용 메카트로 재료공	66.77	57.76	83.33		69.17	219.27	3.00	92.13
	에너지자원·산업공학부	61.38	49.20	89.00		61.24	211.62	3.57	88.95
	화공·생물공학부	70.90	57.29	71.75		67.50	210.15	2.90	92.62
농업생명 과학대학	바이오산업공학부	61.38	64.70	85.00		69.79	216.17	3.31	89.85
	생물자원과학부	66.52	48.84	69.75		60.63	196.90	3.26	90.17
	원예·농업자원경제학부	62.22		78.00	76.28		216.50	3.67	88.89
	지역건설공학과	71.00	61.00	83.00		58.10	212.10	3.20	90.60
	환경융합학부	70.14	46.33	70.00		66.00	206.14	2.57	94.29
동물생명 과학대학	동물산업융합학과	64.00	60.75	66.00		68.60	198.60	3.67	88.89
	동물응용과학과	63.00	54.25	71.80		69.65	204.45	3.44	88.78
	동물자원과학과	67.21	56.08	89.00		66.96	223.18	2.86	92.93
사범대학 자연계열	가정교육과	68.33		76.83	74.00	61.50	219.17	3.00	92.83
	과학교육학부 수가지정 ★	75.75	65.58			77.92	219.25	2.50	94.33
	체육교육과 (수능 300점 만점)	72.77		80.38	64.30	46.33	199.49	3.15	91.38
산림환경 과학대학	산림과학부	59.73	62.25	78.36	71.34	71.57	209.44	3.23	90.88
	목재·종이과학부	61.86	63.00	78.40	73.85	63.50	214.11	3.50	89.00
	생태조경디자인학과	57.17	68.00	66.20	68.50	78.50	191.87	3.17	91.17
수의대학	수의예과 수가지정 ★	94.06	95.63			97.06	286.75	1.25	99.25
약학대학	약학과 (2022 신설)	-	-	-	-	-	-	-	-
의과대학	의예과 수가지정 ★	95.58	97.37			97.84	290.79	1.00	100.00
간호대학	간호학과 자연	74.11	72.73	87.71		77.39	239.21	2.44	95.67
의생명 과학대학	분자생명과학과 수가지정 ★	63.33	60.00			76.75	200.08	2.83	92.17
	생명건강공학과 수가지정 ★	74.10	58.44	86.00		69.15	201.69	3.00	93.30
	생물의소재공학 수가지정 강추★	63.14	52.17	86.00		69.57	184.88	3.00	93.00
	의생명융합학부	65.48	57.95	82.00		65.04	212.52	2.87	92.87
자연과학 대학	물리학과 수가지정 강추★	58.14	63.00	89.00		73.21	194.36	3.29	90.14
	생명과학과 수가지정 강추★	68.60	51.75	70.00		69.50	189.85	3.30	91.00
	수학과	62.00	61.88	59.00		43.94	164.94	4.33	84.56
	지질·지구물리학부	61.00	55.36	78.25		72.87	212.12	2.93	92.33
	화학 생화학부	57.00	50.55	85.33		63.00	205.33	3.29	89.64
IT대학	전기전자공학과	64.68	64.43	82.38		72.47	219.52	3.06	92.00
	전자공학과	61.64	63.70	86.00		78.36	226.00	2.55	95.36
	컴퓨터공학과	69.46	69.34	81.24	80.34	72.62	231.04	3.06	92.14
	AI융합학과 (2022 신설)	-	-	-	-	-	-	-	-
독립학부	자전자연	65.46	58.98	83.31		66.53	215.30	3.00	91.95

2021 강원대 삼척캠퍼스 교과우수자 (인문/자연)

▶학생부 100% 일괄		최저없음 2022 인원	2021 경쟁률 및 충원률				실질경쟁률/최종등록률 올림					최초 합격		최종 등록		
			모집인원	경쟁률	추합인원	충원률	지원자		실질경쟁률	최종등록	등록률%	평균등급	표준편차	평균등급	표준편차	최하등급
인문사회	글로벌인재학부	49	34	5.26	98	288%	179		1.36	26	76%	4.25	0.72	5.43	0.81	6.58
예체능	레저스포츠		4	5.00	15	375%	20		1.05	3	75%	2.43	0.32	4.54	0.83	5.49
공학대학	건설융합학부	28	33	3.64	54	164%	120		1.38	31	94%	4.67	0.66	5.62	0.69	6.51
	기계시스템공	36	38	2.53	58	153%	96		1.00	22	58%	4.13	0.50	6.27	1.26	8.10
	AI 소프트웨어	36	28	3.29	61	218%	92		1.03	24	86%	4.09	0.55	4.94	1.07	7.39
	신소재공학	22	22	3.00	44	200%	66		1.00	19	86%	4.56	0.44	5.36	0.85	7.83
	에너지공학부	21	20	3.00	25	125%	60		1.33	19	95%	5.15	0.43	5.48	0.62	6.54
	전기제어계측공	26	22	4.86	36	164%	107		1.84	17	77%	4.26	0.78	5.25	0.71	6.05
	전자정보통신공	23	26	3.73	38	146%	97		1.52	24	92%	4.34	0.69	5.22	0.54	6.08
	지구환경시스템	19	21	3.38	47	224%	71		1.04	16	76%	5.06	0.38	5.96	0.74	7.54
삼척캠퍼스 총계		260	248	3.77	476	206%	908		1.26	201	82%	4.29	0.55	5.41	0.81	6.81

2021 강원대 도계캠퍼스 교과우수자 (인문/자연)

▶학생부 100% 일괄		최저없음 2022 인원	2021 경쟁률 및 충원률				실질경쟁률/최종등록률 올림					최초 합격		최종 등록		
			모집인원	경쟁률	추합인원	충원률	지원자		실질경쟁률	최종등록	등록률%	평균등급	표준편차	평균등급	표준편차	최하등급
인문사회	관광학과		12	4.08	37	308%	49		1.00	9	75%	4.08	0.52	5.49	0.72	6.84
	사회복지학과	10	11	13.0	34	309%	143		3.18	11	100%	3.05	0.26	3.94	0.28	4.27
	유아교육과	4	10	12.1	32	320%	121		2.88	10	100%	2.90	0.58	3.66	0.31	4.06
	일본어학과	6	6	8.50	16	267%	51		2.32	4	67%	3.63	0.49	4.74	0.34	5.09
공학대	소방방재	32	30	6.93	38	127%	208		3.06	30	100%	3.46	0.48	3.82	0.59	4.36
보건과학대학	간호학과	17	17	5.24	13	76%	89		2.97	17	100%	1.64	0.28	1.95	0.22	2.30
	물리치료학과	9	9	8.44	16	178%	76		3.04	8	89%	2.07	0.23	2.42	0.53	2.91
	방사선학과	10	10	8.10	20	200%	81		2.70	10	100%	2.65	0.46	3.00	0.57	3.65
	생약자원개발	7	9	2.56	10	111%	23		1.21	4	44%	4.27	0.90	5.80	0.71	6.93
	식품영양학과	9	11	4.55	28	255%	50		1.28	10	91%	2.81	0.63	4.26	0.48	4.82
	안경광학과	9	9	4.11	21	233%	37		1.23	7	78%	3.99	0.49	4.70	0.49	5.54
	응급구조학과	9	9	8.11	24	267%	73		2.21	9	100%	2.20	0.31	3.12	0.63	3.73
	작업치료학과	10	10	5.50	25	250%	55		1.57	7	70%	3.69	0.24	4.17	0.44	4.71
	치위생학과	10	10	3.70	17	170%	37		1.37	10	100%	3.31	0.27	3.99	0.41	4.75
독립학부	자전인문	19	15	4.93	29	193%	74		1.68	11	73%	4.73	0.24	5.13	0.38	5.73
	자전자연	38	21	3.29	25	119%	69		1.50	18	86%	4.62	0.89	5.70	0.45	6.11
삼척캠퍼스 총계		142	163	6.78	331	219%	1236		2.08	175	86%	3.12	0.44	3.93	0.48	4.57

2021 강원대 삼척캠퍼스 미래인재종합 (인문/자연)

▶1단계: 서류 100% (3배수)
▶2단계: 면접 30%

최저 없음

▶종합평가 지표: 전공적합성20%, 학업역량30%, 공동체의식15%, 성실/열정15%, 잠재역량/도전발전가능성20%
▶기타 주요사항: 모집단위별 인재상, 주요 관련 교과 및 활동, 추천도서 등

		2022 인원	2021 경쟁률 및 충원률				1단계합격		최종등록률/실질경쟁			최초 합격		최종 등록		
			모집인원	경쟁률	추합인원	충원률	평균등급	표준편차	실질경쟁률	최종등록	등록률%	평균등급	표준편차	평균등급	표준편차	최하등급
인문사회	글로벌인재학부	6	7	1.71	3	43%	5.91	1.28	1.20	4	57%	6.01	0.95	7.04	1.15	8.25
공학대학	건설융합학부	4	6	2.17	1	17%	5.76	0.82	1.86	6	100%	5.75	0.73	5.48	0.92	6.92
	기계시스템공	4	8	3.63	9	113%	5.40	0.90	1.71	7	88%	4.99	0.40	5.57	0.71	6.25
	AI 소프트웨어	6	6	2.50	4	67%	6.07	0.91	1.50	6	100%	5.43	0.49	6.31	1.17	8.02
	신소재공학	3	4	2.50	2	50%	5.45	1.02	1.67	3	75%	4.88	1.31	5.68	0.63	6.47
	에너지공학부	3	5	1.60	1	20%	6.43	0.56	1.33	5	100%	6.25	0.41	6.31	0.31	6.63
	전기제어계측공	3	5	2.00	4	80%	5.36	0.74	1.11	5	100%	5.45	0.81	5.48	0.77	6.20
	전자정보통신공	3	5	2.20	1	20%	6.13	0.54	1.83	3	60%	6.12	0.28	6.55	0.57	7.35
	지구환경시스템	2	4	1.25		0%	6.25	1.25	1.25	3	75%	6.57	1.20	6.57	1.38	8.44
삼척캠퍼스 총계		34	50	2.17	25	45%	5.86	0.89	1.50	42	84%	5.72	0.73	6.11	0.85	7.17

2021 강원대 도계캠퍼스 미래인재종합 (인문/자연)

▶1단계: 서류 100% (3배수)
▶2단계: 면접 30%

최저 없음

▶종합평가 지표: 전공적합성20%, 학업역량30%, 공동체의식15%, 성실/열정15%, 잠재역량/도전발전가능성20%
▶기타 주요사항: 모집단위별 인재상, 주요 관련 교과 및 활동, 추천도서 등

		2022 인원	2021 경쟁률 및 충원률				1단계합격		최종등록률/실질경쟁			최초 합격		최종 등록		
			모집인원	경쟁률	추합인원	충원률	평균등급	표준편차	실질경쟁률	최종등록	등록률%	평균등급	표준편차	평균등급	표준편차	최하등급
인문사회	관광학과		4	3.50	1	25%	5.68	0.72	2.80	4	100%	5.44	0.49	5.83	0.64	6.63
	사회복지학과	5	4	13.8	4	100%	4.38	0.65	6.88	2	50%	4.52	0.22	4.18	0.08	4.26
	유아교육과	3	4	14.0	2	50%	4.49	0.71	7.00	3	75%	3.98	0.29	4.61	0.18	4.76
	일본어학과	2	4	2.50	1	25%	6.30	0.94	1.00	1	25%	5.31	0.19	5.50	0.00	5.50
공학대	소방방재	6	6	7.83	2	33%	5.21	0.56	5.88	6	100%	4.83	0.41	4.92	0.59	6.12
보건과학대학	간호학과	6	6	8.50	4	67%	3.44	0.51	5.10	6	100%	3.53	0.30	3.64	0.42	4.25
	물리치료학과	5	5	23.0	2	40%	3.96	0.82	16.4	5	100%	3.73	0.54	3.71	0.52	4.44
	방사선학과	5	5	5.00	2	40%	4.86	0.76	3.57	5	100%	4.57	0.42	4.70	0.37	5.11
	생약자원개발	2	3	1.33		0%	6.23	0.82	1.33	1	33%	6.29	0.94	4.96	0.00	4.96
	식품영양학과	3	3	5.00	5	167%	5.15	0.93	1.88	2	67%	4.38	1.05	4.25	1.11	5.36
	안경광학과	4	4	2.00	3	75%	6.48	0.82	1.14	2	50%	6.08	0.75	6.37	0.09	6.47
	응급구조학과	5	5	12.8	1	20%	4.22	0.65	10.7	4	80%	4.33	0.90	4.44	0.98	6.03
	작업치료학과	5	5	8.60	2	120%	5.07	0.99	3.91	5	100%	4.73	0.53	5.06	0.39	5.69
	치위생학과	5	5	4.80	2	40%	4.49	0.54	3.43	5	100%	4.43	0.25	4.41	0.22	4.69
삼척캠퍼스 총계		51	55	7.95	30	56%	4.99	0.75	5.07	45	78%	4.68	0.55	4.71	0.41	5.28

2021 강원대 삼척캠퍼스 지역인재전형 (인문/자연)

▶학생부 100% 일괄		최저없음 2022 인원	2021 경쟁률 및 충원률				실질경쟁률/최종등록률 올림				최초 합격		최종 등록		
			모집 인원	경쟁률	추합 인원	충원률	지원자	실질경쟁률	최종 등록	등록 률%	평균 등급	표준 편차	평균 등급	표준 편차	최하 등급
인문사회	글로벌인재학부	26	21	2.52	32	152%	53	1.00	20	95%	4.82	0.64	6.00	0.70	7.69
예체능	레저스포츠	1	3	3.33	4	133%	10	1.43	3	100%	4.38	0.12	4.75	0.20	4.92
공과 대학	건설융합학부	17	20	2.25	25	125%	45	1.00	14	70%	4.87	0.42	5.91	0.93	7.88
	기계시스템공	23	22	2.09	24	109%	46	1.00	13	59%	4.72	0.68	5.73	0.85	7.40
	소프트웨어	20	19	3.16	33	174%	60	1.15	16	84%	4.68	0.56	5.61	0.52	6.49
	신소재공학	13	16	1.63	9	56%	26	1.04	10	63%	5.63	0.56	6.44	0.97	7.58
	에너지공학부	13	15	2.00	14	93%	30	1.03	8	53%	5.90	0.69	6.88	0.66	8.17
	전기제어계측공	17	18	2.83	25	139%	51	1.19	18	100%	3.62	0.97	4.91	1.09	6.33
	전자정보통신공	13	18	2.44	26	144%	44	1.00	13	72%	4.91	1.08	6.41	0.91	7.43
	지구환경시스템	10	14	1.79	11	79%	25	1.00	7	50%	5.51	0.40	6.30	0.81	7.32
삼척캠퍼스 총계		153	166	2.40	203	120%	390	1.08	122	75%	4.90	0.61	5.89	0.76	7.12

2021 강원대 도계캠퍼스 지역인재전형 (인문/자연)

▶학생부 100% 일괄		최저없음 2022 인원	2021 경쟁률 및 충원률				실질경쟁률/최종등록률 올림				최초 합격		최종 등록		
			모집 인원	경쟁률	추합 인원	충원률	지원자	실질경쟁률	최종 등록	등록 률%	평균 등급	표준 편차	평균 등급	표준 편차	최하 등급
인문 사회	관광학과		6	3.00	12	200%	18	1.00	5	83%	4.60	0.27	6.35	0.66	7.19
	사회복지학과	5	6	5.00	14	233%	30	1.50	6	100%	3.10	0.40	4.40	0.42	4.81
	유아교육과	2	5	10.4	18	360%	52	2.26	4	80%	3.11	0.22	4.21	0.37	4.52
	일본어학과	4	4	5.50	18	450%	22	1.00	3	75%	4.60	0.27	5.67	0.93	6.36
공과대	소방방재	18	21	3.81	17	81%	80	2.11	21	100%	3.98	0.63	4.63	0.40	5.09
보건 과학 대학	간호학과	10	10	7.60	12	120%	76	3.45	10	100%	2.12	0.53	2.63	0.42	3.12
	물리치료학과	5	5	6.80	4	80%	34	3.78	5	100%	2.48	0.45	2.91	0.57	3.49
	방사선학과	4	4	13.8	4	100%	55	6.88	4	100%	3.62	0.09	3.87	0.29	4.20
	생약자원개발	4	4	2.50	6	150%	10	1.00	2	50%	5.04	0.56	5.64	0.30	5.93
	식품영양학과	4	5	3.40	8	160%	17	1.31	3	60%	4.54	0.08	4.56	0.09	4.63
	안경광학과	5	5	3.00	7	140%	15	1.25	5	100%	5.24	0.16	5.84	0.49	6.72
	응급구조학과	4	4	4.25	5	125%	17	1.89	4	100%	3.40	0.07	3.70	0.32	4.11
	작업치료학과	5	5	3.80	12	240%	19	1.12	4	80%	3.99	0.24	4.65	0.35	5.12
	치위생학과	5	5	5.80	16	320%	29	1.38	4	80%	3.86	0.16	4.57	0.41	5.03
독립 학부	자전인문	10	13	5.69	19	146%	74	2.31	11	85%	5.01	0.47	5.77	0.30	6.33
	자전자연	20	17	3.00	32	188%	51	1.04	16	94%	5.76	0.36	6.58	0.83	8.38
삼척캠퍼스 총계		75	89	5.61	153	197%	599	2.08	7	87%	3.83	0.29	4.54	0.43	5.02

강원대 삼척캠퍼스 대입분석자료 13 - 2020 정시 수능성적 현황   2021. 04. 30 ollim

대학	2021학년도 모집단위	2020 최종등록자 수능 영역별 백분위 평균 (가산점 제외)							
		국수탐2 백분위 평균					국수탐2 백분위합 자연수나기준	영어 등급 / 변환점수	
		국어	수학가	수학나	사탐2	과탐2		영어 등급	영어 백분위 변환점수
인문사회 디자인스포츠	글로벌인재학부	52.6	21.3	51.6	55.9	34.4	160.2	3.4	89.6
	레저스포츠	51.8		27.2	31.7	26.5	-	4.6	83.1
	멀티디자인학과	38.1		11.5	38.7	26.0	88.3	4.9	81.4
	생활조형디자인학과	27.7		18.4	23.0	30.5	-	5.8	79.0
공과대학	건설융합학부	36.8	23.3	51.4	41.9	37.1	130.1	4.5	83.2
	기계시스템공	49.4	38.5	61.4	46.9	47.1	158.0	3.9	87.0
	AI 소프트웨어	51.0	39.1	65.1	45.4	47.6	163.6	3.4	90.4
	신소재공학	44.3	42.6	60.6	55.3	46.8	151.6	3.9	86.4
	에너지공학부	41.3	30.1	52.6	50.1	43.4	144.0	4.2	85.5
	전기제어계측공	41.1	33.9	52.1	33.5	34.6	127.8	4.4	83.9
	전자정보통신공	48.6	34.3	62.7	45.3	47.9	159.1	3.6	88.9
	지구환경시스템	45.3	39.1	55.4	52.0	50.6	151.3	4.1	85.6
삼척캠퍼스 계		42.4	35.1	49.1	43.2	41.2	141.6	4.3	85.1

강원대 도계캠퍼스 대입분석자료 14 - 2020 정시 수능성적 현황   2021. 04. 30 ollim

대학	2021학년도 모집단위	2020 최종등록자 수능 영역별 백분위 평균 (가산점 제외)							
		국수탐2 백분위 평균					국수탐2 백분위합 자연수나기준	영어 등급 / 변환점수	
		국어	수학가	수학나	사탐2	과탐2		영어 등급	영어 백분위 변환점수
인문사회 디자인스포츠	관광학과	49.8		51.5	53.0	17.5	154.3	4.1	85.8
	사회복지학과	62.3	21.5	65.8	52.8	29.8	180.9	3.9	87.9
	유아교육과	50.0		53.4	50.9		154.3	4.1	86.3
	일본어학과	57.3		50.8	49.4		157.6	4.6	82.3
	연극영화학과	27.8		28.3	36.0		92.1	5.6	82.0
공학대학	소방방재학부	45.5	41.5	62.1	47.3	42.8	154.9	4.2	84.6
보건 과학 대학	간호학과	70.0	60.3	77.1	72.2	74.5	219.3	2.9	93.0
	물리치료학과	60.3	65.7	81.9	69.9	67.1	209.2	3.0	92.7
	방사선학과	64.0	55.8	68.0	71.5	71.7	203.7	3.3	91.3
	생약자원개발	41.1	22.5	47.8	37.5	36.8	126.4	3.7	86.3
	식품영양학과	43.3	44.0	63.3	52.9	55.3	159.5	3.9	87.4
	안경광학과	34.4		60.3	47.0	32.5	141.7	4.7	82.9
	응급구조학과	54.9	46.3	67.1	61.4	61.5	183.4	3.7	87.0
	작업치료학과	56.4	41.8	54.6	62.0	48.6	173.0	3.3	90.1
	치위생학과	57.7	50.5	67.4	62.7	56.6	187.9	3.5	88.5
독립학부	자유전공인문	60.6	18.0	53.5	55.8	23.8	169.9	3.4	89.3
	자유전공자연	52.3	40.5	61.2	52.3	49.4	165.9	4.0	85.7
도계캠퍼스 계		52.2	42.4	59.6	55.0	47.7	166.7	3.9	87.2

2022 대학별 수시모집 요강 — 건국대서울 01

2022 대입 주요 특징	영어비율 15%, 정시 수능100% 인: 200-196-193-188.. 자: 200-198-196-193..

- ▶교과: 국영수사과史 전체
- ▶학년비율 없음, 가중치 없음
- ▶이수단위 반영
- ▶종합전형간 중복지원가능
- ▶1등급 10.0 2등급 9.97
-   3등급 9.94 4등급 9.90
-   5등급 9.86 6등급 9.80
- ▶진로선택 3과목반영★★
-   A=10.0 B=9.90 C=8.00

1. 2022 수시 60% 정시 40%
2. 2022 교과반영 변화: 국영수사과+史 전체반영 유지★
3. 2022 학교추천 종합→교과 100% 전형변화, 105명 감소
4. 2022 자기추천 전년대비 60명 인원감소
5. 최근 취업률 1,2,3위: 부동산(72.3%)-응용통계-행정/소프트
6. 학과베스트: 생명자원과학, 생명과학, 전기,화공,컴공,수의예
7. 종합전형: 학업역량20 전공적합성30 발전가능성30 인성20

8. 2022 정시 과목별 반영비율
- <인문1> 국수영탐2 30:25:15:25:史5
- <인문2> 국수영탐2 25:30:15:25:史5
- <자연1> 국수영과2 20:35:15:25:史5   미적분/기하, 과탐
- <자연2> 국수영과2 20:30:15:30:史5   미적분/기하, 과탐
- <예체능> 국어50%+수/탐2 30%+영어15%+史5

2021. 05. 17 ollim

모집시기	전형명	사정모형	학생부종합 특별사항	2022 수시 접수기간 09.10(금) ~ 14(화)	모집인원	학생부	논술	면접	서류	기타	2022 수능최저등급
2022 수시 1,977명 (60%) 정시 1,359명 (40%) 전체 3,336명 2021 수시 2,212명 (65%) 정시 1,191명 (35%) 전체 3,403명	KU 학교추천	일괄	학생부교과 학교장추천 추천제한없음 추천공문제출 ~09.24(금) 최종 12.16(목) 국영수사과+史	1. 2022 전년대비 105명 감소 2. 종합→교과 100% 전형변화 3. 고교학교장추천 인원무제한 4. 2021 종합전형 참고 교과 30%+서류 70%	340 2021 445	교과 100%					인문: 2개합 5 (탐1) 자연: 2개합 5 (탐1) 수의예: 3개합 5 (탐1) *자연 미적/기하,과탐 *史 5등급 공통
	KU 자기추천	1단계	학생부종합 최저없음 정성평가 자소서제출 ~09.15(수) 1단계 11.19(금) 납부 11.22(월) 면자 11.27(토) 면자 12.04(토) 면인 12.05(일) 최종 12.16(목) 12.04(토) 면접 공과대학 & 상허생명과학 자기추천핵심 ★ 전공관련 활동과 경험	1. 2022 전년대비 60명 감소 2. 면접 및 최종 수능이후 유지 교내활동 자발참여, 전공관심 3. 2단계 면접비중 중요 <2022 건국종합 평가요소> 7개등급 평가척도 1. 학업역량 20% 성취도, 학업태도, 학업의지 지적호기심, 탐구활동 2. 전공적합성 30% 전공교과이수 성취도 전공관심이해 활동경험 3. 인성 20% 협업, 도덕성, 나눔배려 성실성, 소통능력 4. 발전가능성 30% 자기주도성, 리더십 문제해결력, 경험다양성	790 2021 850	서류 100% (3배수)					최저 없음
		2단계				1단계 70% + 면접 30%					
	KU 논술우수자	일괄	논술전형 논술: 11.20(토) 인문 10시 자연 15시 최종: 12.16(목)	1. 2022 전년대비 10명 감소 2. 수능이후 논술실시 유지 논술 인문사회1: <2022> 1번문항 401~600자 (40점) 2번문항 801~1,000 (60점) 인문사회2: (상경/경영) 1번문항 401~600자 (40점) 2번문항 수리2문 (60점) 자연: 수학 1문제+과학 2문제 **물화생1** 택1, 수70+과30	435 2021 445		논술 100%				인문: 2개합 4 (탐1) 자연: 2개합 5 (탐1) 수의예: 3개합 4 (탐1) *자연 미적/기하,과탐 *史 5등급 공통 *2021 수능최저 동일
	기초차상위	일괄	학생부종합 자소서/서류 ~09.15(수) 최종 12.16(목)	기초 및 차상위 등 대상자	63 2021 63	교과 30% 서류 70%				1등급-10.0 2등급-9.97 3등급-9.94 4등급-9.90 5등급-9.86 6등급-9.80 진로선택 3과목반영★★ A=10.0 B=9.90 C=8.00	최저 없음
	사회통합	1단계	학생부종합 고른기회 자소서/서류 ~09.15(수) 최종 12.16(목)	1. 보훈대상 등 고른기회 통합 2. 의사상/군인/소방/ 다자녀4 다문화/복지/조손/장애자녀	39 2021 63	서류 100% (3배수)				2022 사회통합 일정 1단계 11.19(금) 전형료 11.22(월) 면접일 11.27(토) 최종일 12.16(목)	<서류+학생부> 농어촌 104명 특수교육 20명 특성화고교졸 22명 특성화고졸재직 136명
		2단계				1단계 70% + 면접 30%					

모집시기	전형명	사정 모형	학생부종합 특별사항	2021 이전 입학결과 및 건국대 특징참고	모집 인원	학생부	논술	면접	서류	기타	2022 수능최저등급
2017~2021 KU 종합전형 학교추천전형 자기추천전형		일괄	학생부종합 최저없음 정성평가	2017~2021 교과우수자+지역인재 통합 학생30%+서류70% 등 인성 학업역량. 학과제 유지		학생부 비중 당락 좌우, 내신 중요도 적음 KU융합과학기술원 8개학과 모집 ★지원=추합 대상자를 의미, 지원 유도 학과베스트: 생명바이오/공학소프트/전기전자/ 화공/컴공/수의예					

▶ 건국대 단과대학별 특징   *2016. 06. 25 분석올림 ollim*

1. 산업 수요에 맞는 현실적 인재 양성 목적 - 전국 75개 대학 경쟁 선정
2. 대학 발전의 모멘텀 - 구조 개편, 실제인력 양성, 경제적 지원사업혜택
3. 대학원과정 포함 단과대학 8개 신설 <KU 융합과학기술원>
   ① 줄기세포재생공학 (기존 - 유전자 치료 등)
   ② 시스템생명공학 (기존 - 제약분야 등)
   ③ 융합생명공학 (기존 - 바이오 생명공학분야 등)
   ④ 의생명공학 (신설 - 바이오장비 등)
   ⑤ 화장품공학 (신설 - 향장화장품 소재개발 관련산업 등)
   ⑥ 미래에너지공학 (신설 - 배터리, LED, OLED 등)
   ⑦ 스마트ICT융합공학 (신설 - wearable 디바이스, 섬유나노, 가상현실등)
   ⑧ 스마트운행체공학 (신설 - 항공우주, 전자전기, 무인비행 자동차 등)
4. <상허생명과학대학>
   ① 축산식품생명공학과
   ② 동물자원과학과
   ③ 식품유통공학과 (유통 핵심, 경영 및 마케팅) ★
   ④ 식량자원과학과
   ⑤ 환경보건과학과 (환경 핵심, 보건계열 아님) ★
   ⑥ 산림조경학과
   ⑦ 생명과학특성학과

5. 모집단위별 특성 핵심 전략-1
① 줄기세포재생공학과: 줄기세포, 재생생명, 게놈정보 활용
   생명공학기업 진로 ★ <과학-생명과학-영어수학국어>
② 의생명공학과: 생명공학, 의료공학,조직재생공학
   바이오공정 진로 ★ <영어-생명과학-국어수학>
③ 화장품공학과: 화장품 소재개발, 피부과학, 품질 물류관리
   생활과학 기업체 진로 ★ <과학-화학-수학영어>
④ 시스템생명공학과: 생명공학, 화학/생물 응용분야 진출
   제약, 식품 등 일반기업 진출 ★ <과학-생명/화학-영수>
⑤ 융합생명공학과: 기초생명과학, 생명공학, 바이오화학
   제약, 식품등 일반기업 진출 ★ <과학-생명/화학-영수국>
⑥ 미래에너지공학: 제품지향 아닌 기술지향 프로그램운영
   에너지 변환, 디스플레이LED, 신재생에너지, 석유화학
   반도체분야 기업체 진출 ★ <과학-수학/영어-국어>
⑦ 스마트운행체공학과: 지능형 시스템 구현 위한 융합교육
   항공, 자동차, ICT관련연구기업진출 ★<수학-물리-영국>
⑧ 스마트ICT융합공학과: SW 및 HW 기초산업 특화, 교육
   Wearable 디바이스, 서비스SW융합 ★<수학-물리-영>
⑨ 축산식품생명공학과: 식품공학및가공 식품생명 식품위생
   식품관련 기업체 진출 ★ <생명-화학-영수국>
⑩ 동물자원과학과: 축산기초및 응용분야, 축종별 전문교육
   사료 및 축산가공 분야 진출 ★ <생1/화1-영어-수학>

⑪ 식품유통공학과: 식품위생과 유통 산업
   식품위생관리, 유통업계 진출 ★ <생명과학-수학-국어>
⑫ 식량자원과학과: 유전육종학, 생명공학기술, 기능성
   신물질, 농약, 종묘, 식품관련 진출 ★ <과학-수학-영어>
⑬ 환경보건과학과: 화학물질, 안전관리, 원예치료 등
   환경핵심, 보건 및 컨설팅 등 진출 ★ <과학-수학-영어>
⑭ 산림조경학과: 산업연계,산림,조경,시공★ <과-영-사회>
⑮ 생명과학특성학과: 동물 식물 미생물, 생태포함 생명과학
   생명과학 관련기업 진출 ★ <생1/생2-수학-국어>

대학	학과	2022 인원	2021 인원	경쟁률	단과대평균 평균	최저	최종등록 평균	최저	실질 경쟁	추합 인원	충원률	2020 인원	경쟁률	계열 평균	최종등록 평균	최저	추합 인원	충원률
문과대학	국어국문	4	6	10.0			2.0	2.4	2.31	20	333.3%	6	10.8		1.9	2.4	23	383.3%
	영어영문	5	7	7.3			2.0	2.6	1.83	21	300.0%	7	9.0		1.8	3.5	18	257.1%
	중어중문	4	5	8.0			2.8	5.5	2.86	9	180.0%	6	5.7		2.6	5.7	15	250.0%
	철학과	4	5	6.0			2.5	3.2	5.00	1	20.0%	6	5.5		2.0	2.5	7	116.7%
	사학과	4	5	9.6			2.0	2.7	3.69	8	160.0%	6	11.5		1.9	2.3	9	150.0%
	지리학과	3	3	12.7			2.3	2.7	2.38	13	433.3%	4	8.8		2.6	3.3	3	75.0%
	미디어커뮤니케	6	8	9.6			1.8	2.4	2.95	18	225.0%	8	19.3		1.6	2.2	13	162.5%
	문화콘텐츠	4	6	18.0			1.9	2.7	4.15	20	333.3%	6	23.0		1.9	2.7	21	350.0%
사과대학	정치외교	4	5	10.4			1.9	2.4	2.36	17	340.0%	5	5.4		1.9	2.8	7	140.0%
	경제학과	5	7	5.4			2.1	3.8	1.22	24	342.9%	7	6.9		1.7	2.2	18	257.1%
	행정학과	9	12	6.4			2.0	3.5	2.13	24	200.0%	12	7.9		1.7	2.2	20	166.7%
	국제무역	3	4	12.0			2.0	3.5	2.40	16	400.0%	3	9.0		2.0	3.0	15	500.0%
	응용통계	5	7	7.7			1.9	4.3	2.57	14	200.0%	7	9.9		1.8	3.8	20	285.7%
	융합인재	7	9	6.8			2.0	2.8	2.27	18	200.0%	9	8.9		1.7	2.2	10	111.0%
	글로벌비지니스	3	4	6.3			2.4	3.9	5.04	1	25.0%	4	7.0		2.3	4.0	5	125.0%
경영대학	경영학과	17	22	8.2			1.9	3.4	2.15	62	281.8%	20	13.6		1.7	3.1	56	280.0%
	기술경영학과	7	10	8.5			2.3	2.9	4.25	10	100.0%	10	9.1		2.6	4.5	15	150.0%
부동산	부동산학과	5	7	6.3			2.4	3.4	2.76	9	128.6%	7	7.1		2.7	4.5	8	114.3%
사범대학	일어교육	3	3	3.0			2.5	3.4	1.80	2	66.7%	4	5.0		2.2	2.4	2	50.0%
	수학교육	4	5	11.2			1.7	2.0	2.15	21	420.0%	9	7.0		1.6	2.2	25	277.8%
	영어교육	4	5	6.0			1.7	2.2	1.50	15	300.0%	5	12.2		1.5	1.9	21	420.0%
이과대학	수학과	6	8	11.1			2.2	3.6	4.44	12	150.0%	8	6.9		2.0	3.3	24	300.0%
	물리학과	7	9	6.4			2.0	2.9	1.69	25	277.8%	9	3.8		2.1	2.7	10	111.1%
	화학과	4	5	10.4			1.8	3.2	1.53	29	580.0%	5	14.4		1.6	1.9	6	120.0%
건축대	건축학과	12	15	7.1			2.1	2.8	3.13	19	126.7%	16	5.6		2.2	3.7	26	162.5%
공과대학	사회환경공학	24	31	6.1			2.3	4.3	3.05	31	100.0%	34	4.5		2.3	4.8	30	88.2%
	기계항공공학부	19	24	5.8			1.9	2.5	1.91	49	204.2%	25	8.0		1.7	2.7	54	216.0%
	전기전자공학부	27	34	6.8			2.0	5.6	2.06	78	229.4%	34	6.0		1.9	3.6	42	123.5%
	화학공학부	23	30	9.5			1.7	2.4	2.48	85	283.3%	42	5.7		1.7	5.6	59	140.5%
	컴퓨터공학과	21	26	6.8			2.1	5.4	2.90	35	134.6%	27	7.2		1.8	3.9	42	155.6%
	생물공학과	4	6	6.0			1.6	2.1	2.25	10	166.7%	6	7.3		1.5	1.8	9	150.0%
	산업공학과	6	8	9.0			1.9	2.5	3.13	15	187.5%	8	4.5		2.2	3.6	10	125.0%
KU 융합 과학 기술원	미래에너지공학	3	4	8.0			1.9	2.7	2.00	12	300.0%	8	10.5		1.9	4.6	9	112.5%
	스마트운행체공	6	8	6.6			2.1	2.5	2.78	11	137.5%	8	6.5		2.4	5.3	6	75.0%
	스마트ICT융합공	4	6	8.0			1.8	2.4	4.00	6	100.0%	6	7.8		2.1	4.7	8	133.3%
	화장품공학과	6	8	8.8			1.9	3.6	3.35	13	162.5%	8	9.0		2.0	5.1	6	75.0%
	줄기세포재생공학	5	7	10.4			1.7	2.0	4.28	10	142.9%	9	7.0		1.8	3.5	11	122.2%
	시스템생명공학과	8	11	15.1			1.9	4.0	6.39	15	136.4%	11	10.7		1.9	4.7	12	109.1%
	융합생명공학과	7	10	14.5			1.7	2.3	4.53	22	220.0%	10	12.5		1.6	2.4	13	130.0%
상허 생명 과학 대학	생명과학특성학	10	13	8.6			1.7	2.2	3.85	16	123.1%	13	8.3		1.7	2.1	12	92.3%
	동물자원과학과	4	5	9.2			1.9	2.3	3.83	7	140.0%	6	6.0		2.0	2.7	4	66.7%
	식량자원과학과	4	5	11.0			2.0	2.7	3.44	11	220.0%	5	7.6		2.1	3.3	13	260.0%
	축산식품생명공	4	5	7.0			1.9	2.0	5.83	1	20.0%	5	10.0		1.8	2.1	8	160.0%
	식품유통공학과	4	5	9.4			2.1	2.4	4.27	6	120.0%	5	7.6		2.8	4.8	3	60.0%
	환경보건과학과	4	6	7.2			1.9	2.3	2.88	9	150.0%	5	11.6		1.8	2.0	7	140.0%
	산림조경학과	3	4	5.8			2.4	3.1	2.58	10	125.0%	4	6.8		2.0	2.4	9	225.0%
수의과	수의예과	5	7	10.0			1.2	1.4	4.67	8	114.3%	7	17.9		1.1	1.2	3	42.9%
총계		340	445	8.2			2.0	3.0	3.09	883	205.1%	475	8.2		2.0	3.2	767	161.5%

2021 KU학교추천 (475명)
● KU 학교추천 교과 30%+서류 70% 일괄전형
수능최저 없음 <최종합격기준/동일비율>

2020 KU학교추천 (475명)
● KU 학교추천 교과 40%+서류 60% 일괄전형
수능최저 없음 <최종합격기준/동일비율>

▶ 학년: 20:40:40 (논술동일)
▶ 교과: 국수영사과+史

▶ 학년: 20:40:40 (논술동일)
▶ 교과: 국수영사과+史

2021 KU자기추천 (850명)
● KU자기추천 1단계 서류 100% (3배수) 수능최저 없음
2단계 면접 70% <최종합격기준/동일비율>

2020 KU자기추천 (788명)
● KU자기추천 1단계 서류 100% (3배수)
2단계 면접 60% <최종합격기준/동일비율>

대학	학과	2022 인원	2021 인원	2021 경쟁률	1단계합격 평균	1단계합격 최저	최종등록 평균	최종등록 최저	실질 경쟁	추합 인원	충원률	2020 인원	2020 경쟁률	1단 평균	최종등록 평균	최종등록 최저	추합 인원	충원률
문과대학	국어국문	14	14	20.1	3.2	6.5	2.5	4.6	10.8	12	85.7%	13	28.0		3.0	6.0	7	53.8%
	영어영문	28	28	15.6			3.6	6.2	7.05	34	121.4%	27	21.3		3.3	5.8	24	88.9%
	중어중문	12	12	14.9			4.3	5.6	8.94	8	66.7%	11	16.7		3.3	5.2	11	100.0%
	철학과	16	16	12.1			3.3	6.2	5.69	18	112.5%	15	15.1		3.3	5.1	4	26.7%
	사학과	13	14	23.6			3.9	5.5	20.6	2	14.3%	13	29.5		3.3	7.0	3	23.1%
	지리학과	19	19	10.8			3.1	4.6	8.21	6	31.6%	22	11.5		3.3	5.5	13	59.1%
	미디어커뮤니케	12	12	32.9			2.7	4.9	23.2	5	41.7%	11	43.1		2.4	4.1	4	36.4%
	문화콘텐츠	12	13	35.8			2.8	5.9	24.5	6	46.2%	12	44.1		2.8	4.4	5	41.7%
사과대학	정치외교	9	10	24.2	3.0	6.2	3.0	4.7	10.5	13	130.0%	9	27.1		2.3	4.3	7	77.8%
	경제학과	21	21	10.5			3.0	5.3	5.38	20	95.2%	20	14.9		2.3	4.3	11	55.0%
	행정학과	12	15	19.4			3.0	5.4	10.4	13	86.7%	14	26.6		2.5	4.6	3	21.4%
	국제무역	10	10	18.7			2.5	4.7	9.84	9	90.0%	10	25.7		2.9	5.4	11	110.0%
	응용통계	13	14	14.8			2.9	5.9	9.01	9	64.3%	13	21.8		3.1	6.2	11	84.6%
	융합인재	8	10	28.5			2.4	3.4	15.8	8	80.0%	9	27.4		3.4	6.0	5	55.6%
	글로벌비지니스	14	15	18.6			4.2	6.2	11.2	10	66.7%	14	21.3		4.5	5.6	5	35.7%
경영대학	경영학과	40	40	19.1	3.0	5.7	3.0	5.7	10.6	32	80.0%	38	25.0		2.4	5.8	31	81.6%
	기술경영학과	7	7	12.6			2.9	3.5	9.80	4	28.6%	6	20.8		3.0	4.0	3	50.0%
부동산	부동산학과	11	11	11.5	3.4	5.2	3.1	5.2	6.66	8	72.7%	10	12.1		3.3	6.0	6	60.0%
사범대학	일어교육	15	15	8.9	3.1	5.7	3.7	5.6	6.36	6	40.0%	14	13.6		4.3	5.7	4	28.6%
	수학교육	7	7	12.0			2.1	3.2	6.00	7	100.0%	5	25.4		1.8	2.6	5	100.0%
	교육공학	11	11	29.2	2.2	3.6	2.5	4.3	17.8	7	63.6%	11	31.7		3.1	5.6	5	45.5%
	영어교육	7	7	17.4			2.1	2.4	9.37	6	85.7%	7	18.9		2.3	3.9	5	71.4%
이과대학	수학과	10	10	17.2	2.9	6.5	3.1	6.5	12.3	4	40.0%	10	18.8		2.9	6.8	10	100.0%
	물리학과	13	13	13.2			2.8	6.0	5.36	19	146.2%	12	15.0		3.4	6.9	16	133.3%
	화학과	11	11	20.4			3.0	6.1	8.97	14	127.3%	10	23.7		2.4	4.7	4	40.0%
건축대	건축학부	20	27	12.3	3.2	7.1	3.2	4.9	7.90	15	55.6%	26	18.3		3.2	7.0	15	57.7%
공과대학	사회환경공학	47	45	11.4	2.9	7.2	3.6	7.2	6.84	30	66.7%	41	12.4		3.6	8.1	29	70.7%
	기계항공공학부	10	16	23.8			2.2	5.3	8.10	31	193.8%	18	30.4		2.2	3.6	24	133.3%
	전기전자공학부	40	50	12.6			2.9	6.4	6.70	44	88.0%	41	17.3		2.9	6.8	43	104.9%
	화학공학부	40	41	19.6			3.0	6.3	12.0	26	63.4%	40	22.4		2.9	6.6	42	105.0%
	컴퓨터공학과	38	38	18.0			9.0	6.4	9.12	37	97.4%	34	21.6		3.1	6.6	37	108.8%
	생물공학과	6	6	14.3			1.9	2.2	9.53	3	50.0%	5	18.0		1.9	2.2	0	0.0%
	산업공학과	7	7	15.6			2.3	2.8	9.93	4	57.1%	6	20.5		2.4	3.3	1	16.7%
KU 융합 과학 기술원	미래에너지공학	14	13	13.9	2.9	7.4	2.7	6.0	6.02	17	130.8%	10	17.2		3.2	6.5	7	70.0%
	스마트운행체공학	10	13	10.2			2.9	5.6	6.32	8	61.5%	12	11.8		3.0	5.4	4	33.3%
	스마트ICT융합공학	11	13	22.5			3.4	5.8	18.3	3	23.1%	12	23.2		4.4	6.7	7	58.3%
	화장품공학과	18	18	21.5			2.9	5.4	12.9	12	66.7%	17	20.6		3.3	5.8	1	5.9%
	줄기세포재생공학	27	36	12.1			2.9	6.3	9.26	11	30.6%	35	12.1		2.7	5.9	17	48.6%
	의생명공학과	21	22	23.7			2.6	5.8	13.4	17	77.3%	21	26.4		2.9	6.3	20	95.2%
	시스템생명공학과	12	11	21.8			3.3	6.3	13.3	7	63.6%	11	22.8		3.5	5.8	4	36.4%
	융합생명공학과	15	15	28.8			2.9	5.2	14.4	15	100.0%	14	33.7		3.5	5.9	10	71.4%
상허 생명 과학 대학	생명과학특성학과	8	11	28.7	2.7	6.3	2.5	4.9	19.7	5	45.5%	10	26.5		2.9	5.2	4	40.0%
	동물자원과학과	19	19	10.3			2.4	3.3	9.78	1	5.3%	17	10.7		2.9	3.9	1	5.9%
	식량자원과학과	17	22	9.9			2.7	4.2	6.80	10	45.5%	21	10.9		2.7	5.4	9	42.9%
	축산식품생명공학	14	14	12.5			2.4	3.6	8.33	7	50.0%	20	13.3		2.8	5.3	10	50.0%
	식품유통공학과	13	17	8.0			2.8	3.7	6.80	3	17.6%	16	10.4		3.1	5.6	4	25.0%
	환경보건과학과	13	16	15.3			2.7	6.0	11.4	6	37.5%	12	16.8		3.4	6.3	8	66.7%
	산림조경학과	12	12	8.6			2.7	3.8	5.43	7	58.3%	11	10.1		2.8	5.2	6	54.5%
수의과	수의예과	13	13	23.5	1.5	2.6	1.5	2.6	15.3	7	53.8%	12	29.0		1.6	3.3	11	91.7%
총계		790	850	20.2	2.9	6.1	3.0	5.1	10.7	604	70.5%	798	21.1		3.0	5.4	527	60.7%

▶학년: 20:40:40 (논술동일)
▶교과: 국수영사/국영수과
인 30:25:25:20
사 25:30:25:20
자1 20:35:20:25
자2 20:30:25:25
예체 국50 : 영50

2021 논술우수자 (445명) ● KU 논술우수자 학생 40%+논술 60% 수능최저 없음 <최종합격기준/동일비율>

2020 논술우수자 (465명) ● KU 논술우수자 학생 40%+논술 60% 수능최저 없음 <최종합격기준/동일비율>

대학	학과	2022 수시 인원	2020 인원	경쟁률	최종등록 평균	최종등록 최저	최저 충족률	실질 경쟁	논술 평균	충원률	2020 인원	경쟁률	최종등록 평균	최종등록 최저	최저 충족률	논술 평균	충원률
문과대학	국어국문	6	6	65.7			41.0%	23.1	93.0	16.7%	6	91.3			52.8%	93.3	16.7%
	영어영문	5	5	63.4			58.1%	30.7	90.8	20.0%	5	92.6			54.4%	93.0	20.0%
	중어중문	5	5	63.8			46.6%	29.7	91.4	-	5	88.4			47.2%	90.7	-
	철학과	4	4	62.0			40.7%	25.2	90.5	-	4	90.0			54.1%	93.5	-
	사학과	4	4	61.3			37.3%	22.9	89.8	-	4	88.0			46.4%	93.9	-
	지리학과	3	3	60.0			53.9%	32.3	89.0	-							
	미디어커뮤니케	6	6	122.2			49.0%	51.3	92.8	16.7%	6	143.0			52.8%	92.5	33.3%
	문화콘텐츠	3	3	89.7			56.2%	37.8	88.0	33.3%	3	100.0			53.8%	91.2	
사과대학	정치외교	4	5	67.0			52.8%	35.4	92.5	-	6	93.0			50.5%	89.8	-
	경제학과	16	16	39.9			65.2%	23.1	72.0	12.5%	16	53.7			69.7%	76.2	18.8%
	행정학과	7	8	75.1			55.0%	36.7	92.2	12.5%	9	95.6			56.7%	90.2	33.3%
	국제무역	7	7	38.0			56.8%	18.9	70.7	14.3%	7	55.7			62.0%	72.0	14.3%
	응용통계	4	4	45.0			72.0%	32.4	85.2	-	4	57.3			75.9%	76.3	25.0%
	융합인재	7	8	74.6			56.4%	37.4	93.0	12.5%	8	94.9			55.0%	90.8	12.5%
	글로벌비지니스	4	4	65.3			48.5%	21.1	88.4	50.0%	4	89.0			53.2%	90.4	-
경영대학	경영학과	30	30	47.4			62.0%	28.5	74.9	3.3%	32	62.6			67.7%	80.0	6.3%
	기술경영학과	4	4	32.3			58.5%	18.9	71.1	-	5	47.0			66.0%	73.5	40.0%
부동산	부동산학과	8	8	36.6			63.0%	20.1	69.6	12.5%	8	39.0			64.9%	73.5	12.5%
사범대학	일어교육	-	-	-	-	-	-	-	-	-	-	-	-	-	-	-	-
	수학교육	6	6	33.2			68.0%	13.5	92.7	66.7%	7	37.1			71.8%	85.9	42.9%
이과대학	수학과	5	5	27.8			74.1%	12.9	95.4	60.0%	5	35.8			57.5%	86.7	80.0%
	물리학과	23	23	19.9			62.3%	9.5	91.2	30.4%	23	28.8			59.8%	79.0	43.5%
	화학과	5	5	31.4			73.0%	22.9	94.2	-	6	53.7			67.4%	87.0	-
건축대	건축학과	13	14	35.7			67.0%	16.0	93.0	50.0%	14	56.1			62.7%	85.1	21.4%
공과대학	사회환경공학	20	20	34.2			70.2%	16.0	95.0	50.0%	21	56.9			68.2%	83.9	19.0%
	기계항공공학부	29	29	26.2			73.2%	13.6	92.6	41.4%	30	52.1			66.8%	83.7	26.7%
	전기전자공학부	31	31	32.2			71.8%	23.1	96.1	-	37	56.2			69.0%	86.5	18.9%
	화학공학부	41	42	55.4			76.3%	33.5	95.2	26.2%	30	76.0			74.3%	86.8	13.3%
	컴퓨터공학과	24	24	66.0			74.4%	45.3	97.1	8.3%	25	84.4			75.7%	88.0	16.0%
	생물공학과	7	7	43.7			74.2%	32.4	94.7	-	8	54.9			70.8%	82.1	37.5%
	산업공학과	3	3	46.6			71.5%	29.2	93.7	14.3%	5	52.8			75.0%	84.5	20.0%
KU 융합 과학 기술원	미래에너지공학	11	12	27.7			68.4%	13.4	95.6	41.7%	10	49.4			68.6%	89.5	20.0%
	스마트운행체	4	5	27.4			74.7%	17.1	95.8	20.0%	5	44.4			69.7%	86.2	40.0%
	스마트ICT융합	7	7	39.6			69.4%	24.0	96.1	14.3%	7	59.4			73.2%	87.6	42.9%
	화장품공학과	5	5	41.0			64.4%	26.4	94.9	-	5	60.2			73.0%	86.4	20.0%
	의생명공학과	9	9	57.0			73.9%	37.9	95.5	11.1%	9	63.3			72.0%	82.0	22.2%
	시스템생명공학	9	9	43.4			74.3%	22.3	91.8	44.4%	9	50.6			68.9%	85.1	22.2%
	융합생명공학과	9	9	43.3			72.4%	25.7	93.2	22.2%	9	53.0			77.9%	86.5	11.1%
상허 생명 과학 대학	생명과학특성학	4	11	44.4			74.9%	33.3	90.8	-	12	53.5			72.3%	76.4	16.7%
	동물자원과학과	5	5	28.0			54.2%	15.2	90.0	-	5	41.0			71.6%	75.6	-
	식량자원과학과	3	3	26.7			65.8%	17.6	88.5	-	3	37.3			53.6%	71.2	-
	축산식품생명공	4	4	25.5			72.6%	18.5	92.0	-	4	34.3			65.0%	76.4	-
	식품유통공학과	3	3	22.7			65.7%	11.2	90.4	33.3%	3	34.3			58.9%	87.9	-
	환경보건과학과	5	6	28.8			75.2%	21.7	85.6	-	8	38.6			67.2%	76.1	37.5%
	산림조경학과	8	9	25.3			63.8%	11.2	91.2	44.4%	9	35.4			64.6%	77.0	11.1%
수의과	수의예과	9	9	194.7			62.2%	109.0	95.8	11.1%	10	235.3			60.4%	91.3	20.0%
총계		429	445				63.6%	26.6	90.1	27.4%	451	64.6			66.5%	84.1	20.0%

건국대서울 2021 분석자료 04 - 정시 인문 · 건국대서울 2020 정시 인문

2021. 05. 17 올림

최종등록 상위 80%		학과	2021 인원	경쟁률	국어	수학	탐구2평	평균합 국수탐2	영어 등급	충원률 %	국어	수학	탐구2평	평균합 국수탐2
가군	사회과학	국제무역학과	35	5.4	86.8	95.3	90.9	273.0	1.9	131.4%	87.6	96.0	92.1	275.7
		글로벌비지니스	4	5.3	95.0	88.0	90.3	273.3	2.3	125.0%	92.3	88.0	94.8	275.1
	경영대	기술경영학과	16	4.3	89.6	93.2	95.5	278.3	2.3	131.3%	84.4	97.2	92.3	273.9
	사범대학	일어교육학과	3	7.0	93.0	86.0	94.5	273.5	2.5	33.3%	87.5	90.5	92.3	270.3
		영어교육학과	8	5.1	92.7	87.5	94.3	274.5	1.7	25.0%	94.6	89.0	91.5	275.1
나군	문과대학	국어국문학과	15	3.4	93.1	89.5	92.8	275.4	1.8	66.7%	94.4	90.9	94.9	280.2
		영어영문학과	19	4.5	93.1	87.7	88.2	269.0	1.7	136.8%	92.7	90.8	91.6	275.1
		중어중문학과	15	4.3	93.3	89.1	90.1	272.5	1.8	53.3%	92.1	90.4	91.2	273.7
		철학과	5	6.2	92.0	87.0	91.6	270.6	1.3	40.0%	94.7	91.0	93.2	278.9
		사학과	7	4.0	95.0	89.4	94.4	278.8	2.2	-	89.8	95.2	93.2	278.2
		지리학과	5	4.6	94.3	83.3	92.6	270.2	1.0	60.0%	86.3	94.3	95.8	276.4
		문화콘텐츠학과	8	4.5	95.2	88.7	91.7	275.6	1.8	75.0%	92.7	93.2	97.0	282.9
	사회과학대학	정치외교학과	11	4.3	90.0	93.0	91.8	274.8	1.8	54.5%	89.1	95.5	92.6	277.2
		경제학과	35	3.2	90.0	93.1	94.7	277.8	1.9	65.7%	88.3	96.1	92.8	277.2
		행정학과	24	4.5	89.1	94.9	93.2	277.2	2.1	104.2%	86.7	96.2	92.4	275.3
		응용통계학과	18	5.3	87.7	96.6	92.1	276.4	1.9	116.7%	89.8	96.5	92.3	278.6
		융합인재학과	10	4.4	94.6	86.3	96.2	277.1	2.3	100.0%	95.5	88.8	93.4	277.7
	경영대	경영학과	66	4.0	90.7	93.6	94.5	278.8	2.0	66.7%	88.0	96.7	93.2	277.9
	부동산	부동산학과	15	3.5	89.4	95.3	94.3	279.0	1.8	53.3%	87.8	97.4	92.7	277.9
	사범	교육공학과	13	3.1	94.0	85.1	92.0	271.1	1.7	46.2%	93.0	91.3	92.3	276.6
	예술	의상디자인-인문	17	3.8	89.8	94.2	90.8	274.8	2.3	88.2%	90.2	92.7	94.9	277.8
다군	문과	미디어커뮤니케	8	28.5	95.5	90.3	95.3	281.1	2.0	1012.5%	92.7	96.7	94.9	284.3
인문 평균			357	5.6	92.0	90.3	92.8	275.1	1.9	123.1%	90.5	93.4	93.2	277.1

건국대서울 2021 분석자료 05 - 정시 자연 · 건국대서울 2020 정시 자연

2021. 05. 17 올림

최종등록 상위 80%		학과	인원	경쟁률	국어	수학	탐구2평	국수탐2	영어 등급	충원률%	국어	수학	탐구2평	국수탐2
가군	이과	물리학과	12	4.9	87.1	87.9	88.3	263.3	1.9	150.0%	86.8	92.8	86.8	266.4
	건축	건축학과	28	6.5	88.6	84.0	91.6	264.2	1.9	175.0%	90.0	81.3	93.9	265.2
	공과대학	기계항공공학부	82	3.6	87.8	88.6	89.7	266.1	1.8	68.3%	90.7	89.5	90.5	270.7
		전기전자공학부	84	3.6	89.4	90.0	90.3	269.7	1.9	86.9%	87.8	92.7	91.1	271.6
		화학공학부	50	4.0	89.7	89.2	89.8	268.7	1.8	78.0%	90.4	90.0	91.5	271.9
		컴퓨터공학부	54	3.6	91.4	89.8	89.8	271.0	2.0	75.9%	90.7	90.7	90.0	271.4
		생물공학부	10	5.0	91.3	88.6	88.8	268.8	1.8	160.0%	90.3	91.1	90.3	271.7
	수의	수의예과	40	4.4	96.9	95.0	97.1	289.0	1.2	72.5%	97.3	95.6	96.3	289.2
	사범	수학교육과	6	4.8	86.8	94.3	89.3	270.4	2.3	16.7%	96.5	88.5	94.5	279.5
나군	이과대학	수학과	9	5.0	90.3	89.0	88.8	268.1	1.9	255.6%	90.3	93.8	88.0	272.1
		화학과	8	5.4	88.2	88.0	90.2	266.4	1.5	362.5%	96.5	88.5	88.0	273.0
	공과대학	사회환경공학부	42	4.3	89.9	88.7	86.1	264.7	1.8	138.1%	88.7	90.4	88.8	267.9
		산업공학과	20	4.8	89.6	88.4	88.6	266.6	2.1	225.0%	93.3	91.1	88.0	272.4
	상허생명과학대학	생명과학특성학	7	4.7	95.8	75.4	91.2	262.4	1.0	242.9%	95.2	82.0	94.0	271.2
		동물자원과학과	20	4.0	92.3	81.4	91.3	265.0	1.8	95.0%	93.4	84.6	89.8	267.8
		식량자원과학과	9	5.7	86.4	85.3	91.6	263.3	1.9	55.6%	90.9	81.1	91.8	263.8
		축산식품생명공	22	4.6	88.8	84.2	90.9	263.9	1.8	100.0%	89.4	83.3	93.1	265.8
		식품유통공학과	4	5.5	86.7	85.7	92.5	264.9	2.3	50.0%	86.0	86.0	92.2	264.2
		환경보건과학과	7	4.6	94.7	79.3	90.8	264.8	1.8	185.7%	93.0	84.0	88.8	265.8
		산림조경학과	8	4.1	88.3	83.3	90.8	262.4	2.0	87.5%	90.4	79.1	94.5	264.0
다군	KU융합과학기술원	미래에너지공	12	11.7	84.2	93.2	85.8	263.2	1.9	716.7%	90.0	93.9	93.5	277.4
		스마트운행체공	16	11.2	90.7	91.5	87.4	269.6	1.5	637.5%	89.5	94.1	91.5	275.1
		스마트ICT융합	16	12.8	89.5	92.5	90.7	272.7	1.9	743.8%	93.8	95.5	89.3	278.6
		화장품공학과	9	10.6	93.0	84.8	92.6	270.4	2.0	400.0%	92.5	89.3	92.9	274.7
		줄기세포재생공	1	26.0	-	-	-	0.0	-	200.0%				
		의생명공학과	11	12.1	90.1	90.8	89.9	270.8	1.6	663.6%	92.1	91.6	93.1	276.8
		시스템생명공	15	12.1	91.0	88.3	93.5	272.8	1.5	546.7%	93.7	87.7	93.5	274.9
		융합생명공학과	13	11.8	90.7	87.1	92.3	270.1	2.1	615.4%	90.7	88.1	95.5	274.3
자연 평균			615	7.2	90.0	87.6	90.4	258.3	1.8	257.3%	91.5	88.8	91.5	271.8

2022 대입 주요 특징	<영어> 정시: 백분위, 수가15%, 　 인 40:30:20:10
	인/자: 100-98-94-86-70... 　 자 25:40:20:15

▶교과 반영: 학교장추천 전교과 반영
▶교과 반영: 교과전형 등
　인: 국영수통사통과+사회
　자: 국영수통사통과+과학
▶학년비율 및 가중치 없음
▶수시정시 모두 자연수가
　　2020. 06. 01 ollim

1. 2022 교과전형 투트랙 운영: 학교장추천, 교과성적우수자
　①수능최저 동일함: 2개합 7(탐1), 한국사 6등급이내
　②내신반영 차별화: 학교장-전과목 반영, 교과성적-국영수 등
　③전년대비 모집인원 절반 감소 유의 및 학교장추천 신중
2. 종합 자기소개서 4번문항 없음, 종합전형=전공적합성
3. <서울캠 2개 학과> 관광학과 통합, 미디어영상학과
4. 2022 교과등급 내신반영점수★★
　　1등급 - 2등급 - 3등급 - 4등급 - 5등급
　　90 　 88.2 　 85.5 　 81.9 　 77.4
5. 건학이념: 진성애 - 眞 Advance 誠 Lead 愛Love

▶경기대 <수원캠퍼스> 4개 단과대학으로 2019 이후 통합개편
1. 인문대학: 국문, 영문, 사학, 문헌, 문예창작, 글로벌어문, 유아교
　*글로벌어문학부(독문/프랑스/일문/중문/노문)
2. 예술체육대학: 디자인비즈(시각정보디자인/산업디자인/장신구)
　　Fine Arts학부(한국화/서양화/미술경영/서예전공)
3. 사회과학: 공공안전(법학/사회복지/범죄교정학/청소년/경찰행정)
　　공공인재(행정/국제) 경제학부(경제/무역/응용통계/지식재산)
4. 소프트웨어경영: 경영학부(경영/회계세무/국제산업정보)
　　ICT융합경영정보, 산업시스템공학, AI컴공, AI인공지능
5. 융합과학: 수학과, 나노공학, 화학과, 바이오융합
6. 창의공과: 건축학, 전자공학, 융합에너지(신소재/환경에너지/화공)
　　스마트시티공학(건설시스템/건축공/도시교통공학)
　　기계시스템공학(기계공학/지능형로봇전공)
▶서울캠: 미디어영상, 관광학부(관광경영/호텔경영/조리/이벤트 등)

모집시기	전형명	사정모형	학생부종합특별사항	2022 수시 접수기간 09.10(금) ~ 14(화)	모집인원	학생부	논술	면접	서류	기타	2022 수능최저등급
2022 수시 2,084명 (71.2%) 정시 1,009명 (28.8%) 전체총 2,926명 2021 수시 2,085명 (67.4%) 정시 1,009명 (32.6%) 전체총 3,094명	학교장추천 (신설)	일괄	학생부교과 고교별 20명 학교추천명단 ~09.17(금) 전교과 반영 최종: 12.15(수)	1. 학교장추천 교과분리 신설 2. 고교별 20명 추천 제한 3. 수원 300명, 서울 28명 감소 4. 2022 수능최저 유지 5. 경쟁률 19→20→21 　 인문 6.95→12.8→7.87 　 자연 8.66→11.4→5.55	316 수원 293 서울 23	교과 100% (출결 10%)		▶2021 교과 입결평균 수원인문 3.102등급 수원자연 3.203등급 서울인예 2.698등급 ▶모집인원변화 21→22년 수원인문 295명→150명 수원자연 312명→141명 서울인예 52명 → 23명			인/자: 2개합 7 (탐1) 史 6등급내 21 자연 수학미지정★ 21 자연 과탐 응시★
	교과성적 우수자	일괄	학생부교과 학생부 100% 인: 국영수+통사통과+사회 자: 국영수+통사통과+과학 최종: 12.15(수)	1. 교과성적우수자 분리 유지 2. 학교장추천과 중복지원가능 3. 수원 300명, 서울 28명 감소 4. 2022 수능최저 유지 5. 경쟁률 19→20→21 　 인문 6.95→12.8→7.87 　 자연 8.66→11.4→5.55	325 수원 302 서울 23	교과 100% (출결 10%)		▶2021 교과 입결평균 수원인문 3.102등급 수원자연 3.203등급 서울인예 2.698등급 ▶모집인원변화 21→22년 수원인문 295명→138명 수원자연 312명→166명 서울인예 52명 → 23명			인/자: 2개합 7 (탐1) 史 6등급내 21 자연 수학미지정★ 21 자연 과탐 응시★ 20 자연 수가 응시★
	KGU 학생부종합	1단계	학생부종합 자기소개서 ~09.15(수) 최저없음 1단계: 11.19(금) 면접: 11.27(토) 11.28(일) 최종: 12.15(수)	1. 교과성적 전공적합성중요★ 2. 2022 전년대비 19명 감소 자기추천근거 발표및질의형식 A4 용지 작성 후 3분발표 질문 11.27(토) 인문대학 예술체대 융합과학대학 관광문화대학 11.28(일) 사회과학대학 소프트웨어경영대학 창의공과대학	720 수652 서 68	서류 100% (3배수)		▶KGU 서류평가 3대 요소, SABCDE 6개등급 1. 인성 35% 　①성실성 15% ②공동체의식 20% 2. 전공적합성 55% 　①학업역량 30% ②전공적성 25% 3. 발전가능성 10% 　①자기주도성 10% ▶2022 서류평가성적 ㉠총점 ㉡성실성 ㉢공동체의식 ㉣학업역량 ㉤전공적성 ㉥자기주도성			
		2단계			2021 739 수661 서 85	1단계 70% + 면접 30% (15분)					
	논술우수자	일괄	논술전형 최저없음 수능이전 논술 10.09(토) 오전/오후 최종: 11.19(금)	1. 2022 전년대비 3명 감소 2. 수능최저 없음 3. 10시: 인문/관광대학 　14시: 사과/소프트경영대학	169 수원 130 서울 39		교과 40% 논술 60%			경기대 논술 120분 언어와 사회 각 1문항 복수 제시문, 단수의 문제 문항당 700~750자 60점 만점, 문항당 30점 통계자료해석응용 출제	최저없음
	기회균형	일괄	학생부교과 수능이전 최종 최종: 11.19(금)	1. 기초 및 차상위 자녀 2. 교과 90%+출결 10%	43 수39 서 4	교과 100% (출결 10%)					최저없음
	고른기회	일괄	학생부종합 자기소개서 ~09.15(수) 최종: 12.15(수)	1. 독립유공 및 국가유공자 2. 특수임무 5.18 고엽제 등 3. 농어촌/서해5도 대상자 4. 기초수급/차상위 자녀 포함	203 수177 서 26				서류 100%		최저없음
	사회배려대상자	일괄	학생부종합 자기소개서 ~09.15(수) 최종: 12.15(수)	1. 군인경찰소방교정 15년 2. 다문화, 다자녀 3인 3. 의사상자 자녀	40 수34 서 6				서류 100%		최저없음

경기대학교 수원캠 / 2021 교과우수 (인문)

▶수능최저등급
인/자: 2개합 7 (탐1)
자연 수가응시★
㉯ 6등급
▶2021 전체 학과개편

▶교과 100%
▶내신: 전과목 반영, 동일비율

2021 경쟁률 및 합격 내신등급 (최저충족)

대학	학과	최저있음 2022 학교장신설인원	최저있음 2022 교과인원	모집인원	지원자	경쟁률	최초평균	최초최저	최종최고	최종평균	최종70%컷	충원인원	등록인원
인문대학	국어국문	4	4	11	89	8.09	2.469	2.684	2.397	2.807	2.925	26	11
	영어영문	11	9	20	122	6.10	2.615	2.811	2.480	3.137	3.255	48	19
	사학과	3	-	4	109	27.3	2.672	2.707	2.701	2.759	미공개	5	4
	문헌정보	2	-	3	22	7.33	2.445	2.568	2.416	2.610	미공개	2	2
	문예창작	-	-	1	8	8.00	2.125	2.125	3.856	3.856	미공개	1	1
	글로벌어문	13	12	28	207	7.39	2.660	2.877	2.391	3.053	3.171	62	24
	유아교육	-	2	-	-	-	-	-	-	-	-	-	-
사회과학	공공안전	19	17	44	239	5.43	1.955	2.230	1.613	2.492	2.786	82	37
	공공인재	12	10	23	124	5.39	2.545	2.716	2.839	3.434	3.567	48	21
	경제학부	37	35	69	340	4.93	2.763	2.984	2.278	3.190	3.360	132	57
SW경영	경영학부	37	37	69	364	5.28	2.406	2.639	1.875	3.039	3.160	144	61
	ICT융합경영정보	4	4	7	39	5.57	2.840	3.186	2.709	3.183	3.198	7	6
예체능	디자인비즈학부 Fine Arts미술등	8	8	16	59	3.69	3.038	3.433	2.779	3.662	3.909	15	9
	수원캠 인문계	150	138	295	1722	7.87	2.544	2.747	2.528	3.102	3.259	572	252

경기대학교 수원캠 / 2021 교과우수 (자연)

▶수능최저등급
인/자: 2개합 7 (탐1)
자연 수가응시★
㉯ 6등급
▶2021 전체 학과개편

▶교과 100%
▶내신: 전과목 반영, 동일비율

2021 경쟁률 및 합격 내신등급 (최저충족)

대학	학과	최저있음 2022 학교장신설인원	최저있음 2022 교과인원	모집인원	지원자	경쟁률	최초평균	최초최저	최종최고	최종평균	최종70%컷	충원인원	등록인원
SW경영	ICT융합 산업시스	10	14	27	102	3.78	3.125	3.333	2.716	3.700	3.746	20	23
	AI 융합 컴퓨터공	27	31	58	296	5.10	2.750	2.963	2.037	3.075	3.227	91	51
	AI 융합 인공지능	4	7	10	47	4.70	2.851	3.144	2.398	3.265	3.451	12	10
융합과학	수학과	3	3	8	29	3.63	2.982	3.165	2.742	3.176	미공개	6	4
	나노공학과	3	3	8	45	5.63	2.867	3.007	2.894	3.324	3.428	10	7
	화학과	3	4	9	54	6.00	2.617	2.813	2.625	2.929	3.000	18	8
	바이오융합	11	13	23	222	9.65	2.561	2.727	2.248	2.764	2.810	48	20
창의공과	건축학 5년	7	7	13	114	8.77	2.858	3.030	2.889	3.118	3.164	18	12
	전자공학과	13	15	26	111	4.27	2.641	2.860	2.088	3.322	3.659	40	20
	융합에너지시스템	30	33	60	228	3.80	2.744	3.036	2.582	3.302	3.507	71	50
	스마트시티공학부	20	22	41	255	6.22	3.103	3.335	2.940	3.455	3.559	57	39
	기계시스템공학부	10	14	29	146	5.03	2.763	3.067	2.793	3.261	3.364	45	28
	수원캠 자연계	141	166	312	1649	5.55	2.822	3.040	2.579	3.224	3.356	436	272
인문	관광학부	20	20	44	310	7.05	2.237	2.514	1.796	2.656	2.840	72	42
예체능	미디어영상학과	3	3	8	80	10.0	2.080	2.335	2.036	2.740	2.932	18	8
	서울캠 인문계	23	23	52	195	8.52	2.159	2.425	1.916	2.698	2.886	90	50

경기대 2021 대입분석자료 03 - 수시 KGU종합전형 인문 2021. 05. 27 ollim

경기대 수원캠		최저 없음 2022 인원	▶1단계: 서류 100% (3배수) ▶2단계: 면접 50%						
▶내신: 전과목 정성 ▶수능최저 없음			2021 경쟁률 및 합격						
			모집 인원	경쟁률	1단계 평균	최종 평균	최종 70%컷	최종 등록	추합 인원
인문 대학	국어국문	14	15	7.00		3.494	3.610	15	8
	영어영문	15	15	10.1		3.598	3.768	13	23
	사학과	12	15	7.80		3.368	3.548	14	20
	문헌정보	12	13	8.08		3.605	3.762	13	21
	문예창작	10	10	10.6		3.702	3.782	10	6
	글로벌어문	55	60	9.78		3.896	4.007	57	75
	유아교육	7	7	18.57		2.878	2.724	7	6
사회 과학	공공안전	58	66	10.1		2.682	2.867	65	61
	공공인재	26	27	8.37		3.584	3.608	26	38
	경제학부	58	55	5.18		3.667	3.841	53	71
SW 경영	경영학부	58	58	9.36		3.401	3.541	56	79
	ICT융합경영	11	11	6.00		3.834	3.857	11	11
예체능	디자인비즈학부	28	30	8.27		3.432	3.724	29	25
	Fine Arts미술등	-	-	-		-	-	-	-
수원캠 인문평균		364	382	9.18		3.472	3.588	369	444

경기대 수원캠		▶1단계: 서류 100% (3배수) ▶2단계: 면접 50%					
▶내신: 전과목 정성 ▶수능최저 없음		2020 경쟁률 및 합격					
		모집 인원	경쟁률	1단계 평균	최종 최고	최종 평균	추합 인원
융합	유아교육	6	31.0	2.58	2.3	2.65	3
수원캠 휴먼 인재 융합 대학	국어국문	15	8.60	2.99	2.4	3.05	16
	영어영문	15	12.5	3.40	3.1	3.58	18
	중어중문	14	11.1	3.32	2.6	3.57	14
	사학과	15	10.1	2.89	2.5	2.97	13
	문헌정보	14	11.2	3.05	2.5	3.04	2
	문예창작	12	11.2	3.31	3.1	3.46	9
	글로벌어문	52	8.67	3.86	3.1	3.92	48
	서양미술경영	10	4.60	3.83	3.2	4.04	6
수원캠 지식 정보 서비스 대학	법학과	15	16.3	3.14	2.8	3.19	7
	행정학과	15	9.80	3.19	2.7	3.23	14
	경찰행정학과	13	18.8	1.95	1.7	2.01	5
	휴먼서비스학	45	9.53	3.23	2.7	3.37	23
	국제관계학과	14	8.29	3.33	2.9	3.50	18
	국제산업정보	23	7.08	4.07	3.5	4.16	5
	경제학부	30	6.47	3.53	3.0	3.63	35
	지식재산학과	12	6.75	3.56	3.0	3.72	4
	경영학과	15	19.9	3.11	2.9	3.24	20
	무역학과	15	8.00	3.16	2.9	3.35	16
	회계세무경영	24	7.17	3.37	2.9	3.73	17
융합	디자인비즈	36	8.89	3.10	2.1	3.23	22
합계		410	11.2	3.24	2.8	3.36	315

경기대 2021 대입분석자료 04 - 수시 KGU종합전형 자연 2021. 05. 27 ollim

경기대 수원/서울		최저 없음 2022 인원	▶1단계: 서류 100% (3배수) ▶2단계: 면접 50%						
▶내신: 전과목 정성 ▶수능최저 없음			2021 경쟁률 및 합격						
			모집 인원	경쟁률	1단계 평균	최종 평균	최종 70%컷	최종 등록	추합 인원
SW 경영	ICT융합 산업시스	24	15	5.40		3.789	3.884	15	15
	AI 융합 컴퓨터공	30	30	13.1		3.408	3.622	27	46
	AI 융합 인공지능	14	14	8.14		3.625	3.860	14	24
융합 과학	수학과	13	13	8.46		3.599	3.615	13	21
	나노공학과	13	13	6.23		3.526	3.591	12	17
	화학과	13	14	10.3		3.388	3.463	13	23
	바이오융합	30	30	10.4		3.232	3.350	29	35
창의 공과	건축학 5년	14	15	12.9		3.686	3.832	15	15
	전자공학과	26	26	6.77		3.656	3.708	16	42
	융합에너지시스템	45	45	6.93		3.212	3.342	44	54
	스마트시티공학부	42	42	5.38		4.012	4.198	42	54
	기계시스템공학부	24	15	7.87		3.431	3.562	15	21
수원캠 자연평균		288	272	8.49		3.547	3.669	21	367
인문	관광학부	55	70	10.6		3.366	3.542	70	49
예체능	미디어영상학과	13	15	17.1		3.116	3.237	15	6
서울캠 인문평균		68	85	13.8		3.241	3.390	43	55

경기대 수원/서울		▶1단계: 서류 100% (3배수) ▶2단계: 면접 50%					
▶내신: 전과목 정성 ▶수능최저 없음		2020 경쟁률 및 합격					
		모집 인원	경쟁률	1단계 평균	최종 최고	최종 평균	합 인원
수원캠 융합 과학 대학	수학과	14	6.71	3.26	2.9	3.73	14
	전자물리학과	14	7.57	3.57	3.3	3.74	13
	화학과	14	15.5	2.99	2.7	3.16	15
	바이오융합학	30	13.0	3.03	2.4	3.09	28
	컴퓨터공학부	42	12.5	3.35	3.0	3.46	43
수원캠 창의 공과 대학	토목공학과	15	7.93	3.96	3.7	3.98	18
	건축 5년제	15	15.5	3.48	2.7	3.46	19
	건축공학과	14	9.79	3.64	2.9	3.67	17
	도시교통공학	15	6.93	3.61	3.2	3.76	15
	신소재공학과	15	12.7	3.06	2.7	3.22	18
	환경에너지공	15	9.87	2.97	2.8	3.14	14
	화학공학과	13	17.9	3.23	2.4	3.19	7
	산업경영공학	15	8.27	3.35	3.2	3.61	14
	전자공학과	15	11.7	3.38	2.6	3.33	19
	기계시스템공	15	15.6	3.00	2.9	3.14	16
수원캠 자연평균		261	11.4	3.32	2.9	3.44	270
서울캠 관광 문화 대학	관광경영학과	15	14.7	2.92	2.4	3.13	7
	관광개발학과	14	9.79	3.51	2.6	3.28	12
	호텔경영학과	14	11.6	2.98	2.5	2.93	8
	외식조리학과	14	21.0	2.85	2.1	3.11	12
	관광이벤트	14	7.93	3.31	2.7	3.35	4
	미디어영상학	14	25.4	3.01	2.4	2.98	6
서울캠 인문평균		85	15.1	3.10	2.5	3.13	49

2021 논술전형 (인문)

▶ 학생 40%+논술 60%
▶ 내신: 전과목

경기대 수원캠		최저없음 / 2022 인원	2021 논술고사 100점 만점						
			모집인원	경쟁률		최종평균	최종 70%컷	최종등록	추합인원
인문대학	국어국문	9	7	22.1		4.217	4.467	7	3
	영어영문	8	7	20.7		4.341	4.390	7	1
	사학과	4	4	22.5		4.647	미공개	4	0
	문헌정보	4	4	22.5		3.601	미공개	4	1
	문예창작	2	3	20.0		4.788	미공개	3	1
	글로벌어문	12	13	22.3		4.532	4.713	13	4
	유아교육	-	-	-		-	-	-	-
사회과학	공공안전	22	23	21.8		4.150	4.664	23	6
	공공인재	12	12	19.5		4.179	4.149	12	2
	경제학부	30	31	19.4		4.722	4.899	29	8
SW경영	경영학부	27	26	20.4		4.253	4.616	26	11
	ICT융합경영	-							
수원캠 자연평균		130	130	21.1		4.343	4.557	13	37
인문	관광학부	33	36	21.8		4.433	4.694	35	12
예체능	미디어영상학과	6	6	30.8		3.619	3.571	6	0
서울캠 인문평균		290	42	26.3		4.026	4.133	21	12

2020 논술전형 (인문)

▶ 학생 40%+논술 60%
▶ 내신: 전과목

경기대 수원캠		2020 논술고사 100점 만점			
		모집인원	경쟁률	논술평균	최종평균
융합	유아교육	-	-	-	-
수원캠 휴먼인재융합대학	국어국문	7	18.3	82.79	4.34
	영어영문	7	19.4	84.82	4.68
	중어중문	3	15.7	83.75	4.29
	사학과	4	18.0	78.81	4.40
	문헌정보	4	18.0	87.75	4.84
	문예창작	3	20.3	87.25	4.50
	글로벌어문	10	18.9	82.65	4.69
	서양미술경영	-	-	-	-
수원캠 지식정보서비스대학	법학과	7	19.7	78.00	4.85
	행정학과	9	18.2	85.03	4.29
	경찰행정학과	2	38.0	85.25	4.13
	휴먼서비스학	14	18.8	85.55	4.54
	국제관계학과	3	16.3	77.50	4.17
	경제학부	16	17.8	81.77	4.69
	지식재산학과	4	16.5	80.50	5.65
	경영학과	17	20.9	84.90	4.53
	무역학과	11	18.8	83.77	4.68
	회계세무경영	9	16.3	83.17	4.59
융합	디자인비즈	-	-	-	-
합계		130	19.4	83.13	4.58

2021 정시 수능 (인문)

▶ 인 40:30:20:10　영어: 100-99-97-90
▶ 자 30:40:20:10　영어: 100-99-97-90

경기대 수원/서울		2022 인원	2021 정시 최종합격 백분위평균					
			국어	수학가		탐구1	국수탐 백평균	국수탐 백합계	영어등급
인문대학	국어국문						81.77	245.31	
	영어영문						80.64	241.91	
	사학과						82.50	247.50	
	문헌정보						82.60	247.80	
	문예창작						79.80	239.40	
	글로벌어문						80.85	242.55	
	유아교육						83.81	251.43	
사회과학	공공안전						84.99	254.97	
	공공인재						81.34	244.02	
	경제학부						83.12	249.36	
SW경영	경영학부						81.82	245.46	
	ICT융합경영정보						83.63	250.89	
수원캠 인문평균		296					82.24	246.72	
예체능	디자인비즈학부						85.70	257.10	
	Fine Arts미술등						54.62	163.86	
수원캠 예체 평균		296					70.16	210.48	

2020 정시 수능 (인문)

▶ 인 40:30:20:10　영어: 100-99-97-90
▶ 자 30:40:20:10　영어: 100-99-97-90

경기대 수원/서울		2020 정시최종합격 백분위평균					
		국어	수학가		탐구1	국수탐 백평균	영어등급
융합	유아교육					78.87	
수원캠 휴먼인재융합대학	국어국문					84.91	
	영어영문					84.07	
	중어중문					84.50	
	사학과					84.13	
	문헌정보					85.00	
	문예창작					86.43	
	글로벌어문					84.49	
	서양미술경영					17.82	
수원캠 지식정보서비스대학	법학과					86.56	
	행정학과					85.63	
	경찰행정학과					93.12	
	휴먼서비스학					84.81	
	국제관계학과					85.27	
	경제학부					83.97	
	지식재산학과					85.11	
	경영학과					85.76	
	무역학과					84.71	
	회계세무경영					86.04	
체육	스포츠과학부					-	
	체육학과					-	
합계						81.64	

경기대 수원/서울		2021 정시 수능 (자연)								경기대 수원/서울		2020 정시 수능 (자연)						
		▶인 40:30:20:10 영어: 100-99-97-90 ▶자 30:40:20:10 영어: 100-99-97-90										▶인 40:30:20:10 영어: 100-99-97-90 ▶자 30:40:20:10 영어: 100-99-97-90						
		2022 인원	2021 정시 최종합격 백분위평균									2020 정시최종합격 백분위평균						
			국어	수학가			탐구1	국수탐 백평균	국수탐 백합계	영어 등급			국어	수학가		탐구1	국수탐 백평균	영어 등급
SW 경영	ICT융합 산업시스							79.27	237.81		수원캠 융합 과학 대학	수학과					84.19	
	AI 융합 컴퓨터공							81.11	243.33			전자물리학과					84.32	
	AI 융합 인공지능							83.55	250.65			화학과					84.30	
융합 과학	수학과							78.96	236.88			바이오융합학					84.40	
	나노공학과							82.38	247.14			컴퓨터공학부					86.05	
	화학과							80.33	240.99		수원캠 창의 공과 대학	토목공학과					83.52	
	바이오융합							77.77	233.31			건축 5년제					86.08	
창의 공과	건축학 5년							82.58	247.74			건축공학과					84.26	
	전자공학과							74.96	224.88			도시교통공학					83.68	
	융합에너지시스템							80.64	241.92			신소재공학과					85.71	
	스마트시티공학부							80.02	240.06			환경에너지공					84.44	
	기계시스템공학부							81.71	245.13			화학공학과					86.39	
												산업경영공학					84.22	
												전자공학과					86.30	
												기계시스템공					84.44	
수원캠 자연평균		0						80.27	240.82		수원캠 자연평균						84.82	
인문	관광학부							84.75	254.25		서울캠 관광 문화 대학	관광경영학과					86.90	
예체능	미디어영상학과							84.74	254.22			관광개발학과					85.98	
												호텔경영학과					90.92	
												외식조리학과					88.00	
												관광이벤트					83.30	
												미디어영상학					88.38	
서울캠 인문평균		0						84.75	254.24		서울캠 인문평균						87.25	

| 2022 대학별 수시모집 요강 | 경북대학교 01 | 2022 대입 주요 특징 | <영어정시>인 200:200:200:100 자 200:300:200:200 등 인/자: 200-197-192-187-182... 탐구2개, 표준 등 |

▶2022 내신반영 변화★
인: 국영수사 자: 국영수과
→ 2022 국영수사과史 변화
▶학년비율: 20:40:40=없음
▶진로선택 상위 3개 가산점★
일반 A=25, B=15, C=5
의예 A=20, B=12, C=4

1. 2022 교과일반 90명 증가, 교과지역 80명 증가
2. 2022 종합일반 단계면접→서류일괄 100%, 208명 감소
3. 2022 수능최저 단과대별 세분화 및 일부 상향
4. 수능최저 인문자연 단과대 소속 학과별 확인 유의
5. 상주캠 종합일반, 종합지역, 논술 선발없음
6. 영농창업인재 제외한 모든 2022 종합 자기소개서 폐지
7. SW특별전형 10명 단계면접 생략

▶대구캠: 인문자연의치사범 등
▶상주캠: 생태환경/과학기술

2021.06.10~22 ollim

 KNU 경북대학교 KYUNGPOOK NATIONAL UNIVERSITY

모집시기	전형명	사정모형	학생부종합특별사항	2022 수시 접수기간 09.10(금) ~ 14(화)	모집인원	학생부	논술	면접	서류	기타	2022 수능최저등급
2022 수시 3,300명 2021 수시 3,282명 (66.2%) 정시 1,676명 (33.8%) 전체 4,958명	학생부교과 일반학생	일괄	학생부교과 최종 12.16(목)	1. 2022 전년대비 90명 증가 2. 의예X 치의5 수의9 약10 3. 후보자 결정: 3배수 발표	999 2021 909	교과 100					<2021 수능최저> 경상/사범/행정/수의 : 3개합6 (탐1) 인문/자연: 3개합8 (탐1) 의예/치의: 4개합5 (탐1) 이상 史4등급필수공통 상주캠: 2개합7 (탐1) 자연계 수가나탐 유의	경상: 3개합 6 (탐1) 사과/사범/행정 : 3개합 7 (탐1) 인문/자연: 3개합8 (탐1) 농업/생활: 3개합9 (탐1) 상주생태: 2개합7 (탐1) 상주과학: 2개합8 (탐1) 치의: 3개 1등급 (탐1) 수의/약: 3개합 5 (탐1)
	학생부종합	일괄	학생부종합 자소서 폐지 단계→일괄 1단계 11.05(금) 면접 11.20(토) 최종 12.16(목)	1. 2022 전년대비 208명 감소 2. 종합일반 2022 최저신설★ 3. 의예10 치의5 수의9 약학X 4. 전공적합성, 발전가능성 인성을 종합적으로 평가 5. 모집단위별 전공관련교과★ ▶학업역량 (35%) ▶전공적합성 (35%) ▶발전가능성 (20%) ▶인성 (10%)	555 상주캠 없음 2021 763	서류 100					<일반 2022 최저신설> 경상: 3개합 7 (탐1) 사과/사범/행정 : 3개합 8 (탐1) 인문/자연 3개합9 (탐1) 농업/생활 3개합10(탐1) 의예: 3개 1 (과2) *절사 치의: 3개 1 (과1) 수의: 3개합 5 (과1)
	논술전형	일괄	논술전형 진로선택 미반영 AAT 100분 11.29(토) 인문 09시 자연 15시 최종 12.16(목)	1. 2022 전년대비300명 감소 2. 의예10 치의5 수의9 간호13 약학X 모바일 15명 3. 논술답안: 논술/약술/풀이	472 상주캠 없음 2021 772	교과 30 + 논술 70		인문: 교과 통합형 국어/사회/도덕 6문항 자연 I 모집단위 : 수 I,수학 II 3문항 자연 II 모집단위 (의예/치의예/수의예) : 수 I,수학 II 3문항			경상: 3개합 6 (탐1) 사과/사범/행정 : 3개합 7 (탐1) 인문/자연: 3개합8 (탐1) 농업/생활: 3개합9 (탐1) 의예: 3개 1 (과2) *절사 치의: 3개 1등급 (탐1) 수의: 3개합 5 (탐1)
	지역인재 교과	일괄	학생부교과 자소서 폐지 의예 면접 11.20(토) 최종 12.16(목)	1. 2022 전년대비 80명 증가 2. 대구경북 고교출신 약학X 3. 의예10 치의10 수의12 4. 전공적합성, 발전가능성 인성을 종합적으로 평가 5. 교과전형인데 서류평가함	338 2021 258	교과 100 의예 면접실시 교과80+면접20 15분씩 2개면접					경상: 3개합 6 (탐1) 사과/영교/수교/행정 : 3개합 7 (탐1) 인문/자연: 3개합8 (탐1) 농업/생활: 3개합9 (탐1) 상주생태: 2개합7 (탐1) 상주과학: 2개합8 (탐1) 의예: 3개 1 (과2) *절사 치의: 3개 1 (과1) 수의: 3개합 5 (과1)
	지역인재 종합	1단계	학생부종합 자소서 폐지 일반 최저없음 1단계 11.05(금) 면접 11.20(토) 최종 12.16(목)	1. 대구경북 고교출신 수의X 2. 의예28 치의10 약학15 3. 2단계: 최저충족자 중에서 전형요소성적 고득점순 선발 4. 일반 최저없음 5. 최저 의예: 3개 1(과2) *절사 치의: 3개 1 (과1) 약학: 3개합 5 (탐1)	194 의 28 치 10 약 15 상주캠 없음	서류 100 (5배수)				▶2021 의예 입결올림 평균 1.72 편차 0.48 경쟁 7.67 실질 2.47 ▶2021 치의 입결올림 평균 2.64 편차 0.60 경쟁 11.6 실질 1.80 ▶2021 간호 입결올림 평균 2.90 편차 0.96	▶2020 의예 입결올림 평균 1.54 편차 0.25 경쟁 7.27 실질 2.57 ▶2020 치의 입결올림 평균 2.48 편차 0.36 경쟁 10.0 실질 1.87 ▶2020 간호 입결올림 평균 2.47 편차 0.31
		2단계				1단계 70 + 면접 30					
	▶국가보훈대상 ▶사회배려자	일괄	학생부종합 자소서 폐지 1단계 11.05(금) 면접 11.20(토)	1. 단계면접→서류일괄 변화 ▶국가보훈대상자, 수의예1 ▶사회배려대상자: 다문/다자 백혈병/소아암/양육시설 등	보 30 수의 1 배 23	서류 100					일반 최저없음 수의: 3개합5 (탐1)
	모바일과학인재 (정원외)	1단계	학생부종합 자소서 폐지 1단계 11.05(금) 면접 11.20(토)	1. 삼성전자 협약 계약학과 2. 전자공학 모바일공학전공5 3. 수학/과학 우수학업역량 4. 모바일과학인재 성장잠재력	5	서류 100 (5배수)		SW특별전형 10명 생략			모바일: 수가과합3 (탐1)
		2단계				1단계 50 + 면접 50					
	▶기초생활수급 ▶기초생활수급 (정원내/외)	일괄	학생부종합 자소서 폐지 1단계 11.05(금) 면접 11.20(토)	1. 단계면접→서류일괄 변화 ▶기초/차상위 정원내전형 93 ▶기초/차상위 정원외전형 59	93 2021 46	서류 100		고졸재직5/영농창업25 실기실적111/특기체육6 농어촌45/170/특성화27 장애인26 등 전형생략			일반 최저없음 정원내 수의예: 3개합 6 정원외 약학과: 3개합 6

▶2022 내신반영 변화★
 인: 국영수사 자: 국영수과
 → 2022 <u>국영수사과史</u> 변화
▶학년비율: 20:40:40→없음
▶진로선택 상위 3개 가산점★
 일반 A=25, B=15, C=5
 의예 A=20, B=12, C=4

1. 2022 교과일반 90명 증가, 교과지역 80명 증가
2. 2022 종합일반 단계면접→서류일괄 100%, 208명 감소
3. 2022 수능최저 단과대별 세분화 및 일부 상향
4. 수능최저 인문자연 단과대 소속 학과별 확인 유의
5. 상주캠 종합일반, 종합지역, 논술 선발없음
6. 영농창업인재 제외한 모든 2022 종합 자기소개서 폐지
7. SW특별전형 10명 단계면접 생략

▶대구캠: 인문자연의치사범 등
▶상주캠: 생태환경/과학기술

🅚 KNU 경북대학교
KYUNGPOOK NATIONAL UNIVERSITY

모집시기	전형명	사정모형	학생부종합 특별사항	전년도 2021 입결참고	모집인원	학생부	논술	면접	서류	기타	2022 수능최저등급

KNU
2019~2020
학생부교과
일반학생전형
입결 ollim

▶경북대 2개년 19~20 <교과전형인문>
1. 인문 모집인원: 262명 → 223명
2. 최초경쟁률: 11.1 → 10.1 (최초경쟁률 하락)
3. 실질경쟁률: 4.70 → 4.08 (실질경쟁률 하락)
4. 인문 최저충족률 35.6% → 39.6%
5. 인문평균 충원율: 120.6% → 108.8%
6. 인문평균 등록률: 80.2% → 77.1%
7. 최종합격 인문평균: 2.04 → 2.36
8. 최종합격 인문85%: 2.17 → 2.41

▶경북대 2개년 19~20 <교과전형자연> *ollim*
1. 자연 모집인원: 423명 → 320명
2. 최초경쟁률: 9.98 → 12.2 (최초경쟁률 상승)
3. 실질경쟁률: 3.02 → 3.90 (실질경쟁률 상승)
4. 자연 최저충족률 32.2% → 33.1%
5. 자연평균 충원율: 101.7% → 104.4%
6. 자연평균 등록률: 79.4% → 80.9%
7. 최종합격 자연평균: 2.22 → 2.25
8. 최종합격 자연85%: 2.37 → 2.31

▶경북대 2개년 19~20 <교과전형 상주캠>
1. 자연 모집인원: 414명 → 364명
2. 최초경쟁률: 5.52 → 4.84 (최초경쟁 하락)
3. 실질경쟁률: 3.20 → 1.95 (실질경쟁 하락)
4. 자연 최저충족률 53.3% → 36.4%
5. 자연평균 충원율: 95.2% → 56.9%
6. 자연평균 등록률: 82.6% → 64.3%
7. 최종합격 자연평균: 4.45 → 4.64
8. 최종합격 자연85%: 4.88 → 5.03

▶경북대 2020 <지역인재교과> *ollim*
1. 인문/자연 모집인원: 251명
2. 최초경쟁률: 7.71
3. 실질경쟁률: 3.44
4. 인문/자연 최저충족률 40.3%
5. 자연평균 충원율: 67.3%
6. 자연평균 등록률: 90.8%
7. 최종합격 자연평균: 2.33
8. 최종합격 자연85%: 2.52
9. 의예합격 평균~85%: 1.05~1.11 → 1.13~1.18
10. 치의합격 평균~85%: 2.41~2.78 → 1.95~2.08
11. 수의합격 평균~85%: 1.13~1.16 → 1.20~1.27
12. 간호합격 평균~85%: 2.11 ~ 2.30

경북대 2021 수시분석자료 01 - 교과전형 인문   *2021. 06. 02~18 ollim*

수능최저 있음

경상/사범/행정/수의 : 3개합6 (탐1)
인문/자연: 3개합8 (탐1)
의예/치의: 4개합5 (탐1)
이상 史4등급필수공통
상주캠: 2개합7 (탐1)

2021 교과전형 - 인문계열
▶교과반영 인: 국영수사 사: 도덕 포함 자: 국영수과
▶학년비율: 20:40:40

2020 교과전형 - 인문계열
▶교과반영 인: 국영수사 사: 도덕 포함 자: 국영수과
▶학년비율: 20:40:40

		2022 모집인원	2021 지원		추합및등록		수능최저통과		2021 최종평균		2020 지원		추합및등록		수능최저통과		2020 최종평균	
			모집인원	경쟁률	추합인원	최종등록	충족인원	실질경쟁	등급평균	등급85%	모집인원	경쟁률	추합인원	최종등록	충족인원	실질경쟁	등급평균	등급85%
인문대학	국어국문	5	4	23.3	7	2	39	9.75	2.13	-	4	7.00	1	3	5	1.25	3.03	3.15
	영어영문	11	5	7.80	6	5	15	3.00	2.56	2.94	5	8.40	8	3	21	4.20	1.85	1.98
	사학과	10	9	8.6	13	5	33	3.67	2.01	2.11	9	12.4	8	8	51	5.67	2.13	2.32
	철학과	8	5	8.6	4	4	18	3.60	2.06	2.00	6	12.0	8	5	39	6.50	2.19	2.27
	불어불문	7	8	9.0	6	8	23	2.88	2.44	2.71	8	11.3	10	5	45	5.63	2.17	2.32
	독어독문	6	6	7.83	6	5	27	4.50	2.36	2.57	6	8.00	6	6	17	2.83	2.44	2.71
	중어중문	3	3	10.0	5	1	13	4.33	-	-	3	12.0	6	3	15	5.00	2.37	2.41
	고고인류	4	4	9.50	2	4	18	4.50	2.80	2.85	4	9.25	2	4	18	4.50	2.47	2.73
	일어일문	7	6	14.7	8	6	30	5.00	2.53	2.75	6	8.00	11	4	17	2.83	2.91	2.90
	한문학과	6	5	8.2	8	2	17	3.40	2.81	-	5	11.4	5	5	27	5.40	2.52	2.58
	노어노문	4	3	9.3	3	3	7	2.33	2.92	-	3	10.3	5	3	13	4.33	2.39	2.41
사회과학대학	정치외교	7	8	7.25	9	5	26	3.25	2.00	2.11	7	6.43	6	5	22	3.14	1.86	2.00
	사회학과	8	11	12.3	23	8	77	7.00	1.97	2.07	11	6.36	9	9	38	3.45	2.37	2.20
	지리학과	7	12	8.25	20	11	53	4.42	2.53	2.67	11	7.73	11	11	50	4.55	2.22	2.67
	문헌정보	8	11	8.73	16	7	49	4.45	2.09	2.33	11	6.00	8	8	28	2.55	2.11	2.50
	심리학과	7	5	12.6	5	5	20	4.00	1.93	2.00	6	13.7	2	2	40	6.67	1.81	-
	사회복지	11	15	7.00	22	14	40	2.67	2.57	2.88	15	6.60	15	15	53	3.53	2.04	2.22
	미디어커뮤니	3	4	7.75	5	4	14	3.50	2.65	3.37	4	8.50	3	3	17	4.25	1.62	1.61
경상대학	경제통상	23	19	7.0	25	11	44	2.32	2.79	3.12	13	10.9	15	8	46	3.54	2.21	2.21
	경영학부	25	27	7.0	23	18	50	1.85	2.93	4.05	30	10.4	29	27	113	3.77	1.96	2.10
행정	행정학부	12	8	13.8	14	7	34	4.25	2.63	2.91	8	6.25	5	5	13	1.63	2.71	2.77
농생	식품자원경제	4	7	21.3	6	6	50	7.14	2.52	2.82	5	6.20	6	4	11	2.20	3.07	3.45
사범인문	교육학과	-	2	10.5	1	2	4	2.00	2.85	-	2	26.5	2	2	9	4.50	2.36	-
	국어교육	6	5	10.6	11	1	22	4.40	-	-	5	9.40	9	2	25	5.00	1.96	-
	영어교육	7	2	12.5	2	2	10	5.00	2.09	-	2	17.0	0	0	18	9.00	-	-
	독어교육	3	2	16.5	1	2	4	2.00	3.18	-	2	12.5	1	2	3	1.50	3.67	-
	불어교육	3	2	16.0	2	2	4	2.00	3.21	-	2	9.00	2	2	7	3.50	3.64	-
	역사교육	4	3	9.3	3	3	11	3.67	2.02	-	3	12.0	3	3	13	4.33	1.74	1.79
	지리교육	-	3	21.7	5	2	21	7.00	2.45	-	3	11.3	6	2	9	3.00	3.10	-
	일반사교	5	5	10.4	6	3	23	4.60	1.94	-	5	10.4	8	5	19	3.80	2.08	2.11
	윤리교육	4	4	17.3	6	2	25	6.25	1.93	-	4	7.75	7	3	14	3.50	2.51	3.16
자전	인문자전	24	15	6.33	20	14	35	2.33	3.58	4.41	15	7.93	31	5	76	5.07	1.63	1.80
인문계열 교과평균		242	228	11.3	293	174	856	4.10	2.48	2.77	223	10.1	248	172	892	4.08	2.36	2.41

수능최저 있음

경상/사범/행정/수의 : 3개합6 (탐1)
인문/자연: 3개합8 (탐1)
의예/치의: 4개합5 (탐1)
이상 史4등급필수공통
상주캠: 2개합7 (탐1)

2021 교과전형 - 자연계열	2020 교과전형 - 자연계열
▶교과반영 인: 국영수사　사: 도덕 포함　자: 국영수과　▶학년비율: 20:40:40	▶교과반영 인: 국영수사　사: 도덕 포함　자: 국영수과　▶학년비율: 20:40:40

대학	학과	2022 모집인원	2021 지원 모집인원	2021 지원 경쟁률	추합인원	최종등록	충족인원	실질경쟁	2021 등급평균	2021 등급85%	2020 지원 모집인원	2020 지원 경쟁률	추합인원	최종등록	충족인원	실질경쟁	2020 등급평균	2020 등급85%
자연과학대학	수학과	4	7	6.43	7	4	14	2.00	2.18	2.11	5	10.8	8	4	19	3.80	2.15	2.22
	물리학과	10	10	6.20	8	4	18	1.80	2.66	2.74	11	9.73	11	10	35	3.18	2.34	2.67
	화학과	7	8	6.13	1	3	9	1.13	3.13	-	7	8.43	3	5	23	3.29	1.73	1.85
	생명공학	26	8	10.3	15	7	30	3.75	2.05	2.21	7	18.0	10	5	53	7.57	1.70	1.74
	생물학	9	6	8.50	6	5	19	3.17	2.07	2.16	6	7.83	8	5	16	2.67	2.07	2.13
	통계학과	5	5	6.00	9	4	18	3.60	2.04	1.95	5	9.40	7	5	26	5.20	1.99	2.00
	지구시스템	16	9	10.8	9	7	24	2.67	2.39	2.37	8	8.38	4	8	15	1.88	2.58	2.96
공과대학	신소재공	12	8	9.25	12	4	32	4.00	1.85	2.00	9	9.22	11	6	31	3.44	1.91	2.12
	기계공학	22	14	7.93	26	7	41	2.93	2.35	3.02	14	13.1	23	9	88	6.29	1.82	1.88
	건축학	7	8	8.38	3	4	11	1.38	2.75	2.99	8	9.75	6	7	24	3.00	2.17	2.33
	건축공학	7	8	9.25	6	4	19	2.38	2.48	2.60	8	9.88	11	7	23	2.88	2.56	2.66
	토목공학	8	10	17.4	12	6	47	4.70	2.57	2.73	10	13.3	11	7	25	2.50	2.79	2.92
	응용화학 *분리*	9	9	8.00	13	8	26	2.89	2.44	2.56	9	17.6	14	4	84	9.33	1.50	1.49
	화학공학 *분리*	8																
	고분자공	10	8	9.50	9	6	38	4.75	2.07	2.17	8	13.2	14	6	54	6.75	2.19	2.21
	섬유시스템	5	7	8.00	1	2	8	1.14	3.73	-	7	9.71	5	7	16	2.29	2.72	2.86
	환경공학	5	6	12.0	10	4	23	3.83	2.50	2.62	6	15.3	6	4	23	3.83	2.41	2.47
	에너지공	4	3	13.3	4	3	12	4.00	2.13	-	3	11.0	5	1	8	2.67	-	-
IT대학	전자공학	50	30	6.37	27	25	101	3.37	1.56	1.65	30	8.50	38	21	149	4.97	1.53	1.56
	컴퓨터학	10	8	10.3	11	5	34	4.25	2.02	2.07	8	20.1	11	6	70	8.75	1.73	1.78
	글로벌소프트융	10	9	12.8	4	14	42	4.67	1.98	2.00	9	13.0	8	13	44	4.89	1.87	2.00
	전기공학	11	5	11.0	6	5	20	4.00	1.86	2.00	5	12.8	3	4	30	6.00	1.77	1.79
농업생명과학대학	응용생명과학	10	11	34.6	9	9	97	8.82	2.20	2.42	12	6.33	13	11	26	2.17	3.59	4.40
	식품공학	10	12	14.6	16	9	85	7.08	2.18	2.20	22	5.82	14	21	41	1.86	2.70	2.88
	산림과학조경	23	7	10.6	7	6	24	3.43	2.20	2.27	7	11.9	9	5	31	4.43	2.11	2.28
	원예과학	4	8	9.13	9	5	20	2.50	3.23	3.00	7	6.29	9	6	16	2.29	2.79	2.83
	농업토목생물	6	8	9.50	9	7	19	2.38	3.50	3.59	5	9.20	5	5	23	4.60	2.48	2.78
	바이오섬유	6	9	9.22	4	8	23	2.56	2.89	3.07	11	7.64	13	10	34	3.09	2.63	2.70
치과	치의예과	5	10	38.0	21	9	52	5.20	1.67	1.85	10	43.9	12	8	78	7.80	1.47	1.49
수의	수의예과	9	-	-	-	-	-	-	-	-	-	-	-	-	-	-	-	-
약학	약학과	10	신설	-	-	-	-	-	-	-	-	-	-	-	-	-	-	-
간호	간호학과	10	5	13.6	9	5	23	4.60	1.89	2.00	6	11.8	5	5	35	5.83	1.58	1.63
자율	자전자연	11	8	8.50	11	6	30	3.75	1.83	1.90	8	6.00	3	8	17	2.13	2.02	2.03
사범자연	수학교육	6	5	7.40	5	3	10	2.00	2.97	-	5	19.6	9	4	29	5.80	1.67	1.84
	물리교육	6	4	6.50	1	2	5	1.25	2.21	-	2	13.0	0	2	4	2.00	2.32	-
	화학교육	6	5	10.0	1	0	5	1.00	-	-	5	7.60	3	2	8	1.60	3.34	-
	생물교육	7	7	8.7	1	1	8	1.14	-	-	6	16.0	1	5	11	1.83	2.03	2.18
	지구교육	6	3	8.3	0	3	3	1.00	3.06	-	4	10.0	0	0	5	1.25	-	-
	가정교육	5	2	10.5	0	0	0	0.00	-	-	2	11.0	0	2	2	1.00	3.51	-
	체육교육	2	3	16.3	2	2	10	3.33	1.88	-	2	24.0	0	0	11	5.50	2.00	-
생활과학	아동학부(자연)	8	11	6.18	12	10	29	2.64	2.50	2.83	12	8.92	7	9	38	3.17	2.46	2.44
	의류학과(자연)	9	5	12.2	4	5	19	3.80	2.97	3.24	5	8.80	1	5	9	1.80	2.72	2.90
	식품영양(자연)	9	6	8.8	9	3	17	2.83	3.05	-	6	10.2	8	3	17	2.83	2.55	2.68
자연계열 교과평균		423	315	11.0	329	227	1065	3.14	2.41	2.42	320	12.2	329	259	1291	3.90	2.25	2.31

		2021 교과전형 - 자연 상주캠								2020 교과전형 - 자연 상주캠							
수능최저 있음	2022	▶교과반영 인: 국영수사 사: 도덕 포함 자: 국영수과 ▶학년비율: 20:40:40								▶교과반영 인: 국영수사 사: 도덕 포함 자: 국영수과 ▶학년비율: 20:40:40							
경상/사범/행정/수의: 3개합6 (탐1) 인문/자연: 3개합8 (탐1) 의예/치의: 4개합5 (탐1) 이상 史4등급필수공통 상주캠: 2개합7 (탐1)		2021 지원		추합및등록		수능최저통과		2021 최종평균		2020 지원		추합및등록		수능최저통과		2020 최종평균	
	모집인원	모집인원	경쟁률	추합인원	최종등록	충족인원	실질경쟁	등급평균	등급85%	모집인원	경쟁률	추합인원	최종등록	충족인원	실질경쟁	등급평균	등급85%
상주캠 생태환경대학 생태환경시스템	27	32	3.31	4	13	36	1.13	4.91	5.23	32	3.44	13	14	46	1.44	4.93	5.40
곤충생명과학	15	14	3.57	2	7	16	1.14	4.98	5.27	14	3.57	3	11	17	1.21	5.48	5.78
축산학과	13	11	5.00	7	4	18	1.64	4.53	4.54	11	6.73	13	9	29	2.64	4.66	5.18
축산생명공	13	17	2.71	0	7	14	0.82	5.12	5.79	17	3.59	15	5	32	1.88	4.79	4.94
말특수동물	17	18	5.44	20	15	52	2.89	3.40	3.68	18	5.89	14	15	61	3.39	3.28	3.74
관광학과인문	14	12	4.50	14	11	26	2.17	5.19	6.97	10	4.60	13	8	25	2.50	4.31	4.66
레저스포츠체능	10	10	6.80	1	6	11	1.10	4.10	4.50	10	6.30	-	5	7	0.70	4.40	4.67
상주캠 과학기술대학 건설방재공학	38	43	3.14	0	13	31	0.72	5.24	5.73	43	4.88	3	27	46	1.07	5.58	5.78
정밀기계공학	24	26	3.19	4	5	30	1.15	4.53	4.92	26	3.96	27	17	53	2.04	5.01	5.74
자동차공학	23	29	3.14	0	4	20	0.69	5.55	6.19	29	4.31	21	21	50	1.72	4.82	5.23
소프트웨어	14	19	3.47	15	8	34	1.79	3.98	4.13	18	5.83	25	13	59	3.28	3.63	4.03
나노소재공	37	44	2.77	14	11	58	1.32	4.73	5.80	43	3.67	32	27	75	1.74	4.70	4.94
식품외식산업	27	31	3.26	0	10	21	0.68	5.34	5.87	32	5.63	5	21	37	1.16	5.15	5.41
섬유공학	12	16	2.75	0	2	7	0.44	4.94	-	17	3.65	4	11	21	1.24	5.25	5.65
융복합시스템	31	34	2.32	0	7	14	0.41	5.84	5.92	34	3.62	9	20	43	1.26	5.14	5.81
치위생학	13	10	6.10	17	8	28	2.80	4.03	5.02	10	7.70	10	10	40	4.00	3.10	3.54
섬유패션디자인	6	-	-	-	-	-	-	-	-	-	-	-	-	-	-	-	-
상주캠 교과평균	328	366	3.84	98	131	416	1.31	4.78	5.30	364	4.84	207	234	641	1.95	4.64	5.03

경북대 2021 수시분석자료 04 - 지역인재 교과인문 2021. 06. 02~18 ollim

수능최저 있음

경상/사범/행정/수의 : 3개합6 (탐1)
인문/자연: 3개합8 (탐1)
의예/치의: 4개합5 (탐1)
이상 史4등급필수공통

		2022 모집인원	2021 지원		추합및등록		수능최저통과		2021 최종평균		2020 지원		추합및등록		수능최저통과		2020 최종평균	
			모집인원	경쟁률	추합인원	최종등록	충족인원	실질경쟁	등급평균	등급85%	모집인원	경쟁률	추합인원	최종등록	충족인원	실질경쟁	등급평균	등급85%
인문	국어국문	4	-	-	-	-	-	-	-	-	-	-	-	-	-	-	-	-
	영어영문	4	6	8.67	7	5	33	5.50	2.23	2.28	6	6.83	5	6	23	3.83	2.29	2.44
	불어불문	3	-	-	-	-	-	-	-	-	-	-	-	-	-	-	-	-
	독어독문	3	-	-	-	-	-	-	-	-	-	-	-	-	-	-	-	-
사회과학	사회학과	3	-	-	-	-	-	-	-	-	-	-	-	-	-	-	-	-
	지리학과	3	-	-	-	-	-	-	-	-	-	-	-	-	-	-	-	-
	문헌정보학과	3	-	-	-	-	-	-	-	-	-	-	-	-	-	-	-	-
	사회복지학과	6	-	-	-	-	-	-	-	-	-	-	-	-	-	-	-	-
경상대학	경제통상학부	8	19	6.32	2	11	33	1.74	3.05	3.75	13	4.31	8	11	25	1.92	2.82	2.89
	경영학부	12	27	9.19	22	25	90	3.33	2.40	2.61	30	4.20	9	28	54	1.80	2.86	3.58
사범	영어교육	3	-	-	-	-	-	-	-	-	-	-	-	-	-	-	-	-
행정	행정학부	7	9	8.67	10	8	23	2.56	2.50	2.63	9	4.56	8	9	22	2.44	2.52	2.80
자전	인문자전	15	15	7.47	14	14	69	4.60	2.23	2.30	15	8.87	17	11	87	5.80	2.08	2.24
지역인재 교과평균		74	76	8.06	55	63	248	3.55	2.48	2.71	73	5.75	47	65	211	3.16	2.51	2.79

경북대 2021 수시분석자료 04 - 지역인재 교과자연 2021. 06. 02~18 ollim

수능최저 있음

		2022 모집인원	2021 지원		추합및등록		수능최저통과		2021 최종평균		2020 지원		추합및등록		수능최저통과		2020 최종평균	
			모집인원	경쟁률	추합인원	최종등록	충족인원	실질경쟁	등급평균	등급85%	모집인원	경쟁률	추합인원	최종등록	충족인원	실질경쟁	등급평균	등급85%
자연과학	생명과학생물학	4	-	-	-	-	-	-	-	-	-	-	-	-	-	-	-	-
	지구시스템	4	9	11.9	9	6	27	3.00	3.11	3.37	9	5.22	5	8	17	1.89	3.34	3.45
공과대학	신소재공	9	9	8.89	5	8	28	3.11	2.09	2.18	9	8.33	4	9	35	3.89	2.28	2.40
	기계공학	7	14	8.14	12	13	53	3.79	2.33	2.48	14	6.21	14	13	39	2.79	2.45	2.63
	건축학	5	-	-	-	-	-	-	-	-	-	-	-	-	-	-	-	-
	건축공학	5	-	-	-	-	-	-	-	-	-	-	-	-	-	-	-	-
	토목공학	7	-	-	-	-	-	-	-	-	-	-	-	-	-	-	-	-
	고분자공학	5	-	-	-	-	-	-	-	-	-	-	-	-	-	-	-	-
	섬유시스템공학	4	-	-	-	-	-	-	-	-	-	-	-	-	-	-	-	-
	환경공학	4	-	-	-	-	-	-	-	-	-	-	-	-	-	-	-	-
	에너지공학	3	-	-	-	-	-	-	-	-	-	-	-	-	-	-	-	-
IT대학	전자공학	26	40	6.80	32	34	154	3.85	2.16	2.48	40	4.23	22	37	85	2.13	2.38	2.59
	컴퓨터학부	6	12	7.42	17	11	48	4.00	2.32	2.60	12	6.00	12	11	43	3.58	2.18	2.26
	글로벌소프트융	6	12	7.08	9	12	33	2.75	2.70	3.07	12	6.25	4	11	35	2.92	2.40	2.50
	전기공학	7	5	22.20	4	5	33	6.60	2.45	2.70	5	4.80	1	4	6	1.20	3.66	4.39
농업	응용생명과학	4	-	-	-	-	-	-	-	-	-	-	-	-	-	-	-	-
	식품공학부	4	-	-	-	-	-	-	-	-	-	-	-	-	-	-	-	-
	농업토목생물산	5	-	-	-	-	-	-	-	-	-	-	-	-	-	-	-	-
	바이오섬유소재	3	-	-	-	-	-	-	-	-	-	-	-	-	-	-	-	-
생활	아동학부	5	-	-	-	-	-	-	-	-	-	-	-	-	-	-	-	-
사범	수학교육	3	-	-	-	-	-	-	-	-	-	-	-	-	-	-	-	-
의과	의예과	10	10	7.50	12	10	26	2.60	1.43	1.80	10	6.60	2	10	27	2.70	1.13	1.18
치과	치의예과	10	10	33.4	13	7	77	7.70	1.86	1.90	10	29.4	16	10	65	6.50	1.95	2.08
수의	수의예과	12	10	6.30	4	10	37	3.70	1.38	1.73	6	9.33	9	5	33	5.50	1.20	1.27
간호	간호학과	28	23	5.48	13	22	53	2.30	1.98	2.14	23	4.30	11	22	52	2.26	2.11	2.30
자전	자연자전	6	-	-	-	-	-	-	-	-	-	-	-	-	-	-	-	-
지역인재 교과평균		323	258	10.3	233	259	1032	3.70	2.28	2.53	290	7.40	189	264	836	3.15	2.37	2.58

경북대 2021 수시분석자료 05 - 종합전형 인문

2021. 06. 02~18   ollim

일반 최저없음		2022	2021 종합전형 - 인문계열 ▶1단계: 서류 100%+2단계: 면접 30% ▶교과반영: 정성평가 및 학과별 주요교과 명시								2020 종합전형 - 인문계열 ▶1단계: 서류 100%+2단계: 면접 30% ▶교과반영: 정성평가 및 학과별 주요교과 명시						
			2021 지원		추합및등록		2021 최종평균		2021 CUT		2020 지원		추합및등록				2020 최종평균	
의예/치의: 4개합5 (탐1) 이상 史4등급필수공통 모바일: 수가과합3 (탐1)		모집인원	모집인원	경쟁률	추합인원	최종등록	등급평균	표준편차	50% CUT	70% CUT	모집인원	경쟁률	추합인원	최종등록			등급평균	표준편차
인문대학	국어국문	5	10	6.50	5	10	2.73	0.53	2.75	2.88	10	6.40	7	10			2.88	0.72
	영어영문	9	18	7.61	11	18	2.57	0.25	2.63	2.69	18	5.72	6	17			3.20	1.12
	사학과	9	12	7.42	2	12	2.49	0.35	2.47	2.60	10	8.90	3	10			2.78	0.22
	철학과	3	4	6.25	5	4	3.39	0.68	3.01	3.84	4	8.50	2	4			2.98	0.22
	불어불문	3	6	5.67	10	6	4.09	0.71	3.68	3.75	6	8.67	5	6			3.47	0.65
	독어독문	6	9	5.33	2	8	3.01	0.19	2.98	3.09	9	4.56	6	8			3.18	0.64
	중어중문	4	4	19.0	6	3	3.07	0.17	-	-	4	13.0	1	4			4.51	1.07
	고고인류	5	5	7.80	3	5	2.76	0.44	2.84	3.09	5	7.40	0	5			3.45	0.18
	일어일문	4	9	13.8	4	8	3.82	0.85	3.48	3.50	12	7.67	8	12			4.56	1.38
	한문학과	4	5	4.20	2	5	3.48	0.53	3.54	3.82	5	5.80	0	4			3.27	0.24
	노어노문	8	12	5.58	9	11	4.61	1.15	4.46	4.81	12	9.08	8	10			3.52	0.71
사회과학대학	정치외교	4	5	12.6	5	5	2.46	0.34	2.55	2.88	5	10.8	2	5			2.71	0.58
	사회학과	-	3	21.0	3	2	2.68	0.44	-	-	3	10.7	1	3			3.41	0.67
	지리학과	5	4	10.0	4	3	3.17	0.39			4	11.5	3	4			3.71	1.18
	문헌정보	4	3	11.7	3	3	2.65	0.24			3	13.7	0	3			2.64	0.27
	심리학과	5	10	13.8	4	10	2.35	0.35	2.38	2.47	10	9.50	2	9			2.77	0.50
	사회복지	9	10	10.9	4	9	2.67	0.51	2.65	2.71	10	16.0	4	10			2.89	0.80
	미디어커뮤니	4	7	17.3	3	6	2.44	0.37	2.37	2.44	7	15.0	4	7			2.61	0.60
경상대학	경제통상	20	28	7.79	25	21	2.91	0.55	2.88	3.18	28	6.25	14	26			3.09	1.02
	경영학부	20	20	16.6	26	14	2.48	0.70	2.34	2.47	28	9.93	31	21			3.30	1.10
행정	행정학부	6	10	7.90	5	9	2.28	0.29	2.19	2.33	10	8.10	3	10			2.39	0.29
농생	식품자원경제	5	8	6.00	6	8	2.77	0.36	2.65	2.98	9	9.78	4	8			2.99	0.50
사범인문	교육학과	7	3	24.7	2	3	2.45	0.24	-	-	3	17.7	2	3			2.94	0.24
	국어교육	6	6	11.0	7	6	2.37	0.32	2.15	2.37	6	9.83	6	6			2.58	0.80
	영어교육	5	5	13.0	3	5	2.01	0.38	2.05	2.14	5	13.2	5	4			2.48	0.27
	역사교육	4	6	14.8	4	6	2.50	0.75	2.16	2.35	6	19.5	3	6			2.24	0.45
	지리교육	8	4	10.8	4	4	2.91	0.30	2.92	3.04	4	9.00	4	3			2.99	0.13
	일반사교	2	2	12.5	2	2	2.20	0.23	-	-	2	8.50	3	2			2.80	0.08
	윤리교육	4	7	6.14	4	7	2.17	0.27	2.27	2.31	7	5.14	3	7			2.29	0.28
자전	인문자전	-	16	7.50	8	15	2.56	0.44	2.57	2.76	16	12.1	4	16			2.74	0.62
인문계열 교과평균		178	251	10.8	181	228	2.80	0.44	2.75	2.94	261	10.1	144	243			3.05	0.58

예술대학	미술학 한국화	-	2	3.50	1	2	4.31	0.54
	미술학 서양화		2	3.50	0	2	3.60	0.32
	미술학 조소		2	4.00	1	2	3.16	0.58
예술대학 교과평균			6	3.7	2	6	3.69	0.48

일반 최저없음			2021 종합전형 - 자연계열								2020 종합전형 - 자연계열							

▶1단계: 서류 100%+2단계: 면접 30%　▶교과반영: 정성평가 및 학과별 주요교과 명시 (2021)
▶1단계: 서류 100%+2단계: 면접 30%　▶교과반영: 정성평가 및 학과별 주요교과 명시 (2020)

의예/치의: 4개합5 (탐1) 이상 史4등급필수공통
모바일: 수가과합3 (탐1)

대학	학과	2022 모집인원	2021 지원 모집인원	경쟁률	추합인원	최종등록	등급평균	표준편차	50% CUT	70% CUT	2020 모집인원	경쟁률	추합인원	최종등록			등급평균	표준편차
자연 과학 대학	수학과	7	6	7.00	7	6	2.96	0.36	2.94	2.97	6	9.33	3	6			2.88	0.36
	물리학과	6	8	7.38	8	7	3.10	0.33	3.28	3.29	8	5.88	5	7			3.22	1.12
	화학과	6	9	13.6	6	8	2.54	0.44	2.50	2.60	9	9.22	6	9			2.99	0.63
	생명공학	22	20	18.8	12	17	2.35	0.39	2.31	2.43	20	13.2	18	18			2.81	0.55
	생물학	9	8	9.38	1	8	2.42	0.34	2.26	2.50	8	8.00	5	6			2.48	0.38
	통계학과	5	6	11.2	5	5	2.57	0.16	2.58	2.66	6	15.2	10	4			2.78	0.65
	지구시스템	23	22	6.14	8	22	3.06	0.46	3.03	3.35	22	6.68	18	21			3.18	0.66
공과 대학	신소재공	13	12	8.75	4	12	2.36	0.26	2.37	2.40	12	15.8	4	11			2.63	0.57
	기계공학	22	28	9.64	17	24	2.57	0.39	2.51	2.61	28	11.9	18	26			2.70	0.55
	건축학	7	10	6.90	6	10	2.92	0.77	2.98	3.06	10	10.9	6	9			2.64	0.38
	건축공학	7	8	8.38	5	8	2.97	0.27	2.87	3.12	8	6.38	7	8			3.33	0.54
	토목공학	4	8	7.50	0	8	2.91	0.38	2.93	3.08	8	9.25	5	8			3.40	0.26
	응용화학 분리	8	18	12.1	16	16	2.23	0.56	2.05	2.30	18	8.83	11	16			2.70	1.02
	화학공학 분리	8																
	고분자공	8	10	6.60	6	10	2.68	0.32	2.57	2.64	10	10.6	6	10			2.63	0.68
	섬유시스템공	4	9	5.67	0	9	3.05	0.29	2.99	3.02	9	5.67	1	9			3.36	0.54
	환경공학	7	9	7.44	5	9	3.14	0.93	2.95	3.21	9	7.00	2	9			2.64	0.31
	에너지공	3	3	7.67	2	2	2.66	0.09	-	-	3	10.7	4	2			2.63	0.33
IT 대학	전자공학	40	50	6.84	20	45	2.60	0.47	2.63	2.74	50	6.16	24	44			2.73	0.79
	컴퓨터학	13	20	6.60	14	19	2.59	0.41	2.56	2.76	20	7.30	17	17			2.30	0.42
	글로벌소프트융	13	15	8.20	7	14	2.70	0.15	2.64	2.75	15	6.60	0	15			2.69	0.53
	전기공학	8	11	8.18	4	11	2.63	0.16	2.59	2.69	11	9.91	5	11			2.88	0.58
	모바일공학과	-	-	13.0	1	4	2.79	0.77	2.79	3.13	5	13.0	0	2	6	1.20	2.59	0.75
농업 생명 과학 대학	응용생명과	10	9	15.2	6	7	2.55	0.54	2.58	2.68	10	16.2	5	10			2.85	0.47
	식품공학	10	20	7.85	12	20	2.92	0.30	2.90	3.07	20	5.50	13	18			3.50	1.14
	산림과학조경	12	16	7.63	7	15	3.18	0.40	3.16	3.30	16	8.63	6	15			3.39	0.75
	농업토목생물	4	5	6.00	2	5	3.23	0.47	3.28	3.54	4	10.0	2	4			3.31	0.30
	바이오섬유	8	4	5.00	3	4	3.37	0.13	3.32	3.34	4	6.75	2	4			2.97	0.46
의과	의예과	10	15	29.3	14	14	1.88	0.39	1.76	1.83	15	23.4	16	12	38	2.53	2.25	0.67
치과	치의예과	5	5	7.67	2	4	3.32	0.65	3.47	3.65	5	20.0	1	5	10	2.00	3.48	0.26
수의	수의예과	9	14	26.7	3	14	1.62	0.28	1.48	1.76	18	15.6	11	17			2.30	0.76
간호	간호학과	8	12	8.83	7	11	2.21	0.31	2.18	2.24	12	8.92	7	12			2.23	0.46
자율	자전자연	-	6	4.83	4	6	3.18	1.22	2.58	2.75	6	8.50	2	5			2.28	0.35
사범 자연	수학교육	4	3	16.0	5	1	-	-	-	-	4	13.3	2	4			2.23	0.59
	물리교육	5	4	9.00	1	3	2.37	0.35	-	-	4	6.00	7	4			2.64	0.10
	화학교육	6	6	8.33	4	6	2.48	0.40	2.40	2.57	4	8.75	3	4			3.02	0.47
	생물교육	6	5	10.0	4	5	2.50	0.32	2.58	2.72	3	20.0	3	3			2.71	0.53
	지구교육	6	4	8.3	0	3	2.73	0.36	-	-	4	14.5	0	3			2.13	0.40
	가정교육	4	7	4.14	4	7	3.14	0.23	3.05	3.26	6	6.83	5	6			2.91	0.44
	체육교육	6	6	22.2	5	6	1.83	0.13	1.75	1.88	6	12.7	4	5			3.14	1.70
생활 과학	아동학부(자연)	11	10	5.70	3	9	3.30	0.66	3.19	3.25	10	4.80	6	10			3.16	0.62
	의류학과(자연)	5	5	13.4	2	5	2.78	0.50	2.87	3.03	5	5.40	1	5			3.94	0.98
	식품영양(자연)	5	5	7.8	0	5	3.00	0.36	3.12	3.30	5	14.4	3	5			3.06	0.58
자연계열 교과평균		377	451	10.0	242	424	2.72	0.41	2.68	2.83	456	10.4	274	419	54	1.91	2.85	0.59

일반 최저없음		2022	2021 종합전형 - 자연 상주캠 ▶1단계: 서류 100%+2단계: 면접 30% ▶교과반영: 정성평가 및 학과별 주요교과 명시							2020 종합전형 - 자연 상주캠 ▶1단계: 서류 100%+2단계: 면접 30% ▶교과반영: 정성평가 및 학과별 주요교과 명시						
			2021 지원		추합및등록		2021 최종평균		2021 CUT		2020 지원		추합및등록				2020 최종평균	
		모집인원	모집인원	경쟁률	추합인원	최종등록	등급평균	표준편차	50% CUT	70% CUT	모집인원	경쟁률	추합인원	최종등록			등급평균	표준편차
상주캠 생태 환경	생태환경시스템		3	9.67	4	2	4.72	0.10	-	-	3	4.67	1	3			5.54	0.52
	곤충생명과학		4	4.50	4	2	5.95	0.40	-	-	4	3.25	3	4			5.61	1.12
	축산학과		3	6.67	3	3	5.21	1.22	-	-	3	7.33	5	2			5.17	0.27
상주캠 과학 기술 대학	건설방재		7	3.86	6	6	5.25	0.46	5.25	5.34	7	4.00	4	7			5.45	0.46
	정밀기계		4	3.25	3	4	5.16	0.65	4.77	5.76	4	3.25	2	4			4.93	1.16
	자동차공학		3	5.67	2	2	4.45	0.22	-	-	3	6.00	1	3			4.99	0.68
	나노소재공		7	3.86	8	6	4.78	0.59	4.63	5.00	7	3.43	5	6			5.09	0.51
	식품외식산		5	5.40	1	5	4.57	1.64	5.16	5.74	5	5.20	2	5			4.88	2.06
	융복합시스템		6	4.00	6	6	5.14	1.01	5.58	5.83	6	3.83	4	5			5.67	0.42
	치위생학		5	8.20	3	4	3.94	0.47	3.76	4.32	5	4.60	2	5			4.08	0.44
	섬유패션디자인		8	4.25	6	8	4.88	0.49	4.79	4.81	5	4.60	2	5				
상주캠 교과평균		0	55		47	48	4.91	0.66	4.85	5.26	52	4.56	31	49			5.14	0.76

수능최저 있음		2022 모집인원	2021 논술전형 - 인문계열 ▶1단계: 서류 100%+2단계: 면접 30% ▶교과반영: 정성평가 및 학과별 주요교과 명시								2020 논술전형 - 인문계열 ▶1단계: 서류 100%+2단계: 면접 30% ▶교과반영: 정성평가 및 학과별 주요교과 명시							
			2021 지원		추합및등록		수능최저통과		2021 최종평균		2020 지원		추합및등록		수능최저통과		2020 최종평균	
경상/사범/행정/수의 : 3개합6 (탐1) 인문/자연: 3개합8 (탐1) 의예/치의: 4개합5 (탐1) 이상 史4등급필수공통 모바일: 수가과합3 (탐1) 상주캠: 2개합7 (탐1)		모집인원	모집인원	경쟁률	추합인원	최종등록	충족인원	실질경쟁	등급평균	논술350	모집인원	경쟁률	추합인원	최종등록	충족인원	실질경쟁	등급평균	논술점수
인문대학	국어국문	6	7	17.3	1	7	46	6.57	3.79	263.5	7	24.3	3	7	60	8.57	3.75	228.4
	영어영문	10	12	20.3	2	12	79	6.58	4.02	232.7	12	32.1	2	12	147	12.3	3.84	237.1
	사학과	5	6	16.7	4	6	27	4.50	4.60	192.4	8	28.0	3	7	79	9.88	3.20	241.1
	철학과	4	6	17.8	2	6	32	5.33	4.19	231.5	6	23.7	2	6	34	5.67	4.09	231.7
	불어불문	-	5	17.2	2	5	27	5.40	4.24	216.6	5	24.4	2	4	32	6.40	4.61	243.3
	독어독문	4	6	17.3	2	5	23	3.83	4.66	210.9	6	26.2	2	6	42	7.00	4.80	237.0
	중어중문	6	6	17.7	2	6	29	4.83	4.42	239.2	6	26.0	3	6	42	7.00	4.36	228.2
	고고인류	5	5	16.4	3	5	21	4.20	4.06	222.3	5	26.0	3	5	37	7.40	4.16	230.4
	일어일문	4	4	16.5	1	4	18	4.50	3.97	222.8	4	22.8	2	4	29	7.25	4.12	245.6
	한문학과	3	3	25.0	-	3	16	5.33	4.74	246.3	3	21.3	3	3	13	4.33	5.48	185.2
	노어노문	3	4	17.0	1	3	12	3.00	4.75	239.5	4	26.5	0	4	20	5.00	3.99	233.6
사회과학대학	정치외교	3	4	24.5	1	4	37	9.25	3.51	249.4	4	32.3	1	4	42	10.5	3.01	247.4
	사회학과	3	4	23.8	2	4	26	6.50	3.32	234.8	4	31.3	0	4	48	12.0	4.04	248.9
	지리학과	4	2	16.0	-	2	7	3.50	3.74	257.3	4	29.0	0	4	36	9.00	3.57	236.0
	문헌정보	3	4	21.5	-	4	30	7.50	3.72	255.0	4	28.0	2	4	37	9.25	4.47	244.4
	심리학과	3	4	25.3	2	4	39	9.75	4.21	256.6	4	44.8	0	4	58	14.5	3.80	272.6
	사회복지	8	8	22.4	2	8	50	6.25	4.13	227.6	8	33.8	3	8	65	8.13	4.20	243.2
	미디어커뮤니	3	4	30.3	-	4	33	8.25	5.01	219.0	4	41.0	0	4	68	17.0	3.64	264.4
경상대학	경제통상	22	24	12.9	3	24	68	2.83	3.88	214.0	37	16.2	14	36	160	4.32	3.95	224.3
	경영학부	25	25	15.4	4	23	112	4.48	4.03	234.6	25	21.4	11	24	183	7.32	3.89	233.2
행정	행정학부	5	5	17.4	3	4	17	3.40	3.85	202.5	5	19.6	2	5	23	4.60	4.25	260.7
농생	식품자원경제	-	-	-	-	-	-	-	-	-	-	-	-	-	-	-	-	-
사범인문	교육학과	-	3	17.3	1	3	8	2.67	3.55	222.2	3	21.0	1	3	15	5.00	5.22	229.2
	국어교육	3	3	21.3	0	3	21	7.00	3.99	219.3	3	31.3	0	3	47	15.7	3.93	262.8
	영어교육	-	-	-	-	-	-	-	-	-	-	-	-	-	-	-	-	-
	독어교육	-	2	9.5	0	0	7	3.50	-	-	2	15.5	0	2	6	3.00	3.48	216.0
	불어교육	-	2	8.5	0	2	5	2.50	5.32	179.5	2	16.5	1	2	5	2.50	2.92	231.3
	역사교육	-	2	23.5	2	1	9	4.50	-	-	2	29.0	0	2	20	10.0	4.78	242.3
	지리교육	-	2	12.5	1	2	8	4.00	3.73	238.8	2	16.0	0	2	12	6.00	3.78	229.0
	일반사교	-	-	-	-	-	-	-	-	-	-	-	-	-	-	-	-	-
	윤리교육	-	-	-	-	-	-	-	-	-	-	-	-	-	-	-	-	-
자전	인문자전	31	37	21.9	11	36	293	7.92	3.81	235.7	37	31.9	8	36	450	12.2	3.96	258.8
인문계열 교과평균		163	199	18.7	52	190	1100	5.28	4.12	229.4	216	26.4	68	211	1810	8.27	4.05	238.8

수능최저 있음

경상/사범/행정/수의 : 3개합6 (탐1)
인문/자연: 3개합8 (탐1)
의예/치의: 4개합5 (탐1)
이상 史4등급필수공통
모바일: 수가과목3 (탐1)
상주캠: 2개합7 (탐1)

▶1단계: 서류 100%+2단계: 면접 30%
▶교과반영: 정성평가 및 학과별 주요교과 명시

대학	학과	2022 모집인원	2021 지원 모집인원	2021 지원 경쟁률	추합인원	최종등록	충족인원	실질경쟁	2021 등급평균	2021 논술점수	2020 지원 모집인원	2020 지원 경쟁률	추합인원	최종등록	충족인원	실질경쟁	2020 등급평균	2020 논술점수
자연과학대학	수학과	12	12	7.75	3	12	26	2.17	3.91	114.3	14	9.57	4	12	27	1.93	3.58	169.8
	물리학과	11	20	4.95	0	6	18	0.90	4.41	51.3	20	8.20	4	19	42	2.10	4.21	161.6
	화학과	8	10	8.00	4	9	20	2.00	3.79	61.2	10	13.8	4	7	45	4.50	4.11	186.1
	생명공학	-	20	11.6	5	19	64	3.20	4.03	91.2	20	17.1	3	20	132	6.60	3.61	188.6
	생물학	-	8	9.25	2	8	21	2.63	4.21	84.1	8	14.1	4	8	30	3.75	3.64	145.9
	통계학과	8	10	9.90	1	10	29	2.90	3.23	97.0	10	17.3	2	10	56	5.60	3.75	203.8
	지구시스템	5	15	8.00	0	9	22	1.47	4.47	60.9	15	14.0	6	14	36	2.40	4.62	145.2
공과대학	신소재공	16	23	10.6	5	22	57	2.48	3.96	90.8	23	21.8	9	23	139	6.04	4.01	199.5
	기계공학	20	30	11.2	2	30	88	2.93	3.85	115.4	30	21.3	9	28	208	6.93	3.76	198.6
	건축학	10	11	13.7	2	10	25	2.27	4.67	92.0	11	20.2	1	11	42	3.82	4.05	176.4
	건축공학	10	12	10.3	2	11	20	1.67	4.44	77.5	12	16.6	5	12	26	2.17	4.66	150.4
	토목공학	12	17	11.9	3	16	29	1.71	4.58	57.0	17	20.5	6	17	39	2.29	4.40	142.9
	응용화학 분리	5	17	11.1	7	17	67	3.94	3.61	123.3	17	23.0	4	17	143	8.41	3.38	211.4
	화학공학 분리	5																
	고분자공	6	10	9.10	7	10	24	2.40	3.40	72.3	10	16.1	5	9	37	3.70	4.34	188.9
	섬유시스템공	5	9	7.44	0	3	5	0.56	4.21	49.3	9	13.4	2	9	18	2.00	4.46	151.9
	환경공학	6	9	7.00	0	4	13	1.44	3.87	60.0	9	13.0	2	9	25	2.78	3.49	169.7
	에너지공	5	12	8.50	3	12	23	1.92	3.80	77.1	12	18.8	2	12	51	4.25	4.26	190.9
IT대학	전자공학	60	95	10.1	17	92	381	4.01	3.87	128.4	95	15.0	11	94	658	6.93	3.67	221.6
	컴퓨터학	15	24	14.5	3	24	101	4.21	3.61	110.8	24	21.9	6	23	176	7.33	4.19	194.5
	글로벌소프트융	10	15	12.5	3	15	56	3.73	3.54	112.4	15	18.3	2	15	80	5.33	3.78	204.8
	전기공학	14	20	10.9	4	20	67	3.35	3.62	109.4	20	14.4	5	20	89	4.45	4.44	188.5
	모바일공학	15	15	26.3	5	15	67	4.47	3.06	180.9	15	36.7	1	15	109	7.27	3.06	239.3
농업생명과학대학	응용생명과	3	10	12.0	0	10	39	3.90	3.92	96.4	10	19.1	1	10	57	5.70	3.90	203.0
	식품공학	3	15	10.1	4	15	39	2.60	3.98	80.1	15	19.9	2	14	81	5.40	3.48	187.1
	산림과학조경	2	13	14.1	3	13	31	2.38	4.34	63.4	13	20.2	6	13	60	4.62	4.90	167.1
	원예과학과	1	-	-	-	-	-	-	-	-	-	-	-	-	-	-	-	235.3
	농업토목생물	1	8	10.3	2	7	14	1.75	4.48	52.4	8	15.5	0	8	26	3.25	4.18	163.1
	바이오섬유	1	-	-	-	-	-	-	-	-	-	-	-	-	-	-	-	-
의과	의예과	10	20	131.5	1	20	796	39.8	2.85	212.1	20	155.1	3	20	817	40.9	2.76	253.4
치과	치의예과	5	5	171.4	0	5	162	32.4	3.22	190.5	5	191.0	0	5	146	29.2	3.99	221.5
수의	수의예과	9	14	141.9	1	14	999	71.4	2.83	184.1	14	185.4	3	14	1363	97.4	3.92	217.0
간호	간호학과	13	25	20.9	6	25	126	5.04	3.88	117.9	25	25.6	3	24	158	6.32	3.47	191.9
간호	간호학과인문	-	-	-	-	-	-	-	-	232.9	-	-	-	-	-	-	-	232.4
자율	자전자연	10	20	9.5	2	20	47	2.35	3.77	99.8	20	15.3	5	19	94	4.70	3.34	191.6
사범자연	수학교육	4	8	11.4	2	8	24	3.00	3.49	145.9	8	13.9	1	8	27	3.38	3.84	200.9
	물리교육	-	4	6.00	0	2	4	1.00	2.91	133.5	6	7.00	0	3	3	0.50	4.41	167.5
	화학교육	-	3	7.0	0	0	2	0.67	-	-	3	13.7	0	3	8	2.67	2.68	172.5
	생물교육	-	-	-	-	-	-	-	-	-	-	-	-	-	-	-	-	-
	지구교육	-	3	11.7	0	3	3	1.00	3.21	57.8	3	16.0	0	3	8	2.67	4.63	166.7
생활과학	아동학부(자연)	-	5	12.0	2	5	16	3.20	3.36	204.4	5	15.0	1	5	16	3.20	3.57	200.0
	아동학부(인문)	-	-	-	-	-	-	-	-	-	-	-	-	-	-	-	-	227.5
	의류학과(자연)	-	3	19.0	0	3	9	3.00	4.42	233.7	3	19.7	0	3	8	2.67	4.97	157.5
	의류학과(인문)	-	-	-	-	-	-	-	-	-	-	-	-	-	-	-	-	221.5
	식품영양(자연)	-	3	11.0	0	3	7	2.33	4.41	103.7	3	13.3	0	3	7	2.33	4.11	176.7
자연계열 교과평균		320	573	22.0	101	527	3541	6.11	3.82	111.2	577	29.8	123	559	5087	8.30	3.94	190.1

수능최저 있음		2022	2021 지원			최종 백분위 70%컷					2020 지원			최종 백분위 70%컷				
		모집 인원	모집 인원	경쟁률		국어 평균	수학 평균	탐구2 평균	국수탐 평균	국수탐 백분합	모집 인원	경쟁률		국어 평균	수학 평균	탐구2 평균	국수탐 평균	국수탐 백분합
인문 대학	국어국문					85.0	77.0	75.0	78.33	235.0								
	영어영문					74.0	82.0	76.0	80.33	241.0								
	사학과					82.0	80.0	73.0	79.17	237.5								
	철학과					89.0	77.0	81.5	81.83	245.5								
	불어불문					83.0	80.0	71.0	78.33	235.0								
	독어독문					76.0	86.0	70.5	80.17	240.5								
	중어중문					82.0	86.0	76.5	79.33	238.0								
	고고인류					83.0	89.0	73.0	81.33	244.0								
	일어일문					80.0	82.0	78.5	80.83	242.5								
	한문학과					76.0	82.0	73.5	79.67	239.0								
	노어노문					76.0	86.0	77.5	80.83	242.5								
사회 과학 대학	정치외교					80.0	86.0	77.5	79.83	239.5								
	사회학과					78.0	86.0	78.5	83.00	249.0								
	지리학과					83.0	86.0	77.5	82.67	248.0								
	문헌정보					83.0	86.0	76.0	82.00	246.0								
	심리학과					91.0	86.0	85.0	86.83	260.5								
	사회복지					78.0	86.0	79.0	81.67	245.0								
	미디어커뮤니					83.0	92.0	77.5	83.17	249.5								
경상 대학	경제통상					85.0	86.0	80.5	84.83	254.5								
	경영학부					85.0	86.0	79.0	85.83	257.5								
행정	행정학부					85.0	86.0	84.0	85.83	257.5								
농생	식품자원경제					78.0	89.0	82.0	82.33	247.0								
사범 인문	교육학과					83.0	92.0	84.0	84.33	253.0								
	국어교육					83.0	89.0	82.0	83.33	250.0								
	영어교육					82.0	86.0	77.0	83.83	251.5								
	독어교육					82.0	80.0	79.5	81.17	243.5								
	불어교육					78.0	86.0	80.5	79.83	239.5								
	역사교육					89.0	83.0	89.0	87.17	261.5								
	지리교육					83.0	86.0	79.5	85.00	255.0								
	일반사교					80.0	86.0	90.5	84.50	253.5								
	윤리교육					89.0	83.0	79.0	83.67	251.0								
자전	인문자전					80.0	86.0	80.5	83.50	250.5								
인문계열 교과평균						82.0	85.0	78.9	82.33	247.0								

		2022	2021 지원			2021 정시수능 - 자연계열 최종 백분위 70%컷					2020 지원			2020 정시수능 - 자연계열 최종 백분위 70%컷				
		모집인원	모집인원	경쟁률		국어평균	수학평균	탐구2평균	국수탐평균	국수탐백분합	모집인원	경쟁률		국어평균	수학평균	탐구2평균	국수탐평균	국수탐백분합
자연과학대학	수학과					78.0	75.0	71.0	74.67	224.0								
	물리학과					76.0	63.0	72.5	74.00	222.0								
	화학과					85.0	63.0	76.0	76.00	228.0								
	생명공학					78.0	68.0	74.5	75.17	225.5								
	생물학					70.0	72.0	78.5	77.33	232.0								
	통계학과					83.0	72.0	84.0	80.83	242.5								
	지구시스템					74.0	61.0	71.5	69.83	209.5								
공과대학	신소재공					80.0	71.0	80.0	8.50	25.5								
	기계공학					85.0	78.0	80.5	82.67	248.0								
	건축학					82.0	71.0	75.0	78.00	234.0								
	건축공학					80.0	72.0	73.5	76.50	229.5								
	토목공학					80.0	61.0	77.0	74.33	223.0								
	응용화학 *분리* 화학공학 *분리*					83.0	75.0	84.0	82.33	234.0								
	고분자공					82.0	75.0	71.5	78.17	234.5								
	섬유시스템공					76.0	61.0	73.5	72.33	217.0								
	환경공학					68.0	63.0	70.5	69.17	207.5								
	에너지공					72.0	63.0	71.5	66.17	198.5								
IT대학	전자공학					96.0	82.0	85.0	87.00	261.0								
	컴퓨터학					82.0	88.0	91.5	93.67	281.0								
	글로벌소프트웅					86.0	79.0	82.0	83.67	251.0								
	전기공학					86.0	79.0	77.5	81.83	245.5								
	모바일공학																	
농업생명과학대학	응용생명과					72.0	55.0	68.5	68.33	205.0								
	식품공학					72.0	55.0	69.5	69.50	208.5								
	산림과학조경					76.0	63.0	76.0	73.83	221.5								
	원예과학과					70.0	65.0	67.0	69.83	209.5								
	농업토목생물					78.0	63.0	74.0	73.50	220.5								
	바이오섬유					72.0	55.0	68.0	65.70	197.1								
의과	의예과					99.0	98.0	95.0	97.67	293.0								
치과	치의예과					98.0	96.0	93.0	95.67	287.0								
수의	수의예과					97.0	96.0	89.0	94.67	284.0								
간호	간호학과					83.0	75.0	78.5	81.17	243.5								
자율	자전자연					83.0	82.0	79.0	83.17	249.5								
사범자연	수학교육					88.0	88.0	89.0	89.67	269.0								
	물리교육					80.0	72.0	76.0	77.83	233.5								
	화학교육					82.0	71.0	73.5	75.17	225.5								
	생물교육					88.0	72.0	77.5	79.00	237.0								
	지구교육					85.0	75.0	77.5	80.50	241.5								
	가정교육					85.0	58.0	75.5	73.83	221.5								
	체육교육					80.0	86.0	82.0	84.17	252.5								
생활과학	아동학부(자연)					68.0	78.0	72.0	72.17	216.5								
	의류학과(자연)					78.0	61.0	85.5	73.83	221.5								
	식품영양(자연)					74.0	55.0	72.0	67.67	203.0								
자연계열 교과평균						80.7	71.7	77.6	76.41	228.9								

		2022	2021 지원			2021 정시수능 - 상주캠 최종 백분위 70%컷					2020 지원			2020 정시수능 - 상주캠 최종 백분위 70%컷				
		모집 인원	모집 인원	경쟁률		국어 평균	수학 평균	탐구2 평균	국수탐 평균	국수탐 백분합	모집 인원	경쟁률		국어 평균	수학 평균	탐구2 평균	국수탐 평균	국수탐 백분합
생태 환경 대학	생태환경시스템					49.0	35.0	54.5	50.00	150.0								
	생물 곤충생명					49.0	32.0	40.5	43.83	131.5								
	축산학과					53.0	28.0	47.5	40.83	122.5								
	축산생명공학					41.0	23.0	44.5	44.50	133.5								
	말/특수동물학					65.0	58.0	43.0	48.00	144.0								
	생태 관광학과					57.0	54.0	52.0	59.00	177.0								
과학 기술 대학	건설방재공학					45.0	38.0	41.5	45.50	136.5								
	정밀기계공학					40.0	35.0	37.5	38.83	116.5								
	자동차공학부					47.0	37.0	44.5	47.67	143.0								
	소프트웨어학			✓		67.0	51.0	63.5	63.50	190.5								
	나노소재공학					40.0	37.0	35.0	41.50	124.5								
	식품외식산업					34.0	31.0	32.5	37.83	113.5								
	섬유공학전공					51.0	37.0	49.0	50.17	150.5								
	패션디자인전공					57.0	-	65.0	62.50	187.5								
	융복합시스템공					45.0	39.0	40.5	46.50	139.5								
	치위생학과			✓		72.0	49.0	56.0	62.33	187.0								
자연계열 교과평균						50.8	38.9	46.7	48.91	146.7								

경희대학교 01

2022 대입 수시 특징
- 공통/일반 80%+진로선택 20% (인2개, 자4개)
- 영어200-192-178-154, 자연M-미적/기하, S-과탐2

교과 반영 (고교연계/고른)
① 인: 국영수사 자: 국영수과
  예체: 국영+진로2
② 진로선택20%, 인2개/자4개
- 학년비율 없음, 이수단위적용
- 리더십=발전가능성 평가
- 공동교육과정 다양화 매력★
- 고교연계 일반 등급별 점수
  1-100, 2-96, 3-89 4-77점 ...
- 고교연계 진로선택 성취 점수
  A-100점, B-50점, C-0점

1. 정시일반 확대: 21년 1,548명→22년 2,203명, 634명 증가
2. 교과신설 고교연계: 교과30+서류70→학생100%, 195명 감소
3. 네오르네 최저신설, 1단계 3배→4배수, 인원동일, 제시문폐지
4. 논술최저 인문완화 및 자연논술 과학폐지, 의학=수학+과학
5. 논술+교과/네오르네상스 최저신설★, 모든종합 자소서 유지
6. 2022 교과/논술/네오르네상스 수능최저★
   ① 인문: 2개합 5(탐1)+史5 ② 자연: 2개합 5(탐1)+史5
   ③ 한의/의예/치의예: 3개합 4(탐1)+史5 ④ 예체: 국/영 1개 3
7. 2022 원예생명공학과→스마트팜과학과 명칭변경

8. 2022 신설학과: 빅데이터응용(인문), 약학과, 인공지능(자연)
9. 정시 의학계열 (의,치,한의) 가군→나군 변경
10. 정시 국수영탐2 인35:25:15:20 사25:35:15:20 자20:35:15:25
11. 정시자연: M-미적/기하, S-과탐 2과목★, 의치한 가군→나군
12. 좋은 세특이란 활동의 요약 ①주제 발표 (FACT) ②활동 과정
    ③ ①+②를 종합한 교사의 평가 및 인상 2줄내 <요약적 제시>
13. 독서활동 기록의 중요성: 독서 분량의 감소 뚜렷
    ① 여전히 중요한 전공적합성, 학업역량, 경험의 다양성 판단근거
    ② 독서량이 적으면 정성평가 감점 요인이 됨. 평균기록 5권 이상

모집시기	전형명	사정모형	학생부종합 특별사항	2022 수시 접수기간 09.10(금) ~ 13(월)	모집인원	학생부	논술	면접	서류	기타	2022 수능최저등급
2022 수시 정원내외 3,079명 (57.9%) 정시 2,240명 (42.1%) 전체 5,319명 2021 수시 정원내외 3,661명 (70.3%) 정시 1,448명 (29.7%) 전체 5,109명	고교연계 (학교장추천)	일괄	학생부교과 최저 신설★ 학교장추천제 고교별 6명유지 재학생만 지원 최종: 12.16(목) 국영수사 국영수과 진로 인2 자4 동일비율	1. 학생100% 학교장추천 신설 2. 2022 전년대비 195명 감소 3. 고교별 추천인원 6명★ 인문2, 자연3, 예체능1 4. 재학생만 지원, 특목고 포함 5. 의/치/한/약학 모집없음 ※ 2021 고교연계 전형참고 교과30%+서류70%	555 2021 750	학생부 100 교과 80% 비교과 출봉 20%					<2022 고교연계 학교장추천> 강한 학업의지 모범적 학교생활 본교 인재상에 부합하는 학생선발 <2022 고교연계 인재상> 1. 문화인재: 독서, 문화예술 2. 글로벌인재: 외국어, 세계화 3. 리더십인재: 임원, 공동체 4. 과학인재: 주제탐구, 과학
	네오 르네상스	1단계	학생부종합 최저 신설★ 자소서제출 ~09.15(수)	1. 2022 전년대비 34명 증가 2. 1단계 3배수→4배수 확대 3. 인문자연 제시문면접 폐지 4. 의치한의 제시문면접 유지 5. 인자예체면접 10분→8분 6. 의학면접 25분→18분 단축	1,214 의55 한20 한30 치40 약20 2021 1,180	서류 100% (4배수) 1단계 70 + 면접 30					▶종합서류평가 4대항목 순위 ①학업역량 30% ②전공적합 30% ③인성 20% ④발전가능성 20% ▶19년 일반고합격 84.5% 1.99내 ▶교내 진로교육 다양화 ①진로활동: 개인별 진로탐색증가 진로보고서/특강/동아리활동등 ②학생 차별화 교사기록법 향상 ③수업내 활용: 수업활동시 진로 관련발표 및 보고서 작성 ④창체 및 특색활동을 통한 진로탐색보고서 작성
		2단계	1단계 11.24(수) 면접: 12.04(토) 12.05(일) 최종: 12.16(목) <2022 인재상 유지> 1. 문화인: 예술문화적소양 공동체 책임 교양인 잠재 2. 세계인: 외국어능력바탕 평화추구 세계시민성장잠재 3. 창조인: 수학과학재능탐구 융복합분야개척전문인 잠재								
	논술우수자	일괄	논술전형 2022 일정 논술: 11.20(토) 11.21(일) 최종: 12.16(목)	1. 183명 감소, 인문 최저완화 2. 최저충족 75% 이상 유지함 3. 2022 자연논술 과학폐지 ▶사회: 수리수학 사회경제 2~3문항, 영어 포함가능 ▶사회계열: 자율/정경/경영/ 호텔/지리/한의/간호 ▶자연: 수학 4~6문항 ▶의학: 자연과학적 기초소양 과학연구 인문사회철학이해 물/화/생 택1 4문항	501 의15 한16 치11 약학8 2021 684	학생부 30 + 논술 70					2020 논술입결 올림★★ ▶인문: 최초경쟁률 59.0 최종실질경쟁 24.3 입결3.41 논술87.8 최저충족률 38.1% ▶자연: 최초경쟁률 45.3 최종실질경쟁 20.4 입결3.54 논술63.7 최저충족률 46.3% ▶교수 직접채점
	학생부종합 고른기회1	일괄	학생부종합 자소서제출 ~09.15(수) 최종: 11.24(수)	1. 2022 전년대비 187명 감소 2. 2022 정시선발 인원변동 3. 교과+서류 일괄 4. 보훈/농어/수급차상 150명 5. 특성화/장애인/탈북한	241 2021 428	교과 30 + 서류 70					최저없음
	학생부종합 고른기회2	일괄	학생부종합 자소서제출 ~09.15(수) 최종: 11.24(수)	교과+서류 일괄 1. 의사상자/군인소방 15년 2. 다자녀4인/다문화/복지시설 3. 조손가정/장애부모자녀 등	90 2021 90	교과 30 + 서류 70					최저없음 K-SW인재 컴공/소프트 등 실기우수자 285생략 특성화고졸재직 생략

수능최저등급 (추가 기재):
- 고교연계: 인문: 2개합 5 (탐1) / 자연: 2개합 5 (탐1) / *史 4등급 공통 / *자연 미적/기하 / *자연 과탐미지정 / 예체: 국/영 중 1개 3 / ▶학교장추천 업로드 09.06(월)~15(수) / ▶자기소개서 업로드 09.10(금)~15(수)
- 네오르네상스: 인문: 2개합 5 (탐1) / 한의: 3개합 4 (탐1) / 자연: 2개합 5 (탐1) / 의치한: 3개합 4 (탐1) / *史 5등급 공통 / 예체: 국/영 중 1개 3 / 약학과는 그냥자연 ★
- 논술우수자: 인문: 2개합 5 (탐1)★ / 한의: 3개합 4 (탐1) / 자연: 2개합 5 (탐1) / 의치한: 3개합 4(탐1) / *史 4등급 공통 / 체육: 국/영 중 1개 3 / 약학과는 그냥자연 ★

경희대학교 2022 대비 주요 입결지표

▶ 2022 경희대 첨단학과 신설
1. 경영대학 빅데이터응용학과 30명
   고교연계 3명, 네오르네상스 10명, 논술 4명
2. 소프트웨어융합대학 컴퓨터공학부 인공지능학과 40명
   고교연계 5명, 네오르네상스 14명, 논술 4명
3. 생명과학대학 스마트팜과학과(원예생명공학) 20명 증가
   고교연계 5명, 네오르네상스 17명, 논술 4명

▶ 경희대 서울과 국제캠퍼스 특성화된 종합캠퍼스로 발전
▶ 서울캠: 인문, 사회, 의학, 기초과학, 예술 등 순수학문
▶ 국제캠: 공학, 응용과학, 국제학, 현대예술, 체육 등
  응용학문
▶ 양 캠퍼스는 학문 경계를 뛰어넘는 융합형 교육과정
  교류 활성화
▶ 서울-국제 통합 캠퍼스 운영으로 학생들은 학과와 단과
  대학 및 캠퍼스 복수전공(다전공), 부전공, 전과 등 선택

■ 3개년 고교연계 종합 인문입결 *ollim* ★
▶ 2021: 경쟁 4.30 입결 1.92 서류 84.4 충원 183%
▶ 2020: 경쟁 4.70 입결 1.78 서류 85.9 충원 149%
▶ 2019: 경쟁 5.50 입결 1.87 서류 85.6 충원 150%

■ 3개년 고교연계 종합 자연입결 *ollim* ★
▶ 2021: 경쟁 5.60 입결 1.79 서류 85.8 충원 159%
▶ 2020: 경쟁 4.90 입결 1.76 서류 85.5 충원 156%
▶ 2019: 경쟁 5.80 입결 1.68 서류 87.1 충원 144%

■ 3개년 네오르네상스 종합 인문입결 *ollim* ★
▶ 2021: 경쟁 15.5 입결 2.89 서류 89.3 충원 78.2%
▶ 2020: 경쟁 14.8 입결 3.05 서류 89.4 충원 71.9%
▶ 2019: 경쟁 16.0 입결 2.93 서류 89.1 충원 79.5%

■ 3개년 네오르네상스 종합 자연입결 *ollim* ★
▶ 2021: 경쟁 15.3 입결 2.49 서류 89.6 충원 75.7%
▶ 2020: 경쟁 14.8 입결 2.63 서류 89.7 충원 70.5%
▶ 2019: 경쟁 16.1 입결 2.51 서류 87.4 충원 71.3%

종합전형 2020 주안점

고교연계 & 네오르네상스 고른기회

<경희대 2019 입결 통한 종합전형 특징 리포트>

2019. 04. 26 송도컨벤시아 설명회장 올림

1. 수업의 변화: 리포트 보고서 전성시대
   ① 주제별 짧은 발표 형태
   ② 학생부 세특, 진로활동: 보고서, 발표, 토론 등 기록 급증
   ③ 발표제목과 내용 등 전공적합성 평가에 반영
   ④ 자기주도성, 학업 역량에도 긍정적 평가 반영
2. 학교소개자료의 내실화 다양화
3. 공동교육과정 다양화
4. 교내 진로교육 다양화
   ① 진로활동: 개인별 진로탐색활동 기록 증가
                진로보고서, 특강 및 동아리활동, 직업체험 등
                학생을 차별화하는 교사의 기록법 향상
   ② 수업내 활용: 수업활동시 진로관련 발표 및 보고서 작성
   ③ 창체 및 특색활동을 통한 진로탐색보고서 작성
5. 수상의 중요성 <경희대 평가 주안점>
   ① 교과성적우수상 = 학업역량 평가요소
   ② 각종 수상의 의미 = 자기주도성, 발전가능성 평가요소

6. 독서활동 기록의 중요성
   ① 여전히 중요한 전공적합성, 학업역량, 경험의 다양성의 판단근거
   ② 제목과 저자만 기재하므로 독서 분량의 감소 뚜렷
   ③ 독서량이 적으면 정성평가 감점 요인이 됨. 평균 기록 5권 이상
7. 자기소개서의 특징적 경향
   ① 자소서 1번: 학생 참여형 수업활동 강화의 학생부 기록을 근거로
                특정 주제 언급, 도서명, 간학문 경험 등 학업적 노력으로 기록함
   ② 자소서 2번과 4번의 내용이 비슷해짐
                교육환경 등 개인적 내용을 제외한 지원동기 관련사항을 기록함
8. "좋은 세특이란 활동의 요약이다."
   ① 주제 발표 (FACT) 요약 기록 제시
   ② 핵심 요약 (FACT) 요약 기록 제시
   ③ ①+②를 종합한 교사의 평가 및 인상 2줄 이내 <요약적 제시>
9. 종합전형과 학생부 교과성적의 상관관계
   ① 교과 성적은 학생의 학업역량과 태도를 객관적으로 평가
   ② 교과 성적은 최소한의 Range로 활용할 것

10. 서류점수

	2017	2018	2019
① 고교연계	85.3	86.4	86.8
② 네오르네	88.9	89.4	89.5
③ 고른기회	87.4	88.5	88.1

경희대 2021 대입수시분석 01 - 종합 고교연계 (인문)　2021. 05. 10　ollim

2021 고교연계 (인문)

인재상 및 평가요소

■ 고교연계 2022
교과 80%+출결봉사20%
인문: 2개합 5 (탐1) 최저신설
자연: 2개합 5 (탐1) 최저신설
*史 4등급 공통
*자연 미적/기하, 과탐미지정
예체: 국/영 중 1개 3

▶교과 30%+서류 70% (일괄전형)
★ 학교장추천 6명 (인2, 자3, 예1)
● 내신: 국영수사/국영수과, 동일비율

2021 경쟁률 및 합격분석

대학	학과	2022 인원	모집인원	경쟁률	합격평균	추합인원	충원률	서류평균
문과대학	국어국문	7	10	6.5	1.70	21	210.0%	87.3
	사학과	6	8	8.3	1.50	24	300.0%	88.6
	철학과	4	6	4.5	1.80	18	300.0%	81.8
	영어영문	4	6	8.0	1.60	18	300.0%	86.7
	응용영어통번역	4	6	2.3	1.90	7	116.7%	81.5
외국어대학 (국제캠)	프랑스어	4	5	1.8	2.40	4	80.0%	82.4
	스페인어	4	6	3.0	2.40	5	83.3%	85.1
	러시아어	3	4	2.3	2.30	5	125.0%	86.2
	중국어학	7	9	2.9	2.20	8	88.9%	85.0
	일본어학	6	8	2.1	2.20	9	112.5%	82.0
	한국어학	3	4	1.8	2.40	3	75.0%	86.4
	글로벌커뮤니	7	10	3.3	2.20	11	110.0%	83.4
자율	자율전공학부	13	18	4.7	1.70	33	183.3%	83.4
정경대학	정치외교	6	8	6.5	1.60	23	287.5%	83.4
	행정학과	12	17	8.4	1.60	51	300.0%	84.5
	사회학과	8	11	7.6	1.60	31	281.8%	86.7
	경제학과	13	18	5.4	1.70	54	300.0%	84.5
	무역학과	13	18	2.8	1.90	29	161.1%	79.3
	미디어학과	14	19	6.7	1.60	57	300.0%	86.5
국제캠	국제학과	9	12	5.1	1.90	24	200.0%	84.2
경영대학	경영학과	31	42	4.8	1.60	111	264.3%	83.6
	회계세무학과	10	14	2.9	1.70	20	142.9%	83.8
	빅데이터응용(신)	3	-	-	-	-	-	-
호텔관광	호스피털리경영	23	32	2.7	2.00	19	59.4%	83.9
	호스피털리조리	-	-	-	-	-	-	-
	관광학부	9	12	2.0	2.10	11	91.7%	81.7
생활과학	아동가족학과	6	8	4.4	1.70	12	150.0%	87.7
	주거환경학과	4	6	2.7	2.80	5	83.3%	85.1
	의상학과	4	8	3.9	1.90	18	225.0%	84.5
이과	지리학과 인문	5	7	3.1	2.00	15	214.3%	81.0
한의과	한의예과 인문	-	-	-	-	-	-	-
간호	간호학과 인문	7	9	4.4	1.60	15	166.7%	86.0
인문 소계		**249**	**341**	**4.3**	**1.92**	**661**	**183.2%**	**84.4**
예술디자인 (국제캠)	산업디자인	2	3	6.3	1.70	1	33.3%	90.0
	시각디자인	4	5	11.2	1.50	10	200.0%	90.3
	환경조경디자인	5	8	5.1	2.10	5	62.5%	86.5
	의류디자인	4	6	3.5	1.70	5	83.3%	86.9
	디지털콘텐츠	2	3	9.7	1.50	4	133.3%	89.9
	도예학과	4	6	2.5	2.00	4	66.7%	81.6
	연극영화학과	-	-	-	-	-	-	-
체육 (국제캠)	체육학과	7	10	11.1	1.90	20	200.0%	89.8
	스포츠의학과	6	8	5.1	2.20	7	87.5%	87.5
	골프산업학과	-	-	-	-	-	-	-
	태권도학과	4	5	7.0	2.70	5	100.0%	86.9
예체능 소계 (국영)		**38**	**54**	**6.8**	**1.92**	**61**	**107.4%**	**87.7**

<경희대 고교연계 2021 인문>
▶경쟁률 평균 4.3　▶충원률 평균 183.2%
▶합격자 평균 1.92등급

2020 고교연계 (인문)

인재상 및 평가요소

■ 고교연계 인재상
① 문화인재
② 글로벌인재
③ 리더십인재
④ 과학인재

■ 종합전형 평가요소
① 학업역량　② 전공적합
③ 인성　④ 발전가능

▶교과 40%+서류 60% (일괄전형)
★ 학교장추천 6명 (인2, 자3, 예1)
● 내신: 국영수사/국영수과, 동일비율

2020 경쟁률 및 합격분석

대학	학과	모집인원	경쟁률	합격평균	추합인원	충원률	서류평균
문과대학	국어국문	11	4.9	1.60	20	181.8%	85.6
	사학과	8	4.0	1.70	17	212.5%	83.7
	철학과	6	4.3	1.60	9	150.0%	87.1
	영어영문	7	9.4	1.60	18	257.1%	89.8
	응용영어통번역	6	4.7	1.70	4	66.7%	88.0
외국어대학 (국제캠)	프랑스어	5	3.8	2.10	9	180.0%	84.7
	스페인어	6	2.8	2.20	5	83.3%	84.9
	러시아어	4	3.0	2.40	3	75.0%	84.9
	중국어학	12	2.3	2.20	13	108.3%	81.7
	일본어학	10	2.6	2.20	7	70.0%	83.2
	한국어학	4	4.3	2.00	2	50.0%	88.1
	글로벌커뮤니	10	2.6	2.10	5	50.0%	83.3
자율	자율전공	20	6.5	1.50	56	280.0%	84.5
정경대학	정치외교	8	8.9	1.40	20	250.0%	87.1
	행정학과	19	8.1	1.60	47	247.4%	85.6
	사회학과	12	6.0	1.50	28	233.3%	87.4
	경제학과	19	4.6	1.60	40	210.5%	84.3
	무역학과	19	3.5	1.70	14	73.7%	85.1
	언론정보학과	20	8.4	1.50	37	185.0%	87.2
국제캠	국제학과	12	3.8	2.00	17	141.7%	83.8
경영대학	경영학과	44	7.0	1.50	95	215.9%	87.3
	회계세무학과	16	3.9	1.60	14	87.5%	87.8
호텔관광	호스피털리경영	34	2.8	2.10	7	20.6%	89.5
	호스피털리조리	-	-	-	-	-	-
	관광학부	12	2.7	1.60	4	33.3%	86.3
생활과학	아동가족학과	8	5.5	1.60	16	200.0%	84.9
	주거환경학과	6	2.8	1.90	9	150.0%	83.0
	의상학과	9	5.3	1.80	28	311.1%	85.1
이과	지리학과 인문	8	3.0	1.70	5	62.5%	87.7
한의과	한의예과 인문	-	-	-	-	-	-
간호	간호학과 인문	10	4.9	1.50	12	120.0%	88.7
인문 소계		**365**	**4.7**	**1.78**	**561**	**148.5%**	**85.9**
예술디자인 (국제캠)	산업디자인	3	7.3	1.60	10	333.3%	87.4
	시각디자인	5	11.2	1.50	6	120.0%	88.0
	환경조경디자인	8	8.4	2.00	2	25.0%	89.6
	의류디자인	6	5.8	1.60	7	116.7%	89.2
	디지털콘텐츠	3	9.7	1.90	1	33.3%	89.9
	도예학과	6	4.8	2.10	7	116.7%	86.1
	연극영화학과	-	-	-	-	-	-
체육 (국제캠)	체육학과	10	14.4	2.10	12	120.0%	90.6
	스포츠의학과	8	5.9	2.00	6	75.0%	88.4
	골프산업학과	-	-	-	-	-	-
	태권도학과	5	7.8	2.50	0	0.0%	92.4
예체능 소계		**54**	**8.4**	**1.92**	**51**	**104.4%**	**89.1**

<경희대 고교연계 2020 인문>
▶경쟁률 평균 4.7　▶충원률 평균 148.5%
▶합격자 평균 1.78등급

경희대 2021 대입수시분석 02 - 종합 고교연계 (자연) 2021. 05. 10 ollim

2021 고교연계 (자연)

인재상 및 평가요소
- ■ 고교연계 2022
- 교과 80%+출결봉사20%
- 인문: 2개합 5 (탐1) 최저신설
- 자연: 2개합 5 (탐1) 최저신설
- *史 4등급 공통
- *자연 미적/기하, 과탐미지정
- 예체: 국/영 중 1개 3

- 수능최저없음
- ▶교과 30%+서류 70% (일괄전형)
- ★ 학교장추천 6명 (인2, 자3, 예1)
- ● 내신: 국영수사/국영수과, 동일비율

2021 경쟁률 및 합격분석

대학	학과	2022 인원	모집 인원	경쟁률	합격 평균	추합 인원	충원률	서류 평균
이과대학	수학과	7	9	8.0	1.60	27	300.0%	82.8
	물리학과	4	6	6.3	1.70	12	200.0%	84.7
	화학과	12	15	7.3	1.60	43	286.7%	82.2
	생물학과	11	15	6.1	1.60	23	153.3%	87.0
	지리학과 자연	4	6	2.8	2.40	4	66.7%	84.9
	정보디스플레이	7	9	4.2	1.90	8	88.9%	85.1
공과대학 국제캠	기계공학	23	32	4.2	1.80	57	178.1%	83.8
	산업경영공학	10	14	4.5	1.80	20	142.9%	86.0
	원자력공학	6	8	3.0	2.20	11	137.5%	81.1
	화학공학	14	19	7.7	1.50	36	189.5%	86.7
	정보전자신소재	11	15	4.9	1.70	30	200.0%	82.3
	사회기반시스템	6	8	5.1	2.10	8	100.0%	87.5
	건축공학과	6	8	4.0	2.00	15	187.5%	83.8
	환경학및환경공	9	12	6.4	1.70	24	200.0%	86.9
	건축학5년 자연	5	7	5.3	1.80	14	200.0%	86.5
전자 국제캠	전자공학과	25	34	4.5	1.70	68	200.0%	84.1
	생체의공학과	9	13	3.5	1.70	16	123.1%	84.7
소프트 국제캠	컴퓨터공학과	10	14	6.4	1.60	28	200.0%	83.2
	인공지능 (신설)	5	-	-	-	-	-	-
	소프트웨어융합	9	12	5.3	1.70	24	200.0%	86.5
응용 과학 국제캠	응용수학과	7	9	4.1	1.80	18	200.0%	85.0
	응용물리학과	4	6	5.0	2.00	6	100.0%	85.8
	응용화학과	8	11	4.0	1.70	15	136.4%	86.7
	우주과학과	6	8	4.3	2.00	15	187.5%	85.5
생명 과학 국제캠	유전생명공학과	13	18	11.4	1.60	36	200.0%	87.8
	식품생명공학	4	6	5.2	1.80	9	150.0%	85.6
	한방생명공학과	2	3	13.0	2.20	0	0.0%	90.3
	식물환경신소재	2	3	5.0	1.80	3	100.0%	86.9
	스마트팜(원예)	5	3	6.7	1.70	6	200.0%	87.3
의과대	의예과	-	-	-	-	-	-	-
한의대	한의예과 자연	-	-	-	-	-	-	-
치과대	치의예과	-	-	-	-	-	-	-
약학대	한약학과	6	7	3.3	1.80	2	28.6%	88.7
	약과학과	7	10	4.8	1.60	14	140.0%	85.4
간호대	간호학과 자연	7	9	7.7	1.50	18	200.0%	88.7
생활	식품영양학과	4	6	6.2	1.70	5	83.3%	90.6
자연 소계		268	355	5.6	1.79	615	158.7%	85.8

2020 고교연계 (자연)

인재상 및 평가요소
- ■ 고교연계 인재상
  - ① 문화인재
  - ② 글로벌인재
  - ③ 리더십인재
  - ④ 과학인재
- ■ 종합전형 평가요소
  - ① 학업역량 ② 전공적합
  - ③ 인성 ④ 발전가능

- ▶교과 40%+서류 60% (일괄전형)
- ★ 학교장추천 6명 (인2, 자3, 예1)
- ● 내신: 국영수사/국영수과, 동일비율

2021 경쟁률 및 합격분석

대학	학과	모집 인원	경쟁률	합격 평균	추합 인원	충원률	서류 평균
이과대학	수학과	10	5.7	1.70	17	170.0%	87.5
	물리학과	6	4.7	1.60	17	283.3%	83.0
	화학과	15	6.3	1.50	24	160.0%	86.7
	생물학과	15	7.3	1.50	25	166.7%	87.3
	지리학과 자연	8	3.0	2.00	3	37.5%	87.3
	정보디스플레이	10	3.4	1.90	17	170.0%	82.7
공과대학 국제캠	기계공학	34	3.9	1.70	52	152.9%	85.3
	산업경영공학	16	2.9	1.90	21	131.3%	81.5
	원자력공학	9	3.2	2.00	9	100.0%	85.0
	화학공학	22	5.9	1.50	61	277.3%	84.9
	정보전자신소재	16	4.1	1.60	27	168.8%	85.0
	사회기반시스템	8	4.3	2.10	20	250.0%	80.7
	건축공학과	8	3.4	2.10	12	150.0%	82.7
	환경학및환경공	14	4.3	1.70	27	192.9%	85.0
	건축학5년 자연	8	2.9	1.80	11	137.5%	83.0
전자 국제캠	전자공학과	37	5.1	1.70	39	105.4%	87.8
	생체의공학과	15	4.7	1.50	18	120.0%	88.2
소프트 국제캠	컴퓨터공학과	14	7.0	1.60	24	171.4%	87.3
		-	-	-	-	-	-
	소프트웨어융합	12	5.5	1.60	18	150.0%	84.9
응용 과학 국제캠	응용수학과	9	3.9	1.80	13	144.4%	85.3
	응용물리학과	4	3.0	1.90	4	100.0%	82.2
	응용화학과	11	5.4	1.60	19	172.7%	88.6
	우주과학과	10	3.4	1.80	15	150.0%	84.8
생명 과학 국제캠	유전공학과	21	6.4	1.60	45	214.3%	85.4
	식품생명공학	6	5.2	1.70	15	250.0%	85.7
	한방재료공학	3	4.7	2.50	1	33.3%	85.9
	식물환경신소재	3	11.0	1.80	1	33.3%	90.1
	원예생명공학	3	6.3	1.80	7	233.3%	86.8
의과대	의예과	-	-	-	-	-	-
한의대	한의예과 자연	-	-	-	-	-	-
치과대	치의예과	-	-	-	-	-	-
약학대	한약학과	8	3.4	1.80	4	50.0%	86.8
	약과학과	10	5.2	1.50	16	160.0%	86.1
간호대	간호학과 자연	10	6.7	1.50	19	190.0%	88.2
생활	식품영양학과	6	5.7	1.90	9	150.0%	85.2
자연 소계		381	4.9	1.76	610	155.5%	85.5

<경희대 고교연계 2021 자연>
- ▶경쟁률 평균 5.6 ▶충원률 평균 158.7%
- ▶합격자 평균 1.79등급

<경희대 고교연계 2020 자연>
- ▶경쟁률 평균 4.9 ▶충원률 평균 155.5%
- ▶합격자 평균 1.76등급

2022 수능최저 신설 ★

- 인문: 2개합 5 (탐1)
- 한의: 3개합 4 (탐1)
- 자연: 2개합 5 (탐1)
- 의치한: 3개합 4 (탐1)
- *史 5등급 공통
- 예체: 국/영 중 1개 3
- 약학과는 그냥자연 ★

2021 네오르네상스 (인문)

- ▶ 1단계: 서류 100% (3배수)
- ▶ 2단계: 1단계 70%+면접 30%
- ● 내신: 전과목 정성평가

2020 경쟁률 및 합격분석

대학	학과	2022 인원	모집인원	경쟁률	합격평균	추합인원	충원률	서류평균	면접평균
문과대학	국어국문	21	22	15.9	2.50	27	122.7%	89.4	83.3
	사학과	14	15	18.8	2.30	9	60.0%	90.5	85.4
	철학과	10	10	21.7	2.50	4	40.0%	91.9	86.9
	영어영문	12	13	21.8	2.90	16	123.1%	89.4	79.5
	응용영어통번역	13	14	11.3	3.20	18	128.6%	87.1	81.1
외국어대학 국제캠	프랑스어	14	14	8.10	4.00	17	121.4%	87.8	81.8
	스페인어	14	14	7.90	3.70	7	50.0%	86.2	82.2
	러시아어	11	11	11.5	4.30	9	81.8%	85.7	83.6
	중국어학	16	16	16.1	3.70	10	62.5%	90.0	85.4
	일본어학	15	15	13.5	4.20	9	60.0%	89.2	88.2
	한국어학	9	9	8.60	2.70	6	66.7%	88.5	86.6
	글로벌커뮤니	17	17	9.30	3.80	10	58.8%	88.9	85.4
자율	자율전공학부	19	20	16.6	2.20	10	50.0%	89.7	86.9
정경대학	정치외교	15	16	22.1	2.40	14	87.5%	89.7	84.1
	행정학과	15	16	26.1	2.40	18	112.5%	91.3	82.1
	사회학과	8	8	33.9	2.00	6	75.0%	90.0	84.5
	경제학과	21	22	15.5	2.20	31	140.9%	89.0	80.0
	무역학과	17	18	15.1	3.30	8	44.4%	89.4	86.9
	미디어학과	26	27	22.7	2.00	16	59.3%	90.6	86.7
국제대 국제캠	국제학과	49	49	11.7	3.50	32	65.3%	88.2	84.4
	글로벌한국	1	1	9.00	2.70	0	0.0%	88.0	85.0
경영대학	경영학과	54	55	21.7	2.40	70	127.3%	90.2	83.4
	회계세무학과	13	14	9.70	2.70	20	142.9%	90.0	82.3
	빅데이터응용(신)	10	-	-	-	-	-	-	-
호텔관광	호스피털리경영	45	45	6.10	3.20	16	35.6%	86.9	84.7
	호스피털리조리	15	15	8.10	3.10	0	0.0%	89.9	86.8
	관광학부	30	30	10.3	2.60	8	26.7%	90.3	85.6
생활과학	아동가족학과	6	6	27.2	2.90	12	200.0%	91.8	80.1
	주거환경학과	4	4	9.00	3.60	5	125.0%	90.0	78.6
	의상학과	11	12	14.3	3.00	9	75.0%	88.8	83.2
이과	지리학과 인문	5	5	20.2	2.30	5	100.0%	90.9	84.1
한의과	한의예과 인문	12	13	16.0	1.30	2	15.4%	91.5	87.4
간호	간호학과 인문	10	11	16.6	2.60	5	45.5%	87.6	84.7
인문 소계		552	557	15.5	2.89	429	78.2%	89.3	84.1
예술 디자인 국제캠	산업디자인	3	3	16.3	3.50	0	0.0%	89.0	85.0
	시각디자인	9	9	14.7	3.00	7	77.8%	88.3	82.5
	환경조경디자인	11	11	11.5	2.90	6	54.5%	88.2	89.0
	의류디자인	6	6	13.5	2.70	5	83.3%	89.9	85.5
	디지털콘텐츠	6	6	20.5	2.40	1	16.7%	91.4	86.9
	도예학과	11	11	5.20	2.70	4	36.4%	86.5	87.5
	연극영화연출	2	5	21.8	3.30	2	40.0%	90.0	86.4
	연극뮤지컬연출	5	2	18.5	4.60	0	0.0%	89.8	92.0
체육 국제캠	체육학과	21	21	19.5	2.70	17	81.0%	89.3	85.4
	스포츠의학과	11	11	11.0	2.70	4	36.4%	90.3	85.9
	골프산업학과	4	4	9.50	5.70	0	0.0%	90.1	85.6
	스포츠지도학	-	-	-	-	-	-	-	-
	태권도학과	13	13	14.7	3.40	3	23.1%	90.1	87.6
예체능 소계		102	102	14.7	3.30	49	37.4%	89.4	86.6

<경희대 네오르네상스 2021 인문>　▶ 경쟁률 평균 15.5
▶ 충원률 평균 78.2%　▶ 합격자 평균 2.89

인재상 및 평가요소

- ■ 네오르네상스 인재상
  - ① 문화인: 공동체, 책임
  - ② 세계인: 평화추구
  - ③ 창조인: 융복합 개척
- ■ 종합전형 평가요소
  - ① 학업역량　② 전공적합
  - ③ 인성　④ 발전가능

2020 네오르네상스 (인문)

- ▶ 1단계: 서류 100% (3배수)
- ▶ 2단계: 1단계 70%+면접 30%
- ● 내신: 전과목 정성평가

2020 경쟁률 및 합격분석

대학	학과	모집인원	경쟁률	합격평균	추합인원	충원률	서류평균
문과대학	국어국문	22	17.2	2.70	20	90.9%	90.1
	사학과	15	17.6	2.60	9	60.0%	89.5
	철학과	10	18.8	3.80	5	50.0%	92.7
	영어영문	13	18.9	3.20	20	153.8%	90.4
	응용영어통번역	14	13.9	3.10	13	92.9%	91.0
외국어대학 국제캠	프랑스어	13	10.5	3.60	7	53.8%	87.7
	스페인어	13	9.3	3.60	9	69.2%	87.8
	러시아어	10	10.2	4.40	9	90.0%	86.9
	중국어학	15	11.9	4.20	17	113.3%	88.8
	일본어학	14	13.3	4.50	8	57.1%	89.1
	한국어학	9	8.1	3.10	5	55.6%	88.1
	글로벌커뮤니	15	7.7	3.20	13	86.7%	88.6
자율	자율전공	20	21.6	2.30	18	90.0%	91.6
정경대학	정치외교	16	18.9	2.40	6	37.5%	89.6
	행정학과	16	23.9	2.70	22	137.5%	89.1
	사회학과	8	28.6	2.90	7	87.5%	91.5
	경제학과	22	16.7	2.60	40	181.8%	88.9
	무역학과	18	15.9	3.20	12	66.7%	87.9
	언론정보학과	27	22.4	2.50	24	88.9%	90.4
국제캠	국제학과	49	10.7	3.10	37	75.5%	88.2
	-	1	4.0	4.10	0	0.0%	86.0
경영대학	경영학과	55	20.3	2.90	42	76.4%	89.8
	회계세무학과	14	8.1	2.60	4	28.6%	89.7
	-	-	-	-	-	-	-
호텔관광	호스피털리경영	45	7.2	2.90	12	26.7%	88.2
	호스피털리조리	15	7.1	2.50	0	0.0%	89.8
	관광학부	30	10.8	3.40	5	16.7%	88.2
생활과학	아동가족학과	6	25.3	3.50	6	100.0%	91.6
	주거환경학과	4	9.0	3.20	3	75.0%	86.6
	의상학과	12	14.3	2.70	13	108.3%	90.3
이과	지리학과 인문	5	20.2	2.50	4	80.0%	91.0
한의과	한의예과 인문	13	16.0	1.60	2	15.4%	89.5
간호	간호학과 인문	11	16.6	1.80	4	36.4%	91.5
인문 소계		550	14.8	3.05	396	71.9%	89.4
예술 디자인 국제캠	산업디자인	3	19.7	2.10	2	66.7%	93.5
	시각디자인	9	18.3	1.50	1	11.1%	93.2
	환경조경디자인	11	16.4	2.70	5	45.5%	89.2
	의류디자인	6	10.5	2.90	0	0.0%	89.3
	디지털콘텐츠	6	20.3	2.20	3	50.0%	89.6
	도예학과	11	5.7	2.50	4	36.4%	87.6
	연극영화학과	5	24.0	3.10	2	40.0%	90.2
	연극뮤지컬연출	2	24.5	2.10	2	100.0%	91.3
체육 국제캠	체육학과	21	18.7	2.90	10	47.6%	89.3
	스포츠의학과	11	10.3	2.90	2	18.2%	87.1
	골프산업학과	4	7.0	2.90	0	0.0%	89.3
	스포츠지도학	20	6.1	3.20	5	25.0%	87.2
	태권도학과	13	15.8	3.40	2	15.4%	89.8
예체능 소계		122	15.2	2.65	38	35.1%	89.7

<경희대 네오르네상스 2020 인문>　▶ 경쟁률 평균 14.8
▶ 충원률 평균 71.9%　▶ 합격자 평균 3.05등급

경희대 2021 대입수시분석 04 - 종합 네오르네상스 (자연)　2021. 05. 10　ollim

2022 수능최저 신설★

- 인문: 2개합 5 (탐1)
- 한의: 3개합 4 (탐1)
- 자연: 2개합 5 (탐1)
- 의치한: 3개합 4 (탐1)
- *史 5등급 공통
- 예체: 국/영 중 1개 3
- 약학과는 그냥자연★

2021 네오르네상스 (자연)

- ▶ 1단계: 서류 100% (3배수)
- ▶ 2단계: 1단계 70%+면접 30%
- ● 내신: 전과목 정성평가

2021 경쟁률 및 합격분석

		수능최저 있음 2022 인원	모집인원	경쟁률	합격평균	추합인원	충원률	서류평균	면접평균
이과대학	수학과	8	8	20.8	2.60	10	125.0%	89.8	80.9
	물리학과	13	14	15.9	3.70	11	78.6%	90.1	83.9
	화학과	8	9	28.8	2.30	5	55.6%	88.6	86.0
	생물학과	14	15	21.1	3.10	28	186.7%	90.3	81.3
	지리학과 자연	5	5	10.2	2.70	4	80.0%	88.4	81.6
	정보디스플레이	16	17	10.6	5.10	12	70.6%	87.8	83.3
공과대학 국제캠	기계공학	28	28	15.3	2.90	31	110.7%	91.7	83.3
	산업경영공학	11	11	11.9	2.40	10	90.9%	91.3	85.9
	원자력공학	9	9	7.70	3.10	6	66.7%	90.7	89.4
	화학공학	17	17	18.4	2.10	16	94.1%	89.2	83.7
	정보전자신소재	12	12	11.6	2.20	8	66.7%	86.7	84.6
	사회기반시스템	12	12	8.60	2.60	7	58.3%	88.0	87.1
	건축공학과	12	12	9.80	2.90	13	108.3%	88.1	83.9
	환경학및환경공	10	10	27.3	2.10	13	130.0%	91.2	83.5
	건축학5년 자연	9	9	13.9	2.30	6	66.7%	90.3	84.0
전자 국제캠	전자공학과	28	28	10.4	2.20	25	89.3%	89.1	84.5
	생체의공학과	11	11	21.2	3.10	2	18.2%	91.4	87.2
소프트 국제캠	컴퓨터공학과	27	27	14.3	2.00	14	51.9%	89.6	85.6
	인공지능 (신설)	14	-	-	-	-	-	-	-
	소프트웨어융합	18	18	11.6	2.70	12	66.7%	89.2	86.5
응용과학 국제캠	응용수학과	7	7	6.4	2.90	0	0.0%	88.8	87.1
	응용물리학과	7	7	10.3	2.10	5	71.4%	88.7	86.2
	응용화학과	12	12	11.7	2.00	11	91.7%	88.2	86.2
	우주과학과	14	14	10.7	2.10	10	71.4%	89.0	83.8
생명과학 국제캠	유전생명공학과	15	15	29.7	2.40	21	140.0%	90.7	81.8
	식품생명공학	10	10	15.8	2.40	6	60.0%	90.3	86.3
	한방생명공학과	7	7	14.0	2.30	2	28.6%	87.7	83.7
	식물환경신소재	7	7	20.7	2.80	6	85.7%	88.5	84.3
	스마트팜(원예)	27	7	14.9	2.70	6	85.7%	89.5	86.8
의과대	의예과	55	55	20.7	1.40	47	85.5%	92.1	85.2
한의대	한의예과 자연	30	30	11.8	1.60	1	3.3%	90.0	89.3
치과대	치의예과	40	40	13.1	1.60	20	50.0%	89.9	85.4
약학대	약학과 (신설)	20	-	-	-	-	-	-	-
	한약학과	8	8	12.9	1.90	6	75.0%	89.1	87.5
	약과학과	8	8	20.8	2.60	6	75.0%	90.6	84.4
간호대	간호학과 자연	11	12	17.9	2.10	11	91.7%	91.0	82.9
생활	식품영양학과	10	10	16.0	2.00	2	20.0%	90.7	87.9
자연 소계		570	521	15.3	2.49	393	75.7%	89.6	85.0

인재상 및 평가요소

■ 네오르네상스 인재상
① 문화인: 공동체, 책임
② 세계인: 평화추구
③ 창조인: 융복합 개척

■ 종합전형 평가요소
① 학업역량 ② 전공적합
③ 인성 ④ 발전가능

2020 네오르네상스 (자연)

- ▶ 1단계: 서류 100% (3배수)
- ▶ 2단계: 1단계 70%+면접 30%
- ● 내신: 전과목 정성평가

2020 경쟁률 및 합격분석

		모집인원	경쟁률	합격평균	추합인원	충원률	서류평균
이과대학	수학과	8	19.8	3.10	8	100.0%	91.6
	물리학과	14	14.9	3.50	23	164.3%	89.7
	화학과	9	24.2	3.90	5	55.6%	91.6
	생물학과	15	31.2	1.80	10	66.7%	92.3
	지리학과 자연	5	8.6	3.40	2	40.0%	87.9
	정보디스플레이	17	11.2	4.80	11	64.7%	88.5
공과대학 국제캠	기계공학	26	18.2	3.20	29	111.5%	90.5
	산업경영공학	10	12.9	2.50	7	70.0%	88.4
	원자력공학	9	8.2	2.60	8	88.9%	89.1
	화학공학	16	18.9	2.00	19	118.8%	91.0
	정보전자신소재	11	14.5	1.90	6	54.5%	89.5
	사회기반시스템	11	8.6	2.80	13	118.2%	85.6
	건축공학과	10	6.7	3.40	6	60.0%	87.8
	환경학및환경공	10	20.9	2.60	8	80.0%	90.0
	건축학5년 자연	8	14.4	2.40	8	100.0%	90.5
전자 국제캠	전자공학과	26	11.6	1.90	18	69.2%	88.6
	생체의공학과	10	26.4	2.60	10	100.0%	92.9
소프트 국제캠	컴퓨터공학과	27	10.3	2.40	21	77.8%	87.5
	소프트웨어융합	18	12.1	2.20	11	61.1%	87.8
응용과학 국제캠	응용수학과	7	13.6	2.00	2	28.6%	91.0
	응용물리학과	7	10.0	2.80	7	100.0%	89.4
	응용화학과	12	10.5	2.10	7	58.3%	90.3
	우주과학과	14	14.8	2.80	15	107.1%	90.7
생명과학 국제캠	유전공학과	14	19.6	2.40	13	92.9%	90.4
	식품생명공학	10	16.8	2.30	4	40.0%	88.9
	한방재료공학	7	7.3	2.50	1	14.3%	89.4
	식물환경신소재	7	21.3	2.90	1	14.3%	89.5
	원예생명공학	7	18.1	2.70	3	42.9%	89.7
의과대	의예과	55	17.1	1.80	46	83.6%	91.0
한의대	한의예과 자연	30	10.4	1.80	9	30.0%	88.6
치과대	치의예과	40	11.5	1.90	19	47.5%	90.1
약학대							
	한약학과	8	11.1	3.20	1	12.5%	89.2
	약과학과	8	9.6	2.90	8	100.0%	88.9
간호대	간호학과 자연	12	16.3	2.00	4	33.3%	90.3
생활	식품영양학과	10	15.2	2.90	6	60.0%	90.5
자연 소계		508	14.8	2.63	369	70.5%	89.7

<경희대 네오르네상스 2021 자연>
- ▶ 경쟁률 평균 15.3　▶ 충원률 평균 75.7%
- ▶ 합격자 평균 2.49등급

<경희대 네오르네상스 2020 자연>
- ▶ 경쟁률 평균 14.8　▶ 충원률 평균 70.5%
- ▶ 합격자 평균 2.63등급

수능최저 있음 / 2021 논술우수자 (인문) / 2020 논술우수자 (인문)

2022 논술인문 수능최저
- ▶인문: 2개합 5 (탐1)★
- ▶한의: 3개합 4 (탐1)
- *史 4등급 공통
- ▶체육: 국/영 중 1개 3

2021 논술우수자 (인문)
- ▶교과비교과30%+논술70%　내신: 국영수사/국영수과, 동일
- ▶2021 논술인문최저　▶인문: 2개합 4 (탐1)　▶한의: 3개합 4 (탐1)
- ▶체육: 국/영 중 1개 3　㊿ 5등급 공통

2020 논술우수자 (인문)
- ▶교과비교과30%+논술70%
- 내신: 국영수사/국영수과, 동일

대학	학과	2022 인원	모집인원	경쟁률	합격평균	추합인원	충원율	논술성적	최저충족	최저충족률	실질경쟁률	학과(2020)	모집인원	경쟁률	합격평균	논술성적	실질경쟁률
문과대학	국어국문	7	10	66.8	3.40	1	10.0%	90.7	219	32.8%	21.9	국어국문	11	0.0	3.60	89.3	32.6
	사학과	4	6	60.2	3.10	2	33.3%	89.9	111	30.7%	18.5	사학과	6	71.5	4.00	90.8	27.2
	철학과	7	10	65.0	3.10	2	20.0%	92.0	217	33.4%	21.7	철학과	11	79.2	3.70	89.4	25.6
	영어영문	5	7	61.7	3.40	5	71.4%	89.8	186	43.1%	26.6	영어영문	7	74.4	3.30	91.3	31.9
	응용영어통번역	5	7	62.4	3.10	1	14.3%	91.8	204	46.7%	29.1	응용영어통번	7	76.9	3.60	89.0	31.4
외국어대학 (국제캠)	프랑스어	3	4	23.5	3.20	1	25.0%	86.6	27	28.7%	6.8	프랑스어	4	27.3	3.60	86.4	7.0
	스페인어	3	4	23.5	4.00	0	0.0%	87.8	22	23.4%	5.5	스페인어	4	27.3	2.50	83.2	8.8
	러시아어	4	5	26.0	3.80	3	60.0%	87.6	37	28.5%	7.4	러시아어	6	28.7	4.10	87.6	9.5
	중국어학	4	5	23.8	3.30	3	60.0%	87.6	51	42.9%	10.2	중국어학	5	32.2	3.80	86.1	8.6
	일본어학	3	4	25.3	3.90	1	25.0%	87.6	34	33.6%	8.5	일본어학	4	23.3	4.20	86.8	5.8
	한국어학	2	2	31.0	3.90	1	50.0%	85.8	14	22.6%	7.0	한국어학	2	22.0	4.20	79.5	2.5
	글로벌커뮤니	4	5	29.2	3.60	3	60.0%	89.3	52	35.6%	10.4	글로벌커뮤니	6	32.0	3.30	88.4	10.0
자율	자율전공	9	13	61.7	3.30	2	15.4%	90.5	355	44.3%	27.3	자율전공	14	78.5	3.10	87.2	38.8
정경대학	정치외교	4	5	48.8	3.40	0	0.0%	91.1	107	43.9%	21.4	정치외교	5	58.6	2.80	89.6	25.6
	행정학과	7	10	51.8	3.40	4	40.0%	89.2	251	48.5%	25.1	행정학과	11	59.9	3.60	88.6	26.9
	사회학과	4	5	47.0	3.20	2	40.0%	91.1	114	48.5%	22.8	사회학과	5	59.2	3.20	91.8	28.0
	경제학과	9	14	41.2	3.60	5	35.7%	87.3	271	47.0%	19.4	경제학과	15	52.5	3.40	87.4	25.3
	무역학과	8	11	40.3	3.80	3	27.3%	86.4	184	41.5%	16.7	무역학과	12	49.8	3.20	86.5	21.2
	미디어학과	7	10	60.7	3.40	1	10.0%	92.2	250	41.2%	25.0	언론정보학	10	69.7	3.30	86.6	30.8
국제캠	건축학과 인문	3	4	33.5	3.50	0	0.0%	86.1	31	23.1%	7.8	건축학 인문	4	30.3	3.70	87.5	10.0
경영대학	경영학과	24	35	49.5	3.40	7	20.0%	87.7	801	46.2%	22.9	경영학과	37	72.1	3.20	91.6	37.2
	회계세무학과	7	10	36.4	3.40	0	0.0%	87.6	172	47.3%	17.2	회계세무학	11	47.8	3.40	88.5	25.2
	빅데이터응용(신)	4	-	-	-	-	-	-	-	-	-						
호텔관광	호스피털리경영	9	14	41.5	3.60	3	21.4%	92.1	259	44.6%	18.5	호스피털경영	15	57.4	3.30	86.3	26.6
	호스피털리조리	-	-	-	-	-	-	-	-	-	-	호스피털조리	-	-	-	-	-
	관광학부	6	9	40.0	3.80	0	0.0%	89.9	153	42.5%	17.0	관광학부	10	50.6	3.70	86.3	21.4
생활과학	아동가족학과	4	5	50.2	3.90	0	0.0%	90.0	96	38.2%	19.2	아동가족학	5	62.4	3.40	89.7	19.6
	주거환경학과	4	6	58.7	3.50	3	50.0%	90.7	122	34.6%	20.3	주거환경학	6	61.7	3.50	89.6	23.0
	의상학과	4	5	61.2	3.60	0	0.0%	91.2	105	34.3%	21.0	의상학과	5	78.2	2.90	85.8	27.6
이과	지리학과 인문	3	4	35.0	3.20	4	100%	85.6	70	50.0%	17.5	지리학 인문	4	39.5	3.10	86.9	17.3
한의과	한의예과 인문	5	7	249.0	2.30	0	0.0%	90.9	617	35.4%	88.1	한의예 인문	7	263.9	2.20	90.5	93.3
간호	간호학과 인문	4	5	77.2	3.10	3	60.0%	89.0	136	35.2%	27.2	간호학 인문	5	84.2	3.50	86.5	31.6
인문 소계		176	241	52.7	3.44	60	28.3%	89.2	5268	38.3%	20.3	**인문 소계**	254	59.0	3.41	87.8	24.3
체육 (국제캠)	체육학과	6	7	57.1	3.70	1	14.3%	85.4	196	49.0%	28.0	체육학과	8	71.8	3.80	88.3	35.8
	스포츠의학과	4	5	50.2	3.40	0	0.0%	89.6	141	56.0%	28.2	스포츠의학과	5	55.6	3.90	86.9	30.4
	골프산업학과	2	3	23.3	4.20	0	0.0%	85.8	41	58.7%	13.7	골프산업학과	3	30.0	4.20	87.6	15.3
	태권도학과	3	5	23.4	4.60	1	20.0%	88.2	54	46.2%	10.8	태권도학과	6	23.8	4.10	84.3	13.2
예체능 소계		15	20	38.6	3.98	1	8.6%	87.3	108.0	52.4%	20.2	**예체능 소계**	22	45.3	4.00	86.8	23.7

<경희대 논술전형 2021 인문>
- ▶경쟁률 평균 52.7　▶실질경쟁 평균 20.3
- ▶합격자 평균 3.44　▶논술점수 평균 89.2점

<경희대 논술전형 2020 인문>
- ▶경쟁률 평균 59.0　▶실질경쟁 평균 24.3
- ▶합격자 평균 3.41　▶논술점수 평균 87.8점

2021 논술우수자 (자연) / 2020 논술우수자 (자연)

수능최저 있음

2022 논술자연 수능최저
▶ 자연: 2개합 5 (탐1)
▶ 의치한: 3개합 4(탐1)
　*史 4등급 공통
▶ 약학과는 그냥자연★

▶ 교과비교과30%+논술70%　내신: 국영수사/국영수과, 동일
▶ 2021 논술자연 최저 ▶자연: 2개합 5 (탐1) ▶의치한: 3개합 4 (탐1)

2021 경쟁률 및 합격분석

▶ 교과비교과30%+논술70%
내신: 국영수사/국영수과, 동일

2020 경쟁률 및 합격분석

대학	학과	2022 인원	모집 인원	경쟁률	합격 평균	추합 인원	충원률	논술 성적	최저 충족	최저 충족률	실질 경쟁률	학과(2020)	모집 인원	경쟁률	합격 평균	논술 성적	실질 경쟁률
이과대학	수학과	7	10	24.1	3.30	4	40.0%	78.4	103	42.7%	10.3	수학과	11	45.3	3.20	68.6	21.7
	물리학과	8	13	19.2	3.40	3	23.1%	74.0	124	49.7%	9.5	물리학과	14	35.8	3.50	66.2	17.0
	화학과	6	8	37.8	3.40	2	25.0%	79.7	164	54.2%	20.5	화학과	8	68.3	4.00	62.3	39.0
	생물학과	7	10	38.7	3.30	3	30.0%	76.2	193	49.9%	19.3	생물학과	11	62.2	3.30	67.1	32.3
	지리학과 자연	4	5	18.8	4.60	1	20.0%	59.5	38	40.4%	7.6	지리학과 자연	5	33.4	3.60	67.0	14.0
	정보디스플레이	6	8	41.4	3.40	1	12.5%	73.6	172	51.9%	21.5	정보디스플	8	74.4	3.50	67.1	40.6
공과대학 국제캠	기계공학	32	40	21.6	3.60	10	25.0%	60.4	467	54.1%	11.7	기계공학	44	37.3	3.50	65.3	21.8
	산업경영공학	8	14	20.9	3.70	6	42.9%	68.7	157	53.7%	11.2	산업경영공	14	32.1	3.80	59.8	18.4
	원자력공학	8	14	15.1	3.60	5	35.7%	69.0	107	50.6%	7.6	원자력공학	14	25.1	3.90	51.5	10.7
	화학공학	12	11	35.8	4.10	1	9.1%	79.9	232	58.9%	21.1	화학공학	11	61.9	3.50	63.5	34.8
	정보전자신소재	9	15	24.1	3.50	3	20.0%	72.9	211	58.4%	14.1	정보전자신소	15	38.3	3.50	65.6	22.5
	사회기반시스템	9	17	16.1	4.00	4	23.5%	64.8	125	45.7%	7.4	사회기반시스	18	26.3	3.60	57.7	13.5
	건축공학과	8	17	15.5	3.80	5	29.4%	67.1	113	42.9%	6.6	건축공학과	18	23.9	3.90	57.2	10.4
	환경학및환경공	4	7	18.1	3.20	2	28.6%	64.7	62	48.9%	8.9	환경학환경	7	24.4	3.50	50.9	13.3
	건축학5년 자연	4	5	22.0	4.30	2	40.0%	64.5	44	40.0%	8.8	건축학5 자연	5	34.4	3.80	54.1	14.8
전자 국제캠	전자공학과	40	50	31.8	3.70	12	24.0%	89.9	798	50.2%	16.0	전자공학과	52	37.1	3.60	71.6	16.6
	생체의공학과	4	5	29.8	3.40	1	20.0%	87.5	68	45.6%	13.6	생체의공학	5	41.6	3.40	67.2	18.6
소프트 국제캠	컴퓨터공학과	10	13	42.9	3.40	2	15.4%	94.7	288	51.6%	22.2	컴퓨터공학	13	47.8	3.60	70.1	21.5
	인공지능 (신설)	4	-	-	-	-	-	-	-	-	-						
	소프트웨어융합	5	7	42.6	3.50	1	14.3%	93.2	149	50.0%	21.3	소프트웨어	7	38.7	3.80	56.7	18.3
응용과학 국제캠	응용수학과	4	8	15.3	3.80	0	0.0%	83.9	50	40.8%	6.3	응용수학과	8	18.9	3.60	71.6	7.0
	응용물리학과	4	9	15.2	3.90	3	33.3%	83.4	75	54.8%	8.3	응용물리학	9	22.0	3.70	64.1	9.0
	응용화학과	5	9	21.7	4.00	3	33.3%	87.1	91	46.6%	10.1	응용화학과	9	25.7	3.20	64.7	11.4
	우주과학과	4	6	21.5	4.10	0	0.0%	84.5	57	44.2%	9.5	우주과학과	6	24.8	3.10	60.1	8.7
생명과학 국제캠	유전생명공학과	9	11	38.0	3.60	4	36.4%	90.1	205	49.0%	18.6	유전공학과	12	37.6	3.80	70.8	19.2
	식품생명공학	6	9	26.2	3.90	4	44.4%	75.6	117	49.6%	13.0	식품생명공	10	34.0	3.90	58.0	15.1
	한방생명공학	4	5	16.2	3.70	0	0.0%	77.6	32	39.5%	6.4	한방재료공	6	29.0	3.50	61.5	12.8
	식물환경신소재	4	5	22.2	3.60	1	20.0%	87.7	53	47.7%	10.6	식물환경신	5	31.6	3.90	53.6	14.8
	스마트팜(원예)	4	5	17.4	4.80	0	0.0%	88.2	32	36.8%	6.4	원예생명공	5	26.2	3.80	64.3	11.2
의과대	의예과	15	21	210.3	2.60	1	4.8%	88.9	1856	42.0%	88.4	의예과	21	138.0	2.80	81.9	46.7
한의대	한의예과 자연	16	23	97.0	2.90	3	13.0%	73.4	595	26.7%	25.9	한의예 자연	23	91.6	3.30	74.1	24.3
치과대	치의예과	11	15	160.1	2.90	0	0.0%	82.1	841	35.0%	56.1	치의예과	15	130.8	3.20	70.1	44.2
약학대	약학과 (신설)	8	-	-	-	-	-	-	-	-	-						
	한약학과	6	8	21.9	4.30	0	0.0%	72.4	90	51.4%	11.3	한약학과	8	37.6	3.70	61.5	16.3
	약과학과	5	7	31.9	3.20	1	14.3%	72.8	107	47.9%	15.3	약과학과	7	50.4	3.60	61.6	28.9
간호대	간호학과 자연	4	5	50.2	3.50	0	0.0%	75.5	116	46.2%	23.2	간호학 자연	5	61.4	2.90	63.3	26.8
생활	식품영양학과	6	8	24.5	4.10	2	25.0%	59.5	100	51.0%	12.5	식품영양학	9	37.4	3.40	60.3	18.0
자연 소계		310	423	37.3	3.66	90	20.1%	77.2	8032	47.1%	16.6	자연 소계	438	45.3	3.54	63.7	20.4

<경희대 논술전형 2021 자연>
▶ 경쟁률 평균 37.3　▶ 실질경쟁 평균 16.6
▶ 합격자 평균 3.66　▶ 논술점수 평균 77.2점

<경희대 논술전형 2020 자연>
▶ 경쟁률 평균 45.3　▶ 실질경쟁 평균 20.4
▶ 합격자 평균 3.54등급　▶ 논술평균 63.7점

경희대 2021 대입분석 07 - 종합 고른기회1-기초차상위 & 고른기회2 (인문)

2021 고른1 기초차상위 (인문)

▣ 종합전형 공통평가요소
① 학업역량 30%
② 전공적합성 30%
③ 인성 20%
④ 발전가능성 20%

▶ 교과 30%+서류 70% 일괄전형
▶ 내신반영: 국영수사/국영수과 동일비율

2020 경쟁률 및 합격분석

대학	학과	수능최저없음 2022 인원정원외	모집인원	경쟁률	합격평균	추합인원	충원률	서류평균
문과대학	국어국문	2	2	8.5	2.30	3	150.0%	89.7
	사학과	2	2	11.5	2.00	0	0.0%	90.5
	철학과	2	2	9.5	2.60	2	100.0%	89.6
	영어영문	2	1	13.0	2.10	1	100.0%	92.8
	응용영어통번역	2	1	5.0	2.30	0	0.0%	91.0
외국어대학 국제캠	프랑스어	2	3	5.7	3.50	4	133.3%	85.1
	스페인어	2	3	5.3	3.30	1	33.3%	85.3
	러시아어	2	3	6.0	4.80	0	0.0%	88.8
	중국어학	2	4	6.0	3.20	0	0.0%	84.8
	일본어학	2	3	5.3	4.20	4	133.3%	80.3
	한국어학	2	2	4.0	3.00	0	0.0%	87.0
	글로벌커뮤니	2	3	5.7	3.40	1	33.3%	89.5
자율	자율전공학부	3	3	10.0	1.90	3	100.0%	89.8
정경대학	정치외교	2	2	13.5	2.60	0	0.0%	91.0
	행정학과	3	2	11.5	3.30	1	50.0%	91.5
	사회학과	2	2	8.5	2.00	2	100.0%	92.6
	경제학과	3	2	8.5	2.20	0	0.0%	91.8
	무역학과	3	2	15.0	2.20	0	0.0%	92.5
	미디어학과	3	2	19.0	1.90	5	250.0%	92.6
국제캠	국제학과	3	4	5.5	2.70	4	100.0%	86.9
경영대학	경영학과	7	6	12.8	1.90	6	100.0%	90.0
	회계세무학과	3	3	7.3	1.50	1	33.3%	92.3
호텔관광	호스피털리경영	3	3	9.0	2.30	0	0.0%	91.3
	관광학부	2	2	6.0	2.80	0	0.0%	89.8
생활과학	아동가족학과	2	2	10.0	2.50	0	0.0%	89.3
	주거환경학과	2	2	7.5	3.60	1	50.0%	90.3
이과	지리학과 인문	2	2	6.5	2.20	0	0.0%	91.5
간호	간호학과 인문	2	2	12.0	2.10	1	50.0%	92.5
인문 소계		69	70	8.86	2.67	40	54.2%	89.6
예술디자인 국제캠	산업디자인	2	2	4.5	3.10	0	0.0%	90.0
	시각디자인	2	2	10.0	2.20	1	50.0%	88.2
	환경조경디자인	2	2	8.0	2.20	1	50.0%	89.8
	의류디자인	2	2	8.0	2.50	1	50.0%	88.7
	디지털콘텐츠	2	2	4.5	2.50	1	50.0%	88.5
	도예학과	2	2	4.0	2.70	0	0.0%	87.3
체육 국제캠	체육학과	2	3	8.3	2.70	1	33.3%	90.0
	스포츠의학과	2	2	9.5	3.30	0	0.0%	88.5
	태권도학과	2	2	13.0	3.50	0	0.0%	90.3
예체능 소계		18	19	7.8	2.74	5	25.9%	89.0

<경희대 기초차상위 종합 2021 인문>
▶ 경쟁률 평균 8.86 ▶ 충원률 평균 54.2%
▶ 합격자 평균 2.67등급 ▶ 서류평균 89.6

2021 고른기회2 (인문)

▶ 고른기회2 대상자
1. 의사상자/군인소방15년
2. 다자녀4인/다문화/복지시설
3. 조손가정/장애부모자녀 등

▶ 교과 30%+서류 70% 일괄전형
▶ 내신반영: 국영수사/국영수과 동일비율

2020 경쟁률 및 합격분석

대학	학과	수능최저없음 2022 인원	모집인원	경쟁률	합격평균	추합인원	충원률	서류평균
문과대학	국어국문	2	2	11.0	2.70	0	0.0%	93.3
	사학과	2	2	7.0	2.10	0	0.0%	91.0
	철학과	-	-	-	-	-	-	-
	영어영문	1	1	9.0	2.30	2	200.0%	87.3
	응용영어통번역	1	1	7.0	1.80	0	0.0%	92.0
외국어대학 국제캠	프랑스어	-	-	-	-	-	-	-
	스페인어	-	-	-	-	-	-	-
	러시아어	-	-	-	-	-	-	-
	중국어학	-	-	-	-	-	-	-
	일본어학	-	-	-	-	-	-	-
	한국어학	-	-	-	-	-	-	-
	글로벌커뮤니	4	4	6.3	2.70	1	25.0%	89.5
자율	자율전공학부	2	2	8.0	2.00	2	100.0%	89.9
정경대학	정치외교	2	2	10.0	1.80	1	50.0%	91.5
	행정학과	2	2	9.0	2.00	0	0.0%	92.0
	사회학과	2	2	13.0	2.10	0	0.0%	93.5
	경제학과	2	2	6.5	2.10	3	150.0%	89.3
	무역학과	2	2	6.5	2.20	0	0.0%	91.0
	미디어학과	2	2	12.5	2.10	0	0.0%	91.0
국제캠	국제학과	3	3	5.3	1.80	1	33.3%	87.1
경영대학	경영학과	4	4	13.3	1.80	1	25.0%	93.0
	회계세무학과	2	2	8.5	2.10	1	50.0%	91.3
호텔관광	호스피털리경영	2	2	11.0	2.00	0	0.0%	92.8
	관광학부	2	2	8.5	4.00	0	0.0%	92.0
생활과학	아동가족학과	2	2	5.5	2.80	0	0.0%	90.3
	주거환경학과	2	2	6.0	3.40	1	50.0%	91.3
이과	지리학과 인문	-	-	-	-	-	-	-
간호	간호학과 인문	2	2	10.0	2.00	1	50.0%	91.5
인문 소계		43	43	8.7	2.27	14	36.7%	91.0
예술디자인 국제캠	산업디자인	-	-	-	-	-	-	-
	시각디자인	-	-	-	-	-	-	-
	환경조경디자인	-	-	-	-	-	-	-
	의류디자인	-	-	-	-	-	-	-
	디지털콘텐츠	-	-	-	-	-	-	-
	도예학과	-	-	-	-	-	-	-
체육 국제캠	체육학과	3	3	14.7	3.60	0	0.0%	89.5
	스포츠의학과	-	-	-	-	-	-	-
	태권도학과	3	3	8.7	1.60	1	33.3%	87.9
예체능 소계		6	6	11.7	2.60	1	16.7%	88.7

<경희대 고른기회2 종합 2021 인문>
▶ 경쟁률 평균 8.7 ▶ 충원평균 36.7%
▶ 합격자 평균 2.27등급 ▶ 서류평균 91.0

경희대 2021 대입분석 08 - 종합 고른기회1-기초차상위 & 고른기회2 (자연)

2021 고른1 기초차상위 (자연)

■ 종합전형 공통평가요소
① 학업역량 30%
② 전공적합성 30%
③ 인성 20%
④ 발전가능성 20%

▶교과 30%+서류 70% 일괄전형 변화★
▶내신반영: 국영수사/국영수과 동일비율

2021 경쟁률 및 합격분석

인재상 및 평가요소		2022 인원 정원외 (수능최저없음)	모집 인원	경쟁률	합격 평균	추합 인원	충원률	서류 평균
이과대학	수학과	3	2	8.0	2.00	2	100.0%	87.5
	물리학과	2	2	6.0	2.40	0	0.0%	86.8
	화학과	3	2	9.5	1.90	3	150.0%	86.9
	생물학과	3	2	12.5	2.20	3	150.0%	88.9
	지리학과 자연	2	2	4.5	2.70	1	50.0%	90.5
	정보디스플레이	3	2	6.0	2.30	0	0.0%	87.3
공과대학 국제캠	기계공학	3	4	7.5	1.90	7	175.0%	87.9
	산업경영공학	2	2	6.5	2.30	1	50.0%	88.8
	화학공학	3	3	5.7	2.20	2	66.7%	87.0
	정보전자신소재	2	2	6.0	2.40	2	100.0%	90.5
	사회기반시스템	2	2	6.5	3.70	1	50.0%	89.3
	건축공학과	2	2	5.0	3.50	1	50.0%	87.0
	환경학및환경공	2	2	7.0	2.30	4	200.0%	89.0
	건축학5년 자연	2	2	4.5	2.60	1	50.0%	87.3
전자 국제캠	전자공학과	3	3	8.3	2.10	3	100.0%	89.9
	생체의공학과	2	2	4.5	2.20	1	50.0%	87.5
소프트 국제캠	컴퓨터공학과	2	2	7.5	2.30	2	100.0%	89.6
	소프트웨어융합	2	2	9.5	2.00	0	0.0%	93.5
응과 국제캠	응용수학과	2	2	3.5	2.70	1	50.0%	87.0
	응용화학과	2	2	5.0	2.20	1	50.0%	88.5
생명 국제캠	유전생명공학과	2	2	9.5	1.80	2	100.0%	91.4
	식품생명공학	2	2	10.0	2.30	1	50.0%	92.3
약학대	한약학과	2	2	8.0	2.20	0	0.0%	95.0
	약과학과	3	2	6.0	2.20	1	50.0%	91.2
간호대	간호학과 자연	2	2	14.5	1.90	3	150.0%	91.4
생활	식품영양학과	3	2	6.0	3.00	0	0.0%	87.8
자연 소계		61	56	7.2	2.36	43	72.8%	89.2

<경희대 기초차상위 종합 2021 자연>
▶경쟁률 평균 7.2   ▶충원률 평균 72.8%
▶합격자 평균 2.36등급   ▶서류 평균 89.2

2021 고른기회2 (자연)

▶고른기회2 대상자
1.의사상자/군인소방15년
2.다자녀4인/다문화/복지시설
3.조손가정/장애부모자녀 등

▶교과 30%+서류 70% 일괄전형 변화★
▶내신반영: 국영수사/국영수과 동일비율

2021 경쟁률 및 합격분석

인재상 및 평가요소		2022 인원 (수능최저없음)	모집 인원	경쟁률	합격 평균	추합 인원	충원률	서류 평균
이과대학	수학과	2	2	10.0	2.30	0	0.0%	90.3
	물리학과	-	-	-	-	-	-	-
	화학과	2	2	10.5	2.00	1	50.0%	90.2
	생물학과	2	2	13.0	2.00	0	0.0%	93.0
	지리학과자연	2	2	5.0	2.60	0	0.0%	88.0
	정보디스플레	2	2	8.0	1.90	0	0.0%	95.5
공과대학 국제캠	기계공학	4	4	8.3	2.20	2	50.0%	90.9
	산업경영공학	2	2	6.0	3.10	1	50.0%	90.5
	화학공학	3	3	7.7	2.00	0	0.0%	90.2
	정보전자신소	2	2	7.5	2.20	0	0.0%	93.5
	사회기반시스	2	2	7.0	2.70	2	100.0%	87.3
	건축공학과	2	2	9.5	2.50	0	0.0%	91.8
	환경학및환경	-	-	-	-	-	-	-
	건축학5년자연	-	-	-	-	-	-	-
전자 국제캠	전자공학과	3	3	5.7	2.20	1	33.3%	89.4
	생체의공학과	-	-	-	-	-	-	-
소프트 국제캠	컴퓨터공학과	3	3	5.3	2.10	0	0.0%	90.2
	소프트웨어융	3	3	6.0	2.00	2	66.7%	88.3
응과 국제캠	응용수학과	-	-	-	-	-	-	-
	응용화학과	-	-	-	-	-	-	-
생명 국제캠	유전생명공학	3	3	12.3	1.80	1	33.3%	90.0
	식품생명공학	-	-	-	-	-	-	-
약학대	한약학과	-	-	-	-	-	-	-
	약과학과	2	2	9.5	2.40	1	50.0%	89.7
간호대	간호학과 자연	2	2	11.0	1.90	1	50.0%	90.7
생활	식품영양학과	-	-	-	-	-	-	-
자연 소계		41	41	8.4	2.23	12	28.4%	90.6

<경희대 고른기회2 종합 2021 자연>
▶경쟁률 평균 8.4   ▶충원률 평균 28.4%
▶합격자 평균 2.23등급   ▶서류 평균 90.6

국수영탐2 인문 35:25:15:20 사회 25:35:15:20 자연 20:35:15:25			2021 정시수능 (인문)								2020 정시수능 (인문)				
			2021 최종등록 상위 80% 평균								2020 최종등록 상위 80%				
			국어	수학	탐구2	국수탐 평균	영어				국어	수학	탐구2	국수탐	영어
문과 대학	국어국문	가	98.0	90.6	92.1	280.7	1.0		문과 대학	국어국문	96.9	93.1	91.9	281.9	1.6
	사학과	가	97.6	88.1	95.1	280.8	1.4			사학과	95.7	91.7	95.7	283.1	1.3
	철학과	가	96.0	91.7	92.6	280.3	1.0			철학과	96.1	94.0	92.1	282.2	1.6
	영어영문	가	97.7	85.4	92.5	275.6	1.0			영어영문	95.5	90.7	89.7	275.9	1.5
	응용영어통번역	가	94.8	88.1	91.6	274.5	1.1			응용영어통번역	96.7	90.6	92.9	280.2	1.2
외국어 대학 국제캠	프랑스어	나	92.1	89.6	88.2	269.9	1.3		외국어 대학 국제캠	프랑스어	92.5	91.3	88.7	272.5	1.7
	스페인어	나	92.2	92.1	91.0	275.3	1.3			스페인어	95.0	88.8	88.3	272.1	1.4
	러시아어	나	92.5	87.7	92.4	272.6	1.1			러시아어	93.3	90.1	90.7	274.1	1.9
	중국어학	나	92.1	90.8	92.1	275.0	1.2			중국어학	95.9	89.4	88.1	273.4	1.8
	일본어학	나	93.4	89.2	90.2	272.8	1.1			일본어학	92.3	88.8	88.7	269.8	1.3
	한국어학	나	95.8	87.9	87.8	271.5	1.8			한국어학	92.5	91.9	87.3	271.7	1.9
	글로벌커뮤니	나	95.0	89.6	89.3	273.9	1.1			글로벌커뮤니	94.2	89.2	86.5	269.9	1.6
자율	자율전공	가	92.8	97.2	94.0	284.0	1.0		자율	자율전공	88.3	97.8	94.1	280.2	1.5
정경 대학	정치외교	가	91.5	96.4	91.5	279.4	1.0		정경 대학	정치외교	91.8	97.2	88.4	277.4	1.3
	행정학과	가	93.0	96.6	94.0	283.6	1.0			행정학과	88.2	97.8	91.8	277.8	1.4
	사회학과	가	91.6	97.2	95.2	284.0	1.0			사회학과	89.7	97.2	92.5	279.4	1.3
	경제학과	가	92.4	97.1	94.5	284.0	1.0			경제학과	88.7	98.0	93.3	280.0	1.4
	무역학과	가	93.1	96.6	94.3	284.0	1.0			무역학과	88.3	97.9	91.2	277.4	1.2
	미디어학과	가	93.9	97.3	93.8	285.0	1.0			언론정보학과	89.7	97.8	90.4	277.9	1.4
국제캠	국제학과	나	89.3	97.0	91.2	277.5	1.0		국제캠	국제학과	84.2	97.9	88.5	270.6	1.4
국제캠	건축인문	나	94.1	91.4	89.7	275.2	1.0				94.1	93.5	86.8	274.4	1.4
경영 대학	경영학과	가	92.1	97.8	94.6	284.5	1.0		경영 대학	경영학과	87.6	98.1	93.8	279.5	1.3
	회계세무학과	가	92.2	98.9	95.3	286.4	1.0			회계세무학과	90.0	97.3	93.9	281.2	1.2
호텔 관광	호스피털리경영	가	91.6	97.3	92.9	281.8	1.1		호텔 관광	호스피털리경영	89.6	97.3	92.8	279.7	1.3
	관광학부	가	92.9	96.9	91.9	281.7	1.0			관광학부	88.8	97.3	90.9	277.0	1.3
생활 과학	아동가족학과	가	96.0	90.3	90.3	276.6	1.0		생활 과학	아동가족학과	96.9	90.7	92.2	279.8	1.3
	주거환경학과	가	97.3	90.0	91.1	278.4	1.3			주거환경학과	97.3	92.1	88.3	277.7	1.2
	의상학과	가	96.2	91.0	91.7	278.9	1.0			의상학과	96.5	92.1	89.8	278.4	1.3
이과	지리학과 인문	가	91.0	96.8	94.4	282.2	1.0		이과	지리학과 인문	86.8	98.2	90.6	275.6	1.3
한의과	한의예과 인문	가	100.0	100.0	97.3	297.3	1.0		한의과	한의예과 인문	99.5	100.0	96.3	295.8	1.0
간호	간호학과 인문	가	94.7	95.1	91.4	281.2	1.0		간호	간호학과 인문	96.4	91.6	93.8	281.8	1.2
인문 소계			**94.0**	**93.3**	**92.4**	**279.6**	**1.1**		인문 소계		**92.5**	**94.2**	**91.0**	**277.7**	**1.4**
예술 디자인 국제캠	산업디자인	나	97.0	-	92.5	189.5	1.0		예술 디자인 국제캠	산업디자인	98.0	-	90.3	188.3	1.0
	시각디자인		-	-	-	-	-			시각디자인	-	-	-	-	-
	환경조경디자인	나	96.5	-	95.5	192.0	1.0			환경조경디자인	99.7	-	74.3	174.0	1.3
	의류디자인	나	97.5	-	91.6	189.1	1.0			의류디자인	94.6	-	93.3	187.9	1.3
	디지털콘텐츠	나	99.5	-	90.0	189.5	1.0			디지털콘텐츠	99.0	-	98.0	197.0	1.0
	연극영화 연극	나	96.7	-	86.3	183.0	1.1			연극영화 연극	97.7	-	87.7	185.4	2.0
	연극영화 영화	나	98.0	-	92.3	190.3	1.0			연극영화 영화	98.8	-	85.4	184.2	1.4
체육 국제캠	체육학과	나	95.4	-	93.1	188.5	1.4		체육 국제캠	체육학과	95.7	-	89.1	184.8	1.6
	스포츠의학과	나	96.9	-	91.2	188.1	1.3			스포츠의학과	97.8	-	93.8	191.6	1.3
	스포츠지도	나	36.5	-	53.4	89.9	4.5			스포츠지도	44.7	-	57.3	102.0	4.3
	골프산업학과	나	95.2	-	91.5	186.7	1.2			골프산업학과	96.0	-	83.0	179.0	1.7
	태권도학과	나	89.3	-	89.0	178.3	1.7			태권도학과	89.5	-	88.6	178.1	1.8
예체능 소계			**90.8**	**-**	**87.9**	**178.6**	**1.5**		예체능 소계		**92.0**	**-**	**85.5**	**177.5**	**1.7**

<경희대 정시 2021 인문>
▶ 국수탐 백분위평균 279.6   ▶ 영어 등급평균 1.1

<경희대 정시 2020 인문>
▶ 국수탐 백분위평균 277.7   ▶ 영어 등급평균 1.4

| | | | 2021 정시수능 (자연) | | | | | | | 2010 정시수능 (자연) | | | | |

국수영탐2 인문 35:25:15:20 사회 25:35:15:20 자연 20:35:15:25			2021 최종등록 상위 80%							2010 최종등록 상위 80%				
			국어	수학	탐구2	국수탐 평균	영어			국어	수학	탐구2	국수탐	영어
이과 대학	수학과	가	91.0	94.3	92.2	**277.5**	1.0	이과 대학	수학과	89.0	91.5	91.7	**272.2**	1.1
	물리학과	가	92.2	92.8	92.6	**277.6**	1.0		물리학과	89.0	90.5	91.9	**271.4**	1.1
	화학과	가	90.1	91.9	94.7	**276.7**	1.0		화학과	86.6	94.4	92.0	**273.0**	1.0
	생물학과	가	94.6	90.8	93.1	**278.5**	1.0		생물학과	95.4	86.6	90.0	**272.0**	1.0
	지리학과 자연	가	92.2	89.7	91.2	**273.1**	1.0		지리학과 자연	96.5	89.0	85.3	**270.8**	1.5
	정보디스플레이	가	91.2	95.3	93.4	**279.9**	1.0		정보디스플레이	92.7	92.4	90.1	**275.2**	1.0
공과 대학 국제캠	기계공학	나	92.8	91.8	91.2	**275.8**	1.0	공과 대학 국제캠	기계공학	91.3	89.9	90.7	**271.9**	1.3
	산업경영공학	나	91.6	91.3	91.7	**274.6**	1.0		산업경영공학	88.2	90.5	88.8	**267.5**	1.2
	원자력공학	나	92.2	88.4	92.5	**273.1**	1.2		원자력공학	92.4	83.2	91.0	**266.6**	1.4
	화학공학	나	91.8	94.1	89.4	**275.3**	1.1		화학공학	89.8	90.9	91.3	**272.0**	1.0
	정보전자신소재	나	93.1	91.4	90.0	**274.5**	1.0		정보전자신소재	90.0	89.9	88.6	**268.5**	1.3
	사회기반시스템	나	91.6	87.7	90.8	**270.1**	1.0		사회기반시스템	86.9	88.2	88.4	**263.5**	1.3
	건축공학과	나	94.6	88.9	89.1	**272.6**	1.0		건축공학과	92.4	85.8	87.8	**266.0**	1.5
	환경학및환경공	나	92.1	89.0	88.2	**269.3**	1.0		환경학및환경공	85.3	90.1	88.8	**264.2**	1.3
	건축학5년 자연	나	94.9	86.5	90.7	**272.1**	1.0		건축학5년 자연	92.0	87.9	84.9	**264.8**	1.3
전자 국제캠	전자공학과	나	93.0	92.7	91.0	**276.7**	1.0	전자 국제캠	전자공학과	91.5	93.3	88.1	**272.9**	1.3
	생체의공학과	나	94.3	90.3	91.9	**276.5**	1.1		생체의공학과	91.1	91.6	90.3	**273.0**	1.6
소프트 국제캠	컴퓨터공학과	나	93.9	91.5	93.2	**278.6**	1.0	소프트 국제캠	컴퓨터공학과	91.6	92.2	88.7	**272.5**	1.3
	소프트웨어융합	나	92.8	92.1	93.5	**278.4**	1.0		소프트웨어융합	92.0	91.5	91.3	**274.8**	1.1
응용 과학 국제캠	응용수학과	나	91.5	92.0	89.4	**272.9**	1.0	응용 과학 국제캠	응용수학과	90.0	91.1	85.4	**266.5**	1.3
	응용물리학과	나	94.8	86.9	91.2	**272.9**	1.0		응용물리학과	95.1	85.3	88.7	**269.1**	1.5
	응용화학과	나	93.7	90.8	89.3	**273.8**	1.2		응용화학과	91.5	86.5	91.2	**269.2**	1.3
	우주과학과	나	92.6	91.3	90.8	**274.7**	1.0		우주과학과	86.9	89.5	90.1	**266.5**	1.5
생명 과학 국제캠	유전생명공학과	나	92.8	91.6	91.9	**276.3**	1.0	생명 과학 국제캠	유전공학과	87.7	91.3	90.2	**269.2**	1.5
	식품생명공학	나	93.5	88.5	89.8	**271.8**	1.0		식품생명공학	87.9	89.0	90.4	**267.3**	1.3
	한방생명공학	나	89.7	90.8	88.5	**269.0**	1.0		한방재료공학	89.8	84.4	90.1	**264.3**	1.5
	식물환경신소재	나	92.3	87.6	88.1	**268.0**	1.3		식물환경신소재	89.4	88.0	90.1	**267.5**	1.6
	스마트팜(원예)	나	93.0	89.9	88.1	**271.0**	1.0		원예생명공학	94.2	84.6	86.1	**264.9**	1.3
의과대	의예과	가	99.5	100.0	98.0	**297.5**	1.0	의과대	의예과	98.7	99.8	97.7	**296.2**	1.0
한의대	한의예과 자연	가	97.4	98.7	97.1	**293.2**	1.0	한의대	한의예과 자연	96.7	97.6	95.6	**289.9**	1.0
치과대	치의예과	가	97.5	99.3	97.1	**293.9**	1.0	치과대	치의예과	98.0	97.0	95.8	**290.8**	1.0
약학대	한약학과	가	96.0	93.1	92.7	**281.8**	1.0	약학대	한약학과	90.8	91.7	89.4	**271.9**	1.1
	약과학과	가	92.4	92.9	92.9	**278.2**	1.0		약과학과	95.1	88.0	91.0	**274.1**	1.0
간호대	간호학과 자연	가	93.6	90.8	89.6	**274.0**	1.0	간호대	간호학과 자연	95.0	90.9	86.6	**272.5**	1.0
생활	식품영양학과	가	93.6	88.7	91.4	**273.7**	1.0	생활	식품영양학과	90.6	90.8	87.0	**268.4**	1.1
자연 소계			**93.3**	**91.5**	**91.6**	**276.4**	**1.0**	자연 소계		**91.5**	**90.1**	**89.9**	**271.5**	**1.2**

<경희대 정시 2021 자연>
▶국수탐 백분위평균 276.4   ▶영어 등급평균 1.0

<경희대 정시 2020 자연>
▶국수탐 백분위평균 271.5   ▶영어 등급평균 1.2

계명대학교

<영어> 국수영탐 인 25:25:<u>25</u>:25, 자 25:25:<u>25</u>:25	
인/자: 100-95-90-85-80...탐구2개, 백분, 수가15%	

▶2021 국영수사/국영수과
　2022 내신교과반영 변화★
▶인: 국영수사史+통과+진로2
　자: 국영수과史+통사+진로2
▶진로선택A=1, B=2, C=3등급
▶전학년 100% 반영
▶성서캠퍼스
▶대명캠퍼스 Artech College

1. 교과전형 일반 1,204명, 교과지역 745명
　종합전형 일반 607명, 종합지역 361명
2. 2022 종합전형 자기소개서 폐지
3. 2022 수능최저 유지: 3개합 12, 3개합 15, 야간 최저없음
4. 2022 야간학과 11개→3개 축소★★
　　①경영야간 ②국제통상야간 ③행정야간
5. 2022 약학 및 제약학과 신설: 수시 18명, 정시 15명★★
6. 2022 경영빅데이터전공 30명 신설, 학과통합 5개학과 등

7. 2022 의예 종합일반 및 종합지역 변화
　①1단계 선발 4배수 7배수 확대
　②수능최저 신설: 3개합 4등급 (탐1)
8. 예체능계 학생부종합 일반 20명 모집
　회화과4, 공예디자인과3, 산업디자인과4,
　텍스타일디자인과3, 사진미디어과3, 시각디자인과3

모집시기	전형명		학생부종합 특별사항	2022 수시 접수기간 09. 10(금) ~ 14(화)	모집 인원	학생부	논술	면접	서류	기타	2022 수능최저등급
2022 수시 4,032명 2021 수시 3,946명 (80.0%) 정시 984명 (20.0%) 전체 4,930명	교과일반	일괄	학생부교과 최종 12.16(목) <의예과> 1단계 11.13(토) 면접 11.27(토) 최종 12.16(목)	1. 2022 전년대비 16명 증가 2. 의예 1단계 교과100% (10배수) 2단계 다중적인성면접10% 다중인적성면접 총30분 내외 ①인성 ②상황 ③모의상황 3. 의예 17명, 간호 40명 등 4. 약학 4명, 제약 4명 신설★ 5. 야간모집: 경영 15명 국통 11명, 행정 11명	1,204 2021 1,188	교과 100					▶의예: 3개 1등급 (탐1) ▶약학: 3개합 5 (탐1) ▶3개합 12 (탐1) : KAC/EMU경영학부 디지펜게임공학/영교 국교/유아교/경찰행정 간호학과 ▶3개합 15 (탐1) : 기타모든 주간학과 ▶야간학과 최저없음 ▶2022 수능최저 유지
	교과지역	일괄	학생부교과 최종 12.16(목) <의예과> 1단계 11.13(토) 면접 11.28(일) 최종 12.16(목)	1. 대구/경북 고교 이수자 2. 2022 전년대비 49명 증가 3. 의예 1단계 교과 100% (10배수) 2단계 다중적인성면접10% 다중인적성면접 총30분 내외 ①인성 ②상황 ③모의상황 4. 의예19, 간호30 등 5. 야간모집: 경영 10명 국통 8명, 행정 8명	745 2021 696	교과 100					▶의예: 3개 1등급 (탐1) ▶약학: 3개합 5 (탐1) ▶3개합 12 (탐1) : KAC/EMU경영학부 디지펜게임공학/영교 국교/유아교/경찰행정 간호학과 ▶3개합 15 (탐1) : 기타모든 주간학과 ▶야간학과 최저없음 ▶2022 수능최저 유지
	종합일반	1단계	학생부종합 자소서 폐지 일반 최저없음 1단계 11.13(토) 면접 11.20(토) 최종 12.04(토)	1. 2022 전년대비 29명 감소 2. 학업역량25 전공적합성30 발전가능성25 인성20 3. 의예제외 최저없음 4. 의예4, 간호20, 약학 없음 5. 야간: 경영4, 국통3, 행정3	607 2021 636	서류 100 (일반 4배수) (의예 7배수)					일반 최저없음 의예 최저신설★ : 3개합 4등급 (탐1)
		2단계				1단계 80 + 면접 20					
	종합지역	1단계	학생부종합 자소서 폐지 일반 최저없음 1단계 11.13(토) 면접 11.21(일) 최종 12.04(토)	1. 2022 전년대비 10명 감소 2. 학업역량25 전공적합성30 발전가능성25 인성20 3. 의예6, 간호12 등 4. 약학 및 야간 모집없음	361 2021 371	서류 100 (일반 4배수) (의예 7배수)					일반 최저없음 의예 최저신설★ : 3개합 4등급 (탐1)
		2단계				1단계 80 + 면접 20					
	고른기회	일괄	학생부교과 최종 11.13(토)	1. 국가보훈대상자 2. 기초 및 차상위 3. 만학도/농어촌 4. 간호 2명, 야간 7명 등	148	교과 100					최저없음

<2022 기타전형 생략>
특성화67, 농어촌179, 특성화고졸100, 실기615 등

수능최저 있음			2021 교과전형 - 인문					2020 교과전형 - 인문				
▶3개합 12 (탐1) : KAC / EMU경영학부 디지펜게임공학/영교 국교/유아교/경찰행정 ▶3개합 15 (탐1) : 기타모든 주간학과		2022	▶교과 100% (의예: 단계면접포함) 인: 국영수사　자: 국영수과　학년동일					▶교과 100% (의예: 단계면접포함) 인: 국영수사　자: 국영수과　학년동일				
			2021 지원		추합	최종등록		2020 지원		추합	최종등록	
		모집 인원	모집 인원	경쟁률	추합 인원	등급평균	85%컷	모집 인원	경쟁률	추합 인원	등급평균	90%컷
인문 국제학 대학	국어국문학전공		11	9.6	46	4.39	4.66	11	4.8	29	4.77	5.09
	글로벌한국어문화		10	3.6	11	4.79	5.38	10	7.4	9	4.68	5.03
	영어영문학전공		22	7.5	103	4.66	4.93	22	5.5	78	4.12	4.92
	독일어문학전공		10	7.6	32	5.15	5.67	9	4.0	14	5.31	5.86
	중국학전공		18	8.2	53	4.56	5.19	18	4.8	40	4.94	5.71
	일본학전공		15	6.6	49	5.10	5.62	14	4.8	31	5.03	5.46
	러시아어문학전공		10	7.2	26	6.05	6.69	9	4.3	19	5.22	5.97
	스페인어중남미학		13	5.7	39	4.99	5.29	11	6.1	37	4.63	5.60
	사학과		12	7.6	32	4.21	4.68	12	7.2	50	4.38	4.78
	기독교학과		3	2.7	0	6.32	6.32	3	9.0	5	4.94	5.21
	철학과		10	4.0	19	5.34	5.64	9	11.4	14	4.87	5.14
	문예창작		5	8.4	19	4.81	5.08	8	5.0	12	4.11	4.76
경영 대학	경영학전공		25	7.4	88	3.67	4.23	27	7.4	109	3.68	4.25
	관광경영학전공		14	6.4	43	4.92	5.56	16	5.9	42	3.75	4.44
	경영정보학전공		14	8.1	51	4.74	4.97	14	5.1	29	4.50	4.86
	회계학전공		27	10.5	80	4.48	4.91	25	5.4	75	4.54	5.48
	세무학전공		12	4.6	26	4.74	5.17	11	8.4	18	3.76	4.36
	EMU경영학부		8	5.5	11	4.33	4.37	8	4.9	21	3.94	4.73
KAC	IB(국제경영학과)		9	2.4	5	3.92	4.78	8	5.6	24	3.85	4.10
	IR(국제관계학과)		8	2.3	0	4.64	4.64	8	4.1	14	3.48	3.81
사회 과학 대학	경제금융학전공		16	4.4	37	4.93	5.26	14	9.8	45	4.36	4.52
	국제통상학전공		32	4.7	83	4.90	5.71	29	9.0	99	4.33	4.71
	행정학전공		13	6.6	58	3.63	4.21	14	6.9	58	3.44	4.01
	정치외교학전공		13	8.4	52	4.66	5.29	12	4.3	23	4.92	5.06
	언론영상학전공		19	6.0	28	3.30	3.80	21	4.7	42	3.46	4.08
	광고홍보학전공		15	5.1	41	4.11	4.79	16	7.2	39	3.37	3.65
	사회학과		11	7.4	59	5.04	5.31	10	5.2	22	4.42	4.75
	심리학과		15	5.9	38	2.93	3.02	16	7.6	30	3.06	3.37
	문헌정보학과		15	6.7	34	3.47	3.89	16	7.2	49	3.55	4.10
	사회복지학과		14	12.2	85	3.86	4.32	16	9.9	76	3.70	4.19
	법학과		16	4.6	33	4.21	4.90	17	6.8	31	3.48	3.92
	경찰행정학과		18	8.0	38	2.30	2.54	19	8.5	37	2.33	2.55
사범 대학	교육학과		6	4.8	16	3.83	3.87	6	6.5	23	3.31	3.58
	한문교육과		6	4.7	15	4.62	4.87	6	8.3	21	4.37	4.74
	유아교육과		8	7.0	23	3.83	4.63	7	9.9	22	2.82	3.13
	영어교육과		8	6.4	29	3.51	3.45	7	5.3	18	3.30	3.62
	국어교육과		8	6.0	24	3.74	4.05	7	10.4	38	3.56	3.80
자전	자율전공 인문사회		13	4.2	30	3.65	3.80	11	4.7	15	3.03	3.36
인문계열 교과평균		0	502	6.28	1456	3.65	4.78	497	6.66	1358	3.03	4.49

계명대 2021 입결분석 02 - 수시 교과지역 인문　　*ollim*

수능최저 있음		2022	2021 교과지역 - 인문				2020 교과지역 - 인문				
▶3개합 12 (탐1) : KAC / EMU경영학부 디지펜게임공학/영교 국교/유아교/경찰행정 ▶3개합 15 (탐1) : 기타모든 주간학과			▶교과 100% (의예: 단계면접포함) 인: 국영수사　자: 국영수과　학년동일				▶교과 100% (의예: 단계면접포함) 인: 국영수사　자: 국영수과　학년동일				
			2021 지원		추합	최종등록		2020 지원		추합	최종등록	
		모집 인원	모집 인원	경쟁률	추합 인원	등급평균	85%컷	모집 인원	경쟁률	추합 인원	등급평균	90%컷
인문 국제학 대학	국어국문학전공		7	5.9	25	4.74	4.91	7	7.0	27	4.64	4.95
	글로벌한국어문화		6	3.7	14	5.22	5.57	5	13.0	8	4.78	4.85
	영어영문학전공		13	4.4	29	4.63	5.05	13	3.9	24	4.20	4.66
	독일어문학전공		5	6.0	10	5.38	5.42	5	6.8	26	4.94	5.16
	중국학전공		10	4.5	17	4.98	5.11	10	4.0	13	5.09	5.56
	일본학전공		9	4.4	13	5.36	5.59	8	4.6	17	5.29	5.72
	러시아어문학전공		5	3.6	5	5.56	5.45	5	5.0	3	4.99	5.21
	스페인어중남미학		6	3.3	5	5.29	5.43	7	5.0	8	4.14	4.52
	사학과		6	5.5	8	4.51	4.75	6	4.7	12	4.71	4.88
	기독교학과		-	-	-	-	-	-	-	-	-	-
	철학과		5	3.4	5	5.86	6.20	5	9.4	11	4.80	4.92
	문예창작		5	4.0	8	4.88	4.89	5	9.4	12	4.40	4.47
경영 대학	경영학전공		19	4.8	49	4.05	4.25	19	10.8	59	3.83	4.08
	관광경영학전공		10	3.3	12	4.63	5.31	10	4.7	22	3.67	4.03
	경영정보학전공		8	11.8	31	4.82	4.84	8	5.3	15	4.85	5.36
	회계학전공		13	6.6	21	4.64	4.94	13	4.5	28	4.52	5.13
	세무학전공		7	4.4	16	4.58	4.89	7	5.9	17	4.44	4.72
	EMU경영학부		5	3.4	6	4.46	4.29	5	4.4	5	3.78	4.01
KAC	IB(국제경영학과)		5	2.6	0	4.56	4.56	5	3.8	7	3.45	3.62
	IR(국제관계학과)		5	2.8	2	5.00	5.85	5	4.4	12	3.63	3.82
사회 과학 대학	경제금융학전공		10	4.6	28	4.48	4.79	10	7.0	34	4.56	4.79
	국제통상학전공		19	3.5	34	5.07	5.14	20	7.2	43	4.28	4.50
	행정학전공		8	6.4	25	4.07	4.42	8	11.6	22	3.83	4.06
	정치외교학전공		6	4.8	18	5.09	5.15	6	5.0	15	4.73	4.75
	언론영상학전공		10	4.0	13	3.62	3.81	10	5.5	16	3.74	3.99
	광고홍보학전공		8	4.8	14	3.39	3.49	8	6.4	20	3.73	4.00
	사회학과		5	4.8	9	4.66	4.82	5	7.0	15	4.30	4.48
	심리학과		9	4.4	20	3.84	4.37	9	5.8	18	3.42	3.76
	문헌정보학과		9	3.1	6	4.48	4.66	9	5.6	5	3.37	3.77
	사회복지학과		9	10.4	24	4.00	4.17	9	9.3	41	3.96	4.28
	법학과		10	7.5	29	4.25	4.58	10	4.5	22	4.33	4.81
	경찰행정학과		13	3.9	5	2.55	2.86	13	6.6	18	2.27	2.44
사범 대학	교육학과		-					-			-	-
	한문교육과		-					-			-	-
	유아교육과		-					-			-	-
	영어교육과		-					-			-	-
	국어교육과		-					-			-	-
자전	자율전공 인문사회		9	4.2	14	3.40	3.67	8	6.3	27	3.32	3.43
인문계열 교과평균		0	274	4.84	515	3.40	4.79	273	6.38	622	3.32	4.46

계명대 2021 입결분석 03 - 수시 종합일반 인문

ollim

수능최저 없음			2021 종합일반 - 인문				2020 종합일반 - 인문			
학업역량25 전공적합성30 발전가능성25 인성20		2022	▶1단계: 서류 100 (4배수) ▶2단계: 1단계 80+면접 20				▶1단계: 서류 100 (4배수) ▶2단계: 1단계 80+면접 20			
			2021 지원		추합	최종등록	2020 지원		추합	최종등록
		모집 인원	모집 인원	경쟁률	추합 인원	등급평균	모집 인원	경쟁률	추합 인원	등급평균
인문 국제학 대학	국어국문학전공		8	4.1	8	5.22	8	4.5	8	4.66
	글로벌한국어문화		5	2.4	3	5.92	6	3.7	1	5.47
	영어영문학전공		10	3.9	21	4.46	10	5.0	5	4.69
	독일어문학전공		5	3.8	4	5.75	6	3.3	5	5.87
	중국학전공		8	4.9	8	5.53	9	3.8	11	5.51
	일본학전공		8	4.3	5	5.48	8	3.4	8	4.86
	러시아어문학전공		5	4.4	10	5.99	6	6.2	14	5.54
	스페인어중남미학		8	2.6	4	5.00	8	2.8	10	4.59
	사학과		8	6.4	10	5.58	8	6.8	8	5.01
	기독교학과		9	1.4	0	5.95	8	1.8	1	5.17
	철학과		7	2.1	7	6.09	8	3.3	11	4.74
	문예창작		10	6.4	5	5.63	7	10.6	13	5.32
경영 대학	경영학전공		16	6.8	30	4.66	18	5.2	35	4.60
	관광경영학전공		16	4.4	15	5.10	16	5.6	15	4.39
	경영정보학전공		7	6.6	7	5.23	8	5.5	8	5.21
	회계학전공		9	3.1	12	3.96	10	3.2	3	4.51
	세무학전공		7	3.0	3	4.38	8	3.4	5	4.88
	EMU경영학부		8	2.6	7	4.72	8	2.6	8	4.57
KAC	IB(국제경영학과)		7	1.6	3	3.71	7	2.3	6	4.63
	IR(국제관계학과)		7	2.9	9	4.64	7	2.3	6	4.80
사회 과학 대학	경제금융학전공		7	7.7	15	5.15	8	2.8	10	5.97
	국제통상학전공		16	3.5	20	5.16	18	3.2	32	5.22
	행정학전공		8	6.1	9	4.46	8	4.1	15	4.47
	정치외교학전공		7	5.3	6	5.21	8	4.6	5	5.10
	언론영상학전공		10	8.0	9	4.53	10	10.7	7	4.26
	광고홍보학전공		8	15.9	6	4.25	8	11.5	9	4.55
	사회학과		5	4.4	5	4.93	6	4.0	11	4.54
	심리학과		8	10.1	5	4.12	8	16.1	8	3.61
	문헌정보학과		8	8.6	10	4.53	8	7.6	6	4.21
	사회복지학과		8	18.5	8	4.85	8	20.5	13	4.47
	법학과		10	6.1	2	4.61	10	8.9	8	4.25
	경찰행정학과		10	24.5	9	3.05	10	24.4	17	3.11
사범 대학	교육학과		5	6.8	7	4.18	5	6.0	6	4.05
	한문교육과		5	3.8	7	5.06	5	3.0	6	5.57
	유아교육과		5	14.0	4	3.91	6	21.8	15	3.33
	영어교육과		5	4.2	12	3.52	6	5.0	11	4.16
	국어교육과		5	4.2	7	3.78	6	3.8	13	4.00
자전	자율전공 인문사회		4	5.8	7	3.90	4	7.0	4	3.95
인문계열 종합평균		0	302	6.19	319	3.90	316	6.58	377	3.95

계명대 2021 입결분석 04 - 수시 종합지역 인문   *ollim*

수능최저 없음		2022	2021 종합지역 - 인문					2020 종합지역 - 인문				
학업역량25 전공적합성30 발전가능성25 인성20			▶1단계: 서류 100 (4배수) ▶2단계: 1단계 80+면접 20					▶1단계: 서류 100 (4배수) ▶2단계: 1단계 80+면접 20				
			2021 지원		추합	최종등록		2020 지원		추합	최종등록	
		모집 인원	모집 인원	경쟁률	추합 인원	등급평균		모집 인원	경쟁률	추합 인원	등급평균	
인문 국제학 대학	국어국문학전공		8	3.5	2	5.24		4	4.0	4	5.08	
	글로벌한국어문화		5	2.7	4	6.18		3	3.7	0	4.85	
	영어영문학전공		10	4.3	19	5.30		10	3.6	11	4.91	
	독일어문학전공		5	4.0	6	6.28		4	2.3	1	5.50	
	중국학전공		8	4.4	7	5.62		6	6.2	2	5.73	
	일본학전공		8	3.8	5	5.80		4	4.3	1	5.59	
	러시아어문학전공		5	3.0	2	5.36		4	3.5	3	6.17	
	스페인어중남미학		8	2.3	1	5.34		4	2.5	3	4.92	
	사학과		8	5.3	1	5.29		4	6.3	0	5.20	
	기독교학과		9	1.6	0	7.25		6	2.0	0	6.41	
	철학과		7	2.8	4	5.93		4	2.0	0	5.89	
	문예창작		10	5.6	8	5.52		4	11.5	0	5.13	
경영 대학	경영학전공		16	5.4	19	4.94		10	4.2	12	4.67	
	관광경영학전공		16	4.5	8	5.00		8	8.0	0	4.62	
	경영정보학전공		7	6.5	7	4.94		4	5.0	2	5.22	
	회계학전공		9	4.4	7	4.71		10	3.6	6	4.50	
	세무학전공		7	3.5	5	5.09		4	5.5	2	5.18	
	EMU경영학부		8	3.0	1	4.77		3	3.3	3	4.56	
KAC	IB(국제경영학과)		7	2.0	4	4.45		4	3.5	1	3.80	
	IR(국제관계학과)		7	1.5	2	4.75		4	4.0	2	5.14	
사회 과학 대학	경제금융학전공		7	6.8	9	5.04		6	2.8	1	5.40	
	국제통상학전공		16	3.1	18	5.86		15	3.0	3	5.18	
	행정학전공		8	10.0	7	5.15		4	5.8	6	5.25	
	정치외교학전공		7	6.0	4	5.59		4	4.5	5	5.84	
	언론영상학전공		10	8.1	8	4.74		9	10.7	1	4.79	
	광고홍보학전공		8	11.4	5	4.61		6	8.5	3	4.25	
	사회학과		5	4.7	5	5.65		3	5.0	5	4.82	
	심리학과		8	12.0	13	3.97		5	18.4	0	4.07	
	문헌정보학과		8	5.6	2	4.40		5	6.2	3	4.86	
	사회복지학과		8	13.6	12	4.32		5	17.4	11	4.44	
	법학과		10	4.9	10	4.89		9	5.2	4	4.38	
	경찰행정학과		10	12.7	7	3.36		10	14.4	12	2.99	
사범 대학	교육학과		5	-	-	-		-	-	-	-	
	한문교육과		5	-	-	-		-	-	-	-	
	유아교육과		5	16.3	3	3.98		3	22.0	2	4.09	
	영어교육과		5	5.7	2	4.69		3	3.7	0	5.57	
	국어교육과		5	5.0	5	4.16		3	3.0	2	4.30	
자전	자율전공 인문사회		4	6.0	3	4.19		3	7.3	0	3.92	
인문계열 종합평균		0	302	5.72	225	4.19		197	6.30	111	3.92	

수능최저 있음		2022	2021 교과전형 - 자연					2020 교과전형 - 자연				
			▶교과 100% (의예: 단계면접포함) 인: 국영수사 자: 국영수과 학년동일					▶교과 100% (의예: 단계면접포함) 인: 국영수사 자: 국영수과 학년동일				
▶의예: 3개 1등급 (탐1) ▶3개합 12 (탐1) : 간호학과 ▶3개합 15 (탐1) : 기타모든 주간학과 ▶야간학과 최저없음			2021 지원		추합	최종등록		2020 지원		추합	최종등록	
		모집 인원	모집 인원	경쟁률	추합 인원	등급평균	85%컷	모집 인원	경쟁률	추합 인원	등급평균	90%컷
자연 과학 대학	수학전공		13	4.5	22	4.71	5.16	12	5.0	30	4.80	5.54
	통계학전공		13	3.9	32	5.27	6.23	12	8.4	44	4.28	4.46
	화학전공		12	5.2	30	4.92	4.92	12	7.3	43	4.43	4.94
	생명과학전공		16	8.5	57	4.68	5.34	16	5.2	52	4.63	5.21
	공중보건전공		15	5.3	25	4.64	5.03	14	17.3	24	4.35	4.61
	식품가공학전공		12	7.9	31	4.76	5.04	12	5.7	31	4.83	5.21
	식품영양학전공		12	10.2	70	4.79	5.27	12	10.1	66	4.40	4.78
	환경과학전공		12	8.1	31	5.13	5.46	12	5.7	39	5.02	5.73
	지구환경학전공		12	5.5	33	5.34	6.14	12	5.8	28	4.95	5.37
공과 대학	토목공학전공		14	16.1	47	5.22	5.46	15	5.6	35	5.41	5.82
	건축학전공(5년제)		7	18.1	28	4.17	4.34	7	7.7	24	4.21	4.84
	건축공학전공		16	8.9	47	4.82	5.10	12	6.3	38	4.67	5.24
	전자공학전공		17	7.6	73	4.28	4.57	18	13.1	96	4.06	4.40
	전기에너지공학		15	7.8	53	5.04	5.80	15	5.8	40	4.45	4.63
	컴퓨터공학전공		21	10.5	73	3.69	4.17	22	8.5	88	3.76	4.51
	게임모바일공학		10	6.7	23	4.85	5.28	12	6.9	25	4.22	4.55
	디지펜게임공학		8	4.5	5	4.95	5.27	8	5.6	10	4.49	4.84
	교통공학전공		12	10.2	33	5.40	5.62	13	5.2	26	5.49	5.95
	도시계획학전공		12	10.6	33	5.30	5.66	12	5.5	32	5.37	5.90
	생태조경학전공		11	5.6	28	5.17	5.84	10	6.2	29	4.65	4.99
	기계공학전공		30	6.9	112	4.56	5.09	30	10.6	157	4.06	4.53
	자동차시스템공		10	7.0	28	4.98	4.87	10	9.0	18	4.47	4.88
	로봇공학전공		15	4.8	30	5.20	5.52	14	10.4	26	4.55	4.77
	화학공학전공		24	7.5	90	4.44	4.79	22	6.2	89	4.03	4.67
	신소재공학전공		16	10.3	84	5.02	5.41	12	5.8	34	4.80	4.99
	산업공학과		13	5.7	37	5.33	5.78	12	8.4	48	4.74	4.98
의과대	의예과		17	14.9	15	1.35	1.55	17	12.1	13	1.16	1.30
	의용공학과		17	3.9	34	5.02	5.43	12	5.1	31	4.53	4.97
간호대	간호학과		41	6.5	55	2.02	2.14	40	8.1	80	2.03	2.32
자전	자율전공 자연		13	4.8	35	5.93	6.39	9	6.6	35	4.53	4.94
자연계열 교과평균		**0**	**456**	**7.93**	**1294**	**4.70**	**5.09**	**436**	**7.63**	**1331**	**4.38**	**4.80**
야간 개설	경영학전공(야간)		18	3.8	5	5.07	5.93	16	4.0	40	5.28	6.05
	국제통상학(야간)		13	2.7	22	5.99	7.10	12	7.8	43	5.48	6.04
	행정학전공(야간)		13	3.8	20	5.05	5.94	12	5.5	43	5.20	6.46
미술대	패션마케팅학과		13	5.5	21	4.34	5.36	12	6.4	15	3.55	4.00
체육대	스포츠마케팅학과		11	6.7	14	3.60	3.92	9	8.7	19	3.75	4.04
야간/예체 교과평균		**0**	**68**	**4.49**	**82**	**4.81**	**5.65**	**61**	**6.48**	**160**	**4.65**	**5.32**

수능최저 있음		2022	2021 교과지역 - 자연 ▶교과 100% (의예: 단계면접포함) 인: 국영수사 자: 국영수과 학년동일					2020 교과지역 - 자연 ▶교과 100% (의예: 단계면접포함) 인: 국영수사 자: 국영수과 학년동일				
▶의예: 3개 1등급 (탐1) ▶3개합 12 (탐1) : 간호학과 ▶3개합 15 (탐1) : 기타모든 주간학과 ▶야간학과 최저없음		모집인원	2021 지원 모집인원	경쟁률	추합 추합인원	최종등록 등급평균	85%컷	2020 지원 모집인원	경쟁률	추합 추합인원	최종등록 등급평균	90%컷
자연 과학 대학	수학전공		13	4.2	12	5.56	5.71	6	5.0	18	5.02	5.14
	통계학전공		13	3.5	10	4.90	6.01	6	7.5	26	4.23	4.47
	화학전공		12	3.7	15	5.58	5.85	6	5.3	10	4.73	4.84
	생명과학전공		16	5.7	33	5.62	5.93	11	4.6	21	4.46	4.92
	공중보건학전공		15	7.6	23	4.65	4.93	10	18.4	27	4.71	5.04
	식품가공학전공		12	7.3	14	5.02	5.16	6	6.0	16	4.58	4.93
	식품영양학전공		12	5.7	19	4.83	5.08	6	14.3	18	4.29	4.56
	환경과학전공		12	6.0	15	5.71	6.06	6	6.7	17	4.81	5.12
	지구환경학전공		12	5.5	19	5.61	5.83	6	6.8	18	5.10	5.18
공과 대학	토목공학전공		14	8.8	24	5.10	5.58	9	6.7	23	4.97	5.22
	건축학전공(5년제)		7	7.0	11	4.53	4.67	5	7.6	12	3.75	4.13
	건축공학전공		16	5.7	11	4.89	5.27	6	8.8	21	4.49	4.59
	전자공학전공		17	9.6	59	4.50	4.88	12	6.6	39	4.51	4.80
	전기에너지공학		15	7.1	24	4.88	4.99	9	5.6	15	4.48	5.16
	컴퓨터공학전공		21	7.9	40	4.26	4.47	15	6.6	41	4.10	4.37
	게임모바일공학		10	10.4	11	4.74	4.83	6	6.7	17	4.70	5.10
	디지펜게임공학		8	4.5	1	4.79	5.28	4	7.8	7	4.59	5.12
	교통공학전공		12	7.3	11	5.31	5.85	6	6.2	14	4.88	5.26
	도시계획학전공		12	7.2	14	5.33	5.52	6	6.0	16	4.98	5.09
	생태조경학전공		11	5.4	10	5.78	5.99	5	6.0	14	4.64	4.85
	기계공학전공		30	5.7	53	4.85	5.31	20	16.5	61	4.35	4.48
	자동차시스템공		10	4.7	11	4.76	5.36	6	9.8	12	4.32	4.39
	로봇공학전공		15	4.8	16	5.41	5.75	8	8.0	24	4.63	4.96
	화학공학전공		24	5.1	47	4.72	5.12	15	7.3	58	4.05	4.41
	신소재공학전공		16	6.8	38	5.46	5.72	6	7.3	31	4.61	4.80
	산업공학과		13	7.5	13	5.43	5.46	6	6.7	17	5.19	5.42
의과대	의예과		17	13.7	14	1.20	1.30	19	12.2	22	1.26	1.35
	의용공학과		17	3.4	14	5.27	5.71	6	5.2	9	4.71	4.98
간호대	간호학과		41	5.6	47	2.20	2.37	29	6.0	39	2.17	2.37
자전	자율전공 자연		13	5.3	16	5.51	5.79	6	11.2	28	4.56	4.74
자연계열 교과평균		0	456	6.42	645	4.88	5.19	267	7.97	691	4.40	4.66
야간 개설	경영학전공(야간)		18	3.7	22	6.10	6.50	10	5.2	28	5.10	5.52
	국제통상학(야간)		13	3.9	25	5.99	6.61	8	6.5	37	6.02	6.38
	행정학전공(야간)		13	3.9	18	5.49	5.67	8	7.6	36	5.90	6.30
미술대	패션마케팅학과		13	9.4	25	4.59	4.89	8	4.5	13	4.64	5.48
체육대	스포츠마케팅학과		11	5.4	5	3.84	3.90	5	5.2	9	4.28	4.37
야간/예체 교과평균		0	68	5.26	95	5.20	5.51	39	5.81	123	5.19	5.61

계명대 2021 입결분석 07 - 수시 종합일반 자연

ollim

수능최저 없음		2022	2021 종합일반 - 자연					2020 종합일반 - 자연				
학업역량25 전공적합성30 발전가능성25 인성20			▶1단계: 서류 100 (4배수) ▶2단계: 1단계 80+면접 20					▶1단계: 서류 100 (4배수) ▶2단계: 1단계 80+면접 20				
			2021 지원		추합	최종등록		2020 지원		추합	최종등록	
		모집 인원	모집 인원	경쟁률	추합 인원	등급평균		모집 인원	경쟁률	추합 인원	등급평균	
자연 과학 대학	수학전공		7	2.0	5	5.83		8	2.9	10	5.23	
	통계학전공		7	3.7	10	5.14		8	2.6	6	5.31	
	화학전공		8	3.1	12	5.66		8	4.3	18	4.61	
	생명과학전공		10	4.8	22	5.40		10	6.6	21	4.75	
	공중보건학전공		7	5.0	3	5.41		8	3.9	2	5.22	
	식품가공학전공		8	6.3	10	5.17		8	6.5	10	5.12	
	식품영양학전공		8	3.6	9	5.65		8	6.4	8	4.20	
	환경과학전공		8	3.3	13	5.92		8	4.5	3	4.90	
	지구환경학전공		8	2.3	6	5.78		8	3.9	6	4.97	
공과 대학	토목공학전공		8	8.0	11	5.50		8	3.8	13	5.91	
	건축학전공(5년제)		6	14.5	9	4.71		6	14.3	14	5.02	
	건축공학전공		8	5.5	9	5.49		8	9.1	2	5.10	
	전자공학전공		10	5.1	12	4.72		10	5.1	18	4.89	
	전기에너지공학		8	3.3	6	5.40		8	4.8	2	4.78	
	컴퓨터공학전공		15	9.9	24	4.49		16	10.1	8	4.83	
	게임모바일공학		10	5.3	18	5.56		8	8.6	9	4.92	
	디지펜게임공학		8	2.9	8	4.86		8	3.6	11	4.56	
	교통공학전공		8	2.8	10	6.02		8	4.4	4	5.42	
	도시계획학전공		8	4.3	13	6.26		8	3.0	10	5.59	
	생태조경학전공		5	5.0	13	5.83		6	9.5	1	5.25	
	기계공학전공		14	6.6	27	4.97		15	5.6	22	4.88	
	자동차시스템공		5	5.2	7	4.95		5	7.2	9	4.79	
	로봇공학전공		8	3.9	10	5.55		8	4.3	6	5.05	
	화학공학전공		14	4.4	32	5.06		16	3.3	25	4.57	
	신소재공학전공		8	3.6	10	5.51		8	4.3	20	5.08	
	산업공학과		7	3.9	10	6.11		8	5.3	11	5.67	
의과대	의예과		4	33.3	0	1.35		4	35.0	0	1.88	
	의용공학과		7	2.9	6	5.17		8	3.4	5	5.16	
간호대	간호학과		22	14.8	15	2.85		27	12.6	15	2.91	
자전	자율전공 자연		4	3.3	4	5.78		4	13.3	8	4.99	
자연계열 종합평균		0	258	6.07	344	5.20		271	7.06	297	4.85	
미술대	회화과		4	3.0	2	5.81		-	-	-	-	
	공예디자인		3	3.0	2	4.96		-	-	-	-	
	산업디자인		4	5.8	2	4.42		-	-	-	-	
	텍스타일디자인		3	4.0	1	5.26		-	-	-	-	
	패션마케팅학과		5	11.2	12	3.96		6	8.2	3	4.57	
	사진미디어		3									
	시각디자인		3	12.3	1	4.13						
체육대	스포츠마케팅학과		5	14.4	2	4.57		6	15.8	2	4.60	
야간/예체 종합평균		0	30	7.7	22	4.73		12	12.0	5	4.59	

수능최저 없음			2021 종합지역 - 자연				2020 종합지역 - 자연			
학업역량25 전공적합성30 발전가능성25 인성20		2022	▶1단계: 서류 100 (4배수) ▶2단계: 1단계 80+면접 20				▶1단계: 서류 100 (4배수) ▶2단계: 1단계 80+면접 20			
			2021 지원		추합	최종등록	2020 지원		추합	최종등록
		모집 인원	모집 인원	경쟁률	추합 인원	등급평균	모집 인원	경쟁률	추합 인원	등급평균
자연 과학 대학	수학전공		7	1.5	0	5.44	4	5.3	3	5.09
	통계학전공		7	3.0	4	5.50	4	5.0	1	5.10
	화학전공		8	2.0	2	5.29	4	4.8	3	4.90
	생명과학전공		10	4.1	9	4.83	9	5.2	7	4.81
	공중보건학전공		7	6.0	3	5.38	6	4.2	2	5.45
	식품가공학전공		8	6.3	6	5.16	4	5.5	4	5.31
	식품영양학전공		8	5.5	6	5.54	4	6.8	0	5.16
	환경과학전공		8	3.5	5	5.87	4	6.3	1	5.44
	지구환경학전공		8	2.8	0	5.71	4	4.3	1	5.21
공과 대학	토목공학전공		8	8.4	0	5.00	6	4.5	4	6.04
	건축학전공(5년제)		6	13.8	9	5.20	4	20.5	1	5.05
	건축공학전공		8	5.5	8	5.76	4	17.8	0	4.94
	전자공학전공		10	5.0	9	5.02	6	6.7	3	4.86
	전기에너지공학		8	3.8	3	5.11	6	6.5	4	4.98
	컴퓨터공학전공		15	7.9	8	4.79	8	11.0	6	4.43
	게임모바일공학		10	5.6	7	5.66	4	11.0	4	5.04
	디지펜게임공학		8	3.3	8	4.83	4	4.8	1	5.18
	교통공학전공		8	3.8	3	6.26	4	7.5	0	5.55
	도시계획학전공		8	3.5	4	5.97	4	4.5	0	5.73
	생태조경학전공		5	5.7	9	5.92	3	9.3	5	5.43
	기계공학전공		14	5.5	26	4.89	12	8.8	14	4.72
	자동차시스템공		5	7.0	6	5.27	3	9.7	1	5.23
	로봇공학전공		8	3.5	5	5.61	4	6.0	3	5.06
	화학공학전공		14	3.6	11	4.75	8	5.9	8	4.68
	신소재공학전공		8	3.5	9	5.71	4	8.5	6	4.51
	산업공학과		7	2.8	0	5.37	4	5.5	7	5.41
의과대	의예과		4	20.7	4	1.55	6	13.0	2	1.63
	의용공학과		7	3.3	1	5.50	4	4.0	0	5.18
간호대	간호학과		22	14.1	10	2.89	14	10.7	10	2.84
자전	자율전공 자연		4	4.0	2	5.54	3	13.0	1	5.09
자연계열 종합평균		0	258	5.62	177	5.18	158	7.87	102	4.94
미술대	회화과		4							
	공예디자인		3							
	산업디자인		4							
	텍스타일디자인		3							
	패션마케팅학과		5	12.0	3	5.32	4	8.0	2	5.00
Artech	사진미디어		3							
	시각디자인		3							
체육대	스포츠마케팅학과		5	6.0	1	4.01	3	9.0	0	4.58
야간/예체 종합평균		0	30	9.0	4	4.67	7	8.50	2	4.79

계명대 2020 정시수능 분석자료 01 - 정시일반 인문   2020. 06. 10 ollim

▶국수영탐 인 25:25:25:25   영어환산등급점수: 인/자: 100-95-90-85-80...
▶국수영탐 자 25:25:25:25   탐구2개, 백분, 수가15%

대학	학과	가군	다군	모집인원	경쟁률	추합인원	최종등록	등급평균	백분위평균	90%CUT	편차	등급평균	백분위평균	90%CUT	영어등급평균
		2021		2020 지원		추합및등록		백분위 400점 만점				백분위 300점 만점 (영어 제외)			
인문국제학대학	국어국문학전공		8		5.1	24	9	4.02	278.56	268.50	8.46	4.21	190.78	182.00	3.44
	글로벌한국어문화	6			3.7	6	7	3.88	276.07	273.00	5.93	4.17	186.07	183.00	3.00
	영어영문학전공		15		4.0	30	14	3.83	278.93	263.00	18.00	4.18	187.86	169.50	2.79
	독일어문학전공		6		5.4	15	8	4.19	273.25	265.50	7.32	4.33	187.00	183.50	3.75
	중국어문학전공		11		5.5	21	11	3.94	276.09	271.50	8.72	4.17	187.45	179.00	3.27
	일본어문학전공		11		6.5	21	9	4.14	267.44	258.50	8.35	4.26	181.33	172.50	3.78
	러시아어문학전공		6		4.6	16	7	4.29	265.64	257.50	13.36	4.52	178.50	172.50	3.57
	중국학전공	12			3.8	11	10	4.10	269.00	255.50	11.24	4.33	181.00	168.00	3.40
	일본학전공	11			3.8	17	9	4.14	265.33	253.00	13.01	4.37	177.56	168.00	3.44
	미국학전공	11			5.1	14	10	3.97	275.15	269.50	4.40	4.25	185.65	181.50	3.10
	유럽학전공	8			4.2	7	9	4.18	272.83	268.50	7.16	4.31	186.72	183.50	3.78
	스페인어중남미학	8			4.1	8	8	4.13	267.38	260.00	9.98	4.46	178.00	170.00	3.13
	사학과	8			5.6	19	8	4.10	276.38	270.50	8.97	4.25	189.50	184.50	3.63
	기독교학과	3			2.8	10	10	4.64	239.95	222.50	17.35	4.75	156.45	142.50	4.30
	철학과	7			5.0	11	8	4.11	272.56	268.00	4.32	4.27	185.69	183.00	3.63
경영대학	경영학전공		22		5.2	53	22	3.70	294.68	276.00	16.77	3.79	206.73	190.50	3.41
	관광경영학전공		14		5.6	19	14	3.85	287.89	282.50	6.48	3.89	201.46	194.50	3.71
	경영정보학전공		10		3.8	16	10	3.89	287.30	276.00	8.78	3.98	200.30	193.50	3.60
	회계학전공	16			3.5	15	16	3.79	291.25	283.50	7.55	3.84	204.38	193.50	3.63
	세무학전공		8		3.9	19	9	3.90	284.00	265.50	13.37	4.02	196.78	175.50	3.56
	EMU경영학부	6			3.9	22	8	3.72	294.88	284.00	13.94	3.92	205.50	189.00	3.13
KAC	IB(국제경영학과)		6		5.3	22	8	3.69	295.50	281.00	15.61	3.92	205.50	191.00	3.00
	IR(국제관계학과)	6			3.8	11	6	3.69	290.50	286.00	9.84	4.03	198.83	191.00	2.67
사회과학대학	경제금융학전공	11			5.3	34	10	3.80	286.60	274.00	9.22	4.07	196.60	189.00	3.00
	국제통상학전공	23			4.8	35	23	3.79	289.15	283.00	5.53	3.95	200.67	195.00	3.30
	전자무역학전공	8			3.3	7	10	4.54	249.30	228.50	22.70	4.65	165.30	143.50	4.20
	행정학전공	10			5.0	23	10	3.84	288.90	271.00	17.20	3.92	201.90	183.50	3.60
	정치외교학전공		8		4.3	18	9	4.06	277.06	264.50	13.45	4.07	192.06	179.50	4.00
	언론영상학전공		14		4.2	34	14	3.98	277.36	246.00	23.32	4.13	189.86	165.50	3.50
	광고홍보학전공	12			4.2	14	9	3.70	298.22	289.00	7.84	3.81	209.89	194.50	3.33
	소비자정보학과	8			4.4	15	9	3.91	278.33	269.50	7.41	4.17	188.89	183.50	3.11
	사회학과	6			3.0	11	4	4.47	252.50	234.00	26.56	4.63	167.50	154.00	4.00
	심리학과	11			4.6	17	11	3.38	314.00	297.00	17.18	3.47	224.45	206.00	3.09
	문헌정보학과		11		5.4	10	10	3.49	307.50	297.00	11.74	3.65	217.50	207.00	3.00
	사회복지학과		11		5.7	28	10	3.85	285.15	277.00	10.43	4.00	197.15	183.50	3.40
	법학과		13		4.1	14	12	3.67	300.25	290.00	11.58	3.69	213.17	201.50	3.58
	경찰행정학과		18		4.2	27	17	2.71	341.32	336.00	5.39	2.78	248.68	242.50	2.47
사범대학	교육학과	4			3.4	8	5	3.70	287.80	276.50	15.99	3.93	197.80	185.00	3.00
	한문교육과	4			3.3	3	4	4.10	273.88	266.00	21.17	4.29	186.38	181.00	3.50
	유아교육과	4			3.8	8	4	3.57	297.50	298.50	6.89	3.75	207.50	204.00	3.00
	영어교육과	4			3.4	8	6	3.28	311.17	300.50	11.17	3.64	217.00	206.00	2.17
	국어교육과	4			2.8	7	3	4.21	263.83	257.50	34.93	4.50	175.50	172.50	3.33
자전	자율전공 인문사회	9			4.0	10	7	3.56	305.79	292.50	14.35	3.64	217.21	205.50	3.29
인문계열 교과평균		220	192	0	4.35	738	417	3.90	282.93	272.28	12.39	4.07	194.75	184.28	3.36

		2021		2020 지원		추합및등록		백분위 400점 만점				백분위 300점 만점 (영어 제외)			
		가군	다군	모집인원	경쟁률	추합인원	최종등록	등급평균	백분위평균	90%CUT	편차	등급평균	백분위평균	90%CUT	영어등급평균
자연과학대학	수학전공		8		5.3	24	12	4.11	262.00	251.50	9.14	4.39	173.25	164.50	3.25
	통계학전공	8			5.3	13	8	3.89	278.88	265.00	11.22	4.19	188.88	170.00	3.00
	화학전공		8		4.9	12	10	4.17	270.80	256.50	13.66	4.35	183.80	166.50	3.60
	생명과학전공	13			4.5	27	15	4.05	268.67	249.00	23.97	4.36	179.33	160.00	3.13
	공중보건학전공	11			5.0	10	11	4.26	259.14	248.00	12.62	4.62	170.05	158.00	3.18
	식품가공학전공		8		5.1	17	8	4.05	269.25	260.50	10.24	4.40	179.25	170.50	3.00
	식품영양학전공	8			7.8	17	8	3.96	277.50	267.50	8.71	4.23	188.13	177.50	3.13
	환경과학전공		8		7.7	24	9	4.17	262.61	251.50	10.18	4.48	173.72	161.50	3.22
	지구환경학전공	8			6.0	10	9	4.14	265.11	255.00	7.33	4.41	176.78	169.00	3.33
공과대학	토목공학전공	12			5.1	15	10	4.20	260.30	246.00	10.93	4.43	172.80	161.00	3.50
	건축학전공(5년제)	6			6.7	16	6	3.92	280.00	271.50	11.47	4.17	190.83	186.50	3.17
	건축공학전공		10		5.6	27	10	4.17	261.10	248.50	11.44	4.52	171.60	158.00	3.10
	전자공학전공		14		5.3	29	13	3.92	278.96	266.50	10.69	4.19	189.35	178.50	3.08
	전기에너지공학	12			4.3	25	10	4.25	261.50	239.00	29.01	4.57	173.00	154.00	3.30
	컴퓨터공학전공		18		4.3	26	19	3.84	282.24	273.00	8.48	4.10	192.50	185.50	3.05
	게임모바일공학	8			5.8	14	8	3.79	282.06	275.00	5.74	4.04	192.06	182.00	3.00
	디지펜게임공학		6		3.6	4	8	3.60	290.44	267.00	24.81	3.87	199.19	175.00	2.75
	교통공학전공	8			5.1	10	8	4.08	266.94	261.50	5.94	4.44	176.94	171.00	3.00
	도시계획학전공		8		4.8	27	10	4.43	244.20	239.00	18.13	4.80	155.70	149.50	3.30
	생태조경학전공	6			4.7	9	7	4.06	274.14	265.50	8.91	4.26	186.29	180.50	3.43
	기계공학전공	23			4.8	51	23	3.99	273.35	259.00	12.03	4.34	182.91	168.00	2.91
	자동차시스템공		6		5.7	6	6	3.98	272.08	269.50	4.18	4.20	183.75	181.00	3.33
	로봇공학전공		11		5.2	22	11	4.40	249.45	245.50	8.93	4.71	161.73	150.50	3.45
	화학공학전공	18			6.9	40	18	3.72	287.50	275.50	20.66	4.01	196.67	185.00	2.83
	신소재공학전공		10		8.0	20	10	4.09	274.15	269.00	6.31	4.25	187.15	180.00	3.60
	산업공학과	8			3.8	9	10	4.02	273.30	259.00	10.37	4.25	184.80	174.00	3.30
의과대	의예과		30		11.0	83	38	1.09	391.93	391.00	0.68	1.12	291.93	291.00	1.00
	의용공학과		10		6.1	10	9	4.04	267.83	260.50	7.57	4.31	178.94	170.50	3.22
간호대	간호학과		31		7.0	55	28	2.70	341.13	331.00	9.52	2.79	248.27	237.00	2.43
자전	자율전공 자연		9		6.3	22	6	3.90	276.92	265.50	12.69	4.25	186.08	175.50	2.83
자연계열 교과평균		149	195		5.71	674	358	3.90	276.78	266.08	11.52	4.17	187.19	176.38	3.08
야간개설	중국학전공(야간)	6			4.0	7	6	4.98	221.67	197.00	28.90	5.14	139.17	127.00	4.50
	경영학전공(야간)	8			4.0	10	11	4.57	249.23	236.00	12.43	4.73	164.68	151.50	4.09
	관광경영학(야간)	6			3.8	5	5	4.65	239.20	233.00	9.93	4.86	154.20	153.00	4.00
	경영정보학(야간)	6			4.1	6	8	4.60	249.06	238.50	11.42	4.75	164.69	157.00	4.13
	회계학전공(야간)		6		2.7	10	7	5.09	211.36	180.50	26.66	5.36	127.79	97.50	4.29
	경제금융학(야간)		6		5.4	3	8	4.44	249.13	243.00	8.66	4.71	162.25	155.50	3.63
	국제통상학(야간)		6		5.2	2	5	4.58	243.50	238.50	9.45	4.83	157.50	154.00	3.80
	행정학전공(야간)		6		3.8	10	8	4.66	240.63	220.50	19.31	4.92	155.00	130.50	3.88
	법학과(야간)	6			4.1	1	6	3.94	272.25	254.00	44.02	4.25	182.25	160.50	3.00
미술대	패션마케팅학과	8			3.8	8	8	3.74	293.44	275.50	24.20	3.94	204.06	183.00	3.13
Artech	문예창작학과	6			4.2	1	6	3.98	274.83	265.00	9.41	4.31	184.83	175.00	3.00
체육대	스포츠마케팅학과		7		5.3	8	7	3.91	288.64	284.00	5.24	4.02	201.50	194.00	3.57
야간/예체 교과평균		46	31		4.20	71	85	4.43	252.75	238.79	17.47	4.65	166.49	153.21	3.75

▶ 국수영탐 인 25:25:25:25   영어환산등급점수: 인/자: 100-95-90-85-80...
▶ 국수영탐 자 25:25:25:25   탐구2개, 백분, 수가15%

2022 대입 주요 특징	진로선택과목: 성취누적비율+변환석차등급 적용
	영어등급 감점폭 확대: 2등급 -3점, 3등급 -6점 등

왼쪽 주요 특징
▶ 교과 반영 (학추만 해당)
▶ 정성평가 (학교추천 제외)
▶ 학년 비율: 20:40:40→없음
▶ 교과와 종합 중복지원 가능★
▶ 가시적 학생부 당부
▶ 교육과정편성표와 지원자별
　 교육과정이수현황 향후 핵심
▶ 블라인드효과 미미, 동아리명
▶ 업로드면접 부적격자 376명

가운데 상단 박스
1. 2022 자소서 폐지, 정시 나군→가군 이동, 정시증가
2. 학교추천 2022 변화★★ (수능최저 전년동일, 3개합5/6)
　①323명 인원감소, 1,183명→860명
　②면접폐지: 교과60+서류20+면접20→교과80+서류20
3. 학업우수형 2022 변화★★ (수능최저 전년동일, 3개합7/8)
　①280명 인원감소, 1,178명→898명
　②1단계증가: 서류100%(5배수→6배수), 2단계 면접30% 동일
4. 계열적합형 37명 인원감소, 495명→458명, 단계전형 동일

오른쪽 상단 박스
5. 특기자전형 114명 감소, 187명→73명, 인문/컴퓨터학과 폐지
6. 정시수능 654명 인원증가, 786명→1,440명
7. 기회균등전형 ①사회공헌 13명 폐지
　②고른기회통합 131명 인원증가, 37명→168명, 단계전형 동일
　③일부 정시이동: 사회배려67, 특성화15, 농어116, 특수교육36
8. 학업우수형과 계열적합형 3개학과 2022 모집없음
　- 융합에너지, 데이터과학, 스마트보안학 모집없음
9. 자소서 폐지에 따른 하향지원과 눈치지원 가능성 높아짐
10. 전형선택권 확대: 중복지원 가능, 고교추천권 부담경감 배려

모집시기	전형명	사정모형	학생부종합 특별사항	2022 수시 접수기간 09.10(금)~13(월)	모집인원	학생부	논술	면접	서류	기타	2022 수능최저등급
2022 정원내 수시 2,449명 (63.0%) 정시 1,440명 (37.0%) (261명) 전체 3,889명 (389명)	**학교추천** 학업우수형 및 계열적합형과 중복지원 가능	일괄	학생부교과 교과서류일괄 면접폐지 자소서폐지 졸업제한없음 학교장추천서 추천대상 명단 업로드 21.09.01(수) ~09(목) 최종 12.16(목)	1. 2022 323명 인원감소 2. 2022 면접폐지, 서류일괄 3. 학교장추천 재적수의 4% 4. 학교추천2와 최저충족 유사 5. **2022 종합전형평가★★** 1)학업역량 ①학업우수성 ②고른학업성취 ③성적추이 ④학업태도 및 열정 등 2)자기계발역량 ①계열이해 준비도 ②탐구역량 ③환경 극복노력 ④창의적문제해결 3)인성: ①규칙준수 ②협업 소통 ③나눔배려 ④리더십	860 의과 30 2021 1,183 의과 34	교과 80 서류 20 일괄합산 면접폐지		▶*2021 대입결과 올림* 1.경쟁률 인4.93 자7.86 2.의예외 경쟁률 5미만 3.전년경쟁률 의미없음 4.면접응시 인86.7 자75.1 5.최저충족 인62.5 자55.9 6.면접결시율 20.3% 수능이후결시 1,526명 7.실질경쟁률 2.82대 1 면접응시+부적격제외 8.재학지원90.2 합격89.6 9.졸업지원9.90 합격10.4 10.추천전형 특성편차★ 선호비선호지원성향차이			인: 3개합 5 (탐2) 자: 3개합 6 (탐2) *기하/미적/다른과탐 의과: 4개 5등급 (탐2) ④ 인문3, 자연/의4 <2022 서류평가항목> 1. 자기계발역량 70% 2. 인성 20% 3. 서류평가 7점 척도 A+ A B+ B C D F
2021 수시 3,418명 (298명) (81.3%)	**학업우수형** 일반전형	1단계	학생부종합 서류면접형 성적 정성평가 1단계 11.18(목) 비대면화상면접 제시문면접 인문 11.27(토) 자연 11.28(일) 최종 12.16(목)	1. 2022 280명 인원감소 2. 1단계 5배수→6배수 증가 3. 제시문면접+서류면접 4. 반도체공학(SK) 10명 5. 지원제한없음, 특목고 가능 6. 인재상 부합 역량평가 교과/학생회/봉사 적극성 전공분야선도 창의역량	898 의과 36 2021 1,178 의과 34	서류 100% (5배→6배수)		1.최저충족률 인문 57.9% 2.최저충족률 자연 54.5% 3.합격최종평균 2.23등급 4.전체 최초경쟁률 10.8 5.전체 실질경쟁률 2.23			인: 4개합 7 (탐2) 자: 4개합 8 (탐2) *기하/미적/다른과탐 반도체: 4개합 7 (탐2) 의과: 4개합 5 (탐2) ④ 인문3, 자연/의4
		2단계				1단계 70% +면접 30%		▶비대면 화상면접 ▶제시문기반 면접 ▶제시문숙독 12분 ▶면접 6분			<2022 서류평가항목> 1. 학업역량 50% 2. 자기계발역량 30% 3. 인성 20%
정시 786명 (17명) (18.7%) 전체 4,204명 (285명)	**계열적합형** 일반전형	1단계	학생부종합 최저없음 1단계 11.05(금) 비대면화상면접 제시문면접 인문 11.13(토) 자연 11.14(일) 최종 11.23(화)	1. 2022 37명 인원감소 2. 제시문면접+서류면접 3. 반도체공학(SK) 15명 4. 지원제한없음, 특목고 가능 5. 2021~22 수능전 면접실시 6. 특기자인원 지원설정목적 7. 최종실질경쟁률 4.8대 1	458 의과 15 2021 495	서류 100% (5배수)		1.일반지원38.4 합격17.0 2.자시지원17.2 합격10.3 3.외국지원19.3 합격22.0 4.과영지원22.2 합격50.7			최저 없음 <2022 서류평가항목> 1. 학업역량 40% 2. 자기계발역량 40% 3. 인성 20%
		2단계				1단계 60% +면접 40%		▶비대면 화상면접 ▶제시문기반 면접 ▶제시문숙독 24→ 21분 ▶면접 8분→ 7분			
	특기자 실기/실적	1단계	특별전형 서류면접형 성적 정성평가 1단계 10.29(금) 비대면화상면접 체교 11.09(화) 최종 12.16(목)	1. 사이버국방 국방계약 18명 수과/정보분야/해킹방어재능 2. 체육교육 40명 경기실적자 3. 디자인조형 15명 최저있음 4 인문/컴퓨터 모집폐지 5. 학업20%+자기계발역량40% +인성20%+과제해결능력20%	사이18 체교40 디자15 2021 169 사이버 18포함	▶사이버국방: 활동증빙서류 A4 3매이내 1단계: 서류100% (3배수) 2단계: 서류60%+면접20%+체력20% 주요일정: 2021.11.04(목)~6(토) ▶체육교육 1단계: 서류70%+교과25%+출5 (3배→4배수) 2단계: 1단계80%+면접20% ▶디자인조형 1단계: 서류100% (5배수) 2단계: 서류60%+서류기반면접40%					사이버국방 최저없음 체교: 2개평균 7등급 (교과+수능연동) 디자: 3개 8(탐1)+史4 사이버국방 통합면접 ▶제시문및서류기반 ▶준비시간 5분 ▶면접 8분
	기회균등 고른기회	1단계	학생부종합 서류면접형 성적 정성평가 1단계 10.29(금) 비대면화상면접 제시문면접 11.06(토) 최종 11.23(화)	▶고른기회 통합확대 168명 ▶제시문면접+서류면접 1.국가보훈대상자 2.사회배려자=기초차상위★ 3.농어촌학생 4.특수교육대상자 ▶특성화고졸재직 10명	168 10 2021 37	서류 100% (5배→3배수) ~09.14(화)		※ 2021 수능최저 폐지 ※ 2020 수능최저 참고 인: 3개합6 자: 3개합7			최저 없음 <2022 영상면접실시> ▶안암캠 입실 완료 ▶제시문 숙독 12분 ▶현장녹화답변 6분 ▶면접일: 11.06(토) ▶최종: 11.23(화)
		2단계				1단계 70% +면접 30%		▶비대면 화상면접 ▶제시문기반 면접 ▶제시문숙독 12분 ▶면접 6분			

2022 대입 주요 특징	진로선택과목: 성취누적비율+변환석차등급 적용
	영어등급 감점폭 확대: 2등급 -3점, 3등급 -6점 등

▶교과 반영 (학추만 해당)
▶정성평가 (학교추천 제외)
▶학년 비율: 20:40:40→없음
▶교과와 종합 중복지원 가능★
▶가시적 학생부 당부
▶교육과정편성표와 지원자별 교육과정이수현황 향후 핵심
▶블라인드효과 미미, 동아리명
▶업로드면접 부적격자 376명

■ 고려대 등록전체 일반고 자사고 외고국제 과학영재
▶2020년 65.4% 13.7% 13.0% 5.9%
▶2019년 67.3% 11.5% 14.4% 5.6%

■ 고려대 수능최저충족률 3개년 2019→2020→2021
▶학추1 63.6%→64.7%→2021 학추통합 58.8%
▶학추2 70.8%→72.1%→2021 학추통합 58.8%
▶일반 59.9%→62.9%→2021 학업우수 56.3%

■ 2021 학교추천 총합격 교과평균등급 (1,183명)

	상위 25% - 평균 - 상위 75%
▶인문계열 지원자	1.45 1.81 2.04
▶인문계열 합격자	1.45 1.67 1.83 ★★
▶자연계열 지원자	1.42 1.78 1.98
▶자연계열 합격자	1.44 1.67 1.86 ★★

모집시기	전형명	사정모형	학생부종합 특별사항	2021 수시모집 지난해 입결정리 올림	모집인원	학생부	논술	면접	서류	기타	2022 수능최저등급
2021 수시 학교추천 <2021 학추 입결> 최초경쟁인 4.93 최초경쟁자 7.86		일괄	2021 학추 학생부교과 교과면접일괄 자소서만 제출 ~09.25(금) 졸업제한폐지 <2021 업로드> 인문 12.04~07 자연 12.05~08 최종 12.27(일)	고려대 2021 종합전형평가★ ▶학업역량: ①학업우수성 ②고른학업성취 ③성적추이 ④학업태도 및 열정 등 ▶계열적합성: ①전공교과목 ②계열역량보유 ③활동경험 ▶인성: ①규칙준수 ②협업소통 ③나눔배려 ④리더십 ▶자기계발의지: ①주도성 ②지적호기심 ③경험다양성	1,183 의과대 34 2020 400 의예 16	교과 60 서류 20 면접 20 일괄합산 전원면접		1. 학추1,2 학교추천통합 2. 2021 783명 인원증가 3. 학교장추천 재적 4%★ 4. 단계 교과→일괄변경 5. 수능최저 학추2 수준 6. 학업우수형 중복불가 7. 지원자전체 면접실시 8. 인재상부합 역량평가능 9. 제시문면접+서류면접 제시문숙독10분 면접 5분내			인: 3개합 5 (탐2) 자: 3개합 6 (탐2) 의과: 4개 5등급 (탐2) ④ 인문3, 자연/의4 ▶2020 학추1 고교유형 일반고 지원 97.9% 총합격 99.4% 자사고 지원 2.0% 총합격 0.6%

▶2021 학교추천 응시율/충원율

▲ : 증가폭 주목

	면접응시율	최저충족률	충원율
경영대	86.7%	68.6%	73.8%
문과대	85.5%	57.2%	51.0%
식자경	90.5%	67.1%	47.1%
정경대	84.9%	67.8%	▲113.1%
사범대	87.0%	60.9%	▲172.1%
미디어	93.5%	64.7%	▲ 78.3%
국제학	94.7%	51.4%	20.0%
보건대	87.3%	57.8%	47.8%
자유전	89.8%	62.6%	75.9%
심리학	87.5%	64.5%	75.0%
생명과	81.0%	59.7%	▲110.4%
이과대	75.3%	58.4%	▲142.3%
공과대	78.5%	57.4%	98.2%
의과대	58.1%	51.5%	▲ 82.4%
사범대	74.5%	47.1%	50.0%
간호대	70.2%	41.2%	▲ 47.4%
정보대	79.6%	63.5%	115.2%
보건대	78.0%	52.5%	▲101.3%
보안학	69.2%	50.0%	0%

▶2021 학교추천 고교유형

	지원율	총합격
일반고	94.9%	95.5%
자사고	3.4%	2.9%
특목고	1.5%	1.1%

▶2021 학교추천 응시분석

①지원자: 7,520명 (경쟁률 6.36)
②최초경쟁: 인문 4.93 자연 7.86
③면접응시: 5,995명
④면접응시 인 75.1%, 자 75.1%
⑤면접결시율: 20.3%
⑥사정대상: 3,332명
⑦실질경쟁률: 2.82 ★
⑧인문 최저충족률: 62.5% ★
⑨자연 최저충족률: 55.9% ★
⑩전체 충원율: 91.3%

▶2020 학교추천1 응시분석

①지원자: 1,551명 (경쟁률3.88)
②1단계 합격 (3배수): 1,198명
③2단계 면접 응시자: 1,181명
④2단계 면접 결시율: 1.4%
⑤최저충족: 746명, 64.7%
⑥2단계 실질경쟁률: 1.87
⑦전체 충원율: 71.6%

▶2020 학교추천2 응시분석

①지원자: 7,603명 (경쟁률6.91)
②1단계 합격 (5배수): 5,432명
③2단계 면접 응시자: 4,092명
④2단계 면접 결시율: 24.7%
⑤최저충족: 2,941명, 72.1%
⑥2단계 실질경쟁률: 2.67
⑦전체 충원율: 79.7%

■ 2020 학교추천1+2 고교유형

▶일반고 지원89.8% 합격90.0%
▶자사고 지원4.0% 합격3.8%
▶외고국제 지원6.2% 합격6.2%

▶2021 학교추천 총합격자 교과평균등급
인문평균 1.56 자연평균 1.54

경영대 1.54등급 (편차 0.28) / 생명과 1.51등급 (편차 0.25)
문과대 1.75등급 (편차 0.41) / 이과대 1.57등급 (편차 0.37)
식자경 1.58등급 (편차 0.25) / 공과대 1.57등급 (편차 0.31)
정경대 1.48등급 (편차 0.31) / 의과대 1.14등급 (편차 0.09)
사범대 1.48등급 (편차 0.26) / 사범대 1.82등급 (편차 0.77)
미디어 1.44등급 (편차 0.27) / 간호대 1.81등급 (편차 0.32)
보건대 1.63등급 (편차 0.19) / 정보대 1.39등급 (편차 0.21)
자유전 1.31등급 (편차 0.21) / 보건대 1.61등급 (편차 0.25)
국제학 1.38등급 (편차 0.16) / 보안학 1.99등급 (편차 0.41)
심리학 1.48등급 (편차 0.24)

▶ 2020 학교추천2 총합격 교과평균 <비교>★

경영대 1.69등급 (편차 0.44) / 생명과 1.58등급 (편차 0.30)
문과대 1.81등급 (편차 0.42) / 이과대 1.54등급 (편차 0.32)
식자경 1.79등급 (편차 0.27) / 공과대 1.62등급 (편차 0.37)
정경대 1.56등급 (편차 0.44) / 의과대 1.19등급 (편차 0.14)
사범대 1.53등급 (편차 0.36) / 사범대 1.70등급 (편차 0.46)
미디어 1.53등급 (편차 0.43) / 간호대 1.99등급 (편차 0.37)
보건대 1.82등급 (편차 0.36) / 정보대 1.48등급 (편차 0.28)
자유전 1.52등급 (편차 0.38) / 보건대 1.71등급 (편차 0.31)
국제학 1.90등급 (편차 0.29)

■ 고려대 2021 학교추천 졸업연도 지원합격 현황

▶재학생: 지원 90.1% 총합격 92.8%
▶졸업생: 지원 9.9% 총합격 7.2%

2021.04.30 ollim

2022 대입 주요 특징
진로선택과목: 성취누적비율+변환석차등급 적용
영어등급 감점폭 확대: 2등급 -3점, 3등급 -6점 등

▶ 교과 반영 (학추만 해당)
▶ 정성평가 (학교추천 제외)
▶ 학년 비율: 20:40:40→없음
▶ 교과와 종합 중복지원 가능★
▶ 가시적 학생부 당부
▶ 교육과정편성표와 지원자별 교육과정이수현황 향후 핵심
▶ 블라인드효과 미미, 동아리명
▶ 업로드면접 부적격자 376명

▶ 고려대 2021 인재상 ★★
1. 공유가치 공감형인재: 인성 및 면접 태도
2. 기본충실 창의융합형인재: 학업역량/분석/적용/종합사고력
3. 세계소통 도전형인재: 성장가능/계열및전공적합/자기계발
▶ 고려대 2021 종합전형 서류평가항목 <계열적합성>
1. 학업역량: 학업우수성, 고른학업성취, 성적변화, 태도열정
2. 전공적합성: 전공관련교과성취, 활동경험, 역량, 성과 등
3. 인성: 규칙준수, 봉사통한 나눔배려, 협업소통, 리더십 등
4. 자기계발의지: 활동의 다양성, 스스로목표계획, 문제해결

■ 2021 학업우수형 총합격 교과평균등급 (1,213명)

	상위 25% - 평균 - 상위 75%		
▶ 인문계열 지원자	2.30	3.09	3.75
▶ 인문계열 합격자	2.03	2.54	3.19 ★★
▶ 자연계열 지원자	2.07	2.67	3.10
▶ 자연계열 합격자	1.96	2.22	2.67 ★★

모집시기	전형명	사정모형	학생부종합 특별사항	2021 수시모집 지난해 입결정리 올림	모집인원	학생부	논술	면접	서류	기타	2022 수능최저등급
	2021 수시 학업우수형 일반전형 *학추와 중복지원불가*	1단계	학생부종합 서류면접형 자소서만 제출 ~09.25(금) 성적 정성평가	1. 2021 25명 인원증가 2. 최저완화★ 탐구2개 강화★ 3. 학교추천과 중복지원불가 4. 제시문면접+서류면접 5. 2021 학업우수형 신설★★ ①반도체공학(SK) 신설 10명 ②융합에너지 신설 10명 ③데이터과학 신설 05명 ④스마트보안 신설 10명	1,213 1,208 의과 34	서류 100% (5배수)			제한없음, 특목지원가능 인재상 부합 역량평가 교과/학생회/봉사 적극성 전공분야선도 창의역량		인: 4개합 7 (탐2) 자: 4개합 8 (탐2) 반도체: 4개합 7 (탐2) 의과: 4개합 5 (탐2) ㉓ 인문3, 자연/의4 탐구 2개 응시필수
		2단계	1단계 12.03(목) <2021 업로드> 12.09(수)~11(금) 최종 12.27(일)		2020 1,188 의과 33	1단계 70% +면접 30%		▶ 제시문면접+서류면접 ▶ 제시문숙독 12분 ▶ 면접 6분 ▶ 서류확인면접 가능			※ 2020 수능최저 참고 인: 4개합 6 (탐1) ★ 자: 4개합 7 (탐1) ★

▶ 2021 학업우수형 분석

	면접응시율	최저충족률	충원율
경영대	84.3%	69.8%	95.4%
문과대	84.1%	46.7%	40.0%
식자경	83.5%	59.2%	0%
정경대	80.4%	70.8%	93.5%
사범대	81.9%	52.6%	39.7%
미디어	86.4%	68.7%	134.8%
국제학	87.0%	43.7%	60.0%
보건대	88.7%	43.9%	17.4%
자유전	92.0%	68.4%	50.0%
심리학	86.3%	62.7%	56.3%
생명과	77.2%	51.0%	43.6%
이과대	73.6%	54.2%	43.6%
공과대	78.5%	55.1%	55.0%
의과대	82.9%	61.2%	150.0%
사범대	68.5%	51.4%	36.4%
간호대	67.4%	39.0%	27.8%
정보대	78.2%	67.1%	58.5%
보건대	77.2%	53.5%	24.7%
보안학	70.0%	35.3%	20.0%

▶ 2020 일반전형 고교유형

	지원율	총합격
일반고	59.6%	53.6%
자사고	21.6%	22.0%
외고/국제	17.6%	23.4%
과고/영재	1.0%	1.0%
기타	0.3%	0

▶ 2021 학업우수형 응시분석

① 지원: 13,141명 (경쟁률10.83)
② 1단계 합격 (5배수): 6,129명
③ 2단계 면접 응시자: 4,939명
④ 2단계 면접 결시율: 19.4%
⑤ 인문 면접응시율: 84.0%
⑥ 인문 최저충족률: 57.9% ★
⑦ 자연 면접응시율: 77.0%
⑧ 자연 최저충족률: 54.5% ★
⑨ 실질경쟁률: 2,700명, 2.23
⑩ 전체 충원율: 56.7%

▶ 2020 일반전형 응시분석

① 지원: 13,335명 (경쟁률11.2)
② 1단계 합격 (5배수): 5,996명
③ 2단계 면접 응시자: 3,868명
④ 2단계 면접 결시율: 35.5%
⑤ 인문 면접응시 65.5%
⑥ 인문 최저충족 32.7%
⑦ 자연 면접응시 63.3%
⑧ 자연 최저충족 46.4%
⑨ 실질경쟁률 2,424명, 2.04
⑩ 전체 충원율: 39.0%

▶ 2021 학업우수형 고교유형

	지원율	총합격
일반고	61.3%	49.4%
자사고	20.6%	26.4%
외고/국제	16.7%	22.7%
과고/영재	1.0%	1.6%
기타	0	0

▶ 2021 학업우수형 총합격자 교과평균등급
인문평균 2.54 자연평균 2.22

경영대 2.40등급 (편차 0.60) / 생명과 2.20등급 (편차 0.58)
문과대 2.85등급 (편차 0.78) / 이과대 2.18등급 (편차 0.53)
식자경 2.72등급 (편차 0.71) / 공과대 2.29등급 (편차 0.61)
정경대 2.31등급 (편차 0.66) / 의과대 1.48등급 (편차 0.35)
사범대 2.44등급 (편차 0.64) / 사범대 2.48등급 (편차 0.82)
미디어 2.36등급 (편차 0.68) / 간호대 2.62등급 (편차 0.69)
국제학 2.94등급 (편차 0.67) / 정보대 2.11등급 (편차 0.56)
보건대 2.93등급 (편차 0.77) / 보건대 2.45등급 (편차 0.54)
자유전 2.39등급 (편차 0.52) / 보안학 2.71등급 (편차 0.62)
심리학 2.27등급 (편차 0.82)

▶ 2020 일반전형 총합격자 평균등급 <비교>★

경영대 2.59등급 (편차 0.62) / 생명과 2.13등급 (편차 0.54)
문과대 2.93등급 (편차 0.78) / 이과대 2.23등급 (편차 0.58)
식자경 2.75등급 (편차 0.93) / 공과대 2.33등급 (편차 0.59)
정경대 2.66등급 (편차 0.77) / 의과대 1.33등급 (편차 0.40)
사범대 2.56등급 (편차 0.77) / 사범대 2.47등급 (편차 0.71)
미디어 2.67등급 (편차 0.74) / 간호대 2.93등급 (편차 0.78)
국제학 3.19등급 (편차 0.69)
보건대 2.61등급 (편차 0.64) / 정보대 2.19등급 (편차 0.62)
자유전 2.53등급 (편차 0.74) / 보건대 2.31등급 (편차 0.56)

■ 고려대 2021 학업우수형 졸업연도 지원합격

▶ 재학생: 지원 74.0% 총합격 81.9%
▶ 졸업생: 지원 26.0% 총합격 18.1%

2022 대입 주요 특징
진로선택과목: 성취누적비율+변환석차등급 적용
영어등급 감점폭 확대: 2등급 -3점, 3등급 -6점 등

▶교과 반영 (학추만 해당)
▶정성평가 (학교추천 제외)
▶학년 비율: 20:40:40→없음
▶교과와 종합 중복지원 가능★
▶가시적 학생부 당부
▶교육과정편성표와 지원자별
　교육과정이수현황 향후 핵심
▶블라인드효과 미미, 동아리명
▶업로드면접 부적격자 376명

■ 2021 계열적합형 총합격 교과평균등급 (530명)

	상위 25%	평균	상위 75%
▶인문계열 지원자	2.02	2.99	3.75
▶인문계열 합격자	1.91	2.55	3.10 ★★
▶자연계열 지원자	2.13	3.23	4.21
▶자연계열 합격자	2.47	3.66	4.56 ★★

모집시기	전형명	사정모형	학생부종합 특별사항	2021 수시모집 지난해 입결정리 올림	모집인원	학생부	논술	면접	서류	기타	2022 수능최저등급
	2021 수시 계열적합형 일반전형 (2021 신설)	1단계	학생부종합 서류면접형 자소~09.25(금) 성적 정성평가 1단계 11.13(금) <2021 영상면접>	1. 2021 신설전형, 최저없음★ 2. 모든 일반학생 3. 제시문면접+서류면접 4. 2021 계열적합형 신설★★ ①반도체공학(SK) 신설 15명 ②융합에너지 신설 05명 ③데이터과학 신설 10명 ④스마트보안 신설 05명	530 515	서류 100% (5배수)			지원제한 없음 특목고 지원가능 수능전 면접실시		**최저 없음** <2021 영상면접실시> ▶안암캠 입실 완료 ▶제시문 숙독 24분 ▶현장녹화답변 6분 ▶면접인: 11.21(토) ▶면접자: 11.22(일)
		2단계	면접인 11.21(토) 면접자 11.22(일) 최종 12.27(일)			1단계 60% +면접 40%			▶제시문면접+서류면접 ▶제시문숙독 24분 ▶면접 8분 ▶서류확인면접 가능 ▶질문사항 많음		

▶2021 계열적합형 분석

	면접응시율	충원율
경영대	94.0%	213.3%
문과대	94.9%	211.6%
식자경	97.5%	162.5%
정경대	92.7%	267.2%
사범대	98.4%	208.0%
미디어	96.8%	176.9%
보건대	96.7%	116.7%
자유전	96.3%	150.0%
심리학	95.0%	237.5%
생명과	97.7%	225.0%
이과대	100%	322.2%
공과대	98.8%	326.2%
의과대	100%	116.7%
사범대	100%	75.0%
간호대	98.0%	30.0%
정보대	98.0%	390.0%
보건대	98.5%	66.7%
보안학	100%	140.0%

▶2020 특기자전형 고교유형★

	지원율	총합격
일반고	15.7%	3.6%
자사고	11.7%	7.1%
외고/국제	26.2%	36.9%
과고/영재	46.4%	52.4%

▶2021 계열적합형 응시분석

① 지원: 7,463명 (경쟁률14.08)
②1단계 합격 (5배수): 2,660명
③2단계 면접 응시자: 2,584명
④2단계 면접 결시율: 3.6%
⑤인문 면접응시율: 94.9%
⑥자연 면접응시율: 98.8%
⑦2단계 실질경쟁률: 4.80
⑧전체 충원율: 231.7%

▶2020 일반전형 응시분석

①지원: 13,335명 (경쟁률11.2)
②1단계 합격 (5배수): 5,996명
③2단계 면접 응시자: 3,868명
④2단계 면접 결시율: 35.5%
⑤최저충족: 2,425명, 48.9%
⑥2단계 실질경쟁률: 2.04
⑦전체 충원율: 39.0%

▶2021 계열적합 고교유형★

	지원율	총합격
일반고	38.4%	17.0%
자사고	17.2%	10.3%
외고/국제	19.3%	22.0%
과고/영재	22.2%	50.7%
기타	2.9%	

▶2021 계열적합형 총합격자 교과평균등급

인문평균 2.34　자연평균 3.37

경영대 2.35등급 (편차 0.67) / 생명과 3.56등급 (편차 1.12)
문과대 2.55등급 (편차 0.84) / 이과대 3.57등급 (편차 0.68)
식자경 2.96등급 (편차 0.87) / 공과대 3.38등급 (편차 0.89)
정경대 2.19등급 (편차 0.72) / 의과대 1.82등급 (편차 0.42)
사범대 2.15등급 (편차 0.72) / 사범대 2.92등급 (편차 0.92)
미디어 2.13등급 (편차 0.68) / 간호대 2.90등급 (편차 1.01)
보건대 2.72등급 (편차 0.83) / 정보대 2.98등급 (편차 1.07)
자유전 2.24등급 (편차 0.68) / 보건대 3.33등급 (편차 1.40)
심리학 2.61등급 (편차 0.86) / 보안학 4.15등급 (편차 0.66)

▶2020 일반전형 총합격자 교과평균 <비교>★

경영대 2.59등급 (편차 0.62) / 생명과 2.13등급 (편차 0.54)
문과대 2.93등급 (편차 0.78) / 이과대 2.23등급 (편차 0.58)
식자경 2.75등급 (편차 0.93) / 공과대 2.33등급 (편차 0.59)
정경대 2.66등급 (편차 0.77) / 의과대 1.33등급 (편차 0.40)
사범대 2.56등급 (편차 0.77) / 사범대 2.47등급 (편차 0.71)
미디어 2.67등급 (편차 0.74) / 간호대 2.93등급 (편차 0.78)
국제학 3.19등급 (편차 069)
보건대 2.61등급 (편차 0.64) / 정보대 2.19등급 (편차 0.62)
자유전 2.53등급 (편차 0.74) / 보건대 2.31등급 (편차 0.56)

■ 고려대 2021 계열적합형 졸업연도 지원합격★

▶재학생: 지원 67.9%　총합격 91.7%★
▶졸업생: 지원 32.1%　총합격 8.3%★

2022 대학별 수시모집 요강	고려대서울 05	2022 대입 주요 특징	진로선택과목: 성취누적비율+변환석차등급 적용 영어등급 감점폭 확대: 2등급 -3점, 3등급 -6점 등

▶교과 반영 (학추만 해당)
▶정성평가 (학교추천 제외)
▶학년 비율: 20:40:40→없음
▶교과와 종합 중복지원 가능★
▶가시적 학생부 당부
▶교육과정편성표와 지원자별 교육과정이수현황 향후 핵심
▶블라인드효과 미미, 동아리명
▶업로드면접 부적격자 376명

■ 고려대서울 2021 정시일반 졸업연도 -------
재학: 지원 35.5% 합격 30.6%
졸업: 지원 64.5% 합격 69.4%

모집시기	전형명	사정모형	학생부종합 특별사항	2021 수시모집 지난해 입결정리 올림	모집인원	학생부	논술	면접	서류	기타	2022 수능최저등급
	특기자	1단계	특별전형 학/자/추 ~09.10(화) 성적 정성평가 활동증빙목록표 증빙서류선택 1단계 10.18(금) 면접자10/26인27 최종 11.08(금)	1. 특기자 인원감소 457→421 2. 인: 세계선도역량, 외국어 3. 자: 수학과학우수, 재능열정 4. 사이버: 보안, 컴학: 소프트 5. 사이버국방: 18명, 서류100% 1단계60+면접20+체력20 (1단계 3.5배수, 여학생 10%) 6. 체육교육: 35명, 서류100% 1단계70+면접30, 3배수 7. 인문146 자연237 체육38	421 사이버18 의예10 포함 2019 457 사이버18포함	서류 100% (학/자/추) (5배수) 1단계 50%+면접 50% <특기자 단일면접/제시문> ① 제시문숙독 30분→20분 ② 제시문+서류 10분 면접			<2020 서류선택> 외국어/수/과 관련 학업성취 동아리/봉사 등 국내고 A4 3매 분할/축소 불허 소논문/특허 등 평가 제외		최저 없음 체교 및 사이버 일정 생략

▶2021 특기자인문 충원률 분석

　　　　　面接응시율　충원률
문과대　　94.0%　　135.0%
영어교　　96.7%　　127.3%
국제학　　88.0%　　119.2%

▶2021 특기자자연 충원률 분석

　　　　　면접응시율　충원률
컴퓨터학과　98.4%　　215.8%
사이버국방　96.3%　　94.4%

▶2021 특기자자연 고교유형

　　　　　지원률　　총합격
일반고　　20.1%　　14.7% ★★
자사고　　8.3%　　3.2%
외고/국제　0.8%　　1.1%
과고/영재　59.8%　　76.8%
기타　　　11.0%　　4.2%

■ 2021 특기자자연 졸업연도 ----
재학: 지원 81.4% 합격 90.5%
졸업: 지원 18.6% 합격 9.5%

▶2021 특기자인문 응시분석
----
① 모집인원 인문: 95명
① 지원: 841명 (경쟁률 8.85)
② 1단계 합격 (3배수): 287명
③ 2단계 면접응시자: 266명
④ 2단계 면접결시: 21명
⑤ 2단계 실질경쟁률: 2.79
⑥ 인문전체 충원률: 129.9%

▶2021 특기자자연 응시분석
----
① 모집인원 자연: 37명
① 지원: 264명 (경쟁률 7.14)
② 1단계 합격 (3배수): 116명
③ 2단계 면접응시자: 113명
④ 2단계 면접결시: 3명
⑤ 2단계 실질경쟁률: 2.92
⑥ 자연전체 충원률: 156.8%

▶2021 특기자인문 고교유형

　　　　　지원률　　총합격
일반고　　10.8%　　2.7% ★
자사고　　7.8%　　6.3%
외고/국제　58.3%　　79.8%
기타　　　23.1%　　11.2%

▶2021 특기자인문 총합격자 교과등급평균
문과대학 3.07등급 (편차 0.69)
영어교육 3.22등급 (편차 0.72)
국제학부 3.74등급 (편차 0.82)

▶2021 특기자인문 모집단위 총합격 상위 70%★

영문 3.47 독문 3.92 불문 3.51 중문 3.86
노문 3.68 일문 3.84 서문 4.27 언어 3.38
영어교육 3.59
국제학부 4.16

▶2021 특기자자연 총합격자 교과등급평균

컴퓨터학과 2.84등급 (편차 0.90)
사이버국방 3.92등급 (편차 1.44)

▶2021 특기자자연 모집단위 총합격 상위 70%★

컴퓨터학과 3.24등급
사이버국방 4.93등급

■ 2021 특기인문 졸업연도 -------
재학: 지원 58.5% 합격 81.6%
졸업: 지원 41.5% 합격 18.4%

고려대 2021 학교추천 vs 2020 학교추천 1 <인문계열>

<2021 고려대 학교추천 면접 업로드 및 일정>
▶인문: 12.04~07　▶자연: 12.05~08　■최종: 12.27(일)

<2020 고려대 학교추천1 주요일정>
▶1단계: 교과 100% (3배수)
▶2단계: 면접 50%

▶인: 3개합 5 (탐2)　　▶자: 3개합 6 (탐2)
▶의과: 4개 5등급 (탐2)　㉰ 인문3, 자연/의4

▶인문: 3개합 6 (탐2) ㉰인문 3　★추천서 폐지 전체 400명
<학교추천1 다단면접> ①학생부기반 13분 면접→10분 면접
②제시문숙독 40분→30분 (인: 제시문기반 35분 심층면접)

		2022 학추인원	2021 학교추천-인문							2020 학교추천 1-인문						
			모집인원	경쟁률	상위70% 입결공개	평균편차	면접응시율	최저충족률	충원율	모집인원	경쟁률	상위70% 입결공개	평균편차	면접응시율	최저충족률	충원율
경영	경영대학	80	122	4.12	1.58	0.28	86.7	68.6	73.8%	35	3.43	1.26	0.13	96.2	87.0	77.1%
문과대학	국어국문	13	17	4.88	1.58					6	3.17	1.22				
	철학과	9	13	6.31	1.66					4	3.00	1.22				
	한국사학과	6	7	5.57	1.80					3	3.33	1.87				
	사학과	10	13	4.54	1.63					5	3.60	1.23				
	사회학과	17	23	6.78	1.38					8	5.63	1.18				
	한문학과	6	8	5.25	2.01	평균 1.75	85.5	57.2	51.0%	3	2.67	1.99	평균 1.35	97.8	61.1	54.7%
	영어영문	22	31	4.26	1.83					11	3.82	1.33				
	독어독문	8	11	4.18	2.03	편차 0.41				4	4.00	1.62	편차 0.24			
	불어불문	9	12	3.92	2.16					4	3.25	1.34				
	중어중문	12	16	4.69	1.77					6	3.33	1.49				
	노어노문	8	11	3.73	2.22					4	4.25	1.56				
	일어일문	9	13	3.54	1.90					4	4.00	1.64				
	서어서문	10	14	3.21	2.16					5	4.60	1.40				
	언어학과	6	9	6.89	1.83					3	4.00	1.24				
생명과학	식품자원경제	12	17	4.94	1.59	0.25	91	67.1	47%	6	4.83	1.37	0.16	100	66.7	100%
정경대학	정치외교	18	23	6.74	1.33	평균 1.48	84.9	67.8	113%	8	4.38	1.10	평균 1.19	95.5	77.6	86.5%
	경제학과	28	40	4.83	1.48					14	3.71	1.23				
	통계학과	15	21	3.90	1.80	편차 0.31				7	3.57	1.32	편차 0.14			
	행정학과	17	23	5.17	1.56					8	3.50	1.20				
사범인문	교육학과	11	15	9.93	1.48					5	3.60	1.21				
	국어교육	10	13	5.31	1.53	평균 1.48	87.0	60.9	172%	5	3.80	1.09	평균 1.18	100	73.6	121%
	영어교육	14	19	4.26	1.63					7	3.14	1.15				
	지리교육	8	11	4.91	1.57	편차 0.26				4	3.75	1.23	편차 0.14			
	역사교육	7	10	7.00	1.40					3	3.67	1.22				
국제학부	국제학부	5	5	7.60	1.43	0.16	94.7	51.4	20.0%	-	-	-	-	-	-	-
미디어	미디어학부	17	23	4.70	1.46	0.27	93.5	64.7	78.3%	8	4.63	1.14	0.08	100	75.0	25.0%
보건과학	보건정책관리	17	23	6.52	1.62	0.19	87.3	57.8	47.8%	8	3.75	1.36	0.12	100	58.3	75.0%
자유전공	자유전공	20	29	4.07	1.41	0.21	89.8	62.6	75.9%	10	3.60	1.19	0.25	96.7	76.9	30.0%
심리학	심리학부	11	16	4.50	1.51	0.24	87.5	64.5	75.0%	6	6.33	1.24				
	합계	424	608	5.21	1.68		88.7	62.3	75.4%	198	3.79	1.34	1.24	98.3	72.0	71.1%

고려대 2021 학교추천 vs 2020 학교추천 1 <자연계열>

<2021 고려대 학교추천 면접 업로드 및 일정>
▶인문: 12.04~07　▶자: 12.05~08　▶최종: 12.27(일)

<2020 고려대 학교추천1 주요일정>
▶1단계: 교과 100% (3배수)
▶2단계: 면접 50%

▶인: 3개합 5 (탐2)　▶자: 3개합 6 (탐2)
▶의과: 4개 5등급 (탐2)　ⓐ 인문3, 자연/의4

▶자연: 3개합 7 (탐2)　★추천서 폐지　전체 400명
▶의과: 4개 5등급 (탐2) ⓐ자연/의 4등급
<학교추천1 다단 면접>　①학생부기반 13분 면접→10분 면접
②제시문숙독 40분→30분 (자: 제시문기반 10분 심층면접)

대학	학과	2022 학추 인원	2021 학교추천 - 자연 모집인원	경쟁률	상위70% 입결공개	평균편차	면접응시율	최저충족률	충원율	2020 학교추천 1 - 자연 모집인원	경쟁률	상위70% 입결공개	평균편차	면접응시율	최저충족률	충원율
생명과학대학	생명과학부	21	29	6.66	1.48	평균 1.51 편차 0.25	81.0	59.7	110%	10	5.30	1.23	평균 1.21 편차 0.18	100	61.6	78.8%
	생명공학부	23	32	7.38	1.48					11	3.91	1.11				
	식품공학과	10	14	5.64	1.81					5	5.80	1.59				
	환경생태공학	15	21	7.71	1.77					7	4.71	1.36				
이과대학	수학과	10	13	7.69	1.49	평균 1.57 편차 0.37	75.3	58.4	142%	5	3.60	1.26	평균 1.23 편차 0.23	100	63.6	84.2%
	물리학과	10	14	7.71	1.60					5	5.60	1.19				
	화학과	12	14	7.57	1.43					5	3.60	1.16				
	지구환경과학	8	11	6.09	1.94					4	6.00	1.85				
공과대학	화공생명공학	19	25	6.52	1.42	평균 1.57 편차 0.31	78.5	57.4	98.2%	9	3.67	1.08	평균 1.26 편차 0.26	99.1	65.0	89.3%
	신소재공학	29	41	6.05	1.62					14	3.50	1.25				
	건축사회환경	20	29	5.76	1.98					10	5.10	1.74				
	건축학과	9	13	4.69	2.04					4	3.75	1.26				
	기계공학	30	41	6.00	1.56					1	3.14	1.19				
	산업경영공	12	16	8.31	1.58					6	3.17	1.32				
	전기전자공	32	51	6.96	1.55					18	3.39	1.23				
	융합에너지	7	10	5.30	1.68					신설	-	-				
	반도체공학	-	-	-	-					-	-	-				
의과대	의과대학	30	34	19.9	1.17	0.09	58.1	51.5	82.4%	16	3.13	1.06	0.18	100	31.3	0%
사범자연	가정교육	8	11	5.91	2.55	1.82 0.77	74.5	47.1	50.0%	4	4.00	1.57	1.49 0.53	100	35.0	40.0%
	수학교육	8	11	7.27	1.39					4	2.75	1.57				
간호대	간호대학	18	19	7.42	1.93	0.32	70.2	41.2	47.4%	6	3.17	1.76	0.34	100	31.3	0%
정보대	컴퓨터학과	25	36	6.81	1.40	1.39 0.21	79.6	63.5	115%	13	3.69	1.18	0.10	100	79.5	115%
	데이터과학	7	10	5.90	1.48					신설	-	-				
스마트	스마트보안학	7	5	7.80	1.86	0.41	69.2	50.0	0%	신설	-	-				
보건과학	바이오의공학	15	20	9.45	1.57	1.61 0.25	78.0	52.5	101%	7	4.00	1.42	1.37 0.24	100	47.4	38.5%
	바이오시스템의과	15	20	12.2	1.48					7	3.57	1.34				
	보건환경융합과학	25	35	8.74	1.83					12	4.17	1.53				
	합계	425	575	7.59	1.66		73.8	53.5	82.9%	183	4.03	1.36	1.32	99.9	51.8	55.8%

고려대 2021 학교추천 vs 2020 학교추천 2 <인문계열>

<2021 고려대 학교추천 면접 업로드 및 일정>
▶인문: 12.04~07　▶자연: 12.05~08　▶최종: 12.27(일)

<2020 고려대 학교추천2 주요일정>
▶1단계: 서류 100% (5배수)
▶2단계: 면접 50%

▶인: 3개합 5 (탐2)　　▶자: 3개합 6 (탐2)
▶의과: 4개 5등급 (탐2)　ⓐ 인문3, 자연/의4

▶인문: 3개합 5 (탐2)　ⓐ인문 3등급　전체 1,100명
<학교추천2 단일면접> ①제시문숙독 30분→20분 (정답없는 논리사고)
②제시문기반 면접과 학생부포함 10분 면접

계열	학과	2022 학추인원	2021 학교추천 -인문							2020 학교추천 2 - 인문						
			모집인원	경쟁률	상위70% 입결공개	평균편차	면접응시율	최저충족률	충원율	모집인원	경쟁률	상위70% 입결공개	평균편차	면접응시율	최저충족률	충원율
경영	경영대학	80	122	4.12	1.58	0.28	86.7	68.6	73.8%	96	6.72	1.79	0.44	75.5	84.3	94.8%
문과대학	국어국문	13	17	4.88	1.58	평균 1.75 편차 0.41	85.5	57.2	51.0%	16	6.50	1.69	평균 1.81 편차 0.42	74.8	71.2	60.5%
	철학과	9	13	6.31	1.66					12	5.92	1.80				
	한국사학과	6	7	5.57	1.80					7	5.43	1.94				
	사학과	10	13	4.54	1.63					13	5.46	1.60				
	사회학과	17	23	6.78	1.38					22	8.09	1.70				
	한문학과	6	8	5.25	2.01					7	5.43	2.24				
	영어영문	22	31	4.26	1.83					30	4.37	1.93				
	독어독문	8	11	4.18	2.03					11	5.27	2.14				
	불어불문	9	12	3.92	2.16					11	4.73	2.15				
	중어중문	12	16	4.69	1.77					15	3.47	2.21				
	노어노문	8	11	3.73	2.22					11	4.00	1.97				
	일어일문	9	13	3.54	1.90					12	3.83	2.10				
	서어서문	10	14	3.21	2.16					14	5.29	1.89				
	언어학과	6	9	6.89	1.83					8	5.75	2.31				
생명과학	식품자원경제	12	17	4.94	1.59	0.25	91	67.1	47%	16	5.94	1.87	0.27	85.0	74.6	12.5%
정경대학	정치외교	18	23	6.74	1.33	평균 1.48 편차 0.31	84.9	67.8	113%	22	10.1	1.55	평균 1.56 편차 0.44	76.5	85.5	120%
	경제학과	28	40	4.83	1.48					38	7.58	1.63				
	통계학과	15	21	3.90	1.80					20	6.25	1.64				
	행정학과	17	23	5.17	1.56					22	6.91	1.68				
사범인문	교육학과	11	15	9.93	1.48	평균 1.48 편차 0.26	87.0	60.9	172%	15	9.93	1.61	평균 1.53 편차 0.36	71.2	77.8	76.1%
	국어교육	10	13	5.31	1.53					13	5.31	1.55				
	영어교육	14	19	4.26	1.63					19	4.95	1.60				
	지리교육	8	11	4.91	1.57					11	4.73	1.69				
	역사교육	7	10	7.00	1.40					9	9.67	1.49				
국제학부	국제학부	5	5	7.60	1.43	0.16	94.7	51.4	20.0%	15	5.67	1.90	0.29	78.7	62.7	53.3%
미디어	미디어학부	17	23	4.70	1.46	0.27	93.5	64.7	78.3%	22	7.59	1.50	0.43	83.6	78.3	86.4%
보건과학	보건정책관리	17	23	6.52	1.62	0.19	87.3	57.8	47.8%	22	6.14	1.91	0.36	82.7	71.4	63.6%
자유전공	자유전공	20	29	4.07	1.41	0.21	89.8	62.6	75.9%	28	6.89	1.60	0.38	80.0	84.8	89.3%
심리학	심리학부	11	16	4.50	1.51	0.24	87.5	64.5	75.0%	16	8.56	1.55				
	합계	424	608	5.21	1.68		88.7	62.3	75.4%	557	6.14	1.82	1.68	78.7	76.7	72.9%

고려대 2021 학교추천 vs 2020 학교추천 2 <자연계열>

<2021 고려대 학교추천 면접 업로드 및 일정>
▶인문: 12.04~07　▶자연: 12.05~08　▶최종: 12.27(일)

<2020 고려대 학교추천2 주요일정>
▶1단계: 서류 100% (5배수)
▶2단계: 면접 50%

▶인: 3개합 5 (탐2)　▶자: 3개합 6 (탐2)
▶의과: 4개 5등급 (탐2)　㉔ 인문3, 자연/의4

▶자연: 3개합 6 (탐2)　　　전체 1,100명
▶의과: 4개 5등급 (탐2)　㉔ 자연/의 4등급
<학교추천2 단일 면접>　①제시문숙독 30분→20분
②제시문기반 면접과 학생부포함 10분 면접 (정답없는 논리사고)

대학	학과	2022 학추 인원	2021 학교추천 - 자연 모집인원	경쟁률	상위70% 입결공개	평균 편차	면접 응시율	최저 충족률	충원율	2020 학교추천 2 - 자연 모집인원	경쟁률	상위70% 입결공개	평균 편차	면접 응시율	최저 충족률	충원율
생명 과학 대학	생명과학부	21	29	6.66	1.48	평균 1.51 편차 0.25	81.0	59.7	110%	29	6.69	1.52	평균 1.58 편차 0.30	75.1	63.1	66.7%
	생명공학부	23	32	7.38	1.48					31	7.2	1.60				
	식품공학과	10	14	5.64	1.81					13	7.46	1.70				
	환경생태공학	15	21	7.71	1.77					20	6.15	1.85				
이과 대학	수학과	10	13	7.69	1.49	평균 1.57 편차 0.37	75.3	58.4	142%	13	9.46	1.48	평균 1.54 편차 0.32	74.7	69.9	102%
	물리학과	10	14	7.71	1.60					13	8.85	1.69				
	화학과	12	14	7.57	1.43					13	7.08	1.48				
	지구환경과학	8	11	6.09	1.94					10	5.20	1.72				
공과 대학	화공생명공학	19	25	6.52	1.42	평균 1.57 편차 0.31	78.5	57.4	98.2%	24	9.46	1.37	평균 1.62 편차 0.37	74.9	70.4	88.9%
	신소재공학	29	41	6.05	1.62					39	7.31	1.61				
	건축사회환경	20	29	5.76	1.98					27	6.78	2.04				
	건축학과	9	13	4.69	2.04					12	4.58	1.96				
	기계공학	30	41	6.00	1.56					40	7.23	1.64				
	산업경영공	12	16	8.31	1.58					16	5.31	1.98				
	전기전자공	32	51	6.96	1.55					49	6.94	1.62				
	융합에너지	7	10	5.30	1.68					신설						
	반도체공학	-	-	-	-					-						
의과대	의과대학	30	34	19.9	1.17	0.09	58.1	51.5	82.4%	32	10.3	1.19	0.14	66.9	62.6	109%
사범 자연	가정교육	8	11	5.91	2.55	1.82 0.77	74.5	47.1	50.0%	11	5.45	2.26	1.70 0.46	74.5	57.5	50.0%
	수학교육	8	11	7.27	1.39					11	8.73	1.42				
간호대	간호대학	18	19	7.42	1.93	0.32	70.2	41.2	47.4%	18	4.89	1.99	0.37	61.4	53.7	44.4%
정보대	컴퓨터학과	25	36	6.81	1.40	1.39 0.21	79.6	63.5	115%	34	7.88	1.52	0.28	79.4	77.4	100%
	데이터과학	7	10	5.90	1.48					신설						
스마트	스마트보안학	7	5	7.80	1.86	0.41	69.2	50.0	0%	신설						
보건 과학	바이오의공학	15	20	9.45	1.57	1.61 0.25	78.0	52.5	101%	19	9.0	1.62	1.71 0.31	76.7	55.2	50.0%
	바이오시스템의과	15	20	12.2	1.48					19	9.53	1.77				
	보건환경융합과학	25	35	8.74	1.83					34	6.82	1.96				
	합계	425	575	7.59	1.66		73.8	53.5	82.9%	527	7.32	1.70	1.60	73.0	63.7	76.4%

고려대 2021 학업우수형 vs 2020 일반전형 <인문계열>

<2021 고려대 일반전형 주요사항>	<2020 고려대 일반전형 주요일정>
▶1단계: 서류 100% (5배수)	▶1단계: 서류 100% (5배수)
▶2단계: 면접 30%	▶2단계: 면접 30%
▶인: 4개합 7 (탐2)　　▶자: 4개합 8 (탐2)	▶인문: 4개합 6 (탐1) ㉮인문 3등급　전체 1,207명→1,188명
▶반도체: 4개합 7 (탐2)　▶의과: 4개합 5 (탐2)	<일반전형 단일 면접> ①2019부터 단일면접: 제시문+학생부
㉮ 인문3, 자연/의4 탐구 2개 응시필수	②제시문 숙독 30분→20분　③제시문+학생부 15분→10분

		2022 일반 학업 우수	2021 학업우수형 - 인문						2020 일반전형 - 인문					
			모집 인원	경쟁률	상위70% 입결공개	평균 편차	면접 응시율	최저 충족률	충원율	모집 인원	경쟁률	상위70% 입결공개	평균 편차	면접 응시율	최저 충족률	충원율
경영	경영대학	84	108	9.27	2.61	0.60	84.3	69.8	95.4%	100	9.69	2.83	0.62	67.7	70.8	45.0%
문과 대학	국어국문	12	17	11.2	2.60					17	10.8	3.27				
	철학과	9	12	18.3	2.89					12	14.3	3.55				
	한국사학과	5	8	8.5	2.97					8	9.8	3.09				
	사학과	10	14	11.9	3.10					13	10.8	3.55				
	사회학과	20	23	12.2	2.78					23	11.9	2.60				
	한문학과	5	8	11.1	4.01	평균 2.85	84.1	46.7	40.0%	8	13.4	3.60	평균 2.93	62.9	61.8	28.8%
	영어영문	23	31	8.13	2.97					31	8.06	3.07				
	독어독문	8	12	9.8	4.15	편차 0.78				11	11.4	3.73	편차 0.78			
	불어불문	8	13	10.0	3.75					11	10.5	3.71				
	중어중문	11	16	11.9	3.83					16	8.19	3.78				
	노어노문	8	11	9.27	3.42					11	9.55	3.29				
	일어일문	10	13	9.00	3.23					12	10.6	3.55				
	서어서문	9	15	8.33	3.54					14	9.36	3.66				
	언어학과	6	10	12.3	3.61					9	12.2	3.65				
생명과학	식품자원경제	13	17	10.5	3.01	0.71	83.5	59.2	0%	16	12.4	3.18	0.93	71.3	63.2	25.0%
정경 대학	정치외교	17	24	10.8	2.30	평균 2.31	80.4	70.8	93.5%	23	10.1	2.65	평균 2.66	67.6	71.6	29.4%
	경제학과	29	40	9.30	2.26					45	8.42	2.77				
	통계학과	16	21	11.1	3.01	편차 0.66				25	9.76	3.19	편차 0.77			
	행정학과	17	23	14.0	2.36					33	8.94	3.53				
사범 인문	교육학과	12	16	12.0	2.16	평균 2.44	81.9	52.6	39.7%	15	12.8	2.72	평균 2.56	60.2	62.7	33.3%
	국어교육	9	14	7.50	2.63					13	9.15	2.27				
	영어교육	14	20	7.45	3.15	편차 0.64				20	7.75	2.89	편차 0.77			
	지리교육	8	12	11.7	2.53					11	10.9	3.75				
	역사교육	7	10	9.60	2.55					10	8.70	2.95				
국제학부	국제학부	20	20	11.5	3.28	0.67	87.0	43.7	60.0%	20	10.8	3.46	0.69	68.0	54.3	25.0%
미디어	미디어학부	17	23	13.4	2.60	0.68	86.4	68.7	135%	33	9.79	3.01	0.74	70.5	69.2	51.5%
보건과학	보건정책관리	16	23	10.9	3.13	0.77	88.7	43.9	17.4%	23	15.1	2.94	0.64	67.5	57.0	8.7%
자유전공	자유전공	22	30	10.2	2.54	0.52	92.0	68.4	50.0%	43	7.77	2.69	0.74	68.1	71.4	37.2%
심리학	심리학부	9	16	11.0	2.63	0.82	86.3	62.7	56.3%	16	9.56	2.99				
	합계	454	604	10.7	2.99		85.5	58.7	58.7%	626	10.4	3.20	2.71	67.1	64.7	31.5%

고려대 2021 학업우수형 vs 2020 일반전형 <자연계열>

<2021 고려대 일반전형 주요사항>
- ▶1단계: 서류 100% (5배수)
- ▶2단계: 면접 30%
- ▶ 인: 4개합 7 (탐2)　▶ 자: 4개합 8 (탐2)
- ▶ 반도체: 4개합 7 (탐2)　▶ 의과: 4개합 5 (탐2)
- ㉔ 인문3, 자연/의4 탐구 2개 응시필수

<2020 고려대 일반전형 주요일정>
- ▶1단계: 서류 100% (5배수)
- ▶2단계: 면접 30%
- ▶ 자연: 4개합 7 (탐1)　　전체 1,207명→1,188명
- ▶ 의과: 4개합 5 (탐2)　㉔ 자연/의 4등급
- <일반전형 단일 면접>　①2019부터 단일면접: 제시문+학생부
- ②제시문 숙독 30분→20분　③제시문+학생부 15분→10분

대학	학과	2022 일반 학업우수	2021 학업우수형 - 자연 모집인원	경쟁률	상위70% 입결공개	평균편차	면접응시율	최저충족률	충원율	2020 일반전형 - 자연 모집인원	경쟁률	상위70% 입결공개	평균편차	면접응시율	최저충족률	충원율
생명과학대학	생명과학부	22	30	9.93	2.17	평균2.20 편차0.58	77.2	51.0	43.6%	30	12.2	2.15	평균2.13 편차0.54	64.0	61.7	40.6%
	생명공학부	30	33	10.9	2.00					32	11.8	2.15				
	식품공학과	10	14	9.64	3.07					13	12.2	2.34				
	환경생태공학	16	21	12.0	2.52					21	14.3	2.56				
이과대학	수학과	10	14	9.29	2.12	평균2.18 편차0.53	73.6	54.2	43.6%	13	11.6	2.15	평균2.23 편차0.58	62.9	54.4	32.7%
	물리학과	10	14	11.4	2.53					13	14.9	2.62				
	화학과	8	14	12.1	2.43					13	13.2	2.36				
	지구환경과학	7	12	10.3	2.27					10	11.3	2.66				
공과대학	화공생명공학	16	25	9.84	2.10	평균2.29 편차0.61	78.5	55.1	55.0%	25	13.3	2.17	평균2.33 편차0.59	64.2	62.4	53.7%
	신소재공학	29	41	10.2	2.60					40	10.5	2.58				
	건축사회환경	21	29	10.8	3.10					29	12.5	2.91				
	건축학과	9	13	8.92	3.03					12	10.5	2.72				
	기계공학	30	42	9.45	2.17					42	9.98	2.55				
	산업경영공	12	17	9.82	2.43					16	12.3	2.17				
	전기전자공	47	52	9.87	2.16					52	11.3	2.33				
	융합에너지	7	10	9.50	2.80					신설						
	반도체공학	10	10	9.80	2.43					신설 SK 채용조건계약 (정원외)						
의과대	의과대학	36	34	16.4	1.53	0.35	82.9	61.2	150%	33	17.3	1.32	0.40	67.9	63.4	97.0%
사범자연	가정교육	8	10	10.9	3.37	2.48 0.82	68.5	51.4	36.4%	11	11.9	3.24	2.47 0.71	55.9	41.9	38.9%
	수학교육	8	12	10.9	2.07					11	11.1	2.57				
간호대	간호대학	13	18	9.72	2.58	0.69	67.4	39.0	27.8%	19	10.5	3.21	0.78	55.8	34.0	0%
정보대	컴퓨터학과	26	36	10.8	2.29	2.11 0.56	78.2	67.1	58.5%	36	12.5	2.42	0.62	67.2	69.4	61.1%
	데이터과학	4	5	11.4	2.16					신설	-	-				
스마트	스마트보안학	7	10	14.7	2.96	0.62	70.0	35.3	20.0%	신설 5명 추가증원 (2020.07.22)						
보건과학	바이오의공학	16	21	14.5	2.53	2.45 0.54	77.2	53.5	24.7%	20	17.4	2.46	2.31 0.56	60.2	51.3	25.3%
	바이오시스템의과	16	21	16.7	2.58					20	18.9	2.46				
	보건환경융합과학	26	35	12.6	2.83					35	12.9	2.57				
	합계	454	593	11.2	2.48		74.8	52.0	51.1%	546	12.8	2.46	2.24	62.3	54.8	43.7%

고려대 2021 계열적합형 <인문계열>

<2021 고려대 계열적합형 주요사항>
▶1단계: 서류 100% (5배수)   ■발표일: 11.26(화)
▶2단계: 면접 40%   ■면접: 2019.11.30(토)~01(일)

▶2021 신설전형 최저 없음   ▶2021 영상면접실시
▶제시문숙독 24분   ▶현장녹화답변 6분
▶면접인: 11.21(토)   ▶면접자: 11.22(일)

		2022 계열적합	2021 계열적합형 - 인문						2021 계열적합형 전형신설						
			모집인원	경쟁률	상위70% 입결공개	평균편차	면접응시율	최저충족률	충원율	모집인원	경쟁률	상위70% 입결공개	평균편차	면접응시율	최저충족률	충원율
경영	경영대학	41	43	15.5	2.70	0.67	94.0	-	213%							
문과대학	국어국문	6	9	15.8	2.96	평균 2.55 편차 0.84	94.9	-	212%							
	철학과	5	7	19.4	3.14											
	한국사학과	3	4	10.8	2.49											
	사학과	5	7	16.4	3.18											
	사회학과	5	12	20.0	2.37											
	한문학과	3	4	13.5	3.70											
	영어영문	12	-	-	-											
	독어독문	5	-	-	-											
	불어불문	5	-	-	-											
	중어중문	6	-	-	-											
	노어노문	5	-	-	-											
	일어일문	5	-	-	-											
	서어서문	7	-	-	-											
	언어학과	4	-	-	-											
생명과학	식품자원경제	6	8	12.1	3.39	0.87	97.5	-	163%							
정경대학	정치외교	7	12	24.7	2.53	평균 2.19 편차 0.72	92.7	-	267%							
	경제학과	15	22	11.8	2.30											
	통계학과	8	11	11.9	2.97											
	행정학과	8	12	18.8	2.78											
사범인문	교육학과	5	8	17.9	2.71	평균 2.15 편차 0.72	98.4	-	208%							
	국어교육	5	7	10.0	2.65											
	영어교육	8	-	-	-											
	지리교육	4	5	13.2	1.99											
	역사교육	4	5	13.2	2.22											
국제학부	국제학부	20	-	-	-	-	-	-	-							
미디어	미디어학부	8	12	24.6	2.33	0.68	96.8	-	177%							
보건과학	보건정책관리	9	12	16.0	3.27	0.83	96.7	-	117%							
자유전공	자유전공	11	16	17.6	2.66	0.68	96.3	-	150%							
심리학	심리학부	10	8	14.9	3.01	0.86	95.0	-	238%							
	합계	245	224	15.9	2.77		95.8	-	194%							

고려대 2021 계열적합형 <자연계열>

<2021 고려대 계열적합형 주요사항>
▶1단계: 서류 100% (5배수)   ▣발표일: 11.26(화)
▶2단계: 면접 40%   ▣면접: 2019.11.30(토)~01(일)

▶2021 신설전형 최저 없음   ▶2021 영상면접실시
▶제시문숙독 24분   ▶현장녹화답변 6분
▶면접인: 11.21(토)   ▶면접자: 11.22(일)

		2022 계열 적합	2021 계열적합형 - 자연							2021 계열적합형 전형신설						
			모집 인원	경쟁률	상위70% 입결공개	평균 편차	면접 응시율	최저 충족률	충원율	모집 인원	경쟁률	상위70% 입결공개	평균 편차	면접 응시율	최저 충족률	충원율
생명 과학 대학	생명과학부	11	16	8.44	4.09	평균 3.56 편차 1.12	97.7	-	225%							
	생명공학부	6	18	10.3	4.08											
	식품공학과	5	7	11.9	4.88											
	환경생태공학	8	11	12.6	5.11											
이과 대학	수학과	5	7	16.7	3.53	평균 3.57 편차 0.68	100	-	322%							
	물리학과	5	7	16.3	4.33											
	화학과	5	7	14.9	4.35											
	지구환경과학	4	5	12.2	4.58											
공과 대학	화공생명공학	9	13	12.2	3.41	평균 3.38 편차 0.89	98.8	-	326%							
	신소재공학	16	22	11.9	4.32											
	건축사회환경	11	15	11.0	4.55											
	건축학과	5	7	13.0	4.79											
	기계공학	15	23	11.8	4.17											
	산업경영공	6	8	15.6	4.42											
	전기전자공	15	28	12.6	3.95											
	융합에너지	4	5	12.4	4.75											
	반도체공학	15	15	9.93	3.58											
의과대	의과대학	15	18	19.8	2.19	0.42	100	-	117%							
사범 자연	가정교육	4	2	11.5	2.24	2.92 0.92	100	-	75.0%							
	수학교육	5	6	12.5	3.13											
간호대	간호대학	3	10	7.70	3.30	1.01	98.0	-	30.0%							
정보대	컴퓨터학과	14	-	-	-	2.98 1.07	98.0	-	390%							
	데이터과학	7	10	19.0	3.76											
스마트	스마트보안학	4	5	10.2	4.73	0.01	100	-	140%							
보건 과학	바이오의공학	7	11	12.5	4.92	3.33 1.40	98.5	-	66.7%							
	바이오시스템의과	7	11	12.9	2.75											
	보건환경융합과학	12	19	10.6	5.05											
	합계	223	306	12.7	4.04		99.0	-	188%							

고려대 2022 수시대비 결과분석자료 09 - 2021 입결 인문계열   2021. 05. 05 ollim

<2021 고려대 학교추천> 1,183명 모집, 이과 34명
■ 교과60+서류20+면접20, 일괄전형
■ 2021 면접 업로드: 인문 12.04~07 자연 12.05~08
▶ 인문: 3개 합 5 (탐2) ⑧ 인문 3
▶ 자: 3개 합 6 (탐2)
▶ 이과: 4개 5등급 (탐2) ⑧ 자연/의4

<2021 고려대 학업우수형> 1,213명 모집, 이과 34명
■ 1단계: 서류 100% (5배수) ■ 2단계: 서류 70%+면접 30%
■ 2021 면접업로드: 12.09(수)~11(금)
▶ 인: 4개 합 7 (탐2) ⑧ 인문3, 자연/의4
▶ 자: 4개 합 8 (탐2) ▶ 반도체: 4개 합 7 (탐2)
▶ 이과: 4개 합 5 (탐2)

<2021 고려대 계열적합형> 530명 모집
■ 1단계: 서류 100% (5배수) ■ 2단계: 서류60%+면접 40%
■ 영상면접: 수능이전 면접인문 11.21(토), 면접자연 11.22(일)
▶ 수능최저 없음, 2021 신설전형
▶ 2021 영상면접 : 안암캠 입실 완료 진행
　제시문 숙독 24분, 현장녹화답변 6분

고려대 2021 학교추천 - 인문 / 고려대 2021 학업우수형 - 인문 / 고려대 2021 계열적합형 - 인문

계열	학과	학추 2022 모집	학추 2021 모집	학추 경쟁률	학추 상위70% 입결공개	학추 평균/편차	학추 면접응시율	학추 최저충족률	학추 충원율	우수 2022 모집	우수 2021 모집	우수 경쟁률	우수 상위70% 입결공개	우수 평균/편차	우수 면접응시율	우수 최저충족률	우수 충원율	적합 2022 모집	적합 2021 모집	적합 경쟁률	적합 상위70% 입결공개	적합 평균/편차	적합 면접응시율	적합 최저충족률	적합 충원율
경영	경영대학	80	122	4.12	1.58	0.28	86.7	68.6	73.8%	84	108	9.27	2.61	0.60	84.3	69.8	95.4%	41	43	15.5	2.70	0.67	94.0	-	213%
	국어국문	13	17	4.88	1.58					12	17	11.2	2.60					6	9	15.8	2.96				
	철학과	9	13	6.31	1.66					9	12	18.3	2.89					5	7	19.4	3.14				
	한국사학과	6	7	5.57	1.80					5	8	8.50	2.97					3	4	10.8	2.49				
	사학과	10	13	4.54	1.63					10	14	11.9	3.10					5	7	16.4	3.18				
	사회학과	17	23	6.78	1.38					20	23	12.2	2.78					5	12	20.0	2.37				
	한문학과	6	8	5.25	2.01					5	8	11.1	4.01					3	4	13.5	3.70				
인문 대학	영어영문	22	31	4.26	1.83	평균 1.75	85.5	57.2	51.0%	23	31	8.13	2.97	평균 2.85	84.1	46.7	40.0%	12	-	-	-	평균 2.55	94.9	-	212%
	독어독문	8	11	4.18	2.03					8	12	9.75	4.15					5	-	-	-				
	불어불문	9	12	3.92	2.16					8	13	10.0	3.75					5	-	-	-				
	중어중문	12	16	4.69	1.77	편차 0.41				11	16	11.9	3.83	편차 0.78				6	-	-	-	편차 0.84			
	노어노문	8	11	3.73	2.22					8	11	9.27	3.42					5	-	-	-				
	일어일문	9	13	3.54	1.90					10	13	9.00	3.23					5	-	-	-				
	서어서문	10	14	3.21	2.16					9	15	8.33	3.54					7	-	-	-				
	언어학과	6	9	6.89	1.83					6	10	12.3	3.61					4	-	-	-				
생명과학	식품자원경제	12	17	4.94	1.59	0.25	91	67.1	47%	13	17	10.5	3.01	0.71	83.5	59.2	0%	6	8	12.1	3.39	0.87	97.5	-	163%
정경	정치외교	18	23	6.74	1.33	평균 1.48				17	24	10.8	2.30	평균 2.31				7	12	24.7	2.53	평균 2.19			
정경 대학	경제학과	28	40	4.83	1.48	편차 1.48	84.9	67.8	113%	29	40	9.30	2.26	편차 2.31	80.4	70.8	93.5%	22	11	11.8	2.30	편차 0.84	92.7	-	267%
	통계학과	15	21	3.90	1.80					16	21	11.1	3.01					8	11	11.9	2.97				
	행정학과	17	23	5.17	1.56	0.31				17	23	14.0	2.36	0.66				8	12	18.8	2.78	0.72			
사범 인문	교육학과	11	15	9.93	1.48	평균 1.48				12	16	12.0	2.16	평균 2.44				5	8	17.9	2.71	평균 2.15			
	국어교육	10	13	5.31	1.53					9	14	7.50	2.63					5	7	10.0	2.65				
	영어교육	14	19	4.26	1.63	편차 1.48	87.0	60.9	172%	14	20	7.45	3.15	편차 2.44	81.9	52.6	39.7%	8	-	-	1.99	편차 0.72	98.4	-	208%
	지리교육	8	11	4.91	1.57					8	12	11.7	2.53					4	5	13.2	2.22				
	역사교육	7	10	7.00	1.40					7	10	9.60	2.55					4	5	13.2	2.22				
	국제학부	5	5	7.60	1.43	0.16	94.7	51.4	20.0%	20	20	11.5	3.28	0.67	87.0	43.7	60.0%	20	-	-	-	-	-	-	-
	미디어학부	17	23	4.70	1.46	0.27	93.5	64.7	78.3%	17	23	13.4	2.60	0.68	86.4	68.7	135%	8	12	24.6	2.33	0.68	96.8	-	177%
	보건정책관리	17	23	6.52	1.62	0.19	87.3	57.8	47.8%	16	23	10.9	3.13	0.77	88.7	43.9	17.4%	12	12	16.0	3.27	0.83	96.7	-	117%
	자유전공	20	29	4.07	1.41	0.21	89.8	62.6	75.9%	22	30	10.2	2.54	0.52	92.0	68.4	50.0%	11	16	17.6	2.66	0.68	96.3	-	150%
	심리학부	11	16	4.50	1.51	0.24	87.5	64.5	75.0%	9	16	11.0	2.63	0.82	86.3	62.7	56.3%	10	8	14.9	3.01	0.86	95.0	-	238%
	합계	424	608	5.21	1.68		88.7	62.3	75.44%	454	604	10.7	2.99		85.5	58.7	58.7%	245	224	15.9	2.77		95.8	-	194%

고려대 2022 수시대비 결과분석자료 10 - 2021 입결 자연계열   2021. 05. 05   ollim

고려대 2021 학교추천 - 자연

<2021 고려대 학교추천> 1,183명 모집, 의과 34명
■ 교과60+서류20+면접20, 일괄전형
■ 2021 면접 일로드: 인문 12.04~07 자연 12.05~08
▶ 인문: 3개합 5 (탐2) ⑩인문 3
▶ 자: 3개합 6 (탐2)
▶ 의과: 4개 5등급 (탐2) ⑭ 자연/의4

	2022 모집인원	모집인원	경쟁률	상위70% 입결공개	평균/편차	면접응시율	최저충족률	충원율
생명과학부	21	29	6.66	1.48	평균			
생명공학부	23	32	7.38	1.48	1.51	81.0	59.7	110%
식품공학과	10	14	5.64	1.81	편차			
환경생태공학	15	21	7.71	1.77	0.25			
수학과	10	13	7.69	1.49	평균			
물리학과	10	14	7.71	1.60	1.57	75.3	58.4	142%
화학과	12	14	7.57	1.43	편차			
지구환경과학	8	11	6.09	1.94	0.37			
화공생명공학	19	25	6.52	1.42				
신소재공학	29	41	6.05	1.62	평균			
건축사회환경	20	29	5.76	1.98	1.57	78.5	57.4	98.2%
건축학과	9	13	4.69	2.04	편차			
기계공학	30	41	6.00	1.56	0.31			
산업경영공학	12	16	8.31	1.58				
전기전자공학	32	51	6.96	1.55				
융합에너지	7	10	5.30	1.68				
반도체공학	-	-	-	-				
의과대학	30	34	19.9	1.17	0.09	58.1	51.5	82.4%
가정교육	8	11	5.91	2.55	1.82	74.5	47.1	50.0%
수학교육	8	11	7.27	1.39	0.77			
간호대학	18	19	7.42	1.93	0.32	70.2	41.2	47.4%
컴퓨터학과	25	36	6.81	1.40	1.39	79.6	63.5	115%
데이터과학과	7	10	5.90	1.48	0.21			
간호대학	7	5	7.80	1.86	0.41	69.2	50.0	0%
바이오의공학	15	20	9.45	1.57	1.61	78.0	52.5	101%
바이오시스템의과학	15	20	12.2	1.48	0.25			
보건환경융합과학	25	35	8.74	1.83				
합계	425	575	7.59	1.66		73.8	53.5	82.9%

고려대 2021 학업우수형 - 자연

<2021 고려대 학업우수> 1,213명 모집, 의과 34명
■ 1단계: 서류 100% (5배수) ■ 2단계: 서류 70%+면접 30%
■ 2021 면접일로드: 12.09(수)~11(금)
▶ 인: 4개합 7 (탐2) ⑭ 인문3, 자연/의4
▶ 자: 4개합 8 (탐2) ▶ 반도체: 4개합 7 (탐2)
▶ 의과: 4개합 5 (탐2)

	2022 모집인원	모집인원	경쟁률	상위70% 입결공개	평균/편차	면접응시율	최저충족률	충원율
생명과학부	22	30	9.93	2.17	평균			
생명공학부	30	33	10.9	2.00	2.20	77.2	51.0	43.6%
식품공학과	10	14	9.64	3.07	편차			
환경생태공학	16	21	12.0	2.52	0.58			
수학과	10	14	9.29	2.12	평균			
물리학과	10	14	11.4	2.53	2.18	73.6	54.2	43.6%
화학과	8	14	12.1	2.43	편차			
지구환경과학	7	12	10.3	2.27	0.53			
화공생명공학	16	25	9.84	2.10				
신소재공학	29	41	10.2	2.60	평균			
건축사회환경	21	29	10.8	3.10	2.29	78.5	55.1	55.0%
건축학과	9	13	8.92	3.03	편차			
기계공학	30	42	9.45	2.17	0.61			
산업경영공학	12	17	9.82	2.43				
전기전자공학	47	52	9.87	2.16				
융합에너지	7	10	9.50	2.80				
반도체공학	10	10	9.80	2.43				
의과대학	36	34	16.4	1.53	0.35	82.9	61.2	150%
가정교육	8	10	10.9	3.37	2.48	68.5	51.4	36.4%
수학교육	8	12	10.9	2.07	0.82			
간호대학	13	18	9.72	2.58	0.69	67.4	39.0	27.8%
컴퓨터학과	26	36	10.8	2.29	2.11	78.2	67.1	58.5%
데이터과학과	4	5	11.4	2.16	0.56			
간호대학	7	10	14.7	2.96	0.62	70.0	35.3	20.0%
바이오의공학	16	21	14.5	2.53	2.45	77.2	53.5	24.7%
바이오시스템의과학	16	21	16.7	2.58	0.54			
보건환경융합과학	26	35	12.6	2.83				
합계	454	593	11.2	2.48		74.8	52.0	51.1%

고려대 2021 계열적합형 - 자연

<2021 고려대 계열적합형> 530명 모집
■ 1단계: 서류 100% (5배수) ■ 2단계: 서류60%+면접 40%
■ 영상면접: 수능이전 면접인문 11.21(토), 면접자연 11.22(일)
▶ 수능최저 없음. 2021 신설전형
▶ 2021 영상면접 : 안양캠 입실 완료 진행
제시문 녹독 24분, 현장녹화답안 6분

	2022 모집인원	모집인원	경쟁률	상위70% 입결공개	평균/편차	면접응시율	최저충족률	충원율
생명과학부	11	16	8.44	4.09	평균			
생명공학부	6	18	10.3	4.08	3.56	97.7	-	225%
식품공학과	5	7	11.9	4.88	편차			
환경생태공학	8	11	12.6	5.11	1.12			
수학과	5	7	16.7	3.53	평균			
물리학과	5	7	16.3	4.33	3.57	100	-	322%
화학과	5	7	14.9	4.35	편차			
지구환경과학	4	5	12.2	4.58	0.68			
화공생명공학	9	13	12.2	3.41				
신소재공학	16	22	11.9	4.32	평균			
건축사회환경	11	15	11.0	4.55	3.38	98.8	-	326%
건축학과	5	7	13.0	4.79	편차			
기계공학	15	23	11.8	4.17	0.89			
산업경영공학	6	8	15.6	4.42				
전기전자공학	15	28	12.6	3.95				
융합에너지	4	5	12.4	4.75				
반도체공학	15	15	9.93	3.58				
의과대학	15	18	19.8	2.19	0.42	100	-	117%
가정교육	4	2	11.5	2.24	2.92	100	-	75.0%
수학교육	5	6	12.5	3.13	0.92			
간호대학	3	10	7.70	3.30	1.01	98.0	-	30.0%
컴퓨터학과	14	-	-	-	2.98	98.0	-	390%
데이터과학과	7	10	19.0	3.76	1.07			
간호대학	4	5	10.2	4.73	0.01	100	-	140%
바이오의공학	7	11	12.5	4.92	3.33	98.5	-	66.7%
바이오시스템의과학	7	11	12.9	2.75	1.40			
보건환경융합과학	12	19	10.6	5.05				
합계	223	306	12.7	4.04		99.0	-	188%

생명과학대학: 생명과학부 / 생명공학부 / 식품공학과 / 환경생태공학
이과대학: 수학과 / 물리학과 / 화학과 / 지구환경과학
공과대학: 화공생명공학 / 신소재공학 / 건축사회환경 / 건축학과 / 기계공학 / 산업경영공학 / 전기전자공학 / 융합에너지 / 반도체공학
의과대: 의과대학
사범자연: 가정교육 / 수학교육
간호대: 간호대학
정보대: 컴퓨터학과 / 데이터과학과
간호대: 간호대학
보건과학: 바이오의공학 / 바이오시스템의과학 / 보건환경융합과학

고려대학교 서울캠 2021 수시입학결과 교과/종합 인문 올림		학교추천		학업우수형		계열적합형	
		▶일괄: 교과 60% 서류20%+면접 20%		▶1단계: 서류 100% (5배수) ▶2단계: 면접 30%		▶1단계: 서류 100% (5배수) ▶2단계: 면접 40%	
		▶인: 3개합 5 (탐2) ▶자: 3개합 6 (탐2) ▶의과: 4개 5등급 (탐2)		▶인: 4개합 7 (탐2) ▶자: 4개합 8 (탐2) ▶의과: 4개합 5 (탐2)		▶최저없음	
인문계열 단과대학 및 학과		교과평균	25%~75%	교과평균	25%~75%	교과평균	25%~75%
경영대학	경영대학	1.59	1.40 ~1.78	2.41	1.98 ~2.99	2.51	2.05 ~2.75
문과대학	국어국문 등 15개학과	1.79	1.60 ~2.02	2.81	2.25 ~3.50	2.73	2.20 ~3.38
생명과학	식품자원경제	1.56	1.50 ~1.82	2.80	2.20 ~3.25	3.40	3.30 ~3.58
정경대학	정치외교 등 4개학과	1.58	1.40 ~1.80	2.27	1.79 ~280	2.27	1.66 ~2.95
사범인문	교육학과 등 5개학과	1.63	1.43 ~1.78	2.37	2.00 ~3.00	2.20	1.78 ~2.62
국제학부	국제학부	1.41	1.37 ~1.49	2.70	2.51 ~3.46	-	-
미디어	미디어학부	1.51	1.36 ~1.77	2.22	1.78 ~2.70	2.81	2.42 ~3.28
보건과학	보건정책관리학	1.68	1.60 ~1.81	3.01	2.25 ~3.60	2.80	2.20 ~3.52
자유전공	자유전공	1.40	1.28 ~1.58	2.48	2.22 ~2.74	2.63	2.19 ~2.27
심리학부	심리학부	1.40	1.40 ~1.78	2.21	1.73 ~3.20	2.85	2.10 ~3.70
인문계열 평균		1.56		2.53		2.69	

인문

고려대학교 서울캠 2021 수시입학결과 교과/종합 자연 올림		학교추천 ▶일괄: 교과 60% 　　서류20%+면접 20% ▶인: 3개합 5 (탐2) ▶자: 3개합 6 (탐2) ▶의과: 4개 5등급 (탐2)		학업우수형 ▶1단계: 서류 100% (5배수) ▶2단계: 면접 30% ▶인: 4개합 7 (탐2) ▶자: 4개합 8 (탐2) ▶의과: 4개합 5 (탐2)		계열적합형 ▶1단계: 서류 100% (5배수) ▶2단계: 면접 40% ▶최저없음	
자연계열 단과대학 및 학과		교과평균	25%~75%	교과평균	25%~75%	교과평균	25%~75%
자연	생명과학대학	생명과학 등 4개	1.58	1.40~1.78	2.20	1.88~2.58	3.80	3.00~4.85
	이과대학	수학과 등 4개	1.68	1.52~1.88	2.23	1.80~2.48	4.38	4.26~4.51
	공과대학	화공생명공 등 7개	1.71	1.52~1.88	2.25	2.00~2.70	4.30	3.75~4.58
	의과대학	의과대학	1.09	1.03~1.21	1.51	1.35~1.70	1.61	1.45~1.85
	사범자연	가정교육 수학교육	1.62	1.45~2.37	2.50	1.99~3.19	2.75	2.40~3.02
	간호대학	간호대학	1.91	1.78~2.03	2.49	2.25~3.08	2.80	2.33~3.70
	정보대학	컴퓨터학과 데이터과학	1.43	1.30~1.59	2.19	1.95~2.60	3.70	3.35~4.32
	정보보호학부	스마트보안학부	1.87	1.78~1.95	2.70	2.28~2.90	4.35	4.19~4.60
	보건과학	바이오의공 등 3개	1.66	1.54~1.85	2.50	2.20~2.77	2.86	2.20~5.01
자연계열 평균		1.62		2.29		3.39	

고려대학교 서울캠 20~21 입결 27개년 교과/종합 인문 올림

고려대 학교추천 인문

전형	단계	선발기준
2021 학추	일괄: 교과 60% 서류20%+면접 20%	▲인: 3개합 5 (탐2) ▲자: 3개합 6 (탐2) ▲의과: 4개 5등급 (탐2)
2020 학추1	1단계: 교과 100% (3배수) 2단계: 면접 50%	
2020 학추2	1단계: 서류 100% (5배수) 2단계: 면접 50%	

고려대 일반전형 인문

전형	단계	선발기준
2021 학업우수	1단계: 서류 100% (5배수) 2단계: 면접 30%	▲인: 4개합 7 (탐2) ▲자: 4개합 8 (탐2) ▲의과: 4개합 5 (탐2)
2020 일반전형	1단계: 서류 100% (5배수) 2단계: 면접 30%	▲인: 4개합 6 (탐1) ▲자: 4개합 7 (탐1) ▲의과: 4개합 5 (탐2)

인문계열 단과대학 및 학과		2021 학추 교과평균	2021 학추 25%~75%	2020 학추1 교과평균	2020 학추1 표준편차	2020 학추2 교과평균	2020 학추2 표준편차	2021 학업우수 교과평균	2021 학업우수 25%~75%	2020 일반전형 교과평균	2020 일반전형 표준편차
경영대학	경영대학	1.59	1.40~1.78	1.22	0.13	1.69	0.44	2.41	1.98~2.99	2.59	0.62
문과대학	국어국문 등 15개학과	1.79	1.60~2.02	1.35	0.24	1.81	0.42	2.81	2.25~3.50	2.93	0.78
생명과학	식품자원경제	1.56	1.50~1.82	1.28	0.16	1.79	0.27	2.80	2.20~3.25	2.75	0.93
정경대학	정치외교 등 4개학과	1.58	1.40~1.80	1.19	0.14	1.56	0.44	2.27	1.79~280	2.66	0.77
사범인문	교육학과 등 5개학과	1.63	1.43~1.78	1.18	0.14	1.53	0.36	2.37	2.00~3.00	2.56	0.77
국제학부	국제학부	1.41	1.37~1.49	-	-	1.90	0.29	2.70	2.51~3.46	3.19	0.69
미디어	미디어학부	1.51	1.36~1.77	1.14	0.08	1.53	0.43	2.22	1.78~2.70	2.67	0.74
보건과학	보건정책학	1.68	1.60~1.81	1.31	0.12	1.82	0.36	3.01	2.25~3.60	2.61	0.64
자유전공	자유전공	1.40	1.28~1.58	1.22	0.25	1.52	0.38	2.48	2.22~2.74	2.53	0.74
심리학부	심리학부	1.40	1.40~1.78	-	-	-	-	2.21	1.73~3.20	-	-
인문계열 평균		1.56		1.24	0.16	1.68	0.38	2.53		2.72	0.74

109

고려대 학교추천 자연

2021 학추 ▲일괄: 교과 60% 서류20%+면접 20% ▲인: 3개합 5 (탐2) ▲자: 3개합 6 (탐2) ▲의과: 4개 5등급 (탐2)
2020 학추1 ▲1단계: 교과 100% (3배수) ▲2단계: 면접 50% ▲인: 3개합 6 (탐2) ▲자: 3개합 7 (탐2) ▲의과: 4개 5등급 (탐2)
2020 학추2 ▲1단계: 서류 100% (5배수) ▲2단계: 면접 50% ▲인: 3개합 5 (탐2) ▲자: 3개합 6 (탐2) ▲의과: 4개 5등급 (탐2)

고려대 일반전형 자연

2021 학업우수 ▲1단계: 서류 100% (5배수) ▲2단계: 면접 30% ▲인: 4개합 7 (탐1) ▲자: 4개합 8 (탐1) ▲의과: 4개합 5 (탐2)
2020 일반전형 ▲1단계: 서류 100% (5배수) ▲2단계: 면접 30% ▲인: 4개합 6 (탐1) ▲자: 4개합 7 (탐1) ▲의과: 4개합 5 (탐2)

자연계열 단과대학 및 학과		2021 학추 교과평균	2021 학추 25%~75%	2020 학추1 교과평균	2020 학추1 표준편차	2020 학추2 교과평균	2020 학추2 표준편차	2021 학업우수 교과평균	2021 학업우수 25%~75%	2020 일반전형 교과평균	2020 일반전형 표준편차
생명과학대학	생명과학 등 4개학과	1.58	1.40~1.78	1.21	0.18	1.58	0.30	2.20	1.88~2.58	2.13	0.54
이과대학	수학과 등 4개학과	1.68	1.52~1.88	1.23	0.23	1.54	0.32	2.23	1.80~2.48	2.23	0.58
공과대학	화공생명 등 7개학과	1.71	1.52~1.88	1.26	0.26	1.62	0.37	2.25	2.00~2.70	2.33	0.59
의과대학	의과대학	1.09	1.03~1.21	1.10	0.18	1.19	0.14	1.51	1.35~1.70	1.33	0.40
사범자연	가정교육 수학교육	1.62	1.45~2.37	1.49	0.53	1.70	0.46	2.50	1.99~3.19	2.47	0.71
간호대학	간호대학	1.91	1.78~2.03	1.74	0.34	1.99	0.37	2.49	2.25~3.08	2.93	0.78
정보대학	컴퓨터학과 데이터과학	1.43	1.30~1.59	1.14	0.10	1.48	0.28	2.19	1.95~2.60	2.19	0.62
정보보호학부	스마트 보안학부	1.87	1.78~1.95	-	-	-	-	2.70	2.28~2.90	-	-
보건과학	바이오의공 등 3개	1.66	1.54~1.85	1.37	0.24	1.71	0.31	2.50	2.20~2.77	2.31	0.56
자연계열 평균		1.62		1.32	0.26	1.60	0.32	2.29		2.24	0.60

2022 대입 주요 특징		
<영어정시> 인문: 28.6:28.6:<u>28.6</u>:14.2 등 총 5유형		
공통 100-95-90-85-80... 자연: 16.7:33.3:<u>33.3</u>:16.7		

▶교과: 국영수사/국영수과
▶진로선택 10% 반영
  A=1,000 B=970 C=940
  A=150 B=148 C=146
  A=1등급 B=3등급
  C=5등급

1. 2022 논술고사 417명 신설
2. 약학과 24명 신설: 교과6, 지역5, 농어촌3, 논술10
3. 2022 교과전형 및 농어촌전형 수능최저 폐지
4. 지역인재 지역확대: 세종시+대전 충남북 포함
5. 미래인재종합: 학과별 인재상 매우중요
6. 수능 응시지정 인문자연 구분 필수

※ 고려대세종캠 캠퍼스간 소속 변경, 4학기 이후 1회 한정, 30명
 ▶ 전형 방법: 1단계: 토익/토플/텝스+학업성적 2단계: 면접
 ▶ 참고: 신입생 1,500명 중 상위 5% 이내, 실제지원 100명 이하
 ▶ 3.75 이상, 토익800 텝스637 토플91 *자신과의 싸움 관건
 ▶ 이중전공(재학중 3+1), 복수전공(졸업 후 추가학기 4+1)
※ 유지취업률 87.6%, 세종시 19개 공공기관 졸업생30% 의무채용

모집시기	전형명	사정모형	학생부종합 특별사항	2022 수시 접수기간 09. 10(금) ~ 14(화)	모집인원	학생부	논술	면접	서류	기타	2022 수능최저등급
2022 수시 892명	교과전형	일괄	학생부교과 인: 국영수사 자: 국영수과 학년동일 최종 12.16(목)	1. 2022 전년대비 6명 증가 2. 약학 6명, 1단계 5배수 1단계: 10.22.(금) 교과100 2단계: 10.22.(금) 면접 <무한교차 사과탐 2개학과> 경제통계자연/자유공학 <자연계 수가허용 8개학과> 컴융소프트웨어/전자정보공 생명정보/식품생명/환경시스	169 2021 163	교과 100					2022 일반 최저폐지 약학: 3개합 5 (과탐2) *2021 수능최저 참고 ①~③중 한가지 충족 ① 국3 또는 수가나3 ② 영어 2등급 ③ 탐구 2개합 6
	미래인재	1단계 2단계	자소~09.15(수) 1단계 10.15(금) 면접 10.23(토) 최종 11.05(금)	1. 2022 전년대비 4명 증가 ★학과별인재상 필수확인 1. 전공적합성 (특기/역량) 2. 창의적발전성 3. 인성 활동증빙서류 최대 5개제출 <인재상> ①공유가치 공감인재 ②창의융합인재 ③세계소통도전	141 2021 137	서류 100 (3배수) 1단계 70 + 면접 30					인재상 2020 제시사례★ ▶공공정책대학 통일외교안보전공 1.창의적 문제해결역량 2.진취적 학습역량 3.글로벌 소통역량 최저 없음
	논술전형 (신설)	일괄	논술전형 논술 11.27(토) 최종 12.16(목)	논술 신설, 약학 10명 인문 4문항 자연 수학 8문항: ~미적까지 약학 수학 3문항: ~미적기하	417	논술 70 교과 30					인: 국수탐2 중 1개 3 또는 영어 2등급 자: 국수과2 중 1개 3 또는 영어 2등급 약학: 3개합 5(과탐2)
	지역인재	일괄	지역전형 학생부교과 최종 12.16(목)	세종시+대전 충남북 포함 약학 5명 인: 국영수사, 자: 국영수과	71 2021 43	교과 100					인: 국수탐2 중 1개 3 또는 영어 2등급 자: 국수과2 중 1개 3 또는 영어 2등급 약학: 3개합 5(과탐2)
	사회공헌자	일괄	특별전형 학생부교과 최종 12.16(목)	1. 국가보훈대상자+직업군인 2. 교과 100 * 농어촌 32명 전형동일	26 2021 31	교과 100					최저 폐지
	★ 글로벌 스포츠인재	1단계 2단계	자소~09.15(수) 1단계 10.22(금) 면접: 10.30(토) 최종 11.12(금)	국제스포츠학부 24명 인성/전공적합성/외국어능력 최대 3개 총 9개 이내서류 공인외국어 등 스펙 중요함	24 2021 26	서류 100 (3배수) 1단계 70 + 면접 30					스포츠과학 13명 스포츠비즈니스 13명 스과 경쟁률4.38, 충원6 스비 경쟁률6.38, 충원5 최저없음 그러나 수능응시 필수 자소서제출

미래인재 합격사례 2019-01
▶수상내역   <영미학 합격>
①교과우수상 (영어1, 실용영어2)
②영어말하기/에세이쓰기대회
③한국사바로알기대회
▶활동내역/동아리
①연극반 ②국제통번역자격
③한국청소년통역단 ④토익/토플

수능최저 있음		2022 일반	2021 학생부전형								2020 학생부전형						
2021 수능최저 ①국3 또는 수가나3 ②영어 2등급 ③탐구 2개합 6			▶교과 100% ▶내신: 국영수사/국영수과								▶교과 100% ▶내신: 국영수사/국영수과						
		최저 있음	모집 인원	경쟁률	70% 컷		환산 점수		추합 인원		모집 인원	경쟁률	70% 컷		환산 점수		추합 인원
					등급	총점	평균	최저					등급	총점	평균	최저	
인문	한국학전공	4	4	10.3	3.5	962.8			12		4	14.0	3.3	966.0			4
	중국학전공	5	5	9.40	3.9	956.3			10		5	9.20	3.5	963.1			8
	영미학전공	5	5	31.4	3.7	960.1			15		5	5.80	4.8	942.3			7
	독일학전공	3	3	24.0	4.7	945.2			5		3	6.30	4.9	941.5			6
	글로벌경영전공	15	15	8.70	3.5	962.8			38		15	11.0	3.2	967.5			38
	디지털경영전공	4	4	8.00	3.3	966.0			2		4	8.80	3.4	964.5			5
	정부행정학부	6	6	9.20	3.1	969.2			17		6	13.0	3.0	970.1			17
	공공사회학전공	4	5	11.8	3.2	967.5			5		5	12.4	3.4	964.0			12
	통일외교안보전공	3	3	11.7	3.3	965.8			2		3	8.00	3.6	961.8			5
	경제정책학전공	6	6	7.80	3.7	960.2			10		6	7.80	3.3	965.2			7
	문화유산융합학부	4	6	10.5	3.6	961.5			12		3	6.30	3.4	963.6			8
	미디어문예창작	3	3	32.0	3.6	960.9			9		3	7.00	4.3	950.6			6
	문화콘텐츠전공	3	3	9.70	4.0	954.6			6		3	9.30	2.6	975.4			3
자연	빅데이터사이언스	6	6	10.8	3.8	957.5			17		3	11.0	3.0	970.7			5
	응용수리과학부	4	4	7.30	-	-			3		3	5.30	4.5	947.6			6
	인공지능사이버	4	4	22.0	4.3	950.1			6		3	6.00	5.2	937.6			5
	디스플레이융합	3	3	10.7	3.9	955.9			4		3	10.7	4.0	955.3			6
	반도체물리전공	3	3	9.70	3.5	963.1			3		3	15.3	3.7	959.5			8
	신소재화학과	5	5	7.60	2.3	981.1			11		5	6.60	3.1	968.4			4
	컴퓨터융합소프트	7	7	15.4	3.5	961.9			31		7	9.10	3.4	964.2			11
	전자및정보공학	14	13	9.20	3.4	964.0			26		13	9.20	3.4	963.6			29
	생명정보공학과	5	5	8.60	4.3	949.9			9		5	5.80	2.8	973.7			5
	식품생명공학과	6	6	42.3	3.6	961.5			11		6	6.20	5.4	933.9			11
	전자기계융합공학	8	8	10.3	3.5	962.5			15		8	7.80	3.7	959.6			12
	환경시스템공학	5	5	7.60	4.1	954.0			11		5	11.4	3.1	968.4			7
	자유공학부	5	6	12.4	3.2	966.8			15		5	9.20	3.3	965.9			12
	미래모빌리티학부	4	4	9.50	3.9	957.2			4								
	지능형반도체공학	4	4	9.30	3.4	964.7			1								
	스마트도시학부	5	5	8.80	3.6	960.7			14								
	약학과	6	신설														
체능	스포츠과학전공	5	4	7.50	2.7	974.2			1		4	9.30	3.0	970.7			3
	스포츠비지니스	5	4	8.00	3.4	963.4			2		4	7.30	3.1	968.3			8
		169	164	13.0	3.6	961.4			11		134	8.94	3.7	960.2			10

인문자연 영어반영		2022	▶영어제외 국수탐2 백분위평균 ▶							
		모집 인원	모집 인원	경쟁률	국수탐 백분위합			영어 환산	국수탐2 백분위합	영어등급 평균성적	국수영탐 환산최저		
					국어	수학	탐구1						
인문	글로벌학부								81.8	2.3			
	융합경영학부								70.7	2.3			
	정부행정학부								76.0	2.5			
	공공사회통일외교								73.3	2.4			
	경제정택학전공								73.7	2.6			
	문화유산융합학부								81.3	2.4			
	문화창의학부								83.9	2.3			
자연	경제통계학부								69.7	2.4			
	데이터계산과학								68.3	2.5			
	사이버보안								73.9	2.2			
	디스플레이물리								67.0	2.4			
	신소재화학								68.0	2.2			
	컴융소프트웨어								71.4	1.8			
	전자및정보공학								71.4	2.4			
	생명정보공학과								69.6	2.4			
	식품생명공학과								69.0	2.6			
	전자기계융합공								70.3	2.4			
	환경시스템공학								69.3	2.3			
	자유공학부								73.0	2.0			
예체	국제스포츠학부								74.8	2.3			
계									70.4	2.3			

2022 대학별 수시모집 요강	광운대학교	2022 대입 주요 특징	정시: 표준점수 인 30:25:20:25 자연 20:35:20:25등 영어: 200-197-192-184-172 ... 정시 탐구2개

▶ 교과 반영: 교과/논술만
인문: 국영수사
자연/스포츠: 국영수과
이수단위 적용
▶ 과목별가중치 없음
▶ 학년비율 변화
 : 20:40:40→없음
▶ 진로선택과목 미반영

1. 수시선발비율 60% 유지, 교과전형 인원증가★
2. 교과성적우수자→지역균형 신설로 변경, 51명 증가★
3. 내신반영 과목별가중치 2021 이후 폐지 유지
4. 광운대 2020 종합전형 최종등록자 고교유형
 일반고 77.1%, 특성화 12.3%, 자사고 7.4%, 특목고 2.9%
5. 영어산업학과: 인공지능 번역등 관심주제 지원전략 필요
 미디어커뮤니케이션: 광운대 대표학과
 산업심리학: 통계/수학/영어성적 중요, 기업평가, 기업보상
 기업문화 등 분야 관심표현 지원전략 필요

6. 2022 정시 반영 국수영탐2
 ▶ 인문 30:25:20:25 ▶ 경영/국제통상 30:35:20:15
 ▶ 자연 20:35:20:25 <미적분/기하 및 과탐 필수응시>
 ▶ 건축 25:30:20:25 <과탐 지정, 미적분/기하 10% 가산>
 ▶ 정보융합 30:35:20:25 <미적분/기하 10%, 과탐 5% 가산>
 ▶ 스포츠융합과학 국영탐2 40:30:30

7. 2021 입학결과 교과전형 대폭하락 - 경쟁률 변화 등 주목★

모집시기	전형명	사정모형	학생부종합 특별사항	2022 수시 접수기간 09. 10(금) ~ 14(화)	모집인원	학생부	논술	면접	서류	기타	2022 수능최저등급
2022 수시 1,014명 (60.1%) 정시 672명 (39.9%) 전체 1,686명 2021 수시 1,046명 (62%) 정시 641명 (38%) 전체 1,687명	**지역균형** 교과성적우수자	일괄	학생부교과 고교추천자 인원 무제한 최저없음 최종 11.12(금)	1. 지역균형 변경, 51명 증가 2. 고교추천자, 인원제한 없음 3. 수능최저 없음 유지 4. 교과80 출봉20→교과100 5. 자연계열 인문교차가능 6. 2021 평균 충원율 증가 인문 176%, 자연 258%	인 73 자129 2021 151 인 56 자 95	교과 100%					
	논술 우수자	일괄	논술전형 최저없음 논자 11.27(토) 논인 11.28(일) 최종 12.16(목)	1. 2022 전년대비 19명 감소 2. 논술 120분 자연수리 2문 (소문항 5개) 인문통합 2문 (각 700~천자)	187 인 67 자120 2021 206 인 77 자129		교과 30% + 논술 70%				
	광운참빛 인재	1단계	**학생부종합** 자기소개서 ~09.15(수) 1단계 11.03(수) 면접 11.06(토) 면접 11.07(일) 최종 11.12(금)	학업역량20%, 전공적합30% 발전가능성20%, 인성30% 정보융합학부 24명 지원강추 인성, 창의성, 교과및 비교과 ※ 문제 제시형 면접평가 없음	491 인175 자316 2021 523 인193 자330	서류100% (3배수)					
		2단계				1단계 70 + 면접 30					
	소프트웨어	1단계	**학생부종합** 자기소개서 ~09.15(수) 1단계 11.03(수) 최종 11.12(금)	소프트웨어분야 재능과 열정 컴정10 소프트10 정보융합10 자소서와 면접 중요 진로선택 노력과정	30 2021 30	서류100% (3배수)				**2021 입결정리** ▶ 컴정보10-9.20-**3.64**→**3.36** 8명 충원80% ▶ 소프트10-13.5-**3.74**→**3.76** 10명 충원100% ▶ 정보융합10-7.00-**3.81**→**4.38** 2명 충원20%	
		2단계				1단계 70 + 면접 30					
	고른기회	일괄	**학생부종합** 자소~09.15(수) 최종 12.16(목)	1. 국가보훈대상 자 2. 만학도 3. 기초수급 및 차상위자녀 등	86 인 30 자 56	서류100%				**입결정리 3개년 (2019~2021)** ▶ 자연평균 3.46→3.42→**3.71** ▶ 인문평균 3.49→3.35→**3.79**	

<2022 기타전형 생략>
특성화고졸재직 2명, 체육특기자 16명
농어촌67 특성화고졸25 특성화고졸재직92 서해5도16 등

광운대 2021 수시분석자료 01 - 교과전형 인문

수능최저 없음		**2021 교과성적우수자 (인문)**							**2020 교과성적우수자 (인문)**						
▶학생부 100% 수능최저 없음		2022 지역 균형	▶내신 반영: 국영수사 ▶학년 비율: 20:40:40 ▶교과별 가중치: 없음						▶내신 반영: 국영수사 ▶학년 비율: 20:40:40 ▶교과별 가중치: 없음						
			2021 지원			2021 수시 입결			2020 지원			2020 수시 입결			
		모집 인원	모집 인원	경쟁률		실질 경쟁률	최종등록 내신평균	충원율	추합 인원	모집 인원	경쟁률	실질 경쟁률	최종등록 내신최고	최종등록 내신평균	최종등록 내신최저	추합 인원
인문	국어국문학과	4	3	6.70		2.23	2.76	200.0%	6	3	24.3	8.10	2.04	2.10	2.16	6
	영어산업학과	4	3	7.00		4.20	3.12	66.7%	2	3	11.7	5.85	1.80	1.87	1.94	3
	미디어커뮤니	8	7	4.30		1.51	3.42	185.7%	13	7	8.7	2.90	1.68	1.77	1.82	14
	산업심리학과	5	3	6.30		2.70	3.61	133.3%	4	3	7.7	2.57	1.61	1.61	1.61	6
	동북아문화산업	7	5	6.00		2.00	2.71	200.0%	10	5	10.8	4.91	2.02	2.07	2.13	6
	행정학과	6	4	5.30		1.77	2.39	200.0%	8	4	18.5	6.73	2.03	2.10	2.17	7
인문	법학부	12	9	4.70		1.57	2.11	200.0%	18	4	18.5	2.85	2.01	2.10	2.20	22
	국제학부	4	4	4.80		1.75	3.18	175.0%	7	3	9.3	3.10	1.91	2.10	2.29	6
	경영학부	16	12	6.60		2.20	1.67	200.0%	24	12	6.6	2.20	1.88	2.07	2.36	24
	국제통상학부	7	5	5.00		1.67	3.39	200.0%	10	5	7.4	2.47	2.21	미등록	2.21	10
		73	55	5.67		2.16	2.84	176.1%	102	49	12.4	4.17	1.92	1.98	2.09	104

광운대 2021 수시분석자료 02 - 교과전형 자연

수능최저 없음		**2021 교과성적우수자 (자연)**							**2020 교과성적우수자 (자연)**						
▶학생부 100% 수능최저 없음		2022 지역 균형	▶내신 반영: 국영수과 ▶학년 비율: 20:40:40 ▶교과별 가중치: 없음						▶내신 반영: 국영수과 ▶학년 비율: 20:40:40 ▶교과별 가중치: 없음						
			2021 지원			2021 수시 입결			2020 지원			2020 수시 입결			
		모집 인원	모집 인원	경쟁률		실질 경쟁률	최종등록 내신평균	충원율	추합 인원	모집 인원	경쟁률	실질 경쟁률	최종등록 내신최고	최종등록 내신평균	최종등록 내신최저	추합 인원
자연	전자공학과	18	13	7.80		1.95	1.58	300.0%	39	13	4.80	1.60	1.29	1.81	2.22	26
	전자통신공학과	10	7	8.00		3.73	2.01	114.3%	8	7	5.40	1.99	1.80	1.86	1.90	12
	전자융합공학과	9	6	12.5		5.00	2.09	150.0%	9	6	4.30	1.52	1.67	2.90	3.61	11
	전기공학과	9	7	17.1		4.28	2.04	300.0%	21	7	4.70	1.73	1.78	2.78	3.85	12
	전자재료공학과	9	7	8.10		2.27	2.22	257.1%	18	7	5.10	1.70	1.85	1.87	1.90	14
	로봇학부	8	6	15.0		3.91	2.47	283.3%	17	6	5.30	1.99	2.13	2.90	3.61	10
	컴퓨터정보공학	9	7	7.00		1.81	2.31	285.7%	20	7	5.10	1.70	1.68	1.81	1.92	14
	소프트웨어학부	10	7	16.0		4.00	2.14	300.0%	21	6	5.30	2.65	1.79	2.76	3.56	6
자연	정보융합학부	9	7	7.90		2.05	2.38	285.7%	20	7	5.90	1.97	1.72	1.90	2.04	14
	건축학과	4	3	9.70		2.43	2.24	300.0%	9	3	15.0	5.00	2.01	미등록	2.01	6
	건축공학과	4	3	10.0		2.50	2.35	300.0%	9	3	10.0	3.33	2.29	2.29	2.29	6
	화학공학과	8	6	6.70		1.68	1.63	300.0%	18	6	6.20	2.07		1.67		12
	환경공학과	4	3	11.0		2.75	2.16	300.0%	9	3	5.70	1.90	2.13	2.41	2.56	6
	수학과	6	4	5.0		2.00	2.00	150.0%	6	4	6.80	2.27	1.91	1.96	2.01	8
	전자바이오물리	6	5	11.0		3.67	2.32	200.0%	10	5	4.20	2.33	2.21	2.83	3.39	4
	화학과	6	5	9.20		2.30	1.89	300.0%	15	5	5.60	1.87	2.18	2.21	2.23	10
		129	96	10.1		2.89	2.11	257.9%	249	95	6.21	2.23	1.90	2.26	2.61	171

2020.06.01 입결확보 올림

광운대 2021 수시분석자료 03 - 광운참빛종합 인문

수능최저 없음		2022	2021 광운참빛종합 (인문)							2020 광운참빛종합 (인문)						
▶1단계: 서류100% (3배수) 2단계: 면접30%			▶학업역량20%, 전공적합성30% 발전가능성20%, 인성30%							▶학업역량20%, 전공적합성30% 발전가능성20%, 인성30%						
			2021 지원			2021 수시 입결				2020 지원			2020 수시 입결			
		모집 인원	모집 인원	경쟁률		실질 경쟁률	최종등록 내신평균	충원율	추합 인원	모집 인원	경쟁률		실질 경쟁률	최종등록 내신평균	충원율	추합 인원
인문	국어국문학과	9	10	7.70		*5.50*	3.14	40.0%	4	9	10.1		*6.49*	3.14	55.6%	5
	영어산업학과	10	11	7.30		*5.02*	3.58	45.5%	5	11	9.30		*6.39*	3.21	45.5%	5
	미디어커뮤니	21	22	17.9		*8.38*	3.05	113.6%	25	22	24.0		*11.2*	3.05	40.9%	9
	산업심리학과	12	13	5.30		*3.45*	2.82	53.8%	7	13	7.50		*4.88*	2.71	7.7%	1
	동북아문화산업	17	18	16.2		*10.4*	3.50	55.6%	10	18	12.1		*7.78*	4.01	72.2%	13
	행정학과	14	15	5.90		*3.40*	3.00	73.3%	11	15	6.00		*3.46*	2.90	73.3%	11
인문	법학부	29	32	4.70		*2.55*	3.50	84.4%	27	38	5.60		*3.61*	2.83	65.8%	25
	국제학부	9	10	13.0		*9.29*	3.36	40.0%	4	9	19.8		*12.7*	3.89	188.9%	17
	경영학부	38	41	7.00		*3.93*	3.22	78.0%	32	41	11.2		*6.29*	3.10	87.8%	36
	국제통상학부	16	17	8.80		*5.16*	3.71	70.6%	12	17	9.20		*5.39*	3.53	88.2%	15
		175	189	9.38		*5.71*	3.29	65.5%	137	193	11.5		*6.83*	3.24	72.6%	137

광운대 2021 수시분석자료 04 - 광운참빛종합 자연

수능최저 없음		2022	2021 광운참빛종합 (자연)							2020 광운참빛종합 (자연)						
▶1단계: 서류100% (3배수) 2단계: 면접30%			▶학업역량20%, 전공적합성30% 발전가능성20%, 인성30%							▶학업역량20%, 전공적합성30% 발전가능성20%, 인성30%						
			2021 지원			2021 수시 입결				2020 지원			2020 수시 입결			
		모집 인원	모집 인원	경쟁률		실질 경쟁률	최종등록 내신평균	충원율	추합 인원	모집 인원	경쟁률		실질 경쟁률	최종등록 내신평균	충원율	추합 인원
자연	전자공학과	42	44	7.30		*2.70*	2.99	170.5%	75	44	7.40		*3.70*	3.27	100.0%	44
	전자통신공학과	25	26	4.30		*2.54*	3.27	69.2%	18	26	7.20		*4.80*	3.22	50.0%	13
	전자융합공학과	21	23	4.30		*2.25*	3.27	91.3%	21	23	6.50		*3.83*	3.03	69.6%	16
	전기공학과	22	23	4.30		*1.90*	2.99	126.1%	29	23	4.30		*2.91*	3.15	47.8%	11
	전자재료공학과	22	24	5.30		*3.26*	3.14	62.5%	15	24	7.90		*5.42*	3.13	45.8%	11
	로봇학부	21	21	8.20		*3.74*	3.28	119.0%	25	21	9.70		*4.74*	2.96	104.8%	22
	컴퓨터정보공학	22	24	8.20		*3.39*	2.80	141.7%	34	24	8.40		*5.45*	2.90	54.2%	13
	소프트웨어학부	24	26	12.0		*4.11*	2.75	192.3%	50	23	11.2		*5.05*	2.96	121.7%	28
자연	정보융합학부	22	24	7.60		*3.38*	3.11	125.0%	30	24	6.90		*3.85*	3.15	79.2%	19
	건축학과	10	10	23.2		*7.48*	3.44	210.0%	21	10	21.5		*9.35*	4.08	130.0%	13
	건축공학과	10	10	20.2		*8.08*	3.87	150.0%	15	10	21.5		*9.35*	4.08	130.0%	13
	화학공학과	22	23	10.1		*5.16*	2.55	95.7%	22	23	17.1		*12.69*	2.78	34.8%	8
	환경공학과	9	10	22.6		*7.29*	2.79	210.0%	21	9	18.4		*7.89*	3.34	133.3%	12
	수학과	13	14	7.40		*3.14*	3.15	135.7%	19	14	6.70		*4.47*	2.94	50.0%	7
	전자바이오물리	15	16	8.70		*4.97*	3.30	75.0%	12	16	6.90		*4.60*	3.70	50.0%	8
	화학과	16	16	13.4		*7.66*	2.83	75.0%	12	16	8.40		*4.80*	3.19	75.0%	12
		316	334	10.4		*4.44*	3.10	128.1%	419	330	10.6		*5.81*	3.24	79.8%	250

수능최저 없음			2021 논술우수자 (인문)							2020 논술우수자 (인문)						
		2022	▶자연수리 2문 (소문항 5개) ▶인문통합 2문 (각 700~천자)							▶자연수리 2문 (소문항 5개) ▶인문통합 2문 (각 700~천자)						
▶학생 30+논술 70			2021 지원	2021 수시 입결						2020 지원	2020 수시 입결					
		모집인원	모집인원	경쟁률	논술성적	실질경쟁률	최종등록 내신평균	충원율	추합인원	모집인원	경쟁률	논술성적	실질경쟁률	최종등록 내신평균	충원율	추합인원
인문	국어국문학과	3	4	31.8	87.8	25.4	4.51	25.0%	1	3	37.70	82.5	28.3	4.63	33.3%	1
	영어산업학과	5	5	31.0	84.0	31.0	4.34	0.0%	0	5	40.80	80.0	34.0	3.70	20.0%	1
	미디어커뮤니	8	9	42.0	88.6	37.8	4.76	11.1%	1	9	64.40	82.9	52.7	4.11	22.2%	2
	산업심리학과	4	5	35.6	82.4	35.6	4.80	0.0%	0	5	50.40	83.6	42.0	3.84	20.0%	1
	동북아문화산업	6	7	35.4	82.6	22.5	4.50	57.1%	4	7	46.70	79.2	46.7	4.12	0.0%	0
	행정학과	5	6	30.5	80.2	22.9	4.73	33.3%	2	6	40.20	82.3	30.2	4.14	33.3%	2
인문	법학부	12	13	32.9	85.9	25.2	4.56	30.8%	4	15	44.80	80.0	39.5	4.06	13.3%	2
	국제학부	3	4	27.3	81.1	27.3	5.10	0.0%	0	4	41.50	78.9	41.5	3.75	0.0%	0
	경영학부	15	16	40.6	72.2	34.2	4.06	18.8%	3	16	51.30	73.5	48.3	4.29	6.3%	1
	국제통상학부	6	7	33.3	78.9	25.9	4.55	28.6%	2	7	46.10	83.4	46.1	4.41	0.0%	0
		67	76	34.0	82.4	28.8	4.59	20.5%	17		46.4	80.6	40.9	4.11	13.0%	10

수능최저 없음			2021 논술우수자 (자연)							2020 논술우수자 (자연)						
		2022	▶자연수리 2문 (소문항 5개) ▶인문통합 2문 (각 700~천자)							▶자연수리 2문 (소문항 5개) ▶인문통합 2문 (각 700~천자)						
▶학생 30+논술 70			2021 지원	2021 수시 입결						2020 지원	2020 수시 입결					
		모집인원	모집인원	경쟁률	논술성적	실질경쟁률	최종등록 내신평균	충원율	추합인원	모집인원	경쟁률	논술성적	실질경쟁률	최종등록 내신평균	충원율	추합인원
자연	전자공학과	16	18	43.9	81.9	28.2	4.11	55.6%	10	18	51.3	83.6	51.3	4.31	38.9%	7
	전자통신공학과	9	10	27.0	70.8	19.3	5.14	40.0%	4	10	38.1	88.6	38.1	4.30	10.0%	1
	전자융합공학과	8	9	29.7	75.2	22.3	4.24	33.3%	3	9	38.3	78.1	38.3	4.95	33.3%	3
	전기공학과	8	9	28.9	72.8	18.6	4.90	55.6%	5	9	36.0	79.6	36.0	4.58	66.7%	6
	전자재료공학과	9	9	29.6	72.0	16.7	4.51	77.8%	7	9	40.7	86.1	40.7	4.12	22.2%	2
	로봇학부	8	9	27.8	69.6	22.7	4.78	22.2%	2	9	37.1	80.8	37.1	4.58	55.6%	5
	컴퓨터정보공학	8	9	34.6	77.2	22.2	5.00	55.6%	5	9	51.2	90.3	51.2	4.03	55.6%	5
	소프트웨어학부	9	10	41.1	84.7	20.6	4.65	100.0%	10	9	49.7	89.9	49.7	3.85	66.7%	6
자연	정보융합학부	9	9	32.9	73.9	19.7	4.11	66.7%	6	9	45.2	80.2	45.2	4.52	55.6%	5
	건축학과	3	4	37.3	79.5	29.8	4.21	25.0%	1	4	44.0	76.9	44.0	4.45	50.0%	2
	건축공학과	4	4	28.3	70.4	12.6	4.77	125.0%	5	4	40.0	73.9	40.0	4.36	75.0%	3
	화학공학과	8	9	36.2	74.1	21.7	4.07	66.7%	6	9	53.3	83.2	53.3	3.84	55.6%	5
	환경공학과	4	4	41.5	74.3	18.4	4.74	125.0%	5	4	42.0	70.8	42.0	3.86	0.0%	0
	수학과	5	5	29.0	77.0	16.1	4.25	80.0%	4	5	35.4	75.9	35.4	3.67	80.0%	4
	전자바이오물리	6	6	24.8	71.4	18.6	4.66	33.3%	2	6	38.0	77.5	38.0	4.38	50.0%	3
	화학과	6	6	25.5	63.3	13.9	4.33	83.3%	5	6	42.2	79.8	42.2	3.85	0.0%	0
		120	130	32.4	74.2	20.1	4.53	65.3%	80	129	42.7	81.0	42.7	4.23	44.0%	57

광운대 2021 분석자료 07 - 정시수능 인문

		2022	2021 정시수능 (인문)▶정시 표준점수, 인문 국수영탐2 30:25:20:25 ▶정시 표준점수, 자연 국수영탐2 20:35:20:25							2020 정시수능 (인문)▶정시 표준점수, 인문 국수영탐2 30:25:20:25 ▶정시 표준점수, 자연 국수영탐2 20:35:20:25					
▶영어반영 공통 200-197-192-184-172 …			2021 지원	2021 정시 입결						2020 지원	2020 정시 입결					
		모집인원	모집인원	군별	환산점(가산)	국수탐2 백분위합	국수탐2 표준합	국수탐2 등급평균	충원인원	모집인원	군별	환산점(가산)	국수탐2 백분위합	국수탐2 표준합	국수탐2 등급평균	충원인원
인문	국어국문학과	13	12	다군	692.7	246.9	121.9	2.75	31	11	다군	699.7	255.90	124.5	2.51	19
	영어산업학과	14	14	다군	694.2	248.3	121.6	2.61	31	14	다군	700.9	255.90	123.6	2.49	14
	미디어커뮤니	28	27	나군	699.5	253.9	123.2	2.56	30	30	나군	703.2	258.54	124.4	2.48	30
	산업심리학과	16	16	나군	695.7	248.4	122.2	2.67	28	17	나군	704.3	258.75	124.4	2.43	9
	동북아문화산업	22	22	다군	696.4	251.8	122.6	2.57	26	22	다군	698.2	252.69	123.5	2.55	32
	행정학과	19	20	다군	696.5	251.8	123.0	2.53	41	17	다군	702.1	258.33	124.8	2.48	31
인문	법학부	39	41	다군	694.7	251.2	122.4	2.63	56	49	다군	700.5	257.04	123.9	2.47	55
	국제학부	13	11	다군	687.9	241.6	120.9	2.79	11	11	다군	702.3	257.82	124.4	2.49	25
	경영학부	51	59	나군	699.7	251.5	122.4	2.57	60	26	나군	709.7	255.12	124.9	2.49	45
	국제통상학부	21	21	다군	702.8	253.5	122.7	2.38	41	26	다군	711.5	257.67	125.0	2.42	53
		236	243		696.0	249.9	122.3	2.61	355	223		703.2	256.78	124.3	2.48	313

광운대 2021 분석자료 08 - 정시수능 자연

		2022	2021 정시수능 (자연)▶정시 표준점수, 인문 국수영탐2 30:25:20:25 ▶정시 표준점수, 자연 국수영탐2 20:35:20:25							2020 정시수능 (자연)▶정시 표준점수, 인문 국수영탐2 30:25:20:25 ▶정시 표준점수, 자연 국수영탐2 20:35:20:25					
▶영어반영 공통 200-197-192-184-172 …			2021 지원	2021 정시 입결						2020 지원	2020 정시 입결					
		모집인원	모집인원	군별	환산점(가산)	국수탐2 백분위합	국수탐2 표준합	국수탐2 등급평균	충원인원	모집인원	군별	환산점(가산)	국수탐2 백분위합	국수탐2 표준합	국수탐2 등급평균	충원인원
자연	전자공학과	53	62	가군	687.1	245.4	120.47	2.65	82	55	가군	693.0	251.19	122.07	2.53	73
	전자통신공학과	31	30	다군	681.4	239.0	119.19	2.79	77	30	다군	690.1	249.06	121.65	2.64	84
	전자융합공학과	27	26	다군	680.4	237.2	118.94	2.87	107	26	다군	686.1	246.84	121.41	2.76	66
	전기공학과	28	27	가군	681.5	237.8	118.86	2.84	47	26	가군	690.4	249.39	121.85	2.63	26
	전자재료공학과	28	28	다군	676.4	233.5	117.89	2.97	63	31	다군	689.0	247.98	121.32	2.65	81
	로봇학부	25	26	가군	680.8	239.4	119.44	2.80	49	26	가군	686.9	245.31	120.91	2.78	42
	컴퓨터정보공학	34	32	가군	682.9	240.5	119.76	2.73	49	37	가군	686.0	244.98	120.76	2.81	47
	소프트웨어학부	37	40	가군	684.6	243.7	119.96	2.72	62	32	가군	690.3	248.19	121.16	2.63	58
자연	정보융합학부	36	34	다군	707.6	239.3	119.63	2.77	118	38	다군	726.3	247.32	121.35	2.69	85
	건축학과	12	17	가군	695.7	235.7	118.50	2.82	40	14	가군	713.0	242.58	120.83	2.73	39
	건축공학과	12	14	다군	673.8	228.5	116.77	3.01	56	13	다군	683.5	243.42	120.26	2.89	39
	화학공학과	27	27	가군	683.0	240.2	119.31	2.74	47	31	가군	686.0	244.41	120.44	2.73	54
	환경공학과	12	16	다군	676.3	232.8	117.84	3.01	63	11	다군	686.1	243.87	120.97	2.73	34
	수학과	16	16	가군	677.4	236.7	118.71	2.90	30	19	가군	684.4	243.87	120.47	2.75	47
	전자바이오물리	18	19	다군	676.1	233.4	118.11	2.89	60	19	다군	687.7	246.75	121.30	2.70	33
	화학과	19	23	다군	670.1	227.1	116.68	3.17	68	22	다군	686.1	245.07	120.49	2.79	62
	스포츠융합	21	22	다군	210.3	126.0	109.11	3.69	6	21	다군	212.6	203.31	112.02	3.71	15
자연 합계		436	459		654.4	236.9	118.19	2.90	1024	451		663.4	243.74	120.54	2.77	885

*정시다군: 스포츠융합 국탐2

국민대학교01 |

2022 대학별 수시모집 요강	국민대학교01	2022 대입 주요 특징	<영어 반영방법> 정시: 백분위	인문 30:20:20:30
			인/자: 100-98-95-90-85 ...	자연 20:30:20:30

▶교과반영 (교과전형)
인: 국영수사(史/도)
자: 국영수과
▶전학년 100%
▶이수단위 적용
▶진로선택 미반영
▶졸업자도 내신 5학기 적용
	1. 2021 교과전형→2022 교과성적우수자(학교장추천) 변경★
	2. 2021 학교장추천→2022 학교생활우수자전형 변경★
	3. 학교생활우수자 및 기회균형2: 서류100% (교과 30% 폐지)
	4. 2022 SW 인공지능학과, 미래모빌리티학과 신설
	5. 과년도 입결 경향성 중요하지 않음, 모든전형 추천서 없음
	6. 빅데이터경영: 인문자연 분리모집 지속
	7. 학생 특성과 장점 기록당부 ★ 스토리텔링
	8. 국민프런티어 글로벌인문 외고 자사고 지원합격증가
		▶국민대 2022 신설 4개학과 주목★
		1. 미래 모빌리티학과 (독립학부)
		  ①UAM/드론, 딜리버리로봇, 퍼스널 모빌리티, Taas/Mass 등
		  ②차세대 이동수단 개발 및 실현융합형 창의인재양성 목표
		2. AI 빅데이터융합경영학과
		3. 인공지능학부 (SW융합대학)
		4. AI 디자인학과 (조형대학)

모집시기	전형명	사정모형	학생부종합특별사항	2022 수시 접수기간 09. 10(금) ~ 14(화)	모집인원	학생부	논술	면접	서류	기타	2022 수능최저등급
2022 수시 2,062명 (69.5%) 정시 904명 (30.5%) 전체 2,966명 2021 수시 2,068명 (63.9%) 정시 1,170명 (36.1%) 전체 3,238명	교과성적 우수자 (교과전형)	일괄	학생부교과 학교장추천 추천 무제한 인: 국영수사 (史/도) 자: 국영수과	1. 학교장추천제, 인원무제한 2. 2022 전년대비 53명 감소 3. 수능최저 전년과 동일 4. 학교장추천 입로드 기간 09.16(목)~30(목)	410 2021 463	교과 100					인: 2개합 5 (탐1) 자: 2개합 6 (과탐1) *수학 무제한
	학교생활 우수자 (학교장추천)	일괄	학생부종합 자소서제출 ~09.15(수) 최저/면접없음 최종 12.16(목) 인: 국영수사 (史/도) 자: 국영수과 동일비율	1. 교과30+서류70→서류100 2. 2022 학교장추천 폐지이동 ▶2022 학업의지/학교생활 1. 자기주도성(수업) 30점★ 2. 발전가능성 20점★ 3. 전공적합성 학업능력 15점 4. 전공잠재력 25점 5. 인성 공동체의식협동 10점	397 2021 318	서류 100					최저 없음
	국민 프런티어	1단계	학생부종합 자소서제출 ~09.15(수)	▶2022 학업의지/학교생활 1. 자기주도성(수업활동) 30★ 2. 발전가능성 20점★ 3. 전공적합성 학업능력 40점 ①전공잠재력 25점 ②학업능력 15점 4. 인성 공동체의식협동 10점	645 2021 596	서류 100 (3배수)					최저 없음
		2단계	1단계 11.24(수) 면인 11.27(토) 면자 11.28(일) 최종 12.16(목)			1단계 70 면접 30					
	소프트웨어 특기자	1단계	특기자전형 자소서제출 ~09.15(수)	1. 특기 및 입상실적 반영자 2. 소프트웨어 15명→10명 인공지능학교 5명 신설 3. 전국규모 컴퓨터프로그래밍 실기대회 국제정보올림피아 4. 2022 SW경진대회 추가 등	15 2021 15	서류 100% (3배수)				입상대회 규모와 입상 순위 등이 중요 본래의 SW전형과 다른 실무 선호의 전형이며 **특성화고 최다합격**	최저 없음
		2단계	1단계 11.02(화) 면접 11.07(토) 최종 11.16(화)			1단계 20 + 교과 30 + 면접 50					
	고른기회1 국가보훈대상자 사회배려대상자	1단계	자소서제출 ~09.15(수)	1. 국가보훈대상자 2. 기초수급 및 차상위자녀등 3. 교과비교과 충실수행 자기주도성, 도전정신 전공적합성, 인성 평가	104 2021 101	서류 100 (3배수)					최저 없음
		2단계	1단계 11.10(수) 면접 11.13(토) 최종 12.16(목)			1단계 70 면접 30					
	고른기회2 (정원외)	일괄	학생부종합 자소서제출 ~09.15(수) 최종 12.16(목)	1. 교과30+서류70→서류100 2. 기초수급 및 차상위 자녀 (사회배려와 중복됨) 3. 자기주도성, 도전정신 전공적합성, 인성 평가	57 인 26 자 31	서류 100					최저 없음
	어학특기자 등	1단계	자소서제출 ~09.15(수)	영어 토익900 IBT95 텝스452 일어 JLPT N1급 면접: 한국어+외국어 각250점 기타 기능/건축디자인/미술등	어학 42 2021 47	어학 100 (8배수)					최저 없음
		2단계	1단계 11.02(화) 면접 11.06(토) 최종 11.16(화)			교과30 면접50 어학20					2022 기타전형 생략 농어100명 특성졸156명 실기172명 취업 22명 등

2021 대학별 수시모집 요강				국민대학교02		2021 대입 주요 특징	<영어 반영방법> 정시: 백분위　　인문 30:20:20:30 인/자: 100-98-95-90-85 ...　　자연 20:30:20:30					

모집시기	전형명	사정모형	학생부종합 특별사항	2021 지난해 요약정리	모집인원	학생부	논술	면접	서류	기타	2021 수능최저등급
2021 수시 2,068명 (63.9%) 정시 1,170명 (36.1%) 전체 3,238명 2020 수시 2,070명 (63.9%) 정시 1,168명 (36.1%) 전체 3,238명	**학생부교과** (교과성적우수)	일괄	학생부교과 교과100% 인: 국영수사 (史/도) 자: 국영수과 동일비율	1. 인문 3명감소, 자연 9명증가 2. 수능최저변화: 영어포함★ ▶국수탐1→국수영탐1 인: 2개합6→ **2개합5** (탐1) 자: 2개합7→ **2개합6** (탐1) 수가나/과	463 인178 자285 2020 457 인181 자276	교과 100					1. 2020 성적 상승요인: 단계전형 일괄100% 변화 2. 2020 성적 하락요인: 수능최저 신설, 영어제외 2개합6/7 3. 2020 최종 전망올림: 인문최저 2.55, 자연최저 2.70 사실상 교과전형 변화에 따른 변수는 크지않을 전망 ■ 2019 교과단계전형 입학결과 (최고-평균-최종) ▶인문: 경쟁률 6.54, 최종 <u>1.77-2.11-2.48</u> ▶자연: 경쟁률 8.19, 최종 <u>1.81-2.28-2.64</u>
	학교장추천 (교과서류일괄)	일괄	학생부종합 학교장추천 <u>추천제한없음</u> 자소서제출 최저/면접없음 인: 국영수사 (史/도) 자: 국영수과 동일비율	▶2021 학업의지/학교생활 1. 자기주도성(수업) 30점★ 2. 발전가능성 20점★ 3. 전공적합성 학업능력 15점 4. 전공잠재력 25점 5. 인성 공동체의식협동 10점 ■ 학교장2019 지원대비 최초합 ①인천23.7%★ ②경북19.1%★ 경북18.2 충북17.9 울산16.7 전남16.7 경기16.0 충남12.9 전북12.5 강원11.9 경남10.9 대전9.70 광주6.50 부산4.65 부산4.65 대구0 세종0 제주0	318 인142 자176 2020 324 인144 자180	교과 30 + 서류 70					1. 전공적합성보다 수업내활동과 발전가능성이 더 중요함 2. 내신 4등급까지 불과 4점차, 진정성있는 세특기록 중요 ■ 지원자 대비 충원포함 총합격률 - 인문 *ollim* ▶1.51~2.00등급: 62.3% (지원 220명 / 합격 137명) ▶2.01~2.50등급: 37.9% (지원 420명 / 합격 159명) ▶2.51~3.00등급: 16.9% (지원 183명 / 합격 31명) ▶3.01~3.50등급: 10.3% (지원 058명 / 합격 6명) ■ 지원자 대비 충원포함 총합격률 - 자연 *ollim* ▶1.51~2.00등급: 79.6% (지원 220명 / 합격 137명) ▶2.01~2.50등급: 50.5% (지원 420명 / 합격 159명) ▶2.51~3.00등급: 27.1% (지원 183명 / 합격 31명) ▶3.01~3.50등급: 20.2% (지원 058명 / 합격 6명) ▶3.51~4.00등급: 6.15% (지원 065명 / 합격 4명)
	국민 프런티어	1단계	학생부종합 자소서제출 ~09.29(화)	▶2021 학업의지/학교생활 1. 자기주도성(수업활동) 30★ 2. 발전가능성 20점★ 3. 전공적합성 학업능력 15점 4. 전공잠재력 25점 5. 인성 공동체의식협동 10점	596 인267 자329 2020 615 인260 자335 예 20	서류 100 (3배수)					■ 지원자대비 <u>1단계합</u>→1단계대비 최초합 비율 인문 ▶1.51~2.00등급: 50.4%→50% (지원 103/최초합 26) ▶2.01~2.50등급: 42.5%→39.7% (지원 835/최초합141) ▶2.51~3.00등급: 22.4%→26.7% (지원 1,121/최초합67) ▶3.01~3.50등급: 9.98%→13.6% (지원 591/최초합8)
		2단계	1단계: 12.09(수) 면접인 12.12(토) 면접자 12.13(일) 최종: 12.26(토)	■ 프런티어2019 지원대비최초합 ①인천12.3%★ ②대전11.3%★ 울산10.0 경기8.13 서울7.95 등		서류 70+ 면접 30					■ 지원자 대비 <u>1단계합</u>→1단계대비 최초합 비율 자연 ▶1.51~2.00등급: 52.9%→77.8% (지원 34/최초합 14) ▶2.01~2.50등급: 65.2%→47.4% (지원 356/최초합 110) ▶2.51~3.00등급: 40.7%→29.4% (지원 1,194/최초 143) ▶3.01~3.50등급: 21.5%→18.8% (지원 967/최초합 39) ▶3.51~4.00등급: 11.9%→18.0% (지원 419/최초합 9)

<국민대 입시리포트 2019 요약 올림>

1. 모집단위 크면 당연히 유리한 변수 발생 주목
2. 성적 편차가 큰 이유는 특목고등 아닌 면접차이
3. 대학의 미등록사태 지속 등에 대한 진정성 숙고 대학
　① 다양한 편법 동원한 기술적 합격사례 다양성 고민
　② 동아리 진로 등 핵심키워드 학생부자소서 부정적
　③ 종합전형 모두 내신에 절대적으로 의존 않음
　④ 3-1학기 지원동기와 진로변경 사유 등을
　　자소서 4번에 전부 할애하는 경우 매우 부정적임
　　1,2학년 과정을 스스로 무시하는 경향으로 판단
4. 진로희망 사유 등 학생부 기록된대로의 평가 내용을
　신뢰할 수 없는 딜레마
　- 성적하락이유 변경사례 부정적
5. 면접대비 중요성 강조 - 일단 당황하지 않을 것 요청
6. 교과전형에 비해 면접과 성적하락 크면 <학교장>추천
7. 인천 27개 고교지원자 42명 중 33명 통과, 최초합 5명
8. 2단계 면접준비시 메모 등 기록할 수 없음
9. 학교장추천 오히려 교과에 비해 성적하락 가능성 높음
10. 국어 세특 <함축적 의미를 잘 아는> 것에 대해
　사회학과 지원시 무의미하지만,
　광고홍보 지원시 중요함

■ **국민대 종합전형
2019~2020**
1. 학교장추천
2. 국민프런티어
3. 고른기회1,2**

11. 수학 세특 <실생활에 응용한> 수학 통계이론 심화 확장
　수학 증명과 통계 수치 등을 통한 학급내 활동 사례 좋음
12. 국민대 국어국문학과, 자동차공학, 소프트웨어 최고학과
13. <언론정보 미디어학과> 3배수내 서류 수준 거의 동일함
14. PPT 등을 통한 학생 수업사례발표와 장점 부각 식상함
15. R&E의 높은 수준에 비례한 면접탈락 가능성 아시나요?
16. 무엇을 했다 는 열거보다 중요한 과정 중요성 재차강조
17. <수업시간 모습을 통한 학생의 장점 연결> 구체화 부족
18. 교육과정 우수성이 개별학생 합격을 절대 보장하지 못함
19. 프런티어 전형의 추합과 미등록 증가 추세 뚜렷함
20. 전공적합성이 내신을 충분히 극복하는가 <질문 올림>
　→ 일정 패턴의 경향성 없는 문제점으로 답변 고민중
21. <국민프런티어 예체능 2018> 시각디자인 최초합 2.15
　공간디자인 최초합 2.27　영상디자인 최초합 2.27
　스포츠레저 최초합 2.15　스포츠건강 최초합 2.67

※ 국민대학교 2019 - 세상을 바꾸는 TEAM형 인재양성
▶ **Think** : 생각이 깊은 인재
▶ **Express** : 남을 이해하며 나를 표현하는 인재
▶ **Act** : 배움을 실천하는 인재
▶ **Make** : 사회적 가치를 창조하는 인재

★ 국민대 최저 있음

▶교과100%
▶국수탐1 중 (영어 제외)
　인: 2개합 6 (탐1)
　자: 2개합 7 (탐1)
　수가나/과

2021 교과성적우수 (인문) / 2020 교과성적우수 (인문)

▶인문 내신반영: 국영수사+도덕 /국사
▶자연 내신반영: 국영수과

대학	학과	2022 최저 있음	모집인원	경쟁률	추합인원	최고	평균	최저	모집인원	경쟁률	추합인원	최고	평균	최저
글로벌인문지역대학	한국어문 국어국문	8	8	8.38	27	1.80	2.18	2.39	8	10.9	16	1.75	2.14	2.33
	한국어 글로벌한국	2	2	10.0	0	-	-	-	2	11.0	2	2.19	2.27	2.36
	영어영문학부	6	8	5.88	18	2.19	2.47	2.94	8	13.0	30	1.66	1.96	2.14
	중국학 중국어문	7	9	9.89	30	1.89	2.25	2.36	9	11.6	23	2.01	2.25	2.47
	중국학 중국정경	3	4	7.75	6	2.25	2.39	2.60	5	13.4	6	2.28	2.32	2.38
	한국역사학과	9	12	5.25	13	1.98	2.21	2.50	12	11.7	25	1.46	1.95	2.26
사회과학대학	러시아유라시아	4	5	11.8	11	2.00	2.15	2.29	5	14.0	12	2.09	2.29	2.65
	일본학과	4	6	7.00	15	1.25	2.28	2.90	6	9.83	8	1.90	2.21	2.40
	행정학과	10	13	5.15	24	1.78	2.82	6.93	13	10.9	33	1.58	1.86	2.10
	정치외교학과	7	13	6.38	25	1.79	2.14	2.43	13	11.9	26	1.79	2.02	2.19
	사회학과	5	7	5.14	18	1.28	1.83	2.35	8	11.4	20	1.78	1.95	2.10
	미디어광고미디어	6	8	6.63	12	2.36	3.31	4.21	8	9.75	17	1.50	1.66	1.82
	미디어 광고홍보학	7	7	5.29	12	1.89	2.21	2.93	7	10.6	23	1.46	1.67	1.96
	교육학과	4	5	7.40	21	1.88	2.09	2.40	5	8.00	8	1.57	1.92	2.17
법과대	법학부	19	19	5.16	37	1.86	2.63	3.82	19	12.8	35	1.62	1.93	2.08
경상대학	경제학과	7	10	10.8	36	1.94	2.08	2.17	10	14.1	35	1.91	2.11	2.22
	국제통상학과	11	10	5.60	22	1.83	2.44	3.03	10	14.3	25	1.75	1.92	2.09
경영대학	경영학부	13	13	10.8	67	1.64	2.05	2.50	13	13.8	85	1.55	1.78	2.04
	AI 빅데이터경영	8	4	8.75	15	1.75	1.93	2.03	4	11.0	13	1.25	1.72	2.11
	경영정보 인문	7	5	6.20	10	2.05	2.15	2.26	6	18.0	17	2.00	2.06	2.13
	재무금융 재무금융	5	5	10.0	11	2.07	2.11	2.16	5	13.6	6	2.13	2.16	2.24
	재무금융 회계학	5	5	7.20	15	1.86	2.51	3.13	5	13.6	11	1.82	1.94	2.03
합계		157	178	7.56	445	1.87	2.30	2.87	181	12.2	476	1.78	2.01	2.19

2021 교과성적우수 (자연) / 2020 교과성적우수 (자연)

대학	학과	모집인원	모집인원	경쟁률	추합인원	최고	평균	최저	모집인원	경쟁률	추합인원	최고	평균	최저
경영	AI 빅데이터경영	7	4	6.75	14	1.67	1.90	2.12	4	6.75	15	1.73	1.93	2.14
창의공과대학	신소재 기계금속재료	10	15	6.20	23	2.12	2.30	2.58	15	9.73	16	2.10	2.32	2.50
	신소재 전자화학재료	10	15	6.07	37	1.77	2.15	2.71	15	9.67	34	1.70	2.06	2.16
	기계공학 기계시스템	24	15	6.60	42	1.83	2.23	2.61	18	11.0	50	1.88	2.24	2.48
	기계공학 융합기계공		10	6.20	32	2.15	2.52	2.89	13	10.0	33	2.00	2.27	2.63
	기계공학 에너지기계		9	6.67	14	2.14	2.50	2.75	9	10.1	13	2.15	2.32	2.42
	건설시스템공학부	16	21	9.95	53	2.13	2.53	2.79	14	9.57	20	2.12	2.52	2.80
	지능형반도체융합	23	14	6.79	45	2.08	2.25	2.45	10	10.8	30	1.96	2.15	2.33
	전자공 전자시스템	14	14	8.29	54	1.99	2.36	2.59	10	10.6	32	1.73	2.28	2.54
	전자공 지능전자공	8	8	11.9	17	2.18	2.42	2.57	6	11.7	15	2.14	2.50	2.67
소프트	소프트웨어학부	23	25	11.0	74	1.36	2.05	2.33	25	10.3	87	1.83	2.24	2.54
	SW 인공지능	11	신설											
자동차융합	자동차공학과	20	25	4.80	43	1.75	2.03	2.99	25	8.68	49	1.59	2.00	2.26
	자동차IT융합학과	10	14	5.36	21	1.56	1.93	2.22	14	9.29	13	1.37	1.97	2.24
과학기술대학	산림환경시스템	7	10	6.80	17	2.43	2.52	2.73	10	9.00	12	1.48	2.30	2.63
	임산생명공학과	7	9	11.3	19	2.13	2.29	2.38	9	8.56	15	2.14	2.45	2.87
	나노전자물리학과	9	12	9.00	22	2.13	2.44	2.59	12	9.17	21	2.26	2.51	2.80
	응용화학부 나노	8	11	7.55	19	1.96	2.11	2.26	11	12.7	14	1.82	2.11	2.30
	응용화학부 바이오	6	7	10.9	21	1.64	1.80	1.89	7	11.4	32	1.39	1.85	2.10
	식품영양학과	5	10	8.00	30	2.07	2.28	2.47	11	7.82	13	1.79	2.32	2.70
	정보보안암호수학	8	11	7.00	33	1.93	2.18	2.28	12	7.83	29	1.76	2.28	2.56
	바이오발효융합	7	10	9.00	22	1.89	2.02	2.19	10	7.60	14	1.95	2.16	2.43
건축대	건축학부	15	14	7.64	31	1.88	2.08	2.25	14	8.79	29	1.82	2.17	2.40
독립	미래모빌리티	5	신설											
합계		253	283	7.90	683	1.96	2.24	2.50	274	9.60	586	1.86	2.24	2.49

2021 학교장추천 (인문)

★ 국민대 수능최저 없음
▶ 학생부 종합 정성평가
1. 자기주도성
2. 도전정신
3. 전공적합성
4. 인성 평가

▶ 교과30%+서류70%, 일괄전형

대학	학과	2022 모집인원	모집인원	경쟁률	추합인원	최종등록 최고	평균	최저
글로벌인문지역대학	한국어문 국어국문	5	5	3.60	8	1.99	2.49	2.95
	한국어 글로벌한국	1	-	-	-	-	-	-
	영어영문학부	12	10	5.50	34	2.24	2.39	2.53
	중국학 중국어문	7	5	3.60	6	2.23	2.60	2.74
	중국학 중국정경	5	4	2.75	3	2.01	2.46	2.89
	한국역사학과	11	8	5.50	15	1.97	2.28	2.76
사회과학대학	러시아유라시아	6	5	2.80	4	2.22	2.69	3.35
	일본학과	4	4	4.25	5	1.83	2.35	2.76
	행정학과	13	12	4.17	18	1.99	2.16	2.44
	정치외교학과	8	7	3.29	10	1.92	2.26	2.96
	사회학과	8	6	4.17	6	1.75	2.06	2.31
	미디어광고미디어	6	4	5.50	8	1.8	1.95	2.21
	미디어 광고홍보학	2	2	9.00	4	2.02	2.09	2.17
	교육학과	8	7	9.71	19	1.62	1.94	2.18
법과대	법학부	16	16	4.94	24	2.08	2.39	2.76
경상대학	경제학과	14	11	6.09	31	2.10	2.41	3.03
	국제통상학과	10	11	5.18	33	2.04	2.42	2.74
경영대학	경영학부	5	6	10.7	23	1.53	2.00	2.49
	AI 빅데이터경영	3	3	5.33	3	1.33	1.78	2.09
	경영정보 인문	6	6	5.67	12	2.23	2.52	2.78
	재무금융 재무금융	4	5	4.00	10	2.41	2.95	3.62
	재무금융 회계학	4	5	4.40	17	2.13	2.52	2.93
합계		158	142	5.24	293	1.97	2.32	2.70

2020 학교장추천 (인문)

★ 국민대 수능최저 없음
▶ 학생부 종합 정성평가
1. 자기주도성
2. 도전정신
3. 전공적합성
4. 인성 평가

▶ 교과30%+서류70%, 일괄전형

대학	학과	모집인원	경쟁률	추합인원	최고	평균	최저
글로벌인문지역대학	한국어문 국어국문	5	4.20	5	1.64	1.93	2.31
	한국어 글로벌한국	-	-	-	-	-	-
	영어영문학부	10	5.10	21	2.02	2.24	2.48
	중국학 중국어문	5	4.80	5	2.14	2.64	3.30
	중국학 중국정경	5	4.60	10	2.23	2.61	2.90
	한국역사학과	8	3.75	6	1.79	2.27	2.97
사회과학대학	유라시아학과	5	5.00	3	2.09	2.31	2.65
	일본학과	4	3.75	3	2.21	2.44	2.98
	행정학과	10	4.40	11	1.66	2.15	2.56
	정치외교학과	7	4.43	10	1.87	2.05	2.23
	사회학과	6	8.67	1	1.48	1.94	2.41
	언론정보 미디어	2	6.00	2	1.83	1.88	1.93
	언론정보 광고홍보	2	9.00	1	1.84	2.53	3.22
	교육학과	7	4.29	9	1.83	2.03	2.52
법과대	법학부	16	3.56	22	2.02	2.30	2.76
경상대학	경제학과	11	3.55	15	2.12	2.54	3.81
	국제통상학과	11	5.55	20	1.74	2.25	2.72
경영대학	경영학부	6	9.83	3	1.78	2.07	2.27
	경영 빅데이터경영	4	6.00	5	1.95	2.21	2.50
	경영정보학부	6	6.50	10	2.02	2.40	2.62
	파이낸스 보험경영	7	3.29	6	2.35	2.51	2.71
	파이낸스 회계학	7	4.43	9	2.25	2.39	2.46
합계		144	5.27	177	1.95	2.27	2.68

2021 학교장추천 (자연)

★ 국민대 수능최저 없음

대학	학과	모집인원	모집인원	경쟁률	추합인원	최고	평균	최저
경영	AI 빅데이터경영	2	1	2.00	1	-	-	-
창의공과대학	신소재 기계금속재료	15	10	2.90	9	2.36	2.59	2.85
	신소재 전자화학재료	15	10	3.40	15	2.10	2.35	2.75
	기계공학 기계시스템		10	3.80	24	1.95	2.49	3.22
	기계공학 융합기계공	36	9	2.56	14	2.47	2.85	3.23
	기계공학 에너지기계		7	2.29	7	2.14	2.62	3.30
	건설시스템공학부	15	10	6.10	2	2.46	2.92	3.48
	전자공 융합전자공	17	14	2.64	23	2.13	2.71	3.46
	전자공 전자시스템	13	13	2.54	13	2.36	2.67	3.17
	전자공 지능전자공	6	6	2.33	3	2.46	3.11	3.69
소프트	소프트웨어학부	7	15	6.87	44	1.98	2.43	2.88
	SW 인공지능	3	신설					
자동차융합	자동차공학과	18	12	12.0	12	2.19	2.53	3.16
	자동차IT융합학과	11	7	4.43	8	2.14	2.44	2.67
과학기술대학	산림환경시스템	8	5	4.60	6	2.07	2.46	2.67
	임산생명공학과	7	5	6.00	3	2.17	2.40	2.66
	나노전자물리학과	9	6	7.67	14	2.61	2.83	3.01
	응용화학부 나노	8	5	4.40	11	2.08	2.14	2.25
	응용화학부 바이오	6	3	8.00	1	1.84	1.89	1.95
	식품영양학과	9	5	7.40	7	2.42	2.53	2.85
	정보보안 암호수학	10	7	3.29	3	2.25	2.48	2.70
	바이오발효융합학	8	5	11.0	8	2.03	2.31	2.47
건축대	건축학부	11	11	7.18	22	2.14	2.34	2.56
독립	미래모빌리티	5	신설					
합계		239	176	5.15	252	2.21	2.53	2.90

2020 학교장추천 (자연)

★ 국민대 수능최저 없음

대학	학과	모집인원	경쟁률	추합인원	최고	평균	최저
	AI 빅데이터경영	1	8.00	0	2.45	2.45	2.45
창의공과대학	신소재 기계금속재료	10	3.20	6	2.28	2.62	2.90
	신소재 전자화학재료	10	4.20	6	1.87	2.19	2.44
	기계공학 기계시스템	13	3.15	16	2.03	2.38	2.92
	기계공학 융합기계공	9	4.44	5	2.19	2.38	2.48
	기계공학 에너지기계	7	5.86	5	1.96	2.48	2.99
	건설시스템공학부	15	3.53	22	2.49	3.11	4.14
	전자공 융합전자공	12	3.42	15	2.05	2.42	3.28
	전자공 전자시스템	11	3.73	9	2.16	2.57	3.55
	전자공 에너지전자용	5	3.60	4	2.20	2.48	2.72
소프트	소프트웨어학부	15	6.07	37	2.17	2.47	2.68
자동차융합	자동차공학과	12	3.00	10	1.44	2.36	4.51
	자동차IT융합학과	7	5.00	2	2.49	2.62	2.73
과학기술대학	산림환경시스템	5	5.20	10	2.48	2.55	2.68
	임산생명공학과	5	4.40	8	2.36	2.61	2.78
	나노전자물리학과	6	5.17	3	2.67	3.02	3.61
	응용화학과	5	4.40	2	1.97	2.23	2.35
		3	6.33	4	1.94	2.10	2.35
	식품영양학과	5	4.80	5	2.02	2.46	2.82
	정보보안 암호수학과	7	5.14	3	1.94	2.45	3.09
	바이오발효융합학과	6	9.00	6	1.92	2.30	2.74
건축대	건축학부	11	4.91	15	2.00	2.33	2.75
합계		180	4.84	198	2.14	2.48	2.95

2021 / 2020 국민프런티어 (인문)

★ 국민대 수능최저 없음		2022	2021 국민프런티어 (인문)				최고	평균	최저	2020 국민프런티어 (인문)				최고	평균	최저
▶종합 정성평가 1. 자기주도성 2. 도전정신 3. 전공적합성 4. 인성평가		모집인원	▶1단계: 서류100 (3배수) ▶2단계: 서류70+면접30 모집인원	경쟁률	추합인원		최종등록 기준			▶1단계: 서류100 (3배수) ▶2단계: 서류70+면접30 모집인원	경쟁률	추합인원		최종등록 기준		
글로벌인문지역대학	한국어문 국어국문학	8	8	13.4	7		2.03	2.35	2.70	8	13.6	6		2.19	2.57	3.76
	영어영문학부	17	17	8.65	19		2.04	2.63	3.70	17	12.7	14		1.93	2.74	4.38
	중국학 중국어문	9	9	7.89	6		2.66	3.76	5.48	9	8.00	7		2.42	3.11	4.44
	중국학 중국정경	10	10	7.90	5		2.67	3.53	5.21	10	9.50	9		2.25	3.32	4.97
	한국역사학과	12	14	12.2	6		2.19	2.74	5.75	14	12.1	7		1.99	2.68	4.80
사회과학대학	유라시아학과	7	7	7.29	2		5.03	5.95	6.63	7	10.1	7		2.56	3.49	5.10
	일본학과	8	6	12.7	8		2.83	3.84	5.08	6	13.0	1		2.36	3.47	6.06
	행정학과	17	17	10.2	7		2.20	2.53	3.27	17	7.76	14		1.67	2.63	3.60
	정치외교학과	14	14	7.71	13		2.05	2.73	4.41	14	12.0	13		1.96	2.36	2.81
	사회학과	10	10	19.4	9		2.47	2.88	3.68	10	16.1	8		2.06	2.53	3.34
	미디어광고미디어	7	7	17.9	5		2.02	2.20	2.44	5	25.0	0		1.76	2.03	2.14
	미디어 광고홍보학	6	6	27.5	77		2.16	3.17	4.60	6	19.5	4		1.86	2.95	4.63
	교육학과	9	9	13.6	9		1.98	2.70	5.53	9	20.9	3		1.84	2.28	3.86
법과대	법학부	27	27	6.81	13		2.27	2.91	5.53	27	8.52	16		1.97	2.46	2.89
경상대학	경제학과	13	13	5.69	9		2.18	2.51	3.05	13	7.08	8		2.03	2.53	2.89
	국제통상학과	10	10	13.0	7		2.08	3.16	5.11	10	17.1	19		2.23	3.07	4.54
경영대학	경영학부	31	29	12.1	32		1.79	2.68	4.28	29	11.3	19		1.94	2.59	5.96
	AI 빅데이터경영	12	7	7.43	5		2.45	3.11	5.98	7	10.1	4		2.00	2.44	2.95
	글로벌경영	5	5	6.00	1		3.04	4.59	6.45	-	-	-		-	-	-
	경영정보학부	7	12	12.4	6		2.38	3.46	5.97	12	6.67	4		2.37	3.44	6.05
	재무금융 재무금융	14	14	4.86	2		2.38	3.41	5.16	14	6.21	5		2.15	2.63	2.87
	재무금융 회계학	13	13	3.85	7		2.24	2.73	3.23	13	6.62	19		1.40	2.62	3.30
합계		266	264	10.8	255		2.42	3.16	4.69	257	12.1	187		2.04	2.76	4.06

2021 / 2020 국민프런티어 (자연)

★ 국민대 수능최저 없음		2022 모집인원	2021 국민프런티어 (자연) 모집인원	경쟁률	추합인원		최고	평균	최저	2020 국민프런티어 (자연) 모집인원	경쟁률	추합인원		최고	평균	최저
경영	AI 빅데이터경영	8	6	14.0	4		2.35	2.62	3.16	6	12.8	10		1.97	2.91	5.60
	경영정보 자연	7	3	5.67	3		3.48	3.75	3.94	3	6.33	1		2.93	3.15	3.53
창의공과대학	신소재 기계금속재료	15	15	5.07	14		2.14	2.91	4.57	15	4.93	10		2.39	2.97	5.31
	신소재 전자화학재료	15	15	7.93	15		2.07	2.83	7.07	15	6.67	11		2.14	2.56	2.85
	기계공학 기계시스템		25	11.1	18		2.45	2.81	3.31	19	9.37	17		2.41	3.84	7.75
	기계공학 융합기계공	50	15	8.0	14		2.48	3.07	6.79	12	11.1	13		2.40	2.85	3.52
	기계공학 에너지기계		10	6.00	10		2.64	2.89	3.51	10	6.50	6		2.43	2.77	3.43
	건설시스템공학부	15	15	8.33	19		2.77	3.12	3.53	20	7.55	39		2.84	3.26	3.58
	전자공 융합전자공	24	24	6.25	21		2.03	2.73	3.33	30	5.00	30		2.14	2.76	4.25
	전자공 전자시스템	24	24	6.04	28		2.29	3.01	3.69	30	5.87	33		2.17	2.96	6.73
	전자공 지능전자공	12	12	5.75	13		2.57	2.93	3.61	15	5.80	15		2.16	2.61	3.01
소프트	소프트웨어학부	25	35	14.5	35		1.99	2.85	4.04	33	18.5	16		2.00	2.86	5.06
소프트	SW 인공지능	13	신설													
자동차융합	자동차공학과	19	19	7.63	11		2.36	2.63	2.89	19	6.79	7		1.94	2.80	7.98
	자동차IT융합학과	11	11	4.36	6		2.30	2.73	3.13	11	4.55	1		2.17	2.45	2.79
과학기술대학	산림환경시스템	9	9	9.00	7		2.73	2.98	3.38	9	8.44	6		2.35	2.64	2.89
	임산생명공학과	10	10	10.1	6		2.21	2.55	2.87	10	10.5	5		2.24	2.63	2.91
	나노전자물리학과	11	11	8.45	5		2.56	2.81	3.29	11	7.82	12		2.78	3.25	4.14
	응용화학부 나노	12	12	13.5	10		2.13	2.79	6.44	13	6.77	13		2.10	3.00	6.36
	응용화학부 바이오	11	7	15.6	3		1.90	2.11	2.28	7	13.1	1		1.86	2.17	2.58
	식품영양학과	10	9	12.3	6		2.31	2.71	3.14	9	13.3	2		2.44	2.85	3.37
	정보보안 암호수학	12	12	6.17	9		2.44	2.80	3.33	12	6.42	11		1.90	2.70	3.16
	바이오발효융합학과	11	11	28.8			2.32	2.67	3.07	10	19.4	3		2.18	3.58	7.07
건축대	건축학부	18	19	14.2	9		2.13	3.04	6.18	16	19.9	13		2.27	2.66	3.26
독립	미래모빌리티	8	신설													
합계		350	329	9.95	271		2.38	2.84	3.94	335	9.46	275		2.27	2.88	4.40

2021 정시수능 (인문)

인문 30:20:20:30 백분위 반영
자연 20:30:20:30
영어 인/자: 100-98-95-90-85

대학	학과	인원	경쟁률	충원	최종평균	70% 컷
글로벌인문지역대학	한국어문-국어국문학	16	6.63	47	89.67	89.15
	한국어문-글로벌한국	2	11.0	5	88.35	88.55
	영어영문학부	27	6.89	81	89.66	89.45
	중국학 중국어문	16	6.13	25	89.26	89.00
	중국학 중국정경	11	7.18	23	88.53	88.10
	한국역사학과	20	5.50	42	89.47	89.15
사회과학대학	유라시아학과	11	4.64	14	89.42	89.20
	일본학과	10	4.00	14	88.93	88.10
	행정학과	26	3.65	30	89.97	89.60
	정치외교학과	10	3.50	9	90.27	90.20
	사회학과	16	4.19	32	90.11	89.90
	미디어광고미디어	8	4.88	11	90.90	90.65
	미디어 광고홍보	11	9.09	9	90.00	90.95
	교육학과	13	5.23	16	90.26	89.90
법과대	법학부	41	6.32	105	90.43	89.75
경상대학	경제학과	27	3.48	48	91.04	90.85
	국제통상학과	22	5.05	40	90.50	90.30
경영대학	경영학부	50	3.62	53	90.91	90.55
	경영 빅데이터경영	11	4.73	14	91.87	91.60
	글로벌경영	-	-	-	-	-
	경영정보학부	20	3.80	20	90.91	90.65
	재무금융 재무금융	22	4.91	17	89.82	89.45
	재무금융 회계학	24	3.50	28	90.32	90.05
합계		414	5.36	683	90.03	89.78

2020 정시수능 (인문)

인문 30:20:20:30
자연 20:30:20:30
영어 100-98-95-90-85

대학	학과	인원	경쟁률	충원	최종평균	80% 컷
글로벌인문지역대학	국어국문학	13	7.54	43	91.24	90.70
	글로벌한국	-	-	-	-	-
	영어영문학부	26	7.88	84	90.08	87.35
	중국어문	17	6.35	27	90.54	90.20
	중국정경	9	7.33	19	90.51	90.00
	한국역사학과	19	6.95	54	90.43	89.80
사회과학대학	유라시아학과	10	4.70	11	90.81	90.35
	일본학과	10	6.90	13	89.10	88.30
	행정학과	26	4.46	24	90.53	90.30
	정치외교학과	10	4.80	6	91.18	90.40
	사회학과	14	4.00	12	90.68	90.25
	언론 미디어	11	4.27	11	92.01	91.80
	언론 광고홍보	12	5.83	13	91.72	91.25
	교육학과	12	4.17	27	89.58	89.20
법과대	법학부	43	7.65	130	91.42	89.95
경상대학	경제학과	23	4.48	40	91.59	91.15
	국제통상학과	22	3.55	23	90.68	90.25
경영대학	경영학부	51	4.92	44	92.05	91.60
	빅데이터경영	14	5.00	16	92.60	90.40
	글로벌경영	-	-	-	-	-
	경영정보학부	20	4.45	19	91.51	91.20
	파이 보험경영	22	4.73	17	91.16	90.80
	파이 회계학	24	4.79	26	91.30	90.90
합계		408	5.46	659	90.99	90.29

2021 정시수능 (자연)

대학	학과	인원	경쟁률	충원	최종평균	80% 컷
경영	경영 빅데이터경영	11	3.64	16	87.10	88.32
	경영정보 자연	5	4.00	6	88.14	88.09
창의공과대학	신소재 기계금속재료	17	3.94	21	88.01	86.61
	신소재 전자화학재료	19	2.95	24	88.34	87.80
	기계공학 기계시스템	27	3.70	61	83.88	85.13
	기계공학 융합기계공	17	3.12	18	86.56	86.32
	기계공학 에너지기계	12	5.00	8	86.09	86.32
	건설시스템공학부	21	5.76	26	86.43	85.93
	전자공 융합전자공	34	4.47	51	86.01	83.60
	전자공 전자시스템	32	4.72	84	88.21	88.36
	전자공 에너지전자융	19	4.05	29	88.81	88.20
소프트	소프트웨어학부	43	3.95	58	90.23	89.69
자동차융합	자동차공학과	20	3.60	36	89.79	89.02
	자동차IT융합학과	12	3.25	15	91.99	92.06
과학기술대학	산림환경시스템	12	6.42	26	86.64	85.85
	임산생명공학과	11	7.18	54	86.30	86.09
	나노전자물리학과	11	5.27	29	81.35	82.30
	응용화학부 나노	13	6.31	39	88.12	88.26
	응용화학부 바이오	7	5.57	22	84.00	87.77
	식품영양학과	9	3.00	12	84.14	83.79
	정보보안암호수학과	15	4.87	31	88.69	87.87
	바이오발효융합학과	12	4.00	17	88.14	87.54
건축대	건축학부	13	7.31	18	89.71	90.22
합계		392	4.61	701	87.25	87.18

2020 정시수능 (자연)

대학	학과	인원	경쟁률	충원	최종평균	80% 컷
경영	빅데이터경영	9	4.22	17	91.29	90.74
	경영정보 자연	4	5.00	7	87.77	86.20
창의공과대학	신소재 기계	17	5.06	29	88.48	87.89
	신소재 전자	17	4.18	22	90.41	89.89
	기계공 기계	28	5.00	23	88.85	85.95
	기계공 융합	15	5.73	12	84.80	78.72
	기계공 에너지	12	3.17	16	89.24	88.91
	건설시스템	20	4.95	39	89.31	88.79
	융합전자공	29	4.55	43	90.50	89.99
	전자시스템	28	4.14	57	87.55	83.82
	에너지전자융	18	4.33	4	88.94	87.35
소프트	소프트웨어	45	3.69	59	90.56	89.65
자동차융합	자동차공학과	22	3.36	25	92.15	84.82
	자동차IT융합	11	3.64	18	94.05	93.35
과학기술대학	산림환경	11	7.82	34	88.26	88.51
	임산생명공	11	6.64	39	89.30	88.84
	나노전자물리	10	10.5	17	92.15	91.63
	응용화학 나노	12	4.08	19	82.48	77.47
	응용화학 바이	7	5.00	9	91.17	90.73
	식품영양학과	9	4.33	13	89.60	88.82
	정보보안암호	13	4.31	15	89.28	88.28
	바이오발효	12	5.75	4	89.71	88.83
건축대	건축학부 자연	13	6.54	30	91.59	90.60
합계		373	5.04	551	89.45	87.82

단국대죽전

<영어 반영방법> 정시: 등급 환산 정시비율 20%
인/자: 100-97-92-80-70 ...

과목별가중치, 전학년 동일 이수단위 반영
▶ 인문: 국영수사 30:30:20:20
▶ 자연: 국영수과 20:30:30:20
▶ 건축: 사/과선택 30:30:30:10
▶ 예체: 국영사 40:50:10
▶ 진로선택 미반영

1. 2022 학교장추천 신설, 교과전형 전년대비 14명 감소
2. 2022 교과전형 수능최저 유지, 인/자 공통 2개합6 (탐1)
3. 2022 교과 내신반영 및 과목별 가중치 유지
4. 2022 종합전형 자기소개서 폐지
5. IT/CT 특성화 Information & Culture 정보통신 문화콘텐츠

모집시기	전형명	사정모형	학생부종합 특별사항	2022 수시 접수기간 09. 12(일) ~ 14(화)	모집인원	학생부	논술	면접	서류	기타	2022 수능최저등급
2022 수시총 정원내 1,331명 (58.3%) 정시총 952명 (41.7%) 전체 2,283명 2021 수시총 정원내 1,416명 (62.2%) 정시총 862명 (37.8%) 전체 2,278명	지역균형선발 교과우수자	일괄	학생부교과 학교장추천 고교별 8명 최종: 12.16(목)	1. 학교장추천자, 고교별 8명 2. 2022 전년대비 14명 감소 3. 학생부 과목반영비율 유지 4. 수능최저 전년도와 동일	261 2021 275	교과 100% 인 국영수사3322 자 국영수과2332 예체 국영사451					▶교과 경쟁률 19~21년 인문 7.30→7.20→6.70 자연 7.40→7.80→8.30 ▶교과 등급률 19~21년 인문 2.24→2.27→2.74 자연 2.35→2.39→2.52 — 인문자연공통 : 2개합 6 (탐구1) *자연 미적/기하 과탐
	논술우수자	일괄	논술전형 최저없음 인문: 11.20(토) 자연: 11.21(일) 최종: 12.16(목)	2022 전년대비 10명 감소 2022 논술비중 10% 증가 <논술, 120분> 인문: 인문사회 통합 3문제 자연: 수학 2문제	330 2021 340		30	70			▶2021 논술인문: 논술평균 74.90점 경쟁 24.8, 합격평균 4.49 ▶2021 논술자연: 논술평균 75.22점 경쟁 16.9, 합격평균 4.49
	DKU인재	일괄	학생부종합 최저없음 자소서폐지 최종: 12.16(목)	1. 2022 전년대비 34명 감소 2. 서류평가 7점 척도 A+~E 2021 경쟁 인문13.7 자연10.6 2021 입결 인문3.05 자연3.03	312 2021 346						▶2022 학생부100% (학생+자소서 정성평가) 1. 학업역량 40 : 학업성취 20, 탐구능력(발표/토론/보고서작성) 20 2. 전공적합성 40 : 전공의지 20, 전공관련활동 20 3. 인성및발전가능성 20 : 리더십(목표달성 주도성) 5 문제해결력(다양한 참여, 경험의 다양성) 10 성실성과 공동체의식(출결, 참여,봉사, 나눔, 규칙 등) 5
	SW 인재	1단계	학생부종합 자소서폐지 1단계: 11.15(월) 면접: 11.27(토) 최종: 12.16(목)	소프트웨어 및 정보보안 분야 관심과 활동, 면접평가 7분 소프트웨어18 모바일시스템7 정보통계7 컴퓨터공학과10 산업보안8	50 2021 50						학생부100% (학생+자소서 정성평가) 반영비율 DKU와 동일, 1단계 3배수 1단계 70% + 면접 30% 전공적합성60+ 발전가능성30+인성10 — 없음
		2단계									
	창업인재	일괄	학생부종합 자소서폐지 최종: 12.16(목)	일반학생 창업관심활동 서류제출시 ~2021. 9. 15(수)	15 2021 18						학생부100% (학생+자소서 정성평가) 1. 학업역량 30 학업성취, 탐구능력 등 2. 전공적합성 30 전공의지,전공활동 등 3. 창업활동 20 창업관련 활동과 독서포함★ 4. 인성 20 성실성과 공동체의식 등 — 없음
	고른기회	일괄	학생부종합 자소서폐지 최종: 12.16(목)	1. 보훈대상자 (유공 등) 2. 서해5도 대상자 3. 기초수급 및 차상위 대상자 4. 전형료 면제	84 2021 84						학생부100% (학생+자소서 정성평가) 1. 학업역량 40 학업성취, 탐구능력 등 2. 전공적합성 30 전공의지,전공활동 등 3. 인성및발전가능성 30 리더십/문제해결 등 — 없음
	사회적배려대상	일괄	학생부종합 자소서폐지 최종: 12.16(목)	1. 다문화 다자녀 4인→3인 2. 군인/경찰/소방/환경 10년 3. 의사상/탈북/장애/소아병력 4. 전형료 면제	66 2021 87						학생부100% (학생+자소서 정성평가) 1. 학업역량 40 학업성취, 탐구능력 등 2. 전공적합성 30 전공의지,전공활동 등 3. 인성및발전가능성 30 리더십/문제해결 등 — 없음
	기회균형선발 (정원외)	일괄	학생부종합 자소서폐지 최종: 12.16(목)	1. 기초수급 및 차상위 대상자 2. 전형료 면제	74 2021 74						학생부100% (학생+자소서 정성평가) 1. 학업역량 40 학업성취, 탐구능력 등 2. 전공적합성 30 전공의지,전공활동 등 3. 인성및발전가능성 30 리더십/문제해결 등 — 없음 <기타전형 생략> 농어촌, 특수교, 특성화고 실기우수자, 예능특기자

단국대천안

정시 등급환산 영어비율 인/자: 25%, 간호/심리20%
인/자: 100-97-92-80-70 ... 의학: 100-80-70 ...

과목별가중치, 전학년 동일 이수단위 반영
▶ 인문: 국영수사 30:30:20:20
▶ 자연: 국영수과 20:30:30:20
▶ 건축: 사/과선택 30:30:30:10
▶ 예체: 국영사 40:50:10
▶ 진로선택 미반영

1. 교과 2022 수능최저 유지 ★★
2. 2022 종합전형: 학생100→교과100% 전형변화, 자소서 폐지
3. DKU인재 의/치(약학) 수능최저강화: 탐구 1개→2개 반영
4. DKU인재 의예 15명, 치의 20명, 약학 8명 모집

5. BT/LT특성화 BioTechnology & Language 생명과학/외국어
6. 어문계열 10개 학과: 중국어, 일본어, 독일어, 프랑스어
   스페인, 러시아, 영어, 몽골학, 중동학, 포르투갈(브라질)어 등
7. 보건 6개: 보건행정, 간호, 임상병리, 물치, 치위생, 생명의료

모집시기	전형명	사정모형	학생부종합 특별사항	2022 수시 접수기간 09. 12(일) ~ 14(화)	모집인원	학생부	논술	면접	서류	기타	2022 수능최저등급
2022 수시 정원내 1,410명 (59.7%) 정시 951명 (40.3%) 전체 2,361명 2021 수시 정원내 1,480명 (62.9%) 정시 874명 (37.1%) 전체 2,354명	교과우수자	일괄	학생부교과 과목별가중치 국영수사3322 국영수과2332 예체국영사451 최종: 12.16(목)	1. 2022 전년대비 14명 감소 2. 공공야간 14명, 간호 59명 3. 학생부 과목반영비율 유지 <해병대 군사학 남26, 여4> 1단계: 교과100% (4배수) 2단계: 교과90+실기10 ▶ 교과 경쟁률 20→21년★ 인문 7.60→6.30 자연 7.00→6.60 ▶ 교과 내신평균 2개년★ 인문 3.67→3.74 자연 3.27→3.33	703 간호 59명 포함 2021 717 간호 62명 포함	교과 100%		2021~22 수능최저 유지 인/자: 그냥 2개합7 (탐1) 인야: 국수영 중 1개합4 간호: 그냥 2개합5 (탐1) *인자 모두 과목제한없음 해병대군사: 5개 평균 3등급대 (~3.99등급) 한국사 포함★★ 해병 1단계: 10.18(월) 서류업로드: ~10.22(금) 해병대신검: 10.22(금) 해병대면접: 10.23(토)			※ 2020 최저참고 인주: 국수영 중 2개합7 인야: 국수영 중 1개합4 자연: 국수영 중 수나포함 2개합 7 수가포함 2개합 8 간호: 국수영 중 2개합5 (수학가/나) 해병대군사: 5개 평균 3등급대 (한국사포함) ④ 응시필수 공통
	DKU인재	일괄	학생부종합 자소서폐지 1단계 11.15(월) 의예/문창 면접 11.27(토) 치의예 면접 12.12/13(토일) 최종 12.16(목)	1. 2022 전년대비 53명 감소 2. 공공야간 9명, 간호 10명 3. 의15, 치의20, 신설-약학8 4. 의/치/문예창작 단계면접 1단계: 학생부100% (3배수) 2단계: 면접30% 5. 의치약 탐구 1개→2개 강화 6. 서류평가 7점 척도 A+~E	395 2021 448	학생부100% (학생+자소서 정성평가) 1. 학업역량40: 학업성취20, 탐구능력20 2. 전공적합성40: 전공의지20, 전공활동20 3. 인성및발전가능성20 리더십(목표달성 주도성)5 문제해결능력10 (참여, 경험 다양성) 성실성과 공동체의식5 (출결, 봉사 등)					일반 최저없음 의/치: 3개합 5 (탐2) 약학: 3개합 6 (탐2) 미적/기하, 과탐지정 *2021 탐구1개 반영
	고른기회	일괄	학생부종합 자소서폐지 최종 12.16(목)	1. 보훈대상자 (유공 등) 2. 서해5도 대상자 3. 기초 및 차상위 포함	51 2021 50	학생부100% (학생+자소서 정성평가) 1. 학업역량40: 학업성취20, 탐구능력20 2. 전공적합성40: 전공의지20, 전공활동20 3. 인성및발전가능20: 리더십(주도성 등)5 문제해결능력10 (참여, 경험 다양성) 성실성과 공동체의식5 (출결, 봉사 등)					없음
	사회적배려	일괄	학생부종합 자소서폐지 최종 12.16(목)	1. 다문화 다자녀 4인 2. 군인/경찰/소방/환경 10년 3. 의사상자/탈북/소아암병력	50 2021 50	학생부100% (학생+자소서 정성평가) 1. 학업역량40: 학업성취20, 탐구능력20 2. 전공적합성40: 전공의지20, 전공활동20 3. 인성및발전가능20: 리더십(주도성 등)5 문제해결능력10 (참여, 경험 다양성) 성실성과 공동체의식5 (출결, 봉사 등)					없음 <기타전형 생략> 실기우수자 체육특기자 농어촌 취업자전형 등
	기회균형 (정원외)	일괄	학생부종합 자소서폐지 최종 12.16(목)	1. 기초수급 및 차상위 대상자 2. 약학과 3명 신설	76 2021 77	학생부100% (학생+자소서 정성평가) 1. 학업역량40: 학업성취20, 탐구능력20 2. 전공적합성40: 전공의지20, 전공활동20 3. 인성및발전가능20: 리더십(주도성 등)5 문제해결능력10 (참여, 경험 다양성) 성실성과 공동체의식5 (출결, 봉사 등)					일반 최저없음 약학: 3개합 6 (탐2) 미적/기하, 과탐지정

단국대죽전		수능최저있음 2022 인원	2021 교과우수자 (인문)						2020 교과우수자 (인문)						2019 교과우수자 (인문)					
★수능최저등급 인문 : 2개합 6 (탐구1)			▶학생부교과 100% (국영수사, 동일비율) ▶가중치 인문: 국영수사 30:30:20:20						▶학생부교과 100% (국영수사, 동일비율) ▶가중치 인문: 국영수사 30:30:20:20						▶학생부교과 100% (국영수사, 동일비율) ▶가중치 인문: 국영수사 30:30:20:20					
			2021 경쟁률 및 입결 (최종등록)						2020 경쟁률 및 입결 (최종등록)						2019 경쟁률 및 입결 (최종등록)					
			모집 인원	경쟁률	합격 최고	합격 평균	합격 최저	추합	모집 인원	경쟁률	합격 최고	합격 평균	합격 최저	추합	모집 인원	경쟁률	합격 최고	합격 평균	합격 최저	추합
국제	국제경영학과	-	-	-	-	-	-	-	-	-	-	-	-	-	-	-	-	-	-	-	-
	국제자유전공	-	-	-	-	-	-	-	-	-	-	-	-	-	-	-	-	-	-	-	-
문과	국어국문	5	7	7.57		2.52		22	11	14.8	2.16	2.34	2.45	11	12	5.00	1.80	3.04	4.19	25
	사학과	5	7	2.31		2.31		16	11	6.27	2.28	2.39	2.71	21	12	5.67	1.87	2.25	2.63	21
	영미인문학과	5	5	9.20		2.34		14	7	6.43	1.83	2.38	3.07	12	8	7.63	1.93	2.09	2.25	13
	철학과	3	3	12.3		2.53		7	4	6.25	2.45	2.71	2.87	3	4	15.5	1.93	2.10	2.25	0
법과	법학과	15	20	5.30		2.26		38	22	6.95	1.42	2.14	2.35	26	27	5.85	1.80	2.24	2.69	58
사회 과학	정치외교	4	5	5.80		2.26		8	6	6.17	1.92	2.25	2.44	5	9	5.56	1.89	2.17	2.61	17
	행정학과	5	6	10.3		2.29		24	8	5.50	2.20	2.39	2.66	15	11	7.73	1.82	2.04	2.19	18
	도시계획부동산	9	10	5.50		2.32		12	15	7.60	1.93	2.31	2.58	14	16	6.63	1.95	2.25	2.43	29
	커뮤니케이션	9	11	6.18		2.13		19	16	8.06	1.83	2.05	2.18	22	17	5.12	1.74	2.29	2.99	18
	응용통계	-			-				-	-	-	-	-	-	-	-	-	-	-	-
	상담학과	3	4	6.75		4.10		14	6	8.83	2.05	2.22	2.44	13	7	7.43	1.88	2.36	2.75	14
상경	경제학과	8	9	5.22		2.42		12	15	7.27	2.04	2.23	2.36	29	17	7.24	2.16	2.27	2.37	33
	무역학과	9	9	6.22		2.97		15	15	6.60	2.11	2.20	2.33	22	16	7.31	1.96	2.21	2.40	23
	경영학부	31	38	6.50		2.40		121	46	5.67	1.20	2.15	2.56	89	47	7.21	1.59	2.06	2.24	84
사범	한문교육	4	4	5.00		5.51		1	5	6.40	1.92	2.29	2.48	3	7	7.43	2.12	2.37	2.52	7
	특수교육	6	6	6.00		2.78		1	10	5.50	1.58	1.96	2.23	17	10	7.90	1.51	1.79	2.03	18
총계		121	144	6.7		2.74		324	197	7.2	1.93	2.27	2.51	302	220	7.3	1.86	2.24	2.57	378

단국대죽전		수능최저있음 2022 인원	2021 교과우수자 (자연)						2020 교과우수자 (자연)						2019 교과우수자 (자연)					
★수능최저등급 자연 : 2개합 6 (탐구1) 수가과탐응시			▶학생부교과 100% (국영수과, 동일비율) ▶가중치 자연일반: 국영수과 20:30:30:20 　건축: 국영수+사/과 30:30:30:10						▶학생부교과 100% (국영수과, 동일비율) ▶가중치 자연일반: 국영수과 20:30:30:20 　건축: 국영수+사/과 30:30:30:10						▶학생부교과 100% (국영수과, 동일비율) ▶가중치 자연일반: 국영수과 20:30:30:20 　건축: 국영수+사/과 30:30:30:10					
			2021 경쟁률 및 입결 (최종등록)						2020 경쟁률 및 입결 (최종등록)						2019 경쟁률 및 입결 (최종등록)					
			모집 인원	경쟁률	합격 최고	합격 평균	합격 최저	추합	모집 인원	경쟁률	합격 최고	합격 평균	합격 최저	추합	모집 인원	경쟁률	합격 최고	합격 평균	합격 최저	추합
공과 대학	전자전기공학	29	28	8.89		2.49		98	39	6.62	2.00	2.47	2.72	79	54	8.37	1.75	2.32	2.52	88
	고분자공학	12	9	5.44		2.98		17	12	5.25	2.02	2.26	2.45	24	19	6.21	1.79	2.25	2.60	26
	파이버융합소재	9	6	5.50		2.75		4	8	8.75	2.22	2.28	2.36	6	12	6.75	2.23	2.44	2.63	17
	토목환경공	12	12	9.67		2.59		26	17	7.53	2.43	2.72	2.89	35	24	9.00	2.30	2.68	2.81	25
	기계공학	10	10	6.30		2.90		27	15	6.87	1.90	2.29	2.52	24	20	7.80	2.10	2.34	2.53	57
	화학공학	16	14	14.6		2.05		32	20	5.45	1.90	2.44	3.63	35	27	5.52	1.61	1.94	2.17	46
SW 융합	모바일시스템	-	-	-		-			-	-	-	-	-	-	-	-	-	-	-	-
	소프트웨어	12	12	7.58		2.31		30	21	6.29	2.25	2.44	2.57	41	25	7.32	1.63	2.31	2.48	45
	컴퓨터공	6	7	6.86		2.44		13	12	8.58	2.26	2.36	2.43	18	15	7.60	2.05	2.44	2.61	17
	정보통계	5	5	7.40		2.77		11	5	6.40	1.99	2.35	2.52	5	8	5.25	1.98	2.28	2.92	14
	산업보안	4	4	12.8		2.52		13	6	7.2	2.63	2.82	2.96	5	-	-	-	-	-	-
건축	건축학 5년	7	7	11.6		2.65		21	10	7.60	2.28	2.60	2.99	25	15	9.47	2.19	2.42	2.60	25
	건축공학	7	7	7.57		2.82		9	10	9.90	2.20	2.56	2.67	12	15	9.73	2.36	2.63	2.83	19
사범	수학교육	4	5	5.60		1.82		10	5	13.8	1.78	1.87	1.95	16	5	7.00	1.32	2.30	2.65	12
	과학교육	7	5	6.80		2.22		18	6	8.33	1.84	1.97	2.06	11	9	6.33	1.81	2.18	2.66	25
총계		140	131	8.3		2.52		329	186	7.8	2.12	2.39	2.62	336	248	7.4	1.93	2.35	2.62	416

단국대죽전 2021 대입분석자료 03 - DKU인재종합 인문
2021. 05. 24 ollim

단국대죽전
1. 인성: 성실성, 공동체의식, 리더십등
2. 학업역량: 자기주도 학습능력, 전공적합성
3. 창의적역량: 독창성, 문제해결능력 등

계열	학과	최저없음 2022인원	2021 DKU인재 (인문) 서류100% (학생+자소서 정성평가)						2020 DKU인재 (인문) 서류100% (학생+자소서 정성평가)						2019 DKU인재 (인문) 서류100% (학생+자소서 정성평가)					
			모집인원	경쟁률	합격최고	합격평균	합격최저	추합	모집인원	경쟁률	합격최고	합격평균	합격최저	추합	모집인원	경쟁률	합격최고	합격평균	합격최저	추합
국제	국제경영학과	5	5	10.2		3.12		4	5	9.0	2.61	3.30	3.98	2	-	-	-	-	-	-
	국제자유전공	-	-	-	-	-	-	-	-	-	-	-	-	-	-	-	-	-	-	-
문과	국어국문	11	12	7.58		2.62		16	12	12.6	1.95	2.49	2.99	9	12	12.7	2.41	2.81	3.42	8
	사학과	11	12	13.4		3.20		15	12	17.3	2.21	2.66	3.62	11	11	24.1	2.40	2.65	3.31	14
	영미인문학과	8	10	17.8		2.69		21	10	11.3	2.05	3.59	6.63	16	9	15.2	1.86	2.74	5.53	12
	철학과	4	4	7.50		2.86		5	4	7.75	2.61	2.99	3.55	4	4	10.0	2.28	2.77	3.23	5
법과	법학과	20	22	16.0		3.02		23	25	10.6	1.90	3.01	5.79	22	25	17.1	2.18	2.60	3.14	35
사회과학	정치외교	7	9	17.9		3.04		17	9	15.6	2.51	3.38	5.15	9	9	11.0	2.08	3.15	6.20	13
	행정학과	8	11	15.8		2.63		18	11	8.6	2.41	3.03	7.04	14	11	15.7	2.05	2.58	3.14	3
	도시계획부동산	10	15	9.33		3.48		19	16	8.19	2.14	3.31	6.00	14	16	6.44	2.03	3.12	4.08	18
	커뮤니케이션	12	15	27.2		2.78		11	16	17.3	2.20	2.81	5.14	7	15	27.5	2.05	2.34	2.61	18
	응용통계	-	-	-	-	-	-	-	-	-	-	-	-	-	-	-	-	-	-	-
	상담학과	6	7	18.7		3.88		6	7	14.1	1.79	2.90	5.73	6	6	23.7	1.88	2.47	3.37	2
상경	경제학과	15	17	9.88		3.07		34	17	8.76	2.58	3.23	5.13	32	17	8.06	2.55	3.01	3.27	32
	무역학과	15	17	9.82		3.42		17	16	11.2	1.87	3.08	5.59	19	13	10.0	2.52	3.24	5.73	25
	경영학부	30	38	17.8		3.12		27	39	13.5	2.30	3.26	5.46	24	38	8.58	2.04	2.84	5.61	64
사범	한문교육	8	8	6.38		3.51		11	8	7.75	2.75	3.52	4.54	10	9	7.78	2.61	3.61	5.40	4
	특수교육	10	13	13.5		2.31		8	13	17.9	1.68	3.02	5.75	21	12	18.8	2.04	3.21	5.92	13
총계		180	215	13.7		3.05		252	220	12.0	2.22	3.10	5.13	220	207	14.4	2.20	2.88	4.26	266

단국대죽전 2021 대입분석자료 04 - DKU인재종합 자연
2021. 05. 24 ollim

단국대죽전
1. 인성: 성실성, 공동체의식, 리더십등
2. 학업역량: 자기주도 학습능력, 전공적합성
3. 창의적역량: 독창성, 문제해결능력 등

계열	학과	최저없음 2022인원	2021 DKU인재 (자연) 서류100% (학생+자소서 정성평가)						2020 DKU인재 (자연) 서류100% (학생+자소서 정성평가)						2019 DKU인재 (자연) 서류100% (학생+자소서 정성평가)					
			모집인원	경쟁률	합격최고	합격평균	합격최저	추합	모집인원	경쟁률	합격최고	합격평균	합격최저	추합	모집인원	경쟁률	합격최고	합격평균	합격최저	추합
공과대학	전자전기공학	22	25	16.6		3.14		57	29	7.59	2.11	3.76	7.30	34	20	10.4	2.42	2.70	2.95	37
	고분자공학	14	14	8.21		2.71		32	14	6.43	2.15	2.72	3.35	11	9	11.1	2.18	2.48	2.76	8
	파이버융합소재	7	9	9.00		2.88		9	9	4.67	2.78	3.03	3.32	15	5	8.00	2.32	2.73	3.10	1
	토목환경공	18	17	7.24		3.24		27	17	5.29	2.00	3.12	3.74	20	11	11.2	2.54	2.97	3.26	13
	기계공학	14	13	15.5		2.71		28	16	11.3	2.40	2.80	3.20	22	12	24.0	2.38	2.73	3.31	8
	화학공학	17	16	10.9		2.78		19	18	9.44	2.14	2.48	3.90	17	13	16.9	2.06	2.35	2.78	7
건축	건축학 5년	7	11	19.7		3.21		16	11	14.6	2.36	3.39	6.71	14	6	24.7	2.45	2.98	4.11	4
	건축공학	8	11	10.3		3.24		20	11	10.3	3.26	3.26	4.94	13	6	26.8	2.66	3.25	3.61	10
사범	수학교육	12	7	10.9		2.40		21	7	6.57	1.75	2.26	2.83	7	6	17.7	1.55	1.79	1.98	9
	과학교육	12	8	14.1		2.39		20	8	4.13	2.14	2.79	3.82	3	6	14.7	1.81	2.09	2.39	4
SW인재 전형 분리 2022	모바일시스템	7	7	8.29		3.58		5	7	10.7	3.45	3.90	4.30	4	6	8.83	3.25	4.03	5.36	4
	소프트웨어	18	18	8.67		3.01		12	18	8.94	2.47	3.07	3.64	9	18	12.1	2.47	2.83	3.91	12
	컴퓨터공학과	10	10	9.90		3.06		2	10	12.9	2.80	3.41	4.28	2	10	10.2	2.76	3.39	4.52	5
	정보통계	8	7	5.71		3.24		5												
	산업보안	8	8	4.50		3.87		4												
총계		182	181	10.6		3.03		277	175	8.7	2.45	3.08	4.26	171	128	15.1	2.37	2.79	3.39	122

단국대죽전		최저없음 2022 인원	2021 논술전형 (인문) ▶학생 40%+논술 60%						2020 논술전형 (인문) ▶학생 40%+논술 60%						2019 논술전형 (인문) ▶학생 40%+논술 60%					
▶2020 논술인문 논술평균 경쟁률 평균등급			2021 경쟁률 및 입결 (최종등록)						2020 경쟁률 및 입결 (최종등록)						2019 경쟁률 및 입결 (최종등록)					
			모집인원	경쟁률	논술평균	합격평균	합격최저	추합	모집인원	경쟁률	논술평균	합격평균	합격최저	추합	모집인원	경쟁률	논술평균	합격평균	합격최저	추합
국제	국제경영학과	-	-	-	-	-	-	-	-	-	-	-	-	-	-	-	-	-	-	-
	국제자유전공	-	-	-	-	-	-	-	-	-	-	-	-	-	-	-	-	-	-	-
문과	국어국문	8	8	22.8	80.44	4.07		-	8	30.4	77.13	3.81	4.83	1	8	32.3	80.75	3.94	5.07	0
	사학과	8	8	23.5	78.63	4.62		-	8	31.0	78.31	4.88	5.69	0	8	29.5	81.50	4.20	5.18	0
	영미인문학과	5	5	21.8	83.30	4.43		-	5	33.0	82.20	4.34	4.77	2	5	30.6	82.20	4.33	5.28	0
	철학과	3	3	23.7	65.33	4.60		-	3	29.0	74.17	4.43	4.86	1	3	29.0	80.00	4.64	5.32	0
법과	법학과	18	18	28.6	67.78	4.34		-	18	32.8	74.42	4.20	5.62	3	18	30.7	71.78	4.31	5.21	4
사회 과학	정치외교	6	6	26.3	79.25	4.53		1	6	31.2	79.17	3.80	4.71	0	6	30.7	81.33	4.23	5.07	1
	행정학과	8	8	25.0	80.63	4.74		-	8	33.4	77.25	4.49	5.27	2	8	32.8	71.75	3.87	4.70	2
	도시계획부동산	11	11	26.5	80.82	4.67		3	11	32.8	80.64	4.64	5.71	0	11	33.0	71.18	4.12	5.83	2
	커뮤니케이션	11	11	32.1	71.59	4.37		3	11	44.8	80.59	3.99	5.05	0	11	46.9	73.82	4.06	5.01	2
	응용통계	-	-	-	-	-	-	-	-	-	-	-	-	-	-	-	-	-	-	-
	상담학과	5	5	27.4	72.70	4.05		-	5	36.2	78.50	3.90	4.51	0	5	37.0	81.10	4.22	4.37	1
상경	경제학과	11	11	26.2	69.27	4.48		2	11	31.6	73.77	4.22	5.20	4	11	30.2	69.59	4.35	5.11	2
	무역학과	8	8	26.1	65.69	4.24		-	11	29.5	73.65	3.99	5.27	1	11	30.6	72.32	4.28	5.06	1
	경영학부	32	32	30.2	71.20	4.30		5	32	34.3	76.19	4.12	5.19	3	32	34.7	71.38	3.90	5.63	4
사범	한문교육	4	4	15.8	74.38	5.16		-	4	22.8	78.38	4.47	5.17	2	5	19.8	68.90	4.32	4.82	2
	특수교육	6	6	15.7	82.42	4.68		-	6	23.3	80.75	3.85	4.71	1	6	22.8	80.17	4.04	4.04	0
총계		144	144	24.8	74.90	4.49		14	147	31.7	77.67	4.21	5.10	20	148	31.4	75.85	4.19	5.05	21

단국대죽전		최저없음 2022 인원	2021 논술전형 (자연) ▶학생 40%+논술 60%						2020 논술전형 (자연) ▶학생 40%+논술 60%						2019 논술전형 (자연) ▶학생 40%+논술 60%					
▶2020 논술자연 논술평균 경쟁률 평균등급			2021 경쟁률 및 입결 (최종등록)						2020 경쟁률 및 입결 (최종등록)						2019 경쟁률 및 입결 (최종등록)					
			모집인원	경쟁률	논술평균	합격평균	합격최저	추합	모집인원	경쟁률	논술평균	합격평균	합격최저	추합	모집인원	경쟁률	논술평균	합격평균	합격최저	추합
공과 대학	전자전기공학	39	39	21.1	93.96	4.28		19	39	31.4	72.90	4.49	6.91	24	42	32.3	51.27	4.26	5.91	23
	고분자공학	11	13	15.5	53.85	4.87		4	13	22.0	81.04	4.64	6.18	6	13	27.5	74.85	4.07	4.97	6
	파이버융합소재	8	9	14.7	85.61	4.97		5	9	21.2	80.89	4.02	5.34	3	9	29.1	73.94	4.28	5.12	5
	토목환경공	16	17	14.7	54.32	4.85		8	18	20.3	82.00	4.76	6.41	4	20	27.9	71.08	4.05	5.50	11
	기계공학	15	15	16.9	90.93	4.41		7	15	28.9	73.37	4.08	5.59	5	16	31.6	85.63	4.44	5.75	2
	화학공학	19	20	17.9	58.83	4.33		6	21	30.2	67.93	4.04	5.43	7	22	30.4	80.84	3.94	5.07	6
건축	건축학 5년	10	11	17.4	62.82	4.67		3	11	24.7	66.14	4.36	5.30	4	11	30.2	76.91	4.41	6.21	11
	건축공학	11	11	13.4	50.73	4.64		2	11	22.0	88.00	4.62	6.00	3	11	25.8	76.27	4.46	5.40	1
사범	수학교육		9	15.9	95.44	3.46		7	9	24.1	78.61	4.05	5.03	5	10	26.5	62.90	3.75	5.13	2
	과학교육		6	15.3	92.25	4.64		1	7	19.0	74.50	4.06	5.12	2	7	23.1	45.36	3.34	4.41	2
SW 인재 전형 분리 2022	모바일시스템	3	5	15.2	60.90	4.89		-	6	27.3	84.83	4.72	5.94	1	7	35.4	40.79	4.04	4.83	4
	소프트웨어	19	19	19.7	77.66	4.47		4	19	28.0	89.27	4.16	5.65	9	20	40.0	54.65	3.86	5.40	4
	컴퓨터공학과	11	11	21.0	87.45	4.81		9	11	28.9	89.27	4.26	5.54	5	11	35.9	46.45	4.61	5.48	5
	정보통계	6	6	20.7	95.42	3.91		2												
	산업보안	5	5	14.8	68.20	4.21														
총계		173	196	16.9	75.22	4.49		78	189	25.2	79.13	4.33	5.73	78	199	30.4	64.69	4.12	5.32	82

단국대천안 2021 대입분석자료 01 - 학생부교과우수자 인문 *2021. 05. 24 ollim*

★ 수능최저등급
인주: 국수영 중 2개합7
인야: 국수영 중 1개합4
해병대군사: 5개 평균
3등급대 (한국사포함)
⑭ 응시필수 공통

▶학생부교과 100% (국영수사, 동일비율)
▶가중치 인문: 국영수사 30:30:20:20

단국대천안		수능최저있음 2022인원	2021 모집인원	경쟁률	합격최고	합격평균	합격최저	추합	2020 모집인원	경쟁률	합격최고	합격평균	합격최저	추합	2019 모집인원	경쟁률	합격최고	합격평균	합격최저	추합
외국어	중국어과	24	26	5.88		3.86		61	28	5.46	2.96	3.55	4.24	45	27	6.70	2.87	3.42	3.88	36
	일본어과	20	21	8.38		3.63		25	23	5.52	2.71	3.84	4.65	32	25	7.72	2.51	3.43	3.82	31
	독일어과	6	6	4.83		3.53		7	6	6.50	3.44	3.61	3.83	11	7	16.3	3.34	3.46	3.61	7
	프랑스어과	6	6	4.67		3.31		3	6	6.67	3.24	3.39	3.52	6	7	7.14	3.13	3.40	3.68	8
	스페인어과	13	14	5.29		3.89		33	16	8.75	2.73	3.24	3.64	28	16	6.25	2.69	3.54	4.52	29
	러시아어과	9	9	5.67		4.24		17	9	5.67	3.21	3.64	4.05	11	10	8.50	3.11	3.54	3.89	14
	영어과	24	25	4.92		3.54		44	27	13.1	2.77	3.18	3.44	34	27	5.04	2.79	3.85	5.60	33
	몽골어과	9	9	5.44		3.89		7	9	6.33	3.50	3.86	4.21	7	10	8.40	3.26	3.80	4.04	7
	중동학과	9	9	7.00		3.78		22	9	4.48	3.14	3.96	4.75	6	10	8.20	3.12	3.53	3.67	6
	포르투갈어과	6	6	9.83		3.72		5	6	6.50	3.33	4.10	5.70	0	7	7.71	2.97	3.53	3.98	10
	글로벌한국어	5	5	4.20		3.43		2												
공공인재	공공정책학과	15	15	7.60		3.41		54	17	16.7	2.83	3.25	3.52	14	18	4.56	3.22	3.94	5.44	24
	공공정책 (야간)	14	13	4.15		4.98		17	15	9.00	4.13	4.63	5.12	13	16	4.63	4.38	5.13	5.78	19
	사회복지학과	17	16	8.19		3.16		29	18	8.22	2.97	3.36	3.76	31	18	6.83	2.98	3.38	4.20	29
	해병대군사(남)	26	23	3.52		4.38		3	23	4.96	2.05	3.88	5.16	13	23	5.65	1.52	3.67	4.51	9
	해병대군사(여)	4	2	5.00		3.80		2	2	6.50	1.81	2.21	2.62	0	2	17.0	2.11	2.47	2.82	1
	환경자원경제	23	23	5.91		3.54		22	24	5.92	2.92	3.75	4.06	31	24	5.25	2.87	3.56	3.88	21
보건	보건행정학과	14	14	8.14		3.07		42	16	6.81	2.88	3.11	3.31	16	16	5.69	2.58	3.09	3.55	20
총계		244	242	6.3		3.74		205	254	7.5	2.96	3.61	4.22	131	144	7.4	2.90	3.61	4.19	146

단국대천안 2021 대입분석자료 02 - 학생부교과우수자 자연　2021. 05. 24　ollim

★ 수능최저등급
자연: 국수영 중
　수나포함 2개합 7
　수가포함 2개합 8
간호: 국수영 중 2개합5
　(수학가/나)
　㉯ 응시필수 공통

▶학생부교과 100% (국영수과, 동일비율)
▶가중치 자연일반: 국영수과 20:30:30:20
　건축: 국영수+사/과 30:30:30:10

단국대천안		2022 인원	2021 교과우수자 (자연)						2020 교과우수자 (자연)						2019 교과우수자 (자연)					
			모집인원	경쟁률	합격최고	합격평균	합격최저	추합	모집인원	경쟁률	합격최고	합격평균	합격최저	추합	모집인원	경쟁률	합격최고	합격평균	합격최저	추합
과학기술	수학과	20	20	5.05		3.48		33	22	5.36	2.84	3.46	4.34	41	24	5.71	2.57	3.35	3.81	35
	물리학과	16	16	4.31		3.99		14	18	8.11	3.01	3.73	4.08	13	24	4.04	3.56	4.03	5.11	14
	화학과	24	24	4.88		3.17		34	33	7.21	2.42	3.16	3.52	48	33	4.33	2.48	3.34	5.56	41
	식품영양학과	21	21	5.33		3.43		30	25	5.56	3.12	3.43	3.71	17	25	5.36	2.86	3.51	3.93	26
	미생물학전공	19	19	5.37		3.38		37	21	7.05	2.83	3.48	3.72	15	22	4.59	3.16	3.68	4.15	15
	생명과학전공	32	32	5.94		3.29		41	34	5.06	2.37	3.30	4.20	49	20	14.5	2.57	3.15	3.52	24
	신소재공학과	23	23	7.43		3.11		53	25	7.44	2.83	3.23	3.55	50	25	6.20	2.61	3.12	3.41	33
	식품공학과	24	26	4.38		3.61		39	28	5.43	2.66	3.23	3.60	40	28	4.75	2.67	3.35	4.08	42
	경영공학과	18	19	8.05		3.72		48	21	5.10	3.42	3.86	4.56	24	22	5.95	2.35	3.42	3.88	25
	에너지공학과	31	33	5.21		3.74		70	35	8.49	2.80	3.42	3.64	55	25	5.92	2.92	3.54	3.94	31
	디스플레이공	-	-	-	-	-	-	-	-	-	-	-	-	-	-	-	-	-	-	-
	원자력융합공	-	-	-	-	-	-	-	-	-	-	-	-	-	-	-	-	-	-	-
생명공학	제약공학과	14	14	4.71		3.10		23	16	5.19	2.20	2.78	3.82	38	19	4.26	2.42	2.71	2.94	14
	식량생명공학	19	21	4.38		4.00		34	23	8.83	2.87	3.43	3.70	23	23	4.48	2.56	3.84	4.92	22
	동물자원학과	20	21	6.71		3.67		36	23	5.30	3.25	3.84	4.64	25	27	7.11	2.78	3.59	3.99	31
	환경원예학과	19	19	6.42		4.01		16	21	5.86	3.53	4.01	4.33	25	24	5.42	3.02	3.92	4.42	23
	녹지조경학과	19	22	5.55		4.32		38	24	6.13	3.53	3.96	4.22	21	27	5.48	3.24	3.89	4.43	22
	의생명공학부	17	17	8.82		2.84		22	24	5.29	2.51	3.33	3.82	17	-	-	-	-	-	-
보건과학	임상병리학과	14	15	7.60		2.80		20	17	6.59	1.78	2.91	3.37	36	18	6.06	2.21	2.95	3.48	27
	물리치료학과	15	15	8.33		2.61		23	17	12.9	2.14	2.65	2.85	30	18	6.72	2.07	2.82	3.16	28
	치위생학과	15	16	10.1		2.77		22	18	9.61	2.37	3.12	3.49	25	19	3.74	1.98	3.13	4.63	15
	심리치료학과	13	14	5.50		3.33		14	16	5.13	2.53	3.10	3.72	21	16	7.25	2.47	2.91	3.30	15
간호	간호학과	59	62	6.23		2.29		64	64	7.69	1.47	2.35	2.64	68	64	5.16	1.78	2.39	3.02	57
총계		452	469	6.6		3.33		522	525	7.0	2.66	3.28	3.73	498	355	5.6	2.51	3.26	3.83	385

단국대천안		최저없음 2022 인원	2021 DKU인재 (인문) ▶서류100% (학생+자소서 정성평가)						2020 DKU인재 (인문) ▶서류100% (학생+자소서 정성평가)						2019 DKU인재 (인문) ▶서류100% (학생+자소서 정성평가)					
			2021 경쟁률 및 입결 (최종등록)						2020 경쟁률 및 입결 (최종등록)						2019 경쟁률 및 입결 (최종등록)					
			모집인원	경쟁률	합격최고	합격평균	합격최저	추합	모집인원	경쟁률	합격최고	합격평균	합격최저	추합	모집인원	경쟁률	합격최고	합격평균	합격최저	추합
외국어	중국어과	16	16	8.50		4.29		32	16	13.1	2.49	3.55	4.31	27	16	16.6	2.50	3.92	4.85	18
	일본어과	14	14	14.9		4.16		15	14	16.9	3.49	4.40	5.40	11	14	20.9	3.23	4.34	6.93	14
	독일어과	6	6	8.67		5.30		13	6	12.7	1.78	4.04	6.04	12	5	15.8	4.11	4.90	6.03	10
	프랑스어과	6	6	5.50		4.02		15	6	11.2	3.37	4.00	4.35	6	5	11.0	3.20	3.94	4.53	4
	스페인어과	10	10	8.20		4.02		17	10	9.00	3.35	4.10	5.90	7	9	7.89	2.50	3.79	4.79	17
	러시아어과	8	9	14.4		4.72		21	9	12.4	3.73	5.55	7.46	6	8	6.6	2.28	5.35	6.71	8
	영어과	12	13	5.23		3.73		19	13	13.4	1.92	3.09	3.81	20	13	10.2	2.92	3.89	5.02	19
	몽골어과	8	9	4.22		4.50		6	9	5.44	3.75	4.25	4.93	3	8	5.38	4.14	4.67	5.23	3
	중동학과	8	9	4.44		4.69		10	9	7.00	3.76	4.32	4.81	15	8	5.88	3.51	4.77	7.21	13
	포르투갈어과	6	6	4.50		4.79		10	6	6.00	1.07	4.22	4.36	4	5	7.2	2.79	3.98	4.61	6
	글로벌한국어	5	5	3.80		4.92		6												
공공인재보건과학	공공정책학과	10	11	9.00		3.99		12	11	10.6	1.73	3.64	5.02	28	10	8.2	2.59	3.57	4.35	7
	공공정책 (야간)	9	9	3.56		4.94		10	9	5.11	3.30	4.69	5.14	7	8	3.25	4.34	5.15	5.99	6
	사회복지학과	9	12	16.3		3.68		22	12	26.0	1.73	3.43	3.92	22	12	16.0	3.03	3.89	5.49	15
	해병대군사학	-	-	-	-	-	-		-	-	-	-	-		-	-	-	-	-	
	환경자원경제	14	14	4.64		3.78		6	14	5.64	2.64	3.94	4.54	15	14	6.43	3.40	4.19	4.76	13
	보건행정학과	8	9	12.22		3.35		12	9	6.22	2.12	3.88	5.93	5	8	8.5	2.75	3.02	3.39	1
총계		149	158	6.96		4.29		94	153	9.0	2.51	4.05	4.83	99	73	7.6	3.32	4.16	5.13	64

1.인성: 성실성, 공동체의식, 리더십등
2.학업역량: 자기주도 학습능력, 전공적합성
3.창의적역량: 독창성, 문제해결능력 등

132

단국대천안 2021 대입분석자료 04 - DKU인재종합 자연　　2021. 05. 24　ollim

단국대천안		최저없음 2022인원	2021 DKU인재 (자연) ▶서류100% (학생+자소서 정성평가)						2020 DKU인재 (자연) ▶서류100% (학생+자소서 정성평가)						2019 DKU인재 (자연) ▶서류100% (학생+자소서 정성평가)					
			2021 경쟁률 및 입결 (최종등록)						2020 경쟁률 및 입결 (최종등록)						2019 경쟁률 및 입결 (최종등록)					
			모집인원	경쟁률	합격최고	합격평균	합격최저	추합	모집인원	경쟁률	합격최고	합격평균	합격최저	추합	모집인원	경쟁률	합격최고	합격평균	합격최저	추합
과학기술	수학과	7	11	5.27		3.61		23	11	5.64	2.83	3.54	4.93	25	8	6.38	3.08	3.36	3.61	6
	물리학과	7	10	5.10		4.51		13	10	7.40	3.29	4.18	4.79	22	8	11.0	3.45	4.06	5.28	16
	화학과	9	11	12.6		3.34		26	13	11.4	2.49	3.40	4.07	20	10	16.2	2.92	3.38	4.15	12
	식품영양학과	10	10	9.50		3.74		11	11	8.55	3.06	3.70	3.97	18	8	28.0	2.36	3.03	3.71	10
	미생물학과	7	10	7.00		3.30		9	10	6.90	2.89	3.40	3.90	11	8	10.9	2.92	3.40	3.78	13
	생명과학과	13	17	6.06		3.49		24	17	7.82	2.05	3.07	3.80	18	7	15.3	2.97	3.30	3.96	14
	신소재공학과	8	11	10.2		3.59		30	11	15.6	2.73	3.45	4.04	19	8	10.8	3.30	3.77	5.15	5
	식품공학과	9	12	9.67		3.41		27	12	13.3	2.40	3.66	4.45	18	9	11.3	2.78	3.78	5.62	17
	경영공학과	9	13	5.69		3.96		16	13	4.46	3.70	4.31	5.72	14	7	7.57	3.22	3.57	3.76	11
	에너지공학과	12	16	6.69		4.03		34	16	6.88	3.43	3.83	4.21	18	8	8.4	2.86	3.77	4.97	12
	디스플레이공	-	-	-	-	-	-	-	-	-	-	-	-	-	-	-	-	-	-	-
	원자력융합공	-	-	-	-	-	-	-	-	-	-	-	-	-	-	-	-	-	-	-
생명공학	제약공학과	8	9	8.44		3.07		12	9	8.44	2.90	3.20	3.80	10	6	10.3	3.04	3.17	3.43	2
	식량생명공학	7	12	7.25		3.79		21	12	7.83	3.13	3.72	5.11	14	10	16.7	1.58	3.65	4.45	8
	동물자원학과	7	12	10.0		3.69		16	12	13.0	2.71	3.69	4.52	23	11	10.7	2.84	3.98	4.85	14
	환경원예학과	8	12	9.75		4.24		17	12	6.83	3.91	4.62	5.23	26	10	10.6	2.86	4.22	5.62	4
	녹지조경학과	7	13	6.62		3.50		20	13	9.23	3.08	4.08	4.80	21	11	13.0	3.74	4.33	5.24	14
	의생명공학부	8	8	10.13		2.74		12	15	9.20	2.35	3.16	4.42	17	-	-	-	-	-	-
공공보건과학	임상병리학과	9	9	14.2		3.80		11	9	12.3	3.16	3.60	3.96	5	8	11.8	2.97	3.34	4.31	10
	물리치료학과	9	9	14.1		2.99		8	9	21.9	2.72	2.98	3.22	5	8	38.3	2.52	3.09	4.06	7
	치위생학과	9	9	6.00		3.38		7	9	9.78	2.29	2.92	3.30	5	8	11.5	1.47	3.12	3.82	2
	심리치료학과	9	9	5.56		3.74		5	9	10.9	2.77	2.94	3.14	8	8	8.5	2.35	3.05	3.77	8
간호	간호학과	10	10	46.4		2.22		22	10	27.6	2.69	3.03	3.46	7	-	-	-	-	-	-
의과	의예과	15	15	26.9		1.24		12	10	27.9	1.29	1.94	4.13	11	10	26.8	1.47	1.71	1.98	7
치과	치의예과	20	20	30.0		1.54		3	14	30.6	1.54	2.14	3.58	9	14	23.4	1.44	2.57	4.55	11
약학	약학과(신설)	8	-	-		-		-	-	-	-	-	-	-	-	-	-	-	-	-
총계		225	268	14.4		3.14		200	267	14.5	2.71	3.28	4.06	179	112	15.8	2.43	3.33	4.25	99

1.인성: 성실성, 공동체의식, 리더십등
2.학업역량: 자기주도 학습능력, 전공적합성
3.창의적역량: 독창성, 문제해결능력 등

대진대학교

<영어 등급> 탐1 30%+국수영 중 2개 각35%

인/자: 90-85-80-76-72-60 ... 수가5%, 과탐3%

▶ 교과: 국영수사/국영수과
▶ 종합: 국영수사과
▶ 기초차상: 인-국영 자-영수
▶ 종단추천/취업자: 국영

1. 2022 학생부우수자: 교과100% 없는 일괄면접 유지
2. 2022 학교장추천 56명, 교과 100% 전형신설
3. 2022 종합전형 자기소개서 폐지
4. 2022 내신반영: 국영수사/국영수과, 동일비율 유지
5. 종합 윈윈대진/고른기회 1단계 4배수
6. 중국유학 전폭 지원
7. 면접결시율 40.5%, 최종 실질경쟁률 2.0대 1 을 아시나요.

▶ 대진대 인재상
1. 전인적 교양인: 건전한 가치관 윤리관 바탕 교양을 갖춘 인재
2. 개방적 국제인: 사회적·다문화적 지식과 국제적 감각을 갖추고 의사소통과 협력을 하는 인재
3. 창조적 실용인: 창의성과 혁신을 사랑, 리더십 책무성 지닌 인재
4. 실천적 전문인: 비판적 사고 문제해결능력 전공지식 자기주도

모집시기	전형명	사정모형	학생부종합 특별사항	2022 수시 접수기간 09. 10(금) ~ 14(화)	모집인원	학생부	논술	면접	서류	기타	2022 수능최저등급
2022 수시 1,247명 2021 정원내 수시 1,205명 (67.2%) 정시 588명 (32.8%) 전체 1,793명	학생부교과 학생부우수자	일괄	학생부교과 학교장추천 최저없음 수능후 면접 면접 11.20(토) 11.21(일) 최종 12.10(금) 국영수사 국영수과 동일비율	교과 70 + 면접 30 일괄면접 수능이후 1. 교과100% 없는 일괄면접 2. 2022 전년대비 121명 감소 3. 5분 내외 블라인드면접 4. 높은 면접결시율 40.5% 최종실질경쟁률 2.0대 1 <면접평가 항목: 총 2문항> 총 8단계 A~H등급 방식 1. 논리적 사고력/창의력 50% - 계열별 3문항 홈피 공개 - 추첨으로 1문항 출제 2. 전공적성능력 35% - 지원동기/학업계획 등 3. 인성 (태도 및 가치관) 15%	411 2021 532	교과 70 + 면접 30					최저 없음
	학교장추천 (신설)	일괄	학생부교과 학교장추천 추천제한없음 최저없음 최종 11.12(금) 국영수사 국영수과 동일비율	1. 학교장추천 56명 신설 2. 고교당 추천제한 없음	56	교과 100					최저 없음
	윈윈대진	1단계	학생부종합 자소서폐지 1단계 10.19(화) 면접 10.23(토) 10.24(일) 최종 11.12(금) 국영수사과	1. 2022 전년대비 50명 감소 2. 2022 자기소개서 폐지 3. 종합전형공통 서류평가 ①기초학습능력 40% (400) ②성장잠재력 30% (300) ③인성 30% (300) 4. 서류평가 평가등급 : 평가 항목별 8단계 (A등급~H등급)	363 2021 413	서류 100 (4배수)					최저 없음
		2단계				교과 70 + 면접 30					
	고른기회	일괄	고른기회 최종 11.12(금)	1. 단계종합→교과100% 변경 2. 국가보훈관계법령 해당자녀 3. 농어촌 자녀/특성화/만학도 4. 기초수급 및 차상위자녀	115 2021 110	교과 100					최저 없음
	기초생활수급 및 차상위 (정원외)	일괄	학생부교과 최종 11.12(금)	1. 기초수급 및 차상위자녀 등 2. 정원외 선발전형 3. 내신반영 인: 국영 자: 영수	16	교과 100					최저 없음
	종단추천자	일괄	학생부교과 면접 11.20(토) 최종 12.10(금)	대순진리회 종단추천자 종단추천서 필수 * 내신반영: 국어, 영어	15	교과 70 + 면접 30					농어촌/특성화 특성화고졸재직 취업자 등 생략

수능최저 없음		2022 학교장추천 모집인원	2022 교과 모집인원	2021 학생부우수자 ▶내신반영: 국영수사/국영수과 ▶학년비율: 동일비율											2021 정시수능 ▶탐1 30%+기타2개 각 35% ▶영어 90-85-80-76-72-60...			
				2021 지원		면접 응시율			2021 수시 입결							2021 지원		2021 백분위	
		모집인원	모집인원	모집인원	경쟁률	지원합계	면접응시	면접응시율	최종평균	최종90%	추합인원	충원율	모집충원합계	실질경쟁률		모집인원	경쟁률	최종평균	최종90%
인문예술대학	영어영문	3	9	23	3.26	75	34	45%	4.78	5.64	11	48%	34	1.00		38	2.79	60.55	45.88
	역사문화콘텐츠	2	8	14	6.29	88	49	56%	4.48	4.95	16	114%	30	1.63		17	2.35	63.81	50.79
	문예콘텐츠창작	-	10	14	5.00	70	36	51%	4.22	4.56	5	36%	19	1.89		9	4.44	69.72	66.35
	영화전공영화연출	2	-	-	-	-	-		-	-	-	-	-	-		8	8.75	55.12	45.49
글로벌통상대학	글로벌경제	2	14	19	7.00	133	75	56%	4.73	5.30	25	132%	44	1.70		18	2.33	66.35	47.74
	경영학과	2	15	19	4.11	78	47	60%	4.04	4.84	13	68%	32	1.47		18	4.61	75.36	70.66
	국제통상학과	2	12	18	5.56	100	59	59%	4.35	4.78	23	128%	41	1.44		15	3.13	54.60	39.68
	국제지역 미국학	2	8	17	4.71	80	57	71%	4.99	5.48	12	71%	29	1.97		14	2.64	63.15	48.39
	국제지역 일본학	-	8	17	4.00	68	40	59%	4.56	5.20	13	76%	30	1.33		14	2.71	70.68	66.30
	국제지역 중국학	2	13	24	3.46	83	55	66%	4.59	5.51	27	113%	51	1.08		21	3.95	70.57	67.39
공공인재대학	공공인재법학과	2	13	15	3.53	53	31	59%	4.73	5.53	11	73%	26	1.19		17	2.53	64.06	47.65
	행정정보학과	2	13	15	5.27	79	39	49%	4.57	5.04	12	80%	27	1.44		15	3.33	71.77	66.20
	사회복지아동학	3	32	30	8.07	242	140	58%	4.47	4.95	52	173%	82	1.71		23	4.3	72.36	69.72
	미디어커뮤니케	2	19	21	4.86	102	59	58%	4.26	4.77	27	129%	48	1.23		15	4.73	73.98	71.17
	문헌정보학과	2	11	12	5.50	66	32	49%	4.27	4.65	8	67%	20	1.60		13	4.38	70.65	61.36
과학기술대학	데이터사이언스	-	10	13	7.00	91	59	65%	5.27	5.73	6	46%	19	3.11		18	3.89	70.27	64.04
	생명화학생명과학	-	7	10	6.20	62	36	58%	4.29	4.68	19	190%	29	1.24		14	3.43	66.08	57.11
	생명화학화학전공	-	7	10	3.20	32	17	53%	4.64	6.44	7	70%	17	1.00		18	3.00	62.96	41.93
	간호학과	2	19	12	9.00	108	59	55%	2.43	2.89	3	25%	15	3.93		35	3.43	83.39	81.14
	식품영양학과	2	12	11	7.82	86	48	56%	4.47	4.96	15	136%	26	1.85		16	1.81	57.46	42.57
휴먼 IT 공과대학	스마트융합시스템	2	20	15	4.40	66	31	47%	5.15	5.87	16	107%	31	1.00		20	2.50	64.52	43.14
	컴퓨터공학	3	10	26	4.12	107	60	56%	4.12	5.00	3	12%	29	2.07		36	2.53	68.25	52.91
	AI빅데이터전공	-	10	신설	-	-	-		-	-	-	-	-	-		-	-	-	-
	전자공학과	2	15	23	3.39	78	45	58%	4.38	5.14	16	70%	39	1.15		22	2.05	59.14	35.00
	에너지공학부	3	32	34	2.94	100	63	63%	4.80	5.50	19	56%	53	1.19		37	2.54	65.12	53.27
	기계공학과	3	17	23	5.43	125	67	54%	4.54	5.07	24	104%	47	1.43		19	4.79	73.81	70.38
	신소재공학과	2	12	17	3.00	51	27	53%	5.17	6.43	10	59%	27	1.00		15	2.13	64.11	50.06
	산업경영공학과	2	12	18	3.72	67	44	66%	4.89	5.40	13	72%	31	1.42		11	2.64	56.39	39.51
	건축공학부	3	15	34	5.53	188	90	48%	4.81	5.44	26	76%	60	1.50		34	3.88	67.46	58.23
	스마트건설환경공	4	28	15	4.13	62	37	60%	4.98	5.51	16	107%	31	1.19		19	3.68	67.82	64.76
자연 합계		56	411	519	5.02	2540	1436	57%	4.54	5.19	448	87%	967	1.56		569	3.42	66.53	55.82

수능최저 없음		2022 윈윈대진 모집인원	2021 종합 윈윈대진 ▶내신반영: 국영수사과 ▶1단계: 서류100% (4배수) 2단계: 면접 70%											2020 윈윈대진 ▶1단계: 서류100% (4배수) 2단계: 면접 70%			
			2021 지원		1단계/면접응시			2021 수시 입결						2021 지원		2021 입결	
		모집인원	모집인원	경쟁률	1단계 합격인원	면접 응시	면접 응시율	최종 평균	최종 90%	추합 인원	충원율	모집 충원 합계	실질 경쟁률	모집 인원	경쟁률	최종 평균	최종 90%
인문 예술 대학	영어영문	10	14	2.43	34	32	94%	5.34	6.14	18	129%	32	1.00	15	3.33	5.21	
	역사문화콘텐츠	10	14	4.50	56	51	91%	4.91	5.44	21	150%	35	1.46	15	3.07	4.58	
	문예콘텐츠창작	10	14	4.36	56	41	73%	4.82	5.40	11	79%	25	1.64	12	4.87	4.92	
	영화전공영화연출																
글로벌 통상 대학	글로벌경제	10	15	3.53	51	48	94%	5.11	5.45	14	93%	29	1.66	12	3.58	5.00	
	경영학과	10	15	5.40	60	54	90%	4.50	4.91	30	200%	45	1.20	12	6.00	4.35	
	국제통상학과	10	14	3.71	52	50	96%	5.40	6.13	19	136%	33	1.52	12	3.33	4.77	
	국제지역 미국학	8	10	2.20	22	22	100%	5.59	6.00	9	90%	19	1.16	9	2.56	5.12	
	국제지역 일본학	8	10	4.80	41	37	90%	4.95	5.72	18	180%	28	1.32	8	8.75	4.74	
	국제지역 중국학	10	15	2.07	31	28	90%	5.12	6.24	13	87%	28	1.00	15	5.73	4.29	
공공 인재 대학	공공인재법학과	11	16	2.75	44	37	84%	4.97	5.50	8	50%	24	1.54	12	3.33	4.24	
	행정정보학과	11	16	2.69	43	37	86%	4.89	5.42	4	25%	20	1.85	12	4.92	4.86	
	사회복지아동학	20	28	6.36	112	108	96%	4.80	5.35	33	118%	61	1.77	10	16.3	4.16	
	미디어커뮤니케	12	15	7.87	60	59	98%	4.32	4.60	27	180%	42	1.40	15	8.60	3.93	
	문헌정보학과	10	11	5.36	44	42	95%	4.26	4.56	6	55%	17	2.47	15	4.07	4.49	
과학 기술 대학	데이터사이언스	10	10	2.90	27	24	89%	5.56	5.91	9	90%	19	1.26				
	생명화학생명과학	8	10	3.80	37	33	89%	4.65	5.09	18	180%	28	1.18	10	5.90	4.37	
	생명화학화학전공	8	10	2.90	29	26	90%	5.68	6.63	16	160%	26	1.00	10	2.90	4.32	
	간호학과	28	20	9.95	80	79	99%	3.25	3.61	19	95%	39	2.03	10	10.90	3.01	
	식품영양학과	10	10	3.70	36	34	94%	4.73	5.27	13	130%	23	1.48	10	5.80	4.21	
휴먼 IT 공과 대학	스마트융합시스템	10	15	2.40	35	27	77%	5.75	7.44	12	80%	27	1.00				
	컴퓨터공학	12	20	5.10	80	72	90%	4.84	5.52	32	160%	52	1.38	20	6.35	4.49	
	AI빅데이터전공	12	-	-	-	-	-	-	-	-	-	-	-				
	전자공학과	12	15	2.47	35	31	89%	5.46	6.55	16	107%	31	1.00	12	3.75	4.40	
	에너지공학부	30	20	1.80	35	30	86%	5.55	6.57	6	30%	26	1.15	10	3.90	5.15	
	기계공학과	12	15	3.80	57	53	93%	5.20	5.58	27	180%	42	1.26	13	3.92	4.84	
	신소재공학과	8	10	2.50	25	22	88%	5.64	6.99	11	110%	21	1.05	8	2.75	4.85	
	산업경영공학과	8	10	2.30	22	19	86%	5.51	6.45	8	80%	18	1.06	12	2.75	5.62	
	건축공학부	15	25	2.56	62	52	84%	5.26	6.05	15	60%	40	1.30				
	스마트건설환경공	30	10	2.30	23	23	100%	4.97	5.36	8	80%	18	1.28				
자연 합계		363	407	3.80	1289	42	90%	5.04	5.71	441	111%	848	1.37	289	5.31	4.58	

2022 대학별 수시모집 요강 — 덕성여자대학교

2022 대입 주요 특징	국수영 성적순 30%:30%:15%+탐구1 25%
	영어100-98-94-80-70... 약대20:30:25:25, 미/기 5%

▶ 교과반영 2022 고교추천
국영수사/국영수과 중
상위 3교과 전체반영★
▶ 교과반영 2022 교과/논술
국영수사/국영수과 중
상위 3교과x4개씩 총12개
▶ 진로선택 이수단위만 반영
※ 참고: 교과반영 2021
글로벌융합/아트: 국영사
과학기술: 영수과

1. 내신반영 2022 대폭변화 확인필수★★
2. 대계열 학부통합선발 3년차★ 글로벌융합대학/과학기술대
3. 인: 글로벌융합대학, 자: 과학기술대학, 예체: 아트디자인
4. 고교추천전형 신설, 교과 투트랙★ 최저유무, 내신반영 다름
5. 덕성인재1 서류일괄전형 신설, 종합 투트랙★ 기존 덕성2
6. 덕성여대 계열모집 2020~2022
　①글로벌융합대학(인문): 어문/사회/경영/회계/국통/유아교 등
　②과학기술대학(자연): 수학/화학/컴공/소프트/IT미디어공 등
　③Art & Design대학(실기): 동양/서양화/실내/시각디자인 등

2021 정시입결: 국수영탐2 인30:20:25:25 자20:30:25:25
▶ 글로벌융합대학 253명, 경쟁률 3.30, 충원율 91.7%
　최초평균-최종평균-최종70%컷
　84.47-82.12-81.05★
▶ 유아교육과 15명, 경쟁률 3.60, 충원율 60%
　최초평균-최종평균-최종70%컷
　88.5-86.97-85.75★
▶ 과학기술대학 115명, 경쟁률 3.95, 충원율 188.7%
　최초평균-최종평균-최종70%컷
　83.7-77.78-76.37★

모집시기	전형명	사정모형	학생부종합 특별사항	2022 수시 접수기간 09.10(금)~14(화)	모집인원	학생부	논술	면접	서류	기타	2022 수능최저등급
2022 정원내 수시 733명 (65.4%) / 정시 400명 (34.6%) / 전체 1,120명 / 2021 정원내 수시 643명 (61.6%) / 정시 400명 (38.4%) / 전체 1,043명	**학생부 100%**	일괄	학생부교과 최저 있음 최종 12.16(목)	1. 2022 전년대비 18명 감소 2. 내신반영 방법 변화★ 국영수사/국영수과 중 상위 3교과x4개씩 총12개 3. 교과전형 모집인원 21~22 ▶글로벌융합 107명→86명 ▶유아교육과 10명→7명 ▶과학기술대 56명→47명 ▶약학과 15명 신설	155 약학 15 2021 173	교과 100					<2021 교과 입결 ollim> ▶글로벌융합대학(인문) 경쟁 9.41 최초-최종-70컷 2.01-2.31-2.39 인원107, 충원251, 충원율 235% ▶유아교육과 경쟁 7.80 최초-최종-70컷 1.62-2.05-2.19 인원10, 충원27, 충원율 270% ▶과학기술대학(자연) 경쟁률 14.8 최초-최종-70컷 2.29-2.65-2.79 인원56, 충원119, 충원율 213% 〈우측〉 전체: 2개합 7 (탐1) 약대: 수학포함 3개합 6 (탐2) 반영과목 3등급 이내 수학: 미적/기하 택1 ※ 2021 최저참고 글: 2개합 7(탐1) 과: 2개합 8(탐1) 수가 2개합 7(탐1) 수나 반영영역 각각 4등급
	고교추천 (신설)	일괄	학생부교과 학교장추천 최저 있음 최종 12.16(목)	1. 고교추천 전형 120명 신설 2. 내신반영 방법 차별화★ 국영수사/국영수과 중 상위 3교과 전체반영★	120	교과 100					학교장추천 공문발송 ▶글로벌융합 77명 ▶유아교육과 4명 ▶과학기술대 39명 〈우측〉 최저 없음
	논술전형	일괄	논술전형 최저 있음 논술 11.21(일) 최종 12.16(목)	1. 2022 전년대비 105명 감소 2. 90분, 총2문항, 소문항2~3 3. 문항당 500~1,000자 4. 자연 수리논술 5. 내신: 3교과x4개씩 총12개	105 2021 210	학생부 20 + 논술 80					<2021 논술최종평균-70%> ▶글로인문 4.55-5.84 ▶유아교육 3.87-4.81 ▶과학자연 4.58-3.66 〈우측〉 전체: 2개합 7 (탐1)
	덕성인재1 (서류형, 신설)	일괄	종합전형 최저없음 자소~09.17(금) 최종 12.16(목)	1. 덕성인재1 전형 87명 신설 2. 서류일괄 100% 3. 자기소개서 제출	87 약학 25	서류 100					<2021 논술최종평균-70%> ▶글로인문 4.55-5.84 ▶유아교육 3.87-4.81 ▶과학자연 4.58-3.66 〈우측〉 최저 없음
	덕성인재2 (면접형)	일괄	학생부종합 자기소개서 ~09.17(금) 1단계 10.26(화) 면접 10.31(일) 최종 12.16(목)	1. 2022 전년대비 76명 감소 2. 융합적 사고, 창의적 능력 올바른 가치관을 실현할 자기주도적 덕성인재★★ 학업역량/발전역량/덕성역량 3. 면접평가 ①②번 실제질문 ①서류사항 점검, 자소서 근거 ②덕성역량, 공동체일원 강조 ③종합적 사고력 ④의사소통능력	123 2021 199	서류 100 (4배→3배수) / 서류 60 면접 40					<2021 덕성인재 입결> ▶글로벌인문 경쟁 10.9 최초-최종-70컷 2.87-3.17-2.77★ ▶유아교육 경쟁 23.1 최초-최종-70컷 2.18-2.36-2.32★ ▶과학자연 경쟁 7.64 최초-최종-70컷 3.14-3.38-3.84★ 〈우측〉 최저 없음
	고른기회1	일괄	학생부종합 자소~09.17(금) 최종 12.16(목)	1. 국가보훈대상자 2. 농어촌/특성화졸/서해5도 3. 기초수급 및 차상위자녀 등	15	서류 100					▶글로벌21 경쟁률 8.86 최초-최종-70컷 3.01-2.91-3.46★ 〈우측〉 최저 없음
	고른기회2	일괄	학생부종합 자소~09.17(금) 최종 12.16(목)	1. 장교/준사관/부사관 미화 2. 경찰/교도/소방/집배 10년	7	서류 100					▶글로벌21 경쟁률 8.86 최초-최종-70컷 3.01-2.91-3.46★ 〈우측〉 최저 없음
	고른기회1 (기초수급차)	일괄	학생부종합 자소~09.17(금) 최종 12.16(목)	기초수급 및 차상위자녀 등	7	서류 100					▶글로벌21 경쟁률 16.3 최초-최종-70컷 2.93-3.37-1.50★ 〈우측〉 최저 없음 <기타전형 생략> 농어촌/특성화/예체실기

| | | | 자연 미적/기하+과탐, 바이오대 수학무제한+과탐 |

▶ 교과: 전과목→상위 10개
　인: 국영수사+史 중 10개
　자: 국영수과+史 중 10개
▶ 논술/실기
　: 국영수사과+史 중 10개
▶ 학년비율/이수단위 없음
▶ 종합: 전과목 정성평가

1. 2022 수시 1,834명 (59.9%) : 정시1,228명 (40.1%)
　　2021 수시 2,127명 (68.7%) : 정시 957명 (31.3%)
2. 2022 교과전형 신설, 학교장추천, 9명 인원증가
3. 2022 두드림 136명 감소, 논술 102명 감소
4. 약학과, AI융합학부, 불교대학 문화재학과 신설
5. 학교장추천: 계열최대 4명 총 7명★ 교과정량60+서류40
6. 바이오(생명과학/바이오환경/의생명/식품생명) 고양캠 수업
7. 정시 영어/史 반영 : 200-199-197-190-180...
8. 정시자연 미적/기하+과탐, 바이오대 수학무제한+과탐
　　(바이오대: 생명과학/바이오환경과학/의생명공/식품생명공)

■ 화쟁형 인재: 창의융합사고 문제해결→ 깨달음실천→사회공헌
　① 교육과정 바탕 (고교 역할)　② 주도적인 진로설계 (학생 역할)
　③ 학업역량과 전공적합성이 우수한 학생 선발
■ 2022 동국대 종합전형=학교생활 기반의 전공적합성★★
　　충실한 학교생활내 전공관련역량을 위해 노력한 과정 평가
■ 교과전형 1등급중반 이후 난망, 타대학 추합 이탈과 보험 성격의
　　지원에 따른 종합전형 취지 무색한 현실 반영 → 서류 100% 경향

2021. 04. 11 ollim

모집시기	전형명	사정모형	학생부종합 특별사항	2022 수시 접수기간 09. 10(금) ~ 14(화)	모집인원	학생부	논술	면접	서류	기타	2022 수능최저등급
2022 정원내외 수시 1,880명 (59.9%) **정시 1,260명 (40.1%)** **전체 3,062명** **2021 정원내외 수시 2,103명 (68.7%)** **종합전형 1,456명 (47.6%)** **정시 957명 (31.3%)** **전체 3,060명**	**학교장추천** ▶서류평가 당락 ▶동국사범대는 전국의 교대와 동시지원경향 ▶상경 외고자사 ▶화공등 인기유의 ▶3개년 충원상승 130%→183.5% →225.1%	일괄	학생부교과 학생부 외 없음 졸업생 포함 최종 12.16(목) 인: 국영수사史 자: 국영수과史 상위 10개반영 *2021 전과목★* 2020 고교유형 일반고 90.2% 자공고 5.3%	1. 교과전형 신설★ 2. 내신반영: 전과목→10개★ 3. 2022년 8명 인원 증가 4. 고교별 추천인원 2명증가★ 계열최대 4명, 총 5명→7명 5. 핵심역량/인재상: ①성실성 ②학업역량 ③공동체의식 6. 1-10, 2-9.99, 3-9.95, 4-9.90 7. 고교유형 지원패턴 이해 8. 2021 내신전과목 평균분포 ▶2개년평균 경쟁률 7.7~9.6 ▶인문 최종평균 2.11~2.25 ▶자연 최종평균 2.29→2.33	398 2021 390	교과 60 + 서류 40 학교장추천 계열 4명+3명 2022 총 7명 계열구분 의도 자연계 보호목적 진로계획 미평가 종합중복가능 두드림중복16%					▶학교장추천 교과 서류평가역량 2021~2022 ①자기주도적학습능력 40% ②전공적합성 30% ③인성/사회성 20%　④지원동기 10% ▶동국대 학교장추천 자기주도적학습능력★★ ①기초학업역량: 기본교과성적/세특 정성평가 ②학습주도성: 수업참여/내용연계성/독서2권이상 1. 학교장 성적 주로 1등급대, 2021 자소서폐지 당락요소는 사실상 전공적합성에 있음★★ 2. z점수의 영향력 진정성 측면에서 부정적 견해 3. 인성/사회성의 판단: 수업참여도 중시. 특히 비주요 교과의 편향된 성적하락에 주목함★★ 4. 모든교과수업 세특 88%★+동아리 등 12%
	Do Dream	1단계	학생부종합 자소서제출 ~09.15(수) 1단계 11.19(금) 면접 12.11(토) 면접 12.12(일) 최종 12.16(목) 주요교과 2020 고교유형 일반고 78.1% 특목고 10.2%	1. 2022 136명 인원감소 2. 핵심역량: ①자기주도성 ②전공역량 ③발전가능성 3. 인재상: 주도적인 고교생활 전공분야역량, 발전가능성 4. 2021 내신전과목 평균분포 ▶1단계평균 인2.77 자2.67 ▶2년평균 경쟁률 16.6~15.2 ▶인문 최종평균 2.85→2.89 ▶자연 최종평균 2.72→2.74 문과대 외고지원자 75%이상	473 2021 609		서류 100 (3배수) 법학/경영/ 전자전기공학 →2.5배수				▶DoDream 등 종합 서류평가역량 2021~2022 ①자기주도적학습능력 25% ②전공적합성 45% ③인성/사회성 20%　④지원동기/진로계획 10% ▶동국대 두드림 등 종합전형 전공적합성★★ ①전공수학역량: 전공교과성취도/세특 정성평가 ②전공관심도 경험: 교과비교과 충실한활동참여 관심분야탐구노력경험/과제수행발표/창체근거
		2단계				1단계 70 + 면접 30					1. 전공관심도, 학습경험, 전공수학역량 중요★ 2. 동기의 타당성, 계획의 구체성 역설할 것★ 3. 정량평가 절대 없음★, 일반고 합격률 75% 4. KU자추/경희네오/두드림중복 충성도높음 ※ *2019~2022 종합전형책자 참고★*
	Do Dream 소프트웨어	1단계	학생부종합 자소~09.15(수) 1단계 11.19(금)	1. 컴공27, 정통23, 멀티14 2. 소프트웨어 분야 전공관련 교과비교과 충실한 참여 과제수행/발표/창체기록화	64		서류 100 (2.5~3배수)				▶DoDream S/W 서류평가역량 2021~2022 ①자기주도적학습능력 25% ②인성/사회성 15% ③SW전공적합성 50%　④지원동기 10% ▶두드림성격, 수학 수치화　▶21년 경쟁률 8.86
		2단계				1단계 70 + 면접 30					
	불교추천인재	1단계	학생부종합 자소~09.15(수) 1단계 11.19(금) 면접 12.10(금)	1. 조계종 및 종립교장추천자 2. 승려 대상 ▶2년평균 경쟁률 5.85→4.80 ▶인문 최종평균 3.19→3.35 ▶자연 최종평균 2.84→3.11	108 2021 108		서류 100 (3배수)				1. 불교추천 역량 : 건학이념 수행, 학업역량, 인성 2. 전형취지적합성 개별평가: 전형취지에 따라 불교문화체험 및 신행활동 관련 질의응답 3. 면접 팁: 불교관련 독서 및 불교활동 답변필수★ 4. 불교추천서 필수제출
		2단계				1단계 70 + 면접 30					
	논술우수자	일괄	논술전형 논술 11.21(일) 최종 12.16(목) 국영수사과 중 10개 반영 이수단위 없음 연필 사용불가	1. 2022년 102명 인원감소 2. 논술비율 10% 증가 3. 수능최저 전년과 동일 4. 자연논술 과학없음, 수학만 5. 모든문항 분량초과 광탈★ 인문 100분, 자연 90분, 3문항 인문 1,500자, 자연 55줄 내외 2문항 인250~400자, 자연 15줄 1문항 인550~700자, 자연 27줄 자연 미적기본원리/확통/벡터	350 2020 452		학생 30 + 논술 70				인문: 2개합4(탐1)+史4 자연: 2개합5(탐1)+史4 수/과 1필 유지 경찰행정: 국수영 중 2개합4+史4 약학: 3개합4(탐1)+史4
	고른기회통합	1단계	학생부종합 자소~09.15(수) 1단계 11.19(금) 면접 12.10(금) 최종 12.16(목)	1. 보훈대상자/농어촌/특성화 기초차상위 대상 133명 2. 도전/전공역량/자기주도성 3. 특성화고졸149명+특수6명 별도모집 생략	133 2021 130		서류 100 (3~5배수)				없음 <2022 기타전형 생략> 실기134, 특성졸재직149 특수교육6 등
		2단계				1단계 70 + 면접 30					▶2020 기초차상 최종평 인문3.52 자연3.49 ▶2020 보훈대상 최종평 인문4.10 자연4.86

2021 대학별 수시모집 요강	**동국대서울 02**	2021 대입 수시 특징	<영어> 인/史 30:25:20:20:5 자/史 25:30:20:20:5 인문/자연: 200-199-197-190-180 ..

▶교과 (논술/실기)
국영수사과 중 이수단위 x
상위 10과목 반영
▶학년 비율: 동일
▶종합: 전과목 정성평가

<동국대 학과별 선호도 RANK 리포트 2014~2021>
▶인문A(1.3등급): 경영/경찰행정/광고홍보/국교/국문/정외 등
　인문B(1.5등급): 경제/국제통상/법학/사회학/신방/영문/교육
　　　　　/식품산업/영화영상/철학윤리/행정학 등
　인문C(1.7등급): 북한/불교/사학/역교/일문/중문/지리교 등
▶자연A(1.5등급): 생명과학/의생명/화공생물공/화학 등
　자연B(1.8등급): 바이오/산업시스/수교/멀티/물리/반도체 등

▶2021 진로선택 활성화 이후 정량지표 성적하락 예측
　2020 대입 응시인원 51,067명 감소에도 불구하고
　2020 입결 성적이 유지된 결과현상 의아함.
▶대학 수학학업능력 향상을 위한 학업역량의 중요성 인식으로
　대학별 시행계획 및 전형통합 등의 변화 필요성
　①계열 및 학과 통합　②학교별 모집이원 증감 변화 등
　③농어촌 및 기초수급자 전형의 정시화
　④정원내 고른기회/사회배려 전형 등의 전형통합화 유행 *ollim*

모집시기	전형명	사정모형	학생부종합 특별사항	2021 지난해 정리참고	모집인원	학생부	논술	면접	서류	기타	2021 수능최저등급
	학교장추천 2021 ▶계열적합성 ▶동국사범대는 전국의 교대와 동시지원경향	일괄	**학생부종합** 추천공문 자소서없음 학생부 외 없음 전교과 최종: 12.10(목)	1. 2021년 10명 인원 감소 2. 학교장추천 인원 1명증가★ 　계열최대 3명, 총 4명→5명 3. 핵심역량: ①성실성 　②학업역량 ③공동체의식 4. 인재상: 성실한 고교생활 　학업역량, 공동체의식 보유	390 2020 400	서류 100% 학교장추천 계열별 3명+2명 2021 총 5명					▶학교장추천 4가지 서류평가항목 역량 ①자기주도적학습능력 40% ②전공적합성 30% ③인성/사회성 20%　　④지원동기 10% ▶동국대 학교장추천 자기주도적학습능력 ★★ ①기초학업역량: 기본교과성적/세특 정성평가 ②학습주도성: 수업참여/내용연계성/독서2권이상
	Do Dream 2021	1단계	**학생부종합** 자소서제출 <u>주요교과</u> 2020 입결평균 경쟁16.9→16.7 전과목 2.8등급	1. 핵심역량: ①자기주도성 　②전공역량 ③발전가능성 2. 인재상: 주도적인 고교생활 　전공분야역량, 발전가능성 3. 2020 내신전과목 평균분포 ▶1단계평균 인2.80 자2.69 ▶최종평균 인문2.85 편차1.09 ▶최종평균 자연2.72 편차0.70	609 2020 621	서류 100% (2.5~3배수)					▶DoDream 등 종합 4가지 서류평가항목 역량 ①자기주도적학습능력 25% ②전공적합성 45% ③인성/사회성 20%　④지원동기/진로계획 10% ▶동국대 두드림 등 종합전형 전공적합성 ★★ ①전공수학역량: 전공교과성취도/세특 정성평가 ②전공관심도 경험: 교과비교과 충실한활동참여 　관심분야탐구노력경험/과제수행발표/창체근거
		2단계				1단계 70% + 면접 30%					

※※ 동국대 종합전형 지원핵심 리포트 01 - 전형중심
1. 평가 기준: ①지원동기 및 진로계획 15%　②인성 및 사회성 20%
　③자기주도적 학습능력(기초학업역량+학습의 주도성) +
　④전공적합성 65% (전공수학역량+전공관심도 학습경험)
2. <학교장 VS 두드림 차이 분석>
　①전공적합성 평가 중요성: 학교장 25%, 두드림 45%
　②내신반영 정성평가: 학교장 전교과, 두드림 주요교과(수과 중심)
3. 종합전형 핵심: 학과별 사정관 및 위촉 사정관 있음. 이런 구조로 학과의
　요구가 가장 많이 반영됨. 전공별 홈페이지를 통한 교육과정 및 학업탐색
4. 올해 학교장 추천의 경우 18명 감소. 과년도 고교유형 참고할 것.
　과년도를 참고점으로 지원자 면접 유불리에 따른 두드림(단계형:면접)과
　학교장추천 전형(일괄) 선택하는 것이 필요.
5. 두드림 1단계발표 수능 1주전 - 멘탈 관리지도, 전공관심도, 활동경험중시

※※ 동국대 종합전형 지원핵심리포트 02 - 학과중심
1. 경영: 국수영+사회교과　　2. 철학: 사회, 국어
3. 영문: 영어, 제2외 미반영　4. 국제통상: 영어, 제2외, 역사
5. 사회과학대: 영어 필수+전공별 교과 다수
6. 식품산업관리학과: 사회과학대 소속.
　유통 및 경영마케팅 등을 고려한 우회지원 전략필요.
7. 자연계열의 경우 학과에 따라 물화생지 활용도 차이있음.
　물리학/화공: 수학, 화학 등 주요반영.
8. 경영학과: 가장 많은 활동 및 학업능력자 지원 경향
9. 회계학과: 경영학과 지원을 위한 차선책 경향. 경영학과와
　달리 교과성적을 중요시 함. 회계관련 비교과활동이 고교
　에서 쉽지 않은 것을 고려할 때, 전공관련 활동은 적지만
　교과성적이 좋다면 적극 지원도 고려.

※※ 동국대 종합전형 지원핵심리포트 03 - 학과중심
10. 북한학과: 정치외교학과와 학과별 특성 중첩되므로 정치외교 외 차선책
　　지원 전략 권유.
11. 경영정보: 경영학 아래 단계의 지원풀 경향, 자연계열 사고 필요한 인식.
　　빅데이터 활용능력, 컴퓨터 활용능력 장점과 자질 적극지원할 것.
12. 바이오시스템대학: 농업대학의 인식으로 전반적 지원경향 낮음.
　　의생명공학>생명과학>식품생명공학>바이오환경과학
13. 경찰행정학과: SKY급 학생들 지원, 실제 재학중인 학생들 50% 정도는
　　경감 시험에 응시하고 나머지 학생들의 경우 대학원 진학 및
　　기타분야 진출함.
14. 광고홍보 및 미디어커뮤니케이션: 수학을 제외한 국영사 성적 중요.
　　서류활동 강한 특목고생 지원 다수 유의.
　　두드림의 특성상 일반고 합격 난망 지속.
15. 불교추천: 교과100%에서 1단계 서류100% 등으로 단계방식 변경유지

※※ 2021 대입정보컨퍼런스 동국대 핵심리포트 *ollim*
　　　　　2020. 01. 08 수 아주대 연암관 이후

1. 2021 진로선택 활성화 이후 정량지표 성적하락 예측
　2020 일반고교 응시인원 51,067명 감소에도 불구하고
　2020 입결 성적이 유지된 결과현상 의아함.
2. 두드림 전형 특징
　①영문/일본/중문 외고 50% 이상, 경찰행정 거의 일반고
　②의생명공학 과고 지원상승세, 합격편차 큼.
　③미디어커뮤니케이션/역사교육/사학/화공생명 최상위
　④연극/영화영상 활동위주 평가 중요
3. 학교장추천은 계열적합성
　①전통의 동국사범대는 전국의 교대와 동시지원 경향
　②상경 외고자사 지원 다수
4. 소프트웨어 지원사업으로 전형 독립, 두드림전형 성격
5. 교사의 학생부 기록과 전공 이해도 불일치 사례 다수
　건축공학(설계시공), 건설환경공학(토목공사) 등

▶2021 학교장추천 서류평가 1. 지원동기/진로계획: 10점 2. 자기주도/학업역량: 40점 3. 전공적합/학습경험: 30점 4. 인성사회/역할주도: 20점	2021 0411 2022 인원 398	2021 종합 학교장추천 (390명)						2020 종합 학교장추천 (400명)					
		● 동국 학교장추천 서류 100% 일괄, <전교과>★★ 수능최저 없음, 추천서 없음 인문자연 최대 5명						● 동국 학교장추천 서류 100% 일괄, <전교과>★★ 수능최저 없음, 추천서 없음 인문 2명, 자연 2명					
		2021		지원자 평균	최종합격		★2021 충원률	2020		지원자 평균	최종합격		★2020 충원률
		인원	경쟁률	평균	평균	최저		인원	경쟁률	평균	평균	최저	
문과 대학	국어국문 문예창작	4	5	14.8	2.64	2.87	5.37	340.0%	5	17.4	2.54	2.19	2.55	220.0%
	영어영문	14	15	9.47	2.53	2.21	2.46	293.0%	17	7.18	2.42	2.12	2.94	229.4%
	일본학과	4	6	8.83	3.13	3.02	5.15	150.0%	8	4.50	3.19	3.06	5.66	112.5%
	중어중문	6	9	4.56	2.89	2.71	3.69	133.0%	10	6.20	2.75	2.27	2.65	260.0%
	사학과	5	5	7.80	2.67	2.23	2.54	100.0%	6	7.83	2.12	1.93	2.02	233.3%
	철학과	2	2	7.00	2.63	2.46	2.48	150.0%	-	-	-	-	-	-
법과대	법학과	20	22	7.41	2.41	2.14	2.44	168.0%	21	5.90	2.29	2.00	2.43	109.5%
사회 과학 대학	북한학	3	3	15.0	3.25	2.58	2.67	67.0%	3	5.00	3.46	3.16	5.23	66.7%
	정치외교	6	6	11.0	2.30	1.98	2.07	400.0%	6	10.3	2.18	2.11	2.24	383.3%
	행정학	6	7	9.71	2.25	1.97	2.20	200.0%	8	8.25	2.18	1.85	2.13	200.0%
	경제학과	14	11	8.09	2.37	2.31	2.62	309.0%	12	6.83	2.44	2.09	2.34	291.7%
	국제통상	9	7	14.1	2.75	2.38	2.52	400.0%	7	12.7	2.60	2.56	4.32	342.9%
	사회학	5	7	10.3	2.26	2.27	2.65	271.0%	7	9.14	2.02	1.88	2.19	114.3%
	미디어커뮤니케	9	6	13.2	2.41	1.97	2.21	117.0%	6	16.0	2.11	1.80	1.97	200.0%
	식품산업관리	5	6	4.33	2.60	2.37	2.76	83.0%	6	3.50	2.78	2.41	2.87	33.3%
	광고홍보	8	6	10.3	2.38	1.85	2.17	300.0%	6	8.00	2.24	1.82	2.21	233.3%
	사회복지	3	3	8.0	2.53	2.25	2.54	167.0%	3	15.0	2.55	1.85	1.97	100.0%
경찰	경찰행정	8	8	15.4	2.38	1.54	1.91	113.0%	10	11.1	2.07	1.44	1.55	130.0%
경영 대학	경영학과	22	19	13.0	2.46	2.38	4.63	400.0%	16	12.1	2.14	2.28	5.53	287.5%
	회계학과	11	12	5.00	2.45	2.54	3.00	233.0%	12	6.50	2.21	2.19	2.81	183.3%
	경영정보학과	10	9	7.57	2.59	2.17	2.56	167.0%	8	7.88	2.66	2.54	3.77	150.0%
사범 대학	교육학과	4	5	19.8	2.11	1.81	1.84	400.0%	6	9.83	1.96	1.87	2.19	266.7%
	국어교육	6	5	12.2	2.07	1.97	2.00	400.0%	6	12.2	1.88	1.81	2.03	250.0%
	역사교육	7	8	12.9	2.18	1.93	2.23	275.0%	8	10.4	1.98	1.71	2.11	275.0%
	지리교육	7	7	6.57	2.32	2.31	2.82	214.0%	8	4.63	2.02	1.98	2.56	87.5%
	수학교육	4	6	15.5	2.20	1.98	2.07	400.0%	6	7.33	1.98	2.00	2.49	316.7%
	가정교육	7	8	3.50	3.04	3.16	4.98	150.0%	7	6.14	2.72	2.05	2.51	71.4%
약학	약학과	3	-	-	-	-	-	-	-	-	-	-	-	-
이과 대학	수학과	5	5	12.6	2.60	2.36	2.41	280.0%	5	7.20	2.28	2.23	2.69	200.0%
	화학과	6	5	10.4	2.28	2.12	2.30	180.0%	5	8.40	1.97	1.82	1.98	160.0%
	통계학과	6	5	8.80	2.25	2.12	2.33	360.0%	5	5.20	2.16	1.95	2.11	260.0%
	물리반도체과학	10	10	4.00	2.47	2.45	2.66	200.0%	10	4.10	2.55	2.23	2.60	90.0%
바이오 시스템	생명과학	8	7	16.9	2.37	2.11	2.44	157.0%	7	14.3	2.24	1.96	2.25	228.6%
	바이오환경과학	8	8	12.5	2.50	2.37	2.65	313.0%	8	8.13	2.35	2.14	2.58	262.5%
	의생명공학	6	5	18.8	2.27	1.91	2.14	160.0%	7	10.3	2.03	1.94	2.26	100.0%
	식품생명공학	11	8	13.9	2.58	2.37	3.43	250.0%	7	8.00	2.40	2.49	3.03	228.6%
공과 대학	전자전기공학	30	23	6.43	2.46	2.37	2.71	248.0%	24	5.75	2.35	2.20	2.90	170.8%
	컴퓨터공 SW	7	10	11.7	2.37	2.07	2.52	260.0%	10	6.90	2.10	1.84	3.00	180.0%
	정보통신 SW	8	10	6.70	2.88	2.23	2.63	140.0%	14	4.86	2.91	2.79	5.22	71.4%
	건설환경공학	10	12	6.17	2.84	2.64	3.50	167.0%	12	5.08	2.89	2.87	3.36	175.0%
	화공생물공학	12	12	14.9	2.21	2.13	2.44	175.0%	14	10.8	2.03	1.82	2.13	185.7%
	기계로봇에너지공	10	10	8.00	2.41	2.29	2.77	320.0%	10	6.90	2.30	2.14	2.39	130.0%
	건축공학부	11	14	3.93	2.67	2.30	3.22	171.0%	14	3.43	2.62	2.26	2.82	128.6%
	산업시스템공학	16	16	6.38	2.84	2.51	3.13	125.0%	16	5.56	2.79	2.72	5.00	125.0%
	멀티미디어 SW	7	7	5.57	2.93	2.28	2.71	29.0%	7	3.00	3.07	2.82	4.02	14.3%
	융합에너지신소재	7	7	15.1	2.36	2.29	2.50	271.0%	7	8.86	2.19	2.18	2.68	400.0%
예술 대학	연극학부연출	-	-	-	-	-	-	-	-	-	-	-	-	-
	영화영상학과	5	3	24.3	3.18	3.24	5.67	150.0%	-	-	-	-	-	-
불교	불교학부	3	-	-	-	-	-	-	-	-	-	-	-	-
전형 평균		398	390	10.5	2.53	2.29	2.84	225.1%	400	7.66	2.38	2.17	2.87	187.7%

동국대학교 2021 수시모집 결과분석 02 - 종합 두드림 2개년비교　2021. 04. 11 ollim

▶ 2021 두드림 서류평가
1.지원동기/진로계획: 10점
2.자기주도/학업역량: 25점
3.전공적합/학습경험: 45점
4.인성사회/역할주도: 20점

2021 0411 / 2022 인원 473

2021 종합 두드림 (609명)
● 동국 두드림 1단계: 서류 100% (3배수) 2단계: 면접 30%
최저없음, 추천서 없음　★충원률 평균: 64.7% <전교과>

2020 종합 두드림 (621명)
● 동국 두드림 1단계: 서류 100% (3배수) 2단계: 면접 30%
최저없음, 추천서 없음　★충원률 평균: 64.7% <전교과>

대학	학과	2022 인원	2021 인원	경쟁률	지원자 평균	1단계 평균	최종합격 평균	최저	일반고	★2021 충원률	2020 인원	경쟁률	지원자 평균	1단계 평균	최종합격 평균	최저	일반고	★2020 충원률
문과대학	국어국문 문예창작	6	11	24.8	3.45	2.78	3.66	5.49		136.0%	10	27.6	3.32	2.48	2.52	3.40		90.0%
문과대학	영어영문	15	18	17.2	3.90	3.16	3.08	5.02		89.0%	18	20.3	3.62	3.06	3.16	5.79		66.7%
문과대학	일본학과	7	8	14.3	3.91	3.09	3.06	3.85		150.0%	8	19.3	3.95	3.25	2.93	3.92		25.0%
문과대학	중어중문	7	10	24.3	4.51	4.23	4.55	6.05		60.0%	10	23.1	4.12	4.11	4.35	5.54		60.0%
문과대학	사학과	7	12	12.9	3.26	2.90	3.77	5.61		25.0%	12	15.6	3.29	2.06	1.99	2.46		58.3%
문과대학	철학과	5	5	13.6	3.61	2.72	3.08	5.00		160.0%	5	14.8	3.43	2.39	2.54	2.93		120.0%
법과대	법학과	20	25	13.5	3.08	2.28	2.27	2.62		44.0%	25	18.6	3.10	2.25	2.20	2.76		40.0%
사회과학대학	북한학	7	7	19.9	3.97	3.42	3.57	5.33		57.0%	7	17.7	3.78	3.35	3.33	5.94		28.6%
사회과학대학	정치외교	8	9	19.8	3.14	2.30	2.29	2.85		89.0%	9	15.7	2.97	2.48	2.60	3.39		33.3%
사회과학대학	행정학	6	9	19.7	3.06	2.54	2.63	4.56		11%	8	19.0	3.07	2.35	2.46	3.64		163%
사회과학대학	경제학과	13	15	13.8	3.40	2.61	2.65	3.16		33.0%	15	19.3	3.55	3.10	3.01	5.55		86.7%
사회과학대학	국제통상	10	15	13.5	3.60	3.06	3.05	5.10		53.0%	13	18.0	3.69	2.76	2.63	4.60		61.5%
사회과학대학	사회학	8	8	34.5	3.12	2.32	2.19	2.48		63.0%	8	29.6	2.90	2.53	2.80	4.33		75.0%
사회과학대학	미디어커뮤니케	9	14	20.1	3.31	2.10	2.17	2.70		100.0%	14	32.6	3.06	2.00	1.95	2.30		42.9%
사회과학대학	식품산업관리	8	10	8.50	3.82	3.38	3.42	5.20		20.0%	10	10.7	4.21	3.40	3.42	4.86		30.0%
사회과학대학	광고홍보	10	14	22.7	3.41	2.45	2.62	4.02		71.0%	14	21.4	3.46	2.66	2.56	4.78		50.0%
사회과학대학	사회복지	5	6	36.3	3.64	3.02	2.55	2.98		33.0%	6	46.7	3.94	3.22	3.29	4.90		33.3%
경찰	경찰행정	8	9	15.8	2.82	1.99	1.98	2.21		22.0%	8	25.6	2.83	1.60	1.60	1.73		37.5%
경영대학	경영학과	21	29	21.1	3.29	2.98	2.86	5.20		62.0%	27	18.2	3.16	3.10	3.12	5.33		51.9%
경영대학	회계학과	13	14	8.43	3.64	2.64	2.55	2.92		43.0%	18	7.39	3.45	3.11	3.29	5.93		27.8%
경영대학	경영정보학과	10	12	19.3	3.78	2.86	2.85	3.88		17.0%	13	11.5	3.82	3.44	3.86	5.51		76.9%
사범대학	교육학과	6	10	28.1	2.86	2.18	2.24	2.60		50.0%	8	32.8	2.74	2.35	2.95	4.98		50.0%
사범대학	국어교육	8	10	18.9	3.09	2.95	3.59	5.62		130.0%	8	19.6	2.64	3.20	3.56	6.08		75.0%
사범대학	역사교육	9	12	13.8	2.72	2.24	2.66	4.91		100%	10	26.9	2.62	1.88	1.82	2.08		140%
사범대학	지리교육	8	12	10.6	3.02	2.45	2.61	3.53		58%	10	14.6	3.05	2.38	2.56	3.04		110%
사범대학	수학교육	6	9	16.4	2.81	2.40	2.51	2.71		89%	8	11.3	2.57	2.20	2.63	3.72		100%
사범대학	가정교육	8	9	5.44	3.43	2.92	3.09	4.25		67.0%	10	7.40	3.41	2.84	2.58	3.10		20.0%
약학	약학과	9	-	-	-	-	-	-		-	-	-	-	-	-	-		-
이과대학	수학과	7	10	11.0	3.14	2.67	2.68	3.04		60%	9	14.4	2.88	2.34	2.40	2.77		111%
이과대학	화학과	8	11	17.4	2.96	2.44	2.41	2.87		73.0%	11	11.1	2.72	2.27	2.38	3.45		36.4%
이과대학	통계학과	7	12	9.67	2.96	2.46	2.62	2.98		117.0%	11	10.8	2.87	2.51	2.44	3.13		81.8%
이과대학	물리반도체과학	15	18	8.11	3.39	2.84	2.88	3.73		44%	18	6.4	3.23	2.83	2.98	9.21		100%
바이오시스템	생명과학	9	14	20.6	2.97	2.30	2.39	2.71		57.0%	14	27.5	3.07	2.77	2.28	2.87		85.7%
바이오시스템	바이오환경과학	9	16	15.1	3.17	2.73	2.93	4.21		50%	15	17.8	3.18	2.76	2.66	3.33		107%
바이오시스템	의생명공학	8	14	37.0	3.44	2.55	2.56	5.48		29.0%	11	25.8	3.18	3.40	4.07	6.29		27.3%
바이오시스템	식품생명공학	11	15	18.7	3.43	2.87	2.98	3.68		27.0%	13	24.1	3.46	2.91	2.79	3.77		84.6%
공과대학	전자전기공학	25	42	7.76	3.22	2.79	2.80	4.24		60.0%	33	7.9	3.05	2.61	2.68	4.44		84.8%
공과대학	컴퓨터공 SW	27	27	11.7	3.26	2.49	2.52	3.24		48.0%	15	14.5	3.09	2.53	2.65	3.47		93.3%
공과대학	정보통신 SW	23	23	6.17	3.70	3.08	2.88	4.49		61.0%	15	8.9	3.19	2.82	2.63	3.39		40.0%
공과대학	건설환경공학	12	16	8.38	3.39	3.18	3.11	4.41		88.0%	19	8.3	3.44	3.01	2.95	3.63		57.9%
공과대학	화공생물공학	14	20	13.9	2.85	2.35	2.42	2.81		55.0%	19	15.7	2.70	2.14	2.11	2.61		47.4%
공과대학	기계로봇에너지공	11	15	14.6	3.06	2.57	2.56	3.68		80.0%	15	11.5	3.04	2.69	2.54	3.86		113%
공과대학	건축공학부	15	19	9.32	3.52	2.87	3.04	5.17		79.0%	20	8.2	3.52	2.94	2.91	4.00		75.0%
공과대학	산업시스템공학	15	19	9.26	3.41	2.79	2.84	3.56		47.0%	18	10.9	3.28	2.97	3.03	4.93		22.2%
공과대학	멀티미디어 SW	14	14	7.71	3.56	3.06	3.31	6.18		57.0%	11	10.8	3.51	2.86	3.17	4.98		54.5%
공과대학	융합에너지신소재	9	13	17.5	2.96	2.49	2.61	6.58		54.0%	12	17.7	2.82	2.49	2.51	3.25		50.0%
예술대학	연극학부연출	10	10	17.8	4.24	4.07	3.79	6.80		10.0%	8	23.0	4.21	3.54	3.62	4.92		12.5%
예술대학	영화영상학과	9	14	27.1	3.95	2.95	3.30	6.61		7.0%	12	29.8	3.89	3.12	3.73	6.40		58.3%
불교	불교학부 일반	-	9	5.22	4.60	4.28	4.72	5.98		33.0%	10	3.60	4.38	4.28	3.81	5.19		10.0%
불교	불교학부 승려	-	-	-	-	-	-	-		-	-	-	-	-	-	-		-
	전형 평균	451	609	16.7	3.39	2.79	2.89	4.21		64.7%	621	16.7	3.30	2.78	2.83	4.22		64.7%

	2022 대학별 수시모집 요강			**동덕여자대학교**	2022 대입 주요 특징	정시 국수영탐2 인30:25:25:20 자25:35:25:20					
						영어: 100-97-91-82-70 ... 약학25:30:25:20					

▶ 교과 반영 *史/도 포함*
인: 국영수사
자: 국영수과
기타: 국영+수/사/과 중 1
 (학과별 교과확인 필수)
▶ 학년비율: 동일

1. 2022 교과최저 동일: 2개합 7(탐2) 또는 영포함 2개합 6(탐2)
2. 2022 교과우수자 전년대비 57명 인원증가
3. 2022 동덕창의리더 전년대비 11명 인원감소
4. 2022 신설학과: 약학과, 데이터사이언스학과, 유러피언학과
 ①약학과: 교과 24명, 수능최저 국수과2 중 2개합 4 (탐2)
 ②데이터사이언스학과: 교과 30명
 ③유러피언스터디즈(유럽어문)학과: 교과 16명, 종합 12명

모집시기	전형명	사정모형	학생부종합 특별사항	2022 수시 접수기간 09. 10(금) ~ 14(화)	모집인원	학생부	논술	면접	서류	기타	2022 수능최저등급
2022 수시 1,062명 (67.3%) 정시 516명 (32.7%) 전체 1,578명 2021 정원내 수시 990명 (65.4%) 정시 523명 (34.6%) 전체 1,513명	교과우수자	일괄	학생부교과 최저 있음 최종 12.16(목)	1. 2022 전년대비 57명 증가 2. 경쟁률 2개년 4.48→5.90	465 2021 408	교과 100%					일반: 2개합 7 (탐2) 또는 영포함 2개합 6 약학: 국수과2 중 2개합 4 (탐2) *수학 미적/기하*
	동덕창의리더	1단계	학생부종합 자기소개서 ~09.24(금) 1단계 10.29(금) 면접 11.05(금) ~11.07(일) 최종 11.16(화)	1. 2022 전년대비 11명 감소 2. 경쟁률 2개년 11.3→9.70 전공적합성/ 학업역량 발전가능성/인성 평가 확인면접 10분	191 2021 202	서류 100% (3배수)					최저 없음
		2단계				1단계 50% + 면접 50%					
	고른기회1	1단계	학생부종합 자소~09.24(금) 1단계 10.29(금) 면접 11.05(금) ~11.07(일) 최종 11.16(화)	1. 국가보훈대상자 2. 기초수급 및 차상위 자녀 3. 농어촌학생	12 2021 12	서류 100% (3배수)					최저 없음
		2단계				1단계 50% + 면접 50%					
	고른기회2	1단계	학생부종합 자소~09.24(금) 1단계 10.29(금) 면접 11.05(금) ~11.07(일) 최종 11.16(화)	1. 직업군인 15년 자녀 2. 다자녀 및 다문화 자녀 3. 장애인 자녀	12 2021 12	서류 100% (3배수)					최저 없음
		2단계				1단계 50% + 면접 50%					
	특기자	일괄	특기자 전형각각 최저 있음 최종 12.16(목)	입상실적 및 공인외국어 등 문예창작 5명 체육학과 6명 방송연예 5명 모델과 3명	19 2021 65	20		면접 30		수상 자격 50	2개합 8등급 (탐2)

<2020 정시수능 합격평균 가산점 및 충원포함>

국문83.40   문창84.02   국사84.10   영어84.24
불어84.44   독어84.79   일어84.70   중어84.55
사복84.64   아동85.02   문헌85.50   경영86.53
경제83.73   국제86.13   식영84.98   보건85.36
화학86.62   컴퓨85.15   통계84.67   큐레이터86.52
화장품학85.73   토탈뷰티케어야간78.75

▶교과: 국영수사/국영수과
▶학년비율: 동일
▶기타: 국영+수/사/과 중 1
커뮤니케이션콘텐츠학과
문화예술경영전공

2021 교과우수자 — ▶교과 100% / ▶2개합 7 (탐2) 또는 영어포함 2개합 6
2021 동덕창의리더 — ▶1단계: 서류 100% (3배수) / ▶2단계: 면접 50%

대학	학과	2022 모집인원	모집인원	경쟁률	실질경쟁률	충원인원	최고	평균	최저	2022 모집인원	모집인원	경쟁률	실질경쟁률	충원인원	최고	평균	최저
인문대학	국어국문	12	9	4.3		7		3.47		9	9	10.1		0			
	문예창작	5	6	5.8		5		2.73		6	6	17.7		5			
	국사학과	8	4	4.5		5		2.69		6	6	9.7		3			
	영어과	23	16	4.0		15		2.84		12	16	8.9		6			
	유러피언스터디즈	16	5	8.2		6		2.91		12	6	6.8		6			
			7	7.7		6		2.92			6	7.5		7			
	일본어과	15	11	10.6		8		3.00		9	10	9.1		9			
	중어중국학과	20	15	5.3		16		2.82		10	10	9.9		6			
사회과학대학	사회복지	11	11	3.7		13		2.98		7	7	18.7		3			
	아동학과	20	20	4.7		19		2.83		8	8	12.9		7			
	문헌정보	13	14	4.4		21		2.69		7	7	11.9		3			
	경영학과	31	32	4.9		39		2.78		16	16	9.9		12			
	경제학과	14	15	6.1		20		2.69		9	9	6.0		6			
	국제경영학과	18	10	6.8		11		2.53		9	9	9.6		5			
자연정보과학대학	컴퓨터학과	21	22	5.4		13		2.79		16	16	4.8		10			
	정보통계학과	18	19	5.5		21		2.94		9	9	6.10		9			
	식품영양학과	17	17	6.8		19		3.01		7	7	10.7		8			
	보건관리학과	14	14	6.5		14		2.75		8	8	7.80		2			
	화학화장품응용화학	15	16	7.8		18		2.69		7	7	15.0		7			
	화학화장품화장품학	15	15	11.8		9		2.63		-	-	-		-			
	체육학과	-	-	-		-				-	-	-		-			
약학대	약학과	24	-	-		-				-	-	-		-			
문화지식미래융합	글로벌MICE전공	24	24	4.5		10		3.10		-	-	-		-			
	HCI사이언스전공	24	24	4.9		13		3.18		-	-	-		-			
	커뮤니케이션콘텐츠	24	24	5.8		21		2.47		-	-	-		-			
	문화예술경영전공	24	24	6.6		21		2.54		-	-	-		-			
	데이터사이언스전공	30	-	-		-				-	-	-		-			
예술대학	회화과	-	-	-		-				3	3	8.0		0			
	큐레이터과	9	9	5.2		8		2.45		6	6	4.8		0			
디자인대학	패션디자인	-	-	-		-				5	5	13.4		0			
	시각실내디자인	-	-	-		-				6	6	15.2		4			
	미디어디자인	-	-	-		-				4	4	12.5		2			
총계		465	383	6.1		358		2.82		191	196	10.3		120			

2021 정시수능 ▶영어: 100-97-91-82-70-55-40-20-0							

▶인문 국30 수25 영25 탐2 20
▶자연 국25 수30 영25 탐2 20
▶커뮤니/문화예술 국/수33.3 영33.3 탐233.3

		모집인원	모집인원	경쟁률	실질경쟁률	충원인원	백분위합 평균 최고	백분위합 평균 평균	백분위합 평균 최저
인문 대학	국어국문	14						82.78	
	문예창작	9						81.17	
	국사학과	9						82.33	
	영어과	23						82.89	
	유러피언스터디즈	16					불어	82.41	
							독어	81.91	
	일본어과	15						81.39	
	중어중국학과	17						81.09	
사회 과학 대학	사회복지	10						83.50	
	아동학과	13						82.09	
	문헌정보	11						83.04	
	경영학과	26						84.08	
	경제학과	16						83.71	
	국제경영학과	16						83.26	
자연 정보 과학 대학	컴퓨터학과	30						83.44	
	정보통계학과	14						83.50	
	식품영양학과	12						82.22	
	보건관리학과	11						82.69	
	화학화장품응용화학	8						82.46	
	화학화장품화장품학	10						81.63	
	체육학과	20							
약학대	약학과	16							
문화 지식 미래 융합	글로벌MICE전공	16							
	HCI사이언스전공	16						80.62	
	커뮤니케이션콘텐츠	16		국/수+영탐2				94.18	
	문화예술경영전공	16		국/수+영탐2				92.87	
	데이터사이언스전공	20							
예술 대학	회화과	-							
	큐레이터과	8							
디자인 대학	패션디자인	24							
	시각실내디자인	17							
		16							
	미디어디자인	20							
총계		485	0			0		83.45	

2022 대학별 수시모집 요강 — 명지대학교

2022 대입 주요 특징
<영어 정시>등급환산, 백분위, 영어 20%, 수가/과 10%
인/자: 100-98-96-90-80 ... 정시공통 30:30:20:20

▶ 교과/면접: 2021~2022 유지
인:국영수사 자:국영수과 전체
→위과목 상위 4개씩 총 16개
▶ 학년비율 없음 *종합 정성
▶ 진로선택과목 미반영
▶ 종합전형간 중복지원 여부
2021 금지, 2022 허용
▶ 등급: 100-99-97-94-90-80 ..

1. 2022 교과100% 학교장추천 신설
2. 2022 교과면접 119명 감소, 명지인재면접 367명 감소
3. 종합분리신설: 명지인재면접(단계), 명지인재서류(일괄 신설)
4. 명지인재 1단계 4배수 증가, 사회적배려종합 단계→일괄변경
5. 명지인재 2단계면접 수능전→수능후 변경, 자소서폐지
6. 크리스찬과 사회적배려 종합: 학과모집→학부 모집 변경
7. 교과/면접: 국영수사/국영수과 4개씩 총 16개 반영 유지
8. 교과면접/고른기회: 면접기초자료 작성(20분) ★

9. 종합전형 서류평가요소
① 인성 (20%): 성실성, 공동체의식→출결/봉사활동/종합의견
② 전공적합성 (50%): 학업역량 20%, 전공적성 30%
　　　　　　　→교과/세특/동아리/독서
③ 발전가능성 (30%): 자기주도성, 도전정신→종합의견에 주목

2021. 05. 20 ollim

모집시기	전형명	사정모형	학생부종합 특별사항	2022 수시 접수기간 09.10(금) ~ 13(월)	모집인원	학생부	논술	면접	서류	기타	2022 수능최저등급
2022 수시 2,055명 (67.2%) 정시 1,004명 (32.8%) 전체 총 3,059명 2021 수시 2,193명 (71.6%) 정시 868명 (28.4%) 전체 총 3,061명	학교장추천	일괄	학생부교과 학교장추천 최저없음 학생부100% 최종 11.25(목)	1. 2022 전년대비 65명 증가 2. 학과별 모집변화 필수확인 3. 특성화 39명 모집 4. 추천인원제한 없음	306 인160 자146 2021 인142 자 99	교과 100%					학교장추천서 제출: ~09.14(화) 입학처 홈페이지에서 다운로드 받아 작성 학교장 직인날인 후 서류 우편발송
	교과면접	1단계	학생부교과 최저없음 1단계 10.22(금) 면인 10.30(토) 면자 10.31(일) 최종 11.25(목)	1. 2022 전년대비 119명 감소 2. 면접기초자료 작성(20분)★ A4용지 1장 분량(2~3문항) 간략한 자기소개서 형태 지원동기/장래희망/성격 등 면접참고자료로만 활용 3. 면접 5분, 전공적합면접	290 인145 자145 2021 인207 자202	학생부 100% (5배수)					성실성/공동체의식 35% 전공잠재역량 35% 기초학업역량 30%
		2단계				1단계 70% + 면접 30%					
	명지인재면접 (학생부종합)	1단계	학생부종합 자소서 폐지 1단계: 11.19(금) 면인 11.27(토) 면자 11.22(일) 최종 12.09(목)	1. 2022 전년대비 367명 감소 2. 1단계 3배수→4배수 증가 3. 수능전→수능후 면접 변화 4. 면접 10분, 제출서류기반 5. 건축/전통건축/공간디자인	394 인184 자210 2021 인373 자388	서류 100% (3배→4배수)					■ 명지대 2022 명지인재종합 평가요소 1. 전공적합성 50% ① 학업역량 25% ② 전공적성 25% 2. 발전가능성 30% ① 자기주도성 ② 도전정신 3. 인성 20% ① 성실성 ② 공동체의식
		2단계				1단계 70% + 면접 30%					
	명지인재서류 (신설)	일괄	학생부종합 최저없음 자소서제출 ~09.14(화) 최종 12.09(목)	1. 2022 서류100% 전형신설 2. 학업역량 및 전공적성 비중 명지인재면접보다 높음	287 인151 자136	서류 100%					■ 명지대 2022 명지인재서류 평가요소 1. 전공적합성 60% ★★ ① 학업역량 30% ② 전공적성 30% 2. 발전가능성 20% ★★ ① 자기주도성 ② 도전정신 3. 인성 20% ① 성실성 ② 공동체의식
	사회적배려대상	일괄	학생부종합 최저없음 자소서제출 ~09.14(화) 최종 12.09(목)	군인/경찰/소방/교정 15년 다자녀/탈북자 2021 대상+ 다문화/의사상 등 추가포함 2022 단계→ 일괄전형 변화 학과모집→학부 모집 변경 *2021 1단계: 서류100% (3배) 2단계: 1단계70+면접30*	인 19 자 16	서류 100%					
	크리스찬리더	1단계	학생부종합 자소서 폐지 서류 ~09.14(화) 1단계: 11.19(금) 면접 11.26(금) 최종 12.09(목)	1. 세례인 및 목회자추천자 2. 2022 전년대비 8명 감소 3. 학과모집→학부 모집 변경	52 인 26 자 26	서류 100% (4배수)					
		2단계				1단계 70% + 면접 30%					
	고른기회	1단계	학생부교과 1단계 10.22(금) 면접 11.07(일) 최종 11.25(목)	1. 보훈+기초차상위+농어촌 2. 면접기초자료 작성(20분)★ A4용지 1장 분량(2~3문항) 교과면접전형과 동일함	105 인 57 자 48	학생부 100% (5배수)					특성화 농어촌 등 전형생략
		2단계				1단계 70% + 면접 30%					

▶ 2021 명지대 면접기초자료 문항
1. 지원한 학과(학부/전공)와 관련한 학습 중 가장 흥미로웠던 분야와 내용을 구체적으로 작성하고, 이 분야가 가장 흥미로웠던 이유 기술하시오.
2. 지원한 학과와 관련하여 대학에서 가장 필요한 능력은 무엇이며, 이를 향상시키기 위해 고등학교 재학시절에 어떠한 노력을 기울였는가를 구체적으로 기술하시오.

명지대 2021 수시 결과분석자료 01 - 교과전형 (인문)

2021. 05. 20   ollim

2022 학교장추천: ▶교과 100% ▶국영수사/국영수과 4개씩 총 16개 반영 ▶학년비율 없음

★ 명지대 최저없음: ▶교과 100% ▶교과: 국영수사과 ▶학년비율: 동일

2021 교과전형 (인문): ▶국영수사/국영수과 4개씩 총 16개 반영
2020 교과전형 (인문): ▶학생부 교과 100% 국영수사과 반영

대학	학과	2022 모집인원	2021 모집인원	2021 경쟁률	2021 추합인원	2021 최고	2021 평균	2021 최저	2020 모집인원	2020 경쟁률	2020 추합인원	2020 최고	2020 평균	2020 최저
인문대학	국어국문	4	4	8.80	16	1.37	1.60	0.32	3	7.7	5	1.76	2.15	2.38
	중어중문	5	4	12.3	14	1.76	2.04	0.20	8	6.9	24	2.06	2.37	3.00
	일어일문	5	5	19.4	21	1.52	2.05	0.41	6	9.0	24	2.50	2.71	3.00
	영어영문	9	11	11.8	55	1.95	2.08	0.08	14	6.8	41	1.85	2.28	2.73
	아랍지역	4	3	20.0	11	1.93	2.17	0.21	3	17.7	9	2.88	2.96	3.02
	사학과	4	3	13.0	14	1.91	2.00	0.13	2	11.5	4	2.32	2.48	2.64
	문헌정보	4	3	8.30	12	1.95	1.95	0.00	2	9.0	5	2.14	2.20	2.25
	미술사학	4	4	16.8	1	1.79	2.09	0.25	3	6.0	6	2.53	2.85	3.29
	철학과	4	4	14.0	14	2.11	2.21	0.10	3	9.0	1	2.29	2.76	3.13
	문예창작 (신설)	5	-	-	-	-	-	-	-	-	-	-	-	-
사회과학	행정학과	9	11	11.0	55	1.66	1.89	2.08	14	8.0	53	1.98	2.31	2.60
	경제학과	7	5	15.8	10	1.57	1.92	2.25	10	19.9	32	2.08	2.44	2.79
	정치외교	9	11	8.5	38	2.12	2.90	2.61	14	7.7	32	1.73	2.14	2.47
	디지털미디어	5	4	20.3	20	1.43	1.63	1.82	8	7.0	11	1.65	2.35	2.78
	아동학과	4	3	9.3	6	1.84	2.03	2.21	3	6.3	2	2.08	2.35	2.67
	청소년지도학	4	3	17.3	2	1.55	1.75	1.93	2	8.0	7	2.63	2.80	2.97
경영대학	경영학과	18	23	13.5	115	1.43	1.78	2.26	42	7.6	173	1.80	2.22	2.61
	국제통상	9	11	9.0	39	1.88	2.13	2.38	14	8.3	34	1.90	2.28	2.47
	경영정보	5	4	10.0	9	1.85	2.25	2.59	8	13.0	21	1.93	2.27	2.46
법과	법학과	9	5	17.4	17	1.73	1.86	1.98	4	7.8	15	2.17	2.41	2.80
자유	전공자유인문	13	6	11.7	18	1.78	1.96	2.11	15	8.0	40	2.10	2.36	2.60
융합	융합전공인문	7	5	11.0	16	2.07	2.16	2.24	3	6.7	2	2.47	2.57	2.71
ICT 융합	디지털콘디자인 / 디지털콘텐츠	5	5	19.2	13	1.63	2.23	2.58	5	7.8	8	1.31	2.60	3.32
	융합소프트웨어	4	5	15.0	25	1.58	1.85	2.02	9	12.7	28	1.94	2.22	2.44
	데이터테크놀로	4	-	-	-	-	-	-	-	-	-	-	-	-
인문 총계		160	142	13.63	541	1.76	2.02	1.42	195	9.23	577	2.09	2.44	2.74

명지대 2021 수시 결과분석자료 02 - 교과전형 (자연)

2021. 05. 20   ollim

2022 학교장추천: ▶교과 100% ▶국영수사/국영수과 4개씩 총 16개 반영 ▶학년비율 없음

★ 명지대 최저없음: ▶교과 100% ▶교과: 국영수사과 ▶학년비율: 동일

2021 교과전형 (자연): ▶국영수사/국영수과 4개씩 총 16개 반영
2020 교과전형 (자연): ▶학생부 교과 100% 국영수사과 반영

대학	학과	2022 모집인원	2021 모집인원	2021 경쟁률	2021 추합인원	2021 최고	2021 평균	2021 최저	2020 모집인원	2020 경쟁률	2020 추합인원	2020 최고	2020 평균	2020 최저
자연과학	수학과	4	3	8.0	7	1.94	2.15	2.26	2	7.0	4	2.18	2.28	2.37
	물리학과	4	3	6.0	11	2.38	2.69	3.11	2	8.0	1	2.31	2.54	2.77
	화학과	4	3	19.0	13	2.34	2.34	2.34	3	5.3	10	2.50	2.73	3.13
	식품영양	5	5	27.2	9	2.07	2.24	2.34	4	7.3	7	2.95	3.32	3.63
	생명과학정보	7	4	12.3	3	1.53	1.75	1.93	4	5.5	12	2.26	2.46	2.80
공과대학	전기공학	7	4	8.8	12	1.59	1.93	2.34	4	6.8	4	1.88	2.35	2.56
	전자공학	11	15	12.2	53	1.52	1.99	2.26	16	5.5	39	2.10	2.38	2.74
	화학공학	6	3	21.3	15	1.74	1.74	1.74	4	5.5	7	1.96	2.39	2.97
	신소재공학	6	3	14.3	1	1.71	1.90	2.02	4	10.3	20	2.44	2.50	2.55
	환경에너지	8	10	10.7	36	1.82	2.08	2.49	11	7.1	29	2.08	2.42	2.73
	컴퓨터공학	13	7	22.3	35	2.14	2.14	2.14	11	6.1	24	1.94	2.50	2.94
	토목환경공학	7	5	10.8	16	2.08	2.25	2.34	6	6.5	19	2.44	2.63	2.77
	교통공학	5	3	9.0	12	2.78	2.78	2.78	8	6.5	26	2.45	2.71	2.89
	기계공학	10	9	7.3	36	2.05	2.15	2.25	9	5.1	27	2.01	2.22	2.40
	산업경영공학	8	8	8.6	15	1.94	2.16	2.36	9	8.0	14	2.20	2.43	2.65
	융합공학부	4	-	-	-	-	-	-	-	-	-	-	-	-
ICT 자유	정보통신공학	13	7	9.6	19	1.96	2.24	2.71	11	6.7	27	2.29	2.50	2.63
	전공자유자연	11	7	10.3	22	1.81	2.10	2.31	4	5.3	3	2.43	2.53	2.74
건축대학	건축학	8	-	-	-	-	-	-	-	-	-	-	-	-
	전통건축	2	-	-	-	-	-	-	-	-	-	-	-	-
	공간디자인	3	-	-	-	-	-	-	-	-	-	-	-	-
국제	국제학부	-	-	-	-	-	-	-	-	-	-	-	-	-
자연 총계		146	99	12.81	315	1.96	2.15	2.34	112	6.62	273	2.26	2.52	2.78

2022 교과면접		2022 모집인원	2021 교과면접 (인문) 1단계: 학생부100%(5배) 2단계: 면접30%						★ 명지대 최저없음		2020 교과면접 (인문) 1단계: 학생부100%(5배) 2단계: 면접30%					
▶교과 100% ▶국영수사/국영수과 4개씩 총 16개 반영 ▶학년비율 없음		2022 모집인원	모집인원	경쟁률	추합인원	최종 등록			▶교과 100% ▶교과: 국영수사과 ▶학년비율: 동일		모집인원	경쟁률	추합인원	최종 등록		
						최고	평균	최저						최고	평균	최저
인문대학	국어국문	5	5	12.0	12	2.25	2.38	2.52	인문대학	국어국문	5	7.8	3	2.29	2.63	3.00
	중어중문	5	10	11.2	5	2.25	2.56	2.80		중어중문	5	13.2	3	2.70	3.05	3.28
	일어일문	5	6	11.5	13	2.00	2.39	2.79		일어일문	5	10.0	0	2.51	2.98	3.35
	영어영문	10	12	11.6	27	1.69	2.35	2.65		영어영문	10	11.0	1	2.39	2.67	3.01
	아랍지역	5	5	12.2	2	2.49	2.71	2.97		아랍지역	5	8.8	3	2.94	3.09	3.42
	사학과	5	4	14.8	1	2.00	2.43	2.64		사학과	5	9.6	14	2.49	2.68	2.96
	문헌정보	5	4	12.3	2	2.05	2.21	2.35		문헌정보	5	9.0	4	2.53	2.77	3.02
	미술사학	5	5	11.2	7	2.00	2.25	2.50		미술사학	5	7.2	2	2.76	3.06	3.36
	철학과	5	5	9.0	2	2.00	2.44	2.97		철학과	5	8.8	2	2.12	2.77	3.22
사회과학	행정학과	10	12	10.4	8	2.00	2.40	2.71	사회과학	행정학과	10	10.3	11	2.21	2.80	3.17
	경제학과	5	5	120.0	4	2.00	2.40	2.71		경제학과	10	9.0	5	2.52	2.94	3.33
	정치외교	10	12	11.7	8	2.00	2.42	2.84		정치외교	10	12.0	4	2.52	2.86	3.32
	디지털미디어	5	10	15.8	4	2.00	2.18	2.35		디지털미디어	5	16.8	2	2.20	2.51	2.76
	아동학과	5	5	15.2	2	2.00	2.28	2.54		아동학과	5	11.8	7	2.27	2.85	3.25
	청소년지도학	5	5	15.0	2	1.86	2.11	2.44		청소년지도학	5	22.8	1	2.38	2.64	3.05
경영대학	경영학과	10	30	11.9	23	1.96	2.24	2.67	경영대학	경영학과	20	16.1	21	2.15	2.66	2.98
	국제통상	10	12	10.8	4	2.04	2.57	3.07		국제통상	10	14.2	9	2.48	2.94	3.20
	경영정보	5	10	11.1	5	2.26	2.60	2.94		경영정보	5	10.6	2	2.79	2.94	3.20
법과	법학과	10	10	11.1	11	2.29	2.48	2.70	법과	법학과	10	14.8	12	2.28	2.69	3.13
자유	전공자유인문	-	10	14.2	10	2.00	2.34	2.61	자유	전공자유인문	10	13.8	8	2.44	2.82	3.25
융합	융합전공인문	-	10	10.6	7	2.23	2.53	2.88	융합	융합전공인문	5	14.0	2	2.61	2.81	3.08
ICT 융합	디지털콘디자인	10	10	11.6	7	2.43	2.54	2.76	ICT 융합	디지털콘텐츠	10	7.9	4	2.10	2.77	3.15
	융합소프트웨어	5	10	16.9	7	2.14	2.35	2.57		융합소프트웨어	10	8.2	6	2.45	2.96	3.28
	데이터테크놀로	5	-	-	-	-	-	-			-	-	-	-	-	-
인문 총계		145	207	17.0	173	2.08	2.40	2.69	인문 총계		175	11.6	126	2.44	2.82	3.16

2022 교과면접		2022 모집인원	2021 교과면접 (자연) 1단계: 학생부100%(5배) 2단계: 면접30%						★ 명지대 최저없음		2020 교과면접 (자연) 1단계: 학생부100%(5배) 2단계: 면접30%					
▶교과 100% ▶국영수사/국영수과 4개씩 총 16개 반영 ▶학년비율 없음		2022 모집인원	모집인원	경쟁률	추합인원	최종 등록			▶교과면접: 국영수사과 ▶학년비율: 동일		모집인원	경쟁률	추합인원	최종 등록		
						최고	평균	최저						최고	평균	최저
자연과학	수학과	5	5	9.2	8	2.14	2.49	2.93	자연과학	수학과	5	6.4	0	2.53	2.74	3.00
	물리학과	5	5	8.2	9	2.61	2.85	3.02		물리학과	5	5.4	9	3.25	3.42	3.61
	화학과	5	5	13.6	5	1.92	2.24	2.52		화학과	5	7.8	6	2.50	2.87	3.19
	식품영양	5	5	11.2	8	2.29	2.56	2.84		식품영양	5	7.0	1	2.81	2.94	3.05
	생명과학정보	5	6	10.5	1	2.00	2.31	2.68		생명과학정보	5	8.8	10	2.35	2.66	2.83
공과대학	전기공학	5	10	6.0	10	2.16	2.98	3.77	공과대학	전기공학	10	7.7	20	2.61	2.98	3.34
	전자공학	10	20	8.1	31	2.08	2.70	3.15		전자공학	20	11.4	27	2.62	3.04	3.35
	화학공학	5	5	9.2	5	1.88	2.24	2.62		화학공학	5	8.2	4	2.39	2.56	2.64
	신소재공학	5	5	7.8	5	2.34	2.50	2.60		신소재공학	5	7.8	1	2.47	2.71	2.88
	환경에너지	10	10	6.1	11	2.62	2.79	2.95		환경에너지	10	9.1	6	2.48	2.89	3.12
	컴퓨터공학	10	10	16.3	22	2.00	2.44	2.71		컴퓨터공학	10	25.9	8	2.00	2.95	3.20
	토목환경공학	5	10	8.4	11	2.36	2.88	3.33		토목환경공학	10	8.1	9	3.00	3.32	3.52
	교통공학	5	10	5.8	9	2.00	3.18	3.95		교통공학	5	8.6	1	3.26	3.37	3.50
	기계공학	10	20	9.4	47	2.00	2.55	2.97		기계공학	20	7.0	23	2.57	2.99	3.61
	산업경영공학	10	10	6.8	14	2.50	2.86	3.26		산업경영공학	10	7.9	9	2.96	3.21	3.48
	융합공학부	-	10	7.1	2	2.50	2.99	3.43		융합공학부	-	-	-	-	-	-
ICT	정보통신공학	10	10	11.2	14	2.50	2.89	3.19	ICT	정보통신공학	10	8.6	9	2.62	3.19	3.65
자유	전공자유자연	-	10	7.3	9	2.11	2.58	2.89	자유	전공자유자연	5	11.0	1	2.78	2.94	3.19
건축대학	건축학	5	10	22.2	19	1.93	2.31	2.70	건축대학	건축학	20	9.6	27	2.35	2.87	3.34
	전통건축	4	5	15.8	3	2.50	2.82	3.14		전통건축	10	7.4	3	3.05	3.47	3.85
	공간디자인	5	-	-	-	-	-	-		공간디자인	7	9.6	6	2.03	2.93	3.55
국제	국제학부	1	1	6.0	0	2.50	2.50	2.50	국제	국제학부	1	5.0	0	2.98	2.98	2.98
예체	영화10 (바둑생략)	20	10	6.3	6	1.84	2.36	3.13			9	14.0	7	1.64	2.15	2.65
자연 총계		145	202	9.7	249	2.22	2.64	3.01	자연 총계		192	9.2	185	2.60	2.96	3.25

2021 종합전형 (인문) / 2020 종합전형 (인문)

2022 명지인재면접
▶ 국영수사/국영수과 전체
종합전형: 정성평가
▶ 학년비율 없음

1단계: 서류100%(3배) 2단계: 면접30%

		2022 모집인원	모집인원	경쟁률	추합인원	최종 등록 최고	최종 등록 평균	최종 등록 최저
인문대학	국어국문	6	11	8.2	11	2.44	3.05	3.60
	중어중문	6	11	11.3	15	3.33	4.07	6.45
	일어일문	6	12	23.3	19	2.98	4.34	6.51
	영어영문	14	24	7.7	20	2.80	3.44	5.52
	아랍지역	6	11	8.3	12	3.04	3.88	4.95
	사학과	6	11	12.9	12	2.66	3.41	6.02
	문헌정보	6	11	10.3	18	2.44	3.15	3.72
	미술사학	4	6	6.5	2	2.73	3.24	3.43
	철학과	4	6	5.5	7	2.89	3.86	6.46
사회과학	행정학과	14	24	6.2	17	2.75	3.34	5.32
	경제학과	14	22	4.7	28	2.70	6.34	7.35
	정치외교	14	24	5.4	16	2.84	3.38	4.20
	디지털미디어	6	11	26.5	4	2.47	2.81	3.55
	아동학과	6	11	15.3	7	2.70	3.17	3.76
	청소년지도학	6	11	28.9	6	2.60	3.46	5.29
경영대학	경영학과	14	44	7.2	25	2.42	3.03	4.12
	국제통상	14	24	5.0	18	2.67	3.30	4.67
	경영정보	6	11	10.5	6	3.19	3.76	5.71
법과	법학과	14	22	7.0	35	2.04	3.14	4.17
자유융합	전공자유인문	-	22	8.2	5	3.02	3.44	3.75
	융합전공인문	-	11	12.4	5	3.02	3.44	3.75
ICT융합	디지털콘디자인	6	11	18.2	12	3.22	3.81	4.39
	융합소프트웨어	6	22	10.9	27	2.98	3.28	3.78
	데이터테크놀로	6	-	-	-	-	-	-
인문 총계		**184**	**373**	**11.3**	**327**	**2.80**	**3.57**	**4.80**

★ 명지대 최저없음
▶ 교과/면접: 국영수사과
종합전형: 정성평가
▶ 학년비율: 동일

1단계: 서류100%(3배) 2단계: 면접30%

		모집인원	경쟁률	추합인원	최종 등록 최고	최종 등록 평균	최종 등록 최저
인문대학	국어국문	11	12.5	8	2.36	2.84	3.24
	중어중문	11	13.7	10	2.59	3.30	4.41
	일어일문	11	14.7	4	3.66	5.52	7.72
	영어영문	21	9.4	10	2.56	3.09	3.63
	아랍지역	11	5.4	9	3.00	3.72	7.51
	사학과	11	15.5	4	2.45	2.89	3.73
	문헌정보	11	8.1	1	2.49	3.12	3.77
	미술사학	6	8.8	3	2.71	3.31	3.94
	철학과	6	9.5	4	2.50	2.73	2.97
사회과학	행정학과	21	7.8	8	2.57	3.02	3.34
	경제학과	22	5.6	9	2.63	3.12	3.42
	정치외교	21	6.1	13	1.96	3.10	3.86
	디지털미디어	11	20.6	1	2.12	2.79	4.18
	아동학과	11	8.5	7	2.17	3.03	4.82
	청소년지도학	11	22.7	2	2.80	3.61	6.00
경영대학	경영학과	31	10.7	30	2.28	2.89	3.35
	국제통상	21	6.3	5	2.45	2.99	3.40
	경영정보	11	6.2	6	2.93	3.48	4.41
법과	법학과	21	10.2	11	2.16	2.91	3.22
자유융합	전공자유인문	20	9.0	8	2.70	3.08	3.51
	융합전공인문	20	7.5	7	2.52	3.40	5.56
ICT융합	디지털콘텐츠	11	14.7	5	2.95	3.64	4.43
	융합소프트웨어	21	8.9	22	2.74	3.44	4.28
		-	-	-	-	-	-
인문 총계		**352**	**10.5**	**187**	**2.59**	**3.26**	**4.29**

2021 종합전형 (자연) / 2020 종합전형 (자연)

2022 명지인재면접
▶ 국영수사/국영수과 전체
종합전형: 정성평가
▶ 학년비율 없음

1단계: 서류100%(3배) 2단계: 면접30%

		2022 모집인원	모집인원	경쟁률	추합인원	최종 등록 최고	최종 등록 평균	최종 등록 최저
자연과학	수학과	6	12	10.4	20	2.90	3.47	6.39
	물리학과	6	11	7.7	20	3.12	3.79	4.53
	화학과	6	12	9.1	19	2.97	3.35	3.73
	식품영양	6	12	10.2	16	2.94	3.39	5.48
	생명과학정보	14	22	10.6	23	2.94	3.39	5.48
공과대학	전기공학	14	22	5.1	18	3.19	3.69	4.81
	전자공학	14	22	7.6	28	3.11	3.53	4.02
	화학공학	14	22	10.0	21	2.81	3.15	3.60
	신소재공학	14	22	7.2	17	2.73	3.35	4.41
	환경에너지	14	22	7.5	35	3.13	3.48	4.17
	컴퓨터공학	14	33	13.7	62	2.69	3.57	4.81
	토목환경공학	14	22	7.4	22	3.08	4.23	5.84
	교통공학	6	11	4.2	11	3.68	4.10	4.58
	기계공학	14	22	6.6	33	2.85	3.41	5.88
	산업경영공학	14	22	3.5	28	2.77	3.85	5.88
	융합공학부	-	11	10.2	13	3.39	3.84	4.71
ICT	정보통신공학	14	33	5.7	42	2.89	3.82	4.70
자유	전공자유자연	-	11	8.6	9	2.92	3.32	3.83
건축대학	건축학	14	22	17.1	19	2.65	3.25	3.77
	전통건축	6	11	17.0	3	3.41	3.84	4.24
	공간디자인	6	11	14.4	9	2.76	4.07	6.67
국제	국제학부	-	-	-	-	-	-	-
자연 총계		**210**	**388**	**9.2**	**468**	**3.00**	**3.61**	**4.83**

★ 명지대 최저없음
▶ 교과/면접: 국영수사과
종합전형: 정성평가
▶ 학년비율: 동일

1단계: 서류100%(3배) 2단계: 면접30%

		모집인원	경쟁률	추합인원	최종 등록 최고	최종 등록 평균	최종 등록 최저
자연과학	수학과	11	8.2	11	2.91	3.39	3.93
	물리학과	11	5.6	8	3.30	4.02	5.75
	화학과	11	5.8	6	2.29	3.09	3.57
	식품영양	11	8.7	17	2.77	3.43	4.22
	생명과학정보	21	12.6	14	2.26	3.09	3.70
공과대학	전기공학	21	4.5	6	2.79	3.55	3.95
	전자공학	21	5.8	13	3.01	3.50	4.16
	화학공학	21	6.0	6	2.38	3.14	4.41
	신소재공학	21	6.2	13	2.81	3.27	3.82
	환경에너지	21	7.1	14	2.88	3.29	3.64
	컴퓨터공학	30	8.5	31	2.88	3.56	4.64
	토목환경공학	21	6.0	17	2.53	4.02	4.65
	교통공학	11	4.2	6	3.44	4.03	4.85
	기계공학	21	12.1	14	2.74	3.08	3.30
	산업경영공학	21	4.1	8	3.08	3.53	3.90
	융합공학부	20	4.4	5	2.93	3.95	6.13
ICT	정보통신공학	30	6.2	14	3.02	3.57	4.09
자유	전공자유자연	20	5.1	3	2.72	3.44	4.39
건축대학	건축학	17	17.9	22	2.81	3.40	3.83
	전통건축	5	17.4	3	4.17	4.57	5.26
	공간디자인	5	30.6	0	3.09	3.88	5.18
국제	국제학부	-	-	-	-	-	-
자연 총계		**371**	**8.9**	**231**	**2.90**	**3.56**	**4.35**

명지대 2021 정시 결과분석자료 07 - 정시일반 (인문) 2021. 05.20 ollim

명지대 정시반영 국수영탐2, 백분위 반영
▶국어x3, 수학x3 영어x2, 탐구2개평x2
▶자연공학 가산점 수가 10%, 과탐 10%

▶영어환산점수 인/자: 100-98-96-90-80

2021 정시수능 (인문) / 2020 정시수능 (인문)

대학	학부	2022 일반인원	모집인원	경쟁률	추합인원	최고	평균	최저		대학	학부	모집인원	경쟁률	추합인원	최고	평균	최저
인문대학 나군	어문학부	66	52	4.2	85	870.0	844.8	823.0		인문대학	어문학부	50	4.1	52	885.0	862.5	851.0
	아랍지역학과		9	3.6	7	861.0	841.3	830.0			아랍지역학과	9	3.9	4	895.0	870.3	843.0
	인문학부	20	31	5.3	45	914.0	850.7	839.0			인문학부	31	3.0	27	899.0	842.2	739.0
	문예창작(실기)	21	5	6.2	6	888.0	848.4	823.0			문예창작학과	6	4.0	7	878.0	862.7	852.0
사과	사회과학 나군	88	84	3.5	81	901.0	863.4	848.0		사과	사회과학대학	84	3.6	69	907.0	862.0	816.0
경영	경영대학 다군	117	72	3.7	108	900.0	847.8	766.0		경영	경영대학	81	4.9	74	908.0	876.7	861.0
법과	법학과 다군	23	28	4.1	38	875.0	847.8	850.0		법과	법학과	31	4.3	33	903.0	868.6	841.0
자유	전공자유 다군	72	59	4.0	73	877.0	855.9	839.0		자유	전공자유학부	52	4.2	56	895.0	868.4	859.0
융합	융합전공 다군	31	24	4.6	27	880.0	844.1	767.0		융합	융합전공학부	23	6.3	18	892.0	873.0	845.0
ICT융합	융합소프트다군	20	23	4.6	32	953.2	885.5	872.3		ICT융합	융합소프트웨어	18	4.8	28	911.2	888.1	870.0
인문 총계		458	387	4.4	502	894.4	853.0	825.7		인문 총계		385	4.3	368	898.7	867.5	837.7

명지대 2021 정시 결과분석자료 08 - 정시일반 (자연) 2021. 05.20 ollim

명지대 정시반영 국수영탐2, 백분위 반영
▶국어x3, 수학x3 영어x2, 탐구2개평x2
▶자연공학 가산점 수가 10%, 과탐 10%

▶영어환산점수 인/자: 100-98-96-90-80

2021 정시수능 (자연) / 2020 정시수능 (자연)

대학	학부	2022 일반인원	모집인원	경쟁률	추합인원	최고	평균	최저		대학	학부	모집인원	경쟁률	추합인원	최고	평균	최저
자연	자연과학 나군	42	52	4.6	109	833.5	813.0	792.9		자연	수학과	56	3.5	88	873.7	820.1	720.5
공과대학 가군	전기전자공학부	55	37	4.1	61	862.8	831.0	805.4		공과대학	전기공학	41	3.4	60	892.6	855.9	836.2
	화공신소재환경	43	42	3.2	45	870.8	794.7	751.8			전자공학	45	4.0	43	872.5	811.2	714.1
	컴퓨터공학과	42	48	4.3	82	867.4	834.1	801.9			화학공학	41	3.4	48	892.3	826.7	724.0
	토목교통공학부	33	27	5.2	59	841.9	817.9	791.3			신소재공학	25	5.0	31	857.6	790.6	694.7
	기계산업경영공	47	35	5.5	29	843.0	796.3	756.0			환경에너지	42	3.8	41	876.1	848.2	838.2
	융합공학부	14	10	4.8	15	822.2	770.0	717.4			컴퓨터공학	10	3.1	14	863.3	826.9	752.0
ICT	정보통신 가군	42	42	3.8	52	839.9	823.9	807.1		ICT	정보통신공학	43	4.0	26	873.0	818.0	771.2
자유	전공자유 나군	41	37	3.9	81	856.0	818.7	766.3		자유	전공자유자연	36	3.6	35	911.3	829.5	731.2
건축 나군	건축학전통건축	17	17	4.5	19	917.3	852.5	832.2		건축대학	건축학	17	4.2	14	904.2	870.1	853.0
	건축공간디자인	3	6	3.8	5	854.0	805.3	664.0			전통건축	5	4.8	1	865.0	862.5	861.0
자연 총계		379	353	4.3	557	855.3	814.3	771.5		자연 총계		361	3.9	401	880.1	832.7	772.4

2022 대학별 수시모집 요강	백석대학교	2022 대입 주요 특징	<백석 영어> 수능70+학생30, 탐구1+국수영 택2
			인/자: 100-95-90-80-60-50... 40:40:20(탐1)

<table>
<tr><td colspan="2">▶교과변화: 국영수사과 중
2021년: 상위 3개 전체
→ 2022년: 상위 15개★
▶학년비율: 30:30:40→없음
▶이수단위 반영</td><td colspan="2">1. 교과100%전형: 일반전형, 사회기여/기초수급/지역1 전형
2. 종합 서류100%: 창의인재, 지역인재2
3. 백석인재=일괄면접, 창의인재/지역2=종합서류100%</td></tr>
</table>

			4. 2학년 진급시 희망전공선택 100% 가능 (복수전공 다전공 포함)			
			<제외>항공서비스, 보건학부, 사범학부, 태권도, 문화예술학부			
			5. 체육특기자 스포츠과학(태권도): 2020 입결 평균7.32-최저7.99			

모집시기	전형명	사정모형	학생부종합 특별사항	2022 수시 접수기간 09. 10(금) ~ 14(화)	모집인원	학생부	논술	면접	서류	기타	2022 수능최저등급
2022 수시 2,714명 2021 수시 2,448명 (82%) 정시 536명 (18%) 전체 2,984명	일반전형	일괄	학생부교과 최저없음 최종 11.26(금) 국영수사과 중 상위 15개	1. 2022 전년대비 370명 증가	1,062 2021 692	100					<2020일반 인원-경쟁률-평균-커트라인-추합인원> 기독55-3.60-**5.07-7.23**-141 어문40-4.73-**4.68-6.58**-136 사복75-5.60-**4.06-4.80**-233 경찰26-5.15-**3.26-3.94**-60 경상55-5.80-**4.00-4.69**-160 관광30-7.17-**3.42-4.26**-83 물치09-11.7-**2.47-2.84**-038 ICT95-5.88-**4.36-5.09**-293 안경20-8.65-**3.88-4.16**-048 응급15-11.7-**3.25-3.64**-57 간호58-5.87-**2.28-2.76**-079 치위19-8.47-**2.98-3.35**-58 작업34-4.24-**4.02-5.03**-064 유아40-9.90-**3.26-3.98**-39 특교15-8.33-**3.08-3.69**-065 유특10-18.5-**3.80-4.15**-19 체교20-13.1-**3.62-4.78**-026 스과30-14.6-**5.62-7.92**-25 글로벌호텔비지니스25-9.60-**3.83-4.07**-80
	백석인재 (면접)	일괄	교과면접 최저없음 면접 10.21(목) ~10.23(토) 최종 11.26(금) 국영수사과 중 상위 15개	1. 2022 전년대비 39명 증가 2. 일대일 면접, 약 10분 제1영역 인성및태도 40% 제2영역 전공적성및비전 30% 제3영역 문제해결능력 30% 3. 항공서비스 72명 별도모집 (학생60+면접40)	733 2021 772	학생 60 + 면접 40					<2020백석인재인원-경쟁률-평균-커트라인-추합인원> 기독59-2.24-**5.78-8.09**-64 어문42-5.69-**4.59-6.02**-57 사복80-5.21-**4.52-5.90**-103 경찰40-5.98-**3.79-4.85**-33 경상52-4.92-**4.94-6.36**-88 관광45-4.98-**4.43-5.85**-42 물치06-14.5-**3.03-3.61**-03 ICT 86-4.08-**5.28-6.76**-81 안경14-4.79-**4.78-5.71**-08 응급13-10.6-**4.06-4.82**-11 간호27-10.3-**3.06-3.67**-10 치위18-7.94-**3.88-4.83**-19 작업23-7.00-**4.34-5.26**-14 유아20-10.7-**3.61-4.54**-26 특교20-4.65-**4.13-4.96**-38 유특09-5.78-**4.35-4.86**-05 항공62-38.9-**4.13-5.85**-69 호텔07-6.86-**4.52-4.92**-07
	창의인재	단계 ↓ 일괄	학생부종합 자소서제출 최저없음 최종 11.26(금)	1. 2022 전년대비 15명 증가 2. 서류일괄 100% 제1영역 인성적자질 40% 제2영역 학문적역량 30% 제3영역 발전가능성 30%	299 2021 284	서류 100					<2020 창의 인원-경쟁률 평균-커트라인은 2019★> 기독25-2.32-**5.92-7.77**-17 사복50-6.14-**5.10-6.52**-49 어문10-4.90-**5.15-6.16**-11 경찰20-5.40-**4.32-5.13**-07 경상10-5.40-**5.45-5.88**-07 관광30-3.70-**4.56-5.81**-12 물치10-13.8-**5.14-9.00**-00 ICT 25-4.08-**4.95-6.24**-09 안경10-2.00-**4.39-4.51**-05 응급06-11.8-**3.70-4.47**-06 간호20-11.9-**3.21-3.77**-07 치위08-6.63-**3.98-4.06**-00 작업10-3.30-**4.72-4.99**-02 유아12-17.9-**4.10-4.70**-14 특교06-4.83-**3.62-4.16**-04 유특05-5.60-**4.52-4.68**-00
	사회기여자 배려대상자	일괄	학생부교과 최종 11.26(금)	1. 보훈관계법령 대상자 2. 군인경찰소방교도환경15년 3. 목회자 선교자 북한이탈 4. 다자녀 다문화3인 자녀 등	154 2021 133	교과 100					<2020 기여배려 평균-커트라인> ICT4.65-5.09 호텔4.63-4.65 어문4.41-5.41 사복4.40-5.01 경찰3.73-4.08 관광4.34-4.91 경상4.71-5.14 물치3.00-3.03 안경5.43-5.98 응급2.83-4.28 간호2.66-2.69 작업4.00-4.12 유아3.25-3.36 치위3.73-3.73
	기초수급및 차상위계층	일괄	학생부교과 항공 10.21(목) 최종 11.26(금)	1. 기초수급 및 차상위 자녀 2. 항공서비스 4명 별도모집 (학생60+면접40)	56 항공4	교과 100					<2020 기초차상 평균-커트라인> 어문5.28-6.48 사복4.75-5.68 경상5.52-6.96 경상5.52-5.94 관광4.79-5.38 ICT 4.91-5.41 물치2.98-3.40 안경5.04-5.20 응급4.01-4.51 간호2.63-2.84 치위3.44-3.62 작업3.98-3.98 유아4.18-4.55 특교4.68-5.85 유특4.66-4.96 항공3.76-4.53
	지역인재1	일괄	학생부교과 항공 10.21(목) 최종 11.26(금)	1. 충남북/대전/세종 11명증가 2. 항공서비스 3명 별도모집 (학생60+면접40)	210 2021 199	교과 100					<2020 지역1 평균-커트라인> ICT5.59-7.75 항공서비스5.01-5.84 어문5.02-5.53 사복4.79-5.52 경찰3.83-4.83 관광4.60-6.42 경상5.17-7.74 물치2.97-3.65 안경4.80-7.34 응급3.81-3.95 간호2.85-3.29 작업4.13-4.95 유아3.39-3.75 치위3.50-4.75
	지역인재2	일괄	학생부종합 자소서제출 최종 11.26(금)	어문 사복 경찰 경상 물치 간호 유아 ICT 등	47	서류 100%					<기타전형 생략> 특성화고/농어촌/예체능 체육특기자/서해5도
2019 2년전 정시 백분위	<2019 정시가군/다군 백분위 최종평균-커트라인> 수능70+학생30 *탐1+국수영 택2 40:40:20(탐1) <가군> 기독66.7-59.9 어문74.5-68.5 경상75.8-69.1 관광77.1-70.8 물치83.1-78.5 안경76.2-70.5 응급76.6-73.6 치위79.7-75.3 작업73.8-66.8 유교78.6-76.1 특교78.5-72.9 스과65.0-47.0					<나군> 사복75.0-69.3 경찰80.1-75.7 항공서비스81.9-78..3 ICT 75.2-68.8 간호85.3-77.3 유아특수교76.5-69.5 디자인영상54.1-24.6					

수능최저 없음		2021 일반전형							2021 일반전형				
▶교과 100% ▶내신 반영: 국영수과 ▶학년 비율: 동일비율		2021 지원			2021 수시 입결					2021 지원상세		2021 수시 입결 상세		
	모집 인원	모집 인원	경쟁률	최종등록 등급평균	최종등록 등급최저	추합 인원	충원율	지원자	모집 +충원	최저제외 실질경쟁	충원율		
기독교학부	56	60	3.38	5.57	7.94	142	237%	203	202	1.00	236.7%		
어문학부	38	45	12.2	4.39	4.91	179	398%	550	224	2.45	397.8%		
사회복지학부	75	75	8.47	3.96	4.35	237	316%	635	312	2.04	316.0%		
경찰학부	25	26	8.04	3.34	3.76	82	315%	209	108	1.94	315.4%		
경상학부	60	57	5.05	4.16	4.85	184	323%	288	241	1.19	322.8%		
관광/호텔경영	40	35	4.66	5.02	7.17	124	354%	163	159	1.03	354.3%		
글로벌호텔비지니스	9	4	5.75	4.04	4.87	8	200%	23	12	1.92	200.0%		
컴퓨터공학부	90	102	4.26	5.12	6.64	317	311%	435	419	1.04	310.8%		
첨단IT학부	95	110	2.90	5.59	8.12	209	190%	319	319	1.00	190.0%		
물리치료학과	12	9	14.6	1.92	2.23	15	167%	131	24	5.46	166.7%		
안경광학과	25	20	4.10	4.86	6.32	53	265%	82	73	1.12	265.0%		
응급구조학과	15	15	8.53	3.34	3.70	54	360%	128	69	1.85	360.0%		
치위생학과	19	19	6.63	3.15	3.53	57	300%	126	76	1.66	300.0%		
작업치료학과	27	34	9.94	3.92	4.35	100	294%	338	134	2.52	294.1%		
간호학과	38	40	7.18	2.35	2.56	91	228%	287	131	2.19	227.5%		
유아교육과	12	12	12.6	3.19	3.41	48	400%	151	60	2.52	400.0%		
특수교육과	18	18	4.33	3.71	6.30	60	333%	78	78	1.00	333.3%		
유아특수교육과	12	11	3.73	4.68	5.40	30	273%	41	41	1.00	272.7%		
특수체육/예체 생략	666	692	7.02	4.02	5.02	1990	292%	4187	2682	1.83	292.4%		

수능최저 없음		2021 백석인재면접							2021 백석인재면접				
▶교과60+면접40 ▶내신 반영: 국영수과 ▶학년 비율: 동일비율		2021 지원			2021 수시 입결					2021 지원상세		2021 수시 입결 상세		
	모집 인원	모집 인원	경쟁률	최종등록 등급평균	최종등록 등급최저	추합 인원	충원율	지원자	모집 +충원	최저제외 실질경쟁	충원율		
기독교학부	38	61	1.18	6.07	7.51	0	0%	72	61	1.18	0.0%		
어문학부	35	42	2.29	5.64	8.41	49	117%	96.2	91	1.06	116.7%		
사회복지학부	85	85	4.09	5.02	6.03	73	86%	348	158	2.20	85.9%		
경찰학부	50	44	4.41	4.27	5.71	24	55%	194	68	2.85	54.5%		
경상학부	52	55	3.47	5.10	6.12	72	131%	191	127	1.50	130.9%		
관광/호텔경영	50	46	3.37	5.41	7.82	77	167%	155	123	1.26	167.4%		
글로벌호텔비지니스	10	15	2.33	5.18	6.71	15	100%	35	30	1.17	100.0%		
항공서비스	72	72	22.1	4.50	6.49	102	142%	1594	174	9.16	141.7%		
컴퓨터공학부	75	90	1.72	5.64	6.88	56	62%	155	146	1.06	62.2%		
첨단IT학부	95	100	1.26	5.92	7.13	17	17%	126	117	1.08	17.0%		
물리치료학과	10	8	14.3	3.24	3.72	5	63%	114	13	8.77	62.5%		
안경광학과	14	14	2.86	5.49	6.80	22	157%	40	36	1.11	157.1%		
응급구조학과	15	15	10.8	4.26	5.06	11	73%	162	26	6.23	73.3%		
치위생학과	20	20	11.2	4.26	5.05	19	95%	223	39	5.72	95.0%		
작업치료학과	34	25	4.80	4.71	5.45	30	120%	120	55	2.18	120.0%		
간호학과	30	30	11.3	3.18	3.88	19	63%	340	49	6.94	63.3%		
유아교육과	18	20	10.6	4.15	4.84	22	110%	211	42	5.02	110.0%		
특수교육과	20	20	3.15	4.36	5.16	20	100%	63	40	1.58	100.0%		
유아특수교육과	10	10	3.40	4.59	6.33	21	210%	34	31	1.10	210.0%		
특수체육/예체 등 생략	733	772	6.24	4.79	6.06	654	98%	4272	1426	3.22	98.3%		

수능최저 없음		2021 창의인재종합							2021 창의인재종합			
		2021 지원		2021 수시 입결					2021 지원상세		2021 수시 입결 상세	
▶서류 100% ▶내신 반영: 국영수과 ▶학년 비율: 동일비율	모집 인원	모집 인원	경쟁률	최종등록 등급평균	최종등록 등급최저	추합 인원	충원율	지원자	모집 +충원	최저제외 실질경쟁	충원율	
기독교학부	20	25	1.24	6.32	7.67	5	20%	31	30	1.03	20.0%	
어문학부	10	10	3.30	5.39	6.21	18	180%	33	28	1.18	180.0%	
사회복지학부	55	50	5.64	4.97	6.12	72	144%	282	122	2.31	144.0%	
경찰학부	15	15	7.27	3.91	4.41	15	100%	109	30	3.64	100.0%	
경상학부	10	10	3.50	5.19	6.12	25	250%	35	35	1.00	250.0%	
관광/호텔경영	30	30	2.77	5.26	7.16	50	167%	83.1	80	1.04	166.7%	
글로벌호텔비지니스	10	10	1.90	5.90	6.96	4	40%	19	14	1.36	40.0%	
컴퓨터공학부	25	25	2.72	5.93	7.86	43	172%	68	68	1.00	172.0%	
첨단IT학부	25	10	1.90	6.05	6.57	8	80%	19	18	1.06	80.0%	
물리치료학과	8	12	15.5	3.77	4.90	4	33%	186	16	11.6	33.3%	
안경광학과	5	10	1.90	6.37	7.59	7	70%	19	17	1.12	70.0%	
응급구조학과	6	6	13.2	4.61	5.08	10	167%	79	16	4.94	166.7%	
치위생학과	8	8	10.1	4.26	5.18	8	100%	81	16	5.07	100.0%	
작업치료학과	10	12	3.92	5.42	6.99	9	75%	47	21	2.24	75.0%	
간호학과	24	22	15.6	3.19	4.48	10	45%	342	32	10.7	45.5%	
유아교육과	16	12	12.7	4.99	9.00	17	142%	152	29	5.24	141.7%	
특수교육과	6	6	5.67	4.92	5.46	20	333%	34	26	1.31	333.3%	
유아특수교육과	6	6	3.17	4.92	6.10	9	150%	19	15	1.27	150.0%	
특수체육교육과	5											
스포츠과학 생략	5											
문화예술 생략												
문화예술 등 생략	299	279	6.22	5.08	6.33	334	126%	1638	613	3.17	126.0%	

2022 대학별 수시모집 요강	삼육대학교	2022 대입 주요 특징	`<영어>` 인/자: 탐구1+국수영 택2 인 35:20:25:25 인/자: 100-98-95-92-87 ... 자 25:35:20:20 수가10%

▶ 교과우수: 2022 내신변경
　국수영+사/과 중 3개 교과
　→국수영+사/과 4개 교과
▶ 일반(면접): 국수영+사/과 중
　3개 교과, 높은 순 50:35:15
▶ 종합: 국영수사과 전체 정성
▶ 학년 비율: 동일
　★졸업생도 5학기만 반영

1. 2022 교과우수자 (교과100%) 전년대비 85명 인원증가
2. 2022 교과우수자 간호/물리치료 최저 폐지
3. 2022 교과 일반전형 신설★: 단계면접전형
4. 2022 전형명칭변경: 종합 학교생활우수자→세움인재전형
5. 2022 학과 신설: 약학과, 바이오융합공학과
6. 2022 학과명 변경: 지능정보융합→인공지능융합
　동물생명자원→동물자원과학

▶ 삼육대학교 2021 수시올림 참고사항
1. 영어/일어/중국어 등 2급 정교사 교직이수 ★자소서 중요
2. 삼육대학교 종합전형 전공적합성 미미함
3. 보건 교육 제외한 모든 학과 전과, 복수전공이 매우 용이함
4. 간호, 물리, 상담심리, 보건관리, 약학 (2022 신설) 5개학과
　CK 선정사업으로 중독연계프로그램 특화. 별도 학사학위 부여

모집시기	전형명	사정모형	학생부종합 특별사항	2022 수시 접수기간 09. 10(목) ~ 14(화)	모집인원	학생부	논술	면접	서류	기타	2022 수능최저등급
2022 수시 845명 (74.3%) 정시 292명 (25.7%) 전체 1,137명 2021 수시 885명 (71.8%) 정시 347명 (28.2%) 전체 1,232명	교과우수자	일괄	학생부교과 일반 최저없음 최종 12.14(화) 국수영+사/과 4개교과 전체	1. 2022 전년대비 85명 증가 2. 2022 내신반영 변경 국수영+사/과 중 3개 영역 →국수영사과 전체로 확대★ 3. 2022 내신성적 하락 예측★ 4. 약학 8명 신설, 최저 있음 5. 간호/물리치료 최저 폐지 6. 생활체육: 교과60+실기40 7. 디자인/음악: 실기80%	241 2021 156	교과 100					일반: 최저 없음 간호/물치: 최저 폐지 약학: 3개합 5 (탐1) ※ 2021 최저참고 간호/물리치료 : 2개합6 (탐2)
	일반전형 (신설)	1단계	학생부교과 1단계 10.13(수) 면접 10.17(일) 최종 12.14(화) 국영수+사/과 3개교과 전체 높은순 50:35:15	1. 2022 교과단계면접 신설 2. 약학4, 간호11, 물리치료8 식영10, 유아교육8 등 3. 일반 최저없음, 약학 있음	184	교과 100 (5배수)					일반: 최저 없음 약학: 3개합 5 (탐1)
		2단계				1단계 60 + 면접 40					
	세움인재 (학교생활우수자)	1단계	학생부종합 자소서제출 ~09.15(수) 1단계 10.27(수) 면접 10.31(일) 최종 12.14(화) 국영수사과 전체 정성평가	1. 2022 전년대비 45명 감소 2. 간호8, 물리치료5, 식영7 상담심리8, 유아교육6 컴퓨터공10 등	144 2020 189	서류 100 (4배수)		▶종합전형 서류평가요소 1. 학업역량 20% 2. 전공적합성 30% 3. 발전가능성 30% 4. 인성 20%			일반: 최저 없음 약학: 3개합 5 (탐1)
		2단계				1단계 60 + 면접 40					
	재림교회목회자 (MVP 전형)	1단계	단계전형 최저없음 자소서제출 ~09.15(수) 목회추천서	1. 2022 전년대비 74명 감소 2. 약학6, 간호11 등 3. 생활체육: 서류40+실기60 제칠일안식일예수재림교회 침례/추천받은 자 ▶1단계: 10.20(수) ▶면접: 10.24(일) ▶최종: 12.14(수)	115 2021 189	서류 100 (4배수)					일반: 1개 4등급 (탐1) 간호/물치:1개 3 (탐1) 약학: 3개합 5 (탐1)
		2단계				1단계 40 +면접 60					
	고른기회 (사회기여배려)	1단계	학생부교과 1단계 11.03(수) 면접 11.07(일) 최종 12.14(화)	1. 기여→고른기회 명칭변경 2. 종합전형→교과전형 변경 3. 국가유공등 보훈대상자 4. 준사관/군부사관 15년자녀 5. 경찰/소방/집배/환경 등등	11	교과 100 (5배수)		▶ 내신반영 국영수+사/과 3개교과 높은순 50:35:15			최저 없음
		2단계				1단계 60 + 면접 40					
	기회균형 (정원외)	1단계	기회균형 자소서제출 ~09.15(수)	기초수급 및 차상위자녀 ▶1단계: 10.27(수) ▶면접: 10.31(일) ▶최종: 12.14(화)	11	서류 100 (4배수)					최저 없음 신학/특성화/서해5도/ 농어촌 등 기타생략
		2단계				1단계 40 + 면접 60					

<2020 정시 수능 100%, 탐구1+국수영 택2, 백분위, 최종평균>
▶삼육대 정시가군 수가 가산 10%
　중국 82.50　경영 84.64　경정 83.98　유아 83.53　　물치 88.28　사복 83.56　상담 83.73
　컴공 83.14　건축 84.43　화학생명 83.90　　　　동물생명 83.72　　　　　IT융합 83.67
　생활체육 75.99　　　글로벌한국 83.27　　아트앤디자인 94.46
▶삼육대 정시다군 수가 가산 10%
　영문 79.97　일본 81.27　간호 90.32　보건 81.68　원예 82.90

<2019 정시 수능 100%, 탐구1+국수영 택2, 백분위, 최종평균>
▶삼육대 정시가군 수가 가산 10%
　중국 92.19　경영 94.56　경정 92.42　유아 92.18　물치 93.68
　사복 92.89　상담 94.72　식영 93.03　메카 94.95　화생 94.64
　동물 93.75　건축 93.69　생활체육 85.93
▶삼육대 정시다군 수가 가산 10%
　영문 92.39　일본 93.25　간호 96.89　보건 93.41　원예 92.38

2021 교과우수자

<2021 수능최저등급>
일반: 최저 없음
간호/물리치료
　: 2개합6 (탐2)

▶교과 100% (국수영+사/과 중 3교과)

		2022 교과	2021 인원	경쟁률	최종 최고	최종 평균	추합 인원	환산 점수
인문사회	영어영문	17	16	3.69	2.29	3.47	30	
	한국관광외국어	5	5	8.00	2.46	2.65	10	
	글로벌한국학과	6	6	5.67	2.49	2.52	12	
	경영학과	13	7	5.10	2.46	2.57	11	
	유아교육과	8	5	6.60	2.20	2.34	10	
간호	간호학과	9	6	8.33	1.32	1.70	4	
약학	약학과	8	신설					
보건복지	물리치료학과	9	6	8.00	1.88	2.08	7	
	사회복지학과	5	4	9.25	2.50	2.50	8	
	보건관리학과	6	4	6.75	2.03	2.03	8	
	상담심리학과	6	4	6.25	1.37	1.84	8	
	식품영양학과	10	4	7.50	2.15	2.34	8	
미래융합	컴퓨터공학	20	10	6.80	2.02	2.29	20	
	인공지능융합학	22	13	4.69	2.38	3.35	18	
	바이오융합공학	5						
과학기술	화학생명과학과	19	7	6.00	2.38	2.38	14	
	동물자원과학과	5	6	14.2	2.42	2.43	12	
	환경디자인원예	19	13	4.92	2.20	2.73	23	
문화예술	건축학과 4년제	4	4	7.50	2.95	3.01	8	
	건축학과 5년제	9	4	16.3	2.07	2.36	4	
예체	생활체육학과	9	8	34.8	1.67	2.89	10	
	아트앤디자인학	17	14	15.5	3.38	4.98	9	
	음악학 관현타	10	6	4.00	4.66	5.85	0	
		241	152	9.04	2.35	2.78	234	

2021 학교생활우수

수능최저 없음

▶단계전형　2단계: 서류60+면접40

		2022 종합	2021 인원	경쟁률	최종 평균	최종 80%	추합 인원	환산 점수
인문사회	영어영문	10	13	8.15	3.32	3.89	16	
	한국관광외국어	11	12	11.5	3.38	3.74	18	
	글로벌한국학과	6	6	6.67	3.53	3.95	2	
	경영학과	13	12	15.9	2.92	3.62	9	
	유아교육과	8	8	15.4	2.58	3.23	11	
간호	간호학과	11	8	14.8	2.38	2.67	6	
약학	약학과	4	신설					
보건복지	물리치료학과	8	7	12.1	2.55	2.88	0	
	사회복지학과	9	6	14.1	3.54	3.69	4	
	보건관리학과	6	4	7.25	3.25	3.55	2	
	상담심리학과	7	10	8.70	3.00	3.70	4	
	식품영양학과	10	8	4.63	2.61	3.53	10	
미래융합	컴퓨터공학	13	15	9.87	2.11	3.63	23	
	인공지능융합학	17	20	5.25	3.60	4.23	20	
	바이오융합공학	7						
과학기술	화학생명과학과	13	15	6.80	2.57	3.33	9	
	동물자원과학과	6	5	12.2	3.07	3.58	10	
	환경디자인원예	13	15	5.60	2.13	3.86	10	
문화예술	건축학과 4년제	4	2	7.50	3.30	3.49	4	
	건축학과 5년제	8	7	16.1	3.53	3.81	9	
예체	생활체육학과	-						
	아트앤디자인학	-						
	음악학 관현타							
		184	173	10.1	2.97	3.58	167	

2021 정시 수능

		2022 정시	2021 인원	경쟁률	수능등급 최고	수능등급 평균	백분위 최고	백분위 평균
인문사회	영어영문		27	4.63	2.55	3.33	84.20	79.18
	한국관광외국어		11	5.09	2.80	3.32	83.25	80.01
	글로벌한국학과		12	3.42	2.45	3.01	85.35	82.29
	경영학과		21	3.95	2.70	3.43	85.40	79.37
	유아교육과		14	3.00	2.55	3.34	83.05	79.25
간호	간호학과		23	3.78	1.65	2.33	94.85	90.52
보건복지	물리치료학과		11	4.27	2.15	2.63	90.57	87.55
	사회복지학과		12	3.25	2.40	3.23	84.50	81.94
	보건관리학과		14	4.07	2.65	3.51	87.50	78.28
	상담심리학과		17	2.88	2.05	3.09	92.35	81.73
	식품영양학과		14	3.21	1.85	3.05	84.25	81.34
미래융합	컴퓨터공학		21	4.00	2.55	3.26	85.03	81.74
	인공지능융합학		30	3.43	2.30	3.84	86.55	72.51
과학기술	화학생명과학과		26	2.88	2.55	3.54	89.85	77.59
	동물자원과학과		17	3.00	2.35	3.60	83.67	74.98
	환경디자인원예		21	4.00	3.00	3.62	83.05	75.96
문화예술	건축학과 4년제		2	11.0	3.45	3.47	82.70	82.40
	건축학과 5년제		13	5.00	2.45	3.16	84.35	82.71
예체	생활체육학과		20	3.21	2.75	3.51	84.65	76.47
	아트앤디자인학		23	15.3	4.70	5.30	60.20	49.38
	음악 관현타		7	3.43	6.35	7.00	36.85	28.69
			356	4.61	2.77	3.55	82.48	76.38

		2022 정시	2021 인원	경쟁률	실질 경쟁률	최초 평균	최종 평균	추합 인원
인문사회	영어영문							
	항공관광외국어							
	글로벌한국학과							
	경영학과							
	유아교육과							
간호	간호학과							
보건복지	물리치료학과							
	사회복지학과							
	보건관리학과							
	상담심리학과							
	식품영양학과							
미래융합	컴퓨터공학							
	인공지능융합학							
과학기술	화학생명과학과							
	동물자원과학과							
	환경디자인원예							
문화예술	건축학과 4년제							
	건축학과 5년제							
예체	생활체육학과							
	아트앤디자인학							
	음악학과							

교과 반영		
▶ 교과 반영 인문/안보: 국영수사 자: 국영수과 예체: 국영사 ▶ 진로선택 3과목 반영 ▶ 학년비율 없음 ▶ 이수단위 반영 ▶ 등급 100-98-96-94-90... ▶ 성취 A=100 B=96 C=90	1. 고교추천전형 신설, 고교별 10명 추천제한 2. 2022 교과 103명 증가, 상명인재 91명 감소 3. 상명인재 자기소개서 폐지 4. 최종등록평균선 아래의 표준편차까지 고려한 지원 5. 주목할 학과: 역사콘텐츠학, 지적재산권학, 가족복지학 　글로벌경영, 교육학 등	6. 2021 지난해 신설: 지능데이터융합학부 교과15명, 종합 8명 　①핀테크전공+②빅데이터융합+③스마트생산전공 7. 2021 명칭변경: 융합전자공학 →지능IOT융합, 공공인재→행정

모집시기	전형명	사정 모형	학생부종합 특별사항	2022 수시 접수기간 09.10(금) ~ 14(화)	모집 인원	학생부	논술	면접	서류	기타	2022 수능최저등급
2022 수시 918명 (66.6%) 정시 461명 (33.4%) 전체 1,379명	고교추천 2021 경쟁률 2020 경쟁률 10.5 2019 경쟁률 6.99	일괄	학생부교과 고교별 10명 안보학 포함 국영수사 국영수과 추천대상자 업로드 일정 09.15(수) ~09.27(월) 최종 12.16(목)	1. 고교추천전형 신설, 10명 2. 2022 교과 103명 인원증가 3. 2021 학과 신설 (지난해) 　지능데이터융합학부 내 　핀테크전공+빅데이터융합 　+스마트생산전공 15명 <2022 수능최저 유지> 인자공통: 2개합 7 (탐1)	367 2021 264	교과 100					▶2020 상명대 서울캠 입학결과 리포트 *ollim* 1. 경쟁률 = 입결상승 비례경향 유지 20200527수 2. 2020 전년대비 입결폭등 학과 ★★ 　①지적재산권 : 경쟁 6.71→20.0, 입결 3.16→2.62 　②영어교육과 : 경쟁 4.42→16.3, 입결 3.10→2.00 　③수학교육과 : 경쟁 3.90→20.4, 입결 3.56→1.89 　④화공신소재 : 경쟁 6.09→19.0, 입결 2.72→2.52 3. 2020 전년대비 입결폭락 학과 ★★ 　①게임전공학 : 경쟁 7.60→6.00, 입결 2.08→2.97 4. 정시 성적이 수시 성적보다 월등히 높은 대학 5. 신설학과 지원전략 6. 교과전형 수능최저 달성전략 중요
	안보학 2021 경쟁률 2020 경쟁률 4.96 2019 경쟁률 6.04	1단계 2단계	국영수사★ 서류~09.16(목) 1단계 10.21(목) 면접 11.04(목) 최종 11.30(화)	1. 고교추천전형 10명 이내 2. 다대다 면접 1,2고사, 실시 1고사: 동기/역량/성장환경/품성 2고사: 표현/논리/국가관/리더십 2022 정시 안보학 10명 모집 국수영탐1 35:25:20:20	24 2021 24	교과 100 교과 80		10		3배수 체력 10	최저 없음
2021 수시 1,011명 (74.6%) 정시 331명 (25.4%) 전체 1,302명	상명인재 2021 경쟁률 2020 경쟁률 12.3 2019 경쟁률 11.3	1단계 2단계	학생부종합 최저없음 자소서폐지 1단계 10.28(목) 면접 11.13(토) ~11.14(일) 최종 11.30(화)	2022 상명인재 91명 인원감소 지원분야 목표열정, 역량개발 미래인재 성장가능, 면접15분 <2022 종합전형 평가내용> 1. 인성 25% : 성실공동체의식 2. 전공적합성 45% 　①학업역량 20% 　②전공적성 30% 3. 발전가능성 25% 　자기주도성/도전정신	286 2021 377	서류 100 (3배수) 서류 70 + 면접 30					최저 없음
	고른기회 보훈+기초 등	일괄	학생부종합 자소서폐지 서류~09.16(목) 최종 11.30(화)	1. 국가보훈대상자 2. 농어촌/서해5도/특성화 3. 기초수급 차상위 등	75 2021 75	서류 100%					최저 없음 <기타전형 생략> 특성화고졸재직 1명 실기전형 109명 농어촌/특성화고졸 특수교육대상자 등

<2021 고른기회 입결 최초평균-최종평균>	
역사콘텐 3.12-3.27< 지적재산 3.81-3.81 문헌정보 3.50-3.83 공간환경 3.89-3.82 공공인재 2.84-3.58 가족복지 3.01-3.32 경제금융 3.34-3.68 경영학부 3.34-3.68 글로경영 3.59-3.72 국어교육 2.24-2.63 영어교육 2.89-3.24 교육학과 2.45-3.02 수학교육 2.65-3.10 휴먼지능 3.27-3.90 핀테크등 3.30-4.10 컴퓨터과 3.07-3.49 전기공학 3.74-3.74 지능IOT 3.63-4.14 게임전공 3.26-2.60 애니메이 2.93-2.93 한일문콘 3.81-3.90	생명공학 3.01-2.72 화학에너 3.20-3.44 화공신소재3.05-3.35 식품영양 2.58-3.49 의류학과 3.46-3.46

상명대서울캠		수능최저있음 2022 인원	2021 학생부교과 (인/자)								2020 학생부교과 (인/자)							
★수능최저등급 2022 ▶인문/자연 공통 : 2개합 7 (탐구1) ▶안보학: 최저 없음			▶학생부교과 100%, 학년 동일비율 ▶인문: 국영수사, 자연: 국영수과, 국가안보학: 국수영 ▶수능최저등급: 인문/자연공통 2개합 7 (탐구1)								▶학생부교과 100%, 학년 동일비율 ▶인문: 국영수사, 자연: 국영수과, 국가안보학: 국수영 ▶수능최저등급: 인문/자연공통 2개합 7 (탐구1)							
			2021 경쟁률 및 입결 (최종)								2020 경쟁률 및 입결 (최종)							
			모집인원	경쟁률	최초 합격 평균	최초 합격 최저	최종 합격 평균	최종 합격 최저	최종 평균 편차	추합인원	모집인원	경쟁률	최초 합격 평균	최초 합격 최저	최종 합격 평균	최종 합격 최저	최종 평균 편차	추합인원
인문	역사콘텐츠	9	6	6.33	2.32	2.57	2.84	3.49		8	9	10.4	2.14	2.22	2.33	2.44	*0.11*	18
	지적재산권 ★↗	6	5	11.2	2.17	2.47	2.58	2.65		10	7	20.0	2.22	2.39	2.62	2.92	*0.38*	16
	문헌정보학	8	6	4.17	2.10	2.24	2.22	2.41		14	8	9.88	2.02	2.15	2.27	2.44	*0.12*	15
SW	한일문화콘텐츠	7	5	7.40	2.25	2.42	2.63	2.75		9	6	7.83	2.33	2.47	2.70	2.74	*0.05*	9
	공간환경학	13	10	5.40	2.26	2.45	2.83	3.45		22	11	10.2	2.00	2.28	2.48	2.62	*0.12*	27
	행정학부	17	14	3.79	2.24	2.37	3.95	5.37		23	13	8.69	2.15	2.30	2.33	2.42	*0.11*	18
	가족복지학	8	5	5.20	2.40	2.46	2.80	3.52		7	7	8.29	1.85	2.21	2.39	2.53	*0.14*	0
	경제금융학	23	17	3.82	2.36	2.56	3.43	5.13		32	15	9.67	2.14	2.34	2.31	2.49	*0.18*	24
	경영학부	32	24	3.79	2.16	2.33	3.36	4.60		33	21	8.86	2.03	2.17	2.11	2.34	*0.22*	36
	글로벌경영학	25	19	5.05	2.27	2.42	2.93	3.68		32	19	10.1	2.11	2.25	2.37	2.51	*0.12*	36
안보	국가안보학	19	24	4.58	3.13	3.88	3.45	4.10		36	24	4.96	2.90	3.69	3.14	3.80	*0.30*	15
사범	국어교육과	12	9	3.89	1.66	1.78	2.38	2.78		18	12	5.83	1.66	1.77	1.93	2.09	*0.11*	24
	영어교육과 ★↗	12	9	5.56	1.68	1.84	2.16	2.30		27	12	16.3	1.57	1.70	2.00	2.22	*0.19*	28
	교육학과	8	4	5.25	1.72	1.95	2.73	3.12		7	6	7.67	1.78	1.92	2.04	2.11	*0.06*	11
사범	수학교육과 ★↗	9	7	6.14	1.65	1.85	2.61	3.38		21	9	20.4	1.74	1.90	1.89	2.07	*0.20*	9
지능데이터융합	휴먼지능정보	26	18	4.94	2.49	2.70	2.83	3.18		24	19	6.00	2.45	2.58	2.74	2.99	*0.17*	23
	핀테크전공										신설							
	빅데이터융합	15	15	5.67	2.68	2.86	3.18	3.98		19	신설							
	스마트생산전공										신설							
SW 융합학부	컴퓨터과학	34	28	5.86	2.29	2.47	2.74	3.05		72	29	5.69	2.29	2.40	2.62	2.99	*0.23*	57
	전기공학전공	10	7	5.14	2.19	2.38	3.01	3.40		21	7	9.57	2.27	2.38	2.54	2.64	*0.08*	12
	지능IOT융합	8	6	5.83	2.80	3.07	3.12	3.45		3	7	8.14	2.18	2.38	2.30	2.62	*0.38*	13
	게임전공 ★↘	9	9	12.1	2.43	2.56	2.90	3.15		12	9	6.00	2.49	3.31	2.97	3.77	*0.71*	6
생명화공	생명공학전공	12	9	4.33	2.13	2.31	3.94	5.29		16	9	11.0	1.92	2.04	2.05	2.21	*0.15*	15
	화학에너지공학	12	9	6.33	2.18	2.33	2.60	3.02		24	9	8.67	2.29	2.41	2.47	2.63	*0.18*	13
	화공신소재 ★↗	12	9	9.22	2.06	2.18	2.37	2.48		27	9	19.0	2.16	2.34	2.52	2.56	*0.04*	21
의식의류	식품영양학	7	5	5.60	2.30	2.42	3.00	3.25		14	7	10.1	1.96	2.30	2.59	2.60	*0.01*	15
	의류학전공	7	5	7.60	1.99	2.35	2.41	2.98		12	6	7.67	1.94	2.14	2.50	2.68	*0.22*	13
예체	애니메이션	7	4	11.0	2.12	2.26	2.68	2.74		10	4	15.5	1.84	2.33	2.46	2.74	*0.31*	0
총계		367	284	5.9	2.23	2.43	2.88	3.46		543	274	10.0	2.10	2.32	2.41	2.62	0.18	474

상명대서울 2021 대입분석자료 02 - 학생부종합

2021. 05. 19. ollim

상명대서울캠

2020 종합전형 평가내용
1. 인성 25% : 성실/공동체
2. 전공적합성 45%
   ① 학업역량 15%
   ② 전공적성 30%
3. 발전가능성 30%
   자기주도성/도전정신

수능최저 없음

2021 상명인재종합 (인/자)
▶ 1단계: 서류 100% (3배수)
▶ 2단계: 서류 70+면접 30%

2020 상명인재종합 (인/자)
▶ 1단계: 서류 100% (3배수)
▶ 2단계: 서류 70+면접 30%

계열	전공	2022 인원	2021 모집인원	2021 경쟁률	2021 최초합격 평균	2021 최초합격 최저	2021 최종합격 평균	2021 최종합격 최저	2021 최종평균편차	2021 추합인원	2020 모집인원	2020 경쟁률	2020 최초합격 평균	2020 최초합격 최저	2020 최종합격 평균	2020 최종합격 최저	2020 최종평균편차	2020 추합인원
인문	역사콘텐츠	9	12	15.8	3.04	3.58	3.06	3.58		5	12	16.7	3.30	4.07	3.29	4.07	0.41	1
인문	지적재산권	7	9	5.11	3.48	4.01	3.37	4.01		1	9	7.89	3.33	3.88	3.51	3.96	0.25	7
인문	문헌정보학	8	10	10.4	2.76	3.24	3.02	3.52		10	10	16.3	3.03	3.65	3.07	3.65	0.36	7
SW	한일문화콘텐츠	7	9	18.9	3.07	3.84	3.72	5.37		8	10	23.4	3.58	6.06	3.67	6.06	0.82	0
	공간환경학	12	15	5.07	3.34	3.96	3.46	3.97		19	15	7.20	3.07	3.60	3.20	3.67	0.32	19
	행정학부	12	16	10.1	2.89	3.49	3.30	5.72		19	17	8.59	3.06	3.80	3.42	5.67	0.67	0
	가족복지학	8	11	9.45	2.98	3.49	3.17	3.44		8	11	12.3	2.97	3.35	3.09	3.51	0.26	0
	경제금융학	15	21	4.14	3.36	6.23	3.86	6.23		29	23	7.09	3.00	3.61	3.10	5.11	0.59	16
	경영학부	15	24	14.6	3.24	4.26	3.37	4.26		18	27	12.9	3.50	2.65	3.43	5.65	0.60	17
	글로벌경영학	15	21	16.8	3.36	4.99	3.44	4.83		15	24	14.5	3.80	5.56	3.76	5.56	0.71	0
사범	국어교육과	12	15	5.93	2.44	3.04	2.62	3.47		17	15	5.20	2.12	2.63	2.48	2.87	0.34	0
사범	영어교육과	12	15	5.93	2.58	3.16	2.85	3.47		21	15	5.93	2.76	5.35	2.74	5.35	0.81	6
사범	교육학과	8	9	17.3	3.39	5.62	3.19	5.09		9	10	15.6	2.63	3.09	2.83	4.24	0.52	4
사범	수학교육과	9	11	6.73	2.46	3.06	2.60	3.37		8	12	8.17	2.01	2.39	2.49	3.10	0.43	19
지능데이터융합	휴먼지능정보	15	22	5.77	3.29	3.97	3.32	3.77		16	24	6.00	3.13	3.71	3.21	3.44	0.23	19
지능데이터융합	핀테크전공										신설							
지능데이터융합	빅데이터융합	8	8	6.75	3.43	4.05	3.56	4.45		11	신설							
지능데이터융합	스마트생산전공										신설							
SW융합	컴퓨터과학	15	22	9.05	3.14	3.68	3.32	3.68		29	23	6.91	3.05	3.96	3.35	4.33	0.34	13
SW융합	전기공학전공	9	12	7.58	3.35	4.94	3.46	4.63		14	12	6.33	3.18	3.56	3.44	4.01	0.30	0
SW융합	지능IOT융합	9	11	6.64	3.20	3.91	3.58	4.37		20	12	9.00	2.93	3.31	3.00	3.41	0.24	0
SW융합	게임전공	9	11	12.50	3.26	3.65	3.38	3.68		4	12	9.25	3.07	3.68	3.22	5.02	0.65	0
생명화공	생명공학전공	10	13	16.9	2.83	3.13	2.80	3.43		12	14	14.1	2.77	3.02	2.90	3.49	0.26	8
생명화공	화학에너지공학	10	13	10.9	3.20	4.53	3.28	4.53		12	14	10.4	3.23	3.94	3.20	3.66	0.27	0
생명화공	화공신소재	10	13	7.15	2.87	3.24	3.04	3.49		16	14	10.3	2.55	2.75	2.75	3.14	0.21	14
의식의류	식품영양학	8	10	10.4	2.29	2.99	2.57	3.16		7	11	12.8	2.93	4.39	3.06	4.39	0.64	11
의식의류	의류학전공	7	9	14.4	3.04	5.99	3.25	5.99		11	10	14.0	3.16	4.20	3.22	3.65	0.34	5
예체	애니메이션	7	11	19.6	2.28	3.13	2.51	3.24		17	12	20.3	2.56	3.88	3.25	4.33	0.67	21
무용	스포츠건강관리	8	10	14.6	2.96	3.61	3.57	4.02		14	10	28.0	3.21	4.98	3.13	4.98	0.69	9
미술	조형예술전공	8	10	10.6	3.05	4.30	3.45	4.59		7	10	12.2	3.06	4.04	3.65	4.45	0.41	10
미술	생활예술전공	4	4	13.5	3.21	4.61	3.00	3.97		4	4	22.5	3.34	3.86	3.68	3.86	0.21	0
총계		286	377	10.8	3.03	3.99	3.21	4.18		381	371	12.3	3.01	3.82	3.18	4.24	0.45	206

상명대서울캠

- ▣ 국수영탐1 반영비율
  - ▶인문 35:25:20:20
  - ▶공학 20:35:20:25
- ▣ 영어등급 환산점수
  - ▶인문자연 1~5등급
  - 100-98-96-94-90

	상명대서울캠	2022 인원	2021 정시수능 (인/자) 표준점수 반영 — 2021 경쟁률 및 입결 (최종평균)							2020 정시수능 (인/자) 표준점수 반영 — 2020 경쟁률 및 입결 (최종평균)						
			모집인원	경쟁률	표준평균	백분위국수탐1	최종백평균	최종등급평균	백분최저		모집인원	경쟁률	표준평균	백분위국수탐1	최종백평균	최종등급평균	백분최저	
인문	역사콘텐츠		미공개							나균	16	6.06	696.2	250.6	83.52	2.64	76.30	나균
	지적재산권									나균	9	3.89	701.0	263.1	87.71	2.42	83.70	나균
	문헌정보학									나균	16	4.94	697.0	254.0	84.65	2.61	80.70	나균
	공간환경학									나균	22	5.41	696.6	254.1	84.71	2.56	78.70	나균
	공공인재학									나균	26	4.00	698.5	258.1	86.03	2.51	81.70	나균
	가족복지학									나균	12	7.83	696.0	252.8	84.28	2.60	81.70	나균
사범	국어교육과									다균	23	4.30	705.1	261.3	87.11	2.38	82.00	다균
	영어교육과									다균	26	4.54	704.7	261.2	87.08	2.30	82.70	다균
	교육학과									다균	17	5.88	699.6	258.6	86.20	2.40	81.00	다균
	수학교육과									다균	18	5.89	672.4	254.0	84.65	2.68	81.00	다균
	경제금융학									나균	34	7.92	699.4	256.7	85.58	2.52	82.00	나균
	경영학부									나균	44	5.16	700.5	259.4	86.46	2.47	81.00	나균
	글로벌경영학									나균	33	4.48	697.7	256.1	85.35	2.60	79.30	나균
SW 융합	휴먼지능정보									나균	30	5.43	711.5	250.3	83.44	2.63	80.00	나균
	게임전공									나균	15	6.33	706.8	246.1	82.04	2.85	76.30	나균
	애니메이션									나균	8	6.88	702.4	256.7	85.58	2.38	82.30	나균
	한일문화콘텐츠									나균	12	4.17	696.7	254.7	84.89	2.58	80.70	나균
전기 전자	컴퓨터과학									나균	42	4.71	707.6	246.2	82.05	2.70	77.00	나균
	전기공학전공									나균	13	5.92	710.2	249.7	83.22	2.71	78.70	나균
	융합전자공학									나균	16	4.75	706.9	248.2	82.73	2.72	78.70	나균
생명 화공	생명공학전공									나균	18	5.28	704.7	244.6	81.53	2.81	78.00	나균
	화학에너지공학									나균	18	4.78	709.0	247.2	82.40	2.78	79.00	나균
	화공신소재									나균	20	6.45	710.2	249.1	83.02	2.70	78.30	나균
의식 의류	식품영양학									나균	16	5.94	701.7	241.1	80.38	2.83	75.30	나균
	의류학전공									나균	12	4.92	706.8	250.3	83.42	2.67	74.00	나균
무용	스포츠건강관리									다균	24	7.92	737.0	259.6	86.54	2.65	73.00	다균
미술	조형예술전공									다균	13	8.85	653.2	212.0	70.65	3.57	47.00	다균
	생활예술전공									다균	10	15.1	651.1	215.7	71.90	3.67	53.00	다균
총계											538	5.99	699.3	250.4	83.47	2.68	77.25	

상명대천안

<영어> 정시: 등급 백분위 인: 탐1+국/수/영 택2
인/자: 100-98-96-94-90 ...자: 수탐1+국/영 택1

▶ 내신반영 변화 인: 국영수사 자: 국영수과 → 등급 기록된 전과목★ ▶ 학년비율 없음 ▶ 진로선택 3과목 반영★ A=100, B=96, C=90 A=1등급, B=3등급, C=5등급	1. 교과전형 2022 수능최저 인/자/간호 전년동일 2. 내신변경 3년차: 전과목→국영수사/국영수과 상승예측 　　　　　　→2022 다시 전과목+진로 3과목 반영 3. 2022 상명인재 등 종합 자기소개서 폐지 4. 전자공/소프트/스마트정통/그린화학공/정보보안공/ 　시스템반도체/휴먼지능로봇 등

5. 글로벌지역학부 한국언어문화전공은 별도 모집단위 선발
　그 외 6개 전공은 글로벌지역학부 모집단위로 선발
　(일본어/중국어/영어/프랑스어/독일어/러시아권 지역학전공)

모집시기	전형명	사정모형	학생부종합 특별사항	2022 수시 접수기간 09. 10(금) ~ 14(화)	모집인원	학생부	논술	면접	서류	기타	2022 수능최저등급
2022 수시 958명 2021 수시 1,028명 (69.2%)	학생부교과	일괄	학생부교과 등급 전과목 진로선택 점수환산 A=100점 B=96점 C=90점 최종 12.16(목)	1. 2022 전년대비 55명 감소 2. 2022 전년도 수능최저유지 <2022 교과 인원> 한국언어문11 글로벌지역85 글로벌금융28 미디어디자10 문화예술경영08 식품공학15 그린스마트15 간호학과26 전자공학19 소프트웨19 스마트정통19 경영공학14 그린화학공21 정보보안19 건설시스템14 시스템반도체공학과21 휴먼지능로봇공학과21	380 2021 435	교과 100					인: 2개합 9등급 (탐1) 자: 2개합 9등급 (탐1) 간호: 수영탐1 중 2개합 7 ★ * 상명천안 선택 무제한
	상명인재	1단계 2단계	학생부종합 자소서폐지 최저없음 1단계 10.28(목) 면접 11.06(토) 11.07(일) 최종 11.30(화)	1. 2202 전년대비14명 감소 2. 지원 분야에 대한 목표 열정 자신의 역량을 적극적 개발 미래인재 성장가능성 <2022 상명인재 인원> 한국언어문06 글로벌지역12 글로벌금융10 미디어디자04 예술학부 총39 디자인학부10 스포츠융합학부08 식품공학06 그린스마트06 간호학과10 전자공학07 소프트웨07 스마트정통10 경영공학06 그린화학공07 정보보안07 건설시스템06 시스템반도체공학과06 휴먼지능로봇공학과07	174 2021 188	서류 100% (3배수) 학업역량 20% 전공적성 30% 발전가능 25% 인성 25% 서류 70% + 면접 30%					'20 종합 인원-경쟁-최종평균-최저-추합 글로지역 15-10.5-4.15-4.81-07 한국언어 04-5.50-4.83-5.58-04 문화경영 04-20.5-4.24-6.19-01 글로금융 10-11.1-4.67-7.89-04 식물식품 08-5.25-5.23-6.51-08 간호학과 08-13.5-3.09-3.45-03 전자공학 08-3.63-4.20-6.05-08 소프트웨 20-12.0-4.79-6.24-03 정보통신 10-5.70-5.00-5.97-04 경영공학 08-4.38-4.30-4.90-05 그린화공 08-6.25-5.08-7.35-05 건설시스 08-5.00-4.53-5.54-03 정보보안 08-7.63-4.44-4.74-11 반도체공 08-3.75-4.54-5.01-03 지능로봇 08-7.00-4.44-5.75-04 환경조경 3.99-4.14 4.57-5.38 2019 자료참고
	고른기회	일괄	학생부종합 자소서폐지 최종 11.30(화)	국가보훈대상자 기초 및 차상위대상자 등	73	서류 100%					없음 2022 기타전형생략 농어촌/특성화/특교 등

2020 상명천안 정시나군(2+1) 최종등록평균
인/예: 국수영 중 택2 (40%, 40%)+탐구1 (20%)
자연: 수가나 (40%)+국영 택1 (40%)+탐구1 (20%)

글로벌지역**87.56**	한국언어문**87.08**	문화예술경영**90.40**
사진영상학**91.20**	글로벌금융**88.42**	식물식품공학**84.78**
환경조경학**84.73**	간호학과**92.00**	소프트웨어**87.84**
전자공학과**86.96**	지능로봇공**84.38**	시스템반도**85.59**
스마트정통**86.85**	경영공학과**84.85**	그린화학공**85.39**
건설시스템**85.83**	정보보안공**82.40**	스포츠융합**80.82**
디자인학부**76.72**	산업디자인**81.06**	영화영상연기**66.75**
영화연출 **74.43**	연극연기 **75.74**	무대미술**75.70**
디지털만화영상**80.45**		디지털콘텐츠**92.84**

상명대천안 2021 입학결과 01 - 학생부교과

수능최저 없음		2022 모집인원	2021 모집인원	2021 경쟁률	최초합격 등급평균	최초합격 환산평균	최종합격 등급평균	최종합격 환산평균	추합인원
인문	한국언어문화전공	11	16	5.7	3.54	946.0	3.86	932.6	33
	글로벌지역학부	85	88	3.45	3.57	944.8	4.61	889.5	143
	글로벌금융경영	28	33	4.97	3.32	951.7	3.98	931.1	88
	AR VR 미디어	10	10	8.60	2.43	971.4	2.72	965.2	13
	문화예술경영	8	11	7.0	2.78	964.2	3.22	953.8	22
자연	식물식품공학과	15	18	4.39	3.43	948.7	4.05	927.4	37
	그린스마트시티	15	18	4.83	3.81	938.1	4.35	917.1	28
	간호학과	26	28	9.29	2.45	970.9	2.80	963.8	74
	전자공학과	19	23	4.22	3.42	949.3	4.38	908.4	52
	소프트웨어학과	19	22	4.18	3.38	950.4	3.97	921.7	51
	스마트정보통신공	34	38	4.11	3.89	936.4	4.25	918.9	55
	경영공학과	14	16	5.00	3.72	940.7	4.23	924.2	33
	그린화학공학과	21	26	4.7	3.10	956.9	3.82	936.1	78
	건설시스템공학	14	16	7.75	3.90	934.7	4.34	917.5	34
	정보보안공학과	19	22	4.1	3.66	942.3	4.06	926.4	32
	시스템반도체공	21	25	3.60	3.83	937.9	4.27	915.7	44
	휴먼지능로봇공	21	25	4.52	3.85	936.8	4.23	920.1	45
		380	435	5.31	3.42	948.3	3.95	927.6	862

교과 100% / 인: 국영수사 자: 국영수과

2020 학생부교과
교과 100% / 인: 국영수사 자: 국영수과
(데이터 없음)

상명대천안 2021 입학결과 02 - 학생부종합 및 정시

2021 상명인재

1단계: 서류100% (3배수) / 2단계: 면접 30%

수능최저 없음		2022 모집인원	2021 모집인원	2021 경쟁률	최초합격 등급평균	최종합격 등급평균	추합인원
인문	한국언어문화전공	6	5	8.80	4.69	4.62	4
	글로벌지역학부	12	15	10.3	4.73	5.17	24
	글로벌금융경영	10	10	12.8	4.06	4.18	14
예체능	디자인학부	10	14	17.8	2.85	3.62	24
	AR VR 미디어디자	4	4	8.25	4.22	3.83	1
	영화영상 연출스텝	12	14	20.1	3.63	3.95	7
	연극전공 이론	4	3	7.33	2.99	4.05	3
	무대미술전공	4	4	7.00	3.05	3.68	5
	사진영상미디어	4	2	12.0	3.19	3.73	3
	디지털만화영상	4	4	15.3	2.57	2.78	2
	문화예술경영	7	4	33.0	3.31	3.59	3
	디지털콘텐츠	4	2	29.0	3.97	3.63	1
	스포츠융합학부	8	7	18.1	4.01	4.25	4
자연	식물식품공학과	6	8	13.3	4.04	4.42	10
	그린스마트시티	6	8	4.88	4.62	5.11	7
	간호학과	10	10	12.3	3.01	3.54	8
	전자공학과	7	8	4.75	4.32	4.03	6
	소프트웨어학과	7	8	13.0	4.20	5.12	11
	스마트정보통신	10	10	7.50	4.88	4.92	16
	경영공학과	6	8	3.50	4.49	4.65	5
	그린화학공학과	7	8	15.0	4.46	4.29	12
	건설시스템공	6	8	4.50	4.33	4.71	10
	정보보안공학과	7	8	7.00	4.50	4.81	5
	시스템반도체공	6	8	3.50	4.61	4.62	7
	휴먼지능로봇공	7	8	5.13	4.17	4.77	10
		174	188	11.8	3.96	4.24	202

2021 정시일반

2021	최초합격 등급평균	최초합격 백분위평균	최종등록 등급평균	최종등록 백분위평균	
인문 탐1+ 국/수/영 택2	3.10	87.36	3.42	83.04	
	3.06	85.99	3.42	82.68	
	2.74	90.20	3.38	84.22	
	3.45	82.04	3.60	80.60	실기
	2.44	92.08	2.65	88.95	
	2.53	90.90	2.91	86.97	
	3.45	85.55	3.47	83.00	
	3.86	77.13	3.93	76.06	실기
	2.58	91.04	2.85	89.00	
	2.95	85.58	3.40	81.68	실기
	2.83	90.31	3.20	86.09	
	2.13	94.57	2.30	93.40	
	3.40	83.71	3.61	81.55	실기
자연 백분위 수탐1+ 국/영 택1	3.30	84.23	3.57	81.13	
	3.30	84.47	3.81	78.10	
	2.46	92.14	2.59	91.60	
	3.20	86.03	4.11	75.73	
	3.18	87.34	3.66	80.75	
	3.47	84.10	3.65	82.91	
	3.27	85.67	3.71	82.25	
	3.55	83.08	3.72	81.98	
	3.78	80.49	4.06	76.08	
	3.23	85.34	3.70	80.96	
	3.65	83.67	3.72	82.58	
	3.35	83.74	3.72	80.97	
	3.13	86.27	3.45	82.89	

2022 대학별 수시모집 요강	서강대학교		2022 대입 수시 특징	내신 등급반영 80%+성취비율반영10%+출봉10% 영어: 100-99-98-97-...국36.7%+수43.3%+탐20%

2022 대학별 수시모집 요강 — 서강대학교

▶ 교과/논술: 국영수사과
※2021 국영수사/국영수과
▶ 학년 비율: 동일
▶ 진로ABC 성취비율 10%
▶ 단위수 적용합산
▶ 교과=학부, 종합=학과

1. 2022 고교장추천 교과100% 신설, 172명, 최저있음,계열모집 수능최저 완화 3개합 6 (탐1) → 3개 3등급 (탐1) 20210610
2. 2022 종합전형 통합단일화 (1차종합+2차종합), 자소서 폐지
3. 내신반영변화(교과/논술): 국영수사/국영수과→국영수사과
4. 정시변화: 나군 이동, 과탐 서로 다른 2과목 (Ⅰ,Ⅱ 구분없음)
5. 수학 가중치 완화 : 1.4 (2021년) → 1.3 (2022년)
6. SW우수자 전형폐지 (2021 수시 16명 모집, 융합5, 컴공11)

7. 서강대 <다전공 제도> - 인문 90%, 사회 80%, 전체 약 50%
3무정책: 계열제한 X, 학점제한 X, 정원제한 X, 자소서 언급팁
8. 전공적합성보다 성장가능성에 비중을 둠 ★
9. "내신절대값으로 학생을 평가할 수 없음"
10. 종합전형 포인트: 학업역량, 성장가능성, 개인의 차별적 특성
11. 2022 정시 나군이동, 수학: 미적/기하, 서로 다른 과탐2개

모집시기	전형명	사정모형	학생부종합 특별사항	2022 수시 접수기간 09. 10(금) ~ 13(월)	모집인원	학생부	논술	면접	서류	기타	2022 수능최저등급
2022 수시 정원내 988명 (58.7%) 정시 696명 (41.3%) 전체 1,684명 2021 수시 정원내 1,110명 (69.9%) 정시 477명 (30.1%) 전체 1,587명	고교장추천 (신설)	일괄	학생부교과 학교장추천 고교당 10명 재학생 한정 고교장 추천확인서 09.14~17(금) 최종 12.16(목)	1. 추천전형 신설, 고교당 10명 2. 재학생만 추천가능★★ 3. 계열모집, 교과90+비교과10 4. 인문계14 영미문화계10 유럽문화6 중국문화4 사회과학부11 경제학부18 경영학부28 융합미디어15 수학6 물리학6 화학6 생명과학6 전자공학11 컴공11 화공생명11 기계공9	172 인106 자 66	교과 90 + 출결봉사 10					3개 3등급 (탐1)+史4 선택과목 구분없음 20210610 최저완화
	종합일반 1차+2차통합	일괄	학생부종합 최저없음 자소서폐지 최종 12.16(목)	1. 전년대비 208명 인원감소 2. 1차+2차 전형통합 3. 학업능력+교내활동 정성 4. 전공적합성 의미 크지않음 ▶지 50%+정 20%+의 30% ①Intelligence: 지(知)=학업 학업성취도/학업능력 융합능력/비판적 사고력 ②Humanity: 정(情)=인성 협업/이타/소통/도덕성 ③Self-directedness: 의(意)=성장가능성 자기주도/경험다양/리더십 창의적 문제해결력	549 인340 자209 2021 종합 1차 434 인279 자155 종합 2차 323 인204 자119				<2022 인문 340명> 국문10 사학10 철학10 종교학8 영미문화(영미/미국)29 유럽문화25 중국16 사회학11 정외11 심리11 경제56 경영95 신방12 미디엔터12 글로한국12 아트&테크놀로지12 <2022 자연 209명> 수학17 물리16 화학23 생명22 전자공35 컴공34 화공생명34 기계공28	서류 100 2021 경쟁률 종합1 12.7 종합2 13.3	최저없음
	논술전형	일괄	논술전형 100분 국영수사과 논술일정 자연 11.20(토) 인문 11.21(일) 최종 12.16(목)	1. 비교과 10% 출결/봉사 2. 인문: 통합, 자연: 수리 논제 3. 글짓기 아닌 정답을 쓸것 4. 100분간 두문항 답안 훈련 5. 문제1-40%, 문제2-60% 6. 2021 논술 경쟁률 ★ 인문 최초 71.4, 실질 27.8 자연 최초 85.3, 실질 22.5	169 인111 자 58 2021 235 인144 자 91	교과 10 비교과 10	논술 80	<2021 자연논술 핵심> 1. 문제해석 중요 2. 핵심키워드 파악 3. 제시문간 관계 파악 4. 수리논술 부분점수 ① 독립적 소문항 출제 ② 증명/설명과정중시 ③ 부분점수/과정중시			3개합 6 (탐1)+史4 인문자연 공통 국수탐 과목 무제한
	고른기회	일괄	학생부종합 최저없음 자소서폐지 최종 12.16(목)	전년대비 12명 인원증가 1. 국가보훈 2. 농어촌 3. 기초 차상위 4. 장애인자녀 5. 특성화고졸 추가변화	72 2021 60				서류 100%		▶고른기회 2021 ADIGA *내신50%-내신70% 인문1.7-3.6 영미2.0-2.2 사과3.1-3.1 경제1.7-2.3 경영2.0-2.2 지식1.7-2.0 컴공2.1-4.6 화공1.7-1.7
	사회통합	일괄	학생부종합 최저없음 자소서폐지 최종 12.16(목)	1. 다문화가정자녀 2. 가톨릭지도자 추천★ 3. 북한이탈자녀 추가변화 4. 군인자녀 폐지변화	42 2021 42				서류 100%		▶사회통합 2021 ADIGA *내신50%-내신70% 인문1.9-2.1 경제1.7-1.8 경영1.9-1.6

※ 서강 3개년 종합유형
▶학과모집 중심
 - 2021 종합 1차
 - 2020 종합형
 - 2019 자기주도
▶계열모집 중심
 ★수능최저적용
 ★수능이후 자소서
 - 2021 종합 2차
 - 2020 학업형
 - 2019 일반형

▶2021 1차 종합형 경쟁률★

	최초경쟁	실질경쟁 (충원포함)
인문	10.93	4.06
인자	14.70	6.94
자연	15.95	4.14

▶2021 2차 종합형 경쟁률★

	최초경쟁	서류제출	실질경쟁 (충원포함)
인문	12.47	8.97	2.79
인자	19.40	14.4	4.91
자연	14.73	11.86	3.93

▶2020 종합전형전체 고교유형
일반고 지원 54.6, 등록 51.2
자율고 지원 21.7, 등록 21.2
특목고 지원 18.2, 등록 25.5
▶2019 자기주도형 고교유형
일반고 지원 48.1, 등록 41.0
자율고 지원 18.7, 등록 24.2
특목고 지원 29.4, 등록 34.3
▶2019 일반형 고교유형
일반고 지원 65.8, 등록 61.8
자율고 지원 21.7, 등록 27.8
특목고 지원 12.4, 등록 10.5

※2020 서강대 설명회 참고
1. 수상 횟수 및 실적 적어도 합격가능, 본인역할과정중시
2. 학종은 비교과전형이 아님
3. 종합 정성평가 및 연계평가 한 항목에만 비중두지 않음
4. 학생부 점검요소★
 ① 동아리명칭 ② 수상명칭
 ③ 도서목록 ④ 선택교과
5. 교과성적 점검요소★
 ①주요교과 성취, 심화과목
 ②표준편차, 수강인원, 세특

<서강대 종합전형 서류종합평가> 학생부+자소서+추천서+보충 전공적합→ 학업역량, 자기주도성 1. 학업역량: 성취도, 배움영역, 과정활용 2. 성장가능성(학업): 자기주도, 동과결 3. 성장가능성(일반): 주어진여건내 최선 4. 개인의 차별적 특성: 학교특성 등 고려		2022 학교장 추천 교과 최저 있음	2022 종합 일반 통합 전형	2021 종합 1차					서강대학교 발표 어디가(ADIGA) 2021 종합형			서강대학교 발표 어디가(ADIGA) 2020 종합형		
				모집 인원	지원 인원	2021 최초 경쟁률	2021 충원 인원	2021 최종추합 실질경쟁	내신 50%	내신 70%	합격 등급 평균	내신 50%	내신 70%	합격 등급 평균
인문계	국어국문학	14	10	10	111	11.1	10	5.29	1.70	3.10		2.43	3.25	2.58
	사학전공		10	10	114	11.4	12	5.18	2.10	2.70		2.67	3.64	2.68
	철학전공		10	10	102	10.2	12	4.64	3.30	3.60		2.86	3.00	3.00
	종교학전공		8	8	66	8.25	10	3.47	4.00	4.10		3.50	4.75	3.58
영미문화계	영미어문 미국문화	10	29	24	253	10.5	55	3.20	1.90	2.50		3.07	3.38	2.70
유럽문화	유럽문화	6	25	20	205	10.3	54	2.77	3.40	4.10		3.75	4.00	3.00
중국문화	중국문화	4	16	13	112	8.62	15	3.86	3.60	3.70		2.67	3.10	2.90
사회과학부	사회학	11	11	11	200	18.2	30	4.88	3.10	3.40		2.10	3.27	1.96
	정치외교학		11	11	165	15.0	24	4.71	2.70	3.40		2.10	2.80	2.10
	심리학		11	11	125	11.4	15	4.81	1.60	1.90		2.00	2.20	2.00
경제학부	경제학	18	56	40	308	7.70	56	3.21	1.90	2.30		3.00	3.67	2.39
경영학부	경영학	28	95	63	583	9.25	121	3.15	2.50	2.80		2.25	2.67	2.22
인문 소계		91	292	231	2344	11.0	414	4.10	2.65	3.13		2.70	3.31	2.59
지식융합 미디어학부 (인문/자연)	신문방송학	15	12	12	147	12.3	11	6.39	1.40	1.50		2.64	3.44	2.18
	미디어&엔터테인		12	12	174	14.5	17	5.80	1.60	1.70		2.79	3.13	2.62
	글로벌한국학		12	12	117	9.75	12	4.88	3.20	3.40		2.63	3.50	2.80
	아트&테크놀로지		12	12	267	22.3	13	10.7	1.80	2.20		4.83	5.05	3.19
인문/자연 소계		15	48	48	705	14.7	53	6.94	2.00	2.20		3.22	3.78	2.70
자연과학부	수학	6	17	14	163	11.6	38	3.13	2.60	4.50		3.26	4.51	3.24
	물리학	6	16	13	133	10.2	22	3.80	2.90	4.50		2.17	3.30	3.20
	화학	6	23	20	317	15.9	53	4.34	3.20	3.70		3.13	4.97	3.14
	생명과학	6	22	20	489	24.5	56	6.43	1.80	2.20		3.09	4.05	3.24
공학부	전자공학	11	35	24	318	13.3	58	3.88	2.30	4.70		2.60	3.27	2.88
	컴퓨터공학	11	34	19	329	17.3	63	4.01	3.90	5.00		3.75	4.98	3.53
	화공생명공학	11	34	24	427	17.8	76	4.27	2.10	2.60		2.06	3.29	2.76
	기계공학	9	28	21	297	14.1	77	3.03	2.10	2.80		2.73	4.65	3.40
자연 소계		66	209	155	2473	15.6	443	4.11	2.61	3.75		2.85	4.13	3.17

서강대학교 수시종합전형 결과분석 02 - 2021 종합 2차

<서강대 종합 서류평가>
학생부
학업역량, 자기주도성
1. 학업역량: 성취 배움과정
2. 성장가능성(학업):
　　자기주도성
　　동기과정결과
3. 성장가능성(일반)
4. 개인의 차별적 특성

계열	학과	2022 학교장 추천 교과 최저 있음	2022 종합 일반 통합전형	2021 종합 2차							서강대학교 발표 어디가(ADIGA) 2021 학업형			서강대학교 발표 어디가(ADIGA) 2020 학업형		
				모집 인원	지원 인원	최초 경쟁	2021 서류 제출	2021 서류제출 실질경쟁	2021 충원 인원	2021 실질 경쟁	내신 50%	내신 70%	합격 평균	내신 50%	내신 70%	합격 평균
인문계	국어국문학	14	10	24	272	11.3	205	8.54	43	3.06	3.00	3.70		2.08	2.67	2.02
	사학		10													
	철학		10													
	종교학		8													
영미문화	영미어문	10	29	19	180	9.47	135	7.11	40	2.29	1.90	2.90		2.50	3.33	2.30
	미국문화															
유럽문화	유럽문화	6	25	15	148	9.87	124	8.27	21	3.44	3.30	3.60		3.57	4.00	3.00
중국문화	중국문화	4	16	9	68	7.56	53	5.89	10	2.79	3.60	3.60		2.90	3.86	2.71
사회과학	사회학	11	11	20	484	24.2	324	16.2	70	3.59	3.00	3.30		1.75	2.20	1.90
	정치외교학		11													
	심리학		11													
경제학부	경제학	18	56	38	368	9.68	246	6.47	79	2.10	2.10	2.80		1.80	2.44	1.94
경영학부	경영학	28	95	63	712	11.3	513	8.14	157	2.33	1.90	2.40		2.43	3.60	2.10
인문 소계		91	292	188	2232	11.9	1600	8.66	420	2.80	2.69	3.19		2.43	3.16	2.28

계열	학과	2022 학교장 추천 교과 최저 있음	2022 종합 일반 통합전형	모집 인원	지원 인원	최초 경쟁	2021 서류 제출	2021 서류제출 실질경쟁	2021 충원 인원	2021 실질 경쟁	내신 50%	내신 70%	합격 평균	내신 50%	내신 70%	합격 평균
지식융합 미디어 학부 (인/자)	신문방송학	15	12	16	311	19.4	230	14.4	31	4.91	1.80	2.10		2.31	2.60	1.90
	미디어&엔터		12													
	글로벌한국학		12													
	아트&테크놀		12													
인문/자연 소계		15	48	16	311	19.4	230	14.4	31	4.91	1.80	2.10		2.31	2.60	1.90

계열	학과	2022 학교장 추천 교과 최저 있음	2022 종합 일반 통합전형	모집 인원	지원 인원	최초 경쟁	2021 서류 제출	2021 서류제출 실질경쟁	2021 충원 인원	2021 실질 경쟁	내신 50%	내신 70%	합격 평균	내신 50%	내신 70%	합격 평균
자연과학부	수학	6	17	10	125	12.5	91	9.10	33	2.12	1.90	2.10		2.16	2.19	1.74
	물리학	6	16	10	95	9.50	78	7.80	18	2.79	2.10	2.10		2.00	2.68	1.89
	화학	6	23	14	189	13.5	165	11.8	25	4.23	1.80	2.30		1.50	1.63	2.05
	생명과학	6	22	13	301	23.2	247	19.0	23	6.86	1.90	2.00		2.07	2.62	2.08
공학부	전자공학	11	35	20	262	13.1	208	10.4	43	3.30	2.20	2.40		1.71	1.92	2.16
	컴퓨터공학	11	34	15	223	14.9	180	12.0	26	4.39	1.80	1.90		1.71	1.83	1.88
	화공생명공학	11	34	20	369	18.5	284	14.2	43	4.51	2.00	3.00		1.66	2.29	1.83
	기계공학	9	28	17	189	11.1	158	9.29	29	3.43	2.00	2.20		1.62	2.07	2.02
자연 소계		66	209	119	1753	14.5	1411	11.70	240	3.95	1.96	2.25		1.80	2.15	1.96

2021 종합 2차
● 서류 100% 일괄전형, 수능이후 자소서
● 2020 학업형 명칭변경 및 최저폐지

서강대 종합전형대비 2021 수시 배치표 올림 2019. 11. 22 올림

* 분석근거 올림: ①2019 합격사례 총 800건 ②합격자 범위 50% 중간값

합격평균 내신구간	서강대 인문				서강대 자연			
	1차 학업형		2차 자기주도형		1차 학업형		2차 자기주도형	
1.4			정치외교 아트앤테크	사학과				
1.6	영미어문 경제학과	사회과학 유럽문화	국어국문 신문방송학	종교학과	생명과학	컴퓨터공	수학과	기계공학
1.7	인문계열	경영학과	유럽문화	철학과	수학과 화학과	물리학과	전자공학	
1.8			경제학과		기계공학		물리학과	컴퓨터공
1.9	융합미디어		심리학과		전자공학		화학과	
2.0			사회학과 영미문화	경영학과	화공생명공		화공생명공	
2.2	중국문화		미디어엔터				생명과학	
2.4			중국문화					
2.5			글로벌한국					

인/자: 100-90-80-70-50 ...   자연 10:40:25:25

▶교과성적우수자 등 2022
인: 국영수사+史
　가중치 30:25:10:20:15
자: 국영수과+史
　가중치 10:25:30:20:15
▶일반: 국영수+史/사/과
　3개씩 총 12개
▶졸업생도 5학기만 반영

1. 교과전형 투트랙 트윈교과
2. 2021 일반학생(적성)→2022 일반학생(교과100%, 최저있음)
　수능최저: ①2개합 6 (탐1) ②한국사 탐구대체 가능★
3. 2021 교과성적우수자 (교과100%, 최저있음)
　→2022 교과성적우수자 (교과100%, 최저없음) ★★
　수능최저 포함된 교과 100% 전형의 명칭이 변경됨
4. 2022 적성전형, 미용고 졸업자전형 폐지
5. 일반학생1은 교과전형, 일반학생2는 실기전형 유지
6. 농어촌, 특성화고, 특성화졸, 실기, 자격증소지자전형 등 생략

모집시기	전형명	사정모형	학생부종합 특별사항	2022 수시 접수기간 09.10(금) ~ 14(화)	모집인원	학생부	논술	면접	서류	기타	2022 수능최저등급
2022 수시 일반 696명 (77.3%) 정시 204명 (22.7%) 전체 900명	교과성적 우수자 (신설)	일괄	학생부교과 최종 11.16(화) 인: 국영수사 +史 가중치 30:25:10:20:15 자: 국영수과 +史 가중치 10:25:30:20:15	1. 수능최저 없음, 신설전형 2. 2022 내신반영 차별화 ▶인: 국영수사+史 　가중치 30:25:10:20:15 ▶자: 국영수과+史 　가중치 10:25:30:20:15	219	교과 100					최저 없음
	일반학생	일괄	학생부교과 최종 12.16(목) 국영수+ 史/사/과 3개씩 총 12개	1. 2021 교과성적우수자 해당 2. 2022 전년대비 21명 증가 3. 수능최저 전년도와 동일 4. 졸업생도 내신 5학기 반영 5. 2022 내신변화 (과목축소) ①2021 국영사/영수과 전체 ②2022 국영수+史/사/과 　3개씩 총 12개 반영	235 2021 214	교과 100					2개합 6등급 (탐구1) 한국사 탐구대체 가능
	군사학과	일괄	학생부교과 면접 10.08(금) ~ 10.10(일) 최종 11.16(화)	군사학과 면접점수 (40:40:20) 1.발표표현국가관리더십희생 2.태도예절품성환경지원동기 3.외모신체인성잠재종합	40 남37 여 3 2021 40	교과 60 면접 20 체력 20		<2021 입결 평균-최저> ▶남 37명 경쟁7.5 추30 3.8-5.3, 566.9-548.1 ▶여 03명 경쟁16.0 추2 3.3-3.9, 572.8-565.2			최저 없음
	사회기여자	일괄	학생부교과 최종 11.16(화)	1. 유공자녀손 고엽제 5.18 2. 특수임무수행 등 3. 군인경찰소방교정 15년	16 2021 22	교과 100					최저 없음
	어학특기자	일괄	어학 100% 영어/일어/중어 최종 12.16(목)	국제비지니스어학부 총 6명 1. 영어: IBT 87, 토익800 2. 일어: JPT 700 JLPT N2 3. 중어: HSK5급 180점 이상	영2 일2 중2	어학 100					수능최저 있음 국영 합 10등급

<2020 정시 국수탐1+영어환산점수, 최종합격자 상위 50%>★★ ollim
　영어 100-90-80-70-50 ...

	국어	수학	탐1	백분위합	영어		국어	수학	탐1	백분위합	영어
국제	85.1	62.5	81.5	**229.1**	88.1	아동	82.2	65.3	82.0	**229.5**	86.4
문콘	85.3	65.5	83.1	**233.9**	90.3	공공	82.2	65.1	82.7	**230.0**	88.8
경영	84.4	67.9	83.4	**235.7**	87.1	소프	63.4	86.5	81.2	**231.1**	85.9
금융	61.6	89.7	85.3	**236.6**	87.6	화생	64.7	83.8	79.0	**227.5**	85.4
전자	65.5	84.1	77.4	**227.0**	83.5	컴공	64.5	86.2	80.8	**231.5**	85.5
물류	62.5	85.0	82.7	**230.2**	88.6	도시	59.3	87.8	82.1	**229.2**	84.6
토목	64.0	87.5	78.3	**229.8**	80.4	나노	63.9	81.7	79.8	**225.4**	85.0
군남	64.7	73.4	72.8	**210.9**	78.3	군여	68.7	58.3	80.0	**207.0**	86.7
헤어	89.9		80.2	**170.1**	85.4	뷰티	89.9		78.7	**168.6**	85.0

<2022 교과성적우수자 단과대별 학과 참고>
▶인문과학 글로벌비지니스어학 광고홍보콘텐츠
▶사회과학 공공인재 경영학부 경찰행정 아동학부
　군사학과
▶이공대학 소프트웨어 금융정보공학 나노화학생명공학
　전자공학과 컴퓨터공학과 물류시스템공학
　도시공학과 토목건축공학
▶미용예술 헤어디자인 뷰티테라피&메이크업
　메이크업디자인 등

서경대 2021 입결 01 - 수시 교과전형

수능최저 있음		2022 교과	2022 일반	\[2021 교과성적우수자\] ▶교과 100% *2022 일반학생전형 해당★* ▶국영수사과 중 상위 3개 전체							\[2020 교과성적우수자\] ▶교과 100% *2022 일반학생전형 해당★* ▶국영수사과 중 상위 3개 전체						
2개합 6등급 (탐구1) 한국사 탐구대체 가능		최저 없음	최저 있음	모집 인원	경쟁률	교과 등급 평균	교과 등급 최저	환산 점수 평균	환산 점수 최저	추합 인원	모집 인원	경쟁률	교과 등급 평균	교과 등급 최저	환산 점수 평균	환산 점수 최저	추합 인원
인문 과학	글로벌비즈어학	20	21	22	5.10	2.8	3.0	965.0	959.5	23	22	5.10	2.8	3.0	965.0	959.5	23
	광고홍보콘텐츠	11	12	11	5.50	2.4	3.0	972.5	961.0	13	11	5.50	2.4	3.0	972.5	961.0	13
사회 과학	공공인재전공	11	12	11	5.90	2.6	2.9	967.3	962.1	13	11	5.90	2.6	2.9	967.3	962.1	13
	경찰행정전공	5	6	5	11.2	2.4	2.6	971.4	967.2	7	5	11.2	2.4	2.6	971.4	967.2	7
	경영학부	26	27	25	6.00	2.6	2.9	967.2	961.8	35	25	6.00	2.6	2.9	967.2	961.8	35
	아동학과	14	15	13	5.70	2.9	3.2	962.8	957.0	23	13	5.70	2.9	3.2	962.8	957.0	23
이공	소프트웨어학과	23	24	22	5.50	3.0	3.4	959.4	952.0	25	22	5.50	3.0	3.4	959.4	952.0	25
	금융정보공학과	11	12	11	4.20	3.0	3.7	959.1	946.3	7	11	4.20	3.0	3.7	959.1	946.3	7
	나노화학생명공	11	12	11	9.60	2.6	2.8	968.5	963.7	13	11	9.60	2.6	2.8	968.5	963.7	13
	전자공학과	23	24	22	5.30	3.0	3.4	961.0	952.3	33	22	5.30	3.0	3.4	961.0	952.3	33
	컴퓨터공학과	23	24	22	5.90	3.0	3.4	959.8	952.5	26	22	5.90	3.0	3.4	959.8	952.5	26
	물류시스템공학	11	12	11	4.50	3.4	3.6	953.0	947.8	8	11	4.50	3.4	3.6	953.0	947.8	8
	도시공학과	11	12	11	4.50	3.1	3.6	957.4	948.9	10	11	4.50	3.1	3.6	957.4	948.9	10
	토목건축공학과	11	12	11	5.70	3.2	3.5	955.8	949.4	6	11	5.70	3.2	3.5	955.8	949.4	6
미용	헤어디자인학과	3	4	2	12.0	1.2	1.5	995.2	990.5	0	2	12.0	1.2	1.5	995.2	990.5	0
	뷰티테라피메이컵	5	6	4	9.50	2.0	2.5	979.8	970.5	0	4	9.50	2.0	2.5	979.8	970.5	0
		219	235	214	6.63	2.7	3.1	966.0	958.9	15	214	6.63	2.7	3.1	966.0	958.9	15

서경대 2021 입결 02 - 정시 수능

인문자연 영어반영 100-90-80-70-50 ...			2022	▶서경대 수능점수 백분위합　▶인문자연 영어반영: 100-90-80-70-50 ... ▶인문: 국수영탐1 40:10:25:25　▶자연: 국수영탐1 10:40:25:25							
			모집 인원	모집 인원	경쟁률	국수탐 백분위합 국어	국수탐 백분위합 수학	국수탐 백분위합 탐구1	영어 환산	국수탐1 백분위합	국수영탐 환산평균	국수영탐 환산최저
인문 과학	글로벌비즈어학			26	4.84	81.9	61.6	90.6	77.1	234.1	813.5	792.3
	광고홍보콘텐츠			16	4.00	83.9	61.5	88.3	79.5	233.7	821.7	762.0
사회 과학	공공인재전공			17	4.70	82.2	63.1	85.8	80.1	231.1	811.4	789.8
	경찰행정전공			10	4.8	84.2	64.6	86.4	79.9	235.2	822.2	784.3
	경영학부			41	3.65	82.4	62.4	88.1	78.8	232.9	814.1	739.0
	아동학과			21	4.14	79.9	62.0	86.8	77.4	228.7	797.2	763.3
	군사학 남자			10	5.00	66.0	75.9	80.0	73.3	221.9	447.7	376.0
	군사학 여자			2	6.50	74.0	76.0	95.0	74.5	245.0	484.3	476.8
이공	소프트웨어학과			36	3.13	60.2	84.2	83.1	72.7	227.5	797.2	688.9
	금융정보공학과			13	4.23	54.3	83.5	86.3	78.1	224.1	809.7	744.4
	나노화학생명공			19	3.78	57.8	79.7	80.7	73.2	218.2	778.3	505.0
	전자공학과			35	3.05	59.3	77.0	83.2	73.8	219.5	777.5	572.4
	컴퓨터공학과			34	3.08	55.5	81.8	81.0	72.2	218.3	777.2	577.5
	물류시스템공학			15	4.33	53.7	83.8	82.6	75.7	220.1	793.9	753.1
	도시공학과			15	2.93	58.6	83.2	84.7	75.7	226.5	800.7	728.5
	토목건축공학과			17	3.41	55.8	81.9	85.8	77.6	223.5	801.0	783.5
계				327	4.10	68.1	73.9	85.5	76.2	227.5	759.2	677.3
미용 예술	헤어디자인학과			12	3.00	81.5+65.8			81.3	147.3	833.2	801.0
	뷰티테라피메이컵			8	4.00	85.0+74.1			82.5	159.1	848.8	821.0
	메이크업디자인			10	1.70	59.0+38.2			31.9	97.2	168.5	77.8

▶ 인: 국영수사 자: 국영수과 ▶ 학년 동일비율 ▶ 모든전형 중복지원 허용 ▶ 진로선택 3과목 가산점★ ▶ 등급점수 A=5, B=3, C=1 *2021 교과/종합 중복지원 불가* *논술만 추가 지원가능*	1. 교과 고교추천 신설, 고교당 10명 추천, 교과전형 38명 증가 2. 2022 인문논술 폐지, 자연계열만 217명 선발 3. 첨단인재전형 60명 모집 신설 및 SW 인재전형 폐지 4. 학교생활우수자 종합 2022 31명 감소 5. 종합: ①인성 ②전공적합성 ③자기주도성 ④발전가능성 6. 특성화고 교과전형 지원 및 합격 다수 7. 2021 교과전형 기계시스템+자동차공학 미등록자 총 23명 8. 건설, 건축, 문예창작 등 매니아층 지원	▶2022 첨단학과 신설 1. 인공지능응용학과 60명: 교과13, 종합30, 정시17 2. 지능형반도체공학과 30명: 교과7, 종합15, 정시8 3. 미래에너지융합학과 30명: 교과7, 종합15, 정시8 ▶2022 내신반영 진로선택과목 자연계 가산점 산출 기하 물리학II, 화학II, 생명과학II, 지구과학II 중 2개이상 필수 이수해야 함. 진로선택 반영과목에 2개를 우선 적용함.

모집시기	전형명	사정모형	학생부종합 특별사항	2022 수시 접수기간 09. 10(금) ~ 14(화)	모집인원	학생부	논술	면접	서류	기타	2022 수능최저
2022 수시 1,503명 (63%) **정시 881명 (37%)** **전체 2,384명** **2021 수시 1,492명 (64.4%)** **정시 806명 (35.6%)** **전체 2,298명**	**고교추천**	일괄	학생부교과 학교장추천서 ~09.22(수) 고교별 10명 최저 있음 최종: 12.16(목)	1. 고교추천 학교장추천 신설 2. 고교별 추천인원 최대 10명 3. 2022 전년대비 38명 증가 4. 2021 입결최종 평균~70% ▶인문 2.56~2.53등급 ▶자연 2.26~2.39등급 5. 3개년 수능최저충족률 ▶2021 인 71.2%, 자 67.3% ▶2020 인 69.1%, 자 69.7% ▶2019 인 68.0%, 자 64.2%	433 2021 395	교과 100					인/자: 2개합 6(탐2) *자연 미/기+과탐*
	학교생활 우수자	1단계	학생부종합 자소~09.15(수) 1단계: 11.19(금) 면접: 11.27(토) 최종: 12.16(목)	1. 2022 전년대비 31명 감소 2. 인성 및 의사소통능력 논리적 사고력, 전공적합성 발전가능성을 종합평가 3. ①학업역량 28% ②전공적합성 32% ③발전가능성 25% ④인성 15%	343 2021 374				서류 100 (3배수)		`<서울과기대 외국대학과 복수취득과정>` 1.기술경영융합대학 (영/미 학위인증프로그램) 1) 산업공학과 2) MSDE (생산시스템설계공) 3) ITM (정보기술경영) 4) 글로벌경영 5) 글로벌테크노경영 2. 컴퓨터공학과 3. 시각디자인/조형예술전공
		2단계							서류 70 면접 30		
	첨단인재 (신설)	1단계	학생부종합 자소~09.15(수) 1단계: 11.19(금) 면접: 11.27(토) 최종: 12.16(목)	학교생활종합→전형신설 이동 1. 인공지능응용학과 30명 2. 지능형반도체공학과 15명 3. 미래에너지융합학과 15명	60				서류 100 (3배수)		`<3개년 2019~2021 컴퓨터공학과 10명>` ▶경쟁률 11.8→16.2→14.2 ▶내신평균 3.53→3.05→2.85등급 ▶추합인원 2021 3명
		2단계							서류 70 면접 30		
	논술전형	일괄	논술 100분 최저없음 논술: 11.22(월) 최종: 11.23(화)	1. 인문논술 2022 폐지 2. 자연 수학논술 100분 3. 대문항 3개, 대문항 문항당 소문항 2~5개 내외 포함	자연 217 2021 266	교과 30	논술 70				*2022 기타전형 생략* *농어촌/평생학습자/특성화고졸재직/실기 등*
	기회균형	1단계	학생부종합 자소~09.15(수) 1단계: 11.19(금) 면접: 11.28(일) 최종: 12.16(목)	1. 수급자 차상위 한부모 등 인성 및 전공적합성 자기주도성 발전가능성	56 2021 49				서류 100 (3배수)		`<2021 기회균형 입결평균>` 산업정보시스3.41 기계시스3.05 기계자동3.41 안전공학3.91 신소재공3.00 건설시스2.82 건축공학4.12 전기정보3.98 전자IT미디어3.42 건축학4.24 컴퓨터공3.52 화공생명3.06 식품공학2.87 환경공학2.97 환경정책4.66
		2단계							서류 70 면접 30		
	국가보훈대상자	1단계	학생부종합 자소~09.15(수) 1단계: 11.19(금) 면접: 11.28(일) 최종: 12.16(목)	1. 국가보훈대상별 지원대상 인성 및 전공적합성 자기주도성 발전가능성	27 2021 27				서류 100 (3배수)		`<2021 보훈대상자 입결평균>` 기계시스템3.95 기계자동차4.72 건축공학4.50 전자IT미디어3.98
		2단계							서류 70 면접 30		

서울과기대 2021 입시결과분석 01 - 수시 교과우수자   2021. 06. 12 ollim

▶내신: 국영수사/국영수과
▶학년비율: 동일비율
▶교과우수자 수능최저
2017~2020 수능최저 동일
인/자: 2개합6 (탐2, 자연수가)

교과우수자 (최저 있음)
▶2021 교과우수자 전형 : 학생부 교과 100% 수능최저 동일 ★★
2021학년도

▶2020 교과우수자 전형 : 학생부 교과 100% 수능최저 동일 ★★
2020학년도

대학	학과	2022인원 / 고교추천	인원	경쟁률	최종평균	최종70%	추합인원	최저추합실질	미등록	최저충족률	인원	경쟁률	내신평균	실질경쟁률	추합인원	충원율	등록률	최저충족률
인문대학	공과대 건축인문	4	4	4.80	2.63	2.50	5	1.57	0	73.7%	4	8.50	2.14	2.25	8	200%	50.0%	79.4%
	환경공 환경정책인문	3	4	4.50	2.30		5	1.33	1	66.7%	4	12.3	2.18	4.25	4	100%	100%	69.4%
	영어영문	9	7	4.90	2.90	2.63	7	1.44	0	58.8%	6	5.50	2.21	1.85	7	117%	100%	72.7%
	행정학과 행정학	16	12	4.10	2.89	2.67	21	1.13	2	75.5%	17	6.00	2.13	1.68	24	141%	88.2%	67.7%
	문예창작	-	-	-	-	-	-		-	-	-	-	-	-	-	-	-	-
	경영학과 경영학	13	11	5.30	2.31	2.40	27	1.24	3	81.0%	10	5.60	2.22	1.37	20	200%	90.0%	73.2%
	글로벌테크노경영	11	9	6.60	2.32	2.44	20	1.46	0	71.2%	9	5.78	2.24	1.59	8	89%	88.9%	51.9%
공과대학	기계시스템디자인공	46	46	3.50	2.53	2.79	55	1.03	14	64.2%	46	5.76	2.08	1.89	56	122%	97.8%	72.8%
	기계자동차공학	41	40	3.50	2.50	2.63	52	1.00	9	65.7%	40	5.48	2.16	1.45	56	140%	87.5%	63.5%
	안전공학	15	15	3.70	2.26	2.40	17	1.09	1	63.6%	14	6.50	2.20	1.91	19	136%	92.9%	69.2%
	신소재공학	21	21	3.50	2.39	2.57	23	1.11	4	66.2%	20	5.90	1.79	1.74	34	170%	95.0%	79.7%
	건설시스템공학	28	29	4.70	2.69	2.93	48	1.03	1	58.1%	30	8.47	2.50	2.66	29	97%	100%	61.8%
	건축학부 건축공학	18	18	4.40	2.59	2.72	19	1.19	0	55.7%	18	5.22	2.48	1.28	22	122%	94.4%	54.3%
	건축학부 건축학	10	9	6.00	2.13	2.28	15	1.67	1	74.1%	9	5.11	2.27	1.23	13	144%	100%	58.7%
정보통신대학	전기정보공학	32	33	4.20	2.11	2.24	46	1.20	3	68.8%	37	5.57	2.09	1.79	43	116%	94.6%	69.4%
	전자IT미디어공학	34	33	4.00	2.21	2.22	41	1.12	2	62.4%	35	5.40	1.94	1.51	55	157%	91.4%	71.9%
	컴퓨터공학	15	12	6.80	1.81	1.95	22	1.65	0	69.1%	20	9.05	1.83	2.22	40	200%	70.0%	73.5%
에너지바이오대학	화공생명공학	15	15	6.00	1.68	1.72	37	1.21	2	70.0%	15	7.33	1.61	1.77	30	200%	26.7%	72.3%
	환경공학전공	6	6	4.70	2.52	2.71	10	1.20	0	67.9%	9	8.00	1.87	2.04	18	200%	66.7%	76.4%
	환경공 환경정책자연	3	4	5.30	2.17	2.20	8	1.43	0	81.0%	7	7.14	2.20	2.12	10	143%	85.7%	72.0%
	식품공학과	12	12	3.70	1.94	2.04	14	1.36	1	79.5%	12	7.00	1.92	1.56	24	200%	83.3%	66.7%
	정밀화학과	11	12	3.90	1.90	1.97	10	1.45	1	68.1%	11	6.09	1.83	1.61	22	200%	72.7%	79.1%
	안경광학과	11	12	5.7	2.67	2.71	11	1.53	1	51.5%	11	10.5	2.62	2.04	17	155%	90.9%	49.6%
기술경영융합	융합 산업정보시스템	15	15	3.50	2.47	2.39	19	1.00	4	64.2%	19	5.00	2.24	1.34	25	132%	100%	62.1%
	융합 ITM 전공	9	8	4.60	1.78	1.85	9	1.52	2	70.3%	8	6.38	1.70	1.90	13	163%	75.0%	78.4%
	융합 MSDE 전공	8	8	3.90	2.87	3.35	14	1.00	0	71.0%	9	8.78	1.53	3.65	11	122%	100%	92.4%
창의융합대학	인공지능응용	13	14	6.10	1.98	2.06	14	2.29	2	74.4%	-	-	-	-	-	-	-	-
	지능형반도체공학	7	2022 신설		-	-	-	-			-	-	-	-	-	-	-	-
	미래에너지융합	7	2022 신설		-	-	-	-			-	-	-	-	-	-	-	-
	전체 평균	433	409	4.40	2.33	2.41		1.32	54	66.7%	420	6.46	2.11	1.95	608	151%	88.3%	68.8%

▶내신: 국영수사/국영수과
▶학년비율: 동일비율
▶최저없음

대학	학과	2022 모집인원	2021 인원	경쟁률	1단계 평균	1단계 최저	추합 인원	충원율	등록률	최종 평균	2020 인원	경쟁률	1단계 평균	1단계 최저	추합 인원	충원율	등록률	최종 평균
인문대학	공과대 건축인문	3	4	8.00	3.61	5.11	2	50%	100%	4.10	4	13.3	2.76	3.41	0	0%	100%	2.71
	환경공 환경정책인문	2	3	15.0	3.26	4.55	1	33%	100%	3.28	3	7.67	4.18	6.06	0	0%	100%	4.36
	영어영문	8	7	5.90	2.81	3.77	4	57%	100%	2.84	6	8.67	2.70	3.44	5	83%	100%	2.73
	행정학과 행정학	12	11	6.40	3.04	4.74	8	73%	90.9%	3.15	16	6.6	2.90	4.31	6	38%	93.7%	2.79
	문예창작	17	18	10.6	3.35	5.00	10	56%	100%	3.38	10	14.8	3.18	4.36	4	40%	100%	3.16
	경영학과 경영학	11	10	6.50	2.88	5.09	8	80%	100%	3.08	9	16.4	2.58	3.12	5	56%	100%	2.51
	글로벌테크노경영	9	8	10.8	3.18	5.60	2	25%	100%	3.03	7	10.7	3.21	5.99	4	57%	100%	3.58
공과대학	기계시스템디자인공	33	37	10.9	2.94	6.76	23	62%	97.3%	3.03	43	9.28	3.18	6.66	13	30%	97.7%	3.18
	기계자동차공학	30	33	8.90	2.85	6.18	28	85%	88%	2.91	39	9.10	2.76	4.65	23	59%	97.7%	2.84
	안전공학	11	13	5.90	3.33	6.30	3	23%	100%	3.01	14	5.36	3.35	5.38	3	21%	100%	3.15
	신소재공학	16	19	10.5	2.47	3.95	14	74%	94.7%	2.62	20	11.1	2.42	6.99	14	70%	95.0%	2.50
	건설시스템공학	22	27	5.50	3.63	6.44	22	82%	100%	3.66	29	6.59	3.24	7.52	23	79%	96.6%	3.30
	건축학부 건축공학	14	15	7.20	3.34	4.86	8		100%	3.29	16	8.88	3.08	4.73	15	94%	93.8%	3.12
	건축학부 건축학	7	8	18.6	3.32	5.26	5	53%	100%	3.69	8	22.9	2.75	4.63	4	50%	87.5%	2.94
정보통신대학	전기정보공학	22	25	6.10	2.91	4.98	18	63%	100%	3.01	28	8.07	2.53	3.22	18	64%	96.4%	2.51
	전자IT미디어공학	25	29	7.20	2.87	6.95	27	72%	100%	3.23	33	7.45	2.51	3.68	21	64%	82.4%	2.47
	컴퓨터공학	12	11	25.9	2.33	3.05	6	93%	100%	2.38	17	16.2	2.70	3.84	14	82%	82.4%	2.85
에너지바이오대학	화공생명공학	13	15	36.4	3.18	7.49	4	55%	93%	3.80	15	29.0	2.76	6.83	3	2%	100%	2.86
	환경공학전공	4	4	35.5	3.05	6.01	6	27%	100%	2.64	5	19.4	3.45	6.60	7	140%	80.0%	3.06
	환경공 환경정책자연	3	4	31.5	3.32	6.52	0	150%	75%	3.15	6	10.3	3.59	7.88	0	0%	100%	4.00
	식품공학과	9	10	19.8	2.65	3.42	5	50%	100%	2.84	10	12.3	2.67	4.25	8	80%	100%	2.80
	정밀화학과	8	9	9.70	2.40	4.17	6	67%	100%	2.44	9	13.1	2.29	4.15	2	22%	100%	2.17
	안경광학과	9	9	6.70	3.40	4.12	6	67%	100%	3.38	9	4.56	3.68	5.53	2	22%	100%	3.72
기술경영융합	융합 산업정보시스템	10	13	6.50	3.19	7.44	14	108%	92%	4.08	15	6.73	2.87	7.80	11	73%	100%	2.67
	융합 ITM 전공	7	5	5.80	2.96	5.06	2	40%	100%	3.14	5	7.00	2.66	4.24	2	40%	100%	2.42
	융합 MSDE 전공	6	7	5.60	2.77	4.27	4	57%	100%	2.63	9	5.33	2.33	3.00	2	22%	100%	2.12
첨단인재전형	인공지능응용	30	12	17.3	3.54	7.38	2	17%	100%	3.81	-	-	-	-	-	-	-	-
	지능형반도체공학	15	2022 신설	-	-	-	-	-	-	-	-	-	-	-	-	-	-	-
	미래에너지융합	15	2022 신설	-	-	-	-	-	-	-	-	-	-	-	-	-	-	-
예체실기전형	스포츠과학	11	11	9.50	3.32	6.46	8	73%	100%	3.72	10	12.4	2.52	3.18	4	40%	100%	2.46
	시각디자인	3	3	33.3	2.60	4.07	0	0%	0%	-	-	-	-	-	-	-	-	-
	도예학과	3	3	5.70	3.24	6.56	1	33%	100%	1.86	3	11.0	1.91	4.43	1	33%	100%	1.71
	금속공예디자인	3	2	9.50	1.84	2.47	0	0%	100%	2.14	-	-	-	-	-	-	-	-
	전체 평균	403	385	10.4	3.02	5.29	247	59%	94.6%	2.86	398	10.4	2.88	5.00	214	59%	97.3%	2.86

학교생활우수자 종합
▶1단계: 서류100% (3배수)
 2단계: 서류70%+면접30%

▶내신: 국영수사/국영수과
▶학년비율: 동일
▶논술전형 최저없음

▶2017~2020 논술 전형 : 학생 30%+논술 70%
▶예체능은 논술 아닌 실기전형임

대학	학과	2022 모집인원	2021학년도 인원	경쟁률	내신 평균	논술 평균	추합 인원	충원율	등록률	논술 응시율	2020학년도 인원	경쟁률	내신 평균	논술 평균	추합 인원	충원율	등록률	논술 응시율
인문대학	공과대 건축인문	-	-	-	-	-	-	-	-	-	3	57.30	4.89	87.0	1	33%	100%	79.1%
	환경공 환경정책인문	-	-	-	-	-	-	-	-	-	-	-	-	-	-	-	-	-
	영어영문	-	4	31.3	4.44	85.8	0	0%	100%	75.2%	4	51.0	4.13	88.1	0	0%	100%	80.9%
	행정학과 행정학	-	6	36.7	3.77	86.5	4	4%	67%	83.6%	6	56.8	4.58	89.9	1	17%	100%	78.9%
	문예창작	-	1	42.0		79.5	0	0%	100%	88.1%	1	49.0	5.31	81.5	0	0%	100%	69.4%
	경영학과 경영학	-	7	37.9	3.88	85.1	0	0%	100%	80.8%	7	53.3	3.80	85.9	1	14%	100%	78.6%
	글로벌테크노경영	-	6	37.2	3.84	85.3	0	0%	100%	85.7%	6	51.8	4.65	88.9	1	17%	100%	87.8%
	융합 산업정보인문	-	-	-	-	-	-	-	-	-	-	-	-	-	-	-	-	-
공과대학	기계시스템디자인공	30	31	27.4	4.11	72.1	10	32%	100.0%	83.7%	31	40.5	3.92	73.0	12	39%	96.8%	86.4%
	기계자동차공학	27	28	26.8	3.71	75.4	11	39%	100%	77.9%	28	44.3	3.97	75.9	8	29%	96%	85.3%
	안전공학	9	10	23.5	4.11	66.5	8	80%	100%	83.0%	10	32.9	4.16	68.0	2	20%	100%	88.8%
	신소재공학	13	14	33.7	4.10	79.4	4	29%	100%	79.2%	14	49.9	3.96	76.9	4	29%	100%	83.9%
	건설시스템공학	17	20	24.4	4.74	78.4	5	25%	100%	81.8%	20	35.8	4.48	64.8	10	50%	100%	88.9%
	건축학부 건축공학	11	11	20.7	4.64	80.0	1	9%	100%	81.6%	12	33.9	4.01	70.3	6	50%	100%	82.6%
	건축학부 건축학	5	6	30.8	3.73	66.8	4	67%	100%	76.2%	5	46.4	3.74	63.5	3	60%	100%	84.9%
정보통신대학	전기정보공학	21	23	32.1	3.83	68.6	11	48%	96%	80.5%	22	43.5	3.89	62.2	8	36%	100%	81.2%
	전자IT미디어공학	22	24	36.6	3.95	71.5	6	25%	100%	81.9%	23	48.1	4.03	70.4	12	52%	95.5%	85.6%
	컴퓨터공학	10	10	63.1	3.93	70.6	4	40%	100%	75.0%	16	63.7	3.94	66.2	3	19%	100%	75.4%
에너지바이오대학	화공생명공학	10	11	53.1	3.90	80.3	5	46%	100%	72.3%	11	73.7	4.21	64.4	7	64%	100%	78.9%
	환경공학전공	3	4	24.0	4.22	71.2	1	25%	100%	82.3%	5	36.0	4.70	63.5	0	0%	100%	83.9%
	환경공 환경정책자연	2	3	25.3	3.52	65.0	0	0%	100%	75.0%	3	34.7	3.85	53.5	1	33%	100%	75.9%
	식품공학과	6	8	30.3	3.97	68.5	9	113%	100%	81.0%	8	41.4	3.78	56.4	3	38%	100%	80.9%
	정밀화학과	7	8	23.8	4.26	73.9	2	25%	100%	85.3%	8	38.8	3.48	58.3	2	25%	100%	88.4%
	안경광학과	7	7	19.4	4.14	65.6	1	14%	100%	81.6%	7	29.4	4.47	55.6	3	43%	100%	85.4%
기술경영융합	융합 산업정보시스템	8	9	25.9	4.36	61.9	4	44%	100%	80.7%	9	36.6	3.88	59.2	8	89%	100%	85.1%
	융합 ITM 전공	3	4	25.7	4.32	73.3	2	29%	100%	76.1%	7	37.3	3.50	66.4	2	29%	100%	80.8%
	융합 MSDE 전공	6	7	24.3	4.63	72.7	0	0%	100%	77.3%	4	34.8	3.79	64.0	2	50%	100%	81.3%
	논술 전체 평균	217	262	31.5	4.09	74.3	92	29%	98%	80.2%	270	44.8	4.12	70.2	100	33%	100%	82.3%
예체실기전형	산업디자인	10	13	14.5	2.31	실기	2	15%	100%	실기	14	13.6	2.16	실기	1	7%	100%	실기
	시각디자인	11	11	15.3	2.14	실기	3	27%	100%	실기	15	16.5	1.93	실기	6	40%	100%	실기
	도예학과	14	14	11.9	3.18	실기	1	7%	100%	실기	13	14.3	3.22	실기	0	0%	100%	실기
	금속공예디자인	15	16	13.7	3.08	실기	6	38%	100%	실기	17	12.9	2.74	실기	1	6%	100%	실기
	조형예술학과	18	17	14.0	2.58	실기	4	24%	100%	실기	17	17.9	2.88	실기	0	24%	100%	실기
	실기 전체 평균	68	71	13.9	2.66	실기	16	22%	100%	실기	76	15.0	2.59	실기	8	15%	100%	실기

		2022	2021 정시						2020 정시					
▶인문 국수영탐2 30:25:25:20 ▶자연 국수영탐2 20:35:20:25 ▶인/자 영어배점 135-130-125-115-100			▶2021 정시 영어제외 백분위 최종등록 평균						▶2020 정시 영어제외 백분위 최종등록 평균					
			국수탐2 백분위평균	영어 평균					국수탐2 백분위평균	영어 평균				
인문 대학	공과대 건축인문		88.57	2.60					88.37	1.56				
	영어영문		84.22	1.90					87.22	1.78				
	행정학과 행정학		84.62	1.91					87.24	2.19				
	문예창작		90.50	2.00					90.61	1.96				
	산업정보시스템 인문		87.36	1.64					89.17	2.00				
	산업공ITM전공 인문		90.70	1.60					91.83	1.67				
	경영학과 경영학		86.15	2.00					87.68	2.13				
	글로벌테크노경영		86.65	1.81					88.25	2.12				
	인문 소계		87.35	1.93					88.58	1.93				
공과 대학	기계시스템디자인공		81.15	1.79					84.05	2.00				
	기계자동차공학		82.32	1.91					84.76	2.20				
	안전공학		80.80	1.95					83.24	1.95				
	신소재공학		82.52	1.81					85.18	2.09				
	건설시스템공학		80.57	1.97					82.29	2.21				
	건축학부 건축공학		81.29	2.15					82.44	2.13				
	건축학부 건축학		82.16	1.59					84.22	1.70				
정보 통신 대학	전기정보공학		82.81	1.88					85.13	2.02				
	전자IT미디어공학		83.23	1.54					85.45	2.02				
	컴퓨터공학		84.30	1.67					84.87	1.74				
에너지 바이오 대학	화공생명공학		83.94	1.50					86.06	1.72				
	환경공학전공		80.85	1.42					82.85	1.95				
	환경공 환경정책자연		79.52	1.57					81.83	2.00				
	식품공학과		81.64	1.69					82.77	2.13				
	정밀화학과		81.16	1.94					83.19	1.67				
	안경광학과		76.83	1.80					81.89	2.29				
기술 경영 융합	융합 산업정보시스템		80.96	1.90					83.65	2.30				
	융합 ITM 전공		87.83	1.50					86.33	1.22				
	융합 MSDE 전공		86.87	1.37					87.85	1.50				
창의 융합 대학	인공지능응용		86.35	1.28					-	-				
	지능형반도체공학		-	-	-	-	-	-	-	-	-	-	-	-
	미래에너지융합		-	-					-	-				
	자연 소계		82.14	1.73					84.38	1.94				
예체 비실기 전형	스포츠과학		85.00	1.40										
	산업디자인		87.95	1.80					94.63	1.50				
	시각디자인		95.69	1.38					94.13	1.50				
	금속공예디자인		90.63	1.50					90.38	1.00				
	비실기 소계		89.82	1.56					93.04	1.33				
예체 실기 전형	스포츠과학	-	83.89	2.32					83.35	2.30				
	산업디자인	-	85.79	2.00					86.35	2.29				
	시각디자인	-	87.93	2.03					88.92	2.06				
	도예학과	-	79.82	2.00					80.89	2.11				
	금속공예디자인	-	84.89	2.23					83.76	2.36				
	조형예술학과	-	79.84	2.71					80.19	2.63				
	실기 소계		83.69	2.22					84.69	2.29				

2022 대입 주요 특징	교과이수 2점가산: 수/사: 일반3+진로1, 과학: 3+2 정시자연 M-미적/기하, S-과탐2 다른 I+II, II+II

좌측 요약 박스

▶전교과 동일 정성평가
　수업현장 개별화 구체화
　폭넓은독서 = 학업역량
▶정시탐구 표준점수 반영
▶지역균형 수능최저 변경
　2021.06.10 최저완화★

1. 2022 정원내 수시 2,256명 (69.7%), 정시 979명 (30.3%)
2. 2022 정시 228명 증가, 751명 (23%)→979명 (30.3%)
3. 지균일반: 서류70%+면접30%, 최저: 3개 3등급 (탐2)★★
4. 2022 지균 761→664명(20.5%), 일반1,686→1,592명(49.2%)
5. 2022 약학선발: 지균12, 일반32, 정시19, 기균 수시4, 정시4
6. 2022 음대성악과 수시 폐지→26명 전원 정시모집 변화
7. 2022 정시수능일반 ①국어 100 : 수학 120 : 탐구2개 80
　②영어 2등급부터 차등 감점: 0-0.5-2.0-4.0-6.0 등
　③史 4등급부터 0.4점 감점 ④제2외/한 3등급부터 0.5점 감점

우측 요약 박스

8. 수시일반: 1단계 서류100% (2배수), 2단계: 면접구술 100%
9. 수시사범: 1단계 서류100% (2배수), 2단계: 면접 60%+교직 40%
10. 2022 정시영어 등급차 확대 변경★
　2등급 -0.5점 감점, 영어 3등급 -2.0점 감점
11. 2022 지역균형에 한정해서 수능최저 변경 (2021.06.10)★★
　①지역균형 일반: 3개 3등급 (탐구 각 3등급 이내)★
　　인문: 제2외 필수 응시
　　자연: 과탐 2개 필수응시, 서로 다른 원투or투투
　②음작곡: 3개 3등급 (탐구 각 3등급 이내)
　③음기타: 2개 4등급 (탐구 각 4등급 이내) ㉔공통응시 필수

모집시기	전형명	사정모형	학생부종합 특별사항	2022 수시 접수기간 09. 10(금) ~ 12(일)	모집인원	학생부	논술	면접	서류	기타	2022 수능최저등급
2022 수시 지역균형 748명 →664명 (20.5%) 2022년 664명 2021년 748명 2020년 756명 2019년 756명	**지역균형**	일괄 종합	**학생부종합** 학/자/추 및 추천공문 고교당 2명 자소~09.13(월) 면접 12.03(금) 면접 12.04(토) 최종 12.16(목)	1. 전체인원변화 학과별 확인 2. 최저탐구: 2개ول 4등급 3. 2022 약학모집신설 12명★ 4. 체교: 인문3명, 자연3명 5. 수능응시기준 유형1 응시자 모집 50% 선발: 간호/의류학 6. 음악미술 실기전형 생략	인문55 사과98 경영27 자연52 공 164 간호12 사범58 체육 3 농생55						**3개 3등급 (탐구구3)★** 인: 제2외 필수 응시 자: 과탐 2개 필수응시 서로다른 원투or투투 음작곡: 3개3 (탐구각3) 음기타: 2개4 (탐구각4) ㉔공통응시 필수
2022 수시 일반전형 1,592명 (49.2%) 치의학석사 지균일반 32명 별도	**일반전형** 인문	1단계	**학생부종합** 학/자/추 1단계 11.19(금)	1. 학업능력,모집관련재능열정 2. 전공분야관심 지적호기심 3. 창의적인재 발전가능성평가 4. 예술,체육활동 통한 공동체 정신과 교육환경 등 고려	인 144 사 151 경영50 소비 8 자전61			제시문활용 면접 15분 (답변준비시간 30분)	서류 100%	2배수 이내	인문 최저없음 경영:사과/수학 제시문 경제:사과/수학 제시문 기타:인문/사과 제시문
		2단계	면접 11.26(금) 면접 11.27(토)			1단계 100		구술 100		총점 200	
2022 수시전체 2,256명 (69.7%) 정원외 기균1-170	**일반전형** 자연	1단계	**학생부종합** 학/자/추 1단계 11.19(금)	모집단위별 공동출제문항활용 면접: 지정선택교과 확인필수 2022 약학모집신설 32명★ 2022 약학면접 수학★ 생활26명: 의류12/식영14/아동10	자137 공396 농144 의예65 수의20 간호32			제시문활용 면접 15분 (답변준비시간 45분)	서류 100%	2배수 이내	자연 최저없음 면접 15분 준비 45분 과학II까지 준비할 것 모집단위별 과목선택 관련제시문 각각다름
		2단계	면접 11.26(금) 면접 11.27(토)			1단계 100	면접평가 *식물생산 생명과학*	구술 100	면접평가 *산림과학 수학*	총점 200	
	일반전형 사범	1단계	**학생부종합** 학/자/추 1단계 11.19(금)	사범일반 128명→135명 교육12 국/불/독어교 각10 영교10 윤리교10 수교12 물7화7생7지구교10 체교10 사교6 역교6 지리교6	사범 일반 125+ 체교 10			제시문활용 면접 15분 (답변준비시간 30/45분)	서류 100%	2배수 이내	사범 최저없음 체교: 2개 4등급 면접 15분 준비 15분 지리교 인문/사과 면접
		2단계	면접 11.26(금) 면접 11.27(토)			1단계 100		구술 60	교직 인적성 40	총점 200	
2022 정시 979명 (30.3%) 전체 정원내 3,235명	**일반전형** 미술/음악	1단계	**학생부종합** 학/자/추	▶미대 수시일반 51명 동양화8/서양화19/조소18 디자인 비실기6 *(실기는 정시)* ▶음대 수시만 선발 108명 작곡과작곡9/작곡이론6 피아노21/현악27/관악19 국악26 *성악-정시모집*	미술 51 음악 108						음악 최저없음 디자인: 3개2 (탐22) 실기서양: 3개3 (탐33) 실기조소: 2개3 (탐33) 실기동양: 3개3 (탐33) *동양화 史포함* 동양서양조소: 실기6시간
		2단계	음악정시미선발 미술일부선발 일정 생략			▶미술대 실기포함 (서양/동양/조소) 1단계: 통합100% (기초소양+전공적합) 5배수 2단계: 서류60%+ 면접접구술40% ▶미술대 실기미포함 (디자인) 서양화-포트 1단계: 서류평가100% (2배수) 2단계: 면접및구술100% ▶음악대 작곡이론 등 전형생략						
2022 수시 정원외	**기회균형 I**	1단계 2단계	**학생부종합** 학/자/추/공문	1.저소득: 기초및차상위 49명 2.농어촌 (고교추천 3인) 67명 3.농생명고교 추천제한없음 4.사범대: 학과별최대1~2명	최대 170			<서류평가100%+면접30%, 10분, 단계> <기회 I 저소득 49명> 인문4 사과4 미술1 자연4 간호2 경영2 공과9 농업6 사범5 음악3 생활1 수의1 의예1 약학2 자전3			최저없음
2022 정시 979명 (30.3%)	**정시 가군**	일괄	수능100%	1. 736명→979명 228명 증가 2. 기균II: 단계전형 기초차상위/특수교육/탈북 3. 기타 치의학석사 등 생략	979 의예 30 포함			수능100% (교과 동점/비교과 감점기준) 주요인원: 의예30 수의13 약학19 등			국어 100 수학 120 탐구 80 영어 감점 영어 2등급 -0.5점 감점 영어 3등급 -2.0점 감점
2021 정시 751명 (23.2%)			<2022 수시모집만 실시> 1.사회과학대: 인류학과 2.공과대: 에너지자원공학과 3.미술: 서양화/조소과 4.사범: 교육학/독어교/불어교 5.음악: 작곡/기악/국악과 <2022 정시모집만 실시> 음악대학: 성악과			<2020 의과대/치의학과/수의과대학> 의과 50분, 수의과 60분 1. 의과대학: 상황제시 4개 면접실(각10분)+제출서류 확인실(20분) 2. 수의과대: 상황제시 4개 면접실(각10분)+생명과학 소양(20분) 3 치의학과: 총 4개 면접실(각10분), 총 40분						

▶교과 반영 (교과전형)	1. 교과지균 학교장추천 신설, 192명, 수능최저 3개합 7(탐1)	9. 2022 정시 145명 증가, 641명→786명
국영수사/국영수과 70% +기타교과 30%, 전교과 반영	2. 종합 124명(563명→439명) 감소, 2단계 서류60%+면접40%	10. 자연Ⅱ(건축/도시공/조경) 수학 확통선택 가능
▶Z점수→석차등급 변화★★	3. 모든종합 자소서 제출 유지, 교과전형자연 수능최저 강화★	11. 정시 수능100%, 국수영탐2
▶진로선택과목 미반영	4. 논술변화: 논술60→논술70%+교과30%	인1 30:30:25:15, 인2 30:35:25:10, 자1 20:35:25:20
▶학년비율 동일 ▶논술등급	인문논술폐지★, 자연논술 77명 (34명 감소)	자2 (건축/도시공학/조경) 수학 확통 선택가능★
▶종합: 학과별인재상 중요★	5. 정원외 특별전형(기초차상위 등) Z점수→석차등급 변화★	12. 2021 예체능 최종등록 음악 실기90%+교과10% 미술 50:50
	6. 정원외 특별전형(기초차상위 등) 수능최저 변화★	①음악학성악 ▶실기 777.00 ▶학생부 94.97 ▶내신등급 5.32
	7. 2022 교과내신 석차등급★★ (이수단위 포함)	②음악피아노 ▶실기 820.50 ▶학생부 94.80 ▶내신등급 5.79
	1등급-100, 2등급-98, 3등급-95, 4등급-86, 5등급-71	③시각디자인 ▶실기 327.13 ▶학생부 344.58 ▶내신등급 3.22
	8. 기초차상위전형 자연 수학필수 등 최저변화 확인★	④공업디자인 ▶실기 321.67 ▶학생부 343.41 ▶내신등급 3.45

모집시기	전형명	사정모형	학생부종합 특별사항	2022 수시 접수기간 09. 10(금) ~ 13(월)	모집인원	학생부	논술	면접	서류	기타	2022 수능최저등급
2022 수시 정원내 938명 (53.8%) 정시 정원내 806명 (46.2%) 전체 정원내 1,744명 2021 수시 정원내 1,070명 (62.5%) 정시 정원내 641명 (37.5%) 전체 정원내 1,711명	지역균형선발 경쟁률 2021 9.38 경쟁률 19→2020 인문 17.5→11.9 자연 15.4→12.2	일괄	학생부교과 학교장추천 인: 국영수사 자: 국영수과 기타교과 30% 최종 12.16(목)	1. 학교장추천제 신설 2. 고교별 4명 선발제한★ 3. 수능최저 자연 상향변화★ 4. Z점수→석차등급 변화★★ 5. 이수단위포함 100-98-95-86 3. 추합 다수, 지방내신상위자	198 2021 193	교과 100%	<2022 교과/종합 신설학과> 교과: 인공지능2 융합응용화학4 종합: 인공지능4 융합응용화학6				인: 3개합 7등급 (탐1) 자: 3개합 7등급 (탐1) * 자연미적/기하,과탐 ※ 2021 자연최저참고 3개합 8등급 (탐1)
	학생부종합 경쟁률 2021 12.4 경쟁률 19→2020 인문 12.6→15.0 자연 13.0→15.2	1단계	학생부종합 자소서제출 ~09.14(화)	1. 2022 전년대비 114명 감소 2. 2022 면접비율 10% 감소 ▶모집단위 인재상 부합★★ 학업역량35% 잠재역량 40% 사회역량 25%	449 2021 563	서류 100%	▶서류평가 100% (학생부/자소서) ▶1단계통과 모집인원대비 차등 ▶융합전공: 1단계 8~9명 인공지능 9명, 기타 2배수 선발				최저 없음 ▶2021 2개년 합격자 서경 52.4%→46.2% 재학 87.2%→85.4%
		2단계	1단계 11.19(금) 면인 11.27(토) 면자 11.28(일) 최종 12.16(목)	▶2021 인문 고교합격평균★ 일반2.24 자사3.52 특목4.42 ▶2021 자연 고교합격평균★ 일반2.27 자사3.89 특목5.91		서류 60 면접 40	▶서류60% + 면접 40% 15분평가 학과별 발표 및 확인면접 ▶상향평준화 고액컨설팅 폐해고민 예체능 합격일반고 평균 2.62				▶2021 2개년 합격자 일반고 71.8%→72.7% 자사고 11.5%→6.50% 특목고 16.1%→20.9%
	논술전형 경쟁률 2021 68.3 경쟁률 19→2020 인문 56.9→61.2 자연 46.0→41.5	일괄	논술전형 최저없음 논술 10.09(토) 10시/15시 최종 12.16(목)	1. 2022 인문논술 폐지 2. 2022 전년대비 24명 감소 3. 논술비율 10% 증가 4. 수능이전 논술, 등급 반영 4. 논술: 풀이과정 차등배점	77 2021 101	교과 30	논술 70	▶자연: 수1수2확통미적 수열조합/미분적정분 2문항 평이 2문항 관건 총 4문항, 120분 ▶내신등급당 1점차			최저 없음
	고른기회 경쟁률 2021 12.4 경쟁률 19→2020 인문 12.6→15.0 자연 13.0→15.2	1단계	학생부종합 자소서제출 ~09.14(화)	1. 보훈대상 2. 기초 차상위 ▶2021 인문 고교합격평균★ 일반2.81 자사4.75 특목5.25	143 2021 142	서류평가 100% (학생부/자소서)				2~4 배수	최저 없음
		2단계	면접 11.27-28 최종 12.16(목)	▶2021 자연 고교합격평균★ 일반2.90 자사4.78 특목6.11		서류 60% + 면접 40% 발표 및 확인면접 (창의인성 및 기초학력능력)					
	사회공헌통합	1단계	학생부종합 자소서제출 ~09.14(화)	1. 민주화관련/의사자/의상 등 ▶2021 인문 고교합격평균★ 일반2.85 자사 없음 특목5.92	34 2020 32	서류평가 100% (학생부/자소서)				2~4 배수	최저 없음
		2단계	면접 11.27-28 최종 12.16(목)	▶2021 자연 고교합격평균★ 일반3.07 자사2.34 특목6.76		서류 60% + 면접 40% 발표 및 확인면접 (창의인성 및 기초학력능력)					2022 다문화/난민법 독립유공/다자녀 추가
	기초수급차상위 기타 (정원외)	일괄	특별전형 정원외 교과 최저 있음 최종 12.16(목)	1. Z점수→석차등급 변화★ 2. 2022 수능최저변화★★ 3. 기초수급 및 차상위(33명) 4. 농어촌(34명), 특성화졸(25명) 장애인 등(10명)	33 34 25 10	<기초차상위 교과100%> 2020 인문최종평균 2.58 (842.81) 2020 자연최종평균 2.96 (819.92) 2019 인문최종평균 2.42 (864.27) 2019 자연최종평균 2.82 (828.94)				2021 기초 경쟁률 9.61 10.15	인: 2개합 5 (탐1) 자: 2개합 6 (탐1) ★미적/기하 1포함 ※ 2021 최저참고 인 3개합7 자 3개합8

▶종합 학과이해	<모집단위별 인재상 설정을 통한 평가방법과 과정사례>	2. 건축학부 2020 합격사례: 전교과 2.7등급, 완만한 성적상승
1. 계열적합성 수준 2. 대학전공의 이해 수준의 전공적합성	★3개 문장 키워드: 학업역량특징으로 핵심교과판별 선행요구	①학업역량: 수학1.93, 과학1.97, 영어4.21 수과 양호, 면접확인필수 → 수과 개념+건축물, 건축재료, 내진설계 발표/실험/보고서
▶학과이해 사례	1. 국제관계학과 2020: 전교과 2.73등급, 5.09→1.41향상	②잠재역량: 건축분야 일관성 진로희망, 건축학개론 동아리활동
1. 환경공학부 감상적환경보호론 x 공학적과학적기술적	①학업역량: 수학 6등급대→2.43 향상 (원점수 43점→96점) → 진로관심사를 여러과목 세특에 기록, 미중무역전쟁 등	→ 건축방식/재료탐구/건축설계도/모형제작 등 활동 구체화 사람을 살리는 건축 의지, 여러 교과수업 개념연관 건축발표
2. 사회복지학과 봉사활동이 아닌 사회제도 및 정책과 시스템에대한고민	②잠재역량: 애널리스트→국제무역→국제투자분야 전문가 → 댄스반/유네스코동아리/기업탐구/국제언어문화탐구반 댄스활동 열정 이후 공부 및 동아리활동 전환 성과 크라우딩펀딩동아리/경제탐구토론동아리 등 구체화	③사회역량: 학생회장리더, 소통 성찰, 학생중심 자치회의 이끔 → 동아리회장 등 조직력, 책임감, 역할 부여 등의 리더십 발휘 1년간 아동보육센터 학습보조활동 지속
	③사회역량: 노인요양원 106시간, 축제홍보부장 추진력성과 → 학우간 협력 경향을 꾸준히 피력, 학습부장/교내캠프 외국인과 함께하는 문화교실 등 <일반공립고 218명>	<일반공립고 남녀공학 320명>

서울시립대 2021 수시분석자료 01 - 학생부교과전형 인문　　20201.05.26 ollim

★ 수능최저 2022		2022 모집인원	2021 교과전형 (인문)						2020 교과전형 (인문)					
▶교과 100% ▶교과 반영 (교과/논술) 　국영수사/국영수과70% 　+ 기타교과 30% ▶인: 3개합 7등급 (탐1) ▶자: 3개합 7등급 (탐1)★			2021 인문 수능최저: 3개합 7등급 (탐1) ★ 2021 자연 수능최저: 3개합 8등급 (탐1) ★						2020 인문 수능최저: 3개합 7등급 (탐1) ★ 2020 자연 수능최저: 3개합 8등급 (탐1) ★				
			모집인원	경쟁률	★ 최종합격평균 전교과 / z점수		충원/실질경쟁 210526 ollim		모집인원	경쟁률	★ 최종합격평균 전교과 / z점수		충원/실질경쟁	
					내신 평균	학생점수 천점 만점	충원 인원	실질 경쟁률			내신 평균	학생점수 천점 만점	충원 인원	실질 경쟁률
정경대학	행정학과	9	13	7.08	2.11	894.20	13	3.54	13	10.6	1.59	946.11	26	3.53
	국제관계학과	5	6	7.50	3.13	810.08	6	3.75	6	9.50	1.54	941.17	12	3.17
	경제학부	11	8	9.50	2.33	883.46	7	5.07	8	12.9	1.70	931.99	16	4.30
	사회복지학과	5	5	8.20	2.18	896.44	4	4.56	5	15.8	1.63	939.28	10	5.27
	세무학과	8	8	7.63	1.93	911.76	8	3.82	8	9.13	1.69	941.18	16	3.04
경영대	경영학부	26	56	6.80	2.15	893.87	56	3.40	46	11.8	1.69	937.97	92	3.93
인문대학	영어영문학과	4	2	13.5	3.04	803.61	1	9.00	2	12.0	-	-	4	4.00
	국어국문학과	3	-	-	-	-	-	-	-	-	-	-	-	-
	국사학과	3	3	10.7	2.73	846.90	2	6.42	3	12.3	1.60	944.94	1	9.23
	철학과	3	3	18.0	1.90	921.12	3	9.00	4	12.8	1.93	938.15	8	4.27
	중국어문화학과	3	4	9.25	1.97	907.19	4	4.63	4	14.3	1.81	926.78	5	6.36
도시 과학	도시행정학과	5	8	7.75	1.82	918.08	8	3.88	8	9.38	1.63	947.64	13	3.57
	도시사회학과	4	-	-	-	-	-	-	-	-	-	-	-	-
자전	자유전공학부	5	6	10.2	2.52	867.55	6	5.10	6	12.0	1.36	953.03	8	5.14
인문 평균 (스포츠 제외)		94	122	9.68	2.19	890.22	118	5.18	113	11.9	1.66	940.42	211	4.65

서울시립대 2021 수시분석자료 02 - 학생부교과전형 자연　　20201.05.26 ollim

★ 수능최저 있음		2022 모집인원	2021 교과전형 (자연)						2020 교과전형 (자연)					
▶교과 100% ▶교과 반영 (교과/논술) 　국영수사/국영수과70% 　+ 기타교과 30% ▶인: 3개합 7등급 (탐1) ▶자: 3개합 7등급 (탐1)★			2021 인문 수능최저: 3개합 7등급 (탐1) ★ 2021 자연 수능최저: 3개합 8등급 (탐1) ★						2020 인문 수능최저: 3개합 7등급 (탐1) ★ 2020 자연 수능최저: 3개합 8등급 (탐1) ★				
			모집인원	경쟁률	★ 최종합격평균 전교과 / z점수		충원/실질경쟁 210526 ollim		모집인원	경쟁률	★ 최종합격평균 전교과 / z점수		충원/실질경쟁	
					내신 평균	학생점수 천점 만점	충원 인원	실질 경쟁률			내신 평균	학생점수 천점 만점	충원 인원	실질 경쟁률
공과 대학	전자전기컴퓨터공	18	-	-	-	-	-	-	-	-	-	-	-	-
	화학공학과	6	7	10.7	1.90	899.66	6	5.76	7	15.9	1.33	954.09	14	5.30
	기계정보공학과	5	-	-	-	-	-	-	-	-	-	-	-	-
	신소재공학과	5	6	12.8	1.63	931.36	6	6.40	6	17.8	1.59	949.60	5	9.71
	토목공학과	5	6	10.2	1.98	919.91	4	6.12	6	12.7	1.81	936.00	5	6.93
	컴퓨터과학부	7	9	16.8	1.79	929.47	6	10.1	9	13.7	1.61	947.74	18	4.57
	인공지능 (신설)	2	-	-	-	-	-	-	-	-	-	-	-	-
자연 과학 대학	수학과	5	2	14.0	1.84	919.65	2	7.00	2	11.5	1.99	907.09	1	7.67
	통계학과	4	4	9.75	1.97	897.97	4	4.88	4	13.8	1.42	943.95	5	6.13
	물리학과	3	-	-	-	-	-	-	-	-	-	-	-	-
	생명과학과	4	9	9.89	1.78	916.56	8	5.24	9	12.7	1.45	950.89	18	4.23
	환경원예학과	4	5	8.80	1.78	920.88	5	4.40	5	8.40	1.70	939.00	3	5.25
	융합응용화학(신설)	4	-	-	-	-	-	-	-	-	-	-	-	-
도시 과학 대학	건축학부(건축공)	5	5	10.6	1.96	917.15	5	5.30	5	10.0	1.89	906.54	8	3.85
	건축학부(건축학)	5	6	9.50	1.90	915.70	6	4.75	6.0	9.33	1.72	936.70	7	4.31
	도시공학과	3	3	26.0	1.85	924.90	3	13.0	3	11.0	2.12	910.77	5	4.13
	교통공학과	3	5	10.6	1.80	926.87	5	5.30	5	10.4	1.76	916.66	10	3.47
	조경학과	3	4	9.50	2.03	904.23	4	4.75	4	11.5	1.66	938.76	3	6.57
	환경공학부	9	-	-	-	-	-	-	-	-	-	-	-	-
	공간정보공학과	4	-	-	-	-	-	-	-	-	-	-	-	-
자연 평균		104	71	12.2	1.85	917.44	64	6.38	71	12.2	1.69	934.92	102	5.55

2021 시립 교과전형 인문: 최종평균 2.19　최초경쟁률 9.68　실질경쟁률 5.18	2020 교과 인문: 최종평균 1.66　실질경쟁률 4.65
2021 시립 교과전형 자연: 최종평균 1.85　최초경쟁률 12.2　실질경쟁률 6.38	2020 교과 자연: 최종평균 1.69　실질경쟁률 5.55

서울시립대 2022 대비 2021 입결분석자료 03 - 종합전형 2개년   2021. 05. 26 ollim

수능최저 없음

2020~2021 종합전형방식
▶1단계 서류평가 100% (2배~4배수)
▶2단계: 면접평가 50%
학과별 발표및확인면접 100%
인성,수행평가등 종합역량검증
일정주제 30분, 발표면접 15분

2021 종합전형 (인문/자연)
▶내신 전과목 반영
▶학년비율 없음
★학과별 인재상 전공적합성 가장 중요

2020 종합전형 (인문/자연)
▶내신 전과목 반영
▶학년비율 없음
★학과별 인재상 전공적합성 가장 중요

대학	학과	2022 모집인원	2021 모집인원	2021 경쟁률	충원율 2021 0526	종합 일반고	종합 자사고	종합 특목고	인원	평균등급	표준편차	전과목등급평균 일반고지원	2020 모집인원	2020 경쟁률	2020 충원율	일반고	자사고	특목고	전과목등급평균
정경대학	행정학과	24	30	10.7	97%	2.01	2.72	3.77	29	2.30	0.68	2.30	30	11.4	46.7%	1.90	-	3.70	2.13
정경대학	국제관계학과	16	20	24.9	65%	1.84	-	4.48	13	3.67	1.30	2.79	20	22.8	45.0%	2.70	-	4.60	3.78
정경대학	경제학부	26	30	7.53	70%	2.28	5.16	4.87	21	3.59	1.60	2.54	30	9.50	53.3%	2.00	2.60	4.60	2.45
정경대학	사회복지학과	10	13	17.8	100%	1.91	-	4.71	13	3.85	1.36	2.80	13	19.5	53.8%	1.90	2.60	4.80	2.97
정경대학	세무학과	20	24	5.08	100%	2.05	3.11	4.67	24	2.68	1.19	2.56	24	4.88	29.2%	2.00	-	4.40	2.72
경영대	경영학부	82	80	8.28	96%	2.37	3.45	4.26	77	2.86	0.95	2.56	70	10.8	81.4%	1.90	2.70	4.60	2.58
인문대학	영어영문학과	13	14	16.3	163%	2.02	4.79	4.46	13	3.93	1.14	2.85	14	16.8	78.6%	2.20	4.70	4.90	4.37
인문대학	국어국문학과	8	8	18.3	36%	2.41	2.32	3.70	5	2.65	0.65	2.67	8	22.5	37.5%	2.10	3.10	3.50	2.76
인문대학	국사학과	8	8	16.3	25%	2.85	-	-	2	2.85	0.00	2.63	8	19.9	50.0%	2.20	-	-	2.27
인문대학	철학과	8	9	10.7	100%	2.42	-	4.64	9	3.16	1.16	2.88	10	11.3	30.0%	2.10	3.20	4.30	2.56
인문대학	중국어문화학과	8	8	11.8	25%	-	-	3.95	2	3.95	0.57	2.84	8	11.0	75.0%	2.00	2.80	4.00	3.40
도시과학	도시행정학과	11	12	7.83	50%	2.23	2.88	3.35	6	2.53	0.49	2.50	12	10.8	16.7%	1.80	2.50	-	1.97
도시과학	도시사회학과	10	13	15.2	100%	1.94	-	4.10	13	2.28	0.79	2.49	13	14.9	23.1%	2.10	3.00	3.30	2.50
자유융합대학	국사학-도시역사	2	2	15.5	100%	2.39	-	4.21	2	3.30	0.91	3.24	1	21.0	0%	-	-	4.10	3.79
자유융합대학	국제관계학-빅데이	4	4	9.00	75%	2.94	-	-	3	2.94	0.60	2.51	3	14.0	0%	2.40	-	2.40	2.39
자유융합대학	도시사회-국제도시	3	3	11.3	100%	2.81	-	4.47	3	3.36	0.79	3.92★	2	19.0	50.0%	-	3.90	3.90	4.03
자유융합대학	철학-동아시아문화	2	2	9.50	100%	2.55	-	-	2	2.55	0.08	3.14	1	15.0	0%	2.30	-	-	2.36
예체	스포츠과학과	8	8	34.0	75%	2.62	-	-	6	2.62	0.35	3.47	8	53.5	100%	2.60	-	1.60	2.91
인문 평균 (스포츠 제외)		263	288	12.7	82%	2.24	3.52	4.42	237	3.09	0.84	2.63	275	15.0	42.8%	2.14	3.11	4.06	2.88
공과대학	전자전기컴퓨터공	15	42	12.5	60%	2.04	3.10	5.65	25	2.27	0.79	2.44	52	12.6	57.7%	1.90	3.60	5.70	2.59
공과대학	화학공학과	15	15	26.4	80%	1.91	3.47	5.75	12	3.00	1.67	2.31	15	30.5	73.3%	1.80	-	5.70	2.50
공과대학	기계정보공학과	9	14	18.2	71%	2.43	4.24	-	10	3.15	1.04	2.49	14	18.4	92.9%	1.80	3.50	5.20	2.74
공과대학	신소재공학과	6	7	14.0	71%	2.07	3.38	5.24	5	3.60	1.48	2.37	8	20.6	87.5%	1.60	-	-	1.68
공과대학	토목공학과	7	12	6.08	100%	2.36	3.95	6.32	12	2.96	1.22	3.08	12	7.58	83.3%	2.40	3.80	-	2.83
공과대학	컴퓨터과학부	11	18	19.4	78%	2.22	3.72	6.94	14	2.99	1.42	2.56	18	18.4	72.2%	2.00	3.40	6.90	3.01
공과대학	인공지능 (신설)	4	-	-		-	-	-	-	-	-	-	-	-	-	-	-	-	-
자연과학대학	수학과	6	12	11.2	75%	2.17	-	-	9	2.17	0.23	2.64	12	9.50	75.0%	2.50	2.60	5.20	2.93
자연과학대학	통계학과	9	12	11.8	83%	2.26	-	-	10	2.26	0.45	2.35	12	13.8	75.0%	1.90	-	-	2.00
자연과학대학	물리학과	5	14	8.43	100%	2.25	-	-	14	2.25	0.19	2.62	14	10.4	35.7%	2.10	3.20	5.50	2.73
자연과학대학	생명과학과	8	12	32.8	100%	2.03	4.39	5.62	12	3.72	1.78	2.55	12	41.4	33.3%	1.80	2.80	5.00	3.19
자연과학대학	환경원예학과	10	11	11.7	100%	2.50	-	7.08	11	3.75	2.26	2.50	11	8.45	45.5%	2.00	2.40	6.80	2.60
자연과학대학	융합응용화학(신설)	6	-	-		-	-	-	-	-	-	-	-	-	-	-	-	-	-
도시과학대학	건축학부(건축공)	8	16	5.38	94%	2.59	-	5.45	15	2.66	0.79	2.95	16	7.50	43.8%	2.30	3.10	-	2.41
도시과학대학	건축학부(건축학)	12	14	13.9	64%	2.24	4.52	4.56	9	3.27	1.32	2.68	14	17.9	100%	2.00	3.30	2.60	2.34
도시과학대학	도시공학과	12	12	7.92	83%	2.02	-	-	10	2.02	0.24	2.59	12	7.08	50.0%	1.90	2.30	5.20	2.85
도시과학대학	교통공학과	5	8	5.88	100%	2.32	-	-	8	2.32	0.24	2.86	8	6.25	12.5%	2.30	4.50	5.20	3.07
도시과학대학	조경학과	9	14	5.29	100%	2.66	-	7.01	14	2.97	1.33	2.90	14	7.86	14.3%	2.20	3.40	-	2.37
도시과학대학	환경공학부	14	23	11.1	91%	1.91	3.93	6.19	21	2.45	1.35	2.47	23	18.1	39.1%	1.70	3.10	-	2.11
도시과학대학	공간정보공학과	5	9	6.11	100%	2.83	4.30	5.74	9	3.31	1.10	3.72★	9	6.00	11.1%	2.30	-	6.70	2.80
자유융합대학	도시공-부동산경영	2	2	6.50	100%	3.54	-	-	2	3.54	0.10	4.85★	1	9.00	0%	1.60	-	-	2.08
자유융합대학	도시공-도시개발학	2	2	6.00	100%	2.70	-	-	2	2.70	0.31	3.33	1	12.0	0%	2.70	-	-	2.59
자유융합대학	물리학-나노반도물리	2	2	7.50	100%	2.18	-	-	2	2.18	0.39	2.51	1	10.0	0%	2.40	-	-	2.52
자유융합대학	생명과학-빅데이터	2	2	22.5	100%	2.55	-	-	2	2.55	0.25	4.16★	1	49.0	0%	-	-	6.30	6.18
자유융합대학	조경-환경생태도시학	2	2	8.00	100%	2.75	-	-	2	5.15	2.40	3.55	1	8.00	0%	1.50	-	-	1.47
자연 평균		186	275	12.1	89%	2.27	3.89	5.91	230	2.92	0.97	2.57	281	15.2	43.6%	2.03	3.21	5.83	2.68

1. 서울시립대 2021 종합일반 인문 최종등록평균 ※ 2020 전과목 기준: 2.88등급
★국영수사 기준 ▶일반고평균 2.24등급 ▶자사고평균 3.52등급 ▶특목고평균 4.42등급
2. 서울시립대 2021 종합일반 자연 최종등록평균 ※ 2020 전과목 기준: 2.68등급
★국영수과 기준 ▶일반고평균 2.27등급 ▶자사고평균 3.89등급 ▶특목고평균 5.91등급

서울시립대 2021 수시분석자료 04 - 논술전형 인문

수능최저 없음		2022 인문논술폐지	2021 논술전형 (인문) 1단계: 논술 100% (4배수) 2단계: 논술 60%+교과 40%					2020 논술전형 (인문) 1단계: 논술 100% (4배수) 2단계: 논술 60%+교과 40%				
▶교과 반영 (교과/논술) 국영수사/국영수과70% + 기타교과 30% 전교과 z점수 반영 ▶학년 비율: 동일			모집인원	경쟁률	★ 최종합격 2021			모집인원	경쟁률	★ 최종합격 2020		
					내신평균	논술만점 600점	내신점수			내신평균	논술만점 600점	내신점수
정경대학	행정학과	-	-	-	-	-	-	-	-	-	-	-
	국제관계학과	-	-	-	-	-	-	-	-	-	-	-
	경제학부	-	-	-	-	-	-	-	-	-	-	-
	사회복지학과	-	5	93.8	3.58	510.60	384.76	5	52.2	2.44	552.18	355.43
	세무학과	-						8	54.1	2.25	516.00	353.30
경영대	경영학부	-						20	60.6	2.43	566.54	353.65
인문대학	영어영문학과	-	-	-	-	-	-	-	-	-	-	-
	국어국문학과	-	3	93.3	3.23	513.20	385.60	3	72.7	2.55	526.00	340.45
	국사학과	-	-	-	-	-	-	-	-	-	-	-
	철학과	-	-	-	-	-	-	-	-	-	-	-
	중국어문화학과	-	3	96.0	3.59	465.00	389.45 ★	3	56.3	2.77	487.90	342.15 ★
도시과학	도시행정학과	-	-	-	-	-	-	-	-	-	-	-
	도시사회학과	-	5	119.0	3.04	571.68	391.23	5	63.2	2.81	502.14	333.03 ★
자전	자유전공학부	-	5	168.0	3.61	571.38	386.54	5	69.6	2.91	546.66	335.58
인문 평균 (스포츠 제외)		-	21	114.0	3.42	533.47	387.51	49	61.2	2.51	540.92	348.32

서울시립대 2021 수시분석자료 05 - 논술전형 자연

수능최저 없음		2022 모집인원	2021 논술전형 (자연) 1단계: 논술 100% (4배수) 2단계: 논술 60%+교과 40%					2020 논술전형 (자연) 1단계: 논술 100% (4배수) 2단계: 논술 60%+교과 40%				
▶교과 반영 (교과/논술) 국영수사/국영수과70% + 기타교과 30% 전교과 z점수 반영 ▶학년 비율: 동일		모집인원	모집인원	경쟁률	★ 최종합격 2021			모집인원	경쟁률	★ 최종합격 2020		
					내신평균	논술만점 600점	내신점수			내신평균	논술만점 600점	내신점수
공과대학	전자전기컴퓨터공	19	19	71.3	3.88	416.45	383.86	19	50.7	3.07	419.56	323.25 충원4
	화학공학과	-	-	-	-	-	-	6	66.3	2.87	417.50	334.70 충원1
	기계정보공학과	3	3	68.7	3.83	403.75	382.80	3	64.0	3.31	437.50	313.28
	신소재공학과	3	3	84.0	3.52	370.00	388.85	5	56.8	2.65	433.50	337.13
	토목공학과	5	5	44.2	3.26	360.00	390.37	5	34.6	3.30	341.25	308.09 ★
	컴퓨터과학부	8	8	66.4	3.50	410.16	387.43	8	48.1	2.76	415.78	335.92
자연과학대학	수학과	9	10	41.3	3.40	400.35	387.97	10	34.7	3.29	483.38	305.53 충원7
	통계학과	-	-	-	-	-	-	-	-	-	-	-
	물리학과	4	4	36.3	3.37	376.88	389.89	4	29.8	4.00	358.13	274.80 ★
	생명과학과	4	4	54.0	3.74	332.50	375.85 ★	4	49.0	3.47	368.75	299.58
	환경원예학과	-	2	43.0	2.97	256.88	392.31 ★	2	43.0	3.64	322.50	292.61 ★충원1
도시과학대학	건축학부(건축공학)	5	5	50.0	4.60	372.75	375.89	5	29.4	4.15	378.00	268.94
	건축학부(건축학)	-	-	-	-	-	-	5	30.2	3.13	297.75	317.46 ★충원1
	도시공학과	-	-	-	-	-	-	-	-	-	-	-
	교통공학과	3	3	39.3	3.48	358.75	389.98	3	34.0	3.29	453.75	321.57
	조경학과	-	-	-	-	-	-	-	-	-	-	-
	환경공학부	10	10	46.1	3.92	334.88	384.98	10	32.1	3.22	390.75	315.16 충원1
	공간정보공학과	4	4	42.3	3.54	317.81	387.77 ★	4	28.3	3.85	364.69	271.40 충원1
자연 평균		77	80	51.3	3.69	378.45	385.59	74	41.5	3.23	402.47	312.44

▶2021 <논술인문> 내신 최종평균 3.42등급
　　　　　논술 최종평균 533.47점
▶2021 <논술자연> 내신 최종평균 3.69등급
　　　　　논술 최종평균 378.45점

▶2020 <논술인문> 내신 최종평균 2.51등급
　　　　　논술 최종평균 540.92점
▶2020 <논술자연> 내신 최종평균 3.23등급
　　　　　논술 최종평균 402.47점

★ 수능최저 2022 변화		2022 모집인원	2021 기초차상 <기초수급차상위> 2021 교과 100% 전형 수능최저: 3개합 7 (탐1)		2020 기초차상 <기초수급차상위> 2020 교과 100% 전형 수능최저: 3개 3등급(탐1)		2021 고른기회/사회공헌통합 <고른기회+사회공헌 최종평균> ▶보훈대상자 및 기초차상위★ 대상자 ▶1단계: 서류 100% 2단계: 면접50 인: 국영수사 자: 국영수과				2020 공헌/기회	
▶기초차상위 교과 100% ▶국영수사/국영수과70% + 기타교과 30% ▶인: 2개합 5등급 (탐1) ▶자: 2개합 6등급 (탐1) ★미적/기하 1포함			최종 평균 전과목 등급 내신 평균	최종 평균 전과목 환산 학생점수 천점 만점	최종 평균 전과목 등급 내신 평균	최종 평균 전과목 환산 학생점수 천점 만점	일반고교	자사고	특목고	고른기회 사회공헌 통합전체 등급평균	사회공헌 최종평균 전과목 등급평균	고른기회 최종평균 전과목 등급평균
정경대학	행정학과	1	2.00	918.04	2.23	895.29	2.55	4.97	4.45	3.72	1.56	3.88
	국제관계학과	1	4.33	683.79	1.89	899.84	2.43	-	5.91	3.01	1.55	3.16
	경제학부	2	2.07	907.44	2.19	910.60	3.17	-	6.32	4.43	3.59	4.50
	사회복지학과	1	2.53	871.91	3.17	826.42	2.59	-	4.27	2.92	3.90	2.68
	세무학과	1	1.91	914.89	1.68	901.72	3.07	-	6.37	3.71	4.55	2.92
경영대	경영학부	1	4.75	590.28	2.24	908.22	2.81	4.32	5.24	3.38	3.47	3.44
인문대학	영어영문학과	1	3.98	652.89	6.73	305.25	2.72	-	4.90	2.72	4.02	4.44
	국어국문학과	1	-	-	1.93	880.41	2.47	-	-	2.47	-	2.52
	국사학과	1	2.55	884.97	2.39	888.04	3.74	-	-	3.74	3.22	2.88
	철학과	1	4.45	660.50	2.00	869.61	3.00	-	-	3.00	3.75	2.24
	중국어문화학과	1	2.82	846.91	3.13	814.44	3.95	-	4.44	4.20	-	5.34
도시과학	도시행정학과	1	2.19	885.48	2.60	861.17	3.09	-	3.54	3.32	-	-
	도시사회학과	1	2.54	860.32	1.73	927.73	2.82	-	20년 1.8	2.82	1.87	2.41
자전	자유전공학부	1	-	-	-	-	2.24	-	5.97	3.73	5.95	3.15
인문 평균 (스포츠 제외)		15	3.01	806.45	2.58	842.81	2.90	4.65	5.14	3.37	3.40	3.35

★ 수능최저 2022 변화		2022 모집인원	2021 기초차상 <기초수급차상위> 2021 교과 100% 전형 수능최저: 3개합 8 (탐1)		2020 기초차상 <기초수급차상위> 2020 교과 100% 전형 수능최저: 3개 3등급(탐1)		2021 고른기회/사회공헌통합 <고른기회+사회공헌 최종평균> ▶보훈대상자 및 기초차상위★ 대상자 ▶1단계: 서류 100% 2단계: 면접50 인: 국영수사 자: 국영수과				2020 공헌/기회	
▶기초차상위 교과 100% ▶국영수사/국영수과70% + 기타교과 30% ▶인: 2개합 5등급 (탐1) ▶자: 2개합 6등급 (탐1) ★미적/기하 1포함			최종 평균 전과목 등급 내신 평균	최종 평균 전과목 환산 학생점수 천점 만점	최종 평균 전과목 등급 내신 평균	최종 평균 전과목 환산 학생점수 천점 만점	일반고교	자사고	특목고	고른기회 사회공헌 통합전체 등급평균	사회공헌 최종평균 전과목 등급평균	고른기회 최종평균 전과목 등급평균
공과대학	전자전기컴퓨터공	2	2.36	879.10	2.84	831.43	2.66	3.93	6.25	3.54	2.84	2.93
	화학공학과	1	2.16	912.03	1.83	926.45	-	2.34	5.78	4.06	3.16	2.26
	기계정보공학과	1	2.08	931.17	2.54	893.98	2.50	-	6.58	3.52	3.42	3.78
	신소재공학과	1	-	-	2.26	915.69	2.63	-	6.29	3.36	2.30	2.37
	토목공학과	1	3.53	783.44	-	-	3.59	5.43	6.76	4.84	3.34	3.80
	컴퓨터과학부	1	2.54	865.40	1.79	940.73	2.78	6.77	-	3.58	6.20	2.52
자연과학대학	수학과	1	2.40	858.80	3.89	748.45	2.90	-	-	2.90	-	3.11
	통계학과	1	1.90	935.82	2.92	858.71	3.02	-	-	3.02	3.26	2.73
	물리학과	1	6.10	392.79	-	-	3.16	4.01	-	3.44	3.24	3.04
	생명과학과	1	2.76	860.16	3.78	748.45	1.60	5.38	6.54	3.78	1.90	2.07
	환경원예학과	1	-	-	2.76	834.96	2.50	-	7.31	4.91	4.19	2.86
도시과학대학	건축학부(건축공학)	1	3.47	747.13	-	-	3.64	3.86	-	3.70	-	4.26
	건축학부(건축학)	1	3.72	736.12	2.30	884.32	3.43	-	20년 1.9	3.43	4.76	2.27
	도시공학과	1	2.78	860.46	-	-	3.30	-	3.92	3.50	2.62	2.98
	교통공학과	1	-	-	-	-	3.20	-	-	3.20	6.30	6.09
	조경학과	1	-	-	5.34	458.63	3.40	5.13	-	3.85	6.29	4.11
	환경공학부	1	2.74	862.03	2.94	824.64	2.61	4.56	-	2.85	2.15	4.15
	공간정보공학과	1	-	-	3.43	781.13	3.97	-	-	3.97	3.09	-
자연 평균		19	2.96	821.68	2.97	819.92	2.99	4.60	6.18	3.64	3.69	3.25

	2021 기초차상위전형 인문평균: 3.01 *806.45* 자연평균: 2.96 *821.68*	2020 기초차상위전형 인문평균: 2.58 *842.81* 자연평균: 2.97 *819.92*	2021 고른기회/사회공헌 전형 일반고: 인문 2.90 자연 2.99 자사고: 인문 4.65 자연 4.60 특목고: 인문 5.14 자연 6.18	2020 사회공헌 인문 3.40 자연 3.69	2020 고른기회 인문 3.35 자연 3.25

2022 대입 주요 특징	
<영어정시> 인문 국수영탐1 30:20:30:20 20200319올림	
인/자: 100-97-94-80-65 ... 자연 국수영탐1 20:30:30:20	

▶ 교과반영 (교과/논술)
전계열 국영수+사/과
한국사 미반영
▶ 3개씩 총 12개 반영
▶ 종합: 정성평가
▶ 학년비율: 없음

1. 2021 교과 43명 감소, 바롬 23명 감소, 플러스 31명 감소
2. 2019부터 내신 12개 반영, 트윈종합 수능전후 면접체제
3. 2022 신설학과: 예체능 첨단미디어디자인전공
4. 수능최저: 교과 및 논술, 탐구 2개평균 (2019 이후 지속)
　①2개합 7 ②영어포함 2개합 5 ③적용 4등급내 폐지

■ <바롬& 플러스> 수능전후 트윈전형 핵심우선순위 올림★★
1. 바롬: ①계열적합성, 전공관련 성적, 이수상황등 전체학업역량
　②전공활동 경험 및 전공관련체험 등 균형발전역량
2. 플러스: ①전공적합성 ②일부특정교과 우수함보다 특정역량증명
3. 자공고포함 일반고 80% 분포, 일부 어문학 특성상 자사특목지원

모집시기	전형명	사정모형	학생부종합 특별사항	2022 수시 접수기간 09. 10(금) ~ 14(화)	모집인원	학생부	논술	면접	서류	기타	2022 수능최저등급
2022 수시 1,025명 2021 수시 1,097명 (65.2%) 정시 585명 (34.8%) 전체 1,682명	**교과우수자**	일괄	학생부교과 학교장추천제 추천업로드 ~09.24(금) 최저 있음 최종 12.16(목)	1. 2022 전년대비 43명 감소 2. 2022 수능최저 유지 3. 학교장추천 인원제한없음	178 체육 10명 2021 221 체육 12명	교과 100		▶2개년 경쟁: 9.0→6.6			2개합 7 (탐1) 영포함시 2개합 5 (탐1) *적용과목 4등급내 필수적용 폐지
	바롬인재 (수능전 면접) *계열적합균형*	1단계	학생부종합 자기소개서 1단계 10.27(수) 면접 10.30(토) 최종 12.16(목)	1. 2022 전년대비 23명 감소 2. 충실학교생활/관심분야탐색 기초학업역량 균형발전인재 3. 학업역량30 전공적합성30 인성20 발전가능성20 4. 서류기반 블라인드면접	290 2021 313	서류 100% (4배수)		▶2개년 경쟁: 17.1→11.1 ▶2개년 충원: 114→130 ▶2개년 입결: 3.2→3.4 ▶일반고 등록률: 83.8% ▶외고 등록률: 6.0%			
		2단계				1단계 60% + 면접 40%					
	플러스인재 (수능후 면접) *전공적합특정*	1단계	학생부종합 자기소개서 1단계 12.01(수) 면접 12.04(토) 최종 12.16(목)	1. 2022 전년대비 31명 감소 2. 학업/전공/인성中 하나이상 우수, 공동체발전기여잠재력 3. 학업/전공/인성/발전 100% 4. 서류기반 블라인드면접	121 2021 152	서류 100% (4배수)		▶2개년 경쟁: 21.1→15.2 ▶2개년 충원: 63%→74% ▶2개년 입결: 3.6→3.6 ▶일반고 등록률: 80.3% ▶외고 등록률: 8.2%			
		2단계				1단계 60% + 면접 40%					
	SW융합인재 (수능후 면접)	1단계	학생부종합 자기소개서 1단계 12.01(수) 면접 12.04(토) 최종 12.16(목)	1. 정보보호/소프트/디미디어 2. 빅데이터 관심자 적극지원 3. 학업역량30 전공적합성30 인성20 발전가능성20 4. 서류기반 블라인드면접	29 정보10 디미10 소프 9	서류 100% (4배수)		▶2개년 경쟁: 7.8→5.7 ▶2개년 충원: 59→45% ▶2개년 입결: 3.6→3.7			
		2단계				1단계 60% + 면접 40%					
	논술우수자	일괄	최저 있음 논술: 11.20(토) 최종: 12.16(목)	1. 계열별 2문, 자료도표분석 2. 문항당 1페이지, 90분 3. 자연출제: 생명+통합과학1 4. 70점 만점, 합격평균 68점 5. 패션산업 인문 모집	120 2021 150	교과 30 논술 70					2개합 7 (탐1) 영포함시 2개합 5 (탐1) *적용과목 4등급내 필수적용 폐지
	기독교지도자	1단계	학생부종합 1단계 10.27(수) 면접 10.30(토) 최종 12.16(목)	목회자추천서 폐지 유지	23 2021 26	서류 100% (3배수)					
		2단계				1단계 60% + 면접 40%					
	고른기회 수급자 등	단계 ↓ 일괄	고른기회종합 자기소개서 최종 12.16(목)	1. 서류100% 일괄 유지 2. 국가보훈, 기초차상, 서해5 3. 2022 농어촌포함	91	서류 100%					기타전형 생략

서울여대 2021 입시분석자료 01 - 수시 교과우수자　　2021. 06. 13　ollim

▶인/체육: 국영수사+史
▶자연: 국영수과
▶3개씩 총 12개 반영
▶학년비율: 동일
▶종합전형 정성평가

2021 교과우수자　▶교과 100%　▶인문/자연: 2개합 7, 영어 포함시 2개합 5
2020 교과우수자　▶교과 100%　▶인문/자연: 2개합 7, 영어 포함시 2개합 5

		2022 지균인원	모집인원	경쟁률	실질 경쟁률	충원인원	최고	평균	최저	모집인원	경쟁률	실질 경쟁률	충원인원	최고	평균	최저
인문대학	국어국문학과	7	8	8.4	4.4	9	1.6	2.0	2.5	7	6.9	4.9	23	1.3	2.1	3.0
	영어영문학과	7	8	5.1	3.5	16	1.4	2.4	3.7	7	7.9	5.6	21	1.2	1.7	2.0
	불어불문학과	4	5	7.6	5.4	2	2.1	2.2	2.3	5	11.2	7.6	15	1.6	2.2	2.5
	독어독문학과	4	5	6.6	4.4	5	1.8	2.3	2.5	5	7.8	4.8	5	1.7	2.1	2.5
	중어중문학과	4	5	5.6	2.8	7	1.8	2.7	5.5	5	9.4	5.6	14	1.5	2.0	2.3
	일어일문학과	5	7	5.4	3.7	10	1.6	2.4	3.4	6	15.0	9.7	9	1.6	2.0	2.2
	사학과	4	4	7.5	4.5	10	1.6	2.1	2.7	4	7.5	4.5	10	1.7	2.1	2.4
	기독교학과	-	-	-	-	-	-	-	-	-	-	-	-	-	-	-
사회 과학 대학	경제학과	8	9	6.8	4.0	16	1.6	2.4	3.4	7	9.6	6.7	16	1.4	2.0	2.2
	문헌정보학과	6	7	4.4	3.3	12	1.5	2.2	3.0	5	11.4	8.8	16	1.3	1.8	2.1
	사회복지학과	7	8	7.0	5.4	13	1.4	2.0	2.3	6	9.2	5.7	22	1.5	2.0	2.5
	아동학과	8	10	12.9	7.7	25	1.6	2.2	2.7	9	6.2	2.9	9	1.6	2.5	3.2
	행정학과	8	10	5.5	3.3	17	1.5	2.5	3.5	8	16.3	11.5	28	1.2	1.8	2.0
	언론영상학부	10	12	4.6	2.2	14	1.1	2.1	4.6	10	6.0	4.0	11	1.1	1.6	2.1
	교육심리학과	7	7	6.3	5.4	21	1.1	1.7	2.0	6	5.0	3.8	10	1.1	1.5	2.1
미래 융합	경영학과	12	16	5.9	4.3	42	1.1	2.0	3.0	14	7.2	5.1	37	1.4	1.8	2.4
	패션산업학과	4	5	12.8	6.6	12	1.7	2.3	2.7	5	8.2	5.2	13	1.0	2.2	2.9
자전	자율전공 인문사회	5	13	7.9	5.2	35	1.4	2.0	2.5	11	7.6	4.7	31	1.3	1.9	2.7
		110	139	7.1	4.5	266	1.5	2.2	3.1	120	9.0	5.9	290	1.4	2.0	2.4
자연 과학	수학과	4	4	5.3	3.0	4	1.7	2.3	2.8	4	18.8	10.3	16	1.3	2.0	2.4
	화학생명환경과학부	13	16	6.1	3.8	32	1.3	2.0	2.3	12	8.6	5.9	29	1.1	1.9	2.3
	원예생명조경학과	7	8	5.0	2.5	5	1.8	2.3	3.0	6	8.3	5.2	9	1.6	2.2	2.4
	식품응용시스템학부	14	16	7.8	4.8	39	1.7	2.2	2.7	14	7.9	4.1	31	1.1	2.2	2.7
미래 산업 융합	디지털미디어	6	10	5.2	2.6	10	1.4	2.5	4.2	8	6.9	3.6	10	1.4	1.9	2.4
	정보보호학과	8	10	5.1	2.6	10	1.5	2.5	4.5	8	7.3	3.5	8	1.2	1.9	2.5
	쇼프트웨어융합	4	5	5.8	4.2	3	1.6	2.0	2.2	5	7.6	3.6	5	1.7	2.1	2.4
	데이터사이언스	4	6	5.3	2.5	9	1.7	2.7	6.0	-	-	-	-	-	-	-
자전	자율전공 자연	4	7	5.0	2.3	6	1.7	2.4	3.4	5	13.8	6.2	6	1.7	2.0	2.2
		64	82	5.6	3.1	118	1.6	2.3	3.5	62	9.9	5.3	114	1.4	2.0	2.4
예체능	스포츠운동과학과	10														
	산업디자인학과	-														
	A&DS 현대미술	-														
	A&DS 공예전공	-														
	A&DS 시각디자인	-														
	첨단미디어디자인	4	신설													
		14														

서울여대 2021 입시분석자료 02 - 수시 바롬인재

2021. 06. 13 ollim

		2022	2021 종합 바롬인재							2020 종합 바롬인재						
▶인/체육: 국영수사+史 ▶자연: 국영수과 ▶3개씩 총 12개 반영 ▶학년비율: 동일 ▶종합전형 정성평가			▶서류 100% (4배수) 수능전 면접 ▶1단계 60%+면접 40% 최저 없음							▶서류 100% (4배수) 수능전 면접 ▶1단계 60%+면접 40% 최저 없음						
		바롬 인원	모집 인원	경쟁률	실질 경쟁률	충원 인원	최종 성적			모집 인원	경쟁률	실질 경쟁률	충원 인원	최종 성적		
							최고	평균	최저					최고	평균	최저
인문 대학	국어국문학과	9	9	11.0		16	2.4	2.9	3.4	8	21.4		6	2.1	2.9	3.7
	영어영문학과	9	9	12.4		21	2.6	3.5	6.0	8	20.5		11	2.3	3.3	6.2
	불어불문학과	5	6	12.0		10	3.0	4.4	7.1	5	17.0		14	2.6	4.0	7.1
	독어독문학과	7	7	9.0		13	3.0	4.1	5.9	6	9.7		10	2.5	3.7	6.2
	중어중문학과	7	7	16.7		19	2.4	4.0	6.2	6	27.3		13	2.4	3.7	5.8
	일어일문학과	9	9	10.9		9	2.9	4.2	7.1	8	18.6		7	2.4	3.5	6.3
	사학과	5	6	10.8		7	2.7	3.6	7.3	6	10.8		7	2.7	3.2	3.7
	기독교학과	-	-	-		-				-	-		-			
사회 과학 대학	경제학과	8	8	5.8		10	1.9	3.8	6.4	8	8.4		9	2.2	3.0	3.6
	문헌정보학과	5	6	8.2		10	2.3	3.1	5.4	5	19.8		1	2.1	2.6	3.1
	사회복지학과	9	9	12.4		6	2.2	3.2	3.9	8	26.9		6	1.7	2.8	4.0
	아동학과	10	14	13.6		9	1.8	3.4	5.1	13	15.2		15	2.3	3.2	5.5
	행정학과	7	8	7.8		12	2.5	3.0	3.6	8	11.1		9	2.0	2.9	3.8
	언론영상학부	15	18	22.7		12	2.1	3.3	5.6	15	30.1		16	2.0	3.2	5.9
	교육심리학과	8	8	14.6		9	2.2	2.7	3.1	5	19.2		9	1.7	2.7	3.6
미래 융합	경영학과	18	20	9.1		28	2.4	3.2	4.5	16	20.4		32	2.4	3.0	4.2
	패션산업학과	8	8	16.1		8	2.6	3.5	6.3	8	14.0		13	1.9	3.4	4.9
자전	자율전공 인문사회	15	20	12.8		17	2.2	3.5	6.2	16	18.5		14	2.2	3.2	6.7
		154	172	12.1		216	2.4	3.5	5.5	149	18.2		192	2.2	3.2	5.0

자연 과학	수학과	8	9	4.8		18	2.4	3.4	4.6	8	8.6		15	2.6	3.2	3.7
	화학생명환경과학부	18	18	14.2		26	2.2	3.2	6.7	16	23.7		12	2.5	2.9	3.8
	원예생명조경학과	10	10	10.7		7	2.7	3.6	4.8	8	7.9		3	3.0	3.9	4.8
	식품응용시스템학부	20	20	8.3		39	2.4	3.1	4.1	16	14.1		16	2.3	3.2	3.9
미래 산업 융합	디지털미디어	17	14	9.6		9	2.8	3.8	5.1	8	15.0		11	2.9	3.5	5.2
	정보보호학과	10	10	5.1		10	2.8	3.5	4.1	8	6.0		8	2.6	3.2	4.2
	쇼프트웨어융합	6	7	6.4		11	2.8	3.2	3.4	4	10.0		4	2.9	3.2	3.7
	데이터사이언스	12	10	5.8		18	2.4	3.2	3.9	-	-		-	-	-	-
자전	자율전공 자연	5	8	7.8		6	2.9	3.4	3.8	6	9.5		3	2.4	3.4	4.1
		106	106	8.1		144	2.6	3.4	4.5	74	11.9		72	2.7	3.3	4.2

예체능	스포츠운동과학과	-														
	산업디자인학과	12														
	A&DS 현대미술	-														
	A&DS 공예전공	-														
	A&DS 시각디자인	10														
	첨단미디어디자인	8	신설													
		30														

- ▶ 인/체육: 국영수사+史
- ▶ 자연: 국영수과
- ▶ 3개씩 총 12개 반영
- ▶ 학년비율: 동일
- ▶ 종합전형 정성평가

2021 종합 플러스인재

- ▶ 서류 100% (4배수) 수능후 면접
- ▶ 1단계 60%+면접 40% 최저 없음

2020 종합 플러스인재

- ▶ 서류 100% (4배수) 수능후 면접
- ▶ 1단계 60%+면접 40% 최저 없음

		2022 플러스인원	모집인원	경쟁률	실질경쟁률	충원인원	최고	평균	최저	모집인원	경쟁률	실질경쟁률	충원인원	최고	평균	최저
인문대학	국어국문학과	6	7	16.7		7	2.9	3.2	3.5	8	15.6		7	2.6	3.3	5.3
	영어영문학과	6	7	12.3		8	2.7	3.2	3.5	7	24.3		1	2.7	3.2	3.6
	불어불문학과	4	4	8.5		2	2.9	4.0	6.4	5	14.2		2	2.6	3.9	4.7
	독어독문학과	4	5	8.0		5	3.2	3.9	4.9	6	8.3		4	3.0	3.4	4.0
	중어중문학과	4	5	16.6		6	3.5	4.8	6.1	6	18.5		3	3.2	3.6	4.2
	일어일문학과	5	6	12.2		5	3.3	4.8	8.0	7	17.0		4	2.3	3.7	7.0
	사학과	4	4	12.5		1	2.4	3.1	3.4	5	19.2		0	2.9	3.3	4.0
	기독교학과	-	-	-		-	-	-	-	-	-		-	-	-	-
사회과학대학	경제학과	5	6	7.2		7	2.6	3.7	6.6	6	11.7		6	2.3	3.4	4.4
	문헌정보학과	4	4	23.5		0	2.9	3.7	5.3	5	22.8		3	2.4	3.9	5.1
	사회복지학과	5	6	37.2		6	2.7	3.5	5.0	6	46.8		2	2.4	4.0	5.8
	아동학과	10	8	12.9		9	2.6	3.4	5.5	8	19.5		6	2.5	3.3	4.2
	행정학과	4	6	12.5		8	2.4	3.2	3.6	6	16.5		6	2.0	3.2	6.0
	언론영상학부	8	8	21.9		6	2.5	3.2	4.6	9	32.1		2	2.4	3.1	3.7
	교육심리학과	-	-	-		-	-	-	-	-	-		-	-	-	-
미래융합	경영학과	10	10	9.7		9	2.6	3.7	5.9	8	19.6		1	2.6	3.2	3.8
	패션산업학과	3	5	23.2		1	2.4	3.8	5.4	5	26.4		3	2.6	3.8	6.1
자전	자율전공 인문사회	8	14	21.4		12	2.8	3.6	6.1	14	29.6		4	2.3	3.7	5.8
		90	105	16.0		92	2.8	3.7	5.2	111	21.4		54	2.6	3.5	4.9

		2022 플러스인원	모집인원	경쟁률	실질경쟁률	충원인원	최고	평균	최저	모집인원	경쟁률	실질경쟁률	충원인원	최고	평균	최저
자연과학	수학과	4	4	8.5		0	3.6	3.7	3.8	5	11.8		9	2.7	3.6	6.2
	화학생명환경과학부	8	8	25.8		7	2.6	3.5	4.4	8	47.9		5	2.4	3.9	5.1
	원예생명조경학과	5	7	9.1		3	3.5	4.1	5.3	8	13.8		13	2.4	4.0	5.8
	식품응용시스템학부	10	14	10.8		5	2.9	3.3	4.1	13	13.2		10	2.5	3.3	4.2
미래산업융합	디지털미디어	-	-	-		-	-	-	-	-	-		-	-	-	-
	정보보호학과	-	-	-		-	-	-	-	-	-		-	-	-	-
	쇼프트웨어융합	-	-	-		-	-	-	-	-	-		-	-	-	-
	데이터사이언스	-	10	7.0		4	3.0	3.7	4.6	-	-		-	-	-	-
자전	자율전공 자연	4	4	18.5		1	2.5	3.4	3.8	6	21.5		5	3.2	3.9	4.9
		31	47	13.3		20	3.0	3.6	4.3	40	21.6		42	2.6	3.7	5.2

		2022														
예체능	스포츠운동과학과															
	산업디자인학과	-														
	A&DS 현대미술	-														
	A&DS 공예전공	-														
	A&DS 시각디자인	-														
	첨단미디어디자인	-														

서울여대 2021 입시분석자료 04 - 수시 논술전형　2021. 06. 13　ollim

▶인/체육: 국영수사+史
▶자연: 국영수과
▶3개씩 총 12개 반영
▶학년비율: 동일

2021 논술전형 ▶교과 30+논술 70 ▶인문/자연: 2개합 7, 영어 포함시 2개합 5

2020 논술전형 ▶교과 30+논술 70 ▶인문/자연: 2개합 7, 영어 포함시 2개합 5

		2022 논술인원	모집인원	경쟁률	실질경쟁률	충원인원	최종 성적 최고	평균	최저	모집인원	경쟁률	실질경쟁률	충원인원	최종 성적 최고	평균	최저
인문대학	국어국문학과	6	6	22.3	8.3	3	2.9	3.6	4.8	6	40.7	16.3	0	2.4	3.3	4.5
	영어영문학과	6	6	22.5	9.7	2	2.8	3.6	4.6	6	40.3	18.5	2	2.3	3.2	4.4
	불어불문학과	4	5	22.4	8.0	2	3.5	4.0	4.5	5	39.2	18.4	2	2.1	3.4	4.7
	독어독문학과	5	5	21.6	7.0	0	3.4	3.8	4.4	5	40.8	16.6	1	2.5	3.7	4.7
	중어중문학과	5	5	22.2	7.2	0	3.0	4.2	5.1	5	41.0	18.6	5	2.4	3.5	4.6
	일어일문학과	5	5	25.8	9.2	0	2.0	3.4	4.6	5	38.2	14.0	1	3.0	3.8	4.7
	사학과	4	5	21.2	7.8	0	3.5	4.1	4.5	5	37.6	17.6	1	3.6	4.1	4.7
	기독교학과	-	-	-	-	-	-	-	-	-	-	-	-	-	-	-
사회과학대학	경제학과	5	5	24.4	9.0	0	2.0	3.6	4.7	5	36.2	15.2	2	2.5	3.3	4.5
	문헌정보학과	5	5	24.2	9.4	0	3.6	4.2	4.6	5	36.2	13.8	0	2.5	3.4	4.2
	사회복지학과	5	5	23.2	9.4	0	3.1	4.2	4.6	5	36.0	10.8	0	3.5	3.8	4.4
	아동학과	6	6	22.7	7.7	2	2.8	4.0	5.1	6	35.2	13.3	1	2.5	3.6	4.4
	행정학과	5	5	27.0	12.0	0	3.2	3.7	4.4	5	34.6	13.8	0	2.8	3.3	3.9
	언론영상학부	5	5	40.8	15.6	3	3.4	4.2	4.6	5	47.0	14.8	1	3.2	4.2	5.0
	교육심리학과	3	3	30.7	11.7	0	3.0	3.4	3.7	3	32.7	12.7	1	2.2	3.1	4.1
미래융합	경영학과	6	6	28.2	11.0	4	2.9	3.5	4.5	6	36.7	16.7	1	2.8	3.2	3.6
	패션산업학과	5	6	29.3	8.2	3	2.5	3.8	5.0	6	12.3	2.8	0	3.4	4.5	5.4
자전	자율전공 인문사회	12	12	29.4	11.4	10	2.8	3.9	6.3	12	55.8	26.3	2	2.6	3.7	5.7
		92	95	25.8	9.6	29	3.0	3.8	4.7	95	37.7	15.3	20	2.7	3.6	4.6

		2022 논술인원	모집인원	경쟁률	실질경쟁률	충원인원	최고	평균	최저	모집인원	경쟁률	실질경쟁률	충원인원	최고	평균	최저
자연과학	수학과	-	6	10.3	2.3	0	3.4	4.4	5.1	6	11.5	3.0	3	2.3	3.7	5.7
	화학생명환경과학부	9	11	18.9	6.5	0	2.0	3.7	4.5	11	25.8	8.9	4	2.0	3.5	5.6
	원예생명조경학과	6	6	11.2	2.8	0	3.0	4.0	5.1	6	16.7	5.5	0	4.1	4.5	4.8
	식품응용시스템학부	9	10	13.3	5.2	2	2.1	3.9	5.3	10	20.4	8.6	2	2.4	3.6	5.2
미래산업융합	디지털미디어	-	7	17.3	4.0	2	2.8	3.6	4.4	7	16.9	6.7	1	2.2	3.6	4.7
	정보보호학과	-	5	14.0	4.0	0	3.0	3.7	4.7	5	19.6	6.6	3	2.1	3.6	4.8
	쇼프트웨어융합	-	5	15.0	4.6	1	2.8	3.8	4.8	5	22.2	8.4	3	2.1	3.6	4.8
	데이터사이언스	-	-	-	-	-	-	-	-	-	-	-	-	-	-	-
자전	자율전공 자연	4	5	15.0	4.0	0	2.8	3.6	4.9	5	21.6	8.0	2	2.2	3.6	4.4
		28	55	14.4	4.2	5	2.7	3.8	4.9	55	19.3	7.0	18	2.4	3.7	5.0

		2022
예체능	스포츠운동과학과	-
	산업디자인학과	-
	A&DS 현대미술	-
	A&DS 공예전공	-
	A&DS 시각디자인	-
	첨단미디어디자인	-

영어 점수 인/자: 100-97-94-80-65 ...		2022 가다 인원	2021 정시수능 ▶인문 국수영탐1 30:20:30:20 ▶자연 국수영탐1 20:30:30:20						2020 정시수능 ▶인문 국수영탐1 30:20:30:20 ▶자연 국수영탐1 20:30:30:20				
			모집 인원	경쟁률	백분위 평균	충원			모집 인원	경쟁률			
인문 대학	국어국문학과	23	23	4.78	85.65	53							
	영어영문학과	23	24	4.57	85.40	35							
	불어불문학과	12	13	5.08	84.99	25							
	독어독문학과	13	12	6.50	84.78	43							
	중어중문학과	13	14	6.21	84.67	40							
	일어일문학과	23	21	4.76	83.37	52							
	사학과	12	11	7.27	85.89	23							
	기독교학과	9	6	5.67	82.27	7							
사회 과학 대학	경제학과	25	27	4.44	85.73	43							
	문헌정보학과	13	12	4.75	87.39	24							
	사회복지학과	21	20	6.95	85.12	63							
	아동학과	32	32	3.97	84.64	49							
	행정학과	27	25	5.24	83.47	37							
	언론영상학부	37	42	3.45	87.39	39							
	교육심리학과	12	16	3.69	87.04	18							
미래 융합	경영학과	39	41	3.73	85.11	56							
	패션산업학과	17	14	3.36	87.18	12							
자전	자율전공 인문사회	46	29	6.38	86.67	72							
		397	382	5.04	85.38	691							

자연 과학	수학과	13	9	5.57	81.03	22							
	화학생명환경과학부	37	33	5.21	85.08	87							
	원예생명조경학과	28	28	5.11	85.20	45							
	식품응용시스템학부	42	38	4.38	84.82	69							
미래 산업 융합	디지털미디어	28	30	3.76	86.80	39							
	정보보호학과	30	26	4.00	86.13	20							
	쇼프트웨어융합	18	16	5.50	88.49	37							
	데이터사이언스	18	15	4.47	86.84	20							
자전	자율전공 자연	16	10	7.70	87.47	19							
		230	205	5.08	85.76	358							

예체능	스포츠운동과학과	14	9	5.75	83.33	3							
	산업디자인학과	15	12	8.17	84.22	10							
	A&DS 현대미술	15	13	7.38	75.08	17							
	A&DS 공예전공	13	13	14.50	79.74	7							
	A&DS 시각디자인	14	8	8.63	85.92	3							
	첨단미디어디자인	10	신설	-	-	-							
		81	55	8.89	81.66	40							

183

2022 대학별 수시모집 요강	선문대학교	2022 대입 주요 특징	정시: 등급 국영탐1, 수영탐1, 미적/기하 5% / 인/자: 98(1,2등급)-93(3,4등급)-88(5,6등급)-83

▶국영수사과 중 총 15개★
▶종합 학과별인재상 핵심★

1. 2022 일반학생 교과100%, 면접없음, 42명 증가
2. 2022 선문인재 등 모든 종합 자기소개서 폐지
3. 교과전형 학과편차 많음: 2020 입결 평균3.84, 최저4.71 ★
4. 선문인재 서류평가 중요: 2020 입결 평균5.06, 최저7.28 ★

5. 소프트웨어전형 30명 (단계전형, 서류100%, 면접40%)
6. 2022 주요변경 학과명
행정학과→행정공기업학과   신학순결학과→신학과
토목방재공→건설시스템안전공 글로벌소프트웨어→AI소프트웨어

모집시기	전형명	사정모형	학생부종합 특별사항	2022 수시 접수기간 09. 10(금) ~ 14(화)	모집인원	학생부	논술	면접	서류	기타	2022 수능최저등급
2022 수시 1,846명 (89.9%) 정시 206명 (10.1%) 전체 2,052명 2021 정원내 수시 1,690명 (82.4%) 정시 360명 (17.6%) 전체 2,050명	일반학생	일괄	학생부교과 100% 최저없음 국영수사과 중 총 15개 최종 10.19(화) 신학 면접 11.13(토) 신학 최종 11.23(화)	2022년 전년대비 42명 증가 2021년 전년대비 41명 감소 2020년 전년대비 21명 감소 2019년 전년대비 76명 증가 2018년 전년대비 270명 증가 <2020 교과입결> ▶전체평균 3.84, 최저 4.71 ▶영어전공17-4.76-4.09-5.27 ▶중어전공15-5.13-4.20-4.80 ▶일어전공15-8.93-3.57-4.20 ▶러시전공09-4.44-4.93-5.60 ▶스페전공10-7.00-3.04-3.67	801 2021 759	교과 100 선문대 내신 15개 기준					<2020 일반전형 교과100% 경쟁률-평균등급-최저등급> * 선문대 내신 15개 기준 국어국문11-5.36-4.06-4.67 상담심리16-8.56-3.41-3.80 역사문화25-5.28-3.92-5.27 미디어커25-8.32-2.89-3.47 법경찰학26-10.2-3.09-3.67 글로벌한15-4.27-5.84-7.03 경영학과37-10.5-3.62-4.33 시각디자25-4.76-5.04-6.33 국제경제16-4.94-4.60-5.49 IT경영학 17-10.0-3.86-4.33 국제관계17-4.82-3.98-4.87 행정학과24-4.58-4.53-5.53 신학순결30-2.80-3.21-4.40 제약생명35-6.09-3.49-4.20 식품과학19-6.21-4.70-6.16 간호학과17-23.4-1.74-2.00 물리치료16-30.0-1.87-2.13 치위생학16-56.1-2.56-2.93 응급구조14-11.6-2.64-3.07 건축학부23-9.13-3.36-4.07 스마트지29-5.97-3.76-4.53 기계공학28-11.4-3.56-4.13 전자공학29-14.8-3.86-4.33 컴퓨터공48-6.33-3.65-4.40 소프트웨16-5.88-4.31-5.40 신소재공21-4.67-4.35-5.20 환경생명25-4.28-3.79-5.13 산업경영26-4.81-4.69-5.60 스포츠과16-21.8-5.15-6.03 무도경호30-10.0-6.17-8.94 사회복지11-3.4-4.27-5.09 글로소프트16-5.88-3.34-4.13 글로관광14-9.64-3.20-3.87 수산생명13-6.54-3.80-4.60 토목방재13-3.85-4.92-6.13 정보통신34-4.38-4.75-5.40 디스플레22-4.27-4.55-5.60 사회복지18-11.3-3.55-4.20
	선문인재	1단계	학생부종합 자소서 폐지 최저없음 1단계 10.28(목) 면접 11.06(토) 최종 11.23(화)	1. 2022년 전년대비 33명 증가 2. 면접: 10일 전에 홈피공지 3. 종합전형 평가항목 인성 40% 전공적합성 35% 발전가능성 25% <2020 선문인재 입결> 전체 평균 5.06, 최저 7.28	393 2021 360				서류 100 (4배수)		<2020 선문인재 5개교과 경쟁률-평균등급-최저등급> 국어국문07-3.71-5.38-5.81 상담심리07-8.14-4.96-5.50 역사문화11-5.91-5.11-6.13 미디어커14-8.93-4.72-5.88 법경찰학11-12.2-5.06-7.28 글로벌한08-2.63-5.69-6.84 경영학과14-3.14-5.82-6.46 시각디자10-5.60-3.91-5.83 국제경제10-3.10-6.17-7.16 IT경영학 06-3.00-6.09-6.59 국제관계10-2.80-6.17-7.13 행정학과09-2.22-5.60-6.91 제약생명14-4.50-5.18-6.03 신소재공13-2.46-5.50-7.17 식품과학09-4.00-5.47-5.93 간호학과13-43.2-3.51-4.30 물리치료09-25.9-4.19-4.82 치위생학09-18.2-4.32-5.13
		2단계	제약생명공 컴퓨터공학 11.06(토) 11.07(일) ▶모집단위별 인재상과 평가 관련 주요 사항 2021학년도 자료 홈페이지 공지사항 참고 ★★ (예시) 국문학과 인재상 등						서류 70 + 면접 30		응급구조08-25.9-4.78-5.86 건축학부12-7.17-5.12-5.63 스마트자12-5.58-5.50-6.43 기계공학15-6.60-5.60-6.23 전자공학17-3.35-6.10-7.00 디스플레10-2.10-6.51-6.86 환경생명14-2.50-5.55-6.81 산업경영12-2.25-6.74-7.87 사회복지08-10.3-5.20-6.10 영어전공08-3.00-5.84-7.05 중국어전04-4.71-5.60-6.29 일본어전07-8.43-4.87-5.55 러시아어04-2.75-6.03-7.00 스페인어04-3.75-5.62-6.14 글로관광08-8.25-5.33-5.90 수산생명06-4.83-4.88-5.50 토목방재07-1.86-6.30-7.25 정보통신17-2.35-6.21-7.77
	소프트웨어 인재	1단계	학생부종합 1단계 10.28(목) 면접 11.06(토) 최종 11.23(화)	소프트웨어 자질과 역량 컴퓨터공학부 20명 AI소프트웨어 10명 컴퓨터공학 면접: 11.21~22	33 2021 30	서류 100% (4배수)					<2021 입결 5개 전과목, 평균등급-최저등급> ▶컴퓨터공20-3.35-5.29-6.50 ▶AI소프트웨어10-2.30-5.26-6.09
		2단계				서류 70% + 면접 30%					
	사회적배려대상	일괄	학생부교과 최종 11.23(화)	다문화 및 지정공무원 자녀 군인경찰소방교도환경집배 복지기관 10년+다자녀 등	21 16	100					없음
	지역학생	일괄	학생부교과 최종 11.23(화)	2022 전년대비 43명 감소 대전/세종/충남북 고교출신자	293 336	100					없음
	고른기회	1단계	학생부종합 1단계 10.28(목) 면접 11.13(토) 최종 11.23(화)	1. 국가보훈자녀 및 만학자 2. 농어촌학생 3. 특성화고졸 4. 기초 및 차상위자녀 5. 전과목 반영★	78 2021 58	서류 100% (4배수)					<2021 입결> 디스플7.69 스마트5.71 컴공6.75 사복5.33-6.06 상담6.61-6.61 미디어4.77-5.03 법경5.65-6.29 경영6.04-6.58 간호4.40-4.40 물치3.85-4.27 응급4.17-4.17 기계6.08-6.08 등
		2단계				서류 70% + 면접 30%					
	기초수급차상위 (전원외)	단계↓일괄	학생부교과 자소서없음 최종 11.23(화)	종합(단계)→교과(일괄) 변화 기초수급 및 차상위자녀 간호/물치/치위/응급/기타	41	교과 100					<2021 입결 5개 전과목, 평균등급-최저등급> 간호2.93-2.93 물치2.47-2.47 치위생4.87-5.45 응급구조3.40-3.73 기타모집4.93-6.33

선문대 2021 입결분석 01 - 수시 교과 및 정시백분위　　2021. 07. 04 ollim

▶교과 100%
▶내신: 총 15개
▶정시영어 반영점수
98(1,2등급) 93(3,4등급)
88(5,6등급) 83(7,8등급)

대학	학과	2022 모집인원	2021 지원 모집인원	2021 지원 경쟁률	2021 수시 입결 최종등록 50%컷	2021 수시 입결 최종등록 90%컷	충원인원	정시 반영	전체지원	모집+충원	최저제외 실질경쟁	충원율	정시입결 영어제외 2개 50%	정시입결 영어제외 2개 90%
인문사회대학	국어국문학과	12	12	6.00	3.07	4.53	48	영탐1+국/수 택1	72	60	1.20	400%	126	109
	사회복지학과	17	17	10.9	3.40	3.93	81		185	98	1.89	476%	127	97
	상담·산업심리학과	15	15	5.53	3.80	4.47	49		83	64	1.30	327%	133	47
	역사·영상콘텐츠학	24	26	7.31	3.60	4.27	90		190	116	1.64	346%	140	124
	미디어커뮤니케이션	23	23	4.96	3.20	3.67	47		114	70	1.63	204%	147	111
	법·경찰학과	24	24	6.67	3.60	4.40	92		160	116	1.38	383%	135	114
	글로벌한국학과	15	15	7.87	4.73	5.53	71		118	86	1.37	473%	108	99
	행정·공기업학과	22	22	9.23	4.53	5.27	106		72	128	1.59	482%	135	65
글로벌비즈니스대학	영어전공	17	16	4.50	4.20	5.47	56	영탐1+국/수 택1	71	72	1.00	350%	84	60
	중국어전공	17	15	4.73	3.47	4.27	56		87	71	1.00	373%		
	일본어전공	15	14	6.21	4.80	5.20	42		51	56	1.55	300%		
	러시아어전공	11	10	5.10	4.40	5.00	40		38	50	1.02	400%		
	스페인어중남미전공	11	10	3.80	4.60	6.07	28		170	38	1.00	280%		
	경영학과	37	37	4.59	4.40	5.80	133		55	170	1.00	359%	131	83
	IT경영학과	20	15	3.67	4.20	5.33	39		61	54	1.02	260%	132	127
	국제경제통상학과	17	17	3.59	4.67	5.93	44		61	61	1.00	259%	117	87
	글로벌관광학과	14	14	4.36	5.00	5.93	45		60	59	1.03	321%	120	92
	국제관계학과	17	17	3.53	4.53	4.87	43		203	60	1.00	253%	136	74
신학	신학과	27	27	1.56	4.33	5.40	5		42	32	1.32	19%		
건강보건대학	제약생명공학과	34	37	4.08	4.13	5.27	114	영탐1+국/수 택1	151	151	1.00	308%	118	61
	식품과학부	20	20	5.20	4.33	5.27	80		104	100	1.04	400%	122	94
	수산생명의학과	13	13	6.62	4.67	5.00	70		86	83	1.04	538%	141	96
	간호학과	17	17	11.9	1.93	2.20	65		203	82	2.48	382%	166	159
	물리치료학과	15	15	10.7	1.67	2.27	43		161	58	2.78	287%	161	149
	치위생학과	15	15	9.93	2.53	3.27	51		149	66	2.26	340%	121	110
	응급구조학과	10	10	14.0	2.80	3.00	53		140	63	2.22	530%	143	124
공과대학	건축학부	23	23	5.52	3.67	4.47	70	정시 수영탐1	127	93	1.37	304%	126	26
	건설시스템안전공	13	13	9.31	4.93	5.47	80		121	93	1.30	615%	115	65
	기계공학과	30	29	3.97	4.07	5.80	86		115	115	1.00	297%	81	56
	정보통신공학과	34	33	5.12	4.80	5.60	112		169	145	1.17	339%	103	81
	디스플레이반도체	22	21	7.57	4.67	5.20	91		159	112	1.42	433%	118	86
	전자공학과	26	29	4.21	4.73	5.53	93		122	122	1.00	321%	100	58
	신소재공학과	21	21	5.90	4.67	4.87	90		124	111	1.12	429%	125	41
	환경생명화학공학	25	25	4.08	4.33	5.00	77		102	102	1.00	308%	100	64
	산업경영공학과	30	25	4.04	4.87	6.20	73		101	98	1.03	292%	129	81
SW융합대학	스마트자동차공학	31	29	3.93	4.40	5.13	71	정시 수영탐1	114	100	1.14	245%	124	63
	컴퓨터공학부	50	50	4.78	4.13	4.80	158		239	208	1.15	316%	125	72
	AI소프트웨어학과	17	17	4.06	4.60	5.73	52		69	69	1.00	306%	130	79
예능	시각디자인학과		25	3.96	5.47	6.93	30		99	55	1.80	120%		
건강보건	스포츠과학 (실기)		16	13.6	5.13	5.67	36		218	52	4.19	225%	102	82
	무도경호학과		30	8.70	5.60	6.93	30		261	60	4.35	100%		
		801	859	6.23	4.16	5.00	2740		5027	3599	1.48	257%	124	86

185

		2022	2021 지원		2021 수시 입결				2021 지원 세부		
▶1단계: 서류100 (4배수) ▶2단계: 서류70+면접30		모집인원	모집인원	경쟁률	최종등록 50%컷	최종등록 90%컷	충원인원	전체지원	모집+충원	최저제외 실질경쟁	충원율
인문 사회 대학	국어국문학과	8	7	3.29	5.75	5.97	4	23	11	2.09	57%
	사회복지학과	9	8	8.4	5.49	5.94	12	67	20	3.35	150%
	상담·산업심리학과	8	7	4.43	5.09	5.60	4	31	11	2.82	57%
	역사·영상콘텐츠학	15	14	3.21	5.39	6.31	14	45	28	1.61	100%
	미디어커뮤니케이션	11	10	11.00	4.83	4.97	20	110	30	3.67	200%
	법·경찰학과	11	10	7.50	5.03	6.27	27	75	37	2.03	270%
	글로벌한국학과	9	8	1.63	6.21	8.26	2	13	10	1.30	25%
	행정·공기업학과	12	9	1.91	5.81	6.78	10	19	19	0.90	111%
글로벌 비즈 니스 대학	영어전공	10	9	2.11	4.80	7.19	12	17	21	0.90	133%
	중국어전공	9	8	1.89	5.06	5.49	7	47	15	1.01	88%
	일본어전공	9	5	5.88	5.67	7.05	4	8	9	3.27	80%
	러시아어전공	6	5	1.60	5.18	5.18	1	12	6	1.33	20%
	스페인어중남미전공	6	15	2.40	5.90	6.55	21	35	36	1.00	140%
	경영학과	17	6	2.33	6.03	7.09	8	11	14	1.00	133%
	IT경영학과	6	9	1.83	6.03	6.03	8	13	17	0.97	89%
	국제경제통상학과	10	6	1.44	6.06	6.27	20	22	26	0.33	333%
	글로벌관광학과	7	10	3.67	5.81	6.60	8	16	18	2.04	80%
	국제관계학과	11	11	1.60	6.17	6.94	3	21	14	1.26	27%
건강 보건 대학	제약생명공학과	20	19	1.79	5.85	7.62	26	34	45	0.76	137%
	식품과학부	11	10	2.70	5.60	6.49	8	27	18	1.50	80%
	수산생명의학과	8	7	4.00	5.70	6.79	2	28	9	3.11	29%
	간호학과	9	9	23.6	3.83	4.36	8	212	17	12.47	89%
	물리치료학과	9	8	20.6	3.97	4.56	4	165	12	13.75	50%
	치위생학과	9	8	10.50	4.59	5.11	6	84	14	6.00	75%
	응급구조학과	13	12	14.2	4.86	5.91	15	170	27	6.30	125%
공과 대학	건축학부	11	10	6.30	4.97	6.03	11	63	21	3.00	110%
	건설시스템안전공	9	8	1.63	6.46	7.06	3	13	11	1.19	38%
	기계공학과	14	11	3.27	6.03	6.75	19	36	30	1.20	173%
	정보통신공학과	17	15	2.33	6.13	7.65	14	35	29	1.21	93%
	디스플레이반도체	10	9	1.33	5.85	7.38	6	12	15	0.80	67%
	전자공학과	18	17	2.12	6.03	7.43	23	36	40	0.90	135%
	신소재공학과	13	12	1.42	6.06	7.44	12	17	24	0.71	100%
	환경생명화학공학	15	14	1.00	5.34	6.43	15	14	29	0.48	107%
	산업경영공학과	11	14	1.43	8.00	8.20	10	20	24	0.83	71%
SW	스마트자동차공학	12	11	3.09	6.31	6.78	14	34	25	1.36	127%
예능	시각디자인학과	10	10	3.80	5.31	5.53	3	38	13	2.92	30%
		393	361	4.75	5.59	6.44	384	1623	745	2.48	104%

186

| | | 2022 | 2021 지원 | | 2021 지역학생 교과 | | | | 2021 지역학생 세부입결 | | | |
| | | | | | 2021 수시 입결 | | | | | 2021 지원 세부 | | |
▶ 교과 100% ▶ 내신: 총 15개		모집 인원	모집 인원	경쟁률	최종등록 50%컷	최종등록 90%컷	충원 인원		전체 지원	모집 +충원	최저제외 실질경쟁	충원율
인문 사회 대학	국어국문학과	5	6	2.67	3.67	4.20	10		16	16	1.00	167%
	사회복지학과	6	7	12.0	4.27	4.67	44		84	51	1.65	629%
	상담·산업심리학과	5	6	3.50	4.47	4.67	13		21	19	1.11	217%
	역사·영상콘텐츠학	10	11	2.09	4.40	4.60	7		23	18	1.28	64%
	미디어커뮤니케이션	9	10	3.70	3.73	3.87	16		37	26	1.42	160%
	법·경찰학과	9	10	4.90	4.00	4.87	35		49	45	1.09	350%
	글로벌한국학과	6	7	2.14	3.13	4.60	8		15	15	1.00	114%
	행정·공기업학과	9	7	5.30	5.20	8.40	9		13	16	2.32	129%
글로벌 비즈 니스 대학	영어전공	5	6	1.86	4.87	6.20	6		14	12	0.93	100%
	중국어전공	4	6	2.33	3.67	3.93	8		16	14	1.00	133%
	일본어전공	4	4	2.67	5.67	5.80	4		11	8	1.34	100%
	러시아어전공	2	4	2.75	3.87	3.87	5		14	9	1.22	125%
	스페인어중남미전공	2	17	3.50	5.07	6.00	10		70	27	2.20	59%
	경영학과	15	6	4.12	6.20	7.07	53		18	59	0.42	883%
	IT경영학과	6	8	3.00	4.47	5.47	11		22	19	1.26	138%
	국제경제통상학과	7	4	2.75	3.60	6.80	14		17	18	0.61	350%
	글로벌관광학과	3	8	4.25	4.87	7.60	13		14	21	1.62	163%
	국제관계학과	7	10	1.75	4.80	4.87	6		53	16	1.09	60%
건강 보건 대학	제약생명공학과	14	15	4.87	4.20	5.33	42		73	57	1.28	280%
	식품과학부	8	9	2.44	5.00	5.47	12		22	21	1.05	133%
	수산생명의학과	6	7	2.29	3.80	4.67	6		16	13	1.23	86%
	간호학과	17	17	4.8	2.20	2.47	15		81	32	2.53	88%
	물리치료학과	5	6	5.7	2.27	3.07	16		34	22	1.55	267%
	치위생학과	5	6	8.67	2.80	3.13	10		52	16	3.25	167%
	응급구조학과	3	4	6.8	3.27	3.53	7		27	11	2.45	175%
공과 대학	건축학부	10	11	2.64	4.80	5.53	16		29	27	1.08	145%
	건설시스템안전공	5	6	2.50	5.47	5.60	9		15	15	1.00	150%
	기계공학과	10	11	4.27	4.20	4.60	25		47	36	1.30	227%
	정보통신공학과	13	15	2.87	5.47	7.00	28		43	43	1.00	187%
	디스플레이반도체	8	9	4.78	5.47	5.87	19		43	28	1.54	211%
	전자공학과	12	13	3.54	4.80	5.20	32		46	45	1.02	246%
	신소재공학과	9	10	2.50	4.67	5.13	13		25	23	1.09	130%
	환경생명화학공학	10	11	2.18	4.73	5.53	13		24	24	1.00	118%
	산업경영공학과	10	11	1.82	5.47	6.13	8		20	19	1.05	73%
SW 융합 대학	스마트자동차공학	10	11	3.00	4.73	5.07	21		33	32	1.03	191%
	컴퓨터공학부	18	20	3.30	4.73	6.13	44		66	64	1.03	220%
	AI소프트웨어학과	6	7	2.86	4.67	5.67	13		20	20	1.00	186%
		293	336	3.70	4.40	5.21	621		1223	957	1.33	195%

187

2022 대학별 수시모집 요강	**성결대학교**	**2022 대입 주요 특징**		
		<영어 반영>	정시: 등급변환 국수영 중 2개 70%	
		인/자: 100-90-80-70-60 ...		탐구1개 30%

▶ 교과 반영
국수영+사(史,도)/과
학기별 4개씩 총 20개
▶ 학년비율 공통 100%
▶ 이수단위 미반영★
▶ 2022 전년도와 동일★

1. 학생부 100%전형 경쟁률 세심히 관찰 유의 지원★
2. 교과전형, 창의인재전형, 기회균형전형 모두 교과100%★
3. 2022 교과 197명 증가, 창의적 인재 97명 증가
4. SKU 창의적인재: 1단계 교과100% 합격 관건, 동점자 통과
   출결 및 자기소개서 폐지, 1단계 6배수 유지
   면접: 전공적합성, 인화관계성, 성장잠재력 평가
5. 전과 무제한 1년 2학기: 평점/주야 무제한, 2017-151명 승인

7. 체육교육 실기: 교과 40%+실기 60% (일괄)
   ①80m달리기(9.9초) ②제자리멀리(285cm)
   ③왕복달리기(8.5초) ④윗몸일으키(74회)
   ⑤윗몸앞으로굽히(26센티)

※ 체육교육 2021 수시 3.0등급 (경쟁률 44.2) 정시 백분80%컷
※ 체육교육 2020 수시 2.8등급 (경쟁률 83.2) 정시 백분80%컷
※ 체육교육 2019 수시 3.8등급 (경쟁률 86.8) 정시 백분80%컷 84.2

모집시기	전형명	사정모형	학생부종합 특별사항	2022 수시 접수기간 09. 10(금) ~ 14(화)	모집인원	학생부	논술	면접	서류	기타	2022 수능최저등급
2022 수시 1,032명 (84%) 정시 196명 (16%) 전체 1,228명 2021 수시 1,032명 (79.6%) 정시 265명 (20.4%) 전체 1,297명	교과성적 우수자	일괄	학생부교과 최저없음 최종: 10.28(목) <내신 총20개> 국수영+사/과 학기별 4개씩	1. 2022 전년대비 197명 증가	583 주306 야 80 2021 386 주306 야 80	학생 100					최저 없음
	SKU 창의적인재	1단계	학생부종합 자소서폐지 1단계: 09.30(목) 면접: 10.09(토) 최종: 10.28(목) <내신 총20개> 국수영+사/과 학기별 4개씩	1. 2022 전년대비 96명 증가 2. 서류 자소서+출결 폐지 3. 다대다 토론면접 (2~4명) 사회이슈 등의 주제 4. 주제 이해력, 주장 논리력 언어구사력, 태도 성실성 등 5. 학업충실, 특정분야 탁월 재능 및 미래성장잠재력 1단계통과=최종80% 일치	231 2021 140	교과 100 (6배수) 1단계 40 + 면접 60					최저 없음
	기회균형 (정원외)	일괄	기회균형 최저없음 최종: 10.28(목)	기초수급 및 차상위 자녀 경쟁률 상승 입결비례 정확★	26 2021 26	학생부 100	<2021 기회균형 입결 - 최종평균 70%컷> 국문02-6.00-**4.4** 영문02-3.50-**4.6** 중문02-4.00-**4.6** 개발02-4.50-**6.0** 사복02-15.5-**3.4** 경영02-12.5-**3.0** 물류02-5.00-**4.6** 행정02-5.00-**6.6** 컴공02-15.5-**4.2** 정통02-9.00-**5.2** 소프02-11.5-**4.8** 산경02-7.50-**4.6** 도시디자인정보공02-7.50-**4.8**				
	목회자추천 예성목회추천	일괄	학생부교과 면접: 10.02(토) 최종: 10.28(목)	신학과 목회 35명, 예성 12명 일반수학능력, 전공수학능력 인성/사회성 및 신앙고백	목35 예12	학생 90 + 면접 10	<목회추천 2021 입결> 신학과 70% 7.4등급 <예성지방 2021 입결> 신학과 70% 6.2등급				최저 없음
	미래인재	일괄	학생부교과 면접: 10.02(토) 최종: 10.28(목)	기독교 출석교인 지원대상 기독교육 7명, 문화선교 6명 일반수학능력, 전공수학능력 인성/사회성 및 신앙고백	13 2021 9	학생 80 + 면접 20	<미래인재 2021 입결> 기독교육 70% 6.2등급 문화선교 70% 6.6등급				최저 없음 기타 실기전형 등 생략

188

성결대 2021 입결분석자료 01 - 수시 교과전형

2021. 06. 11 ollim

수능최저 없음 ▶교과 100% 내신: 국영수사과 ▶학년비율: 동일		모집인원	2021 교과성적우수자						2020 교과성적우수자					
			2021 지원		2021 수시 입결				2020 지원		2020 수시 입결			
			모집인원	경쟁률	최종등록 평균	최종등록 70% CUT	추합인원	충원율	모집인원	경쟁률	최종등록 평균	최종등록 80% CUT	추합인원	충원율
신학대학	기독교육상담	30	24	2.17		7.20								
	문화선교학과	21	17	3.76		7.00								
인문대학	국어국문	16	10	8.10		3.40			10	4.60		3.60		
	영어영문	19	13	6.15		4.00			13	9.46		3.20		
	중어중문	19	13	4.1		4.60			13	5.92		3.40		
사회과학	국제개발협력	19	13	4.31		4.20			13	7.38		3.40		
	사회복지학과	31	22	8.55		3.20			22	7.95		3.20		
	행정학과	19	13	6.00		4.40			13	6.54		3.00		
글로벌경영	관광개발학과	19	13	8.38		3.60			13	7.38		3.40		
	경영학과	19	13	5.9		3.00			13	7.15		2.40		
	동아시아물류	44	27	4.11		4.60			27	5.41		3.40		
	산업경영공학	33	20	4.65		4.20			20	5.25		3.60		
사범	유아교육	19	13	5.00		3.00			13	6.85		2.20		
IT공과대학	컴퓨터공학	40	24	7.58		3.40			24	7.54		3.20		
	정보통신공학	40	24	5.71		3.80			24	5.79		3.60		
	미디어소프트	40	24	6.96		4.00			24	4.88		3.60		
	도시디자인공	16	10	7.8		3.60			10	8.80		3.60		
예술	뷰티디자인	19	13	9.69		3.00			13	11.7		2.00		
야간 4개 학과	영어영문야간	30	20	3.15		6.80			20	5.10		4.60		
	사회복지야간	30	20	5.30		5.00			20	5.45		4.60		
	행정학과야간	30	20	3.85		5.20			20	5.35		4.40		
	경영학과야간	30	20	5.55		5.00			20	5.95		4.60		
합계		583	386	5.76		4.37	0		345	6.72		3.45		

성결대 2021 입결분석자료 02 - 수시 종합전형

2021. 06. 11 ollim

수능최저 없음 ▶교과 100% 내신: 국영수사과 ▶학년비율: 동일		모집인원	2021 SKU 창의적인재						2020 SKU 창의적인재					
			2021 지원		2021 수시 입결				2020 지원		2020 수시 입결			
			모집인원	경쟁률	최종등록 평균	최종등록 70% CUT	추합인원	충원율	모집인원	경쟁률	최종등록 평균	최종등록 80% CUT	추합인원	충원율
인문대학	국어국문	10	6	8.17		4.60			6	5.50		4.20		
	영어영문	12	8	6.50		5.20			8	6.50		4.60		
	중어중문	12	8	5.6		6.40			8	4.38		4.80		
사회과학	국제개발협력	12	8	4.63		5.40			8	6.38		5.00		
	사회복지학과	19	13	13.8		4.60			13	14.3		4.00		
	행정학과	12	8	7.00		5.40			8	6.00		4.60		
글로벌경영	관광개발학과	12	8	8.75		5.20			8	6.38		4.80		
	경영학과	12	8	9.1		4.20			8	8.75		4.00		
	동아시아물류	21	10	6.60		6.00			10	4.50		5.60		
	산업경영공학	17	8	4.88		6.80			8	5.38		5.60		
사범	유아교육	12	8	13.0		4.00			8	20.4		3.20		
IT공과대학	컴퓨터공학	20	10	8.00		4.60			10	7.90		4.40		
	정보통신공학	20	10	7.20		5.60			10	4.10		6.00		
	미디어소프트	20	10	8.40		5.00			10	8.00		4.80		
	도시디자인공	11	7	5.0		5.80			7	5.86		5.00		
예술	뷰티디자인	12	8	15.9		4.80			8	14.0		4.00		
야간 4개 학과	영어영문야간	-	-	-										
	사회복지야간	-	-	-										
	행정학과야간	-	-	-										
	경영학과야간	-	-	-										
합계		234	138	8.29		5.23	0		138	8.02		4.66		

189

수능최저 없음			2021 정시 수능					2020 정시 수능				
▶교과 100% 내신: 국영수사과 ▶학년비율: 동일			▶국수영 중 2개 70% + 탐구 1개 30%, 백분위 반영 ▶영어 점수: 100-90-80-70-60 …					▶국수영 중 2개 70% + 탐구 1개 30%, 백분위 반영 ▶영어 점수: 100-90-80-70-60 …				
			2021 지원		2021 수시 입결			2020 지원		2020 수시 입결		
		모집인원	모집인원	경쟁률	탐1+국/수/영 2개 등록자 80% 컷	국수영탐 등급평균		모집인원	경쟁률	탐1+국/수/영 2개 등록자 80% 컷	국수영탐 등급평균	
인문 대학	국어국문		6	8.17				6	5.50	78.90		
	영어영문		8	6.50				8	6.50	80.50		
	중어중문		8	5.6				8	4.38	77.70		
사회 과학	국제개발협력		8	4.63				8	6.38	75.90		
	사회복지학과		13	13.8				13	14.3	76.80		
	행정학과		8	7.00				8	6.00			
글로벌 경영	관광개발학과		8	8.75				8	6.38	78.60		
	경영학과		8	9.1				8	8.75	80.20		
	동아시아물류		10	6.60				10	4.50	80.30		
	산업경영공학		8	4.88				8	5.38	78.20		
사범 대학	유아교육		8	13.0				8	20.4	82.50		
	체육교육		-	-								
IT 공과 대학	컴퓨터공학		10	8.00				10	7.90	81.90		
	정보통신공학		10	7.20				10	4.10	79.70		
	미디어소프트		10	8.40				10	8.00	78.50		
	도시디자인공		7	5.0				7	5.86	77.80		
예술	뷰티디자인		8	15.9				8	14.0	75.30		
야간 4개 학과	영어영문야간		-	-						60.90		
	사회복지야간		-	-						66.60		
	행정학과야간		-	-						68.80		
	경영학과야간		-	-						69.90		
합계		0	138	8.29		0		138	8.02	76.26		

190

2022 대학별 수시모집 요강	성공회대학교	2022 대입 주요 특징

<영어 반영> 정시: 등급변환   인문: 영+2개선택
인/자: 100-97-93-86-77...   자연: 영탐+1개 등

▶ 교과반영
영+국/수+사/과 3개씩 총9개
▶ 특성화고 미디어컨텐츠융합
IT융합자율학부 **전과목 반영**
▶ 학년비율 100%

1. 2021~2022 내신반영 유지: 총 9개 반영 ★
   영+국/수+사/과 3개씩 총 9개
2. 특성화고 미디어컨텐츠융합/ IT융합자율학부: 전과목 반영
3. 2022 전년도와 전형 및 인원 동일함, 모든전형 최저없음

<성공회대 2021 4개학부 및 정시반영 참고>
▶ 인문융합자율: 영어 33.3%+국어/수학 33.4%+ **탐구/제2외 33.3%**
▶ 사회융합자율학부: 영어 33.3%+ 탐구 33.3%+ **국어/수학** 33.4
▶ 미디어컨텐융합자율: 영어 33.3%+ 탐구 33.3%+ **국어/수학** 33.4%
▶ IT융합자율학부: 영어 33.3%+ 탐구 33.3%+ **국어/수학** 33.4%

모집시기	전형명	사정모형	학생부종합 특별사항	2022 수시 접수기간 09. 10(금) ~ 14(화)	모집인원	학생부	논술	면접	서류	기타	2022 수능최저등급
2022 수시 455명 (85.7%) 정시 76명 (14.3%) 전체 531명	교과성적	일괄	학생부교과 최종: 11.19(금) 영+국/수+사/과 상위 3개씩 총 9개	1. 2022 전년도와 인원동일 2. 내신반영 유지: 총 9개★	185 2021 185	100					<2022 교과 2021 인원-경쟁률-최종평균-최종최저> 인문융합자율51명 51-2.61-**2.45-2.92**→ **2.61-3.44**★ 사회융합자율55명 55-2.60-**1.98-2.33**→ **2.76-5.11**★ 미디어컨텐츠26명 26-3.46-**1.89-2.33**→ **2.09-2.44**★ IT융합자율학53명 53-3.11-**2.60-2.92**→ **2.48-3.00**★
	학생부종합 면접위주	일괄 면접 변화	학생부종합 자소서없음 면접 10.23(토) 동영상 제출 최종 11.19(금)	1. 2022 전년도와 인원동일 2. 면접일괄 유지 3. 성실성 15%, 성취역량 15% 인성 20%, 자기주도성 20% 학업수행능력 30% 4. 서류: 교과, 비교과 5. 면접: 전공이해/학습계획 수학능력 (이해/논리) 5단계 정성평가	196 2021 196	학생 60 + 면접 40					<2022 종합 2021 인원-경쟁률-최종평균-최종최저> 인문융합자율55명 55-4.87-**4.32-6.65**→ **4.30-5.71**★ 사회융합자율56명 56-8.46-**4.01-5.00**→ **3.92-5.05**★ 미디어컨텐츠26명 26-9.54-**3.73-4.31**→ **3.64-5.04**★ IT융합자율학59명 59-3.44-**4.34-5.25**→ **4.45-5.76**★
2021 수시 455명 (85.7%) 정시 76명 (14.3%) 전체 531명	사회기여자 배려대상자	일괄	학생부교과 최종 11.19(금)	1.유공대상자 및 다문화다자녀 2.군인경찰소방집배 15년 등 3.장애선효행의사상+한부모	9 2021 9	100					<기여/배려 2021 인원-경쟁률-최종평균-최종최저> 인문융합자율학부 02-20.5-합격자없음→ 2021 **2.67-2.67**★ 사회융합자율학부 05-16.0→ 2021 **2.50-3.11**★ 미디어컨텐츠융합 01-13.0-합격자없음→ 2021 합격자없음★ IT융합자율학부 01-13.0-합격자없음→ 2021 합격자없음★
	기회균형	일괄	학생부교과 최종 11.19(금)	1. 기초수급 및 차상위 자녀 2. 2022 전년도와 인원동일	13 2021 13	100					<저소득층 2021 인원-경쟁률-최종평균-최종최저> 인문융합자율학부 04-4.75 **3.33-3.50**→ 2021 **3.19-3.78**★ 사회융합자율학부 04-11.0 **3.72-3.92**→ 2021 **2.58-3.00**★ 미디어컨텐츠융합 03-5.00 **2.38-2.58**→ 2021 **3.00-3.22**★ IT융합자율학부 02-5.50 **3.17-3.17**→ 2021 **2.94-3.11**★
	농어촌학생 특성화고졸	일괄	학생부교과 최종 11.19(금)	1. 농어촌대상자	11 3	100					
	대안학교 출신자	일괄 면접 변화	학생부종합 면접 10.23(토) 최종 11.19(금)	1. 대안학교 출신자 2. 면접일괄전형	28 2021 28	학생 60 면접 40					

<성공회대 개편 전공학과편제 이후 2022 >
▶ 인문융합자율학부: 기독교문화, 영어학, 일어일본학, 중어중국학
▶ 사회융합자율학부: 경제학, 경영학, 정치학, 사회학, 사회복지학
▶ 미디어컨텐츠융합자율학부: 신문방송학, 디지털콘텐츠
▶ IT융합자율학부: 컴퓨터공학, 소프트웨어공학, 정보통신공학, 글로컬IT

<2021 정시 최종합격 평균>

	국어	수학	탐1	영어	국수탐1합
▶인문융합자율학	76.0	76.1	82.8	2.48	234.9
▶사회융합자율학	75.1	76.6	87.2	2.65	238.9
▶미디어컨텐츠융	83.9	83.8	87.1	2.86	254.8
▶IT융합자율학부	81.2	78.6	82.0	2.91	241.8

<2020 정시 최종합격 평균>

	국어	수학	탐1	영어	국수탐1합
▶인문융합자율학	81.5	81.5	88.5	2.55	251.5
▶사회융합자율학	82.7	83.7	90.4	2.98	256.8
▶미디어컨텐츠융	82.8	83.0	91.3	2.33	257.1
▶IT융합자율학부	82.6	79.8	85.6	2.91	248.0

2022 대학별 수시모집 요강 | 성균관대학교

2022 대입 수시 특징	공통/일반등급80% (정량)+진로20% (정성)★
	진로선택: 종합정성, 학업수월10점+학업충실10점

▶ 교과 반영 (학교장추천)
1. 공통일반 80% 정량평가
2. 진로선택 20% 정성평가
★단계척도 설계중 *rough*
 ①학업수월성 10%
 ②학업충실성 10%
3. 재학생만 추천, 재적 4%
▶ 학년: 20:40:40→없음
▶ 논술은 전과목 등급 반영
▶ 합격자 고교유형 2020
 일반62%, 자사16% 특목20%

1. 2022 학교장추천 신설★, 고교당 4%, 교과 100%, 최저있음
2. 2022 계열모집 325 감소, 학과모집 158 감소, 논술 188 증가
3. 종합전형 실질적 전년대비 483명 인원감소, 교과 신설 361명
4. 약학대학 70명 선발★: 학과모집30, 이웃5, 논술5, 정시30
5. 모든 종합 자소서 있음, 학교장추천은 자소서 없음
6. 학과모집 단계면접: 의예/사범/스포츠과학, 수능최저 없음
7. 실기실적전형 <스포츠과학> 단계전형 수능최저 있음
8. 모든 수능최저 탐구 2개평균 산출시 소수점 절사★
9. 학교장 수능최저 인/자: 2개합 5 (탐2)+영3+史4
10. 논술 수능최저 ①인/자: 2개합 4 (탐2)+영2+史4
 ②글로벌리더/글경영/글경제: 2개합 3 (탐2)+영2+史4
 ③약학/반도/소프/글바메: 수과1합 3+영2+史4

11. 2022 정시 1,128명→1,448명, 320명 증가, 정시가/나군 유지
 ①수능100%, 인-국수탐2 40:40:20 자-25:40:35
 ②영어가산 100-97-92-86-75 …
 ③정시자연: M-미적/기하, S-서로다른 과탐 2과목★
12. 수월성: 성취도, 분포비율 충실성: 교과목 이수현황, 세특 등

■ 성균관대 종합전형 평가역량 2021~2022 주목★★
1. 학업역량 50%: 학업수월성, 학업충실성 - 교과성취도, 세특
2. 개인역량 30%: 전공적합성, 활동다양성 - 전공관심, 열의 등
3. 잠재역량 20%: 자기주도성, 발전가능성 - 의지, 충실도 등
4. 종합적 평가 → 재능, 적성, 잠재력 등 종합
5. 개별적 검토 → 점수만이 아닌 맥락(context)을 해석

모집시기	전형명	사정모형	학생부종합 특별사항	2022 수시 접수기간 09.10(금) ~ 13(월)	모집인원	학생부	논술	면접	서류	기타	2022 수능최저등급
2022 수시 2,161명 (59.9%) 종합 1,340명 (37.1%) 논술 357명 (9.9%) 정시 1,448명 (40.1%) 전체 3,609명 2021 수시 2,441명 (68.4%) 종합 1,806명 (50.6%) 논술 532명 (14.9%) 정시 1,128명 (31.6%) 전체 3,569명	학교장추천 (신설)	일괄	학생부교과 최저없음 재적 4% 제한 재학생만 해당 공통80 진로20 최종 12.16(목)	인문40 사과40 경영25 교육05 한문05 영상05 의상05 자연40 전자25 공학70 소프10 건축05 수교05 컴교05 *미선발: 글리/글경/글경제 ★★★ 의예/약학/반도체/ 글바메/글로벌융합	361	학생부 100		▶인문 전공예약: 아동청소년05 유학10 국문03 불문03 독문03 러문03 한문05 사학03 철학03 사회05 사복05 심리03 통계03 ▶자연 전공예약: 건설환경10 생명03 수학03 물리03 화학03 ▶1등급: 100-98-95-85 …		인/자: 2개합5 (탐2) +영3+史4 ※탐구평균 소수점절사 ※제2외/한 대체1 가능 *학교추천 업로드입력 :09.01(수)~15(수)
	계열모집 '21 경쟁률 13.2	일괄	학생부종합 최저없음 자소서제출 ~09.14(화) 최종 12.16(목) <성균인재> 학업역량중심 학교생활충실 <글로벌인재> 학교생활충실 전공적합성	1. 2021 대비 325명 대폭감소 2. 계열모집단위 3. 추합가능성 상대적 높음 4. 세특-수상-동아리-독서연계 5. 독서활동 비중 크지않음 <2019~2022 계열모집인원> 인문 125명→125명→40명 사과 141명→141명→55명 자연 109명→109명→45명 공학 223명→230명→140명 글로벌융합 2021-50명→50명	330 2021 655	서류 100		▶성균인문 RANK ①글/글/글 ②사회과학·경영학·인문과학 ③통계학/심리학/아동청소년 ④교육/한문교육(면접)/국문학 ⑤사학과/철학과/사회학 ⑥프랑스/독문/러시아/영상학 ⑦사복/의상학 ⑧한문학/유학동양 ⑨스포츠과학(학자교수 양성취지) ▶성균자연 RANK ①의예과 (면접) ②반도체/소프트/글로벌바메 ③자연과학/공학/전자전기공학 ④수학교육(면접) ⑤생명과학과/화학과/물리/수학 ⑥건축학/건설환경/컴교(면접) ⑦스포츠과학		최저 없음 ▶대계열모집 특성 1년간 전공탐색 안정적 다수인원 3.5이상 성적필요 ▶지원대비 합격비례 ▶지원대비 상대평가
	학과모집 '21 경쟁률 9.87	일괄	학생부종합 최저없음 자소서제출 ~09.14(화) 1단계 10.27(수) 사범 10.30(토) 스포 10.31(일) 의예 11.06(토) 최종 12.16(목)	1. 158명 감소, 학과모집단위 2. 모집단위 인원축소 유의 3. 의예/사범 등 단계면접 유의 <2022 자연모집 *전공예약> 전자전기공60 소프트웨어30 글바메디컬30 반도체시스28 건축5년21 약학30 의예25 수교15 컴교15 **전공예약 건설환경25 (5명 감소) 생명09 수학09 물리09 화학09	757 약학 30 2021 915	서류 100		<2022 인문/예체 모집> 경영학70 글로리더36 글로경제50 글로경영57 교육학15 한문교육15 영상학12 의상학15 스포츠과학25 유학동양20 **전공예약 국문09 불문09 독문09 러문09 한문학15 사학09 철학09 사회학15 사복15 심리09 아동청15 통계09	전공예약 인문 13개 자연 5개	최저 없음 ▶일부 3배수 면접 1단계: 서류100% 2단계: 면접 20% 서류기반 인적성면접 의예/교육/한교/수교 컴교/스포츠과학★ ▶영상 5명, 스과 31명 예체능 별도모집 ▶의예 MMI 면접 멀티플 미니인터뷰
	고른기회	일괄	학생부종합 자소서제출 ~09.14(화) 최종 12.16(목)	1. 보훈/서해5도/농어촌 2. 기초차상위/특성화/장애인 인문10 사과10 경영5 자연5 전자전기5 공학20 소프5	60 2021 40			2021 경쟁률 14.5	서류 100	최저 없음
	이웃사랑	일괄	학생부종합 정원외 모집 자소서제출 ~09.14(화)	1. 기초수급 및 차상위자녀 2. 고른기회와 중복지원 가능 인문/사과/경영 30명 통합선발 자연/전전/공학 25명 약학 5명	60 약학5 60			2021 경쟁률 7.45	서류 100	최저 없음 ▶농어/특성/장애 생략 ▶실기실적 103명 생략
	논술우수	일괄	논술전형 등급 전과목 2021경쟁 55.3 인문 11.20(토) 자연 11.21(일) 최종 12.16(목)	1. 2022 전년대비 175명 감소 2. 비교과 10%반영 폐지 3. 내신 전과목, 영향력 적음 4. 탐구2개평 (반/소/바/약 1개) 5. 의예 논술모집 미선발 지속 6. 자연계 소문항 4개이상씩 7. 약학과 신설 5명모집	357 2021 532	교과 40 + 논술 60		<2022 논술유지, 100분> ▶논술인문: 국어,사회 통합 3문 ▶논술자연: 수학 2문+과학 1문 - 물1화1생1 중 시험당일 선택 ①표와 그래프 분석, 이해 ②명확, 간결, 일관된 문장구성 ③어설픈 창의성, 인용 지양 ④수학적, 과학적 결론 기록		인/자: 2개합4 (탐2) +영2+史4 글/글/글: 2개합3(탐2) +영2+史4 반도체/소프트/글바메 약학과: 수과합3 (과1) +영2+史4 ※탐구평균 소수점절사

성균관대 2022 수시 교과&종합 대비 2021 대입결과 분석자료 01 - 인문   2021. 06. 26 ollim

2021.06.26 ollim

학과	2022 교과 학추인원	2022 종합 모집인원	① 모집인원	⑤ 지원자	최초 경쟁률	② 총합격인원	③ 추합인원 (②-①)	④ 충원 (③/①)	충원율 ④×100	실질 경쟁률 ⑤/②	50% CUT	70% CUT	~1.49 등급	~1.99 등급	~2.49 등급	~2.99 등급	~3.99 등급	~4.99 등급	일반고	자공 자사	자사 전국	외국어고	국제고	과학 영재
인문과학④	40	40	125	1213	9.70	410	285	2.28	228.0	2.96	3.1	3.6	5.8	24.0	9.9	8.3	33.1	19.0	61%	6%	6%	13%	4%	1%
사회과학②	40	55	141	2005	14.2	574	433	3.07	307.1	3.49	1.5	1.6	33.3	45.9	3.0	3.7	12.6	1.5		8%			4%	0%
경영학③	25	70	105	905	8.62	276	171	1.63	162.9	3.28	2.4	3.3	12.5	28.8	9.6	9.6	37.5	1.9						
글로벌리더①	-	36	35	383	10.9	149	114	3.26	325.7	2.57	2.1	2.8												
글로벌경제①	-	50	46	281	6.11	145	99	2.15	215.2	1.94	2.7	3.2	8.1	27.0	8.1	20.7	32.4	3.6	54%	4%	5%	20%	6%	3%
글로벌경영①	-	57	50	367	7.34	179	129	2.58	258.0	2.05	2.6	3.3	27.4	13.7	13.7	26.6	12.9	5.7		6%				0%
교육학⑥(면접)	5	15	20	216	10.8	63	43	2.15	215.0	3.43	2.4	2.8	비공개	비공개	비공개	비공개	비공개	비공개						
한문교육⑥(면접)	5	15	20	97	4.85	27	7	0.35	35.0	3.59	3.2	4.0	비공개	비공개	비공개	비공개	비공개	비공개						
영상학⑧(면접)	5	12	17	164	9.65	28	11	0.65	64.7	5.86	3.7	4.1	비공개	비공개	비공개	비공개	비공개	비공개						
의상학⑨	5	15	20	164	8.20	43	23	1.15	115.0	3.81	2.4	3.7	비공개	비공개	비공개	비공개	비공개	비공개						
유학동양학⑩	10	20	30	219	7.30	57	27	0.90	90.0	3.84	3.4	3.7												
국어국문⑥	3	9	12	143	11.9	46	34	2.83	283.3	3.11	1.9	2.8												
불어불문⑧	3	9	12	105	8.75	46	34	2.83	283.3	2.28	3.6	3.7												
독어독문⑧	3	9	12	84	7.00	27	15	1.25	125.0	3.11	3.6	3.7												
노어노문⑧	3	9	12	103	8.58	28	16	1.33	133.3	3.68	3.3	3.7												
한문문학⑩	5	15	20	101	5.05	38	18	0.90	90.0	2.66	3.4	3.9	4.70	25.3	11.6	11.1	38.4	8.9	54%	4%	5%	20%	6%	3%
사학과⑦	3	9	12	153	12.8	40	28	2.33	233.3	3.83	1.7	1.8	13.4	18.8	10.9	12.4	35.6	8.9		6%				0%
철학과⑦	3	9	12	117	9.75	31	19	1.58	158.3	3.77	1.9	2.1												
사회학⑦	5	15	20	209	10.5	73	53	2.65	265.0	2.86	1.7	2.9												
사회복지학⑨	5	15	20	184	9.20	47	27	1.35	135.0	3.91	3.3	3.6												
심리학⑤	3	9	12	107	8.92	35	23	1.92	191.7	3.06	1.9	2.7												
아동청소년⑤	5	15	20	143	7.15	47	27	1.35	135.0	3.04	3.6	3.8												
통계학⑤	5	15	12	125	10.4	35	23	1.92	191.7	3.57	2.0	2.7												
스포츠과학⑪(면접)	3	20	25	337	13.5	42	17	0.68	68.0	8.02	2.2	3.1												
총계	179	537	810	7,925	9.21	2486	1,676	1.80	179.6	3.49	2.7	3.2	17.2	32.9	7.5	7.2	27.7	7.5	56%	12%	5%	16%	5%	2%

성균관대 2022 수시 교과&종합 대비 2021 대입결과 분석자료 02 - 자연   2021. 06. 26 ollim

2021.06.26 ollim

2021학년도 대입 수시 성균관대학교

구분	SKKU 제공 2022 교과 모집인원	2022 종합 모집인원	2021 지원 현황 ① 모집인원	⑤ 지원자	최초 경쟁률	2020 수험결과 및 충원율 ② 총합격인원	③ 수험인원 (②-①)	④ 충원 (③/①)	총원율 (④×100)	실질 경쟁률 (⑤/②)	ADIGA 21 50% CUT	70% CUT	2021 합격등록자 등급분포(%) ~1.49	~1.99	~2.49	~2.99	~3.99	~4.99
계열모집 자연과학②	40	45	109	1961	18.0	431	322	2.95	295.4	4.55	1.6	2.1	33.7	33.7	15.8	5.0	9.9	2.0
공학계열③	70	140	230	2659	11.6	914	684	2.97	297.4	2.91	1.7	2.4	16.7	46.2	9.0	8.1	14.8	5.2
글로벌융합③	-	50	50	778	15.6	174	124	2.48	248.0	4.47	2.2	2.7						
학과모집 전자전기④	25	60	88	821	9.33	295	207	2.35	235.2	2.78	1.7	2.1	17.1	48.8	12.2	3.7	6.1	12.2
소프트웨어①	10	30	40	550	13.8	198	158	3.95	395.0	2.78	1.6	1.8	29.6	39.8	17.6	2.8	3.7	6.5
반도체시스템①	-	28	40	427	10.7	248	208	5.20	520.0	1.72	1.8	2.0	16.2	30.8	19.7	8.5	17.9	6.8
글로바이메디컬①	-	30	40	526	13.2	144	104	2.60	260.0	3.65	1.4	1.9						
의예과①(면접)	-	25	25	525	21.0	73	48	1.92	192.0	7.19	1.1	1.3	84.2	10.5	5.3	0.0	0.0	0.0
학과 도집 약학① 신설★	-	30	-	-	-	-	-	-	-	-	-	-	-	비공개	비공개	비공개	비공개	-
수학교육⑤(면접)	5	15	20	134	6.70	48	28	1.40	140.0	2.79	1.5	1.5	13.9	52.8	13.9	8.3	5.6	5.6
컴퓨터교육⑨(면접)	5	15	20	130	6.50	40	20	1.00	100.0	3.25	2.0	2.2	비공개	비공개	비공개	비공개	비공개	비공개
건축학 5년⑧	5	21	20	168	8.40	62	42	2.10	210.0	2.71	2.2	2.6	비공개	비공개	비공개	비공개	비공개	비공개
학과 전공 예약 건설환경공학⑧	10	25	30	312	10.4	74	44	1.47	146.7	4.22	1.9	2.1						
생명과학⑥	3	9	12	271	22.6	32	20	1.67	166.7	8.47	1.5	1.7	13.9	52.8	13.9	8.3	5.6	5.6
수학과⑦	3	9	12	114	9.50	40	28	2.33	233.3	2.85	1.5	1.5	11.8	36.5	20.0	17.6	8.2	5.9
물리학⑦	3	9	12	151	12.6	62	50	4.17	416.7	2.44	2.2	2.6						
화학과⑥	3	9	12	198	16.5	51	39	3.25	325.0	3.88	1.6	1.7						
총계	182	550	710	9,725	12.9	2,886	2,126	2.61	261.3	3.79	1.7	2.0	37.9	34.8	10.6	4.2	7.7	4.9

2021학년도 고교유형별 합격등록

	일반고	자공 자사	자사 전국	외국어고	국제고	과학영재
	61%	6% / 8%	6%	13%	4%	1% / 0%
	54%	4% / 6%	5%	20%	6%	3% / 0%
	54%	4% / 6%	5%	20%	6%	3% / 0%
총계	56%	12%	5%	18%	5%	2%

성균관대 2022 수시 교과&종합 대비 2021 대입결과 분석자료 01 - 인문

2021.06.26 ollim

구분	모집단위	SKKU 제공 2022 교과 학추 모집인원	SKKU 제공 2022 종합 모집인원	① 모집인원	⑤ 지원자	최초 경쟁률	② 총합격 인원	③ 추합인원 ②-①	④ 충원 ③/①	충원율 ④×100	실질 경쟁률 ⑤/②	50% CUT	70% CUT	2021 ~1.49	2021 ~1.99	2021 ~2.49	2021 ~2.99	2021 ~3.99	2021 ~4.99	2020 ~1.49	2020 ~1.99	2020 ~2.49	2020 ~2.99	2020 ~3.99	2020 ~4.99
계열모집	인문과학④	40	40	125	1213	9.70	410	285	2.28	228.0	2.96	3.1	3.6	5.8	24.0	9.9	8.3	33.1	19.0	16.3	24.4	11.4	11.4	30.1	6.4
	사회과학②	40	55	141	2005	14.2	574	433	3.07	307.1	3.49	1.5	1.6	33.3	45.9	3.0	3.7	12.6	1.5	49.6	24.1	4.4	9.5	9.5	2.9
	경영학③	25	70	105	905	8.62	276	171	1.63	162.9	3.28	2.4	3.3	12.5	28.8	9.6	9.6	37.5	1.9	31.7	18.3	10.6	12.5	23.1	3.8
	글로벌리더①	-	36	35	383	10.9	149	114	3.26	325.7	2.57	2.1	2.8												
	글로벌경제①	-	50	46	281	6.11	145	99	2.15	215.2	1.94	2.7	3.2	8.1	27.0	8.1	20.7	32.4	3.6	27.4	13.7	13.7	26.6	12.9	5.7
	글로벌경영①	-	57	50	367	7.34	179	129	2.58	258.0	2.05	2.6	3.3												
학과모집	교육학⑥(연접)	5	15	20	216	10.8	63	43	2.15	215.0	3.43	2.4	2.8	비공개	비공개	비공개	비공개	비공개	비공개	비공개	비공개	비공개	비공개	비공개	비공개
	한문교육⑥(연접)	5	15	20	97	4.85	27	7	0.35	35.0	3.59	3.2	4.0	비공개	비공개	비공개	비공개	비공개	비공개	비공개	비공개	비공개	비공개	비공개	비공개
	영상학⑧(연접)	5	12	17	164	9.65	28	11	0.65	64.7	5.86	3.7	4.1	비공개	비공개	비공개	비공개	비공개	비공개	비공개	비공개	비공개	비공개	비공개	비공개
	의상학⑨	5	15	20	164	8.20	43	23	1.15	115.0	3.81	2.4	3.7	비공개	비공개	비공개	비공개	비공개	비공개	비공개	비공개	비공개	비공개	비공개	비공개
학과모집 전공예약	유학동양학⑩	10	20	30	219	7.30	57	27	0.90	90.0	3.84	3.4	3.7												
	국어국문⑥	3	9	12	143	11.9	46	34	2.83	283.3	3.11	1.9	2.8												
	불어불문⑧	3	9	12	105	8.75	46	34	2.83	283.3	2.28	3.6	3.7												
	독어독문⑧	3	9	12	84	7.00	27	15	1.25	125.0	3.11	3.6	3.7												
	노어노문⑧	3	9	12	103	8.58	28	16	1.33	133.3	3.68	3.3	3.7												
	한문학⑩	5	15	20	101	5.05	38	18	0.90	90.0	2.66	3.4	3.9												
	사학과⑦	3	9	12	153	12.8	40	28	2.33	233.3	3.83	1.7	1.8	4.7	25.3	11.6	11.1	38.4	8.9	13.4	18.8	10.9	12.4	35.6	8.9
	철학과⑦	3	9	12	117	9.75	31	19	1.58	158.3	3.77	1.9	2.1												
	사회학⑦	5	15	20	209	10.5	73	53	2.65	265.0	2.86	1.7	2.9												
	사회복지학⑨	5	15	20	184	9.20	47	27	1.35	135.0	3.91	3.3	3.6												
	심리학⑤	3	9	12	107	8.92	35	23	1.92	191.7	3.06	1.9	2.7												
	아동청소년⑤	5	15	20	143	7.15	47	27	1.35	135.0	3.04	3.6	3.8												
	통계학⑤	3	9	12	125	10.4	35	23	1.92	191.7	3.57	2.0	2.7												
예체	스포츠과학⑪(연접)	-	20	25	337	13.5	42	17	0.68	68.0	8.02	2.2	3.1												
총계		179	537	810	7,925	9.21	2486	1,676	1.80	179.6	3.49	2.7	3.2	12.9	30.2	8.4	10.7	30.8	7.0	27.7	19.9	10.2	14.5	22.2	5.5

성균관대 2022 수시 교과&종합 대비 2021 대입결과 분석자료 02 - 자연

2021.06.26 ollim

2021.06.26 ollim	SKKU 제공 2022 교과 학추인원	SKKU 제공 2022 종합 모집인원	① 모집인원	⑤ 지원자 인원	최초 경쟁률	② 총합격 인원	③ 추합인원 ②-①	④ 충원 ③/①	충원율 ④×100	실질경쟁률 ⑤/②	50% CUT	70% CUT	2021 ~1.49	~1.99	~2.49	~2.99	~3.99	~4.99	2020 ~1.49	~1.99	~2.49	~2.99	~3.99	~4.99
계열모집 자연과학②	40	45	109	1961	18.0	431	322	2.95	295.4	4.55	1.6	2.1	33.7	33.7	15.8	5.0	9.9	2.0	33.3	27.5	11.8	6.9	16.7	3.9
공학계열③	70	140	230	2659	11.6	914	684	2.97	297.4	2.91	1.7	2.4	16.7	46.2	9.0	8.1	14.8	5.2	29.4	33.2	12.8	10.0	8.1	6.6
글로벌융합③	-	50	50	778	15.6	174	124	2.48	248.0	4.47	2.2	2.7							16.8	40.0	17.9	6.3	6.3	12.6
학과모집 전자전기④	25	60	88	821	9.33	295	207	2.35	235.2	2.78	1.7	2.1	17.1	48.8	12.2	3.7	6.1	12.2						
소프트웨어①	10	30	40	550	13.8	198	158	3.95	395.0	2.78	1.6	1.8							16.2	30.8	19.7	8.5	17.9	6.8
반도체시스템①	-	28	40	427	10.7	248	208	5.20	520.0	1.72	1.8	2.0	29.6	39.8	17.6	2.8	3.7	6.5						
글로벌메디컬①	-	30	40	526	13.2	144	104	2.60	260.0	3.65	1.4	1.9												
의예과①(면접)	-	25	25	525	21.0	73	48	1.92	192.0	7.19	1.1	1.3	84.2	10.5	5.3	0.0	0.0	0.0	77.8	11.1	5.6	5.6	-	-
약학①신설★	-	30	-	-	-	-	-	-	-	-	-	-	-	-	-	-	-	-	-	-	-	-	-	-
학과모집 수학교육⑤(면접)	5	15	20	134	6.70	48	28	1.40	140.0	2.79	1.5	1.5	비공개	비공개	비공개	비공개	비공개	비공개	비공개	비공개	비공개	비공개	비공개	비공개
컴퓨터교육⑨(면접)	5	15	20	130	6.50	40	20	1.00	100.0	3.25	2.0	2.2	비공개	비공개	비공개	비공개	비공개	비공개	비공개	비공개	비공개	비공개	비공개	비공개
건축학 5년⑧	5	21	20	168	8.40	62	42	2.10	210.0	2.71	2.2	2.6	비공개	비공개	비공개	비공개	비공개	비공개	비공개	비공개	비공개	비공개	비공개	비공개
학과모집 전공예약 건설환경공학⑧	10	25	30	312	10.4	74	44	1.47	146.7	4.22	1.9	2.1	비공개	비공개	비공개	비공개	비공개	비공개	비공개	비공개	비공개	비공개	비공개	비공개
생명과학⑥	3	9	12	271	22.6	32	20	1.67	166.7	8.47	1.5	1.7												
수학과⑦	3	9	12	114	9.50	40	28	2.33	233.3	2.85	1.5	1.5	13.9	52.8	13.9	8.3	5.6	5.6	11.8	36.5	20.0	17.6	8.2	5.9
물리학⑦	3	9	12	151	12.6	62	50	4.17	416.7	2.44	2.2	2.6												
화학과⑥	3	9	12	198	16.5	51	39	3.25	325.0	3.88	1.6	1.7												
총계	182	550	710	9,725	12.9	2,886	2,126	2.61	261.3	3.79	1.7	2.0	32.5	38.6	12.3	4.7	6.7	5.3	30.9	29.9	14.6	9.2	11.4	7.2

2021학년도 대입 수시 성균관대학교 — 2021 지원현황 / 2020 충원결과 및 충원율 / 실질 / ADIGA 21

2021학년도 대입수시입결 ollim — 2021 합격등록자 등급분포(%)

2020학년도 대입수시입결 ollim — 2020 합격등록자 등급분포(%)

성균관대 2022 수시 교과&종합 대비 2021 대입결과 분석자료 01 - 인문

2021.06.26 ollim

구분	2022 교과 학추인원	2022 종합 모집인원	2021 ①모집인원	2021 ⑤지원자	2021 최초경쟁률	2021 ②총합격인원	2021 ③추합인원(②-①)	2021 ④충원(③/①)	2021 충원율(④×100)	2021 실질경쟁률(⑤/②)	ADIGA21 50%CUT	ADIGA21 70%CUT	2020 ①모집인원	2020 ⑤지원자	2020 최초경쟁률	2020 ②총합격인원	2020 ③추합인원(②-①)	2020 ④충원(③/①)	2020 충원율(④×100)	2020 실질경쟁률(⑤/②)	ADIGA20 50%CUT	ADIGA20 70%CUT
인문과학④	40	40	125	1213	9.70	410	285	2.28	228.0	2.96	3.1	3.6	125	1336	10.7	449	324	2.59	259.2	2.98	2.4	3.2
사회과학②	40	55	141	2005	14.2	574	433	3.07	307.1	3.49	1.5	1.6	141	2405	17.1	691	550	3.90	390.1	3.48	1.5	1.8
경영학③	25	70	105	905	8.62	276	171	1.63	162.9	3.28	2.4	3.3	105	1060	10.1	253	148	1.41	141.0	4.19	1.9	2.8
글로벌리더①	-	36	35	383	10.9	149	114	3.26	325.7	2.57	2.1	2.8	35	437	12.5	157	122	3.49	348.6	2.78	2.5	2.8
글로벌경제①	-	50	46	281	6.11	145	99	2.15	215.2	1.94	2.7	3.2	46	343	7.46	154	108	2.35	234.8	2.23	2.4	2.6
글로벌경영①	-	57	50	367	7.34	179	129	2.58	258.0	2.05	2.6	3.3	50	449	8.98	228	178	3.56	356.0	1.97	2.1	2.6
교육학⑥(연접)	5	15	20	216	10.8	63	43	2.15	215.0	3.43	2.4	2.8	20	274	13.7	50	30	1.50	150.0	5.48	1.6	1.9
한문교육⑥(연접)	5	15	20	97	4.85	27	7	0.35	35.0	3.59	3.2	4.0	20	116	5.80	39	19	0.95	95.0	2.97	2.3	3.5
영상학⑧(연접)	5	12	17	164	9.65	28	11	0.65	64.7	5.86	3.7	4.1	17	210	12.4	28	11	0.65	64.7	7.50	2.4	2.7
의상학⑨	5	15	20	164	8.20	43	23	1.15	115.0	3.81	2.4	3.7	20	173	8.65	48	28	1.40	140.0	3.60	2.5	3.5
유학동양학⑩	10	20	30	219	7.30	57	27	0.90	90.0	3.84	3.4	3.7	30	239	7.97	54	24	0.80	80.0	4.43	3.3	3.7
국어국문⑥	3	9	12	143	11.9	46	34	2.83	283.3	3.11	1.9	2.8	12	124	10.3	48	36	3.00	300.0	2.58	2.4	3.3
불어불문⑧	3	9	12	105	8.75	46	34	2.83	283.3	2.28	3.6	3.7	12	110	9.17	32	20	1.67	166.7	3.44	3.7	3.8
독어독문⑧	3	9	12	84	7.00	27	15	1.25	125.0	3.11	3.6	3.7	12	110	9.17	40	28	2.33	233.3	2.75	2.9	3.7
노어노문⑧	3	9	12	103	8.58	28	16	1.33	133.3	3.68	3.3	3.7	12	85	7.08	34	22	1.83	183.3	2.50	3.7	3.7
한문학⑩	5	15	20	101	5.05	38	18	0.90	90.0	2.66	3.4	3.9	20	132	6.60	36	16	0.80	80.0	3.67	2.6	3.6
사학과⑦	3	9	12	153	12.8	40	28	2.33	233.3	3.83	1.7	1.8	12	161	13.4	53	41	3.42	341.7	3.04	2.3	2.8
철학과⑦	3	9	12	117	9.75	31	19	1.58	158.3	3.77	1.9	2.1	12	129	10.8	41	29	2.42	241.7	3.15	3.1	3.4
사회학⑦	5	15	20	209	10.5	73	53	2.65	265.0	2.86	1.7	2.9	20	244	12.2	57	37	1.85	185.0	4.28	1.8	2.7
사회복지학⑨	5	15	20	184	9.20	47	27	1.35	135.0	3.91	3.3	3.6	20	207	10.4	40	20	1.00	100.0	5.18	2.9	3.6
심리학⑤	3	9	12	107	8.92	35	23	1.92	191.7	3.06	1.9	2.7	12	158	13.2	35	23	1.92	191.7	4.51	1.3	1.8
아동청소년⑤	5	15	20	143	7.15	47	27	1.35	135.0	3.04	3.6	3.8	20	176	8.80	46	26	1.30	130.0	3.83	2.0	3.2
통계학⑤	3	9	12	125	10.4	35	23	1.92	191.7	3.57	2.0	2.7	12	192	16.0	31	19	1.58	158.3	6.19	1.5	3.1
스포츠과학⑪(연접)	3	20	25	337	13.5	42	17	0.68	68.0	8.02	2.2	3.1	30	385	12.8	48	18	0.60	60.0	8.02	2.1	2.8
총계	179	537	810	7,925	9.21	2486	1,676	1.80	179.6	3.49	2.7	3.2	815	9,255	10.63	2692	1,877	1.93	193.0	3.95	2.4	3.0

성균관대 2022 수시 교과&종합 대비 2021 대입결과 분석자료 02 - 자연　　2021. 06. 26 ollim

2021.06.26 ollim

학과/모집	SKKU 제공 2022 교과 학추 인원	SKKU 제공 2022 종합 모집인원	2021 ① 모집인원	2021 ⑤ 지원자	2021 최초 경쟁률	2020 ② 총합격 인원	2020 ③ 추합인원 (②-①)	2020 ④ 충원 (③/①)	2020 충원율 ④×100	실질 경쟁률 (⑤/②)	ADIGA 21 50% CUT	ADIGA 21 70% CUT	2020 ① 모집인원	2020 ⑤ 지원자	2020 최초 경쟁률	2020 ② 총합격 인원	2020 ③ 추합인원 (②-①)	2020 ④ 충원 (③/①)	2020 충원율 ④×100	실질 경쟁률 (⑤/②)	ADIGA 20 50% CUT	ADIGA 20 70% CUT
자연과학②	40	45	109	1961	18.0	431	322	2.95	295.4	4.55	1.6	2.1	109	1945	17.8	431	322	2.95	295.4	4.51	1.7	2.4
공학계열③	70	140	230	2659	11.6	914	684	2.97	297.4	2.91	1.7	2.4	223	3074	13.8	951	728	3.26	326.5	3.23	1.7	2.1
글로벌융합③	-	50	50	778	15.6	174	124	2.48	248.0	4.47	2.2	2.7										
전자전기④	25	60	88	821	9.33	295	207	2.35	235.2	2.78	1.7	2.1	98	871	8.89	282	184	1.88	187.8	3.09	1.9	2.3
소프트웨어①	10	30	40	550	13.8	198	158	3.95	395.0	2.78	1.6	1.8	75	779	10.4	270	195	2.60	260.0	2.89	1.8	2.2
반도체시스템①	-	28	40	427	10.7	248	208	5.20	520.0	1.72	1.8	2.0	40	395	9.88	224	184	4.60	460.0	1.76	3.2	3.5
글바이오메디컬①	-	30	40	526	13.2	144	104	2.60	260.0	3.65	1.4	1.9	40	507	12.7	189	149	3.73	372.5	2.68	2.0	2.6
의예과①(면접)	-	25	25	525	21.0	73	48	1.92	192.0	7.19	1.1	1.3	25	454	18.2	60	35	1.40	140.0	7.57	1.1	1.2
약학①신설★	-	30	-	-	-	-	-	-	-	-	-	-	-	-	-	-	-	-	-	-	-	-
수학교육⑤(연접)	5	15	20	134	6.70	48	28	1.40	140.0	2.79	1.5	1.5	20	164	8.20	48	28	1.40	140.0	3.42	1.4	1.6
컴퓨터교육⑨(연접)	5	15	20	130	6.50	40	20	1.00	100.0	3.25	2.0	2.2	20	153	7.65	37	17	0.85	85.0	4.14	2.1	2.7
건축학 5년⑧	5	21	20	168	8.40	62	42	2.10	210.0	2.71	2.2	2.6	20	150	7.50	57	37	1.85	185.0	2.63	2.2	3.2
건설환경공학⑧	10	25	30	312	10.4	74	44	1.47	146.7	4.22	1.9	2.1	40	352	8.80	103	63	1.58	157.5	3.42	2.3	2.7
생명과학⑥	3	9	12	271	22.6	32	20	1.67	166.7	8.47	1.5	1.7	12	290	24.2	41	29	2.42	241.7	7.07	2.2	2.5
수학과⑦	3	9	12	114	9.50	40	28	2.33	233.3	2.85	1.5	1.5	12	152	12.7	53	41	3.42	341.7	2.87	1.5	1.8
물리학⑦	3	9	12	151	12.6	62	50	4.17	416.7	2.44	2.2	2.6	12	189	15.8	56	44	3.67	366.7	3.38	1.8	2.1
화학과⑥	3	9	12	198	16.5	51	39	3.25	325.0	3.88	1.6	1.7	12	206	17.2	64	52	4.33	433.3	3.22	1.6	1.8
총계	182	550	710	9,725	12.9	2,886	2,126	2.61	261.3	3.79	1.7	2.0	758	9,681	12.9	2,866	2,108	2.66	266.2	3.72	1.9	2.3

198

2022 대학별 수시모집 요강	**성신여자대학교**	2022 대입 주요 특징

2022 대입 주요 특징
- \<영어\> 정시: 인 30:20:30:20 자 10:35:30:25 등 각각
- 인/자: 100-95-85-70-55...수가10%, 과탐 10% 등 각각

▶ 교과반영: 교과/논술 +史
  인: 국영수사 자: 국영수과
▶ 종합전형 전과목 정성
▶ 학년비율: 30:40:30 ★★
▶ 진로선택 미반영
▶ 종합 중복지원 허용

1. 2022 교과우수자→학교장추천 \<지역균형\>으로 변경
2. 2022 지역균형 교과전형 67명 증가, 수능최저 2개합 6/7
3. 2022 수능최저: 2021 최저 방법인 영어포함 조건 폐지
   참고: 교과/논술: 인 2개합 6, 자 2개합 7, 영어 포함시 1상향
4. 학교생활우수자 종합: 서류100% 일괄전형, 학업역량 중요★
5. 자기주도인재 종합: 단계면접, 전공적합성 중요★
6. 돈암 수정캠: 인문/음/미   미아 운정캠: 자연/간호/체육

7. 미디어, 국어국문 등 인기학과 중간값 높고 편차가 작음 ★★
   경제학, 독어독문 등 비인기학과 중간값 낮고 편차가 큼 ★★
8. \<핀테크 전공\>: 미래형 금융서비스에 최적화된 전문인력 양성
   수리과학 기반의 첨단 ICT기술+금융융합 스마트 금융전문가
   ①ICT기반 금융암호보안 트랙
   ②AI기반 지능형 금융서비스 트랙
   ③보험·금융 자격인 (보험계리사, 공인회계사 CPA) 등 트랙

모집시기	전형명	사정모형	학생부종합특별사항	2022 수시 접수기간 09. 11(토) ~ 14(화)	모집인원	학생부	논술	면접	서류	기타	2022 수능최저등급
2022 정원내 수시 1,465명 (65.6%) \n\n 2021 정원내 수시 1,466명 (64.4%)	지역균형	일괄	학생부교과 학교장추천 인원제한없음 \n\n 인: 국영수사 자: 국영수과 \n\n 최종 12.16(목)	1. 학교장추천, 인원제한 없음 \n 2. 2022 전년대비 67명 증가	251 \n\n 2021 184	교과 100					1. 교과 경쟁률 19~2021년★ \n ①인문 6.79→8.11→12.3 \n ②자연 6.90→8.50→12.3 \n 2. 교과 실질경쟁률 19~21년★ \n ①인문 8.11→2.91→7.52 \n ②자연 8.50→2.59→7.76 \n 3. 교과 입결평균 19~2021년★ \n ①인문 1.92→2.71→2.26 \n ②자연 2.10→2.86→2.57
											인문: 2개합 6 (탐1) 자연: 2개합 7 (탐1) \n\n ※2021 수능최저참고 \n 인문: 2개합 6 (탐1) 또는 영포함 2개합5 \n 자연: 2개합 7 (탐1) 또는 영포함 2개합6

(위 지역균형 우측 설명 반복)

전형명	사정모형	학생부종합특별사항	2022 수시 접수기간	모집인원	우측 설명	2022 수능최저등급
학교생활 우수자	일괄	학생부종합 자소서제출 ~09.15(수) 최종 11.26(금)	1. 2021부터 일괄전형 유지 \n 2. 2022 전년대비 5명 감소 \n 3. 학업역량 40% 중요★	228 \n\n 2021 233	▶학생부종합평가 100% \n 학업 및 다양한 활동을 통하여 균형있는 학교생활 충실수행 인재 \n\n ▶2022 1단계 서류평가요소 \n 학업역량40 전공적합성20 \n 발전가능성20 인성20	최저 없음
자기주도 인재	1단계 \n\n 2단계	학생부종합 자소서제출 ~09.15(수) \n\n 1단계 11.13(토) 면접 11.20(토) 11.21(일) 최종 11.26(금)	1. 2022 전년대비 28명 증가 \n 2. 2단계 면접비율 10% 축소 \n 3. 전공적합성 40% 중요★	444 \n\n 2021 416	▶학생부종합평가 100% (3배수) \n 전공분야에 대한 확고한 목표의식 열정을 가지고 자기주도적인 탐구 역량을 갖춘 인재 \n\n ▶1단계 70+면접 30 \n ▶2022 1단계 서류평가요소 \n 학업역량20 전공적합성40 \n 발전가능성20 인성20	최저 없음
논술우수자	일괄	논술전형 논자 10.02(토) 논인 10.03(일) 최종 12.16(목)	1. 2022 논술 6명 감소 \n 2. 사범 제외 전체학과 모집 \n 3. 돈암 수정캠 논술실시	180 \n\n 2021 186	▶학생 30+논술 70 \n 인문: 4~5개의 지문/자료 제시 통합교과형 \n 2문항, 문항당 800~1,000자, 100분 \n 자연: 수학논술, 답안 풀이과정 \n 4문항, 2~4개 하위문항, 100분	인문: 2개합 6 (탐1) 자연: 2개합 7 (탐1)
고른기회1	일괄	학생부종합 자소서제출 ~09.15(수) 최종 11.26(금)	1. 2022 전년대비 25명 증가 \n 2. 국가보훈대상자 \n 3. 농어촌/특성화고출신자	109 \n\n 2021 84	▶학생부종합 100% 학업역량 40% \n 학업 및 다양한 활동을 통하여 균형있는 학교생활 충실수행 인재	최저 없음
고른기회2 (기회균형)	일괄	학생부종합 자소서제출 ~09.15(수) 최종 11.26(금)	기초 및 차상위대상자	15	▶학생부종합 100% 학업역량 40% \n 학업 및 다양한 활동을 통하여 균형있는 학교생활 충실수행 인재	최저 없음

성신여대 2021 입시분석자료 01 - 수시 교과우수자

2021. 06. 12 ollim

▶ 교과: 국영수사/국영수과
▶ 학년 비율: 동일 비율
▶ 2022 지역균형 명칭변경

2021 교과우수자 ▶ 인문: 2개합6 (탐1) 또는 영포함 2개합5 ▶ 자연: 2개합7 (탐1) 또는 영포함 2개합6

2020 교과우수자 ▶ 교과 100% ▶ 2020 인: 3개합 7(탐1), 자: 3개합 8 (탐1)

대학	학과	2022 지균인원	모집인원	경쟁률	실질경쟁률	추합인원	최고	평균	최저	모집인원	경쟁률	실질경쟁률	추합인원	최고	평균	최저
인문과학대학	국어국문	6	4	7.50	4.75	7	2.24	2.35	2.45	6	7.83	3.17	4	1.85	2.32	2.44
	영어영문	10	4	8.00	5.25	12	2.22	2.30	2.37	6	9.17	4.17	2	1.93	2.32	2.54
	독어독문	4	3	14.0	9.00	3	2.64	2.68	2.74	5	9.80	2.60	6	2.52	3.16	4.09
	프랑스어문	4	3	12.7	6.33	1	2.35	2.50	2.69	5	11.2	2.40	4	2.04	2.72	3.67
	일본어문문화	6	5	12.8	7.80	5	2.42	2.47	2.55	6	8.33	2.83	4	2.19	2.99	3.39
	중국어문문화	7	5	15.8	11.0	8	2.30	2.44	2.56	6	7.17	2.83	9	2.76	3.07	3.56
	사학과	4	3	7.67	4.67	6	2.09	2.44	2.7	7	9.14	2.71	3	2.31	2.47	2.79
사회과학대학	정치외교학과	6	3	12.3	8.33	3	2.12	2.32	2.46	5	7.20	4.00	12	2.58	2.95	3.28
	심리학과	6	4	11.3	8.25	11	1.38	1.77	2.09	5	6.80	2.80	3	1.64	2.27	2.56
	지리학과	4	4	15.3	10.0	9	2.11	2.17	2.25	5	9.60	2.80	8	2.54	3.07	3.96
	경제학과	8	5	21.0	10.4	5	1.45	2.22	2.53	8	9.13	2.88	12	2.17	3.20	4.65
	미디어커뮤니케이션	7	5	15.6	12.0	15	1.74	1.82	1.89	7	7.14	2.71	2	2.18	2.67	3.12
	경영학부 경영학	14	13	11.2	8.85	39	1.76	2.13	2.28	22	9.55	3.41	22	2.01	2.41	2.82
	경영 글로벌비지니스		3	29.3	8.67	1	2.69	2.77	2.85	4	8.75	2.00	4	3.35	4.07	4.63
	사회복지학과	6	3	7.67	5.67	2	2.45	2.50	2.59	7	6.43	1.57	2	2.07	2.66	3.32
법과	법학부	14	12	8.58	6.17	29	1.96	2.27	2.52	16	8.13	3.00	7	2.08	2.43	2.67
사범대학	교육학과	4	6	7.00	4.00	12	2.00	2.48	3.45	7	5.86	2.86	6	1.88	2.09	2.41
	사회교육과	4	6	9.67	7.50	13	1.69	1.90	2.07	8	5.50	2.38	5	1.66	2.37	2.63
	윤리교육과	4	6	10.7	7.33	15	1.88	1.97	2.04	8	6.38	3.25	9	2.04	2.42	2.95
	한문교육과	4	6	8.50	5.67	10	2.38	2.44	2.55	7	8.14	1.86	6	2.54	2.90	3.43
	유아교육과	5	8	13.6	7.88	10	1.78	1.96	2.23	8	6.75	2.00	6	2.01	2.65	3.51
융합	문화예술경영학	4	3	9.67	6.00	3	1.62	1.82	1.96	5	8.00	3.20	6	2.14	2.40	2.65
인문 소계		131	114	12.3	7.52	219	2.06	2.26	2.45	163	8.00	2.79	142	2.20	2.71	3.23
자연과학	수리통계 수학	6	-	-	-	-	-	-	-	-	-	-	-	-	-	-
	수리통계 핀테크		6	13.2	9.00	10	2.28	2.68	2.85	10	8.70	1.70	7	2.69	3.24	4.38
	수리통계 통계학	5	3	8.33	3.67	4	3.26	3.27	3.27	5	9.40	4.20	3	1.97	2.37	2.52
	수리통계 빅데이터		2	9.00	4.50	1	2.99	3.16	3.33	-	-	-	-	-	-	-
	화학에너지융합	5	5	10.6	7.20	7	2.15	2.37	2.55	5	8.00	2.60	5	2.22	2.70	3.38
지식서비스공과	서비스디자인공학	8	7	9.29	5.71	12	2.60	2.91	3.14	10	8.20	1.70	4	2.21	2.91	3.48
	융합보안공학	10	7	9.86	7.14	12	1.99	2.5	2.68	11	8.82	2.55	11	2.36	3.05	3.68
	컴퓨터공학과	6	4	20.3	12.8	6	2.18	2.52	2.76	5	7.40	2.60	7	2.84	3.31	4.27
	청정융합에너지공	6	4	21.0	13.8	4	2.79	2.87	2.97	5	9.60	1.60	3	2.81	3.52	4.40
	바이오식품공학	4	4	16.5	11.3	4	1.83	2.14	2.46	5	9.40	3.40	7	2.57	2.96	3.27
	바이오생명공학	6	4	16.5	11.8	10	2.00	2.08	2.16	5	9.40	2.60	1	1.98	2.61	2.97
	AI융합학부 IOT	26	26	8.62	6.00	34	2.24	2.70	2.97	8	9.00	3.38	9	2.79	3.07	3.34
간호	간호학과 인문	6	2	12.5	7.50	6	1.86	1.97	2.07	3	10.7	6.33	2	1.57	1.71	1.93
	간호학과 자연	7	3	11.0	7.67	9	2.01	2.05	2.08	4	11.5	3.75	3	1.72	2.08	2.35
헬스웰니스컬리지	바이오신약의과학	4	2	9.00	5.50	4	2.86	3.32	3.78	-	-	-	-	-	-	-
	바이오글로벌의과학		2	8.00	5.50	2	1.90	2.07	2.24	4	7.00	3.25	2	2.10	2.40	2.79
	바이오헬스융합	8	8	9.88	6.63	7	2.48	2.62	2.78	7	8.43	2.29	3	2.59	3.13	3.84
	운동재활복지학	-	-	-	-	-	-	-	-	10	5.50	1.70	2	3.05	3.53	3.93
뷰티생활국제	의류산업학과	7	6	12.3	7.33	9	2.14	2.43	2.81	8	7.13	1.50	4	2.30	3.11	4.29
	뷰티산업학과	-	-	-	-	-	-	-	-	-	-	-	-	-	-	-
	소비자생활문화산업	6	3	15.3	6.67	1	2.11	2.29	2.48	6	8.00	2.00	6	2.36	3.13	4.31
자연 소계		114	95	12.29	7.76	142	2.33	2.57	2.76	105	8.64	2.77	73	2.36	2.86	3.43

성신여대 2021 입시분석자료 02 - 종합 학교생활우수자　2021. 06. 12　ollim

▶교과: 국영수사/국영수과
▶2021 서류종합 100%

대학	학과	2022 모집인원	2021 모집인원	2021 경쟁률	2021 실질경쟁률	2021 추합인원	2021 최고	2021 평균	2021 최저	2020 모집인원	2020 경쟁률	2020 실질경쟁률	2020 추합인원	2020 최고	2020 평균	2020 최저
인문과학대학	국어국문	5	6	6.00		4	2.54	3.07	4.87	7	6.71		3	1.88	2.59	3.06
	영어영문	8	10	7.70		29	2.46	3.33	6.15	12	5.08		12	2.29	3.01	3.63
	독어독문	3	4	6.75		4	3.74	5.27	6.91	6	6.00		4	2.68	4.78	6.38
	프랑스어문	3	4	5.50		1	2.62	3.69	6.01	6	6.83		8	2.21	3.66	5.73
	일본어문문화	5	9	4.22		9	2.76	3.70	5.36	9	5.33		5	2.74	3.58	5.28
	중국어문문화	5	8	6.00		6	2.51	2.99	3.53	8	5.88		9	2.41	3.83	5.29
	사학과	3	4	5.25		7	2.19	2.86	3.66	5	6.40		3	2.22	2.53	2.82
사회과학대학	정치외교학과	4	6	5.50			2.16	2.95	3.52	8	4.88		1	2.31	2.80	3.48
	심리학과	4	6	9.67		7	2.01	2.33	2.64	7	7.71		1	2.10	2.61	2.92
	지리학과	4	5	5.80		6	2.28	2.84	3.22	6	4.00		6	2.82	3.24	4.02
	경제학과	6	8	4.50		11	2.77	3.22	4.95	10	4.70		7	2.56	3.00	3.41
	미디어커뮤니케이션	6	8	10.1		9	1.96	2.46	3.14	11	9.30		8	1.89	2.40	3.10
	경영학부 경영학	15	9	7.00		7	1.87	2.38	2.69	10	6.30		6	1.93	2.53	3.90
	경영 글로벌비지니스		4	8.50		5	4.49	4.82	5.06	5	9.20		2	2.66	4.00	5.95
	사회복지학과	4	7	9.29		9	2.09	2.44	2.88	9	7.33		7	2.32	2.60	3.35
법과	법학부	14	6	5.19		27	2.46	3.10	6.06	8	6.63		7	2.32	2.75	3.07
사범대학	교육학과	-	-	-		-	-	-	-	8	11.60		7	1.82	2.68	5.87
	사회교육과	-	-	-		-	-	-	-	7	6.29		10	2.02	2.28	2.50
	윤리교육과	-	-	-		-	-	-	-	7	6.00		8	2.16	2.47	2.75
	한문교육과	-	-	-		-	-	-	-	8	3.88		1	2.50	2.93	3.99
	유아교육과	-	-	-		-	-	-	-	10	15.50		5	1.95	2.60	5.44
융합	문화예술경영학		4	8.50		4	1.47	2.38	2.86	6	9.33		2	2.41	2.54	2.83
	인문 소계	89	108	6.79		149	2.49	3.17	4.32	172	7.04		122	2.28	2.97	4.0
자연과학	수리통계 수학	10	10	4.50		4	2.20	3.12	3.46	6	5.33		5	2.32	2.93	3.60
	수리통계 핀테크		7	4.00		1	2.89	3.49	4.08	-	-		-	-	-	-
	수리통계 통계학	9	6	3.83		7	2.71	2.97	3.25	8	4.50		8	2.57	3.00	3.66
	수리통계 빅데이터		4	3.75		5	3.08	3.35	3.76	-	-		-	-	-	-
	화학에너지융합	11	11	4.18		11	2.14	2.65	3.01	8	5.88		5	2.06	2.51	2.82
지식서비스공과	서비스디자인공학	8	9	3.33		9	2.36	3.09	3.62	11	4.36		3	2.16	2.84	4.25
	융합보안공학	13	12	2.75		4	2.95	3.77	4.78	13	4.23		7	2.77	3.38	3.90
	컴퓨터공학과	5	6	3.33		7	2.64	3.27	3.65	8	3.88		6	2.28	2.85	3.59
	청정융합에너지공	5	6	5.83		4	2.77	3.43	5.22	7	6.00		13	2.34	2.83	3.28
	바이오식품공학	5	6	8.00		3	2.46	2.79	3.27	7	6.00		9	2.65	3.00	3.84
	바이오생명공학	6	7	8.57		4	1.90	2.31	2.85	9	6.44		7	1.96	2.59	4.61
	AI융합학부 IOT	15	12	3.33		19	3.28	3.77	5.15	5	5.00		3	3.20	3.66	3.98
간호	간호학과 인문자연	16	16	9.44		19	1.67	2.02	2.34	15	11.1		19	1.84	2.23	2.57
헬스웰니스컬리지	바이오신약의과학	8	4	7.50		2	2.34	2.57	2.91	-	-		-	-	-	-
	바이오글로벌의과학		4	5.75		4	1.85	3.48	6.07	6	4.67		3	2.18	3.33	6.52
	바이오헬스융합	8	15	4.00		11	2.45	3.02	3.33	7	5.29		5	1.75	2.95	3.62
	운동재활복지학	-	-	-		-	-	-	-	6	8.17		1	3.01	3.24	3.44
뷰티생활국제	의류산업학과	5	6	7.50		10	2.73	2.91	3.04	8	4.75		6	2.39	2.95	3.56
	뷰티산업학과	6	6	12.70		1	1.46	2.28	4.68	5	17.00		0	1.30	2.67	3.55
	소비자생활문화산업	5	8	5.13		3	2.51	3.49	5.84	9	6.78		5	2.64	2.91	3.29
	자연 소계	124	141	5.65		128	2.50	3.06	3.75	124	5.71		100	2.32	2.95	3.82

2021 학교생활우수자
▶단계종합전형 ▶최저없음
▶학업역량40 전공적합20 발전가능성20 인성20

2020 학교생활우수자
▶단계종합전형 ▶최저없음
▶학업역량40 전공적합20 발전가능성20 인성20

성신여대 2021 입시분석자료 03 - 종합 자기주도인재
2021. 06. 12 ollim

▶ 교과: 국영수사/국영수과
▶ 2021 서류단계면접 동일

2021 자기주도인재 — ▶ 종합 1단계: 서류100%, 2단계: 면접40% ▶ 최저없음

2020 자기주도인재 — ▶ 종합 1단계: 서류100%, 2단계: 면접40% ▶ 최저없음 *2020 신설전형*

		2022 모집인원	2021 모집인원	2021 경쟁률	2021 실질경쟁률	2021 추합인원	2021 최고	2021 평균	2021 최저	2020 모집인원	2020 경쟁률	2020 실질경쟁률	2020 추합인원	2020 최고	2020 평균	2020 최저
인문과학대학	국어국문	10	9	13.1		7	2.71	2.95	3.33	7	15.0		3	2.49	3.27	5.32
	영어영문	15	15	14.3		20	2.66	4.62	6.26	12	14.3		13	2.69	4.56	6.30
	독어독문	7	10	9.50		10	3.08	3.99	4.84	5	10.6		5	3.17	5.01	6.55
	프랑스어문	7	11	9.55		10	2.94	4.41	6.12	5	14.4		5	5.08	5.60	6.28
	일본어문문화	12	16	7.06		10	2.63	3.14	3.64	9	11.1		4	2.45	2.81	3.50
	중국어문문화	12	15	9.47		17	3.17	4.90	6.19	8	12.3		3	2.82	3.26	4.21
	사학과	7	8	10.8		10	2.68	3.15	3.98	4	15.5		2	2.73	3.11	3.97
사회과학대학	정치외교학과	8	10	11.0		4	2.44	3.45	5.76	7	10.6		7	2.53	3.29	5.17
	심리학과	10	9	20.4		5	2.31	2.81	5.23	6	19.2		5	2.27	3.44	5.74
	지리학과	9	9	6.89		8	2.53	3.31	3.78	6	9.17		5	2.76	3.55	5.08
	경제학과	12	11	5.64		11	2.43	3.06	3.69	10	7.8		10	2.47	3.63	5.87
	미디어커뮤니케이션	12	12	30.8		9	2.27	3.01	4.89	9	25.3		7	2.35	3.53	5.87
	경영학부 경영학	22	13	12.3		11	2.32	2.97	4.97	10	10.4		8	2.41	3.19	5.84
	경영 글로벌비지니스		8	11.0		3	2.65	4.20	5.95	4	17.8		1	2.32	3.02	3.64
	사회복지학과	9	10	11.0		6	2.49	2.77	3.06	8	18.6		2	2.60	2.88	3.15
법과	법학부	25	16	10.3		7	2.64	2.92	3.16	17	11.4		13	2.39	3.69	5.61
사범대학	교육학과	10	8	12.9		4	1.91	2.49	2.82	-	-		-	-	-	-
	사회교육과	10	8	5.88		7	1.87	2.15	2.70	-	-		-	-	-	-
	윤리교육과	10	8	6.13		7	2.18	2.92	3.72	-	-		-	-	-	-
	한문교육과	10	8	3.38		3	2.59	3.33	6.14	-	-		-	-	-	-
	유아교육과	13	10	16.6		5	1.99	2.58	3.15	-	-		-	-	-	-
융합	문화예술경영학	7	9	18.3		6	2.33	2.76	2.95	5	27.6		2	2.62	3.21	4.78
인문 소계		**237**	**233**	**11.7**		**180**	**2.49**	**3.27**	**4.38**	**132**	**14.8**		**95**	**2.71**	**3.59**	*5.1*
자연과학	수리통계 수학	15	5	5.40		4	2.41	3.29	3.86	6	6.17		5	2.62	3.01	3.55
	수리통계 핀테크		3	4.33		0	3.69	4.34	5.32	-	-		-	-	-	-
	수리통계 통계학	16	10	4.60		5	2.70	3.26	4.00	8	6.63		5	2.72	3.27	4.07
	수리통계 빅데이터		6	4.50		3	2.98	3.21	3.57	-	-		-	-	-	-
	화학에너지융합	16	16	5.63		7	2.39	2.85	3.22	7	11.4		3	2.45	2.81	3.17
지식서비스공과	서비스디자인공학	13	13	5.46		5	2.76	3.54	3.96	11	7.18		6	2.34	3.59	5.78
	융합보안공학	15	15	2.93		8	2.96	3.77	5.11	13	4.38		12	2.60	3.20	3.66
	컴퓨터공학과	9	10	6.40		10	2.59	3.07	3.43	7	6.00		8	2.75	3.35	3.99
	청정융합에너지공	9	8	9.25		4	2.58	3.13	4.02	6	13.8		5	2.80	3.04	3.21
	바이오식품공학	10	9	9.44		3	2.50	3.18	5.74	7	12.0		4	2.52	2.98	3.25
	바이오생명공학	11	11	13.6		5	2.40	2.74	3.01	8	19.6		10	2.27	2.74	3.34
	AI융합학부 IOT	16	13	4.85		17	2.69	3.53	5.92	5	6.20		5	2.89	2.98	3.16
간호	간호학과 인문자연	15	16	13.8		12	1.94	2.89	4.96	15	18.5		9	2.02	2.61	3.12
헬스웰니스컬리지	바이오신약의과학	15	8	9.88		0	2.62	3.08	4.15	-	-		-	-	-	-
	바이오글로벌의과학		8	6.50		1	1.94	2.88	3.36	5	7.20		4	1.90	2.51	3.19
	바이오헬스융합	16	10	6.80		6	1.58	2.89	3.50	7	9.57		6	2.61	3.28	5.63
	운동재활복지학	-	-	-		-	-	-	-	5	11.4		4	2.04	3.63	7.39
뷰티생활국제	의류산업학과	12	13	10.4		7	2.26	2.86	3.22	7	12.4		6	2.23	3.41	5.78
	뷰티산업학과	10	10	17.6		1	2.66	3.54	4.20	5	28.6		2	2.81	3.49	4.73
	소비자생활문화산업	9	11	11.6		9	2.65	3.30	3.91	9	11.9		9	2.66	4.06	6.10
자연 소계		**188**	**195**	**8.05**		**107**	**2.54**	**3.23**	**4.13**	**131**	**11.3**		**103**	**2.48**	**3.17**	**4.30**

2021 논술우수자 / 2021 정시일반

▶교과: 국영수사/국영수과
▶학년 비율: 동일 비율

▶인문: 2개합6 (탐1) 또는 영포함 2개합5
▶자연: 2개합7 (탐1) 또는 영포함 2개합6

인 30:20:30:20 자 10:35:30:25 등 각각
영어 100-95-85-70-55...

		2022 모집인원	모집인원	경쟁률	실질 경쟁률	추합 인원	최고	평균	최저	모집	모집단위 학과		2021 평균
인문 과학 대학	국어국문	4	7	34.4	15.3	0	3.35	3.78	4.56	16			87.96
	영어영문	6	6	33.7	15.3	2	2.77	4.07	5.08	28			87.48
	독어독문	3	4	31.3	11.3	0	4.38	4.72	5.12	6			87.67
	프랑스어문	3	4	32.5	12.0	2	3.50	4.05	4.65	7			87.49
	일본어문문화	5	6	36.3	15.2	1	3.76	4.23	5.11	10			87.07
	중국어문문화	5	6	35.8	16.3	4	3.70	4.31	4.78	12			87.75
	사학과	3	4	31.3	13.0	0	3.82	4.55	5.24	7			87.79
사회 과학 대학	정치외교학과	4	4	32.3	11.8	1	3.94	4.42	4.70	14			88.72
	심리학과	5	5	36.0	17.4	0	3.34	4.20	5.03	15			89.07
	지리학과	4	5	34.2	16.0	1	3.07	4.11	4.71	11			87.56
	경제학과	6	7	36.3	14.6	1	2.95	3.87	5.48	19			89.18
	미디어커뮤니케이션	5	6	42.3	18.3	0	2.89	4.05	4.44	18			89.44
	경영학부 경영학	10	5	36.8	14.2	2	2.97	3.65	4.26	34			89.39
	경영 글로벌비지니스		4	32.8	13.3	2	4.49	5.16	5.94	12			89.31
	사회복지학과	5	4	32.3	13.8	1	3.28	3.60	4.20	16			87.36
법과	법학부	10	14	40.6	17.4	6	3.37	4.31	5.28	36			87.23
사범 대학	교육학과	-	-	-	-	-	-	-	-	7			88.68
	사회교육과	-	-	-	-	-	-	-	-	8			82.50
	윤리교육과	-	-	-	-	-	-	-	-	8			88.94
	한문교육과	-	-	-	-	-	-	-	-	7			87.54
	유아교육과	-	-	-	-	-	-	-	-	10			89.32
융합	문화예술경영학	4	3	34.3	13.0	0	3.59	4.45	5.59	12			88.20
인문 소계		82	94	34.9	14.6	23	3.48	4.21	4.95	313			87.98
자연 과학	수리통계 수학	6	-	-	-	-	-	-	-	-			-
	수리통계 핀테크		7	10.3	5.29	7	3.68	4.67	5.72	19			89.08
	수리통계 통계학	6	4	10.3	6.25	1	3.43	3.66	4.16	13			87.32
	수리통계 빅데이터		2	9.00	6.00	1	4.30	4.83	5.36	8			90.32
	화학에너지융합	6	7	11.3	5.29	2	3.59	4.73	6.34	17			80.24
지식 서비스 공과	서비스디자인공학	6	6	11.0	4.67	0	3.19	4.38	5.12	21			89.28
	융합보안공학	6	11	13.5	6.27	2	3.11	4.43	6.06	22			89.47
	컴퓨터공학과	4	6	13.2	7.17	3	2.85	4.78	6.21	12			89.09
	청정융합에너지공	5	7	11.4	5.57	4	3.48	4.50	6.19	17			82.63
	바이오식품공학	4	5	13.4	7.00	0	4.08	4.63	5.24	9			77.72
	바이오생명공학	6	8	13.1	7.13	5	3.85	4.64	6.09	17			84.57
	AI융합학부 IOT	16	23	13.7	7.57	15	3.18	4.17	5.94	57			88.09
간호	간호학과 인문	6	5	68.0	32.0	0	3.50	4.13	5.21	16			92.74
	간호학과 자연	7	7	30.3	19.4	2	3.34	4.13	5.00	21			89.60
헬스 웰니스 컬리지	바이오신약의과학	6	3	13.0	6.00	1	5.04	5.04	5.04	9			79.75
	바이오글로벌의과학		3	10.3	5.67	0	3.60	4.30	5.57	6			85.22
	바이오헬스융합	5	5	11.0	5.20	0	3.43	3.89	4.58	21			79.78
	스포레저전공	-	-	-	-	-	-	-	-	30			75.03
	운동재활복지학	-	-	-	-	-	-	-	-	30			74.71
뷰티 생활 국제	의류산업학과	5	5	29.0	15.4	1	3.58	4.55	5.17	17			90.03
	뷰티산업학과	-	-	-	-	-	-	-	-	9			81.74
	소비자생활문화산업	4	4	32.8	12.3	2	3.25	4.05	4.75	13			86.70
자연 소계		94	118	18.0	9.12	46	3.60	4.44	5.47	384			84.91

2022 대학별 수시모집 요강	세종대학교	2022 대입 주요 특징

2022 대학별 수시모집 요강 / 세종대학교

2022 대입 주요 특징
<영어 반영방법> 정시: 등급변환 인문 30:30:20:20
인/자: 100-95-85-70-50 ... 자연 15:40:20:25

▶ 교과 반영: *2021과 동일*
인: 국영수사과
자: 국영수과 예체: 국영
▶ 학년비율: 전학년 평균
▶ 이수단위 반영
▶ 진로선택 원점수 반영★

1. 2022 교과전형 투트랙 분리, 학교장추천 신설
2. 2022 교과전형 전년대비 125명 감소 및 수능최저 신설
3. 2022 교과내신반영 전년과 동일 유지
4. 2022 교과입결 2020 이후 학과별 극심한 입결편차 해소
5. 교과전형 관건은 경쟁률 추이와 지원자 심리
6. 2022 진로선택과목 원점수 활용한 변환점수 방식 ㅠㅠ
7. 종합평가식(holistic approach) 지향 및 전공적합성 ★★
8. 고른기회/사회기여배려 종합전형 단계→서류일괄 변화

9. 논술전형 수능최저 유지 인: 2개합 4(탐1), 자: 2개합 5(탐1)
10. 2021 일반고 등록97% 계약학 등 강추: 국방, 항공, 소프트융합

▶ 2022 공통/일반선택 석차등급별 변환점수★★
1등급-1,000, 2등급-990, 3등급-980, 4등급-975, 5등급-900
▶ 2022 진로선택과목 원점수별 변환점수★★
1등급 ~90점, 2등급~80점, 3등급~70점, 4등급~60점, 5~50점
1등급-1,000, 2등급-990, 3등급-980, 4등급-975, 5등급-900

모집시기	전형명	사정모형	학생부종합 특별사항	2022 수시 접수기간 09. 10(금) ~ 14(화)	모집인원	학생부	논술	면접	서류	기타	2022 수능최저등급
2022 수시 1,682명 2021 수시 1,325명 (57.1%) 정시 995명 (42.9%) 전체 2,320명	학생부우수자	일괄	학생부교과 최저 있음 최종 12.16(목) 인: 국영수사과 자: 국영수과	1. 2022 전년대비 125명 감소 2. 수능최저 신설★★ 3. 2019 입결대폭락 이후주목 4. 합격관건 경쟁률 비례★★ 5. 모집인원 다수학과 등 주목 (소프트융합대, 원자력 등) 6. 물리천문/지구자원 매니아 7. 과학 1개만 있으면 무한교차	277 2021 402	학생부 100		▶소프트웨어융합대학★ ①컴퓨터공학과 ②정보보호학과 ③소프트웨어학과 ④데이터사이언스 ⑤지능기전공학부 (무인스마트) ⑥창의소프트 (디자인이노/만화애니)			인: 2개합 5 (탐1) 자: 2개합 6 (탐1) *탐구 사/과탐 허용 *자연 미적/기하
	지역균형 (신설)	일괄	학생부교과 최저없음 최종 11.11(목) 인: 국영수사과 자: 국영수과	1. 2022 124명 학교추천 신설	124	학생부 100					최저 없음
	창의인재	1단계	학생부종합 최저없음 자소서 제출 ~09.15(수)	1. 2022 서류평가, 면접 9분 ① 학업역량 30% ② 전공적합성 35% ③ 창의성/발전가능성 20% ④ 인성 15% 2. 소프트융합대학 8개 학과는 제시문 면접 및 발표 실시★ 전공적합성 자료 40분 준비 3. 지원풀 전체특성 내신높음 4. 신설모집단위 강추 5. 정량·정성평가 통한 종합적 평가(holistic approach)	527 2021 547			서류 100% (3배수)			최저 없음
		2단계	1단계 11.25(목) 소프트 12.04(토) 인자 12.05(일) 최종 12.16(목)					1단계 70% 면접 30%			※ 세종대 2022 수시기타전형 생략 실기실적/농어촌 특성화졸/서해5도 등
	논술우수자	일괄	논술전형 최저있음★ 인문 11.27(토) 자연 11.28(일) 최종 12.16(목)	1. 논술 최저유지, 120분 2. 논술 분량 엄수 필수 3. 인문: 2문항, 4~5백자 900자 4. 자연: 수학 3문항, 소문항 포함 총 10문항 5. 학과별 성적편차 주목	345 2021 353	학생 30 논술 70					인: 2개합 4 (탐1) *탐구 사/과탐 허용 자: 2개합 5 (탐1) *자연 미적/기하
	고른기회	일괄	자소서 제출 ~09.15(수) 최종 12.16(목)	1. 2022 단계→일괄 변경 2. 전자/소프트/공과 단계면접 일정은 창의인재와 동일함 국가보훈관련 유공자녀손 기초+차상위+농어+특성화	60 2021 60				서류 100%		<2021 고른기회 등록평균> 건축4.53 나노2.90 국제 미디2.44 경영2.75 경제3.01 행정2.72 호텔2.55-3.19 물천6.44 화학2.35 기계2.90 생명2.62-2.81 전자2.62 컴공2.49-2.79 소프3.14 정보2.80 사이2.41 지능3.26 인공2.84 지구4.68
	사회기여 및 배려자	일괄	자소서 제출 ~09.15(수) 최종 12.16(목)	1. 2022 단계→일괄 변경 2. 군인/경찰/소방 20년 자녀 3. 다문화/다자녀3인/장애 등 4. 서해5도/특성화재직 별도전형	20 2021 20				서류 100%		<2021 사회기여배려 등록평균> 국제5.46 경영4.37 호텔2.94-3.01 생명2.69 전자3.04 컴공3.16 건축2.81 기계2.81 나노3.11
	국방시스템공학 해군장학생	1단계	자기소개서 ~09.15(수) 1단계 10.14(목) 서류 11.03(화) 최종 12.16(목)	1. 국방시스템공학과 30명 2. 여학생 최대 3명, 2명 증가 임관기준일: 2026년 6월 1일 내신반영: 국영수과, 학년동일 정시 12명, 국수영탐 15:40:20:25	30 2021 남27 여 1	100 (3배수)				▶2개년 경쟁률 4.82→4.54 2021 최종합 평균-70% 2.9.2~3.23 2020 최종합 평균-80% 2.70~3.33 ▶국방/항공 2021 정시입결 70% 국방 국수탐2 백분81.00, 2.63등급 항공 국수탐2 백분81.33, 2.75등급	최저: 국수영 합 9등급 신원진술서 국영수과/ 동일비율 체력10, 팔굽혀 윗몸, 1.5km경주
		2단계				체력 면접 20					
	항공시스템공학 공군장학생	1단계	자기소개서 ~09.15(수) 1단계 10.14(목) 서류 11.03(화) 최종 12.16(목)	1. 항공시스템공학과 17명 의무복무 13년 전역후 민항사 임관기준일: 2026년 6월 1일 내신반영: 국영수과, 학년동일 정시 0명, 국수영탐 15:40:20:25	17 남16 여 1 2021 17	100 (5배수)				▶2개년 경쟁률 9.06→8.88 2021 최종합 평균-70% 2.58~2.77 2020 최종합 평균-80% 2.22~2.51	최저: 국수영 합 9등급 +史 3등급 이내★
		2단계				2단계 100% 비행적성(자질) 및 모의비행평가 공군주관 신체/체력/적성 등 합불판정					신원진술서 국영수과/ 동일비율

세종대 2021 입결분석자료 01 - 수시 교과전형 인문
2021. 06. 10 ollim

수능최저 ○ X		2022 트윈		2021 학생부우수자						2020 학생부우수자					
<세종대 교과전형> 2022 지균 최저없음 2022 교과 최저신설 2021 교과 최저없음 2020 교과 최저없음		2022 지역균형	2022 학생부우수	▶내신 반영: 국영수사과 교과 100% ▶학년 비율: 동일 비율						▶내신 반영: 국영수사 교과 100% ▶학년 비율: 동일 비율					
				2021 지원		2021 수시 입결					2020 지원		2020 수시 입결			
		모집인원	모집인원	모집인원	경쟁률	최종등록 평균	최종등록 70% CUT	추합인원	충원율		모집인원	경쟁률	최종등록 평균	최종등록 80% CUT	추합인원	충원율
인문과학	국어국문	2	3	5	10.0	2.09	2.09	10	200%		6	7.17	2.33	2.35		100%
	국제학부	7	17	24	4.46	2.19	2.21	48	200%		30	8.13	1.77	1.86		200%
	역사학과	2	2	4	5.25	3.00	3.20	4	100%		5	9.80	1.56	1.64		200%
	교육학과	2	3	5	6.00	1.59	1.59	10	200%		5	9.67	1.54	1.58		200%
사회과학	행정학과	2	4	6	5.67	2.32	2.54	7	117%		7	8.43	1.40	1.40		200%
	미디어커뮤니	2	4	4	12.0	1.77	1.77	8	200%		4	19.3	미공개	미공개		200%
경영경제	경영학부	7	21	29	4.62	1.87	2.06	58	200%		33	8.88	1.67	1.72		200%
	경제학과	3	4	6	4.83	-	-	12	200%		8	7.50	1.76	1.88		200%
호텔	호텔관광외식	7	12	19	5.11	2.54	2.87	38	200%		21	13.2	1.67	1.72		200%
법학	법학부	2	7	11	4.91	2.45	2.65	14	127%		11	7.64	1.53	1.53		200%
인문 합계		36	77	113	6.29	2.20	2.33	209	174%		130	9.97	1.69	1.74		190%

세종대 2021 입결분석자료 02 - 수시 교과전형 자연
2021. 06. 10 ollim

수능최저 ○ X		2022 트윈		2021 학생부우수자						2020 학생부우수자					
<세종대 교과전형> 2022 지균 최저없음 2022 교과 최저신설 2021 교과 최저없음 2020 교과 최저없음		2022 지역균형	2022 학생부우수	▶내신 반영: 국영수과 교과 100% ▶학년 비율: 동일 비율						▶내신 반영: 국영수과 교과 100% ▶학년 비율: 동일 비율					
				2021 지원		2021 수시 입결					2020 지원		2020 수시 입결			
		모집인원	모집인원	모집인원	경쟁률	최종등록 평균	최종등록 70% CUT	추합인원	충원율		모집인원	경쟁률	최종등록 평균	최종등록 80% CUT	추합인원	충원율
자연과학	수학통계학부	3	9	13	7.92	1.99	2.01	26	200%		14	4.50	2.35	2.54		107%
	물리천문학과	4	10	14	4.43	2.33	2.30	26	186%		20	4.45	2.21	2.49		165%
	화학과	3	7	10	6.10	1.90	2.15	20	200%		12	13.1	1.76	1.78		142%
생명과학	생명시스템	9	22	31	4.32	1.78	1.87	55	177%		38	4.79	1.79	1.92		200%
	스마트생명산	2	2	4	5.50	2.37	2.19	4	100%		-	-	-	-		-
전자	전자정보통신	12	41	55	4.64	2.03	2.17	110	200%		65	4.71	2.10	2.24		200%
소프트웨어융합	컴퓨터공학과	6	8	14	11.2	1.70	1.67	28	200%		14	4.93	2.26	2.60		100%
	정보보호학과	2	2	3	6.33	2.19	1.41	3	100%		4	5.75	1.40	1.45		175%
	소프트웨어학	4	5	9	6.78	1.71	1.71	18	200%		9	5.56	1.65	1.74		200%
	데이터사이언	2	6	8	15.3	2.16	2.31	8	100%		8	5.00	2.61	2.93		88%
	지능기전공학	6	9	15	6.00	2.08	2.22	24	16%		17	4.59	2.30	2.57		112%
	인공지능학과	4	5	9	5.78	2.10	2.31	6	67%		-	-	-	-		-
	창의소프디자	-	-	-	-	-	-	-	-		-	-	-	-		-
	창의만화애니	-	-	-	-	-	-	-	-		-	-	-	-		-
공과대학	건축공학과	3	9	23	4.78	2.37	2.54	43	187%		26	4.73	2.19	2.37		150%
	건축학과	3	8	-	-	-	-	-	-		-	-	-	-		-
	건설환경공학	4	8	12	4.75	2.27	2.41	22	183%		16	5.31	2.21	2.27		200%
	환경에너지융	3	6	9	9.44	1.90	2.01	18	200%		13	4.92	2.44	2.73		115%
	지구자원시스	3	4	7	6.14	2.24	2.21	11	157%		11	5.73	2.39	2.52		100%
	기계항공우주	8	20	28	6.64	2.05	2.18	56	200%		32	11.4	2.13	2.33		159%
	나노신소재공	5	17	22	5.18	1.81	1.87	44	200%		26	8.12	1.89	2.00		200%
	양자원자력공	2	2	3	5.00	2.60	2.67	1	33%		4	5.50	1.94	1.94		200%
자연 합계		88	200	289	6.64	2.08	2.12	523	153%		329	6.06	2.10	2.26		154%

세종대 2021 입결분석자료 03 - 수시 창의인재종합 인문　　2021. 06. 10　ollim

수능최저 없음		2022	2021 창의인재종합							2020 창의인재종합					
			▶내신 반영: 전과목　1단계: 서류 100% (3배수) ▶학년 비율: 동일　2단계: 면접 30%							▶내신 반영: 전과목　1단계: 서류 100% (3배수) ▶학년 비율: 동일　2단계: 면접 30%					
		2022 창의 인재	2021 지원		2021 수시 입결					2020 지원		2020 수시 입결			
		모집 인원	모집 인원	경쟁률	최종등록 평균	최종등록 70% CUT	추합 인원	충원율		모집 인원	경쟁률	최종등록 평균	최종등록 80% CUT	추합 인원	충원율
인문 과학	국어국문	8	7	16.7	2.50	2.65	10	143%		5	24.2	2.80	2.80		0%
	국제학부	23	23	11.9	2.59	2.81	21	91%		21	16.3	2.70	2.99		48%
	역사학과	6	5	14.8	2.54	2.54	9	180%		3	25.0	2.72	2.72		67%
	교육학과	6	6	12.2	2.36	2.56	6	100%		5	20.2	2.26	2.26		60%
사회 과학	행정학과	7	7	14.1	2.42	2.54	5	71%		6	20.2	2.69	2.69		50%
	미디어커뮤니	14	14	37.0	2.68	2.73	5	36%		12	46.4	3.10	3.76		17%
경영 경제	경영학부	28	30	14.4	2.40	2.58	31	103%		28	14.9	2.82	2.82		71%
	경제학과	7	7	8.86	2.68	2.79	12	171%		8	9.75	2.56	2.70		88%
호텔	호텔관광외식	25	25	10.4	2.95	2.98	27	108%		22	17.2	2.58	2.58		59%
법학	법학부	-	-	-	-	-	-	-		6	27.3	2.37	2.44		133%
인문 합계		124	124	15.6	2.57	2.69	126	111%		116	22.1	2.66	2.78		59%

세종대 2021 입결분석자료 04 - 수시 창의인재종합 자연　　2021. 06. 10　ollim

수능최저 없음		2022	2021 창의인재종합							2020 창의인재종합					
			▶내신 반영: 전과목　1단계: 서류 100% (3배수) ▶학년 비율: 동일　2단계: 면접 30%							▶내신 반영: 전과목　1단계: 서류 100% (3배수) ▶학년 비율: 동일　2단계: 면접 30%					
		2022 창의 인재	2021 지원		2021 수시 입결					2020 지원		2020 수시 입결			
		모집 인원	모집 인원	경쟁률	최종등록 평균	최종등록 70% CUT	추합 인원	충원율		모집 인원	경쟁률	최종등록 평균	최종등록 80% CUT	추합 인원	충원율
자연 과학	수학통계학부	10	10	11.9	2.83	2.90	15	150%		8	17.1	2.67	2.68		50%
	물리천문학과	12	11	8.09	2.68	2.79	16	145%		8	15.0	2.38	2.38		50%
	화학과	11	11	13.8	2.34	2.40	10	91%		8	14.8	2.58	2.58		100%
생명 과학	생명시스템	32	33	14.9	2.39	2.46	35	106%		28	20.2	2.42	2.60		86%
	스마트생명산	6	6	9.83	2.63	2.83	5	83%		-	-	-	-		-
전자	전자정보통신	25	28	5.86	2.88	3.04	46	164%		24	9.92	2.81	3.00		100%
소프트 웨어 융합	컴퓨터공학과	40	41	7.1	2.84	2.93	27	66%		39	7.23	2.75	3.04		31%
	정보보호학과	10	10	7.80	2.87	2.67	3	30%		10	11.0	2.52	2.75		50%
	소프트웨어학	16	19	12.9	2.92	3.10	10	53%		18	8.61	3.52	3.60		44%
	데이터사이언	12	12	8.2	2.96	2.86	15	125%		12	6.40	2.97	3.37		100%
	지능기전공학	43	45	5.18	3.14	3.31	29	64%		43	6.67	3.00	3.29		49%
	인공지능학과	16	16	6.88	3.06	3.25	9	56%		-	-	-	-		-
	창의소프디자	48	48	8.23	2.60	2.91	30	63%		48	7.90	2.80	3.35		50%
	창의만화애니	48	48	7.81	2.77	3.19	12	25%		48	10.3	2.57	3.05		27%
공과 대학	건축공학과	8	17	12.2	2.68	2.73	15	88%		15	8.47	3.12	3.45		87%
	건축학과	8	-	-	-	-	-	-		-	-	-	-		-
	건설환경공학	8	10	6.40	2.90	2.93	11	110%		8	9.88	2.85	2.98		125%
	환경에너지융	9	10	13.2	2.96	3.19	17	170%		8	15.0	2.69	2.78		150%
	지구자원시스	8	11	4.82	3.19	2.98	2	18%		8	6.88	2.76	3.03		75%
	기계항공우주	17	19	10.8	2.58	2.71	26	137%		16	23.1	2.50	2.69		119%
	나노신소재공	9	11	8.73	2.45	2.45	11	100%		8	11.1	2.43	2.59		50%
	양자원자력공	7	7	6.86	2.95	2.93	4	57%		8	4.88	3.30	3.50		38%
자연 합계		403	423	9.12	2.79	2.88	348	91%		365	11.3	2.77	2.98		73%

수능최저 있음		2022	2021 논술전형							2020 논술전형						
인: 2개합 4 (탐1) 자: 2개합 5 (탐1) 자연 수가과응시			▶내신 반영: 국영수사과　교과30+논술70 ▶학년 비율: 동일 비율							▶내신 반영: 국영수사　교과30+논술70 ▶학년 비율: 동일 비율						
		2022 논술	2021 지원		2021 수시 입결					2020 지원		2020 수시 입결				
		모집 인원	모집 인원	경쟁률	최종등록 평균	최종등록 70% CUT	실질 경쟁	충원율	논술 평균	모집 인원	경쟁률	최종등록 평균	최종등록 80% CUT	추합 인원	충원율	논술 평균
인문 과학	국어국문	6	6	31.3	4.33	4.99	6.33	183%	584	6	53.0	2.95	3.50		17%	625
	국제학부	23	24	38.9	3.88	4.24	8.54	58%	586	4	63.9	4.10	4.90		46%	608
	역사학과	3	4	33.8	4.24	4.29	5.50	0%	592	4	50.8	3.89	3.90		50%	605
	교육학과	5	6	34.3	4.10	4.32	5.67	50%	596	6	54.2	3.56	4.40		0%	521
사회 과학	행정학과	5	6	33.8	3.80	3.76	6.33	67%	641	6	54.8	3.45	3.80		17%	623
	미디어커뮤니	7	7	49.6	3.63	3.71	9.43	43%	618	7	69.4	4.21	4.70		43%	521
경영 경제	경영학부	20	21	38.9	3.61	3.99	7.33	48%	628	22	62.4	3.65	4.80		32%	624
	경제학과	6	7	32.3	4.15	4.19	5.29	29%	628	8	53.8	3.71	4.20		25%	598
호텔	호텔관광외식	20	21	34.5	3.42	3.51	7.67	33%	607	22	57.8	3.69	4.40		36%	628
법학	법학부	12	13	34.4	3.87	3.95	7.15	15%	590	10	55.9	3.95	4.50		40%	609
인문 합계		107	115	36.2	3.90	4.10	69.2	53%	607	95	57.6	3.72	4.31		31%	596

수능최저 있음		2022	2021 논술전형							2020 논술전형						
인: 2개합 4 (탐1) 자: 2개합 5 (탐1) 자연 수가과응시			▶내신 반영: 국영수과　교과30+논술70 ▶학년 비율: 동일 비율							▶내신 반영: 국영수과　교과30+논술70 ▶학년 비율: 동일 비율						
		2022 논술	2021 지원		2021 수시 입결					2020 지원		2020 수시 입결				
		모집 인원	모집 인원	경쟁률	최종등록 평균	최종등록 70% CUT	실질 경쟁	충원율	논술 평균	모집 인원	경쟁률	최종등록 평균	최종등록 80% CUT	추합 인원	충원율	논술 평균
자연 과학	수학통계학부	6	6	26.2	3.99	4.53	7.33	33%	513	7	42.3	3.51	4.90		14%	640
	물리천문학과	9	9	20.4	3.63	4.38	4.56	56%	399	10	30.0	4.12	5.10		40%	587
	화학과	6	6	27.8	4.10	4.45	8.00	117%	465	6	41.3	3.80	3.90		83%	623
생명 과학	생명시스템	17	17	35.7	4.40	5.01	11.1	59%	435	18	53.3	3.77	4.20		56%	644
	스마트생명산	3	3	20.3	3.81	3.96	6.67	67%	410	-	-	-	-		-	-
전자	전자정보통신	23	23	28.4	4.12	4.39	8.74	78%	461	24	44.7	3.98	4.60		63%	503
소프트 웨어 융합	컴퓨터공학과	26	26	33.8	3.75	3.97	10.6	35%	435	27	49.9	3.64	4.00		56%	635
	정보보호학과	6	6	24.8	4.45	4.54	6.00	0%	406	6	42.5	3.57	3.70		50%	645
	소프트웨어학	12	12	27.5	4.19	4.58	9.00	33%	427	12	44.6	3.81	4.30		42%	629
	데이터사이언	8	8	24.5	4.14	4.54	7.88	75%	435	8	38.5	3.31	3.40		50%	628
	지능기전공학	30	30	27.6	3.77	4.15	9.37	60%	477	31	41.5	3.83	4.30		48%	633
	인공지능학과	12	12	25.8	4.08	4.19	7.58	42%	463	-	-	-	-		-	-
	창의소프디자	-	-	-	-	-	-	-	-	-	-	-	-		-	-
	창의만화애니	-	-	-	-	-	-	-	-	-	-	-	-		-	-
공과 대학	건축공학과	8	15	31.6	3.84	3.99	8.40	87%	396	16	40.0	4.07	4.70		56%	426
	건축학과	7	-	-	-	-	-	-	-	-	-	-	-		-	-
	건설환경공학	9	9	25.0	4.06	5.04	5.56	44%	398	10	35.0	4.31	5.40		40%	402
	환경에너지융	8	8	28.4	4.65	4.91	7.00	100%	373	8	35.9	4.27	4.70		50%	384
	지구자원시스	8	8	24.5	4.38	4.62	7.88	12%	394	8	35.5	4.03	5.00		25%	456
	기계항공우주	21	21	31.5	4.15	4.23	8.95	76%	504	22	48.2	4.09	5.10		64%	509
	나노신소재공	15	15	39.8	3.48	4.05	12.0	73%	407	16	49.1	3.65	4.40		50%	511
	양자원자력공	4	4	19.3	3.87	3.93	3.00	25%	408	4	30.0	4.07	4.50		0%	476
자연 합계		238	238	27.5	4.05	4.39	7.87	56%	432	233	41.3	3.87	4.48		46%	549

세종대 2021 입결분석자료 07 - 정시 수능전형 인문

2021. 06. 10 ollim

		2022 정시		2021 정시 수능 국수영탐2 인문30:30:20:20, 자연15:40:20:25 영어 점수: 100-95-85-70-50 ...						2020 정시 수능 국수영탐2 인문30:30:20:20, 자연15:40:20:25 영어 점수: 100-95-85-70-50 ...					
				2021 지원		2021 정시 입결					2020 지원		2020 정시 입결			
				모집 인원	경쟁률	국수탐2 백분위합 (영어 제외)		국수영탐 등급평균			모집 인원	경쟁률	국수탐2 백분위합 (영어 제외)		국수영탐 등급평균	
		모집 인원				3과목 최종평균	3과목 70% CUT	4과목 평균	4과목 70%컷				3과목 최종평균	3과목 70% CUT	4과목 평균	4과목 70%컷
인문 과학	국어국문			13	4.15	84.29	84.00	2.35	2.38		12	4.42	86.39	84.50	2.35	2.50
	국제학부			51	3.45	85.23	84.50	2.32	2.38		48	3.96	86.62	85.67	2.21	2.25
	역사학과			5	5.80	84.40	83.67	2.43	2.50		9	4.22	86.43	85.67	2.28	2.25
	교육학과			15	7.13	85.03	84.50	2.42	2.50		13	3.69	85.29	84.67	2.30	2.38
사회 과학	행정학과			13	4.00	85.72	85.17	2.41	2.50		19	3.32	86.95	86.17	2.20	2.25
	미디어커뮤니			17	3.94	86.97	85.50	2.23	2.38		19	3.26	88.48	87.83	2.12	2.25
경영 경제	경영학부			63	3.73	85.72	85.17	2.28	2.38		67	3.96	87.54	86.50	2.13	2.25
	경제학과			31	3.23	86.58	85.33	2.23	2.38		21	3.48	86.61	85.17	2.14	2.38
호텔	호텔관광외식			58	3.24	86.08	85.00	2.27	2.38		65	2.89	88.22	87.00	2.11	2.38
법학	법학부			15	5.27	85.68	84.50	2.23	2.25		21	4.57	87.08	86.17	2.21	2.38
인문 합계				281	4.39	85.57	84.73	2.32	2.40		294	3.78	86.96	85.94	2.21	2.31

세종대 2021 입결분석자료 08 - 정시 수능전형 자연

2021. 06. 10 ollim

		2022 정시		2021 정시 수능 국수영탐2 인문30:30:20:20, 자연15:40:20:25 영어 점수: 100-95-85-70-50 ...						2020 정시 수능 국수영탐2 인문30:30:20:20, 자연15:40:20:25 영어 점수: 100-95-85-70-50 ...					
				2021 지원		2021 정시 입결					2020 지원		2020 정시 입결			
				모집 인원	경쟁률	국수탐2 백분위합 (영어 제외)		국수영탐 등급평균			모집 인원	경쟁률	국수탐2 백분위합 (영어 제외)		국수영탐 등급평균	
		모집 인원				3과목 최종평균	3과목 70% CUT	4과목 평균	4과목 70%컷				3과목 최종평균	3과목 70% CUT	4과목 평균	4과목 70%컷
자연 과학	수학통계학부			25	2.80	77.99	77.17	2.89	3.00		25	3.12	81.33	79.00	2.70	2.88
	물리천문학과			31	3.26	76.18	74.17	2.94	3.00		28	4.54	79.75	76.17	2.81	3.00
	화학과			23	3.52	76.10	75.67	2.91	3.00		26	3.08	80.43	77.67	2.78	3.00
생명 과학	생명시스템			74	3.35	78.51	77.17	2.80	2.88		76	3.29	80.84	79.17	2.73	2.88
	스마트생명산			10	4.70	77.13	76.50	3.02	3.13		-	-	-	-	-	-
전자	전자정보통신			138	2.96	76.67	75.17	2.93	3.00		122	3.19	80.30	78.67	2.74	2.88
소프트 웨어 융합	컴퓨터공학과			59	3.7	81.02	79.67	2.61	2.75		50	3.24	81.42	79.33	2.62	2.75
	정보보호학과			9	3.44	80.95	80.17	2.65	2.75		10	4.00	84.62	84.33	2.43	2.50
	소프트웨어학			25	3.40	81.10	80.00	2.57	2.63		25	3.36	81.30	80.17	2.59	2.75
	데이터사이언			13	3.3	76.57	75.33	2.96	3.13		12	3.58	82.19	80.00	2.56	2.63
	지능기전공학			58	2.95	77.36	76.67	2.85	3.00		53	3.53	80.05	77.83	2.80	3.00
	인공지능학과			23	2.91	78.49	77.17	2.74	2.88		-	-	-	-	-	-
	창의소프디자			2	7.50	84.33	84.00	2.38	2.50		3	7.00	79.83	79.83	2.75	2.75
	창의만화애니			2	8.00	87.37	86.50	1.97	2.25		4	5.75	84.00	81.50	2.41	2.50
공과 대학	건축공학과			51	2.76	75.89	74.17	3.00	3.13		45	3.38	79.21	76.50	2.84	3.00
	건설환경공학			33	2.85	76.60	75.50	2.97	3.13		34	3.06	78.44	75.83	2.87	3.00
	환경에너지융			25	3.68	74.61	71.83	3.05	3.25		26	4.15	78.67	76.17	2.84	3.00
	지구자원시스			19	3.00	72.48	69.50	3.24	3.38		20	3.70	79.11	76.50	2.84	3.00
	기계항공우주			82	2.89	76.69	75.33	2.96	3.13		64	3.84	80.27	77.50	2.74	2.88
	나노신소재공			54	2.94	77.50	76.33	2.91	3.00		54	3.44	79.20	76.67	2.91	3.00
	양자원자력공			6	3.67	78.20	78.17	2.96	3.00		7	3.71	78.43	77.83	2.80	3.00
자연 합계				762	3.70	78.18	76.96	2.82	2.95		684	3.84	80.49	78.46	2.72	2.86

2022 대학별 수시모집 요강	수원대학교	2022 대입 주요 특징	2022 정시1: 국수영탐1, 정시2: 상위 3개, 백분위 <영어>100-97-94-91-88 … 간호: 탐구2→ 탐구1

▶ 교과: 상위 5개 총 20개
  인: 국영수사 자: 국영수과
  예체: 국영사
▶ 교과 가중치★ (높은 순)
  30%:30%:25%:15%
▶ 학년비율 없음
▶ 이수 단위수 반영
▶ 진로선택과목 미반영

1. 2022 교과100% 수능최저변화: 2개합6 (탐1)→1개4 (탐1)
  ①2022 전년대비 121명 인원감소★ ②수능최저 완화★
2. 지역균형 전형신설: 고교별 10%, 일괄면접, 최저 1개4 (탐1)
3. 적성폐지→논술신설, 보훈 및 배려전형 일괄면접 변화
4. 면접교과전형: 단계면접, 전년도와 동일 유지
5. 내신반영 변화: ①반영전체 상위 20개 ②교과별 가중치 신설
6. 2021 교과전형 경쟁률 및 입결폭락 예측★
  경쟁률 증감과 관계없이 입결 등급평균 0.5이상 모두 상승★
7. 미래인재면접 전형은 입결상승 지속★
8. 식품영양학과: 영양교사 2급교원자격 취득

■ 2022 정시일반1: 국수영탐1+史 가산, 자연 미적/기하 가산10%
▶ 인문: 국어30%+수학,영어,탐1 성적 상위순 30%+25%+15%
▶ 자연: 수학30%+국어,영어,탐1 성적 상위순 30%+25%+15%
■ 2022 정시일반2: 3개 영역+史 가산, 자연 미적/기하 가산10%
▶ 인문자연공통: 3개 영역만 반영, 성적 상위순 45%+35%+20%
※ 수원대 2022 정시수학 가산방식: [국수영탐 합]x 수학 0.10 ★★
※ 수원대 2022 정시나군 일반1-333명, 정시나군 일반2-153명

2021 수원대 정시가군 최종합격평균 환산 국수영탐1> 가산총점합
▶ 인문 1,000점 [(국어백분위×0.3) + (수학백분위×0.2)
  + (영어백분위×0.2) + (탐구백분위×0.3)] × 10
▶ 자연 1.000점 [(수학백분위×0.3) + (국어백분위×0.2)
  + (영어백분위×0.2) + (탐구백분위×0.3)] × 10
▶ 예체 400점 국0.5영0.2+탐1 0.3 × 4 등   ▶ 음악대 200점 등

모집시기	전형명	사정모형	학생부종합 특별사항	2022 수시 접수기간 09. 10(금) ~ 14(화)	모집인원	학생부	논술	면접	서류	기타	2022 수능최저등급
2022 수시 정원내 1,370명 (64.3%) 정시 761명 (35.7%) 전체 2,131명 2021 수시 정원내 1,370명 (64.2%) 정시 763명 (35.8%) 전체 2,133명	교과우수	일괄	학생부교과 국영수+사/과 학년비율없음 최종 12.16(목)	1. 2021 전년대비 121명 감소 2. 2~5등급까지 0.4점차★ 3. 최저완화: 2개6(탐1)→1개4	132 2021 253	교과 100					인/자: 1개 4등급 (탐1) ※ 2021 최저참고 인/자: 2개합 6(탐1)
	지역균형 선발 (신설)	일괄	일괄면접 국영수+사/과 학년비율없음 면접 11.24(수) ~11.28(일) 최종 12.16(목)	1. 지역균형 일괄면접 신설 2. 고교별 추천 재적 10% 3. 일괄면접, 최저 1개4 (탐1)	184	학생 60 + 면접 40					인/자: 1개 4등급 (탐1)
	면접교과 (미래인재면접)	1단계	교과면접 국영수+사/과 1단계 09.28(화)	1. 2022 전년대비 15명 감소 2. 2~5등급까지 2점차★ 3. 자기소개 1분 후 3인 1조 그룹면접 구술면접진행 <면접사항> 인성, 창의력 및 사고력, 전공 적합성 학업계획 및 포부 등	278 2021 293	교과 100 (5배수)					최저 없음
		2단계	면접 10.07(목) ~10.10(일) 최종 11.12(금)			교과 60 + 면접 40					
	교과논술 (신설)	일괄	논술전형 수능이후 실시 최저없음 논술고사★ 논술 11.19(금) ~11.22(월) 최종 12.16(목)	1. 2022 논술전형 신설 2. 교과논술고사 고교교육과정 개념이해 바탕, 고교정기고사 서술·논술형 난이도형식 출제 3. EBS 수능완성, 수능특강 등 연계교재 활용 출제 4. 2~6등급 내신 1.25점차★	480 2021 적성 528	학생 40 + 논술 60					▶ 논술 총 80분, 문항당 각 10점 ▶ 논술 총 600점: 실질 150점+기본점수 450점 ▶ 교과등급 급간: 2~6등급까지 <1.25점>차★ 100-98.75-97.50-96.25-95.00-93-75 … ▶ 답안: 노트 형식의 답안 작성 ▶ 국어: 문학+독서 수학: 수Ⅰ+수Ⅱ ▶ 인문: 국어 9문항, 수학 6문항, 총 15문항 ▶ 자연: 국어 6문항, 수학 9문항, 총 15문항
	국가보훈대상 일괄면접	일괄	일괄면접★ 면접 10.07(목) ~10.10(일) 최종 11.12(금)	1. 국가보훈대상자 2. 외국어학부 4명, 경영 4명 바이오화학산업학부 4명 건축도시부동산학부 4명 3. 2~5등급까지 0.5점차★	16 2021 16	학생 60 + 면접 40					<21년 인원-경쟁-평균> 외국어학 4-3.25-4.8 경영학과 4-3.50-5.0 바이오화 4-2.50-4.8 건축도시 4-2.25-5.4 최저 없음
	사회배려대상 일괄면접	일괄	일괄면접★ 면접 10.07(목) ~10.10(일) 최종 11.12(금)	부사관/경찰/소방/집배/미화 교도 15년/다자녀/다문화 2~5등급까지 0.5점차★	30 2021 30	학생 60 + 면접 40					<21년 합격 평균> 미디어4.4 건설환경4.5 산업기계5.1 전자재4.0 데이터4.6 정보통신5.0 최저 없음

수원대 2021 수시분석자료 01 - 학생부 교과

수능최저 있음		2022 지역균형	2022 교과전형	2021 학생부 교과 ▶교과 100% ▶학년비율 없음 ▶인문: 국영수사 자연: 국영수과 예체: 국영사						2020 학생부 교과 ▶교과 100% ▶학년비율 없음 ▶인문: 국영수사 자연: 국영수과					
2021 2개합 6(탐1) 2022 1개 4등급(탐1)				모집인원	경쟁률	최초합격 내신평균	최종등록 내신평균	최종등록 내신최저	추합인원	모집인원	경쟁률	최초합격 내신평균	최종등록 내신평균	최종등록 내신최저	추합인원
인문사회	국어국문학사학	8	7	10	6.50		4.3		8	10	7.00		2.9	3.3	20
인문사회	외국어학부	10	12	23	7.09		3.9		29	25	7.04		3.1	3.5	86
인문사회	법행정학부	10	8	10	8.80		3.4		25	10	5.90		3.0	3.5	28
인문사회	미디어커뮤니케	5	-	5	36.0		3.0		9	5	6.40		3.6	4.5	8
인문사회	소방행정 야간	5	5	5	4.60		0.0		0	5	8.20		4.0	4.3	7
경상대학	경제학부	8	7	10	7.70		4.4		17	10	10.3		3.0	3.3	53
경상대학	경영학부	13	10	20	9.90		3.8		39	20	5.65		3.0	3.5	43
경상대학	호텔관광학부	7	7	10	14.3		3.3		21	10	6.00		3.5	4.3	10
공과대학	바이오화학산업	7	7	10	6.80		3.4		11	10	7.30		3.1	3.8	48
공과대학	건설환경에너지공	7	8	15	5.20		4.5		0	15	7.67		3.4	3.8	53
공과대학	건축도시부동산	10	8	10	6.60		4.0		7	10	6.00		3.5	4.8	28
공과대학	산업기계공학부	10	8	13	6.23		2.9		9	10	5.70		3.3	3.8	20
공과대학	전자재료공학부	-	7	7	5.71		5.0		3	10	7.00		3.1	3.3	20
공과대학	전기전자공학부	10	7	15	21.5		3.6		22	15	6.27		4.1	5.8	66
공과대학	화공신소재공학	10	7	10	6.00		3.8		4	10	10.3		2.5	2.8	26
ICT융합	데이터과학부	10	8	20	5.20		4.2		8	20	8.05		3.3	3.5	79
ICT융합	컴퓨터학부	10	8	20	7.80		4.0		31	20	6.25		3.2	3.8	52
ICT융합	정보통신학부	10	8	20	6.60		3.9		11	20	4.90		3.6	4.3	30
건강과학대학	간호학과	7	-	5	44.0		2.5		3	5	6.40		3.5	3.8	5
건강과학대학	아동가족복지	10	-	5	11.2		4.0		10	5	6.20		3.4	4.0	11
건강과학대학	의류학과	7	-	5	8.20		4.1		3	5	5.20		3.1	4.0	4
건강과학대학	식품영양학과	10	-	5	15.8		3.7		5	5	5.60		3.6	4.5	9
		184	132	390	13.1		3.8		75	90	6.61		3.3	3.9	216

수원대 2021 수시분석자료 02 - 학생부 면접교과

수능최저 없음		2022	2021 면접교과 ▶1단계: 교과 100% 2단계: 교과 60+면접40 ▶인문: 국영수사 자연: 국영수과 예체: 국영사						2020 면접교과 ▶1단계: 교과 100% 2단계: 교과 60+면접40 ▶인문: 국영수사 자연: 국영수과 예체: 국영사					
		모집인원	모집인원	경쟁률	1단계 합격평균	최종등록 내신평균	최종등록 내신최저	추합인원	모집인원	경쟁률	1단계 합격평균	최종등록 내신평균	최종등록 내신최저	추합인원
인문사회	국어국문학사학	10	10	7.40	3.5			8	10	8.80	3.6	3.7	4.0	10
인문사회	외국어학부	15	15	7.93	3.4			20	20	11.3	3.6	3.6	3.9	24
인문사회	법행정학부	10	10	9.40	3.2			15	10	12.4	3.6	3.7	3.9	10
인문사회	미디어커뮤니케	5	5	14.8	3.0			3	5	22.2	3.1	3.2	3.4	5
인문사회	소방행정 야간	-	-	-	-			-	-	-	-	-	-	-
경상대학	경제학부	10	10	7.90	3.5			23	10	10.1	3.8	3.8	4.2	10
경상대학	경영학부	20	20	7.55	3.2			23	20	12.5	3.3	3.0	3.7	19
경상대학	호텔관광학부	16	20	7.40	3.3			14	20	9.50	3.4	3.3	4.0	14
공과대학	바이오화학산업	10	10	7.70	3.3			11	15	11.2	3.7	3.7	4.0	13
공과대학	건설환경에너지공	20	20	5.40	3.9			22	20	6.95	4.2	4.2	4.7	20
공과대학	건축도시부동산	15	20	6.15	4.0			10	20	7.50	4.2	4.2	4.8	23
공과대학	산업기계공학부	20	20	4.45	3.7			23	20	10.9	3.7	3.8	4.1	15
공과대학	전자재료공학부	8	8	8.25	4.0			3	10	6.10	4.5	4.3	4.8	4
공과대학	전기전자공학부	20	20	6.30	3.5			16	20	8.10	4.5	3.9	4.3	12
공과대학	화공신소재공학	18	20	6.25	3.3			39	20	9.05	3.6	3.6	4.0	17
ICT융합	데이터과학부	15	15	6.07	3.8			12	15	8.73	4.4	4.2	4.6	12
ICT융합	컴퓨터학부	15	15	7.73	3.4			13	15	11.1	3.7	3.7	4.1	10
ICT융합	정보통신학부	15	15	7.40	3.8			10	15	7.80	4.2	4.2	4.6	9
건강과학대학	간호학과	8	10	8.30	2.5			4	10	10.2	2.4	2.6	2.9	9
건강과학대학	아동가족복지	10	10	8.60	3.8			11	10	10.3	3.7	3.8	3.9	13
건강과학대학	의류학과	8	10	6.20	3.9			8	10	10.7	3.6	3.7	4.2	17
건강과학대학	식품영양학과	10	10	7.40	3.4			8	10	8.30	3.6	3.6	3.9	11
		0	278	390	7.24	3.5			105	105	9.52	3.7	3.7	4.1	98

수능최저 없음 2022 논술전형에 참고			2022 논술 모집인원	2021 적성전형 ▶교과 60% + 적성 40% ▶인문: 국영수사 자연: 국영수과 예체: 국영사						2020 적성전형 ▶▶교과 60% + 적성 40% ▶인문: 국영수사 자연: 국영수과					
				모집인원	경쟁률		최종등록 내신평균	최종등록 내신최저	추합인원	모집인원	경쟁률		최종등록 내신평균	최종등록 내신최저	추합인원
인문사회	국어국문학사학		10	15	10.3		4.6		12	15	10.3		4.8	5.3	8
	외국어학부		39	38	10.1		4.4		25	45	10.7		4.9	6.0	18
	법행정학부		12	20	11.6		4.2		19	20	11.9		4.8	6.3	14
	미디어커뮤니케		10	10	20.5		4.2		13	10	28.8		4.4	5.4	5
	소방행정 야간		10	15	6.20		5.0		7	15	8.60		5.7	6.4	10
경상대학	경제학부		15	20	9.50		4.5		15	20	12.7		4.7	5.9	5
	경영학부		37	40	13.1		4.3		44	40	16.7		4.6	6.1	35
	호텔관광학부		10	10	14.1		4.3		12	10	22.8		4.5	6.1	8
공과대학	바이오화학산업		16	20	8.25		4.5		15	30	8.47		4.8	6.1	20
	건설환경에너지공		40	40	6.73		4.9		20	40	9.05		5.1	6.2	30
	건축도시부동산		22	25	6.28		4.4		17	25	8.88		5.1	6.3	12
	산업기계공학부		30	35	8.26		4.5		21	30	10.3		5.1	6.7	27
	전자재료공학부		15	15	6.87		4.7		10	25	8.92		5.2	6.4	8
	전기전자공학부		38	40	8.80		4.5		31	40	11.3		4.9	6.4	42
	화공신소재공학		35	40	8.45		4.2		34	40	10.4		4.8	6.3	38
ICT 융합	데이터과학부		32	30	8.33		4.4		15	30	10.9		5.3	6.4	23
	컴퓨터학부		32	30	16.0		4.6		23	30	19.3		5.2	6.5	35
	정보통신학부		32	30	8.63		4.7		23	30	11.8		5.1	6.2	16
건강 과학 대학	간호학과		15	15	58.5		3.7		17	15	72.9		4.0	5.8	16
	아동가족복지		10	15	11.6		4.6		15	15	13.0		4.7	5.8	12
	의류학과		10	10	10.3		4.7		18	10	16.2		5.1	6.3	9
	식품영양학과		10	15	12.1		4.6		22	15	16.1		4.6	5.5	13
		0	480	528	16.7		4.5		167	185	21.3		4.9	6.1	162

2021 정시일반

인문: 국어30%+수학20%+영어20%+탐1 30%
자연: 국어20%+수학30%+영어20%+탐1 30%
※ 수가 가산점 10% → <2022> 미적/기하 10%

2020 정시일반

인문: 국어30%+수학20%+영어20%+탐1 30%
자연: 국어20%+수학30%+영어20%+탐1 30%
※ 수가 가산점 10%

대학	학부/학과	2022 정시나군 일반전형1 인원	2022 정시나군 일반전형2 인원	모집인원	경쟁률	최종합격 환산점수 평균	최종합격 등급 평균	최종등록 백분위 평균	모집인원	경쟁률	최종합격 환산점수 평균	최종합격 등급 평균	최종등록 백분위 평균
인문사회	인문학부	10	5	19	3.84	842	3.5		16	4.13	822		
	외국어학부	30	10	42	3.43	809	3.7		47	5.66	810		
	법행정학부	18	7	27	3.52	821	3.6		25	3.96	814		
	미디어커뮤니케	10	5	16	4.38	843	3.5		16	4.44	841		
	소방행정 야간	-	10	15	3.60	783	4.0		12	6.17	764		
경상대학	경제학부	10	10	21	3.71	854	3.4		21	5.14	812		
	경영학부	30	7	42	4.17	838	3.6		38	5.76	827		
	호텔관광학부	10	10	20	4.20	862	3.3		20	4.50	811		
공과대학	바이오화학산업	10	6	19	3.00	829	3.8		24	3.54	789		
	건설환경에너지공	18	7	35	3.11	825	3.7		28	4.64	790		
	건축도시부동산	15	6	25	2.44	814	3.8		24	4.08	787		
	산업기계공학부	18	7	37	4.27	850	3.6		27	2.63	758		
	전자재료공학부	10	5	18	3.61	857	3.7		24	3.71	780		
	전기전자공학부	18	7	29	4.28	841	3.8		25	4.44	792		
	화공신소재공학	20	10	36	4.06	830	3.9		32	3.53	775		
ICT융합	데이터과학부	20	10	42	2.95	846	3.6		31	3.81	789		
	컴퓨터학부	20	10	31	3.52	826	3.7		30	4.33	810		
	정보통신학부	18	7	35	4.14	841	3.7		25	4.32	796		
건강과학대학	간호학과	11	-	11	4.55	919	2.9		12	5.75	842		
	아동가족복지	8	2	10	4.40	866	3.3		12	4.00	808		
	의류학과	8	2	13	3.23	861	3.4		10	4.20	814		
	식품영양학과	8	2	11	5.64	864	3.4		10	5.40	806		
	문화콘텐츠테크	12	8	20	3.40	841	2.8		21	3.76	856		
	자유전공학부	1	-	1	11.0	846	3.7		1	18.00	794		
	스포츠과학	실기나군 60		55	12.4	336	4.1		70	7.07	270		
	음악 관/타악	실기다군 35		18	7.72	122	6.1		16	9.63	83		
	기타 생략												
		333	153	587	4.64	792	3.7		554	5.28	750		

*수원대학교 2021~2022 정시산출식 올림

■ 2021 수원대 정시가군 최종합격평균 환산 국수영탐1> 가산총점합
▶인문 1,000점 〔(국어백분위×0.3) + (수학백분위×0.2)
　　　　　+ (영어백분위×0.2) + (탐구백분위×0.3)〕 × 10
▶자연 1.000점 〔(수학백분위×0.3) + (국어백분위×0.2)
　　　　　+ (영어백분위×0.2) + (탐구백분위×0.3)〕 × 10
▶예체 400점 국0.5영0.2+탐1 0.3 × 4 등　▶음악대 200점 등

■ 2022 정시일반1: 국수영탐1+史 가산, 자연 미적/기하 가산10%
▶인문: 국어30%+수학,영어,탐1 성적 상위순 30%+25%+15%
▶자연: 수학30%+국어,영어,탐1 성적 상위순 30%+25%+15%

■ 2022 정시일반2: 3개 영역+史 가산, 자연 미적/기하 가산10%
▶인문자연공통: 3개 영역만 반영, 성적 상위순 45%+35%+20%

※ 수원대 2022 정시수학 가산방식: 〔국수영탐 합〕 x 수학 0.10★★
※ 수원대 2022 정시나군 일반1-333명, 정시나군 일반2-153명

2022 대학별 수시모집 요강	숙명여자대학교	2022 대입 주요 특징

2022 대학별 수시모집 요강 / 숙명여자대학교 / 2022 대입 주요 특징

<영어 반영방법> 정시: 등급환산   영어 20%
인문/자연: 100-95-85-75-65 ....

▶인: 국영수사 자: 국영수과
 →국수영사과史 변경★
▶학년비율 없음
▶진로선택 3과목 반영
 A:1등급 B:2등급 C:3등급
▶숙명인재1,2 중복지원가능
 서류형/면접형

1. 2022 내신변화 ①국수영사과史, ②진로선택과목 3개 반영
2. 2021 종합 2트랙 유지: 숙명1(서류일괄)+숙명2(단계면접)
3. 2022 교과 2명 증가, 종합서류 84명, 종합면접 36명 감소
4. 약학대학 6년제 86명 선발: 교과 3명. 종합 15명, 정시 68명
5. 종합전형 2단계 면접비중 축소: 2단계면접 60%→40% 변경
6. 교과 및 논술전형 수능최저 완화: 2개합 4→2개합 5, 탐구1

7. 공학적마인드 <기초공학부> - 향후 100% 전공선택유리 강추
8. <기계시스템공> 타교에 비해 비교과 전공적합성 크지않음 강추
9. 공과대학 2018 이후 학제개편 및 입학정원 조정 - 8개 모집단위
화공생명공학부/ICT융합공학부/전자공학/응용물리
소프트웨어학부/컴퓨터과학/소프트웨어융합/기초공학부
2021. 06. 12 ollim

모집시기	전형명	사정모형	학생부종합특별사항	2022 수시 접수기간 09. 10(금) ~ 14(화)	모집인원	학생부	논술	면접	서류	기타	2022 수능최저등급
2022 수시 1,215명 (56.3%) 정시 943명 (43.7%) 전체 2,158명 2021 수시 1,419명 (67.4%) 정시 714명 (32.6%) 전체 2,190명	지역균형 선발	일괄	학생부교과 학교장추천 ~09.30(목) 국영수사과史 최종 12.16(목)	1. 교과 지균신설, 재적 10% 2. 2021 대비 수능최저 완화 ※ 2021 최저참고 인/자: 2개합 4 (탐1) 3. 약학부 3명 선발	246 인150 자 96 2021 244 인150 자 94	교과 100%					3개년 경쟁률 19~2021 ▶인문 6.42~7.80→6.00 ▶자연 11.2~6.39→6.49 3개년 입결평균 19~2021 ▶인문 2.00→1.85→2.04 ▶자연 2.05→2.06→2.17 인문: 2개합 5 (탐1) 자연: 2개합 5 (탐1) 약학: 수학포함 3개합 5 (탐1) *자연 미/기+과탐*
	숙명인재1 서류형	일괄 / 숙명2 중복지원 가능	종합전형 자소서없음 최저 없음 최종 12.16(목)	1. 서류종합 일괄100% 2. 2022 전년대비 84명 감소 3. 한양종합, 동국학교장 형태 4. 숙명인재1 평가 (서류형)★ ①전공적합/발전가능성(500점) ②탐구역량(300점)★★ ③공동체의식/협업능력(200점)	339 인208 자131 2021 423 인258 자165	서류 100%					■ 숙명종합1: 학업역량과 탐구역량 평가★ 1. 전공적합성 및 발전가능성 (500점) ①진로탐색 ②전공관심 및 이해 ③전공관련교과목 이수과정 ④발전가능성 2. 탐구역량 (300점) ①자기주도적 학습태도 ②지적호기심 탐구 ③지적 관심과 적극적 참여 ④기본학업역량 3. 공동체의식과 협업능력 (200점)
	숙명인재2 면접형	1단계 2단계	학생부종합 자소서제출 ~09.15(수) 1단계 11.16(화) 면인 11.27(토) 면자 11.28(일) 최종 12.16(목)	1. 2022 전년대비 36명 감소 2. 약학부 15명 선발 3. 2단계면접 60%→40% 변경 일반: 서류기반면접, 15분내 약학: 서류/제시문면접, 30분 4. 숙명인재2 평가 (면접형) ①전공적합/발전가능성(300점) ②탐구역량(500점)★★ ③공동체의식/협업능력(200점)	194 인124 자 70 2021 230 인162 자 68	서류 100% (4배수) 1단계 60 + 면접 40					<숙명1 입결 20→21> *서류일괄전형* ▶인문 경쟁 13.1→12.7 인문 평균 3.20→3.29 인문 최초 13.1→12.7 충원 146.1%→160.5% ▶자연 경쟁 9.22→9.23 자연 평균 2.85→2.87 충원 118.9%→131.5% <숙명2입결20→21> *자소서+단계면접* ▶인문등급3.41→3.78 인문경쟁22.4→18.4 인충원69.4%→83% ▶자연등급3.20→3.22 자연경쟁17.1→16.2 자연충원56%→60%
	논술우수자	일괄	논술전형 2022 논술 자연 11.20(토) 인문 11.20~21 최종: 12.16(목)	1. 2022 전년대비 73명 감소 2. 2022 전년대비 최저 완화 인문/의류: 2문항, 각 세부문항 1,800자 내외 원고지 자연: 3문항, 각 세부문항 포함	227 인146 자 81 2021 300 인202 자 98	학생 30 + 논술 70					<논술평균 2020→2021> ▶최초경쟁률 22.3 인문 평균 3.85→3.93 ▶최초경쟁률 18.3 자연 평균 3.88→3.84 인문: 2개합 5 (탐1) 자연: 2개합 5 (탐1) ※2021 최저참고 인/자: 2개합 4 (탐1)
	소프트웨어 융합인재	1단계 2단계	학생부종합 최종 12.16(목)	IT공학전공, 컴퓨터과학전공 소프트웨어융합전공 2단계면접 60%→40% 변경 ①전공적합/발전가능성(300점) ②탐구역량(500점) ③공동체의식/협업능력(200점)	자연 19 2021 19	서류 100% (4배수) 1단계 60 + 면접 40					<2021 SW 3개년 입결> ▶IT공학: 4.03-3.07-3.51 ▶컴퓨터: 3.77-3.70-3.66 ▶소프트: 4.16-3.64-3.98 ▶경쟁률 5.73-8.16-3.65 최저 없음 1단계: 11.16(화) 면접: 11.28(일) 최종: 12.16(목)
	고른기회	일괄	학생부종합 자소서 폐지 최종 12.16(목)	1. 독립 및 국가유공자녀 등 기초수급/차상위 대상자 + 농어촌 포함 2. 면접 10~15분	80 2021 67	서류 100%					최저 없음 2022 기타전형 생략 실기/농어촌/특성화 등

<숙명여대 2021 종합전형 지원전략 참고 리포트> 2019.05.15~2021.06.12
1. 학과탐색 가이드북을 참고하여 세부 전공에 대한 이해 중요, 넓은 전공적합성
 <르꼬르동블루 외식경영전공>의 경우 외식보다 경영 측면 중요
2. 프랑스, 독일의 경우 순수, 열정, 문화역량 피력+학생부독서 기록
 일본어+일본학, 정치경제문화 등 해당국가 이해도 피력 등

3. 소비자경제학과: 경제학+가족자원경영학과의 복합된 형태
 경제가 거시라면 소비자경제학과는 미시적 접근+서비스 접근
4. 가족자원경영학과: 상담 및 정부정책에 대한 연구
 사회심리: 사회적문제, 사회심리학, 조직심리학(범죄분야 교수포진)
5. 법학과: 사회이슈 높은관심도, 한국어/광고: 다양한 활동 중심
 사회과학대: 분석적 사고, 경제수학 관련 내용을 많이 봄

숙명여대 2개년 교과전형 (지역균형) 입학결과 분석

2021 교과전형
▶교과 100% (국영수사/국영수과, 동일비율)
▶수능최저 인: 2개합 4 (탐1), 자: 2개합4 (탐1)

2020 교과전형
▶교과 100% (국영수사/국영수과, 동일비율)
▶수능최저 인: 2개합 4 (탐1), 자: 2개합4 (탐1)

대학	학과	2022 인원	2021 인원	2021 경쟁률	2021 최고	2021 평균	2021 편차	2021 최저	2021 추합인원	2020 인원	2020 경쟁률	2020 최고	2020 평균	2020 편차	2020 최저	2020 추합인원
문과대학	한국어문학부	8	8	6.30		1.92			14	8	6.25	1.25	1.89	0.25	2.28	19
	역사문화학과	4	4	4.00		2.23			1	4	9.00	1.64	1.78	0.11	2.00	4
	프랑스언어문화학과	3	3	8.30		2.13			6	3	5.67	1.76	2.20	0.31	2.79	4
	중어중문학부	8	8	6.10		2.05			18	9	7.67	1.66	1.97	0.16	2.17	6
	독일언어문화학과	2	2	7.00		2.22			2	3	6.67	1.77	2.12	0.18	2.27	4
	일본학과	4	4	6.00		2.22			5	4	7.00	1.65	2.01	0.27	2.44	5
	문헌정보학과	3	3	6.70		1.73			4	4	10.0	1.44	1.91	0.20	2.13	9
	문화관광학부 문화관광전공	6	6	5.70		2.02			14	6	5.67	1.52	1.86	0.23	2.22	9
	르꼬르동외식	6	6	5.50		2.13			12	7	7.00	1.52	2.04	0.36	2.77	4
	교육학부	6	6	5.20		1.76			11	6	7.50	1.16	1.72	0.19	2.00	12
생활과학	가족자원경영학과	3	3	4.70		2.08			1	4	10.5	1.76	1.98	0.12	2.12	5
	아동복지학부	7	7	6.10		2.09			12	6	10.0	1.57	1.83	0.19	2.21	10
사회과학	정치외교학과	5	5	5.60		1.93			5	6	7.17	1.64	1.82	0.10	1.96	9
	행정학과	5	5	6.00		1.76			11	5	6.40	1.36	1.82	0.23	2.30	12
	홍보광고학과	5	5	7.20		2.23			3	6	9.33	1.28	1.63	0.11	1.79	9
	소비자경제학과	3	3	4.70		2.05			2	4	7.25	1.54	1.83	0.18	2.21	7
	사회심리학과	2	2	6.50		1.93			1	3	7.33	1.26	1.46	0.15	1.69	6
법과	법학부	14	14	6.10		1.98			37	14	9.93	1.44	1.88	0.17	2.22	35
경상대학	경제학부	14	14	6.00		2.03			47	16	8.88	1.28	1.89	0.16	2.17	40
	경영학부	27	27	5.30		2.00			56	29	10.2	1.22	1.75	0.16	2.06	81
글로벌서비스	글로벌협력전공	-	-	-	-	-	-	-	-	-	-	-	-	-	-	-
	앙트러프러너십전공	-	-	-	-	-	-	-	-	-	-	-	-	-	-	-
영어영문	영어영문학전공	7	7	5.70		2.08			16	8	6.25	1.32	1.84	0.19	2.14	24
	테슬(TESL)전공	3	3	6.70		2.25			0	4	6.75	1.54	1.79	0.13	1.96	4
미디어	미디어학부	5	5	6.60		2.00			7	5	7.00	1.29	1.63	0.30	2.67	14
평균 인문충원율 202%		**150**	**150**	**6.00**		**2.04**			**285**	**164**	**7.80**	**1.47**	**1.85**	**0.19**	**2.20**	**332**
이과대학	화학과	5	5	6.00		1.98			6	5	5.00	1.92	1.92	0.20	2.21	3
	생명시스템학부	6	6	5.50		1.86			6	6	6.83	1.68	1.68	0.11	1.81	5
	수학과	4	4	7.80		2.14			0	5	4.60	2.44	2.44	0.58	3.88	4
	통계학과	6	6	5.80		2.25			9	6	6.33	1.82	1.82	0.21	2.16	6
공과대학	화공생명공학부	8	8	4.80		1.84			7	9	7.89	1.68	1.68	0.15	1.90	15
	ICT융합공학부 IT공학전공	9	9	6.70		2.03			10	9	6.22	2.22	2.22	0.42	3.91	16
	전자공학전공	6	6	7.80		2.50			6	6	6.50	2.07	2.07	0.25	2.50	7
	응용물리전공	5	5	5.40		2.34			1	6	7.83	2.19	2.19	0.15	2.36	4
	소프트웨어학부 컴퓨터과전공	9	9	8.10		2.19			8	9	6.44	2.34	2.34	0.31	2.87	11
	소프트웨융합	4	4	6.00		2.29			3	4	11.0	1.78	1.78	0.19	1.97	3
	기계시스템학부	6	6	7.20		2.38			4	7	5.57	2.23	2.23	0.10	2.41	6
	기초공학부	12	12	5.90		2.10			17	12	5.42	2.21	2.21	0.27	2.70	7
생활과학	의류학과	6	7	7.10		2.05			12	6	5.50	2.06	2.06	0.34	2.67	7
	식품영양학과	7	7	6.70		2.38			11	6	4.33	2.25	2.25	0.38	3.18	7
약학	약학부	3	-	-	-	-	-	-	-	-	-	-	-	-	-	-
평균 자연충원율 105%		**96**	**94**	**6.49**		**2.17**			**100**	**96**	**6.39**	**2.06**	**2.06**	**0.26**	**2.61**	**101**

■ 숙명인재1 ★탐구역량
①자기주도적 학습태도
②지적호기심 탐구
③지적 관심과 적극적참여
④기본학업역량

2021 숙명인재1
■ 숙명인재 1 서류100% 일괄전형
■ 학업역량 보다 탐구역량　■자소서/추천서 없음

2020 숙명인재1
■ 숙명인재 1 서류100% 일괄전형
■ 학업역량 보다 탐구역량　■자소서/추천서 없음

대학	학과	2022 인원	2021 인원	2021 경쟁률	2021 최고	2021 평균	2021 편차	2021 최저	2021 추합인원	2020 인원	2020 경쟁률	2020 최고	2020 평균	2020 편차	2020 최저	2020 추합인원
문과대학	한국어문학부	13	15	12.8		3.17			14	15	10.7	1.60	3.13		5.10	22
	역사문화학과	4	6	17.5		3.14			11	6	16.2	1.88	2.83		5.11	5
	프랑스언어문화학과	5	7	9.60		4.16			16	7	8.00	2.23	3.88		6.00	12
	중어중문학부	15	17	12.1		4.27			21	17	7.59	1.62	4.15		5.81	31
	독일언어문화학과	5	6	10.7		3.99			16	6	8.33	2.25	4.10		5.76	14
	일본학과	9	10	10.5		3.93			13	10	11.3	1.65	4.15		5.81	17
	문헌정보학과	3	5	14.6		2.15			10	5	16.0	1.85	2.55		4.58	9
	문화관광학부 문화관광전공	6	8	13.4		3.46			13	8	18.5	1.69	3.28		5.38	13
	르꼬르동외식	6	8	6.50		3.59			8	8	7.75	1.92	3.10		6.25	5
	교육학부	8	10	18.8		2.83			20	10	23.00	1.11	2.58		4.67	16
생활과학	가족자원경영학과	4	6	9.80		3.47			8	6	8.83	1.88	3.48		5.25	3
	아동복지학부	7	9	14.6		3.09			16	9	18.9	1.69	2.91		4.63	8
사회과학	정치외교학과	6	8	13.6		2.87			13	8	12.4	1.89	3.23		5.72	9
	행정학과	4	5	12.0		2.90			5	5	10.4	1.77	2.74		5.59	5
	홍보광고학과	10	13	14.5		2.76			15	13	12.2	1.50	3.02		5.15	12
	소비자경제학과	4	6	9.70		2.90			8	6	10.0	2.22	3.21		5.25	2
	사회심리학과	4	5	24.6		3.08			1	5	32.2	1.73	2.80		4.85	6
법과	법학부	19	23	8.50		3.03			19	23	8.39	1.68	2.70		5.81	21
경상대학	경제학부	12	15	6.10		2.86			35	15	7.27	1.65	2.60		5.52	31
	경영학부	25	31	11.60		2.98			63	31	9.16	1.35	3.20		5.66	38
글로벌서비스	글로벌협력전공	3	4	15.8		3.80			6	4	11.5	1.32	3.15		4.86	12
	앙트러프러너십전공	3	3	9.70		4.46			3	3	9.33	2.54	3.85		4.89	2
영어영문	영어영문학전공	20	23	10.9		3.35			63	23	10.9	1.71	3.27		6.04	56
	테슬(TESL)전공	6	6	8.00		3.33			3	6	8.33	1.44	3.25		6.60	15
미디어	미디어학부	7	9	22.8		2.56			14	9	29.2	1.52	2.82		5.20	10
인문 충원율 146%→161%		208	258	12.7		3.29			414	256	13.1	1.75	3.20		5.42	374
이과대학	화학과	7	10	15.6		3.09			11	10	11.1	1.63	3.00		5.76	9
	생명시스템학부	9	13	17.8		2.85			13	13	19.9	1.53	2.48		5.85	27
	수학과	7	9	7.00		2.78			8	9	7.56	1.67	2.66		6.30	17
	통계학과	9	10	7.10		2.50			16	10	5.70	1.90	2.79		4.84	16
공과대학	화공생명공학부	13	16	16.9		2.73			19	16	17.0	1.32	2.75		5.97	20
	ICT융합공학부 IT공학전공	11	13	6.30		3.09			15	13	6.85	1.84	2.91		4.79	15
	전자공학전공	8	10	4.60		2.74			16	10	5.50	1.67	2.99		5.94	13
	응용물리전공	10	12	4.20		3.11			14	11	4.18	1.88	3.08		5.00	6
	소프트웨어학부 컴퓨터과전공	15	17	6.40		2.79			17	17	5.29	1.72	3.12		5.38	12
	소프트웨융합	5	7	5.60		2.91			9	7	6.43	2.00	2.77		3.65	7
	기계시스템학부	11	13	4.30		3.13			21	13	5.31	1.79	2.85		5.54	16
	기초공학부	15	19	7.80		2.96			31	19	10.2	1.71	2.93		4.41	14
생활과학	의류학과	5	7	11.7		2.70			15	7	13.6	1.44	2.66		5.13	17
	식품영양학과	6	9	13.9		2.85			12	9	10.4	1.66	2.92		5.00	6
약학	약학부	-	-	-	-	2.88		-	-	-	-	-	-		-	-
자연 충원율 119%→132%		131	165	9.23		2.87			217	164	9.22	1.70	2.85		5.25	195

215

숙명여대 2개년 숙명인재종합 분석

2021 숙명인재2
- ▶1단계: 서류 100% (3배수)
- ▶2단계: 1단계 40%+면접 60%

2020 숙명인재2
- ▶1단계: 서류 100% (3배수)
- ▶2단계: 1단계 40%+면접 60%

대학	학과	2022 인원	2021 인원	2021 경쟁률	최고	평균	편차	최저	추합인원	2020 인원	2020 경쟁률	최고	평균	편차	최저	추합인원
문과대학	한국어문학부	6	8	19.3		2.92			7	8	24.3	1.62	3.06		5.48	4
	역사문화학과	2	3	21.0		3.63			2	3	26.3	1.81	2.82		4.71	1
	프랑스언어문화학과	3	4	12.8		5.39			0	4	18.5	1.58	3.87		5.52	4
	중어중문학부	7	9	15.1		4.55			12	9	14.6	2.07	4.09		6.12	14
	독일언어문화학과	3	4	14.5		4.50			4	4	16.0	2.42	4.48		5.55	1
	일본학과	6	6	17.8		4.43			5	6	22.7	2.00	4.35		5.30	5
	문헌정보학과	2	3	16.0		2.91			5	3	21.7	1.85	3.00		4.77	4
	문화관광학부 문화관광전공	4	7	16.9		3.70			8	3	30.3	2.07	4.02		5.13	1
	문화관광학부 르꼬르동외식	4	7	11.6		4.23			8	5	11.2	1.92	3.83		5.82	2
	교육학부	4	5	27.6		3.19			8	5	39.2	1.75	3.04		5.81	4
생활과학	가족자원경영학과	2	3	12.0		3.66			2	3	11.0	1.89	3.33		5.25	1
	아동복지학부	4	5	26.0		3.53			4	5	33.2	1.58	3.45		5.53	1
사회과학	정치외교학과	3	4	19.5		3.13			3	4	21.5	1.84	3.26		6.39	6
	행정학과	2	3	13.7		4.12			1	3	17.7	1.92	2.68		4.91	0
	홍보광고학과	5	6	22.3		2.90			6	6	23.8	1.80	2.89		5.52	3
	소비자경제학과	3	4	16.0		4.14			6	3	18.3	2.20	3.77		5.31	1
	사회심리학과	2	3	43.0		3.51			1	3	56.7	1.86	3.20		5.32	4
법과	법학부	10	12	16.1		3.79			5	12	19.7	1.56	3.25		5.81	4
경상대학	경제학부	6	8	10.0		3.58			8	8	13.1	1.97	3.40		5.82	4
	경영학부	11	16	15.8		3.33			12	16	18.7	1.41	3.12		6.49	11
글로벌서비스	글로벌협력전공	11	12	20.0		3.19			10	13	17.7	1.86	3.65		5.85	15
	앙트러프러너십전공	8	10	12.5		4.34			5	11	10.0	1.97	3.64		5.59	4
영어영문	영어영문학전공	9	11	14.5		3.95			6	11	21.1	1.81	3.22		6.17	11
	테슬(TESL)전공	4	5	10.4		3.80			6	5	11.8	1.34	3.78		6.03	4
미디어	미디어학부	3	4	35.8		4.15			0	4	42.6	1.74	2.90		4.35	0
인문 충원율 69%→83%		124	162	18.4		3.78			134	157	22.5	1.83	3.44		5.54	109

대학	학과	2022 인원	2021 인원	2021 경쟁률	최고	평균	편차	최저	추합인원	2020 인원	2020 경쟁률	최고	평균	편차	최저	추합인원
이과대학	화학과	4	5	22.0		3.23			0	5	17.8	1.82	3.15		5.14	3
	생명시스템학부	5	6	28.3		2.80			4	6	41.0	1.60	2.70		4.52	2
	수학과	3	4	10.8		3.47			2	4	10.0	2.17	3.13		6.30	2
	통계학과	5	7	7.90		2.56			6	7	9.57	1.94	2.87		4.96	7
공과대학	화공생명공학부	6	7	29.0		3.26			5	7	29.6	1.39	2.84		6.18	3
	ICT융합공학부 IT공학전공	-	-	-	-	-		-	-	-	-	-	-		-	-
	ICT융합공학부 전자공학전공	4	5	7.00		3.35			2	5	8.00	2.18	3.08		5.22	9
	ICT융합공학부 응용물리전공	8	10	6.30		3.25			4	8	7.75	2.26	3.26		4.55	3
	소프트웨어학부 컴퓨터과전공	-	-	-	-	-		-	-	-	-	-	-		-	-
	소프트웨어학부 소프트웨융합	-	-	-	-	-		-	-	-	-	-	-		-	-
	기계시스템학부	5	6	7.00		3.12			2	6	9.67	1.80	3.25		5.88	3
	기초공학부	9	10	15.8		3.39			5	10	19.0	1.88	3.23		5.93	1
생활과학	의류학과	2	3	26.7		3.44			9	3	16.0	1.54	3.32		5.31	0
	식품영양학과	4	5	17.4		3.50			2	5	19.2	2.03	3.02		4.76	4
약학	약학부	15	-	-	-	-		-	-	-	-	-	-		-	-
자연 충원율 56%→60%		70	68	16.2		3.22			41	66	17.1	1.87	3.08		5.34	37

숙명여대 2개년 논술우수자 분석		2022 인원	2021 논술우수자 교과 40% + 논술 60% 수능최저 인: 2개합 4(탐1), 자: 2개합 4(탐1)							2020 논술우수자 교과 40% + 논술 60% 수능최저 인: 2개합 4(탐1), 자: 2개합 4(탐1)						
			인원	경쟁률	최종 입학결과				추합 인원	인원	경쟁률	최종 입학결과				추합 인원
					최고	평균	편차	최저				최고	평균	편차	최저	
문과 대학	한국어문학부	11	13	19.5		4.08			8	13	27.10	2.78	3.73	0.83	5.96	3
	역사문화학과	5	7	16.9		3.66			2	7	25.30	3.38	4.59	0.70	5.66	1
	프랑스언어문화학과	4	5	18.4		4.29			2	5	25.20	3.57	4.17	0.47	4.76	1
	중어중문학부	12	16	19.3		4.07			8	16	29.10	2.50	3.72	0.81	5.64	3
	독일언어문화학과	3	5	16.0		4.08			2	5	26.00	3.12	4.20	1.05	6.00	0
	일본학과	3	6	16.0		4.36			3	6	24.70	2.80	3.68	0.54	4.36	3
	문헌정보학과	4	5	22.2		3.84			4	5	28.60	2.48	3.60	0.81	5.23	3
	문화관광 학부 문화관광전공	5	7	22.6		3.93			9	7	28.30	2.68	3.68	0.56	4.61	3
	르꼬르동외식	5	7	20.7		4.18			3	7	26.40	3.00	3.96	0.65	5.14	4
	교육학부	8	11	24.5		3.90			9	11	27.30	2.28	3.72	0.77	5.18	5
생활 과학	가족자원경영학과	3	5	18.8		3.76			4	5	24.80	3.53	4.07	0.39	4.50	0
	아동복지학부	9	11	20.0		3.85			4	11	25.30	2.79	3.83	0.67	5.61	3
사회 과학	정치외교학과	3	3	19.3		3.48			0	3	22.70	3.03	3.32	0.21	3.53	0
	행정학과	5	7	21.9		4.16			3	7	22.40	2.35	4.02	0.84	5.41	2
	홍보광고학과	7	8	23.8		3.78			3	8	25.30	2.41	3.36	0.78	4.58	3
	소비자경제학과	3	5	27.6		3.88			4	5	21.40	2.86	4.01	0.97	5.50	2
	사회심리학과	3	5	36.6		3.89			0	5	26.60	3.84	4.33	0.28	4.64	1
법과	법학부	13	19	25.3		3.68			7	19	25.20	2.44	3.84	0.92	5.91	6
경상 대학	경제학부	7	8	23.3		3.91			4	8	24.40	2.71	4.01	0.91	5.37	2
	경영학부	11	14	33.1		3.75			9	14	28.80	2.48	3.73	1.18	7.74	9
글로벌 서비스	글로벌협력전공	-	-	-	-	-	-	-	-	-	-	-	-	-	-	-
	앙트러프러너십전공	-	-	-	-	-	-	-	-	-	-	-	-	-	-	-
영어 영문	영어영문학전공	11	15	22.9		3.64			8	15	27.90	2.47	4.07	1.05	6.31	3
	테슬(TESL)전공	-	4	17.8		4.16			6	4	20.30	2.77	3.66	0.56	4.52	1
미디어	미디어학부	11	16	25.4		3.98			5	16	27.70	2.14	3.36	0.62	4.41	2
		146	202	22.3		3.93			107	202	25.69	2.80	3.85	0.72	5.24	60

이과 대학	화학과	5	6	16.2		3.26			1	6	21.30	2.72	3.56	0.60	4.64	4
	생명시스템학부	5	7	22.7		3.48			3	7	25.40	2.52	3.67	0.62	4.78	3
	수학과	5	6	12.8		3.41			1	6	15.50	3.03	4.01	0.94	5.54	3
	통계학과	4	5	18.4		3.57			1	5	20.80	2.34	3.52	1.18	5.42	1
공과 대학	화공생명공학부	9	10	23.1		3.69			3	10	30.40	2.87	3.80	0.64	4.85	0
	ICT융합 공학부 IT공학전공	8	9	17.7		4.01			2	9	23.89	2.28	3.94	0.77	5.33	3
	전자공학전공	6	7	15.1		4.13			1	7	19.86	2.69	3.49	0.68	5.15	9
	응용물리전공	-	-	-	-	-	-	-	-	-	-	-	-	-	-	-
	소프트 웨어학부 컴퓨터과전공	6	7	16.9		4.40			2	7	19.29	2.44	3.94	1.02	5.73	1
	소프트웨융합	4	5	19.0		4.10			1	5	20.40	2.86	3.97	0.65	4.80	3
	기계시스템학부	8	9	14.6		3.62			7	9	18.00	2.31	3.79	0.88	5.39	2
	기초공학부	11	15	18.7		3.94			7	15	22.93	2.37	3.96	0.76	6.00	7
생활 과학	의류학과	4	5	27.0		4.35			2	5	30.20	3.00	4.71	1.06	6.22	0
	식품영양학과	6	7	15.6		4.00			1	7	20.14	2.56	4.08	0.94	5.55	0
약학	약학부	-	-	-	-	-	-	-	-	-	-	-	-	-	-	-
		81	98	18.3		3.84			32	98	22.16	2.61	3.88	0.83	5.34	36

217

순천향대 01

<영어반영> 탐구+국수영 택2, 탐구1개, 미/기 10%
인자: 96-92-85-73-56-36... 탐구20+국수영40:40

▶2022 내신 전년동일	1. 내신 변화: ①국영수사과 → 인: 국영수사, 자: 국영수과

▶2022 내신 전년동일
①인: 국영수사, 자: 국영수과
②한국사 공통반영
③이수단위 반영
▶학년비율 없음
▶진로선택과목 미반영

1. 내신 변화: ①국영수사과 → 인: 국영수사, 자: 국영수과
②한국사 공통반영 ③모집단위별 가중치 폐지
2. 수능최저 의예간호 포함 모든학과 2021과 동일 유지
3. 의예/간호: ①교과일반최저: 의예 4개합6, 간호 3개합10(탐2)
②교과지역최저: 의예 4개합6, 간호 3개합10(탐1)
4. 2022 모든전형 자기소개서 폐지

5.학생부종합전형간 중복지원 불가
6. 2022 조기취업전형 130명 등 생략
7. 전과제도 활동화매해 2학기 이상~5학기 이내 전과 허용
8. 전과 제외학과: 의예과, 간호학과, 유아교육과, 특수교육과
　　　　　　　　임상병리, 작업치료학과

모집시기	전형명	사정모형	학생부종합 특별사항	2022 수시 접수기간 09. 10(금) ~ 14(화)	모집인원	학생부	논술	면접	서류	기타	2022 수능최저등급
2022 수시 1,958명 (73.7%) 정시 697명 (26.3%) 전체 2,655명 2021 정원내 수시 1,652명 (70.1%) 정시 706명 (29.9%) 전체 2,358명	학생부교과 일반학생	일괄	학생부교과 인: 국영수사 자: 국영수과 최종 12.16(목)	1. 2022 전년대비 79명 감소 2. 내신변화★: 국영수사과→ ①인: 국영수사 자: 국영수과 ②모집단위별 가중치 폐지 3. 2022 수능최저 전년동일 ①탐구 1개 유지 ②의예/간호는 탐구2개 유지 ③유아/특교 2개합 9등급 등 4. 2022 의예 20명, 간호 14명	785 2021 864	교과 100					<2022 수능최저등급> 탐구 1개★ ▶2개합 8등급 (7개 학과) 의료과학대 7개학과 ▶2개합 9등급 (20개 학과) 사물인터넷/스마트자동차 SCH미디어랩스 9개학과 인문5개학과/글로벌경영 7개학과 유아교/특수교육 ▶2개합 10등급 (19개 학과) 건축/자연전체7개/공과전체11개 ▶의예: 4개합 6등급 (탐구2) ▶간호: 3개합 10등급 (탐구2) · 최저 있음 · 2020 경쟁률 8.83 · 2019 경쟁률 5.37 · 2018 경쟁률 7.11 · 2017 경쟁률 10.5 ※ 의예지원자 2022 확탐/사탐 미응시 경우에는 각각 0.5등급 하향 교과일반/지역 동일
	학생부교과 지역인재	일괄	학생부교과 인: 국영수사 자: 국영수과 최종 12.16(목)	1. 2022 전년대비 4명 증가 2. 대전/세종/충남북 고교생 3. 2022 의예 21명, 간호 14명 4. 2022 수능최저 전년동일 5. 의예 21 최저충족률 31.4% 6. 간호 21 최저충족률 52.9%	35 2021 31	교과 100					<2021 인원-경쟁-평균-최저> 의예21-7.57-1.14-1.31-추합20명 간호10-8.50-2.51-2.69-추합09명 <2020 인원-경쟁-평균-최저> 의예21-8.57-1.12-1.23-추합28명 간호10-6.70-2.44-3.31-추합07명 · 의예: 4개합 6 (탐1) 간호: 3개합 10 (탐1) 전년 동일, 탐구 1개 학생부교과일반은 2개
	기초생활수급자 및 차상위계층 (정원외)	일괄	학생부교과 인: 국영수사 자: 국영수과 최종 12.16(목)	1. 기초수급 및 차상위 자녀 2. 의예 및 간호 모집없음 3. 2020 경쟁률 4.57	46 2021 35	교과 100					건축4.52 화학4.52 식영5.43 21년 생명4.61 환경4.47 소프트4.00 정통5.51 전자7.94 전기5.64 전자정보6.26 나노5.01 등 · 없음 체육특기/농어촌/특성화 특성화고졸 등 기타생략
	실기일반 실기특기자	일괄	실기위주 국영수사과★ 동일비율 최종 12.16(목)	스포츠과학16 면접 사회체육19 면접 스포츠의학15 면접 공연영상20 체육특기09	79 2021 79	공연영상: 교과20%+실기80% 스과/사체: 교과30%+실기70% 스포츠의학: 교과40%+실기60% ★ 스과 실기종목: 제자리/윗몸/농구공던지기 사체 실기종목: 20m왕복/제자리/농구공 스의 실기종목: 20m왕복/제자리/배근력					· 없음 <2019 평균-최저> 스포츠과13 5.79-7.28 스포츠의15 4.22-5.22 사회체육17 6.25-7.77 공연연기10 5.16-5.95 공연연출10 5.34-6.50

▶2020 순천향 교과100% 분석 최종

	인원	경쟁률	평균	최저
한국문화	09	5.78	3.14	3.37
영미학과	17	4.18	3.78	4.16
중국학과	14	4.50	4.06	4.94
미디어커	15	16.2	3.05	3.48
건축학과	14	9.14	3.69	3.98
빅데이터	14	4.29	3.61	4.29
사물인터	17	10.9	4.41	4.70
스마트자	17	5.12	4.53	5.43
에너지시	17	4.71	4.56	5.79
유아교육	19	6.42	3.74	4.37
특수교육	15	7.60	3.91	4.51
청소상담	12	9.58	2.89	3.36
법학학과	14	4.79	3.53	3.99
행정학과	14	4.43	4.43	5.81
경찰행정	11	11.9	2.44	2.64
사회복지	11	6.82	3.78	4.22
경영학과	19	6.11	3.43	4.16
국제통상	29	7.52	3.98	4.35
관광경영	16	16.9	3.68	4.01
경제금융	21	9.71	4.22	4.68

▶2021 순천향 교과100% 인원
*밑줄 인원유지
▶SCH 미디어랩스
한국문화콘텐츠07 영미학과15
중국학과12 미디어커뮤니케이션13
건축5년12 빅데이터공학12
사물인터넷15 스마트자동차15
에너지시스템17
▶인문사회과학대학
유아교육17 특수교육13 청소년10
법학12 행정12 경찰행정09 사복09
▶글로벌경영대학
경영17 국제통상27 관광경영14
경제금융19 IT금융경영21 회계08
글로벌문화산업07
▶자연과학대학 화학14 식영13
환경보건13 생명시스템32
▶공과대학 컴소프트23 컴공23
정통20 전자25 전기35 전자정보24
나노화공19 에너지환경17 기계18
디스플신소재21 정보보호22
▶의료과학
보건행정18 의료생명16 의료IT19
임상15 작업15 의약13 의용메카09
▶의과대학 _의예21_ _간호14_

▶2020 순천향 교과100% 분석 최종등록 ★

	인원	경쟁률	평균	최저
금융경영	21	6.29	3.99	4.36
글로문화	09	27.9	3.79	4.02 폭등★
회계학과	10	6.90	3.86	4.18
화학학과	16	3.19	3.52	4.86
식품영양	15	5.73	3.93	4.55
환경보건	15	6.73	3.86	4.26
생명시스	35	3.86	3.96	5.20
컴소프트	26	4.27	4.03	4.91
컴퓨터공	25	5.00	3.75	4.17
정보통신	22	8.50	4.17	4.45
전자공학	27	4.19	4.00	5.43
전기공학	38	4.32	4.06	4.86
전자정보	26	4.42	4.40	4.87
나노화학	21	7.71	3.42	3.80 폭등★
에너지환	19	4.53	4.17	4.77
디스플신	23	4.26	4.06	4.81
기계공학	20	24.8	3.57	4.08 폭등★

정보보호3.57-4.05 보건행정3.38-3.75 의료생명3.38-3.73
임상병리3.04-3.41 작업치료3.75-4.26 의약공학3.51-3.86
의용메카3.88-4.50 의예과1.03-1.09 간호학과2.17-2.45
의료IT공학3.96-4.26

모집시기	전형명	사정 모형	학생부종합 특별사항	2022 수시 접수기간 09. 10(금) ~ 14(화)	모집 인원	학생부	논술	면접	서류	기타	2022 수능최저등급
	학생부종합 일반학생	1단계	학생부종합 1단계 11.12(금) 면접 11.20~21 11.27~28 최종 12.16(목)	1. 2022 전년대비 19명 감소 2. 2022 의예 6명, 간호 5명 3. 전공적합/인성/발전가능성 2020 평균경쟁률 8.30 2019 평균경쟁률 9.68 2018 평균경쟁률 7.57 2017 평균경쟁률 7.99	415 2021 434	서류 100 (3배수)			학업역량 25% 전공적합성 25% 발전가능성 25% 인성 25%		없음
		2단계				1단계 70 + 면접 30					

학생부종합 지역학생 / 1단계 / 학생부종합 1단계 11.12(금) 면접 12.05~06 12.12~13 최종 12.16(목) / 1. 대전/세종/충남북 고교생 2. 2022 의예 7명, 간호 7명 3. 2020 평균경쟁률 5.84 2020 의예 13.7 간호 14.2 간호05-14.2-2.63-3.09-4.17 / 255 2021 253 / 서류 100 (3배수) / 1단계 70 + 면접 30

<종합전형 지역학생 2020 평균-최저>
문화콘3.88-6.54 영미학5.01-6.11 중국4.75-6.23
미디어3.59-4.57 건축학5.02-6.38 빅데4.55-5.68
사물인5.47-5.75 자동차4.56-5.59 에너5.20-6.34
유아교3.33-4.26 특수교3.78-4.61 청소4.09-6.13
법학과4.26-6.00 행정학4.23-5.04 사복4.02-5.80
경영학3.64-3.90 국제통5.20-6.78 관광4.76-6.60
경제금5.20-6.07 금융경5.08-7.61 문화4.62-5.56
회계학2.93-4.16 화학과4.02-4.57 식영4.29-5.46
환경보5.27-7.48 생명시4.87-8.27 스과4.94-5.48
컴소프4.52-7.30 컴퓨공4.18-4.72 스의4.32-4.72
정보통5.22-6.07 전자공4.62-5.65 전기4.96-6.18
전자정5.11-5.28 나노화4.60-6.26 에너4.35-5.43
디스플5.08-7.11 정보호4.80-6.24 기계4.57-5.43
보건행4.52-6.65 의료생4.03-5.43 의료IT 5.5-6.2
임상병3.92-4.32 작업치4.83-5.35 의약4.32-5.06
의용메카4.90-6.90 의예06-13.7-1.00-1.08-1.21

학생부종합 고른기회 / 1단계 / 학생부종합 1단계 11.12(금) 면접 12.04~05 최종 12.16(목) / 1. 국가보훈관계 법령자 2. 농어촌/만학도 대상 3. 기초수급차상위 포함 4. 의예 및 간호 모집없음 5. 2020 평균경쟁률 3.30 / 90 2021 83 / 서류 100 (3배수) / 1단계 70 + 면접 30

학생부종합 기초생활수급자 및 차상위계층 (정원외) / 1단계 / 학생부종합 1단계 11.12(금) 면접 12.04(토) 최종 12.16(목) / 1. 기초수급 및 차상위 자녀 2. 의예 및 간호 모집없음 3. 전공적합/인성/발전가능성 4. 2020 평균경쟁률 7.60 / 4 2021 15 / 서류 100 (3배수) / 1단계 70 + 면접 30

▶2020 순천향 종합전형 분석 최종합

	인원	경쟁률	등록평균	최저
글로자전	01	4.00	5.28	6.52
한국문화	07	9.90	4.04	5.80
영미학과	10	4.50	4.43	5.42
중국학과	09	5.70	4.36	4.90
미디어커	13	20.2	3.99	4.75
건축학과	10	9.70	4.32	6.18
디지애니	08	13.9	3.79	5.77
빅데이터	07	4.40	4.26	5.04
사물인터	07	8.90	4.77	5.24
스마트자	07	9.10	4.69	5.31
에너지시	05	3.00	5.06	5.77
유아교육	05	13.8	3.66	4.14
특수교육	04	6.30	3.94	4.59
청소상담	10	20.7	3.84	5.60
법학학과	06	10.0	3.83	4.58
행정학과	07	5.10	4.06	4.62
경찰행정	10	22.1	2.82	3.54
사회복지	10	9.80	4.06	5.02
경영학과	08	9.80	4.29	5.34
국제통상	13	4.80	4.08	4.91
관광경영	10	6.40	4.32	5.57
경제금융	07	5.70	4.55	5.04

▶2021 순천향 종합전형일반 인원

▶SCH 미디어랩스
한국문화콘텐츠8 영미학과11
중국학과9 미디어커뮤니케이션13
건축5년11 디지털애니메이션8
빅데이터공학7 사물인터넷7
스마트자동차8 에너지시스템5
▶인문사회과학대학
 유아교육6 특수교육6 청소년11
 법학7 행정7 경찰행정10 사복10
▶글로벌경영대학
 경영9 국제통상13 관광경영11
 경제금융7 IT금융경영12 회계5
 글로벌문화산업5
▶자연과학대 화학12 식영14 스과5
 환경보건15 생명시스템16 스포의2
▶공과대학 컴소프트12 컴공10
 정통13 전자7 전기10 전자정보9
 나노화공9 에너지환경6 기계9
 디스플신소재8 정보보호9
▶의료과학
 보건행정6 의료생명8 의료IT5
 임상8 작업7 의약공8 의용메카8
▶의과대학 의예6 간호5
 글로벌자유전공01

▶2020 순천향 종합전형 분석 최종합 ★

	인원	경쟁률	최종평균	최저
금융경영	12	4.20	4.82	5.88
글로문화	05	7.20	4.48	4.86
회계학과	06	3.80	3.79	5.27
화학학과	12	5.30	4.16	5.30
식품영양	14	6.60	4.49	6.71
환경보건	16	4.50	4.91	6.14
생명시스	15	6.30	4.54	6.68
컴소프트	12	7.30	4.25	7.00
컴퓨터공	10	8.20	4.25	4.76
정보통신	13	4.60	4.81	5.38
전자공학	07	5.40	4.30	4.65
전기공학	10	5.50	4.18	5.71
전자정보	07	6.30	4.70	5.15
나노화학	08	10.9	3.99	4.99
에너지환	06	6.40	4.12	4.95
디스플신	08	3.50	4.59	5.21
기계공학	09	7.70	4.03	5.05
정보보호	07	8.30	4.47	6.19

보건행정3.87-4.86 의료생명3.77-4.34 스과4.23-4.69
스포의학5.17-7.46 임상병리3.69-4.76 작업치료3.78-4.67
의약공학4.49-5.36 의용메카4.30-5.46 의료IT4.33-5.18
의예06-22.7-1.17-1.45 간호05-16.4-2.60-2.97

2020 정시 입결

<'20 정시나 백분위 최종평균-최종최저> 탐2+국수영 택2 수가10%~15%
한국문화81.38-79.60 영미학과81.61-79.20 중국76.53-70.40 빅데이85.00-82.80
에너지시80.90-77.00 유아교육80.12-71.60 행정83.24-81.80 국제통79.47-75.00
관광경영80.34-78.00 금융경영80.00-77.00 화학79.89-76.56 생명시81.08-78.60
컴퓨터공84.00-81.84 기계공학83.23-81.72 보건80.60-74.60 의료생82.13-70.60
정보보호84.20-81.00 임상병리86.70-83.40 작업81.98-80.00 의메카82.22-78.92

<'20 정시다 백분위 최종평균-최종최저> 탐2+국수영 택2 수가10%~15%
미디커뮤83.46-81.00 사물인터81.29-79.12 건축83.82-80.88 자동차79.58-76.20
특수교육83.88-75.40 청소년81.32-79.60 법학81.64-78.20 경찰행89.11-87.80
사회복지77.97-76.60 경제금융80.44-77.80 경영81.18-77.00 글문화81.15-79.20

회계학80.07-77.40 식품영양80.84-77.20 환경보건79.71-77.40
컴소프83.63-81.92 정보통신80.00-74.34 전자공학81.74-75.12
전기공83.59-81.80 전자정보79.59-74.40 나노화학78.93-66.74
에너지80.47-78.04 디스신소80.77-78.00 의료IT공 84.73-81.44
의약공86.21-82.80 의예과102.58-102.34 간호학87.45-85.82

<'20 실기 일반학생>
디지털애니메이션66.40-49.00 공연영상연기22.80-11.80
공연영상연출제작46.52-28.00 스포츠과학49.70-30.60
사회체육학과51.86-36.80 스포츠의학69.19-55.80

		2021 교과일반학생						2021 교과일반 세부입결				2021 정시입결	
▶교과 100% ▶내신: 국영수사/국영수과 ▶최저일반: 2개합 8~10 ▶의예: 4개합 6 (탐2) ▶간호: 3개합 10 (탐2)			2021 지원		2021 수시 입결					2021 지원 세부			탐1+국/수/영 택2	
	모집 인원	모집 인원	경쟁률	최종등록 등급평균	최종등록 등급최저	추합 인원	최저 충족률	전체 지원	모집 +충원	최저제외 실질경쟁	충원율	백분위 평균	백분위 최저
인문 사회 과학	유아교육과	17	17	12.7	3.46	3.76	47	73%	215	64	3.36	276%	79.22	75.80
	특수교육과	13	13	9.31	3.84	4.62	62	74%	121	75	1.61	477%	73.26	60.40
	청소년교육상담	10	10	6.80	3.19	4.36	31	72%	68	41	1.66	310%	78.62	68.20
	법학과	12	12	7.00	3.29	3.75	38	81%	84	50	1.68	317%	77.45	71.80
	행정학과	13	12	34.5	3.65	4.06	44	49%	414	56	7.39	367%	69.74	54.40
	경찰행정학과	9	9	10.8	2.47	2.83	39	78%	97	48	2.02	433%	87.34	85.40
	사회복지학과	10	9	14.0	3.39	3.62	19	61%	126	28	4.50	211%	72.16	50.80
글로벌 경영 대학	경영학과	18	17	6.59	3.41	4.25	47	70%	112	64	1.75	276%	64.65	28.60
	국제통상학과	29	27	5.52	4.02	4.65	67	75%	149	94	1.59	248%	77.15	71.80
	관광경영학과	15	14	5.93	4.59	5.66	36	65%	83	50	1.66	257%	75.99	72.40
	경제금융학과	20	19	8.68	4.30	4.55	52	66%	165	71	2.32	274%	67.12	26.40
	IT금융경영학과	21	21	5.81	4.13	4.53	47	68%	122	68	1.79	224%	76.63	74.20
	글로벌문화산업	7	7	7.00	3.85	3.98	15	74%	49	22	2.23	214%	69.30	46.40
	회계학과	8	8	7.63	3.41	3.90	21	72%	61	29	2.10	263%	69.12	61.80
SCH 미디어 랩스	한국문화콘텐츠	7	7	4.71	4.36	5.47	10	55%	33	17	1.94	143%	74.57	64.40
	영미학과	18	15	4.20	4.00	5.75	28	68%	63	43	1.47	187%	65.47	46.80
	중국학과	13	12	7.25	4.31	4.71	28	59%	87	40	2.18	233%	75.20	71.40
	미디어커뮤니케이션	14	13	6.62	3.36	3.73	35	74%	86	48	1.79	269%	72.24	43.20
	건축학과 5년제	12	12	5.75	3.68	3.95	20	74%	69	32	2.16	167%	72.17	57.60
	빅데이터공학과	12	12	4.75	3.87	4.73	30	74%	57	42	1.36	250%	78.05	74.80
	사물인터넷학과	15	15	7.47	4.29	4.58	28	57%	112	43	2.61	187%	69.40	57.40
	스마트자동차학과	15	15	11.3	4.43	5.02	35	41%	170	50	3.40	233%	69.19	35.68
	에너지시스템학과	17	17	10.4	4.50	4.82	23	51%	176	40	4.40	135%	66.38	51.80
의과 대학	의예과	20	21	12.8	1.04	1.10	25	29%	269	46	5.85	119%	102.51	102.39
	간호학과	14	14	12.8	2.54	3.04	51	45%	179	65	2.75	364%	87.23	85.61
자연 과학 대학	화학과	14	14	7.50	3.39	3.71	30	84%	105	44	2.39	214%	65.41	23.76
	식품영양학과	13	13	9.54	4.05	4.33	53	77%	124	66	1.88	408%	75.02	70.00
	환경보건학과	14	13	4.31	5.17	5.91	26	73%	56	39	1.44	200%	61.57	41.60
	생명시스템학과	32	32	8.72	3.87	4.25	85	84%	279	117	2.38	266%	75.85	69.00
공과 대학	컴퓨터소프트웨어	23	23	10.4	3.92	4.18	43	79%	240	66	3.63	187%	82.92	79.00
	컴퓨터공학과	23	23	6.13	3.65	4.43	71	85%	141	94	1.50	309%	78.06	70.20
	정보통신공학과	20	20	5.05	4.99	7.03	58	77%	101	78	1.29	290%	68.14	38.00
	전자공학과	26	25	9.12	4.35	4.90	75	68%	228	100	2.28	300%	74.51	66.48
	전기공학과	35	35	6.66	4.21	4.62	99	85%	233	134	1.74	283%	71.89	46.60
	전자정보공학과	24	24	4.92	4.48	4.76	49	83%	118	73	1.62	204%	75.59	72.60
	나노화학공학과	19	19	4.63	3.76	5.45	66	97%	88	85	1.03	347%	75.19	67.80
	에너지환경공학과	17	17	6.18	4.06	4.41	40	84%	105	57	1.84	235%	60.77	46.16
	디스플레이신소재	21	21	5.43	4.30	4.99	53	77%	114	74	1.54	252%	70.25	59.80
	기계공학과	18	18	6.78	3.97	4.51	66	81%	122	84	1.45	367%	73.01	60.60
	정보보호학과	22	22	4.09	3.92	5.07	39	80%	90	61	1.48	177%	73.86	65.20
의료 과학 대학	보건행정경영	18	18	6.94	3.68	4.55	61	70%	125	79	1.58	339%	79.95	77.80
	의료생명공학	16	16	5.38	3.54	4.78	42	73%	86	58	1.48	263%	83.83	79.40
	의료IT공학과	19	19	4.74	4.30	4.72	32	61%	90	51	1.77	168%	70.83	57.84
	임상병리학과	15	15	10.0	2.77	3.09	23	67%	150	38	3.95	153%	86.79	83.80
	작업치료학과	15	15	8.53	3.91	4.53	36	45%	128	51	2.51	240%	72.27	57.00
	의약공학과	13	13	6.38	3.60	3.97	39	77%	83	52	1.60	300%	79.24	66.00
	의용메카트로닉스	9	9	4.89	4.48	5.17	11	46%	44	20	2.20	122%	71.70	68.24
		785	772	8.01	3.82	4.44	1975	69%	6017	2747	2.30	257%	74.40	61.84

수능최저 없음		2021 종합일반학생						2021 지원 세부사항				
▶서류 100% (3배수) 1단계70+ 면접30 ▶내신반영: 전교과 정성		2021 지원		2021 수시 입결				2021 지원 세부사항			
계열	학과	모집인원	모집인원	경쟁률	최종등록 등급평균	최종등록 등급최저	추합인원	충원율	전체지원	모집+충원	최저제외 실질경쟁
인문사회과학	유아교육과	6	6	11.5	3.92	4.33	1	17%	69	7	9.86
	특수교육과	5	6	5.83	4.04	5.53	13	217%	35	19	1.84
	청소년교육상담	13	11	15.5	3.68	4.45	16	145%	170	27	6.29
	법학과	8	7	7.86	4.02	4.94	9	129%	55	16	3.44
	행정학과	9	7	5.86	4.05	4.63	8	114%	41	15	2.73
	경찰행정학과	9	10	16.7	3.09	3.83	12	120%	167	22	7.59
	사회복지학과	11	10	9.90	4.34	5.15	7	70%	99	17	5.82
글로벌경영대학	경영학과	9	9	13.3	4.19	5.10	8	89%	120	17	7.06
	국제통상학과	13	13	2.85	4.80	6.43	9	69%	37	22	1.68
	관광경영학과	11	11	5.91	4.61	5.34	11	100%	65	22	2.96
	경제금융학과	8	7	2.86	4.42	5.30	5	71%	20	12	1.67
	IT금융경영학과	13	12	3.00	5.03	6.60	6	50%	36	18	2.00
	글로벌문화산업	6	5	5.60	4.41	5.03	7	140%	28	12	2.33
	회계학과	5	5	3.60	3.87	4.85	3	60%	18	8	2.25
SCH미디어랩스	한국문화콘텐츠	8	8	13.9	3.95	4.65	7	88%	111	15	7.40
	영미학과	11	11	4.18	4.46	5.28	8	73%	46	19	2.42
	중국학과	10	9	3.78	4.46	6.90	6	67%	34	15	2.27
	미디어커뮤니케이션	14	13	14.2	3.89	4.70	4	31%	185	17	10.9
	건축학과 5년제	9	11	10.1	4.47	6.78	13	118%	111	24	4.62
	디지털애니메이션	10	8	9.88	3.80	5.21	8	100%	79	16	4.94
	빅데이터공학과	8	7	3.86	4.63	5.57	6	86%	27	13	2.08
	사물인터넷학과	8	7	3.00	4.65	5.33	3	43%	21	10	2.10
	스마트자동차학과	9	8	7.13	4.73	5.69	5	63%	57	13	4.39
	에너지시스템학과	6	5	2.60	5.35	5.87	0	0%	13	5	2.60
의과대학	의예과	6	6	22.3	1.93	4.40	2	33%	134	8	16.7
	간호학과	5	5	17.6	2.68	3.31	4	80%	88	9	9.78
자연과학대학	화학과	9	12	5.42	4.10	4.96	7	58%	65	19	3.42
	식품영양학과	11	14	6.79	4.62	7.24	14	100%	95	28	3.40
	환경보건학과	13	15	2.60	5.11	7.01	12	80%	39	27	1.44
	생명시스템학과	14	16	6.25	4.27	5.19	12	75%	100	28	3.57
공과대학	컴퓨터소프트웨어	11	12	6.92	4.25	4.95	11	92%	83	23	3.61
	컴퓨터공학과	10	10	6.00	4.21	4.71	7	70%	60	17	3.53
	정보통신공학과	12	13	2.54	5.20	6.72	12	92%	33	25	1.32
	전자공학과	5	7	5.00	4.50	6.07	10	143%	35	17	2.06
	전기공학과	9	10	4.80	4.85	6.46	11	110%	48	21	2.29
	전자정보공학과	6	9	2.11	5.43	8.16	7	78%	19	16	1.19
	나노화학공학과	7	9	4.56	3.93	4.62	14	156%	41	23	1.78
	에너지환경공학과	6	6	3.17	4.89	5.61	3	50%	19	9	2.11
	디스플레이신소재	8	8	3.88	4.56	5.56	10	125%	31	18	1.72
	기계공학과	6	9	7.44	4.09	5.19	15	167%	67	24	2.79
	정보보호학과	7	9	6.56	4.68	6.00	10	111%	59	19	3.11
의료과학대학	보건행정경영	5	6	6.83	4.30	4.82	2	33%	41	8	5.12
	의료생명공학	7	8	5.75	3.99	5.10	4	50%	46	12	3.83
	의료IT공학과	4	5	3.20	4.74	5.74	7	140%	16	12	1.33
	임상병리학과	7	8	14.1	3.60	3.87	1	13%	113	9	12.6
	작업치료학과	6	7	5.43	4.20	4.89	8	114%	38	15	2.53
	의약공학과	7	8	6.50	4.53	6.33	6	75%	52	14	3.71
	의용메카트로닉스	7	8	3.50	4.58	5.29	3	38%	28	11	2.55
	글로벌자유전공	1	1	9.00	3.95	3.95	0	0%	9	1	9.00
	스포츠과학	5	5	6.80	4.33	5.02	4	80%	34	9	3.78
	스포츠의학	2	2	14.50	4.42	4.58	1	50%	29	3	9.67
		415	434	7.17	4.29	5.36	372	86%	2994	793	4.10

수능최저 없음			2021 지역종합						2021 지원 세부사항					
▶서류 100% (3배수) 1단계70+ 면접30 ▶내신반영: 전교과 정성			2021 지원		2021 수시 입결				2021 지원 세부사항					
			모집 인원	모집 인원	경쟁률	최종등록 등급평균	최종등록 등급최저	추합 인원	충원율	전체 지원	모집 +충원	최저제외 실질경쟁			
인문 사회 과학	유아교육과	4	6	7.83	3.60	4.45	5	83%	47	11	4.27			
	특수교육과	2	3	3.67	4.41	5.43	1	33%	11	4	2.75			
	청소년교육상담	6	6	9.33	3.49	4.86	8	133%	56	14	4.00			
	법학과	6	5	7.20	3.80	4.55	3	60%	36	8	4.50			
	행정학과	6	6	3.00	4.56	5.12	2	33%	18	8	2.25			
	경찰행정학과	4	5	6.40	3.89	5.28	0	0%	32	5	6.40			
	사회복지학과	9	7	7.57	4.78	5.65	1	14%	53	8	6.62			
글로벌 경영 대학	경영학과	5	4	6.50	4.27	4.79	3	75%	26	7	3.71			
	국제통상학과	8	7	3.86	4.70	5.75	1	14%	27	8	3.38			
	관광경영학과	8	7	5.14	4.99	7.37	6	86%	36	13	2.77			
	경제금융학과	4	4	3.00	4.91	5.72	4	100%	12	8	1.50			
	IT금융경영학과	6	5	4.20	5.29	6.43	4	80%	21	9	2.33			
	글로벌문화산업	5	5	4.00	4.76	5.07	6	120%	20	11	1.82			
	회계학과	3	3	2.33	4.11	5.48	1	33%	7	4	1.75			
SCH 미디어 랩스	한국문화콘텐츠	6	5	7.00	4.55	5.28	1	20%	35	6	5.83			
	영미학과	7	6	2.83	4.89	6.21	3	50%	17	9	1.89			
	중국학과	7	6	3.17	5.22	5.65	3	50%	19	9	2.11			
	미디어커뮤니케이션	10	8	6.88	3.77	5.28	3	38%	55	11	5.00			
	건축학과 5년제	6	6	7.67	4.76	5.88	9	150%	46	15	3.07			
	빅데이터공학과	6	5	3.20	4.98	6.92	4	80%	16	9	1.78			
	사물인터넷학과	7	5	2.20	5.49	6.99	3	60%	11	8	1.38			
	스마트자동차학과	6	4	5.50	5.51	7.12	5	125%	22	9	2.44			
	에너지시스템학과	4	3	2.33	5.38	5.76	2	67%	7	5	1.40			
의과 대학	의예과	7	7	11.1	1.13	1.78	2	29%	78	9	8.66			
	간호학과	5	5	23.6	2.59	3.05	2	40%	118	7	16.9			
자연 과학 대학	화학과	6	5	3.00	4.33	5.34	2	40%	15	7	2.14			
	식품영양학과	7	6	4.17	4.18	5.09	2	33%	25	8	3.13			
	환경보건학과	6	6	3.00	5.29	6.73	4	67%	18	10	1.80			
	생명시스템학과	10	10	3.40	4.87	5.39	4	40%	34	14	2.43			
공과 대학	컴퓨터소프트웨어	6	7	3.57	4.82	5.63	8	114%	25	15	1.67			
	컴퓨터공학과	4	6	3.67	4.01	5.11	10	167%	22	16	1.38			
	정보통신공학과	4	5	2.40	5.95	7.98	3	60%	12	8	1.50			
	전자공학과	4	4	5.00	4.34	5.25	3	75%	20	7	2.86			
	전기공학과	5	6	4.33	4.50	6.15	11	183%	26	17	1.53			
	전자정보공학과	3	3	2.33	6.00	7.09	0	0%	7	3	2.33			
	나노화학공학과	3	3	7.00	4.31	5.28	5	167%	21	8	2.63			
	에너지환경공학과	3	5	2.20	5.24	6.48	3	60%	11	8	1.38			
	디스플레이신소재	3	5	4.60	5.21	6.46	6	120%	23	11	2.09			
	기계공학과	6	5	8.20	4.46	5.48	7	140%	41	12	3.42			
	정보보호학과	5	6	4.83	4.81	7.41	5	83%	29	11	2.63			
의료 과학 대학	보건행정경영	3	4	7.50	4.34	5.81	3	75%	30	7	4.29			
	의료생명공학	4	5	4.20	4.02	5.19	1	20%	21	6	3.50			
	의료IT공학과	2	3	2.00	5.04	5.77	3	100%	6	6	1.00			
	임상병리학과	4	5	6.60	3.79	4.51	4	80%	33	9	3.67			
	작업치료학과	5	6	5.00	5.14	6.91	0	0%	30	6	5.00			
	의약공학과	6	7	3.29	4.02	5.83	1	14%	23	8	2.88			
	의용메카트로닉스	3	4	2.50	4.81	5.45	0	0%	10	4	2.50			
	스포츠과학	3	2	5.00	4.44	4.77	1	50%	10	3	3.33			
	스포츠의학	3	2	3.50	4.50	5.32	1	50%	7	3	2.33			
		255	253	5.12	4.54	5.66	169	68%	1308	416	3.28			

숭실대학교

2022 대입 주요 특징

<영어 반영> 인문 35:25:<u>20</u>:20 경상 25:35:<u>20</u>:20
인자: 140-136-130-121-101 ... 자연1 20:35:<u>20</u>:25

▶ 교과/논술 국영수사/국영수과
융합특성화자전 국영수사과
▶ 학년비율 없음 *종합 전과목
▶ 내신 과목별 가중치
인문 국영수사 35:35:15:15
경상 국영수사 15:35:35:15
자연 국영수과 15:25:35:25
융합 국영수사/과 15:25:35:25
▶ 공통 등 80%+진로선택 20%
▶ A=1등급 B=2등급 C=3등급

1. 2022 학생부교과→학교장추천제 전환, 5명 감소
2. 내신반영 국영수사/국영수과, 과목별 가중치 유지
3. 교과 및 논술 수능최저 유지 (영어제외 및 탐구2개) ★
   인: 국수탐2 중 2개합 6, 자: 국수탐2 중 2개합 7
4. SSU 미래인재종합 2022 전년대비 100명 감소
5. 2022 <고른기회전형>에 <기초및차상위전형> 통합
6. 수능최저 영어 제외 및 탐구 2개 반영 유지, 합격 전략
7. 인문 수능최저 충족 가능성 더욱 낮아질 것으로 전망

8. 종합전형 핵심 ①어문학 주로 외고의 몫 ②언론홍보 지원풀 높음
③학업역량(내신)보다 활동역량 중요평가 ④교사 세특/종합 신뢰
⑤독일어 등 <집중과정> - 매력적인 교육과정 합격사례
⑥내신은 전공적합한 주요교과의 성적추이 그래프 주목도 높음
⑦동아리활동, 교과세특 등 <전공적합 연관성> 매우 중요
⑧학과별 연합교외활동 등 중요평가 ⑨모집단위 많은학과 강추★
9. 2022 전형별 과목 등급점수표 (이수단위 적용)
▶ 교과 1등급-10.0, 2등급-9.5, 3등급-9.0, 4등급-8.5, 5등급 8.0 ...
▶ 논술 1등급-4.0, 2등급-3.8, 3등급-3.6, 4등급-3.4, 5등급 3.2 ...
▶ 진로선택과목 A=1등급 B=2등급 C=3등급

모집시기	전형명	사정모형	학생부종합 특별사항	2022 수시 접수기간 09. 11(토) ~ 14(화)	모집인원	학생부	논술	면접	서류	기타	2022 수능최저등급
2022 정원내 수시 1,612명 (60.2%) 2021 정원내 수시 1,759명 (66%) 정시 922명 (34%) 전체 2,681명	학생부우수자 (학교장추천)	일괄	학생부우수자 학교장추천 ~09.30(목) 최저있음 최종: 12.16(목) 과목별 가중치 인: 국영수사 자: 국영수과 융: 국영수사과 인 35:35:15:15 경 15:35:35:15 자 15:25:35:25 융 15:25:35:25	2022 학교장추천전형 전환 <수능최저 3개년 동일>★ 인문: 국수탐 중 2개합6 (탐2) 자연: 국수과 중 2개합7 (탐2) 융합: 국수탐 중 2개합7 (탐2) *영어제외 및 탐구 2개 *자연 미적기하/과 지정 *융합 미적기하만 지정 ▶3개년 합격평균 2019~2021 인문 2.1→2.26→2.57등급 경상 2.2→2.17→2.47등급 자연 2.3→2.34→2.47등급 ▶3개년 최저충족 2019-2021 인문 56.1%→55%→52% 경상 60.9%→58%→56% 자연 50.2%→52%→43%	474 2021 479	100					1. 교과전형 합격의 절대적 영향력은 수능최저충족★ 2. 2021 교과전형 입결 실질경쟁률 1.00 학과 다수★ *숭실대학교 2020 지난해 합격리포트 참고 ollim* 1. 주요교과→전체교과→전공관련교과 순으로 검색 2. 3학년 성적추이 중시함 3. 종합전형은 서류 합산방식이지만 각각의 비율 적용 하므로 기존의 <전공적합성> 대학이 맞다는 판단 4. 서울권 유지취업률 92% 1위, 쉬운 전과제도 1위 5. 종합전형 강추 학과: 산업정보시스템, 국제법무 6. SW특기자전형: 해당학과 교수가 직접 면접선발★ 전공적합성 단연 최고이며 전략적 교수 제휴★★ 7. 종합전형 어문계열 외고주의보 발령! 8. 물리교과 성적과 세특 강조 중요성 (IT대학 등) 9. 융합특성화자유전공 4.10 이하도 합격 다수
	SSU 미래인재	1단계	학생부종합 최저없음 추천제한없음 자소서제출 ~09.15(수) 1단계 11.23(화) 면접 11.27(토) 최종 12.16(목) 내신 전과목 주요교과 중시	1. 2022 전년대비 100명 감소 2. 서류평가 3개역량, 70만점 ①학업역량 14점 (내신성적) ②활동역량 38점 (창체활동) ③잠재역량 18점 (인성 및 발전가능성/세특/종합의견) 3. 2020 최종 합격자 일반고87%→88% 자율고 9%, 특목고 2%	628 융합 83 2021 728 융합 83	서류 100 (3배수) + 1단계 70 + 면접 30					■ SSU 미래인재 3개년 지원/입결현황-주요교과★★ 인지원 인최종 경상지원 경상최종 자연지원 자연최종 2021 3.47 <u>2.99</u> 3.22 <u>2.71</u> 3.13 <u>2.78</u> 2020 3.29 <u>3.11</u> 3.07 <u>2.79</u> 3.12 <u>2.74</u> 2019 3.23 <u>2.99</u> 2.95 <u>2.81</u> 3.13 <u>2.81</u> ■ 융합특성화자유전공 입결올림★★ 1. 최종합격 일반고 2019년 86.7%→2020년 88% 2. 최종합격 계열분포 2020 인문 28.0%, 자연 72.0% 3. 최종합격 성적분포 2021 1단계평균 2.88, 최종평균 2.90 2020 1단계평균 2.86, 최종평균 2.82 2019 1단계평균 2.99, 최종평균 2.94 4. 다양한 전공선택, 계열제한없음, 내신 국영수사과 반영 2학년 진학시 융합전공선택, 학업량 많고 단편적인 단점 5. 스마트자동차/에너지공학/정보보호/빅데이터/유통 강추
		2단계									
	논술전형	일괄	논술전형 최저있음 논인 11.19(토) 논자 11.20(일) 최종 12.16(목)	1. 2022 전년대비 11명 감소 2. 논술 100분, 합격평균3.94 3. 수능최저 2021과 동일 ★ 인: 국수탐 중 2개합6 (탐2) 자: 국수탐 중 2개합7 (탐2) *영어제외 및 탐구 2개 *자연 미적기하/과 지정	281 2021 292	학생부 40 + 논술 60					<2020-2021 논술입결 리포트 ollim > ▶ 인문: 3.71등급→<u>3.84등급</u>, 논술점수 2021 ▶ 경상: 3.61등급→<u>4.20등급</u>, 논술점수 2021 ▶ 자연: 3.60등급→<u>3.95등급</u>, 논술점수 2021 ▶ 2021 논술경쟁률: 인문 41.0, 경상 26.5, 자연 34.0 ▶ 2021 최저충족률: 인문 38.8%, 상경 54.1%, 자연 43.2% ▶ 2020 최저충족률: 인문 46.0%, 상경 65.0%, 자연 53.0%
	SW 특기자 실기위주	1단계	특기자 전형 자소~09.29(화) 1단계 10.22(금) 면접 10.30(토) 최종 11.05(금)	SW분야 우수인재 성장잠재력 소프트웨어 프로그래밍 경진대회 수상실적 제출 컴퓨터8 글로벌미디어4 소프트웨어8 스마트소프트5	25 2021 25	서류 100% (3배수) 1단계 70% + 면접 30%					1. 컴퓨터관련활동 관심자, 종합전형활동자 도전 실적없어도 두려움없이 지원, 추합가능성 전략 2. 면접: 지원 동기 및 본교에 대한 이해, 전공분야 수학능력 및 관심, 알고리즘적인 문제해결 능력과 논리적 사고 및 표현
		2단계									
	고른기회 국가보훈 차상위 등	1단계	학생부종합 자소~09.15(수) 1단계 11.23(화) 면접 12.04(토) 최종 12.16(목)	1. 보훈/농어/서해/특성화고 2. 인재상- '봉사기여형' 인재 공동체 헌신 사회봉사 정신 고교교육프로그램에서 소기 성과 이룬 '봉사·기여'형 인재 3. 기초수급/차상위 등 통합★ 4. 기초 인재상- '의지도전형' 5. 2021 기초차상위 41명참고	169 2021 200	서류 100% (3배수) 1단계 70% + 면접 30%					▶2022 서류제출: 09.11(토)~09.16(목) 2021 입결 경제 1단계 3.45-3.54 최종 7.24-7.08 통상 최종 3.16-3.36 화공 최종 2.93-2.96 유기 최종 2.88-2.94 전기 최종 3.46-3.57 기계 최종 3.03-3.10 정보 최종 3.50-3.60 건축 최종 3.73-3.50 실내 최종 4.57-4.65
		2단계									

숭실대 학과편제	자연1: 수학/물리/화학/의생명/화공/유기/전기공/기계공/전자정보공/IT융합전공 자연2: 정통보험수리/산업정보/건축/컴퓨터/글로벌미디어/소프트웨어/스마트시스템	경상: 경제/글로벌통상/금융경제/국제무역/경영/회계/금융/ 벤처중소기업

2021 숭실대학교 학생부우수자 전형 (인문/자연)　　2020 교과

수능최저 있음

▶교과 100%
▶수능최저 ★
인: 국수탐 중 2개합 6 (탐2)
자: 국수탐 중 2개합 7 (탐2)
수가/과탐 지정
영어 제외★★

▶내신반영: 국영수사/국영수과
▶교과별 가중치 비율: 국영수+사/과　인문 35:35:15+15　경상 15:35:35+15　자연 15:25:35+25

▶교과반영 동일
▶수능최저 동일

대학	학과	2022 모집인원	2021 모집인원	경쟁률	지원자 총인원	국영수사 수과 평균	지원대비 최종합격 편차 ollim	국영수사 국영수과 최종평균 단순 ollim ★★	최저 충족률	최저 충족인원 ★★	충원율	충원 합격인원	충원합격 포함인원 ★★	최종실질 경쟁률 ollim ★★	최종 등록인원	최종 미등록인원	2020 모집인원	경쟁률	국영수사 국영수과 최종평균
인문대학	기독교학과	-	-	-	-	-	-	-	-	-	-	-	-	-	-	-	-	-	-
	국어국문	5	6	10.8	65	2.49	0.39	2.10	58.5%	38	233%	14	20	1.90	5	1	6	6.33	2.38
	영어영문	15	16	7.13	114	2.44	0.01	2.43	50.9%	58	225%	36	52	1.12	16	0	16	6.63	2.29
	독어독문	5	6	9.67	58	2.88	0.51	2.37	43.1%	25	50%	3	9	2.78	6	0	6	5.83	2.75
	불어불문	5	6	8.50	51	2.97	0.06	3.03	45.1%	23	267%	16	22	1.05	3	3	6	7.00	2.31
	중어중문	4	5	8.40	42	2.68	0.23	2.45	52.4%	22	100%	5	10	2.20	5	0	5	7.20	2.47
	일어일문	7	8	6.50	52	2.88	0.47	2.41	55.8%	29	112%	9	17	1.71	7	1	7	6.00	2.39
	철학과	5	6	7.00	42	2.60	0.12	2.48	50.0%	21	183%	11	17	1.24	6	0	6	6.67	2.36
	사학과	5	6	7.50	45	2.61	0.36	2.25	44.4%	20	133%	8	14	1.43	6	0	6	12.2	2.14
법과대학	법학과	12	12	7.25	87	2.46	0.17	2.29	60.9%	53	208%	25	37	1.43	10	2	12	6.75	2.24
	국제법무학과	4	5	5.60	28	3.72	0.56	3.16	35.7%	10	60%	3	8	1.25	5	0	7	5.43	2.08
사회과학	사회복지	9	9	6.33	57	2.57	0.43	2.14	54.4%	31	133%	12	21	1.48	9	0	9	6.56	2.27
	행정학부	12	12	5.25	63	2.46	0.14	2.60	65.1%	41	242%	29	41	1.00	8	4	12	6.67	2.07
	정치외교	4	5	4.40	22	2.57	0.03	2.54	54.5%	12	140%	7	12	1.00	3	2	5	7.80	2.15
	정보사회	4	5	5.20	26	2.82	0.30	2.52	65.4%	17	180%	9	14	1.21	5	0	5	8.80	1.99
	언론홍보	4	5	9.60	48	2.63	0.63	2.00	52.1%	25	300%	15	20	1.25	2	3	5	7.00	2.14
	평생교육	4	6	4.67	28	3.74	0.55	4.29	25.0%	7	17%	1	7	1.00	3	3	5	6.00	2.09
경제통상	경제학과	14	15	5.60	84	2.61	0.05	2.56	70.2%	59	220%	33	48	1.23	13	2	15	13.1	2.12
	글로벌통상	14	14	5.29	74	2.84	0.36	2.48	51.4%	38	114%	19	30	1.27	8	6	12	8.33	2.24
경영대학	경영학부	27	28	7.43	208	2.49	0.35	2.14	59.1%	123	239%	67	95	1.29	27	1	28	8.00	2.11
	회계학과	12	12	5.42	65	2.43	0.17	2.26	56.9%	37	142%	17	29	1.28	12	0	12	9.00	2.17
	벤처중소기업	12	12	5.33	64	2.64	0.16	2.80	50.0%	32	167%	20	32	1.00	10	2	12	9.33	2.34
	금융학부	9	9	6.44	58	3.93	1.38	2.55	32.8%	19	44%	4	13	1.46	9	0	9	7.89	2.04
		192	208	6.79	1381	2.79	0.26	2.54	51.5%	740	160%	360	568	1.39	178	30	206	7.66	2.23
자연과학	수학과	8	9	5.89	53	2.37	0.02	2.35	56.6%	30	222%	20	29	1.03	8	1	9	5.67	2.28
	물리학과	6	6	7.17	43	2.64	0.05	2.59	44.2%	19	167%	10	16	1.19	5	1	6	9.00	2.63
	화학과	7	9	8.44	76	2.40	0.16	2.56	43.4%	33	244%	22	31	1.06	7	2	9	6.33	2.29
	통계보험수리	7	8	4.13	33	2.59	0.41	2.18	51.5%	17	38%	3	11	1.55	8	0	8	4.50	2.25
	의생명시스템	10	10	7.80	78	2.40	0.43	1.97	50.0%	39	210%	21	31	1.26	10	0	10	15.4	1.77
공과대학	화학공학	21	22	9.68	213	2.27	0.13	2.14	49.8%	106	277%	61	83	1.28	19	3	22	6.00	2.33
	유기신파이버	18	19	5.63	107	2.70	0.32	2.38	41.1%	44	100%	19	38	1.16	18	1	19	5.00	2.30
	전기공학	23	25	5.36	134	2.90	0.20	2.70	33.6%	45	80%	20	45	1.00	21	4	25	7.84	2.30
	기계공학	19	21	5.95	125	2.65	0.09	2.56	44.8%	56	167%	35	56	1.00	14	7	21	7.71	2.28
	산업정보시스	21	21	7.29	153	2.84	0.27	2.57	38.6%	59	119%	25	46	1.28	21	0	20	6.70	2.51
	건축학부	17	17	10.7	182	2.93	0.19	2.74	34.3%	62	129%	22	39	1.60	16	1	17	6.88	2.86
	실내건축	8	9	7.78	70	3.11	0.19	3.30	25.7%	18	100%	9	18	1.00	7	2	9	10.4	2.62
IT대학	컴퓨터학부	16	16	8.0	128	2.31	0.28	2.03	53.1%	68	275%	44	60	1.13	14	2	16	10.3	1.95
	전자공학	18	18	8.94	161	2.59	0.11	2.48	44.1%	71	211%	38	56	1.27	14	4	18	4.78	2.56
	전자IT융합	18	19	7.63	145	2.64	0.27	2.37	36.6%	53	158%	30	49	1.08	15	4	18	5.67	2.23
	글로벌미디어	15	17	4.65	79	3.03	0.02	3.01	39.2%	31	82%	14	31	1.00	15	2	17	6.24	2.29
	소프트웨어학	14	16	8.75	140	2.32	0.24	2.08	52.1%	73	188%	30	46	1.59	12	4	16	7.44	2.06
	AI융합학부	9	9	9.33	84	2.77	0.37	2.40	38.1%	32	133%	12	21	1.52	7	2	9	6.00	2.66
	예술창작 문예창작	-	-	-	-	-	-	-	-	-	-	-	-	-	-	-	-	-	-
	융합특성화자유전공	-	-	-	-	-	-	-	-	-	-	-	-	-	-	-	-	-	-
		255	271	7.40	2004	2.64	0.17	2.47	43.2%	856	161%	435	706	1.22	231	40	269	7.33	2.34

숭실대 2021 수시분석자료 02 - 종합전형 인문/자연　　2021. 05. 20　ollim

수능최저 없음	2022	2021 SSU 미래인재 (인문/자연)											2020 미래		

▶1단계 서류100% (3배수) ▶2단계: 서류 70% + 면접30% ▶경쟁률 2개년 인/자 2021 인 9.93 자 8.07 2020 인 12.3 자 8.63

▶내신 반영: 전과목 정성평가　★자기주도/창의/성실형인재　★교과비교과 내면적표면적성취
▶교과별 가중치: 국영수+사/과 인문 35:35:15+15 경상 15:35:35+15 자연 15:25:35+25

▶미래인재 전형 등 2021과 동일함

대학	학과	2022 모집인원	2021 지원 모집인원	경쟁률	지원자 주요교과 평균	지원자 전과목 평균	1단계 합격자 주요교과 평균	1단계 합격자 전과목 평균	최종합격자 주요교과 평균	최종합격자 전과목 평균	등록 인원	추합 인원	충원률	2020 모집인원	경쟁률	2020 주요교과 평균
인문대학	기독교학과	25	25	7.20	4.59	4.60	3.74	3.79	3.69	3.73	24	15	60%	25	7.48	4.21
	국어국문	7	7	13.1	3.03	3.11	2.78	2.83	2.99	3.09	7	2	29%	7	18.9	2.59
	영어영문	21	23	9.57	3.37	3.43	2.96	3.06	3.31	3.38	23	16	70%	23	11.1	3.04
	독어독문	9	8	12.4	4.29	4.26	4.19	4.07	4.26	4.09	8	11	138%	8	10.1	4.30
	불어불문	8	8	8.75	4.52	4.50	3.85	3.82	3.35	3.44	7	7	88%	8	8.63	4.38
	중어중문	6	6	7.83	3.53	3.50	2.62	2.66	2.72	2.77	6	7	117%	6	11.5	2.91
	일어일문	8	8	10.0	4.02	3.84	3.72	3.56	4.42	4.20	8	8	100%	8	20.4	3.09
	철학과	12	12	8.33	3.35	3.45	2.81	2.91	2.94	3.04	12	8	67%	12	13.6	3.02
	사학과	8	8	13.6	3.17	3.24	2.46	2.57	2.54	2.70	8	10	125%	8	18.8	2.40
법과대학	법학과	13	14	9.64	3.06	3.13	2.56	2.63	2.63	2.70	14	11	79%	18	10.6	2.59
	국제법무학과	7	9	6.56	3.40	3.47	2.89	2.99	2.70	2.87	9	6	67%	10	6.70	2.85
사회과학	사회복지	11	12	15.9	3.28	3.33	2.55	2.62	2.64	2.63	11	7	58%	12	23.4	2.44
	행정학부	8	11	11.9	3.03	3.13	2.53	2.65	2.46	2.54	10	4	36%	11	10.8	3.07
	정치외교	7	9	10.4	3.06	3.16	2.77	2.84	2.69	2.75	9	8	89%	9	13.9	2.59
	정보사회	6	6	11.8	3.06	3.14	2.48	2.61	2.34	2.41	6	4	67%	6	11.7	2.59
	언론홍보	6	6	22.7	2.90	2.97	2.43	2.53	2.39	2.51	6	6	100%	6	25.0	2.34
	평생교육	9	9	5.33	3.25	3.34	2.78	2.85	2.70	2.74	9	4	44%	5	8.80	2.74
경제통상	경제학과	18	20	5.15	3.11	3.24	2.81	2.96	2.67	2.83	19	11	55%	20	7.30	2.74
	글로벌통상	20	23	7.96	3.21	3.33	2.67	2.81	2.74	2.86	22	27	117%	23	8.39	2.93
경영대학	경영학부	30	35	11.0	3.05	3.18	2.64	2.83	2.60	2.89	34	18	51%	36	11.7	2.61
	회계학과	12	12	6.17	2.98	3.06	2.68	2.81	2.83	2.93	11	15	125%	12	8.17	2.64
	벤처중소기업	11	16	9.06	3.35	3.44	2.77	2.90	2.68	2.79	16	5	31%	16	9.06	3.15
	금융학부	14	15	3.93	3.60	3.72	3.12	3.29	2.74	2.93	15	1	7%	15	6.13	2.86
		276	302	9.93	3.40	3.46	2.90	2.98	2.91	2.99	294	211	74.8%	304	12.3	2.96
자연과학	수학과	11	11	9.36	2.89	3.08	2.60	2.79	2.57	2.75	11	7	64%	11	10.1	2.58
	물리학과	18	19	5.79	3.23	3.33	3.00	3.12	3.05	3.22	18	14	74%	19	5.26	3.24
	화학과	14	13	9.23	2.74	2.87	2.33	2.46	2.43	2.59	13	20	154%	13	10.2	2.37
	통계보험수리	13	13	4.85	2.90	3.04	2.64	2.79	2.63	2.79	13	14	108%	12	5.92	2.43
	의생명시스템	15	15	18.9	2.89	2.98	2.45	2.52	2.50	2.53	15	5	33%	15	18.1	2.43
공과대학	화학공학	20	22	6.91	2.79	2.93	2.37	2.50	2.34	2.49	22	19	86%	22	8.14	2.31
	유기신파이버	23	27	5.85	3.18	3.31	2.69	2.82	2.62	2.79	27	16	59%	24	6.54	2.66
	전기공학	25	29	5.07	3.29	3.39	3.05	3.17	3.08	3.17	28	15	52%	28	6.07	3.04
	기계공학	22	25	6.64	3.07	3.21	2.71	2.88	2.80	2.94	25	30	120%	27	9.22	2.60
	산업정보시스	25	25	5.80	3.33	3.46	3.12	3.22	3.12	3.18	24	23	92%	23	5.96	3.08
	건축학부	18	20	9.30	3.31	3.42	3.01	3.11	3.05	3.18	20	18	90%	20	9.60	2.85
	실내건축	12	12	8.17	3.73	3.77	3.24	3.23	3.38	3.41	12	6	50%	13	5.92	3.49
IT대학	컴퓨터학부	16	21	10.5	2.85	2.97	2.35	2.50	2.31	2.52	21	23	110%	21	12.6	2.40
	전자공학	15	17	7.53	2.97	3.11	2.70	2.88	2.81	2.98	17	19	112%	18	7.06	2.68
	전자IT융합	15	18	6.78	3.28	3.39	2.80	2.94	2.88	3.02	18	10	56%	17	7.76	2.72
	글로벌미디어	23	26	6.19	3.48	3.52	2.92	3.01	2.88	2.95	26	15	58%	30	6.70	2.92
	소프트웨어학	17	19	9.00	3.16	3.26	2.38	2.51	2.43	2.63	16	16	84%	19	8.95	2.18
	스마트소프트	10	11	10.9	3.23	3.31	2.87	2.97	2.99	3.06	11	13	118%	11	11.4	2.85
예술창작	문예창작	-	-	-	-	-	-	-	-	-	-	-	-	-	-	-
	융합특성화자유전공	40	83	6.60	3.17	3.24	2.88	2.97	2.90	2.99	82	40	48%	84	8.50	2.82
		352	426	8.07	3.13	3.24	2.74	2.86	2.78	2.90	419	323	82.5%	427	8.63	2.72

수능최저 있음		2022 모집인원	2021지원			지원자	2021 지원대비 편차 및 최종합격							2020 지원/최종		
▶학생40+논술60 ▶수능최저 ★ 인: 국수탐 중 2개합 6 (탐2) 자: 국수탐 중 2개합 7 (탐2) 수가/과탐 지정			모집인원	경쟁률	국영수사 국영수과 단순평균		지원대비 최종편차	국영수사 국영수과 최종합격 단순평균	최저 충족률	추가 합격 인원	충원 비율			모집인원	경쟁률	국영수사 국영수과 단순평균
인문 대학	기독교학과	-	-	-	-		-	-	-	-	-			-	-	-
	국어국문	5	5	40.0	4.49		0.99	3.50	48.3%	0	0%			5	29.4	4.31
	영어영문	8	8	43.5	4.52		1.07	3.45	38.1%	6	75%			8	32.4	2.56
	독어독문	3	4	38.3	4.85		0.43	4.42	31.7%	2	50%			4	25.0	4.17
	불어불문	5	5	39.6	4.69		0.46	4.23	41.4%	1	20%			5	25.8	3.74
	중어중문	4	4	31.3	4.63		0.09	4.54	38.6%	2	50%			4	26.5	3.63
	일어일문	5	5	36.4	4.83		0.91	3.92	43.6%	3	60%			6	25.5	4.02
	철학과	7	7	39.3	4.75		0.72	4.03	34.6%	3	43%			7	26.6	3.91
	사학과	3	4	36.7	4.52		0.26	4.26	21.8%	0	0%			5	29.0	3.90
법과 대학	법학과	7	7	47.1	4.58		0.72	3.86	42.2%	4	57%			7	36.0	3.02
	국제법무학과	5	5	39.0	4.54		0.66	3.88	41.7%	0	0%			5	28.4	3.89
사회 과학	사회복지	6	6	37.7	4.81		0.98	3.83	39.0%	1	17%			6	31.3	3.34
	행정학부	6	6	44.7	4.42		1.13	3.29	42.2%	3	50%			6	32.7	3.87
	정치외교	6	6	43.7	4.45		0.64	3.81	45.2%	1	17%			6	31.7	3.62
	정보사회	5	5	44.2	4.43		0.72	3.71	44.9%	0	0%			5	33.8	4.37
	언론홍보	4	4	61.8	4.68		1.30	3.38	35.9%	0	0%			4	44.3	3.48
	평생교육	4	4	32.8	4.61		1.21	3.40	30.8%	2	50%			5	25.4	3.52
경제 통상	경제학과	7	7	25.9	4.64		0.10	4.54	59.4%	2	29%			7	32.1	3.45
	글로벌통상	10	10	28.0	4.71		0.77	3.94	51.0%	6	60%			12	35.2	3.42
경영 대학	경영학부	16	16	42.6	4.74		0.90	3.84	55.3%	3	19%			16	57.0	3.44
	회계학과	2	2	20.0	4.55		0.79	3.76	54.5%	1	50%			2	22.5	4.19
	벤처중소기업	8	8	20.9	4.90		0.50	4.40	49.4%	1	12%			8	25.3	4.09
	금융학부	4	5	21.6	4.76		0.04	4.72	54.7%	0	0%			5	25.2	3.09
		130	133	37.1	4.64		0.70	3.94	42.9%	41	30%			138	30.9	3.68
자연 과학	수학과	5	5	25.4	4.61		1.13	3.48	33.3%	3	60%			5	35.4	3.65
	물리학과	6	6	23.5	4.75		0.45	4.30	43.0%	1	17%			6	31.3	3.07
	화학과	5	5	27.0	4.50		0.02	4.48	43.7%	3	60%			5	40.4	2.84
	통계보험수리	4	5	25.8	4.66		0.21	4.45	37.2%	5	100%			5	38.0	3.86
	의생명시스템	5	5	46.0	4.71		1.30	3.41	37.5%	3	60%			5	60.2	3.39
공과 대학	화학공학	12	13	33.5	4.45		0.94	3.51	41.1%	4	31%			13	55.2	3.37
	유기신파이버	12	13	32.8	4.70		0.89	3.81	42.6%	4	31%			13	49.8	3.87
	전기공학	12	13	30.8	4.72		0.52	4.20	43.5%	4	31%			13	47.6	3.74
	기계공학	13	14	32.1	4.80		0.51	4.29	41.5%	4	29%			14	49.1	3.22
	산업정보시스	10	13	32.8	4.82		0.63	4.19	40.3%	1	80%			13	51.0	3.79
	건축학부	7	7	36.0	4.94		0.56	4.38	37.9%	4	57%			7	56.3	3.84
	실내건축	-	-	-	-		-	-	-	-	-			-	-	-
IT 대학	컴퓨터학부	10	10	46.9	4.57		0.83	3.74	55.2%	0	0%			10	57.0	3.90
	전자공학	12	12	35.3	4.59		1.02	3.57	50.2%	5	42%			12	47.3	4.07
	전자IT융합	12	12	38.7	4.75		0.82	3.93	50.6%	8	67%			11	48.7	3.81
	글로벌미디어	8	8	30.9	4.81		0.86	3.95	42.8%	1	12%			8	43.1	4.12
	소프트웨어학	11	11	45.0	4.59		0.65	3.94	51.7%	1	9%			11	57.6	3.14
	AI융합학부	7	7	35.0	4.63		1.10	3.53	42.9%	6	86%			7	43.7	3.58
예술창작 문예창작		-	-	-	-		-	-	-	-	-			-	-	-
융합특성화자유전공		-	-	-	-		-	-	-	-	-			-	-	-
			159	34.0	4.68		0.73	3.95	43.2%	57	45%			158	47.7	3.60

2021 논술전형 (인문/자연)   2020 논술

▶내신 인: 국영수사, 자: 국영수과
▶교과별 가중치: 국영수+사/과 인문 35:35:15+15 경상 15:35:35+15 자연 15:25:35+25

▶논술반영 및 최저 2021과 동일함

2021 고른기회 (인문/자연)

수능최저 없음

▶1단계 서류100% (3배수)
▶2단계: 서류 70% + 면접30%
▶경쟁률 2개년 인/자
2021 인 9.93 자 8.07
2020 인 12.3 자 8.63

▶내신 반영: 전과목 정성평가　★자기주도/창의/성실형인재　★교과비교과 내면적표적면적성취
▶교과별 가중치: 국영수+사/과　인문 35:35:15+15　경상 15:35:35+15　자연 15:25:35+25

2020 기회　▶2021과 동일함

▶국수영탐2 반영비율　인문 35:25:20:20　경상 25:35:20:20　자연1 20:35:20:25
▶영어 반영점수 140-136-130-121-101 ...

대학	학과	2022 모집인원	2021 지원 모집인원	경쟁률	지원자 주요교과평균	지원자 전과목평균	1단계 합격자 주요교과평균	1단계 합격자 전과목평균	최종합격자 주요교과평균	최종합격자 전과목평균	등록인원	추합인원	충원률	2020 모집인원	경쟁률	주요교과평균
인문대학	기독교학과	3	3	5.00	4.36	4.44	4.59	4.63	4.02	4.07	3	1	33%	25	7.48	4.21
	국어국문	3	3	10.0	3.25	3.31	3.31	3.29	3.29	3.22	3	3	100%	7	18.9	2.59
	영어영문	5	6	4.83	3.18	3.26	2.87	3.02	2.79	2.95	6	5	83%	23	11.1	3.04
	독어독문	3	3	5.33	4.24	4.21	4.24	4.18	4.56	4.31	3	0	0%	8	10.1	4.30
	불어불문	3	3	6.00	4.05	4.09	3.30	3.35	4.00	3.92	3	1	33%	8	8.63	4.38
	중어중문	2	2	5.50	3.60	3.68	3.51	3.63	3.78	3.61	2	1	50%	6	11.5	2.91
	일어일문	3	3	5.00	3.86	3.76	3.60	3.50	3.23	3.23	2	1	33%	8	20.4	3.09
	철학과	3	3	5.57	3.43	3.49	3.28	3.37	3.18	3.41	3	1	33%	12	13.6	3.02
	사학과	3	3	5.00	3.50	3.65	2.94	3.06	2.62	2.71	3	0	0%	8	18.8	2.40
법과대학	법학과	4	5	6.20	3.03	3.12	2.92	3.03	2.93	3.03	5	4	8%	18	10.6	2.59
	국제법무학과	3	4	3.25	3.90	3.92	3.57	3.60	3.32	3.32	3	1	25%	10	6.70	2.85
사회과학	사회복지	3	4	7.25	3.10	3.15	2.71	2.80	2.43	2.46	4	3	75%	12	23.4	2.44
	행정학부	5	6	4.33	3.38	3.54	3.02	3.10	2.83	2.95	6	4	67%	11	10.8	3.07
	정치외교	3	3	6.33	3.06	3.19	2.89	3.09	3.04	3.29	3	2	67%	9	13.9	2.59
	정보사회	2	2	9.00	3.12	3.22	2.92	3.08	2.74	3.01	2	0	0%	6	11.7	2.59
	언론홍보	2	2	8.50	3.09	3.17	2.33	2.35	2.43	2.37	2	1	50%	6	25.0	2.34
	평생교육	2	2	5.00	3.66	3.71	2.86	2.96	2.54	2.61	2	2	100%	5	8.80	2.74
경제통상	경제학과	5	6	6.67	2.87	2.95	2.65	2.73	3.01	3.07	6	3	50%	20	7.30	2.74
	글로벌통상	3	4	9.25	2.80	2.90	2.59	2.68	2.99	3.08	4	2	50%	23	8.39	2.93
경영대학	경영학부	7	9	11.3	2.66	2.81	2.77	2.91	2.82	3.02	9	7	78%	36	11.7	2.61
	회계학과	3	4	9.75	2.66	2.76	2.46	2.59	2.46	2.66	4	2	50%	12	8.17	2.64
	벤처중소기업	4	5	6.00	2.95	3.07	2.76	2.90	2.80	2.87	5	1	20%	16	9.06	3.15
	금융학부	3	4	4.00	3.67	3.77	3.15	3.26	3.01	3.23	4	3	75%	15	6.13	2.86
		77		6.48	3.37	3.44	3.10	3.18	3.08	3.15	87	48	47.0%	304	12.3	2.96
자연과학	수학과	3	3	5.67	3.12	3.30	2.81	3.01	2.82	2.95	3	3	100%	11	10.1	2.58
	물리학과	3	4	4.00	3.15	3.28	2.97	3.13	3.11	3.24	4	6	150%	19	5.26	3.24
	화학과	3	3	5.00	3.18	3.25	2.92	2.99	3.32	3.46	3	1	33%	13	10.2	2.37
	통계보험수리	2	4	4.25	2.92	3.04	2.91	3.03	3.38	3.63	4	4	100%	12	5.92	2.43
	의생명시스템	3	4	7.25	2.71	2.84	2.18	2.30	2.33	2.41	4	3	75%	15	18.1	2.43
공과대학	화학공학	7	10	5.00	2.77	2.90	2.62	2.77	2.67	2.80	10	16	160%	22	8.14	2.31
	유기신파이버	6	7	3.71	3.34	3.51	3.11	3.28	3.05	3.19	7	6	86%	24	6.54	2.66
	전기공학	7	9	5.56	2.80	2.93	2.92	3.09	3.17	3.37	9	0	0%	28	6.07	3.04
	기계공학	7	8	10.0	2.85	3.01	2.77	2.94	2.86	3.15	7	7	88%	27	9.22	2.60
	산업정보시스	7	8	4.88	3.73	3.83	3.19	3.36	3.47	3.64	8	4	50%	23	5.96	3.08
	건축학부	4	5	6.80	3.62	3.73	3.15	3.21	3.28	3.40	5	8	160%	20	9.60	2.85
	실내건축	3	3	4.00	3.74	3.76	3.57	3.61	3.63	3.72	3	2	67%	13	5.92	3.49
IT대학	컴퓨터학부	6	7	8.43	2.87	2.99	2.83	3.00	2.67	2.89	7	5	71%	21	12.6	2.40
	전자공학	7	8	4.88	2.84	2.99	3.05	3.22	3.03	3.19	8	9	112%	18	7.06	2.68
	전자IT융합	7	8	5.25	3.20	3.29	3.07	3.22	3.14	3.28	7	3	38%	17	7.76	2.72
	글로벌미디어	7	8	7.88	3.05	3.09	2.69	2.76	2.41	2.38	8	4	50%	30	6.70	2.92
	소프트웨어학	6	7	8.29	2.86	3.01	2.71	2.83	2.71	2.79	7	5	71%	19	8.95	2.18
	스마트소프트	4	5	5.80	3.18	3.25	3.29	3.43	3.25	3.34	4	0	0%	11	11.4	2.85
예술창작	문예창작	-	-	-	-	-	-	-	-	-	-	-	-	-	-	-
융합특성화자유전공		-	-	-	-	-	-	-	-	-	-	-	-	84	8.50	2.82
		92	426	5.93	3.11	3.22	2.93	3.07	3.02	3.16	108	86	78.4%	427	8.63	2.72

수능 정시산출식		2021 정시일반 (인문/자연)											2020 정시		

▶국수영탐2 반영비율
인문 35:25:20:20
경상 25:35:20:20
자연1 20:35:20:25

▶영어 반영점수
140-136-130-121
-101 …

▶백분위 산출 인문 (국어 백분위x2.45)+(수학 백분위x1.75)+(탐구2 백분위x1.40) / 5.6
▶백분위 산출 경상 (국어 백분위x1.75)+(수학 백분위x2.45)+(탐구2 백분위x1.40) / 5.6
▶백분위 산출 자연 (국어 백분위x1.40)+(수학 백분위x2.45)+(탐구2 백분위x1.75) / 5.6

대학	학과	2022 정시일반 모집인원	2021 지원 모집인원	경쟁률	국어	수학	탐구2	국수탐2 백분평균	국수탐2 백분합산	표준점수 합산점수	영어	2020 지원 모집인원	경쟁률	국수탐2 백분합산
인문대학	기독교학과	0	-	-	-	-	-	-	-	-	-			
	국어국문가군	11			87.6	86.8	84.3	86.5	259.5	642.22	1.7			264.6
	영어영문나군	26			91.7	86.5	79.6	87.0	261.0	643.90	1.8			261.6
	독어독문나군	11			92.6	82.1	80.2	86.2	258.6	641.95	1.9			263.7
	불어불문가군	9			89.8	83.6	84.8	86.6	259.8	642.56	1.8			266.4
	중어중문가군	13			88.5	86.7	79.0	85.6	256.8	639.82	1.9			263.4
	일어일문가군	12			90.8	85.0	81.3	86.6	259.8	642.75	1.8			263.7
	철학과 가군	4			90.7	85.0	82.2	86.8	260.4	645.85	1.3			271.2
	사학과 가군	12			88.4	86.8	86.4	87.4	262.2	644.23	2.0			263.7
법과대학	법학과 가군	27			90.7	84.8	84.8	87.4	262.2	646.00	1.5			267.9
	국제법무가군	19			92.4	84.8	81.7	87.4	262.2	644.51	1.9			265.5
사회과학	사회복지다군	18			91.3	83.8	83.4	86.9	260.7	644.49	1.7			266.7
	행정학부가군	39			90.8	85.2	82.8	87.0	261.0	645.30	1.5			266.7
	정치외교가군	16			87.4	87.5	80.4	85.7	257.1	638.77	1.8			267.3
	정보사회가군	11			93.2	81.1	82.1	86.6	259.8	645.55	1.6			266.7
	언론홍보가군	13			90.3	84.0	81.4	86.1	258.3	641.60	1.8			267.9
	평생교육가군	9			91.0	84.3	80.1	86.2	258.6	642.13	1.8			262.2
경제통상	경제학과가군	36			84.4	94.1	86.4	89.2	267.6	652.27	1.7			268.2
	글로벌통상가	33			82.3	94.1	84.1	87.9	263.7	649.59	1.5			267.9
경영대학	경영학부가군	55			84.1	95.4	86.4	89.6	268.8	654.21	1.5			269.4
	회계학과가군	24			84.8	94.4	86.2	89.3	267.9	653.71	1.7			269.4
	벤처중소기업	29			84.9	93.2	83.9	88.3	264.9	649.29	1.8			266.7
	금융학부가군	22			85.3	95.0	85.1	89.5	268.5	652.94	1.8			267.3
		449			88.8	87.5	83.0	87.3	261.8	645.62	1.7			266.3

대학	학과	2022 정시일반 모집인원	2021 지원 모집인원	경쟁률	국어	수학	탐구2	국수탐2 백분평균	국수탐2 백분합산	표준점수 합산점수	영어	2020 지원 모집인원	경쟁률	국수탐2 백분합산
자연과학	수학과 다군	11			82.2	86.8	79.0	83.2	249.6	629.23	1.8			257.7
	물리학 다군	12			88.3	76.3	81.3	80.9	242.7	625.37	1.6			252.3
	화학과 다군	16			86.8	78.3	81.8	81.5	244.5	627.35	1.5			249.0
	통계보험다군	15			81.8	94.3	88.4	89.3	267.9	656.30	1.7			257.4
	의생명시스다	19			90.9	76.5	84.2	82.5	247.5	631.10	1.5			257.1
공과대학	화학공학다군	38			83.6	81.9	85.7	83.5	250.5	630.81	1.9			253.5
	유기신소재다	35			85.8	78.8	82.9	81.8	245.4	627.70	1.7			249.9
	전기공학다군	49			84.6	81.2	84.3	83.0	249.0	629.50	1.8			252.9
	기계공학다군	37			85.3	81.3	83.5	83.0	249.0	629.53	1.8			255.0
	산업정보가군	35			80.2	92.9	87.3	88.0	264.0	654.18	1.8			251.7
	건축학부가군	15			76.3	92.2	87.3	88.1	264.3	652.40	1.8			249.0
	실내건축가군	6			85.0	93.3	86.9	87.0	261.0	651.58	1.4			245.1
IT대학	컴퓨터학다군	24			87.3	94.5	88.5	90.3	270.9	660.84	1.5			266.7
	전자공학다군	40			79.3	84.8	82.8	84.8	254.4	633.83	1.8			254.1
	전자IT융합나	38			82.3	94.6	86.2	88.1	264.3	655.05	1.6			258.0
	글로벌미디다	29			83.2	92.4	87.7	88.4	265.2	654.30	1.4			255.6
	소프트웨어가	24			80.9	92.8	88.1	88.9	266.7	658.44	1.4			263.1
	AI융합학부다	20			80.9	93.5	86.3	88.1	264.3	655.93	1.6			257.4
예술창작문예창작 다		28			61.6	-	-	-	-	-	3.5			-
예술창작영화예술 나		22			69.5	-	-	-	-	-	2.3			-
스포츠학부 다군		35			61.0	-	-	-	-	-	3.3			-
융합특성화자전 다군		70			81.8	93.7	87.4	88.8	266.4	654.14	1.8			255.0
		618			80.8	87.4	85.2	85.7	257.2	643.03	1.8			254.8

아주대학교

<영어 반영> 인사: 35:25:20:20 경영 25:40:20:15
인/자: 200-192-184-168 ... 자연 25:35:20:25

▶ 교과 반영 (학업/논술)
교과반영 및 가중치 유지
인 국영수사 30:30:20:20
자 국영수과 20:30:30:20
▶ 1학년 20%+2,3년 80% 유지
▶ 종합전형 정성평가
▶ 진로선택과목 미반영

1. 2022 고교추천 교과100% 신설, 인원제한 없음, 최저 있음
2. 내신반영방식 2021과 동일 유지, 진로선택 미반영
3. ACE전형 의학과 수능최저완화: 4개합 5→4개합 6 (과2)
4. ACE전형 약학과 15명 신설 수능최저: 4개합 7 (과2)
5. 종합전형 확과별 인재상 개별확인 필수★
6. 2022 교과 24명, ACE 20명, 다산 42명, 논술 16명 인원감소

7. 아주 ACE 종합: 공동체 배려 실천, 교과비교과 균형인재
8. 종합전형 일반고 합격비율: ACE 84.5%, 다산인재 52.5% ★
9. 2022 약학과 종합전형 <인재상 핵심어>예시
   학문적 우수성, 환자중심, 창의융합, 신약개발, 사회공헌,
   협력존중, 자기주도

모집시기	전형명	사정모형	학생부종합 특별사항	2022 수시 접수기간 09. 10(금) ~ 14(화)	모집인원	학생부	논술	면접	서류	기타	2022 수능최저등급
2022 수시 1,441명 2021 수시 1,410명 (75.2%) 정시 465명 (24.8%) 전체 1,875명 522명	**고교추천** (학업우수자)	일괄	학생부교과 최저 있음 추천자 업로드 ~09.24(금) 최종 12.16(목)	1. 2022 고교추천전형 신설 고교별 인원제한 없음 2. 2022 전년대비 24명 감소 3. 내신반영, 가중치 등 유지 인: 국영수사 30:30:20:20 자: 국영수과 20:30:30:20 1학년 20%+2,3년 80%	235 2021 259	교과 100	<학업우수 최종평균 19년→20년> 공과1.41→1.73 정통1.39→1.62 자연1.51→1.84 간호1.24→1.34 경영1.51→1.81 인문1.73→2.09 사과1.65→1.97			인문: 2개합 4 (탐1) 자연: 2개합 4 (과1) 국/수 선택 무제한
	아주 ACE 일반	1단계	학생부종합 자소~09.24(금) 1단계 11.16(화) 의약 12.11(토) 면접: 11.21(토) 11.27~28 의약 12.13(월) 최종 12.16(목)	1. 2022 전년대비 20명 감소 2. 일반고합격 84.5% ★ 3. 의학 최저완화: 4개합 6 4. 약학 15명 신설: 4개합 6 ▶학생부 자기소개서 종합평가 자소서성실성 등 구체적평가 1. 학업역량28 2. 목표의식17 3. 자기주도20 4. 공동의식15 5. 성실성20	541 2021 561	서류 100 (3배수)	1. 공과대학 편중현상 지속 2. 과고 출신 증가추세 3. 화학, 생명 등 PEET 영향력 증가 4. 매니아: 심리/금융공/사학/문콘 5. 2020 경쟁률 11.2 1단계 70%+면접 30%			의학: 4개합 5 (과2) → 4개합 6 (과2) 약학: 4개합 7 (과2) *수학: 미적/기하 ▶참고: 다산인재 1. 학업역량30 2. 목표의식20 3. 자기주도성31 4. 공동의식09 5. 성실성10
		2단계								
	다산인재	일괄	학생부종합 자소~09.24(금) 최종 12.16(목)	1. 2022 전년대비 42명 감소 2. 학업역량 및 자기주도성★ ▶자연계: 수학과학인재 ▶인문계: 글로벌인재 외국어 3. 일반고합격 52.0% ★	180 2021 222	서류 100	▶실사구시 실천 융복합 창조인 ①융복합사고역량 ②실천적창의 ③ 의사소통역량 ④ 글로벌역량 ▶핵심역량(강점역량)은 자기주도성 평가			1. 수학과학 전공분야 성적우수 선발의지 2. 인문 수학 강점학생 금융공학에 적합함 3. 2020 경쟁률 11.2
	SW융합인재	1단계	학생부종합 자소~09.24(금) 1단계 11.16(화) 면접: 11.20(토) 최종 12.16(목)	1. 수학과학 SW역량 잠재력 2. 학생부 교내수상기록 중요 3. 2020 경쟁률 11.1 ACE소프트 평균2.57등급 참고	30 2021 30	서류 100% (3배수) 1단계 70% + 면접 30%	▶2021 30명 경쟁률 13.7 최고-평균-최저등급 2.26-3.37-6.93 ▶2020 30명 경쟁률 11.1 최고-평균-최저등급 2.25-3.71-6.23			
		2단계								
	논술전형	일괄	논술전형 최저없음 자연 12.04(토) 의과 12.04(토) 인문 12.05(일) 최종 12.16(목)	1. 2022 전년대비 16명 감소 논술일반 최저없음, 120분 인문: 통합3~5개제시문 자연: 수리논술 2문 세부3문항 의학: 수리+생명과학1,2 금융공학: 10명, 수리논술	187 2021 203	교과 20 + 논술 80	2020 경쟁률 61.8 2019 논술 결시율> 의학77.4% 자연20.6% 인문17.9%			일반 최저없음 의학: 4개 5등급 (탐2)
	고른기회1	일괄	학생부종합 자소~09.24(금) 최종 12.16(목)	1. 국가보훈/농어촌/특성화고 2. 기초및차상위 자녀 3. 2020 경쟁률 14.4	79 인 20 자 55				서류 100%	
	고른기회2	일괄	학생부종합 자소~09.24(금) 최종 12.16(목)	1. 사회기여: 민주화, 도서벽지 군인경찰소방교정 15년자녀 2. 사회배려: 조손, 소년소녀 아동복지,장애,다문화,다자녀	44 2021 46				서류 100%	
	국방 IT 우수인재	1단계	실기실적전형 자소~09.24(금) 1단계 10.20(수) 면접 11.01(월) 최종 12.16(목)	국방디지털융합학과 20명 졸업후 공군소위 임관 (2025) 2단계 면접: 핵심가치, 국가관 리더십, 품성, 표현력, 태도 등 수학/과학 분야 잠재능력 2020 경쟁률 8.40	20 2021 20	서류 100% (3배수) 1단계 70% + 면접30%	<국방IT우수인재 4개년 최종등록 입결> ▶2021 최고 1.42 - 평균 4.65 - 최저 6.99 ▶2020 최고 1.74 - 평균 4.80 - 최저 6.02 ▶2019 최고 1.65 - 평균 4.58 - 최저 6.05 ▶2018 최고 1.30 - 평균 4.63 - 최저 6.55			
		2단계								

▶교과 100%		2022 고교추천	2021 지원 모집인원	2021 지원 경쟁률	2021 수시 입결 최종등록 80%	2021 수시 입결 최종등록 등급최저	2021 수시 입결 추합인원	2021 수시 입결 최저충족률	2020 지원 모집인원	2020 지원 경쟁률	2021 수시 입결 최종등록 80%	2021 수시 입결 최종등록 등급최저	2021 수시 입결 추합인원	2021 수시 입결 최저충족률
경영대학	경영학과	13	15	4.73	3.06				18	5.17	1.81			
경영대학	e-비지니스학과	9	10	5.20	1.99				10	4.40	2.27			
경영대학	금융공학과	5	5	5.60	2.04				5	4.40	1.81			
인문대학	국어국문학과	6	5	6.60	2.24				5	6.00	2.43			
인문대학	영어영문학과	7	8	5.25	2.58				10	7.70	2.09			
인문대학	불어불문학과	5	5	6.80	2.46				5	7.80	2.32			
인문대학	사학과	5	5	5.00	2.18				5	8.40	2.43			
사회과학대학	경제학과	9	10	4.50	2.46				11	5.64	1.89			
사회과학대학	행정학과	10	12	9.33	2.08				15	4.27	2.53			
사회과학대학	심리학과	5	5	5.00	2.08				5	5.80	1.54			
사회과학대학	사회학과	5	5	5.40	3.25				5	5.40	1.88			
사회과학대학	정치외교학과	5	5	4.80	2.73				5	9.60	2.07			
공과대학	기계공학과	12	14	10.2	1.78				15	4.53	2.17			
공과대학	산업공학과	14	16	4.50	1.86				20	5.15	1.78			
공과대학	화학공학과	5	5	8.40	1.54				5	4.00	1.74			
공과대학	신소재공학과	5	5	6.20	1.87				5	6.20	1.56			
공과대학	응용화학생명공학	10	12	7.33	1.49				12	5.08	1.67			
공과대학	환경안전공학과	5	5	5.00	2.58				5	6.40	1.76			
공과대학	건설시스템공학과	5	5	5.60	2.42				5	8.00	1.67			
공과대학	교통시스템공학과	5	5	6.60	1.95				5	5.80	2.19			
공과대학	건축학과	9	10	4.80	2.45				10	4.80	1.89			
정보통신대학	전자공학과	27	30	7.57	1.62				35	4.09	1.74			
정보통신대학	소프트웨어학과	11	13	5.23	1.69				15	4.47	1.56			
정보통신대학	사이버보안학과	5	5	5.80	1.81				5	7.40	1.60			
정보통신대학	미디어학과	12	12	5.00	2.43				14	5.21	1.78			
자연과학대학	수학과	6	7	6.14	1.97				10	4.40	2.04			
자연과학대학	물리학과	5	5	4.40	2.09									
자연과학대학	화학과	5	5	6.00	1.75									
자연과학대학	생명과학과	-	5	7.60	1.55									
간호	간호학과	10	10	6.40	1.38				15	7.67	1.27			
		151	169	6.03	2.11				176	5.55	1.76			

230

		2022	2021 지원		2021 수시 입결				2020 지원		2020 수시 입결			
▶1단계 서류100% 1단계 70%+면접 30%		모집 인원	모집 인원	경쟁률	최종등록 평균	최종등록 최저	추합 인원	최저 충족률	모집 인원	경쟁률	최종등록 평균	최종등록 최저	추합 인원	최저 충족률
경영 대학	경영학과	22	24	9.38	2.65	3.24			27	11.9	2.70	4.60		
	e-비지니스학과	10	15	7.27	3.12	4.69			17	7.88	3.33	6.10		
	금융공학과	5	10	4.30	3.68	5.77			10	4.90	2.95	5.04		
인문 대학	국어국문학과	11	12	3.92	2.94	3.80			13	6.77	3.26	5.88		
	영어영문학과	18	20	7.75	3.44	7.47			21	8.62	3.26	5.24		
	불어불문학과	10	10	5.30	4.00	5.32			10	6.80	3.57	4.37		
	사학과	10	10	14.1	2.97	3.65			10	10.5	3.36	5.69		
	문화콘텐츠학과	14	16	32.5	3.24	5.03			16	24.0	3.06	6.48		
사회 과학 대학	경제학과	10	10	7.10	3.15	4.17			15	6.47	3.18	5.56		
	행정학과	11	10	7.50	2.92	3.37								
	심리학과	11	15	23.1	2.20	2.72								
	사회학과	11	12	12.7	2.66	3.05			12	9.83	2.78	4.56		
	정치외교학과	10	10	11.3	2.83	4.06			10	7.70	3.29	5.74		
공과 대학	기계공학과	35	35	8.74	2.65	6.69			35	9.23	2.63	5.22		
	산업공학과	21	24	5.92	2.79	3.68			26	7.00	2.79	3.62		
	화학공학과	15	15	11.5	2.48	3.76			15	10.6	2.31	3.66		
	신소재공학과	10	10	10.5	2.20	2.45			10	11.4	2.42	3.56		
	응용화학생명공학	30	25	10.8	2.33	4.69			34	13.0	2.10	3.20		
	환경안전공학과	10	13	12.6	2.64	3.60			12	10.9	2.95	6.90		
	건설시스템공학과	10	10	8.70	3.60	5.92			15	7.47	3.69	6.08		
	교통시스템공학과	10	10	5.20	3.05	3.78			13	5.62	3.40	6.03		
	건축학과	22	23	11.6	2.93	5.07			27	11.7	3.26	5.04		
정보 통신 대학	전자공학과	40	40	6.95	2.54	4.15			41	8.71	2.37	4.84		
	소프트웨어학과	20	20	13.9	2.34	2.83			25	9.24	2.79	6.12		
	사이버보안학과	15	15	7.73	2.43	3.49			15	6.67	2.78	3.99		
	미디어학과	38	40	7.98	3.33	6.26			45	7.11	3.18	6.58		
자연 과학 대학	수학과	11	12	6.75	2.75	3.14			10	8.70	2.94	4.26		
	물리학과	17	17	5.24	3.31	5.81			12	6.25	3.14	4.05		
	화학과	11	15	14.3	2.64	4.07			15	20.9	2.62	4.20		
	생명과학과	16	20	20.6	2.37	3.68			16	14.4	2.71	5.50		
의학	의학과	20	20	23.4	2.13	3.12			20	28.7	2.56	3.96		
간호	간호학과	22	23	21.7	2.28	3.77			31	16.3	2.52	4.77		
약학	약학과	15	신설											
		388	387	11.26	2.83	4.26			417	11.26	2.80	4.82		

2021 ACE 종합　　2020 ACE 종합

231

▶서류100% 일괄전형		2021 다산인재종합						2020 다산인재종합					
		2022	2021 지원		2021 수시 입결				2021 지원		2021 수시 입결			
		모집인원	모집인원	경쟁률	최종등록 평균	최종등록 최저	추합인원	최저충족률	모집인원	경쟁률	최종등록 평균	최종등록 최저	추합인원	최저충족률
경영대학	경영학과	18	18	11.8	3.73	5.33			20	13.6	3.86	5.88		
	e-비지니스학과	8	8	8.75	3.81	5.70			8	6.63	4.11	5.86		
	금융공학과	-	5	4.80	4.78	6.98			5	5.60	3.55	5.11		
인문대학	영어영문학과	15	15	7.20	4.06	6.33			15	8.93	3.59	5.18		
	불어불문학과	5	5	8.60	4.39	5.55			5	8.40	4.64	6.38		
	사학과	5	5	13.0	3.36	3.53			-	-	-	-		
사회과학	경제학과	5	5	4.80	3.98	5.71			5	7.80	3.06	3.56		
	심리학과	8	8	19.5	2.05	2.56			8	13.1	2.81	6.26		
공과대학	기계공학과	16	25	11.1	3.75	6.29			25	11.3	3.66	6.09		
	산업공학과	15	15	8.47	3.67	5.03			15	6.40	3.90	5.45		
	화학공학과	5	5	13.8	3.44	4.69			5	15.2	3.22	5.06		
	신소재공학과	5	5	13.0	2.62	2.92			5	10.0	3.21	4.81		
	응용화학생명공학	-	8	10.1	2.81	3.96			5	23.2	2.18	3.08		
	환경안전공학과	8	8	14.9	3.14	3.69			8	13.5	4.11	8.11		
	건설시스템공학과	8	8	11.5	4.73	5.87			9	9.22	5.00	8.04		
	교통시스템공학과	8	8	5.00	3.56	4.71			8	5.25	3.40	4.23		
	건축학과	13	13	13.4	3.48	4.54			15	14.9	3.81	6.01		
정보통신대학	전자공학과	-	20	10.7	3.06	5.62			37	8.68	3.38	6.01		
	사이버보안학과	7	7	16.0	3.57	4.86			7	12.7	4.00	5.27		
	미디어학과	16	16	7.38	4.20	7.48			16	10.8	3.36	4.42		
자연과학대학	물리학과	5	5	7.60	3.54	4.26			5	9.80	4.31	5.40		
	화학과	5	5	11.8	3.22	4.90			5	13.0	3.07	4.73		
	생명과학과	5	5	34.2	4.77	6.19			10	25.1	4.86	7.25		
		116	153	11.6	3.64	5.07			175	12.6	3.70	5.60		

안양대학교

<영어정시환산>	인: 국영탐 40:30:30 자 수가/과10%
인/자: 100-95-90-85-80 …	자: 수영탐 40:30:30

▶교과반영 교과 및 면접
인문: 국영사
자연: 영수과
예능: 국영사/영수과
▶진로선택 미반영
▶학년비율 유지: 20:40:40
▶종합전형: 전과목 정성
▶기회균형: 전과목 반영

1. 교과 및 종합전형 인원감소, 면접전형 인원증가
2. 면접전형 2단계: 학생80+면접20→학생70+면접30
3. 종합/고른/기회 전형 2022 자기소개서 폐지
4. 기회/농어촌/특성화 변화: 교과40+서류60→교과100%
5. 안양캠 야간 및 강화캠 지원 등 전제제도 적극활용
6. ARI형 인재상 2021 참고
  ①실천인재: 자기주도형 역량 협력적 아리
  ②인성 인재: 인성과 공감능력을 갖춘 인격적 아리
  ③창의인재: 사회적 책임을 다하는 창의적 아리

7. 2022 신설 및 모집정지 학과 변화 ★★
  ①안양캠 신설학과: 뷰티메디컬디자인학과, AI융합학과
  ②강화캠 신설학과: 게임컨텐츠/스포츠지도/실용음악과
  ③학과명칭 변경: 통계데이터과학과→통계데이터사이언스학과
  ④강화캠 3개학과 모집정지: 공공행정/관광학/융합소프트웨어★

2021. 06. 08 ollim

모집시기	전형명	사정모형	학생부종합 특별사항	2022 수시 접수기간 09. 10(금) ~ 14(화)	모집인원	학생부	논술	면접	서류	기타	2022 수능최저등급
2022 수시 968명 (83.9%) 정시 187명 (16.1%) 전체 1,155명	아리학생부 교과	일괄	학생부교과 최저없음 인: 국영사 자: 영수과 최종: 11.03(수)	1. 안양 71 감소, 강화 27 감소 2. 신학 담임목사추천서 폐지 3. 내신 석차등급별 반영점수 1등급~7등급 분포 100-95-90-85-80-65-50	319 안양 279 강화 40 2021 390 안양 323 강화 67	교과 100					최저없음
	아리학생부 면접	1단계	학생부교과 면접전형 최저없음 인: 국영사 자: 영수과	1. 안양 53 증가, 강화 9 감소 2. 면접비중 10% 증가 ▶전공소양: 지원동기 관심도 전공기초지식, 진로계획 등 ▶일반소양: 리더십 자질 기타 의사소통능력, 공동체 의식	263 안양 236 강화 27 2021 183 안양 147 강화 36	학생부 100 (5배수)					최저없음
		2단계	1단계: 10.08(금) 면접: 10.16(토) 최종: 11.03(수)			학생부 70 + 면접 30					
2021 수시 911명 (72.6%) 정시 343명 (27.4%) 전체 1,254명	아리학생부 종합	1단계	학생부종합 자소서 폐지 최저없음	1. 2022 전년대비 10명 감소 2. 안양캠야간 및 강화캠 없음 3. 면접 10분 ▶인성 40% ▶전공적합성 40% ▶발전가능성 20%	안양 주간 167 안양 주간 2021 177	서류 100 (5배수)					최저없음
		2단계	1단계: 10.15(금) 면접: 10.23(토) 10.24(일) 최종: 11.03(수)			서류 70 + 면접 30					
	고른기회	1단계	학생부종합 자소서 폐지 최저없음	1.한구석밝히기 정신 2.기초수급 및 차상위자녀 3.유공자녀 4. 장애자녀 5.만학도 6.서해5도민 자녀	25 2021 43	서류 100 (5배수)					최저없음
		2단계	1단계: 10.26(월) 면접: 10.23(토) 10.24(일) 최종: 11.03(수)			서류 70 + 면접 30					
	기회균형 (정원외)	일괄	학생부종합 자소서 폐지 최저없음 최종: 11.03(수)	1. 기초수급 및 차상위자녀 2. 2022 전형방법 변경 교과40+서류60→교과100 2. 내신교과: 전과목 반영★	16 2021 20	교과 100					최저없음

수능최저 없음

안양대학교 건학이념
기독교 한구석 밝히기
통계데이터과학→
통계데이터사이언스

2021 아리학생부 교과
▶ 교과 100%
▶ 내신 반영: 인문 국영사, 자연 영수과
▶ 학년 비율: 20:40:40

2021 정시일반
인문: 국어 40%+영어 30%+탐구 1과목 30%
자연: 수학 40%+영어 30%+탐구 1과목 30%
※ 수가형 및 과학탐구 가산점 각 10% 포함

대학	학과	모집인원 2022	모집인원	경쟁률	최초합격 내신평균	최종등록 내신평균	최종등록 내신최저	추합인원	모집인원	경쟁률	최종등록 백분위 평균합	최종등록 백분위 최저합	최종등록 백분위 평균	최종등록 백분위 최저
신학	신학과	18	20	3.25		6.15	6.99		40	0.90	152.55	101.10	50.85	33.70
	기독교교육	11	12	5.50		5.18	6.21		10	2.80	211.77	192.30	70.59	64.10
인문대학	국어국문	8	8	10.0		3.14	3.31		6	8.33	230.76	218.40	76.92	72.80
	영미언어문화	8	8	6.38		3.33	3.97		7	9.86	237.51	231.60	79.17	77.20
	러시아언어	8	8	4.88		3.69	4.81		7	7.00	227.01	221.10	75.67	73.70
	중국언어문화	8	8	4.75		4.24	5.44		6	7.17	224.97	210.30	74.99	70.10
	유아교육과	8	9	4.56		3.98	5.01		10	5.60	237.00	227.40	79.00	75.80
사회과학대학	글로벌경영	15	19	8.16		3.34	3.85		20	5.8	226.17	204.90	75.39	68.30
	글로벌경영야간	23	28	5.11		4.99	5.33		29	3.45	188.52	74.10	62.84	24.70
	관광경영	10	12	24.2		3.36	3.69		11	5.55	233.88	223.20	77.96	74.40
	행정학과	9	11	7.18		3.09	3.48		9	6.33	245.82	237.90	81.94	79.30
	행정학과야간	12	14	8.36		4.87	5.29		10	4.60	206.22	191.40	68.74	63.80
창의융합대학	식품영양학과	9	12	4.92		4.12	4.87		11	7.27	240.57	229.50	80.19	76.50
	정보전기전자공학	20	30	6.20		3.78	4.66		22	4.32	211.26	180.30	70.42	60.10
	정보전기전자야간	12	14	4.07		4.79	5.18		16	3.06	193.89	144.51	64.63	48.17
	컴퓨터공학	8	12	6.92		3.54	4.23		14	6.64	247.17	235.20	82.39	78.40
	소프트웨어	9	12	10.4		3.55	3.92		11	8.18	235.26	225.45	78.42	75.15
	통계데이터사이언	9	9	10.1		3.65	4.01		10	6.80	224.34	214.38	74.78	71.46
	통계데이터사야간	12	14	7.07		5.40	5.87		15	3.40	208.68	187.20	69.56	62.40
	도시정보공학	9	14	10.6		4.16	4.49		14	4.50	214.35	183.30	71.45	61.10
	도시정보공학야간	12	15	3.73		5.33	6.05		13	4.00	199.53	169.23	66.51	56.41
	환경에너지공학	10	14	13.4		3.90	4.20		11	6.00	229.14	195.90	76.38	65.30
	AI융합학과	8	2022 신설			-	-		2022 신설				-	
예술체육	디지털미디어디자	7	9	7.22		3.06	3.47		9	5.33	237.42	224.34	79.14	74.78
	화장품발명디자인	8	11	18.5		3.49	3.90		9	4.00	203.64	170.97	67.88	56.99
	뷰티메디컬디자인	8	2022 신설			-	-		2022 신설			-	-	
강화캠 예체	게임컨텐츠	8	2022 신설			-	-		2022 신설			-	-	
	스포츠지도	-	2022 신설			-	-		2022 신설			-	-	
	실용음악과	-	2022 신설			-	-		2022 신설			-	-	
강화캠 공학	해양바이오공학	11	17	4.00		6.13	8.06		19	1.16	183.09	138.60	61.03	46.20
	스마트시티공학	21	15	2.27		6.81	6.81		33	1.39			58.53	38.30
		319	390	8.04	평균 신학제외	4.16	4.75	0	322	5.40	221.14	197.36	73.08	64.64

수능최저 없음		2022	2021 아리학생부 교과 ▶교과 100% ▶내신 반영: 인문 국영사, 자연 영수과 ▶학년 비율: 20:40:40						2020 아리학생부 교과 ▶교과 100% ▶내신 반영: 인문 국영사, 자연 영수과 ▶학년 비율: 20:40:40					
안양대학교 건학이념 기독교 한구석 밝히기 *통계데이터과학→ 통계데이터사이언스*		모집인원	모집인원	경쟁률	최초합격 내신평균	최종등록 내신평균	최종등록 내신최저	추합인원	모집인원	경쟁률	최초합격 내신평균	최종등록 내신평균	최종등록 내신최저	추합인원
신학	신학과	18	20	3.25		6.15	6.99		15	2.60		6.32	7.78	
	기독교교육	11	12	5.50		5.18	6.21		10	3.00		4.74	7.22	
인문 대학	국어국문	8	8	10.0		3.14	3.31		9	5.44		3.28	3.76	
	영미언어문화	8	8	6.38		3.33	3.97		9	5.89		3.16	3.35	
	러시아언어	8	8	4.88		3.69	4.81		9	4.56		3.50	3.83	
	중국언어문화	8	8	4.75		4.24	5.44		9	5.44		3.34	3.51	
	유아교육과	8	9	4.56		3.98	5.01		9	6.78		2.60	2.97	
사회 과학 대학	글로벌경영	15	19	8.16		3.34	3.85		15	7.87		3.11	3.37	
	글로벌경영야간	23	28	5.11		4.99	5.33		25	7.12		4.74	5.08	
	관광경영	10	12	24.2		3.36	3.69		12	6.08		3.41	4.54	
	행정학과	9	11	7.18		3.09	3.48		11	6.36		3.10	3.39	
	행정학과야간	12	14	8.36		4.87	5.29		14	4.57		4.70	5.99	
창의 융합 대학	식품영양학과	9	12	4.92		4.12	4.87		12	7.08		2.95	3.34	
	정보전기전자공학	20	30	6.20		3.78	4.66		30	6.30		3.56	3.99	
	정보전기전자야간	12	14	4.07		4.79	5.18		14	4.71		4.87	5.21	
	컴퓨터공학	8	12	6.92		3.54	4.23		12	11.0		3.27	3.52	
	소프트웨어	9	12	10.4		3.55	3.92		12	20.9		3.57	3.94	
	통계데이터사이언	9	9	10.1		3.65	4.01		9	5.22		3.84	4.21	
	통계데이터사야간	12	14	7.07		5.40	5.87		14	3.43		5.56	6.72	
	도시정보공학	9	14	10.6		4.16	4.49		13	4.31		4.09	4.59	
	도시정보공학야간	12	15	3.73		5.33	6.05		14	7.14		5.05	5.46	
	환경에너지공학	10	14	13.4		3.90	4.20		13	5.46		3.90	4.88	
	AI융합학과	8	2022 신설			-	-		-	-		-	-	
예술 체육	디지털미디어디자	7	9	7.22		3.06	3.47		8	13.4		3.19	3.37	
	화장품발명디자인	8	11	18.5		3.49	3.90		10	4.20		4.56	5.30	
	뷰티메디컬디자인	8	2022 신설			-	-		-	-		-	-	
강화캠 예체	게임컨텐츠	8	2022 신설			-	-	공공행정	13	5.54		6.33	7.67	폐지학과 입결참고 ←2021
	스포츠지도	-	2022 신설			-	-	관광학과	7	5.86		4.59	5.64	
	실용음악과	-	2022 신설			-	-	융합소프	15	5.40		5.62	6.22	
강화캠 공학	해양바이오공학	11	17	4.00		6.13	8.06		16	3.19		6.41	7.71	
	스마트시티공학	21	15	2.27		6.81	6.81		2021 신설			-	-	
		319	390	8.04	평균 신학제외	4.16	4.75	0	334	6.66		4.09	4.68	0

수능최저 없음		2022 모집인원	2021 아리학생부 면접						2020 아리학생부 면접					
안양대학교 건학이념 기독교 한구석 밝히기 *통계데이터과학→ 통계데이터사이언스*			▶1단계 교과 100%(5배수)+2단계 면접 20% ▶내신 반영: 인문 국영사, 자연 영수과 ▶학년 비율: 20:40:40						▶1단계 교과 100%(5배수)+2단계 면접 20% ▶내신 반영: 인문 국영사, 자연 영수과 ▶학년 비율: 20:40:40					
			모집인원	경쟁률	최초합격 내신평균	최종등록 내신평균	최종등록 내신최저	추합인원	모집인원	경쟁률	최초합격 내신평균	최종등록 내신평균	최종등록 내신최저	추합인원
신학	신학과	10	8	1.63		8.43	8.43		10	1.90		5.46	6.78	
	기독교교육	10	5	5.20		5.57	6.72		5	4.20		4.99	6.33	
인문 대학	국어국문	7	6	7.83		3.52	3.71		5	7.60		3.90	4.10	
	영미언어문화	8	6	7.50		3.55	3.81		5	8.80		3.80	3.97	
	러시아언어	7	6	4.67		4.07	4.41		5	6.00		4.36	4.48	
	중국언어문화	7	6	4.00		3.74	3.79		5	7.40		3.86	4.03	
	유아교육과	7	6	7.00		2.89	3.21		5	9.80		2.91	3.10	
사회 과학 대학	글로벌경영	14	8	7.13		3.60	4.48		7	12.0		3.12	3.48	
	글로벌경영야간	14	10	5.10		5.09	5.50		15	4.80		5.13	5.65	
	관광경영	9	6	10.3		2.74	3.29		5	6.60		2.94	3.84	
	행정학과	8	5	5.20		4.03	4.17		5	7.20		3.38	3.53	
	행정학과야간	8	6	4.50		5.10	5.50		6	4.00		5.19	5.67	
창의 융합 대학	식품영양학과	9	6	6.50		2.15	2.93		5	9.00		3.18	3.92	
	정보전기전자공학	20	10	5.00		3.89	4.69		10	9.90		3.70	4.25	
	정보전기전자야간	7	6	2.83		5.45	6.97		6	6.00		4.64	4.99	
	컴퓨터공학	9	5	9.00		3.58	3.90		5	13.6		3.62	4.12	
	소프트웨어	8	5	5.60		2.34	4.05		5	16.2		3.79	4.18	
	통계데이터사이언	7	5	2.60		4.68	5.03		5	8.40		3.74	4.17	
	통계데이터사야간	7	6	4.67		5.35	5.47		6	4.00		5.50	6.66	
	도시정보공학	9	5	9.00		3.57	4.70		5	6.80		4.48	5.09	
	도시정보공학야간	8	6	2.67		5.63	6.08		6	4.50		5.20	5.65	
	환경에너지공학	10	5	5.80		4.36	4.74		5	7.20		4.22	4.50	
	AI융합학과	7	2022 신설			-	-		-	-		-	-	
예술 체육	디지털미디어디자	8	5	12.2		3.03	3.35		5	10.6		3.82	4.09	
	화장품발명디자인	9	5	5.40		4.35	4.44		5	4.60		4.22	4.33	
	뷰티메디컬디자인	8	2022 신설			-	-		-	-		-	-	
강화캠 예체	게임컨텐츠	7	2022 신설			-	-		7	2.14	공공행정	5.92	6.18	폐지학과
	스포츠지도	-	2022 신설			-	-		5	2.60	관광학과	6.23	7.14	입결참고
	실용음악과	-	2022 신설			-	-		8	3.00	융합소프	6.00	6.41	←2021
강화캠 공학	해양바이오공학	10	8	1.75		6.86	7.18		9	2.33		6.25	7.50	
	스마트시티공학	10	8	1.00	21 신설	8.41	8.41		신설			-	-	
		262	183	5.72	평균 신학제외	4.25	4.74	0	160	7.12	평균 신학제외	4.35	4.81	0

안양대 2021 입결분석 04 - 수시 아리학생부 종합

2021. 06. 08 ollim

수능최저 없음		2022	2021 아리학생부 종합						2020 아리학생부 종합					
안양대학교 건학이념 기독교 한구석 밝히기 ▶인성 40% ▶전공적합성 40% ▶발전가능성 20%			▶1단계 서류 100%(5배수)+2단계 면접 30% ▶내신 반영: 인문 국영사, 자연 영수과 ▶학년 비율: 20:40:40						▶1단계 서류 100%(5배수)+2단계 면접 30% ▶내신 반영: 인문 국영사, 자연 영수과 ▶학년 비율: 20:40:40					
		모집 인원	모집 인원	경쟁률	최초합격 내신평균	최종등록 내신평균	최종등록 내신최저	추합 인원	모집 인원	경쟁률	최초합격 내신평균	최종등록 내신평균	최종등록 내신최저	추합 인원
신학	신학과	-	8	1.00		6.37	7.09		10	1.00		6.16	6.93	
	기독교교육	-	5	1.40		5.44	6.66		5	1.80		4.73	4.73	
인문 대학	국어국문	8	8	6.13		4.23	4.66		7	7.43		4.05	4.43	
	영미언어문화	8	8	6.13		4.21	5.00		7	6.14		4.19	4.46	
	러시아언어	8	8	3.00		5.13	6.62		7	3.29		4.66	4.93	
	중국언어문화	8	8	6.25		4.55	5.31		7	8.71		4.24	4.50	
	유아교육과	8	8	12.0		3.88	4.72		7	21.4		3.24	3.54	
사회 과학 대학	글로벌경영	12	12	9.2		4.08	4.90		13	10.00		3.80	4.42	
	글로벌경영야간	-	-	-					-	-				
	관광경영	10	10	11.2		3.43	4.37		10	9.90		3.56	4.91	
	행정학과	9	9	7.78		3.79	4.50		8	9.13		4.08	4.91	
	행정학과야간	-	-	-					-	-				
창의 융합 대학	식품영양학과	10	10	10.00		4.41	5.20		9	8.67		4.46	5.28	
	정보전기전자공학	20	17	6.35		4.71	5.30		12	5.58		4.60	5.47	
	정보전기전자야간	-	-	-					-	-				
	컴퓨터공학	12	12	9.42		4.76	6.71		9	8.67		4.13	5.68	
	소프트웨어	12	12	9.92		4.71	6.20		9	8.56		4.86	5.28	
	통계데이터과학	9	9	3.33		4.83	5.43		8	3.88		4.76	5.28	
	통계데이터과야간	-	-	-					-	-				
	도시정보공학	10	10	4.80		5.10	5.62		9	3.11		4.90	6.02	
	도시정보공학야간	-	-	-					-	-				
	환경에너지공학	10	10	3.60		4.67	5.76		9	5.78		4.07	4.65	
	AI융합학과	-	2022 신설			-	-		-	-		-	-	
예술 체육	디지털미디어디자	5	5	20.2		3.88	5.79		5	15.20		4.27	4.83	
	화장품발명디자인	8	8	4.13		5.03	5.87		7	3.57		4.60	5.50	
	뷰티메디컬디자인	-	2022 신설			-	-		-	-		-	-	
강화캠 예체	게임컨텐츠	-	2022 신설			-	-		-	-		-	-	
	스포츠지도	-	2022 신설			-	-		-	-		-	-	
	실용음악과	-	2022 신설			-	-		-	-		-	-	
강화캠 공학	해양바이오공학	-	-	-		-	-		-	-		-	-	
	스마트시티공학	-	-	-		-	-		-	-		-	-	
		167	177	7.85	평균 신학제외	4.44	5.41	0	143	8.18		4.26	4.95	0

237

안양대학교 건학이념 기독교 한구석 밝히기 *통계데이터과학→* *통계데이터사이언스*		2022	2021 정시일반 인문: 국어 40%+영어 30%+탐구 1과목 30% 자연: 수학 40%+영어 30%+탐구 1과목 30% ※ 수가형 및 과학탐구 가산점 각 10% 포함						2020 정시일반 인문: 국어 40%+영어 30%+탐구 1과목 30% 자연: 수학 40%+영어 30%+탐구 1과목 30% ※ 수가형 및 과학탐구 가산점 각 10% 포함					
		모집 인원	모집 인원	경쟁률	최종등록 백분위 평균합	최종등록 백분위 최저합	최종등록 백분위 평균	최종등록 백분위 최저	모집 인원	경쟁률	최종등록 백분위 평균합	최종등록 백분위 최저합	최종등록 백분위 평균	최종등록 백분위 최저
신학	신학과		40	0.90	152.55	101.10	50.85	33.70	32	1.34	162.87	122.40	54.29	40.80
	기독교교육		10	2.80	211.77	192.30	70.59	64.10	16	2.38	205.74	145.20	68.58	48.40
인문 대학	국어국문		6	8.33	230.76	218.40	76.92	72.80	7	7.29	242.85	234.60	80.95	78.20
	영미언어문화		7	9.86	237.51	231.60	79.17	77.20	9	10.00	246.18	238.50	82.06	79.50
	러시아언어		7	7.00	227.01	221.10	75.67	73.70	9	7.56	239.40	236.10	79.80	78.70
	중국언어문화		6	7.17	224.97	210.30	74.99	70.10	8	7.38	235.08	225.30	78.36	75.10
	유아교육과		10	5.60	237.00	227.40	79.00	75.80	12	8.75	242.67	236.70	80.89	78.90
사회 과학 대학	글로벌경영		20	5.8	226.17	204.90	75.39	68.30	22	7.05	246.84	239.40	82.28	79.80
	글로벌경영야간		29	3.45	188.52	74.10	62.84	24.70	25	5.32	226.14	214.50	75.38	71.50
	관광경영		11	5.55	233.88	223.20	77.96	74.40	13	7.77	249.27	242.10	83.09	80.70
	행정학과		9	6.33	245.82	237.90	81.94	79.30	8	14.80	252.39	246.00	84.13	82.00
	행정학과야간		10	4.60	206.22	191.40	68.74	63.80	12	8.17	220.05	214.50	73.35	71.50
창의 융합 대학	식품영양학과		11	7.27	240.57	229.50	80.19	76.50	10	5.10	247.74	227.91	82.58	75.97
	정보전기전자공학		22	4.32	211.26	180.30	70.42	60.10	21	7.76	251.22	245.55	83.74	81.85
	정보전기전자야간		16	3.06	193.89	144.51	64.63	48.17	14	4.64	231.09	226.08	77.03	75.36
	컴퓨터공학		14	6.64	247.17	235.20	82.39	78.40	10	11.00	251.25	246.00	83.75	82.00
	소프트웨어		11	8.18	235.26	225.45	78.42	75.15	10	11.10	253.53	247.20	84.51	82.40
	통계데이터과학		10	6.80	224.34	214.38	74.78	71.46	10	6.70	249.15	241.86	83.05	80.62
	통계데이터과야간		15	3.40	208.68	187.20	69.56	62.40	16	3.38	222.60	199.38	74.20	66.46
	도시정보공학		14	4.50	214.35	183.30	71.45	61.10	13	6.23	246.33	238.08	82.11	79.36
	도시정보공학야간		13	4.00	199.53	169.23	66.51	56.41	13	5.08	222.90	208.50	74.30	69.50
	환경에너지공학		11	6.00	229.14	195.90	76.38	65.30	12	5.08	247.65	230.40	82.55	76.80
	AI융합학과		2022 신설		-	-	-		-	-	-	-	-	-
예술 체육	디지털미디어디자		9	5.33	237.42	224.34	79.14	74.78	9	9.78	252.96	249.30	84.32	83.10
	화장품발명디자인		9	4.00	203.64	170.97	67.88	56.99	10	5.90	245.55	236.70	81.85	78.90
	뷰티메디컬디자인		2022 신설		-	-			-	-	-	-	-	-
강화캠 예체	게임컨텐츠	-	2022 신설		-	-			23	1.22	공공행정	134.31	95.10	폐지학과
	스포츠지도	-	2022 신설		-	-			17	3.06	관광학과	183.39	171.30	입결참고
	실용음악과	-	2022 신설		-	-			18	1.89	융합소프	176.85	126.51	←2021
강화캠 자연	해양바이오공학		19	1.16	183.09	138.60	61.03	46.20	22	3.14	197.91	151.05	65.97	50.35
	스마트시티공학		33	1.39			58.53	38.30						
		0	322	5.40	221.14	197.36	73.08	64.64	353	6.74	240.03	221.93	85.89	76.46

238

2022 대학별 수시모집 요강	연세대서울 01	2022 대입 주요 특징

▶공통30%+일반50%+진로/전문20% *20210512*
▶정시 영어 100-95-87.5-75… 탐구 표준점수★★

▶교과(추천형): z점수+등급 국영수사과 100점+기타 감점	1. 2022 정원내 3,463명, 수시1,954명(56.4%) 정시1,509(43.6%)	9. 활동우수형 수능최저 ①인문: 2개합4 (국/수 1필)+영3+史4

▶교과(추천형): z점수+등급
  국영수사과 100점+기타 감점
▶학년비율: 20:40:40→없음★
▶2022 정시 289명 증가★
▶추천+활동+국제+기회 불가
▶2022 현장 비대면 녹화면접
★종합=고른영역학업역량장점
★특기자=전공적합성추합포석

1. 2022 정원내 3,463명, 수시1,954명(56.4%) 정시1,509(43.6%)
2. 종합면접형→교과추천형, 1단계: 교과100%, 2단계: 면접 40%
3. 기균Ⅰ(80명, 보훈/기초차/농어), 기균Ⅱ(30명) 분리 인원확대
4. 약학과 6년제 30명선발★: 추천6/활동6/기회1/논술5/ 정시12
5. 활동우수형과 국제형 2022 수능최저 신설★
6. 추천형 고교제한 3%→5% 확대, 1단계 3배수→5배수 확대
7. 추천형/활동우수/국제형/기회Ⅰ·Ⅱ 내 중복 불가★
8. 추천형을 포함한 모든 2단계 제시문기반 면접

9. 활동우수형 수능최저 ①인문: 2개합4 (국/수 1필)+영3+史4
   (탐구 2개평균) ②자연: 수학포함 2개합5+영3+史4
   ③의/치/약: 2개1 (국/수 1필)+영3+史4
10. 국제형 수능최저: 2개합5 (국/수 1필)+영1+史4 (탐구2개평균)
11. 논술 인문: 인문사회통합, 자연: 수학60+과학40
12. 수능100%, 인문 33.3:33.3:16.7:16.7 자연 22.2:33.3:11.2:33.3
13. 정시자연: M-미적/기하, S-서로다른 과탐 2개★, 정시나군→가군
14. 정시 의예/국제계열: 1단계 수능100%+2단계 제시문면접 신설

모집시기	전형명	사정모형	학생부종합 특별사항	2022 수시 접수기간 09.10(금) ~ 13(월)	모집인원	학생부	논술	면접	서류	기타	2022 수능최저등급
2022 수시 정원내 1,954명 (56.4%) 정원외 123명 정시 289명 증가 정원내 1,509명 (43.6%) 정원외 131명 전체 3,463명 정원외 254명 2021 수시 정원내 2,211명 (64.4%) 종합 1,664명 논술 384명 특기자 163명 정원외 185명 정시 1,220명 (35.6%) 전체 3,431명 정시 1,136명 (33.1%) 전체 3,433명	추천형 학교장추천	1단계	학생부교과 학교장추천서 재학생만지원 활동형과 중복지원불가 1단계 10.11(월) 면자 10.16(토) 면인 10.17(일) 최종 12.16(목)	1. 2022 전년도와 인원동일 2. 2022 제시문면접 실시변화 3. 졸업생지원不, 활동형중복不 4. 학교장추천 3%→5% 증가★ 5. 2021 전년도 선발전형비교 ①1단계 교과 40%+서류 60% ②1단계 40%+면접 60%(3배) 6. 총합격 교과편차 당연확대 7. 경쟁률 인문8.14 자연9.27	523 의22 치12 약학6 2021 523	교과 100% (3배→5배수)					최저 없음 ▶반영과목A 등급점수 1등급 100 2등급 95 3등급 87.5 4등급 75 ▶반영과목B 등급점수 9등급/C→최대 -5점
		2단계				1단계 60% + 면접 40% (제시문 기반)		▶2단계 면접평가 변화★ 1. 2022 제시문면접부활 2. 서류기반 확인면접			
	활동우수형 추천형, 국제형 기회균형 간의 중복지원불가	1단계	학생부종합 수능최저신설 자소서제출 ~09.14(화) 1단계 11.15(월) 면자 11.20(토) 면인 11.21(일) 최종 12.16(목)	1. 2022 전년대비 243명 감소 2. 2021 전년대비 133명 증가 3. 수능최저 2022 신설 4. 추천형 등과 중복지원 불가 5. 자연 미적/기하+과탐 지정 6. 생활, 간호: 과목제한 없음 7. 경쟁률 인문7.96 자연10.4	540 의42 치12 약학6 2021 768			서류 100% (일정배수) 2019 지원자의 84.8% 합격			인문: 2개합4(국/수1필) +영3+史4 (탐2) 자연: 수학포함 2개합5 +영3+史4 (탐2) 의/치/약: 2개 1등급 (국/수 1필) +영3+史4 (탐2)
		2단계						1. 2019 면접응시 73.1% 2. 2019 최저충족 84.8% 3.모든항목 중요성 균등 4.자신의 가치 증명할 것 5.<교과-창체-세특>순★ 6.학업향상패턴 중요시 그래프확인과 고른학업	서류 60% + 면접 40% 제시문 학업역량 +서류확인 평가		
	국제형 추천형, 국제형 기회균형 간의 중복지원불가	1단계	학생부종합 수능최저신설 자소서제출 ~09.14(화) 1단계 11.22(월) 면접 11.27(토) 최종 12.16(목)	▶국제형'22 국내고 인원동일 1. UD인문사회: 해외고만 35명 2. UD공학: 해외고만 5명 선발 3. ASIA: 국내 20명, 해외X 4. HASS: 국내107명, 해외30명 5. ISE: 국내 51명, 해외 20명 6.글로벌인재: 국내X, 해외10명	273 2021 293			서류 100% (일정 배수)			국제: 2개합5(국/수1필) +영1+史4 (탐2) *2021 ASIA 경쟁 5.40* *2021 HASS 경쟁 7.67* *2021 ISE 경쟁 8.47*
		2단계						★수능최저 2022 신설 국내고 졸업자 및 예정자 영어관련 활동, 학업역량	서류60% + 면접 40%		
								1. 제시문면접+서류확인 2. 제시문역량 (영어지문) 3. 한국어 구술, 적극지원			
	기회균형	1단계	기회균형 1단계 11.15(월) 면자 11.20(토) 면인 11.21(일) 최종 12.16(목)	▶기균Ⅰ+기균Ⅱ로 분리확대 1. 기회균형Ⅰ 80명 대상자 보훈+기초차상위+농어촌 2. 기균Ⅱ 30명 대상자 민주화+다문화+장애자녀등	110 의2치2 약학1 2021 80			서류 100% (일정 배수)			최저 없음 자소서제출
		2단계						2021부터 차상위 포함 국내고 졸업자 및 예정자	서류60% + 면접 40%		*2021 경쟁률 7.04*
								1. 제시문면접+서류확인 2. 모집 소규모, 적극지원			
	논술전형	일괄	논술전형 최저없음 논술 10.02(토) 최종 12.16(목)	1. 2021 대비 38명 소폭감소 2. 의예과 논술없이 인성평가 3. 자연 모집단위별 과목확인 4. 2021 전체 경쟁률 70.67	346 치의10 약학5		논술 100%	▶인문논술 120분 제시문 3-4개, 2문항 문제당 1,000자 내외 영어제시문 포함가능 수리통계/과학제시 포함			▶자연논술 150분 수학 1문제 60점 과학 1문제 40점+과Ⅱ 물화생지 접수시 택1 예)약학: 물화생 택1
	특기자전형 = 국제인재	1단계	특기자전형 자소서제출 ~09.14(화) 1단계 10.25(월) 면접 10.30(토) 최종 12.16(목)	▶특기자 전체=국내고 전형 ▶UD인문사회, 공학, 체교 등 1. UD인문사회 114명 유지★ 2. UD공학 10명, 1명 감소★ 3. 체교 19명, 스포츠 19명 ※ 2021 경쟁률 참고 UD인문사회 4.64 UD공학 4.73	특기자 162 국제 124 체육 38 2021 163			서류 100% 학업역량/성취도 (일정 배수) 일반고★★ 1등급대 강추			※2020 지난해 정리올림 1. 문과 2배수내 합격 2. 이과 3배수내 합격 3. 자연계합격자 2등급대 모두 과학고 출신★★ 최저 없음 ▶체육인재 최저조건 내신조건미충족: 2개7 특기자체육: 38명 ①체교 19명 ②스포츠응용 19명 1단: 교과20+서류70 2단: 1단계90+면접10
		2단계						1. 제시문면접+서류확인 인: 구술면접 (10분 구술) 논술구술, 주제 텍스트 영어구술 면접실시★ 자: 수학 평가 (학업역량)	서류 60% + 면접 40%		
	시스템반도체 정원외특별	1단계	자소~09.14(화) 단계 10.25(월) 면접 10.30(토) 최종 12.16(목)	1. 채용조건형 계약학과 2. 정원외 삼성전자 입사조건 3. 시스템반도체공학과 40명 4. 과고/영재학교생 지원예측	수시 40 정시 10			서류 100% (일정 배수)			서류중심 학업역량/전공 인성/발전가능성 등 평가 최저 없음
		2단계						제시문 면접 기본학업역량 평가	서류60% + 면접 40%		*2021 경쟁률 10.3*
	고른기회 연세한마음 (정원외)	1단계	고른기회 1단계 11.01(월) 면접 11.06(토) 최종 12.16(목)	1. 2022 한마음 43명+정시40 2. 한마음(기초만) 80→40명 3. 유일한 현장 대면면접★ 4. 농어촌학생 50명→40명 5. 북한이탈주민 1명 이내	한마음 기초등 80명			서류 100% (일정 배수)			서류중심 학업역량/전공 인성/발전가능성 등 평가 최저 없음
		2단계						제시문 면접, 연세한마음 2022모집 인22+자21	서류 60% + 면접 40%		*2021 경쟁률 4.03*

2022 대입 주요 특징
- ▶공통30%+일반50%+진로/전문20% *20210512*
- ▶정시 영어 100-95-87.5-75... 탐구 표준점수★★

교과/종합 안내
- ▶교과(추천형): z점수+등급
- 국영수사과 100점+기타 감점
- ▶학년비율: 20:40:40= 없음★
- ▶2022 정시 289명 증가★
- ▶추천+활동+국제+기회 불가
- ▶2022 현장 비대면 녹화면접
- ★종합=고른영역학업역량장점
- ★특기자=전공적합성추합포석

2022 연세대서울 종합전형 세부평가항목
1. 학업역량: 학업충실수행 기초 수학능력
   ①학업성취도 ②학업태도와 학업의지 ③탐구활동
2. 전공적합성: 전공관련 관심과 이해
   ①전공관련 교과목 이수 및 성취도
   ②전공에 대한 관심과 이해
   ③전공관련 활동과 경험 - 세특,수상, 독서활동 등
3. 인성: 공동체 일원으로서 바람직한 사고와 행동
   ①협업능력 ②나눔과 배려 ③소통능력 ④도덕성 ⑤성실성
4. 발전가능성: 현재 상황이나 수준보다 질적 향상 가능성
   ①자기주도성 ②경험의 다양성 ③리더십
   ④창의적 문제해결력

모집시기	전형명	사정모형	학생부종합 특별사항	2022 수시 접수기간 09.10(금) ~ 13(월)	모집인원	학생부	논술	면접	서류	기타	2022 수능최저등급
2022 수시 정원내 1,954명 (56.4%) 정원외 123명 정시 289명 증가 정원내 1,509명 (43.6%) 정원외 131명 전체 3,463명 정원외 254명	추천형 학교장추천	1단계 / 2단계	경쟁률 20→21 인문 8.70→8.3 자연 8.38→8.7 의치 8.11→13.1 통합 6.30→8.1	서류평가 6단계이상 A+ A0 A- B+ B0 B- 등 A 이상일때 합격권, 평균B 면접형은 활동우수형과 달리 평가위원에게 내신성적을 미리 확인시키지 않음. 서류60% 당락좌우 영향력	523 의22 치12 약학6 2021 523	1. 내신=서류 비교과=면접평가결과 비례 2. 인원증가 입결하락, 2단계면접 당락좌우 3. 특목/자사 지원증가, 자연합격 과고 포함 일반고가 절대다수 4. 문이과 일반고 지원 합격패턴이 상이함. 자연 성적편차 좁음 5. 인문 종합합격 64.1%, 자연 총합격 89.2% 6. 2020 지원자 분포★ 1.25등급권 513명 1.50등급권 495명 2.00등급권 535명 2.50등급권 282명					
	활동우수형 (국제형과 기회균형과 중복지원불가)	1단계	학생부종합 학/자/추천서 ~09.26(토)	1. 2021 전년대비 133명 증가 2. 의예 10명, 치의예 7명 증가 3. UD 국제계열모집 전체폐지 ①아시아학부 10명 폐지 ②융합인사(HASS) 40명 폐지 ③융합과학공(ISE) 24명 폐지 →국제형 전형으로 대거이동★	768 의예 55 치의 13 2020 635	서류 100% (일정배수) 2019 지원자의 84.8% 합격		1. 2019 면접응시 73.1% 2. 2020 면접증가예상 3. 2019 최저충족 84.8% <2019 활동우수 리포트> 1.모든항목 중요성 균등 2.자신의 가치 증명할 것 3.<교과-창체-세특>순★ 4.학업향상패턴 중요시 그래프확인과 고른학업			최저 없음 1. 2019 지원자 중 최저미충족률 12%에 불과→최저영향 미미 2. 입결하락 적극지원 ①면접형 추천제 신설 ②활동우수 인원증가 ③국제형 중복불가
		2단계 1단계: 12.07(월) 면접자 12.13(일) 면접인 12.19(토) 최종: 12.27(일)				서류 60% + 면접 40% 제시문 학업역량 +서류확인 평가					
	국제형 (활동우수형과 기회균형과 중복지원불가)	1단계	학생부종합 학/자/추천서 ~09.26(토)	▶국제형21 177명 인원증가★ 1. UD인문사회: 해외고만 35명 2. UD공학: 해외고만 5명 선발 3. ASIA: 국내 20명, 해외X 4. HASS: 국내107명, 해외40명 5. ISE: 국내 51명, 해외 25명 6.글로벌인재: 국내X, 해외10명	293 2020 116	서류 100% (일정 배수)		1. 제시문면접+서류확인 2. 모집인원 대폭증가 3. 제시문역량 (영어지문) 4. 한국어 구술, 적극지원			2021 국제형 특징올림 2020 국제형=외국고. 2021 국제형=외국고+국내고(검정고시) 포함. 2021 177명 증가 의미 →국내고 지원신설확대 활동우수형 UD 폐지를 보완, 일반고 지원전략
		2단계 1단계: 12.07(월) 면접: 12.12(토) 최종: 12.27(일)				서류60% + 면접 40%					
	기회균형 (사회공헌자 사회배려자)	1단계	학/자/추천서 ~09.26(토)	1. 국가보훈대상자/민주화 등 2. 다문화/장애자녀/벽오선교 3. 농어촌 학생 4. 기초수급 및 차상위 포함★	80 2020 80	서류 100% (일정 배수)		2021 차상위 지원포함 국내고 졸업자 및 예정자			최저 없음
		2단계 1단계: 12.07(월) 면접자 12.13(일) 면접인 12.19(토) 최종: 12.27(일)				서류60% + 면접 40%		1. 제시문면접+서류확인 2. 모집 소규모, 적극지원			
	논술전형	일괄	논술전형 최저없음 수능전논술 10.10(토)	1. 2020 대비 223명 대폭감소 2. 의예과 논술없이 인성평가 3. 자연 모집단위별 과목확인	384 2020 607		논술 100%	▶인문논술 120분 제시문 3-4개, 2문항 문제당 1,000자 내외 영어제시문 포함가능 수리통계/과학제시 포함			▶자연논술 150분 수학 1문제 60점 과학 1문제 40점+과Ⅱ 물화생지 접수시 택1 예)전기전자: 물/생 택1
	특기자전형 = 국제인재	1단계 1단계: 11.02(월) 면접: 11.07(토) 최종: 12.27(일) 2020 대비 436명 감소	특기자전형 학/자/추 서류제출 ~09.26(토)	▶특기자전형전체=국내고전형 ▶UD인문사회, 공학만 선발함 1. 어문학인재 54명 폐지 2. 과학인재 234명 폐지 3. 의예 27명, 치의 12명 폐지 4. 국제인재: 228명→125명 ①UD인문사회 114명 유지★ ②UD공학 11명, 1명 증가★ ③아시아학전공 10명 폐지 ④융합인문사회(HASS) 67명폐지 ⑤융합과학공학((ISE) 27명 폐지 ⑥글로벌인재학부 모집없음	특기자 전체 163 국제 125 체육 38 2020 599	서류 100% 학업역량/성취도 (일정 배수) 일반고★★ 1등급대 강추		※2020 지난해 정리올림 1. 문과 2배수내 합격 2. 이과 3배수내 합격 3. 자연계합격자 2등급대 모두 과학고 출신★★			최저 없음 ▶체육인재 최저있음 내신조건미충족: 2개7 특기자체육: 44명→38명 ①체교 19명 ②스포츠응용 19명 1단: 교과20+서류70 2단: 1단계90+면접10
		2단계				서류 60% + 면접 40%		1. 제시문면접+서류확인 인: 구술면접 (10분 구술) 논술구술, 주제 텍스트 영어구술 면접실시★ 자: 수학 평가 (학업역량)			
	시스템반도체 정원외특별	1단계 1단계: 12.07(월) 면접: 12.12(토) 최종: 12.27(일)	학/자/추천서 ~09.26(토)	1. 채용조건형 계약학과 2. 정원외 삼성전자 입사조건 3. 시스템반도체공학과 40명 4. 과고/영재학교생 지원예측	수시 40 정시 10	서류 100% (일정 배수)		서류중심 학업역량/전공 인성/발전가능성 등 평가			최저 없음
		2단계				서류60% + 면접 40%		제시문 면접 기본학업력량 평가			
	고른기회 연세한마음 (정원외)	1단계 1단계: 11.02(월) 면접: 11.07(토) 최종: 12.27(일)	학/자/추/명단 ~09.26(토)	1. 2021 추천+무추천 통합 2. 연세한마음(기초수급만) 80명 3. 특수교육대상자 15명 4. 북한이탈주민 약간명	기초 80명 등	서류 100% (일정 배수)		서류중심 학업역량/전공 인성/발전가능성 등 평가			최저 없음 <기타 고른기회전형> 농어촌80 특수교15 북한이탈주민 약간명 특성화고24 성시이농
		2단계				서류 60% + 면접 40%		제시문 면접, 연세한마음 인43+자34+의치2+체능1			

2021 대학별 수시모집 요강 — 연세대서울 03

2021 대입 수시 특징
<영어 반영> 수시: 영어 필수　정시: 환산점
인문/자연: 100-95-87.5-75-60 ... 표준만점 100

▶교과 반영: z점수+등급
국영수사과 70%
+기타 30% (9등급 감점)
▶학년 비율: 20:40:40

■ 연세대 종합전형 평가관점의 불변성 확인 ★★★
1. 종합전형: ①고른영역 우수성 ②학업역량 ③장점 극대화
2. 특기자전형: ①전공적합성 ②추합 포석 ③하향지원 가능성
3. 학생부 중요항목: 교과 > 창체 > 교과세특 > 행특종합 순
4. 고른 학업역량(종합전형) VS 전공적합성(특기자전형)

■ 연세대 활동우수형 2020 최저폐지 전망 ★★★
1. 전년 최저충족합격자 12% 내외 탈락가능성→최저영향력 미미
2. 국제대학 아시아/HASS/ISE 및 의치학 등 서류 경쟁치열 예상
3. 과학고 약진 예상→자연계 2020 서류질적상승 영향 주목할 것
4. 2019 1단계통과 후 면접응시율 73.1%→면접 상향 전망
5. 2019 최저충족률 84.8%, 2019 전체 지원자의 84.8% 총합격

모집시기	전형명	사정모형	학생부종합 특별사항	2021 대입 지난해 입학결과 참고 ollim	모집인원
	면접형 학교장추천	1단계 2단계	경쟁률 20→21 인문 8.70→8.3 자연 8.38→8.7 의치 8.11→13.1 통합 6.30→8.1	서류평가 6단계이상 A+ A0 A- B+ B0 B- 등 A 이상일때 합격권, 평균B 면접형은 활동우수형과 달리 평가위원에게 내신성적을 미리 확인시키지 않음. 서류60% 당락좌우 영향력	523 의예 28 치의 12

학생부 / 논술 / 면접 / 서류 / 기타 / 2021 수능최저등급

1. 내신=서류 비교과=면접평가결과 비례
2. 인원증가 입결하락, 2단계면접 당락좌우
3. 특목/자사 지원증가, 자연합격 과고 포함 일반고가 절대다수
4. 문이과 일반고 지원 합격패턴이 상이함. 자연 성적편차 좁음
5. 인문 총합격 64.1%, 자연 총합격 89.2%
6. 2020 지원자 분포★
　1.25등급권 513명　1.50등급권 495명
　2.00등급권 535명　2.50등급권 282명

▶2020 면접형
1단계 3배수통과 교과등급
※ **2020 면접형 1단계 변화★**
교과 40%+비교과 60% (10%증가)

	1.25등급	1.50등급	2.0등급
문과대	18.9%	32.2%	27.8%
상경대	31.3%	20.2%	23.2%
경영대	33.3%	22.6%	28.4%
신과대			38.9%
사과대	36.3%	28.4%	14.7%
교육학	81.0%	4.80%	9.50%

아래는 2019 평균
문과 총	35.6%	27.0%	21.8%
이과대	33.3%	31.0%	21.4%
공과대	30.4%	31.9%	28.2%
생명대	42.9%	38.1%	14.3%
생활대	7.40%	22.2%	38.9%
간호자	16.7%	33.3%	33.3%

아래는 2019 평균
이과 총	44.3%	28.1%	18.6%
의예과	82.4%	11.8%	2.20%
치의예	46.7%	26.7%	26.7%

▶2021 면접형 경쟁률 20년→21년
인문 8.70→8.3　　자연 8.38→8.7
의치 8.11→13.1　　통합 6.30→8.1

▶2021 면접형 2단계 면접응시율
인문 98.9%　　자연 99.7%
의치 100%　　통합 98.9%

▶2021 면접형 고교유형
1단계합격-최초합-총합격

인문 일반고 80.6%-73.2%-77.9%
'20 일반고 75.5%-58.3%-**64.1%**
'21 자사광역 3.8%-2.4%-3.0%
'21 자사전국 1.2%-1.6%-1.4%
'21 외고국제 14%-22.8%-17.6%

자연 일반고 92.1%-90.3%-**91.9%**
'20 일반고 87.9%-84.8%-**89.2%**
'21 자사광역 6.4%-7.2%-6.3%
'21 자사전국 0.8%-1.0%-0.8%
'21 과학고 지원없음

의치 일반고 85.8%-82.5%-84.5%
'20 일반고 81.8%-81.8%-**80.0%**
'21 자사광역 2.5%-5.0%-5.2%
'21 자사전국 10%-12.5%-10.3%
'21 과학고 지원없음

▶2019 → 2020 면접형★★
총합격(등록+미등록) 비율

인문 1.25등급내 38.8%→**24.6%**
　　1.50등급내 26.5%→**25.4%**
　　2.00등급내 2020 25.0%
　　2.50등급내 2020 14.1%

자연 1.25등급내 55.0%→**32.5%**
　　1.50등급내 27.5%→**33.3%**
　　2.00등급내 2020 22.5%
　　2.50등급내 2020 8.3%

의치 1.25등급내 85.7%→**77.5%**
　　1.50등급내 8.80%→**12.5%**
　　2.00등급내 5.90%→**5.00%**

통합 1.25등급내 26.2%→**4.3%**
　　1.50등급내 21.4%→**28.3%**
　　2.00등급내 33.3%→**39.1%**
　　2.50등급내 2020 15.2%

▶2020 면접형 총합격자 교과등급 평균 분석 ★★

문과대 1.74등급 (편차 0.60)		이과대 1.52등급 (편차 0.48)	
상경대 1.77등급 (편차 0.59)		공과대 1.49등급 (편차 0.45)	
경영대 1.63등급 (편차 0.49)		생명대 1.39등급 (편차 0.36)	
신과대 2.12등급 (편차 0.37)		생활대 1.94등급 (편차 0.62)	
사과대 1.65등급 (편차 0.61)		간호자 1.81등급 (편차 0.66)	
생활대 1.94등급 (편차 0.62)		의예과 1.18등급 (편차 0.32)	
교육대 1.27등급 (편차 0.37)		치의예 1.30등급 (편차 0.20)	
간호대 1.77등급 (편차 0.58)		*밑줄 인문자연 통합 20200715	

▶2021 면접형 총합격자 교과등급 계열평균 ★★
인문평균 1단계 1.62 (편차0.47), 총합격 1.59 (편차0.44)
자연평균 1단계 1.53 (편차0.37), 총합격 1.48 (편차0.36)
의치평균 1단계 1.29 (편차0.39), 총합격 1.25 (편차0.33)
통합평균 1단계 1.74 (편차0.41), 총합격 1.73 (편차0.33)

▶2020 면접형 총합격자 교과등급 계열평균 ★★
인문평균 1단계 1.62 (편차0.56), 총합격 1.68 (편차0.57)
자연평균 1단계 1.48 (편차0.41), 총합격 1.49 (편차0.45)
의치평균 1단계 1.20 (편차0.27), 총합격 1.21 (편차0.30)
통합평균 1단계 1.85 (편차0.69), 총합격 1.88 (편차0.60)

▶2019→2020→2021 면접형 계열별 충원률 ★★

인문전체 98.6% → 77.8% → **205.7%**
자연전체 87.1% → 81.8% → **191.8%**
의예 130% → 의치 통합 81.8% → **145.0%**
치의 175% → 의치 통합 81.8% → **145.0%**
생활과학 38.9%→생활과학+간호 64.3% → **180.0%**
간호대학 70.0%→생활과학+간호 64.3% → **180.0%**

※ <면접형> 종합 2021 입결 리포트 ollim ★★

1. 인문 일반고 총합격비율 증가: 64.1% → 77.9%
2. 자연 일반고 총합격비율 증가: 89.2% → 91.9%
3. 의치 일반고 총합격비율 증가: 80.0% → 84.5%
4. 지원자 내신분포
　1.25등급 880명, 1.5등급 1,163명
　2.0등급 1,747명, 2.5등급 571명, 3.0등급 155명

2021 대입 수시 특징

<영어 반영> 수시: 영어 필수　정시: 환산점
인문/자연: 100-95-87.5-75-60 . . . 표준만점 100

▶교과 반영: z점수+등급 　국영수사과 70% 　+기타 30% (9등급 감점)	1. 모든항목 중요성 균등　　2. 자신의 가치 증명할 것 3. 수상란 평균1~2페이지 - 관심분야 이해차원 4. <교과-창체-세특>순★　5. 학교활동참여 진실성 6. 학업향상패턴 중요시 그래프확인과 고른학업 7. 표현의 구체화 수준 고민, 모의고사 등 위반기록 관심밖

■ 연세대 입결 포인트 2020 당시 ★★★
①총합격 (등록+미등록) =합격 최초합보다 큰 범위
②평가관점의 불변성　　③서류활동 가장 중요
④수능최저충족여부 관심밖　⑤다름을 증명하는 노력정도
⑥학업역량 제일 중요함★　⑦지원자 장점극대화 표현★

모집시기	전형명	사정모형	학생부종합특별사항	2021 대입 지난해 입학결과 참고 ollim	모집인원	학생부	논술	면접	서류	기타	2021 수능최저등급
	활동우수형 2020 경쟁률 인문 10.3 자연 14.7 의치 10.5 통합 6.70 국제 12.0	1단계 2단계	활동우수형 2021 경쟁률 인문 자연 의치 통합 국제	2021 1단계통과 면접응시율 ▶인문 80.4%　▶자연 88.6% ▶의치 93.6%　▶통합 90.6% ▶국제형 77.1% ▶전체평균 77.7% ▶전체평균 결시율 30% 내외	2021 768 의예 55 치의 13	서류 100% <1단계 배수> 인문: 2.5배수 자연: 4.0배수 과고/영재고 지원경향예측		<활동우수형 리포트> 1. 모든항목 중요성 균등 2. 자신의 가치 증명할 것 3. <교과-창체-세특>순★ 4. 학업향상패턴 중요시 　그래프확인과 고른학업 5. 2019 지원자의 84.8% 　합격			최저 없음 1. 2019 지원자 중 최저미충족률 12%에 불과→최저영향 미미 2. 입결하락 적극지원 ①면접형 추천제 신설 ②활동우수 인원증가 ③국제형 중복불가

▶2020 활동우수형 면접응시
1단계 3배수통과자 교과등급

	1.25등급	1.50등급	2.0등급
문과대	15.3%	21.4%	25.4%
상경대	36.6%	21.1%	18.3%
경영대	34.8%	19.7%	27.0%
신과대	없음	없음	12.5%
사과대	34.6%	21.4%	24.52%
교육학	58.8%	23.5%	5.9%
이과대	36.6%	32.4%	18.3%
공과대	29.9%	27.2%	22.4%
생명대	46.5%	30.2%	16.3%
생활대	8.0%	9.90%	24.7%
간호대	5.6%	18.3%	29.6%
국제대	3.0%	4.7%	27.5%
의예과	68.6%	17.5%	6.60%
치의예	33.3%	26.7%	33.3%

▶2018~2020 활동우수형 3개년
총합격(등록+미등록) 비율

인문 1.25등급내 32.5%→28.9%→**31.7%**
　1.50등급내 22.4%→22.2%→**19.2%**
　2.00등급내 21.7%→22.0%→**23.5%**

자연 1.25등급내 45.5%→56.9%→**40.3%**
　1.50등급내 29.4%→20.7%→**29.9%**
　2.00등급내 19.6%→12.2%→**15.6%**

의예 1.25등급내 40.0%→61.9%→**71.9%**
　1.50등급내 30.0%→19.0%→**17.2%**
　2.00등급내 15.0%→19.0%→**4.7%**
생활/간호 1.25내 **8.3%**, 1.50내 **13.8%**
　2.00내 **21.1%**, 2,50내 **16.5%**
★국제종합 1.25내 **4.0%**, 1.50내 **6.4%**
　2.00내 26.4%, 2.50내 15.2%
　3.00내 20.0%, 3.50내 16.8%

▶2021 활동우수형 고교유형
1단계합격-총합격

인문 일반고 55.8%-54.3%
　'20 일반고 61.0%-64.3%
　'21 자사광역 5.5%-4.9%
　'21 자사전국 3.6%-3.5%
　'21 외고국제 34.0%-36.0% ★

자연 일반고 38.4%-<u>33.2%</u> ★
　'20 일반고 77.2%-78.7% ★
　'21 자사광역 6.4%-5.2%
　'21 자사전국 5.1%-3.7%
　'21 과학고 22.2%-24.8% ★★
　'21 영재고 27.6%-32.9% ★★

의치 일반고 51.9%-<u>29.2%</u> ★
　'20 일반고 66.4%-76.6% ★
　'21 자사광역 6.4%-4.2%
　'21 자사전국 11.8%-10.4%
　'21 외고국제 2.0%-1.0%
　'21 과학고 7.7%-15.6% ★★
　'21 영재고 20.2%-39.6% ★★

통합 일반고 57.0%-57.0% ★
　'21 자사광역 7.6%-6.1%
　'21 자사전국 7.6%-5.3%
　'21 외고국제 21.5%-27.2% ★
　'21 과학고 2.1%-2.0%

국제 일반고 37.7%-38.4%★★
　자사광역 13.6%-14.4%
　자사전국 8.1%-5.6%
　외고국제 40.7%-41.6%
　과학고 없음-없음-없음
→<2021 국제형 이동변화>
①ASIA 10명 → 21년 20명★
②HASS 40명 → 21년 107명★
③ISE 24명 → 21년 51명★

▶2020 활동우수형 최종합격자 교과등급 분포

문과대 **1.90**등급 (편차 0.72)		이과대 **1.42**등급 (편차 0.43)	
상경대 **1.68**등급 (편차 0.70)		공과대 **1.62**등급 (편차 0.78)	
경영대 **1.57**등급 (편차 0.52)		생명대 **1.43**등급 (편차 0.44)	
신과대 **2.66**등급 (편차 0.72)		생활대 **2.33**등급 (편차 1.28)	
사과대 **1.54**등급 (편차 0.54)		간호대 <u>**2.22**등급 (편차 0.91)</u>	
<u>생활대 **2.59**등급 (편차 1.16)</u>		의예과 **1.20**등급 (편차 0.32)	
교육학 **1.38**등급 (편차 0.47)		치의예 **1.26**등급 (편차 0.16)	
<u>국제대 **2.47**등급(편차0.83)</u>★★★			

▶2021 활동우수형 총합격자 교과등급 계열평균 ★★
인문평균 1단계 1.95 (편차0.75), 총합격 1.97 (편차0.75)
자연평균 1단계 2.35 (편차1.10), 총합격 2.36 (편차1.08)
의치평균 1단계 1.50 (편차0.60), 총합격 1.64 (편차0.64)
통합평균 1단계 2.50 (편차1.00), 총합격 2.42 (편차1.04)

▶2020 활동우수형 총합격자 교과등급 계열평균 ★★
인문평균 1단계 1.77 (편차0.71), 총합격 1.71 (편차0.67)
자연평균 1단계 1.61 (편차0.65), 총합격 1.55 (편차0.68)
의치평균 1단계 1.27 (편차0.34), 총합격 1.21 (편차0.31)
통합평균 1단계 2.43 (편차1.07), 총합격 2.49 (편차1.11)
국제평균 1단계 2.54 (편차0.88), 총합격 2.47 (편차0.83)★

▶2020~2021 활동우수형 계열별 충원율

인문 83.3% → <u>179.1%</u>　　자연102.9% → <u>284%</u>
의치 25.5% → <u>141.2%</u>　생활간호 41.6% → <u>142.5%</u>
국제종합 68.9%

※ <활동우수형> 2021 입결 리포트 ollim ★★
1. 과고생 2020까지 거의 지원없음.
　2021부터는 최저폐지 등 사유로 활동우수 지원에
　대거지원 전망.
　과고 및 영재고 지원 가능하므로 일반고 지원자와
　치열한 경쟁 예고. (영재고의 경우 면접형 지원 불가)
2. 2021 활동우수형 과학고 및 영재고 대거 합격 ★★
　① 2021 과학고: 1단계합 22.2% 총합격 24.8% ★
　② 2021 영재고: 1단계합 27.6% 총합격 32.9% ★
3. 2021 자연 등 일반고 합격자 대폭감소 충격 ★★
　①자연 78.7% →33.2%　②인문 64.3% → 54.3%
4. 지원자 내신분포
　1.25등급 437명,　1.50등급 672명, 2.00등급 1,423명
　2.50등급 1,135명, 3.0등급 844명, 3.5등급 496명 등

2021 대학별 수시모집 요강 — 연세대서울 05

2021 대입 수시 특징

<영어 반영> 수시: 영어 필수 정시: 환산점
인문/자연: 100-95-87.5-75-60 ... 표준만점 100

▶ 교과 반영: z점수+등급
국영수사과 70%
+기타 30% (9등급 감점)
▶ 학년 비율: 20:40:40

■ 논술전형 2019 분석 및 전망★★
1. 논술고사 합격점수 전년과 비슷함
2. 논술고사 합격편차 3점이상 좁아짐
3. 논술응시 수능이전감안 97.4% 예측
4. 논술실력 관건, 지원 억지력 상실★

5. 최저폐지시 기존합격 충족자 2020 합격가능성
인문 19년-63.2%, 18년-60.9%, 17년-47.4%
자연 19년-74.6%, 18년-71.2%, 17년-57.1%
전체 19년-70.4%, 18년-67.3%, 17년-52.2%
6. 2020 수능최저 폐지 이후 영재고, 과학고 지원자 증가
합격 후 이탈 지속^^

모집시기	전형명	사정모형	학생부종합 특별사항	2021 대입 지난해 입학결과 참고 ollim	모집인원	학생부	논술	면접	서류	기타	2021 수능최저등급
	논술전형	일괄	논술전형 최저없음 수능전논술 10.10(토)	1. 2020 대비 223명 대폭감소 2. 의예과 논술없이 인성평가 3. 자연 모집단위별 1과목 지정 예) 화공생명공학부 지정과목 → 물리, 화학 중 택1	384 2020 607		논술 100%			▶인문논술 120분 제시문 3-4개, 2문항 문제당 1,000자 내외 영어제시문 포함가능 수리통계/과학제시 포함	▶자연논술 150분 수학 1문제 60점 과학 1문제 40점+과ㅍ 물화생지 접수시 택1 예)전기전자: 물/생 택1

▶ 2019 논술전형 최종합격 현황

	경쟁률	응시율	실질경쟁	충원률
문과대	87.0	40.6	8.5	7.5%
상경대	61.3	47.1	12.0	2.2%
경영대	78.4	46.4	12.5	4.1%
사과대	70.3	45.3	11.2	0
생활인	59.2	29.7	6.3	20%
교육대	83.0	42.5	9.3	0
이과대	41.5	37.8	8.2	17.4%
공과대	45.0	38.9	9.8	10.7%
생명대	48.7	40.5	9.4	13.5%
치의예	56.1	32.2	10.5	22.2%

인문평균 75.6 실질경쟁률 17.7대 1
자연평균 44.7 실질경쟁률 9.5대 1
의치평균 56.1 실질경쟁률 10.7대 1

※ 2018 논술 경쟁률 비교
인문평균 71.9 실질경쟁률 18.0대 1
자연평균 46.2 실질경쟁률 9.5대 1
의치평균 46.2 실질경쟁률 12.3대 1
※ 2017 논술 경쟁률 비교
인문평균 35.8 실질경쟁률 10.0대 1
자연평균 33.4 실질경쟁률 9.0대 1
의치평균 76.9 실질경쟁률 23.7대 1

※ 논술전형 2019 분석 및 전망★★
1. 논술고사 합격점수 전년과 비슷함
2. 논술고사 합격편차 3점이상 좁아짐
3. 최저폐지시 기존충족자 합격가능성
   인문 19-63.2%, 18-60.9%, 17-47.4%
   자연 19-74.6%, 18-71.2%, 17-57.1%
   전체 19-70.4%, 18-67.3%, 17-52.2%
4. 논술응시 수능이전감안 97.4% 예측
5. 논술실력 관건, 지원 억지력 상실★

▶ 2020 논술 총합격 내신분포

인문평균 3.71 (편차1.21)
자연평균 3.48 (편차1.12)
의치평균 2.79 (편차1.03)

▶ 19~20 논술 총합격 고교유형

일반고교 68.2%→55.7%
자사광역 15.0%→12.0%
자사전국 5.1%→3.4%
외국어고 8.5%→8.4%
과학고교 2020 5.9% ★★
영재고교 2020 13.6% ★★

▶ 19~20 논술 총합격 재학유형

	재학	재수	삼수
2020	49.4%	33.0%	17.6%
2019	47.8%	37.9%	14.2%

▶ 2020 논술전형 최종합격자 내신등급 분석

문과대 4.07등급 (편차 1.25)	이과대 3.54등급 (편차 1.14)
상경대 3.30등급 (편차 1.08)	공과대 3.43등급 (편차 1.11)
경영대 3.77등급 (편차 1.25)	생명대 3.73등급 (편차 1.10)
사과대 3.55등급 (편차 1.19)	치의예 2.79등급 (편차 1.03)
생활간 3.91등급 (편차 1.12)	
교육학 3.75등급 (편차 1.10)	

▶ 2020 논술전형 최종합격자 논술성적 분석
응시 대비 실제합격자 현격한 차이 실감★★
인문 응시 56.4점 (편차 11.9) 총합격 75.6점 (편차 4.59)
자연 응시 34.9점 (편차 16.3) 총합격 72.9점 (편차 9.77)
치의 응시 41.1점 (편차 18.9) 총합격 89.1점 (편차 1.75)

문과대 78.3점 (편차 3.13)	이과대 68.4점 (편차 12.3)
상경대 77.6점 (편차 2.62)	공과대 75.4점 (편차 7.67)
경영대 75.1점 (편차 2.04)	생명대 60.5점 (편차 7.32)
사과대 76.2점 (편차 4.71)	치의예 89.1점 (편차 1.75)
생활간 82.7점 (편차 2.90)	
교육학 77.2점 (편차 1.38)	

▶ 논술 2개년 계열별 응시율 현황 *(최저폐지 영향)*

인문 2019년 응시율 43.8% → **2020 응시율 94.0%**
자연 2019년 응시율 38.9% → **2020 응시율 93.5%**
의치 2019년 응시율 32.2% → **2020 응시율 90.2%**

▶ 논술 2개년 계열별 실질경쟁률 (최저폐지 영향)

인문 실질경쟁률 2019년 17.7 → 2020년 57.6
자연 실질경쟁률 2019년 9.50 → 2020년 27.2
의치 실질경쟁률 2019년 10.7 → 2020년 102.1

2021 대학별 수시모집 요강 — 연세대서울 06

2021 대입 수시 특징
<영어 반영> 수시: 영어 필수 정시: 환산점
인문/자연: 100-95-87.5-75-60 ... 표준만점 100

▶교과 반영: z점수+등급
　국영수사과 70%
　+기타 30% (9등급 감점)
▶학년 비율: 20:40:40

■ 연세대 특기자전형 2020 명칭 구분
1. <국제형>　외국고 출신만 해당 (종합전형에 포함됨)
2. <국제인재> 국내고 지원가능 (특기자전형 4개유형중 하나)
　= <국제계열> = <언더우드국제대학 (UD국제대학)>
3. 일반고 자연계열 과감한 분석지원 추천★★★

▶2020 당시 언더우드 국제대학 - 국제인재 계열: 총 228명
1. 언더우드(인문사회) 114명 (1학년 송도국제캠퍼스)
2. 언더우드(공학) 10명 (1학년 송도국제캠퍼스)
3. 아시아전공 10명
4. 융합인문사회(HASS) 67명 (4개년 송도국제캠퍼스)
5. 융합과학공학((ISE) 27명 (4개년 송도국제캠퍼스)

모집시기	전형명	사정모형	학생부종합 특별사항	2021 대입 지난해 입학결과 참고 ollim	모집인원	학생부	논술	면접	서류	기타	2021 수능최저등급

전형명: 특기자전형 = 국제인재

사정모형:
1단계
2단계

학생부종합 특별사항:
특기자전형
학/자/추
서류제출
~09.26(토)
1단계: 11.02(월)
면접: 11.07(토)
최종: 12.27(일)

2020 대비
436명 감소

2021 대입 지난해 입학결과 참고 ollim:
▶특기자전형전체=국내고전형
▶UD인문사회, 공학만 선발함
1. 어문학인재 54명 폐지
2. 과학인재 234명 폐지
3. 의예 27명, 치의 12명 폐지
4. 국제인재: 228명→125명
　①UD인문사회 114명 유지★
　②UD공학 11명, 1명 증가★
　③아시아학전공 10명 폐지
　④융합인문사회(HASS) 67명폐지
　⑤융합과학공학((ISE) 27명 폐지
　⑥글로벌인재학부 모집없음

모집인원:
특기자 전체 163
국제 125
체육 38
2020 599

학생부 / 논술 / 면접 / 서류 / 기타:
서류 100%
학업역량/성취도
(일정 배수)
일반고★★
1등급대 강추

※2020 지난해 정리올림
1. 문과 2배수내 합격
2. 이과 3배수내 합격
3. 자연계합격자 2등급대 모두 과학고 출신★★

서류 60% + 면접 40%

1. 제시문면접+서류확인
인: 구술면접 (10분 구술)
논술구술, 주제 텍스트
영어구술 면접실시★
자: 수학 평가 (학업역량)

2021 수능최저등급:
최저 없음

▶체육인재 최저있음
내신조건미충족: 2개7
특기자체육: 44명→38명
　①체교 19명
　②스포츠응용 19명
1단: 교과20+서류70
2단: 1단계90+면접10

▶2021 특기자전형 결과분석 ★★
　　언더우드 국제계열

	경쟁률	면접응시율	충원율
UD 인사	4.6	96.9%	166.7%
UD 공학	6.9	96.8%	187.5%

▶2021 종합 국제형 결과분석 ★★
　　언더우드 국제계열

	경쟁률	면접응시율	충원율
ASD	4.6	94.1%	130%
HASS	6.9	87.4%	179%
ISE		90.0%	128%

▶2020 특기자전형 결과분석
　　언더우드 국제계열

	경쟁률	면접응시율	충원율
UD 인사	4.2	99.0%	74.6%
UD 공학	4.3	96.3%	40.0%

▶2019 특기자전형 결과분석
　　언더우드 국제계열

	경쟁률	면접응시율	충원률
UD인사	4.0	99.7%	71.9%
UD생명	4.3	100%	20.0%

▶2021 특기자 경쟁률

국제인재 UD 인문사회 4.6
국제인재 UD 공학 6.9

▶2021 특기자 UD 고교유형

1단계합격-최초합-총합격%
UD 일반고 22.0-13.4-14.1★
　자사광역 4.1-1.0-3.90
　자사전국 8.2-13.4-11.2
　외고국제 63.2-67.7-68.3★★

▶2021 종합 국제형 경쟁률

국제형 아시아학(ASD) 5.4
국제형 융합인문사회(HASS) 7.7
국제형 융합과학공학((ISE)

▶2021 종합 국제형 고교유형

HASS 일반고 24.7-17.3-21.2 ★
　자사광역 4.4-4.7-5.1
　자사전국 5.5-8.7-5.5
　외고국제 65.1-68.5-67.7 ★★

ISE 일반고 80.0-82.4-80.0 ★★
　자사광역 11.5-9.8-7.7
　자사전국 4.6-5.9-7.7

▶2020 특기자전형 총합격 내신등급

UD인사 지원 3.44 (편차1.14), 총합격 2.95 (편차0.92)
UD공학 지원 3.39 (편차1.54), 총합격 2.62 (편차1.35)

▶2019 특기자 총합격 내신등급분포 (참고자료)

	인문	자연	의치예	UD	HASS	ISE
1.25등급	1.90%	1.70%	5.80%	0.9%	0	0
1.50등급	4.80%	2.60%	1.90%	3.7%	2.20%	13.5%
2.00등급	13.3%	6.20%	28.8%	8.9%	16.1%	43.2%
2.50등급	27.6%	5.80%	9.60%	12.6%	16.1%	16.2%
3.00등급	29.5%	6.80%	7.70%	16.8%	19.0%	8.1%
3.50등급	16.2%	8.30%	3.80%	17.3%	22.6%	2.7%
4.00등급	4.80%	10.8%	3.80%	17.8%	10.9%	16.2%
5.00등급	1.90%	10.8%	0	7.5%	7.3%	
6.00등급	0	1.9%	0	2.8%	0.7%	
7.00등급	0	0.1%	0	0.5%		

▶▶언더우드(UD) 국제대학 - 국제인재계열 전공명
1. 언더우드(인문사회): 비교문학문화/경제학/국제학/정치외교
　언더우드(공학): 생명과학공학

※ 2021 폐지됐으나 국제형에 모집 계속되는 아래 특성참고
2. 융합인문사회과학(HASS): 아시아학/ 문화디자인경영
　정보인터랙션디자인/창의기술경영/ 사회정의리더십
　계량위험관리/과학기술정책/지속개발협력
3. 융합과학공학(ISE): 나노과학공학/에너지환경융합
　　　　바이오융합

2021 대학별 수시모집 요강	연세대서울 07	2021 대입 수시 특징	<영어 반영> 수시: 영어 필수 정시: 환산점 인문/자연: 100-95-87.5-75-60 . . . 표준만점 100

▶ 교과 반영: z점수+등급
국영수사과 70%
+기타 30% (9등급 감점)
▶ 학년 비율: **20:40:40**

<2020 기회균형 모집인원>
국문02 영문03 사학02 심리02 경제05 응통04 경영09
신학03 정외03 행정03 사회02 언론02 교육03간호통합03
화학02 화공04 전기06 건축03 사환03 기계04 신소재03
산업공학02 컴퓨터과학02 생명공학03 의예01 치의예01

모집시기	전형명	사정 모형	학생부종합 특별사항	2021 대입 지난해 입학결과 참고 ollim	모집 인원	학생부	논술	면접	서류	기타	2021 수능최저등급
	기회균형 사회공헌자 사회배려자	1단계	학/자/추천서 ~09.26(토) 1단계 12.07(월) 면접자 12.13(일) 면접인 12.19(토) 최종 12.27(일)	1. 국가보훈대상자/민주화 등 2. 다문화/장애자녀/벽오선교 3. 농어촌 학생 4. 기초수급 및 차상위 포함★	80 2020 80	서류 100% (일정 배수) 서류60% + 면접 40%		1. 제시문면접+서류확인 2. 모집 소규모, 적극지원	2021 차상위 지원포함 국내고 졸업자 및 예정자		최저 없음
		2단계									

▶**2019 기회균형 결과분석**
인문평균 경쟁률 6.2 충원률 40.0%
자연평균 경쟁률 5.2 충원률 15.6%
의치평균 경쟁률 11.0 충원률 0%

	경쟁	면접응시	등록률	충원률
문과대	6.6	71.4%	100%	37.5%
상경대	4.4	89.5%	62.5%	37.5%
경영대	5.8	90.0%	100%	50.0%
신과대	4.0	85.7%	100%	6.7%
사과대	8.4	92.3%	90.0%	14.0%
교육대	5.3	85.7%	100%	100%
이과대	5.5	100%	100%	150%
공과대	4.9	84.8%	77.3%	7.4%
생명대	8.0	71.4%	66.7%	0%
의예과	16.0	100%	100%	0%
치의예	6.0	33.3%	없음	0%
간호대	5.5	100%	50.0%	0%

▶**2019 기회균형 면접응시 인문**
1단계 3배수통과자 교과등급

	1.25등급	1.50등급	2.0등급
문과대	**9.5%**	19.1%	28.6%
상경대	**26.3%**	10.5%	26.3%
경영대	없음	10.0%	30.0%
신과대	**3.5등급** 14.3%	**4.0등급** 28.6%	
사과대	**11.5%**	11.5%	11.5%
교육학	**14.3%**	28.6%	**2.5등급** 42.9%

▶**2021 기회균형 고교유형**

인문 일반고 총합격 **52.8%** ★
자사광역 총합격 **12.6%**
자사전국 총합격 **8.7%**
외고국제 총합격 **18.9%**

자연 일반고 총합격 **43.1%** ★
자사광역 총합격 **11.4%**
자사전국 총합격 **3.4%**
과학고교 총합격 **9.8%**
영재고교 총합격 **32.0%** ★

치의 일반고 총합격 **19.0%** ★
자사광역 총합격 **9.5%**
자사전국 총합격 **4.8%**
과학고교 총합격 **28.6%**
영재고교 총합격 **38.1%** ★

▶**2019 기회균형 면접응시**
1단계 3배수통과자 교과등급

	1.25등급	1.50등급	2.0등급
이과대	**16.7%**	16.7%	없음
공과대	**6.1%**	12.1%	31.8%
생명대	**14.3%**	14.3%	71.4%
간호대	**40.0%**	40.0%	20.0%
의예과	**33.3%**	33.3%	33.3%
치의예	**33.3%**	2.5등급 33.3%	

▶**2019 기회균형 최종합격자 교과평균 분석**
인문평균 **1단계 2.58** (편차1.26), **총합격 2.46** (편차1.19)
자연평균 **1단계 2.32** (편차1.12), **총합격 2.06** (편차0.90)
의치평균 **1단계 2.76** (편차1.46), **총합격 3.16** (편차0.55)
생간평균 **1단계 2.19** (편차0.51), **총합격 2.19** (편차0.92)

문과대 **2.20등급** (편차 1.10)   이과대 **2.22등급** (편차 0.98)
상경대 **2.41등급** (편차 1.43)   공과대 **2.10등급** (편차 0.93)
경영대 **2.76등급** (편차 1.36)   생명대 **1.46등급** (편차 0.40)
신과대 **4.02등급** (편차 0.07)   간호대 **2.19등급** (편차 0.92)
사과대 **2.51등급** (편차 1.03)   의예과 **2.77등급** (편차 0)
교육학 **1.77등급** (편차 0.46)   치의예 **3.55등급** (편차 0)
교육학 **1.36등급** (편차 0.51)

▶**2019 기회균형 총합격(등록+미등록)**
1단계면접-최초합-총합격 비율%

인문 **1.25등급**내 11.0%-18.4%-14.3%
    1.50등급내 13.0%-18.4%-14.3%
    2.00등급내 20.0%-18.4%-17.9%

자연 **1.25등급**내 7.60%-14.8%-10.8%
    1.50등급내 12.7%-18.5%-13.5%
    2.00등급내 32.9%-40.7%-37.8%

의치 **3.00등급**내 16.7%-50%-50%
    4.00등급내 16.7%-50%-50%

생간 **2.00등급**내 40%-50%-50%
    2.50등급내 40%-0-0
    3.00등급내 20%-50%-50%

연세대서울 08

<영어 반영> 수시: 영어 필수 정시: 환산점
인문/자연: 100-95-87.5-75-60 . . . 표준만점 100

▶교과 반영: **z점수+등급**
  국영수사과 **70%**
  +기타 **30%** (9등급 감점)
▶학년 비율: **20:40:40**

* 2019. 04. 07(일)~04. 09(화) 총 17시간
  연세대 사진 138장 → A4 총 7장 정리완결 ollim

모집시기	전형명	사정모형	학생부종합 특별사항	2021 대입 지난해 입학결과 참고 ollim	모집인원	학생부	논술	면접	서류	기타	2021 수능최저등급
	고른기회 연세한마음 (정원외)	1단계	학/자/추/명단 ~09.26(토) 1단계: 11.02(월) 면접: 11.07(토) 최종: 12.27(일) 4년 전액 장학 교재비 등 지원	1. 2021 추천+무추천 통합 2. 연세한마음(기초수급만) 80명 3. 농어촌학생 50명 4. 특수교육대상자 15명 5. 북한이탈주민 약간명	기초 80명 등	서류 100% (일정 배수)		서류중심 학업역량/전공 인성/발전가능성 등 평가			최저 없음 <기타 고른기회전형> 농어촌80 특수교15 북한이탈주민 약간명 특성화졸24 정시이동
		2단계				서류 60% + 면접 40%		제시문 면접, 연세한마음 학업역량 평가가 아님 논리적 사고력 제시 인43+자34+의치2+체능1			

▶**2019 한마음추천 결과분석**
인문경쟁4.2 면접응시93.7 충원률52.6%
자연경쟁4.5 면접응시95.7 충원률53.8%

▶**2019 한마음무추천 결과분석**
인문경쟁4.8 최저충족50.4% 충원60.7%
자연경쟁4.8 최저충족35.8% 충원35.3%
인문실질경쟁률2.4 자연실질경쟁률1.7

▶**2020 한마음추천+무추천 총합격★**
<2019 추천→2020 통합성적예상>

인문 1.25등급 10.3%→**10.8%**
  1.50등급 13.8%→**12.2%**
  2.00등급 20.7%→**23.0%**
  2.50등급 31.0%→**21.6%**
  3.00등급 10.3%→**9.5%**

▶**2020 한마음추천+무추천 총합격★**
<2019 추천→2020 통합고교예상>

인문 일반고교 82.8%→**67.6%**
  자사광역 9.9%→**9.9%**
  외고국제 13.8%→**28.4%**

자연 일반고교 65.0%→**72.1%**
  자사광역 5.0%→**7.0%**
  과학고교 20.0%→**9.3%**

▶**2021 연세한마음 경쟁률**

인문 4.4
자연 3.6
의치예 11.0

▶**2021 연세한마음 충원율**

인문 123.3%
자연 158.8%
의치예 100%

▶**2019 한마음추천 고교유형**
  1단계합격-최초합-총합격

인문 일반고 77.8%-78.9%-82.8%
  자사광역 3.2%-5.3%-3.4%
  자사전국 1.6%-0-0
  외고국제 17.5%-15.8%-13.8%

자연 일반고 63.8%-53.8%-65.0%
  자사광역 8.6%-0-0
  자사전국 2.1%-7.7%-5.0%

▶**2021 한마음추천 최종합격자 교과평균 분석 ★★**

인문평균 지원 3.81 (편차 1.94), 총합격 2.01 (편차 057)
자연평균 지원 3.45 (편차 1.77), 총합격 2.50 (편차 1.10)
의치평균 지원 2.52 (편차 1.80), 총합격 1.44 (편차 0.54)

▶**2020 한마음추천 최종합격자 교과평균 분석**

인문평균 지원 3.66 (편차 1.92), 총합격 2.61 (편차 1.42)
자연평균 지원 3.09 (편차 1.66), 총합격 2.84 (편차 1.57)
의치평균 지원 3.32 (편차 2.26), 총합격 1.29 (편차 0.23)

▶**2020 연세한마음 총합격(등록+미등록)**

1단계면접-최초합격-총합격 비율%
인문 1.25등급내 9.30%-7.9%
  1.50등급내 14.0%-11.1%
  2.00등급내 23.3%-23.8%
  2.50등급내 14.0%-15.9%

1단계면접-최초합격-총합격 비율%
자연 1.25등급내 5.9%-5.9%
  1.50등급내 11.8%-17.6%
  2.00등급내 23.5%-20.6%
  2.50등급내 13.7%-11.8%

최초합격-총합격 비율%
의치 1.25등급내 50.0%-33.3%
  1.50등급내 50.0%-66.7%

연세대 2022 대비 2019~2021 수시 트윈종합 인문

연세대 2022 대비 2019~2021 수시 트윈종합 인문			면접형						활동우수형					
			2021 ▶1단계: 교과 40% (3배) + 서류 60% ▶2단계: 면접 60%		2020 ▶1단계: 교과 40% (3배) + 비교과 60% ▶2단계: 면접 60%		2019 ▶1단계: 교과 50% (3배) + 비교과 50% ▶2단계: 면접 60%		2021 ▶1단계: 서류 100% (일정배수) ▶2단계: 면접 40%		2020 ▶1단계: 서류 100% (일정배수) ▶2단계: 면접 30%		2019 ▶1단계: 서류100% (2.5~3배수) ▶2단계: 면접 30%	
계열별 학과			교과평균	표준편차	교과평균	표준편차	교과평균	표준편차	교과평균	표준편차	교과평균	표준편차	교과평균	표준편차
인문	문과대학	국어국문 등 10개 학과			1.74	0.60	1.61	0.61			1.90	0.72	2.05	0.76
	상경대학	경제학부 응용통계학			1.77	0.59	1.43	0.40			1.68	0.70	1.58	0.52
	경영대학	경영학과			1.63	0.49	1.41	0.35			1.57	0.52	1.52	0.45
	신학대학	신학과			2.12	0.37	2.06	0.43			2.66	0.72	3.18	1.25
	사과대학	사회학과 등 6개 학과			1.65	0.61	1.55	0.61			1.54	0.54	1.55	0.52
	생활인문	*의류환경 등 5개 학과			1.94	0.62	1.66	0.73			2.59	1.16	1.78	0.50
	사범인문	교육학부			1.27	0.37	1.20	0.19			1.38	0.47	1.36	0.51
	간호인문	* 간호학과			1.77	0.58	2.24	0.77			2.22	0.91	2.47	1.12
	인문 계				1.74	0.53	1.65	0.51			1.94	0.72	1.94	0.70

연세대 2022 대비 2019~2021 수시 트윈종합 자연

연세대 2022 대비 2019~2021 수시 트윈종합 자연			면접형						활동우수형					
			2021 ▶1단계: 교과 40% (3배) + 서류 60% ▶2단계: 면접 60%		2020 ▶1단계: 교과 40% (3배) + 비교과 60% ▶2단계: 면접 60%		2019 ▶1단계: 교과 50% (3배) + 비교과 50% ▶2단계: 면접 60%		2021 ▶1단계: 서류 100% (일정배수) ▶2단계: 면접 40%		2020 ▶1단계: 서류 100% (일정배수) ▶2단계: 면접 30%		2019 ▶1단계: 서류100% (2.5~3배수) ▶2단계: 면접 30%	
계열별 학과			교과평균	표준편차	교과평균	표준편차	교과평균	표준편차	교과평균	표준편차	교과평균	표준편차	교과평균	표준편차
자연	이과대학	수학과 등 6개 학과			1.52	0.48	1.43	0.55			1.42	0.43	1.31	0.29
	공과대학	기계공학 등 10개 학과			1.49	0.45	1.30	0.27			1.62	0.78	1.37	0.44
	생명대학	생화학과 등 3개 학과			1.39	0.36	1.32	0.32			1.43	0.44	1.22	0.17
	생활자연	*의류환경 등 5개 학과			1.94	0.62	1.51	0.46			2.59	1.16	2.33	1.28
	간호자연	* 간호학과			1.81	0.66	1.81	0.66			2.22	1.91	2.16	0.71
	의예과	의예과			1.18	0.32	1.10	0.17			1.20	0.32	1.22	0.21
	치의예	치의예과			1.30	0.20	1.19	0.19			1.26	0.16	1.59	0.16
	자연 계				1.52	0.44	1.38	0.37			1.68	0.74	1.60	0.47

20210512 ollim

학생부종합 활동우수형 3개년 (2021~2019) 인문계열

전형안내
- <2021 연세 활동우수형> 1단계: 서류100% / 2단계: 서류60%+면접40% / ★수능최저 없음
- <2020 연세 활동우수형> 1단계: 서류 100%(일정배수) / 2단계: 서류60%+면접40% / ★수능최저 2020 폐지
- <2018 활동우수형> 1단계: 서류100% / 2단계: 면접30 / ★수능최저(국수+1필) 인: 2개합 4+영 이2 / 자: 2개합 4+영 이2 / 의/치: 3개 1+영 1+영 이2

대학	학과	2022 활동형 모집인원	2021 모집인원	2021 경쟁률	2021 종합격 평균(편차)	2021 충원율%	2020 모집인원	2020 경쟁률	2020 종합격 평균(편차)	2020 충원율%	2020 최종합격 80%	2019 모집인원	2019 경쟁률	2019 최종합격 80%
인문대학	국어국문	7	13	7.31			12	10.5				7	17.10	1.40
	중어중문	5	9	8.11			6	8.67				7	7.14	2.50
	영어영문	12	20	6.95			10	13.2				10	14.00	2.60
	독어독문	5	8	5.50			6	10.7				6	6.33	3.10
	불어불문	5	9	4.78	1.90 (0.72)		7	8.43				6	7.67	2.90
	노어노문	5	8	5.75			6	7.33				6	7.33	2.50
	사학과	7	13	8.69			13	9.15				13	8.77	2.10
	철학과	6	10	9.80			11	7.82				13	7.77	2.10
	문헌정보학과	5	8	5.38			10	6.90		83.3		11	6.00	2.50
	심리학과	6	10	9.20			11	10.5				11	9.00	2.20
상경대	경제학부	28	50	7.14			40	10.5	1.68 (0.70)			43	7.91	2.00
	응용통계학부	9	17	7.47			17	10.2				15	8.53	1.90
경영대	경영학과	44	78	6.94			65	10.1	1.57			70	7.09	1.90
신과대	신학과	8	13	6.00			20	4.75	2.66			24	3.71	3.90
사회 과학 대학	정치외교학과	13	23	10.2			22	13.4				24	12.4	1.70
	행정학과	13	23	9.57			22	9.55				23	10.6	1.80
	사회복지학과	4	8	6.88			9	8.67	1.54 (0.54)			11	6.09	2.20
	사회학과	6	11	12.8			11	14.6				14	10.1	1.60
	문화인류학과	2	4	11.0			6	11.5				8	11.0	1.60
생활 과학 대학	언론홍보영상학부	7	13	10.6			12	15.3				12	11.4	1.80
	아동가족학과(인문)	11	11	7.36			7	8.57	2.33 (1.28)	41.6		7	7.29	3.10
교육대	교육학부	9	15	7.73			13	13.6	1.38			14	11.6	1.50
합계		217	374	7.96			336	10.18	1.87	충원율 평균		425	8.31	2.22 충원율 평균

학생부종합 면접형 3개년 (2021~2019) 인문계열

전형안내
- <2021 연세종합 면접형> 1단계: 교과40%+비교과60% (3배수) / 2단계: 서류40%+면접60% / ★수능최저 없음 / ①2021 제시문면접 폐지 ②서류기반 확인면접
- <2020 연세종합 면접형> 1단계: 교과40%+비교과60% (3배수) / 2단계: 서류40%+면접60% / ★수능최저 없음 / ★제시문면접 유지
- <2019 연세종합 면접형> 1단계: 교과50%+비교과50% (3배수) / 2단계: 서류40%+면접60% / ★수능최저 폐지 / ★제시문면접 유지

대학	학과	2022 추천형 모집인원	2021 모집인원	2021 경쟁률	2021 종합격 평균(편차)	2021 충원율%	2020 모집인원	2020 경쟁률	2020 종합격 평균(편차)	2020 최종합격 80%	2020 충원율%	2019 모집인원	2019 경쟁률	2019 최종합격 80%
인문대학	국어국문	9	9	6.44			4	8.75				3	8.67	1.20
	중어중문	6	6	4.67			-	-				2	8.50	1.30
	영어영문	14	14	7.43			6	8.83				6	5.00	1.90
	독어독문	6	6	4.67			-	-	1.74 (0.60)			2	6.00	2.10
	불어불문	6	6	4.50			-	-				2	4.00	1.90
	노어노문	6	6	3.50			-	-				2	4.50	2.20
	사학과	9	9	7.67			6	6.17				6	5.33	1.30
	철학과	7	7	9.00			5	6.80				4	4.75	1.60
	문헌정보학과	6	6	3.50			4	6.00			77.8	4	7.25	1.60
	심리학과	7	7	8.29			5	10.0				5	8.20	1.80
상경대	경제학부	34	34	6.88			25	6.96	1.77 (0.59)			21	4.81	1.80
	응용통계학부	11	11	8.36			8	8.88				7	5.57	1.40
경영대	경영학과	52	52	7.71			34	7.79	1.63			35	4.94	1.60
신과대	신학과	9	9	3.33			6	6.67	2.12			6	6.00	2.30
사회 과학 대학	정치외교학과	15	15	13.3			10	12.5				10	7.10	1.90
	행정학과	15	15	11.7			10	8.90				10	8.70	1.60
	사회복지학과	5	5	8.60			3	6.33	1.65 (0.61)			4	6.75	1.50
	사회학과	7	7	19.1			4	12.5				5	7.40	1.90
	문화인류학과	4	4	9.00			2	10.5				5	10.5	1.80
생활 과학 대학	언론홍보영상학부	8	8	13.9			5	12.4				5	9.20	1.40
												4	4.75	1.50
	아동가족학과(인문)	4	4	6.00			3	7.33	1.94 (0.62)		64.3	4	6.75	1.50
												4	6.50	1.70
												3	5.00	2.00
교육대	교육학부	10	10	11.6			7	9.57	1.27			7	9.29	1.20
간호대	간호학과 (19년계열통합)	10					10	5.40	1.77			10	4.70	1.90
합계		250	250	8.14			157	8.54	1.71 (0.58)		충원율 평균 78%	173	6.54	1.69

연세대 2021 수시대비 결과분석자료 08 - 종합전형 스페셜 3개년 자연계열

2021. 05. 12 ollim

학생부종합 활동우수형 3개년 (2021~2019) 자연계열

<2018 활동우수형>
1단계: 서류100%
2단계: 면접30
★수능최저 (국수 1型)
인: 2개합 4+영이2
자: 2개합 4+영이2
의치: 3개 1+영이2

<2021 연세 활동우수형>
1단계: 서류 100% (일정배수)
2단계: 서류60%+면접40%
★수능최저 없음

<2020 연세 활동우수형>
1단계: 서류 100% (일정배수)
2단계: 서류60%+면접40%
★수능최저 2020 폐지

계열	모집단위	2022 활동형 모집인원	2021 모집인원	2021 경쟁률	2021 종합적 평균(편차)	2021 충원율%	2020 모집인원	2020 경쟁률	2020 종합적 평균(편차)	2020 최종합격 80%	2020 충원율%	2019 모집인원	2019 경쟁률	2019 최종합격 80%
이과대학	수학과	6	8	16.5			4	20.8				5	21.2	1.20
	물리학과	5	7	13.4			4	14.0				4	15.0	1.20
	화학과	7	10	10.6			4	14.5	1.42 (0.43)			5	11.6	1.40
	지구시스템과학과	5	7	8.71			4	8.50				4	7.00	1.40
	천문우주학과	4	6	10.3			3	10.3				3	12.7	1.50
	대기과학과	4	6	7.00			3	7.00				3	8.67	1.20
공과대학	화공생명공학부	13	19	9.21			9	15.9				9	14.1	1.10
	전기전자공학부	28	41	9.56			12	19.4				18	12.0	1.60
	건축공학과	11	17	7.24			8	8.63				8	8.50	1.70
	도시공학과	5	8	7.88			4	8.25			102.9	5	6.40	1.70
	사회환경시스템공	11	17	7.88			7	11.3	1.62 (0.78)			8	5.00	2.00
	기계공학부	18	27	9.04			10	15.8				11	15.6	1.20
	신소재공학부	15	22	12.6			9	13.8				10	15.3	1.30
	산업공학과	6	8	15.9			4	14.0				4	15.8	2.10
	글로벌융합공학	15	15	7.87						-		7	20.0	1.10
인공지능지능	컴퓨터과학과	10	15	14.5			6	21.3						
	인공지능학과 (신설)	15	-				2021 신설							
생명시스템대학	시스템생물학과	4	6	17.2			4	19.8	1.43 (0.44)			4	21.5	1.30
	생화학과	4	6	12.3			4	12.3				4	8.50	1.20
	생명공학과	8	12	14.7			5	18.4				5	24.4	1.20
생활과학대학	의류환경 (계열통합)	12	12	5.33			12	6.75				12	5.00	2.30
	식품영양 (계열통합)	12	12	7.83			12	7.33	2.59 (1.16)		41.6	12	5.25	4.70
	실내건축 (계열통합)	10	10	6.50			10	5.10				10	4.70	3.30
	생활디자인 (계열통합)	11	11	10.6			12	7.92				12	6.17	2.10
간호대	간호학과 (계열통합)	24	24	5.29			24	6.00	2.22			25	4.32	1.50
의과대	의예과	42	55	11.7			45	10.3	1.20		25.5	13	12.5	1.20
치과대	치의예과	12	13	10.0			6	12.3	1.26			6	8.17	1.50
약학대	약학과 (신설)	6	-				-			-				
	합계	323	394	10.37			225	12.39	1.56 (충원율 평균)			207	11.58	1.68 (충원율 평균)

학생부종합 면접형 3개년 (2021~2019) 자연계열

<2021 연세종합 면접형>
1단계: 교과40%+비교과60% (3배수)
2단계: 서류40%+면접60%
★수능최저 없음
①2021 제시문면접 폐지
②서류 기반 확인면접

<2020 연세종합 면접형>
1단계: 교과40%+비교과60% (3배수)
2단계: 서류40%+면접60%
★수능최저 없음
★제시문면접 유지

<2019 연세종합 면접형>
1단계: 교과50%+비교과50% (3배수)
2단계: 서류40%+면접60%
★수능최저 없음
★제시문면접 유지

계열	모집단위	2022 추천형 모집인원	2021 모집인원	2021 경쟁률	2021 종합적 평균(편차)	2021 충원율%	2020 모집인원	2020 경쟁률	2020 종합적 평균(편차)	2020 최종합격 80%	2020 충원율%	2019 모집인원	2019 경쟁률	2019 최종합격 80%
이과대학	수학과	7	7	14.4			3	10.3				3	9.00	1.50
	물리학과	6	6	9.00			2	9.50				2	9.50	1.20
	화학과	9	9	8.56			3	9.67	1.52 (0.48)			3	5.00	1.20
	지구시스템과학과	6	6	5.17			2	7.00				3	6.67	1.60
	천문우주학과	5	5	7.00			2	5.50				2	10.0	1.10
	대기과학과	5	5	4.60			2	5.00				2	5.00	1.30
공과대학	화공생명공학부	16	16	9.13			5	8.80				6	7.67	1.20
	전기전자공학부	36	36	7.36			9	8.22				12	6.08	1.30
	건축공학과	14	14	4.14			4	5.25				4	6.50	1.40
	도시공학과	7	7	4.86			3	4.67			81.8	2	6.00	1.40
	사회환경시스템공	14	14	6.29			4	6.75	1.49 (0.45)			4	6.00	1.90
	기계공학부	23	23	6.87			7	7.57				7	11.6	1.20
	신소재공학부	19	19	8.32			6	9.33				6	9.00	1.70
	산업공학과	7	7	12.1			3	5.67				3	7.00	1.40
	글로벌융합공학	13	-					-		-		-	-	1.40
인공지능지능	컴퓨터과학과	13	13	11.3			4	13.8				4	12.0	1.40
	인공지능학과 (신설)													
생명시스템대학	시스템생물학과	6	6	16.3			2	10.5				2	9.50	1.20
	생화학과	4	4	11.5			2	8.00	1.39 (0.36)			2	9.50	1.00
	생명공학과	10	10	19.4			3	15.3				3	10.7	1.50
생활과학대학	의류환경 (계열통합)	4	4	7.50			4	6.25				4	4.75	1.35
	식품영양 (계열통합)	4	4	11.3			4	7.25	1.94 (0.62)		64.3	4	6.75	1.44
	실내건축 (계열통합)	4	4	5.00			4	5.75				4	6.50	1.70
	생활디자인 (계열통합)	4	4	8.25			3	6.67				3	7.33	1.10
간호대	간호학과 (계열통합)	10	10	9.10			10	5.40	1.77			10	4.70	1.77
의과대	의예과	22	28	14.4			17	8.41	1.18		81.8	10	8.70	1.10
치과대	치의예과	12	12	10.0			5	7.80	1.30			4	4.75	1.20
약학대	약학과 (신설)	6	-				-			-		-	-	
	합계	273	273	9.27			113	7.94	1.49 (0.45) 충원율 평균		78%	109	7.61	1.36 (충원율 평균)

연세대서울 면접형		2021 등급	편차	2020 등급	편차	2021 충원율	2021 총합격 고교유형 비율% ollim					
							일반고	자사고 광역	자사고 전국	외고 국제고	과학고	영재고
인문	1단계	1.62	0.56	1.62	0.47	78%→ 205.7	80.6	3.8	1.2	14.0	-	-
	총합격	1.59	0.44	1.68	0.57		77.9	3.0	1.4	17.6	-	-
자연	1단계	1.53	0.37	1.48	0.41	82%→ 191.8	92.1	6.4	0.8	-	-	-
	총합격	1.48	0.36	1.49	0.45		91.9	6.3	0.8	-	-	-
의치예	1단계	1.29	0.39	1.20	0.27	82%→ 145.0	85.8	2.5	10.0	-	-	-
	총합격	1.25	0.33	1.21	0.30		84.5	5.2	10.3	-	-	-
통합	1단계	1.74	0.41	1.85	0.69	64%→ 180.0						
	총합격	1.73	0.33	1.88	0.60							

전형방법 경쟁률및 주요사항	전형방법 및경쟁률	▶1단계: 교과 40% (3배) + 서류 60% ▶2단계: 면접 60%	▶1단계: 교과 40% (3배) + 비교과 60% ▶2단계: 면접 60%	2021 경쟁률 ▶인문8.30 ▶자연8.70 ▶의치13.1 ▶통합8.10 2020 경쟁률 ▶인문8.70 ▶자연8.38 ▶의치8.11 ▶통합6.30
	모집인원 수능최저	▶총 523명 모집 ▶수능최저 없음	▶총 260명 모집 ▶수능최저 없음	2021 일반고 합격 ▶인문 77.9% ▶자연 91.9% ▶의치 84.5% 2020 일반고 합격 ▶인문 64.1% ▶자연 89.2% ▶의치 80.0%

연세대서울 활동우수형		2021 등급	편차	2020 등급	편차	2021 충원율	2021 총합격 고교유형 비율% ollim					
							일반고	자사 광역	자사 전국	외고 국제고	과학고	영재고
인문	1단계	1.95	0.75	1.77	0.71	83%→ 179.1	55.8	5.5	3.6	34.0	-	-
	총합격	1.97	0.75	1.71	0.67		54.3	4.9	3.5	36.0	-	-
자연	1단계	2.35	1.10	1.61	0.65	103%→ 284.0	38.4	6.4	5.1	-	22.2	27.6
	총합격	2.36	1.08	1.55	0.68		33.2	5.2	3.7	-	24.8	32.9
의치예	1단계	1.50	0.60	1.27	0.34	26%→ 141.2	51.9	6.4	11.8	2.0	7.7	20.2
	총합격	1.64	0.64	1.21	0.31		29.2	4.2	10.4	1.0	15.6	39.6
통합	1단계	2.50	1.00	2.43	1.07	42%→ 142.5	57.0	7.6	7.6	21.5	2.1	-
	총합격	2.42	1.04	2.49	1.11		57.0	6.1	5.3	27.2	2.0	-

전형방법 경쟁률및 주요사항	전형방법 및경쟁률	▶1단계: 서류 100% (일정배수) ▶2단계: 면접 40%	▶1단계: 서류 100% (일정배수) ▶2단계: 면접 30%	2021 경쟁률 ▶인문7.99 ▶자연11.2 ▶의치10.9 ▶통합7.15 2020 경쟁률 ▶인문10.3 ▶자연14.1 ▶의치11.3 ▶통합6.95
	모집인원 수능최저	▶총 768명 모집 ▶수능최저 없음	▶총 635명 모집 ▶수능최저 없음	2021 일반고 합격 ▶인문 54.3% ▶자연 33.2% ▶의치 29.2% 2020 일반고 합격 ▶인문 64.3% ▶자연 78.7% ▶의치 76.6%

2022 대학별 수시모집 요강 — 영남대학교

2022 대입 주요 특징

<영어> 국수영탐 인 30:25:25:20, 자 20:30:25:25
인/자: 100-95-90-85-80... 탐구2개, 백분위

▶ 교과반영 2022 변화
1년 국영수사과+史
2,3년 인: 국영사 자: 수영과
상경/경영: 국영수사
→ 2,3년 인: 국영수사+史★
자: 국영수과+史★
▶ 진로선택 5% 반영, 상위3개
A=1등급 B=3등급 C=5등급

1. 교과전형: ①일반학생 (363명 감소) ②지역인재 (의예 25명)
2. 2021 창의인재 678명→ 2022 의학창의인재 8명 변경
3. 2022잠재능력우수자(종합): 단계면접→서류100% 일괄변화
4. 약학과 신설: 수시52명, 일반17, 지역25, 농5, 고른5, 정시28
5. 휴먼서비스학과(사회복지) 2022 신설: 교과일반 17명 등
6. 2022 야간학과 8개 모집폐지, 고른기회 통합 확대모집
7. 자연계열(일부 제외) 미적/기하선택 1등급상향
8. 2022 일반학생전형과 지역인재전형 수능최저 동일함★

▶ 의예과: 전통의 최고 의료진 양성   **▶ 약학과**   **▶ 수학/컴퓨터공학**
▶ 항공운송학과: 1년 인문자율전공→경제금융/경영/무역+항공전공
(공군조종장학) →비행교육과정→공군장교조종사 의무복무 13년
▶ 군사학과: 육군협약 군사전문가 양성, 육군장교 의무복무 7년
▶ 경산캠/대구캠
▶ 2022 학과명칭 변경
자동차기계공→미래자동차공학, 로봇기계공학과→로봇공학과
가족주거학과→주거환경학과

모집시기	전형명	학생부종합 특별사항	2022 수시 접수기간 09. 10(금) ~ 14(화)	모집 인원	학생부	논술	면접	서류	기타	2022 수능최저등급
2022 수시 3,806명 (83%) 정시 781명 (17%) 전체 4,587명 2021 수시 3,791명 (78.5%) 정시 1,038명 (21.5%) 전체 4,829명	일반학생	일괄 학생부교과 최종 12.16(목)	1. 2022 전년대비 363명 감소 2. 의예 8명 등 3. 야간모집 폐지 4. 의/약학만 수과선택 지정 5. 2022 수능최저 전년대비 1개등급씩 평균하향 조정★ 6. 미적/기하선택 1등급 상향 ▶1년 국영수사과+史 ▶2,3년 인: 국영수사+史 자: 국영수과+史	1,299 2021 1,662	학생부 100		1. 수능최저 3개합/탐1 2. 의예/약학만 수학 미적/기하 필수, 탐2 ①의예: 4개합5(탐1)史4 ②약학: 4개합6(탐1)史4 3. 미적/기하 1등급상향 : 자연/공과/기계IT 생명/의생명/식영 수교/건축 지원자 ③3개합 11: 정외/행정 경찰/교육/국교/영교 한교/수교/유아		④3개합 12: 영문/심리 언론/기계/전자공 미래자동차/로봇공 상경/경영/인문자전 ⑤3개합 13: 국문/중국 일문/유럽/철학/역사 문화/사회/새마/공과 전기/컴공/정통/생명 한교/특수체교/건축 ⑥3개합 14: 자연과학 생활과학(체육제외)
	의학 창의인재 창의인재	1단계 학생부교과 1단계 10.06(수) 면접 10.16(토) 최종 12.16(목) 2단계	1. 2022 전년대비 670명 감소 2. 일반모집 폐지, 의예 8명 3. 의예 입결 2021 경쟁23.8 1.41-1.52-1.55 충원4	의예8 2021 678	학생부 100 (10→7배수) 1단계 70 + 면접 30					의예: 4개합 5 (탐1) +史4
	잠재능력 우수자	일괄 학생부종합 최종 12.16(목)	1. 2022 전년대비 6명 증가 2. 2022 단계면접→서류일괄 3. 인성, 잠재능력, 전공적합성 학업역량 등 평가	696 2021 690	서류 100		1. 학업역량 20% 2. 전공적합성 30% 3. 잠재능력 30% 4. 인성 20%			최저없음
	항공운송 공군조종장학	1단계 학생부교과 1년 국영수사과 2,3년 국영수사 2단계	1. 인문자율전공 항공운항계열 2. 남자 13명, 여자 1명 3. 졸업후 전원 공군장교임관	14	1단계 학생100 (5배수) 2단계 합불판정		서류 ~09.17(금) 1단계 09.30(목) 최종 12.16(목)			항공: 국수영 합 9+史3
	군사학과 육군군장학	1단계 학생부교과 1년 국영수사과 2,3년 국영수사 2단계	남자 25명, 여자 5명	30	학생부 100 (4배→5배수) 1단계 70 + 면접/체력30		서류 ~09.17(금) 1단계 09.30(목) 면접 10.18(월)~20(수) 최종 12.16(목)			군사: 국수영 합 15등급
	지역인재특별 학생부교과	일괄 학생부교과 1년 국영수사과 2,3년 국영수사 국영수과	1. 부산/울산/경남 대상자 2. 의예만 선발→전체선발확대 3. 의예 25명, 약학 25명 등 전체학과 891명 모집 4. 2021 의예 입결★★ 25명, 경쟁률 16.3 2021년 1.20-1.45-1.58 2020년 1.04-1.50-1.66	891	학생부 100 일반학생전형 수능최저 동일		1. 수능최저 3개합/탐1 2. 의예/약학만 수학 미적/기하 필수, 탐2 ①의예: 4개합5(탐1)史4 ②약학: 4개합6(탐1)史4 3. 미적/기하 1등급상향 : 자연/공과/기계IT 생명/의생명/식영 수교/건축 지원자 ③3개합 11: 정외/행정 경찰/교육/국교/영교 한교/수교/유아			④3개합 12: 영문/심리 언론/기계/전자공 미래자동차/로봇공 상경/경영/인문자전 ⑤3개합 13: 국문/중국 일문/유럽/철학/역사 문화/사회/새마/공과 전기/컴공/정통/생명 한교/특수체교/건축 ⑥3개합 14: 자연과학 생활과학(체육제외) 휴먼: 3개합 14(탐1)
	약학고른기회 (신설)	일괄 학생부교과 1년 국영수사과 2,3년 국영수사 국영수과	1. 기초및차상위 대상자	5	학생부 100					약학: 4개합 8 (과2) +史4
	고른기회통합	일괄 학생부종합 최저 있음★	1. 고른기회통합 및 인원확대 2. 국가보훈/만학도/서해5도 3. 다자녀 및 다문화 대상자 4. 기초수급 및 차상위 대상자	235	학생부 100					▶3개합 14 (탐1): 정외/행정/경찰/사범일부 ▶3개합 15 (탐1): 영문/심리/언론/기계/전자 미래자동차/로봇/상경/경영/인문자전 ▶3개합 16 (탐1): 문과일부/새마을/공과/전기 컴공/정통/생명응용/한교/건축 ▶3개합 17 (탐1): 자연과학/생활과학(체교제외)

251

대학	학부(과)	2022 모집	2021 교과일반 인문							2020 교과일반 인문						
			모집	경쟁률	등록	충원	최종합격 등급			모집	경쟁률	등록	충원	최종합격 등급		
							최고	평균	80%					최고	평균	80%
문과 대학	국어국문학과	21	30	3.43	25	28	2.98	4.83	6.07	21	6.24	20	32	2.74	3.63	3.92
	중국언어문화학과	19	25	3.88	22	25	2.14	4.08	4.43	26	4.15	26	36	3.34	4.12	4.52
	일어일문학과	9	11	5.91	11	21	3.52	4.81	5.44	13	4.69	11	17	3.15	4.04	4.08
	영어영문학과	27	34	3.41	21	32	3.02	3.96	4.48	36	5.64	35	76	3.02	3.61	3.93
	유럽언어문화학	22	27	3.81	21	37	2.14	4.45	4.87	28	5.00	27	43	3.33	4.11	4.48
	철학과	9	11	7.27	10	19	3.73	4.55	4.82	12	9.08	11	15	4.06	4.59	4.72
	역사학과	18	23	3.96	21	33	3.00	4.64	5.36	24	7.00	23	37	1.88	3.60	4.16
	문화인류학과	10	12	12.8	12	22	3.58	4.39	4.68	13	4.46	10	10	3.97	4.73	5.40
	심리학과	10	11	6.45	8	17	1.36	3.33	3.75	13	5.85	12	26	2.57	3.14	3.33
	사회학과	10	12	4.00	11	17	2.34	3.27	3.34	13	4.92	12	20	2.28	3.36	3.67
	언론정보학과	8	9	11.0	9	13	2.34	2.70	2.79	13	5.77	13	24	2.59	3.32	3.60
정치 행정	정치외교학과	21	26	4.92	12	6	3.51	4.90	5.31	17	3.59	9	4	3.57	4.41	4.73
	행정학과	26	38	5.13	37	54	2.28	3.59	3.89	25	3.84	16	23	2.50	3.61	4.11
	새마을국제개발	15	19	4.37	14	22	3.69	5.08	5.24	17	8.76	19	23	3.75	4.25	4.48
	경찰행정학과	13	16	6.81	16	34	2.67	3.35	3.73	17	14.3	17	14	2.15	2.72	2.84
	군사학과	30	30	7.13	30	8	2.64	4.07	4.58	30	6.43	30	11	2.11	3.99	4.44
상경	경제금융학부	55	65	2.83	54	48	2.91	3.96	4.05	48	6.04	47	65	2.90	3.68	3.96
	무역학부	50	61	2.56	29	21	2.42	4.27	4.93	44	5.8	43	49	2.71	3.59	3.77
	항공운송(공군계약)	14	14	11.7	3	0	2.44	2.76	-	-	-	-	-	-	-	-
경영	경영학과	52	62	3.19	43	62	2.18	3.68	4.38	55	5.00	50	78	2.14	2.87	3.13
	회계세무학과	19	24	7.08	24	51	2.62	4.05	4.59	24	4.88	23	29	2.48	3.64	4.43
생명	식품경제외식(인문)	19	25	8.08	24	25	4.10	4.63	4.88	26	2.88	26	18	3.22	4.79	5.21
생활	휴먼서비스(사복)	17	신설													
사범	교육학과	8	10	6.30	10	9	2.57	3.84	4.30	13	2.85	9	5	2.25	3.82	4.34
	국어교육과	10	12	3.25	8	16	2.01	3.21	3.01	13	5.23	13	20	2.07	2.79	2.93
	영어교육과	12	17	5.71	16	40	2.07	3.48	3.86	18	3.17	12	22	2.15	3.52	3.86
	유아교육과	8	9	3.83	10	10	3.06	4.55	5.03	12	14.0	12	18	2.56	3.15	3.41
	한문교육과	10	12	9.22	8	20	2.32	3.01	3.29	14	6.64	14	10	3.24	3.85	4.12
기초 교육	인문자전(인문사회)	25	45	8.20	45	68	3.19	4.16	4.56	25	3.04	17	12	3.46	4.24	4.77
	인문자전(항공운항)									14	10.1	11	2	2.08	2.72	2.82
	인문 합계	567	690	5.94	554	758	2.74	3.99	4.43	624	6.05	566	739	2.80	3.71	4.04
디자인 미술	회화전공	-	40	4.10	39	59	2.70	5.52	6.95	40	3.80	40	33	2.36	5.40	6.61
	트랜스아트전공	-	35	5.89	35	34	3.00	6.21	7.34	30	6.77	30	13	2.65	5.55	6.41
	시각디자인학과	-	40	10.0	40	23	3.25	5.20	6.01	40	10.4	40	9	2.60	5.39	6.31
	산업디자인학과	-	37	7.16	37	13	3.40	5.30	6.17	28	10.2	28	14	3.96	5.44	5.96
	생활제품디자인	-	35	6.11	35	14	3.70	6.18	7.10	28	9.39	28	8	2.96	5.98	6.95
음악	음악과	-	50	2.02	26	27	3.42	5.99	7.11	40	2.93	40	34	3.10	5.67	6.87
	성악과	-	27	3.15	27	35	2.25	6.10	7.68	27	3.63	27	19	3.85	5.79	6.60
	기악과	-	49	5.45	45	74	2.55	5.62	6.86	49	5.59	48	51	2.67	5.79	6.93
	예체 합계	-	313	5.49	284	279	3.03	5.77	6.90	282	6.59	281	181	3.02	5.63	6.58

대학	학부(과)	2022 모집	2021 교과일반 자연							2020 교과일반 자연						
			모집	경쟁률	등록	충원	최고	평균	80%	모집	경쟁률	등록	충원	최고	평균	80%
자연과학	수학과	14	19	5.00	18	13	3.12	4.32	4.64	20	3.50	18	34	3.25	4.51	5.18
	통계학과	16	20	6.50	20	51	3.30	4.11	4.42	21	3.81	20	39	2.37	3.90	4.57
	물리학과	15	16	2.63	11	6	3.52	5.52	6.01	16	3.19	16	12	3.38	4.31	4.47
	화학생화학부	28	43	5.07	42	72	3.33	4.36	4.80	45	2.91	44	63	2.27	4.12	5.01
	생명과학과	11	14	4.21	12	25	2.35	4.16	5.16	13	3.54	12	11	2.19	3.40	3.84
공과대학	건설시스템공학	26	34	7.06	34	31	3.94	4.90	5.26	35	3.80	24	33	3.31	4.60	5.11
	환경공학과	17	24	3.67	16	24	3.61	4.66	5.40	25	7.36	24	37	2.76	3.73	3.98
	도시공학과	11	15	3.80	11	7	3.95	5.12	5.30	16	4.38	16	19	3.62	4.31	4.53
	신소재공학부	44	58	5.71	54	77	3.43	4.35	4.59	58	3.45	55	59	2.82	4.11	4.70
	화학공학부	85	106	3.46	84	164	2.07	3.72	4.37	110	4.77	100	185	1.35	3.08	3.48
	파이버시스템공	16	21	3.67	17	10	3.96	5.01	5.18	22	4.59	22	24	4.05	4.62	4.84
기계 IT	기계공학부	93	118	3.74	94	135	2.14	3.99	4.66	120	4.71	114	165	1.85	3.29	3.74
	전기공학과	35	45	3.44	36	41	2.82	4.38	5.31	36	4.72	35	52	2.29	3.40	3.64
	전자공학과	42	55	6.84	51	96	2.10	3.55	3.95	56	3.54	54	65	2.28	3.52	4.25
	컴퓨터공학과	32	40	5.80	38	69	1.95	3.10	3.44	45	4.91	42	64	2.29	3.24	3.56
	정보통신공학	34	44	3.73	42	42	3.05	4.34	4.68	45	3.93	44	56	2.28	3.85	4.17
	미래자동차공	30	40	6.95	31	27	4.27	4.86	5.07	42	4.83	39	43	3.24	4.48	4.95
	로봇공학과	17	24	4.83	12	10	2.64	4.39	4.88	26	12.81	24	18	3.43	4.17	4.40
의과	의예과	8	8	29.13	8	22	1.28	1.44	1.48	8	24.00	8	17	1.30	1.44	1.49
	의예과(지역인재)	17	-	16.28	25	18	1.20	1.45	1.58	25	13.60	25	15	1.04	1.50	1.66
생명응용과학	원예생명과학과	8	9	6.00	9	14	3.78	4.80	5.44	12	3.58	12	21	2.00	4.13	4.70
	산림자원학과	12	15	4.80	14	17	2.28	3.96	4.62	33	3.61	32	41	1.63	4.26	4.74
	조경학 (분리신설)	12	16	5.25	15	20	3.80	4.61	5.07	-	-	-	-	-	-	-
	식품공학과	14	21	5.48	21	40	2.74	3.90	4.33	20	3.80	20	27	2.64	3.77	4.43
	생명공학과	23	32	3.94	25	52	2.81	4.23	4.63	31	3.32	27	47	2.03	3.51	3.85
	의생명공학과	9	11	4.27	8	21	2.95	3.79	3.93	13	3.62	13	17	2.73	3.69	3.90
생활과학	주거환경학과	17	27	6.93	27	51	4.10	4.93	5.24	27	2.93	26	30	3.67	4.80	5.25
	식품영양학과	14	22	3.82	22	24	2.71	3.69	4.02	23	5.57	22	44	2.81	3.66	3.92
	체육학전공	-	-	20.85	20	9	3.02	4.30	5.10	20	21.05	20	10	1.93	4.94	5.46
	무용학전공	-	-	2.43	29	15	3.42	6.76	7.69	30	3.03	29	19	4.58	6.91	8.06
	의류패션학과	17	22	6.14	22	21	3.68	4.17	4.39	24	3.25	24	29	2.96	4.25	4.86
사범	수학교육과	8	10	5.00	7	13	2.78	3.57	3.67	12	2.75	5	1	2.32	3.08	3.55
건축	건축학부	43	57	5.19	55	59	2.68	4.05	4.53	59	3.93	55	74	2.92	3.98	4.56
	자연 합계	768	986	6.41	930	1296	2.99	4.20	4.63	1088	5.71	1021	1371	2.61	3.89	4.34

대학	학부(과)	2022 모집	2021 잠재종합 인문			최종합격 등급			대학	학부(과)	2022 모집	2020 잠재종합 자연			최종합격 등급		
			모집	경쟁률	충원	최고	평균	80%				모집	경쟁률	충원	최고	평균	80%
문과대학	국어국문학과	13	14	2.93	8		미공개		자연과학	수학과	8	8	3.00	12		미공개	
	중국언어문화학과	12	12	4.92	9					통계학과	9	9	3.00	4			
	일어일문학과	10	10	5.40	10					물리학과	5	5	3.60	7			
	영어영문학과	12	12	4.67	12					화학생화학부	11	11	5.27	15			
	유럽언어문화학	10	10	3.60	11					생명과학과	13	13	3.54	17			
	철학과	7	7	3.43	11				공과대학	건설시스템공학	15	14	5.14	12			
	역사학과	12	12	4.92	14					환경공학과	13	13	3.77	20			
	문화인류학과	7	7	3.86	4					도시공학과	8	8	2.63	7			
	심리학과	11	11	9.18	12					신소재공학부	14	14	4.93	28			
	사회학과	8	8	4.13	6					화학공학부	20	20	6.45	18			
	언론정보학과	10	10	10.8	2					파이버시스템공	8	8	2.38	6			
정치행정	정치외교학과	11	11	4.09	7				기계IT	기계공학부	20	20	6.00	19			
	행정학과	18	18	4.00	21					전기공학과	20	20	2.90	14			
	새마을국제개발	11	12	3.75	10					전자공학과	14	14	5.71	22			
	경찰행정학과	13	13	10.7	13					컴퓨터공학과	17	17	9.12	17			
	군사학과									정보통신공학	13	13	4.15	16			
상경	경제금융학부	21	21	3.57	19					미래자동차공	16	16	6.00	21			
	무역학부	21	21	3.05	22					로봇공학과	14	14	4.64	12			
	항공운송(공군계약)	-							생명응용과학	원예생명과학과	11	11	4.18	11			
경영	경영학과	24	24	4.88	13					산림자원학과	8	6	5.83	7			
	회계세무학과	7	7	4.43	3					조경학 (분리신설)	8	7	5.00	12			
생명	식품경제외식(인문)	9	9	4.56	5					식품공학과	11	11	5.27	14			
생활	휴먼서비스(사복)	7	신설							생명공학과	13	13	4.85	18			
사범	교육학과	9	9	5.11	13					의생명공학과	12	12	3.83	5			
	국어교육과	7	7	3.86	8				생활과학	주거환경학과	7	9	5.00	3			
	영어교육과	10	10	2.80	12					식품영양학과	12	12	4.00	14			
	유아교육과	10	10	8.60	13					의류패션학과	10	11	4.73	3			
	한문교육과	7	7	3.00	3				사범	수학교육과	9	9	4.78	4			
기초	인문자전(인문사회)	40	40	4.05	26				건축	건축학부	20	20	7.10	17			
		337	332	4.93	287						359	358	4.72	375			

2021 정시수능 인문

대학	학부(과)	2022 모집	모집	경쟁률	등록	충원	모집군	환산점수 만점	환산점수 평균	환산점수 80% 컷	단순백분위합(영어제외) 만점	단순백분위합(영어제외) 평균	단순백분위합(영어제외) 80% 컷
문과	국어국문학과		18	2.00	18	18	나군	810.00	513.02	458.60	300.00	164.86	139.50
	중국언어문화학과		17	1.88	17	15	나군	810.00	499.74	477.40	300.00	159.91	150.50
	일어일문학과		6	2.33	6	5	나군	810.00	548.90	524.00	300.00	181.42	164.50
	영어영문학과		36	2.14	36	12	나군	810.00	580.58	529.00	300.00	194.13	170.00
	유럽언어문화학부		24	3.08	24	20	나군	810.00	526.98	502.00	300.00	170.58	158.50
	철학과		8	4.88	9	17	나군	810.00	575.91	565.60	300.00	193.67	187.50
	역사학과		16	2.31	16	21	나군	810.00	535.24	472.80	300.00	174.09	145.00
	문화인류학과		8	1.88	6	7	나군	810.00	549.03	540.00	300.00	181.67	181.00
	심리학과		13	2.23	13	4	나군	810.00	569.72	529.20	300.00	192.85	171.50
	사회학과		8	1.75	8	6	나군	810.00	568.48	475.80	300.00	189.06	138.50
	언론정보학과		9	1.78	9	6	나군	810.00	561.16	506.80	300.00	188.72	164.00
정치 행정	정치외교학과		31	3.68	30	83	다군	810.00	585.87	551.60	300.00	198.40	187.50
	행정학과		24	5.46	24	70	다군	810.00	656.07	643.20	300.00	232.94	225.00
	새마을국제개발학		14	3.86	12	28	다군	810.00	554.92	532.00	300.00	183.71	177.50
	경찰행정학과		12	3.67	12	15	다군	810.00	653.53	641.00	300.00	228.58	224.00
	군사학과		10	2.10	10	0	가군	737.50	489.23	457.50	200.00	124.20	115.00
상경	경제금융학부		50	2.10	51	46	나군	810.00	579.77	541.00	300.00	197.12	178.50
	무역학부		67	2.64	66	24	나군	810.00	577.63	555.40	300.00	196.45	187.50
	항공운송학과		17	2.00	17	1	가군	800.00	687.59	652.00	200.00	166.06	157.00
경영	경영학과		61	2.21	61	68	나군	810.00	581.30	546.60	300.00	197.99	177.50
	회계세무학과		19	2.89	18	12	나군	810.00	618.13	597.20	300.00	215.67	205.00
생명	식품경제외식학과		13	2.46	11	19	다군	810.00	485.11	433.00	300.00	151.64	121.50
사범	교육학과		7	4.86	7	9	다군	810.00	648.29	640.60	300.00	229.43	224.50
	국어교육과		11	4.09	10	19	다군	810.00	647.66	628.00	300.00	230.05	223.50
	영어교육과		10	4.40	10	25	다군	810.00	654.36	640.60	300.00	226.75	220.00
	한문교육과		7	3.29	7	5	다군	810.00	558.23	500.20	300.00	179.21	160.00
	유아교육과		9	3.22	9	4	다군	810.00	659.24	648.80	300.00	231.72	226.00
	특수체육교육과		8	3.88	9	6	다군	810.00	269.21	265.40	-	-	-
기초	인문자율전공학부		12	1.50	6	6	나군	250.00	121.23	110.00	-	-	-
디자인 미술	회화과		5	2.00	5	4	나군	810.00	573.45	543.33	-	-	-
	트랜스아트과		5	4.00	5	2	나군	810.00	697.38	687.33	-	-	-
	시각디자인		15	6.47	15	4	나군	250.00	170.43	159.40	-	-	-
	시각디자인		3	4.33	2	6	나군	810.00	614.37	-	-	-	-
	산업디자인		5	4.00	5	2	나군	250.00	156.80	144.80	-	-	-
	산업디자인		3	5.33	3	1	나군	810.00	637.42	-	-	-	-
	생활제품디자인		7	5.86	7	4	나군	250.00	152.29	140.80	-	-	-
	생활제품디자인		23	0.57	4	0	나군	810.00	428.93	446.93	-	-	-
음악	음악과		5	2.20	5	5	나군	170.00	86.52	66.27	-	-	-
	성악과		21	1.52	15	11	나군	170.00	70.21	58.07	-	-	-
	기악과		21	3.14	21	23	가군	810.00	621.56	605.80	300.00	215.71	211.00
	인문 합계		658	3.10	619	633	0	719.94	506.64	474.16	292.86	192.74	178.27

2021 정시수능 자연

대학	학부(과)	2022 모집	모집	경쟁률	등록	충원	모집군	환산점수 만점	환산점수 평균	환산점수 80% 컷	단순백분위합(영어제외) 만점	단순백분위합(영어제외) 평균	단순백분위합(영어제외) 80% 컷
자연과학	수학과		9	3.33	10	15	나군	856.00	552.21	536.25	300.00	172.75	163.50
	통계학과		11	3.73	12	22	나군	856.00	562.40	506.19	300.00	177.88	153.50
	물리학과		16	6.25	13	50	나군	856.00	561.92	543.71	300.00	176.88	171.50
	화학생화학과		19	5.68	18	56	나군	856.00	560.98	546.28	300.00	178.69	170.00
	생명과학과		9	4.00	10	19	나군	856.00	537.52	501.99	300.00	171.40	156.50
공과대학	건설시스템공학과		15	2.60	15	16	다군	856.00	568.67	551.35	300.00	182.67	177.50
	환경공학과		16	3.00	17	20	다군	856.00	572.10	559.64	300.00	182.24	173.50
	도시공학과		13	3.23	12	9	다군	856.00	547.60	512.20	300.00	177.42	161.00
	신소재공학부		35	3.94	36	30	다군	856.00	511.97	475.45	300.00	157.85	140.50
	화학공학부		89	2.35	94	107	다군	856.00	527.16	454.23	300.00	162.44	129.00
	파이버시스템공학		16	3.00	15	16	다군	856.00	477.74	434.05	300.00	140.90	121.00
기계IT	기계공학부		105	2.65	104	150	다군	856.00	563.16	508.35	300.00	179.98	157.50
	전기공학과		29	2.28	28	25	다군	856.00	550.07	471.44	300.00	172.05	142.00
	전자공학과		40	3.80	40	111	다군	856.00	538.90	435.94	300.00	168.89	125.50
	컴퓨터공학과		28	4.29	26	53	다군	856.00	649.52	631.20	300.00	220.69	209.00
	정보통신공학과		26	3.96	25	31	다군	856.00	600.12	589.55	300.00	196.52	190.00
	자동차기계공학과		33	3.27	33	25	다군	856.00	523.26	491.39	300.00	160.15	145.50
	로봇기계공학과		26	3.31	26	34	다군	856.00	559.27	543.76	300.00	175.65	166.50
의과	의예과		35	7.03	35	73	나군	810.00	791.31	790.00	300.00	292.61	291.50
생명응용과학	원예생명과학과		8	3.13	9	11	다군	810.00	540.22	506.60	300.00	180.78	156.50
	산림자원학과		6	5.17	6	10	다군	810.00	572.03	561.00	300.00	190.25	185.50
	조경학과		6	5.33	6	4	다군	810.00	554.47	556.00	300.00	183.08	183.00
	식품공학과		11	3.55	11	23	다군	810.00	541.71	514.80	300.00	176.86	167.50
	생명공학과		22	3.86	21	51	다군	856.00	585.02	571.72	300.00	192.05	181.50
	의생명공학과		9	5.78	10	26	다군	856.00	589.49	566.86	300.00	189.45	177.00
생활과학	가족주거학과		13	2.38	9	18	나군	810.00	573.62	567.00	300.00	192.44	188.50
	식품영양학과		12	3.00	10	17	나군	856.00	536.10	492.00	300.00	167.20	145.00
	체육학전공		15	2.73	15	13	나군	490.00	383.67	374.80	-	-	-
	무용학전공		1	0.00	0	0	나군	170.00	-	-	-	-	-
	의류패션학과		11	3.64	11	12	나군	810.00	577.69	564.60	300.00	194.82	189.50
사범	수학교육과		9	5.11	10	32	다군	856.00	646.72	629.40	300.00	219.50	198.50
건축	건축학부		31	3.10	31	47	다군	856.00	605.03	580.30	300.00	200.92	185.00
	자연 합계		724	3.70	718	1126	0	813.06	563.28	534.45	300.00	184.50	170.08

2022 대학별 수시모집 요강	용인대학교	2022 대입 주요 특징	<영어 반영> 정시: 영어30% 국영탐1/수영탐1
			인/자: 105-95-85-75-65 ... 학생30+수능70

<영어 반영> 정시: 영어30% 국영탐1/수영탐1
인/자: 105-95-85-75-65 ... 학생30+수능70

▶ 교과 반영
국영수사(史/도)과 중
학년별 4개씩 총 12개
동학년 동교과 중복불허
▶ 전학년 공통 100%

1. 교과 100% 트윈교과 체제, 수능유무 차이
2. 내신반영 총 12개, 평균 0.5~0.8등급 향상 고려할 것
3. 해마다 전년 합격최종평균 50%선 당해년 마지노선 인식 ★
4. 일반학과 야간 및 군사학 수능최저 공략 포인트
5. 2019~2021 교과100% 전형 (수능최저 적용) 입결특징
   : 경쟁률 대폭 감소, 입결은 이에 비례해 단순 하향되지 않음

6. 용인대 2021 정시 일반: 학생30%+수능70%, 수가가산10%
   예체: 학생30%+수능40%+실기30%
①인문/사범: 국영탐1 40:30:30
②경찰행정: 국수영탐1 30:20:30:20
③자연과학: 수영탐1 40:30:30
④군사학과: 국수영 37.5:37.5:25
⑤예체능: 국/수/영 택1(60%)+탐구1(40%) ★ 예체능 영어중요성
※ 예체능 및 군사학 정시영어환산점수: 120-110-100-90-80-70

모집시기	전형명	사정모형	학생부종합특별사항	2022 수시 접수기간 09. 10(금) ~ 14(화)	모집인원	학생부	논술	면접	서류	기타	2022 수능최저등급
2022 수시 967명 (76.6%) 정시 295명 (23.4%) 전체 1,262명 2021 수시 1,152명 정시 251명 (17.9%) 전체 1,403명	일반학생	일괄	학생부중심 최저없음 최종 10.26(화) 국영수사과 중 학년별 4개씩 총12개 과목중복 불허	1. 2022 일반학과 15명 증가 2. 내신변화 없음, 최저없음	560 일반 199 예체 361 2021 534 일반 184 예체 350	교과 100					
	교과성적 우수자 특별전형	일괄	학생부중심 최저있음★ 최종 12.16(목) 수능 최저 전년 동일 국영수사과 중 학년별 4개씩 총12개 과목중복 불허	1. 2022 일반학과 전년 동일 2. 입결평균-최저 3.20-4.10	일반 116 2021 일반 116	교과 100					인/자: 국수영 중 2개합 8등급 경찰: 국수영 합 9등급 *국/수 제한없음
	군사학과	1단계	군사학과 남27 여3 최종 12.16(목) 내신반영동일	2021 수능최저 전년과 동일 인성/체력/면접/신원조회 등 2박3일 합숙면접, 윗몸(86개) 팔굽혀(72개) 1.5km(6'08'') 서류제출: 1단계: 면접/신검: 최종:	군사 30 남27 여03	교과 100 (4배수)		<2021 수시 입결최종> 경쟁률 남 8.1, 여 18.3 평균남3.1-4.1, 여1.8-2.0 추합남자			국수영 합 15등급
		2단계				1단계 52.8% 면접 35.4% 체력 11.8%		<2021 정시 입결최종> 경쟁률 남 2.5, 여 4.0 남자평균 77.8 최저 74.3 여자평균 79.8 최저 78.9			
	국가보훈	일괄	학생부중심 최종 10.26(화)	국가보훈대상자녀 등 일반학과 12명	27	교과 100					최저 없음
	기초생활수급자 및 차상위계층	일괄	학생부중심 최종 10.26(화)	기초수급자 및 차상위 등 일반학과 5명 2020 경쟁률 15.8	11	교과 100		경영3.4 AI학부3.5 식품1.9 물리치료1.5			최저 없음
정시 용인대 2020	탐구제외 수가 가산없음	백분위	<군사학과> 국어 25.0% 수학 37.5% 영어 37.5%	<2020 정시 실기포함 체육학> 스포츠레저 81.3-76.0 체육주간 84.0-72.4 체육야간 78.4-71.4 골프학과 81.2-79.0 특수체육교육 74.5-61.4 경호학과 86.3-78.8 태권도겨루기품새 78.4-67.8 회화학과 83.8-80.4 영화영상 85.3-80.4							<2020 정시나군 2+1(1) 최종평균-최저> 국영탐/수영탐 문화재80.4-77.2 문화콘텐츠81.9-77.2 경영학과79.8-76.0 경영야71.0-65.4 문화관광과75.6-69.4 문화관광야67.6-63.6 중국학78.4-76.4 경찰행정학87.7-85.9 미용경영야63.3-52.9 영어과79.7-74.5 컴퓨터과학79.9-72.4 산업환경보78.1-76.2 환경학75.3-71.9 생명과학과77.5-70.4 물류통계정80.6-78.4 식품영78.8-75.4 물리치료학86.3-84.3 사회복지학78.5-74.8

용인대 2021 입결분석 01 - 일반학생 교과100% 일반학과　　2021. 06. 25 ollim

▶수능최저 없음

	학과	2022 일반 인원	2021 일반학생 인원	경쟁률	최종최고	최종평균	최종최저	충원	2020 일반학생 인원	경쟁률	최종최고	최종평균	최종최저	충원
자연	문화재학과	13	13	13.6	2.6	3.2	6.0	26	13	4.10		3.6	5.8	25
인문	문화콘텐츠학과	10	10	7.1	1.0	2.7	6.0	16	11	13.40		1.9	2.2	20
	경영학과	19	19	14.7	2.0	2.6	5.8	35	19	5.10		2.5	5.7	36
	관광경영학과	17	13	9.2	2.6	3.4	6.2	59	13	5.40		2.8	3.3	23
	경찰행정학과	20	20	5.8	1.0	1.5	2.0	52	18	8.80		1.3	1.6	21
	중국학과	15	14	5.9	2.3	3.2	3.9	24	14	10.50		2.8	3.1	23
자연	AI학부	27	22	4.5	2.1	3.3	6.0	33	10	6.60	컴퓨터과학	2.6	2.8	26
	산업환경보건학과	17	17	12.3	2.0	3.1	5.8	19	13	4.50	환경학과	2.9	3.3	21
	생명과학과	13	13	4.5	2.1	3.3	6.1	32	14	13.30		2.5	2.8	23
	식품조리학부	17	17	5.6	1.9	3.2	3.8	35	16	6.70		2.4	3.1	25
	물리치료학과	12	12	7.0	1.0	1.4	1.8	6	12	9.20		1.5	1.8	19
인문	사회복지학과	19	14	8.7	1.9	2.8	3.2	56	15	5.20		2.7	3.1	35
		199	184	8.24	1.9	2.8	4.7	393	168	7.73		2.5	3.2	297

용인대 2021 입결분석 02 - 교과성적우수자 교과100% 일반학과　　2021. 06. 25 ollim

▶수능최저 있음
▶인/자: 국수영중 2개합 8 (수가 1상향)
▶경찰: 국수영 합9

	학과	2022 교과 인원	2021 교과성적우수자 인원	경쟁률	최종최고	최종평균	최종최저	충원	2020 교과성적우수자 인원	경쟁률	최종최고	최종평균	최종최저	충원
자연	문화재학과	8	8	4.0	3.2	4.1	5.7	10	8	7.30		3.1	3.3	4
인문	문화콘텐츠학과	10	10	9.9	2.2	2.6	2.8	33	10	5.60		2.9	3.3	19
	경영학과	12	12	4.6	2.8	3.4	4.2	21	12	6.90		2.7	2.8	11
	관광경영학과	9	9	4.4	2.3	3.3	4.2	11	9	6.20		2.7	2.8	8
	경찰행정학과	12	12	5.8	1.5	2.2	3.6	7	10	6.20		1.7	1.9	8
	중국학과	10	10	3.9	3.0	3.4	3.8	9	10	8.80		3.2	3.4	24
자연	AI학부	11	11	4.2	3.0	4.1	6.8	15	5	7.00	컴퓨터과학	3.0	3.1	9
	산업환경보건학과	10	10	4.3	3.0	3.5	4.1	14	7	6.10	환경학과	3.4	3.6	6
	생명과학과	7	7	6.0	2.7	3.0	3.5	20	7	10.00		3.0	3.2	13
	식품조리학부	9	9	6.4	2.9	3.4	3.8	20	9	26.60		3.2	3.5	12
	물리치료학과	7	7	8.7	2.1	2.3	2.3	19	7	7.70		2.2	2.3	18
인문	사회복지학과	11	11	4.7	2.6	3.5	4.6	19	13	12.00		2.9	3.1	17
		116	116	5.58	2.6	3.2	4.1	198	107	9.20		2.8	3.0	149

용인대 2021 입결분석 03 - 정시수능 일반학과　　2021. 06. 25 ollim

▶국영탐1/수영탐1, 영30%
▶영어 105-95-85-75-65...
▶학생30+수능70

	학과	2022 정시 인원	2021 정시수능 백분위 인원	경쟁률	백분최고	백분평균	백분최저	내신등급		2020 정시수능 백분위 인원	경쟁률	백분최고	백분평균	백분최저	내신등급
자연	문화재학과		10	5.4	80.2	75.4	69.7	3.5	4.6				80.4	77.2	
인문	문화콘텐츠학과		9	7.1	87.1	82.7	80.7	2.8	3.1				81.9	77.2	
	경영학과		16	5.7	86.0	81.3	77.0	3.2	5.2				79.8	76.0	
	관광경영학과		11	6.9	79.9	77.7	75.8	3.3	4.3				75.6	69.4	
	경찰행정학과		12	4.0	93.2	86.1	82.7	2.2	2.7				87.7	75.9	
	중국학과		10	4.7	83.6	77.4	75.4	3.4	4.7				78.4	76.4	
자연	AI학부		38	3.9	85.8	76.4	70.5	3.6	5.3			컴퓨터과학	79.9	72.4	
	산업환경보건학과		14	3.4	81.8	75.8	71.2	3.8	5.9				78.1	76.2	
	생명과학과		11	5.6	80.9	75.3	72.7	3.5	5.3				77.5	70.4	
	식품조리학부		16	3.5	82.4	75.8	70.7	3.5	5.1				78.8	75.4	
	물리치료학과		11	5.5	87.9	85.9	84.8	2.5	3.3				86.3	84.3	
인문	사회복지학과		15	5.3	79.6	76.0	74.0	3.4	4.5				78.5	74.8	
		0	173	5.08	84.0	78.8	75.4	평균	최저	0			80.2	75.5	평균 최저

2022 대학별 수시모집 요강 — 을지대학교

2022 대입 주요 특징

<영어> 의: 수40영30+국/탐2 30 수가/과 10%
인/자: 100-95-90-80-70... 자: 수40영30+국탐2 30

▶ 교과: 국영수사과+史
▶ 종합전형: 전과목 정성
▶ 진로선택과목 포함 정성평가

1. 2022 교과전형 수능최저 대폭완화
2. 3캠퍼스체제 ①대전캠 (의예과) ②성남캠 (간호 등 기타학과) ③의정부캠(간호/임상/스포츠아웃도어/중독재활)
3. 지역균형 교과100%, 교과단계면접, 미래인재서류종합 신설
4. EU자기추천을 제외한 모든 종합 단계면접→서류일괄 변경
5. 2022 종합전형 최대 2회 지원가능: 면접형1+서류형1

6. 대전캠 의예 2022: 교과10, 지역15 등 * 수시최저: 4개합 6(탐1)
7. 성남캠의 의료홍보디자인, 스포츠아웃도어학과는 실기 실시
8. 2020 정시 대전캠퍼스 입학결과 백분위합
　<2+1>간호91.0 임상85.7 <1+1>의예97.9 임상93.3 간호95.0
9. 수능최저 남한산성 전략요충지 더 이상 아님 그러나 모든 전형 신설 및 모집인원 분산 등으로 매우 혼란스러운 기회.

모집시기	전형명	사정모형	학생부종합 특별사항	2022 수시 접수기간 09.10(금) ~ 14(화)	모집인원	학생부	논술	면접	서류	기타	2022 수능최저등급
2022 수시 786명 (74.2%) 정시 273명 (25.8%) 전체 1,059명 2021 수시 770명 (74.8%) 정시 260명 (25.2%) 전체 1,030명	교과성적 우수자	일괄	학생부교과 교과100% 최저 있음 국영수사과史 의예단계면접 유아일괄면접 단계: 면접: 최종:	1. 대전의예10: 교과단계면접 2. 성남유아05: 교과일괄면접 3. 2022 수능최저 변화 ①탐구2개→1개 완화 ②국수탐(영제외)→영어포함 ※ 2021 최저전략 회상★★ 1. 최저 영어별도포함 지속 2. 간호를 제외한 전체학과 최저 영향력이 매우 큼 - 국수탐 중 2개합 8+영어 3. 전략적 요충지 남한산성^^ 4. 실질당락 영어포함수능최저	101 성남 75 의정부 16 대전의예 10	<2020-인원-경쟁률-최종평균> 콜~ 임상14-10.6-3.05-13 안경08-10.9-3.77-15 응급08-8.10-3.22-11 방사13-11.8-3.09-22 치위09-8.40-3.35-16 물치14-11.5-2.46-11 식영08-10.0-3.72-17 식품08-9.30-4.40-08 보건08-6.10-6.45-00 의료08-6.40-3.79-10 의공08-8.50-3.19-07 미용10-7.30-3.25-12 경영09-15.0-3.33-14 장례07-5.90-4.80-04 재활07-8.00-3.77-08 유아04-8.30-2.91-04 아동04-13.0-3.76-00 간호16-13.4-2.52-28					▶의예: 4개합 5 (탐1) (대전) ▶간호: 2개합 6 (탐1) ▶보건 8개학과 : 2개합 8 (탐1) ▶바이오 12개학과 : 1개 4등급 (탐1) *국/수/탐 무제한
	지역균형 (신설)	일괄	학생부교과	1. 학교장추천 신설 2. 고교별 추천제한 없음 3. 성남 89명, 의정부 26명	115	교과 100					▶간호: 2개합 8 (탐1) ▶보건 8개학과 : 1개 4등급 (탐1) ▶바이오: 최저없음
	교과면접 우수자 (신설)	1단계	학생부교과 1단계 10.13(수) 면접 10.16(토) 최종 11.22(월)	1. 단계면접 신설 2. 성남 123명, 의정부 24명 3. 질문유형 및 예시문항 일부는 2021년 8월 중 안내 4. 지원자 1인당 평균 4~6문항 10분 내 질의응답	147	교과 100 (4배수)					최저 없음
		2단계				1단계 70 + 면접 30					
	EU자기추천 (면접형)	1단계	학생부종합 최저없음 자소~09.17(금)	1. 독서/체험/봉사/동아리★ 2. 올바른 인성과 전공적합성 갖춘 창의적 휴먼인재	119 성남 100 의정부 19	서류 100 (5배수)		학업역량 30% 전공적합성 30% 발전가능성 30% 인성 10%			최저 없음
		2단계	1단계 11.17(수) 면접 11.20(토) 최종 12.16(목)			1단계 70 + 면접 30					
	EU미래인재 (서류형/신설)	일괄	학생부종합 자소~09.17(금) 최종 12.16(목)	고교교육과정 충실히 이수한 자로서 적극적으로 자신 역량 계발한 자	109	서류 100		학업역량 40% 인성 10% 전공적합성 30% 발전가능성 20%			최저 없음
	지역인재	일괄	학생부종합 1단계 12.01(수) 면접: 12.04(토) 최종 12.16(목)	세종충남북 대상자 대전캠 의예과 15명	대전의예 15	서류 100		<2021 지역인재 입결> 12명, 경쟁률 14.2 충원12명, 평균1.33-1.36		의예: 4개합 6 (탐1)	
	사회기여 배려대상자	일괄	학생부종합 자소~09.17(금) 최종 12.16(목)	2022단계면접→서류일괄 변경 1.유공+군인경찰소방교도10년 2.다자녀 및 벽지근무선교 등	성남 47 의정부 4	서류 100					최저없음
	고른기회	일괄	학생부종합 자소~09.17(금) 최종 12.16(목)	2022단계면접→서류일괄 변경 1.보훈대상자 2. 농어촌 3. 기초차상위 4. 특성화고	성남 7 의정부 2	서류 100					최저없음
	기회균형	일괄	학생부교과 최저 있음 최종 12.16(목)	1. 기초수급 및 차상위 등 2. 대전캠의예2, 의정부간호2 3. 성남캠 간호2 등 19명	19	교과 100		2022 수능최저 3년차 ▶간호: 2개합 8 (탐1) ▶보건 8개학과: 1개 4등급 (탐1)		▶의예: 4개합 6 (탐1) ▶바이오: 최저없음	

<2020 일반전형1> 수능90+내신10, 백분위평균
　　인: 국영+수/탐2 택1 자: 수영+국/탐2 택1 수가/과탐10%
간호93.87 임상86.96 안경85.68 응급85.96 방사선88.90
치위88.37 물치89.87 식영82.48 식품84.43 의공86.44
경영89.56 의료IT85.70 미용83.04 장례86.67 아웃도어
아동88.91 유아교87.85 중독재활89.17 보건환경안전85.48

<2020 일반전형2> 1+1 최우수 2개 반영
치위96.33 물치94.42 간호96.36 임상95.08
안경93.25 응급93.25 방사선95.25

2021 교과성적우수자

▶교과 100%
▶내신: 국영수사과
▶최저일반: 국수탐 중 2개합 8+영어별도 3/4
▶의예: 4개합 5 (탐1)
▶간호: 2개 6(탐2)+영3

		2022 모집인원	2021 지원 모집인원	2021 지원 경쟁률	지원인원	최저충족	충원합격	등록인원	최초지원 평균등급	최종등록 평균등급	최종등록 50% 컷	최종등록 70% 컷	최종등록 최저	최저충족률
의과	의예과	10	10	19.8	198	13	3	3	1.54	1.19	1.17	1.25	1.20	6.6%
보건	임상병리 의정부	3	7	11.30	79	34	10	7	3.55	2.90	2.93	3.06	3.10	43.0%
바이오	중독재활 의정부	4	7	9.00	63	15	6	7	4.16	3.53	3.58	3.65	3.88	23.8%
간호	간호학과 의정부	9	14	12.80	179	58	16	13	3.04	2.49	2.57	2.59	2.63	32.4%
대학	간호학과 성남캠	6	16	12.0	192	66	32	16	3.07	2.54	2.49	2.65	2.77	34.4%
성남캠 보건과학대학	임상병리 성남캠	5	14	9.1	127	68	22	13	3.56	3.03	3.10	3.16	3.24	53.5%
	안경광학과	4	8	6.6	53	17	9	6	4.28	4.12	3.66	3.73	6.94	32.1%
	응급구조학과	2	8	11.80	94	34	9	8	3.91	3.08	2.80	3.19	3.34	36.2%
	방사선학과	5	13	14.90	107	38	17	13	3.95	3.16	3.18	3.27	3.33	35.5%
	치위생학과	4	9	8.20	134	47	12	9	3.78	3.20	3.23	3.31	3.37	35.1%
	물리치료학과	5	14	7.80	109	13	12	14	3.84	2.67	2.72	2.77	2.96	11.9%
성남캠 바이오융합대학	식품영양학과	5	8	10.00	80	28	12	7	4.07	3.65	3.60	3.61	3.98	35.0%
	식품산업외식산업	5	8	12.90	103	21	9	8	4.63	4.28	4.32	4.44	4.79	20.4%
	보건환경안전학과	5	8	26.90	215	23	7	7	5.61	4.16	4.13	4.27	4.72	10.7%
	미용화장품과학과	5	10	5.00	50	10	0	3	4.27	4.82	5.41	5.84	5.84	20.0%
	빅데이터의료융합	3	6	7.20	43	7	1	4	4.55	3.78	3.41	3.80	5.33	16.3%
	의료IT학과	3	8	11.50	92	33	13	7	3.99	3.64	3.63	3.63	3.81	35.9%
	의료공학과	4	8	6.30	50	16	8	5	4.41	5.30	5.41	6.10	6.93	32.0%
	의료경영학과	5	9	9.90	89	34	25	4	3.78	3.31	3.34	3.38	3.93	38.2%
	장례지도학과	6	7	5.70	40	11	4	5	5.11	4.78	4.20	5.65	6.11	27.5%
	유아교육사범	-	5	4.0	20	6	1	2	4.84	2.88	2.84	-	3.42	30.0%
	아동학과	3	4	10.3	41	14	10	4	3.75	3.83	3.72	3.89	4.19	34.1%
		101	201	10.6	98	28	11	8	3.99	3.47	3.43	3.68	4.08	29.3%

		2022	2021 지원		지원 세부사항			2021 수시 입결					
▶1단계: 서류 100 (5배수) **▶2단계: 면접 30** **▶전과목 정성평가**		모집 인원	모집 인원	경쟁률	지원 인원		충원 합격	등록 인원	최초지원 평균등급	1단계합 평균등급	최종등록	최종등록 50% 컷	최종등록 70% 컷	
보건	임상병리 의정부	4	4	19.50	78		1		4.19	3.52	3.32	3.42	3.32	
바이오	스포츠아웃도어	4	8	8.00	61		5		4.90	4.64	4.52	4.39	4.27	
의정부	중독재활 의정부	4	4	7.30	29		3		4.97	4.02	3.87	3.93	3.73	
간호	간호학과 의정부	7	7	17.30	121		10		3.24	2.77	2.64	2.83	2.17	
대학	간호학과 성남캠	8	8	15.3	122		10		3.08	2.59	2.54	2.69	2.47	
성남 캠 보건 과학 대학	임상병리 성남캠	7	7	16.1	113		3		3.95	3.43	3.16	3.26	3.09	
	안경광학과	4	4	4.5	18		2		4.65	4.65	4.36	5.48	4.53	
	응급구조학과	4	4	10.00	40		1		3.97	3.36	3.06	2.95	3.50	
	방사선학과	8	8	13.90	111		2		4.10	3.86	3.82	3.46	3.44	
	치위생학과	4	4	13.30	53		1		3.95	3.65	3.65	2.83	3.73	
	물리치료학과	7	7	19.40	136		11		3.51	3.00	3.07	3.09	3.24	
성남 캠 바이오 융합 대학	식품영양학과	5	5	8.00	40		13		4.26	4.09	4.12	4.15	4.08	
	식품산업외식산업	4	4	5.30	21		2		4.60	4.60	4.37	3.62	5.20	
	보건환경안전학과	4	4	8.00	32		7		4.70	4.26	4.38	4.57	4.27	
	미용화장품과학과	5	5	16.60	83		6		4.27	3.97	3.58	3.87	3.24	
	빅데이터의료융합	5	6	5.20	31		5		4.46	4.44	4.39	3.89	4.83	
	의료IT학과	6	6	4.00	24		1		4.49	4.49	4.19	4.39	3.92	
	의료공학과	4	4	10.00	40		6		4.35	4.19	4.26	4.36	4.84	
	의료경영학과	4	4	6.00	24		7		4.12	3.90	4.11	3.84	4.50	
	의료홍보디자인	3	4	3.50	14		-		4.92	4.92	3.98	4.10	3.59	
	장례지도학과	5	10	9.60	96		11		3.89	3.52	3.50	3.19	3.95	
	유아교육사범	10	3	20.3	61		5		4.56	4.01	4.08	-	-	
	아동학과	3												
		119	120	11.0	61		5		4.23	3.90	3.77	3.73	3.81	

2021 EU자기추천 종합

2022 대입 주요 특징

공통등급 10-9.6-9.2-8.6 성취도 A-10, B-8.6, C-5
영어100-98-94-88 인30:25:20:25 자25:30:20:25

▶ 고교/논술: 국영수사과+史
▶ 공통 90%+진로선택 10%★
▶ 진로선택전체: A10, B8.6, C5
▶ 논술: 상위 30단위 등급반영
▶ 학년비율 없음, 단위수 적용

1. 2022 고교추천 30명 증가, 추천인원 확대, 5%내 최대 10명
2. 2022 미래인재 45명 증가, 논술 149명 감소
3. 약학부 120명 선발★: 미래 30명(자20+인10), 정시 90명
4. 고른기회 인원 및 자격확대 (농어촌 추가): 55명→150명
5. 미래/논술: 3개 6(탐1) 스크 3개 5(탐1) 의약 4개 5(탐1)

6. 고른/기여: 3개합7(탐1), 예술: 2개합6(탐1), 체육: 3개합8(탐1)
7. 초등교육 수시 23명(고교 9명, 미래 12명, 고른 2명), 정시 16명
8. 2022 정시 계열통합 선발 290명 (인문 150, 자연 140)
   약학70/미래산업약학20/의학, 간호, 뇌·인지 등, 정시가군→나군
9. 정시자연: 수학 - 미적/기하, 과탐 - 서로다른 과탐 2과목★ 0521

모집시기	전형명	사정모형	학생부종합특별사항	2022 수시 접수기간 09. 10(금) ~ 14(화)	모집인원	학생부	논술	면접	서류	기타	2022 수능최저등급
2022 수시 정원내 2,090명 (67.4%) 정시 1,043명 (32.6%) 전체 3,133명 2021 수시 정원내 2,084명 (69.3%) 정시 952명 (30.7%) 전체 3,036명	고교추천 (학교장추천)	일괄	학생부교과 학교장추천제 5명→재적 5% 최대 10명 재수생까지 최저 없음 자소서없음 수능전 면접	1. 2022 30명 인원증가 2. 고교추천 면접일괄 유지 3. 학교장추천 5% (최대 10명) 우수한학업능력 지도력겸비한 학업역량 학교활동우수성 발전가능성 종합, 재수생까지 면접: 인성및서류진위, 발전성 간호자연18 초등교육 9명 등	400 2021 370	교과 80% 면접 20% 서류기반면접 추천 소수점절사 추천업로드9/15 면접 10.30(토) ~10.31(일) 최종 11.19(금)					▶고교추천 2020 올림 1. 인문 1.5등급 (편0.4) 2. 자연 1.7등급 (편0.6) 3. 충원 인169% 자118% 4. 뇌인지과학:융합전공 심리+어학+과학연구 5. 스크랜튼: 융복합학부 로스쿨 양성 6. 일반고 등록 92.5% / ▶공통 90%+진로10% ▶이수단위 적용 ▶공통일반: 등급반영 ▶진로선택: 성취반영 등급: 10-9.6-9.2-8.6 성취: A-10 B-8.6 C-5 ●성취도A=1등급★ ●성취도B=4등급★ ●성취도C=7등급★
	미래인재	일괄	학생부종합 자소서제출 ~09.15(수) 최종 12.16(목)	1. 2022 45명 인원 증가 2. 서류100% 유지 자신의 역량 적극 계발한 자 의예13 자연약학20 인약학10 간호18 간호인5 초등12 뇌인지과학자연10 등	889 2021 844	서류 100% 1. 학업역량 2. 학교활동우수 3. 발전가능성					▶등록 2개년 2020-2021 인평균 2.6→3.1등급 자평균 1.9→2.2등급 ▶등록 유형 2020-2021 일반고 66.3% 자율고 12.5% ▶2020 최저충족률 인문평균 51.6% 자연평균 48.8% / 인/자: 3개합 6 (탐1) 의예: 4개합 5 (탐1) 약학: 4개합 5 (탐1) 스크랜: 3개합 5 (탐1) *자연 미적/기하, 과탐
	논술전형	일괄	논술위주 국영수사과 중 총 30단위만 학년동일 논술 11.27(토) ~11.28(일) 최종 12.16(목)	1. 2022 149명 인원감소 2. 간호자연12→4명 등 인문1: 인문/의류/사범 (100분) 인문2: 사과/경영/신산업(100분) 자연1: 자연/공과/사범자연/ 신산업/뇌인지과학/간호(100분) 자연2: 의예과 (100분)	330 2021 479		교과 30% 논술 70%				▶2020 결시 및 충원률 인1 결시52.6% 실질 6.3 인2 결시48.8% 실질 7.6 자1 결시47.8% 실질 7.1 자2 결시57.0% 실질38.3 스크결시57.2% 실질10.2 / 인/자: 3개합 6 (탐1) 스크랜: 3개합 5 (탐1) *자연 미적/기하, 과탐
	사회기여자	일괄	학생부종합 자소서제출 ~09.15(수) 최종 12.16(목)	1.민주화관련 자녀 2.군인자녀 (국방장관추천) 3.다문화 4.다자녀는 해당무 5.해외선교 5년 간호자연1 등	15 2021 15	서류 100%					▶2020 최저충족 추정 인문 66.7% 자연 25.0% / 인/자: 3개합 7 (탐1) *자연 미적/기하, 과탐
	고른기회	일괄	학생부종합 자소서제출 ~09.15(수) 최종 12.16(목)	1. 보훈대상 2. 기초/차상위 3. 농어촌 대상자 ▶2022 95명 인원증가★ ▶간호자연3 초등교육2 등	150 2021 55	서류 100%					▶2020 최저충족 추정 인문 35.7% 자연 27.8% / 인/자: 3개합 7 (탐1) *자연 미적/기하, 과탐
	어학특기자	1단계	활동보고/증빙 ~09.15(수) 1단계 11.01(월) 면접 11.07(일) 최종 11.19(금)	2022 전년대비 7명 감소 어학관련 학업역량 교내외 활동우수성 발전가능성 평가 면접: 외국어능력등 심층평가	50 2021 57	서류 100% (4배수)					▶2020 경쟁률 5.6→5.0 ▶충원률 115%→100% ▶일반고 최초합격: 27% ▶일반고 최종등록: 33% / 최저 없음
		2단계				1단계 70% + 면접 30%					
	과학특기자	1단계	활동보고/증빙 ~09.15(수) 1단계 11.01(월) 면접 11.07(일) 최종 11.19(금)	2022 전년대비 4명 감소 수학과학 우수역량 활동실적	50 2021 54	서류 100% (4배수)					▶2020 경쟁률 5.1→4.9 ▶충원률 86%→71% ▶일반고 최초합격: 14% ▶일반고 최종등록: 39% / 최저 없음
		2단계				1단계 70% + 면접 30%					
	국제학특기자 스크랜튼대학	1단계	활동보고/증빙 ~09.15(수) 1단계 11.01(월) 면접 11.07(일) 최종 11.19(금)	국제학 분야 성장잠재력 영어강의 수강 가능자 학업역량 교내외활동실적 등 스크랜튼대학 국제학부54	54 2021 54	서류 100% (4배수)					▶2020 경쟁률 5.9→5.0 ▶충원률 96%→80% ▶일반고 최초합격: 19% ▶일반고 최종등록: 27% / 최저 없음 예체능실기전형81 생략 예체능서류전형71 생략 (2개합6 / 3개합8)
		2단계				1단계 70% + 면접 30%					

수능최저 없음			**2021 고교추천 인문**					수능최저 없음			**2020 고교추천 인문**				
▶교과80+면접20 일괄 ▶내신: 국영수사과		**2022 모집 인원**	**2021 지원**		**2021 고교추천 ADIGA**				▶교과80+면접20 일괄 ▶내신: 국영수사과			**2020 지원**		**2020 고교추천 입결**			
			모집 인원	**경쟁률**	**70% CUT 환산**	**70% CUT 등급**	**추합 인원**	**충원율**				**모집 인원**	**경쟁률**	**최초 평균**	**등록 75%**	**추합 인원**	**충원율**
인문 과학	국어국문	12	10	2.60	768.1	2.0	14	140%	인문 과학	국어국문		10	3.70	1.5		12	120%
	영어영문	12	9	3.60	778.2	1.7	16	178%		영어영문		9	4.56	1.4		9	100%
	중어중문	12	9	2.20	771.3	1.9	10	111%		중어중문		9	3.78	1.5		10	111%
사회 과학	정치외교	11	9	3.30	774.7	1.8	20	222%	사회 과학	정치외교		9	3.33	1.2		14	156%
	행정학과	10	9	3.10	781.4	1.6	11	122%		행정학과		9	3.67	1.3		18	200%
	경제학과	14	10	2.80	778.7	1.7	17	170%		경제학과		10	3.70	1.3		16	160%
	사회학과	8	7	3.30	780.6	1.6	9	129%		사회학과		7	4.86	1.3		14	200%
	심리학과	11	9	2.90	773.1	1.8	10	111%		심리학과		9	3.56	1.4		7	78%
	커뮤니케미디어	15	12	3.80	778.5	1.7	25	208%		커뮤니 미디어		12	5.25	1.3		9	75%
경영대	경영학부	18	15	3.20	774.2	1.8	30	200%	경영대	경영학부		15	3.60	1.2		34	227%
신산업 융합대	의류산업	11	9	2.60	736.3	3.0	13	144%	신산업 융합대	의류산업		9	3.00	1.4		13	144%
	국제사무학과	7	7	3.30	775.2	1.8	12	171%		국제사무학과		7	3.86	1.5		6	86%
사범 대학	교육학과	6	8	4.30	780.4	1.6	25	313%	사범 대학	교육학과		8	4.75	1.2		20	250%
	유아교육	6	6	3.70	778.9	1.7	7	117%		유아교육		8	4.38	1.4		16	200%
	초등교육	9	9	4.70	792.9	1.2	31	344%		초등교육		11	8.27	1.0		21	191%
	교육공학	5	9	7.00	781.8	1.6	17	189%		교육공학		9	5.22	1.4		27	300%
	특수교육	9	12	2.30	773.3	1.8	14	117%		특수교육		14	3.07	1.4		15	107%
	영어교육	5	6	3.50	781.8	1.6	15	250%		영어교육		10	3.70	1.3		19	190%
	역사교육	5	6	5.00	785.7	1.4	8	133%		역사교육		9	4.78	1.4		12	133%
	사회교육	5	7	4.90	780.4	1.6	15	214%		사회교육		7	6.14	1.3		24	343%
	지리교육	5	7	3.70	774.6	1.8	13	186%		지리교육		9	6.33	1.4		25	278%
	국어교육	5	6	4.20	779.9	1.6	11	183%		국어교육		9	4.89	1.2		13	144%
합계		201	191	3.64	776.4	1.7	343	180%	**합계**			209	4.47	1.3		354	172%

수능최저 없음			**2021 고교추천 자연**					수능최저 없음			**2020 고교추천 자연**				
▶교과80+면접20 일괄 ▶내신: 국영수사과		**2022 모집 인원**	**2021 지원**		**2021 고교추천 ADIGA**				▶교과80+면접20 일괄 ▶내신: 국영수사과			**2020 지원**		**2020 고교추천 입결**			
			모집 인원	**경쟁률**	**70% CUT 환산**	**70% CUT 등급**	**추합 인원**	**충원율**				**모집 인원**	**경쟁률**	**최초 합격 평균**	**등록 75%**	**추합 인원**	**충원율**
자연 과학	수학과	10	8	4.30	770.1	1.9	17	213%	자연 과학	수학		8	1.88	1.5		6	75%
	통계학과	11	9	3.40	775.9	1.8	14	156%		통계		9	2.56	1.3		12	133%
	화학생명분자	25	22	6.40	781.4	1.6	62	282%		화학생명분자		22	4.68	1.3		31	141%
신산업	식품영양	11	9	3.90	773.9	1.8	4	44%	신산업	식품영양		9	3.56	1.6		9	100%
간호대	간호학부	18	16	3.60	782.5	1.5	15	94%	간호대	간호		16	3.63	1.3		11	69%
사범 대학	과학교육	16	17	3.50	783.5	1.5	17	100%	사범 대학	과학교육		18	3.56	1.3		21	117%
	수학교육	6	9	3.90	778.1	1.7	15	167%		수학교육		12	2.75	1.4		17	142%
	휴먼기계바이오	20	20	3.80	779.2	1.7	27	135%		휴먼기계바이오		20	3.05	1.4		27	135%
엘텍 공과대 자연	컴퓨터공학	12	10	5.10	780.7	1.6	20	200%	엘텍 공과대 자연	컴퓨터		10	2.20	1.5		9	90%
	사이버보안	8	7	4.00	777.2	1.7	5	71%		사이버보안		7	3.29	1.6		8	114%
	전자전기	16	13	3.10	776.0	1.8	20	154%		전자전기		11	2.36	1.5		9	82%
	화공신소재공	14	11	5.90	784.4	1.5	35	318%		화학신소재		11	5.00	1.3		26	236%
	식품생명공학	9	8	4.60	770.4	1.9	12	150%		식품공학		8	4.13	1.5		5	63%
	기후에너지시스	8	7	3.90	778.7	1.7	5	71%		기후에너지		7	3.29	1.4		6	86%
	환경공학	8	7	4.70	778.6	1.7	14	200%		환경공학		7	5.29	1.3		11	157%
	건축도시시스템	7	6	3.20	775.3	1.8	5	83%		건축도시		6	2.17	1.5		5	83%
합계		199	179	4.21	777.9	1.7	287	152%	**합계**			181	3.34	1.4		213	114%

2021 미래인재 인문 / 2020 미래인재 인문

수능최저 있음

▶서류 100% 일괄전형
▶2022 수능최저등급
인/자: 3개합 6(탐1)
의예: 4개합 5(탐1)
약학: 4개합 5(탐1)
스크랜: 3개합 5(탐1)

▶서류 100% 일괄전형
▶수능최저 인문: 3개합 5 (탐2)
　　　의예: 4개합 5 (탐2) 스크: 3개합 4

수능최저 있음

▶서류 100% 일괄전형
▶2021 수능최저등급
인/자: 3개합 6 (탐1)
의예: 4개합 5 (탐1)
스크랜: 인/자 3개합5

▶서류 100% 일괄전형
▶수능최저 인문: 3개합 5 (탐2)
　　　의예: 4개합 5 (탐2) 스크: 3개합 4

		2022 모집인원	2021 지원 모집인원	경쟁률	2021 미래인재 ADIGA 50% CUT 등급	70% CUT 등급	추합 인원	충원율			2020 지원 모집인원	경쟁률	2020 미래인재 입결 최초 평균	최초 75%	추합 인원	충원율
인문과학	국어국문	35	34	6.90	2.3	2.4	38	112%	인문과학	국어국문	28	6.11	2.4	3.1	24	86%
	영어영문	34	32	9.10	2.1	2.4	43	134%		영어영문	25	8.84	2.6	3.4	48	192%
	중어중문	28	28	5.90	4.0	4.2	21	75%		중어중문	22	5.91	3.3	4.5	13	59%
	불어불문	20	19	5.80	4.4	4.5	11	58%		불어불문	11	9.45	3.7	4.2	13	118%
	독어독문	13	12	8.00	4.1	4.1	18	150%		독어독문	10	8.30	2.7	3.6	7	70%
	사학과	16	15	8.50	2.6	4.3	15	100%		사학	15	6.87	2.5	3.1	12	80%
	철학과	16	16	8.80	2.2	2.5	18	113%		철학	15	5.53	3.3	4.2	6	40%
	기독교	11	10	5.20	3.5	4.6	1	10%		기독교	-	-	-	-	-	-
사회과학	정치외교	12	12	11.6	2.0	2.0	20	167%	사회과학	정치외교	12	10.1	2.0	2.2	15	125%
	행정학과	12	11	11.30	1.9	2.3	23	209%		행정학과	11	9.91	1.5	1.7	16	145%
	경제학과	22	22	7.40	2.3	3.7	29	132%		경제학과	22	8.32	2.0	1.9	44	200%
	사회학과	10	10	12.5	1.8	1.9	12	120%		사회학과	10	14.6	2.2	2.8	19	190%
	심리학과	12	12	9.1	2.0	2.2	15	125%		심리학과	12	11.0	2.0	1.9	7	58%
	커뮤니케미디어	35	34	7.80	2.0	2.2	33	97%		커뮤니케미디어	34	7.29	1.9	1.9	42	124%
	문헌정보	11	10	7.70	2.5	2.6	4	40%		문헌정보	10	7.70	1.9	1.9	6	60%
	사회복지	11	10	12.5	2.2	2.2	5	50%		사회복지	10	11.4	3.1	4.0	8	80%
	소비자학과	10	10	10.90	2.1	2.4	8	80%		소비자	10	8.60	3.3	4.2	4	40%
경영대	경영학부	48	46	9.20	3.1	3.9	79	172%	경영대	경영학부	45	9.11	2.5	3.4	70	156%
간호대	간호학부	5	5	12.2	2.1	2.2	3	60%	간호대	간호학부	5	12.6	2.3	2.1	5	100%
약학대	미래산약 (신설)	10	-	-	-	-	-				-	-	-	-	-	-
신산업융합대	의류산업	16	16	7.40	2.3	3.6	11	69%	신산업융합대	의류산업	16	5.19	2.7	3.8	11	69%
	융합콘텐츠	13	14	8.60	2.2	3.7	8	57%		융합콘텐츠	14	9.79	2.8	3.7	8	57%
	국제사무학과	7	7	7.10	2.4	4.0	4	57%		국제사무학과	7	10.60	2.6	3.2	5	71%
사범대학	교육학과	7	8	11.5	1.9	1.9	16	200%	사범대학	교육학과	8	13.0	1.6	1.6	14	175%
	유아교육	6	7	6.60	2.2	2.3	4	57%		유아교육	8	7.25	1.9	2.0	3	38%
	초등교육	12	10	12.5	1.4	1.4	35	350%		초등교육	12	14.7	1.2	1.3	35	292%
	교육공학	5	10	7.7	1.8	2.1	10	100%		교육공학	9	10.6	1.9	2.0	6	67%
	특수교육	9	6	7.70	2.6	2.7	4	67%		특수교육	8	6.88	2.5	2.7	3	38%
	영어교육	7	11	7.00	1.8	1.9	21	191%		영어교육	13	7.00	1.7	1.7	19	146%
	역사교육	6	7	11.10	1.7	1.9	6	86%		역사교육	10	5.20	1.7	1.9	9	90%
	사회교육	6	7	9.40	1.8	1.8	8	114%		사회교육	11	6.18	-	-	-	-
	지리교육	6	6	8.20	2.0	2.1	8	133%		지리교육	9	5.67	1.9	1.8	14	156%
	국어교육	8	10	7.70	2.0	3.5	8	80%		국어교육	10	8.90	2.0	2.0	13	130%
엘텍공과대인문	휴먼기계바이오	10	10	6.10	2.9	4.0	6	60%	엘텍공과대인문	휴먼기계바이오	10	5.80	3.1	4.1	7	70%
	컴퓨터공학	8	10	5.50	2.6	2.9	4	40%		컴퓨터	10	7.20	2.7	3.8	9	90%
	기후에너지시스	7	7	6.00	4.3	4.8	5	71%		기후에너지	7	6.43	3.7	4.7	0	0%
	환경공학	7	7	6.40	2.9	3.1	2	29%		환경공학	7	8.86	2.7	3.2	3	43%
	건축도시시스템	5	6	4.70	2.7	2.8	2	33%		도시건축	6	6.67	2.7	2.9	1	17%
	건축학5년	7	8	5.00	3.1	3.2	8	100%		건축	10	5.50	3.0	4.2	5	50%
총계		523	515	8.33	2.5	2.9	566	103%	총계		492	8.46	2.4	2.9	525	98%

2021 미래인재 자연 / 2020 미래인재 자연

수능최저 있음

▶서류 100% 일괄전형
▶2022 수능최저등급
인/자: 3개합 6(탐1)
의예: 4개합 5(탐1)
약학: 4개합 5(탐1)
스크랜: 3개합 5(탐1)

▶내신 반영: 주요교과 중심 정성평가
▶수능최저 자연: 2개합 4 (탐2)
　의예: 4개합 5 (탐2) 스크3개합5
▶2021 수능최저등급
인/자: 3개합 6 (탐1)
의예: 4개합 5 (탐1)
스크랜: 인/자 3개합5

대학	학과	2022 모집인원	2021 모집인원	2021 경쟁률	2021 50% CUT 등급	2021 70% CUT 등급	2021 추합 인원	2021 충원율	2020 모집인원	2020 경쟁률	2020 최초합 평균	2020 최초합 75%	2020 추합 인원	2020 충원율
자연과학	수학과	16	16	4.50	2.3	2.6	4	25%		11	3.91	2.1	2.2	6	55%
	통계학과	18	18	4.20	2.2	2.3	8	44%		13	4.92	1.9	2.1	9	69%
	물리학과	16	14	4.40	2.2	2.5	6	43%		8	6.75	1.9	2.2	6	75%
	화학나노과학	26	24	9.70	2.0	2.2	17	71%		24	6.67	1.9	2.1	13	54%
	생명과학전공	26	24	13.4	1.9	2.1	22	92%		24	12.0	1.9	2.1	21	88%
신산업융합대	식품영양	16	16	6.40	2.6	2.8	6	38%		16	6.06	2.2	2.3	1	6%
	융합보건	13	13	8.90	2.2	2.4	4	31%		13	6.15	2.2	2.3	3	23%
의과대	의예	13	15	25.2	1.3	3.3	13	87%		15	15.1	1.6	1.9	22	147%
간호대	간호	18	18	8.40	2.1	2.3	10	56%		18	6.06	2.3	2.6	16	89%
약학부	약학전공 (신설)	20													
AI융합	인공지능 (신설)	10													
사범대학	과학교육	16	17	9.10	2.1	2.4	4	24%		34	4.94	2.2	2.7	15	44%
	수학교육	6	6	5.20	1.9	2.1	4	67%		8	4.13	1.7	1.8	9	113%
스크랜튼	뇌인지과학	10	10	9.40	1.7	2.2	6	60%		14	6.50	2.0	2.2	12	86%
	자유전공	16	15	11.90	2.2	2.6	34	227%		15	7.67	2.4	3.3	18	120%
엘텍공과대 자연	휴먼기계바이오	26	25	8.80	2.0	2.0	21	84%		25	7.36	1.9	2.1	18	72%
	컴퓨터공학	13	14	7.60	2.1	2.2	12	86%		14	7.14	2.0	2.1	14	100%
	사이버보안	10	10	6.00	2.5	2.8	5	50%		10	4.70	2.6	2.8	3	30%
	전자전기공학	20	20	4.90	2.5	2.8	16	80%		17	5.94	1.8	1.8	16	94%
	화공신소재공	16	15	7.80	2.1	2.2	19	127%		15	7.47	1.7	1.8	11	73%
	식품생명공학	10	9	8.60	2.0	2.1	5	56%		9	7.56	2.2	2.1	4	44%
	기후에너지	7	7	8.40	2.2	2.5	3	43%		7	8.57	2.0	2.2	3	43%
	환경공학	7	7	12.7	2.0	2.1	3	43%		7	12.0	1.9	2.1	2	29%
	건축도시시스템	7	7	6.30	2.3	2.3	7	100%		7	6.57	2.1	2.3	7	100%
	건축학5년	10	9	5.20	3.0	3.0	4	44%		7	4.86	2.5	2.8	4	57%
총계		366	329	8.57	2.1	2.4	10	68%		331	7.09	2.0	2.3	10	70%

265

2022 대학별 수시모집 요강 — 인천대학교 01

2022 대입 정시 특징

- 2022 수시정시수학 무제한★ 미적/기하10% 가산
  - <국수영탐2> 인35:30:10:25 자25:35:10:30
- 9. 정시영어 변화: 가감점제→등급점수 10% 반영★★
  - <21년> 30-26-19-10-0.. → <22년> 100-98-95-80-70-60..
- 10. 교과전형 3개년 수능최저충족률★★ (2개합 7, 탐1)
  - ▶인문: 19년 58.9%→20년 60.1%→21년 70.1%
  - ▶자연: 19년 62.1%→20년 64.6%→21년 66.4%
- 11. 반영교과별 이수과목 이수단위 가산점 부여 *2021.05.23. ollim*
  - ▶교과성적 최종 산출점수(가산점 적용)
  - Σ(교과별 석차등급×교과별 반영비율) + 가산점 [Σ(반영교과별 이수과목 이수단위) ×0.05] ★★

요강 안내 (좌측 상단)

- ▶내신교과 인: 국영수사+史
  - 자: 국영수과
- ▶학년비율 없음, 교과 가중치
  - 인: 국영수사 30:30:20:20
  - 자: 국영수과 20:30:30:20
  - 예체: 국영사 40:30:30
- ▶진로선택과목: 반영교과별 이수과목 이수단위 가산점★

1. 2022 정원내 전년대비 수시 107명 증가, 정시 107명 감소★
2. 2021 최저적용 단일 교과100%→2022 최저유무 투트랙 교과
3. 지역균형 교과100% 학교장추천 신설, 275명, 최저없음
4. 교과전형 교과100% 471명 모집, 176명 감소, 최저있음
5. 자기추천 (종합단계면접) 662명 모집, 5명 증가, 전형동일
6. 고른기회 및 사회통합전형 서류100% 일괄전형 유지
7. <경제학과> 전체 전형에서 야간모집 폐지→주간모집 변경
8. 내신반영 유지: 국영수사/국영수과, 교과별 가중치 적용★★

모집 전형 표

모집시기	전형명	사정모형	학생부종합 특별사항	2022 수시 접수기간 09.10(금)~14(화)	모집인원	학생부	논술	면접	서류	기타	2022 수능최저등급
2022 정원내 수시 1,709명 (68.6%) / 정시 783명 (31.4%) / 전체 2,492명	교과성적 우수자 (학생부 100%)	일괄	학생부교과 최종 12.16(목)	1. 전년대비 176명 인원축소 2. 2021년 지난해 340명 폭증 3. 야간 및 사범 모집유지★★ ▶야간학과: 무역10/기계10 전자10/컴공10 ▶사범: 국교3/영교3/일교3 수교3/역교2/윤교2/유아4 ▶동북아통상 17명 ▶경제야간 10명 폐지	471 사범20 야간40 / 647 사범20 야간50	100					■ 입결 2개년 최초평균-최종평균★ ▶인문 2021 경쟁6.26, 2.26-2.86 인문 2020 경쟁10.1, 2.14-2.56 ▶자연 2021 경쟁7.26, 2.47-2.88 자연 2020 경쟁6.50, 2.21-2.69 ■ 최저충족률 3개년 2019~2021 ▶인문: 58.9%→60.1%→70.1% ▶자연: 62.1%→64.6%→66.4% ▶사범: 2021 인 64.3% 자 38.8% ▶동북아: 2021 57.1% / 인/자: 2개합 7 (탐1) 사범대: 2개합 6 (탐1) 동북아: 2개합 5 (탐1) ※자연 수/과탐 1필수 ※자연 수/과탐1 응시 ※2021 수능최저 동일 자연 수/과 1 필 아님 ※2020 수능최저 참고 인: 2개합 6 (탐1) 자: 2개합 7 (탐1) 수가/과 1 필수
2021 정원내 수시 1,602명 (64.3%) / 정시 890명 (35.7%) / 전체 2,492명	지역균형 (신설)	일괄	학생부교과 학교장추천 추천명단입력 09.15(수)~09.24(금) 최종 12.16(목)	1. 학교장추천 275명 신설 2. 추천인원 제한 없음 3. 야간 및 사범 모집없음★★ 동북아통상 모집없음★★	275	100					최저 없음
	자기추천	1단계	학생부종합 자소서제출 ~09.15(수) 1단계 11.12(금) 면접 11.27(토) 최종 12.16(목)	1. 전년대비 5명 인원증가 2. 사범/동북아 (야간모집없음) ▶사범: 국교6/영교6/일교6 수교7/역교5/윤교5/유아8 ▶동북아통상 12명 유지 3. 학교생활충실/학과관심역량 4. 학생생활충실/학과관심역량 5. 면접: 영역별 5등급 부여 A~E부여, 10분 내외	662 사범43포함 / 2021 657 사범43포함	서류 100%					최저 없음 <서류평가 5개영역> 전공적합성 자기주도성 발전가능성 창의융합성 인성사회성 ■ 자기추천 경쟁률 20-21 ▶인문경쟁 8.73→6.40 ▶자연경쟁 7.74→5.91 ■ 자기추천 입결 2021 1단계-최초합-최종 ▶인문 3.32-3.08-3.28 ▶자연 3.32-3.17-3.39
		2단계				서류 70% 면접 30%					
	고른기회	일괄	학생부종합 자소서제출 ~09.15(수) 최종 12.16(목)	1. 국가보훈대상 2. 농어촌 3. 기초수급자 및 차상위계층	104 / 2021 103				서류 100%		▶2021 고른 경쟁률7.10 / 없음
	사회통합	일괄	학생부종합 자소서제출 ~09.15(수) 최종 12.16(목)	1. 군인/경찰/소방/교정 15년 2. 집배, 환경미화 10년 동일 3. 백혈/소아/다문화/다자녀3 장애자녀	49 / 2021 48				서류 100%		▶2021 통합 경쟁률12.9 / 없음 <2022 기타 생략> 특성화/실기실적예체 서해5도/특수교육 등

인천대 2021 고른기회 입결올림

■ 고른기회 2021 서류 100% 입결 최초합격-최종평균★★

- <인문> 국문2.91-3.19 영문3.02-4.48 독문6.50-4.63 불문3.68-5.22
  - 일문3.45-3.73 중문4.27-4.82
- <사과> 사복3.38-3.34 신방2.86-2.86 문헌2.64-2.64 창의3.62-3.85
- <글법> 법학3.28-3.19 행정2.65-3.09 정외2.96-2.96 경제2.90-4.33
  - 무역2.88-3.71 소비자3.09-3.33
- <경영> 경영2.84-4.09 세무1.98-3.29 도시행정4.68-4.87
- <자연> 수학3.14-4.16 물리2.74-4.91 화학2.96-3.78 패션3.35-3.87
  - 해양5.81-6.06
- <공과> 기계2.90-3.45 메카3.04-3.70 전기2.89-3.58 전자2.89-3.53
  - 산경3.28-3.94 안전3.77-5.31 신소2.48-3.71 에너지4.01-3.99

■ 고른기회 2021 서류 입결 최초합격-최종평균★★

- <정보> 컴공2.88-3.22 정통3.48-3.99 임베디드3.85-3.85
- <도시> 도시환경3.25-3.46 도시공학3.41-5.03
  - 도시건축3.59-4.73
- <생명> 생명과학2.28-3.37 생명공학2.74-2.91

■ 실기예체 수시 2021 입결 최초합격-최종평균★★

- 사범체교2.46-2.48 체육학부3.60-3.58
- 운동건강3.85-3.86 디자인학부2.65-2.61 등

좌측 안내
▶ 내신교과 인: 국영수사+史
　　　　　자: 국영수과
▶ 학년비율 없음, 교과 가중치
　인: 국영수사 30:30:20:20
　자: 국영수과 20:30:30:20
　예체: 국영사 40:30:30
▶ 진로선택과목: 반영교과별
　이수과목 이수단위 가산점★

중앙 안내
1. 2022 정원내 전년대비 수시 107명 증가, 정시 107명 감소★
2. 2021 최저적용 단일 교과100%→2022 최저유무 투트랙 교과
3. 지역균형 교과100% 학교장추천 신설, 275명, 최저없음
4. 교과전형 교과100% 471명 모집, 176명 감소, 최저있음
5. 자기추천 (종합단계면접) 662명 모집, 5명 증가, 전형동일
6. 고른기회 및 사회통합전형 서류100% 일괄전형 유지
7. <경제학과> 전체 전형에서 야간모집 폐지→주간모집 변경
8. 내신반영 유지: 국영수사/국영수과, 교과별 가중치 적용★★

우측 안내
9. 정시영어 변화: 가감점제→등급점수 10% 반영★★
　<21년> 30-26-<u>19</u>-10-0.. → <22년> 100-98-<u>95</u>-80-70-60..
10. 교과전형 3개년 수능최저충족률★★ (2개합 7, 탐1)
　▶ 인문: 19년 58.9%→20년 60.1%→21년 70.1%
　▶ 자연: 19년 62.1%→20년 64.6%→21년 66.4%
11. 반영교과별 이수과목 이수단위 가산점 부여 *2021.05.23. ollim*
　▶ 교과성적 최종 산출점수(가산점 적용)
　Σ(교과별 석차등급×교과별 반영비율) +
　<u>가산점 [Σ(반영교과별 이수과목 이수단위) ×0.05]</u> ★★

모집시기	전형명	사정 모형	학생부종합 특별사항	2022 수시 접수기간 09. 10(금) ~ 14(화)	모집 인원	학생부	논술	면접	서류	기타	2022 수능최저등급

좌측 세로: 2022 학생부 교과전형 산출식 예시올림

[지원자의 학교생활기록부 성적]

교과	과목	1학년 1학기 등급	1학년 1학기 이수단위	1학년 2학기 등급	1학년 2학기 이수단위	2학년 1학기 등급	2학년 1학기 이수단위	2학년 2학기 등급	2학년 2학기 이수단위	3학년 1학기 등급	3학년 1학기 이수단위
국어	국어	1	3	2	3						
	화법과 작문					2	4				
	문학							3	3		
	고전읽기									B	2
수학	수학	3	4								
	수학 I			2	4						
	확률과 통계					2	3	1	3		
	수학과제 탐구									B	3
영어	영어	1	3	1	3						
	영어 I					2	2	2	2		
	실용영어							A	3		
	진로영어									A	2
사회	통합사회	2	3	2	3						
	한국지리					2	4				
	여행지리							B	3		
	고전과 윤리									B	3

[교과 성적 산출]

◆ 각 교과별 산출점수 계산

반영교과군	교과별 석차등급[1]	환산점수[2]	반영비율	환산점×반영비율
국어	(1×3+2×3+2×4+3×3)÷13 = **2**	347	30%	347×0.3 = **104.1**
수학	(3×4+2×4+2×3+1×3)÷14 = **2.07**	347	20%	347×0.2 = **69.4**
영어	(1×3+1×3+2×2+2×2)÷10 = **1.4**	350	30%	350×0.3 = **105**
사회	(2×3+2×3+2×4)÷10 = **2**	347	20%	347×0.2 = **69.4**

1) 교과별 석차등급 계산 시 반영되는 과목은 석차등급으로 산출되는 과목만 해당
2) <4. 학생부 석차등급별 환산점수표 참고>

◆ 가산점 계산
[국어 이수단위(15) + 수학 이수단위(17) + 영어 이수단위(15) + 사회 이수단위(16)] × 0.05 = **3.15**
※ 반영교과군별 이수단위는 석차등급산출과목, 성취도산출과목 모두 반영함

◆ 지원자의 학교생활기록부 교과성적 <u>최종 산출 점수</u>
[국어점수(104.1) + 수학점수(69.4) + 영어점수(105) + 사회점수(69.4)] + 가산점(3.15) = <u>**351.05**</u>
※ 가산점 취득점수에 따라 학생부교과 환산점수의 총점은 350점을 초과할 수 있음

4. 학생부 석차등급별 환산점수표

좌측 세로: 학생부 석차 등급별 환산 점수표

학생부 석차등급	석차백분율(%)	환산점수표 학생부교과(교과성적우수자, 지역균형)	환산점수표 실기/실적(실기우수자전형)	환산점수표 실기/실적(특기자전형)
1.00~1.49	0.00~1.99	350.00	200.00	75.00
1.50~1.99	2.00~3.99	349.00	199.80	74.90
2.00~2.24	4.00~5.74	347.00	199.40	74.80
2.25~2.49	5.75~7.49	345.00	199.00	74.70
2.50~2.74	7.50~9.24	343.00	198.60	74.60
2.75~2.99	9.25~10.99	341.00	198.20	74.50
3.00~3.24	11.00~13.99	338.00	197.40	74.30
3.25~3.49	14.00~16.99	335.00	196.60	74.10
3.50~3.74	17.00~19.99	332.00	195.80	73.90
3.75~3.99	20.00~22.99	329.00	195.00	73.70
4.00~4.24	23.00~27.24	325.00	193.40	73.40
4.25~4.49	27.25~31.49	321.00	191.80	73.10
4.50~4.74	31.50~35.74	317.00	190.20	72.80
4.75~4.99	35.75~39.99	313.00	188.60	72.50

수능최저 있음	TWIN 교과		2021 교과100% (인문)									2020 교과100% (인문)						
▶학생부 100% <수능최저등급> 인문: 2개합6 (탐1)	2022 신설 지역균형	2022 교과우수	▶내신: 국영수사 ★수능최저인문: 2개합 7(탐1) ▶학년비율: 없음 ▶교과별 가중치 인: 국영수사 30:30:20:20									▶내신: 국영수사 ★수능최저 인문 : 2개합 6(탐1) ▶학년비율: 없음 ▶교과별 가중치 인: 국영수사 30:30:20:20						
			지원현황			합격자 등급				최종등록환산		충원	2020 경쟁/최종			2020 수시 입결		
2021 최저충족 70.1% 2020 최저충족 60.1% 2021 최초경쟁률 6.26 2020 최초경쟁률 10.2	모집 인원	모집 인원	모집 인원	경쟁률	지원 평균	최초 합격	최종 등록 평균	최종 등록 70컷	실질 경쟁률	최종 등록 평균	최종 등록 70컷	예비 순위	모집 인원	경쟁 률	최종 등록 환산	2개년 최종 편차	최초 합격	최종 등록 평균	예비 순위
인문대학 국어국문	4	4	8	6.00	2.89	2.13	2.61	2.94	4.25	342.29	340.4	18	4	14.5	343.03	↑0.43	2.29	2.54	8
영어영문	7	9	14	9.29	3.13	2.26	2.79	2.81	6.86	340.91	340.0	38	8	7.50	339.90	0.76	2.18	2.91	17
독어독문	5	5	8	5.13	3.53	2.49	2.90	2.97	3.25	339.94	339.5	12	5	8.80	342.62	0.24	2.34	2.64	5
불어불문	5	5	8	6.63	3.57	2.82	2.92	2.97	5.13	339.90	339.0	7	5	16.0	344.12	↑0.32	2.41	2.54	7
일어일문	5	4	8	8.38	3.22	2.57	2.98	3.00	5.50	339.40	338.7	22	5	9.60	339.62	0.00	2.36	2.86	13
중어중국	7	9	14	5.14	3.43	2.55	3.09	3.24	3.57	337.97	336.0	25	8	7.75	342.56	0.24	2.22	2.61	13
사회과학대학 사회복지	4	4	8	7.25	3.21	2.09	2.54	2.61	4.50	343.40	342.6	18	4	8.50	343.48	0.25	2.13	2.53	8
신문방송	4	4	8	8.13	2.88	2.13	2.54	2.72	5.75	343.20	342.0	22	4	8.00	343.00	0.36	1.93	2.62	8
문헌정보	4	4	8	5.25	3.57	2.06	3.13	3.35	3.38	337.19	335.5	14	4	12.0	346.13	↑0.15	2.14	2.24	14
창의인재개발	4	4	8	5.88	3.03	2.37	2.77	2.93	4.75	341.70	340.1	18	4	13.3	342.80	↑0.46	2.47	2.64	4
행정학과	5	5	8	6.38	2.86	1.91	2.77	2.94	5.38	340.76	339.6	32	5	8.20	343.84	0.35	1.72	2.43	12
정치외교	4	4	8	5.38	3.00	2.30	2.63	2.73	4.63	342.46	341.5	17	4	6.50	342.50	0.37	2.03	2.66	7
경제학과	10	16	10	4.35	3.21	2.36	3.21	3.50	3.20	335.75	333.5	38	6	8.50	343.40	0.11	2.12	2.47	15
무역학부	11	18	24	5.67	3.20	2.33	2.88	2.97	4.33	340.15	339.2	59	13	6.92	342.82	0.42	1.96	2.58	28
무역학부(야)	-	10	10	5.10	3.89	3.23	3.59	3.66	2.90	331.84	330.7	10	-	-	-		-	-	-
소비자학과	5	6	10	4.70	3.39	2.44	2.77	2.79	3.40	340.89	340.7	17	6	10.7	343.55	↑0.13	2.42	2.57	7
경영대학 경영학부	15	24	33	5.30	2.94	2.08	2.71	2.74	4.30	341.58	341.5	98	18	8.72	344.77	0.15	1.84	2.36	59
세무회계	4	5	8	4.75	3.20	2.00	2.72	3.03	3.25	340.56	337.3	11	4	18.0	345.20	↑0.49	1.83	2.32	13
법학 법학부	8	14	18	4.06	3.20	2.26	3.03	3.37	3.06	338.40	334.3	32	10	8.70	343.94	↑0.08	2.19	2.51	22
동북아 동북아통상	-	17	17	3.71	3.43	1.97	2.82	2.88	2.12	339.38	339.5	14	-	-	-		-	-	-
도시과 도시행정인문	4	4	8	5.25	4.07	2.56	3.45	3.53	2.63	333.69	332.0	6	4	10.8	345.20	↑0.31	2.08	2.32	4
사범대학 국어교육	-	3	3	5.33	2.93	1.90	3.23	3.24	3.33	336.07	337.7	7	-	-	-		-	-	-
영어교육	-	3	3	7.00	2.76	1.77	2.51	2.46	5.00	343.50	343.8	8	-	-	-		-	-	-
일어교육	-	3	3	5.33	3.63	2.52	3.24	3.52	3.00	335.00	332.9	6	-	-	-		-	-	-
유아교육	-	4	4	7.75	2.96	2.07	2.66	2.85	3.75	341.75	339.9	8	-	-	-		-	-	-
역사교육	-	2	2	10.5	2.66	1.56	2.26	2.20	8.50	345.80	346.0	5	-	-	-		-	-	-
윤리교육	-	2	2	12.0	2.62	1.94	2.04	1.87	8.50	347.10	348.2	7	-	-	-		-	-	-
체육교육	-	-	-	-	-	-	-	-		-	-	-	-	-	-		-	-	-
예술 디자인학부	-	10	10	5.50	3.51	2.54	3.26	3.62	2.70	336.00	332.0	15	8	5.38	343.44		2.03	2.48	8
	115	202	273	6.26	3.21	2.26	2.86	2.98	4.32	339.88	338.7	584	121	10.2	343.29		2.14	2.54	264

인천대 2021 수시분석자료 02 - 교과100% 자연

수능최저 있음 / TWIN 교과

2021 교과100% (자연)
- ▶내신: 국영수과
- ★수능최저자연: 2개합 7(탐1)
- ▶학년비율: 없음
- ★자연: 수가나/과탐 응시
- ▶교과별 가중치 자: 국영수과 20:30:30:20

2020 교과100% (자연)
- ▶내신: 국영수과
- ★최저자연: 2개합 7(탐1)
- ▶학년비율: 없음
- ★자연: 수가/과 1 필수
- ▶교과별 가중치 자: 국영수과 20:30:30:20

좌측 안내
- ▶학생부 100%
- <수능최저등급> 자연: 2개합 7(탐1) 수/과탐 1필수
- 2021 최저충족 66.4%
- 2020 최저충족 64.6%
- 2021 최초경쟁률 7.26
- 2020 최초경쟁률 6.36

	학과	2022 신설 지역균형 모집인원	2022 교과우수 모집인원	지원현황 모집인원	경쟁률	지원평균	합격자 최초합격	최종등록평균	최종등록70컷	실질경쟁률	최종등록환산 평균	최종등록환산 70컷	충원 예비순위	2020 모집인원	경쟁률	최종등록환산	2개년 최종편차	최초합격평균	최종등록평균	추합인원
자연과학대학	수학과	5	6	9	11.7	3.08	2.31	2.60	2.65	6.89	342.99	342.7	20	6	3.83	334.80	0.95	2.17	3.19	8
	물리학과	7	9	12	4.42	3.12	2.69	3.17	3.23	2.67	336.47	336.5	20	7	5.43	339.24	0.23	2.39	2.88	11
	화학과	7	9	12	8.67	2.78	2.09	2.36	2.45	5.75	344.48	343.6	27	7	7.14	342.54	0.15	2.15	2.62	22
	패션산업	5	6	9	18.1	3.74	2.55	2.92	2.99	10.2	339.83	339.0	12	6	7.33	329.42	1.13	2.54	3.80	11
	해양학과	4	5	8	5.25	3.42	2.62	2.74	2.75	2.63	341.78	341.0	4	4	11.3	343.00	↑0.16	2.56	2.74	3
공과대학	기계공학	12	21	26	12.1	3.01	2.24	2.71	2.83	7.92	342.17	341.6	82	14	5.93	338.82	0.82	2.05	2.94	36
	메카트로닉스	6	7	11	5.91	3.27	2.56	2.85	2.89	3.91	340.55	339.2	21	7	5.57	342.70	0.20	2.21	2.61	16
	전기공학	10	16	21	5.52	3.22	2.42	2.72	2.87	3.43	341.53	339.8	31	12	5.83	343.42	0.26	2.17	2.55	19
	전자공학	11	17	23	6.43	2.80	2.14	2.68	2.67	4.87	342.19	342.6	79	13	8.85	344.43	↑0.08	2.03	2.43	41
	전자공학(야)	-	10	10	4.60	4.92	3.74	4.27	4.59	1.80	321.67	318.2	7	-	-	-	-	-	-	-
	산업경영	9	16	21	5.67	3.21	2.46	2.93	3.12	3.81	339.63	337.1	38	10	4.70	341.19	0.21	2.44	2.73	9
	안전공학	5	6	10	7.80	3.20	2.57	2.85	2.91	5.20	340.88	340.4	8	6	6.33	337.50	0.42	2.40	3.09	16
	신소재공	5	6	10	4.50	2.86	2.08	3.31	3.62	3.40	333.02	331.1	24	6	7.50	345.60	↑0.05	1.84	2.23	26
	에너지화공	4	5	8	4.88	2.56	1.92	2.30	2.41	3.50	345.11	343.7	17	4	5.25	347.90	↑0.21	1.85	1.90	7
정보기술대학	컴퓨터공	11	17	23	10.3	2.91	2.07	2.57	2.74	7.39	343.10	342.1	85	13	5.85	342.18	0.50	2.05	2.69	25
	컴퓨터공(야)	-	10	10	4.70	4.28	3.44	3.68	3.84	2.20	330.77	329.3	5	-	-	-	-	-	-	-
	정보통신공	11	19	25	4.60	3.57	2.57	2.98	3.13	2.96	338.91	337.6	28	13	4.92	343.15	0.19	2.34	2.57	12
	임베디드시	5	6	10	4.90	3.16	2.55	2.60	2.72	3.50	342.70	342.0	7	6	7.50	341.96	0.14	2.24	2.73	18
사범	수학교육	-	3	3	6.00	3.28	2.29	2.87	2.82	2.33	340.17	339.8	3	-	-	-	-	-	-	-
도시과학대	도시환경공	11	19	24	5.46	3.28	2.54	2.96	3.14	3.71	339.35	337.3	44	13	6.38	342.11	↑0.01	2.30	2.68	26
	도시공학	5	5	9	16.9	3.41	2.68	3.02	3.10	11.2	339.33	338.4	17	6	5.33	330.78	0.91	2.47	3.42	8
	도시건축학	11	18	24	5.33	3.28	2.63	2.85	2.90	3.67	340.28	339.8	37	13	7.62	341.42	↑0.01	2.46	2.77	32
생명과학	생명과학부	8	10	17	5.88	2.79	2.19	2.45	2.51	4.59	343.96	343.4	40	8	5.25	344.58	↑0.03	2.07	2.31	13
	생명공학부	8	13	19	4.58	3.23	2.04	2.62	2.66	3.42	341.91	342.7	39	9	5.67	343.94	↑0.18	1.96	2.09	15
		160	259	354	7.26	3.27	2.47	2.88	2.98	4.62	339.70	338.7	695	183	6.36	340.98		2.22	2.71	374

수능최저 없음		2022 모집인원	참고사항	2020 경쟁/지원			1단계/최초 평균		최종등록 ★★★			충원 예비순위	2020 경쟁/지원			2020 수시 입결			
▶1단계 서류100% (3배수,사범 5배수) **▶2단계: 서류70% + 면접30%** 2021 경쟁률 6.40 2020 경쟁률 8.73 2019 경쟁률 9.07				모집인원	경쟁률	지원평균	1단계합격	최초합격평균	최종등록최고	최종등록평균	최종등록최저	예비순위	모집인원	경쟁률	지원자평균	1단계합격	최초합격평균	최종등록평균	추합인원
인문대학	국어국문	10		10	6.80	3.64	3.21	3.16	2.89	3.24	3.51	14	7	8.86	3.47		2.85	3.10	8
	영어영문	16		16	7.38	3.55	3.37	3.64	2.76	3.59	5.36	14	12	8.00	3.55		3.05	3.43	10
	독어독문	11		11	6.73	4.26	4.00	4.16	3.06	4.14	6.28	11	8	7.63	3.98		3.46	4.19	12
	불어불문	11		11	3.64	4.31	4.22	3.74	3.20	4.43	7.88	8	8	9.88	4.05		3.14	3.47	11
	일어일문	11		11	5.64	4.25	3.89	3.42	3.13	3.87	5.80	16	8	7.25	4.12		2.95	3.22	3
	중어중국	16		16	6.88	4.03	3.88	4.23	2.75	4.02	5.85	10	12	10.8	3.81		3.27	3.54	9
사회과학대학	사회복지	10		10	9.30	3.68	3.11	3.08	2.63	3.25	3.92	10	7	13.6	3.41		3.11	2.84	3
	신문방송	10		10	7.50	3.86	2.91	2.63	2.33	3.01	4.02	11	7	14.9	3.29		2.39	2.49	7
	문헌정보	10		10	4.40	3.77	3.31	2.85	2.37	3.01	3.66	5	7	7.00	3.63		2.77	2.84	3
	창의인재개발	10		10	4.70	4.17	3.43	2.98	2.68	3.18	3.73	4	7	5.57	3.90		2.86	2.99	3
	행정학과	11		11	10.00	3.52	3.24	2.83	2.65	2.94	3.27	3	8	6.63	3.37		3.19	3.65	6
	정치외교	10		10	4.50	3.54	3.26	3.42	2.86	3.45	5.06	5	7	5.43	3.38		2.83	2.80	5
	경제학과	19		14	3.91	3.53	3.43	3.18	2.90	3.60	5.82	31	11	5.27	3.35		3.03	3.39	15
	무역학부	23		23	3.87	3.88	3.73	3.81	1.93	3.79	7.37	16	19	6.84	3.51		2.79	3.12	14
	무역학부(야)	-	-	-	-	-	-	-	-	-	-	-	-	-	-		-	-	-
	소비자학과	13		13	8.92	3.67	3.40	3.50	2.59	3.49	6.79	6	10	6.30	3.65		3.53	3.40	2
경영대학	경영학부	29		29	6.86	3.43	3.04	2.77	1.24	2.99	6.17	30	23	7.00	3.24		2.67	3.02	23
	세무회계	10		10	4.30	3.33	2.92	2.59	1.83	2.93	3.73	8	7	5.29	2.90		2.49	3.02	2
법학부	법학부	17		17	4.47	3.34	3.09	2.89	2.32	3.14	3.60	14	13	8.62	3.00		2.82	2.84	9
동북아	동북아통상	12		12	4.50	3.52	3.56	2.77	1.88	3.06	5.99	8	10	6.30	3.07		2.51	2.58	5
도시과	도시행정인문	10		10	3.70	3.77	3.63	3.09	2.81	3.88	6.55	12	7	4.29	3.71		2.94	3.11	5
사범대학	국어교육	6		6	6.00	2.86	2.49	2.26	1.95	2.42	2.84	13	5	9.60	2.76		2.24	2.49	5
	영어교육	6		6	6.83	2.96	2.84	2.97	2.30	2.70	3.49	3	5	6.60	3.27		2.42	2.70	3
	일어교육	6		6	3.83	4.16	4.16	3.26	3.25	3.39	3.72	3	5	4.40	4.28		3.06	3.30	5
	유아교육	8		8	12.00	3.35	2.76	2.60	2.28	2.98	3.48	9	6	20.2	3.04		2.88	2.63	5
	역사교육	5		5	12.20	2.86	2.39	2.09	1.85	2.13	2.33	4	4	22.0	2.74		1.97	2.38	6
	윤리교육	5		5	7.60	3.19	2.92	2.23	2.30	2.69	2.94	9	4	8.75	3.03		2.52	2.57	3
	체육교육	-		-	-	-	-	-	-	-	-	-	-	-	-		-	-	-
		305		300	6.40	3.63	3.32	3.08	2.49	3.28	4.74	277	227	8.73	3.44		2.84	3.04	182

2021 자기추천 (인문)
▶내신: 국영수사　<정성평가>
▶학년비율: 없음
▶교과별 가중치　인: 국영수사 30:30:20:20

2020 자기추천 (인문)
▶내신: 국영수사　<정성평가>
▶학년비율: 없음
▶교과별 가중치　인: 국영수사 30:30:20:20

			2021 자기추천 (자연)									2020 자기추천 (자연)					
수능최저 없음			▶내신: 국영수과　<정성평가> ▶학년비율: 없음 ▶교과별 가중치 자: 국영수과 20:30:30:20									▶내신: 국영수과　<정성평가> ▶학년 비율: 없음 ▶교과별 가중치 자: 국영수과 20:30:30:20					
▶1단계 서류100% (3배수,사범 5배수) ▶2단계: 서류70% + 면접30%	2022	참고사항	2020 경쟁/지원			1단계/최초 평균			최종등록 ★★★			충원	2020 경쟁/지원			2020 수시 입결		
2021 경쟁률 5.91 2020 경쟁률 7.74 2019 경쟁률 8.09	모집인원		모집인원	경쟁률	지원평균	1단계합격	최초합격		최종등록최고	최종등록평균	최종등록최저	예비순위	모집인원	경쟁률	지원자평균	1단계합격	최초합격평균	최종등록평균	추합인원
자연과학대학 수학과	13		13	4.62	3.17	3.02	2.92		2.63	3.12	3.86	16	10	6.70	3.37		2.95	3.16	6
물리학과	14		14	3.36	3.75	3.58	3.24		3.11	3.48	3.92	11	11	4.73	3.65		3.28	3.31	8
화학과	14		14	10.36	3.27	2.94	2.89		2.30	3.02	3.46	8	11	7.09	3.33		2.81	3.14	16
패션산업	13		13	9.69	3.93	3.91	4.29		3.27	4.56	7.33	6	10	9.50	3.64		3.54	3.90	6
해양학과	10		10	4.10	3.85	3.77	3.36		2.78	3.51	4.21	2	7	7.29	3.78		3.12	3.10	5
공과대학 기계공학	24		24	6.50	3.38	3.03	2.77		2.79	3.11	5.26	24	20	8.90	3.38		2.73	3.11	21
메카트로닉스	13		13	4.23	3.58	3.33	3.16		2.89	3.39	4.58	11	10	9.50	3.54		3.13	3.16	5
전기공학	21		21	4.29	3.52	3.44	3.19		2.73	3.36	3.64	18	17	5.94	3.40		3.21	3.20	9
전자공학	23		23	4.30	3.37	3.14	3.03		2.81	3.20	3.88	21	19	6.00	3.44		2.95	3.07	10
전자공학(야)	-		-	-	-	-	-		-	-	-	-							
산업경영	17		17	4.76	3.78	3.47	3.22		2.60	3.38	4.18	10	13	6.00	3.56		3.08	3.48	10
안전공학	13		13	2.92	3.98	3.98	3.50		3.04	3.59	4.80	1	10	5.80	3.70		3.27	3.33	5
신소재공	13		13	5.15	3.23	3.04	3.13		2.38	3.22	6.28	5	10	9.60	3.26		2.61	2.72	8
에너지화공	10		10	4.30	3.26	2.96	3.29		2.44	3.33	6.37	7	7	12.7	3.08		2.44	2.45	5
정보기술대학 컴퓨터공	23		23	6.87	3.45	3.17	2.97		2.72	3.37	6.68	19	19	7.11	3.44		2.79	2.99	23
컴퓨터공(야)	-		-	-	-	-	-		-	-	-	-							
정보통신공	21		21	4.14	3.64	3.51	3.19		2.99	3.86	7.28	16	17	4.29	3.46		3.00	3.38	14
임베디드시	13		13	4.08	4.04	3.81	3.56		2.92	3.90	6.10	4	10	4.80	3.52		3.06	3.15	6
사범 수학교육	7		7	13.00	2.77	2.46	2.29		2.14	2.58	2.92	8	6	8.83	2.91		2.35	2.70	6
도시과학대 도시환경공	23		23	6.39	3.62	3.42	3.36		2.77	3.47	5.97	26	19	9.05	3.68		3.30	3.35	18
도시공학	13		13	5.31	3.96	3.64	3.58		2.86	3.93	5.86	5	10	7.00	3.90		3.52	3.76	5
도시건축학	23		23	7.83	3.99	3.52	3.25		2.85	3.54	3.90	23	19	7.89	3.91		3.45	3.77	14
생명과학 생명과학부	18		18	7.94	3.23	2.93	2.78		2.56	2.80	3.17	7	14	14.4	3.23		2.87	2.85	6
생명공학부	18		18	5.94	3.35	3.07	2.71		2.21	2.81	3.87	10	14	7.07	3.18		2.52	2.54	12
	357		357	5.91	3.55	3.32	3.17		2.72	3.39	4.89	258	283	7.74	3.47		3.00	3.16	218

271

2021 정시수능 (인문)

▶인문 정시 백분위
국40+수30+탐2 30

▶자연 수가 15%

2022 정시수능 일반학생 가다군

<인천대 2021 정시 계열별 입결분석 올림>

인문계열	백분위평균	영어평균
▶인문대학	229.6	2.9등급
▶사회과학	236.7	2.9등급
▶글로법정	241.4	2.8등급
▶경영대학	247.5	2.8등급
▶사범대학	251.8	2.9등급
▶동북아통	260.7	2.2등급

2021 백분위평균 인문: 국수탐2 40:30:30
▶영어가산 인/자: 30-26-19-10-0 ..

2020 정시수능 (인문)

<인천대 2020 정시 계열별 입결분석 올림>

인문계열	백분위평균	영어평균
▶인문대학	243.4	2.6등급
▶사회과학	250.1	2.9등급
▶글로법정	248.3	2.9등급
▶경영대학	254.2	3.0등급
▶사범대학	240.8	2.7등급
▶동북아통	260.0	1.0등급

2020 정시가다

2020 ▶국수탐2 백분위평균
▶영어가산 인/자: 30-26-19-10-0 ..

계열	학과	가군	다군	국어	수학	탐2	국수탐2 백분합	국수탐2 백분평균	영어	환산총점	국수탐2 백분합(70%컷)	환산총점(70%컷)	영어(70%컷)	충원번호	가군	다군	국어	수학	탐구2	국수탐2 백분합	영어
인문대학	국어국문	8	-	72.5	68.4	81.1	222.0	74.0	3.6	750.8	74.3	720.0	5.0	11	가군		85.0	76.1	81.0	242.1	2.6
	영어영문	14	-	81.0	76.9	83.0	240.9	80.3	2.1	830.1	82.0	816.0	5.0	30	가군		79.7	81.7	81.7	243.1	2.3
	독어독문	9	-	81.7	72.6	80.8	235.2	78.4	3.0	805.5	79.0	804.0	3.0	8	가군		83.0	73.7	87.8	244.5	3.0
	불어불문	9	-	76.9	75.9	83.0	235.8	78.6	2.9	803.5	77.2	802.5	2.0	10	가군		86.0	74.8	79.6	240.4	2.3
	일어일문	9	-	78.8	77.9	80.0	236.7	78.9	3.1	806.3	79.8	802.5	4.0	15	가군		79.0	83.9	83.7	246.6	3.1
	중어중국	15	-	70.2	66.1	70.6	207.0	69.0	2.9	709.7	62.0	651.0	3.0	22	가군		81.4	80.2	82.2	243.8	2.5
사회과학대학	사회복지	8	-	83.3	77.1	79.4	239.7	79.9	2.6	823.7	78.3	812.0	3.0	6	가군		76.1	89.0	84.4	249.5	3.0
	신문방송	7	-	74.7	78.4	77.8	231.0	77.0	3.0	786.2	71.2	707.5	4.0	14	가군		85.9	82.8	84.3	253.0	2.3
	문헌정보	8	-	81.3	79.3	78.0	238.5	79.5	2.9	819.7	77.8	805.5	3.0	12	가군	14.3%	82.7	78.9	86.9	248.5	3.3
	창의인재개발	8	-	79.7	77.9	80.2	237.6	79.2	3.1	810.4	79.0	806.0	4.0	12	가군		75.0	88.0	86.2	249.2	2.9
글로벌정경대학	행정학과	-	9	77.4	84.1	82.0	243.6	81.2	1.8	834.2	80.7	824.0	2.0	21		다군	82.1	85.9	86.4	254.4	3.4
	정치외교	-	8	74.7	79.6	78.7	232.8	77.6	3.2	789.4	78.5	771.5	4.0	18		다군	87.9	82.6	79.5	250.0	2.6
	경제학과	-	20	77.4	83.7	79.9	241.2	80.4	3.1	818.2	80.3	803.0	3.0	63		다군	85.9	84.9	86.5	257.3	2.9
	경제학과(야)	-	-	-	-	-	-	-	-	-	-	-	-	-		다군	75.4	78.2	78.8	232.4	3.3
	무역학부	-	22	78.6	82.2	83.5	244.5	81.5	2.8	832.0	80.7	823.0	3.0	36		다군	85.3	82.4	85.5	253.2	2.6
	무역학부(야)	-	20	-	-	-	-	-	-	-	-	-	-	-		다군	77.9	74.5	83.7	236.1	3.2
	소비자학과	-	11	79.4	79.4	83.4	242.1	80.7	3.2	789.4	79.7	818.0	3.0	28		다군	84.1	84.5	82.3	250.9	2.9
경영대학	경영학부	32	-	80.0	82.6	82.4	245.1	81.7	2.9	835.2	80.8	824.5	3.0	43	가군		81.8	85.6	88.7	256.1	3.1
	세무회계	7	-	83.0	84.6	82.2	249.9	83.3	2.6	857.9	83.0	853.0	2.0	15	가군	22.2%	81.7	86.1	84.5	252.3	2.8
법학부	법학부	-	17	80.5	82.9	82.5	246.0	82.0	2.8	838.1	77.2	821.5	1.0	17		다군	83.6	81.5	86.9	252.0	2.6
동북아	동북아통상	-	13	83.9	91.3	85.5	260.7	86.9	2.2	897.4	87.2	889.5	3.0	33	가군		84.7	87.3	88.0	260.0	1.0
도시과	도시행정인문	-	7	81.7	75.7	82.3	239.7	79.9	3.0	819.6	79.5	816.5	3.0	20	-		83.8	79.5	87.1	250.4	3.1
사범대학	국어교육	6	-	92.7	81.0	83.7	257.4	85.8	4.0	882.2	85.3	867.0	4.0	6	가군		84.5	83.6	86.8	254.9	2.6
	영어교육	6	-	78.1	83.1	80.3	241.5	80.5	2.4	825.1	81.0	830.0	3.0	9	가군		85.1	84.9	85.1	255.1	2.0
	일어교육	6	-	74.9	80.0	82.3	237.0	79.0	2.6	807.6	77.8	799.5	4.0	8	가군		82.6	80.1	82.4	245.1	3.0
	체육교육	9	-	87.0	-	88.0	262.5	87.5	3.0	455.7	88.0	440.0	5.0	4	가군		79.6	-	86.2	165.8	3.1
	유아교육	8	-	81.0	82.5	79.7	243.3	81.1	2.9	829.9	80.7	824.0	2.0	8	가군		79.3	86.6	82.1	248.0	3.2
	역사교육	3	-	84.0	89.0	91.5	264.6	88.2	3.3	893.5	85.8	877.5	3.0	1	가군		86.5	86.0	88.9	261.4	2.5
	윤리교육	3	-	87.3	84.0	85.2	256.5	85.5	3.0	875.2	85.2	870.5	3.0	1	가군		82.5	84.3	88.3	255.1	2.0
예술체육대학	조형한국화	5	-	63.8	-	62.0	188.7	62.9	4.0	260.8	58.8	261.0	2.0	6							
	조형서양화	5	-	74.5	-	70.8	217.8	72.6	3.0	308.3	63.5	264.0	4.0	7							
	디자인학부	14	-	76.9	76.3	84.9	237.9	79.3	2.6	812.4	79.5	806.5	2.0	6			84.0	84.3	81.5	249.8	2.8
	공연예술	-	6	56.1	-	32.8	133.5	44.5	3.4	148.1	40.5	131.5	4.0	4			67.8	-	46.2	114.0	3.3
	체육학부	27	-	59.2	-	75.1	201.6	67.2	3.7	281.3	64.0	266.0	4.0	4			67.2	-	85.5	152.7	3.7
	운동건강학부	23	-	68.1	-	81.5	224.4	74.8	3.1	316.5	69.3	296.0	3.0	4			67.3	-	75.3	142.6	3.3
		249	133	77.6	79.7	79.2	234.4	78.1	2.9	725.9	76.6	712.3	3.2	502	수가 비율		81.0	82.5	83.2	236.7	2.8

272

2021 정시수능 (자연)

<인천대 2021 정시 계열별 입결분석 올림>

자연계열	백분위평균	영어평균
▶ 자연과학	221.4	2.9등급
▶ 공과대학	221.7	2.8등급
▶ 정보기술	228.5	2.8등급
▶ 도시과학	217.9	3.0등급
▶ 생명과학	216.8	2.8등급
▶ 수학교육	213.6	2.5등급

2021 백분위평균 인문: 국수탐2 40:30:30
▶ 영어가산 인/자: 30-26-19-10-0 ..

2020 정시수능 (자연)

<인천대 2020 정시 계열별 입결분석 올림>

자연계열	백분위평균	영어평균
▶ 자연과학	234.7	2.7등급
▶ 공과대학	230.7	3.1등급
▶ 정보기술	230.8	3.0등급
▶ 도시과학	230.7	3.1등급
▶ 생명과학	237.4	2.8등급
▶ 수학교육	241.2	3.3등급

2020 ▶ 국수탐2 백분위평균
▶ 영어가산 인/자: 30-26-19-10-0 ..

▶ 자연 정시 백분위 국30+수40+탐2 30
▶ 자연 수가 15%

2022 정시수능 일반학생 가다군

2020 정시가다

		2022 정시수능 가군	다군	국어	수학	탐2	국수탐2 백분합	국수탐2 백평균	영어	환산 총점	국수탐2 백분합	환산 총점	영어	충원 번호	가군	다군	국어	수학	탐구2	국수탐2 백분합	영어
				2021 정시 최종등록 평균							**2021 정시최종 70%컷**						**2020 정시 최종등록 평균**				
자연 과학 대학	수학과	-	10	73.1	74.8	68.0	216.0	72.0	2.6	780.3	68.7	778.4	2.0	29		100%	80.2	81.5	73.0	234.7	2.7
	물리학과	-	14	72.7	67.4	71.3	211.5	70.5	3.0	754.9	70.3	746.6	5.0	37		100%	78.9	77.3	72.1	228.3	3.0
	화학과	-	14	76.8	68.8	72.1	217.8	72.6	2.9	773.1	69.8	745.1	3.0	28		80.0%	79.3	76.1	74.5	229.9	2.7
	패션산업	-	10	75.4	80.3	83.2	239.1	79.7	2.9	811.1	77.7	798.0	3.0	15		-	85.3	78.1	84.9	248.3	2.8
	해양학과	-	8	72.9	74.2	75.4	222.6	74.2	3.0	792.9	72.3	776.2	4.0	9		77.8%	77.2	78.2	77.0	232.4	2.4
공과 대학	기계공학	26	-	74.2	74.1	74.3	222.6	74.2	2.7	802.9	72.3	789.8	1.0	39	수가	82.8%	75.3	79.4	73.6	228.3	3.2
	기계공학(야)	20	-	-	-	-	-	-	-	-	-	-	-	-		60.9%	65.7	75.2	69.3	210.2	3.6
	메카트로닉스	12	-	72.7	77.9	76.7	227.4	75.8	2.7	815.4	77.0	811.8	4.0	27		92.9%	81.9	80.5	77.1	239.5	2.6
	전기공학	21	-	73.7	73.0	70.6	217.2	72.4	3.0	772.9	70.0	757.8	3.0	31		72.7%	77.0	76.9	74.1	228.0	3.1
	전자공학	23	-	73.9	74.7	72.7	221.1	73.7	3.0	786.0	71.2	745.5	4.0	24		67.9%	79.5	83.0	78.1	240.6	3.0
	전자공학(야)	20	-	-	-	-	-	-	-	-	-	-	-	-		50.0%	71.5	75.6	68.6	215.7	3.3
	산업경영공	19	-	72.3	75.2	71.8	219.3	73.1	2.6	785.0	69.3	763.6	2.0	28		66.7%	74.4	81.6	71.7	227.7	3.0
	안전공학	11	-	75.7	76.0	73.7	225.3	75.1	2.7	806.1	76.8	802.3	4.0	11		70.0%	78.0	84.4	75.7	238.1	3.3
	신소재공	10	-	71.7	79.6	75.9	227.4	75.8	3.2	816.4	77.3	807.0	3.0	19		90.9%	83.0	77.6	78.2	238.8	2.9
	에너지화학	7	-	71.1	71.3	71.3	213.6	71.2	2.6	770.2	66.3	731.8	2.0	8		87.5%	82.0	84.6	73.6	240.2	3.0
정보 기술 대학	컴퓨터공학	-	22	78.4	77.3	78.4	234.0	78.0	2.8	835.8	76.0	823.0	3.0	54		86.4%	84.3	82.5	77.0	243.8	2.9
	컴퓨터공(야)	-	20	-	-	-	-	-	-	-	-	-	-	-		73.9%	75.3	66.0	72.6	213.9	3.2
	정보통신공	-	22	72.1	70.8	72.3	215.1	71.7	3.1	770.1	68.5	751.3	2.0	66		68.2%	79.7	78.5	71.0	229.2	3.0
	임베디드시스	-	11	81.2	81.5	73.8	236.4	78.8	2.4	835.4	75.8	821.5	3.0	16		91.7%	79.8	82.0	74.5	236.3	3.0
사범	수학교육	8	-	64.4	75.4	73.8	213.6	71.2	2.5	782.6	68.2	746.0	3.0	11	가군	100%	75.4	83.8	82.0	241.2	3.3
도시 과학대	도시환경공	-	24	73.1	73.8	70.5	217.5	72.5	3.0	774.2	70.5	767.1	3.0	59		64.0%	78.3	77.1	73.3	228.7	2.8
	도시공학과	-	10	77.0	79.9	64.5	221.4	73.8	2.9	781.4	74.7	764.0	4.0	15		100%	72.3	64.6	72.6	209.5	3.3
	도시건축학	-	24	72.3	71.4	71.0	214.8	71.6	3.0	765.2	69.5	744.3	2.0	51		75.0%	77.0	80.7	76.5	234.2	3.0
생명 과학	생명과학	17	-	77.1	65.4	71.9	214.5	71.5	2.4	759.9	68.8	725.5	4.0	24		87.5%	85.8	73.6	79.0	238.4	2.6
	생명공학	18	-	74.6	66.7	73.4	214.5	71.5	2.6	760.2	70.2	739.5	2.0	18		78.9%	78.1	80.4	77.9	236.4	2.9
		212	189	73.9	74.1	73.0	221.0	73.7	2.8	787.8	71.9	769.8	3.0	619		수가 비율	78.2	78.4	75.1	231.7	3.0

273

2022 대학별 수시모집 요강	인하대학교	2022 대입 주요 특징

인하대학교

2022 대학별 수시모집 요강		

▶ 교과 반영 (교과/논술)
인: 국영수사
자: 국영수과
▶ 학년비율 없음
 *2021 학년비율 20:40:40
▶ 진로선택과목 미반영

1. 2021 수시 3,003명 (75.6%) → 2022 수시 2,672명 69.4%
2. 2022 지역추천인재전형 수능최저 하향조정★
3. 2022 교과 219명 감소, 인하참 18명 감소, 미래 45명 증가
4. 지역추천인재 교과 신설, 학교장추천 폐지 후 인하참 신설
5. 교과전형 경쟁률과 합격성적 경향성 비례하지 않음
6. 전년도 결과에 따른 특이학과 반대현상 경향성 지속
7. 학생부 평균분량: 자연 19~20쪽, 인문 17~18쪽 내외

2022 대입 주요 특징

<정시비율> 인30:25:20:20:5史 자20:30:20:25:5史
인/자: 200-198-194-185-170 . 등급격차 축소

8. 2022 첨단융합학부 5개학과 선발인원
 ①인공지능공학: 미래20, 인하참07, 지역추천08
 ②데이터사이언스학: 미래18, 인하참11, 지역추천06
 ③스마트모빌리티공학: 미래15, 인하참08, 지역추천05
 ④디자인테크놀로지학: 미래15, 인하참05, 지역추천0
 ⑤컴퓨터공학과: 미래33, 인하참27, 지역추천18
9. 2022 국제학부(영어수업): ①IBT(국제무역) ②ISE(엔지니어링)

모집시기	전형명	사정모형	학생부종합 특별사항	2022 수시 접수기간 09. 10(금) ~ 14(화)	모집인원	학생부	논술	면접	서류	기타	2022 수능최저등급
2022 수시 2,672명 (68.1%) 정시 1,250명 (31.9%) 전체 3,922명 2021 수시 3,003명 (75.6%) 종합전형 1,753명 (44.1%) 정시 971명 (24.4%) 전체 3,794명	지역추천인재 (학생부교과)	일괄	학생부교과 고교별 7명 선발인원증가 대상자 업로드 ~09.24(금) 최종 12.16(목)	1. 2022 전년대비 219명 감소 2. 2022 수능최저 하향★ 3. 최저충족여부 관건 4. 모집단위선택 관건 5. 3등급대 합격 가능성 6. 최초합격 등록률 낮음 7. 추합 가능성 매우 높음 8. 자연 성적상승예측 유의	404 의예 10 2021 623 의예 15	교과 100					▶최초/실질경쟁률 19년→20년 인문 초10.2 실3.4→초9.6 실3.4 자연 초11.3 실3.0→초8.7 실3.3 의예 초21.9 실4.3→초22.6 실5.6 ▶최저충족률 19년→20년 인문 33.9% → 34.8% 자연 26.8% → 37.7% 의예 19.8% → 24.8% ▶최종평균~최저 19년 → 20년 인문 2.48~4.36 → 2.48~3.46 자연 2.24~4.97 → 2.20~3.84 의예 1.21~1.46 → 1.13~1.19 인: 2개합 5 (탐1) 자: 2개합 5 (탐1) 의예: 3개 1등급 (탐2) *자연 미적/기하 ※2021 수능최저 참고 인: 3개합 7 (탐1) 자: 2개합 4 (탐1) 의예: 3개 1등급 (탐2) 인문 제2외 인정 자연 수가과탐 응시
	인하참 (학교장추천)	일괄	학생부종합 정성평가 자소서제출 ~09.16(목) 최저 없음 최종 12.16(목) 전과목 정성평가	1. 2022 전년대비18명 감소 2. 고교당 5명 추천제한 ★ <2021 인하CUBE 학교추천> 전공적합성 비중 상대적 낮음 <인재상>★ 학교생활 적극성 바탕 진로개발 기초학업역량 ①지성: 기초학업, 교과이수 자기주도성, 학업성취 전반 ②적성: 전공적합성, 전공이해 지적호기심, 도전정신, 탐구심 ③인성: 성실성, 의사소통, 봉사 리더십, 협업능력,사회화능력 ④지성:인성:적성:종합 ★ 30:30:25:25	315 2021 333		서류 종합 100				<2021 학교장추천 인문> 경영30 국통08 아태인자06 행정07 정외07 미디07 경제06 한국06 철학06 중국09 일본07 영문09 불문06 <2021 학교장추천 자연> 기계22 항공09 조선09 산경08 화공06 생공07 고분06 신소09 인프09 환경06 건축06 전기09 전자09 정통09 컴공27 화학08 생과02 식영06 간호인자05 2020 학교장추천 ▶경쟁률 2개년 10.5→6.80 ▶충원율 2개년 150.5%→142.3% ▶입결 2개년 19년: 2.33~3.22 20년: 2.43~3.20 ▶2019 지원유형 참고 1,064개교 2,756명 지원 고교당 평균 2.59명 지원
	인하 미래인재	1단계	학생부종합 정성평가 자소서제출 ~09.16(목) 최저 없음 1단계 11.11(목) 면인 11.20(토) 면자 11.21(일) 최종 12.16(목)	1. 2022 전년대비 45명 감소 2. 전공분야잠재력 창의적인재 3. 교과만으로 선발하지 않음 4. 면접: 서류숙지, 확인면접 5. 전공관련 학업성취도 중요 6. 기계/전기=수학물리 중요 <2022 인하CUBE 인하미래> 전공적합성 비중 상대적 높음 <인재상>★ 학교생활 성실함 바탕 지원전공 관심열정 ①지성: 기초학업, 교과이수 자기주도성, 학업성취 전반 ②적성: 전공적합성, 전공이해 지적호기심,도전정신,탐구심 ③인성: 성실성, 의사소통, 봉사 리더십, 협업능력,사회화능력 ④ 지성:적성:인성:종합★ 25:25:25:25	903 의예 15 2021 948 의예 15		서류 종합 100 (3배수) 1단계 70 + 면접 30				▶지역인재 평가배점★★ ①지성30: 기초학업역량 ②인성30: 공동체 > 개인 리더십/소통능력 ③적성20: 진로관심도 학교생활성실도 ④종합20: 모집단위 인재상 ▶미래인재 평가배점★★ ①지성: 기초학업 학업역량 ②적성: 특정전공 탐색역량 ③인성: 공동체 < 개인인성 ④종합: 모집단위 인재상 25:25:25:25 ▣ 인하미래 21년 신설 ① IBT 2명 ② ISE 1명 ③인공지능공학과20 ④데이터사이언스학과20 ⑤스마트모빌리티공학16 ⑥디자인테크놀로지학15 1. 지성 → 자소서 1번, 독서 ①전공관련 학업성취도 ②전반적인 학업성취도 ▶근거→①교과상황 ②세특 2. 적성 → 자소서 1,2번 ①진로관심: 지적호기심 도전정신 ②전공 탐색 - 탐구심 ▶근거→①수상기록 및 독서 ②동아리/진로/진로희망 3. 인성 → 자소서 2번 ①개인 인성: 성실성 의사소통 봉사정신 ②공동체적 인성: 리더십, 학업역량, 사회화 능력 ▶근거→①출결 ②수상 ③자율/봉사 ④행특종합
		2단계									
	논술우수자	일괄	<자연논술> 수학만 출제 논술 당락 인문 12.04(토) 자연 12.05(일) 최종 12.16(목)	1. 논술 120분, 전년과 동일 인: 제시문 5개 내외(글자료+ 도표, 그래프) 바탕 2문항. 비판/정당화/설명서술 자: 수학 3문항(8~10논제) 수학 전범위, 기하 제외 2. 의예최저: 3개 1등급 (탐2)	485 의12 2021 529 의10	교과 30 + 논술 70					2020 최초경쟁-실질경쟁 논술평균-최저 내신평균-최저 ▶인문 36.9-30.2 87.74-76.50 4.22-5.99 ▶자연오전 37.8-30.2 69.35-43.00 3.85-5.90 ▶자연오후 37.2-29.4 50.87-29.00 3.98-7.02 ▶의예 381.0-49.36 59.20-55.00 2.85-4.34 ※ 2~6등급까지 학생부 반영점수 차이 8점 이내. 학생부반영점수 8점 차이는 논술점수 약 1.8점에 해당함.
	고른기회	일괄	학생부종합 정성평가 자소서제출 최종 12.16(목)	1. 국가보훈대상자 2. 기초수급 및 차상위 자녀	137 2021 137		서류 종합 100				최저 없음 <2022 기타전형 생략> 농어촌 136명 실기 70명 특성종 187명 평생 11명 서해5도 3명 체육특기등

		2022 지역추천인원	2021 교과전형 (623명)							2020 교과전형 (700명)						
			2021 교과			최종등록 등급 ★ 전학년 100%		추합/충원율		2020 교과			최종등록 등급 ★ 전학년 100%		추합/충원율	
			인원	경쟁률	실질경쟁률	평균	최저	추합인원	충원율	인원	경쟁률	실질경쟁률	평균	최저	추합인원	충원율
문과대학	한국어문학과	5	12	7.3	2.0	2.97	3.01	10	83.3%	11	7.0	1.9	2.69	3.13	7	63.6%
	사학과↗	5	5	15.6	3.0	3.52	3.33	10	200.0%	5	19.6	2.6	2.81	3.16	4	80.0%
	철학과↗	5	10	6.7	1.6	3.30	3.17	6	60.0%	10	9.1	2.8	2.85	3.07	1	10.0%
	중국학과	5	13	11.1	3.1	2.97	3.06	16	123.1%	13	15.3	4.0	2.94	3.22	14	107.7%
	일본언어문화학	-	6	7.5	2.3	2.94	2.96	2	33.3%	8	9.3	2.0	2.93	3.25	5	62.5%
	영어영문학	6	9	7.2	2.3	3.11	3.12	11	122.2%	11	10.9	3.6	2.58	2.82	11	100.0%
	프랑스언어문화학	6	7	10.6	2.4	2.88	2.89	2	28.6%	7	12.6	3.1	3.00	3.15	5	71.4%
	문화콘텐츠경영	8	8	19.6	5.5	2.61	2.61	11	137.5%	19	8.3	1.7	2.74	3.46	7	36.8%
경영대학	경영학과	19	27	8.2	3.6	2.51	2.64	48	177.8%	34	8.7	3.8	2.33	2.69	41	120.6%
	글로벌금융인문	5	6	6.3	1.8	3.78	3.78	5	83.3%	6	7.3	2.7	2.16	2.24	6	100.0%
	아태물류인문	10	6	6.8	4.0	2.58	2.54	16	266.7%	10	7.0	5.0	1.87	2.10	30	300.0%
	국제통상	14	20	5.3	1.9	3.45	3.98	18	90.0%	20	6.8	2.9	2.21	2.46	20	100.0%
사회과학대학	행정학	8	18	7.7	3.8	2.68	2.70	36	200.0%	18	6.8	2.7	2.50	2.85	16	88.9%
	정치외교학	6	9	6.8	1.4	3.02	3.15	4	44.4%	9	6.4	2.6	2.29	2.80	9	100.0%
	미디어커뮤니케	6	14	6.5	2.3	2.68	2.73	18	128.6%	14	7.8	3.4	2.34	2.56	14	100.0%
	경제학과	7	10	6.4	2.0	2.90	2.94	10	100.0%	11	7.0	2.3	2.46	2.66	7	63.6%
	소비자학과	6	6	11.8	3.8	2.68	2.69	2	33.3%	6	11.7	4.0	2.64	2.95	6	100.0%
	아동심리학	5	5	6.6	1.4	2.69	2.62	2	40.0%	6	8.5	4.0	2.44	2.75	6	100.0%
	사회복지학	5	6	18.3	5.3	2.84	2.84	3	50.0%	7	10.9	3.3	2.95	3.35	7	100.0%
사범대학	국어교육	-	-	-	-	-	-	-	-	3	8.7	4.7	1.66	1.76	6	200.0%
	영어교육	7	6	6.5	3.3	2.34	2.29	12	200.0%	5	10.8	6.2	2.07	2.38	15	300.0%
	사회교육	6	8	8.4	3.9	2.12	2.16	8	100.0%	8	7.0	2.9	2.24	2.52	8	100.0%
	교육학과	5	4	6.0	2.8	2.45	2.61	3	75.0%	4	10.0	4.8	2.02	2.47	4	100.0%
예술	의류디자인일반↗	5	5	18.0	3.6	3.52	3.72	9	180.0%	5	25.6	5.4	3.06	3.37	5	100.0%
	인문 총계	154	220	9.4	2.9	2.89	2.94	262	111.2%	250	10.1	3.4	2.49	2.80	254	108.6%

▶최저충족 20년→21년
인문 34.8% → 35.3%
자연 37.7% → 37.3%
의예 24.8% → 21.3%
▶2022 <지역추천 7명>
인문/자연: 2개합 5(탐1)
의예: 3개 1등급 (탐2)

● 전형방법: 교과 100%   의예: 3개 1등급(탐2)
★ 수능최저: 인문: 3개합 7(탐1)   자연: 2개합 4등급(탐1)

인하대학교 2021 수시모집 결과분석 02 - 학생부교과 자연

2021. 05. 31 ollim

▶최저충족 20년→21년		2022 인원	2021 교과전형 (623명)							2020 교과전형 (700명)						
인문 34.8% → 35.3% 자연 37.7% → 37.3% 의예 24.8% → 21.3% ▶2022 <지역추천 7명> 인문/자연: 2개합 5(탐1) 의예: 3개 1등급 (탐2)			● 전형방법: 교과 100%　　의예: 3개 1등급(탐2) ★ 수능최저: 인문: 3개합 7 (탐1)　자연: 2개합 4 (탐1)							● 전형방법: 교과 100%　　의예: 3개 1 (탐2) ★ 수능최저: 인문: 3개합 7 (탐1)　자연: 2개합 4 (탐1)						
			2021 교과			최종등록 등급 ★ 학년 동일적용		추합/충원율		2020 교과			최종등록 등급 ★ 학년 동일적용		추합/충원율	
			인원	경쟁률	실질 경쟁률	평균	최저	추합 인원	충원률	인원	경쟁률	실질 경쟁률	평균	최저	추합 인원	충원률
사범	수학교육	5	2	6.0	1.0	4.03	4.03	0	0.0%	6	8.7	3.3	1.99	1.99	10	166.7%
공과 대학	기계공학	19	31	4.6	1.8	2.61	3.32	26	83.9%	33	5.7	2.8	1.72	1.93	33	100.0%
	항공우주공학	8	14	6.2	2.4	2.59	2.50	19	135.7%	16	13.5	4.6	2.07	2.29	16	100.0%
	조선해양공	8	9	11.0	3.1	2.71	2.82	4	44.4%	10	17.5	4.3	2.72	3.11	7	70.0%
	산업경영공↘	6	8	21.0	4.4	2.58	2.77	10	125.0%	13	7.8	2.2	2.93	3.84	13	100.0%
	화학공학	14	23	6.0	3.4	1.95	1.91	51	221.7%	25	6.20	3.7	1.63	1.87	35	140.0%
	생명공학	6	10	6.0	2.9	2.39	2.75	16	160.0%	9	7.20	4.4	1.64	1.86	13	144.4%
	고분자공학	6	10	6.9	3.4	2.12	2.17	9	90.0%	11	9.80	4.3	2.07	2.30	9	81.8%
	신소재공	12	20	5.9	3.1	2.28	2.36	40	200.0%	23	6.30	3.1	1.95	2.19	36	156.5%
	사회인프라공	12	22	8.1	2.4	2.61	2.71	10	45.5%	22	12.4	3.3	2.66	2.88	12	54.5%
	환경공학↘	6	12	13.0	5.4	2.46	2.56	22	183.3%	13	6.9	1.6	2.65	3.14	5	38.5%
	공간정보자연	5	6	7.8	2.7	2.59	2.61	1	16.7%	6	18.7	5.7	2.63	2.89	9	150.0%
	건축학부↗★	10	12	6.6	1.8	2.62	2.63	9	75.0%	9	9.8	3.0	2.35	2.59	9	100.0%
	에너지자원공↗	5	3	6.3	1.0	2.92	2.78	0	0.0%	5	18.8	5.2	2.36	2.42	7	140.0%
	전기공학	11	21	6.5	2.7	2.12	2.16	30	142.9%	23	6.4	3.1	1.98	2.24	33	143.5%
	전자공학	10	19	12.5	5.4	1.89	1.94	24	126.3%	21	6.7	3.2	2.07	2.68	42	200.0%
	정보통신공	14	30	7.1	2.7	2.39	2.48	26	86.7%	30	7.6	2.9	2.33	2.60	35	116.7%
자연 과학 대학	수학과	5	6	7.2	2.0	2.74	2.76	6	100.0%	6	8.3	2.3	2.38	2.75	5	83.3%
	통계학과↘	5	8	10.5	3.1	2.59	2.74	9	112.5%	9	5.2	1.1	2.52	3.10	1	11.1%
	물리학과↗	5	9	5.2	2.2	2.57	2.46	11	122.2%	9	6.2	2.2	2.52	2.57	9	100.0%
	화학과↗★	6	12	5.4	1.8	3.15	3.37	9	75.0%	14	7.5	3.4	2.05	2.43	17	121.4%
	생명과학	7	12	8.2	3.3	2.28	2.37	20	166.7%	16	6.8	2.5	2.16	2.64	6	37.5%
	해양과학↗★	5	13	9.6	2.7	2.83	2.93	7	53.8%	13	19.7	5.4	2.81	3.13	15	115.4%
	식품영양	5	15	5.2	1.5	2.81	2.82	7	46.7%	11	9.1	2.8	2.60	2.88	8	72.7%
의과 대학	간호학과자연	8	9	5.8	2.8	2.10	2.19	13	144.4%	10	8.8	4.0	1.85	2.04	11	110.0%
	의예과	10	15	16.0	3.4	1.18	1.23	16	106.7%	15	22.6	5.6	1.13	1.19	13	86.7%
첨단 SW 융합 학부	인공지능공학과	8	신설	-	-	-	-	-	-	-	-	-	-	-	-	-
	데이터사이언스	6	신설	-	-	-	-	-	-	-	-	-	-	-	-	-
	스마트모빌리티	5	신설	-	-	-	-	-	-	-	-	-	-	-	-	-
	디자인테크놀로지	-	-	-	-	-	-	-	-	-	-	-	-	-	-	-
	컴퓨터공학과	18	29	9.4	3.6	2.21	2.38	40	137.9%	29	6.7	3.0	2.16	2.78	42	144.8%
자연 총계		521	380	8.3	2.8	2.49	2.58	435	103.8%	407	10.0	3.4	2.22	2.53	451	106.9%

2021 학교장추천 ▶경쟁률 2개년 6.80→6.10 ▶충원율 2개년 141%→149% ▶입결 2개년 21년: 2.46~3.01 20년: 2.44~3.20		2021 학교장추천 (333명) 2022 인하참인재 ● 학교생활우수자 서류 100% 일괄전형 고교별 5명 추천 수능최저 없음 ▶입합결과 내신반영: 국영수사/국영수과 ★											2020 학교장추천 (286명) ● 학교생활우수자 서류 100% 일괄전형 고교별 5명 추천 수능최저 없음 ▶입합결과 내신반영: 국영수사/국영수과 ★										
		2022 인하 참 인재	2021		2021 최종등록			실질경쟁률 ollim			추합 인원	충원율 ollim	2020		2020 최종등록			※ 2019 입결참고 최종등록 (일반/자공)				추합 인원	충원율 ollim
			인원	경쟁률	중간값	최저	표준편차	지원총원	인원추합	실질경쟁률			인원	경쟁률	중간값	최저	표준편차	일반고비율	평균	최저	표준편차		
문과대학	한국어문학	6	6	7.8	2.64	2.85		47	17	2.75	11	183.3%	6	4.7	2.92	5.58		100%				10	166.7%
	철학과	-	6	2.8	3.84	5.22		17	16	1.05	10	166.7%	6	3.3	2.79	3.09		100%				6	100.0%
	중국학과	8	9	3.0	3.04	3.76		27	25	1.08	16	177.8%	9	6.7	2.90	3.20		88.9%	2.87	3.32	1.00	12	133.3%
	일본언어문	7	7	3.9	3.04	3.58		27	21	1.30	14	200.0%	7	6.4	2.89	3.20		100%				11	157.1%
	영어영문학	6	9	4.8	2.66	2.97		43	27	1.60	18	200.0%	9	6.7	2.61	2.98		100%				13	144.4%
	프랑언어문	5	9	3.8	3.04	3.47		23	13	1.75	7	116.7%	6	3.8	3.83	5.40		100%				6	100.0%
	문화콘텐츠	5	-	신설	-	-		-	-	-	-	-	-	-	-	-		-				-	-
경영대학	경영학과	27	30	4.9	2.60	4.34		147	90	1.63	60	200.0%	30	6.0	2.33	2.90		100%				43	143.3%
	아태물류학	7	6	4.0	3.19	4.81		24	13	1.85	7	116.7%	8	4.4	2.63	5.61		100%				12	150.0%
	국제통상	6	8	7.4	2.27	2.63		59	24	2.47	16	200.0%	8	6.8	2.64	3.12		100%				15	187.5%
사회과학대학	행정학	6	7	4.4	2.32	2.63		31	18	1.71	11	157.1%	7	4.4	2.34	2.61		100%				11	157.1%
	정치외교학	6	7	5.1	2.70	3.00		36	20	1.79	13	185.7%	7	5.7	2.67	3.12		100%				11	157.1%
	미디어커뮤	-	7	16.1	2.60	4.72		113	18	6.26	11	157.1%	7	13.6	2.82	5.23		100%				4	57.1%
	경제학과	6	6	6.3	2.63	3.01		38	18	2.10	12	200.0%	6	8.0	2.79	3.31		80.0%	2.16	2.37	0.28	8	133.3%
공과대학	기계공학	23	22	7.3	2.02	2.58		161	66	2.43	44	200.0%	22	8.1	2.06	3.96		100%				41	186.4%
	항공우주공	9	9	5.2	2.10	2.27		47	25	1.87	16	177.8%	9	7.4	1.95	2.56		100%				8	88.9%
	조선해양공	6	9	4.6	2.79	3.35		41	12	3.45	3	33.3%	9	5.3	3.36	5.20		88.9%	2.98	3.49	0.38	6	66.7%
	산업경영공	6	8	4.9	2.32	2.45		39	23	1.70	15	187.5%	8	8.3	2.49	2.78		87.5%	2.98	3.49	0.38	12	150.0%
	화학공학	7	6	9.3	1.72	1.76		56	16	3.49	10	166.7%	6	16.0	1.78	1.98		83.3%	2.35	2.74	0.33	12	200.0%
	생명공학	6	7	5.0	1.67	1.82		35	19	1.84	12	171.4%	7	13.9	1.66	1.84		100%				14	200.0%
	고분자공학	6	6	4.2	2.21	2.74		25	12	2.10	6	100.0%	6	4.2	2.15	2.35		100%				3	50.0%
	신소재공	9	9	6.6	1.93	2.21		59	17	3.49	8	88.9%	9	5.2	2.01	2.26		100%				18	200.0%
	사회인프라	11	9	5.8	2.78	2.97		52	26	2.01	17	188.9%	9	5.0	2.94	3.68		100%				15	166.7%
	환경공학	6	6	6.8	2.05	2.27		41	17	2.40	11	183.3%	6	4.0	2.05	2.39		100%				12	200.0%
	건축학부	10	6	7.3	2.56	2.64		44	18	2.43	12	200.0%	6	4.5	2.29	2.77		100%				12	200.0%
	전기공학	8	9	3.4	2.32	3.76		31	19	1.61	10	111.1%	6	5.7	1.93	2.07		100%				4	66.7%
	전자공학	8	9	4.9	1.89	2.11		44	20	2.21	11	122.2%	9	7.7	1.73	1.93		88.9%	1.73	2.04	0.18	18	200.0%
	정보통신공	10	9	4.6	2.38	2.60		41	17	2.44	8	88.9%	9	4.1	2.44	3.61		88.9%	2.24	2.48	0.15	5	55.6%
자연과학	물리학	6	-	신설	-	-		-	-	-	-	-	-	-	-	-		-				-	-
	화학과	6	8	8.1	2.13	2.33		65	20	3.24	12	150.0%	8	4.4	2.10	2.76		100%				12	150.0%
	생명과학	5	2	8.5	2.08	2.09		17	2	8.50	0	0.0%	-	-	-	-		-				-	-
	해양과학	6	-	신설	-	-		-	-	-	-	-	-	-	-	-		-				-	-
	식품영양학	6	6	3.0	2.56	3.67		18	7	2.57	1	16.7%	6	4.2	2.18	2.45		83.3%	2.17	2.59	0.32	9	150.0%
의과	간호학과	7	5	13.8	2.16	2.65		69	13	5.31	8	160.0%	5	13.4	2.03	2.20		100%				6	120.0%
첨단융합학부신설	인공지능공	7	15	4.3	2.43	3.28		65	34	1.90	19	126.7%	-	-	-	-		-				-	-
	데이터사이	11	15	3.3	2.63	4.37		50	32	1.55	17	113.3%	-	-	-	-		-				-	-
	스마트모빌	8	12	3.3	2.71	4.74		40	24	1.65	12	100.0%	-	-	-	-		-				-	-
	디자인테크	5	5	5.6	3.00	3.95		28	9	3.11	4	80.0%	-	-	-	-		-				-	-
	컴퓨터공학	27	27	5.6	2.40	4.66		151	75	2.02	48	177.8%	30	6.1	2.11	2.94		100%				52	173.3%
총계		314	333	6.1	2.46	3.01		1849	843	2.19	410	148.6%	256	6.8	2.44	3.20		96.3%	2.44	2.82		369	141.3%

<2022 인하미래 CUBE> 1. 전공적합성 매우 중시★ 2. 적성: 전공적합, 창의성 등 3. 지성: 기초학업, 교과이수 4. 인성: 개인적 인성평가 등 5. 지성:적성:인성:종합★ 25:25:25:25		2022 미래 인재 인원	2021 종합 인하미래인재													
			● 인하미래 1단계: 서류 100% (3배수) 2단계: 면접 30%, 수능최저 없음 ★ 인하대 2021 입결공개 변화 올림: ①표준편차 미제공 ②충원율 누락 ③일반고 비율 누락												
			2021		1단계합격			최종등록			최종등록 (일반고/자공고)				추합 인원	★★★ 충원율 ollim
			인원	경쟁률	중간값	최저	표준 편차	중간값	최저	표준 편차	일반고 비율	평균	최저	표준 편차		
문과 대학	한국어문학과	9	8	8.4	2.89	4.56		2.88	3.50						5	62.5%
	사학과	10	12	9.9	2.95	6.00		2.93	4.50						16	133.3%
	철학과	9	6	6.5	3.19	3.88		3.18	3.42						5	83.3%
	중국학과	15	17	10.0	3.32	5.88		3.15	4.13						15	88.2%
	일본언어문화학	13	11	18.4	3.93	5.54		3.80	5.12						9	81.8%
	영어영문학	17	18	9.6	3.04	4.75		3.16	4.43						21	116.7%
	프랑스언어문화	10	13	5.2	4.12	6.17		4.51	6.17						20	153.8%
	문화콘텐츠경영	19	30	15.4	2.86	6.54		2.92	6.54						24	80.0%
경영 대학	경영학과	35	30	11.6	2.91	5.48		2.78	5.26						27	90.0%
	글로벌금융학과	11	14	6.8	3.49	5.88		3.58	5.52						4	28.6%
	아태물류학부	17	11	7.3	2.83	6.22		2.81	4.24						6	54.5%
	국제통상	17	13	13.9	2.71	3.61		2.85	3.42						11	84.6%
사회 과학 대학	행정학	18	19	10.6	3.42	5.96		4.02	5.96						15	78.9%
	정치외교학	12	15	10.2	3.43	6.28		3.53	5.70						15	100.0%
	미디어커뮤니케	16	11	18.5	2.50	4.92		2.53	3.74						7	63.6%
	경제학과	22	18	5.8	3.09	5.46		3.10	4.01						24	133.3%
	소비자학과	8	8	10.5	2.91	3.48		2.85	3.06						6	75.0%
	아동심리학	10	17	7.9	2.94	5.33		2.87	3.56						8	47.1%
	사회복지학	12	15	11.7	3.10	5.66		3.08	5.66						8	53.3%
사범 대학	국어교육	12	13	6.4	2.57	5.90		2.57	3.68						18	138.5%
	영어교육	9	13	8.8	2.64	5.40		3.06	5.40						13	100.0%
	사회교육	6	6	10.5	2.10	3.50		2.28	2.80						10	166.7%
	체육교육	12	12	13.3	2.12	3.38		2.30	2.62						22	183.3%
	교육학과	11	16	11.3	2.29	2.70		2.31	2.56						15	93.8%
국제 학부	IBT학과	1	2	5.0	3.50	3.78		3.52	3.78						0	0.0%
	ISE학과	1	1	3.0	6.17	-		-	-						0	0.0%
예체	의류디자인일반	12	12	18.1	3.13	4.41		3.54	4.06						11	91.7%
	스포츠과학	20	18	15.4	2.98	5.29		3.44	5.29						20	111.1%
인문 총계		364	379	10.4	3.11	5.04		3.09	4.38						355	89.1%

<2022 인하미래 CUBE>		2022 미래 인재 인원	2021 종합 인하미래인재														
1. 전공적합성 매우 중시★ 2. 적성: 전공적합, 창의성 등 3. 지성: 기초학업, 교과이수 4. 인성: 개인적 인성평가 등 5. 지성:적성:인성:종합★ 25:25:25:25			● 인하미래 1단계: 서류 100% (3배수) 2단계: 면접 30%, 수능최저 없음 ★ 인하대 2021 입결공개 변화 올림: ①표준편차 미제공 ②충원율 누락 ③일반고 비율 누락													추합 인원	★★★ 충원율 ollim
			2021		1단계합격			최종등록			최종등록 (일반고/자공고)					
			인원	경쟁률	중간값	최저	표준 편차	중간값	최저	표준 편차	일반고 비율	평균	최저	표준 편차		
사범	수학교육	6	7	9.6	2.20	2.95		2.28	2.52						12	171.4%
공과 대학	기계공학	33	34	12.6	2.46	6.30		2.36	4.37						35	102.9%
	항공우주공학	14	18	13.7	2.81	6.06		3.13	6.06						11	61.1%
	조선해양공	16	12	4.3	3.37	4.60		3.17	4.09						5	41.7%
	산업경영공	14	10	10.0	2.93	3.78		3.23	3.78						10	100.0%
	화학공학	33	35	7.0	2.26	4.82		2.55	4.82						36	102.9%
	생명공학	10	15	11.8	2.03	2.54		1.96	2.44						11	73.3%
	고분자공학	12	14	7.8	2.99	5.06		2.74	4.69						9	64.3%
	신소재공	29	35	9.8	2.43	4.03		2.38	3.70						23	65.7%
	사회인프라공	24	37	6.1	3.44	5.98		3.61	5.98						30	81.1%
	환경공학	13	19	12.6	2.57	4.42		2.68	4.09						16	84.2%
	공간정보공학과	9	9	4.6	3.72	6.18		3.38	4.42						5	55.6%
	건축학부	22	24	9.1	2.86	5.20		2.83	4.88						25	104.2%
	에너지자원공	8	8	5.6	2.78	5.10		2.97	4.95						3	37.5%
	전기공학	24	24	6.9	2.66	7.48		2.68	4.36						20	83.3%
	전자공학	27	27	9.4	2.53	6.03		2.76	6.03						41	151.9%
	정보통신공	32	29	7.7	2.90	6.44		2.76	4.35						15	51.7%
자연 과학 대학	수학과	10	13	8.5	2.83	6.01		2.98	6.01						13	100.0%
	통계학과	10	10	5.2	2.69	4.80		3.01	4.80						12	120.0%
	물리학과	10	14	5.9	2.56	3.91		2.63	2.91						17	121.4%
	화학과	14	15	13.1	2.64	4.90		2.84	4.70						15	100.0%
	생명과학	11	9	20.6	2.29	5.57		2.52	4.58						9	100.0%
	해양과학	8	11	8.9	2.86	4.16		2.83	3.87						6	54.5%
	식품영양학과	13	12	11.7	2.87	4.47		3.00	4.47						12	100.0%
의과 대학	간호학과	21	12	24.8	2.29	3.16		2.29	2.54						10	83.3%
	의예과	15	15	26.9	1.37	2.12		1.36	2.12						5	33.3%
첨단 SW 융합 학부	인공지능공학과	20	20	8.2	2.76	4.44		2.60	3.04						16	80.0%
	데이터사이언스	18	20	7.0	3.00	5.13		3.17	5.13						17	85.0%
	스마트모빌리티	15	16	5.8	3.30	4.82		3.51	4.82						8	50.0%
	디자인테크놀로지	15	15	7.2	3.29	5.84		3.36	5.84						7	46.7%
	컴퓨터공학과	33	30	11.0	2.39	5.05		2.34	2.75						30	100.0%
자연 총계		539	569	10.1	2.71	4.88		2.77	4.29						484	84.1%

<2020 인하미래 CUBE>	2020 종합 미래인재 (1,000명)														

<2020 인하미래 CUBE>
1. 전공적합성 매우 중시 ★
2. 적성: ★전공적합, 창의성 등
3. 지성: 기초학업, 교과이수 등
4. 인성: 개인적 인성평가 등
5. 지성:적성:인성:종합 ★
　25:25:25:25

● 인하미래 1단계: 서류 100% (3배수) 2단계: 면접 30%, 수능최저 없음
★ 인하대 2020 입결공개 변화 올림: ①표준편차 미제공 ②충원율 누락 ③일반고 비율 누락

대학	학과	2021 948명 신설 6개 생략	2020 인원	경쟁률	1단계합격 중간값	최저	표준편차	최종등록 중간값	최저	표준편차	일반고 비율	평균	최저	표준편차	추합 인원	★★★ 충원율 ollim
문과대학	한국어문학과	8	7	11.6	2.76	3.85		2.84	3.85						4	57.1%
	사학과	12	13	20.3	2.74	4.36		2.74	3.11						6	46.2%
	철학과	6	8	8.0	3.35	6.61		3.19	3.67						7	87.5%
	중국어과	17	16	8.3	3.34	6.01		3.51	6.01						12	75.0%
	일본언어문화학	11	11	16.4	4.11	6.06		4.18	5.95						11	100.0%
	영어영문학	18	18	12.3	3.04	5.54		3.11	4.98						13	72.2%
	프랑스언어문화학	13	13	12.3	3.80	6.64		3.26	4.27						10	76.9%
	문화콘텐츠문화	30	30	18.8	2.92	4.89		2.78	4.89						16	53.3%
경영대학	경영학과	30	34	13.3	2.96	5.53		2.87	5.53						19	55.9%
	글로벌금융학과	14	15	7.2	3.62	6.16		3.42	6.07						3	20.0%
	아태물류학부	11	11	8.4	3.42	6.12		3.16	5.24						10	90.9%
	국제통상	13	14	14.1	3.20	6.34		3.39	6.34						14	100.0%
사회과학대학	행정학	19	17	9.9	2.98	5.58		3.05	4.79						7	41.2%
	정치외교학	15	18	8.5	3.10	5.47		3.07	4.31						7	38.9%
	미디어커뮤니케	11	11	21.8	2.59	5.11		2.61	3.94						8	72.7%
	경제학과	18	18	9.3	2.97	4.36		2.94	3.84						15	83.3%
	소비자학과	8	8	9.5	3.11	4.02		3.06	3.68						1	12.5%
	아동심리학	17	17	6.8	3.10	6.01		2.72	3.95						4	23.5%
	사회복지학	15	14	15.7	3.00	5.14		2.90	3.89						11	78.6%
사범대학	국어교육	13	13	6.3	2.27	4.76		2.27	4.52						10	76.9%
	영어교육	13	13	6.6	2.45	5.68		2.98	5.67						13	100.0%
	사회교육	6	6	7.5	2.41	4.66		2.34	2.60						4	66.7%
	체육교육	12	12	15.2	2.17	3.45		2.19	2.78						12	100.0%
	교육학과	16	17	12.6	2.45	6.23		2.52	6.23						11	64.7%
	수학교육	7	7	17.4	2.23	3.74		2.41	2.75						7	100.0%
공과대학	기계공학	34	35	13.6	2.40	5.22		2.66	5.12						33	94.3%
	항공우주공학	18	17	14.8	2.50	4.91		2.66	4.91						4	23.5%
	조선해양공	12	12	6.9	3.42	4.99		3.18	3.76						1	8.3%
	산업경영공	10	11	9.1	3.11	4.82		2.93	3.94						10	90.9%
	화학공학	35	35	12.7	1.94	2.53		1.96	2.31						24	68.6%
	생명공학	15	14	20.6	1.94	4.05		1.97	2.17						14	100.0%
	고분자공학	14	14	10.0	2.54	4.58		2.69	4.58						5	35.7%
	신소재공	35	35	9.5	2.54	4.63		2.62	4.27						19	54.3%
	사회인프라공	37	34	8.2	3.48	5.29		3.64	5.13						23	67.6%
	환경공학	19	19	9.1	2.79	7.01		2.63	4.55						14	73.7%
	공간정보공학과	9	7	8.3	3.00	3.97		3.05	3.26						6	85.7%
	건축학부	24	25	10.0	2.79	5.45		2.68	4.32						25	100.0%
	에너지자원공	8	8	6.9	2.54	3.53		2.45	3.01						6	75.0%
	전기공학	24	24	8.3	2.47	6.69		2.56	6.69						18	75.0%
	전자공학	27	28	10.3	2.40	6.19		2.39	3.98						28	100.0%
	컴퓨터공학과	30	35	13.0	2.51	4.90		2.44	3.82						34	97.1%
	정보통신공	29	29	7.1	2.81	6.42		2.97	6.42						21	72.4%
자연과학대학	수학과	13	13	5.2	2.79	5.33		2.98	4.49						12	92.3%
	통계학과	10	10	11.9	2.45	4.35		2.44	4.35						6	60.0%
	물리학과	14	15	7.0	2.73	4.34		2.62	3.26						15	100.0%
	화학과	15	17	12.3	2.55	4.48		2.56	3.78						17	100.0%
	생명과학	9	6	25.7	2.54	5.51		2.34	2.85						3	50.0%
	해양과학	11	9	10.4	3.19	5.82		3.09	4.69						8	88.9%
	식품영양학과	12	8	18.9	3.03	4.87		3.26	4.19						4	50.0%
의과대학	간호학과	12	12	34.8	2.40	4.16		2.45	4.16						7	58.3%
	의예과	15	15	31.6	1.61	3.43		1.58	2.27						14	93.3%
예체	의류디자인일반	12	14	14.7	3.41	7.30		3.56	7.30						10	71.4%
	스포츠과학	18	13	32.5	3.17	5.15		3.16	3.75						10	76.9%
총계		877	875	12.9	2.81	5.14		2.81	4.34						626	70.9%

280

2022 대학별 수시모집 요강	중앙대학교 01	2022 대입 주요 특징	공통/일반90%+진로선택10% (성취도 환산점수)

공통/일반90%+진로선택10% (성취도 환산점수)
정시영어 100-98-95-92... 자연국수탐2 25+40+35

▶교과: 국영수사/국영수과
①공통일반90%+진로선택10%
②성취도 환산점수 변환반영
③논술포함 이수단위 미반영
▶논술: 상위 10개, 진로미반영
▶학년 비율: 없음

1. 교과 지역균형 신설: 교과70+비교과30(출결/봉사), 일괄전형
①교과+학교장 통합, 최저있음, 고교당 10명, 재학생만 지원
②교과 63명 감소: 2021 교과404+학추170=574명→511명
③서울캠 43명 감소: 교과343+학추134=477명→지균 434명
2. 다빈치 서류일괄→단계면접 변화, 1단계 3.5배수, 면접 30%
3. 2022 다빈치 15명 감소, 탐구형 41명 증가, 논술 103명 감소

4. 약학 129명 신설: 교과5/다빈치10/탐구15/논술20/기초5/정시74
5. 실기실적 공연영상창작학부 최저: 2개합 5(탐1)
6. 지역균형과 논술전형 수능최저등급 및 인원변화 비교확인 필수
7. 교과 2022 석차등급 및 성취도별 환산점수표★ 소수4째 반올림
▶등급: 1등급10.0, 2등급9.71, 3등급9.43, 4등급9.14, 5등급8.86 ..
▶성취도: A=10.0, B=9.43, C=8.86 (A=1등급, B=3등급, C=5등급)

모집시기	전형명	사정모형	학생부종합 특별사항	2022 수시 접수기간 09. 10(금) ~ 14(화)	모집인원	학생부	논술	면접	서류	기타	2022 수능최저등급
2022 정원내 수시 3,018명 (67.1%) 정시 정원내 1,480명 (32.9%) 전체 정원내 4,498명	지역균형 교과+학추 통합	일괄	학생부교과 최저있음 고교당 10명 재학생만 지원 추천입력기간 09.15(수)~17(금) 최종 12.16(목)	1. 지균신설, 총 63명 인원감소 ①교과+학교장 전형통합 ②404+학추170=574→511명 2. 인문: 3개6(탐2)→3개7(탐1) 3. 자연: 3개6(탐1)→3개7(탐1) 4. 2021 학추참고: 170명 모집 ①서울11개(134명)+안성36 ②추천인원 서울3명 최대4명	511 서울 434 약학5 안성 77	교과 70%+ 비교과 30% (출결/봉사) <2021 교과전형 입결> 경쟁률: 인 8.70 자 11.0 실질경: 인 4.20 자 4.30 <2021 학추입결> 학생60+서류40 경쟁률평균 5.30 인문평균 1.55 자연평균 1.46 안성평균 2.65 일반고지원: 241, 합1.78 합격분포林: 인1.50~2.50 합격분포林: 자1.50~1.80 합평林: 인문1.71 자1.61 안성2.78 예2.67					인문: 3개합 7 (탐1) ★ 자연: 3개합 7 (탐1) ★ 약학: 4개합 5 (탐1) ★ 안성: 2개합 6 (탐1) ★ *史 4등급 공통 *자연 미적/기하,과탐 *자연 서로다른과탐
	논술전형	일괄	논술전형 국영수+사/과 상위 10개 자연 11.27(토) 인문 11.28(일)	1. 수능최저 2021과 동일 유지 2. 의학부 18명, 약학 20명★ 3. 인문: 언어논술3 120분 4. 경영경제: 언어2+수리논술1 4. 자연: 수리3+물/화/생 택1	701 서울 596 안성 105	학생부 40% + 논술 60% <2021 논술전형 입결> 경쟁 45.0 실질경쟁 10.8 일반고 합격평균 2.17 일반고 응시논술 59.59 일반고 합격논술 73.40 합격평균등급 올林 2.80					인문: 3개합 6 (탐2) 자연: 3개합 6 (탐2) 의약: 4개합 5 (탐2) 안성: 2개합 5 (탐1) *史 4등급 공통 *자연탐구 동일불가
	다빈치형	1단계	학생부종합 일괄→단계면접 자소서제출 ~09.17(금)	1. 서울57 감소, 안성47 증가 2. 의학부 9명, 약학 10명★ 3. 학/자/추 근거 교내외활동 학교생활(교과/비교과) 균형 지원자 학업 및 교내 다양한 활동 통한 성장가능성 판단 4. 통합역량 20% ★★ ①경험다양성 ②예체활동성과 ③교내예술문화/체육활동소양 ④정보수집분석활용능력	590 서울 479 안성 111	서류 100% (3.5배)			<다빈치 입결 2021> ①경쟁률: 인11.9, 자15.3 ②일반고 지원등급: 2.33 ③일반고 합격등급평균 ▶인문: C 2.02 林 2.54 ▶자연: C 2.02 林 2.56 ④충원: 인104% 자129%		<2022 다빈치 역량> (학교장/통합 등 포함) 1.학업역량 20% 2.탐구역량 20% 3.통합역량 20%★ 4.발전가능성 20% 5.인성 20%
		2단계	1단계 11.25(목) 면접 12.04(토) 12.05(일) 최종 12.10(금)		2021 서울 536 안성 64	1단계 70% +면접 30%					
2021 정원내 수시 3,113명 (71.7%) 정시 정원내 1,230명 (28.3%) 전체 정원내 4,343명	탐구형	일괄	학생부종합 서류일괄 자소서제출 ~09.17(금) 최종 12.10(금)	1. 서울 동일, 안성57 증가 2. 의학부 9명, 약학 15명★ 3. 학업역량 지적탐구역량평가 해당전공분야 탐구능력 경험 수상실적 과제연구 탐구활동 창체독서/지적탐구활동과정 4. 전공적합 30% ★★ ①전공활동이해 ②활동과정 ③전공적합관련성 ④과목수강취득/성취수준 등	595 서울 529 안성 66 2021 서울 529 안성 9	서류 100%		<탐구형 입결 2021> ①경쟁률: 인11.8, 자15.2 ②일반고 지원등급: 2.71 ③일반고 합격등급평균 ▶인문: C 2.11 林 3.39 ▶자연: C 2.11 林 3.43 ④충원: 인122% 자142%			<2022 탐구형 역량> 1.학업역량 20% 2.탐구역량30%★ 3.전공적합30%★ 4.발전가능성 10% 5.인성 10% 다빈치에 비해 발표 토론,수행 과정평가 등 학습 과정 및 결과, 독서,동아리,각종대회 등 교내학습 경험 중시
	SW인재	일괄	학생부종합 서류일괄 자소서제출 ~09.17(금) 최종 12.10(금)	2018 신설후 5년차 SW분야의 역량과 자질 및 성장잠재력을 갖춘 학생 소프트웨어학부 75명	75 2021 75	서류 100% <2020 SW유형> 일반고 49.4% 자사고 17.9% 과학고 19.1%			<SW인재 입결 2021> ①경쟁률: 12.1→10.7 ②일반고 지원등급: 2.71 ③일반고 합격평균: 2.11 ④전체합격평균: 2.90 ⑤충원율: 116%→175%		<2021 SW인재 역량> 수학/과학 분야★★ 적성 흥미 노력 과정 성과 등 평가 소프트웨어 직접활동 없어도 지원 무방
	사회통합	일괄	학생부종합 자소서제출 ~09.17(금) 최종 12.10(금)	1. 국가보훈대상자 2. 조손/소년소녀/장애/복지 3. 군인/경찰/소방 20년 자녀 4. 다문화/다자녀3인/만학도	서울 22 안성 2	서류 100%		다빈치평가와 동일			최저없음
	기회균등형 + 고른기회	일괄	학생부종합 자소서제출 ~09.17(금) 최종 12.10(금)	1. 기회균등(농어촌/기초차상) 2. 기초차상위(정원외) 5명 3. 장애인 등 8명 4. 특성화졸재직(내외) 201명	기회 122 서울 96 안성 20	서류 100%		다빈치평가와 동일 원서접수비 무료 경쟁률 허수 주목			2022 실기실적 생략

	2022 대입 주요 특징	공통/일반90%+진로선택10% (성취도 환산점수) 정시영어 100-98-95-92... 자연국수탐2 25+40+35

▶교과: 국영수사/국영수과
①공통일반90%+진로선택10%
②성취도 환산점수 변환반영
③논술포함 이수단위 미반영
▶논술: 상위 10개, 진로미반영
▶학년 비율: 없음

▶중앙대 4차 산업혁명시대 특성화 학과 <인문>
1. 경영학부 글로벌금융전공: 글로벌 금융시장 선도하는 허브
2. 공공인재학부: 국가 발전에 이바지하는 공공부문 인재 양성
3. 산업보안학과: 창의융합형 산업보안 인재 양성

▶중앙대 4차 산업혁명시대 특성화 학과 <자연>
1. 소프트웨어학부: 4차 산업혁명 시대를 이끄는 요람
2. 융합공학부: 독창적 연구 능력을 보유한 융합공학인 육성
3. AI학과: 국내 인공지능 기술의 혁신, 2021 신설
4. 첨단소재공학과: 제품 혁신을 이끄는 다빈치 리더 육성
5. 예술공학부: 게임개발트랙,디지털아트트랙, 영상특수효과트랙

모집시기	전형명	사정 모형	학생부종합 특별사항	2022 수시 접수기간 09. 10(금) ~ 14(화)	모집 인원	학생부	논술	면접	서류	기타	2022 수능최저등급
2022 정원내 수시 3,018명 (67.1%) 정시 정원내 1,480명 (32.9%) 전체 정원내 4,498명 2021 정원내 수시 3,113명 (71.7%) 정시 정원내 1,230명 (28.3%) 전체 정원내 4,343명	교과전형			※ 중앙대 2020 교과전형 입결리포트 올림 　　　　　　　　　　　　　　　2020. 05. 13. 수 1. 최초경쟁률에 비례하는 일반적 경향 2. 충원율 변화에 따른 실질경쟁률은 비교적 합격선 변화에 　큰 영향 없음 　※ 경영경제 6개학과 참고할 것 3. 공과대학 대부분 최초경쟁률 하락했으나 입결영향 크지 않음 4. 전년도 2개년 입결 편차를 벗어나지않는 보수적 수능최저 　충족 전략을 유지할 것 5. 전통의 영교/사복/미디어/간호/유아교 등 입결상승 도약, 　선호도=성적상위 입증 6. 안성캠 생명공학 5개 학과 전반적 입결 유지 및 예술 3개 　학과 입결 대폭 상승 7. 중앙대 등 상위권 대학 2020 대입 수험생 6만여명 감소 　영향력 무색		▶2020 중앙대 교과전형 리포트올림 ★★ ①최초경쟁률: 서울인문 11.3　서울자연 12.6 ②실질경쟁률: 서울인문 5.50　서울자연 5.50 ③일반고지원: 지원평균 2.41　합격평균 1.78 (대학 제공) ④합격분포 올林: 인문 1.20~2.10　합격평균 1.53 ⑤합격분포 올林: 자연 1.30~1.80　합격평균 1.57 ⑥합격분포 올林: 안성 2.10~3.50　생명평균 2.68 　　　　　　　　　　예술평균 2.57 ⑦충원율: 인문 210%　자연 198% ⑧수능최저충족: 19년 35.4%→47.1%, 전년대비 11% 증가
	학교장 추천			▶2020 중앙대 학교장추천전형 리포트올림 ★★ ①최초경쟁률: 서울인문 6.40　서울자연 6.30 　　　　　　　안성생명공학 2.80 ②실질경쟁률: 서울인문 1.61　서울자연 1.76 　　　　　　　안성생명공학 1.24 ③일반고지원: 지원평균 1.88　합격평균 1.71 CU ★★ ④합격분포 올林: 인문 1.40~1.80　합격평균 1.56 ⑤합격분포 올林: 자연 1.40~1.70　합격평균 1.53 ⑥합격분포 올林: 안성 2.40~2.70　생명합격평균 2.60 ⑦충원율: 인문 274.2%　자연 312.7%　안성 125.0%		▶중앙대 학교장추천 고교별 1~2명 지원 비율 　2020 1명 지원 406교(69.1%), 2명 지원 140교(23.9%) 　2019 1명 지원 459교(52.2%), 2명 지원 253교(28.8%) ▶중앙대 학교장추천 고교별 1~2명 합격자 비율★★ 　2020 1명 합격 321교(74.7%), 2명 지원 89교(20.7%) 　2019 1명 지원 292교(76.2%), 2명 지원 80교(20.9%)
	다빈치형			▶2020 중앙대 종합전형 인문리포트 올림 ★★ ①최초경쟁률: 다빈치 인문 15.5, 탐구형 인문 12.9 ②충원율: 다빈치 인문 111%, 탐구형 인문 110% ③일반고 인자통합 지원등급: 다빈치 2.31, 탐구형 2.66 CU ④일반고 인자통합 합격등급: 다빈치 1.96, 탐구형 2.11 CU ⑤일반고 인자통합 평균지원: 다빈치 4.72명, 탐구 2.46명 CU ⑥일반고 인자통합 평균합격: 다빈치 0.63명, 탐구 0.29명 CU ⑦인문합격자 내신평균올林: 다빈치 2.33등급, 탐구 3.34등급		▶중앙대 다빈치종합 2020 고교유형별 합격 분포★★ 　일반고 74.2%, 자공고 6.2%, 자사고 8.7%, 외고 5.5% 　국제고 2.1%, 과학고 1.5%, 영재고 0.5%, 특성화 0.3% ▶중앙대 다빈치종합 2020 지원율 대비 합격률★★ 　일반고 78.1%→74.2%　자공고 6.0%→6.2% 　자사고 5.6%→8.7%　　외국어고 3.2%→5.5% 　과학고 0.4%→1.5%　　국제고 1.1%→2.1%
	탐구형			▶2020 중앙대 종합전형 자연리포트 올림 ★★ ①최초경쟁률: 다빈치 자연 16.8, 탐구형 자연 15.1 ②충원율: 다빈치 자연 131%, 탐구형 자연 142% ③일반고 인자통합 지원등급: 다빈치 2.31, 탐구형 2.66 CU ④일반고 인자통합 합격등급: 다빈치 1.96, 탐구형 2.11 CU ⑤일반고 인자통합 평균지원: 다빈치 4.72명, 탐구 2.46명 CU ⑥일반고 인자통합 평균합격: 다빈치 0.63명, 탐구 0.29명 CU ⑦자연합격자 내신평균올林: 다빈치 2.06등급, 탐구 3.38등급 ⑧안성생명공학합격자 내신평균올林: 다빈치 3.32등급 　　　　　　　　　　　　　　　　탐구형 4.20등급 ★★		▶중앙대 탐구형종합 2020 고교유형별 합격 분포★★ 　일반고 29.0%, 자공고 1.8%, 자사고 17.5%, 외고 29.7% 　국제고 5.0%, 과학고 14.8%, 영재고 1.6%, 해외고 0.4% ▶중앙대 탐구형종합 2020 지원율 대비 합격률★★ 　일반고 42.4%→29.0%　자공고 3.8%→1.8% 　자사고 18.5%→17.5%　외국어고 23.1%→29.7% 　과학고 5.7%→14.8%　　국제고 3.3%→5.0%
											2021.05.16~ 3days ollim

교과지균 2022	인문	교과 2021					2021 ADIGA			교과 2020					

교과지균 2022
▶교과+학교추천→지균통합
▶교과 70%+출결봉사 30%
인문: 3개합 7 (탐1) ★
자연: 3개합 7 (탐1) ★
약학: 4개합 5 (탐1) ★
안성: 2개합 6 (탐1) ★
*자연탐구 동일불가

교과 2021 (2022)
▶2021 수능최저등급
▶인문: 3개합 6 (탐2)
▶자연: 3개합 6 (탐1) 변화★
▶자연안성: 2개합 5 (탐1) ㉯ 4등급 공통

교과 2020
▶2021 수능최저등급
▶인문: 3개합 6 (탐2)
▶자연: 3개합 5 (탐1)
▶자연안성: 2개합 5 (탐1) ㉯ 4등급 공통

	학과	모집인원	2021 입학결과 올림 모집인원	경쟁률	실질경쟁률	충원인원	충원율	최종평균	최종70%	환산70%	2020 입학결과 올림 모집인원	경쟁률	실질경쟁률	충원인원	충원율	최종평균
인문	국어국문	7	7	6.6	3.3	11	157%	1.80	2.20	974.0	7	7.6	3.3	8	114%	1.50
	영어영문	15	10	7.7	4.1	21	210%	1.60	1.70	985.7	10	9.9	5.3	28	280%	1.60
	독일어문학	4	4	12.3	5.5	7	175%	1.70	1.80	983.1	4	17.5	8.0	11	275%	1.70
	프랑스어문학	5	5	11.6	7.0	10	200%	1.70	1.80	983.4	5	15.4	6.4	4	80%	1.70
	러시아어문학	4	5	13.2	6.4	3	60%	1.70	1.70	984.9	5	21.2	7.2	6	120%	1.80
	일본어문학★↘	5	5	13.0	5.8	7	140%	1.80	1.80	982.9	5	10.6	3.4	6	120%	2.10
	중국어문학	4	4	12.8	6.8	11	275%	1.70	1.70	984.4	4	14.8	6.3	6	150%	1.80
	철학과	6	6	6.8	3.3	11	183%	1.80	2.10	977.5	6	10.8	6.8	9	150%	1.60
	역사학과	6	7	8.6	4.1	13	186%	1.60	1.70	984.2	7	10.1	5.6	22	314%	1.60
사회과학	정치국제학과	9	8	6.3	3.9	17	213%	1.70	2.40	970.2	8	9.6	5.9	17	213%	1.40
	공공인재학부	19	11	6.8	3.1	21	191%	1.70	2.90	960.1	11	7.6	4.5	30	273%	1.30
	심리학과	9	9	8.0	3.4	17	189%	1.70	1.90	98.0	9	8.6	3.7	17	189%	1.50
	문헌정보학과	7	7	10.4	4.0	12	171%	2.00	2.60	967.4	7	10.4	4.6	7	100%	1.50
	사회복지학부	7	7	6.1	3.3	14	200%	1.70	1.70	984.2	7	12.3	5.4	8	114%	1.60
	미디어커뮤니케	9	6	7.7	3.0	9	150%	1.50	1.90	981.2	6	12.3	7.5	25	417%	1.20
	사회학과	8	8	7.1	4.3	26	325%	1.60	1.80	983.2	8	9.6	4.5	15	188%	1.50
	도시계획부동산	8	8	8.5	3.0	10	125%	1.70	1.80	983.0	8	13.0	6.9	8	100%	1.50
의과	간호인문	13	8	13.0	4.8	13	163%	1.70	1.80	983.6	9	18.0	5.4	15	167%	1.60
사범	교육학과	5	5	11.8	6.4	17	340%	1.50	1.60	986.5	5	9.6	5.0	19	380%	1.60
	유아교육과	5	5	7.2	1.8	4	80%	2.50	3.10	957.8	5	15.6	6.6	12	240%	1.60
	영어교육과	5	5	8.6	5.6	23	460%	1.60	2.00	978.9	7	9.0	5.4	25	357%	1.50
경영경제	경영학부 경영학	47	37	7.5	4.1	84	227%	1.60	1.90	981.7	37	10.8	6.2	89	241%	1.40
	경영 글로벌금융	7	5	7.2	3.4	9	180%	1.60	2.30	972.6	6	9.3	5.2	17	283%	1.40
	경제학부	16	8	6.8	4.0	19	238%	1.50	1.80	982.6	10	9.4	5.6	27	270%	1.40
	응용통계학과	5	5	5.8	2.8	9	180%	1.70	2.10	976.1	6	7.7	3.8	4	67%	1.30
	광고홍보학과	7	7	7.9	3.0	8	114%	1.70	1.90	981.9	7	9.3	5.1	14	200%	1.40
	국제물류학과	6	6	6.3	3.0	5	83%	1.80	1.90	980.7	6	10.5	5.5	13	217%	1.40
총 합계		248	200	8.7	4.2	411	193%	1.71	2.00	946.3	206	11.5	5.5	462	208%	1.54

※ 중앙대 2020 교과전형 입결리포트 올림   2020. 05. 13. 수 ollim

1. 최초경쟁률에 비례하는 일반적 경향
2. 충원율 변화에 따른 실질경쟁률은 비교적 합격선 변화에 큰 영향 없음
   ※ 경영경제 6개학과 참고할 것
3. 공과대학 대부분 최초경쟁률 하락했으나 입결영향은 크지 않음
4. 전년도 2개년 입결 편차를 벗어나지않는 보수적 수능최저충족 전략을 유지할 것
5. 전통의 영교/사복/미디어/간호/유아교 등 입결상승 도약, 선호도=성적상위 입증
6. 안성캠 생명공학 5개 학과 전반적 입결 유지 및 예술 3개 학과 입결 대폭 상승
7. 중앙대 등 상위권 대학 2020 대입 수험생 6만여명 감소 영향력 무색

교과지균 2022	자연 2022	교과 2021						2021 ADIGA			교과 2020					

교과지균 2022
- ▶교과+학교추천→지균통합
- ▶교과 70%+출결봉사 30%
- 인문: 3개합 7 (탐1) ★
- 자연: 3개합 7 (탐1) ★
- 약학: 4개합 5 (탐1) ★
- 안성: 2개합 6 (탐1) ★
- *자연탐구 동일불가

교과 2021
- ▶2021 수능최저등급
- ▶인문: 3개합 6 (탐2)
- ▶자연: 3개합 6 (탐1) 변화★
- ▶자연안성: 2개합 5 (탐1) ㊜ 4등급 공통

교과 2020
- ▶2021 수능최저등급
- ▶인문: 3개합 6 (탐2)
- ▶자연: 3개합 5 (탐1)
- ▶자연안성: 2개합 5 (탐1) ㊜ 4등급 공통

계열	학과	모집인원	모집인원	경쟁률	실질경쟁률	충원인원	충원율	합격등급	최종70%	최종70%	모집인원	경쟁률	실질경쟁률	충원인원	충원율	최종평균
자연과학	물리학과	6	6	12.2	5.8	19	317%	1.70	1.80	982.5	6	11.8	4.8	13	217%	1.70
	화학과	5	5	12.8	4.8	16	320%	1.50	1.70	985.5	6	21.2	9.5	22	367%	1.40
	생명과학과	7	7	17.4	7.7	29	414%	1.50	1.70	985.7	7	10.4	4.0	15	214%	1.50
	수학과	6	6	17.0	6.3	10	167%	1.60	1.70	985.7	7	8.9	3.6	17	243%	1.80
공과대학	건설환경사회기반	8	8	14.4	4.8	11	138%	1.70	1.70	984.2	8	16.8	5.8	5	63%	1.80
	도시시스템공학	5	5	11.8	5.2	12	240%	1.70	1.80	982.0	5	14.2	5.4	5	100%	1.70
	건축공(4년제)	6	6	11.2	4.3	4	67%	1.70	1.70	984.0	6	13.8	5.5	8	133%	1.80
	건축학(5년제)	8	5	13.8	4.6	10	200%	1.80	1.90	980.7	6	11.2	5.3	21	350%	1.80
	화학신소재공학	6	8	13.3	6.0	36	450%	1.50	2.10	977.6	8	16.4	8.6	32	400%	1.30
	기계공학부	18	10	10.4	4.2	21	210%	1.70	1.90	980.3	12	11.8	5.1	27	225%	1.40
	에너지시스템공	15	7	11.6	4.7	14	200%	1.60	1.60	986.4	7	23.3	11.4	14	200%	1.50
창의ICT	전자전기공학	34	17	11.2	4.4	39	229%	1.50	1.60	986.4	19	11.2	4.8	41	216%	1.40
	융합공학부	19	9	13.0	5.0	10	111%	1.50	1.50	988.8	9	16.4	9.0	32	356%	1.40
소프트	소프트웨어학부	-	6	11.5	4.8	17	283%	1.50	1.80	982.0	10	12.7	6.7	29	290%	1.30
	소프트AI학과	5	6	13.8	3.8	6	100%	1.60	1.70	984.6						
의과	약학부 (22 신설)	5	-	-	-	-	-	-	-	-	-	-	-	-	-	-
간호	간호자연	15	9	13.7	4.7	1	11%	1.70	1.70	985.8	12	18.7	6.5	11	92%	1.70
총 합계		168	120	13.1	5.1	255	216%	1.61	1.74	983.9	128	14.6	6.4	292	231%	1.57

계열	학과	모집인원	모집인원	경쟁률	실질경쟁률	충원인원	충원율	합격등급	최종70%	최종70%	모집인원	경쟁률	실질경쟁률	충원인원	충원율	최종평균
생명공학 안성 CAM	동물생명공	12	12	4.3	2.4	13	108%	2.70	3.30	953.5	12	4.4	2.3	8	67%	2.50
	식물생명공	10	10	5.0	1.5	5	50%	3.10	3.30	953.2	10	7.2	4.2	8	80%	2.60
	식품공학	23	17	4.9	2.2	14	82%	2.70	2.90	961.4	17	5.2	2.8	21	124%	2.70
	식품영양	15	10	7.6	2.0	5	50%	3.10	3.30	952.6	12	6.4	2.0	12	100%	3.50
	시스템생명공학	12	12	5.0	3.5	21	175%	1.90	2.10	977.7	14	5.1	3.4	21	150%	2.10
	첨단소재공(공과)	5	7	5.8	2.0	4	60%	3.20	3.80	943.5						
총 합계		77	68	5.4	2.3	62	88%	2.78	3.12	957.0	65	5.7	2.9	70	104%	2.68

계열	학과	모집인원	모집인원	경쟁률	실질경쟁률	충원인원	충원율	합격등급	최종70%	최종70%	모집인원	경쟁률	실질경쟁률	충원인원	충원율	최종평균
예술 안성 CAM	실내환경디자인	-	5	7.6	3.2	5	100%	2.40	2.90	960.9	6	11.3	4.8	9	150%	2.20
	패션디자인	-	6	8.0	4.5	16	267%	2.60	3.00	957.1	5	10.2	4.4	6	120%	2.50
	예술공학	18	10	5.4	2.0	7	70%	3.00	3.50	949.6	17	7.9	2.5	7	41%	3.00
총 합계		18	21	7.0	3.2	28	146%	2.67	3.13	955.9	28	9.8	3.9	22	104%	2.57

▶2021 중앙대 교과전형 리포트 올림 ★★
- ①최초경쟁률: 서울인문 8.70 서울자연 13.1 안성자연 5.40 안성예술 7.00
- ②실질경쟁률: 서울인문 4.20 서울자연 5.10 안성자연 2.30 안성예술 3.20
- ③일반고지원: 지원평균 2.41 합격평균 1.78 (대학 제공) ★★
- ④합격분포 올林: 서울인문 1.50~2.50 합격평균 1.71
- ⑤합격분포 올林: 서울자연 1.50~1.70 합격평균 1.61
- ⑥합격분포 올林: 안성자연 1.90~3.20 생명평균 2.78 예술평균 2.67
- ⑦충원율: 서울인문 193% 서울자연 216% 안성자연 88.0% 안성예술 146%

학생부종합 2021 (인문)

▶ 2021 종합전형 인문리포트★
① 경쟁: 다빈 11.9, 탐구 11.8
② 충원: 다빈 104%, 탐구 122%
③ 합격평균: 다빈치 2.31 → 2.54
④ 합격평균: 탐구형 3.31 → 3.39
⑤ 일반고 합격: 다빈치 1.96★
⑥ 일반고 합격: 탐구형 2.11★
⑦ 일반고 지원: 다 4.72, 탐 2.46
⑧ 일반고 합격: 다 0.63, 탐 0.29

<2022 다빈치 5개 역량> 1.학업역량 20% 2.탐구역량 20% 3.통합역량 20% 4.발전가능성 20% 5.인성 20%
<2020 다빈치 5개 역량> 1.학업역량 20% 2.탐구역량 20% 3.통합역량 20% 4.발전가능성 20% 5.인성 20%
<2021 탐구형 5개 역량> 1.학업역량 20% 2.탐구역량 30% 3.전공적합성 30% 4.발전가능성 10% 5.인성 10%
<2020 탐구형 5개 역량> 1.학업역량 20% 2.탐구역량 30% 3.전공적합성 30% 4.발전가능성 10% 5.인성 10%

다빈치 2022 모집인원	다빈치 2021 인원	최초 경쟁률	충원율	합격자 내신등급	다빈치 2020 인원	최초 경쟁률	충원율	합격자 내신등급	계열	학과	탐구형 2022 모집인원	탐구형 2021 인원	최초 경쟁률	충원율	합격자 내신등급	탐구형 2020 인원	최초 경쟁률	충원율	합격자 내신등급
10	10	9.1	210%	2.00	10	14.4	110%	1.80	인문	국어국문	7	7	17.4	171%	3.20	7	16.0	143%	3.08
20	19	7.4	105%	2.50	19	9.7	105%	2.30		영어영문	29	27	9.1	189%	3.40	27	10.4	219%	3.36
6	5	7.4	20%	3.90	5	8.0	120%	2.75		독일어문학	9	10	10.2	230%	3.80	10	10.1	50%	4.20
6	6	8.7	117%	2.70	6	9.0	50%	3.43		프랑스어문학	9	9	8.6	133%	3.80	9	12.6	167%	4.03
5	5	7.0	160%	3.20	5	7.4	100%	3.36		러시아어문학	9	8	9.3	188%	3.80	8	9.6	238%	4.01
4	4	10.0	75%	2.80	4	10.5	100%	3.09		일본어문학	10	10	13.4	110%	3.80	10	14.5	140%	3.74
8	8	9.0	163%	3.00	8	8.4	175%	2.81		중국어문학	16	16	11.2	150%	3.70	16	12.8	94%	3.95
9	9	10.3	167%	2.10	9	8.4	89%	2.85		철학과	7	7	11.9	100%	3.30	7	12.7	200%	3.47
9	8	9.9	125%	2.30	9	15.4	163%	1.91		역사학과	7	7	18.0	171%	2.80	7	19.1	157%	3.16
9	11	17.6	118%	2.80	10	20.5	130%	2.27	사회과학	정치국제학과	11	11	14.7	100%	3.80	11	16.1	82%	2.93
10	17	17.5	124%	2.60	17	19.4	71%	2.34		공공인재학부	10	20	13.3	195%	3.10	20	13.9	70%	3.22
10	10	19.0	90%	2.50	10	26.2	170%	1.67		심리학과	11	11	17.5	55%	2.70	11	18.5	55%	2.88
8	8	6.5	75%	2.40	8	8.9	113%	1.96		문헌정보학과	7	7	7.4	29%	3.40	7	11.1	86%	2.64
10	10	14.5	60%	2.80	10	19.3	150%	2.65		사회복지학부	11	11	16.0	127%	3.60	11	13.0	73%	3.58
8	11	18.0	200%	1.70	11	32.0	64%	1.67		미디어커뮤니	9	14	18.6	100%	2.50	14	17.3	100%	2.83
9	9	16.6	56%	1.90	9	21.8	267%	1.83		사회학과	11	11	13.3	18%	3.10	11	15.0	100%	3.23
10	10	7.4	30%	2.30	10	12.0	80%	2.66		도시계획부동산	9	9	8.3	67%	3.20	9	11.9	56%	3.41
14	16	8.1	131%	2.20	16	11.8	113%	2.13	간호	간호인문	8	10	10.3	70%	3.70	9	12.2	100%	3.22
8	8	27.8	125%	3.00	8	39.0	175%	2.27	사범	교육학과	7	-	-	-	-	-	-	-	-
10	8	14.9	38%	2.00	8	22.4	113%	2.30		유아교육과	5	-	-	-	-	-	-	-	-
9	9	8.3	200%	2.00	9	11.9	167%	1.86		영어교육과	7	8	10.9	263%	3.00	8	11.3	175%	3.29
13	15	16.8	47%	1.80	15	19.5	67%	1.80		체육교육과	-	-	-	-	-	-	-	-	-
33	38	12.6	145%	2.30	38	16.8	105%	2.13	경영경제	경영 경영학	36	43	9.8	156%	3.10	43	12.4	114%	3.06
6	9	7.0	89%	2.90	9	8.1	44%	2.53		경영 글로벌금융	7	10	7.5	70%	4.10	10	7.9	90%	3.54
20	20	7.4	115%	2.30	20	9.3	165%	1.97		경제학부	23	23	6.9	100%	3.10	23	8.4	117%	3.01
5	5	16.4	100%	2.30	5	14.8	20%	2.45		응용통계학과	8	8	12.5	188%	3.10	8	16.4	88%	2.34
8	8	10.3	25%	2.60	8	16.1	38%	1.80		광고홍보학과	11	11	15.5	73%	3.20	11	18.5	36%	3.71
8	8	8.5	13%	4.10	8	10.1	50%	2.20		국제물류학과	11	11	7.1	64%	3.70	11	8.7	36%	3.15
-	-	-	-	-	-	-	-	-		산업보안(인문)	5	5	7.0	60%	4.20	5	11.0	60%	3.02
285	288	11.9	104%	2.54	287	15.4	111%	2.31		총 합계	310	311	11.8	122%	3.39	319	13.1	109%	3.31

학생부종합 2021 (자연)

▶2021 종합전형 자연리포트★
① 경쟁: 다빈15.2, 탐구15.3
② 충원: 다빈129%, 탐구142%
③ 합격평균: 다빈2.37→2.56
④ 합격평균: 탐구형3.43→3.43
⑤ 일반고 합격: 다빈치 1.96★
⑥ 일반고 합격: 탐구형 2.11★
⑦ 일반고 지원: 다4.72, 탐2.46
⑧ 일반고 합격: 다0.63, 탐0.29

<2021 다빈치 5개 역량> 1.학업역량 20% 2.탐구역량 20% 3.통합역량 20% 4.발전가능성 20% 5.인성 20%
<2020 다빈치 5개 역량> 1.학업역량 20% 2.탐구역량 20% 3.통합역량 20% 4.발전가능성 20% 5.인성 20%
<2021 탐구형 5개 역량> 1.학업역량 20% 2.탐구역량 30% 3.전공적합성 30% 4.발전가능성 10% 5.인성 10%
<2020 탐구형 5개 역량> 1.학업역량 20% 2.탐구역량 30% 3.전공적합성 30% 4.발전가능성 10% 5.인성 10%

다빈치 2022 모집인원	다빈치 2021 인원	최초경쟁률	충원율	합격자 내신등급	다빈치 2020 인원	최초경쟁률	충원율	합격자 내신등급	계열	학과	탐구형 2022 모집인원	탐구형 2021 인원	최초경쟁률	충원율	합격자 내신등급	탐구형 2020 인원	최초경쟁률	충원율	합격자 내신등급
10	10	8.8	140%	2.50	10	8.0	130%	1.82	자연과학	물리학과	9	9	10.3	189%	4.40	9	10.6	167%	3.27
7	7	25.1	129%	1.90	7	18.4	186%	1.84		화학과	8	8	19.4	238%	4.60	8	20.8	200%	3.77
8	8	34.4	150%	2.10	8	44.4	88%	1.63		생명과학과	9	9	35.8	222%	3.40	9	38.7	278%	3.50
5	7	12.3	57%	2.10	7	14.4	143%	1.87		수학과	12	11	10.0	218%	3.40	11	13.1	164%	2.70
7	7	11.1	157%	2.90	7	9.7	186%	2.22	공과대학	도시시스템공학	6	6	10.7	117%	4.30	6	10.0	100%	4.29
12	12	11.7	158%	2.30	12	9.6	92%	2.43		건설환경플랜트	10	10	8.4	70%	5.00	10	11.8	110%	3.75
10	10	7.9	150%	2.20	10	6.9	70%	2.66		건축공(4년제)	7	7	8.6	29%	3.50	7	8.3	114%	4.02
10	6	16.8	133%	2.60	7	16.6	229%	2.67		건축학(5년제)	8	6	14.7	83%	3.50	6	16.2	167%	3.07
11	13	27.6	262%	2.00	13	21.8	162%	1.85		화학신소재공	13	14	19.8	236%	3.90	14	21.6	186%	3.76
17	19	14.8	158%	2.10	19	20.9	168%	1.72		기계공학부	19	21	13.2	100%	2.90	21	15.1	171%	3.04
12	12	14.6	142%	2.10	12	13.8	133%	2.25		에너지시스템공학	14	12	9.9	83%	3.00	12	10.0	108%	3.90
31	27	14.8	141%	2.30	27	15.3	144%	1.92	창의ICT	전자전기공	40	34	11.0	168%	3.70	34	12.2	129%	3.58
12	12	23.0	25%	3.00	12	21.0	75%	2.08		융합공학부	19	17	15.1	100%	2.50	17	12.6	106%	3.55
-	-	-	-	-	-	-	-	-	경영	산업보안(자연)	5	5	11.2	60%	2.90	5	6.6	120%	4.21
-	-	-	-	-	-	-	-	-	소프트	소프트웨어인재전형	75	75	10.7	175%	2.90	75	12.1	116%	2.81
7	7	17.1	171%	2.20	21년 신설			-		소프트AI	7	8	16.4	150%	3.00	21년 신설			-
9	10	27.9	110%	2.00	8	23.1	100%	1.80	의과약학간호	의학부	9	10	19.8	110%	2.20	8	16.0	75%	1.76
10	-	-	-	-	-	-	-	-		약학부 (22 신설)	15	-	-	-	-	-	-	-	-
16	18	14.2	67%	2.70	18	12.6	78%	2.10		간호자연	9	13	10.1	46%	3.10	11	12.6	100%	2.77
15	15	11.7	67%	3.50	15	10.9	140%	3.46	생명공학(안성)	동물생명공	10	-	-	-	-	-	-	-	-
12	12	9.8	183%	3.80	12	9.8	42%	3.68		식물생명공	8	-	-	-	-	-	-	-	-
10	16	9.3	94%	3.20	16	9.4	100%	3.45		식품공학	10	-	-	-	-	-	-	-	-
10	12	7.3	108%	4.00	12	8.2	75%	3.58		식품영양	5	-	-	-	-	-	-	-	-
9	9	10.4	100%	2.30	9	15.2	78%	2.27		시스템생명공학	9	9	14.4	244%	4.20	9	16.3	144%	4.21
8	8	6.5	50%	4.80	21년 신설			-		공학 첨단소재공	9	6	5.0	17%	4.80	21년 신설			-
250	**258**	**15.3**	**129%**	**2.56**	**257**	**15.5**	**121%**	**2.37**		**총 합계**	**345**	**281**	**15.2**	**142%**	**3.43**	**201**	**15.2**	**142%**	**3.43**

모집인원	인원	최초경쟁률	충원율	합격자 내신등급	인원	최초경쟁률	충원율	합격자 내신등급	계열	학과	모집인원	인원	최초경쟁률	충원율	합격자 내신등급	인원	최초경쟁률	충원율	합격자 내신등급
3	3	16.0	33%	3.50	3	27.0	0%	2.60	예술(안성)	공간연출(서울캠)	-	-	-	-	-	-	-	-	-
10	10	7.9	70%	2.50	10	9.9	30%	3.00		문예창작	-	-	-	-	-	-	-	-	-
7	7	14.3	71%	2.90	10	12.9	60%	3.30		실내환경디자인	-	-	-	-	-	-	-	-	-
8	8	12.3	63%	2.90	12	12.3	33%	3.20		패션디자인	-	-	-	-	-	-	-	-	-
19	16	6.1	38%	4.30	17	6.9	88%	3.77		예술공학	15	13	7.2	177%	5.20	15	7.1	127%	4.79
47	**44**	**10.2**	**61%**	**3.15**	**52**	**10.5**	**53%**	**3.32**		**총 합계**	**15**	**13**	**7.2**	**177%**	**5.20**	**15**	**7.1**	**127%**	**4.79**

논술전형 2021

▶학생40+논술60　인/자

논술: 내신상위 10개 / 예술공학안성 73명 포함

계열	학과	모집인원	모집인원	최초경쟁률	실질경쟁률	충원률	합격자 10개등급	합격자 논술성적
인문	국어국문	8	8	44.3	9.6	63%	2.3	75.3
	영어영문	17	15	46.4	10.9	47%	2.6	74.6
	독일어문학	5	5	37.4	5.8	0%	3.0	76.7
	프랑스어문학	6	6	43.7	7.8	17%	3.9	67.9
	러시아어문학	5	5	38.2	9.0	0%	2.6	76.2
	일본어문학	5	5	40.0	6.6	0%	2.3	76.5
	중국어문학	5	5	41.6	9.6	20%	3.2	75.7
	철학과	6	6	38.2	6.7	17%	3.8	78.3
	역사학과	6	6	48.2	8.5	0%	2.2	79.1
사회과학	정치국제학과	9	9	54.6	12.8	33%	2.5	76.6
	공공인재학부	8	19	53.2	12.8	21%	2.7	72.7
	심리학과	11	11	57.4	11.8	0%	2.7	77.1
	문헌정보학과	7	7	37.3	7.7	0%	2.7	71.4
	사회복지학부	12	12	44.1	8.3	17%	3.0	73.6
	미디어커뮤니케	5	13	77.6	16.2	23%	2.7	73.2
	사회학과	10	10	49.4	11.0	10%	2.5	72.7
	도시계획부동산	10	10	45.7	9.9	20%	2.8	73.8
자연과학	물리학과	10	10	32.4	6.6	60%	2.2	76.4
	화학과	8	8	51.0	14.9	38%	2.9	79.5
	생명과학과	11	11	68.8	20.5	0%	2.3	76.6
	수학과	9	10	40.1	9.0	70%	1.8	79.8
공과대학	도시시스템공학	7	7	38.1	10.3	14%	2.8	74.8
	건설환경플랜트	17	17	37.5	10.3	24%	2.5	76.0
	건축공학(4년제)	11	11	34.0	7.2	64%	2.5	70.5
	건축학(5년제)	12	6	53.5	14.7	67%	2.7	79.0
	화학신소재공	10	16	77.8	24.9	19%	2.4	85.6
	기계공학부	21	36	46.9	12.9	42%	2.2	80.9
	에너지시스템	18	23	45.9	12.5	13%	2.8	78.2
창의 ICT	전자전기공학	45	55	57.1	19.4	49%	2.2	70.1
	융합공학부	17	17	55.8	19.5	29%	2.2	66.5
소프트	소프트웨어학부	13	14	90.7	27.5	29%	2.3	82.6
	AI학과	8		73.8	20.7	30%	2.7	82.5
사범	교육학과	8	5	43.2	8.4	40%	2.4	67.6
	유아교육과	8	5	37.0	6.6	40%	2.7	74.5
	영어교육과	8	8	35.4	8.8	38%	3.0	77.2
경영경제	경영학부 경영	72	135	37.9	12.2	18%	2.8	82.2
	경영 글로벌금융	7	14	33.1	8.4	29%	3.1	80.2
	경제학부	30	30	35.3	10.8	0%	2.7	74.8
	응용통계학과	10	10	38.0	11.5	10%	2.4	80.8
	광고홍보학과	10	12	37.5	9.6	0%	3.0	80.2
	국제물류학과	10	10	33.6	7.6	0%	2.5	72.0
	산업보안(인문)	5	5	42.8	10.2	20%	3.5	81.3
	산업보안(자연)	5	5	48.4	14.2	20%	2.8	74.9
의과약학간호	의학부	18	26	217.3	32.7	23%	1.8	85.4
	약학부 (신설)	20	-					
	간호인문	15	20	42.1	7.4	5%	3.2	76.0
	간호자연	18	27	34.0	7.2	48%	2.4	64.5
생명공학 (안성)	동물생명공	15	15	8.5	2.6	27%	3.6	52.1
	식물생명공	13	13	7.6	1.4	31%	3.5	46.2
	식품공학	22	22	7.8	2.4	9%	3.8	50.0
	식품영양	8	8	7.9	2.1	38%	3.7	48.2
	시스템생명공학	15	15	13.1	3.8	27%	3.0	53.4
	첨단소재(안성)	7	9	12.3	3.6	44%	3.3	60.4
	예술공학(안성)	25	11	9.7	3.1	9%	3.5	51.3
총 합계		701	798	45.0	10.8	25%	2.8	72.9

논술전형 2020

▶학생40+논술60

논술: 내신상위 10개 / 예술공학안성 21명 포함

계열	학과	모집인원	최초경쟁률	실질경쟁률	충원률	합격자 10개등급	합격자 논술성적
인문	국어국문	8	51.8	12.0	13%	3.9	77.1
	영어영문	15	54.5	13.7	13%	3.5	78.4
	유럽문화	5	44.4	8.6	0%	4.7	77.4
	유럽문화	6	42.0	7.7	0%	4.2	79.1
	유럽문화	5	43.6	6.8	0%	4.5	77.4
	아시아문화	5	38.6	5.8	0%	4.8	76.6
	아시아문화	5	39.8	7.0	20%	4.7	75.9
	철학과	6	50.3	10.2	50%	4.0	78.2
	역사학과	6	53.2	12.5	50%	3.6	75.1
사회과학	정치국제학과	9	59.7	15.9	0%	3.7	74.0
	공공인재학부	19	67.9	19.0	0%	3.6	78.1
	심리학과	11	74.2	16.0	9%	3.7	78.0
	문헌정보학과	7	48.6	11.7	14%	3.8	77.2
	사회복지학부	12	52.2	9.6	8%	3.9	73.2
	미디어커뮤니케	13	87.2	18.8	8%	3.6	76.8
	사회학과	10	61.0	16.2	30%	3.6	75.4
	도시계획부동산	10	55.8	12.3	0%	4.1	79.4
자연과학	물리학과	10	40.0	10.1	30%	3.3	74.6
	화학과	8	63.3	18.6	25%	3.7	73.6
	생명과학과	11	82.0	22.3	27%	3.1	72.7
	수학과	10	48.7	12.8	50%	3.6	77.6
공과대학	도시시스템공학	7	49.1	12.9	14%	3.9	69.9
	건설환경플랜트	17	51.2	12.1	18%	4.1	69.7
	건축공학(4년제)	11	46.3	9.6	18%	4.1	71.0
	건축학(5년제)	8	57.5	11.8	25%	4.0	70.6
	화학신소재공	16	93.6	29.1	44%	3.0	77.8
	기계공학부	34	57.2	16.6	53%	3.3	78.1
	에너지시스템	23	55.7	15.7	39%	3.6	74.0
창의 ICT	전자전기공학	55	61.5	19.6	36%	3.5	70.4
	융합공학부	17	59.5	32.9	59%	3.7	69.1
	소프트웨어학부	20	86.0	16.6	25%	3.3	68.2
	-	-	-	-	-	-	-
사범	교육학과	5	49.6	12.6	0%	5.2	83.9
	유아교육과	6	37.3	4.0	0%	3.3	79.3
	영어교육과	8	39.0	9.6	13%	3.6	79.5
경영경제	경영학부 경영	135	47.6	16.6	17%	3.5	84.9
	경영 글로벌금융	13	38.8	11.3	15%	3.6	83.8
	경제학부	28	38.8	12.4	21%	3.4	80.8
	응용통계학과	10	46.0	16.3	10%	3.8	83.0
	광고홍보학과	12	46.9	12.8	8%	3.5	81.5
	국제물류학과	10	41.6	11.9	20%	3.5	82.7
	산업보안(인문)	5	41.2	10.6	0%	3.9	82.1
	산업보안(자연)	5	58.0	16.4	40%	3.9	65.6
의과간호	의학부	30	115.7	18.2	30%	2.2	84.3
	-	-	-	-	-	-	-
	간호인문	27	40.6	8.3	7%	3.7	74.8
	간호자연	36	29.6	6.4	39%	3.8	63.5
생명공학 (안성)	동물생명공	15	12.5	4.0	0%	4.4	54.2
	식물생명공	13	9.2	2.2	8%	4.1	46.7
	식품공학	22	10.0	3.4	23%	4.6	50.6
	식품영양	14	7.3	1.9	50%	4.7	44.8
	시스템생명공학	13	17.7	5.8	54%	4.3	56.5
	-	-	-	-	-	-	-
	예술공학(안성)	21	10.5	3.0	29%	4.9	43.8
총 합계		827	50.3	13.7	24%	3.7	73.4

2022 대학별 수시모집 요강	**청운대학교**

2022 대입 주요 특징	<영어 반영> 정시: 등급 인자: 탐1+국수영 택2 인/자: 100-95-88-76-59-39 ... 학생400+수능500

▶교과: 국영수사과 학기당
　3개씩 총 15개
　단위수 미반영
▶학년 비율: 40:40:20 ★
▶2021과 내신방식 동일함
▶진로선택 반영
　A=2등급, B=4등급
　C=6등급

1. 2022 일반전형 (교과100%) 인원 유지
2. 수능최저: 홍성캠 간호학과 및 인천캠퍼스 전체에만 적용
3. 수능최저 완화: 3개합 13 (탐1)→3개합 15 (탐1)
4. 공연기획/항공서비스학과 면접실시

5. 해외자매대학연계(복수학위취득) 주목학과 강추 ★
　<2+2 대학> 인천캠 글로벌경영, 홍성캠 중국학과 및 베트남학과
　<3+1 대학> 홍성캠 영어과
6. 기타전형생략: 농어촌48/특성화18/특수4/서해12/재직자66 등
7. 주요전형 주목: AI운영학과, 자율전공(1학년 후 간호제외 선택가능)

모집시기	전형명	사정모형	학생부종합 특별사항	2022 수시 접수기간 09. 10(금) ~ 14(화)	모집인원	학생부	논술	면접	서류	기타	2022 수능최저등급
2022 수시 정원내 홍성캠 756명 인천캠 320명 수시 전체 1,076명 2021 수시 정원내 1,043명 (85.6%) 정시 175명 (14.4%) 전체 1,218명	**일반전형** (교과100%)	일괄	학생부교과 최종 11.04(목) 최종 12.16(목)	1. 2022 전년대비 23명 감소 2. 간호 53명→67명 증가 3. 2022 수능최저 완화	2022 615 홍367 인248 2021 638 홍396 인242	교과 100					간호학: 3개합 13→15 최저완화 (탐구1) 인천캠: 3개합 13→15 최저완화 (탐구1)
	일반학생 항공서비스 공연기획	일괄	면접전형 10/12(화) ~15(금) 최종 11.04(목)	항공서비스66 공연기획29 기초역량, 전공역량 면접: 10.12(화)~10.15(금)	홍성 85	교과 56% + 면접 44%					항공서비스경영 2020 56-22.5-**4.42-5.27** (면접포함) 항공서비스경영 2019 53-33.8-**4.15-4.58** (면접포함)
	청운리더스	1단계	학생부종합 학교장수상자 선행모범봉사 효행 등 동아리참여자 1단계 10.11(월) <면접 일정> 홍성 10.20~21 인천 10.25~27 최종 11.04(목)	1. 학교장수상자, 선행모범봉사 2. 효행 등 동아리참여자 3. 서류평가 요소 ▶전공적합성15 ▶자기효능감30 ▶리더십20 ▶인성15	116 홍58 인58 2021 125 홍72 인53	학생부 100 (4배수)					
		2단계				서류 40% +면접 60%					
	진로인재	일괄	학생부교과 최종 11.04(목)	국가기술소지자/산업체경력 호텔경영4, 조리8, 공간디자2 패션디자인2, 인천캠 14명	홍16 인14	교과 57.8%		우대 가산 42.2%			없음
	지역인재	일괄	학생부교과 최종 11.04(목)	대전/세종/충남북 고교출신 간호 3명 모집	홍성 35	100					홍성: 없음 간호: 2022 최저폐지 * 2021 3개합 13 (탐1)

2020 정시 학생50% 수능50%	<2020 정시 인문/자연: 탐구1+국수영 택2, 백분위합, 500점 만점, 수가10%> *최초80%-최종평균*　　　　예) 국60×2 + 영60×2 + 탐60 = 300점 건축공학404-377　에너소방388-381　토목환경373-357　전자공학408-396 컴퓨터공423-383　멀티미디401-382　화학공학414-365　글로경영403-375 글로무역387-373　광고홍보424-385　　　　　　<청운대 인천캠>	영어전공245-265　중국전공235-224　　<청운대 홍성캠> 베트남학228-274　간호학과424-406　식품영양266-284 사회복지224-228　공간디자289-215　패션디자275-241 공연기획254-224　방송영화262-271　미디어커223-252 호텔경영246-252　관광경영274-287　조리식당203-239

청운대학교 2021 결과분석 01 - 수시 일반전형　　2021. 06. 30　ollim

▶교과: 국영수사과 학기당 3개씩 15개, 단위수 미반영
▶학년 비율: 40:40:20
▶수능최저 일반전형 '19~'21
　홍성캠 간호: 3개합 13(탐1)
　인천캠 전체: 3개합 13(탐1)

		2022 인원 248명	2021 교과 일반전형 교과 100%							2020 교과 일반전형 교과 100%						
			인원 245	경쟁률	추합	최초합격 평균	최초합격 70%	최종합격 평균	최종합격 70%	인원 271	경쟁률	추합	최초합격 평균	최초합격 80%	최종합격 평균	최종합격 80%
인천 캠퍼스	공과 대학	건축공학과 16	15	5.8	0	3.67	3.80	4.20	4.20	15	9.9	6	3.81	4.33	4.07	4.40
		설비소방학과 16	15	11.1	8	3.96	4.20	4.07	4.45	16	9.7	4	4.48	4.87	4.82	5.47
		토목환경공학과 24	23	3.3	0	4.04	4.40	3.40	4.10	29	4.0	0	4.49	5.00	4.20	4.80
		전자공학과 27	28	4.9	10	3.62	4.07	4.27	4.61	28	8.2	10	3.79	4.13	4.02	4.40
		컴퓨터공학과 35	33	8.9	24	3.50	3.80	3.64	4.05	33	9.4	39	3.63	4.31	4.31	4.53
		멀티미디어학과 31	31	6.3	8	4.12	4.67	4.31	4.70	31	5.3	5	4.26	4.80	4.72	4.87
		화학공학과 24	22	6.4	17	3.65	3.93	4.07	4.27	22	6.6	43	3.31	3.67	4.30	4.53
	경영 대학	글로벌경영 경영 24	26	6.8	23	3.88	4.20	4.10	4.13	34	4.5	0	3.85	4.20	4.21	4.60
		글로벌경영 무역 24	25	4.6	2	3.97	4.20	4.20	4.20	33	4.5	0	4.25	4.60	4.59	4.67
		광고홍보학과 27	27	7.7	16	4.00	4.40	4.26	4.87	30	6.4	25	3.51	3.87	4.15	4.80
계		248	245	6.6	108	3.84	4.17	4.05	4.36	271	6.9	132	3.94	4.35	4.34	4.71
홍성 캠퍼스	호텔 관광 대학	호텔관광경영학과 37	48	5.0	190	4.82	5.27	5.52	5.60	41	10.7	316	3.89	4.40	5.30	5.87
		호텔조리식당경영 52	41	11.3	156	3.42	3.87	3.88	4.40	58	5.6	208	3.72	4.40	5.34	5.87
		항공서비스경영(면접) 66	56	16.0	310	4.33	4.87	4.74	5.07	56	22.5	207	3.95	4.47	4.42	5.27
	보건 복지 간호	간호학과 67	53	11.7	113	2.89	3.13	3.55	3.80	53	17.9	208	2.61	2.87	3.53	3.87
		식품영양학과 23	26	4.3	34	4.63	5.13	4.50	5.00	28	6.3	83	4.24	4.80	5.45	6.00
		사회복지학과 31	29	10.4	181	4.55	5.00	5.30	5.77	36	8.1	161	4.42	4.87	5.48	6.20
	외국어 대학	영미문화전공	10	3.3		5.27	5.80	3.80	4.70	19	3.1	35	5.25	5.93	6.40	6.40
		중화통상비지니스	11	2.7		5.48	5.87	5.60	5.60	19	4.0	46	5.32	6.13	5.97	6.20
		베트남비지니스	18	1.2		5.76	5.76	6.00	6.40	23	3.6	59	4.61	5.27	5.01	5.33
	창의 융합 대학	공간디자인전공 20	19	4.9	41	5.19	5.67	5.80	5.84	20	7.0	61	4.63	5.33	5.63	6.00
		패션디자인전공 18	18	5.2	31	5.57	5.93	5.56	6.11	18	6.5	42	5.03	5.73	5.75	6.27
		AI운영학과 16	20	2.1	18	5.35	6.07	6.47	6.47	신설	-	-	-	-	-	-
		자율전공학부 41	23	3.6	44	4.48	5.00	5.82	6.07	신설	-	-	-	-	-	-
	공연 영상 예술	공연기획경영(면접) 29	29	3.0		4.29	4.47	5.08	5.27	29	3.6	47	4.12	4.73	5.07	5.73
		방송영화영상 42	41	5.7		4.19	4.60	4.84	5.20	42	5.9	155	4.14	4.60	5.23	6.13
		미디어커뮤니케이션 20	19	8.5		4.49	4.87	4.76	5.18	21	7.0	74	4.25	4.73	5.65	5.93
		연극예술연기(실기) 41	18	13.2		4.77	5.13	5.50	5.93	16	25.4	16	4.64	5.33	4.96	5.53
		연극무대미술(실기) 5	15	0.2		4.33	2.80	5.50	5.93	15	0.5	0	5.62	6.13	5.35	6.13
		뮤지컬학과(실기) 20	15	4.1		4.75	5.60	4.70	5.47	15	7.4	30	4.80	5.93	5.05	5.73
		실용음악기악(실기) 10	7	1.7		6.32	7.00	6.00	6.30	9	2.3	0	5.73	6.13	6.05	7.20
		실용음악보컬(실기) 6	12	5.3		4.87	5.60	5.66	6.13	11	8.3	11	5.82	6.40	5.81	6.40
계		544	528	5.9	1118	4.75	5.12	5.17	5.54	529	8.2	1759	4.57	5.17	5.34	5.90

▶교과: 국영수사과 학기당 3개씩 총 15개 단위수 미반영
▶학년 비율: 40:40:20

1단계: 교과 100% (4배수)
2단계: 서류 40 + 면접 60 자기소개서

캠퍼스	대학	학과	2022 인원 58명	2021 청운리더스 종합 인원 280	경쟁률		1단계 합격 최고	평균	최저		2020 청운리더스 종합 인원 280	경쟁률		1단계 합격 최고	평균	최저	
인천캠퍼스	공과대학	건축공학과	4	4	6.5		1.67	3.81	4.73		5	7.0		2.27	3.89	4.47	
		설비소방학과	4	4	5.0		4.07	4.92	5.40		4	5.3		3.47	4.74	5.33	
		토목환경공학과	6	6	5.3		3.47	4.75	5.87		6	3.8		3.30	4.69	7.27	
		전자공학과	5	5	6.0		3.13	4.26	5.00		5	4.0		2.87	4.37	5.60	
		컴퓨터공학과	6	6	7.7		2.87	3.63	4.27		6	10.3		2.33	3.37	4.13	
		멀티미디어학과	5	5	11.0		2.40	3.95	4.60		5	4.4		3.00	4.48	5.40	
		화학공학과	5	5	5.2		2.13	3.47	4.40		5	4.4		2.47	3.83	4.60	
	경영대학	경영학과	10	6	8.2		2.33	3.97	4.60		6	4.2		2.60	4.36	5.60	
		무역학과	7	6	5.0		3.60	4.69	5.40		6	4.7		3.00	4.78	5.93	
		광고홍보학과	6	6	8.3		1.93	3.86	4.47		6	5.8		2.67	3.81	4.60	
	계		58	53	6.8		2.76	4.13	4.87		54	5.4		2.80	4.23	5.29	
홍성캠퍼스	호텔관광대학	호텔관광경영학과	6	9	1.3		5.13	6.27	9.00		7	1.4					
		호텔조리식당경영	15	15	2.3		3.27	5.09	6.73		20	1.6					
		항공서비스경영(면접)	-	-	-		-	-	-		-	-		-	-	-	-
	보건복지간호	간호학과	-	-	-		-	-	-		-	-					
		식품영양학과	3	3	1.0		3.80	5.26	6.73		3	1.3					
		사회복지학과	4	5	1.6		5.27	5.78	6.67		6	3.2					
	외국어대학	영미문화전공		2	0.5		6.20	6.20	6.20		2	1.5					
		중화통상비지니스		2	0.5		-	-	-		2	0.5					
		베트남비지니스		2	0.5		6.20	6.33	6.47		2	3.0					
	창의융합대학	공간디자인전공	3	3	2.0		4.73	5.99	6.92		3	1.0					
		패션디자인전공	2	2	0.0		-	-	-		2	3.5					
		AI운영학과	3	3	0.3	-	5.87	5.87	5.87	-	신설	-	-	-	-	-	-
		자율전공학부	3	4	0.8	-	5.27	2.78	6.07	-	신설	-	-	-	-	-	-
	공연영상예술	공연기획경영(면접)	6	6	0.8		3.67	4.65	5.33		5	1.4					
		방송영화영상	8	8	1.8		3.87	5.89	5.33		8	1.1					
		미디어커뮤니케이션	5	5	1.8		5.00	6.07	7.17		4	1.8					
		연극예술연기 실기)	-	-	-		-	-	-		-	-		-	-	-	-
		연극무대미술 실기)	-	-	-		-	-	-		-	-		-	-	-	-
		뮤지컬학과 (실기)	-	-	-		-	-	-		-	-		-	-	-	-
		실용음악기악 (실기)	-	-	-		-	-	-		-	-		-	-	-	-
		실용음악보컬 (실기)	-	-	-		-	-	-		-	-		-	-	-	-
	계		58	69	1.1		4.86	5.52	6.54		64	1.8					

2021 정시일반

▶교과성적 380점+출석20점
+수능 백분위 500점 = 900점
▶수능 반영방법 : 백분위 활용
 (가형 10% 가산점)
▶내신: 각 학기별 국영수사과 중
우수 1개 과목씩 3교과목 선정
전체 6학기 총 18과목 반영

2022: [(국어 백분위X2) + (수학 백분위X2) + (영어 백분위X2)] 중 2개 영역 반영 + [선택영역(1과목) 백분위] = 500점 만점

			2022 인원	인원	경쟁률		수능성적 (백분위)					학생부 성적 (등급)			
							최초합격		최종합격			최초합격		최종합격	
							평균	70%	평균	70%		평균	최저	평균	최저
인천 캠퍼스	공과 대학	건축공학과		21	3.2		329	309	322	296		4.74	7.17	4.81	5.67
		설비소방학과		12	3.3		363	357	363	335		4.46	6.44	5.05	6.17
		토목환경공학과		24	2.9		340	328	327	300		4.47	6.50	4.83	6.17
		전자공학과		29	3.2		368	355	346	327		4.27	6.61	4.60	6.44
		컴퓨터공학과		23	4.6		390	380	338	317		3.83	6.06	4.56	7.44
		멀티미디어학과		17	5.1		382	370	353	339		4.41	6.00	4.49	6.56
		화학공학과		25	3.1		377	362	349	319		3.57	5.22	4.61	6.22
	경영 대학	글로벌경영 경영		22	5.5		389	374	337	332		3.91	6.22	4.91	6.39
		글로벌경영 무역		23	4.0		361	347	341	329		4.26	6.28	4.65	6.61
		광고홍보학과		17	4.0		394	380	332	320		3.97	6.89	4.26	6.94
계			0	213	6.0		369	356	341	321		4.19	6.34	4.68	6.46
홍성 캠퍼스	호텔 관광 대학	호텔관광경영학과		60	0.5		309	260	241	210		5.37	7.28	3.00	6.00
		호텔조리식당경영		9	1.8		274	262	265	259		5.51	6.50	5.45	6.50
		항공서비스경영(면접)		8	1.8		-	-	-	-		*5.57*	*6.00*	-	-
	보건 복지 간호	간호학과		10	16.3		430	422	399	397		3.51	5.44	4.18	5.11
		식품영양학과		24	1.0		278	261				4.56	6.22	-	-
		사회복지학과		16	2.1		249	242	252	224		5.41	8.00	5.63	6.72
	외국어 대학	영미문화전공		14	0.6		282	272	-	-		5.66	7.33	-	-
		중화통상비지니스		17	0.5		252	241	-	-		5.88	6.56	-	-
		베트남비지니스		21	0.7		278	246	-	-		4.60	7.83	4.61	4.83
	창의 융합 대학	공간디자인전공		20	1.8		262	238	211	209		4.86	7.22	5.66	6.39
		패션디자인전공		10	1.7		262	233	-	-		5.07	6.61	-	-
		AI운영학과		29	1.3		283	263	277	252		5.18	7.39	5.97	6.33
		자율전공학부		21	2.2		273	256	263	252		5.20	7.39	4.28	6.33
	공연 영상 예술	*공연기획경영(면접)*		14	1.4		*316*	*263*	*244*	*215*		*4.67*	*7.39*	*5.20*	*6.17*
		방송영화영상		32	1.2		288	261	283	256		4.66	7.00	4.61	5.39
		미디어커뮤니케이션		10	3.6		321	290	272	272		4.95	6.83	3.94	3.94
		연극예술연기 (실기)		21	9.8		-	-	-	-		*4.60*	*7.28*	*4.90*	*7.28*
		연극무대미술 (실기)		5	0.8		-	-	-	-		*5.52*	*6.61*	*4.56*	*4.56*
		뮤지컬학과 (실기)		15	3.1		-	-	-	-		*4.85*	*6.83*	*4.81*	*6.56*
		실용음악기악 (실기)		8	0.6		-	-	-	-		*6.28*	*6.56*	-	-
		실용음악보컬 (실기)		13	4.9		-	-	-	-		*5.41*	*7.11*	*5.93*	*7.50*
계			0	377	2.7	0	290	267	271	255		5.11	6.92	4.85	5.97

2022 대학별 수시모집 요강 — 충남대학교

2022 대입 주요 특징	
<영어>등급감산 표준점수 인문 국수탐2 45:25:30	
인/자: 0 -2 -5 -8 -11 ... 자연 국수탐2 25:45:30	

좌측 특징
- ▶교과: 전과목 유지
- ▶학년비율: 공통30+선택70 → 전학년 100% 변화★
- ▶자연: 수영과 70단위→ 폐지

1. 2022 학생부종합Ⅰ 국가안보융합인재전형 10명 신설
2. 2022 학과신설: 도시자치융합19,국제학부12, 약학대학 35명
3. 내신 학년비율 변화: 공통30%+선택70%→전학년 100%
4. 2022 수능최저 하향: 인문 국영탐2 합10→국영탐 합 11★
5. 2020 수능최저변화 (2개합→3개합 강화) 이후 입결변화주목
   2019 국영 합/수영 합 → 2020 국영탐 합/수영탐 합

우측 특징
6. 교과 및 프리즘 종합 최저 당락관건 but 2021 입결분석요망 ★★
7. 일반과 지역인재 <사범대학>은 복수지원불가 (면접일 동일)
8. 일반전형/지역인재 사범계열 자소서 없음
9. ①교과일반+교과지역 중복지원 가능 (사범은 중복지원 불가)
   ②종합1+종합2 중복지원 불가   10. 아시아비지니스국제 신설

모집시기	전형명	사정모형	학생부종합 특별사항	2022 수시 접수기간 09.10(금) ~ 14(화)	모집인원	학생부	논술	면접	서류	기타	2022 수능최저등급
2022 수시 2,617명 2021 수시 2,484명 (66.1%) 정시 1,273명 (33.9%) 전체 3,757명	일반전형	일괄	학생부교과 <사범 계열> 1단계 11.19(금) 자소서폐지 면접 12.02(목) 최종 12.16(목) 전과목 반영	1. 2022 전년대비 50명 증가 2. 국토안보 11명 (교과 3배수) 3. 해양안보 28명 (교과 3배수) ---------- 1. 일반: 교과 100% 2. 사범: 단계면접/자소서 ▶1단계: 학생100% (3배수) ▶2단계: 교80%+면접20% 3. 국토안보 ▶1단계 10.11(월) ▶2단계 11.25(목) 4. 해양안보 자소서 제출 ▶1단계 10.11(월) ▶자소서 제출: ~10.18(월) ▶2단계 10월중 면접	1,114 2021 1,064	교과 100%		▶국토안보: 단계면접 자소서 폐지 1단: 학생100 (3배수) 2단: 교과69+면접14 +체력17% ▶해양안보: 단계면접 자소서 폐지 1단: 학생100 (3배수) 2단: 교과67+면접17 +체력17%			*2022최저 인문만 하향 *충남대 탐구2개평균 ▶인문전체: 국영탐 10 → 국영탐 합 11★ ▶국교/영교/교육 ★★ : 국영탐 8 ▶자연/공과/식영/생명 : 수영과 12 (수 무제한) ▶농업/의류/소비/간호 ▶수교 제외한 자연사범 : 수영과 12 (수 무제한) 사탐 1개 - 수영탐11 사탐 2개 - 수영탐12 ▶수학: 수영과12 ▶수교: 수영과 9 ▶의과: 수포함 3개합 4 ▶수의: 수영과 6 (수학: 미적/기하 1필) 국토: 국영탐 합 10 해양: 3개합 9 전년동일
	PRISM 인재	1단계	학생부종합 자소서 폐지 1단계 11.19(금) 면접 11.30(화) ~12.03(금) 최종 12.16(목)	1. 종합 자기소개서 폐지 2. 2022 종합인재상 변화 ▶학업역량 ▶전공적합성 ▶발전가능성 ▶인성	508 2021 481	서류 100% 5명이하 3배수 6명이상 2배수		재학생만 지원 →2020 졸업생 지원확대 <2022 2단계 면접일정> 11.30(화) 인/사과/상경 12.01(수) 자/의/간/기타 12.02(목) 공과/자전 12.03(금) 농/사범/특성 12.18(금) 교과/지역 사범			일반최저x, 사범최저○ ▶국교/영교/교육 : 국영탐 9 ▶간호/자연사범 5개과 : 수영과 12 (수 무제한) 사탐 1개 - 수영탐11 사탐 2개 - 수영탐12 ▶수교: 수영과 10 ▶의과: 수포함 3개합 5 ▶수의: 수영과 7 (수학: 미적/기하 1필)
		2단계				1단계 67 + 면접 3					
	소프트웨어 인재	1단계	학생부종합 자소서 폐지	컴퓨터융합학과 3명 모집 1단계: 11.19(금) 서류제출	5	서류100%(3배수)					2021 3명 경쟁률 8.30 충원 없음 2020 3명 경쟁률 8.33 충원 1명 2019 3명 경쟁률 13.7 충원 1명
		2단계				1단계67+면접33					
	지역인재	일괄	학생부교과 자소서 폐지 최종 12.16(목)	1. 2022 전년대비 26명 증가 2. 대전/충남/세종+충북 학생 3. 의예23, 수의8. 간호20 등 4. 일반과 최저/일정 동일함	519 2021 493	교과 100		사범: 단계면접/자소서 1단계: 학생100% (3배수) 11/19 2단계: 교과80+면접20 12/2(목)			수능최저 있음 일반전형과 동일★ 최종 12.16(목) * 2020 261명 인원폭증
	국가보훈	일괄	학생부교과 자소서 폐지	보훈대상자 서류제출	22	교과 100					
	고른기회	일괄	학생부교과 자소서 없음 최종 12.16(목)	1. 서해5도/아동복지대상 2. 백혈/소아암/다문화 3. 직업군인자녀 20년이상	53 인14 자39	교과 100					
	고른기회 저소득층 (정원외)	1단계	학생부종합 자소서 폐지	1. 기초 및 차상위 39명 2. 2022 기타전형 생략 영농창업, 특수교육, 특성화 특성화재직, 농어촌	39	서류 100% (3배수)					최저 없음 서류제출: ~10.06(화) 최종 12.16(목)
		2단계				1단계 67 + 면접 33					

<2020→2021 국가안보융합 입결>
- 국토남 19명 경쟁5.0→3.7 등록5→7명   국토여 02명 경쟁12.5→7.5 등록1→1명
- 해양남 27명 경쟁4.6→4.0 등록8→16명   해양여 01명 경쟁12.0→7.0 등록1→0명
- ▶국토안보학 2020→2021 ★★★
  - 1단계평균 남3.66→3.65 여3.02→2.65   최초평균 남3.59→3.66 여2.85→2.84
  - 최종평균 남3.67→3.83 여2.69→없음   최종70% 컷 남3.98 (평균 71.69점)

▶해양안보학 2020→2021 ★★★
- 1단계평균 남3.69→3.76 여2.59→2.91
- 최초평균 남3.46→3.42 여2.48→3.01
- 최종평균 남3.61→3.47 여2.48→없음
- 최종70% 컷 남3.58 (평균 79.90점)

수능최저 있음		**2021 교과전형 - 인문계열**															

▶2021 수능최저 지난해 인문전체: 국영탐 합 10 국교/영교/교육 ★★ : 국영탐 합 8

2022

▶교과반영: 전과목 100%   ▶학년 비율: 1년 30%+2,3년 70%   ▶사범단계: 교과100+면접20
▶교과내신 2020년부터 100점 만점으로 변화

		2022	2021 지원		추합및등록		1단계합격		2021 교과 최초합격				2021 교과 최종등록		
		모집인원	모집인원	경쟁률	추합인원	최종등록	등급평균	환산평균	등급평균	등급편차	환산평균	환산편차	등급평균	등급편차	70%평균
인문대학	국어국문		12	7.4	18	7			2.55	0.34	84.43	3.47	3.37	0.79	3.42
	영어영문		24	9.5	20	24			2.91	0.28	80.81	2.89	3.28	0.32	3.46
	독어독문		11	8.5	19	11			3.19	0.25	78.09	2.58	3.68	0.46	3.84
	불어불문		9	8.8	16	8			3.11	0.12	78.81	1.22	3.50	0.44	3.73
	중어중문		12	6.4	9	8			2.82	0.30	81.77	3.00	3.93	1.16	4.61
	일어일문		7	13.0	8	6			3.19	0.16	78.07	1.66	3.38	0.12	3.47
	한문학과		6	8.5	3	2			3.45	0.16	75.42	1.65	4.17	-	-
	언어학과		7	6.0	6	3			2.77	0.30	82.30	3.00	2.79	0.15	2.85
	국사학과		6	8.7	6	5			2.63	0.37	83.70	3.79	3.03	0.17	3.11
	사학과		11	8.2	13	10			2.51	0.27	84.86	2.78	2.91	0.40	3.15
	고고학과		6	27.0	9	6			2.94	0.35	80.55	3.57	3.42	0.47	3.71
	철학과		10	7.7	14	10			2.93	0.22	80.64	2.24	3.24	0.26	3.49
사회과학대학	사회학과		11	6.5	19	10			2.29	0.19	87.02	1.99	3.81	0.88	4.33
	문헌정보학과		8	8.9	23	5			1.96	0.20	90.39	2.08	2.36	0.44	2.27
	심리학과		11	8.1	17	11			1.92	0.21	90.74	2.10	2.33	0.25	2.40
	언론정보학과		10	15.8	21	10			2.07	0.10	89.23	1.08	2.58	0.33	2.81
	사회복지학과		7	11.4	9	7			2.27	0.22	87.22	2.22	2.68	0.34	2.89
	행정학부		32	11.7	76	28			2.01	0.18	89.87	1.82	2.72	0.32	2.91
	정치외교학과		11	7.1	14	10			2.31	0.15	86.84	1.55	2.70	0.28	2.82
경상대학	경제학과		21	7.3	35	20			2.40	0.35	85.92	3.58	3.01	0.38	3.19
	경영학부		79	6.4	157	73			2.18	0.19	88.17	1.96	2.72	0.38	2.88
	무역학과		13	10.8	17	11			2.48	0.18	85.15	1.83	2.76	0.16	2.85
	아시아비지니스국제		4	8.0	3	3			2.48	0.46	85.11	4.60	4.03	0.59	4.43
농생과	농업경제학과		10	8.4	15	8			2.99	0.17	80.04	1.73	3.30	0.26	3.34
사범인문	**국어교육학과**		5	4.0	0	**0**	2.95	80.54	2.18	0.00	88.12	0.00	0.00	-	-
	영어교육학과		3	3.7	1	3	2.63	83.71	2.52	0.29	84.72	2.94	3.04	0.81	3.37
	교육학과		5	4.4	0	**0**	2.52	84.79	2.16	0.00	88.39	0.00	0.00	-	-
자유전공	인문사회과학전공		5	7.0	7	5			2.58	0.28	84.15	2.81	3.09	0.44	3.10
	리더십과 조직과학		5	9.2	10	3			2.89	0.12	81.07	1.29	3.33	0.11	3.41
	공공안전학전공		6	6.8	6	5			2.64	0.26	83.52	2.64	3.71	1.49	4.94
인문계열 교과평균		**0**	**367**	**8.8**	**571**	**312**	**2.70**	**83.01**	**2.58**	*0.22*	**84.17**	*2.27*	**2.96**	*0.45*	**3.36**

충남대 2021 수시분석자료 02 - 교과전형 자연   2021. 04. 19   ollim

2021 교과전형 - 자연계열

		2022	2021 지원		추합및등록		1단계합격		2021 교과 최초합격				2021 교과 최종등록		
수능최저 2021 지난해 자연전체: 수가영과 12 수나영과 10 수학: 수가영탐12,수가4 수교: 수가영탐 합 9 등		모집인원	모집인원	경쟁률	추합인원	최종등록	등급평균	환산평균	등급평균	등급편차	환산평균	환산편차	등급평균	등급편차	70%평균
자연과학대학	수학과		29	6.0	16	17			3.16	0.31	78.40	3.16	3.71	1.00	3.59
	정보통계학과		11	5.5	20	11			2.40	0.14	85.94	1.44	3.19	1.08	3.10
	물리학과		21	7.0	24	18			3.03	0.49	79.63	4.98	4.25	0.75	4.50
	천문우주과학과		11	8.4	19	10			2.56	0.37	84.35	3.75	3.53	0.65	4.13
	화학과		23	6.5	27	18			2.36	0.24	86.31	2.48	2.66	0.35	2.86
	생화학과		10	7.6	12	9			2.09	0.29	89.08	2.90	2.64	0.24	2.83
	지질환경과학과		16	13.0	14	16			3.42	0.23	75.77	2.30	3.72	0.24	3.92
	해양환경과학과		10	7.5	10	7			2.99	0.41	80.03	4.13	3.14	0.55	3.42
공과대학	건축학5년		10	14.8	18	7			2.57	0.30	84.26	3.01	3.19	0.11	3.22
	건축공학과		10	10.8	22	10			2.81	0.30	81.89	3.00	3.54	0.18	3.62
	토목공학과		18	16.8	27	17			2.76	0.14	82.38	1.48	2.97	0.24	3.15
	환경공학과		12	6.6	16	10			2.61	0.11	83.81	1.15	3.19	0.61	3.59
	기계공학부		37	7.1	86	34			2.22	0.20	87.75	2.05	2.70	0.20	2.81
	메카트로닉스공학		11	77.0	16	10			2.40	0.34	85.95	3.46	2.78	0.32	3.01
	선박해양공학과		12	19.0	6	12			3.66	0.16	73.34	1.67	3.80	0.18	3.89
	항공우주공학과		13	6.6	24	12			2.51	0.17	84.88	1.71	3.31	0.65	3.43
	전기공학과		16	9.1	32	15			2.18	0.17	88.18	1.71	2.47	0.21	2.59
	전자공학과		18	8.3	43	16			1.92	0.05	90.79	0.52	2.12	0.14	2.15
	전파정보통신공학		20	10.1	35	19			2.82	0.17	81.75	1.72	3.05	0.11	3.09
	신소재공학과		26	5.6	41	26			2.35	0.19	86.42	1.96	2.90	0.41	3.05
	응용화학공학과		28	5.9	41	26			1.91	0.17	90.90	1.76	2.37	0.24	2.49
	유기재료공학과		28	6.1	50	27			2.83	0.15	81.62	1.57	3.13	0.21	3.24
	컴퓨터융합학부		40	7.4	81	38			2.14	0.19	88.60	1.90	2.79	0.36	2.88
농업생명과학	식물자원학과		8	6.1	9	6			2.57	0.26	84.23	2.61	3.39	0.61	3.62
	원예학과		8	8.1	12	7			3.16	0.41	78.40	4.10	3.61	0.64	4.08
	산림환경자원학과		9	11.3	11	9			2.82	0.48	81.80	4.80	3.26	0.37	3.55
	환경소재공학과		7	12.7	6	7			3.47	0.10	75.21	1.03	3.62	0.13	3.70
	동물자원과학부		20	7.1	9	6			3.15	0.27	78.42	2.74	3.54	0.54	3.91
	응용생물학과		8	6.3	11	7			2.27	0.29	87.28	2.91	3.05	0.59	3.14
	생물환경화학과		8	8.9	9	8			3.01	0.22	79.88	2.27	3.19	0.32	3.40
	식품공학과		10	7.8	18	10			2.66	0.32	83.35	3.22	3.04	0.15	3.05
	지역환경토목학과		9	17.3	8	8			3.53	0.42	74.61	4.29	3.88	0.06	3.92
	바이오시스템기계		10	9.9	15	10			2.93	0.37	80.68	3.74	3.41	0.21	3.54
의과대	의예과		23	16.8	39	23			1.05	0.03	99.42	0.35	1.12	0.06	1.17
생활과학	의류학과		11	13.5	14	11			3.20	0.30	77.97	3.06	3.60	0.35	3.81
	식품영양학과		12	18.8	7	12			2.96	0.40	80.40	4.04	3.19	0.33	3.43
	소비자학과		8	9.6	12	8			2.75	0.37	82.46	3.79	3.11	0.16	3.20
수의대	수의예과		19	18.3	28	18			1.29	0.09	97.01	0.94	1.41	0.12	1.50
사범자연	**수학교육과**		6	5.7	0	3	2.05	89.45	1.95	0.24	90.46	2.43	2.01	0.11	2.08
	건설공학교육과		6	2.8	0	4	3.96	70.39	3.78	0.20	72.17	2.06	3.84	0.12	3.83
	기계재료공학교육		10	2.6	0	9	3.28	77.19	3.28	0.58	77.19	5.89	3.27	0.64	3.49
	전기전자통신교육		10	3.3	0	6	3.21	77.87	3.27	0.38	77.24	3.82	3.17	0.32	3.35
	화학공학교육		4	3.8	1	2	2.86	81.37	2.64	0.47	83.52	4.79	2.67	-	-
	기술교육과		10	3.4	2	7	2.90	81.04	2.58	0.72	84.11	7.28	3.04	0.94	3.32
간호대	간호학과		23	6.3	38	21			1.81	0.21	91.83	2.13	2.16	0.21	2.31
생명시스템	생물과학과		15	7.0	28	13			2.11	0.20	88.88	2.05	2.53	0.26	2.77
	미생물분자생명과		13	6.4	21	13			2.07	0.21	89.24	2.17	2.47	0.12	2.54
자연계열 교과평균		0	697	10.4	978	613	3.04	79.55	2.64	0.27	83.57	2.77	3.04	0.36	3.20

294

2021 종합전형 PRISM - 인문계열

수능최저 없음		2022	▶교과반영: 전과목　▶학년 비율: 1년 30%+2,3년 70%											
1단계: 서류 100% (2~3배수) 2단계: 서류60 + 면접40			2021 지원		추합및등록			2021 1단계 합격자				2020 1단계 합격자		
		모집 인원	모집 인원	경쟁률	추합 인원	최종 등록		최고 등급	평균 등급	최저 등급		최고 등급	평균 등급	최저 등급
인문 대학	국어국문		6	13.20	5	4		2.17	2.76	3.32		2.23	3.16	6.73
	영어영문		13	8.80	9	9		2.45	3.27	4.52		1.85	3.40	5.87
	독어독문		6	9.5	7	3		3.00	3.72	4.80		3.45	4.17	5.57
	불어불문		4	10.8	7	2		2.91	3.78	4.46		3.21	4.23	5.82
	중어중문		6	12.2	6	2		2.51	3.34	4.92		2.33	3.52	5.58
	일어일문		4	12.0	8	4		3.09	3.92	5.79		2.53	3.61	4.89
	한문학과		4	5.00	3	4		3.49	3.85	4.67		3.27	3.95	5.23
	언어학과		3	7.30	3	3		2.83	3.52	4.16		3.24	3.84	4.23
	국사학과		2	11.0	3	2		2.91	3.44	3.88		2.96	3.24	3.53
	사학과		5	20.2	2	5		2.40	3.40	5.34		2.33	3.36	4.03
	고고학과		2	8.50	1	2		1.97	3.33	3.77		2.88	3.63	4.28
	철학과		5	10.00	3	5		2.17	3.49	4.16		2.43	3.71	4.81
사회 과학 대학	사회학과		4	19.5	4	4		2.03	2.61	3.11		2.32	2.92	3.54
	문헌정보학과		4	14.5	5	4		1.95	2.69	3.13		2.32	2.83	3.13
	심리학과		4	12.3	1	4		2.04	2.95	4.08		1.81	2.40	2.85
	언론정보학과		4	16.0	3	4		2.16	2.63	3.08		1.76	2.50	3.17
	사회복지학과		4	18.8	3	4		2.07	2.71	3.29		2.07	2.95	3.87
	정치외교학과		4	8.6	7	13		1.90	2.78	4.12		2.20	2.98	3.99
	행정학부		13	13.00	2	4		1.62	2.92	4.13		1.75	2.61	3.94
경상 대학	경제학과		10	6.80	8	10		2.40	2.95	3.57		2.33	2.97	3.59
	경영학부		32	9.90	20	25		1.60	2.66	3.92		1.65	2.80	4.21
	무역학과		8	6.4	7	5		2.28	2.88	3.65		1.78	2.75	3.41
	아시아비지니스국제		2	6.5	-	2		3.30	4.15	5.01		-	-	-
농생과	농업경제학과		2	11.5	2	2		2.86	3.28	3.78		2.05	3.44	4.94
사범 인문	**국어교육학과**		1	10.00	1	1		2.08	2.32	2.73		2.32	2.83	3.50
	영어교육학과		3	13.7	1	1		2.02	2.42	2.83		1.81	3.22	5.29
	교육학과		2	16.0	-	1		2.18	2.74	3.27		2.38	3.31	7.14
자유 전공	인문사회과학전공		2	14.0	-	1		2.14	2.88	3.43		3.48	3.65	3.83
	리더십과 조직과학		2	9.00	-	1		2.41	3.07	3.53		2.84	3.24	3.52
	공공안전학전공		3	11.0	-	2		2.14	2.74	3.21		2.39	3.17	3.65
인문계열 교과평균		**0**	**164**	**11.5**	**121**	**133**		**2.37**	**3.11**	**3.92**		**2.41**	**3.25**	**4.42**

2021 종합전형 PRISM - 자연계열

수능최저 없음		2022	2021 지원		추합및등록				2021 1단계 합격자				2020 1단계 합격자		
1단계: 서류 100% (2~3배수) 2단계: 서류60 + 면접40		모집 인원	모집 인원	경쟁률	추합 인원	최종 등록			최고 등급	평균 등급	최저 등급		최고 등급	평균 등급	최저 등급
자연 과학 대학	수학과		13	5.90	10	12			2.35	3.43	4.13		2.26	3.32	4.37
	정보통계학과		5	10.60	9	5			2.18	2.69	3.15		2.24	2.97	3.61
	물리학과		11	5.50	4	10			2.70	3.92	6.11		2.09	3.51	6.33
	천문우주과학과		5	11.2	8	5			2.43	3.06	4.05		2.22	2.93	5.20
	화학과		12	14.80	18	9			2.04	2.66	3.11		1.29	3.02	3.89
	생화학과		4	8.30	2	4			1.91	2.60	2.86		2.11	2.70	2.99
	지질환경과학과		7	11.70	7	5			2.50	3.20	3.69		2.75	4.08	5.25
	해양환경과학과		5	12.20	11	4			2.62	3.65	4.32		2.83	3.70	4.93
공과 대학	건축학5년		4	19.5	4	3			2.07	2.92	3.83		1.80	3.13	3.66
	건축공학과		4	16.8	8	3			2.63	3.19	3.55		2.70	3.49	5.21
	토목공학과		6	10.80	8	6			2.81	3.39	4.00		2.74	3.68	4.07
	환경공학과		6	18.5	2	6			1.73	2.49	2.79		1.75	3.08	4.20
	기계공학부		16	10.4	14	10			1.93	2.60	3.02		1.67	2.74	3.30
	메카트로닉스공학		6	11.7	6	6			2.60	3.15	3.58		2.32	2.95	3.75
	선박해양공학과		5	7.60	3	5			3.04	3.97	4.50		3.43	4.32	4.98
	항공우주공학과		6	10.50	6	4			2.51	2.83	3.34		2.45	2.78	3.20
	전기공학과		7	13.30	6	4			2.55	2.91	3.34		2.04	2.84	4.34
	전자공학과		8	13.5	7	6			1.84	2.56	2.94		2.20	2.74	3.30
	전파정보통신공학		11	12.00	9	11			2.62	3.10	3.56		3.01	3.53	4.54
	신소재공학과		15	9.1	11	9			2.13	2.75	4.00		1.73	2.61	3.54
	응용화학공학과		12	6.9	9	7			1.57	2.30	2.86		2.18	2.80	3.57
	유기재료공학과		12	8.70	2	11			3.01	3.23	3.60		1.39	2.11	2.60
	컴퓨터융합학부		12	12.5	14	13			1.67	2.69	3.77		2.42	3.22	3.90
농업 생명 과학	식물자원학과		4	14.0	8	2			2.10	2.91	3.56		2.43	3.02	3.51
	원예학과		3	12.0	2	3			2.66	3.32	3.95		2.58	3.37	4.04
	산림환경자원학과		4	14.5	8	3			1.89	2.82	3.40		2.30	3.17	4.02
	환경소재공학과		4	10.50	1	4			3.17	3.44	3.74		3.05	3.65	4.02
	동물자원과학부		9	13.7	4	9			1.54	3.08	3.89		2.92	3.54	4.36
	응용생물학과		4	17.0	4	4			2.32	3.00	3.78		2.41	3.30	4.02
	생물환경화학과		3	18.7	6	3			2.75	3.50	4.41		2.67	3.34	4.16
	식품공학과		4	12.3	-	2			2.65	3.42	5.10		2.33	2.85	3.69
	지역환경토목학과		4	12.0	1	4			3.22	4.12	5.08		3.44	4.16	4.68
	바이오시스템기계		4	9.3	1	4			2.86	3.53	4.02		2.62	3.65	4.24
의과대	의예과		19	9.2	8	10			1.01	1.21	1.69		1.00	1.13	1.37
생활 과학	의류학과		6	8.20	2	4			2.78	3.54	5.23		2.04	3.30	3.89
	식품영양학과		5	16.4	7	5			2.51	3.12	3.60		1.85	3.46	4.44
	소비자학과		4	10.80	5	4			2.99	3.27	3.68		2.66	3.34	3.86
수의대	수의예과		6	22.2	6	6			1.11	1.53	2.08		1.15	1.44	2.00
사범 자연	수학교육과		1	15.0	-	-			2.84	3.06	3.32		2.60	2.99	3.39
	건설공학교육과		3	4.70	-	2			3.72	4.29	4.66		3.53	4.38	5.69
	기계재료공학교육		4	4.30	-	2			2.94	3.59	4.31		2.87	3.55	4.69
	전기전자통신교육		4	6.30	-	1			2.34	3.75	5.19		3.02	3.94	5.16
	화학공학교육		2	6.00	-	-			2.53	3.60	5.02		2.33	3.61	4.42
	기술교육과		4	6.80	2	3			1.72	2.57	3.05		2.07	2.58	3.58
간호대	간호학과		13	12.5	4	13			1.85	2.62	3.11		1.70	2.60	3.27
생명 시스템	생물과학과		7	10.40	6	4			1.67	2.19	2.52		1.83	2.33	2.78
	미생물분자생명과		4	15.3	4	4			1.92	2.39	2.83		1.96	2.38	2.96
자연계열 교과평균		0	317	11.6	257	254			2.35	3.05	3.73		2.32	3.13	3.98

2021 지역인재 교과 100% - 인문계열

수능최저 있음			▶교과반영: 전과목 100%　　▶학년 비율: 1년 30%+2,3년 70%　　▶사범단계: 교과100+면접20												

| ▶2021 수능최저 지난해 인문전체: 국영탐 합 10 국교/영교/교육 ★★ : 국영탐 합 8 | | 2022 | ▶교과내신 2020년부터 100점 만점으로 변화 | | | | | | | | | | | | |

			2021 지원		추합및등록		1단계합격		2021 교과 최초합격				2021 교과 최종등록		
		모집 인원	모집 인원	경쟁률	추합 인원	최종 등록	등급 평균	환산 평균	등급 평균	등급 편차	환산 평균	환산 편차	등급 평균	등급 편차	70% 평균
인문 대학	국어국문		6	5.5	6	5			2.81	0.26	81.83	2.69	3.21	0.18	3.34
	영어영문		11	5.5	15	10			2.78	0.22	82.16	2.28	3.58	0.24	3.72
	독어독문		5	6.6	2	4			3.35	0.32	76.42	3.24	3.99	0.67	4.13
	불어불문		4	9.5	1	2			3.50	0.29	74.91	2.93	3.74	-	-
	중어중문		5	6.2	1	5			3.58	0.39	74.20	3.93	3.78	0.38	4.09
	일어일문		3	6.3	1	3			3.07	0.26	79.22	2.60	3.29	0.31	3.49
	한문학과		2	7.5	1	2			3.38	0.17	76.13	1.76	4.34	-	-
	언어학과		3	5.7	0	3			3.65	0.78	73.43	7.86	3.65	0.78	3.90
	국사학과		3	9.3	0	3			3.40	0.06	75.94	0.61	3.40	0.06	3.42
	사학과		5	7.2	5	5			2.38	0.33	86.14	3.32	2.99	0.26	3.12
	고고학과		2	9.5	2	2			3.23	0.13	77.63	1.39	3.61	-	-
	철학과		5	7.0	2	5			3.29	0.09	77.09	0.99	3.33	0.16	3.37
사회 과학 대학	사회학과		5	8.8	10	5			2.19	0.30	88.04	3.01	2.76	0.57	3.04
	문헌정보학과		4	4.8	2	4			2.32	0.28	86.78	2.88	2.77	0.36	3.10
	심리학과		5	6.8	3	5			2.26	0.25	87.36	2.56	2.50	0.09	2.58
	언론정보학과		5	7.6	5	5			2.43	0.09	85.66	0.95	2.81	0.25	3.02
	사회복지학과		3	8.0	2	3			2.73	0.31	82.65	3.13	3.24	0.32	3.31
	행정학부		14	5.7	20	14			2.15	0.21	88.45	2.19	2.80	0.35	2.88
	정치외교학과		5	4.8	7	5			2.26	0.13	87.33	1.38	2.93	0.62	3.18
경상 대학	경제학과		9	4.8	5	9			2.72	0.33	82.79	3.31	3.12	0.31	3.24
	경영학부		35	4.3	36	34			2.35	0.34	86.42	3.42	2.88	0.35	2.87
	무역학과		6	7.5	8	6			2.72	0.10	82.73	1.02	2.98	0.19	3.14
	아시아비지니스국제		2	7.0	1	2			3.48	0.43	75.14	4.39	4.25	-	-
농생과	농업경제학과		4	5.5	2	2			3.16	0.37	78.31	3.71	3.42		
사범 인문	국어교육학과		2	6.0	0	0	2.50	84.99	-	-	-	-	-	-	
	영어교육학과		2	5.0	0	1	2.27	87.32	2.30	0.10	86.99	1.02	-	-	
	교육학과		2	5.0	0	0	3.05	79.53	-	-	-	-	-	-	
자유 전공	인문사회과학전공		2	6.5	0	1			5.46	0.32	55.39	3.29	-	-	
	리더십과 조직과학		2	8.0	1	2			3.07	0.17	79.23	1.78	3.24		
	공공안전학전공		2	5.0	0	1			2.61	0.34	83.81	3.45	-		
인문계열 교과평균		0	163	6.56	138	148	2.61	83.95	2.95	0.26	80.44	2.68	3.30	0.34	3.31

2021 지역인재 교과 100% - 자연계열

수능최저 2021 지난해		2022	2021 지원		추합및등록		1단계합격		2021 교과 최초합격				2021 교과 최종등록		
		모집인원	모집인원	경쟁률	추합인원	최종등록	등급평균	환산평균	등급평균	등급편차	환산평균	환산편차	등급평균	등급편차	70%평균

자연전체: 수가영과 12 / 수나영과 10
수학: 수가영탐12,수가4
수교: 수가영탐 합 9 등

대학	학과	2022 모집인원	모집인원	경쟁률	추합인원	최종등록	등급평균	환산평균	등급평균	등급편차	환산평균	환산편차	등급평균	등급편차	70%평균
자연과학대학	수학과		13	6.6	3	9			3.47	0.39	75.29	3.94	3.89	0.62	4.10
	정보통계학과		5	5.2	9	5			2.48	2.80	85.14	2.81	3.31	0.57	3.62
	물리학과		9	7.3	9	8			3.37	0.60	76.30	6.02	3.83	0.45	4.11
	천문우주과학과		5	11.2	1	3			3.39	0.36	76.06	3.63	3.59	0.07	3.62
	화학과		11	5.6	13	11			2.43	0.26	85.65	2.62	2.85	0.23	3.01
	생화학과		5	4.8	3	3			2.57	0.30	84.27	3.00	2.92	0.21	3.06
	지질환경과학과		7	9.3	7	7			3.62	0.26	73.79	2.67	3.92	0.23	4.13
	해양환경과학과		5	8.2	5	5			3.71	0.23	72.83	2.31	4.12	0.21	4.24
공과대학	건축학5년		5	13.0	6	5			2.54	0.24	84.55	2.46	2.91	0.40	3.19
	건축공학과		5	9.8	4	5			3.17	0.19	78.25	1.95	3.39	0.13	3.46
	토목공학과		8	9.9	7	7			3.05	0.17	79.43	1.78	3.31	0.17	3.43
	환경공학과		5	15.8	7	5			2.61	0.34	83.89	3.48	2.90	0.10	2.98
	기계공학부		16	4.4	12	16			2.43	0.21	85.64	2.17	2.87	0.40	2.98
	메카트로닉스공학		5	11.4	10	5			2.64	0.10	83.52	1.07	2.90	0.09	2.98
	선박해양공학과		6	25.7	1	6			4.20	0.21	67.97	2.15	4.31	0.19	4.47
	항공우주공학과		6	8.8	7	5			2.85	0.25	81.42	2.55	3.56	0.36	3.57
	전기공학과		7	8.70	6	7			2.24	0.18	87.53	1.80	2.49	0.50	2.50
	전자공학과		8	6.50	11	8			2.09	0.18	89.05	1.86	2.37	0.08	2.41
	전파정보통신공학		9	10.2	7	9			2.93	0.15	80.62	1.53	3.10	0.07	3.15
	컴퓨터융합학부		17	4.30	16	8			2.37	0.13	86.27	1.30	2.82	0.44	2.93
	신소재공학과		12	5.30	18	11			1.96	0.14	90.39	1.41	2.23	0.15	2.30
	응용화학공학과		12	5.2	12	13			2.79	0.16	82.03	1.63	3.06	0.17	3.12
	유기재료공학과		13	5.8	34	17			2.30	0.21	86.92	2.10	2.75	0.29	2.87
농업생명과학	식물자원학과		3	6.70	-	3			3.20	0.75	77.92	7.54	3.05	0.81	3.51
	원예학과		3	6.70	1	3			3.39	0.41	76.08	4.11	3.56	0.47	3.89
	산림환경자원학과		4	6.80	1	4			3.47	0.50	75.25	5.00	4.06	0.41	4.21
	환경소재공학과		3	16.3	-	3			3.70	0.11	72.98	1.19	3.70	0.11	3.78
	동물자원과학부		9	10.60	-	3			3.67	0.75	73.26	7.51	3.66	0.96	4.22
	응용생물학과		3	6.70	1	2			3.30	0.17	76.95	1.75	3.53	-	-
	생물환경화학과		4	7.00	2	4			2.79	0.43	82.06	4.33	3.18	0.12	3.27
	식품공학과		4	6.5	2	4			2.89	0.25	81.10	2.50	3.04	0.36	3.32
	지역환경토목학과		4	13.3	4	4			3.79	0.10	72.02	1.08	3.86	0.15	3.98
	바이오시스템기계		4	7.5	1	4			3.48	0.09	75.15	0.93	3.52	0.11	3.60
의과대	의예과		23	9.4	23	22			1.15	0.80	98.48	0.82	1.32	0.14	1.39
생활과학	의류학과		5	16.4	3	5			3.51	0.24	74.84	2.44	3.75	0.13	3.83
	식품영양학과		6	7.80	2	5			3.21	0.28	77.88	2.86	3.41	0.16	3.51
	소비자학과		4	7.8	3	4			3.32	0.09	76.77	0.97	3.47	0.07	3.47
수의대	수의예과		8	24.4	4	8			1.54	0.08	94.54	0.87	1.62	0.14	1.73
사범자연	수학교육과		2	6.0	-	2	2.22	87.77	1.85	0.25	91.41	2.54	1.85	-	-
	건설공학교육과		3	5.30	-	3	4.15	68.46	4.20	0.34	67.93	3.46	4.20	0.34	4.37
	기계재료공학교육		4	4.00	-	2	3.70	73.01	3.48	0.07	75.12	0.78	3.48	-	-
	전기전자통신교육		4	2.50	-	1	4.47	65.31	3.86	0.43	71.35	4.32	-	-	-
	화학공학교육		2	2.50	-	1	3.50	74.99	2.83	0.20	81.65	2.00	-	-	-
	기술교육과		4	2.50	2	3	3.00	79.98	2.09	0.28	89.10	2.82	2.92	1.02	3.06
간호대	간호학과		20	4.40	19	20			1.92	0.22	90.72	2.21	2.36	0.31	2.39
생명시스템	생물과학과		7	9.60	10	6			2.26	0.21	87.38	2.19	2.83	0.15	2.91
	미생물분자생명과		3	8.0	1	3			2.69	0.04	83.05	0.44	2.71	0.05	2.74
자연계열 교과평균			330	8.55	287	297	3.51	74.92	2.91	0.32	80.85	2.57	3.17	0.29	3.32

2021 정시수능 100% - 인문계열

수능최저 있음		

▶인문: 국수탐2 45:25:30　(국어표점x135)+(수학표점x75)+(탐구표점합x90) / 200 - 영어+史 감산
▶자연: 국수탐2 25:45:30　(국어표점x75)+(수학표점x135)+(탐구표점합x90) / 200 - 영어+史 감산
▶안보: 국수탐2 40:30:30　(국어표점x120)+(수학표점x90)+(탐구표점합x90) / 200 - 영어+史 감산

▶2021 정시수능 오른쪽 충남대 정시 환산식 참고하기 →

			2022	2021 지원		정시지표	대학총점군별		2021 정시 환산평균				
			모집인원	모집인원	경쟁률	표준점수	대학총점	군별	최초합평균	최종합평균	최종합70%	영어등급	
인문대학	국어국문							나군	176.6	175.9	176.5	2.54	▶영어등급 감산
	영어영문							나군	179.4	177.6	177.9	1.82	1등급: 0
	독어독문							나군	176.9	175.2	176.7	2.40	2등급: -2
	불어불문							나군	176.5	174.9	174.6	2.50	3등급: -5
	중어중문							나군	176.1	172.2	174.9	2.57	4등급: -8
	일어일문							나군	177.0	171.6	172.5	2.42	5등급: -11
	한문학과							나군	175.5	173.4	174.2	2.72	6등급: -14
	언어학과							나군	175.3	170.2	172.2	2.70	
	국사학과							나군	177.6	176.0	175.8	2.55	▶한국사등급 감산
	사학과							나군	179.3	174.4	178.9	2.87	1~3등급: 0
	고고학과							나군	174.6	174.1	173.7	2.14	4~6등급: -1
	철학과							나군	176.7	174.9	175.0	2.45	
사회과학대학	사회학과						300	가군	181.6	176.8	177.1	2.42	
	문헌정보학과						300	가군	179.5	174.4	177.4	2.25	
	심리학과						300	가군	185.3	181.8	182.1	2.28	
	언론정보학과						300	가군	183.3	179.2	180.5	2.00	
	사회복지학과						300	가군	179.1	177.6	178.1	2.00	
	행정학부						300	가군	185.6	180.9	182.8	2.00	
	정치외교학과						300	가군	183.8	180.7	181.5	1.85	
경상대학	경제학과						300	나군	182.6	180.9	182.0	2.05	
	경영학부						300	나군	183.6	181.3	182.6	2.00	
	무역학과						300	나군	179.0	178.2	178.5	2.14	
	아시아비지니스국제						300	나군	178.0	176.7	177.5	2.40	
농생과	농업경제학과						300	나군	177.1	176.8	176.5	2.07	
사범인문	국어교육학과						300	나군	182.1	181.0	182.2	2.58	
	영어교육학과						300	나군	181.6	178.9	182.1	1.87	
	교육학과						300	나군	178.9	177.1	178.1	2.21	
자유전공	인문사회과학전공						300	나군	181.1	177.2	178.5	3.28	
	리더십과 조직과학						300	나군	177.7	177.5	177.8	2.28	
	공공안전학전공						300	나군	181.8	177.1	177.2	2.00	
국가안보융합	국토안보남자							가군	172.6	170.9	171.9	3.00	
	국토안보여자							가군	170.7	170.7	-	2.50	
	해양안보남자							가군	168.1	166.3	171.9	2.76	
	해양안보여자							가군	-	-	-	-	
인문계열 교과평균			0	0			300		178.6	176.1	177.5	2.50	

▶충남대 정시환산 산출식
▶인문: 국수탐2 45:25:30
　①국어표점x135 +
　②수학표점x75 +
　③탐구표점합x90) / 200
　④ - (영어+史 감산)
　　= 최종 환산점수

▶안보: 국수탐2 40:30:30
①국어표점x120+②수학표점x90+
③탐구표점합x90) / 200
④ - (영어+史 감산) =최종환산

2021 정시수능 100% - 자연계열

수능최저 2021 지난해									
자연전체: 수가영과 12 / 수나영과 10 / 수학: 수가영탐12, 수가4 / 수교: 수가영탐 합 9 등									

충남대 정시환산 산출식
- 자연: 국수탐2 25:45:30
 ①국어표점x75 +
 ②수학표점x135 +
 ③탐구표점합x90) / 200
 ④ - (영어+史 감산)
 = 최종 환산점수

▶영어등급 감산
1등급: 0
2등급: -2
3등급: -5
4등급: -8
5등급: -11
6등급: -14

▶한국사등급 감산
1~3등급: 0
4~6등급: -1

대학	학과	2022 모집인원	2021 지원 모집인원	경쟁률	정시지표 표준점수	대학총점	군별	최초합 평균	최종합 평균	최종합 70%	영어 등급
자연과학대학	수학과					300	나군	170.5	163.9	168.4	2.69
	정보통계학과					300	나군	178.3	165.2	175.9	2.50
	물리학과					300	나군	169.3	164.3	167.7	2.36
	천문우주과학과					300	나군	169.9	167.2	167.7	2.20
	화학과					300	나군	171.7	166.6	169.4	2.17
	생화학과					300	나군	176.5	173.3	174.4	2.00
	지질환경과학과					300	나군	168.4	164.4	164.8	1.93
	해양환경과학과					300	나군	166.9	163.0	163.3	2.53
공과대학	건축학5년						가군	175.6	172.1	172.6	2.22
	건축공학과						가군	171.6	165.1	168.3	2.42
	토목공학과						가군	171.1	168.8	170.0	2.07
	환경공학과						가군	169.4	162.4	169.1	2.31
	기계공학부						가군	175.3	170.7	173.9	2.17
	메카트로닉스공학						가군	173.8	162.2	169.9	2.66
	선박해양공학과						가군	168.3	167.1	167.5	2.40
	항공우주공학과						가군	173.0	166.8	169.6	2.23
	전기공학과						가군	177.6	175.3	175.6	1.83
	전자공학과						가군	181.3	178.7	179.7	1.40
	전파정보통신공학						가군	171.7	168.1	171.3	2.29
	신소재공학과						가군	173.0	162.3	170.6	2.70
	응용화학공학과						가군	177.7	174.6	176.1	1.71
	유기재료공학과						가군	171.2	170.1	170.9	2.14
	컴퓨터융합학부						가군	177.6	174.1	176.2	1.80
	스마트시티건축공						가군	169.6	167.2	168.1	2.02
	자율운항시스템공						가군	170.0	168.8	169.9	2.21
	인공지능학과						가군	174.6	171.0	172.9	2.22
농업생명과학	식물자원학과					300	나군	168.3	167.1	166.5	2.54
	원예학과					300	나군	164.2	163.6	164.8	2.25
	산림환경자원학과					300	나군	168.9	165.9	166.5	1.87
	환경소재공학과					300	나군	169.4	157.8	163.2	2.55
	동물자원과학부					300	나군	165.9	163.3	164.5	2.21
	응용생물학과					300	나군	170.2	159.1	163.4	2.80
	생물환경화학과					300	나군	170.2	164.5	165.2	2.33
	식품공학과					300	나군	171.2	159.3	160.9	3.00
	지역환경토목학과					300	나군	167.9	164.6	165.8	2.33
	바이오시스템기계					300	나군	174.4	164.2	166.5	2.83
의과대	의예과					300	가군	202.6	202.4	202.4	1.07
생활과학	의류학과					300	가군	166.6	164.7	165.8	2.33
	식품영양학과					300	가군	170.0	163.0	166.2	2.33
	소비자학과					300	가군	168.7	168.2	169.0	2.00
수의대	수의예과					300	가군	197.7	197.7	197.6	1.09
사범자연	수학교육과					300	나군	181.0	174.4	175.6	2.00
	건설공학교육과					300	나군	164.8	158.9	163.1	2.81
	기계재료공학교육					300	나군	159.7	155.6	165.2	2.94
	전기전자통신교육					300	나군	161.1	154.2	157.8	2.95
	화학공학교육					300	나군	164.8	164.4	165.0	1.83
	기술교육과					300	나군	179.3	178.5	179.4	1.56
간호대	간호학과					300	나군	177.5	176.5	176.6	1.46
생명시스템	생물과학과					300	가군	172.4	169.1	170.9	1.95
	미생물분자생명과					300	가군	177.1	173.2	173.7	1.80
	생명정보융합학과					300	가군	168.5	161.0	166.1	2.40
자연계열 교과평균						300		172.5	167.9	170.3	2.17

2022 대학별 수시모집 요강 — 충북대학교

2022 대입 주요 특징
정시및영어등급 인30:20:20:30 자20:30:20:30
인/자: 10-9.5-9.0-8.5-8.0... NOVA APERIO 표준

▶교과반영: 2021과 동일함
1년: 국영수사과
2,3년: 국영수사/국영수과
▶진로선택과목 미반영★
▶학년비율: 1년20+2,3년80
→2021부터 전학년 100%

1. 종합1전형 2022 서류일괄 변경: 단계 및 면접폐지★
2. 사범대 교직인적성 면접폐지
3. 지역인재 2021 교과전형과 동일 → 2022 수능최저 하향★
4. 2022 수능최저 종합전형2와 지역인재 동일
5. 정시가다군 수능반영영역변화 및 인원변동확인
6. 약대모집 신설 및 정시 자연과탐 최대 10점 가산 등

▶자연계열 수학 미적분/기하, 과탐 응시필수학과★★
 : 정보통계/수교/수의예/약학/제약/의예
▶자연계열 수학 확통/미적분/기하, 과탐 응시필수학과
 : 자연과학/공과대학/전자정보대학/사범대학
▶국어수학 선택과목 및 사과탐 무제한
 : 인문 및 농업생명/생활과학/간호   2021.04.17.10HR~ 올림

모집시기	전형명	사정모형	학생부종합 특별사항	2022 수시 접수기간 09. 10(금) ~ 14(화)	모집인원	학생부	논술	면접	서류	기타	2022 수능최저등급
2022 정원내외 수시 2,111명 (68.5%) 정시 973명 (31.5%) 전체 3,084명 2021 정원내외 수시 2,085명 (68.5%) 정시 960명 (31.5%) 전체 3,045명	학생부교과	일괄	학생부교과 최저 있음 1년:국영수사과 2,3년:국영수사 국영수과 동일비율 최종 12.16(목)	1. 2022 전년대비 45명 감소 2. 의예 교과100% 3. 사범 인·적성면접 폐지 4. 충북대 자연최저 공통적용 수학필수 아닌 단과대학 ①농업생명대 ②생과대 ③수의대 ④간호대 <2021입결 최종평균-편차>★ ▶인문 경쟁9.12 3.08-0.47 ▶사범 경쟁8.67 2.28-0.19 ▶자연 경쟁10.4 3.25-0.45	718 2021 763	교과 100 <2개년 등록률> 자연교과 71.8%→74.1% 20년 384명/535 21년 352명/475		<교과 최저 탐구2평> ▶사범인문: 3개합 9 ▶인문전체: 3개합 12 ▶자율전공: 3개합 12 ▶사범자연: 3개합 9 ▶자연전체: 3개합 12 ▶의예: 3개합 4 ▶수의/약학: 3개합 7 ▶간호: 3개합 10			<교과 자연 최저조건> ①탐구 2개평균 ②수학포함 필수★★ ③농업/생활/수의예/ 간호는 수학필수제외 ④자율/농업/생활/간호 사탐(직탐) 지원자★ 사탐 1개 1등급상향 사탐 2개 2등급상향
	학생부종합1	일괄	학생부종합 단계면접폐지 최저없음 자소서없음 최종 12.16(목)	1. 서류100%, 면접폐지 변화 2. 2022 전년대비 19명 감소 3. 2021 1단계 서류100% (3배) 2단계: 면접20% <C.H.A.N.G.E> 2022 서류/면접 공통평가요소 ①전문성: 전공열정/지적노력 ②인성: 배려/협동/성실/봉사 ③적극성: 자기주도성/추진력	501 2021 520	서류 100		<2021 최종평균-편차>★ ▶인 경쟁6.57 3.47-0.47 사범 경쟁7.36 2.45-0.39 ▶자 경쟁7.63 3.44-0.40 사범 경쟁7.24 2.44-0.25 의예 경쟁20.3 1.14-0.05 수의 경쟁21.8 1.29-0.10			최저 없음
	학생부종합2	일괄	학생부종합 최저 있음 수능이후 자소서제출★ 11.19(금) ~11.22(월) 최종 12.16(목)	1. 2022 전년대비 6명 증가 2. 2022 수능최저 전년과 동일 3. 약학대학 모집신설 <자소서 수능후 업로드>★★ 2022 서류/면접 공통평가요소 ①전문성: 전공열정/지적노력 ②인성: 배려/협동/성실/봉사 ③적극성: 자기주도성/추진력	207 2021 201	서류 100 만점 80점 기본 40점 실질 40점 2021 경쟁률 최초 11.3 실질 6.10		<종합2 최저 탐구2평> ▶인문전체: 3개합 13 ▶자연전체: 3개합 13 ▶의예: 3개합 5 ▶수의/약학: 3개합 8 ▶간호: 3개합 11 ※ 사범/자율 모집없음			<종합2 자연 최저조건> ①탐구 2개평균 ②수학포함 필수★★ ③농업/생활/수의예/ 간호는 수학필수제외 ④자율/농업/생활/간호 사탐(직탐) 지원자★ 사탐 1개 1등급상향 사탐 2개 2등급상향
	SW우수인재 (신설)	일괄	학생부종합 최저없음 자소서없음 최종 12.16(목)	2022 전형신설 종합1과 중복지원 불가	26	서류 100 *2021 입결→		정통12명 경쟁3.67 1단계4.43-0.64 최종4.22-0.45 컴공04명 경쟁5.75 1단계4.13-0.99 최종3.76-0.13 소프10명 경쟁7.10 1단계3.64-0.49 최종3.73-0.53 지능04명 경쟁5.00 1단계3.99-0.56 최종3.88-0.65			
	지역인재	일괄	학생부교과 최저 있음 최종 12.16(목)	1. 2022 전년대비 23명 증가 2. 수능최저 하향변화 충북소재→충청권전역 고교생 의예과 교과 100%	286 2021 263	교과 100 21 최초경쟁 7.9 21 실질경쟁 3.2		※종합2 전형과 동일함 <지역 최저 탐구2평> ▶인문전체: 3개합 13 ▶자율전공: 3개합 13			▶자연전체: 3개합 13 ▶의예: 3개합 5 ▶수의/약학: 3개합 8 ▶간호: 3개합 11
	국가보훈대상자	일괄	학생부교과 최저 폐지 최종 12.16(목)	1. 국가보훈대상자 2. 수능최저 폐지	23 2021 35	교과 100 2021 경쟁 3.1		<사범대학/의예과> 1단계: 교과 80점 2단계: 면접 20점			최저 폐지 ※ 2021 수능최저참고 인: 2개합10 자: 2개합12 (수가12/수나10)
	사회적배려대상 (정원외)	일괄	학생부교과 최저없음 최종 12.16(목)	기초수급 및 차상위자녀 등	51 2021 53	교과 100 2021 경쟁 6.5		<사범대학/의예과> 1단계: 교과 80점 2단계: 면접 20점			최저없음 <기타전형 생략> 특성화고34 농어촌109 특수교54/특성재직40

301

수능최저 탐구 2개평균

- ▶사범인문: 3개합 9
- ▶인문/생활: 3개합 12
- ▶사과/경영/농업경제 : 3개합 11→3개합 12
- ▶자율전공: 3개합 12 (수가12/수나11)

2021 교과전형 - 인문계열

▶교과반영: 1년: 국영수사과   2,3년: 국영수사/국영수과
▶학년비율: 전학년 100%

		2022 모집인원	2021 지원		등록및추합		2021 교과 최초합격				2021 교과 최종합격			
			모집인원	경쟁률	최종등록	추합인원	등급평균	등급편차	환산평균	환산편차	등급평균	등급편차	환산평균	최종 CUT 추정 올림
인문대학	국어국문	7	8	8.88	8	24	2.49	0.18	77.03		2.97	0.46	76.07	3.43
	중어중문	7	6	7.00	6	7	2.65	0.33	76.70		3.40	0.46	75.20	3.86
	영어영문	7	7	5.71	6	9	2.14	0.20	77.73		2.45	0.37	77.11	2.82
	독일언어문화	7	7	8.71	6	21	2.81	0.20	76.39		3.31	0.34	75.39	3.65
	프랑스언어문화	7	6	8.17	5	6	2.81	0.26	76.39		2.82	0.32	76.38	3.14
	러시아언어문화	5	4	13.3	4	7	3.03	0.13	75.94		3.42	0.39	75.17	3.81
	철학과	5	4	6.00	4	8	2.72	0.20	76.57		3.78	0.56	74.44	4.34
	사학과	5	4	7.50	4	8	2.48	0.28	77.05		4.02	0.51	73.98	4.53
	고고미술사학과	5	5	8.20	5	10	2.68	0.20	76.65		3.23	0.19	75.55	3.42
사회과학	사회학과	7	7	18.3	6	8	2.24	0.28	77.53		2.48	0.28	77.05	2.76
	심리학과	7	8	10.1	8	23	1.95	0.11	78.10		2.22	0.18	77.57	2.40
	행정학과	7	9	7.11	8	31	1.90	0.18	78.22		3.43	1.32	75.15	4.75
	정치외교학과	7	8	15.9	7	20	2.37	0.18	77.28		2.68	0.14	76.65	2.82
	경제학과	9	11	4.91	9	19	2.36	0.24	77.29		2.92	0.60	76.18	3.52
경영대학	경영학부	60	62	4.84	59	137	2.21	0.18	77.58		3.26	0.94	75.46	4.20
	국제경영학과	20	28	4.43	26	53	2.48	0.21	77.05		3.44	0.75	75.13	4.19
	경영정보학과	9	14	6.36	13	37	2.61	0.10	76.78		2.87	0.25	76.26	3.12
농업	농업경제	7	7	7.86	7	12	2.69	0.14	76.63		2.92	0.25	76.17	3.17
생활과학	아동복지	5	7	17.9	7	17	2.56	0.22	76.89		2.86	0.46	76.28	3.32
	소비자학과	5	5	15.6	5	9	2.43	0.14	77.15		2.81	0.18	76.39	2.99
자율	자율전공학부	22	22	4.82	22	35	2.40	0.17	77.21		3.31	0.86	75.36	4.17
인문계열 교과평균		220	239	9.12	225	501	2.48	0.20	77.06		3.08	0.47	75.85	3.54

▶충북대 사범대학		2022 모집인원	2021 지원		등록및추합		2021 사범교과 1단계합격				2021 사범교과 최종합격			
<충북 수능최저 탐구2평> ▶사범인문: 3개합 9		모집인원	모집인원	경쟁률	최종등록	추합인원	등급평균	등급편차	환산평균	환산편차	등급평균	등급편차	환산평균	최종 CUT 추정 올림
사범인문	교육학과	3	3	9.67	1	4	2.14	0.17	77.73		2.03		97.20	2.03
	국어교육	5	5	13.0	2	6	2.15	0.25	77.72		2.13	0.34	96.25	2.47
	영어교육	5	5	5.00	4	8	1.99	0.41	78.03		2.20	0.31	95.67	2.51
	역사교육	3	3	9.00	2	6	1.90	0.25	78.20		2.17	0.02	93.18	2.19
	지리교육	2	2	8.00	1	1	2.95	0.35	76.11		3.14		94.73	3.14
	사회교육	3	3	6.00	1	2	2.06	0.49	77.89		2.24		92.28	2.24
	윤리교육	3	3	10.0	3	3	1.98	0.18	78.05		2.05	0.09	94.73	2.14
사범인문 교과평균		24	24	8.67	14	30	2.17	0.30	77.68		2.28	0.19	94.86	2.39
사범자연	물리교육	3	3	7.33	0	0	2.39	0.30	77.24		0	0	0	2.69
	화학교육	5	5	6.00	4	3	2.48	0.38	77.04		2.35	0.07	93.56	2.42
	생물교육	3	3	6.33	0	0	2.41	0.33	77.19		0	0	0	2.74
	지구교육	3	3	8.33	0	0	2.24	0.22	77.52		0	0	0	2.46
	수학교육	5	5	7.60	3	4	2.11	0.20	77.79		1.98	0.33	96.71	2.31
▶수교: 수가포함 3개합9 ▶수교제외 사범기타 수가 3개합9, 수나 3개합7														
사범자연 교과평균		19	19	7.12	7	7	2.33	0.29	77.36		2.17	0.20	95.14	2.52

2021 교과전형 - 자연계열

수능최저 탐구 2개평균														
▶수교: 수가포함 3개합9　▶수교제외 사범기타　수가 3개합9, 수나 3개합7　▶수학과/정보통신★★　수가포함 3개합12　▶자연/공과/전자/농업　수가 3개합12, 수나 3개합10			▶교과반영: 1년: 국영수사과 2,3년: 국영수사/국영수과　　　▶의예: 수가포함 3개합4						▶수의예: 3개합 7 (탐2)　▶간호: 3개합10 가10/나8					

	학과	2022 모집인원	2021 지원		등록및추합		2021 교과 최초합격				2021 교과 최종합격			최종 CUT 추정 올림
			모집인원	경쟁률	최종등록	추합인원	등급평균	등급편차	환산평균	환산편차	등급평균	등급편차	환산평균	
자연과학	수학과	7	8	6.38	3	14	3.01	0.28	75.99		3.96	0.82	74.08	4.78
	정보통계	7	8	11.1	7	10	2.76	0.3	76.49		3.13	0.41	75.74	3.54
	물리학과	9	10	9.50	1	11	3.29	0.28	75.42		3.14	-	75.73	3.14
	지구환경과학과	7	6	27.2	6	7	3.24	0.53	75.54		3.80	0.42	74.40	4.22
	화학과	9	12	16.8	8	13	2.71	0.22	76.58		2.73	0.29	76.55	3.02
	생물학과		12	6.58	8	20	2.30	0.25	77.40		2.63	0.34	76.74	2.97
	미생물학과	23	12	5.58	12	17	2.57	0.38	76.86		3.31	0.38	75.38	3.69
	생화학과		11	5.73	10	17	2.38	0.21	77.24		3.20	0.40	75.62	3.60
	천문우주학과	7	6	12.2	3	16	2.58	0.41	76.85		4.02	0.42	73.97	4.44
공과대학	토목공학부	45	41	10.6	34	73	3.43	0.15	75.15		3.71	0.23	74.58	3.94
	기계공학부	20	26	6.96	19	59	2.40	0.27	77.21		2.98	0.45	76.05	3.43
	화학공학과	9	10	23.6	8	25	1.84	0.19	78.32		2.39	0.14	77.22	2.53
	신소재공학과	9	9	6.78	9	17	2.53	0.28	76.95		3.54	0.94	74.86	4.48
	건축공학과	9	11	7.45	9	14	3.28	0.20	75.45		3.55	0.14	74.90	3.69
	안전공학과	7	8	8.38	6	17	3.08	0.36	75.85		4.04	0.55	73.93	4.59
	환경공학과	7	7	11.4	2	18	2.55	0.20	76.90		2.74	0.30	76.53	3.04
	공업화학과	7	9	5.78	8	13	2.91	0.14	76.19		3.51	0.69	74.99	4.20
	도시공학과	9	10	7.20	9	10	3.14	0.35	75.73		4.06	0.72	73.81	4.78
	건축학과	7	8	12.3	5	19	2.70	0.12	76.60		3.16	0.37	75.69	3.53
전자정보	전기공학부	20	22	7.50	19	53	2.45	0.21	77.10		2.96	0.26	76.08	3.22
	전자공학부	45	28	6.07	22	52	2.35	0.20	77.31		2.80	0.48	76.40	3.28
	정보통신공학부	30	24	8.46	17	48	3.02	0.13	75.96		3.32	0.23	75.36	3.55
	컴퓨터공학과	7	8	19.5	6	25	2.31	0.24	77.39		2.73	0.49	76.54	3.22
	소프트웨어학과	30	27	10.3	20	53	2.62	0.25	76.76		2.95	0.18	76.11	3.13
	지능로봇공학과		11	6.73	10	12	2.67	0.35	76.67		3.18	0.51	75.64	3.69
농업생명	식물자원학과	14	10	6.20	6	14	2.64	0.23	76.73		3.76	0.43	74.48	4.19
	축산학과	16	13	3.85	5	0	3.67	0.76	74.62		4.24	0.61	73.44	4.85
	산림학과	7	5	9.60	2	4	2.97	0.56	76.07		3.91	0.88	74.20	4.79
	지역건설공학과	7	7	14.0	7	12	3.78	0.13	74.45		3.99	0.24	74.02	4.23
	환경생명화학과		10	6.00	8	14	3.12	0.30	75.76		3.71	0.46	74.58	4.17
	특용식물학과	10	10	5.40	6	2	3.92	0.57	74.18		4.39	0.65	73.20	5.04
	원예과학과		11	4.27	0	3	3.52	0.32	74.97		0	0	0	3.84
	바이오시스템공학	7	6	7.50	4	8	3.11	0.20	75.78		4.37	0.81	73.13	5.18
	식물의학과	9	11	5.00	10	11	3.12	0.38	75.77		3.64	0.54	74.73	4.18
	식품생명공학과		10	10.5	8	25	2.50	0.35	77.00		3.27	0.21	75.47	3.48
	목재종이과학과	5	4	5.25	2	0	4.02	0.60	73.97		4.25	0.87	73.52	5.12
생활과학	식품영양학과	5	6	13.7	6	10	2.37	0.67	77.28		2.88	0.27	76.24	3.15
	의류학과	5	6	21.3	6	15	3.11	0.49	75.79		3.83	0.74	74.34	4.57
	주거환경학과	5	5	16.6	5	4	2.74	0.44	76.52		3.19	0.35	75.63	3.54
약학대	약학과 (신설)	4	-	-	-	-	-	-	-		-	-	-	-
	제약학과 (신설)	4	-	-	-	-	-	-	-		-	-	-	-
수의대	수의예과	9	5	14.0	5	7	1.08	0.06	79.85		1.25	0.15	79.51	1.40
의과대학	의예과	5	4	22.0	4	6	1.13	0.07	79.75		1.59	0.22	78.82	1.81
	간호학과	13	8	10.3	7	15	2.14	0.21	77.74		2.87	0.91	76.26	3.78
자연계열 교과평균		455	475	10.4	352	783	2.79	0.31	76.43		3.25	0.45	73.54	3.79

2021 종합전형Ⅰ - 인문계열

수능최저 없음

1단계: 서류 80% (3배수)
2단계: 면접 20%

▶교과반영: 1년: 국영수사과   2,3년: 국영수사/국영수과
▶학년비율: 전학년 100%

		2022 모집인원	2021 지원 모집인원	2021 지원 경쟁률	등록및추합 최종등록	등록및추합 추합인원	1단계 등급평균	1단계 등급편차	1단계 서류평균	1단계 서류편차	최초 등급평균	최초 등급편차	최초 면접평균	최초 총점평균	최종 등급평균	최종 등급편차	최종 CUT 추정 올림
인문대학	국어국문	6	7	9.57	4	10	3.19	0.53	64.92	2.20	2.78	0.51	16.98	83.61	3.26	0.56	3.82
	중어중문	6	7	6.14	7	8	3.62	0.36	69.67	2.76	3.32	0.35	17.74	89.91	3.68	0.42	4.10
	영어영문	6	7	6.14	7	7	3.31	0.57	70.79	2.93	2.86	0.33	17.86	91.82	3.22	0.48	3.70
	독일언어문화	6	7	6.29	7	7	3.92	0.31	65.13	3.53	3.58	0.21	15.93	84.86	3.90	0.33	4.23
	프랑스언어문화	6	7	4.14	7	11	4.17	0.83	67.86	5.60	3.59	0.54	15.12	87.89	4.63	0.97	5.60
	러시아언어문화	5	7	6.29	7	8	4.33	0.71	70.66	3.75	3.80	0.52	19.00	93.89	4.63	0.70	5.33
	철학과	5	7	4.14	6	6	4.04	0.59	64.73	4.22	3.70	0.49	14.55	83.07	3.89	0.42	4.31
	사학과	5	7	6.86	6	8	3.41	0.46	66.60	2.92	3.23	0.30	16.45	86.09	3.38	0.42	3.80
	고고미술사학과	5	7	6.14	7	7	3.54	0.69	68.74	3.06	3.12	0.61	14.79	86.39	3.81	0.45	4.26
사회과학	사회학과	6	7	11.3	7	11	3.09	0.28	71.88	2.21	2.95	0.38	15.12	89.10	3.21	0.15	3.36
	심리학과	6	7	9.29	7	5	2.85	0.62	72.04	2.50	2.81	0.39	16.86	90.44	3.03	0.51	3.54
	행정학과	6	8	6.25	8	6	3.03	0.59	65.54	2.56	2.62	0.42	18.52	86.28	2.76	0.32	3.08
	정치외교학과	6	7	5.86	7	1	3.40	0.51	71.79	2.62	3.14	0.33	18.24	91.40	3.10	0.34	3.44
	경제학과	8	9	5.44	6	11	3.10	0.54	69.29	4.33	2.62	0.59	14.68	88.13	2.79	0.77	3.56
경영대학	경영학부	16	11	7.18	11	10	3.02	0.56	70.96	3.09	2.72	0.33	14.88	89.06	3.17	0.29	3.46
	국제경영학과	9	11	6.55	11	10	3.49	0.36	70.50	2.18	3.39	0.35	17.44	89.79	3.55	0.81	4.36
	경영정보학과	8	10	6.50	10	10	3.28	0.51	64.36	3.24	3.21	0.25	14.58	82.46	3.19	0.48	3.67
농업	농업경제	6	7	5.57	7	3	3.82	0.45	65.27	2.61	3.56	0.42	16.14	82.74	3.73	0.34	4.07
생활과학	아동복지	5	5	5.80	5	5	3.29	0.36	68.88	4.25	2.98	0.24	18.40	91.94	3.18	0.36	3.54
	소비자학과	5	5	6.00	5	2	3.50	0.32	72.41	4.78	3.33	0.27	18.23	93.95	3.37	0.26	3.63
		131	150	6.57	142	146	3.47	0.51	68.60	3.27	3.17	0.39	16.58	88.14	3.47	0.47	3.94

▶충북대 사범대학
1단계: 서류 80% (3배수)
2단계: 면접 20%

		2022 모집인원	2021 지원 모집인원	2021 지원 경쟁률	등록및추합 최종등록	등록및추합 추합인원	1단계 등급평균	1단계 등급편차	1단계 서류평균	1단계 서류편차	최초 등급평균	최초 등급편차	최초 면접평균	최초 총점평균	최종 등급평균	최종 등급편차	최종 CUT 추정 올림
사범인문	교육학과	5	5	9.80	5	6	2.40	0.39	70.89	1.15	2.28	0.60	15.70	86.57	2.34	0.66	3.00
	국어교육	7	7	6.86	4	10	2.26	0.53	70.72	2.97	1.93	0.33	16.33	89.35	2.68	0.38	3.06
	영어교육	7	7	5.00	7	10	2.42	0.54	69.72	2.38	2.09	0.28	18.81	91.10	2.64	0.42	3.06
	역사교육	6	6	9.17	5	9	2.13	0.28	71.41	2.71	2.13	0.18	16.70	89.91	2.10	0.34	2.44
	지리교육	5	5	5.40	4	6	2.56	0.56	70.35	4.67	2.55	0.38	16.73	90.17	2.65	0.32	2.97
	사회교육	5	5	8.80	5	7	2.27	0.23	75.95	1.57	2.17	0.14	17.77	95.07	2.27	0.28	2.55
	윤리교육	6	6	6.50	6	4	2.40	0.27	71.16	1.63	2.39	0.27	17.81	90.26	2.47	0.33	2.80
사범인문 소계		41	41	7.36	36	52	2.35	0.40	71.46	2.44	2.22	0.31	17.12	90.3	2.45	0.39	2.84
사범자연	물리교육	5	5	5.00	3	9	2.56	0.30	70.10	1.74	2.39	0.31	16.07	87.30	2.70	0.21	2.91
	화학교육	6	6	7.17	6	9	2.50	0.40	67.38	4.74	2.37	0.49	17.78	89.07	2.55	0.32	2.87
	생물교육	6	6	7.33	5	10	2.11	0.22	76.23	2.07	1.89	0.20	19.00	97.70	2.12	0.17	2.29
	지구교육	6	6	5.86	5	10	2.47	0.42	67.88	3.13	2.32	0.60	15.59	86.57	2.71	0.28	2.99
	수학교육	7	7	10.9	7	9	2.44	0.49	76.19	1.20	2.04	0.30	17.07	94.14	2.14	0.27	2.41
사범자연 소계		30	30	7.24	26	47	2.42	0.37	71.56	2.58	2.20	0.38	17.10	91.0	2.44	0.25	2.69

수능최저 없음		2021 종합전형Ⅰ - 자연계열															

1단계: 서류 80% (3배수)　**2단계: 면접 20%**　2022

▶교과반영: 1년: 국영수사과　2,3년: 국영수사/국영수과
▶학년비율: 전학년 100%

		모집인원	2021 지원		등록및추합		2021 종합 1단계합격				2021 종합 최초합격				2021 종합 최종		
			모집인원	경쟁률	최종등록	추합인원	등급평균	등급편차	서류평균	서류편차	등급평균	등급편차	면접평균	총점평균	등급평균	등급편차	최종 CUT 추정 올림
자연과학	수학과	6	8	6.00	6	12	3.60	0.33	69.51	2.40	3.43	0.38	14.58	86.12	3.70	0.29	3.99
	정보통계	6	8	4.88	8	11	3.45	0.77	71.81	3.39	2.72	0.37	17.87	93.23	3.90	0.81	4.71
	물리학과	8	8	4.75	8	13	3.78	0.42	61.47	4.27	3.57	0.42	16.04	81.33	3.69	0.48	4.17
	지구환경과학과	6	7	10.0	7	6	3.75	0.42	69.23	2.47	3.39	0.36	16.74	88.30	3.64	0.60	4.24
	화학과	8	9	8.22	9	3	3.03	0.45	71.88	2.76	2.88	0.30	15.65	89.16	3.07	0.33	3.40
	생물학과		4	11.5	3	6	2.49	0.39	77.29	1.07	3.00	0.26	18.59	96.59	2.74	0.38	3.12
	미생물학과	20	4	10.5	4	5	2.73	0.28	63.73	4.57	2.21	0.27	17.83	87.09	2.72	0.32	3.04
	생화학과		3	7.33	3	2	2.77	0.30	74.46	3.09	2.61	0.31	15.61	93.24	2.73	0.32	3.05
	천문우주학과	6	7	7.86	4	10	3.38	0.56	67.77	3.22	2.54	0.33	16.36	86.05	4.02	0.69	4.71
공과대학	토목공학부	14	11	8.00	11	19	3.54	0.41	71.15	2.55	3.40	0.32	15.82	89.16	3.61	0.55	4.16
	기계공학부	9	11	11.6	98	18	3.05	0.37	71.59	1.40	3.03	0.37	16.59	89.31	3.19	0.26	3.45
	화학공학과	8	8	6.13	8	11	2.55	0.35	70.48	2.68	2.20	0.34	17.90	91.21	2.65	0.32	2.97
	신소재공학과	8	8	5.25	8	10	2.99	0.45	70.22	3.86	2.71	0.34	15.98	89.85	3.15	0.40	3.55
	건축공학과	8	8	10.6	8	10	3.77	0.56	72.94	1.92	3.53	0.64	15.31	89.67	3.90	0.59	4.49
	안전공학과	6	8	4.88	8	6	3.70	0.52	65.67	6.08	3.28	0.34	13.15	85.35	3.76	0.36	4.12
	환경공학과	6	8	8.13	8	7	3.14	0.37	70.05	2.41	2.87	0.35	17.69	89.84	3.15	0.42	3.57
	공업화학과	6	8	4.50	8	5	3.18	0.35	67.76	3.69	2.97	0.43	14.25	85.70	3.27	0.22	3.49
	도시공학과	8	9	12.1	8	8	3.84	0.53	70.92	2.71	3.57	0.49	15.74	89.10	3.73	0.46	4.19
	건축학과	6	7	8.14	7	6	3.34	0.32	68.48	2.55	3.13	0.31	17.31	87.37	3.36	0.30	3.66
전자정보	전기공학부	9	10	7.80	10	7	3.08	0.35	71.46	2.35	2.90	0.40	13.62	86.74	3.06	0.24	3.30
	전자공학부	14	11	6.09	7	8	3.03	0.34	73.72	2.80	2.85	0.32	17.48	94.25	3.11	0.08	3.19
	정보통신공학부	11	11	4.82	6	4	3.48	0.26	66.73	2.62	3.42	0.33	15.75	85.57	3.62	0.15	3.77
	컴퓨터공학과	6	8	6.50	2	3	2.84	0.52	71.41	3.11	2.34	0.66	17.75	91.55	3.06	0.08	3.14
	소프트웨어학과	11	11	5.00	3	5	3.03	0.27	72.30	2.32	2.97	0.24	17.75	91.15	3.10	0.43	3.53
	지능로봇공학과	-	11	5.00	5	5	3.52	0.41	67.96	2.13	3.40	0.38	16.58	85.09	3.79	0.45	4.24
농업생명	식물자원학과	12	5	9.00	5	4	3.38	0.44	66.56	2.93	3.06	0.35	15.33	87.21	3.26	0.48	3.74
	축산학과	14	6	4.83	6	3	4.02	1.01	66.23	5.79	3.38	0.42	17.63	89.26	3.63	0.26	3.89
	산림학과	6	7	11.7	7	1	3.94	0.61	67.36	3.11	4.26	0.68	16.33	84.10	4.28	0.66	4.94
	지역건설공학과		7	6.00	7	5	4.41	0.33	70.70	2.76	4.23	0.18	14.93	89.35	4.28	0.25	4.53
	환경생명화학과		5	6.80	5	4	3.39	0.28	71.56	3.14	3.18	0.32	16.14	91.55	3.22	0.33	3.55
	특용식물학과	6	3	5.33	3	0	4.03	0.71	66.75	2.09	3.77	0.29	17.40	85.13	3.77	0.29	4.06
	원예과학과		4	6.50	2	3	3.02	0.70	62.63	2.82	2.86	0.67	15.94	80.65	2.82	1.20	4.02
	식물의학과		4	5.50	3	4	3.52	0.35	71.15	3.68	3.45	0.27	15.95	90.68	3.60	0.37	3.97
	바이오시스템공학	6	7	6.00	6	6	3.82	0.49	65.05	2.26	3.76	0.60	16.13	82.84	3.89	0.27	4.16
	식품생명공학과	14	5	11.0	5	2	3.00	0.66	70.92	1.61	2.87	0.41	16.38	89.64	3.22	0.16	3.38
	목재종이과학과	5	6	5.33	6	1	4.44	0.49	68.63	3.02	4.18	0.61	17.27	86.55	4.25	0.61	4.86
생활과학	식품영양학과	5	5	13.6	5	2	3.28	0.40	67.33	1.43	2.85	0.41	15.63	84.31	3.10	0.54	3.64
	의류학과	5	5	13.8	5	4	4.19	0.50	66.37	1.83	3.78	0.29	16.67	84.17	4.11	0.37	4.48
	주거환경학과	5	5	5.40	5	2	4.02	0.64	69.14	2.52	3.92	0.41	17.23	88.00	3.94	0.27	4.21
약학대학	약학과 (신설)	4	-	-	-	-	-	-	-	-	-	-	-	-	-	-	-
	제약학과 (신설)	9	-	-	-	-	-	-	-	-	-	-	-	-	-	-	-
수의과	수의예과	7	10	21.8	10	19	1.32	0.09	76.00	1.26	1.27	0.12	18.50	95.67	1.29	0.10	1.39
의과대학	의예과	4	10	20.3	10	6	1.13	0.06	74.58	1.13	1.12	0.07	18.25	93.67	1.14	0.05	1.19
	간호학과	9	10	8.70	9	7	2.39	0.25	71.58	2.60	2.23	0.21	16.70	90.73	2.38	0.26	2.64
		301	310	8.27	355	277	3.29	0.44	69.58	2.77	3.07	0.37	16.44	88.5	3.33	0.38	3.71

수능최저 탐구 2개평균			2021 종합전형Ⅱ - 인문계열										
서류 100% <수능최저 탐구2개평균> ▶인문: 3개12→3개합13 ▶사과/경영/농업경제 : 3개합11→3개합13		**2022**	▶교과반영: 1년: 국영수사과 2,3년: 국영수사/국영수과 ▶서류 100% ▶학년비율: 전학년 100%										
			2021 지원		**등록및추합**				**2021 종합 최초합격**				**2021 종합 최종합격**		
		모집 인원	모집 인원	경쟁률	최종 등록	추합 인원			등급 평균	등급 편차	서류 평균	서류 편차	등급 평균	등급 편차	최종 CUT 추정 올림
인문 대학	국어국문	3	3	11.0	2	6			3.52	0	72.92	1.09	3.41	0.35	3.76
	중어중문	3	3	6.00	3	4			3.42	0.28	75.17	0.22	3.67	0.21	3.88
	영어영문	3	3	9.00	3	5			3.24	0.25	72.90	2.46	3.17	0.27	3.44
	독일언어문화	3	3	6.67	3	5			3.69	0.21	73.26	1.07	4.46	0.43	4.89
	프랑스언어문화	3	3	5.67	3	3			3.66	0.34	73.17	1.59	4.19	1.05	5.24
	러시아언어문화	3	3	7.67	2	3			3.63	0.26	77.76	1.44	4.26	0.11	4.37
	철학과	3	3	8.00	1	2			4.28	0.93	66.76	1.32	3.23	0	3.23
	사학과	3	3	8.33	2	2			3.02	0.64	69.65	2.56	3.99	0.58	4.57
	고고미술사학과	3	3	7.67	3	3			3.39	0.22	73.73	1.07	3.99	0.44	4.43
사회 과학	사회학과	3	3	8.33	3	2			2.89	0.37	73.46	1.57	3.29	0.20	3.49
	심리학과	3	3	15.7	3	5			2.37	0.15	74.86	2.39	2.95	0.09	3.04
	행정학과	3	3	12.7	3	3			2.66	0.50	69.71	3.19	3.06	0.40	3.46
	정치외교학과	3	3	6.67	3	3			3.20	0.29	71.55	2.14	3.17	0.25	3.42
	경제학과	3	4	7.25	4	4			3.03	0.21	76.97	1.77	3.15	0.19	3.34
경영 대학	경영학부	6	8	16.9	8	14			2.70	0.36	73.03	1.09	3.15	0.12	3.27
	국제경영학과	5	4	8.50	4	4			3.16	0.18	70.73	0.52	3.58	0.34	3.92
	경영정보학과	3	4	11.0	4	6			3.26	0.13	71.06	0.96	3.45	0.40	3.85
농업	농업경제	3	3	6.33	3	1			3.53	0.31	66.03	2.26	3.86	0.88	4.74
생활 과학	아동복지	3	3	8.67	3	4			3.17	0.42	74.67	1.71	3.34	0.07	3.41
	소비자학과	3	3	7.67	3	7			3.25	0.12	76.17	0.34	3.57	0.47	4.04
		65	68	8.98	63	86			3.25	0.31	72.68	1.54	3.55	0.34	3.89

수능최저 탐구 2개평균		2022	2021 지원		등록및추합					2021 종합 최초합격				2021 종합 최종합격		
			모집인원	경쟁률	최종등록	추합인원				등급평균	등급편차	서류평균	서류편차	등급평균	등급편차	최종 CUT 추정 올림
	모집인원															

2021 종합전형Ⅱ - 자연계열

▶교과반영: 1년: 국영수사과　2,3년: 국영수사/국영수과　▶서류 100%
▶학년비율: 전학년 100%

▶수학과/정보통신★★ : 수가포함 3개합 13
▶자연/공과/전자/농업 : 수가포함 3개합 13 : 수나포함 3개합 11
※ 수의/간호/농업대는 수가나 필수포함아님 등

	학과	2022 모집인원	모집인원	경쟁률	최종등록	추합인원	등급평균	등급편차	서류평균	서류편차	등급평균	등급편차	최종 CUT 추정 올림
자연과학	수학과	3	3	11.7	3	4	3.79	0.43	69.19	2.22	3.98	0.29	4.27
	정보통계	3	3	8.00	3	1	3.27	0.76	76.40	2.15	3.52	0.50	4.02
	물리학과	3	3	5.67	1	0	3.77	0.53	67.88	9.16	4.22	0	4.22
	지구환경과학과	3	3	10.0	2	0	4.19	0.26	70.76	2.84	4.15	0.35	4.50
	화학과	3	4	12.5	3	7	2.55	0.39	75.36	0.25	3.04	0.23	3.27
	생물학과	2	2	11.5	2	2	2.50	0.87	78.10	1.46	3.22	0.06	3.28
	미생물학과	9	2	11.0	2	0	3.09	0.23	72.19	2.83	3.09	0.23	3.32
	생화학과		2	9.00	2	0	3.43	0.04	70.13	1.94	3.43	0.04	3.47
	천문우주학과	3	3	12.7	3	4	3.62	0.42	70.78	1.94	3.64	0.40	4.04
공과대학	토목공학부	5	7	12.4	7	8	3.90	0.30	71.77	1.53	4.20	0.49	4.69
	기계공학부	5	5	11.8	5	9	3.10	0.51	72.38	1.33	3.28	0.27	3.55
	화학공학과	3	3	10.3	3	5	2.31	0.24	70.93	1.16	3.28	0.44	3.72
	신소재공학과	3	3	11.3	3	6	2.90	0.21	74.38	0.17	3.53	0.18	3.71
	건축공학과	3	4	10.0	3	2	4.09	0.39	68.43	5.37	4.34	1.16	5.50
	안전공학과	3	3	7.33	2	0	3.82	0.24	74.40	2.22	3.74	0.27	4.01
	환경공학과	3	3	8.00	3	5	2.91	0.34	76.42	2.84	3.41	0.21	3.62
	공업화학과	3	3	10.3	3	4	3.19	0.51	74.03	0.87	3.44	0.18	3.62
	도시공학과	3	4	20.5	4	6	3.56	0.43	72.18	1.50	4.03	0.38	4.41
	건축학과	3	3	16.7	2	3	3.49	0.19	72.42	0.79	3.57	0.21	3.78
전자정보	전기공학부	3	4	8.75	4	4	3.24	0.36	71.88	1.67	3.33	0.30	3.63
	전자공학부	6	7	12.9	5	5	2.81	0.33	76.09	1.05	2.87	0.36	3.23
	정보통신공학부	4	6	17.2	6	10	3.73	0.31	69.84	1.76	3.84	0.20	4.04
	컴퓨터공학과	3	3	12.7	3	4	3.26	0.27	72.65	2.28	3.22	0.30	3.52
	소프트웨어학과	4	5	19.6	5	5	3.29	0.26	72.91	1.37	3.43	0.20	3.63
	지능로봇공학과	-	3	11.3	3	2	2.97	0.25	73.63	0.97	3.42	0.30	3.72
농업생명	식물자원학과	6	2	15.0	2	3	3.06	0.42	76.26	4.07	3.65	0.41	4.06
	축산학과	6	2	5.00	1	0	3.44	0.23	67.66	9.50	3.60	0	3.60
	산림학과	3	3	8.33	3	2	3.58	0.40	72.84	4.88	4.04	0.28	4.32
	지역건설공학과	3	3	7.00	3	0	4.53	0.21	73.05	0.97	4.53	0.21	4.74
	환경생명화학과		2	11.0	2	0	3.83	0.18	73.07	0.62	3.83	0.18	4.01
	특용식물학과	9	1	5.00	1	0	4.89	0.00	62.38	0.00	4.89	0	4.89
	원예과학과		2	7.00	2	3	3.74	0.11	74.97	5.35	4.68	1.15	5.83
	바이오시스템공학	3	3	9.00	3	1	3.77	0.35	74.40	1.67	3.80	0.34	4.14
	식물의학과		2	5.50	2	0	3.97	0.74	71.23	4.12	3.97	0.74	4.71
	식품생명공학과	3	2	13.0	2	1	3.09	0.29	71.26	1.32	3.43	0.19	3.62
	목재종이과학과	3	3	5.00	2	1	4.17	0.67	70.40	4.61	4.85	0.09	4.94
생활과학	식품영양학과	3	3	6.33	3	1	3.58	0.24	66.76	2.44	3.77	0.42	4.19
	의류학과	3	3	8.67	3	1	4.15	0.29	72.98	2.65	4.29	0.41	4.70
	주거환경학과	3	3	5.67	3	1	4.22	0.27	70.46	2.10	4.23	0.26	4.49
약학대	약학과 *(신설)*	3	-	-	-	-	-	-	-	-	-	-	-
	제약학과 *(신설)*	3	-	-	-	-	-	-	-	-	-	-	-
수의과	수의예과	4	4	40.0	4	7	1.22	0.06	77.96	1.73	1.31	0.11	1.42
의과대	의예과	4	-	-	-	-	-	-	-	-	-	-	-
의과대	간호학과	5	7	14.0	7	2	2.58	0.24	75.05	2.22	2.69	0.38	3.07
		145	136	11.2	125	119	3.43	0.34	72.34	2.44	3.68	0.31	3.99

충북대 2021 수시분석자료 07 - 지역인재 인문 | 2021. 04. 17 *ollim*

2021 지역인재 - 인문계열

| 수능최저 있음 | | 2022 | \<충북 수능최저 탐구2평\> ▶사범인문: 3개합 9 ▶인문/생활: 3개합 12 ▶사과/경영/농업경제 : 3개합 11→3개합 12 ▶자율전공: 3개합 12 (수가12/수나11) | | | | | | | | | | | | | | |

▶교과반영: 1년: 국영수사과 2,3년: 국영수사/국영수과 ▶교과 100%
▶학년비율: 전학년 100%

		모집인원	2021 지원		등록및추합				2021 지역 최초합격				2021 지역 최종합격		
			모집인원	경쟁률	최종등록	추합인원			등급평균	등급편차	점수평균	점수편차	등급평균	등급편차	최종CUT 추정 올림
인문대학	국어국문	3	3	7.00	3	2			2.71	0.33	76.59		3.10	0.01	3.11
	중어중문	3	3	10.0	3	6			2.98	0.12	76.05		3.62	0.06	3.68
	영어영문	3	3	5.33	3	7			2.41	0.62	77.18		3.50	0.57	4.07
	독일언어문화	3	3	7.00	2	1			3.04	0.19	75.93		3.24	0.25	3.49
	프랑스언어문화	3	3	7.00	3	4			3.17	0.39	75.66		3.56	0.18	3.74
	러시아언어문화	3	3	9.00	3	4			3.20	0.05	75.60		3.67	0.03	3.70
	철학과	3	3	8.00	3	8			3.11	0.13	75.78		3.42	0.30	3.72
	사학과	3	3	6.33	3	5			2.65	0.10	76.70		3.94	1.18	5.12
	고고미술사학과	3	3	5.67	3	5			2.90	0.28	76.11		3.41	0.52	3.93
사회과학	사회학과	3	3	7.33	3	8			2.58	0.41	76.83		3.33	0.21	3.54
	심리학과	4	3	14.3	3	4			2.23	0.22	77.55		2.39	0.41	2.80
	행정학과	4	4	6.00	4	6			2.32	0.20	77.36		3.33	0.51	3.84
	정치외교학과	3	3	5.33	3	9			2.55	0.35	76.91		3.57	0.93	4.50
	경제학과	5	3	8.33	4	9			2.37	0.32	77.26		2.91	0.20	3.11
경영대학	경영학부	12	12	4.00	12	26			2.38	0.12	77.25		4.11	1.28	5.39
	국제경영학과	5	5	4.20	5	0			3.29	0.32	75.42		3.29	0.32	3.61
	경영정보학과	5	5	5.60	4	9			2.69	0.29	76.62		3.28	0.33	3.61
농업	농업경제	3	3	8.33	3	4			3.02	0.09	75.97		3.28	0.32	3.60
생활과학	아동복지학과	3	3	5.67	3	3			2.63	0.29	76.75		3.41	0.13	3.54
	소비자학과	3	3	8.67	3	7			2.90	0.05	76.21		3.01	0.16	3.17
자율	자율전공	5	5	5.00	5	6			3.12	0.82	75.76		4.38	1.11	5.49
		82	79	7.05	78	133			2.77	0.27	76.45		3.42	0.43	3.85

2021 지역인재 - 자연계열

| 수능최저 있음 | | | | | | | | | | | | | | | |

▶수교: 수가포함 3개합9
▶수교제외 사범기타
　수가 3개합 9, 수나 3개합 7
▶수학과/정보통신★★
　수가포함 3개합 12
▶자연/공과/전자/농업
　수가 3개합12, 수나 3개합10 등

▶교과반영: 1년: 국영수사과　　2,3년: 국영수사/국영수과　　▶교과 100%
▶학년비율: 전학년 100%

		2022	2021 지원		등록및추합					2021 지역 최초합격				2021 지역 최종합격		
		모집인원	모집인원	경쟁률	최종등록	추합인원				등급평균	등급편차	점수평균	점수편차	등급평균	등급편차	최종 CUT 추정 올림
자연과학	수학과	4	3	5.00	2	4				3.03	0.01	75.95		3.81	0.14	3.95
	정보통계	4	3	5.33	1	3				2.80	0.47	76.40		3.88	0	3.88
	물리학과	4	4	6.50	2	3				3.69	0.43	74.62		3.77	0.86	4.63
	지구환경과학과	3	3	10.7	1	5				3.96	0.30	74.08		5.11	0	5.11
	화학과	5	5	6.40	3	12				2.52	0.27	76.97		2.75	0.79	3.54
	생물학과		4	5.00	3	6				2.36	0.45	77.28		3.48	0.33	3.81
	미생물학과	12	3	4.67	0	0				3.02	0.50	75.96		0	0	3.52
	생화학과		3	5.00	3	4				2.97	0.09	76.07		3.69	1.27	4.96
	천문우주학과	3	3	12.0	3	2				3.52	0.24	74.97		3.80	0.13	3.93
공과대학	토목공학부	10	10	14.6	10	12				3.37	0.18	75.27		3.75	0.11	3.86
	기계공학부	8	8	6.00	6	17				2.75	0.12	76.50		3.35	0.73	4.08
	화학공학과	4	4	6.50	3	7				2.14	0.03	77.74		2.63	0.23	2.86
	신소재공학과	4	4	7.25	4	5				2.66	0.18	76.69		3.11	0.28	3.39
	건축공학과	4	4	9.75	1	7				3.37	0.22	75.26		3.70	0	3.70
	안전공학과	4	4	6.50	3	1				3.30	0.05	75.40		3.39	0.09	3.48
	환경공학과	4	4	6.75	3	4				2.80	0.10	76.41		3.51	0.45	3.96
	공업화학과	4	4	4.50	3	1				2.94	0.26	76.12		3.14	0.43	3.57
	도시공학과	5	5	10.8	3	2				3.89	0.36	74.23		4.13	0.54	4.67
	건축학과	4	3	7.33	2	3				3.14	0.13	75.73		3.77	0.74	4.51
전자정보	전기공학부	5	5	6.40	5	5				2.56	0.51	76.90		2.88	0.28	3.16
	전자공학부	8	10	3.90	6	14				2.60	0.13	76.81		2.95	0.15	3.10
	정보통신공학부	9	8	7.00	5	8				3.30	0.07	75.41		3.34	0.09	3.43
	컴퓨터공학과	4	4	15.5	4	5				2.57	0.21	76.86		3.00	0.41	3.41
	소프트웨어학과	8	8	7.25	7	9				2.87	0.15	76.27		3.06	0.19	3.25
	지능로봇공학과	-	5	7.40	5	6				3.05	0.14	75.90		3.54	0.62	4.16
농업생명	식물자원학과	8	3	5.67	3	4				3.63	0.18	74.75		3.99	0.42	4.41
	축산학과		3	5.33	1	0				3.71	0.17	74.59		3.59	0	3.59
	산림학과	3	3	5.00	1	3				3.24	0.78	75.53		3.63	0	3.63
	지역건설공학과	3	3	16.0	3	1				4.23	0.15	73.55		4.35	0.06	4.41
	환경생명화학과		2	6.50	2	2				2.76	1.15	76.49		4.14	0.30	4.44
	특용식물학과	8	2	7.00	0	0				0	0	0		0	0	0
	원예과학과		3	5.00	2	0				3.24	0.46	75.53		3.22	0.65	3.87
	바이오시스템공학	3	3	15.7	3	1				3.81	0.06	74.37		3.91	0.11	4.02
	식물의학과	11	3	6.33	3	1				3.39	0.70	75.22		4.04	0.52	4.56
	식품생명공학과		2	16.0	2	0				3.06	0.25	75.89		3.06	0.25	3.31
	목재종이과학과	3	3	9.00	1	0				3.92	0.49	74.17		4.27	0	4.27
생활과학	식품영양학과	3	3	11.0	3	2				2.97	0.23	76.07		3.01	0.30	3.31
	의류학과	3	3	17.3	3	5				3.63	0.10	74.74		4.15	0.54	4.69
	주거환경학과	3	3	10.7	3	3				3.60	0.55	74.81		4.07	0.26	4.33
약학대	약학과 (신설)	3	-	-	-	-				-	-	-		-	-	-
	제약학과 (신설)	3	-	-	-	-				-	-	-		-	-	-
수의과	수의예과	5	5	9.60	5	4				1.10	0.04	79.81		1.15	0.08	1.23
의과대	의예과	7	6	15.3	6	7				1.23	0.09	79.55		1.39	0.13	1.52
	간호학과	16	16	9.00	16	15				2.46	0.26	77.10		2.89	0.28	3.17
		202	187	8.53	145	193				2.98	0.27	74.09		3.30	0.30	3.68

충북대 2021 정시분석자료 01 - 인문계열   2021. 04. 17   ollim

인 국수영탐2 인 30:20:20:30 영어: 10-9.5-9.0-8.5		최종등록자		2021 정시 최초합 표준점수^^							2021 정시 최종합 표준점수^^						
		국수탐2 표준합산 환산총점	환산 총점 편차	국어 평균	수학 평균		탐구 평균		국수탐2 표준합 평균	영어 등급 평균	국어 평균	수학 평균		탐구 평균		국수탐2 표준합 평균	영어 등급 평균
					수가	수나	사탐	과탐				수가	수나	사탐	과탐		
인문 대학	국어국문	974.48	2.34	118.6		116.5	60.6		356.3	2.6	118.2		111.9	60.5		351.0	2.6
	중어중문	973.69	1.35	115.0		119.9	58.9		352.7	2.1	113.4		119.4	59.9		352.6	2.6
	영어영문	974.04	0.73	114.0		118.6	61.7		356.0	2.0	113.8		117.9	60.6		352.9	2.3
	독일언어문화	972.35	0.82	116.6		116.2	61.3		355.3	2.6	110.8		15.2	60.4		246.8	2.6
	프랑스언어문화	973.49	0.96	114.1		118.0	60.9		354.0	2.6	110.9		117.0	61.2		350.3	3.0
	러시아언어문화	970.98	3.32	115.5		114.3	58.9		347.7	2.3	116.0		118.2	56.3		346.8	2.8
	철학과	973.33	1.00	117.3		111.3	60.9		350.3	2.6	112.8		114.0	61.6		350.0	3.0
	사학과	973.77	1.03	113.8		115.8	63.3		356.3	2.2	114.8		114.7	62.8		355.0	3.3
	고고미술사학	973.91	0.65	113.5		116.8	61.1		352.5	2.7	113.2		111.0	60.9		346.0	2.2
사회 과학	사회학과	974.57	1.78	116.7		117.3	62.4		358.7	3.0	114.4		119.6	60.3		354.5	2.8
	심리학과	976.50	2.28	119.1		120.8	61.6		363.1	2.0	116.3		117.3	60.7		354.9	2.4
	행정학과	977.20	1.42	118.4		124.1	61.8		366.1	1.9	117.4		122.0	60.9		361.1	2.6
	정치외교학과	975.14	1.68	116.6		118.3	60.9		356.8	2.1	115.6		113.9	60.5		350.5	2.6
	경제학과	976.59	2.27	116.3		120.3	61.9		360.3	2.4	114.4		119.9	61.5		357.4	2.8
경영 대학	경영학부	977.34	1.99	117.2		121.9	62.1		363.3	2.2	114.3		122.7	61.8		360.6	2.6
	국제경영학과	975.48	1.14	115.6		119.9	61.1		357.7	2.1	114.1		117.6	61.1		353.8	2.5
	경영정보학과	976.03	2.73	117.7		121.9	60.7		361.0	2.3	117.6		121.2	59.5		357.8	2.3
농업	농업경제	975.53	1.72	120.1		113.8	61.5		356.9	2.6	114.3		116.8	61.7		354.4	2.5
생활 과학	아동복지	972.66	2.18	113.0		116.7	61.2		352.0	2.2	111.5		113.8	59.7		344.7	2.3
	소비자학과	973.26	2.13	120.3		120.3	61.3		363.3	3.3	106.5		123.5	61.4		352.8	3.5
자율	자율전공학부	969.04	3.27	117.3	*116.0*	124.3	61.6		364.8	2.3	118.6	*101.7*	124.5	61.0	*58.8*	365.1	2.2
		974.26	1.75	116.5	116.0	118.4	61.2		357.4	2.4	114.2	101.7	113.0	60.7	58.8	348.5	2.6

▶충북대 사범대		최종등록자		2021 정시 최초합 표준점수^^							2021 정시 최종합 표준점수^^						
		국수탐2 표준합산 환산총점	환산 총점 편차	국어 평균	수학 평균		탐구 평균		국수탐2 표준합 평균	영어 등급 평균	국어 평균	수학 평균		탐구 평균		국수탐2 표준합 평균	영어 등급 평균
					수가	수나	사탐	과탐				수가	수나	사탐	과탐		
사범 인문	교육학과	926.60	1.27	115.4		118.9	61.3		356.9	2.2	114.4		119.4	*61.8*		357.4	2.2
	국어교육	924.17	4.28	122.6		124.1	59.5		365.6	2.6	116.2		119.9	*59.6*		355.2	2.7
	영어교육	928.03	3.26	119.9	*113.0*	121.5	61.9		365.1	1.6	117.1	*113.0*	119.4	*61.3*		359.1	1.6
	역사교육	929.19	2.77	115.3		127.0	64.1		370.5	2.3	114.1		126.5	*64.4*		369.5	2.5
	지리교육	926.43	5.09	120.3		120.6	62.2		365.2	2.4	118.0		121.8	*60.9*		361.5	2.7
	사회교육	930.08	2.34	118.8		119.1	62.2		362.3	2.6	116.3		121.8	*61.3*		360.7	3.0
	윤리교육	910.75	4.48	119.7		124.7	61.9		368.2	2.0	118.3		122.2	*61.8*		364.0	2.2
사범 자연	물리교육	910.75	4.48	109.1	*107.1*	126.5		56.3	328.8	2.9	109.1	*107.1*	126.5		56.3	328.8	2.9
	화학교육	912.77	6.04	111.6	*114.0*			59.8	345.2	2.6	114.0	*103.6*			58.7	335.0	2.4
	생물교육	918.78	2.49	124.0	*111.8*			59.6	354.9	2.0	121.9	*110.9*			58.7	350.2	2.0
	지구교육	912.14	10.35	118.5	*111.0*			60.9	351.2	2.0	111.0	*105.8*			58.1	332.9	2.3
	수학교육	918.23	3.41	117.7	*114.2*			59.6	351.0	2.3	114.7	*113.9*			57.2	342.9	2.7
	체육교육	577.91	4.95	120.7		94.9	61.1		337.7	2.4	119.7		92.9	*60.7*		334.0	2.6
*사범대학 면접제외점수																	
		894.29	4.25	118.0	*111.9*	119.7	61.8	59.2	355.6	2.3	115.8	*109.0*	118.9	*61.5*	57.8	350.1	2.4

310

자 국수영탐2 자 20:30:20:30 영어: 10-9.5-9.0-8.5		최종등록자		2021 정시 최초합 표준점수^^							2021 정시 최종합 표준점수^^						
		국수탐2 표준합산 환산총점	환산 총점 편차	국어 평균	수학 평균		탐구 평균		국수탐2 표준합 평균	영어 등급 평균	국어 평균	수학 평균		탐구 평균		국수탐2 표준합 평균	영어 등급 평균
					수가	수나	사탐	과탐				수가	수나	사탐	과탐		
자연 과학	수학과	953.81	16.06	115.2	111.6			57.0	340.7	2.5	104.2	102.5			52.6	312.0	3.7
	정보통계학과	966.87	1.43	120.3	107.3			57.4	342.4	2.1	116.6	108.1			57.2	339.1	2.2
	물리학과	958.31	6.41	113.3	106.8			58.0	336.1	2.6	108.0	104.0	120.0		55.7	323.4	3.1
	지구환경과학과	956.91	5.51	112.0	107.8	119.0		60.4	340.6	2.9	107.8	104.1	108.0		56.3	324.6	3.3
	화학과	956.66	8.16	116.4	110.0			59.3	345.0	2.2	108.3	101.9	122.3		55.3	320.8	2.8
	생물학과	963.73	3.20	113.0	108.6			59.4	340.3	2.3	113.7	107.9			58.2	338.0	2.4
	미생물학과	962.86	2.34	114.8	108.2			58.1	339.2	2.7	115.8	105.5			58.5	338.3	2.7
	생화학과	961.08	3.26	112.4	110.5			60.0	343.0	2.3	109.1	106.3			57.4	330.1	2.5
	천문우주학과	962.41	5.19	126.4	105.9			57.1	346.4	1.9	115.5	106.2			57.1	335.9	3.3
공과 대학	토목공학부	961.22	3.77	115.0	110.4			58.0	341.4	2.4	112.8	106.4	121.5		57.0	333.1	2.9
	기계공학부	965.11	2.80	117.9	115.1			60.5	353.8	2.2	111.8	110.5	125.0		58.2	338.6	2.5
	화학공학과	964.36	5.58	121.0	113.2			59.0	352.2	1.9	115.8	108.6			57.1	338.6	2.3
	신소재공학과	962.54	4.96	116.7	112.3			60.1	349.2	2.2	112.8	107.9	125.0		57.2	335.1	2.6
	건축공학과	955.26	8.12	117.6	107.8			57.9	341.1	2.9	110.4	103.2	112.5		53.0	319.6	3.1
	안전공학과	963.35	2.12	117.8	109.6			58.0	343.3	2.6	118.7	103.2	126.0		57.1	336.0	2.3
	환경공학과	963.00	1.00	113.1	111.3			58.6	341.6	2.4	113.8	107.1			57.9	336.6	2.7
	공업화학과	962.10	2.86	115.0	107.2			57.4	336.9	2.1	114.5	105.5			56.0	331.9	2.3
	도시공학과	964.13	2.81	112.8	110.1			58.9	340.6	2.5	114.1	108.7	125.0		57.8	338.3	2.6
	건축학과	965.73	2.95	117.3	112.8			59.6	349.2	2.4	114.3	111.3			58.5	342.7	2.7
전자 정보	전기공학부	966.55	2.75	116.3	112.6			60.3	349.4	2.1	116.2	109.6	128.0		58.2	342.2	2.1
	전자공학부	969.19	2.32	118.0	112.2			60.8	351.9	2.4	117.4	112.2	125.0		59.8	349.1	2.4
	정보통신공학부	964.75	2.16	114.3	110.7			58.6	342.2	2.3	114.8	107.9			57.9	338.4	2.3
	컴퓨터공학과	968.54	1.70	116.1	113.6			58.4	346.4	1.9	114.1	111.2			58.8	343.0	1.9
	소프트웨어학과	967.32	3.06	118.9	112.8			58.9	349.5	2.1	116.2	110.9	127.5		58.3	343.7	2.5
	지능로봇공학과	967.95	2.44	115.7	111.7			59.4	346.2	1.9	113.3	113.9			57.4	342.1	2.2
농업 생명	식물자원학과	956.76	4.25	118.1	107.2			57.0	339.4	2.5	109.2	103.5	123.3		55.0	322.7	3.1
	축산학과	957.65	1.05	111.2	104.4			56.0	327.6	2.6	110.2	104.3	121.3		55.7	326.0	2.9
	산림학과	955.48	4.95	112.1	109.9			57.5	337.1	2.5	105.0	104.1	121.3		55.8	320.7	3.1
	지역건설공학과	959.40	3.55	112.4	107.7			57.8	335.7	2.7	111.5	105.9			55.5	328.4	2.9
	환경생명화학과	960.18	1.94	114.2	108.8			57.9	338.7	2.4	115.6	104.4			56.0	332.1	2.9
	특용식물학과	953.60	4.48	107.1	102.9			56.1	322.3	3.1	105.4	102.3	114.5		54.8	317.3	3.3
	원예과학과	956.15	6.13	114.3	106.2			56.8	334.2	2.4	112.3	105.2	103.5		53.1	323.8	2.8
	바이오시스템공	958.01	7.65	116.2	110.2			57.8	341.8	2.3	112.7	103.9	108.0		55.7	328.0	3.0
	식물의학과	954.67	6.16	109.4	105.0			54.6	323.7	3.2	108.8	103.9	126.5		53.1	318.9	3.3
	식품생명공학과	960.82	4.04	116.9	109.6			59.4	345.4	2.3	115.0	103.6	126.0		57.0	332.7	2.5
	목재종이과학과	961.15	2.37	118.2	106.0			56.3	336.8	2.6	112.8	105.0	122.0		58.0	333.8	2.9
생활 과학	식품영양학과	966.11	1.20	109.0		126.0	59.4		353.8	2.8	112.0		122.3	60.3		232.5	3.3
	의류학과	967.64	0.81	112.8		125.8	61.3		361.2	3.0	102.5		125.3	62.3		227.0	3.3
	주거환경학과	965.96	0.69	105.3		123.0	62.8		353.9	2.0	106.5		123.5	61.4		229.3	3.5
수의과	수의예과	991.05	0.38	128.1	129.3			66.1	389.6	1.0	129.2	128.5			66.1	389.9	1.1
의과 대학	의예과 일반	994.62	0.51	134.7	133.9			66.5	401.6	1.0	135.6	132.6			66.3	400.7	1.0
	간호학과	973.22	1.61	121.4	116.0			62.0	361.4	1.7	119.7	112.0			61.5	354.7	1.8
		963.72	3.38	115.9	110.7	124.9	61.1	58.8	345.7	2.3	113.4	107.9	123.3	61.3	57.4	328.7	2.6

2022 대학별 수시모집 요강	평택대학교					2022 대입 주요 특징	<영어 반영> 정시: 등급변환 영탐1+국/수 택1 인/자: 영35:탐30:국/수35					

▶내신: 국영수사과 중 상위 3개 반영
▶학년비율 100%
▶진로선택 미반영

1. 간호학과: 교과 17명, 종합 3명, 수능최저: 2개합 5(탐1)
2. 내신 반영: <u>국영수사과 중 상위 총 3개</u> ★★
3. PTU종합: 내신 전과목 정성평가 반영

모집시기	전형명	사정모형	학생부종합 특별사항	2022 수시 접수기간 09. 10(금) ~ 14(화)	모집인원	학생부	논술	면접	서류	기타	2022 수능최저등급
2022 수시 600명 (74.5%) 정시 205명 (25.5%) 전체 805명 2021 수시 711명 (82.7%) 정시 149명 (17.3%) 전체 860명	PTU교과	일괄	학생부교과 최저없음 국영수사과 중 상위3개 학년 동일 최종: 10.29(금) 간호: 12.16(목)	1. 2022 전년대비 33명 증가 2. 2022 간호 최저상향★ 2개합 6(탐1) →2개합 5(탐1)	335 간호 17 2021 302 간호 7	교과 100					간호 최저 2개합 5(탐1)
	PTU추천 (신설)	일괄	학생부교과 최저없음 국영수사과 중 상위3개 학년 동일 최종: 10.29(금)	1. 2022 56명 신설전형 2. 학교장또는 교사 추천자 3. 간호 모집없음	56	교과 100					최저 없음
	PTU종합	1단계	학생부종합 최저없음 자기소개서 ~09.15(수) 내신 전과목 1단계: 10.29(금) 면접: 11.05(금) 최종: 10.29(금)	1. 2022 전년대비 16명 감소 2. 2단계 면접당락 100% 3. 고교 교과 및 비교과 학습 통한 결과를 비롯한 과정중 배우고 느낀 점 중요 평가 공동체 가치 실현할 잠재력 학생 선발	70 간호 3 2021 86 간호 10	서류 100 (3배수)					최저 없음
		2단계						면접 100			
	PTU나눔	일괄	학생부교과 면접전형 최저없음 면접: 11.05(금) 최종: 10.29(금)	1. 면접실시: 학생60+면접40 2. 국가보훈/농어촌/만학도 3. 서해5도/장애/기초차상위 4. 융합소프3, 정통3, 데이터3 5. 서류제출: ~10.05(월)	9	학생 60 면접 40					<2021 입결 상위3과목 평균-최저> 융합소프트 2.66-2.66 정보통신학 미공개 데이터정보 4.33-4.33
	기회균등 (정원외)	일괄	학생부교과 최저없음 최종: 10.29(금)	1. 기초수급/차상위 등 포함 실기77/농어촌9/특성화고8 장애인2/목회추천9 등 생략	25	교과 100					스마트자6.33-6.66 정통3.83-4.00 융합소프4.50-5.00 경영2.16-2.66 국제물류3.89-4.00 사복2.50-3.33 아동청소3.00-3.00 재활3.33-4.00 간호학과1.17-1.33 <상위3과목 평균-최저>

2021.06.09 완성본 ollim

수능최저 없음		2022 추천	2022 교과		**2021 교과** ▶교과 100% ▶국영수사과 중 상위 3개					**2020 교과** ▶교과 100% ▶국영수사과 중 상위 3개					
		모집 인원	모집 인원	모집 인원	경쟁률	상위 3개		전과목		모집 인원	경쟁률	상위 3개		전과목	
						평균	최저	평균	최저			평균	최저	평균	최저
IT 공과	스마트자동차	3	22		4.60	2.84	4.66	5.30	6.61						
	융합소프트웨어	3	20		5.79	1.94	2.66	4.56	6.07						
	정보통신	3	20		5.47	2.96	3.33	4.82	5.57						
	데이터정보	3	21		5.06	2.51	3.66	4.87	6.79						
	ICT융합학부	6	64		4.20	2.87	4.00	5.17	7.07						
	ICT환경융합	3	27		6.05	2.66	3.33	4.94	6.61						
국제 물류	국제물류학과	3	18		4.76	2.82	6.00	4.93	7.41						
	국제무역행정	3	10		5.90	2.11	2.66	4.72	5.83						
	국제도시부동산	3	13		4.92	3.33	4.33	5.43	6.22						
	경영학과	5	15		5.80	2.28	3.00	4.38	5.68						
	국제지역미중일	9	44		4.20	3.24	6.00	5.27	7.06						
사회 서비스	사회복지학과	5	15		10.0	1.79	2.33	3.82	4.90						
	재활상담학과	4	10		6.50	2.33	3.00	4.79	5.35						
	아동청소년상담	3	9		7.25	1.71	2.00	3.92	5.25						
	간호학과	-	17		10.9	1.17	1.33	3.91	4.61						
	신학과	-	-		-	-	-	-	-						
	광고홍보학과	-	10		8.91	1.37	1.66	3.78	5.62						
문화	패션디자인브랜딩	-	-												
		56	335		6.27	2.22	3.23	4.50	5.79						

수능최저 없음			2022 종합	**2021 종합** ▶1단계 서류 100%　2단계 면접 100% ▶국영수사과 중 상위 3개					**2020 종합** ▶1단계 서류 100%　2단계 면접 100% ▶국영수사과 중 상위 3개					
			모집 인원	모집 인원	경쟁률	상위 3개		전과목		모집 인원	경쟁률	상위 3개		전과목	
						평균	최저	평균	최저			평균	최저	평균	최저
IT 공과	스마트자동차		5		6.50			4.94	6.30						
	융합소프트웨어		5		7.80			5.12	5.20						
	정보통신		5		5.80			5.45	6.10						
	데이터정보		5		6.80			5.80	6.10						
	ICT융합학부		-												
	ICT환경융합		-												
국제 물류	국제물류학과		4		5.50			4.85	5.40						
	국제무역행정		4		5.75			5.17	5.60						
	국제도시부동산		-												
	경영학과		4		9.75			4.48	4.60						
	국제지역미중일		9		4.89			5.50	6.20						
사회 서비스	사회복지학과		6		11.8			4.65	5.00						
	재활상담학과		5		5.80			5.06	5.80						
	아동청소년상담		7		16.2			4.76	5.80						
	간호학과		3		11.8			3.39	3.90						
	신학과		-		-			-	-						
	광고홍보학과		8		19.0			4.33	4.60						
문화	패션디자인브랜딩		-												
			70		9.03			4.69	5.21						

수능최저 없음				2021						2020				

2021 ▶평택대 수능점수 산출기준: 등급 ★ ▶국/수 35%+영어 35%+탐구1/史 30% ★

2020 ▶평택대 수능점수 산출기준: 등급 ★ ▶국/수 35%+영어 35%+탐구1/史 30% ★

		2022 모집인원	모집인원	경쟁률	수능등급 가		수능등급 나		모집인원	경쟁률	수능등급 가		수능등급 나	
					평균	최저	평균	최저			평균	최저	평균	최저
IT 공과	스마트자동차			5.88	2.79	3.33								
	융합소프트웨어			7.44	2.90	3.67								
	정보통신			5.00	3.19	3.67								
	데이터정보			7.40	2.78	3.00								
	ICT융합학부			6.50	3.16	3.67								
	ICT환경융합			4.43	3.50	4.00								
국제 물류	국제물류학과			5.71			3.17	3.67						
	국제무역행정			7.88			3.85	5.00						
	국제도시부동산			10.8			3.22	3.67						
	경영학과			10.8			2.93	3.33						
	국제지역미중일			5.81			2.98	3.67						
사회 서비스	사회복지학과			9.00	3.39	4.33								
	재활상담학과			5.00	3.38	4.67								
	아동청소년상담			6.83	3.20	3.67								
	간호학과			18.0	2.07	2.67								
	신학과						4.17	4.33						
	광고홍보학과			9.71	3.04	4.00								
				7.89	3.04	3.70	3.39	3.95						

예술/실용음악			예술/실용음악		상위 3과목		전과목		예술 실용음악		상위 3과목		전과목	
					평균	최저	평균	최저			평균	최저	평균	최저
실용 음악	보컬			18.0	2.66	3.66	5.21	5.50						
	기악/뮤직프로덕			5.62	4.68	8.22	6.30	8.22						
음악 학과	피아노			1.60	3.55	5.00	5.35	6.81						
	관현악			4.00	4.59	6.00	5.42	6.48						
	성악뮤지컬			3.67	4.16	4.66	5.84	6.29						
				6.58	3.93	5.51	5.62	6.66						

2021 교과전형 / 2021 수능전형

수시 수능최저 없음

▶ 교과 100%
▶ 국영수사과 중 상위 3개

▶ 평택대 수능점수 산출기준: 등급 ★
▶ 국/수 35%+영어 35%+탐구1/史 30% ★

		2022 모집인원	모집인원	경쟁률	상위 3개 평균	상위 3개 최저	전과목 평균	전과목 최저	2022 모집인원	모집인원	경쟁률	수능등급 가 평균	수능등급 가 최저	수능등급 나 평균	수능등급 나 최저
IT 공과	스마트자동차			4.60	2.84	4.66	5.30	6.61			5.88	2.79	3.33		
	융합소프트웨어			5.79	1.94	2.66	4.56	6.07			7.44	2.90	3.67		
	정보통신			5.47	2.96	3.33	4.82	5.57			5.00	3.19	3.67		
	데이터정보			5.06	2.51	3.66	4.87	6.79			7.40	2.78	3.00		
	ICT융합학부			4.20	2.87	4.00	5.17	7.07			6.50	3.16	3.67		
	ICT환경융합			6.05	2.66	3.33	4.94	6.61			4.43	3.50	4.00		
국제 물류	국제물류학과			4.76	2.82	6.00	4.93	7.41			5.71			3.17	3.67
	국제무역행정			5.90	2.11	2.66	4.72	5.83			7.88			3.85	5.00
	국제도시부동산			4.92	3.33	4.33	5.43	6.22			10.80			3.22	3.67
	경영학과			5.80	2.28	3.00	4.38	5.68			10.80			2.93	3.33
	국제지역미중일			4.20	3.24	6.00	5.27	7.06			5.81			2.98	3.67
사회 서비스	사회복지학과			10.0	1.79	2.33	3.82	4.90			9.0	3.39	4.33		
	재활상담학과			6.50	2.33	3.00	4.79	5.35			5.00	3.38	4.67		
	아동청소년상담			7.25	1.71	2.00	3.92	5.25			6.83	3.20	3.67		
	간호학과			10.9	1.17	1.33	3.91	4.61			18.0	2.07	2.67		
	신학과	-	-	-	-	-	-	-						4.17	4.33
	광고홍보학과			8.91	1.37	1.66	3.78	5.62			9.71	3.04	4.00		

예술/실용음악

									예술/실용음악			상위 3과목 평균	상위 3과목 최저	전과목 평균	전과목 최저
	커뮤니케이션디자인											3.55	5.00	5.35	6.81
실용 음악	보컬										18.0	2.66	3.66	5.21	5.50
	기악/뮤직프로덕										5.62	4.68	8.22	6.30	8.22
음악 학과	피아노										1.60	3.55	5.00	5.35	6.81
	관현악										4.0	4.59	6.00	5.42	6.48
	성악뮤지컬										3.67	4.16	4.66	5.84	6.29
		0							0	0	7.58	3.48	4.72	4.48	5.32

2022 대학별 수시모집 요강 — 한경대학교

2022 대입 주요 특징
2022 정시 등급비율 인문 30:20:30:20
영어 인/자: 100-90-80-70-60 자연 20:30:30:20

▶2022 교과: 전과목 반영 ▶2022 학년비율: 없음 ▶2022 진로선택 미반영 최대 3과목 이수 가산점 과목당 1점씩 총 3점★ ▶2021 교과: 국영수사과 ▶2021 학년비율: 30:30:40	1. 2022 교과 인원감소, 종합 인원증가, 경기소재 국립대학교 2. 2022 수능최저 단과대별 4개유형으로 분류, 전년 동일함 3. 트랙제 교육과정 운영, 비율없음, 1학년후 전과가능 (3.0이상) 4. 주야간 구분없이 수강신청 학점 50%까지 학습구분 변경가능 5. 기초차상위: 교과100% 전형

6. 한경대 유연학사제도 운영: 학습구분(주간야간) 변경 ★★★
　①주야간 구분 없이 수강신청 학점의 1/2까지 학습구분 변경가능
　　- 야간 18학점 신청시 9학점 야간수업+ 9학점 주간수업 가능
　②온라인 전산 시스템 상으로는 6학점까지 신청 가능
7. 한경대 전과제도 활성화 ★★★
　①지원자격: 1학년 수료자, 평점평균 3.0 이상자
　②지원범위: 계열 및 주야간 관계없이 신청 가능

2021.06.06 ollim

모집시기	전형명	사정모형	학생부종합 특별사항	2022 수시 접수기간 09. 10(금) ~ 14(화)	모집인원	학생부	논술	면접	서류	기타	2022 수능최저등급
2022 수시 정원내 714명 (70%) 정시 367명 (30%) 전체 1,081명	일반전형	일괄	학생부교과 최저 있음 내신반영 전과목 반영 최종 12.16(목)	1. 2022 주62 감소, 야4 감소 2. 수능최저 2022와 동일 3. 내신 전과목 변화 4. 내신 학년비율 없음 서울13%, 경기56%, 인천10% 공대합격생의 50% 문과교차	385 주367 야 18 2021 469 주447 야 22	교과 100					2022 수능최저 4개유형 세분화 ▶인문융합공인재/법경영: 국/영+수/탐 2개합 8 ▶야간(건설환경/식품생명): 수학포함 2개합 9 ▶식물자원/동물생명/생명공학: 그냥 2개합 8 ▶웰니스 등 기타전체: 수학포함 2개 8 　※ 미적/기하 선택시 1등급 감산 　※ 탐구 1개 적용
	잠재력우수	1단계	학생부종합 자소서폐지 최저없음 1단계 11.16(화) 면접일정 ①11.26(금) ②11.27(토) ③12.03(금) ④12.04(토) 최종 12.16(목)	1. 2022 주43 증가, 야1 증가 2. 최저 없음, 자소서 폐지 잠재력, 발전가능성, 인성우수 ①인성 40% ②전공적합성 30% ③발전가능성 30% 평가 모집단위별 전공적합성 확인	279 주268 야 11 2021 235 주225 야 10	서류 100 (3배수)					<2022 면접 15분→10분> 지원동기/학교생활/수학계획 등 확인하는 면접 ①11.26(금) 인문/법경/웰니스 　컴퓨터응용 ②11.27(토) 식물/동물/생명공 ③12.03(금) ICT/전자/건축 ④12.04(토) 건설/야간 등
		2단계				서류 70 면접 30					
	사회적배려 (국가보훈대상)	단계↓일괄	학생부종합 자소서폐지 최종 11.16(화)	국가보훈대상자 북한이탈주민 다문화가정	19 2021 12	서류 100%					<2021 사회적배려 입결 최종평균> 인문5.5 법경영5.3~0.3 웰니스5.4 식물자원6.5 동물생명7.2 생명공학3.6 건설환경5.5 식품생명4.0 ICT로봇5.3 식품생명야간5.4~0.3
	기초수급차상위 (정원외)	일괄변경	학생부교과 서류~09.17(금) 최종 11.16(화)	교과100% 야간없음 최저없음 기초수급 및 차상위대상 등	7 2021 7	교과 100%					<2021 기초수급차상위 입결 최종평균> 인문5.4~0.7 법경영2.4~0.1 웰니스4.1~0.6 식품생명야간3.8~1.3 <농어촌22/특성화11/서해5 등 기타전형 생략>

※ **인천 통학버스** 　문학경기장2번출구
　07:20→학교08:50　08:00→학교09:30　인천 3,800원
※ **부천역 통학버스** 　스타티움컨벤션웨딩
　06:45→학교08:50　07:30→학교09:30　부천 3,800원

국립한경대학교 특성화 학과
액티브에이징(Active aging) 산업의 웰니스, 실버건강산업
▶주요분야
・셀프케어 분야, 복지보육 분야, 헬스케어 분야
・웰니스식품 분야 ・실버의류산업 분야, 에스테틱 분야
▶학과: 웰니스산업융합학부/웰니스스포츠과학
　　　의류산업학/식품영양학/아동가족복지학
▶웰니스 라이프 케어 산업 융복합
▶친환경 스마트 팜 푸드 산업 융복합
▶브랜딩&마케팅 융복합
▶Big Data, IoT, AI, On Demand 운동처방 건강케어 등

<2021 수능최저 참고>
인문: 국/영+수/탐 2개합 8
공/자: 수학포함 2개합 8
농/경영: 2개합 8등급
공과야간: 수학포함 2개합 9

		2022 모집인원	\<2021 교과일반전형\> 2021 모집인원	경쟁률	최종 등록 최종평균	표준편차	추합인원	지원총원	충원포함모집인원	최저제외실질경쟁률	\<2020 교과일반전형\> 2021 모집인원	경쟁률	최종합격 최종평균	70% CUT	추합인원	지원총원	충원포함모집인원	최저제외실질경쟁률
인문융합공공인재	문예창작미디어콘 / 영미언어문학 / 공공행정	28	25	6.8	3.70	0.4	60	170	85	2.00	32	7.7	3.50	3.7 / 3.8	70	246	102	2.42
법경영학	법학 경영학	31	44	5.1	4.30	0.9	95	224	139	1.61	45	9.6	3.60	3.8	66	432	111	3.89
웰니스산업융합학부	의류산업학 / 아동가족복지학 / 식품영양학 / 웰니스스포츠과학	32	32	5.2	4.50	0.6	27	166	59	2.82	29	6.1	3.90	4.1 / 5.0	45	177	74	2.39
식물자원조경학부	식물생물환경 / 조경학	39	32	5.6	4.70	0.5	58	179	90	1.99	32	5.9	4.50	4.7 / 5.5	61	189	93	2.03
동물생명융합학부	동물자원과학 / 생물산업응용	24	31	5.5	4.60	0.6	39	171	70	2.44	34	6.1	4.30	4.9	55	207	89	2.33
생명공학부	원예생명공학 / 응용생명공학	21	37	6.2	4.10	0.6	93	229	130	1.76	31	5.4	4.00	4.2 / 4.8	77	167	108	1.55
건설환경공학부	토목공학 / 환경공학	32	40	6.8	4.80	0.7	53	272	93	2.92	40	4.7	4.70	4.9 / 6.8	56	188	96	1.96
사회안전시스템공	지역자원시스템공 / 안전공학	31	37	6.4	5.20	0.7	33	237	70	3.38	37	3.9	5.00	5.4 / 6.5	26	144	63	2.29
식품생명화학공학	식품생명공학 / 화학공학	31	40	5.4	4.20	0.6	81	216	121	1.79	40	7.3	3.70	3.9 / 4.1	64	292	104	2.81
컴퓨터응용수학	소프트웨어컴퓨팅 / 소프트웨어융합 / 응용수학	26	29	6.3	4.50	0.7	81	183	110	1.66	29	7.2	3.90	4.1 / 4.4	68	209	97	2.15
ICT로봇기계공학	ICT로봇공학 / 기계공학	31	42	7.0	4.50	0.6	94	294	136	2.16	43	8.2	4.00	4.2 / 4.4	60	353	103	3.42
전자전기공학부	전자공학 / 전기공학	30	39	8.1	4.20	0.5	101	316	140	2.26	39	10.8	3.90	4.0 / 4.3	91	421	130	3.24
디자인건축융합	디자인 전공무실기	-	-	-			-				-	-			-			
	디자인 실기디자인	-	-	-			-				-	-			-			
	건축학 5년제	4	7	11.4	3.70	0.2	13	80	20	3.99	4	32.0	3.30	3.4	5	128	9	14.2
	건축공학 4년제	7	7	7.6	4.20	0.8	15	53	22	2.42	7	7.4	3.90	4.7	13	52	20	2.59
건설환경	토목공학 야간	7	11	5.2	5.50	0.9	13	57	24	2.38	15	5.9	5.40	6.2	18	89	33	2.68
전자전기	식품생명공 야간	11	11	5.0	5.30	0.4	2	55	13	4.23	14	4.1	5.60	6.4	11	57	25	2.30
		385	273	6.2	4.44	0.6	858	2903	1322	2.49	273	6.9	4.08	4.4	786	3352	1257	3.27

2021 교과일반전형
▶2021 교과일반전형, 교과100%
▶내신반영: 국영수사과
▶학년 비율: 30:30:40

2020 교과일반전형
▶2021 교과일반전형, 교과100%
▶내신반영: 국영수사과
▶학년 비율: 30:30:40

최저 없음		2022	2021 모집인원	2021 경쟁률	최종평균	표준편차	추합인원	지원총원	충원포함모집인원	최저제외실질경쟁률	2020 모집인원	2020 경쟁률	최종평균	최저CUT	추합인원	지원총원	충원포함모집인원	최저제외실질경쟁률
인문융합공공인재	문예창작미디어콘 / 영미언어문학 / 공공행정	16	12	11.4	4.00	0.3	15	137	27	5.07	12	6.4	4.00	4.6	6	77	18	4.27
법경영학	법학 경영학	20	10	12.9	4.40	0.4	14	129	24	5.38	11	7.5	4.40	5.2	8	83	19	4.34
웰니스산업융합학부	의류산업학 / 아동가족복지학 / 식품영양학 / 웰니스스포츠과학	20	27	4.7	4.30	0.5	12	127	39	3.25	29	4.6	4.10	5.3	27	133	56	2.38
식물자원조경학부	식물생물환경 / 조경학	23	24	3.0	4.90	1.0	22	72	46	1.57	24	3.5	4.30	5.8	10	84	34	2.47
동물생명융합학부	동물자원과학 / 생물산업응용	18	15	7.2	4.80	0.5	12	108	27	4.00	12	6.3	4.70	6.0	7	76	19	3.98
생명공학부	원예생명공학 / 응용생명공학	16	9	8.4	4.70	0.4	3	76	12	6.30	13	4.3	4.00	5.2	5	56	18	3.11
건설환경공학부	토목공학 / 환경공학	22	15	4.9	4.70	0.6	13	74	28	2.63	15	5.1	4.70	5.3	20	77	35	2.19
사회안전시스템공	지역자원시스템공 / 안전공학	20	20	2.7	5.30	0.6	9	54	29	1.86	19	2.4	5.30	6.2	11	46	30	1.52
식품생명화학공학	식품생명공학 / 화학공학	23	19	7.7	4.40	0.5	24	146	43	3.40	19	5.5	4.20	5.2	23	105	42	2.49
컴퓨터응용수학	소프트웨어컴퓨팅 / 소프트웨어융합 / 응용수학	22	16	5.3	4.30	0.5	12	85	28	3.03	16	6.6	4.10	4.8	17	106	33	3.20
ICT로봇기계공학	ICT로봇공학 / 기계공학	23	14	8.8	4.60	0.2	15	123	29	4.25	14	5.9	4.30	5.7	8	83	22	3.75
전자전기공학부	전자공학 / 전기공학	23	21	5.0	4.70	0.5	17	105	38	2.76	22	5.0	4.30	5.1	21	110	43	2.56
디자인건축융합	디자인 전공무실기	14	10	6.2	4.20	0.6	6				20	5.9	3.80	5.6	11			
	디자인 실기디자인	-	-	-	-	-	-				-	-	-	-	-			
	건축학 5년제	5	6	12.5	3.70	0.3	4	75	10	7.50	7	10.0	3.60	3.9	10	70	17	4.12
	건축공학 4년제	3	6	8.8	4.10	0.2	7	53	13	4.06	5	5.8	4.60	4.9	4	29	9	3.22
건설환경	토목공학 야간	5	3	4.7	5.90	1.6	2	14	5	2.82	3	3.7	5.60	5.6	1	11	4	2.78
전자전기	식품생명공 야간	6	7	2.6	5.60	0.6	3	18	10	1.82	8	2.9	5.10	6.6	5	23	13	1.78
		279	273	6.8	4.59	0.5	190	1395	408	3.73	273	5.3	4.37	5.4	194	1166	412	3.01

2022 1단계: 서류100　2단계: 면접30
내신반영: 국영수사과
학년 비율: 30:30:40

		2022 모집인원	2021 정시일반								2020 정시일반							
			2021 모집인원	경쟁률	최종백분위 최종평균	최종백분위 표준편차	추합인원	지원총원	충원포함모집인원	실질경쟁률	2020 모집인원	경쟁률	최종백분위 최종평균	최종백분위 표준편차	추합인원	지원총원	충원포함모집인원	실질경쟁률
인문융합공공인재	문예창작미디어콘 영미언어문학 공공행정		47	3.4	3.90	0.3	70	160	117	1.37								
법경영학	법학 경영학		35	5.3	3.60	0.3	65	186	100	1.86								
웰니스산업융합학부	의류산업학 아동가족복지학 식품영양학 웰니스스포츠과학		29	2.3	4.50	0.5	28	67	57	1.17								
식물자원조경학부	식물생물환경 조경학		38	2.5	4.30	0.4	37	95	75	1.27								
동물생명융합학부	동물자원과학 생물산업응용		28	2.6	4.40	0.6	37	73	65	1.12								
생명공학부	원예생명공학 응용생명공학		19	3.3	3.90	0.6	46	63	65	0.96								
건설환경공학부	토목공학 환경공학		31	4.1	4.10	0.4	72	127	103	1.23								
사회안전시스템공	지역자원시스템공 안전공학		24	4.2	4.00	0.2	42	101	66	1.53								
식품생명화학공학	식품생명공학 화학공학		37	2.8	4.40	0.6	63	104	100	1.04								
컴퓨터응용수학	소프트웨어컴퓨팅 소프트웨어융합 응용수학		28	5.8	3.90	0.3	71	162	99	1.64								
ICT로봇기계공학	ICT로봇공학 기계공학		35	7.2	3.80	0.2	65	252	100	2.52								
전자전기공학부	전자공학 전기공학		27	6.0	3.90	0.4	85	162	112	1.45								
디자인건축융합	디자인 전공무실기		8	4.4	3.20	0.3	7	35	15	2.35	-	-	-	-				
	디자인 실기디자인		37	5.2	3.70	0.7	34	192	71	2.71	-	-	-	-				
	건축학 5년제		4	5.5	3.60	0.2	8	22	12	1.83								
	건축공학 4년제		6	4.0	4.10	0.6	12	24	18	1.33								
건설환경	토목공학 야간		9	2.6	4.50	0.4	12	23	21	1.11								
전자전기	식품생명공 야간		12	1.8	5.30	0.7	8	22	20	1.08								
			273	4.1	4.06	0.4	762	1869	1216	1.53								

▶2022 정시 국수영탐 반영
　법경영 30:20:30:20
　기타전체 20:30:30:20
▶2022 정시 가산점
　미적/기하, 과탐 10~20%

319

2022 대학별 수시모집 요강 — 한국교통대학교

2022 대입 주요 특징

<영어> 인30:20:<u>30</u>:20 자20:30:<u>30</u>:20 탐구2, 수가10%
인/자: <u>100-95-90-85-80</u>... 철도물류컴 25:25:<u>30</u>:20

▶교과반영: 전과목 유지
▶학년비율: 30:30:40 유지
▶진로선택과목 미반영
▶NAVI/지역 복수지원불가

1. 2021 이후 2022 교과100% 일반전형 수능최저폐지 지속됨
2. 2022 모든 종합전형 자기소개서 폐지
3. 나비종합 계열→<학과모집>변화, <전공예약제> 유의★★
4. 야간 3개학과 지원전략 및 수능폐지에 따른 내신상승 대비★
5. 2020 70%컷 에서 벗어나지 말 것, 표준편차평균 0.1~0.5내
6. 교차지원 무제한 가능, 공군 ROTC 운영

7. 교통대 3개 캠퍼스 ①충주캠: 공학, 인문사회 중심
   ②증평캠: 보건의료생명국제화 중심 ③의왕캠: 철도교통 중심
8. 철도대학 (의왕캠) ★★★
   1) 철도경영물류(인문) ①철도경영 물류학 ②AI-데이터공학
   2) 철도공학부(자연) ①철도운전시스템 ②철도차량시스템
      ③철도인프라시스템공학 ④철도전기전자

모집시기	전형명	사정모형	학생부종합 특별사항	2022 수시 접수기간 09. 10(금) ~ 14(화)	모집인원	학생부	논술	면접	서류	기타	2022 수능최저등급
2022 수시 1,640명 (77%) 2021 수시 1,356명 (70.8%) 정시 559명 (29.2%) 전체 1,915명	일반전형	일괄	학생부100% 최저없음 전교과 반영 30:30:40 최종: 12.16(목)	1. 2022 전년대비 60명 증가 2. 2022 모집인원 (계열모집) ▶증평캠퍼스: 일반전형 유아교 간호 식품생명 물리치료 응급남 응급여 ▶의왕캠퍼스: 일반전형 철도경영물류컴퓨터 철도공학부(4개학과) (철도운전/차량/인프라/ 전기전자)	741 2021 680	교과 100					▶충주캠퍼스: 일반전형 글로벌어문 행정학부 경영통상복지학부 기계자동차항공공학 **기계자동차항공공학야간13** 전자 전기 **전기공야간09** 컴퓨터정보기술공 건설환경도시교통공 **건설환경도시교통공야간11** 화공신소재고분자공학부 산업경영안전공학 **산업경영안전공학야간14** 건축 디자인 최저없음
	NAVI인재	1단계	학생부종합 최저없음 자소서폐지 1단계 10.20(수) 면접 10.27(수) ~11.03(수) 최종 12.16(목)	1. 2022 전년대비 1명 증가 2. 항공서비스50분 집단면접 3. 서류확인 인성면접 25분 항공운항22 항공서비스19 유아교육 6명 등 항공·충주캠, 간호-증평캠 자전: 청주/증평캠, 의왕캠 ▶종합전형 평가요소 유지	473 2020 473	서류 100 (3배수) (항공서비스 7배)					<전공예약 7학부>★ 1.기계자동차항공부13 자동차공학전공13 2.산업경영안전공학부28 ①산업경영공학전공16 ②안전공학전공12 3.건축학부19 ①건축공학전공12	5.경영통상복지학부7 사회복지학전공7 6.식품생명학부28 ①식품공학전공9 ②식품영양학전공7 ③생명공학전공7 7.철도공학부28
		2단계		1. 전공적합성 ①전공관심도 ②전공수학능력 ③발전가능성 2. 인성: 교사종합평가 3. 자기주도성 평가 ①추진력 ②적극성 ※ 자유전공-도전정신		1단계 60 + 면접 40					②건축학5년제전공7 4.행정학부13 ①행정학전공8 ②행정정보학전공5	①철도운전시스템7 ②철도차량시스템7 ③철도인프라시스템7 ④철도전기전자전공7
	지역인재	1단계	학생부종합 최저없음 최종 12.16(목)	1.대전/세종/충남북 출신자 2.의왕캠은 지역인재선발 없음 3.전공적합성/인성/자기주도성 ▶1단계: 11.17(화) ▶면접: 12.07(월)~12.17(목)	53 2020 52	서류 100 (3배수)		1. 전공적합성 2. 인성 3. 자기주도성 평가 ※ 자유전공-도전정신			없음 항공서비스 7배수
		2단계				1단계 60 + 면접 40					
	사회기여배려자 (독자기준)	일괄	학생부교과 30:30:40 최종 12.16(목)	1. 지자체장상 수상자 2. 다문화 및 직업군인 3. 다자녀/장애자녀+소방2022	38	교과 100 전교과 반영					없음
	고른기회	일괄	학생부교과 30:30:40 최종 12.16(목)	1. 국가보훈대상자/만학도 2. 기초수급 및 차상위자녀	61	교과 100 전교과 반영					없음
	기회균등 (정원외)	일괄	학생부교과 30:30:40 최종 12.16(목)	기초수급 및 차상위자녀	31	교과 100 전교과 반영			특성화/특성화고졸 실기/스포츠특기자 농어촌/특교등 생략		없음

<2019 정시 최초평균-70% 최종평균-70%> | <2019 정시 최종평균-최종70%컷> 인: 국수탐2+영어 자: 국수탐2+영어

■ 의왕캠퍼스   인: 국수탐2+영 자: 국수탐2+영
▶철도경영물류컴   91.30-90.45   90.87-90.10
                국25% 수25% 영30% 탐20%
▶철도공학부   90.90-90.10   89.99-89.30
                국20% 수30% 영30% 탐20%
▶자유전공충주/증평 87.34-86.75   85.66-84.90
                국20% 수30% 영30% 탐20%
▶자유전공의왕   92.79-92.00   91.46-91.25
                국20% 수30% 영30% 탐20%

■ 충주캠퍼스: 일반전형
▶글로벌어문 77.09-76.20 ▶행정 78.57-77.20 ▶경영통상복지 79.82-78.50 ▶전자공학 77.43-76.10
▶기계자동차 80.05-79.10 ▶전기 78.73-78.20 ▶전기공학야간 70.63-69.20 ▶기계야간 72.21-71.20
▶컴퓨터정보 78.91-77.50 ▶화공 76.59-75.65 ▶산업경영안전 77.21-75.80
▶안전공야간 66.84-66.40 ▶건축 77.71-75.90 ▶디자인 77.66-76.80 ▶스포츠 72.94-70.64
▶환경공야간 69.65-67.80 ▶건설환경도시교통공학 77.38-75.90

■ 증평캠퍼스: 일반전형
▶간호학과 85.54-84.40 ▶식품생명 74.05-72.70
▶물리치료 81.02-80.70 ▶응급남자 80.24-79.90 ▶응급여자 75.15-73.50 ▶유아특수 74.71-74.60

수능최저 없음				2021 일반전형 - 교과 100%										

▶교과반영: 전과목
▶학년 비율: 30:30:40
▶2021 수능최저 폐지

2021 교과100%		2022 모집인원	2021 지원		추합및등록		총점평균 천점만점	2021 교과 최초합격			2021 교과 최종합격			
			모집인원	경쟁률	추합인원	최종등록		최고등급	평균등급	최저	최고등급	평균등급	표준편차	최저
융합기술대학 (충주)	기계자동차항공공		60	4.75	145	53	928.34	1.23	2.77	3.25	1.23	3.34	0.64	4.33
	기계공학야간		12	-	22	10	869.38	4.11	4.74	5.07	4.66	5.35	0.36	5.89
	전자공학		57	5.89	124	51	921.84	1.51	3.12	3.60	1.96	3.61	0.53	4.18
	전기공학		14	8.71	17	14	951.87	1.54	2.27	2.75	1.54	2.60	0.40	3.19
	전기공학야간		8	-	18	8	845.24	4.37	4.88	5.05	4.99	6.16	0.73	7.21
	컴퓨터학부		37	7.76	92	33	930.63	1.32	2.77	3.31	1.32	3.31	0.73	4.03
공과대학 (충주)	건설환경도시교통		44	6.91	126	40	907.35	1.70	3.48	3.89	3.07	4.09	0.33	4.50
	환경공학야간		11	2.00	11	6	832.85	3.72	4.93	5.48	5.14	6.57	0.93	7.95
	응용화학에너지공		65	3.75	131	60	906.39	2.00	3.47	3.90	2.00	4.08	0.69	4.99
	산업경영안전공		31	5.55	62	26	910.02	1.83	3.55	4.10	1.83	4.00	0.17	4.62
	안전공학야간		14	2.36	14	12	852.83	3.02	5.41	5.98	3.02	5.91	0.98	6.95
	건축학부		30	7.53	74	24	924.20	1.48	2.84	3.44	1.94	3.53	0.61	4.06
	디자인학부		13	10.15	28	12	913.25	2.33	3.20	3.53	3.25	3.89	0.28	4.21
인문사회 (충주)	글로벌어문		61	4.46	177	50	895.38	1.55	3.64	3.99	2.00	4.44	0.63	5.28
	행정학부		26	4.00	64	18	919.47	1.57	2.98	3.40	2.09	3.68	0.86	5.17
	경영통상복지학부		37	5.73	89	33	932.13	1.16	2.56	3.19	1.82	3.26	0.62	4.09
	음악학과	-	-	1.28	4	10	888.22	3.50	5.35	7.19	4.15	5.55	1.05	8.00
	스포츠학부	-	-	9.0	14	20	906.02	3.06	4.76	5.92	3.92	5.13	0.68	6.39
	항공서비스학과	-	-	-	-	-	-	-	-	-	-	-	-	-
	항공운항학과	-	-	-	-	-	-	-	-	-	-	-	-	-
증평	유아교육학과		10	7.70	42	10	933.85	2.01	2.47	2.73	2.01	3.21	0.74	4.31
보건생명 (증평)	간호학과		21	9.00	28	19	963.49	1.48	1.85	2.16	1.63	2.22	0.23	2.48
	식품생명학부		30	8.00	90	27	905.97	1.70	3.17	3.77	2.00	4.05	0.65	4.58
	물리치료학부		13	15.92	17	13	967.55	1.47	2.82	2.08	1.51	2.08	0.37	2.63
	응급구조남		14	10.79	14	13	943.25	1.75	2.62	3.07	2.05	2.89	0.40	3.37
	응급구조여													
	유아특수교육	-	-	-	-	-	-	-	-	-	-	-	-	-
철도 (의왕)	철도경영물류컴		25	4.80	49	22	944.85	1.36	2.27	2.59	1.99	2.84	0.38	3.47
	철도공학부		48	5.73	49	45	960.78	1.35	1.98	2.41	1.35	2.31	0.45	2.86
자유전공	자전 충주/증평	-	-	-	-	-	-	-	-	-	-	-	-	-
	자전 의왕	-	-	-	-	-	-	-	-	-	-	-	-	-
		0	681		1501	629		2.08	3.36	3.83	2.50	3.92	0.58	4.75

2021 종합전형 NAVI 인재

★표 전공예약		2022	▶교과반영: 전과목　　★종합전형이므로 교과성적 미반영 ▶학년 비율: 30:30:40　　★종합전형 수능최저 없음												

▶1단계 서류 100% (3배수)
▶2단계: 1단계 60% + 면접40%

		모집인원	2021 지원		추합및등록				2021 종합 최초합격			2021 종합 최종합격			
			모집인원	경쟁률	추합인원	최종등록			최고등급	평균등급	70%컷	최고등급	평균등급	표준편차	70%컷
융합기술대학(충주)	기계자동차항공		29	8.52	40	29			3.31	3.95	4.74	3.31	4.19	0.41	5.17
	자동차공학★		13	3.38	14	13			3.50	4.19	4.74	1.74	4.47	0.89	5.28
	전자공학		30	4.80	42	28			2.78	4.42	5.28	3.70	4.90	0.39	5.41
	전기공학		9	4.44	9	8			3.93	4.35	4.63	4.15	4.68	0.31	5.22
	컴퓨터학부		24	8.5	26	21			2.65	4.11	5.06	3.93	4.64	0.42	5.64
공과대학(충주)	건설환경도시교통		27	4.56	35	27			4.22	4.79	5.78	4.22	5.07	0.46	5.95
	응용화학에너지공		38	2.24	36	37			3.55	4.62	5.32	3.84	4.98	0.48	5.98
	산업경영안전공학	-	-	-	-	-			-	-	-	-	-	-	-
	산업경영공학★		16	1.63	7	12			4.10	1.99	5.77	4.22	5.39	0.62	6.93
	안전공학★		12	1.75	6	12			3.93	5.14	6.91	3.18	5.34	1.04	7.11
	건축학부	-	-	-	-	-			-	-	-	-	-	-	-
	건축공학★		12	5.5	7	12			3.89	4.57	5.09	3.89	4.56	0.38	5.09
	건축학5년제★		7	15.4	7	7			3.60	4.07	4.78	3.60	4.27	0.42	4.78
	디자인학부		12	4.08	3	11			3.54	4.77	5.89	3.54	5.03	1.04	7.63
인문사회(충주)	글로벌어문		35	2.83	41	34			4.14	4.94	5.96	4.25	5.15	0.54	6.41
	행정학부	-	-	-	-	-			-	-	-	-	-	-	-
	행정학전공★		8	3.8	9	8			3.47	3.97	4.33	3.34	4.31	0.73	5.77
	행정정보학전공★		5	2.0	1	5			4.10	4.79	5.07	4.10	4.95	0.51	5.79
	경영통상복지학부		21	9.24	14	21			2.42	4.01	4.73	2.47	4.23	0.56	5.45
	사회복지학전공★		7	7.3	5	7			3.83	3.99	4.15	3.83	4.18	0.28	4.52
	음악학과		3	0.33	0	0			6.92	6.92	6.92	-	-	-	-
	스포츠학부			-	-	-			-	-	-	-	-	-	-
	항공서비스학과		17	19.4	6	17			2.57	3.31	4.10	2.57	3.44	0.55	4.88
	항공운항학과		22	8.4	9	21			1.71	2.43	3.45	1.71	2.53	0.44	3.45
증평	유아교육학과		6	11.7	5	6			3.93	4.32	4.74	3.67	4.13	0.38	4.74
보건생명(증평)	간호학과		14	14.5	9	14			3.04	3.40	4.13	3.09	3.61	0.39	4.47
	식품생명학부	-	-	-	-	-			-	-	-	-	-	-	-
	식품공학전공★		9	3.4	14	9			3.56	4.69	5.42	3.56	4.95	0.85	6.25
	식품영양학전공★		7	3.7	5	4			4.40	4.79	4.96	4.58	4.96	0.26	5.31
	생명공학전공★		7	2.9	4	5			3.35	4.15	4.82	3.78	5.10	0.67	5.57
	물리치료학부		8	24.3	2	8			3.35	3.84	4.61	3.64	4.08	0.32	4.61
	응급구조남		8	18.1	8	7			3.38	4.22	5.46	3.39	4.39	0.60	5.46
	응급구조여	-	-	-	-	-			-	-	-	-	-	-	-
	유아특수교육		8	4.50	7	7			4.50	5.06	5.59	4.38	5.04	0.42	5.59
철도(의왕)	철도경영물류데이		8	5.25	5	8			2.14	3.51	5.64	3.03	3.85	0.77	5.64
	데이터사이언스★		6	2.7	6	6			2.53	3.93	5.06	4.13	4.88	0.51	5.51
	철도공학부	-	-	-	-	-			-	-	-	-	-	-	-
	철도운전시스템★		7	8.0	1	7			1.80	2.60	3.37	2.06	2.82	0.51	3.37
	철도차량시스템★		7	3.4	0	7			3.49	4.02	4.55	3.49	4.02	0.37	4.55
	철도인프라시스★		7	3.4	6	7			2.70	3.43	4.06	3.33	4.28	0.97	5.98
	철도전기전자★		7	3.71	2	7			2.93	3.38	3.72	2.93	3.59	0.43	4.19
자유전공	자전 충주/증평		5	5.60	6	5			3.11	4.40	5.34	3.11	4.88	0.92	5.74
	자전 의왕		11	4.82	2	11			3.03	3.43	4.13	3.03	3.69	0.57	5.00
		0	472		399	448			3.43	4.13	4.95	3.45	4.42	0.55	5.38

2021 지역인재 종합전형

수능최저 없음

▶1단계 서류 100% (3배수)
▶2단계: 1단계 60% + 면접40%

▶교과반영: 전과목 ★종합전형이므로 교과성적 미반영
▶학년 비율: 30:30:40

		2022 모집인원	2021 지원 모집인원	경쟁률	추합및등록 추합인원	최종등록		2021 종합 최초합격 최고등급	평균등급	70%컷	2021 종합 최종합격 최고등급	평균등급	표준편차	70%컷
융합기술대학 (충주)	기계자동차항공		3	7.33	0	3		3.98	4.59	4.90	3.98	4.59	0.43	4.90
	전자공학		5	5.00	3	5		4.60	4.93	5.15	4.85	5.02	0.14	5.21
	전기공학		1	6.00	1	1		5.32	5.32	5.32	4.32	4.32	0.00	4.32
	컴퓨터정보기술공		3	3.67	0	3		4.25	4.55	4.86	4.25	4.55	0.25	4.86
공과대학 (충주)	건설환경도시교통		9	2.67	9	8		3.91	4.87	5.37	4.57	5.13	0.44	5.97
	응용화학에너지공		4	2.50	0	4		3.96	5.05	5.73	3.96	5.05	0.71	5.73
	산업경영안전공		2	2.50	0	2		4.99	5.25	5.51	4.99	5.25	0.26	5.51
	건축학부		3	5.67	6	3		3.79	4.04	4.23	4.35	4.69	0.24	4.90
	디자인학부		2	2.50	2	2		3.23	3.42	3.61	4.99	5.44	0.45	5.89
인문사회 (충주)	글로벌어문		4	2.25	2	4		4.31	4.88	5.67	4.31	4.85	0.31	5.08
	행정학부		3	5.00	1	3		3.74	3.94	4.24	3.82	4.26	0.34	4.68
	경영통상복지학		3	5.00	3	3		3.52	3.84	4.15	3.84	4.11	0.28	4.50
증평	유아교육학과		1	6.00	0	1		4.14	4.14	4.14	4.14	4.14	0.00	4.14
보건생명 (증평)	간호학과		4	12.75	3	4		3.17	3.66	4.05	3.41	3.93	0.31	4.25
	식품생명학부		3	2.67	2	3		4.84	4.98	5.25	3.67	4.49	0.58	4.96
	물리치료학부		1	10.0	0	1		4.86	4.86	4.86	4.86	4.80	0.00	4.86
	응급구조		1	9.0	0	1		4.61	4.61	4.61	4.61	4.61	0.00	4.61
		0	52	5.32	32	51		4.19	4.53	4.80	4.29	4.66	0.28	4.96

2021 고른기회 - 교과100%

수능최저 없음

1. 국가보훈대상/만학도
2. 기초수급/차상위자녀

▶교과반영: 전과목   ▶학년 비율: 30:30:40

		2022 모집인원	2021 지원 모집인원	경쟁률	추합및등록 추합인원	최종등록	총점평균 천점만점	2021 종합 최초합격 최고등급	평균등급	70%컷	2021 종합 최종합격 최고등급	평균등급	표준편차	70%컷
융합기술대학 (충주)	기계자동차항공		5	3.40	5	1	896.80	2.57	3.17	3.97	4.44	4.44	0.00	4.44
	전자공학		7	3.86	8	7	901.73	2.53	3.64	4.23	3.27	4.28	0.45	4.76
	전기공학		1	3.00	0	0		3.69	3.69	3.69	-	-	-	-
	컴퓨터정보기술공		4	3.00	5	3	890.40	3.88	4.21	4.56	3.88	4.65	0.66	5.50
공과대학 (충주)	건설환경도시교통		3	2.33	3	3	847.20	4.71	4.77	4.85	4.85	6.09	0.88	6.81
	응용화학에너지공		6	2.33	2	5	894.70	2.65	4.48	5.08	2.65	4.51	0.96	5.24
	산업경영안전공		3	5.00	4	3		3.02	3.70	4.05	4.30	4.85	0.50	5.52
	건축학부		3	3.00	0	3	895.80	3.37	4.47	5.73	3.37	4.47	0.97	5.73
	디자인학부		2	3.50	0	2	895.60	4.08	4.48	4.88	4..08	4.48	0.40	4.88
인문사회 (충주)	글로벌어문		7	2.14	7	7	863.16	3.91	4.56	4.85	4.64	5.56	0.76	6.89
	행정학부		2	3.50	3	1	872.80	3.48	3.68	3.87	5.24	5.24	0.00	5.24
	경영통상복지학부		3	8.00	1	3	947.80	1.82	2.23	2.76	2.10	2.74	0.51	3.36
증평	유아교육학과		1	10.00	0	1	930.70	3.31	3.31	3.31	3.31	3.31	0.00	3.31
보건생명 (증평)	간호학과		2	6.00	5	2	945.85	1.80	2.06	2.31	2.34	2.81	0.47	3.27
	식품생명학부		3	3.33	3	3	876.00	4.05	4.67	5.27	4.05	5.13	0.83	6.08
	물리치료학부		2	8.50	1	2	938.50	2.08	2.36	2.63	2.63	3.05	0.42	3.47
	응급구조		1	7.00	0	1	913.60	3.88	3.88	3.88	3.88	3.88	0.00	3.88
철도 (의왕)	철도경영물류데이		2	4.00	3	2	905.80	3.48	3.49	3.49	3.49	4.14	0.65	4.79
	철도공학부		4	3.50	0	3	910.87	2.00	3.52	4.50	2.00	3.19	0.87	4.05
		0	61	4.49	50	52	901.61	3.17	3.70	4.10	3.56	4.27	0.52	4.85

수능최저 없음			2021 사회기여배려 - 교과100%										
1. 도지사시장구청장등 지자체/효행선행봉사모범 등 표창자 2. 다문화 및 직업군인		2022	▶교과반영: 전과목　▶학년 비율: 30:30:40										
			2021 지원		추합및등록			2021 종합 최초합격			2021 종합 최종합격			
		모집 인원	모집 인원	경쟁률	추합 인원	최종 등록	총점평균 천점만점	최고 등급	평균 등급	70% 컷	최고 등급	평균 등급	표준 편차	70% 컷
융합 기술 대학 (충주)	기계자동차항공		3	9.00	3	3	943.80	2.28	2.62	3.00	2.28	2.87	0.64	3.76
	전자공학		3	9.33	3	3	932.30	2.66	2.84	2.97	2.90	3.26	0.46	3.90
	전기공학		1	11.00	1	1	928.30	1.30	13.00	1.30	3.39	3.39	0.00	3.39
	컴퓨터정보기술공		2	8.00	7	1	901.90	2.29	2.70	3.10	4.27	4.27	0.00	4.27
공과 대학 (충주)	건설환경도시교통		3	6.33	2	2	921.85	1.65	2.54	3.37	3.39	3.61	0.22	3.82
	응용화학에너지공		3	6.33	5	3	908.50	1.70	2.51	3.16	3.16	4.05	0.63	4.58
	산업경영안전공		2	19.00	1	2	903.85	3.87	4.04	4.20	4.20	4.21	0.00	4.21
	건축학부		2	7.50	0	2	921.25	3.56	3.63	3.69	3.56	3.63	0.06	3.69
인문 사회 (충주)	글로벌어문		4	7.00	8	3	897.20	3.11	3.43	3.72	4.17	4.43	0.18	4.56
	행정학부		2	7.00	6	2	923.20	3.27	3.41	3.54	3.27	3.56	0.29	3.85
	경영통상복지학부		2	5.50	5	2	851.50	1.69	1.93	2.17	5.90	5.95	0.05	6.00
증평	유아교육학과		7	7.00	0	1	920.50	3.65	3.65	3.65	3.65	3.65	0.00	3.65
보건 생명 (증평)	간호학과		9	9.00	0	1	950.50	2.65	2.65	2.65	2.65	2.65	0.00	2.65
	식품생명학부		9	9.00	1	1	880.60	3.19	3.19	3.19	4.98	4.98	0.00	4.98
	물리치료학부		19	19.00	2	1	961.00	1.68	1.68	1.68	2.30	2.30	0.00	2.30
	응급구조		9	9.00	2	1	918.70	3.57	3.57	2.57	3.71	3.71	0.00	3.71
철도 (의왕)	철도경영물류데이		13	6.5	0	2	956.65	2.30	2.45	2.59	2.30	2.45	0.15	2.59
	철도공학부		29	7.25	6	4	957.48	1.13	1.71	2.22	1.13	2.42	0.84	3.27
		0	122	9.04	52	35	921.06	2.53	3.42	2.93	3.40	3.63	0.20	3.84

수능최저 없음			2021 기회균등 - 교과100%										
기초수급 및 차상위자녀		2022	▶교과반영: 전과목　▶학년 비율: 30:30:40										
			2021 지원		추합및등록			2021 종합 최초합격			2021 종합 최종합격			
		모집 인원	모집 인원	경쟁률	추합 인원	최종 등록	총점평균 천점만점	최고 등급	평균 등급	70% 컷	최고 등급	평균 등급	표준 편차	70% 컷
융합 기술 대학 (충주)	기계자동차항공		3	4.00	2	3	899.20	3.37	3.94	4.41	4.05	4.36	0.24	4.62
	전자공학		3	3.00	3	3	898.70	2.77	3.70	4.58	3.75	4.38	0.45	4.78
	전기공학		1	3.00	0	1	929.00	3.36	3.36	3.36	3.36	3.36	0.00	3.36
	컴퓨터정보기술공		2	2.50	1	1	888.40	4.56	4.57	4.57	4.72	4.72	0.00	4.72
공과 대학 (충주)	건설환경도시교통		3	2.00	2	1	850.00	2.00	4.08	5.42	5.98	5.98	0.00	5.98
	응용화학에너지공		2	1.50	0	1	799.90	5.51	6.59	7.67	7.67	7.67	0.00	7.67
	산업경영안전공		2	2.00	2	1	852.40	2.82	3.18	3.54	5.92	5.92	0.00	5.92
	건축학부		2	3.00	2	2	892.30	3.70	3.79	3.88	4.55	4.59	0.04	4.63
충주	글로벌어문		4	2.00	1	4	873.55	4.63	4.99	5.49	4.63	5.22	0.43	5.73
보건 생명 (증평)	간호학과		1	8.00	0	1	928.00	3.40	3.40	3.40	3.40	3.40	0.00	3.40
	식품생명학부		-	-	-	-	-	-	-	-	-	-	-	-
	물리치료학부		1	5.00	2	1	886.00	3.37	3.37	3.37	4.80	4.80	0.00	4.80
	응급구조		1	5.00	1	1	879.40	3.87	3.87	3.87	5.02	5.02	0.00	5.02
	유아특수교육		-	-	-	-	-	-	-	-	-	-	-	-
철도 (의왕)	철도경영물류데이		2	4.00	3	1	908.20	1.77	2.08	2.39	4.06	4.06	0.00	4.06
	철도공학부		4	4.25	2	4	947.58	1.48	2.37	2.96	1.48	2.75	0.78	3.44
		0	31	3.52	21	25	888.05	3.33	3.81	4.21	4.53	4.73	0.14	4.87

2021 정시일반 - 수능 100%

영어등급점수 인/자공통 100-99.5-99-98-96 ...		2022	▶ 자연/자유전공/항공운항: 국수영탐2 20:30:30:20 ▶ 인문/디자인학부: 국수영탐2 30:20:30:20 ▶ 철도경영물류컴퓨터학부: 국수영탐2 25:25:30:20												
			2021 지원		추합및등록			2021 정시 최초합격			2021 정시 최종합격			
		모집 인원	모집 인원	경쟁률	추합 인원	최종 등록	총점평균 천점만점	최고 등급	평균 등급	70% 컷	최고 등급	평균 등급	표준 편차	70% 컷
융합 기술 대학 (충주)	기계자동차항공		59	2.61	59	58	755.45	88.30	79.11	78.40	83.45	75.54	3.19	74.00
	기계공학야간		9	3.56	14	8	711.25	77.20	73.77	73.20	73.20	71.13	1.20	70.40
	전자공학		55	2.78	60	53	751.11	82.20	77.40	76.50	80.00	75.11	1.89	74.10
	전기공학		13	2.85	14	13	716.35	88.60	79.98	78.95	79.60	71.63	7.51	69.40
	전기공학야간		9	4.22	17	10	672.85	76.40	71.92	70.30	74.70	67.29	2.89	65.70
	컴퓨터정보기술공		38	2.71	34	33	760.85	84.10	78.79	77.60	84.10	76.08	2.96	74.10
공과 대학 (충주)	건설환경도시교통		34	3.21	48	32	749.44	86.10	79.11	77.50	81.70	74.94	2.97	72.85
	환경공학야간		8	3.50	13	6	681.58	72.00	70.28	69.80	70.65	68.16	2.55	69.40
	화공신소재고분자		57	3.30	72	53	738.28	85.20	76.88	75.30	79.60	73.83	1.87	72.70
	산업경영안전공		23	3.13	29	21	728.33	85.20	77.75	76.20	78.00	72.83	4.22	71.70
	안전공학야간		7	4.71	7	5	680.40	74.10	71.96	91.90	69.60	68.04	0.83	67.80
	건축학부		22	2.82	31	22	722.57	82.35	77.90	76.75	80.10	72.26	5.71	71.60
	디자인학부		7	3.86	12	8	782.56	86.30	81.91	81.50	83.90	78.26	2.99	76.60
인문 사회 (충주)	글로벌어문		43	2.81	44	44	748.17	83.20	76.95	75.80	83.20	74.82	2.48	73.60
	행정학부		29	3.66	9	28	788.20	83.40	79.58	78.55	83.40	78.82	1.82	77.80
	경영통상복지학부		31	2.94	39	32	775.41	84.90	81.23	79.90	84.90	77.54	3.20	76.40
	음악학과		14	0.86	0	6	111.40	75.70	54.64	51.70	75.70	55.70	13.60	51.70
	스포츠학부		12	6.50	7	12	450.16	82.93	75.56	73.69	80.49	75.03	3.67	72.92
	항공서비스학과		4	12.0	0	4	748.85	86.50	80.31	81.80	86.50	80.31	4.53	81.80
	항공운항학과		5	5.8	2	6	904.65	93.95	91.97	91.95	93.95	91.78	1.59	90.85
증평	유아교육학과		10	2.60	16	11	702.59	84.90	81.24	79.20	82.80	70.26	11.74	71.90
보건 생명 (증평)	간호학과		21	4.29	16	20	835.35	88.95	84.75	84.00	88.95	83.54	1.78	83.00
	식품생명학부		17	3.18	19	18	734.28	78.80	75.72	74.80	75.90	73.43	1.10	72.70
	물리치료학부		12	4.75	18	11	789.59	87.60	81.69	80.70	81.50	78.96	1.65	78.50
	응급구조학과남		7	3.57	7	8	740.50	81.70	76.79	75.60	81.70	74.05	3.04	72.70
	응급구조학과여		4	8.5	3	4	742.00	80.05	76.91	76.20	76.00	74.20	1.52	75.40
	유아특수교육		5	3.60	10	5	667.80	77.70	75.52	75.70	71.30	66.78	3.50	66.90
철도 (의왕)	철도경영물류데이		21	3.38	15	20	885.46	94.30	89.77	88.75	94.05	88.50	1.75	87.95
	철도공학부		44	2.61	25	43	872.84	93.75	89.76	89.10	81.90	87.28	2.82	85.95
자유 전공	자전 충주/증평		5	4.60	10	5	809.50	86.60	84.13	84.00	84.05	80.95	1.78	80.70
	자전 의왕		12	5.17	9	12	894.83	91.55	89.97	89.50	91.55	89.48	1.13	89.05
		0	637	4.00	659	611	761.76	84.02	78.81	78.54	81.18	75.69	3.34	74.84

한국기술교대

2022 대입 수시 특징

<영어정시> 공학20:35:<u>20</u>:25, 수가20%

공/산경: 20-19.5-19-18-17...   산경35:20:<u>20</u>:25

▶ 교과/논술 사회: 국영수사 이수단위반영 공학: 국영수과 ▶ 학년비율 변화 ★ 20년: 1년 20+2,3년 80 21년: 40:40:20 22년: 전학년 100% ▶ 진로선택과목 미반영	1. 2022 수능최저 변화: 수학 및 국어 필수포함 폐지 2. 2022 교과내신 학년비율 변화: 40:40:20→전학년 100% 3. 2022 학과신설: 고용서비스정책학과 4. 2022 창의인재종합: 9명 증가, 전형방법 전년과 동일 5. 사회통합 신설: 국가보훈+기회균형 전형통합 6. 중복지원 모두 가능, 교과전형 외 최저없음 유지 7. 2022 자기소개서 폐지

코리아텍 (KOREA TECH) : 고용노동부 전액 출연설립예산운영

1. 연간 등록금: 공학 472만, 산경3,32만, 1인당,장학금 393만원
2. 전체 수업의 50%이상 전공분야 실험실습 (일반 공과대의 4배)
3. 전공분야 국가기술자격증을 취득해야 졸업 가능. 교사 임용가능
4. 취업 진출분야: 대기업/중견 35.8%, 중소 39.6%, 공기업 19.5%
   전체 취업률 85.9%→80.2%, 졸업생 전공일치도 89.1%

<2018 대학정보공시 기준>
2021. 06. 26 토 ollim

모집시기	전형명	사정모형	학생부종합 특별사항	2022 수시 접수기간 09.10(금)~14(화)	모집인원	학생부	논술	면접	서류	기타	2022 수능최저등급
2022 수시 696명 2021 수시 676명 (75.4%) 정시 220명 (24.6%) 전체 896명	교과전형	일괄	학생부교과 최저 있음 최종 12.16(목)	1. 2022 전년대비 11명 증가 2. 2022 수능최저 변화: 수학 및 국어 필수포함 폐지 3. 공학계열은 수학/영어/과학 교과 70단위 이상만 지원	147 2021 136	교과 100					<2021 수능최저 참고> ▶ 공학: 수나포함 3개10 수가 포함 3개12 *탐구 과탐지정 ▶ 산경: 국어포함 3개10 ▶ 공통: 탐구 2개→1개 <2022 수능최저등급> ▶ 공학/산경 모두 그냥 3개합 10 (탐1) ▶ 미적/기하 포함시 3개합 12 (탐1) *탐구 사탐/과탐/직탐
	논술전형	일괄	논술전형 최저없음 논술 11.26(금) 최종 12.16(목)	1. 2022 전년대비 9명 증가 2. 공학: 수Ⅰ수Ⅱ, 대문항 5개 3. 사회: 자료제시형 언어논술 대문항 5개, 소문항 각 4. 논술 100분	219 2021 210	교과 30 논술 70					
	창의인재	1단계	학생부종합 최저 없음 자소서폐지 1단계 11.03(수) 면접 11.06(토) 최종 11.19(금)	1. 2022 전년대비 9명 증가 2. 창의적사고 능동적실천능력 지원전공분야 우수 열정 3. 종합전형 평가요소 ①학업역량 20점 ②전공적합성 20점 ③나우리 인성 20점 ④발전가능성 40점	154 2021 145				서류 100% (4배수)		
		2단계							1단계 60 + 면접 40		
	지역인재	1단계	학생부종합 자소서폐지 1단계 11.03(수) 면접 11.07(일) 최종 11.19(금)	1. 대전/세종/충남북 출신자	91 2021 92				서류 100% (4배수)		
		2단계							1단계 60 + 면접 40		
	사회통합 보훈+기회	1단계	학생부종합 자소서폐지 1단계 11.03(수) 면접 11.07(일) 최종 11.19(금)	1. 국가보훈+기회균형 통합 2. 독립/국가유공자녀 3. 618/순직공상/고엽/518 4. 특수임무/보훈대상자 등 5. 기초및차상위 대상자 포함	8 2021 8				서류 100% (4배수)		<2021 기회입결 1단계평균-최초평균-최종평균> ▶ 기계 4.34-4.32-3.72 ▶ 메카 4.25-3.61-4.21 ▶ 전기 3.99-4.34-4.50 ▶ 컴퓨 4.27-3.47-4.10 ▶ 디자 4.59-5.23-5.45 ▶ 건축 5.28-5.14-5.14 ▶ 에너 4.49-4.33-4.33 ▶ 경영 4.96-5.27-5.62
		2단계							1단계 60 + 면접 40		

2020 수시 교과 및 정시 입결 올림	2020 교과전형 교과 100% 인원-경쟁-<u>최초</u>-최종평균 충족/모집+추합 ★★	<2019-2020 2개년 정시수능 최종평균-최종80%>
	기계22-5.14-지원3.45 <u>최초2.53</u> 최종3.12 최저52.2% 추합20 <u>59명/42명</u> 실질1.40 메카22-5.77-지원3.37 <u>최초2.69</u> 최종2.93 최저52.0% 추합14 <u>66명/36명</u> 실질1.83 전기22-9.68-지원3.34 <u>최초2.46</u> 최종2.77 최저61.0% 추합31 <u>130명/53명</u> 실질2.45 컴공22-8.14-지원3.35 <u>최초2.81</u> 최종2.95 최저57.5% 추합22 <u>103명/44명</u> 실질2.34 디자07-9.29-지원3.98 <u>최초3.44</u> 최종3.69 최저38.5% 추합07 <u>25명/14명</u> 실질1.79 건축07-10.4-지원3.86 <u>최초3.37</u> 최종3.46 최저42.5% 추합05 <u>31명/12명</u> 실질2.58 에너15-5.67-지원3.44 <u>최초2.43</u> 최종2.77 최저48.2% 추합09 <u>41명/24명</u> 실질1.71 산경19-6.42-지원3.75 <u>최초3.37</u> 최종3.55 최저29.5% 미공개 <u>36명/ ???</u> maybe	기계공 89.9-88.5, <u>85.3-83.0</u> 메카트 89.5-87.2, <u>82.9-78.7</u> 전기전 89.2-88.2, <u>85.8-84.3</u> 컴퓨터 89.1-86.9, <u>85.4-83.3</u> 디자인 85.6-84.8, <u>83.1-81.6</u> 건축공 85.9-84.8, <u>82.9-81.8</u> 에너지 89.4-87.7, <u>84.1-82.0</u> 산업경 82.7-80.2, <u>80.0-78.4</u>

한기대 2021 입결분석자료 01 - 수시 교과전형
2021. 06. 26 ollim

2021 교과 수능최저
- 공학: ①수나포함 3개합 10 또는 ②수가포함 3개합 12 *탐구적용시 과탐지정
- 산경: 국어포함 3개합 10
- 공통: 탐구 1개

▶2021 내신 반영: 교과 100%, 산경: 국영수사, 공학: 국영수과
▶2021 학년 비율: 40:40:20 ★★

| | | 2022 교과전형 모집인원 | 2021 지원 | | | 2021 입학결과 | | | | 과년도 참고 | | 2021 충원/실질경쟁률 ollim | | | | |
			모집인원	경쟁률	지원인원	최저충족	최저충족률	2021 최초합평균	2021 최종등록평균	2020 최초합평균	2020 최종등록평균	충원인원	충원율	모집+충원	실질경쟁률	등록인원
공학	기계공학부	23	22	7.95	175	83	47.4%	2.65	3.24	2.53	3.12	51	232%	73	1.14	22
	메카트로닉스공학부	23	22	5.68	125	65	52.0%	2.71	3.54	2.69	2.93	43	196%	65	1.00	21
	전기전자통신공학부	23	22	7.27	160	86	53.8%	2.35	3.05	2.46	2.77	56	255%	78	1.10	22
	컴퓨터공학부	23	22	6.95	153	81	52.9%	2.69	2.90	2.81	2.95	30	136%	52	1.56	20
	디자인건축공디자인	8	8	5.75	46	15	32.6%	3.27	3.38	3.44	3.69	5	63%	13	1.15	5
	디자인건축공건축	8	8	9.38	75	37	49.3%	3.22	3.51	3.37	3.46	16	200%	24	1.54	8
	에너지신소재화학공	14	14	7.71	108	72	66.7%	2.35	2.76	2.43	2.77	38	271%	52	1.38	14
사회	산업경영학부	18	18	5.33	96	30	31.3%	3.20	3.92	3.37	3.55	12	67%	30	1.00	15
	고용서비스정책학과	7	신설													
합계		147	136	7.00	117	59	48.3%	2.81	3.29	2.89	3.16	251	170%	387	1.23	127

한기대 2021 입결분석자료 02 - 수시 창의인재종합
2021. 06. 26 ollim

수능최저 없음

▶2021 1단계: 서류 100% (4배수) 2단계: 1단계 60+면접 40
▶2021 전과목 정성평가

| | | 2022 창의종합 모집인원 | 2021 지원 | | | 2021 입학결과 | | | 과년도 참고 | | | 2021 충원/실질경쟁률 ollim | | | | |
			모집인원	경쟁률	지원인원	2021 1단계 4배수	2021 최초합평균	2021 최종등록평균	2020 1단계 4배수	2020 최초합평균	2020 최종등록평균	충원인원	충원율	모집+충원	실질경쟁률	등록인원
공학	기계공학부	23	23	6.87	158	3.61	3.25	3.58	3.63	3.68	3.72	28	122%	51	3.10	23
	메카트로닉스공학부	23	23	4.83	111	3.86	3.39	3.47	3.66	3.48	3.66	11	48%	34	3.26	23
	전기전자통신공학부	23	23	7.13	164	3.59	3.29	3.44	3.53	3.38	3.81	27	117%	50	3.28	23
	컴퓨터공학부	23	23	8.35	192	3.60	3.25	3.40	3.77	3.71	3.77	12	52%	35	5.49	23
	디자인건축공디자인	9	8	4.63	37	4.70	4.37	4.60	4.33	4.13	4.16	3	38%	11	3.36	7
	디자인건축공건축	9	8	8.63	69	4.01	3.85	4.17	3.90	3.60	4.04	9	113%	17	4.06	8
	에너지신소재화학공	16	16	5.88	94	3.48	3.29	3.75	3.13	2.99	3.09	17	106%	33	2.85	16
사회	산업경영학부	21	21	2.90	61	4.64	4.25	4.48	3.93	3.40	3.78	12	57%	33	1.85	21
	고용서비스정책학과	7	신설													
합계		154	145	6.15	111	3.94	3.62	3.86	3.74	3.55	3.75	119	76%	264	3.41	144

한기대 2021 입결분석자료 03 - 수시 논술전형
2021. 06. 26 ollim

수능최저 없음

▶2021 교과 30+ 논술 70 산경: 국영수사, 공학: 국영수과
▶2021 학년 비율: 40:40:20 ★★

		2022 논술전형 모집인원	2021 지원			2021 입학결과		2021 최초합평균	2021 최종등록평균	2020 최초합평균	2020 최종등록평균	충원인원	충원율	모집+충원	실질경쟁률	등록인원
공학	기계공학부	34	34	7.50	255			4.30	4.42	4.11	4.24	12	35%	46	5.54	33
	메카트로닉스공학부	34	34	7.88	268			4.24	4.17	4.21	4.30	8	24%	42	6.38	33
	전기전자통신공학부	34	34	8.03	273			4.15	4.31	4.08	4.07	6	21%	40	6.83	34
	컴퓨터공학부	34	34	9.56	325			4.30	4.48	4.45	4.51	16	50%	50	6.50	34
	디자인건축공디자인	11	11	6.82	75			4.90	4.45	4.95	5.03	0	0%	11	6.82	10
	디자인건축공건축	11	11	7.09	78			5.05	4.96	4.50	4.56	2	18%	13	6.00	10
	에너지신소재화학공	23	23	8.22	189			4.02	4.24	3.71	4.01	3	13%	26	7.27	23
사회	산업경영학부	29	29	4.97	144			4.86	4.80	4.74	4.86	4	14%	33	4.36	29
	고용서비스정책학과	9	신설													
합계		219	210	7.51	201			4.48	4.48	4.34	4.45	51	20%	261	6.21	206

수능최저 없음

▶2021 1단계: 서류 100% (4배수)　2단계: 1단계 60+면접 40
▶2021 전과목 정성평가

		2022 지역인재	2021 지원			2021 입학결과			과년도 참고			2021 충원/실질경쟁률 ollim				
						2021			2020						실질 ollim	
		모집인원	모집인원	경쟁률	지원인원	1단계 4배수	최초합 평균	최종등록평균	1단계 4배수	최초합 평균	최종등록평균	충원인원	충원율	모집+충원	실질 경쟁률	등록인원
공학	기계공학부	14	15	6.20	93	3.93	3.88	4.07	3.65	3.25	3.53	8	53%	23	4.04	15
	메카트로닉스공학부	14	15	5.33	80	4.04	3.80	4.27	3.65	3.46	3.69	12	80%	27	2.96	15
	전기전자통신공학부	14	15	6.87	103	3.67	3.36	3.43	3.66	3.38	3.60	13	87%	28	3.68	15
	컴퓨터공학부	14	15	9.13	137	3.58	3.32	3.56	3.55	3.39	3.70	15	100%	30	4.57	15
	디자인건축공디자인	3	3	5.33	16	4.58	4.12	4.25	4.50	3.99	4.36	2	67%	5	3.20	3
	디자인건축공건축	3	3	10.30	31	3.98	4.11	3.95	4.23	4.15	4.16	3	100%	6	5.17	3
	에너지신소재화학공	10	10	5.30	53	3.65	2.76	3.50	2.76	2.48	2.91	15	150%	25	2.12	10
사회	산업경영학부	16	16	3.63	58	4.16	4.15	4.25	4.00	3.38	4.01	13	81%	29	2.00	16
	고용서비스정책학과	3	신설													
합계		91	92	6.51	71	3.95	3.69	3.91	3.75	3.44	3.75	81	95%	173	3.47	92

▶2021 공학 국수영탐1 20:35:20:25, 수가20%　산경 국수영탐 35:20:20:25
▶2021 영어반영 20-19.5-19-18-17...

		2022 정시수능	2021 지원			2021 입학결과			과년도 참고			2021 충원/실질경쟁률 ollim				
						2021			2020						실질 ollim	
		모집인원	모집인원	경쟁률	지원인원	백분위 최고	백분위 평균	백분위 80%컷	백분위 최고	백분위 평균	백분위 80%컷	충원인원	충원율	모집+충원	실질 경쟁률	등록인원
공학	기계공학부		37	2.05	76	87.6	67.9	59.1	93.8	85.3	83.0	26	70%	63	1.21	36
	메카트로닉스공학부		38	2.05	78	90.6	80.8	78.1	97.7	82.9	78.7	21	55%	59	1.32	37
	전기전자통신공학부		36	2.19	79	89.9	79.9	73.4	92.7	85.8	84.3	11	31%	47	1.68	36
	컴퓨터공학부		38	2.34	89	87.4	79.9	75.9	94.7	85.4	83.3	31	82%	69	1.29	37
	디자인건축공디자인		18	1.94	35	78.6	65.8	58.3	87.9	83.1	81.6	5	28%	23	1.52	18
	디자인건축공건축		13	1.77	23	80.4	62.1	51.2	85.8	82.9	81.8	8	62%	21	1.10	13
	에너지신소재화학공		24	2.29	55	81.7	78.4	77.0	92.0	84.1	82.0	18	75%	42	1.31	24
사회	산업경영학부		32	4.56	146	85.5	79.2	77.1	90.1	80.0	78.4	73	228%	105	1.39	31
	고용서비스정책학과		신설													
합계		0	236	2.40	73	85.2	74.3	68.8	91.8	83.7	81.6	193	80%	429	1.35	232

▶ 인: 국영수+사/과 (높은단위)
▶ 자: 국영수과 상위 5개씩
　 우수교과 총 20개★
▶ 특정교과: 공학수과,경영수영
▶ 종합전형: 전과목 정성평가
▶ 학년비율 없음
▶ 진로선택과목 미반영

1. 한국산업기술대학교 2022 특징★★
　 ①투트랙 교과, 투트랙 종합, 논술전형
　 ②기본교과 20개 반영, 특정교과 10개 반영
2. 2022 내신 국영수사/국영수과 상위 5개씩 총 20개 유지
3. 2022 PKU종합 실천인재전형 신설, 서류일괄형, 136명
4. 2022 교과 97명 증가, 특정교과 20개 증가, 논술 3명 감소
5. 2022 교과/특정교과 수능최저 유지: 2개합7 (탐1)★

6. 교과우수자 및 특정교과우수자 2020 전년대비 경쟁률 대폭하락
　 but 입결평균 하락폭은 크지않음, 실리적 지원 안정화 ★ ollim
7. 기타전형 생략: 농어촌 55명, 특성화 및 특성화고졸 50명
8. 채용조건형 계약학과 2021 ★ 74명, 단계종합, 1단계 서류 2배수
　 ①ICT융합공학　60명: 2021 경쟁4.9, 3.7등급, 439.2점
　 ②융합소재공학　2명: 2021 경쟁8.5 입결 미공개
　 ③창의디자인학 12명: 2021 경쟁4.3, 3.9등급, 460.0점
　 2021. 06. 14 ollim

모집시기	전형명	사정 모형	학생부종합 특별사항	2022 수시 접수기간 09. 10(금) ~14(화)	모집 인원	학생부	논술	면접	서류	기타	2022 수능최저등급
2022 수시 1,255명 (74.8%) 정시 320명 (25.2%) 전체 1,677명 2021 수시 1,357명 (80.9%) 정시 320명 (19.1%)	교과우수자	일괄	학생부교과 최저있음 최종 12.16(목)	1. 2022 전년대비 97명 증가 2. 2022 수능최저 전년 동일 3. 내신: 상위 5개씩 총 20개 　경영: 국영수+사/과 　자연: 국영수과	277 2021 180	교과 100					▶ 2개합 7 (탐1) *미적/기하 반영시 1등급 상향 적용*
	특정교과 우수자 (수학과학)	일괄	학생부교과 최저있음 최종 12.16(목)	1. 2022 전년대비 20명 증가 2. 2022 수능최저 전년 동일 3. 자연: 수학+과학 총10개 　경영: 수학+영어 총10개 　디자인공학부: 수학+영어 　→수학+과학 (2022변화)★	260 2021 240	교과 100					▶ 2개합 7 (탐1) *미적/기하 반영시 1등급 상향 적용*
	PKU종합 실천인재 (신설)	일괄	학생부종합 최저없음 자기소개서 ~09.17(금) 최종 12.16(목)	1. 2022 서류일괄전형 신설 2. 인성, 학업역량, 전공적합성 　발전가능성 3. 전 교과성적 및 비교과활동 　종합적으로 정성평가	136	서류 100					최저 없음
	PKU종합 창의인재	1단계	학생부종합 최저없음 자기소개서 ~09.17(금)	1. 2022 전년대비 50명 감소 2. 인성, 학업역량, 전공적합성 　발전가능성 3. 전 교과성적 및 비교과활동 　종합적으로 정성평가 10분 면접, 예시문 참고	120 2021 170	서류 100 (3배→4배수)					최저 없음
		2단계	1단계 11.12(금) 면접 12.04(토) 최종 12.16(목)			1단계 80 면접 20					
	논술우수자	일괄	논술전형 최저없음 논술 11.28(일) 최종 12.16(목)	1. 2022 전년대비 3명 감소 2. 논술출제범위 수Ⅰ, 수Ⅱ 3. 내신: 상위 5개씩 총 20개 　경영: 국영수+사/과 　자연: 국영수과	265 2021 268	학생 20 논술 80					▶ 수리논술 3문항, 문항당 A4 1장, 80분 ▶ 기본 75점+논술 325점 = 400점 만점 문항1 30점 (소문항10점×3개) 문항2 30점 (소문항10점×3개) 문항3 40점 (소문항10점×1개, 소문항15점×2개)
	조기취업형 계약학과	1단계	학생부종합 최저없음 자소~09.17(금) 1단계 11.03(수) 면접: 11.06(토) 11.07(일) 최종 11.12(금)	1. 2022 전년대비 50명 감소 2. 2022 선발모집 학과 　①지능형ICT융합공학 50 　②제품시스템디자인공학 20 　③소재시스템공학 20 3. 인성/학업역량/전공적합성 4. 성실성/직무적합성/공동체 　(배려/나눔/협력/갈등관리)	90 2021 74	서류 100 (5배수)				1학년 주간수업 2,3학년 야간/주말수업 2학년 이후 참여기업과 고용계약을 체결함. 1학년 교육비전액 장학금 2,3년 본인50% 회사50%	최저 없음 2022 기타전형 생략 농어촌 55 특성화고졸등 50
		2단계				면접 100 15분 이내					

2021 교과우수자 / 2021 특정교과우수

수능최저 ○ X		2022 학생부 우수	2021 지원		2021 수시 입결					2022 특정 교과	2021 지원		2021 수시 입결				
< 한산기대 교과 > 수능최저: 2개합 7(탐1)		모집 인원	모집 인원	경쟁률	최종등록 등급평균	최종등록 환산평균	추합 인원	충원율	최저 제외 실질	모집 인원	모집 인원	경쟁률	최종등록 등급평균	최종등록 환산평균	추합 인원	충원율	최저 제외 실질
	기계공학과	26	14	6.20	2.9	490.6	42	300%	1.55	24	24	2.30	2.3	493.3	13	54%	1.49
	기계설계공학과	19	10	10.1	3.0	489.8	13	130%	4.39	17	15	2.50	2.7	491.3	11	73%	1.44
	메카트로닉스공학과	16	15	6.00	3.0	490.1	31	207%	1.96	15	20	4.50	2.7	491.5	24	120%	2.05
	AI로봇전공	8	-	-	-	-	-	-	-	7	-	-	-	-	-	-	-
전자 공학	전자공학전공	21	12	5.00	3.0	489.2	30	250%	1.43	20	20	4.90	2.2	494.2	37	185%	1.72
	임베디드시스템전공	15	8	7.80	3.3	488.3	24	300%	1.95	13	13	3.80	2.6	491.8	14	108%	1.83
컴퓨터 공학	컴퓨터공학전공	17	10	11.1	2.9	490.3	39	390%	2.27	15	14	6.40	2.3	493.4	31	221%	1.99
	소프트웨어전공	17	9	10.3	2.9	490.6	19	211%	3.31	15	15	11.0	2.4	493.0	25	167%	4.13
게임 공학	게임공학전공	19	8	8.60	2.9	490.7	17	213%	2.75	20	15	3.20	2.8	490.9	12	80%	1.78
	엔터테인먼트컴퓨팅	19	5	12.8	3.4	488.2	7	140%	5.33	17	5	3.40	2.8	491.1	2	40%	2.43
	신소재공학과	19	11	7.60	2.6	491.9	35	318%	1.82	16	12	2.70	2.2	494.0	8	67%	1.62
	생명화학공학과	22	11	5.40	2.6	492.2	23	209%	1.75	17	12	3.40	1.7	496.3	10	83%	1.85
	나노반도체공학과	23	12	9.00	3.0	490.2	28	233%	2.70	18	13	4.70	2.5	492.6	12	92%	2.44
	에너지·전기공학과	12	11	5.60	3.2	488.9	28	255%	1.58	15	16	3.40	2.6	491.9	22	138%	1.43
경영 학부	산업경영전공	11	13	12.8	3.4	487.7	27	208%	4.16	14	15	1.80	3.7	486.7	0	0%	1.80
	IT경영전공	9	13	6.20	4.2	482.5	29	223%	1.92	11	14	2.80	4.0	482.4	7	50%	1.87
디자인 공학	산업디자인공학	4	12	8.80	3.5	487.5	42	350%	1.96	6	11	2.40	3.8	485.8	7	64%	1.47
	미디어디자인공		6	9.30	3.3	488.7	12	200%	3.10		6	1.80	3.7	486.6	0	0%	1.80
자연 합계		277	180	8.39	3.1	489.3	446	243%	2.58	260	240	3.82	2.76	491.0	235	91%	1.95

내신 반영: 국영수과 교과 100% / 학년 비율: 동일비율 (교과우수자)
내신 반영: 수과 / 수영 교과 100% / 학년 비율: 동일비율 (특정교과우수)

2021 PKU인재종합 / 2021 논술전형

수능최저 없음		2022 종합	2021 지원		2021 수시 입결					2022 논술	2021 지원		2021 수시 입결				
< 한산기대 종합/논술 > 수능최저 없음 종합 정성평가		모집 인원	모집 인원	경쟁률	최종등록 등급평균	최종등록 환산평균	추합 인원	충원율	최저 제외 실질	모집 인원	모집 인원	경쟁률	최종등록 등급평균	논술평균 400만점	추합 인원	충원율	최저 제외 실질
	기계공학과	9	13	6.80	3.4	389.6	17	131%	2.95	27	30	6.10	4.7	382.2	12	40%	4.36
	기계설계공학과	5	8	4.80	3.6	394.8	8	100%	2.40	17	18	4.80	4.5	364.3	6	33%	3.60
	메카트로닉스공학과	6	14	5.10	3.6	359.9	13	93%	2.64	18	28	5.20	4.8	372.3	13	46%	3.55
	AI로봇전공	3	-	-	-	-	-	-	-	8	-	-	-	-	-	-	-
전자 공학	전자공학전공	8	12	4.90	3.9	365.0	9	75%	2.80	24	26	5.30	4.7	303.3	12	46%	3.63
	임베디드시스템전공	5	8	3.80	3.8	359.1	6	75%	2.17	14	16	4.80	5.1	289.1	6	38%	3.49
컴퓨터 공학	컴퓨터공학전공	8	11	9.30	3.6	366.2	10	91%	4.87	17	19	7.10	4.8	374.4	8	42%	5.00
	소프트웨어전공	6	9	8.20	3.4	402.0	8	89%	4.34	16	18	7.10	4.9	373.4	11	61%	4.41
게임 공학	게임공학전공	16	15	6.10	3.7	434.5	11	73%	3.52	17	17	6.20	4.6	323.0	3	18%	5.27
	엔터테인먼트컴퓨팅	5	5	3.20	4.0	403.7	1	20%	2.67	17	5	5.00	4.8	295.0	0	0%	5.00
	신소재공학과	6	9	6.20	3.4	400.5	12	133%	2.66	17	21	5.50	4.5	303.0	15	71%	3.21
	생명화학공학과	7	9	6.10	3.0	392.0	6	67%	3.66	18	21	7.70	4.5	381.6	4	19%	6.47
	나노반도체공학과	10	10	4.70	3.8	391.3	5	50%	3.13	18	24	5.60	4.9	301.7	10	42%	3.95
	에너지·전기공학과	7	8	7.90	3.8	428.0	4	50%	5.27	11	25	4.40	4.9	291.3	6	24%	3.55
경영 학부	산업경영전공	8	12	3.30	4.0	352.3	9	75%	1.89	10							
	IT경영전공	8	11	3.40	4.0	357.7	9	82%	1.87	10							
디자인 공학	산업디자인공학	3	11	4.70	3.9	378.7	9	82%	2.59	6							
	미디어디자인공		5	10.6	3.5	433.8	5	100%	5.30								
자연 합계		120	170	5.83	3.7	388.8	142	81%	3.22	265	268	5.75	4.7	335.0	106	37%	4.27

내신 반영: 국영수과 / 학년 비율: 동일비율 / 1단계: 서류 100% / 2단계: 면접 20% (PKU인재종합)
내신 반영: 국영수과 / 학년 비율: 동일비율 / 학생 20+논술 80 (논술전형)

정시 2021 투트랙전형		2022 정시	2021 지원		2021 정시 입결				2022 정시	2021 지원		2021 정시 입결			
					2021 정시 수능1 ▶국수영탐2 공학 25:35:20:20 경/디 35:25:20:20 ▶영어 점수: 100-90-85-80 …							**2021 정시 수능2** ▶수학 필수+국/영/탐2 중 1개 <1+1 반영> ▶영어 점수: 100-90-85-80 …			
		모집 인원	모집 인원	경쟁률	국수탐1 백분위합 (영어 제외)		국수영탐 환산점수	영어 등급	모집 인원	모집 인원	경쟁률	수학+필수 1개 백분위 평균			영어 등급
					3과목 백분위합	3과목 최종평균	가산점 포함					수학	국/탐2	가산점 포함	
	기계공학과		34	3.60	**226.8**	**75.6**	328.6	3.2		10	6.90	90.2	89.8	379.6	2.8
	기계설계공학과		15	3.50	**220.2**	**73.4**	321.6	3.0		8	3.80	90.7	85.3	376.0	3.1
	메카트로닉스공학과		18	3.70	**220.8**	**73.6**	322.6	3.1		10	6.2	91.4	96.5	383.3	3.0
	AI로봇전공		-	-	**-**	**-**	-	-		-	-	-	-	-	-
전자 공학	전자공학전공		26	3.40	**214.2**	**71.4**	315.6	3.2		8	3.90	91.7	93.5	387.1	2.8
	임베디드시스템전공		10	6.00	**233.1**	**77.7**	335.2	3.2		8	3.60	91.0	-	380.5	3.0
컴퓨터 공학	컴퓨터공학전공		14	5.2	**240.0**	**80.0**	343.4	3.1		8	4.30	92.3	85.0	390.8	2.6
	소프트웨어전공		14	3.70	**228.0**	**76.0**	328.1	3.2		8	3.90	93.3	-	390.1	2.5
게임 공학	게임공학전공		14	4.90	**236.7**	**78.9**	340.6	2.8		8	6.80	91.7	-	382.7	2.9
	엔터테인먼트컴퓨팅		6	5.7	**231.3**	**77.1**	335.1	2.8		5	5.60	92.3	-	383.1	2.7
	신소재공학과		14	3.90	**227.7**	**75.9**	332.6	2.8		8	5.00	91.0	88.5	379.9	2.7
	생명화학공학과		16	4.70	**230.4**	**76.8**	331.1	3.3		8	5.00	92.1	90.3	383.3	2.8
	나노반도체공학과		15	5.30	**236.1**	**78.7**	339.4	3.1		8	5.10	92.0	-	379.4	3.3
	에너지·전기공학과		17	4.10	**229.5**	**76.5**	332.2	2.9		8	6.60	90.6	90.5	380.5	2.8
경영 학부	산업경영전공		19	3.60	**226.5**	**75.5**	323.2	3.1		7	6.30	91.4	88.0	381.9	2.5
	IT경영전공		15	6.10	**226.5**	**75.5**	325.1	2.9		8	6.40	91.9	94.5	384.1	2.4
디자인 공학	산업디자인공학		17	3.50	**219.0**	**73.0**	319.9	3.0		10	5.00	89.1	-	378.0	2.6
	미디어디자인공		10	5.60	**225.0**	**75.0**	330.0	2.6		5	4.40	89.7	-	379.2	2.5
자연 합계		0	274	4.50	**227.8**	**75.9**	329.7	3.0	0	135	5.22	91.3	90.2	382.3	2.8

2022 대학별 수시모집 요강 — 한국외국어대

2022 대입 주요 특징
<영어> 인문확대 인 30:30:20:20 자 20:35:15:30
점수 인: 140-133-123-107.. 자: 105-100-92-80. .

▶ 교과반영 (교과/논술)
 인: 국영수사 자: 국영수과
▶ 학년비율 없음, 단위수 적용
▶ 등급 또는 원점수 환산점수
▶ 내신 과목별가중치 유지
 인문: 국영수사 30:30:20:20
 자연: 국영수과 20:20:30:30
▶ 진로선택과목 미반영

1. 교과 학교장추천 신설, 내신 등급 또는 원점수 적용 부활
2. 2022 내신반영 변화: 등급 또는 원점수 환산점수반영 도대체
3. 모든 종합전형 자기소개서 폐지
4. 글로벌캠퍼스 SW인재전형 신설: 컴퓨터공, 정보통신
5. 글로벌캠퍼스논술고사 신설: 총 62명, 수1+수2 범위 출제
6. 고른기회 수시통합 및 57명 인원확대: 128명→185명
7. 2022 교과전형 서울캠 수능최저완화 탐구 2개→탐구 1개
8. 한국외대종합 가장 큰 변별도 ①학업역량 ②전공적합 활동력

■ 2022 교과점수 산출지표 <학교장추천전형>★★

환산점수	등급	원점수-국영사과	원점수-수학
▶ 270점	1등급	90점 이상	90점 이상
▶ 258점	2등급	90점~85점	90점~80점
▶ 237점	3등급	85점~80점	80점~70점
▶ 201점	4등급	80점~75점	70점~60점
▶ 150점	5등급	75점~70점	60점~50점

모집시기	전형명	사정모형	학생부종합 특별사항	2022 수시 접수기간 09.10(금) ~ 14(화)	모집인원	학생부	논술	면접	서류	기타	2022 수능최저등급
2022 수시 정원내 2,023명 (59.9%) 정시 정원내 1,354명 (40.1%) 전체 정원내 3,377명 2021 수시 정원내 2,159명 (63.9%) 정시 정원내 1,218명 (36.1%) 전체 정원내 3,377명	**학교장추천** (학생부교과)	일괄	학생부교과 학교장추천 추천명단제출 ~09.28(화) 최종 12.16(목)	1. 2022 서울캠 30명 증가 2. 최저완화 탐구2→탐구1 3. 수능최저, 원점수 폐지영향 예측가능 낮아 경쟁률 저하 4. 글로벌캠 모두 최저없음 ▶서울입결 2.22 ▶글인 2.94 ▶글자연 2.85등급 ▶서울경쟁 11.5→6.89→8.86 ▶글인경쟁 7.17→4.24→5.25 ▶글자경쟁 10.8→4.92→5.53	491 서200 글173 2021 491 서170 글321	교과 90 비교과 10 전원 만점			<2020 입결참고 ollim> 등급 원점수 중앙값 서울 1.76 291.6 표준편차 4.50 글인 2.64 275.4 표준편차 10.4 글자 2.71 272.6 표준편차 8.30 <2021 추가합격 평균충원율> ▶서울캠: 170명/405명, 238.2% ▶글인문: 235명/419명, 178.3% ▶글자연: 86명/206명, 239.5%		서울캠: 2개합 4 (탐1) 사/과탐+史 4등급 글로벌: 최저 없음 ※ 2021 최저 참고 서울캠: 2개합 4 (탐2) 글로벌: 최저 없음
	종합서류형 (학업역량형)	일괄	학생부종합 자소서폐지 최종 12.16(목)	1. 2022 서류형 서류평가요소 ①학업역량 40% ②계열적합성 20% ③인성 20% ④발전가능성 20%	654 서274 글380 2021 서131 글237				서류100%	1. 자주적 탐구인: 자기주도적 학습역량과 지식·정보·기술활용 역량 2. 국제적 한국인: 세계시민역량과 의사소통역량 3. 독창적 전문인: 창의·혁신역량과 대인관계역량 ▶서울입결 2.78 ▶글인3.92 ▶글자연 3.19등급		
	종합면접형 (계열적합성)	1단계	학생부종합 자소서폐지 1단계 10.25(월) 면접 10.31(일) 최종 12.16(목)	1. 서울208명, 글로118명 감소 2. 2022 면접형 서류평가요소 ①학업역량 20% ②계열적합성 40% ③인성 20% ④발전가능성 20% <2021 추가합격 비율> 서울캠: 371명/310명, 83.6% 글로캠: 255명/174명, 68.2%	300 서163 글137 2021 626 서371 글255				서류 100% (3배수) 최저없음	<경쟁률 19년~21년> ▶서울 8.80→8.57→7.93 ▶글인 7.40→7.57→8.48 ▶글자 11.1→8.25→7.04		2020 종합 1단계합격 ▶서울캠 일반고 등급 1~2등급: 408명 2~3등급: 326명 3~4등급: 23명 ▶글로캠 일반고 등급 1~2등급: 8명 2~3등급: 358명 3~4등급: 385명 4~5등급: 43명
		2단계							서류 70% + 면접 30% 1인당 8분내외 공통제시문없음	<종합입결 20년~21년> ▶서울 2.78→3.12 ▶글인 3.92→3.89 ▶글자 3.17→3.46		
	SW인재 종합전형	1단계	학생부종합 서류~09.15(수) 1단계 10.25(월) 면접 10.31(일) 최종 12.16(목)	컴퓨터공학 24명 정보통신공 10명	글로벌 34				서류 100% (3배수)	<경쟁률 2021> ▶서울 7.21		
		2단계							서류 70% + 면접 30%			
	논술전형	일괄	논술전형 최저있음 11.27(토) 11.28(일) 최종 12.16(목)	1. 전년대비 서울 61명 감소 2. 자연논술 62명 신설 3. 인문과 사회계열 분리출제 4. 5~6개 제시문 (영어 1지문) ① 분류요약 4백자. 배점 210 ② 비판평가 5백자. 배점 210 ③ 적용추론 6백자. 배점 280	477 서313 글164 2021 489 서374 글115	교과 30% + 논술 70% 비교과 만점 서울 100분 1,500자 3문항 글로벌 80분				<2021 경쟁률 현황> ▶서울캠 경쟁률 39.5 ▶글로벌캠 경쟁률 16.9 ▶서울캠 평균 3.46등급 ▶글인문 평균 5.24등급		서울: 2개합 4 (탐1) LD/LT: 2개합 3 (탐1) 사/과탐+史 4등급 글로벌: 최저없음
	고른기회1	일괄	학생부종합 최종 12.16(목)	2022 단계→일괄전형 변화 1. 보훈/농어촌/서해5도 자녀 2. 기초수급 및 차상위 자녀 3. 2021 서울 61명, 글로벌 67	185 서 62 글123	서류 100% 학업역량 40%				<고른기회1 입결평균 2020~2021> ▶서울 3.30 중앙값 2.60 ▶글인 4.20 중앙값 3.80 ▶글자 3.69 중앙값 3.70		▶▶서울 3.10 ▶▶글로벌인/자 4.30

■ 한국외대 종합전형 주요사항 *리포트 올림 참고 2019~2022* ★★
1. 서반/독어과: 일반고 출신자 다수 합격, 고교 클러스터 등을 통한 활동 역량
2. 사회과학부: 경쟁률 해마다 치열, 성적 및 활동 경쟁력 지원자풀이 탄탄함
3. 스칸디나비아어: 일반고의 외고 기피, 외고의 외고 기피로 오히려 성적 상승
4. 지식콘텐츠학: 미디어 계통으로 지원자 접근함
5. 스포츠레저: 인기 최강, 장래 스포츠마케팅 선호, 영어실력, 스포츠경험실적
6. 산업경영: 경영을 시스템화하려는 지원자 다수, 기본적으로 높은 경쟁률
7. 글로벌캠퍼스 어학계열 중 일본어, 중국어통번역 등 제외하면 모두 일반고
8. 3학년 기록이 가장 중요함. 세특 기록→수행 발표→독서 기록으로 확장 등
9. 아랍어 울산외고, 베트남어 충남외고 기타 아랍어 고교 거의 없음

10. 소속변경: 1년수료 후 3.5학점 이상, 3개년평균 47명 서울캠합격
11. 31개 전국외고생 성적 및 활동력 위주 경쟁력 강함 - 일어, 중국어
12. 캠퍼스통합 5년차, 캠퍼스 구분없이 이중전공/융복합수업가능
13. 통번역대학의 3대장 : 영어, 스페인어, 중국어
14. 경쟁률 3개년 추이 확인 필요, LD-국립외교원, LT-경제통상전문
15. 한국외대 단과대별 모집단위
 ▶서울캠 어문계열: 영어대/서양어대/동양어대/중국어대/일본어대
 ▶서울캠 사과기타: 사과대/상경대/경영대/사범대/국제학부
 ▶글로벌 인문어문: 통번역대/동유럽대/국제지역대
 ▶글로벌 인문경상: 인문대/경상대
 ▶글로벌 자연공과: 자연과학대/공과대 글로벌바이오메디컬

2022 교과전형		2022 모집인원	2021 한국외대 교과서울						2020 한국외대 교과서울				
2022 학교장추천전형 2022 수능최저등급 ▶서울캠: 2개합 4 (탐1) 사/과탐+史 4등급 ▶글로벌: 최저 없음			서울캠: 2개합 4(탐2)+史 4등급 글로벌: 최저 없음						2020 서울캠 글로벌캠 모두 최저없음				
			2021 지원		2021 입결				2020 지원		2020 입결		
		모집인원	모집인원	최초경쟁률	최종평균 국영수사	최종등록 추합인원			모집인원	최초경쟁률	1단계 합격평균 국영수사 일반고★	최종등록 추합인원	
영어 대학	영어학과 ELLT	8	6	8.67	2.10	14			6	5.2	3.08	12	
	영미문학 문화학과	8	6	6.33	2.10	14			6	4.0	2.98	5	
	EICC학과	6	5	10.0	2.00	8			5	7.6	2.26	9	
서양어 대학	프랑스어학부	10	7	8.43	2.10	20			8	4.4	3.19	15	
	독일어과	13	8	8.38	2.00	15			9	5.4	3.07	17	
	노어과	5	5	10.6	2.30	9			6	14.2	3.40	13	
	스페인어과	14	9	7.11	2.00	23			9	3.4	2.66	18	
	이탈리아어과	3	3	5.67	2.80	2			5	13.4	3.02	4	
	포르투갈어과	3	3	7.67	2.10	2			5	3.8	3.79	4	
	네덜란드어과	3	3	9.00	2.50	2			5	7.2	3.42	9	
	스칸디나비아어과	3	3	7.00	2.70	1			5	8.8	3.67	10	
동양어 대학	말레이 인도네시	3	3	5.67	3.10	0			5	4.4	3.17	5	
	아랍어과	5	5	6.80	2.20	13			5	4.6	2.87	7	
	태국어과	3	3	6.00	2.30	0			5	12.6	3.18	4	
	베트남어과	5	5	12.0	2.00	9			5	5.4	2.87	15	
	인도어과	3	3	6.00	2.10	0			5	8.6	3.05	3	
	터키 아제르바이잔	3	3	13.0	2.20	1			5	10.6	3.21	1	
	페르시아이란어과	3	3	20.7	2.50	5			5	5.6	3.27	3	
	몽골어과	3	3	9.33	2.20	3			5	4.6	3.72	6	
중국 일본 대학	중국언어문화학부	7	5	6.20	2.30	8			6	6.2	3.34	3	
	중국외교통상학부	6	5	6.20	2.20	11			5	5.4	2.99	11	
	일본언어문화학부	5	5	6.00	2.00	6			5	4.2	3.08	5	
	융합일본지역학부	7	7	9.43	2.30	10			8	5.6	2.80	14	
사회 과학	정치외교학과	5	5	9.80	2.00	21			5	5.6	2.16	19	
	행정학과	5	5	9.20	1.90	14			5	10.8	2.45	24	
	미디어커뮤니케이	6	6	9.00	2.60	14			6	7.0	2.36	16	
상경 대학	국제통상학과	5	5	9.80	1.80	18			5	7.4	2.26	10	
	경제학부	7	7	12.6	1.90	36			8	6.4	2.12	26	
경영	경영학부	14	13	10.6	1.90	68			15	7.7	2.34	66	
사범 대학	영어교육과	6	6	6.50	2.30	23			7	5.6	1.98	24	
	한국어교육과	3	3	7.00	2.30	10			5	7.0	1.71	23	
	프랑스어교육과	3	3	7.67	2.10	2			4	9.3	3.56	7	
	독일어교육과	3	3	9.00	2.20	9			3	7.0	3.35	7	
	중국어교육과	3	3	12.0	2.60	2			3	8.0	2.79	3	
국제 학부	국제학부	4	3	10.3	2.10	12			5	10.2	2.07	4	
	LD 학부	4	-	-	-	-			-	-	1.59	-	
	LT 학부	3	-	-	-	-			-	-	3.03	-	
서울종합 전체평균		200	170	8.85	2.22	405			204	7.1	2.86	422	

333

2022 교과전형		2022 모집인원	2021 한국외대 교과글로벌 서울캠: 2개합 4(탐2)+史 4등급 글로벌: 최저 없음						2020 한국외대 교과글로벌 2020 서울캠 글로벌캠 모두 최저없음				
			2021 지원		2021 입결				2020 지원		2020 입결		
			모집인원	최초경쟁률	최종평균 국영수사	최종등록 추합인원			모집인원	최초경쟁률	1단계 합격평균 국영수사 일반고★	최종등록 추합인원	
인문 대학	철학과	7	8	4.25	2.80	11			9	2.9	3.24	14	
	사학과	7	8	3.75	3.10	10			9	3.1	3.19	7	
	언어인지과학과	7	8	4.00	2.70	16			9	3.7	3.90	7	
통번역 대학	영어통번역학부	3	7	4.00	2.20	12			15	3.6	3.33	29	
	독일어통번역학과	6	12	4.08	3.10	27			12	2.8	4.06	15	
	스페인어통번역학	7	15	4.40	2.70	36			15	3.8	3.95	25	
	이탈리어어통번역	2	4	3.75	2.80	1			8	3.4	4.21	10	
	중국어통번역학과	3	8	4.44	3.10	26			10	4.1	3.95	12	
	일본어통번역학과	4	8	3.75	2.70	6			8	3.4	3.62	8	
	태국어통번역학과	4	6	3.00	3.10	7			8	4.1	4.68	8	
	말레이인도네통번	4	6	6.17	2.70	16			8	4.0	4.08	8	
동유럽 대학	폴란드어과	4	6	8.33	3.10	25			8	4.9	4.20	9	
	루마니아어과	4	6	5.17	3.20	6			8	7.9	4.76	7	
	체코슬로바키아어	4	6	6.00	2.80	10			8	6.3	4.52	16	
	헝가리어과	4	6	7.33	3.00	16			8	3.1	4.67	6	
	세르비아크로아티	4	6	6.33	3.10	14			8	3.8	4.37	7	
	우크라이나어	3	5	3.60	3.00	0			4	4.3	4.65	3	
국제 지역 대학	프랑스학과	6	12	5.42	3.00	32			12	3.2	4.14	8	
	브라질학과	5	8	17.10	3.10	11			10	4.4	4.36	21	
	그리스불가리아학	4	8	8.63	3.20	10			8	4.8	4.54	9	
	인도학과	3	6	4.50	3.30	9			7	14.7	3.90	7	
	중앙아시아학과	4	8	5.00	3.20	14			8	3.1	4.30	6	
	아프리카학부	6	12	4.75	3.00	18			12	3.8	3.88	6	
	러시아학과	5	10	4.20	2.80	14			10	4.1	3.90	10	
	한국학과	3	5	3.60	2.80	8			5	4.4	4.05	12	
경상 대학	GBT글로벌비지니	7	15	3.60	2.90	22			15	4.1	3.38	18	
	국제금융학과	3	5	4.20	3.10	6			5	4.6	3.20	8	
융합	융합인재학부	10	17	4.00	2.80	28			-	-	-	-	
글로벌스포츠산업학부		3	4	5.00	2.90	8			5	5.4	2.90	3	
자연 과학 대학	수학과	3	8	4.25	2.80	11			8	3.0	3.30	15	
	통계학과	3	8	4.50	3.10	9			8	3.9	2.92	13	
	전자물리학과	3	8	4.75	3.10	20			8	5.9	4.08	18	
	환경학과	4	10	5.00	2.90	17			10	4.4	2.94	15	
	생명공학과	4	10	5.70	2.50	29			10	4.0	2.74	24	
	화학과	4	10	6.90	2.70	35			10	5.2	3.25	15	
공과 대학	컴퓨터공학부	4	11	6.36	2.50	28			15	6.1	3.28	50	
	정보통신공학과	3	5	4.80	3.10	4			5	4.2	3.46	6	
	전자공학과	3	5	6.80	3.10	21			5	8.8	3.10	15	
	산업경영공학과	3	5	5.60	3.10	12			5	3.8	3.23	4	
바이오메디컬공학부		3	6	6.17	2.50	20			6	4.8	2.72	14	
글로벌종합 진체평균		173	321	5.33	2.92	625			342	4.6	3.77	488	

2022 종합서류		2022 모집인원	2021 한국외대 종합서울			
서류형 일괄전형 서류100%			서류형 일괄전형 서류100% 신설			
			2021 지원		2021 입결	
			모집인원	최초 경쟁률	최종평균 국영수사	최종등록추합인원
영어대학	영어학과 ELLT	10	4	6.25	2.00	3
	영미문학 문화학과	10	4	8.00	3.10	1
	EICC학과	10	3	6.33	2.20	2
서양어대학	프랑스어학부	10	5	6.60	2.90	5
	독일어과	10	10	6.00	3.10	17
	노어과	10	3	5.00	3.90	2
	스페인어과	10	9	4.89	2.50	16
	이탈리아어과	7	3	4.00	3.60	3
	포르투갈어과	7	3	6.00	2.90	5
	네덜란드어과	7	3	6.33	2.30	1
	스칸디나비아어과	7	3	5.00	2.70	1
동양어대학	말레이 인도네시	7	3	5.67	2.90	3
	아랍어과	9	3	7.00	2.50	0
	태국어과	7	3	5.00	4.40	1
	베트남어과	4	2	6.50	3.00	0
	인도어과	6	3	6.33	2.90	0
	터키 아제르바이잔	6	3	5.67	2.80	0
	페르시아이란어과	4	2	4.50	2.60	0
	몽골어과	5	3	6.67	3.60	5
중국일본대학	중국언어문화학부	10	3	7.67	2.90	1
	중국외교통상학부	10	3	7.67	2.70	1
	일본언어문화학부	9	3	10.3	3.10	1
	융합일본지역학부	6	3	7.33	1.80	4
사회과학	정치외교학과	4	3	11.7	2.00	0
	행정학과	4	3	13.3	2.30	5
	미디어커뮤니케이	11	3	12.3	2.40	3
상경대학	국제통상학과	6	3	7.00	2.00	1
	경제학부	10	3	8.33	1.70	6
경영	경영학부	14	15	10.2	2.10	21
사범대학	영어교육과	10	3	6.67	2.70	3
	한국어교육과	8	2	7.00	2.00	1
	프랑스어교육과	3	2	5.50	2.50	0
	독일어교육과	4	2	4.50	3.40	0
	중국어교육과	3	2	5.50	4.90	1
국제학부	국제학부	10	2	8.50	3.50	2
	LD 학부	4	2	8.50	1.60	2
	LT 학부	2	2	6.50	3.30	1
서울종합 전체평균		274	131	7.03	2.78	118

335

2022 종합서류			2021 한국외대 종합글로벌										
서류형 일괄전형 서류100%		**2022**	서류형 일괄전형 서류100% 신설										
			2021 지원		2021 입결								
		모집 인원	모집 인원	최초 경쟁률	최종평균 국영수사 국영수과	최종 등록 추합 인원							
인문 대학	철학과	12	8	4.13	3.60	*8*							
	사학과	12	8	5.88	3.20	*4*							
	언어인지과학과	12	8	3.63	3.30	*12*							
통번역 대학	영어통번역학부	9	6	7.00	2.90	*2*							
	독일어통번역학과	14	7	4.57	3.60	*6*							
	스페인어통번역학	14	7	5.86	4.10	*7*							
	이탈리아어통번역	7	3	5.00	4.70	*4*							
	중국어통번역학과	11	6	8.50	3.60	*8*							
	일본어통번역학과	11	6	7.83	4.00	*10*							
	태국어통번역학과	10	6	5.17	5.00	*3*							
	말레이인도네통번	10	6	4.67	3.90	*5*							
동유럽 대학	폴란드어과	9	6	4.17	4.00	*1*							
	루마니아어과	9	6	4.17	5.00	*3*							
	체코슬로바키아어	9	6	4.50	4.40	*5*							
	헝가리어과	9	6	4.83	4.40	*3*							
	세르비아크로아티	9	6	4.67	4.20	*1*							
	우크라이나어	3	2	4.50	5.60	*2*							
국제 지역 대학	프랑스학과	11	6	5.33	3.50	*8*							
	브라질학과	10	5	4.40	4.90	*4*							
	그리스불가리아학	10	5	4.00	4.90	*3*							
	인도학과	8	5	4.00	3.70	*5*							
	중앙아시아학과	10	5	4.20	4.80	*1*							
	아프리카학부	11	6	5.00	3.70	*2*							
	러시아학과	10	4	7.25	3.60	*7*							
	한국학과	6	3	5.33	3.90	*2*							
경상 대학	GBT글로벌비지니	15	7	7.00	2.70	*4*							
	국제금융학과	6	4	4.75	2.70	*6*							
융합	융합인재학부	26	16	7.94	2.90	*12*							
	글로벌스포츠산업	9	3	9.67	2.90	*2*							
자연 과학 대학	수학과	7	5	6.20	3.00	*5*							
	통계학과	7	5	4.00	3.00	*9*							
	전자물리학과	7	5	3.80	3.80	*8*							
	환경학과	8	5	6.00	3.40	*2*							
	생명공학과	8	5	7.60	2.50	*2*							
	화학과	8	5	6.60	3.10	*7*							
공과 대학	컴퓨터공학부	7	11	4.73	3.30	*20*							
	정보통신공학과	4	6	4.00	3.50	*5*							
	전자공학과	8	6	3.50	3.70	*9*							
	산업경영공학과	8	6	4.83	3.20	*2*							
	바이오메디컬공학부	6	6	5.33	2.60	*7*							
글로벌종합 전체평균		380	237	5.36	3.72	*216*							

2022 종합면접		2021 한국외대 종합서울					2020 한국외대 종합서울				
면접형 단계전형 ▶1단계 서류100% (3배수) 2단계 서류70+면접30 ▶1인당 8분 내외 공통 제시문 없음	2022	▶면접형 1단계 서류 100% (3배수) 2단계 서류 70%+ 면접 30% ▶1인당 8분 내외, 공통 제시문 없음					2020 최저없음 2020 1단계합격 기준 * 국영수사/국영수과 단순평균 ※ 한국외대 수시입시분석 설명회 사진정리 올림				
		2021 지원		2021 입결			2020 지원		2020 입결		
	모집 인원	모집 인원	최초 경쟁률		최종 등록 추합 인원	최종평균 국영수사	모집 인원	최초 경쟁률	1단계 합격평균 국영수사 일반고★	최종 등록 추합 인원	최종평균 국영수사
영어 대학	영어학과 ELLT	7	18	5.44	12	3.10	17	6.50	3.08	17	3.60
	영미문학 문화학과	7	18	8.17	16	3.30	17	8.40	2.98	22	3.60
	EICC학과	6	17	5.35	10	2.70	15	7.20	2.26	15	2.30
서양어 대학	프랑스어학부	7	18	5.83	24	3.30	21	6.50	3.19	19	3.10
	독일어과	8	18	5.56	16	3.90	26	6.20	3.07	24	3.10
	노어과	4	12	6.75	7	3.70	13	6.50	3.40	7	3.40
	스페인어과	8	18	5.33	19	4.00	26	6.20	2.66	29	2.50
	이탈리아어과	3	7	5.29	2	3.90	7	6.10	3.02	0	3.00
	포르투갈어과	3	7	8.57	0	2.70	7	7.30	3.79	6	4.50
	네덜란드어과	3	7	5.00	5	3.80	7	8.40	3.42	2	3.50
	스칸디나비아어과	3	7	8.00	2	2.80	7	8.60	3.67	3	3.30
동양어 대학	말레이 인도네시	3	7	6.86	3	2.60	7	7.00	3.17	3	3.90
	아랍어과	4	10	6.40	2	3.10	15	6.10	2.87	4	2.90
	태국어과	3	7	5.57	1	3.00	7	6.30	3.18	2	3.70
	베트남어과	3	5	6.80	1	3.10	6	7.80	2.87	1	3.10
	인도어과	3	6	4.83	5	4.30	6	7.80	3.05	2	3.20
	터키 아제르바이잔	3	6	6.50	2	4.90	6	7.80	3.21	0	2.50
	페르시아이란어과	3	5	5.20	3	3.40	7	6.00	3.27	2	3.40
	몽골어과	2	4	7.75	1	4.30	5	8.40	3.72	3	3.70
중국 일본 대학	중국언어문화학부	5	15	9.13	19	2.90	18	6.80	3.34	16	3.10
	중국외교통상학부	5	14	7.86	8	3.00	18	6.20	2.99	12	2.80
	일본언어문화학부	4	11	11.9	13	3.30	15	8.50	3.08	16	2.80
	융합일본지역학부	3	6	8.17	4	3.20	8	9.10	2.80	2	2.90
사회 과학	정치외교학과	5	6	16.3	12	2.00	13	13.7	2.16	16	2.10
	행정학과	5	6	21.2	6	2.70	13	12.6	2.45	17	2.60
	미디어커뮤니케이	6	17	13.3	12	1.90	18	15.9	2.36	11	2.20
상경 대학	국제통상학과	5	8	10.3	16	2.40	14	10.1	2.26	4	2.30
	경제학부	8	18	6.61	17	2.60	22	9.50	2.12	22	2.00
경영	경영학부	10	18	12.2	23	2.20	33	12.2	2.34	39	2.20
사범 대학	영어교육과	3	10	7.00	12	2.00	8	12.3	1.98	12	2.50
	한국어교육과	3	9	6.56	12	2.10	8	10.0	1.71	13	1.90
	프랑스어교육과	3	4	6.75	1	4.40	4	7.80	3.56	3	3.70
	독일어교육과	3	5	4.40	2	4.00	3	6.00	3.35	2	3.00
	중국어교육과	3	4	7.25	3	3.60	5	9.00	2.79	9	3.30
국제 학부	국제학부	3	12	11.9	4	2.40	5	13.6	2.07	4	2.10
	LD 학부	3	6	6.30	12	2.30	8	8.10	1.59	9	1.50
	LT 학부	3	5	7.60	3	2.70	7	6.60	3.03	3	3.10
서울종합 전체평균		163	371	7.94	310	3.12	442	8.46	2.86	371	2.93

2022 종합면접		2021 한국외대 종합글로벌						2020 한국외대 종합글로벌					
면접형 단계전형 ▶1단계 서류100% (3배수) 2단계 서류70+면접30 ▶1인당 8분 내외 공통 제시문 없음	2022	▶ 면접형 1단계 서류 100% (3배수) 2단계 서류 70%+ 면접 30% ▶1인당 8분 내외, 공통 제시문 없음						2020 최저없음　2020 1단계합격 기준 * 국영수사/국영수과 단순평균 ※ 한국외대 수시입시분석 설명회 사진정리 올림					
		2021 지원		2021 입결				2020 지원		2020 입결			
	모집 인원	모집 인원	최초 경쟁률		최종 등록 추합 인원	최종평균 국영수사 국영수과		모집 인원	최초 경쟁률	1단계 합격평균 국영수사 일반고★	최종 등록 추합 인원	최종평균 국영수사 국영수과	
인문 대학	철학과	3	8	6.00		6	3.50		10	7.10	3.24	5	3.30	
	사학과	3	8	8.88		5	3.30		10	8.90	3.19	7	3.10	
	언어인지과학과	3	8	5.38		3	3.10		10	5.40	3.90	3	3.50	
통번역 대학	영어통번역학부	7	9	8.11		4	3.30		15	6.90	3.33	7	3.40	
	독일어통번역학과	5	7	8.29		9	3.40		14	5.40	4.06	10	4.00	
	스페인어통번역학	5	8	6.38		5	3.60		15	5.40	3.95	2	3.60	
	이탈리아어어통번역	2	4	7.75		1	3.70		8	5.80	4.21	4	4.00	
	중국어통번역학과	5	6	16.7		2	3.30		13	9.20	3.95	7	3.50	
	일본어통번역학과	4	6	12.2		3	3.40		10	10.60	3.62	6	2.90	
	태국어통번역학과	3	6	5.33		2	4.40		8	7.00	4.68	1	4.50	
	말레이인도네통번	3	6	7.17		2	3.00		8	6.00	4.08	1	4.00	
동유럽 대학	폴란드어과	3	6	7.33		4	4.10		8	6.90	4.20	3	3.70	
	루마니아어과	3	6	6.83		5	5.30		8	5.90	4.76	1	4.70	
	체코슬로바키아어	3	6	6.83		4	5.00		8	7.50	4.52	2	4.70	
	헝가리어과	3	6	7.50		2	4.80		8	7.50	4.67	8	4.70	
	세르비아크로아티	3	6	7.00		4	3.80		8	6.90	4.37	3	4.00	
	우크라이나어	2	2	6.50		1	4.90		4	4.80	4.65	1	3.80	
국제 지역 대학	프랑스학과	5	6	11.0		12	4.30		12	8.50	4.14	6	3.90	
	브라질학과	4	6	6.50		1	4.70		10	7.10	4.36	0	4.50	
	그리스불가리아학	3	5	6.40		2	4.20		8	5.30	4.54	3	4.50	
	인도학과	2	5	6.60		1	4.50		8	5.50	3.90	4	4.30	
	중앙아시아학과	3	5	10.4		6	3.80		8	6.80	4.30	4	4.10	
	아프리카학부	5	6	8.50		0	3.50		12	7.20	3.88	3	3.60	
	러시아학과	4	5	8.20		6	4.70		10	10.4	3.90	3	3.70	
	한국학과	2	4	6.75		5	3.10		6	6.20	4.05	3	3.30	
경상 대학	GBT글로벌비지니	5	8	10.8		5	3.10		15	9.40	3.38	4	3.20	
	국제금융학과	3	4	7.25		1	3.40		10	8.30	3.20	10	3.70	
융합	융합인재학부	11	18	11.0		6	3.90		-	-	-	-	-	
글로벌스포츠산업		3	10	18.2		2	3.70		10	14.3	2.90	5	3.40	
자연 과학 대학	수학과	3	5	7.80		5	3.10		8	5.40	3.30	6	3.30	
	통계학과	3	5	4.40		9	3.60		8	5.60	2.92	5	2.90	
	전자물리학과	3	5	7.40		7	3.60		8	6.50	4.08	4	4.30	
	환경학과	3	5	8.60		8	4.00		10	11.9	2.94	4	3.00	
	생명공학과	3	5	10.0		4	3.20		10	14.0	2.74	7	2.70	
	화학과	3	5	9.20		2	3.10		10	7.50	3.25	9	3.30	
공과 대학	컴퓨터공학부	-	11	6.91		16	3.40		15	8.90	3.28	13	3.20	
	정보통신공학과	-	6	6.33		7	3.90		9	8.20	3.46	5	3.50	
	전자공학과	3	6	5.33		5	3.60		9	7.20	3.10	7	3.40	
	산업경영공학과	3	6	6.00		1	3.50		9	6.70	3.23	5	3.10	
바이오메디컬공학부		3	6	5.50		1	3.10		10	6.90	2.72	11	2.60	
글로벌종합 전체평균		137	255	8.08		174	3.77		380	7.56	3.77	192	3.66	

338

2022 논술전형		2022 모집인원	2021 한국외대 논술서울				2020 한국외대 논술서울			
<논술전형 수능최저> 서울: 2개합 4 (탐2) LD/LT: 2개합 3 (탐1) +史 4등급 글로벌: 최저없음			교과 30% + 논술 70%				교과 30% + 논술 70%			
			2021 지원		2021 입결		2020 지원		2020 입결	
			모집 인원	최초 경쟁률	최종 등록 추합 인원	최종평균 국영수사	모집 인원	최초 경쟁률	최종 등록 추합 인원	최종평균 국영수사
영어 대학	영어학과 ELLT	12	14	31.1	1	4.00	14	29.4	2	
	영미문학 문화학과	12	14	31.1	1	4.50	14	30.6	1	
	EICC학과	9	9	28.7	0	3.80	9	26.4	2	
서양어 대학	프랑스어학부	11	14	34.2	3	4.00	14	31.0	3	
	독일어과	14	17	35.7	2	4.10	17	31.5	2	
	노어과	8	8	27.7	3	5.00	8	28.6	1	
	스페인어과	13	17	37.4	3	4.10	17	32.8	4	
	이탈리아어과	6	8	29.5	2	4.10	8	27.9	2	
	포르투갈어과	6	8	27.1	6	4.10	8	27.0	1	
	네덜란드어과	6	8	28.1	2	4.00	8	29.4	1	
	스칸디나비아어과	6	8	27.5	2	4.50	8	26.0	1	
동양어 대학	말레이 인도네시	6	8	23.7	1	3.90	8	24.9	0	
	아랍어과	9	9	25.2	1	3.80	9	27.7	2	
	태국어과	6	8	21.5	1	4.90	8	22.6	2	
	베트남어과	6	8	28.0	1	3.40	8	29.4	1	
	인도어과	6	8	26.5	0	4.80	8	25.1	2	
	터키 아제르바이잔	6	8	25.1	0	4.90	8	21.9	0	
	페르시아이란어과	8	8	23.5	1	4.40	8	24.8	1	
	몽골어과	2	4	20.0	2	4.30	4	20.0	1	
중국 일본 대학	중국언어문화학부	9	9	27.5	4	4.30	9	26.3	0	
	중국외교통상학부	9	9	30.5	2	4.20	9	28.2	0	
	일본언어문화학부	9	9	29.7	6	4.80	9	26.2	0	
	융합일본지역학부	5	5	27.8	2	4.60	5	22.0	3	
사회 과학	정치외교학과	12	13	52.9	3	4.20	13	63.9	3	
	행정학과	12	13	50.0	4	4.40	13	60.9	1	
	미디어커뮤니케이	10	10	67.1	2	3.80	14	70.7	4	
상경 대학	국제통상학과	13	13	46.4	3	3.80	13	58.9	3	
	경제학부	16	19	48.3	0	4.50	19	58.3	9	
경영	경영학부	33	39	68.7	16	4.00	39	73.5	7	
사범 대학	영어교육과	4	8	29.7	1	3.50	8	30.5	3	
	한국어교육과	2	5	33.6	3	4.40	5	33.6	2	
	프랑스어교육과	2	4	26.7	2	4.30	4	23.3	7	
	독일어교육과	2	3	22.0	1	4.70	3	27.3	1	
	중국어교육과	2	3	23.0	0	3.70	3	22.3	1	
국제 학부	국제학부	3	5	38.8	2	3.80	5	54.4	0	
	LD 학부	8	14	61.7	0	3.50	14	65.8	4	
	LT 학부	6	7	65.1	0	3.30	7	73.4	0	
서울종합 전체평균		309	374	34.6	83	4.17	378	36.1	77	

339

2022 논술전형		2022 모집인원	2021 한국외대 논술글로				2020 한국외대 논술글로벌			
			교과 30% + 논술 70%				교과 30% + 논술 70%			
<논술전형 수능최저> 서울: 2개합 4 (탐2) LD/LT: 2개합 3 (탐1) +史 4등급 글로벌: 최저없음			2021 지원		2021 입결		2020 지원		2020 입결	
			모집 인원	최초 경쟁률		최종평균 국영수사	모집 인원	최초 경쟁률		최종평균 국영수사
인문 대학	철학과	3	3	15.0		5.30	3	22.7		
	사학과	3	3	16.3		5.00	3	26.0		
	언어인지과학과	3	3	13.3		4.30	3	23.7		
통번역 대학	영어통번역학부	9	11	18.3		4.90	17	28.1		
	독일어통번역학과	5	5	15.8		5.40	5	21.8		
	스페인어통번역학	6	8	18.0		4.80	8	26.0		
	이탈리어어통번역	2	2	12.5		6.00	3	20.0		
	중국어통번역학과	5	5	14.8		4.50	5	20.8		
	일본어통번역학과	4	4	15.0		5.00	4	20.5		
	태국어통번역학과	2	3	13.0		5.00	3	15.3		
	말레이인도네통번	2	3	12.0		5.00	3	17.0		
동유럽 대학	폴란드어과	2	2	13.0		5.00	2	15.5		
	루마니아어과	2	2	10.5		6.00	2	21.5		
	체코슬로바키아어	2	2	19.0		6.00	2	16.0		
	헝가리어과	2	2	13.0		5.50	2	16.0		
	세르비아크로아티	2	2	13.0		5.50	2	20.0		
	우크라이나어	2	2	9.0		5.50	2	14.5		
국제 지역 대학	프랑스학과	5	5	13.4		5.20	5	23.8		
	브라질학과	3	3	14.3		5.70	3	17.3		
	그리스불가리아학	2	2	12.0		5.00	2	15.5		
	인도학과	2	2	12.0		5.00	2	29.5		
	중앙아시아학과	2	2	10.5		6.00	2	14.5		
	아프리카학부	5	5	15.0		5.00	5	19.6		
	러시아학과	3	3	12.3		5.30	3	18.0		
	한국학과	2	2	13.0		5.50	2	18.0		
경상 대학	GBT글로벌비지니	7	8	24.0		4.90	8	41.0		
	국제금융학과	3	4	22.7		5.80	4	34.5		
융합	융합인재학부	10	14	22.6		4.90	-	-		
	글로벌스포츠산업	2	3	25.6		5.00	3	37.3		
자연 과학 대학	수학과	5	-				-			
	통계학과	5	-				-			
	전자물리학과	5	-				-			
	환경학과	6	-				-			
	생명공학과	6	-				-			
	화학과	6	-				-			
공과 대학	컴퓨터공학부	10	-				-			
	정보통신공학과	3	-				-			
	전자공학과	6	-				-			
	산업경영공학과	6	-				-			
	바이오메디컬공학부	4	-				-			
글로벌종합 전체평균		164	115	15.1		5.24				

340

2021 교과전형 | 2020 한국외대 학생부교과 (서울캠퍼스)

2020 수능최저폐지
2021 수능최저부활★
서울캠: 2개합 4(탐2)+史4
글로벌: 최저 없음
▶교과반영 (등급)
　(교과 및 논술만 반영)
▶학년비율: 동일
▶내신 반영 및 과목 가중치
인문: 국영수사 30:30:20:20
자연: 국영수과 20:30:30:20

▶ 2018~2019 수능최저 서울: 2개합 4등급 (탐2)
▶ 2020 수능최저 서울까지 모두 폐지

※ 대구엑스코 간담회 한국외대 수시분석 개인분석견해 올림 (2019. 06.15)

▶ 2018~2019 수능최저 서울: 2개합 4등급 (탐2)
▶ 2020 수능최저 서울까지 모두 폐지

대학	학과 (2021)	모집인원 2021	모집인원	최초경쟁률	등급	300점 환산	세부 적정 지원선 RANK	모집단위 적정 지원선 상위순 2020	점수 구간 RANK	적정 지원선 상위순 2019	모집단위	적정 지원선 단과대학 학과순 2019
영어대학	영어학과 ELLT	6			1.39	295.32	1.28	국제학부		299.96	미디어	299.84
	영미문학 문화학과	6			1.43	294.84		정치외교		299.95	정치외교	299.66
	EICC학과	5			1.67	291.96		국제통상		299.94	영어교육	299.86
서양어대학	프랑스어학부	7			1.59	292.92	1.30	영어교육	299.95	299.92	국제통상	299.86
	독일어과	8			1.57	293.16		ELLT		299.92	경영학부	299.85
	노어과	5			1.64	292.32		중국언어		299.92	한국어교	299.81
	스페인어과	9			1.43	294.84		일본언어		299.91	경제학부	299.89
	이탈리아어과	3			1.53	293.64		영미문학		299.89	베트남어	299.83
	포르투갈어과	3			1.54	293.52	1.40	스페인어		299.89	스페인어	299.85
	네덜란드어과	3			1.70	291.60		미디어커		299.89	행정학과	299.59
	스칸디나비아어과	3			1.75	291.00		경영합부	299.90	299.89	중국통상	299.86
동양어대학	말레이 인도네시아	3			1.58	293.04		인도어과		299.86	프랑스어	299.80
	아랍어과	5			1.61	292.68		한국어교		299.86	EICC	299.80
	태국어과	3			1.73	291.24		이탈리아		299.86	스칸디나	299.75
	베트남어과	5			1.65	292.20	1.50	중국외교		299.85	융합일본	299.89
	인도어과	3			1.49	294.12		포르투갈		299.85	포르투갈	299.80
	터키 아제르바이잔	3			1.66	292.08		경제학부	299.85	299.85	독일어과	299.78
	이란어과	3			1.62	292.56		중국교육		299.84	영어학과	299.70
	몽골어과	3			1.64	292.32		독일어과		299.83	이탈리아	299.76
중국일본대학	중국언어문화학부	5			1.39	295.32		말레인니		299.81	노어과	299.78
	중국외교통상학부	5			1.54	293.52		융합일본		299.80	아랍어과	299.89
	일본언어문화학부	5			1.42	294.96		프랑스어		299.80	인도어과	299.66
	융합일본지역학부	7			1.59	292.92	1.60	아랍어과	299.80	299.80	말레이	299.85
사회과학	정치외교학과	5			1.37	295.56		이란어과		299.79	독어교육	299.95
	행정학과	5			1.67	291.96		노어과		299.78	중국언어	299.89
	미디어커뮤니케이션	6			1.45	294.60		몽골어과		299.78	터키아제	299.96
상경대학	국제통상학과	5			1.37	295.56		베트남어		299.76	몽골어과	299.92
	경제학부	7			1.54	293.52		터키아제	299.75	299.75	태국어과	299.91
경영	경영학부	13			1.46	294.48	1.70 ~1.90	EICC		299.70	이란어과	299.92
사범대학	영어교육과	6			1.37	295.56		행정학과	299.70	299.66	영미문화	299.94
	프랑스어교육과	3			1.97	288.36		네덜란드		299.66	일본언어	299.75
	독일어교육과	3			1.95	288.60		태국어과		299.59	네덜란드	299.79
	한국어교육과	3			1.51	293.88	1.90	스칸디나	299.60 이하	299.59	국제학부	299.92
	중국어교육과	3			1.55	293.40	1.95	독어교육		299.50	중어교육	299.50
국제학부	국제학부	3			1.28	296.64	1.97	불어교육		298.75	불어교육	299.59
	LD 학부	-										
	LT 학부	-										
서울교과 전체평균		170			1.56	293.26				299.78		299.78

2020 한국외대 학생부교과 (글로벌캠퍼스)

2021 교과전형

<글로벌 2020 분석참고>
2019 이후 최저없음
▶교과반영 (등급)
 (교과 및 논술만 반영)
▶학년비율: 동일
▶내신 반영 및 과목 가중치
 인문: 국영수사 30:30:20:20
 자연: 국영수과 20:30:30:20

※ 대구엑스코 간담회
한국외대 수시분석
개인분석견해 올림

대학	학과	2021 모집인원	2019 모집인원	최초경쟁률	등급	300점환산	세부 적정지원선 RANK	모집단위 적정지원선 상위순 2020	점수구간 RANK	적정지원선 상위순 2019	모집단위	2019 적정지원선 단과대학 학과순
인문대학	인문과학 철학	7			2.39	279.81	1.95	국제스포츠	299.6	299.62	영어통번	298.77
	인문과학 사학	7			2.25	282.75		마인통번	299.5	299.49	스페통번	299.10
	인문과학언어인지	7			2.17	284.43	2.00 이내	스페통번		299.41	지식콘텐	299.02
	지식콘텐츠학부	3			2.04	287.16		지식콘텐		299.40	GBT	299.41
통번역대학	영어통번역학부	12			2.08	286.32		영어통번	299.4	299.38	국제스포	299.62
	독일어통번역학과	12			2.09	286.11		GBT학부		299.35	중국통번	299.08
	스페인어통번역학과	15			1.99	286.12		일어통번		299.31	국제금융	299.49
	이탈리어어통번역학	6			2.42	279.18	2.00	독어통번		299.31	한국학과	299.28
	중국어통번역학과	10			2.15	284.85		아랍통번	299.3	299.28	이탈통번	299.35
	일본어통번역학과	8			2.09	286.11		중국통번		299.27	아랍통번	299.18
	태국어통번역학과	6			2.42	279.18	2.10	언어인지		299.18	일본통번	298.76
	아랍어통번역학과	8			2.09	286.11		국제금융	299.2	299.14	폴란드어	299.27
	말레이인도네통번역	6			1.96	288.48		폴란드어		299.12	러시아어	299.03
동유럽대학	폴란드어과	6			2.22	283.38		사학과		299.10	사학과	299.14
	루마니아어과	6			2.34	280.86	2.20	프랑스학		299.08	독일통번	298.76
	체코슬로바키아어과	6			2.26	282.54		체코슬로	299.1	299.05	체코슬로	299.05
	헝가리어과	6			2.38	280.02		인도학과		299.03	말레통번	298.67
	세르비아크로아티아	6			2.35	280.65		러시아학		299.02	언어인지	298.82
	우크라이나어	5			2.67	273.93		중앙아시아	299.0	299.00	프랑스어	298.74
국제지역대학	프랑스학과	12			2.25	282.75		루마니아		298.82	세르비아	299.00
	브라질학과	8			2.57	276.03	2.30	세르크로	298.9	298.81	브라질학	298.81
	그리스불가리아학과	8			2.64	274.56		헝가리어		298.81	인도학과	298.64
	인도학과	6			2.27	282.33		철학과		298.77	철학과	298.81
	중앙아시아학과	8			2.32	281.28	2.40	이탈통번		298.76	루마니아	298.72
	아프리카학부	12			2.54	276.66		태국통번	298.8	298.76	태국통번	298.68
	러시아학과	10			2.30	281.70		아프리카		298.74	우크라이	299.12
	글로벌스포츠산업	4			1.95	288.60	2.50	한국학과		298.72	중앙아시	299.38
	한국학과	5			2.56	276.24		브라질학		298.68	아프리카	299.31
경상대학	글로벌비지니스테크	15			2.08	286.32	2.60	그리스불	298.7	298.67	헝가리어	299.40
	국제금융학과	5			2.21	283.59	2.67	우크라이		298.64	그리스어	299.31
자연과학대학	수학과	8			2.45	278.56	2.10	바이오메	299.0	299.03	생명공학	298.85
	통계학과	8		8.8	2.12	285.48		통계학과		299.01	바이오메	298.82
	전자물리학과	8		7.4	2.90	269.10		화학과	298.9	298.85	수학과	297.61
	환경학과	10			2.32	281.28		생명공학		298.82	통계학과	296.85
	생명공학과	10		14.3	2.28	282.12	2.20 ~2.80	환경학과	298.8	298.80	화학과	299.03
	화학과	10			2.18	284.22		산업경영		298.80	컴퓨터전	298.80
공과대학	컴퓨터공학부	11			2.41	279.30		컴전자시	298.7	298.67	전자공학	298.80
	정보통신공학과	5		5.0	2.55	276.45		수학과	298.6	298.59	산업경영	298.10
	전자공학과	5		15.2	2.56	276.24		정보통신		298.10	정보통신	298.67
	산업경영공학과	5		16.6	2.36	280.44		잔자공학	298.1 이하	297.61	전자물리	298.59
	바이오메디컬공학부	6			2.10	285.90	2.90	전자물리		296.85	환경학과	299.01
글로벌교과 전체평균		321	자연	10.8	2.30	281.64				298.90		298.90

| 2022 대학별 수시모집 요강 | 한국항공대 | | 2022 대입 주요 특징 | <영어 반영방법> 정시: 표준변환 공학 25:35:25:20
인/자: 136-133-128-123 ...　　이학 20:30:30:20 |

▶ 경영/항운 등: 국영수+사/과 ▶ 항우/항전 등: 국영수과 ▶ 재학: 각 5개씩 총 20개 반영 ▶ 졸업: 각 6개씩 총 24개 반영 ▶ 이수단위 미반영, 전년 동일	1. 항공대 RANK ①교통물류 ②항공운항 ③항공우주기계공 　　④소프트 및 자유전공 등 예상 2. 전형내신 RANK ①교과 ②미래인재 ③논술 3. 2022 논술100% 변경 및 수능최저 신설★ 4. 2022 신설학과: AI자율주행시스템공학과 5. 항공재료공학과→신소재공학과 명칭변경 6. 이수단위 미반영 <과목별가중치>　*공학: 항우/항전/항재 　공학 15:30:35:20　항운 20:30:30:20　경영 25:35:20:20
	7. 2022 인문계열 지원가능학과 (수학 확통, 내신 국영수사) 　: AI소프트웨어학과, 항공교통물류, 항공운항, 자유전공, 경영학부 ※ 항공운항학과 2022 일정 　▶1단계: 교과/농어촌/미래/고른 11.15(월), 논술 11.29(월) 　▶신체검사 　▶최종: 12.16(목) ※ 기타 농어촌 33명, 특성화고 12명 모집 생략

모집시기	전형명	사정모형	학생부종합 특별사항	2022 수시 접수기간 09. 10(금) ~ 14(화)	모집인원	학생부	논술	면접	서류	기타	2022 수능최저등급
2022 수시 646명 2021 정원내 수시 524명 (63%) 정시 306명 (37%) 전체 830명	교과성적 우수자	일괄	학생부교과 최종: 12.16(목) <내신 2022> 국영수사 국영수과 학년학기 구분없이 최우수 5개씩 총 20개 이수단위 미반영 <가중치 적용> 공 15 30 35 20 이 20 30 30 20 경 25 35 20 20	2021 단순성적 상승예측 1. 2022 전년대비 31명 증가 2. 2021과 최저동일 3. 내신 국영수사/국영수과 　매학기별 1개→과목별 5개 4. 항공운항 3배수 신검대상 5. 경영학: 글로벌항공경영전공 　전체 영어수업 6. 자전 항공운항선택 90% 7. 내신 20개→0.2 상승효과 <2021 수능최저등급>★★ ▶소프트/항공물류/ 　항공운항/자유전공/경영 　: 2개합 5 (탐구1) ▶공학 : 2개합 6 (탐구1) 　공학 수/과 응시 　필수반영 아님 　(항우/항전/항재)	2022 239 항우53 항전48 신소12 소프트15 드론12 AI 10 공학13 항교20 항운12 자전19 경영25 2021 208	교과 100					▶소프트/항교/항운 　자전/ 경영 　: 2개합 5 (탐1) ▶기타: 2개합 6 (탐1)
	미래인재	1단계 2단계	학생부종합 면접전형 자소서제출 ~09.24(금) 1단계 11.15(월) 면접　업로드 최종 12.16(목)	1. 2022 전년대비 9명 증가 2. 항공대특성화분야 잠재능력 3. 글로벌인재 성장역량보유자 4. 항공우주분야 자질재능 5. 미래선도 리더십 보유자 6. 특별활동/특정분야 재능 7. 항공운항 9명 등 8. 일반면접 서류확인 9. 자율동아리 등 항공관련 　전공적합성 적어도 소신지원	2022 140 항우34 항전31 신소08 소프트11 드론08 AI 08 공학 0 항교13 항운09 자전 0 경영18	서류 100 (3배수) 1단계 70 + 면접 30		▶영상업로드 방식 11.15.(월)~11.24.(수) 비대면 영상면접 방식 ①공통질문 사전공개 ②답변영상 2분 녹화 지정기간 내 업로드			최저 없음
	논술우수자	일괄	논술전형 최저 신설 수능이후 논술 11.20(토) 오전/오후 최종 12.16(목)	1. 2022 논술100% 변경 　수능최저 신설★ 2. 2022 전년대비 26명 증가 3. 수학강점 자연학생 　이학/소프트/자전 추천 ▶90분, 2문항 공통 ▶항우/항전/신소재/드론/AI 공학: 수리 2문항 　(수1 수2 미적분) ▶소프/항교/항운/자전 　: 수리1 70%+언어1 30% ▶경영: 언어논술 2문항 논술기본 560점+실질 140점 학생기본 240점+실질 60점	2022 179 항우38 항전36 신소09 소프트11 드론09 AI 10 공학09 항교15 항운09 자전14 경영19	논술 100					▶소프트/항교/항운 　자전/ 경영 　: 2개합 5 (탐1) ▶기타: 2개합 6 (탐1)
	고른기회	1단계 2단계	1단계 11.15(월) 자소서제출 ~09.24(금) 면접　업로드 최종 12.16(목)	1. 국가보훈: 유공자 등 2. 기회균형: 기초 및 차상위 3. 항공운항 3명 등	43 2021 32	서류 100 (3배수) 1단계 70 + 면접 30					<2020 고른기회 1단계합 경쟁률 평균-최저> 공학 항우주 4.10 **3.4-6.1**　항전자 3.90 **4.0-6.1** 　　　항재료 8.00 **3.8-5.0**　소프트 5.70 **3.9-7.3** 이학 교통물 6.00 **2.6-3.6**　항운항 9.50 **1.8-2.5** 인문 경영학 5.80 **3.9-4.9**
			2020 정시최종 표준환산 평균	**공학**: 항공우주및기계공학부 631.5, 국수탐 2.7, 영어 2.0 　　　항공재료공학부 631.4, 국수탐 2.7, 영어 2.0 **이학**: 항공교통물류 660.7, 국수탐 2.1, 영어 1.9 **인문**: 경영학부 645.5, 국수탐 2.4, 영어 2.1		항공전자정보공학부 632.3, 국수탐 2.7, 영어 2.0 소프트웨어 654.0, 국수탐 2.4, 영어 1.8 항공운항학과 674.5, 국수탐 1.6, 영어 1.3 자유전공 662.4, 국수탐 2.0, 영어 1.7					

2021 교과전형 (227명)

▶교과 100% (국영수사/국영수과 총 20개)

		2022 인원	2021 인원	경쟁률	실질 경쟁률	최초합 등록률	최종 평균	최종 70%	추합 인원	환산 점수
공학	항공우주기계공학	53	52	3.6	2.3	15%	2.50	2.80	59	985.2
	항공전자정보공학	48	49	4.4	3.3	22%	2.20	2.30	71	988.5
	신소재공학과	12	11	9.1	4.1	36%	2.30	2.40	8	987.6
	스마트드론공학과	12	13	4.5	2.1	46%	2.60	2.80	7	984.4
	공학계열	13	13	5.2	2.5	54%	2.40	2.40	6	986.6
	AI자율주행시스템공	10	신설	-	-	-	-	-	-	-
이학	소프트웨어학과	15	16	4.6	2.7	31%	2.30	2.40	19	987.2
	항공교통물류학부	20	21	4.5	3.2	24%	1.60	1.70	32	993.7
	항공운항학과	12	12	6.8	2.8	42%	1.20	1.30	12	997.7
	자유전공학부	19	12	5.3	3.8	42%	1.80	1.90	14	992.1
사회	경영학부	25	28	4.3	2.6	32%	2.50	2.60	29	985.4
		239	227	5.2	2.9	34%	2.14	2.26	257	988.8

2020 교과전형

▶교과 100% (국영수사/국영수과 전체)

	2020 인원	경쟁률	실질 경쟁률	최초 평균	최종 평균	추합 인원

2021 미래인재 (139명)

▶1단계: 서류100% (3배수)　수능최저 없음
▶2단계: 1단계 70+면접 30

		2022 인원	2021 인원	경쟁률	1단계 평균	1단계 최저	최종 평균	최종 최저	추합 인원	최초 등록률
공학	항공우주기계공학	34	36	7.2	2.20	3.20	2.20	2.90	35	42%
	항공전자정보공학	31	33	3.5	3.00	6.70	2.60	3.50	18	55%
	신소재공학과	8	9	3.3	3.40	6.20	2.80	3.40	4	56%
	스마트드론공학과	8	8	8.8	2.90	4.20	2.70	3.80	3	63%
	공학계열	-	-	-	-	-	-	-	-	-
	AI자율주행시스템공	8	신설	-	-	-	-	-	-	-
이학	소프트웨어학과	11	12	3.9	2.80	4.50	2.70	4.50	3	75%
	항공교통물류학부	13	14	6.4	2.20	3.10	2.00	2.60	5	64%
	항공운항학과	9	9	17.0	1.60	2.20	1.40	2.00	1	80%
	자유전공학부	-	-	-	-	-	-	-	-	-
사회	경영학부	18	18	3.2	3.90	7.10	3.30	6.00	11	50%
		140	139	6.7	2.75	4.65	2.46	3.59	80	61%

2020 미래인재

▶1단계: 서류100% (3배수)　수능최저 없음
▶2단계: 1단계 70+면접 30

	2020 인원	경쟁률	1단계 평균	1단계 최저	최종 평균	최종 최저	추합 인원

2021 논술전형 (171명)

▶교과 30+논술 70

수능최저 없음 2020~2021 수능최저 신설 2022		2022 인원	2021 인원	2021 경쟁률	실질 경쟁률	최초합 등록률	논술 평균	논술 최저	추합 인원	내신 평균
공학	항공우주기계공학	38	36	14.6	11.9	81%	81.9	72.0	9	3.6
	항공전자정보공학	36	33	13.1	11.3	64%	80.9	71.0	16	4.3
	신소재공학과	9	10	13.0	10.6	90%	81.3	73.0	1	4.1
	스마트드론공학과	9	9	11.2	9.7	89%	81.4	73.0	1	4.8
	공학계열	9	9	12.4	10.4	67%	80.8	72.5	4	4.2
	AI자율주행시스템공	10	신설	-	-	-	-	-	-	-
이학	소프트웨어학과	11	12	13.3	9.8	92%	71.7	62.5	1	4.2
	항공교통물류학부	15	14	16.6	12.8	79%	72.8	64.0	3	3.5
	항공운항학과	9	10	45.3	33.9	90%	82.3	75.0	1	3.4
	자유전공학부	14	19	13.6	9.7	79%	63.2	50.5	5	4.3
사회	경영학부	19	19	18.9	15.7	90%	84.4	81.0	1	4.1
		179	171	17.2	13.6	82%	78.1	69.5	42	4.1

2020 논술전형

▶교과 30+논술 70

	2020 인원	경쟁률	실질 경쟁률	최초 평균	최종 평균	추합 인원	내신 평균

2021 정시수능 (337명)

▶공학 25:35:25:20　▶이학 20:30:30:20
▶영어 136-133-128-123 ...

		2022 인원	2021 인원	2021 경쟁률	실질 경쟁률	최초합 등록률	환산 평균	국수영탐 평균등급	국수탐 평균	영어 평균
공학	항공우주기계공학		69	3.6	3.6	42%	616.4	2.9	3.2	2.0
	항공전자정보공학		68	3.2	3.2	53%	614.6	2.9	3.3	2.0
	신소재공학과		22	10.6	10.6	21%	618.8	2.9	3.1	2.1
	스마트드론공학과		18	3.3	3.3	33%	610.0	3.1	3.4	2.2
	공학계열		19	6.9	6.9	13%	624.0	2.7	3.0	1.9
	AI자율주행시스템공		신설	-		-	-	-	-	-
이학	소프트웨어학과		24	4.5	4.5	15%	628.2	2.8	3.1	2.1
	항공교통물류학부		34	3.3	3.3	57%	651.3	2.1	2.3	1.6
	항공운항학과		20	5.5	5.5	74%	665.0	1.8	2.0	1.2
	자유전공학부		18	5.5	5.5	12%	645.7	2.3	2.6	1.7
사회	경영학부		45	3.9	3.9	32%	635.4	2.6	2.9	1.8
		0	337	5.0	5.0	35%	630.9	2.6	2.9	1.9

2020 정시수능

▶공학 25:35:25:20　▶이학 20:30:30:20
▶영어 136-133-128-123 ...

	2020 인원	경쟁률	실질 경쟁률	최초 평균	최종 평균	추합 인원	충원율

2022 대학별 수시모집 요강	한서대학교	2022 대입 주요 특징		
			<영어반영>영탐1+국/수 택1+史: 영40탐20국/수35	
			인/자: 100-95-90-84-78... 항공운항: 국수영탐1史	

▶ 교과 반영 **단위수 미적용**
국영수 + 사/과 2개씩
총 8개 반영
(동일과목 중복불가)
▶ 학년 비율: **동일**

1. 대표전형 3개: ①학생부교과 ②한서인재면접 ③융합인재종합
2. 내신 일반 단위수 미적용, 종합전형 자기소개서 폐지
   단위수 적용 2개학과 ①항공기계정비 ②항공운항
3. 항공관광과, 호텔카지노학과=면접필수: 교과60%+면접40%
4. 한서인재=교과일괄면접, 융합인재=종합일괄서류100%

5. 항공운항=전문조종사★, 항공관광=승무원★ (모든전형 면접)
6. 무인항공기학과 2019 통합 (무인항공기+드론응용전공)
7. 종합전형 자소서 및 추천서 없음, 항공/보건 제외 전과제도 활용

모집시기	전형명	사정모형	학생부종합 특별사항	2022 수시 접수기간 09. 10(금) ~ 14(화)	모집인원	학생부	논술	면접	서류	기타	2022 수능최저등급
2021 수시 1,395명 (83.4%) 정시 277명 (16.6%) 전체 1,672명	학생부교과	일괄	학생부교과 최저없음 최종 11.12(금)	1. 2021 14명 인원증가 2. 항공관광, 호텔카지노 면접 교과60%+면접40%	417 2021 297	교과 100%					▶항공관광(스튜어디스): 10.21(목)~10.25(월)
	한서인재 일반전형 면접전형	일괄	학생부교과★ 최저없음 항공융합/일반 항공/보건 면접일정 별도 최종 11.26(금)	1. 2021 1명 인원감소 2. 면접 반영률: 58% 3. 多대多 면접 주안점 학생부 비교과 발전가능성 자기주도, 논리적 표현능력 도덕성, 사회성 인성 평가	430 2021 411	교과 40% + 면접 60%		일반면접 2022 일정참고 10/21(목) 항공융합/보건 /해양바이오수산생명 모든 호텔카지노관광 10/22(금) 항공/디자인터 항공관광(스튜) 모든면접 : 10.21(목)~10.25(월)			최저 없음 항공운항/항공조종 헬리콥터조종학과 신검발표 11.27(금) 최종발표 12.27(일)
	융합인재	일괄	학생부종합 최저없음 최종 11.12(금)	1. 창의, 유연사고, 목적, 신념 나눔실천, 사회공헌 인재 2. 전공적합/잠재력/인성사회 3. 항공운항/항공관광 모집X 4. 학부별 평가 주목	166 2021 206	서류100%		1. 2021 전년대비 3명 인원증가 2. 동아리 활동을 비롯 각종 비교과활동, 수상경력 등 종합적 확인 4. 학부별 평가에 주목할 것 (입시요강 P.16) 예) 항공융합: 항공/수학/과학/영어 동아리활동			
	지역인재	일괄	학생부종합 최저없음 최종 11.12(금)	대전/세종/충남북 대상자	99	서류100%					
	사회기여 배려자	일괄	학생부교과 최저없음 최종 11.12(금)	유공자녀 군인경찰소방교도 공무원/교직/다문화/다자녀3 5급이하공무원, 교직원자녀등	156 2021 138	교과 100%		●항공기계 2명 1.6 ●항공교통물류 3명 2.0 ●물리치료 5명 2.6 ●작업치료 4명 4.5 ●간호학과 4명 2.1 공항행정 5명 3.3 등 생략			
	기회균형 (정원외)	일괄	학생부교과 최저없음 최종 11.12(금)	기초수급 및 차상위자녀 <기타생략> 농어40, 특성화23 서해5도5 등	23 2021 23	교과 100%		<2022 기타전형 생략> 농어40, 특성화23 서해5도5 등			

2022 한서대학교 단과대별 학과편제

<보건학부> 2022
● 의료복지공학과과
● 물리치료학과
● 작업치료학과
● 방사선학과
● 간호학과
● 치위생학과
● 보건상담복지학과
● 피부미용화장품과학과
● 바이오식품과학과

<항공융합학부> 2022
● 글로벌언어협력학과(영/중/일/국제협력)
● 공항행정학과(공항홍보/공항행정)
● 항공보안학과
● 항공컴퓨터전공
● 항공인프라시스템학과(건축/토목/전기/환경)
● 항공신소재화공학과(신소재/화공)

<항공학부> 2022
● 항공소프트웨어공학과
● 항공기계정비학과
● 항공운항학과(조종사 양성)
● 헬리콥터조종학과
● 항공전자공학과
● 무인항공기학과(무인항공기/드론/시스템)
● 항공산업공학과
● 항공교통물류학과(항공교통학/항공물류학)
● 항공관광학과(승무원 양성)

<디자인 엔터미디어학부> 2022
● 디자인융합학(의상/시각/공간/산업)
● 영상애니메이션학과
● 문화재보존학과
● 실용음악과
● 미디어문예창작학과

<융합교양학부> 2022
● 호텔카지노관광학과

<해양스포츠학부> 2022
● 해양경찰학과(2022 신설)
● 해양바이오수산생명의학과
● 경호비서학과
● 레저해양스포츠학과

346

▶교과 반영 단위수 미적용
국외수+사/과 2개씩
총 8개 반영 ★★
(동일과목 중복불가)
▶학년 비율: 동일

		학생부교과 2021							학생부교과 2020						
	2022	교과 100%							교과 100%						
				최종등록 교과입결				추합			최종등록 교과입결				추합
	인원	인원	경쟁률	교과 최고	교과 평균	교과 80%	교과 최저	인원	인원	경쟁률	교과 최고	교과 평균	교과 80%	교과 최저	인원
항공융합학부 글로벌언어협력	25	20	4.30		3.5		5.8	65	18	6.42	1.6	3.5	3.8	5.0	100
공항행정학과	15	14	2.93		4.4		6.3	24	10	6.10	2.0	2.5	2.5	2.8	28
항공조종전공	-	-			-		-	-	5	13.8	1.0	1.0	1.0	1.0	9
항공보안시스템전공	9	6	3.33		3.2		4.3	8	3	6.00	1.8	1.9	2.1	2.1	14
항공정비전공	-	-			-		-	-	9	13.3	1.0	1.3	1.4	1.4	19
항공컴퓨터전공	9	5	2.60		3.9		5.0	7	3	9.00	2.4	2.4	2.5	2.5	7
항공인프라시스템	30	23	2.09		3.9		5.7	22	19	4.90	2.1	3.1	3.5	3.8	48
항공신소재화공	16	13	2.38		3.7		7.0	18	10	11.1	2.3	2.6	2.8	2.9	40
항공학부 항공소프트웨어공학	19	13	5.77		2.6		3.2	46	10	5.20	1.8	2.3	3.1	3.9	35
항공기계정비학과	17	-			-		-	-	-	-	-	-	-	-	-
항공운항 파일럿	12	-			-		-	-	-	-	-	-	-	-	-
헬리콥터조종학과	8	5	11.2		1.5		1.7	14	2	4.75	1.3	2.5	2.5	2.5	6
항공전자공학과	10	9	3.67		3.1		4.2	19	5	8.60	1.4	1.6	1.8	1.8	9
무인항공기학과	12	8	4.13		2.8		4.1	18	7	7.29	1.8	2.1	2.4	2.5	30
항공산업공학과	9	7	2.86		4.3		5.1	13	6	12.8	1.8	2.5	2.5	2.5	14
항공교통물류학과	14	12	7.17		1.8		2.3	53	11	7.75	1.0	1.5	1.9	2.0	49
항공관광스튜어디스	20	23	52.1		3.5		5.2	9	23	82.4	1.8	3.3	3.6	5.0	7
보건학부 의료복지공학과	13	7	10.4		4.9		5.5	52	7	9.67	3.9	4.5	5.8	5.9	49
물리치료학과	9	6	7.17		2.3		2.6	21	6	9.83	2.1	2.3	2.4	2.4	17
작업치료학과	12	8	5.38		4.1		5.2	30	6	18.7	3.1	3.4	3.5	3.5	29
방사선학과	13	8	4.88		3.0		3.8	27	8	9.88	2.6	2.8	3.1	3.1	25
간호학과	16	10	7.10		2.1		2.3	29	9	7.30	1.8	2.3	2.4	2.4	34
치위생학과	12	7	9.71		3.2		3.6	56	4	18.5	2.9	3.0	3.1	3.1	59
보건상담복지학과	17	17	3.41		4.3		5.6	39	16	8.24	3.4	4.0	4.5	4.8	81
피부미용화장품과학	10	12	3.08		5.6		6.7	25	12	6.91	1.8	4.0	4.5	5.5	60
바이오식품과학과	12	11	4.09		4.2		5.2	34	10	6.80	3.4	4.3	4.5	5.1	55
디자인앤터미디어학부 디자인융합학과	15	10	6.80		3.8		4.3	33	10	3.90	3.4	4.4	4.8	5.6	26
영상애니메이션학과	-	-			-		-	-	-	-	-	-	-	-	-
영화영상학과	10	8	10.1		4.5		6.0	71	6	8.88	3.3	3.9	4.9	5.1	63
문화재보존학과	14	7	2.29		3.4		4.6	9	6	5.71	3.3	3.6	4.1	4.1	27
미디어문예창작학과	13	8	8.88		4.4		7.0	63	9	9.88	3.1	4.0	4.4	4.6	56
융합교양 호텔카지노관광학과	5	10	7.00		4.8		5.7	21	7	4.00	3.4	4.9	6.3	6.9	11
해양스포츠학부 해양경찰학과	10	신설													
해양바이오수산생명	11	10	2.60		4.2		5.2	15	9	6.00	3.4	3.9	4.1	4.4	25
경호비서학과	-	-			-		-	-	-	-	-	-	-	-	-
레저해양스포츠학과	-	-			-		-	-	-	-	-	-	-	-	-
계	417	297	7.05		3.6		4.7	841	266	11.1	2.4	3.0	3.3	3.6	1032

▶교과 반영 단위수 미적용
국외수+사/과 2개씩
총 8개 반영 ★★
(동일과목 중복불가)
▶학년 비율: 동일

		2022	한서인재면접 2021 (교과 40% + 면접 60%)							한서인재면접 2020 (교과 40% + 면접 60%)						
		인원	인원	경쟁률	교과 최고	교과 평균	교과 80%	교과 최저	추합 인원	인원	경쟁률	교과 최고	교과 평균	교과 80%	교과 최저	추합 인원
항공 융합 학부	글로벌언어협력	20	20	2.20		4.2		5.5	16	21	3.55	3.1	4.0	4.5	5.0	28
	공항행정학과	14	12	2.42		3.4		4.7	8	12	4.33	3.1	3.5	4.0	4.1	14
	항공조종전공	-	-							5	8.80	1.1	1.3	1.4	1.4	4
	항공보안시스템전공	8	7	2.43		4.2		5.2	5	9	2.44	2.8	3.0	3.5	4.1	1
	항공정비전공	-	-							9	15.2	1.4	1.9	2.1	2.5	6
	항공컴퓨터전공	8	7	2.14		5.0		6.8	8	9	7.44	3.3	3.6	3.9	4.3	12
	항공인프라시스템	27	27	1.44		4.3		5.3	3	30	3.03	3.0	4.4	4.8	5.4	26
	항공신소재화공	11	11	2.6		4.0		4.8	9	14	3.40	3.0	3.6	4.5	4.9	14
항공 학부	항공소프트웨어공학	15	15	2.67		3.5		4.3	4	17	4.44	2.4	3.5	3.9	4.1	15
	항공기계정비학과	21	31	6.23		2.2		3.1	24	16	4.13	1.4	2.0	2.5	3.9	8
	항공운항 파일럿	27	33	6.82		1.3		1.7	18	21	13.1	1.0	1.0	1.3	1.4	9
	헬리콥터조종학과	10	7	3.86		2.0		2.6	2	7	4.00	1.4	1.9	2.1	2.9	10
	항공전자공학과	11	11	3.64		2.4		3.2	13	10	11.2	2.1	2.4	2.8	3.0	15
	무인항공기학과	17	15	4.33		2.9		3.1	5	15	4.07	2.3	3.0	3.5	4.1	4
	항공산업공학과	12	10	2.7		3.3		3.8	4	10	7.50	2.9	3.0	3.8	4.0	8
	항공교통물류학과	18	18	4.00		2.1		2.5	14	18	6.56	1.5	2.0	2.3	2.6	13
	항공관광스튜어디스	26	30	58.2		2.6		4.8	8	30	83.4	1.1	3.6	4.1	5.0	6
보건 학부	의료복지공학과	12	7	2.00		5.5		6.2	4	5	2.71	5.1	5.4	5.5	5.9	9
	물리치료학과	11	10	5.80		2.7		3.5	6	10	10.4	2.8	2.9	3.4	3.5	4
	작업치료학과	11	9	2.7		4.8		5.7	10	9	2.56	3.6	4.4	4.9	5.3	10
	방사선학과	12	10	2.80		4.1		5.2	6	10	6.40	3.3	3.4	4.0	4.4	19
	간호학과	23	17	3.47		2.9		3.8	19	17	6.00	1.8	2.6	2.9	3.1	8
	치위생학과	13	13	3.9		3.9		5.0	26	12	7.15	3.1	3.8	4.0	4.3	23
	보건상담복지학과	15	17	2.00		5.3		6.7	12	9	3.00	4.0	4.9	6.0	6.1	22
	피부미용화장품과학	11	14	1.79		5.3		6.8	3	9	3.14	4.0	4.9	5.5	5.8	20
	바이오식품과학과	10	10	2.40		5.3		6.0	7	3	2.40	5.1	6.5	6.9	6.9	7
디자인 앤터 미디어 학부	디자인융합학과	-	-							57	5.50	2.9	5.3	6.1	7.3	35
	영상애니메이션학과	-	-							17	22.3	3.5	4.9	5.6	6.5	18
	영화영상학과	8	10	3.50		4.9		6.0	17	10	4.90	4.1	4.8	5.3	6.1	21
	문화재보존학과	11	8	1.38		4.1		4.3	0	7	2.38	4.0	4.3	4.4	6.6	6
	실용음악과	-	-							4	1.25	4.9	6.3	6.3	7.4	-
	미디어문예창작학과	12	9	2.22		4.7		5.7	8	7	3.67	3.9	4.6	5.0	5.9	12
융합교양	호텔카지노관광학과	20	15	3.20		4.8		6.2	13	15	5.20	1.1	3.5	4.3	4.8	18
해양 스포츠 학부	해양경찰학과	10	신설	-		-		-	-	-	-	-	-	-	-	-
	해양바이오수산생명	6	8	1.88		4.7		6.1	5	6	1.88	4.0	4.5	5.6	5.8	4
	경호비서학과	-	-							19	10.4	2.6	5.5	6.1	6.4	6
	레저해양스포츠학과	-	-							30	8.03	1.9	5.1	5.8	6.5	24
계		430	411	4.99		3.8		4.8	277	509	8.22	2.8	3.8	4.2	4.8	459

한서대학교 2021 입결분석 03 - 융합인재종합 *2021. 06. 25 ollim*

▶교과 반영 단위수 미적용
국영수+사/과 2개씩
총 8개 반영 ★★
(동일과목 중복불가)
▶종합전형 전과목 정성

		2022 인원	융합인재종합 2021 서류 100%							융합인재종합 2020 서류 100%						
			인원	경쟁률	교과 최고	교과 평균	교과 80%	교과 최저	추합 인원	인원	경쟁률	교과 최고	교과 평균	교과 80%	교과 최저	추합 인원
항공 융합 학부	글로벌언어협력	20	20	2.50		4.4			28	19	3.40	2.6	4.0	4.6	5.3	46
	공항행정학과	11	10	2.00		3.8			10	11	7.18	2.3	3.4	3.5	4.0	9
	항공조종전공	-	-	-		-										
	항공보안시스템전공	-	-	-		-										
	항공정비전공	-	-	-		-										
	항공컴퓨터전공	-	-	-		-										
	인프라시스템학과	20	20	1.60		4.0			12	20	4.10	1.4	3.6	4.0	4.6	36
	항공신소재화공	13	13	1.54		4.4			6	10	3.60	2.5	2.8	3.1	3.6	9
항공 학부	항공소프트웨어공학	12	12	2.58		3.6			18	10	7.00	2.8	2.9	3.3	3.5	19
	항공기계정비학과	10	12	8.67		2.2			25	10	8.30	1.5	2.0	2.3	2.5	23
	항공운항 파일럿	-	-	-		-			-							
	헬리콥터조종학과	-	-	-		-			-							
	항공전자공학과	7	7	4.29		2.7			12	7	7.43	2.0	2.4	2.5	2.5	11
	무인항공기학과	11	10	5.30		3.6			12	10	5.90	1.8	2.6	3.0	3.6	11
	항공산업공학과	-	-	-		-			-							
	항공교통물류학과	11	10	7.20		2.2			13	10	8.20	1.5	2.0	2.3	2.6	11
	항공관광스튜어디스	-	-	-		-										
보건 학부	의료복지공학과	-	7	1.29		5.3			2	5	2.50	3.6	4.6	4.9	5.8	8
	물리치료학과	5	6	6.50		3.3			9	6	9.83	2.8	3.4	3.5	3.6	15
	작업치료학과	5	8	2.63		4.7			9	7	2.75	3.9	4.8	5.4	5.4	9
	방사선학과	6	8	6.75		4.0			7	7	3.00	3.6	4.0	4.8	5.8	16
	간호학과	11	9	5.56		3.2			10	9	5.00	2.4	2.8	3.6	3.8	8
	치위생학과	6	6	3.7		4.3			9	5	10.8	3.1	3.5	3.5	3.5	6
	보건상담복지학과	10	18	1.61		5.2			9	13	2.50	2.9	5.1	5.8	5.9	26
	피부미용화장품과학	-	7	2.43		5.2			10	6	3.86	3.6	4.9	5.6	6.0	17
	바이오식품과학과	5	10	1.20		5.7			1	8	4.00	3.6	4.1	4.6	5.8	30
디자인 앤터 미디어 학부	디자인융합학과	-	-	-		-			-							
	영상애니메이션학과	-	-	-		-			-							
	영화영상학과	-	-	-		-			-							
	문화재보존학과		7	1.29		4.7			2	2	2.14	3.4	4.9	4.9	4.9	7
	미디어문예창작학과		6	7.17		5.0			27	3	2.50	4.9	5.4	8.3	8.3	9
융합교양	호텔카지노관광학과	-	-	-		-			-							
해양 스포츠 학부	해양경찰학과	3	신설	-		-			-							
	해양바이오수산생명	-	-	-		-			-							
	경호비서학과	-	-	-		-			-							
	레저해양스포츠학과	-	-	-		-			-							
계		166	206	3.79		4.1			231	178	5.20	2.8	3.6	4.2	4.5	326

한성대학교

2022 대입 주요 특징

<정시> 국수중 높은순★ 40%:20%, 영어25%, 탐1 15%
영어: 100-97-94-80-70.. 영어 1등급=250점 수가10점

▶교과반영 2022	1. 2022 교과100% 전형 투트랙 투원교과, 최저유무 차이
▶크리/사과/패션/문콘 뷰티디자인매니: 국영수사	2. 2022 적성전형 폐지
▶IT공과/ AI응용: 국영수과	3. 한성인재 등 종합전형 학생20+서류80→서류 100% 변경
▶상상인재: 국영수+사/과	4. 학과 신설: 문학문화콘텐츠(주/야), AI응용학과(주/야)
▶이수단위 반영	5. 학과 폐지: 상상력인재(야간)
▶진로선택과목 미반영	6. 교과우수 수능최저 전년동일, 야간학과 지원전략 부심
	7. 정시 학부모집제: 상상력인재학부, ICT디자인학부
	8. 교과 및 한성인재 2개년 비교올림★
	9. 종합 학부단위=계열적합성, 학부모집제: 2학년 진학시 선택

10. 야간학과 참고: 졸업증명 야간표기 없음, 동일전공 동일과정 직장인 다수이지 않음, 또래 대학생 대부분, 주야별도 수강신청

11. 한성대 개편 2022 학부별 트랙전공분류 ★★
①크리에이티브 인문예술: 영미 등 인문학부 8개+예술 6개학과
②미래융합 사회과학대학: 사회과학부 국제통상 등 11개학과
③디자인대학: 글로벌패션 3개+ICT디자인학부 등 8개학과
④IT공과대학: 컴공 4개+기계 4개+IT융합 4개+스마트경영 3개
⑤창의융합대: 상상력인재학부, 문학문화콘텐츠학과, AI응용학과

모집시기	전형명	사정모형	학생부종합 특별사항	2022 수시 접수기간 09.10(수) ~ 14(목)	모집인원	학생부	논술	면접	서류	기타	2022 수능최저등급
2022 수시 1,084명 (81.6%) 정시 304명 (18.4%) 전체 1,463명 2021 수시 1,347명 (81.6%) 정시 304명 (18.4%) 전체 1,463명	교과 Ⅰ	일괄	학생부교과 최저 있음 인: 국영수사 자: 국영사과 동일비율 최종 12.15(수)	1. 2022 전년대비20명 감소 2. 인문주간만 수능최저완화 3. 국영수사과 이수단위 100 1~4등급간 20점차 유지 4. 2022 내신반영교과★ ①크리/사과/패션/문콘 뷰티디자인매니: 국영수사 ②IT공과/ AI응용: 국영수과 ③상상인재: 국영수+사/과 ④이수단위 반영 ⑤진로선택과목 미반영	342 주217 야125 2021 362 주214 야148	교과 100					2022 단과대 모집인원 ▶크리인문27 야간19 ▶사회과학28 야간31 ▶패션산업08 야간14 ▶IT공과대90 야간40 ▶상상인재34 야간X ▶문화콘텐25 야간18 ▶AI응용학05 야간03 ▶2022 수능최저 인자주: 2개합7 (탐1) 인자야: 2개합8 (탐1) ▶2021 수능최저 인주간: 2개합 6 (탐1) 인야간: 2개합 8 (탐1) 자주간: 2개합 7 (과1) 자야간: 2개합 8 (과1) 교차불가 탐구지정
	교과 Ⅱ (신설)	일괄	학생부교과 최저 없음 인: 국영수사 자: 국영사과 동일비율 최종 11.12(금)	1. 수능최저없는 교과 신설	240 주138 야102	교과 100					2022 단과대 모집인원 ▶크리인문15 야간15 ▶사회과학15 야간26 ▶패션산업05 야간11 ▶디자인매03 야간05 ▶IT공과대61 야간33 ▶상상인재24 야간X ▶문화콘텐15 야간12 최저 없음
	한성인재	일괄	학생부종합 자기소개서 ~09.15(수) 최저없음 최종 11.12(금)	1. 2022 전년대비 79명 증가 2. 서류비중증가 80%→100% 3. 학부단위 계열적합성 ★★ 전임사정관 1명, 내신확인 교수진의 정량평가 선호→ 한성/가천/경기/덕성/동덕 4. 학업성취도 등 종합평가 성적추이, 성실성, 적극성 등 5. 지적탐구력 30점 계열적합성 30점 발전가능성 20점 인성사회성 20점	300 주200 야100 2021 221 주136 야 85				서류 100		2022 단과대 모집인원 ▶크리인문47 야간18 ▶사회과학53 야간30 ▶패션산업25 야간13 ▶디자인매05 야간03 ▶IT공과대70 야간36 최저 없음
	고른기회 보훈대상 및 사회배려통합	일괄	학생부종합 자기소개서 ~09.15(수) 최저없음 최종 11.12(금)	보훈대상+기초차상위대상 1.보훈대상자 2.기초 및 차상위 자녀	45 야간 없음 2021 45				서류 100		2022 단과대 모집인원 ▶크리인문12 야간x ▶사회과학15 야간x ▶패션산업03 야간x ▶IT공과대15 야간x 최저 없음 농어촌54 특성화19 실기114 특기4 평생39 특성화고졸80 등 생략

※ 한성대 개편 2022 학부별 트랙전공분류 ★★★★	<2020 정시 국수영탐 백분위평균 최종 상위80%>
▶크리에이티브 인문예술: 영미 등 인문학부 8개+예술 6개학과 ▶미래융합 사회과학대학: 사회과학부 국제통상 등 11개학과 ▶디자인대학: 글로벌패션 3개+ICT디자인학부 등 8개학과 ▶IT 공과대학: 컴공 4개+기계 4개+IT융합 4개+스마트경영 등 3개학과 ▶창의융합대학: 상상력인재학부, 문학문화콘텐츠학과, AI응용학과	크리인주 2.89-879.25 사회과주 2.91-875.61 글패션주 2.25-924.0 상상인주 2.97-877.98 IT공과주 3.13-884.53 크리인야 3.21-851.33 사회과야 3.31-843.63 글패션야 3.25-841.5 상상인야 3.27-848.46 IT공과야 3.23-850.70 ICT디자인 2.71-889.0

2021 06.23(수) ollim

2021 교과전형 / 2020 교과전형

<2021 수능최저등급> ★ 인주간: 2개합 6 (탐1) 인야간: 2개합 8 (탐1) 자주간: 2개합 7 (과1) 자야간: 2개합 8 (과1)		2022 교과Ⅱ 최저X 인원	2022 교과Ⅰ 최저O 인원	2021 인원	2021 경쟁률	실질 경쟁률	최초합 등록률	최종 평균	최종 80%	추합 인원	환산 점수	2020 인원	2020 경쟁률	실질 경쟁률	최초 평균	최종 평균	추합 인원
인문	크리에이티브인문 주	15	27	20	7.6				3.03	48							
인문	크리에이티브인문 야	15	19	15	3.6				3.47	7							
사회	사회과학부 주	15	28	38	4.8				3.14	57							
사회	사회과학부 야	26	31	44	3.3				3.64	35							
디자인	글로벌패션산업 주	5	8	17	5.9				3.17	40							
디자인	글로벌패션산업 야	11	14	24	3.6				3.72	17							
디자인	뷰티디자인매니지 주	3	-	6	20.0				2.98	4							
디자인	뷰티디자인매니지 야	5	-	6	6.0				3.69	0							
공과	컴퓨터공학 주 / 기계전자공학부 주 / IT융합공학부 주 / 스마트경영공학 주	61	90	93	6.0				3.12	161							
공과	컴퓨터공학 야 / 기계전자공학부 야 / IT융합공학부 야 / 스마트경영공학 야	33	40	57	3.2				3.78	51							
창의	상상력인재학부 주	24	34														
창의	문학문화콘텐츠 주	15	25														
창의	문학문화콘텐츠 야	12	18														
창의	AI 응용학과 주	-	5														
창의	AI 응용학과 야	-	3														
		240	342														

2021 한성인재 / 2020 한성인재

▶학생 20+서류 80		2022 한성 인재 인원	2021 인원	2021 경쟁률	실질 경쟁률	최초합 등록률	최종 평균	최종 80%	추합 인원	환산 점수	2020 인원	2020 경쟁률	실질 경쟁률	최초 평균	최종 평균	추합 인원
인문	크리에이티브인문 주	47	30	11.6				3.08	34							
인문	크리에이티브인문 야	18	25	7.2				3.86	11							
사회	사회과학부 주	53	35	8.1				3.14	49							
사회	사회과학부 야	30	25	5.7				3.79	15							
디자인	글로벌패션산업 주	25	10	6.8				3.38	9							
디자인	글로벌패션산업 야	13	5	13.0				3.89	1							
디자인	뷰티디자인매니지 주	5	2	50.0				3.64	1							
디자인	뷰티디자인매니지 야	3	-	-				-	-							
공과	컴퓨터공학 주 / 기계전자공학부 주 / IT융합공학부 주 / 스마트경영공학 주	70	59	7.4				3.46	80							
공과	컴퓨터공학 야 / 기계전자공학부 야 / IT융합공학부 야 / 스마트경영공학 야	36	30	7.4				4.04	27							
창의	상상력인재학부 주	-														
창의	문학문화콘텐츠 주	-														
창의	문학문화콘텐츠 야	-														
창의	AI 응용학과 주	-														
창의	AI 응용학과 야	-														
		300														

국수 중 높은순★ 40% : 20% : 영25% : 탐15% 영어: 100-97-94-80-70 … 영어 1등급=250점 수가 10점, 탐구 1개 반영		2022 정시 인원	2021 정시수능								2020 정시수능					
			▶교과 100% (국영수사/국영수과 총 20개)								▶교과 100% (국영수사/국영수과 전체)					
			2021		실질 경쟁률	최초합 등록률	최종 80%	최종 80%	추합 인원	환산 점수	2020		실질 경쟁률	최초 평균	최종 평균	추합 인원
			인원	경쟁률							인원	경쟁률				
인문	크리에이티브인문 주		3	9.3			3.25	848.3	*9*							
	크리에이티브인문 야		1	8.0			3.75	797.0	*2*							
사회	사회과학부 주		8	8.5			3.10	851.3	*29*							
	사회과학부 야			8.2			3.44	824.7								
디자인	글로벌패션산업 주		1	9.0			3.00	862.5	*1*							
	글로벌패션산업 야															
	뷰티디자인매니지 주		4	9.0			2.88	870.2	*10*							
	뷰티디자인매니지 야															
공과	컴퓨터공학 주		13	9.9			3.04	871.5	*26*							
	기계전자공학부 주															
	IT융합공학부 주															
	스마트경영공학 주															
	컴퓨터공학 야		4	8.8			3.29	842.0	*7*							
	기계전자공학부 야															
	IT융합공학부 야															
	스마트경영공학 야															
창의	상상력인재학부 주		206						*299*							
	문학문화콘텐츠 주															
	문학문화콘텐츠 야															
	AI 응용학과 주															
	AI 응용학과 야															

352

2022 대학별 수시모집 요강		한신대학교		2022 대입 주요 특징	정시 국수영탐1 중 우수 3개반영 50:30:20
					영어 인/자: 100-95-90-85-70 … 백분위

▶내신: 국/수3+영3+사/과3 총 9개 반영 유지
▶내신2: <교과우수자2> 인: 국어전체 자: 수학전체
▶참인재종합: 전과목 정성

1. 교과100% 전형 교과우수자1+2로 분리 신설, <트윈 교과>
 ①교과우수자1: 교과 100%, 내신반영 총 9개
 ②교과우수자2: 교과 100%, 내신반영 인문-국어, 자연-수학★
2. <참인재 교과면접> 전형 신설: 일괄면접, 156명★
3. 2022 내신 총 9개 유지, 계열별 사/과 우수등급 지정

4. 전과제도적극활용: 1년 2학기후, 정원100%, 총평점 2.5이상
5. 종교문화학과 등 2학년 전과제도 적극 활용

모집시기	전형명	사정모형	학생부종합 특별사항	2022 수시 접수기간 09. 10(금) ~ 14(화)	모집인원	학생부	논술	면접	서류	기타	2022 수능최저등급
2022 수시 1,060명 (90.5%) 정시 111명 (9.5%) 전체 1,171명 2021 수시 1,058명 (85.6%) 정시 178명 (14.4%) 전체 1,236명	교과우수자1	일괄	학생부교과 최저없음 최종 11.15(월) <내신 총 9개> 인국수+영+사과 자국수+영+사과	1. 2022 전년대비 40명 감소 2. 2021 경쟁률 평균 7.66 3. 2020 경쟁률 평균 5.56	233 2021 273	교과 100					최저 없음
	교과우수자2 (신설)	일괄	학생부교과 최저없음 최종 11.15(월) <내신반영> 인문: 국어전체 자연: 수학전체	1. 2022 전년대비 40명 감소 2. 2021 경쟁률 평균 7.66 3. 2020 경쟁률 평균 5.56	156	교과 100					최저 없음
	참인재 교과면접 (신설)	일괄	학생부교과 자소서없음 최저없음 면접 10.30(토) 최종 11.15(월)	1. 2022 228명 일괄면접 신설 2. 면접유형 <사전공개예정> ①인성: 자세/적극성/자신감 ②기초소양:사회성/소통능력 ③전공잠재역량: 이해/관심도	228	교과 70 면접 30					최저 없음
	참인재종합	일괄	학생부종합 자소서없음 최저없음 <전과목 정성> 면접 10.23(토) 최종 11.15(월)	1. 2022 전년대비 18명 증가 2. 2021 경쟁률 평균 10.3 3. 2020 경쟁률 평균 8.82 <2022 서류평가 학생부> 인성30 학업수행25 전공관심도25 발전가능성20 면접기초 1문항, 전공 1문항 면접전 문항공개, 다대다면접	295 신학 45명 포함 2021 277	서류 70 면접 30					최저 없음
	국가보훈	일괄	학생부교과 내신 9개 최종 11.15(월)	독립유공자녀손 국가유공자녀 5.18 자녀 등	10	교과 100					최저 없음
	사회배려자	일괄	학생부교과 내신 9개 최종 11.15(월)	1. 군인경찰소방교도집배환경 2. 다자녀 및 다문화 자녀 등 3. 보호/장애/교직원 자녀★	52	교과 100					최저 없음
	기회균형 (정원외)	일괄	학생부교과 내신 9개 최종 11.15(월)	기초수급 및 차상위자녀	28	교과 100					미디어영상 3.09-3.27 사회복지 2.90-3.33 심리아동학 4.15-5.13 경영학과 3.49-3.74 수리금융합 4.88-5.20 응용통계 3.59-4.33 소프트웨어 3.78-4.67 컴퓨터공 3.21-4.00

<2022 기타전형 생략>
농어촌/특성화고/체육특기 등
취업자/특성화고졸 등

2022 교과우수자1 대비

▶교과 100% ▶2022 교과우수자1에 해당함
▶내신반영: 국/수3+영3+사/과3, 총 9개 반영
▶학년비율: 동일

2022 교과우수자2 대비

▶2022 교과우수자2, 전년도 입결 시뮬레이션★★
▶내신변화 인문: 국어 전과목★★
▶내신변화 자연: 수학 전과목★★

수능최저 없음		2022 모집인원	2021		최종합격			추합인원	2022 모집인원	경쟁률	최종합격			추합인원
			모집인원	경쟁률	최종합격 최고	최종합격 평균	최종합격 최저				최종합격 최고	최종합격 평균	최종합격 최저	
신학	신학부	-	-	-		-	-	-	2022 신설 - 대학자체 입결 시뮬레이션★★					
인문 대학	국어국문	6	11	10.4		2.63	2.97	39	6			2.91	4.28	
	영어영문	7	12	4.42		2.93	3.85	31	6			3.91	4.91	
	한국사학과	7	8	6.88		2.59	3.85	29	6			3.33	4.96	
	문예창작학과	7	12	9.83		2.59	2.97	31	6			2.93	4.70	
	독어독문	6	9	12.8		3.04	2.90	24	5			3.70	5.17	
	철학과	6	9	5.22		3.40	3.25	24	5			4.30	5.40	
	종교문화학과	7	10	4.30		3.69	3.83	31	5			4.63	6.82	
	디지털영상문화콘	4	-	-		-	-	-	-			-	-	
한중 문화 산업	중국어문화영상융	4	4	5.75		2.91	3.30	4	-			3.95	4.88	
	한중문화콘텐츠	4	4	5.00		2.81	3.09	10	-			3.53	4.32	
	IT콘텐츠학과	7	4	5.75		2.68	3.09	10	-			4.36	5.42	
사회 과학 대학	경제학과	7	10	4.40		3.15	4.72	28	5			4.19	6.14	
	사회학과	7	10	17.9		2.95	3.28	56	5			3.78	4.80	
	미디어영상광고홍	9	11	5.73		2.30	3.16	35	6			3.35	5.33	
휴먼 서비스	사회복지학과	6	5	15.0		2.55	2.83	29	4			3.36	4.42	
	재활상담학과	6	6	5.88		2.88	3.09	18	4			3.65	4.86	
	심리아동학부	8	11	4.64		2.50	3.03	24	6			3.24	4.62	
글로벌 협력 대학	글로벌비지니스	6	7	13.4		2.63	2.92	22	5			3.47	4.35	
	경영학과	6	6	8.17		2.54	3.00	28	4			3.45	4.79	
	IT경영학과	6	6	7.40		2.63	2.79	18	4			3.85	5.45	
	중국학과	9	12	4.33		3.16	3.71	28	6			3.78	5.19	
	일본학과	8	11	8.00		2.97	3.39	40	6			3.91	5.90	
	국제경제학과	7	10	5.00		3.11	3.68	25	5			4.15	5.48	
IT 대학	수리금융학과	11	10	17.4		3.09	3.31	20	7			3.54	5.75	
	응용통계학과	11	12	5.00		2.98	3.84	32	7			3.17	4.95	
	컴퓨터공학부	27	24	5.29		2.77	3.26	68	17			3.65	6.48	
	소프트웨어융합	22	17	5.76		2.96	3.35	52	12			3.72	5.79	
미래 융합	글로벌인재학부	7	12	5.33		3.16	3.94	38	6			4.10	5.87	
	공공인재학부	8	10	5.60		2.97	3.63	23	8			3.77	5.90	
		236	273	7.66		2.88	3.36	817	156			3.70	5.25	0

수능최저 없음		2022	2021 교과우수자1						2020 교과우수자1					
			▶교과 100% ▶2022 교과우수자1에 해당함 ▶내신반영: 국/수3+영3+사/과3, 총 9개 반영 ▶학년비율: 동일						▶교과 100% ▶2022 교과우수자1에 해당함 ▶내신 반영: 국/수3+영3+사/과3, 총 9개 반영 ▶학년 비율: 동일				
		모집 인원	2021		최종합격			추합 인원	2020		최종합격			추합 인원
			모집 인원	경쟁률	최종합격 최고	최종합격 평균	최종합격 최저		모집 인원	경쟁률	최종합격 최고	최종합격 평균	최종합격 최저	
신학	신학부	-	-	-		-	-	-	-	-	-	-	-	-
인문 대학	국어국문	6	11	10.4		2.63	2.97	39	10	3.90	1.97	2.85	3.92	24
	영어영문	6	12	4.42		2.93	3.85	31	10	6.80	1.71	2.48	2.83	30
	한국사학과	6	8	6.88		2.59	3.85	29	10	5.00	1.92	2.53	3.00	15
	문예창작학과	6	12	9.83		2.59	2.97	31	10	3.60	1.69	2.86	3.76	10
	독어독문	5	9	12.8		3.04	2.90	24	11	3.36	1.88	3.19	4.72	17
	철학과	5	9	5.22		3.40	3.25	24	11	3.82	1.57	2.89	3.54	15
	종교문화학과	5	10	4.30		3.69	3.83	31	12	5.08	2.82	3.40	3.71	17
	디지털영상문화콘	-	-	-	-	-	-	-	6	8.17	1.59	2.09	2.33	12
한중 문화 산업	중국어문화학과	-	4	5.75		2.91	3.30	4	4	9.75	1.54	2.67	3.05	8
	한중문화콘텐츠	-	4	5.00		2.81	3.09	10	4	6.75	2.16	2.76	3.09	17
	IT콘텐츠학과	-	4	5.75		2.68	3.09	10	4	4.75	2.29	2.66	2.97	11
사회 과학 대학	경제학과	5	10	4.40		3.15	4.72	28	10	4.80	1.56	2.54	3.08	24
	사회학과	5	10	17.9		2.95	3.28	56	10	4.50	1.89	2.99	4.62	24
	미디어영상광고	6	11	5.73		2.30	3.16	35	10	6.80	1.28	1.87	2.23	17
휴먼 서비스	사회복지학과	4	5	15.0		2.55	2.83	29	10	5.90	1.20	2.44	3.09	24
	재활상담학과	4	6	5.88		2.88	3.09	18	10	5.30	2.26	2.80	3.15	19
	심리아동학부	6	11	4.64		2.50	3.03	24	10	5.90	1.53	2.21	2.76	33
글로벌 협력 대학	글로벌비지니스	5	7	13.4		2.63	2.92	22	10	3.90	1.72	2.62	4.05	18
	경영학과	4	6	8.17		2.54	3.00	28	10	8.20	1.75	2.34	2.66	21
	IT경영학과	4	6	7.40		2.63	2.79	18	10	4.30	2.21	2.71	3.00	12
	중국학과	6	12	4.33		3.16	3.71	28	10	4.70	2.05	2.86	3.21	24
	일본학과	6	11	8.00		2.97	3.39	40	10	4.20	1.95	2.93	3.68	20
	국제경제학과	5	10	5.00		3.11	3.68	25	10	6.50	2.19	2.78	3.05	18
IT 대학	수리금융학과	7	10	17.4		3.09	3.31	20	12	3.42	1.89	3.20	5.41	26
	응용통계학과	7	12	5.00		2.98	3.84	32	10	5.30	1.27	2.47	3.11	28
	컴퓨터공학부	17	24	5.29		2.77	3.26	68	30	7.57	1.54	2.68	3.05	106
	소프트웨어융합	12	17	5.76		2.96	3.35	52	25	6.56	1.80	2.96	3.21	39
미래 융합	글로벌인재학부	6	12	5.33		3.16	3.94	38	10	5.90	1.50	2.79	3.14	29
	공공인재학부	8	10	5.60		2.97	3.63	23	-	-	-	-	-	-
		156	273	7.66		2.88	3.36	817	299	5.53	1.81	2.70	3.34	658

수능최저 없음		2022 참인재 종합	2021 참인재 종합전형						2022 참인재 교과면접					
			▶서류 70%+면접 30% 일괄전형 ▶내신반영: 국영수사과, 전체 정성평가 ▶학년비율: 동일						▶교과 70%+면접 30% 입결 시뮬레이션★★ ▶내신반영: 국/수3+영3+사/과3, 총 9개 반영 ▶학년비율: 동일					
		2022 참인재 종합 모집인원	2021		최종합격			추합인원	2022		최종합격			추합인원
			모집인원	경쟁률	최종합격 최고	최종합격 평균	최종합격 최저		모집인원	경쟁률	최종합격 최고	최종합격 평균	최종합격 최저	
신학	신학부	45	45	1.02		5.89	7.59	-	2022 신설 - 대학자체 입결 시뮬레이션★★					
인문 대학	국어국문	8	6	7.33		4.33	5.15	21	7			3.55	4.24	
	영어영문	9	6	9.50		4.28	4.71	20	8			3.40	3.89	
	한국사학과	11	15	10.3		4.26	4.26	16	7			3.47	4.26	
	문예창작학과	11	8	14.3		4.00	4.00	8	8			3.44	4.00	
	독어독문	7	6	4.33		4.81	4.81	4	7			4.12	4.91	
	철학과	7	6	5.00		4.72	4.72	3	7			4.01	5.00	
	종교문화학과	8	6	3.33		5.32	5.32	8	7			4.58	5.49	
	디지털영상문화콘	6	7	27.1		3.87	3.87	9	5			3.06	3.71	
한중 문화 산업	중국어문화학과	6	6	5.17		4.35	4.35	7	5			3.55	4.19	
	한중문화콘텐츠	6	6	12.2		4.74	4.74	5	5			4.01	4.74	
	IT콘텐츠학과	6	6	8.67		4.29	4.29	7	5			3.61	4.52	
사회 과학 대학	경제학과	8	6	5.00		4.60	4.60	10	7			3.92	5.18	
	사회학과	8	6	8.33		3.96	3.96	12	7			3.17	3.59	
	미디어영상광고	9	10	38.1		3.76	3.76	8	9			2.94	3.72	
휴먼 서비스	사회복지학과	8	9	24.6		4.27	4.27	15	7			3.59	4.28	
	재활상담학과	8	7	9.6		4.61	4.61	6	7			3.96	4.41	
	심리아동학부	9	9	15.4		4.03	4.03	6	8			3.34	3.92	
글로벌 협력 대학	글로벌비지니스	7	7	9.7		4.54	4.54	13	7			3.65	4.80	
	경영학과	7	7	16.1		4.24	4.24	7	6			3.55	4.36	
	IT경영학과	7	7	6.3		4.82	6.04	2	6			4.19	5.35	
	중국학과	9	7	9.43		4.64	5.37	11	8			3.83	4.52	
	일본학과	9	7	14.7		4.71	7.59	11	7			3.94	6.44	
	국제경제학과	8	6	6.83		4.62	6.29	10	7			4.12	5.61	
IT 대학	수리금융학과	7	6	5.00		4.91	6.29	8	7			4.21	5.51	
	응용통계학과	7	7	4.57		4.79	6.07	9	7			3.90	4.79	
	컴퓨터공학부	20	20	9.15		4.44	5.96	11	22			3.87	4.96	
	소프트웨어융합	16	14	7.29		4.61	5.85	34	18			3.85	5.11	
미래 융합	글로벌인재학부	9	6	5.33		4.67	5.39	5	8			3.97	4.38	
	공공인재학부	9	10	4.00		4.38	4.97	10	9			3.62	4.42	
		295	274	10.3		4.52	5.05	296	228			3.74	4.63	0

356

수능최저 없음		2022	2021 정시일반 2021 정시 국수영탐1 중 우수 3개 50:30:20 영어점수: 인/자: 100-95-90-85-70						2020 정시일반 2020 정시 영탐1(30%+30%)+국/수 택1(40%) 영어점수: 인/자: 100-95-90-85-70					
		모집 인원	2021 모집 인원	경쟁률	최고	평균	최저	추합 인원	2020 모집 인원	경쟁률	최고	평균	최저	추합 인원
신학	신학부				미공개				36	2.57	87.50	64.86	43.50	9
	기독교교육													
인문 대학	국어국문								5	8.60	85.60	81.86	79.50	12
	영어영문								7	5.86	87.60	84.45	82.20	16
	한국사학과								7	8.43	88.10	82.15	79.90	15
	문예창작학과								8	6.50	84.70	82.07	79.00	18
	독어독문								-	-	-	-	-	-
	철학과								1	8.00	90.20	82.98	75.70	3
	종교문화학과								5	5.00	86.80	80.31	78.70	4
	디지털영상문화콘								-	-	-	-	-	-
한중 문화 산업	중국어문화학과								4	7.00	83.20	80.86	79.30	7
	한중문화콘텐츠								6	4.00	86.30	80.22	66.70	11
	IT콘텐츠학과								4	8.25	86.40	83.55	81.10	8
사회 과학 대학	국제관계학과								7	4.29	87.90	80.70	67.00	16
	경제학과								7	4.29	89.00	82.07	62.20	17
	사회학과								6	5.83	86.70	82.12	80.20	12
	미디어영상광고								9	8.44	92.10	86.58	64.40	19
휴먼 서비스	사회복지학과								6	6.17	89.70	83.55	80.70	12
	재활상담학과								7	7.71	89.00	82.14	80.00	8
	심리아동학부								10	10.2	89.70	75.99	64.30	19
글로벌 협력 대학	글로벌비지니스								5	7.60	91.60	85.70	83.80	3
	경영학과								4	10.8	87.30	83.58	82.00	11
	IT경영학과								5	5.40	89.40	82.74	65.80	11
	중국학과								6	7.17	87.00	83.93	83.00	9
	일본학과								7	5.43	84.80	81.60	80.30	6
	국제경제학과								7	5.14	82.60	80.01	78.10	4
IT 대학	수리금융학과								7	5.14	86.60	82.83	81.50	4
	응용통계학과								7	5.57	90.80	81.07	72.10	17
	컴퓨터공학부								8	5.38	89.10	79.39	66.60	24
	소프트웨어융합								21	7.62	87.30	82.89	80.70	49
미래 융합	글로벌인재학부								18	5.94	87.30	81.82	79.40	26
	공공인재학부								194	6.66	87.65	81.50	74.92	370
									388	6.7	87.66	82.10	76.04	731

2022 대입 주요 특징	정시자연: M-미적/기하, S-과탐 2개, 정시가/나군 인/상/예: 100-96-90-82-72...자: 100-98-94-88-80..

▶교과: 국영수사/국영수과
→ 국영수사과史 변화
▶등급반영+진로선택 3개
▶진로: A=100 B=99 C=98
▶종합전형: 정성평가
①교과내신수치 미반영
②전공적합성보다 고른학업
③객관성=상호 주관성★
④세부역량 개념어활용기록

1. 교과전형→지역균형발전, 교과100%, 33명 인원증가
2. 교과자연필수: 수-미적/기하 1과목, 과-물화생지 II과목 1개
3. 2015 교육과정 적용 및 문이과 통합으로 모집단위 일원화
   - 건축/경제금융/경영/파이낸스경영/체육/스포츠산업/간호
4. <의예> 논술 8명: 인문논술1문+수리논술1~2문, 종합 35명
5. 인텔리전스 컴퓨팅학부: 수시 30명, 정시 11명
   ①데이터사이언스 종합 15명 ②심리뇌과학 종합 15명
6. 2022 논술 전년대비 132명 감소, 논술80+학생부종합20
7. 소프트웨어(13명), 글로벌인재(실기실적, 63명) 전형 폐지
8. 전기생체공학→전기공학과, 바이오메디컬공학 분리모집

9. 스포츠산업학과→스포츠매니지먼트, 스포츠사이언스 분리모집
10. 2022 변화: 수시 68.9%→57.1% 정시 31.1%→정시 42.9%
11. 2022 정시변경: 가→/나군, 나→가군 변경, 나군 포함 수능100%
12. 정시가군: 의예 64명, 국제학부 9명 및 간호학과 15명 신설
13. 국제학부 9명, 간호학과 15명 정시선발
14. 정시 자연 국수영과2 20:35:10:35 (과II 3% 변표 가산)
    정시 인문 국수영탐2 20:35:10:35, 심리뇌과학 포함
    정시 상경 국수영탐2 30:40:10:20, 데이터사이언스 포함
15. 진로선택 3과목 이수단위 포함   2021. 06. 01 ollim

모집시기	전형명	사정모형	학생부종합 특별사항	2022 수시 접수기간 09.10(금) ~ 13(월)	모집인원	학생부	논술	면접	서류	기타	2022 수능최저등급
2022 수시 정원내 1,607명 (57.1%) 종합일반 800명 (28.4%) 논술 241명 (8.6%) 정시 1,208명 (42.9%) 전체 2,815명 2021 수시 정원내 1,944명 (68.9%) 종합일반 979명 (34.7%) 논술 373명 (13.2%) 정시 876명 (31.1%) 전체 2,820명	지역균형발전 (학생부교과)	일괄	학생부교과 학교장추천 재적 11% 재수생까지 최저 없음 국영수사과史 학년동일 전국상위 내신 0.5% 합격범위 최종 10.19(화)	1. 전년대비 33명 인원증가 ▶인문85→91명 ▶상경41→55명 ▶자연171→174명 2. 문이과 분리모집학과 통합 ▶건축학부, 경제금융학부 경영학과, 파이낸스경영 체육학과, 스포츠산업학 간호학부 3. 자연 지원조건: 각 1개 이수 ①미적분/기하 ②과학II 4. 의예 및 일부학과 미선발	330 2021 297 2020 288 2019 298 2018 317	교과 100					<한양대 2021 주요전형 선발현황> ★★ ▶교과: 297명, 경쟁률 6.43, 충원 262%, 등록률 93.2% ▶종합: 1,015명, 경쟁률 13.1, 충원 155%, 등록률 98.2% ▶논술: 375명, 경쟁률 66.1, 충원 15.7%, 등록률 99.7% <한양대 주요전형 입결현황 18년~21년> ★★ ▶교과 인문평균: 1.22→1.24→1.30→1.47 ▶교과 자연평균: 1.24→1.19→1.25→1.31 (1.38) ▶종합 인문평균~70%컷: <2021> 2.67~3.45 ▶종합 자연평균~70%컷: <2021> 2.34~3.06 ▶논술 인문평균: <2021> 내신 4.36 논술 87.1 ▶논술 자연평균: <2021> 내신 3.76 논술 81.9
	학생부종합	일괄	학생부종합 최저없음 <2021 등록> 일반고 55.0% 자사고 24.0% 외국제 12.0% 과학고 3.7% 영재고 3.7% 최종 12.16(목)	1. 바이오메디컬공 11명 2. 데이터사이언스 41명 3. 종합성취도 평가 ①수상경력 ②창체활동 ③세특사항 ④종합의견 4. 한양대종합 4대 핵심역량★ ▶학업적성 역량 ①비판적사고 ②창의적사고 ▶인성 및 잠재성 ③자기주도성 ④소통과협업	835 의예 36 2021 1,015 의예 36	종합 100 학생부 교과 미반영					1. 종합 3개년 평균경쟁률 19~21년: 16.8→15.3→13.1 2. 종합 3개년 평균충원율 19~21년: 112→151%→155% ▶자연: 117→137→188%→164% ▶인문: 2021 충원율 126.2% 3. 종합 계열별 최고 충원율 19~21년 ▶자연: 에너지 456%→생명공 480%→생명공 510% ▶인문: 영어교 240%→국어교 288%→철학과 225% 4. 2021 종합전형 세부평가역량 ★★ ①비판사고: 지식/추론/토론 ②자주: 동기계획/과정성취 ③창의사고: 문제해결/융합 ④소통협업: 소통/공동기여
	고른기회	일괄	학생부종합 제출서류없음 최종 12.16(목)	1. 기초및차상위 2. 보훈대상 3. 농어촌/특성화/특수교육등 * 군부사관자녀 폐지	115 의예 3	학생부 교과 미반영					학생부종합평가 100% 종합일반전형과 동일한 평가
								최저 없음 면접 없음			
	논술전형	일괄	논술전형 최저없음 인문 11.27(토) 자연 11.28(일) 최종 12.16(목)	1. 전년대비 132명 인원감소 2. 의예논술 8명: 인문+수가 논술 90분 (수나=미적분만) 인문: 인문논술 1문항 1,200자 상경: 인문 1문 600자+수1,2 자연: 수리 2문항, 기하포함 의예: 인문 1문+수리 1~2문항	257 의예 8 2021 375 의예 9	논술 80% + 종합 20% 학생부 출봉 수상					<한양대서울 논술 경쟁률/충원율 2018~2021> 1. 전체 경쟁률: 87.7→80.8→87.6→66.1 2. 자연 경쟁률: 79.3→72.3→72.6→56.1 3. 인문 경쟁률: 2021년 104.4 4. 전체 충원율: 2019 12.7%→2020 15.9%→2021 15.7% 5. 2021 충원율: 자연 18.9%, 인문 5.0% 6. 2020 최고 경쟁: 의예과 311.2, 충원: 식품영양 40.8% 7. 2021 최고 경쟁: 의예과 295.1, 충원: 물리/미자공66.7%
	실기실적 음악/무용/체육	일괄 또는 단계	실기 및 특기중심 1단계 10.19(화) 최종 11.05(금)	1. SW 인재 2단계면접: 10.23(토) 2. 음악/국악 무용 3. 미술/체육/연기 등	130 2021 116	학생부 교과 미반영					SW인재: 1단계: 실적100% (5배수) 2단계: 면접60+종합40 음악/국악: 교과20+실기80 무용: 교과20+실기80 미술/체육/연기 등 전형방법 생략 최저 없음 특성화고졸전형 155명 모집 생략

| ▶2021 교과전형 최초합 대비 70%컷 평균차 인문0.42 자연0.26 | ■ 한양대서울 2020→2021 합격생 지역분포
▶수시 수도권: 1,466명 (62.5%)→932명 (56.6%), 광역시 합격: 13.3%
▶정시 수도권 71.9%→72.4%, 광역시 합격: 15.3%
■ 한양대서울 2020→2021 고교졸업 연도별 등록/성비 현황
▶수시: 재학생 74.4%→70.8%, 졸업생 24.5%→28.3%, 검정 0.5% 등
▶정시: 재학생 20.0%→27.2%, 졸업생 78.0%→69.4%, 검정 3.3% 등
▶수시: 남 57.6%, 여 42.4% ▶정시: 남 70.0%, 여 30.0% | ■ 한양대서울 2020→2021 고교유형별 등록분포
▶교과: 일반/자공고 100%→99.3% (자공고 약 6.6%)
▶종합: 일반/자공고 68.4%→55.0%
자사고 11.9%→24.0%, 과학고 2.2%→3.7%
영재고 4.6%→3.7%, 외고/국제고 12.9%→12.0%
▶논술: 일반/자공고 67.7%→67.9%
자사고 21.5%→21.4%, 과학고 4.6%→3.2%
영재고 1.3%, 외고/국제고 3.7% |

한양대서울 대입결과 분석자료 01 - 2022 대비 교과 4개년 스페셜

2021.03.16 - 06.01 업데이트 ollim

수능최저 없음	2022	2021 교과	2020 교과	2019 교과	2018 교과
▶2021 인문: 국영수사 ▶2021 자연: 국영수과 ▶2021 학년: 동일비율 * 2022수시 국영수사과史	330명 인문91 상경55 자184	▶일괄: 교과 100%, 297명 (인문85, 상경41, 자연171) ▶경쟁률: 인6.59 자6.65 ▶평균등급: 인문1.47, 자연1.31 ▶2021 인문 최초합 대비 70%컷 평균 0.42등급차★ ▶2021 자연 최초합 대비 70%컷 평균 0.26등급차★	□일괄: 교과 100% ▶모집인원: 288명 인 86명, 상 41명 자 161명 ▶평균경쟁: 인 7.51, 자 6.99 ▶평균등급: 인 1.30, 자 1.25	▶일괄: 교과 100% ▶모집인원: 298명 인 83명, 상 43명, 자 172명 ▶평균경쟁: 인 7.66, 자 7.88 ▶평균등급: 인 1.24, 자 1.19	▶일괄: 교과 100% 단계면접 폐지★ ▶ 인 86명, 상 45명 자 172명 ▶평7.12 ◆등급1.25

교과전형 인문계열

계열	학과	인원(2022)	인원	경쟁률	최초합	평균	70%컷	70% 컷	충원율	인원	경쟁률	평균	충원율	인원	경쟁률	평균	충원율	인원	경쟁률	평균
인문과학	국어국문	4	4	10.0	1.21	1.52	1.56	975.96	350.0%	4	7.50	1.70	375.0%	4	5.00	1.39	100.0%	4	7.00	1.17
	사학과	3	4	8.00	1.20	1.46	1.50	979.05	375.0%	4	6.25	1.42	325.0%	4	7.00	1.20	225.0%	4	7.25	1.33
	영어영문	8	5	8.60	1.16	1.61	1.81	961.88	240.0%	5	6.40	1.26	180.0%	5	7.60	1.31	200.0%	6	8.00	1.16
	중어중문	7	5	6.00	1.20	1.49	1.68	966.00	200.0%	5	7.20	1.28	200.0%	5	5.60	1.29	140.0%	5	8.60	1.12
	독어독문 2022★	4	-	-	-	-	-	-	-	-	-	-	-	-	-	-	-	-	-	-
	철학과	3	4	5.25	1.23	1.83	1.83	960.20	100.0%	4	5.50	1.32	75.0%	4	5.00	1.29	100.0%	4	7.75	1.17
사회과학	관광학부	5	4	5.00	1.55	1.55	1.59	974.30	0.0%	4	5.25	1.16	100.0%	4	6.00	1.24	50.0%	4	8.75	1.13
	미디어커뮤니	6	5	5.40	1.03	1.60	1.90	955.85	280.0%	5	8.40	1.21	440.0%	5	7.20	1.18	280.0%	5	14.2	1.08
	사회학과	4	4	6.60	1.12	1.56	1.78	965.20	260.0%	4	7.60	1.23	180.0%	5	5.60	1.24	260.0%	6	7.67	1.09
	정치외교학과	4	4	6.00	1.07	1.42	1.54	975.78	450.0%	4	7.25	1.25	350.0%	4	12.5	1.35	275.0%	4	9.50	1.07
정책과학	정책학과★	12	9	5.56	1.03	1.30	1.42	983.33	288.9%	10	6.40	1.16	320.0%	6	10.7	1.04	733.3%	7	8.00	1.08
	행정학과★	5	4	6.00	1.20	1.47	1.50	977.00	75.0%	4	10.8	1.09	325.0%	4	13.5	1.10	350.0%	4	7.75	1.45
상경공과	경영학부	32	19	6.16	1.09	1.32	1.38	983.43	342.1%	19	6.89	1.27	500.0%	20	6.60	1.16	350.0%	21	5.67	1.19
	파이낸스경영★	6	5	6.40	1.02	1.32	1.57	976.29	220.0%	5	6.20	1.06	300.0%	5	8.20	1.02	340.0%	5	6.40	1.10
	경제금융학부	12	13	6.15	1.11	1.31	1.41	980.78	300.0%	13	9.08	1.19	515.4%	13	8.70	1.22	369.2%	13	5.62	1.27
	정보시스템상경	5	4	5.50	1.20	1.30	1.35	985.70	75.0%	4	5.25	1.19	300.0%	5	4.40	1.08	120.0%	6	8.83	1.15
인텔리컴퓨팅	데이터사이언스	-	4	6.50	1.09	1.47	1.49	978.63	150.0%	21년 신설	-	-	-	-	-	-	-	-	-
	심리뇌과학	-	4	5.25	1.14	1.91	1.97	953.56	150.0%	21년 신설	-	-	-	-	-	-	-	-	-
인문사범생과공과	건축인문		3	7.00	1.21	1.42	1.53	978.92	133.3%	3	6.67	1.33	33.3%	3	10.7	1.20	200.0%	3	7.00	1.55
	교육공학	3	4	7.75	1.13	1.34	1.52	979.35	350.0%	4	14.3	1.45	475.0%	4	7.00	1.11	300.0%	4	7.00	1.19
	교육학과	3	4	9.25	1.04	1.54	1.69	968.56	500.0%	4	10.00	1.29	500.0%	4	5.80	1.75	450.0%	4	7.00	1.11
	국어교육	3	4	6.25	1.09	1.33	1.41	981.07	250.0%	4	6.00	1.80	400.0%	4	7.50	1.12	325.0%	4	5.25	1.13
	영어교육	3	4	6.75	1.11	1.29	1.33	986.96	400.0%	4	6.50	1.26	325.0%	4	7.50	1.17	400.0%	4	6.25	1.32
	실내건축인문	7	6	5.67	1.25	1.43	1.56	972.28	116.7%	6	7.83	1.26	200.0%	6	7.70	1.38	200.0%	7	6.14	1.39
	의류학과인문	7	7	5.71	1.23	1.40	1.42	982.55	257.1%	7	8.00	1.40	414.3%	7	8.70	1.35	242.9%	7	6.43	1.53
총계		146	134	6.53	1.15	1.47	1.57	974.28	244.3%	127	7.51	1.30	310.6%	126	7.66	1.24	273.2%	131	7.55	1.22

교과전형 자연계열

계열	학과	인원(2022)	인원	경쟁률	최초합	평균	70%컷	70% 컷	충원율	인원	경쟁률	평균	충원율	인원	경쟁률	평균	충원율	인원	경쟁률	평균
자연공과대학	건설환경공학	7	6	5.00	1.24	1.33	1.48	981.55	183.3%	6	9.67	1.34	150.0%	7	7.30	1.23	85.7%	8	9.25	1.18
	건축공학부	5	4	7.00	1.20	1.33	1.39	982.10	250.0%	4	6.50	1.38	175.0%	5	10.00	1.23	200.0%	6	7.50	1.34
	건축학부	6	4	6.00	1.17	1.45	1.52	975.57	300.0%	4	4.50	1.45	150.0%	4	7.25	1.06	50.0%	4	9.75	1.28
	기계공학부	21	17	4.65	1.12	1.30	1.34	986.25	276.5%	17	4.76	1.19	241.2%	18	6.80	1.10	216.7%	19	5.68	1.18
	도시공학과	5	4	9.25	1.25	1.31	1.30	986.52	125.0%	4	6.25	1.24	100.0%	5	6.60	1.22	80.0%	6	9.17	1.22
	미래자동차공★	5	5	8.60	1.08	1.49	1.58	975.36	200.0%	5	7.20	1.16	260.0%	5	8.40	1.09	200.0%	5	5.00	1.42
	산업공학과	5	5	9.60	1.11	1.21	1.25	988.40	320.0%	5	7.60	1.23	420.0%	5	10.20	1.20	380.0%	6	6.00	1.45
	생명공학과	3	3	7.33	1.01	1.17	1.39	984.62	433.3%	3	8.00	1.13	233.3%	3	14.70	1.03	333.3%	3	7.67	1.21
	신소재공학부	10	9	5.22	1.07	1.20	1.28	988.02	222.2%	9	6.67	1.14	200.0%	10	7.40	1.12	210.0%	11	6.64	1.12
	에너지공학과★	3	4	5.25	1.06	1.14	1.18	991.46	200.0%	4	6.25	1.17	325.0%	4	5.80	1.16	275.0%	4	7.00	1.02
	원자력공학과	5	5	4.80	1.19	1.39	1.43	979.62	140.0%	5	9.00	1.23	160.0%	5	8.80	1.21	160.0%	5	8.20	1.53
	유기나노공학	4	3	8.33	1.15	1.25	1.31	987.76	333.3%	3	5.00	1.29	233.3%	3	6.00	1.27	33.3%	4	8.50	1.10
	융합전자공학★	17	17	6.35	1.05	1.14	1.18	992.99	317.7%	13	5.92	1.17	376.9%	14	8.40	1.07	392.9%	15	6.40	1.14
	자원환경공학	3	3	4.67	1.17	1.23	1.28	987.68	200.0%	3	7.67	1.25	133.3%	4	11.00	1.35	225.0%	4	6.50	1.21
	전기생체공학	6	8	7.63	1.09	1.49	1.63	969.81	150.0%	8	6.63	1.10	287.5%	9	7.00	1.16	244.4%	10	6.50	1.13
	컴소프트웨어★	16	16	6.63	1.04	1.13	1.17	993.26	343.8%	16	6.81	1.18	387.5%	19	6.30	1.15	263.2%	20	7.40	1.10
	화학공학과	6	5	6.20	1.02	1.13	1.16	993.47	220.0%	5	9.60	1.07	440.0%	5	8.60	1.11	480.0%	5	8.60	1.11
자연과학	물리학과	4	5	10.40	1.11	1.34	1.38	983.11	600.0%	5	8.20	1.36	600.0%	5	2.60	1.32	400.0%	6	7.67	1.23
	생명과학과	6	5	9.20	1.04	1.19	1.22	990.72	460.0%	5	6.60	1.32	480.0%	5	7.40	1.17	260.0%	6	6.17	1.11
	수학과	4	4	6.00	1.03	1.99	1.99	942.00	250.0%	5	5.60	1.19	220.0%	5	7.80	1.18	260.0%	6	5.83	1.20
	화학과	4	4	5.75	1.08	1.23	1.29	987.74	350.0%	8	7.50	1.17	425.0%	8	6.00	1.22	325.0%	8	5.25	1.14
자연사범생과간호	수학교육과	3	3	7.67	1.11	1.25	1.35	983.90	366.7%	3	5.67	1.48	300.0%	3	6.30	1.18	400.0%	3	6.00	1.04
	식품영양	9	6	6.67	1.20	1.37	1.43	980.97	100.0%	7	4.71	1.67	100.0%	7	7.10	1.11	128.6%	8	6.38	1.29
	실내건축자연	4	3	5.33	1.26	1.42	1.72	969.91	33.3%	4	9.67	1.17	33.3%	3	10.00	1.36	66.7%	3	5.67	1.83
	의류학과자연	4	4	6.00	1.35	1.46	1.49	978.00	100.0%	4	9.50	1.18	125.0%	4	6.50	1.45	175.0%	4	7.50	1.53
	간호학과자연	5	7	5.00	1.14	1.22	1.25	988.68	128.6%	7	6.14	1.26	257.1%	7	6.4	1.27	71.4%	7	11.3	1.13
총계		174	163	6.71	1.13	1.31	1.38	982.67	254.0%	161	6.99	1.25	262.1%	172	7.88	1.19	227.5%	186	7.21	1.24

수능최저 없음	2022	2021 종합					2020 종합			2019 종합			2018 종합		
▶서류 100%		★★ 내신 50% CUT 및 내신 70% CUT													
종합전형 인문계열	인원	인원	경쟁률	50CUT	70CUT	충원율	인원	경쟁률	충원율	인원	경쟁률	충원율	인원	경쟁률	충원율
인문과학	국어국문	7	9	16.2	3.57	3.69	155.6%	9	17.22	100.0%	10	23.50	130.0%	10	22.40	50.0%
	사학과	6	7	19.4	3.80	3.97	128.6%	7	24.86	100.0%	8	25.40	75.0%	9	25.44	100.0%
	영어영문	13	15	12.9	2.96	3.31	133.3%	15	15.20	133.3%	15	17.60	133.3%	15	17.47	126.7%
	중어중문	14	13	11.3	3.26	4.79	100.0%	13	13.54	76.9%	13	16.80	61.5%	13	13.38	61.5%
	독어독문	14	12	8.33	3.68	4.26	50.0%	12	10.58	133.3%	12	11.25	75.0%	11	11.91	63.6%
	철학과	4	4	16.3	3.62	4.62	225.0%	4	18.25	175.0%	5	18.20	60.0%	5	20.40	100.0%
사회과학	관광학부	9	11	12.1	2.21	3.12	36.4%	10	17.00	40.0%	10	22.00	40.0%	10	21.00	10.0%
	미디어커뮤니	12	14	23.9	1.72	2.69	207.1%	14	28.29	157.1%	15	35.80	113.3%	15	32.3	46.7%
	사회학과	8	8	20.5	1.76	2.60	187.5%	8	24.25	225.0%	9	24.30	111.1%	9	28.44	66.7%
	정치외교학과	9	12	17.7	1.86	3.42	141.7%	13	18.15	107.7%	13	22.2	123.1%	13	18.46	69.2%
정책과학	정책학과	32	53	11.4	1.69	1.82	135.9%	60	12.42	150.0%	66	12.3	107.6%	68	11.75	70.6%
	행정학과	10	15	11.3	1.67	1.81	53.3%	21	11.29	85.7%	22	12.3	54.5%	23	12.04	104.3%
상경공과	경영학부	84	99	8.80	1.81	2.03	105.1%	99	9.64	70.7%	102	9.40	57.8%	103	8.65	52.4%
	파이낸스경영	15	20	7.25	2.43	3.28	215.0%	19	9.47	194.7%	20	9.50	115.0%	21	9.05	190.5%
	경제금융학부	33	38	7.18	1.89	3.37	118.4%	40	8.65	77.5%	47	7.50	63.8%	48	7.38	56.3%
	정보시스템	9	9	9.89	3.18	3.61	44.4%	9	10.67	44.4%	10	11.90	20.0%	10	11.60	40.0%
인문사범생과공과	건축인문	-	4	8.25	1.57	3.36	0.0%	4	9.75	25.0%	5	10.0	0%	4	8.75	50.0%
	교육공학	6	7	20.1	3.60	3.77	185.7%	7	22.43	257.1%	7	26.70	142.9%	7	27.71	100.0%
	교육학과	6	7	22.9	3.57	3.63	242.9%	7	30.71	285.7%	7	32.00	228.6%	7	32.29	214.3%
	국어교육	5	8	15.1	3.31	3.75	212.5%	8	17.13	287.5%	8	23.80	237.5%	8	23.38	62.5%
	영어교육	7	8	11.6	1.51	2.75	175.0%	5	17.80	140.0%	5	21.20	240.0%	5	21.00	160.0%
	실내건축인문	15	15	8.00	3.48	4.27	20.0%	15	11.00	66.7%	15	11.90	86.7%	14	11.29	21.4%
	의류인문	12	12	10.3	2.12	4.07	66.7%	12	12.75	100.0%	13	13.70	92.3%	14	12.64	71.4%
	간호인문	-	11	9.18	3.37	4.15	90.9%	11	12.27	127.3%	11	15.00	36.4%	11	16.00	45.5%
국제	국제학부	40	10	15.3	3.28	3.67	180.0%	-	-	-	-	-	-	-	-	-
예술체육	스포츠사이언스	7	7	27.6	1.90	3.95	85.7%	5	34.60	100.0%	5	45.2	0%	5	57.40	20.0%
	스포츠매니지먼	8	9	23.8	3.23	3.47	111.1%	9	32.11	22.2%	9	41.22	55.6%	9	40.67	33.3%
	연극영화전공	7	8					8	23.38	0%	8	24.63	87.5%	8	30.25	37.5%
총계		392	445	14.3	2.67	3.45	126.2%	444	17.53	121.6%	470	20.20	94.4%	475	20.48	75.0%

한양대서울 대입결과 분석자료 03 - 2021 종합자연 3개년 *2021. 05. 13 ollim*

수능최저 없음	2022	2021 종합					2020 종합			2019 종합			2018 종합		
▶서류 100%		★★ 내신 50% CUT 및 내신 70% CUT													
종합전형 자연계열	인원	인원	경쟁률	50CUT	70CUT	충원율	인원	경쟁률	충원율	인원	경쟁률	충원율	인원	경쟁률	충원율
자연 공과 대학	건설환경공학	13	18	9.17	2.92	3.48	138.9%	16	11.44	118.8%	16	11.40	18.8%	18	11.17	44.4%
	건축공학부	10	14	8.07	1.85	3.75	50.0%	15	9.75	93.3%	15	10.20	33.3%	15	10.47	40.0%
	건축학부자연	11	12	15.4	2.44	2.96	158.3%	12	17.92	141.7%	12	23.83	141.7%	12	21.50	133.3%
	기계공학부	40	52	12.1	1.72	1.90	188.5%	53	14.40	158.5%	55	15.60	107.3%	58	15.34	87.9%
	도시공학과	10	13	9.23	1.96	2.88	107.7%	12	11.50	58.3%	12	12.00	125.0%	13	11.92	53.8%
	미래자동차공	11	16	9.19	1.85	3.74	206.3%	15	12.20	273.3%	15	16.20	220.0%	17	14.41	282.4%
	산업공학과	11	14	14.1	1.71	2.52	150.0%	14	13.93	92.9%	14	17.10	100.0%	14	15.93	135.7%
	생명공학과	6	10	34.6	1.45	3.21	510.0%	10	37.00	480.0%	10	41.90	330.0%	10	43.20	150.0%
	신소재공학부	23	40	12.1	1.53	1.63	152.5%	39	14.08	151.3%	40	14.60	105.0%	41	14.63	112.2%
	에너지공학과	7	9	19.2	2.92	3.63	411.1%	9	21.00	466.7%	9	21.00	455.6%	9	24.67	222.2%
	원자력공학과	8	11	9.36	1.99	2.04	90.9%	11	10.91	100.0%	11	12.80	54.5%	12	12.17	16.7%
	유기나노공학	7	7	13.4	3.34	4.55	128.6%	7	15.00	85.7%	8	17.80	112.5%	8	16.88	87.5%
	융합전자공학	41	52	14.2	2.12	3.11	328.9%	47	14.32	295.7%	49	14.70	220.4%	51	15.43	135.3%
	자원환경공학	7	8	15.4	1.73	1.78	100.0%	8	18.00	150.0%	8	20.80	125.0%	8	20.63	62.5%
	전기생체전기공	17	22	14.2	3.20	3.33	95.5%	22	20.00	204.5%	22	21.90	63.6%	23	20.57	82.6%
	바이오메디컬공	11	신설													
	컴소프트웨어	35	50	14.2	1.63	2.93	232.0%	41	17.85	302.4%	41	21.10	175.6%	43	18.56	127.9%
	화학공학과	14	21	18.3	1.43	1.63	271.4%	22	16.91	290.9%	24	19.50	116.7%	25	18.48	116.0%
경영 경제	경영자연	-	12	8.17	3.57	3.98	50.0%	12	8.50	25.0%	12	10.10	33.3%	12	11.17	83.3%
	경제금융자연	-	5	7.20	2.54	2.99	80.0%	5	9.00	80.0%	-	-	-	-	-	-
의예	의예과	36	36	19.0	1.51	1.70	205.6%	36	19.42	186.1%	31	24.03	177.4%	32	26.88	153.1%
인텔 컴퓨	데이터사이언스	41	28	11.8	2.83	3.42	132.1%	20	23.50	185.0%	-	-	-	-	-	-
	심리뇌과학	15	28	14.0	2.83	3.71	67.9%	21년	신설	-	-	-	-	-	-	-
자연 과학	물리학과	10	12	13.4	3.54	3.93	241.7%	12	17.92	175.0%	13	15.80	184.6%	13	18.46	69.2%
	생명과학과	12	15	28.0	2.97	3.46	293.3%	14	30.00	221.4%	15	33.70	100.0%	16	36.63	175.0%
	수학과	8	12	11.3	1.68	3.20	300.0%	12	13.92	166.7%	12	22.20	225.0%	12	20.92	191.7%
	화학과	13	16	13.9	1.57	2.95	175.0%	15	16.87	93.3%	15	20.20	106.7%	15	21.67	133.3%
자연 사범 생과 간호	수학교육과	3	4	13.5	1.49	1.49	75.0%	3	21.67	366.7%	3	28.70	400.0%	3	28.33	400.0%
	식품영양자연	17	13	12.9	3.86	4.11	38.5%	12	12.75	25.0%	12	14.60	33.3%	11	17.09	54.5%
	실내건축자연	6	6	9.67	4.13	4.88	0%	6	10.17	0%	5	12.40	40.0%	5	13.40	6.0%
	의류학과자연	4	4	8.00	2.69	4.29	75.0%	4	10.00	150.0%	4	14.50	25.0%	5	12.60	60.0%
	간호학과자연	11	10	11.5	1.66	1.75	30.0%	9	14.78	33.3%	9	19.9	66.7%	9	24.67	122.2%
총계		458	570	13.7	2.34	3.06	164.0%	513	16.16	172.4%	172	7.88	139.2%	510	19.21	119.2%

한양대서울 대입결과 분석자료 04 - 2021 논술인문 3개년　　2021. 05. 13 ollim

수능최저 없음	2022	2021 논술					2020 논술				2019 논술			
종합전형 인문계열	인원	인원	경쟁률	내신평균	논술평균	충원율	인원	경쟁률	논술평균	충원율	인원	경쟁률	논술평균	충원율
인문과학 국어국문	4	5	138.4	4.84	94.40	0%	5	162.4	94.10	40.0%	5	124.0	91.20	0%
인문과학 사학과	4	4	137.0	3.98	96.50	0%	4	152.5	84.00	0%	4	117.8	89.88	25.0%
인문과학 철학과	3	3	134.0	4.59	97.00	0%	3	152.7	92.67	0%	3	129.0	97.17	0%
사회과학 관광학부	4	4	134.5	4.62	94.13	0%	4	163.5	90.88	0%	5	140.2	94.10	0%
사회과학 미디어커뮤니	5	9	148.7	4.28	93.39	0%	9	194.2	91.00	0%	9	177.3	97.00	0%
사회과학 사회학과	4	6	142.8	4.49	92.17	17%	6	190.3	94.50	0%	6	151.5	90.75	0%
사회과학 정치외교학과	4	5	142.8	4.92	91.88	0%	5	194.4	85.90	0%	5	172.2	92.80	0%
정책과학 정책학과	6	6	59.5	4.00	72.88	0%	-	-	-	-	-	-	-	-
정책과학 행정학과	4	5	56.4	3.57	78.10	0%	-	-	-	-	-	-	-	-
상경공과 경영학부	18	22	58.0	4.31	76.26	4.6%	22	105.8	92.31	4.5%	22	82.86	50.41	9.1%
상경공과 파이낸스경영	5	5	62.2	3.90	80.15	20.0%	5	118.8	93.25	20.0%	5	105.0	61.95	0%
상경공과 경제금융학부	11	12	49.42	4.31	76.27	8.3%	12	82.92	90.38	8.3%	19	61.53	57.05	0%
상경공과 정보시스템	4	9	49.9	4.72	76.92	0%	9	70.7	91.81	0%	9	60.22	57.61	11.1%
예체 영화전공	4	4	155.8	4.43	95.00	25%	4	136.8	83.25	0%	3	130.0	92.33	0%
사범 국어교육	3	2	97.0	4.48	91.50	0%	2	136.0	96.25	0%	2	116.0	96.25	0%
총계	83	101	104.4	4.36	87.10	5.0%	90	143.2	90.79	5.6%	97	120.6	82.19	3.5%

한양대서울 대입결과 분석자료 05 - 2021 논술자연 3개년　　2021. 05. 13 ollim

수능최저 없음	2022	2021 논술					2020 논술				2019 논술			
종합전형 자연계열	인원	인원	경쟁률	내신평균	논술평균	충원율	인원	경쟁률	논술평균	충원율	인원	경쟁률	논술평균	충원율
자연공과대학 건설환경공학	5	9	38.00	4.42	83.67	11.1%	10	53.20	84.55	20.0%	10	51.60	54.38	20.0%
자연공과대학 건축공학부	5	7	39.00	2.97	83.57	14.3%	7	51.71	84.29	42.9%	7	54.14	59.82	14.3%
자연공과대학 건축학부자연	5	8	47.25	4.56	84.28	50.0%	8	60.25	86.56	12.5%	8	66.63	58.53	12.5%
자연공과대학 기계공학부	15	29	49.76	3.71	87.79	24.1%	31	75.71	72.56	29.0%	31	83.29	86.14	16.1%
자연공과대학 도시공학과	4	8	39.50	3.32	85.31	37.5%	9	54.67	84.94	0.0%	9	54.56	53.61	0%
자연공과대학 미래자동차공	5	6	53.83	3.94	78.33	66.7%	6	62.83	87.04	16.7%	6	66.83	73.25	0%
자연공과대학 산업공학과	5	10	45.10	3.78	87.50	30.0%	11	60.36	66.91	18.2%	11	60.45	81.20	27.3%
자연공과대학 생명공학과	3	5	66.60	3.68	83.80	20.0%	5	97.20	90.40	20.0%	5	99.40	84.00	0%
자연공과대학 신소재공학부	9	15	50.87	3.63	88.78	6.7%	17	66.35	67.64	23.5%	17	71.35	83.31	17.6%
자연공과대학 에너지공학과	4	4	52.50	3.43	75.31	0%	4	61.25	80.44	25.0%	4	63.00	70.38	25.0%
자연공과대학 원자력공학과	4	8	34.88	4.47	84.72	0%	9	51.33	82.03	22.2%	9	49.78	75.69	11.1%
자연공과대학 유기나노공학	3	6	40.33	4.03	89.21	0%	6	62.67	86.63	16.7%	6	65.17	63.96	16.7%
자연공과대학 융합전자공학	17	20	75.75	3.31	80.11	10.0%	16	85.38	77.38	12.5%	17	78.06	71.65	29.4%
자연공과대학 자원환경공학	3	5	36.20	4.14	73.20	20.0%	6	55.00	84.38	0%	6	50.83	49.17	33.3%
자연공과대학 전기생체전기공	4	13	46.23	3.76	88.13	30.8%	14	60.21	68.07	28.6%	14	63.50	82.88	0%
자연공과대학 바이오메디컬공	4	신설												
자연공과대학 컴소프트웨어	16	19	89.2	3.37	81.74	15.8%	20	106.5	88.68	10.0%	20	104.0	73.79	15.0%
자연공과대학 화학공학과	6	7	62.1	3.99	76.89	28.6%	7	100.9	66.43	28.6%	8	97.75	89.41	0.0%
의예 의예과	8	9	295.1	2.31	90.39	11.1%	9	311.2	90.29	11.1%	9	237.6	75.94	44.4%
자연과학 물리학과	5	9	34.67	4.52	78.92	66.7%	10	48.30	92.89	0%	10	54.20	56.43	10.0%
자연과학 생명과학과	5	8	40.75	4.13	88.03	12.5%	8	56.75	87.66	37.5%	8	58.88	51.25	0%
자연과학 수학과	8	10	44.90	4.06	81.90	10.0%	11	55.91	77.43	18.2%	11	62.45	61.30	45.5%
자연과학 화학과	5	10	39.00	3.63	81.73	30.0%	11	55.27	88.30	27.3%	11	58.27	57.80	0%
자연사범생과간호 수학교육과	3	4	60.25	3.14	84.38	0%	4	63.00	62.81	25.0%	4	69.75	55.63	0%
자연사범생과간호 식품영양자연	8	14	31.00	3.98	76.41	14.3%	15	40.80	75.38	26.7%	15	42.93	59.33	0%
자연사범생과간호 실내건축자연	3	3	33.67	3.18	73.33	0%	4	46.50	74.25	25.0%	4	44.75	50.31	0%
자연사범생과간호 의류학과자연	4	4	32.75	4.03	72.56	0%	4	51.00	71.56	25.0%	4	46.00	45.94	0%
자연사범생과간호 간호학과자연	5	8	35.50	4.05	72.75	0%	8	47.50	71.19	12.5%	8	41.63	46.19	50.0%
총계	171	274	56.10	3.76	81.95	18.9%	270	71.92	79.66	19.8%	172	70.25	1.19	14.4%

정시 가군/나군			2022 인원	인원	경쟁률	백분위 평균	백분위 70% CUT					충원율
							국어	수학	탐구	평균	환산평균	
정시 가군	인문	미디어커뮤니케			3.22	94.93	94.00	86.00	93.50	93.00	945.988	83.3%
		관광학부			5.19	95.61	94.00	95.00	94.00	95.25	952.612	118.8%
		행정학과			6.23	96.65	96.00	92.00	96.00	95.75	958.569	61.5%
		연극영화전공			4.44	95.28	93.00	92.00	95.00	94.75	946.203	66.7%
	상경	정보시스템			3.00	95.67	92.00	96.00	93.50	95.25	957.297	92.3%
		파이낸스경영			3.54	96.12	93.00	96.00	94.00	95.75	959.139	130.8%
	통합	데이터사이언스			8.00	95.53	92.00	99.00	93.50	95.00	958.694	75.0%
		심리뇌과학			7.44	96.83	92.00	96.00	96.50	96.00	957.652	66.7%
	자연	신소재공학부			5.90	93.30	92.00	94.00	91.50	92.25	945.209	233.3%
		화학공학과			6.26	93.93	91.00	94.00	91.50	93.25	948.543	305.3%
		생명공학과			9.17	94.42	89.00	94.00	94.50	93.50	940.395	250.0%
		에너지공학과			6.73	93.55	85.00	96.00	94.00	93.25	943.807	318.2%
		미래자동차공학			8.83	93.98	86.00	93.00	94.00	93.50	945.024	408.3%
		수학과			4.00	93.56	89.00	90.00	92.50	92.75	941.600	77.8%
		생명과학과			4.95	92.76	83.00	90.00	91.50	91.75	938.400	110.5%
		파이낸스경영자연			6.86	94.50	95.00	90.00	94.50	94.25	948.428	157.1%
		수학교육과			6.71	94.04	89.00	90.00	94.00	93.50	940.391	200.0%
총계					5.91	94.74	90.88	93.12	93.76	94.04	948.70	1.62
정시 나군	인문	국어국문			2.89	95.67	93.00	95.00	94.50	95.00	950.310	33.3%
		중어중문			6.76	95.04	92.00	95.00	91.00	93.50	948.560	11.8%
		영어영문			3.70	95.00	93.00	89.00	94.50	94.75	950.310	17.4%
		사학과			3.71	95.32	95.00	92.00	94.50	95.00	950.369	14.3%
		철학과			4.11	95.11	92.00	82.00	94.50	95.00	949.443	33.3%
		정치외교학과			3.62	95.46	95.00	86.00	95.50	94.25	952.560	23.1%
		사회학과			4.55	95.93	95.00	92.00	96.00	95.25	953.222	18.2%
		정책학과			3.35	95.67	93.00	92.00	95.00	95.50	953.587	115.0%
		교육학과			4.38	94.75	93.00	80.00	94.00	94.50	949.655	25.0%
		교육공학과			2.88	95.38	95.00	92.00	95.50	96.00	953.206	37.5%
		국어교육과			3.14	94.50	94.00	86.00	94.50	93.75	948.453	28.6%
		영어교육과			3.27	94.86	94.00	95.00	93.50	94.25	948.862	63.6%
	상경	경제금융학부			3.91	94.69	92.00	98.00	91.00	93.75	953.066	54.6%
		경영학부			3.66	94.75	92.00	96.00	92.50	93.75	952.778	46.0%
	체능	스포츠산업인문			6.83	92.83	96.00	85.00	94.00	92.00	927.976	200.0%
		스포츠산업자연			3.50	95.27	96.00	92.00	95.00	94.33	947.285	20.0%
	자연	건축학부자연			5.00	92.45	92.00	90.00	91.00	92.00	938.453	20.0%
		건축공학부			4.31	92.52	88.00	88.00	92.50	92.00	936.909	46.2%
		건설환경공학과			3.69	92.67	89.00	88.00	92.50	92.00	936.566	75.0%
		도시공학과			3.77	92.75	89.00	88.00	92.50	91.75	935.989	53.9%
		자원환경공학과			5.00	92.53	88.00	93.00	91.50	91.25	937.141	80.0%
		융합전자공학부			3.02	94.07	89.00	94.00	93.00	93.50	948.142	9.6%
		컴소프트웨어학부			2.67	93.48	89.00	94.00	92.50	92.75	945.752	20.8%
		전기생체공학부			2.91	92.79	88.00	93.00	89.50	91.75	941.721	20.0%
		유기나노공학부			3.70	92.83	88.00	95.00	92.50	92.75	939.597	20.0%
		기계공학부			3.00	93.21	89.00	90.00	92.00	92.75	942.046	31.9%
		원자력공학과			3.18	93.05	89.00	90.00	91.50	92.00	939.361	36.4%
		산업공학과			4.77	92.85	89.00	88.00	91.00	92.50	940.313	30.8%
		의예과			3.49	98.15	98.00	99.00	96.00	97.75	983.920	27.0%
		물리학과			3.58	92.75	88.00	90.00	90.00	92.25	938.591	33.3%
		화학과			3.73	92.62	85.00	90.00	91.50	91.75	938.428	93.3%
총계					3.87	94.16	91.55	90.87	93.06	93.53	946.21	*43.2%*

한양대 에리카

<영어 반영>정시: 등급 탐구2   인문 25:30:<u>20</u>:25
인/자: 100-99.5-99-98-96.5.. 자연 25:30:<u>20</u>:25

▶ 내신반영 교과/논술 ★★
  인: 국영수사 자: 국영수과
  국방정보: 국영수과
  → 2022 <국영수사과史>
▶ 교과자연: 미적/기하 1필 이수
▶ 교과자연: 과Ⅱ 과목 1필 이수
▶ 공통일반90%+진로선택10%
▶ 성취비율별 ABC 점수계산

1. 2022 종합전형 일원화, 서류100%, 자소서 및 추천서 없음
 * 지난해 2021 투트랙 종합전형 분리: 서류100%, 일괄면접
  ①활동중심형 (종합1) 188명: 종합일괄 100%
  ②교과복합형 (종합2) 신설 281명: 교과30+종합70
2. 교과전형 지역균형선발 신설, 교과 100%, 인원제한 없음
3. 조기취업형 계약학과 (스마트융합공) 150명 선발 유지
4. 종합전형: 계열적합성+전공적합성 주요교과를 활용한
  ★★★ 자동봉진 중심의 학생부 기록의 진정성 판단

5. 국방정보공학 2022 수능최저 변화: 3개합 9 (탐1)
6. 약학과 신설: 지균5명, 종합 9명, 기회 2명
7. 한양에리카 진로선택과목 10% 반영 과목별 성취도 ★★
 A A 분포비율 x 0.9 + B 분포비율 x 1 + C 분포비율 x 1
 B A 분포비율 x 0.8 + B 분포비율 x 0.9 + C 분포비율 x 1
 C A 분포비율 x 0.7 + B 분포비율 x 0.8 + C 분포비율 x 0.9

모집시기	전형명	사정모형	학생부종합 특별사항	2022 수시 접수기간 09.10(금) ~ 13(월)	모집인원	학생부	논술	면접	서류	기타	2022 수능최저등급
2022 수시 1,470명 (76.8%) 정시 443명 (23.2%) 전체 1,913명 2021 수시 정원내 1,160명 (63.1%) 정시 678명 (36.9%) 전체 1,838명	지역균형선발 학교장추천	일괄	교과전형 학교장추천서 인원제한 없음 최저있음 최종 12.15(수) 국방 단계	1. 2022 지역균형 명칭변경 2. 자연: 미적/기하 1필수 이수 3. 자연: 과Ⅱ과목 1필수 이수 ▶국방정보공학 2022 20명 소위임관 7년복무, 남18/여2 수능최저: 국수영 합 9 → 그냥 3개합 9 (탐1)★ 1단계: 학생100% (3배수) 자기소개서 제출 2단계: 면접15%+체력15%	313 2021 313	교과 100% 국방정보공학 1단계: 10.14(목)					▶2020 교과입결 인문 경쟁률 7.00 자연 경쟁률 5.89 인문평균 2.09~2.39 자연평균 2.07~2.33 ▶2020 국방정보 입결 경쟁 4.45 실질 1.1 충원 0 평균 3.39 편차 0.55 ||| 인: 2개합 6 (탐1) 자: 2개합 6 (탐1) 미적/기하, 과탐1 약학: 3개합 5 (과1)
	종합일반 SW ICT와 중복지원 불가	일괄	학생부종합 최저없음 자소서없음 최종 12.15(수)	<한양 ERICA 3평가 요소> 1.학업성취도 : 학업, 수상, 교과세특 등 2.적성: 계열적합성★★★ ①계열관련 노력, 발전가능성 ②자연-수과, 인문-국영사 ③자동봉진, 세특기록연관성 3.인성: 나눔배려협력품성공감 봉사활동, 종합의견 등 <한양에리카 인재상 활용> 1. 전문인, 실용인 2. 성장가능성 인재 선발	477 2021 188	종합 100% 전년대비 감소폭 인문 21명 감소 자연 37명 감소					<2020 종합입결> 인문 경쟁률 34.4 자연 경쟁률 28.6 인문평균 4.51 자연평균 3.76		최저 없음
	SW ICT 인재	일괄	학생부종합 최저없음 자소서 없음 최종 12.15(수)	2022 서류종합 100% 소프트웨어융합학부 3년차 교과/전공적합성 등 종합동일 ▶소프트웨어 20명 ▶ICT융합 14명	34 2021 34				서류 100%		※ 2020 단계종합2 신설전형 입결 참고★★ ▶소프트웨어 자연15명-경쟁33.4- ▶소프트웨어 인문09명-경쟁6.56- ▶ICT융합 자연09명- ▶ICT융합 인문06명-		
	조기취업 계약학과	1단계 2단계	학생부종합 최저없음 1단계: 10.23(토) 예비: 10.23(토) 면접: 10.27~30	스마트융합공학부 3년차 교과/전공적합성 등 종합동일 최종합격: 11.09(화)	150 2021 150	종합 100% 1단계 10%+ 기업면접 90%					스마트융합공 소재부품 22명, 경쟁 5.36 스마트융합공 로봇융합 50명, 경쟁 5.10 스마트융합공 iCT융합 19명, 경쟁 10.16 스마트융합공 건축IT융합 27명, 경쟁 5.04		
	논술전형	일괄	논술전형 최저있음 논술 11.20(토) 최종 12.15(수)	1. 2022 전년대비 25명 감소 2. 내신변화: 국영수사과史 3. 인문논술: 국어사회한국사 4. 자연논술: 수1수2미적확통	194 2021 219	교과 30 논술 70					<2020 논술입결> 인문 경쟁률 29.5 자연 경쟁률 21.6 인문 평균 4.00 논술평균 78.7점 자연 평균 3.96 논술평균 82.7점		최저 없음
	고른기회 농어촌	일괄	고른기회 자소서제출 최종 12.15(수)	보훈대상자 및 기초/차상위 2022 교과100%→종합100%	46 39	서류 100							최저 없음
	재능우수자	일괄 단계	실기/실적 서류~09.14(화) 최종 11.09(화)	디자인 4개학과 예체능 3개학과 실기 일정: 12.03(금)~04(토)	체육 36 등					체육일반: 실기 100% 기타 실기 및 단계전형 각각			일반 최저 없음 체육: 영어포함 2개합7 (탐1)
2019 정시가나 합격평균	로봇공학89.17 생명나노88.11 소프트웨87.70 분자생명86.70 ICT융합86.26 화학분자86.52 전자공학86.42 기계공학85.98 나노광전85.22 재료화학85.75 건축학부85.01 응용물리84.60 해양융합84.52 응용수학84.38 교통물류83.94 산업경영83.83 건설환경83.23 국방정보80.73						소프트웨90.24 보험계리90.17 문화콘텐89.22 광고홍보89.14 경제학부88.57 정보미디87.66 교통물류87.62 ICT융합88.75 산업경영87.52 한국언어87.30 경영학부87.26 건축학부87.23 일본학과86.00 영미언어85.98 중국학과85.76 문화인류85.67					
E.R.I.C.A 특성화 학과안내	<한양에리카 레인보우 7개 학과> 정원내 최초합격 1회 수업료 50% 1. 공과대학 생명나노공학과 2. 공과대학 로봇공학과 3. 소프트웨어융합 인공지능학과 4. 과학기술융합대학 분자생명과학과 5. 국제문화대학 문화콘텐츠학과 6. 언론정보대학 광고홍보학과 7. 경상대학 보험계리학과 8. 2022 한양대학교 약학치세대리더 신설★						<한양에리카 프라임 5개 학과> ★ 4년 반액장학 혜택 등 1. 소프트웨어융합대학 소프트웨어학부 2. 소프트웨어융합대학 ICT융합학부 3. 과학기술융합대학 나노광전자학과 4. 과학기술융합대학 화학분자공학과 5. 과학기술융합대학 해양융합공학과					

한양대에리카 2021 수시모집 결과분석 01 - 교과전형 인문계열   2021. 06. 22 ollim

<2021 수능최저>
인: 2개합 6 (탐1)
자: 2개합 6 (탐1)
수가/사과탐

2021 교과 인문 (102명)
● 교과 100% (국영수사, 동일비율)

대학	학과	2022 인원	2021 인원	2021 경쟁률	실질경쟁률	최초평균	최종평균	추합인원	충원율
국제문화대학	한국언어문학	7	7	6.14	4.3	2.46	2.70	8	114%
	문화인류학	7	7	5.29	2.6	2.33	2.84	9	129%
	문화콘텐츠	6	6	5.50	2.3	1.60	2.78	8	133%
	중국학과	6	6	6.67	4.0	2.51	2.95	12	200%
	일본학과	6	6	6.83	4.2	2.42	3.14	15	250%
	영미언어문화	9	10	9.80	6.7	2.35	2.91	29	290%
	프랑스학과	6	6	8.17	5.8	2.59	2.96	21	350%
언론정보	광고홍보학	10	10	6.00	4.2	1.82	2.20	20	200%
	정보사회미디	9	9	5.22	2.4	2.34	3.35	8	89%
경상대학	경제학부	12	12	5.75	4.3	2.38	2.54	22	183%
	경영학부	15	19	6.4	4.7	2.04	2.65	59	311%
	보험계리학과	3	4	6.5	4.3	2.11	2.97	12	300%
예체능디자인대학	주얼리패션	-							
	산업디자인	-							
	영상디자인	-							
	커뮤니케이션	-							
	인테리어디자	-						-	
인문합계 (예체제외)		96	102	6.52	4.2	2.25	2.83	223	212%

<2020 수능최저>
인문: 2개합 6 (탐1)
디자인: 2개합 6 (탐1)
※ 영역 4등급내
체육일반 수능최저
:영어포함 2개합7 (탐1)

2020 교과전형 인문 (151명)
● 교과 100% (국영수사, 동일비율)

대학	학과	2020 인원	2020 경쟁률	실질경쟁률	최초평균	최종평균	추합인원	충원율
국제문화대학	한국언어문학	6	7.17	5.3	2.31	2.58	10	167%
	문화인류학	7	6.43	3.3	2.45	2.51	3	43%
	문화콘텐츠	7	5.14	3.6	1.54	1.86	11	157%
	중국학과	7	5.29	3.4	2.49	2.78	10	143%
	일본학과	7	6.57	4.7	2.39	2.70	10	143%
	영미언어문화	12	4.83	3.6	2.16	2.96	27	225%
	프랑스학과	5	5.60	3.0	2.46	3.00	8	160%
언론정보	광고홍보학	15	9.93	6.4	1.77	1.98	17	113%
	정보사회학	12	5.08	3.8	1.92	2.09	7	58%
경상대학	경제학부	16	6.25	4.6	2.28	2.48	31	194%
	경영학부	27	10.4	7.6	2.11	2.36	42	156%
	보험계리학과	7	11.3	8.0	2.07	2.28	3	43%
예체능디자인대학	주얼리패션	4	8.00		1.99	2.56	10	250%
	인테리어디자	3	6.67		2.17	2.32	1	33%
	테크노프로	4	6.25		1.80	1.85	1	25%
	커뮤니케이션	6	8.17		1.77	2.12	16	267%
	엔터테인먼트	-	-		-	-	-	-
인문합계 (예체제외)		145	7.07	4.8	2.11	2.40	211	136%

한양대에리카 2021 수시모집 결과분석 02 - 교과전형 자연계열   2021. 06. 22 ollim

<2021 수능최저>
인: 2개합 6 (탐1)
자: 2개합 6 (탐1)
수가/사과탐

2021 교과 자연 (231명)
● 교과 100% (국영수과, 동일비율)

대학	학과	2022 인원	2021 인원	2021 경쟁률	실질경쟁률	최초평균	최종평균	추합인원	충원율
공학대학	건축학부	14	14	5.29	3.0	2.26	2.65	23	164%
	건설환경공학	8	8	6.75	4.9	2.30	2.57	17	213%
	교통물류공학	6	6	5.83	2.5	2.42	2.68	5	83%
	전자공학부	30	36	4.28	3.1	1.99	2.30	61	169%
	재료화학공학	18	18	5.50	4.4	1.82	1.98	34	189%
	기계공학과	24	24	5.75	3.3	2.04	2.70	53	221%
	산업경영공학	7	7	4.43	1.9	2.26	2.53	4	57%
	생명나노공학	6	6	4.50	3.5	1.58	2.73	13	217%
	로봇공학과	9	9	4.67	1.3	2.49	2.89	2	22%
	국방정보공남	18	19	3.11	0.5	2.92	2.80	0	0%
	국방정보공여	2	1	11.0				0	0%
소프트융합	소프트웨어	25	20	4.15	2.5	1.92	2.98	27	135%
	ICT융합학부	15	12	4.17	2.3	2.07	2.22	11	92%
	인공지능	8	8	4.38	2.6	2.10	2.65	8	100%
과학기술융합대학	응용수학과	5	6	3.67	2.0	2.12	2.21	6	100%
	응용물리학과	6	6	6.17	3.5	2.27	2.75	8	133%
	분자생명과학	9	9	4.33	3.2	1.75	2.15	13	144%
	나노광전자학	6	6	4.8	2.5	2.21	2.81	8	133%
	화학분자공학	9	9	4.11	2.7	1.90	2.94	15	167%
	해양융합공학	7	7	3.86	2.1	2.50	2.54	2	29%
약학	약학과	5	2022 신설						
자연합계		237	231	5.04	2.7	2.15	2.58	310	118%

<2019 수능최저>
자연: 2개합 6 (탐1)
수가/과탐
※ 영역 4등급내

2020 교과전형 자연 (210명)
● 교과 100% (국영수과, 동일비율)

대학	학과	2020 인원	2020 경쟁률	실질경쟁률	최초평균	최종평균	추합인원	충원율
공학대학	건축학부	14	6.29	3.6	2.22	2.45	18	129%
	건설환경공학	8	5.75	3.5	2.39	2.58	14	175%
	교통물류공학	7	5.57	3.3	2.30	2.56	11	157%
	전자공학	39	5.36	4.0	1.88	2.20	74	190%
	재료화학공학	15	10.2	8.1	1.72	2.06	31	207%
	기계공학	21	5.57	3.9	1.89	2.36	54	257%
	산업경영공학	7	5.14	3.6	2.23	2.44	5	71%
	생명나노공학	7	4.71	3.0	1.59	1.87	7	100%
	로봇공학	7	4.57	3.0	1.61	2.03	12	171%
	국방정보공학	20	4.45	0.8	3.10	3.26	0	0%
소프트융합	소프트웨어	16	5.19	4.1	1.86	2.06	26	163%
	ICT융합 자연	6	4.67	3.5	1.95	2.27	9	150%
		-	-	-	-	-	-	-
과학기술융합대학	응용수학	6	5.50	4.2	2.12	2.28	11	183%
	응용물리	7	5.14	3.0	2.29	2.67	9	129%
	분자생명과학	8	5.00	3.9	1.65	1.85	11	138%
	나노광전자학	7	13.6	9.4	2.27	2.30	13	186%
	화학분자공학	8	4.71	3.1	1.78	2.09	8	100%
	해양융합공학	7	4.71	2.4	2.34	2.58	8	114%
자연합계		210	5.89	3.9	2.07	2.33	321	146%

한양대에리카 2021 수시모집 결과분석 03 - 종합전형 인문계열   *2021. 06. 22 ollim*

수능최저 없음 소프트융합대학은 학생부종합2 선발		2022 인원 활동중심전형	2021 인원	2021 경쟁률	최초 평균	최종 평균	추합 인원	충원율
국제 문화 대학	한국언어문학	-	-	-	-	-	-	150%
	문화인류학	-	-	-	-	-	-	109%
	문화콘텐츠	14	14	54.2	4.49	4.79	11	79%
	중국학과	14	5	30.0	4.29	4.57	6	11%
	일본학과	14	5	29.2	4.01	4.54	6	113%
	영미언어문화	19	8	28.8	3.89	3.96	7	86%
	프랑스학과	8	-	-		-	-	38%
언론 정보	광고홍보학	13	13	39.2	3.64	3.76	3	23%
	정보사회미디	16	6	38.0	3.56	3.87	3	50%
경상 대학	경제학부	22	7	16.6	3.59	3.68	4	50%
	경영학부	38	16	20.8	3.67	3.70	11	66%
	보험계리학과	6	4	10.00	3.94	3.94	0	0%
예체능 디자인 대학	스포츠과학	5	5	52.0	4.10	3.91	5	100%
인문합계 (예체제외)		**169**	**83**	**31.9**	**3.92**	**4.07**	**56**	**67%**

2021 종합 인문 (83명) ● 종합100% (정성평가)+단계종합 (교과복합형)

수능최저 없음 소프트융합대학은 학생부종합2 선발		2020 인원	2020 경쟁률	최초 평균	최종 평균	추합 인원	충원율
국제 문화 대학	한국언어문학	5	32.4	4.19	4.33	5	100%
	문화인류학	5	38.0	4.17	4.94	4	80%
	문화콘텐츠	7	78.3	5.19	5.30	4	57%
	중국학과	7	33.6	5.19	5.30	9	129%
	일본학과	7	41.7	5.51	5.42	15	214%
	영미언어문화	10	23.9	4.81	5.44	11	110%
	프랑스학과	4	34.3	5.77	5.49	11	275%
언론 정보	광고홍보학	10	44.0	3.95	4.25	6	60%
	정보사회학	10	46.0	3.82	3.96	1	10%
경상 대학	경제학부	12	16.8	4.34	4.52	10	83%
	경영학부	16	29.3	3.84	4.18	10	63%
	보험계리학과	6	9.50	4.80	4.43	2	33%
예체능 디자인 대학	스포츠과학	5	71.0	3.56	3.78	4	80%
인문합계 (예체제외)		**104**	**38.4**	**4.55**	**4.72**	**92**	**89%**

2020 종합 인문 (104명) ● 학생부종합 100% (정성평가)

한양대에리카 2021 수시모집 결과분석 04 - 종합전형 자연계열   *2021. 06. 22 ollim*

수능최저 없음 소프트융합대학은 학생부종합2 선발		2022 인원 활동중심전형	2021 인원	2021 경쟁률	최초 평균	최종 평균	추합 인원	충원율
공학 대학	건축학부	21	8	34.8	3.66	3.78	6	71%
	건설환경공학	13	-	-				108%
	교통물류공학	8	-	-				138%
	전자공학	55	20	16.5	3.30	3.64	24	122%
	재료화학공학	25	10	25.1	2.92	2.94	5	48%
	기계공학	34	14	22.8	3.37	3.55	13	94%
	산업경영공학	7	8	33.9	3.60	2.73	4	86%
	생명나노공학	8	-	-				50%
	로봇공학	22	16	14.6	3.79	4.13	7	44%
소프트 융합	소프트웨어	20	20	18.6				88%
	ICT융합 자연	14	14	12.8				48%
	인공지능	14	14	18.21			7	50%
과학 기술 융합 대학	응용수학	6	-					217%
	응용물리	8	-					100%
	분자생명과학	10	10	42.1	3.09	3.45	9	90%
	나노광전자학	9	-	-				0%
	화학분자공학	12	5	27.6	3.18	3.08	5	100%
	해양융합공학	9	-					78%
약학	약학과	9	**2022 신설**					
자연합계		**304**	**139**	**24.3**	**3.36**	**3.41**	**80**	**85%**

2021 종합 자연 (105명) ● 종합100% (정성평가)+단계종합 (교과복합형)

수능최저 없음 소프트융합대학은 학생부종합2 선발		2020 인원	2020 경쟁률	최초 평균	최종 평균	추합 인원	충원율
공학 대학	건축학부	9	51.7	3.65	4.24	9	100%
	건설환경공학	6	25.7	4.14	4.40	7	117%
	교통물류공학	5	15.0	3.58	4.09	2	40%
	전자공학	30	20.5	3.43	4.05	37	123%
	재료화학공학	15	33.9	3.04	3.40	10	67%
	기계공학	19	30.6	3.57	3.74	14	74%
	산업경영공학	5	20.4	3.96	3.62	2	40%
	생명나노공학	6	48.0	4.21	3.51	3	50%
	로봇공학	6	39.5	3.56	3.53	5	83%
소프트 융합	소프트웨어		33.4	3.95	4.45		67%
	ICT융합 자연		21.9	4.57	4.51		11%
	-	-	-	-	-	-	-
과학 기술 융합 대학	응용수학	5	22.4	2.82	3.19	6	120%
	응용물리	6	17.8	3.66	3.75	11	183%
	분자생명과학	8	49.6	4.51	3.60	9	113%
	나노광전자학	6	11.2	3.97	3.35	4	67%
	화학분자공학	9	24.7	3.47	3.88	3	33%
	해양융합공학	7	20.1	3.89	3.99	3	43%
자연합계		**142**	**28.6**	**3.76**	**3.84**	**125**	**78%**

2020 종합 자연 (142명) ● 학생부종합 100% (정성평가)

한양대에리카 2021 수시모집 결과분석 05 - 논술전형 인문계열
2021. 06. 22 ollim

<2021 수능최저> 인문: 2개합 6 (탐1) ※ 영역 4등급내		2022 논술 인원	2021 논술 인문 (61명) ● 학생 30%+논술 70%						
			2021		실질 경쟁률	최종등록		추합 인원	충원율
			인원	경쟁률		평균	최저		
소프트	ICT융합 인문	-	-	-	-	-	-	-	-
국제 문화 대학	한국언어문학	-						0	
	문화인류학	-						0	
	문화콘텐츠	-						0	
	중국학과	-						0	
	일본학과	-						0	
	영미언어문화	-						0	
	프랑스학과	-						0	
언론 정보	광고홍보학	10	12	47.8	26.3	4.48	4.64	1	8%
	정보사회미디	10	10	49.8	28.9	4.04	4.04	0	0%
경상 대학	경제학부	12	14	33.9	20.2	4.31	4.38	1	7%
	경영학부	17	21	39.9	24.1	4.24	4.42	8	38%
	보험계리학과		4	24.5	15.3	4.40	4.40	0	0%
예체능 디자인 대학	스포츠과학	-	-	-	-	-	-	-	-
인문합계 (예체제외)		**49**	**61**	**39.2**		**4.29**	**4.38**	**10**	**11%**

<2020 수능최저> 인문: 2개합 6 (탐1) ※ 영역 4등급내		2020 논술 인문 (138명) ● 학생 30%+논술 70%						
		2020		실질 경쟁률	최종등록		추합 인원	충원율
		인원	경쟁률		평균	최저		
소프트	ICT융합 인문	-	-	-	-	-	-	-
국제 문화 대학	한국언어문학	8	23.3		3.79	83.30	2	25%
	문화인류학	7	27.3		3.99	82.90	2	29%
	문화콘텐츠	7	39.7		3.76	76.80	2	29%
	중국학과	8	24.6		3.90	75.10	3	38%
	일본학과	9	22.8		4.31	72.80	4	44%
	영미언어문화	11	26.8		4.03	75.70	1	9%
	프랑스학과	6	23.8		3.89	69.70	4	67%
언론 정보	광고홍보학	11	40.6	20.2	3.68	86.80	1	9%
	정보사회학	11	37.6	18.1	4.34	85.00	1	9%
경상 대학	경제학부	23	25.9	12.5	4.24	77.60	2	9%
	경영학부	37	32.2	16.6	4.02	80.50	6	16%
	보험계리학과	-	-	-	-	-	-	-
인문합계 (예체제외)		**147**	**34.7**	**16.9**	**3.92**	**5.34**	**42**	**29%**

한양대에리카 2021 수시모집 결과분석 06 - 논술전형 자연계열
2021. 06. 22 ollim

<2021 수능최저> 자연: 2개합 6 (탐1) ※ 영역 4등급내		2022 논술 인원	2021 논술 자연 (158명) ● 학생 30%+논술 70%						
			2021		실질 경쟁률	최종등록		추합 인원	충원율
			인원	경쟁률		평균	최저		
공학 대학	건축학부	10	11	33.2	14.5	4.23	4.54	6	55%
	건설환경공학	7	7	30.0	13.0	4.08	4.11	6	86%
	교통물류공학	5	5	29.2	12.6	4.53	4.94	5	100%
	전자공학	25	29	41.9	24.6	4.03	4.08	18	62%
	재료화학공학	14	14	38.5	23.1	3.67	3.73	5	36%
	기계공학	15	19	36.9	19.6	4.09	4.11	10	63%
	산업경영공학	5	6	32.3	16.2	4.27	4.33	4	67%
	생명나노공학	5	5	51.0	33.4	3.31	3.59	1	20%
	로봇공학	8	8	32.0	17.9	3.34	3.56	3	38%
소프트 융합	소프트웨어	14	15	51.2	30.1	3.46	3.45	4	27%
	ICT융합 자연	5	7	38.0	20.1	3.56	3.57	4	57%
과학 기술 융합 대학	응용수학	5	5	22.6	11.2	3.78	4.24	7	140%
	응용물리	5	5	23.6	8.8	3.48	3.56	3	60%
	분자생명과학	6	6	38.0	24.3	4.09	3.94	3	50%
	나노광전자학	5	5	28.8	14.4	3.77	3.77	0	0%
	화학분자공학	6	6	33.3	20.0	3.92	3.91	7	117%
	해양융합공학	5	5	27.8	10.6	4.33	4.49	1	20%
자연합계		**145**	**158**	**34.6**	**18.5**	**3.88**	**4.00**	**87**	**59%**

<2020 수능최저> 자연: 2개합 6 (탐1) ※ 영역 4등급내		2020 논술 자연 (249명) ● 학생 30%+논술 70%						
		2020		실질 경쟁률	최종등록		추합 인원	충원율
		인원	경쟁률		평균	최저		
공학 대학	건축학부	12	24.8	11.7	3.45	80.80	4	33%
	건설환경공학	15	19.2	8.3	4.01	78.70	1	7%
	교통물류공학	5	17.6	8.6	4.21	79.80	1	20%
	전자공학	51	21.9	12.4	3.68	81.30	20	39%
	재료화학공학	29	20.8	11.7	4.04	86.90	7	24%
	기계공학	35	22.8	11.4	4.12	86.40	16	46%
	산업경영공학	6	26.0	11.0	4.40	79.10	1	17%
	생명나노공학	7	31.3	20.1	3.22	82.40	0	0%
	로봇공학	7	20.4	11.4	4.01	82.10	0	0%
소프트 융합	소프트웨어	24	25.4	14.2	3.83	83.60	6	25%
	ICT융합 자연	7	24.9	13.9	3.53	88.20	1	14%
과학 기술 융합 대학	응용수학	7	17.9	6.3	3.76	90.30	1	14%
	응용물리	7	17.1	7.3	4.29	79.90	2	29%
	분자생명과학	10	22.6	12.4	4.29	83.10	1	10%
	나노광전자학	8	18.4	7.9	4.11	79.30	4	50%
	화학분자공학	11	18.9	9.2	3.89	87.90	2	18%
	해양융합공학	8	16.4	7.1	4.43	75.40	5	63%
자연합계		**272**	**28.3**	**14.0**	**3.96**	**6.69**	**63**	**23%**

한양대에리카 2021 결과분석 07 - 정시일반 인문계열　　　2021. 06. 22 ollim

인문 30:30:20:20 / 자연 20:35:20:25 / 영어 200-199-198 -196-193...		2022 인원	2021 인원	2021 경쟁률		백분위 평균 최초	백분위 평균 最終	추합 인원	충원율
국제문화대학	한국언어문학			3.8		83.64	83.18		46%
	문화인류학			2.9		84.11	78.79		142%
	문화콘텐츠			4.1		86.49	83.42		140%
	중국학과			5.2		83.69	82.92		75%
	일본학과			3.5		84.17	82.90		146%
	영미언어문화			3.5		84.18	82.76		106%
	프랑스학과			4.5		82.50	81.26		139%
언론정보	광고홍보학			3.2		87.13	85.46		105%
	정보사회미디			3.8		85.39	83.84		147%
경상대학	경제학부			3.4		85.29	83.60		110%
	경영학부			4.4		86.23	84.64		119%
	보험계리학과			3.9		86.46	85.74		57%
디자인대학	주얼리패션			11.0		76.83	76.12		23%
	산업디자인			7.2		78.58	75.05		25%
	커뮤니디자인			6.4		81.13	77.90		23%
	영상디자인			7.8		78.78	77.36		17%
예체	스포츠과학			7.9		72.01	70.31		22%
인문합계 (예체제외)			0	5.1		82.74	80.90		85%

● 수능 100%　국수탐2 백분위 평균 　**2021 정시 인문**

인문 30:30:20:20 / 자연 20:35:20:25 / 영어 200-199-198 -196-193...		2020 인원	2020 경쟁률		백분위 평균 최초	백분위 평균 최종	추합 인원	충원율
국제문화대학	한국언어문학	10	3.9	가군	85.27	85.17		120%
	문화인류학	11	5.4	나군	85.95	84.82		82%
	문화콘텐츠	12	3.4	나군	88.54	86.00		108%
	중국학과	12	6.9	가군	86.26	84.42		117%
	일본학과	10	4.2	가군	86.10	83.94		140%
	영미언어문화	17	5.1	가군	85.47	84.83		112%
	프랑스학과	11	6.9	나군	84.74	83.70		164%
언론정보	광고홍보학	18	3.9	가군	89.15	88.45		67%
	정보사회학	21	4.0	나군	85.90	85.03		95%
경상대학	경제학부	25	4.1	가군	87.31	86.33		108%
	경영학부	32	6.1	나군	88.04	86.93		94%
	보험계리학과	13	4.4	가군	86.65	83.88		85%
소프트	소프트 인문	16	3.4	나군	90.28	89.74		31%
인문공학	건축학 인문	15	4.9	가군	86.07	88.29		33%
	교통물류인문	10	4.8	가군	86.78	86.03		50%
	산업경영인문	10	4.2	가군	87.20	87.08		50%
예체	스포츠과학	25	13.7	가군	74.17	73.88		8%
인문합계 (예체제외)		283	5.2		86.31	85.43	217	86%

● 수능 100%　국수탐2 백분위 평균 　**2020 정시 인문 (250명)**

한양대에리카 2021 결과분석 08 - 정시일반 자연계열　　　2021. 06. 22 ollim

인문 30:30:20:20 / 자연 20:35:20:25 / 영어 200-199-198 -196-193...		2022 인원	2021 인원	2021 경쟁률	최초 평균	최종 평균	추합 인원	충원율
공학대학	건축학부			4.6	84.62	83.47		87%
	건설환경공학			3.5	79.24	77.43		117%
	교통물류공학			3.8	84.53	83.55		44%
	전자공학			3.2	83.63	81.92		120%
	재료화학공학			3.5	82.70	80.18		83%
	기계공학			3.0	83.14	79.54		123%
	산업경영공학			4.4	85.39	84.83		100%
	생명나노공학			5.0	84.08	81.32		225%
	로봇공학			4.3	83.49	82.33		100%
	국방정보공학			0.5	78.65	78.13		0%
소프트융합	소프트웨어			4.1	87.33	86.48		50%
	ICT융합 자연			3.7	86.40	85.67		116%
	인공지능			4.1	85.49	84.19		64%
과학기술융합대학	응용수학			5.6	80.47	78.14		144%
	응용물리			2.5	80.06	69.47		146%
	분자생명과학			3.8	83.21	78.08		192%
	나노광전자학			4.3	81.57	76.97		242%
	화학분자공학			5.5	82.50	80.46		182%
	해양융합공학			6.3	78.85	77.30		142%
자연합계			0	4.0	82.91	80.50		120%

● 수능 100%　국수탐2 백분위 평균 　**2021 정시 자연**

인문 30:30:20:20 / 자연 20:35:20:25 / 영어 200-199-198 -196-193...		2020 인원	2020 경쟁률		수능백분위 평균	수능백분위 편차	추합 인원	충원율
공학대학	건축학부	17	4.8	가군	83.65	82.09		106%
	건설환경공학	13	4.6	가군	82.41	81.08		185%
	교통물류공학	8	5.6	가군	83.35	82.56		75%
	전자공학	41	4.0	가군	85.71	83.49		112%
	재료화학공학	31	3.4	가군	84.97	82.94		100%
	기계공학	31	4.5	가군	85.06	84.29		74%
	산업경영공학	8	5.6	가군	83.79	83.15		125%
	생명나노공학	10	5.0	나군	85.75	85.12		80%
	로봇공학	10	4.6	나군	87.70	84.94		150%
	국방정보공학	26	1.5	가군	78.31	77.95		0%
소프트융합	소프트웨어	21	5.9	나군	87.19	85.92		119%
	ICT융합 자연	20	4.3	가군	86.11	84.96		60%
과학기술융합대학	응용수학	12	3.9	가군	83.93	81.81		133%
	응용물리	10	5.9	가군	83.42	82.47		50%
	분자생명과학	13	3.8	가군	85.35	84.14		139%
	나노광전자학	10	6.6	나군	84.58	82.95		270%
	화학분자공학	15	5.5	나군	84.47	83.17		133%
	해양융합공학	10	5.0	나군	82.35	81.25		180%
자연합계		277	5.5		85.61	2.72	238	116%

● 수능 100%　국수탐2 백분위 평균 　**2020 정시 자연 (277명)**

2022 대학별 수시모집 요강			**협성대학교**			2022 대입 대입 특징	<영어 반영> 인/자 비율 영<u>30%</u>:탐30%:국/수40% 인/자: 100-95-92-89-79 정시: 영탐1+국/수 택1					

▶내신: 국/수3+영3+사/과3
　총 9개 반영★
　　사회(史/도 포함)
▶2021~2022 9개 동일
▶2020 인: 국영사 자: 영수과
▶학년비율 동일 유지

1. 2022 교과내신 유지: 국/수3+영3+사/과3 총 9개 반영★
　*참고: 2020 재작년 내신반영 인: 국영사 자: 영수과 전체
2. 2022 교과전형 전년대비 16명 인원증가
3. 2022 미래역량 단계면접전형 43명 인원증가
4. 2022 협성창의종합 전년대비 30명 인원감소
5. 협성입학처 자체 환산 시뮬레이션 자료 참고 ollim
6. 2022 종합전형 자기소개서 폐지
7. 2022 분리신설학과 필수 확인 요망　　2021.06.07 ollim

모집시기	전형명	사정 모형	학생부종합 특별사항	2022 수시 접수기간 09. 10(금) ~ 14(화)	모집 인원	학생부	논술	면접	서류	기타	2022 수능최저등급
2022 수시 923명 (82.3%) 정시 198명 (17.7%) 전체 1,121명 2021 수시 827명 (76.6%) 정시 235명 (23.4%)	**교과우수자**	일괄	학생부교과 최저없음 최종 10.12(화) 국/수3+영3 +사/과3 총 9개	1. 2022 전년대비 16명 증가 2. 2021 전년대비 134명 감소 3. 2020 전년대비 56명 증가 4. 교과 등급별 반영점수 분포 1등급-100 2등급-99 3등급-97 4등급-94 5등급-90 6등급-85	238 신학 22명 2021 254 신학 30명	교과 100					최저없음
	미래역량우수자 (단계면접)	1단계	학생부교과 최저없음 1단계 10.12(화) 면접 10.17(일) 최종 12.16(목)	1. 2022 전년대비 43명 증가 2. 면접: 인성, 시사상식 평가 3. 면접 이전 홈페이지에 공개	191 2021 148	교과 100 (7배→5배수)					최저없음
		2단계	국/수3+영3 +사/과3 총 9개			교과 60 면접 40					최저없음
	협성창의인재 (종합)	1단계	학생부종합 자소서 폐지 1단계 11.02(화) 면접 11.06(토) ~11.07(일) 최종 12.16(목)	1. 2022 전년대비 30명 감소 2. 여러능력 잠재력을 가진 자 3. 자기주도학습능력 인생목표 4. 고교교육충실 전공목표일치 5. 2단계 면접 100% 지원동기, 학업계획, 인성 전공이해 등 종합심층평가	132 2021 162	교과 30 서류 70 (3배수)					<2021 입결 평균-최저> ▶사회복지20-4.31-5.17 ▶아동보육20-4.63-5.24 ▶도시행정20-4.95-5.77 ▶미디영상20-4.09-5.01 ▶경영학과14-4.49-4.75 ▶금융세무20-5.47-7.83 ▶호텔유통20-4.65-5.11 ▶미주통상14- ▶중국통상14- 최저없음
		2단계				1단계 40 면접 60					
	담임목회자추천	1단계	신학과 1단계 10.12(화) 면접 11.06(토) 최종 12.16(목)	1단계 7배수→5배수 기독교 세례인 목회자추천자 면접 이전 홈페이지에 공개	신학 38	교과 100 (7배→5배수)					<2021 입결 평균-최저> ▶신학과 5.56-6.00 최저없음
		2단계				교과 60 면접 40					
	사회배려자	일괄	교과전형 최종 10.12(화)	1. 군인경찰환경소방집배 교도 10년이상 등 2. 다문화, 다자녀 3인 등	35	교과 100					최저없음
	기초수급차상위 (정원외)	일괄	교과전형 최종 10.12(화)	1. 기초수급자 및 차상위 자녀	20	교과 100					<2021 기초차상위 입결> 문예창작3.80 사회복지3.85 아동보육5.89 도시행정4.08 중국문화6.17 미디어영상3.36 경영학과4.14 호텔유통4.16 글로벌통상4.39 컴퓨터공4.25 건축공학4.80 보건관리4.39
	고른기회	일괄	교과전형 최종 10.12(화)	1. 보훈, 농어촌, 특성화고교 2. 기초수급 및 차상위 자녀	34	교과 100					<2021 고른기회 입결> 문예창작5.22 사회복지4.0-4.44 아동보육4.27 도시행정5.04 중국문화6.66 미디어영상3.01 경영학과3.44 호텔유통3.67 금융세무4.42-4.72 컴공4.16-4.54 건축공5.21-5.33 소프트공6.54 보건관리5.06 생명과4.88-5.04 도시공5.62-5.77

수능최저 없음

대학	학과	2022 모집인원	2021 교과우수자 교과 100% / 학년비율: 동일 / 국·수3+영3+사·과3, 총 9개						2020 교과우수자 교과 100% / 학년비율: 동일 / 국·수3+영3+사·과3, 총 9개 / 2021 입결 예측 - 내신변화 시뮬레이션 적용 결과 ollim					2020 교과우수자 교과 100% / 학년비율: 동일 / 인: 국영사, 자: 영수과				
			모집인원	경쟁률	충원	평균	최저	21인원	경쟁률	충원	평균	최저	모집인원	경쟁률	충원	평균	최저
신학	신학과	22	30	1.50		3.87	4.47	30			-	-	-	-	-	-	-
인문 사과 대학	문예창작	10	7	26.9		3.09	3.44	7			3.90	5.08	12	5.08	42	4.47	5.08
	사회복지	14	17	17.0		3.00	3.26	17			3.22	4.03	32	7.09	113	3.72	4.26
	아동보육	12	12	11.0		3.77	3.92	12			3.39	4.25	22	5.55	82	3.99	4.77
	도시개발행정	8	10	14.0		3.75	3.96	10			3.68	4.39	42	4.45	97	4.21	4.92
	중국어문화학과	12	-	-	-	-	-	-			-	-	-	-	-	-	-
경영 대학	미디어영상광고	15	17	20.9		3.93	4.16	17			2.95	3.75	38	12.4	94	3.39	3.80
	경영학과	13	12	23.8		3.10	3.22	12			3.55	4.55	20	5.40	78	3.94	4.97
	금융보험학과	9	20	11.3		3.41	3.73	20			3.50	4.28	49	6.27	116	4.07	4.51
	세무회계학과	9															
	호텔관광경영	7	17	13.5		3.50	3.78	17			3.36	4.64	32	5.34	102	3.91	5.01
	유통경영학과	7															
	글로벌통상문화	12	14	9.14		3.64	3.89	14			3.64	4.40	23	6.78	51	4.18	4.50
이공 대학	컴퓨터공학과	13	11	18.6		3.20	3.37	11			3.23	3.66	12	24.8	36	3.92	4.12
	소프트웨어공학	11	11	12.7		3.35	3.52	11			3.34	4.47	12	7.83	45	3.78	4.14
	건축공학과	13	11	21.6		3.24	3.46	11			4.06	5.33	18	3.50	50	4.66	6.10
	도시공학과	13	15	13.9		3.83	4.05	15			4.03	4.89	18	3.72	45	4.92	6.12
	보건관리학과	18	19	8.47		3.42	3.89	19			3.14	4.00	22	5.41	44	3.73	4.25
	생명과학과	20	17	14.7		3.23	3.48	17			4.04	5.66	13	5.77	56	4.76	6.11
		238	240	14.9		3.43	3.68	240			3.54	4.49	365	7.29	1051	4.11	4.84

수능최저 없음

대학	학과	2022 모집인원	2021 미래역량 교과 100% / 학년비율: 동일 / 국·수3+영3+사·과3, 총 9개						2020 미래역량 교과 100% / 학년비율: 동일 / 국·수3+영3+사·과3, 총 9개 / 2021 입결 예측 - 내신변화 시뮬레이션 적용 결과 ollim					2020 미래역량 1단계: 학생100%(7배수) / 2단계: 학생60+면접40 / 인: 국영사, 자: 영수과				
			모집인원	경쟁률	충원	평균	최저	21인원	경쟁률	충원	평균	최저	모집인원	경쟁률	충원	평균	최저
인문 사과 대학	문예창작	16	12	6.75		3.92	4.80	12			4.04	4.80	14	5.64	24	4.47	5.11
	사회복지	15	14	6.36		3.89	4.25	14	신설	모집	-	-	-	-	-	-	-
	중국어문화학과	14	-	-	-	-	-	-			-	-	-	-	-	-	-
	도시행정학과	10	12	4.08		4.25	4.58	12			4.20	4.75	14	5.00	12	4.81	5.16
경영 대학	미디어영상광고	16	14	9.07		3.32	3.66	14			3.27	3.92	14	9.0	7	3.92	4.25
	경영학과	-	-	-	-	-	-	-			3.84	4.14	14	7.36	18	4.27	4.56
	금융보험학과	8	14	3.64		4.17	4.78	14			3.97	4.58	14	4.50	9	4.57	5.06
	세무회계학과	8															
	호텔관광경영	8	14	5.86		4.06	4.55	14	신설	모집	-	-	-	-	-	-	-
	유통경영학과	8															
	글로벌통상문화	14	-	-	-	-	-	-			4.74	5.33	14	3.36	24	5.30	5.96
이공 대학	컴퓨터공학과	16	14	6.43		3.73	3.92	14			4.01	4.55	14	9.7	20	4.58	5.12
	소프트웨어공학	16	14	5.57		4.09	4.55	14			4.19	5.06	14	5.00	26	4.82	5.47
	건축공학과	14	12	5.00		4.75	5.33	12			3.92	4.33	14	4.43	24	4.65	5.27
	도시공학과	14	14	2.43		5.10	5.89	14			4.23	4.66	14	4.21	8	4.89	5.20
	보건관리학과	14	14	5.71		4.04	4.55	14			3.80	4.55	14	6.21	19	4.49	4.97
	생명과학과	-	-	-	-	-	-	-			4.00	4.83	14	5.43	9	4.79	5.43
		191	148	5.54		4.12	4.62	148			4.02	4.63	168	5.82	200	4.63	5.13

2022 대학별 수시모집 요강	**호서대학교**	2022 대입 주요 특징	<영어 반영> 탐구1+국수영 택2 탐30% 기타35% 인/자: 95-85-75-65-50-35 ... 수가 5%

▶ 교과: 국영수사과 중 상위 3개 전체 유지
▶ 학년비율 30:35:35 폐지
▶ 진로선택 가산점 반영★
  ①최대 2과목 총점 반영
  ②AA 최대 5% 반영

1. 2022 교과전형 전년대비 82명 증가★
2. 2022 면접전형 폐지★
3. 2022 호서인재 모집인원 확대 및 변화★
  ①전년대비 347명 폭증 ②1단계 7배수→5배수 축소
  ③2단계 면접 10% 축소 ④자기소개서 폐지
4. 2022 고른기회 단계종합→교과100% 변경 및 50명 증가★
5. 2022 지역학생 전년대비 68명 증가, 실질경쟁률 평균 1.4★

6. 인문 천안캠, 자연 아산캠, 당진 산학융합캠퍼스
  공과대학 당진캠: 로봇자동차공, 신소재공, 자동차ICT
7. 2022 학과명칭 변경
  ①중국지역→중국학과 ②건강기능식품→식품공학과
  ③로봇자동화공학→로봇공학과 ④전자및디스플레이→전자융합공
  ⑤공연예술학부(실용음악트랙) - 피아노트랙 폐지

모집시기	전형명	사정모형	학생부종합 특별사항	2022 수시 접수기간 09. 10(금) ~ 14(화)	모집인원	학생부	논술	면접	서류	기타	2022 수능최저등급
2022 정원내 수시 2,328명 (80.8%) 정시 553명 (19.2%) 전체 2,881명 2021 정원내 수시 2,289명 (79.7%) 정시 583명 (20.3%) 전체 2,872명	학생부전형	일괄	학생부교과 최종 10.21(목)	1. 2022 전년대비 82명 증가	1,013 2021 931	교과 100		국영수사과 중 상위 3개 진로선택 최대 2과목			최저없음
	호서인재	1단계	학생부종합 자소서 폐지 1단계 10.26(화) 면접 11.04(목) 11.05(금) 최종 11.11(목)	1. 2022 전년대비 347명 폭증 2. 1단계 7배수→5배수 축소 3. 2단계 면접 10% 축소 2. 호서대 인재상 바탕 인성평가 종합심층면접	676 2021 329	서류 100 (7배수)					최저없음
		2단계				1단계 70 + 면접 30					
	AI SW인재	1단계	학생부종합 1단계 10.26(화) 면접 11.04(목) 11.05(금) 최종 11.11(목)	컴퓨터공학부 10명 - 사물인터넷트랙 - 인공지능트랙 - 정보보호학트랙	10	서류 100 (7배수)		<2021 컴퓨터공 입결> 10명 모집 경쟁률3.80- 최종평균-최저 4.62-5.98, 충원 4명			최저없음
		2단계				1단계 70 + 면접 30					
	지역학생	일괄	학생부교과 최종 10.21(목)	1. 2022 전년대비 68명 증가 2. 대전/세종/충남북 대상자	319 2021 251	교과 100		<2022 기타전형 생략> 농어촌 성인학습 서해5도 특성화 재직자 등			최저없음
	고른기회	일괄	학생부교과 최종 10.21(목)	1. 단계종합→ 교과100% 변경 우편/환경/경찰/교도/소방 군인/복지시설 등 10년 이상 소년소녀/장애/보훈대상 등 다자녀 다문화 포함	70 2021 20	교과 100					최저없음
	기초수급 및 차상위	일괄	학생부교과 정원외 최종 10.21(목)	기초수급 및 차상위 자녀	48	교과 100					최저없음

2020 수시 정시 결과

<2020 학생부 100% 전형, 평균등급-최저등급> 최저없음
한국4.11-4.53 영문4.40-6.85 중국4.61-6.81 법경3.93-4.96 사복3.83-4.54
상담4.12-5.40 유아3.38-5.33 심리4.17-5.29 통상4.23-5.07 경영3.98-5.37
디지털기술경영4.28-5.17 동물보건복지3.16-3.62 문화영상3.19-3.74
식품제약4.21-5.44 식영3.81-4.96 화장품공3.52-4.13 물리치료2.56-3.14
임상병리3.55-4.11 간호2.25-2.60 전기공학4.06-4.90 시스템제5.33-6.42
안전소방4.23-5.58 화공3.63-4.45 건축토목4.82-5.72 환경공학4.47-5.35
건축학과3.56-3.91 기계3.93-4.69 전자재료4.25-4.38 로봇자동5.03-6.73
신소재공5.23-8.11 자동차IC4.73-5.44 빅데이터4.79-6.58 컴정보4.20-4.88
게임애니3.46-4.19 전자디스4.55-5.35 정보통신5.17-7.70 실내디2.78-3.47

<2020 호서인재전형, 평균등급-최저등급> 최저없음
영문5.04-5.58 중국5.49-6.34 법경창행정4.38-5.34
사복4.87-5.58 상담4.61-5.20 유아4.36-5.29 심리4.37-5.18
통상5.41-6.20 경영4.385-5.47 디지털기술경영5.45-6.19
식품제약5.14-5.70 식품영양4.74-5.65 화장품공4.58-5.11
물리치료4.02-4.70 임상병리4.78-5.57 간호학과3.52-4.07
전기공학4.87-6.48 안전소방4.67-5.76 화학공학4.18-4.81
정보통신5.56-6.46 전자재료5.50-6.13 건축전공4.73-4.98
건축토목4.78-5.97 기계자동5.07-7.24 로봇자동5.81-6.80
신소재공5.65-5.94 자동차IC5.86-6.35 빅데이터5.93-6.70
컴퓨터정5.09-6.22 정보통신5.34-5.79 전자디스플5.24-5.84
동물보건복지4.58-5.06 시스템제어5.67-6.23

<2020 정시가군 백분위 평균-최저 - 탐구1+국수영 택2>
한국69.08-66.33 영문71.45-67.33 중국68.67-66.67 법경73.26-67.67 경영71.67-67.00 심리66.13-42.00 식품영양68.43-65.67
사복70.59-67.00 유아67.6-49.33 디지털기술경영70.82-67.33 식품제약70.04-68.00 화장품68.89-62.27
물리치료78.58-75.67 임상병74.33-71.67 간호학과82.31-79.67 동물보건74.50-73.00 전기공71.97-69.00 시스제어67.67-65.33
안전소방66.65-62.00 화학공65.69-54.00 건축토목65.63-63.33 환경공학67.47-54.67 신소재64.08-56.67 기계자동69.06-57.33
빅데이터69.36-65.33 컴정보72.89-68.00 자동차IC64.74-60.00 게임애니72.37-70.33 정보통65.75-57.67 전자디스플70.9-66.3
문화영상73.57-69.33 항공서비스(면접)67.73-52.00

수능최저 없음			2022 학생부 우수	2021 지원		2021 입학결과						실질경쟁률 ollim		
												▶ 내신 반영: 국영수사과 중 상위 3개 전체, 교과 100%　▶ 학년 비율: 30:35:35		
			모집 인원	모집 인원	경쟁률	최종등록 평균	최종등록 최저	최종80% 평균	최종80% 최종	충원 인원	충원율	전체 지원자	모집 +충원	실질 경쟁률
인문 사회 대학	한국언어문화		15	14	5.00	4.38	5.52	4.18	4.64	45	321%	70	59	1.19
	영어영문학과		24	23	12.7	4.45	4.99	4.32	4.88	105	457%	291	128	2.27
	중국학과		19	18	9.67	4.80	5.28	4.67	5.13	68	378%	174	86	2.02
	법경찰행정학		46	42	13.1	3.57	3.98	3.48	3.85	134	319%	552	176	3.14
	산업심리학과		20	20	7.25	3.93	4.74	3.72	4.36	73	365%	145	93	1.56
	사회복지학부		33	32	8.16	4.07	4.50	3.98	4.37	136	425%	261	168	1.55
	청소년문화·상담		15	12	18.2	3.02	3.88	2.72	3.62	40	333%	218	52	4.19
	미디어커뮤니케		13	10	8.50	3.36	4.47	3.06	3.77	49	490%	85	59	1.44
	유아교육과		6	14	32.6	3.25	3.70	3.14	3.55	63	450%	456	77	5.92
경영 대학	글로벌통상학과		38	32	5.44	4.67	6.08	4.45	5.11	130	406%	174	162	1.07
	경영학부		60	55	9.78	3.97	4.60	3.85	4.44	204	371%	538	259	2.08
	디지털기술경영학과		30	28	5.36	4.56	5.08	4.45	4.81	85	304%	150	113	1.33
동물 보건 복지 학과	식품공학과		18	17	4.41	4.70	5.38	4.54	5.07	31	182%	75	48	1.56
	제약공학과		19	17	11.3	3.75	4.19	3.62	4.12	45	265%	192	62	3.10
	화장품생명공학부		37	24	4.88	3.98	5.26	3.71	4.37	80	333%	117	104	1.13
	식품영양학과		17	15	11.0	3.48	4.19	3.30	4.06	62	413%	165	77	2.14
	물리치료학과		17	13	13.2	1.93	2.46	1.80	2.19	24	185%	171	37	4.62
	임상병리학과		17	13	15.9	2.91	3.28	2.80	3.19	31	238%	207	44	4.70
	간호학과		15	15	11.4	1.56	1.89	1.49	1.89	19	127%	171	34	5.03
	동물보건복지학과		18	16	10.3	2.92	3.31	2.86	3.24	36	225%	164	52	3.15
공과 대학	전기공학과		31	30	8.67	3.93	4.52	3.79	4.39	136	453%	260	166	1.57
	시스템제어공학과		21	20	10.7	4.87	5.10	4.81	5.02	53	265%	214	73	2.93
	안전소방학부		50	45	9.04	4.19	4.79	4.04	4.65	131	291%	407	176	2.31
	화학공학과		22	20	5.75	3.90	4.60	3.74	4.28	85	425%	115	105	1.10
	건축토목공학부		34	31	7.87	4.48	5.02	4.35	4.90	102	329%	244	133	1.83
	환경공학과		17	13	6.54	4.79	5.22	4.66	5.13	59	454%	85	72	1.18
	건축학과		19	17	6.12	3.11	3.86	2.99	3.49	37	218%	104	54	1.93
	기계자동차공학부		46	45	4.71	4.67	6.65	4.38	4.95	166	369%	212	211	1.00
	정보통신공학부		31	28	10.1	4.99	5.38	4.91	5.16	78	279%	282	106	2.66
	전자재료공학과		10	8	3.75	5.43	6.84	5.08	5.57	22	275%	30	30	1.00
	신소재공학과	당진	17	14	9.71	5.35	5.82	5.21	5.53	70	500%	136	84	1.62
	자동차ICT공학과	당진	17	14	4.14	6.37	6.85	5.86	6.18	44	314%	58	58	1.00
AI 융합 대학	로봇공학과	당진	17	14	5.00	5.82	6.89	5.59	6.24	54	386%	70	68	1.03
	빅데이터AI학과		40	36	8.56	4.69	5.25	4.57	4.96	136	378%	308	172	1.79
	컴퓨터공학부		48	45	9.33	3.63	4.27	3.47	4.14	142	316%	420	187	2.25
	게임소프트웨어학과		26	25	5.64	3.65	4.18	3.50	4.02	63	252%	141	88	1.60
	전자융합공학부		60	55	4.44	4.71	5.18	4.61	4.97	137	249%	244	192	1.27
예체능 대학	실내디자인학과		-	16	4.69	2.93	3.56	2.74	3.31	23	144%	75	39	1.92
	문화영상학부		25	25	5.08	3.89	5.47	3.54	4.65	95	380%	127	120	1.06
인문	기독교학과		5											
합계			1013	931	8.92	4.07	4.78	3.90	4.42	3093	330%	7908	4024	2.16

372

호서대 2021 입결분석자료 02 - 수시 종합전형　　2021. 06. 26　ollim

수능최저 없음

2021 호서인재 종합

▶1단계: 서류 100 (7배수)
▶2단계: 1단계 60+면접 40

대학	학과		2022 호서인재 모집인원	2021 지원 모집인원	경쟁률	최종등록 평균	최종등록 최저	최종80% 평균	최종80% 최종	충원인원	충원율	전체지원자	모집+충원	실질경쟁률
인문사회대학	한국언어문화학		9											
	영어영문학과		13	8	2.13	5.64	6.72	5.31	5.92	4	50%	17	12	1.42
	중국학과		14	6	4.17	5.71	6.33	5.43	5.55	8	133%	25	14	1.79
	법경찰행정학과		27	15	8.33	4.49	5.35	4.42	4.77	21	140%	125	36	3.47
	산업심리학과		15	8	2.63	4.61	5.11	4.50	5.11	6	75%	21	14	1.50
	사회복지학부		20	12	11.6	4.74	5.18	4.66	5.18	23	192%	139	35	3.97
	청소년문화·상담학		9	5	13.6	5.19	6.58	5.39	6.58	10	200%	68	15	4.53
	미디어커뮤니케이션		7	5	16.4	4.25	5.40	4.26	5.40	3	60%	82	8	10.3
	유아교육과		15	5	31.4	4.04	4.16	4.03	4.16	3	60%	157	8	19.6
	항공서비스학과		47											
경영대학	글로벌통상학과		23	14	3.00	5.56	6.65	5.47	6.15	13	93%	42	27	1.56
	경영학부		36	22	4.41	5.27	6.50	5.31	6.50	38	173%	97	60	1.62
	디지털기술경영학과		16	11	2.27	5.39	6.03	5.26	5.58	5	45%	25	16	1.56
생명보건대학	식품공학과		11	5	2.40	5.49	6.21	5.25	5.98	6	120%	12	11	1.09
	제약공학과		11	6	3.17	5.10	5.44	5.03	5.26	2	33%	19	8	2.38
	화장품생명공학부		22	12	4.08	4.75	5.49	4.63	5.49	14	117%	49	26	1.88
	식품영양학과		10	6	6.83	4.84	5.46	4.98	5.46	4	67%	41	10	4.10
	물리치료학과		8	5	29.2	3.77	4.95	3.48	3.87	3	60%	146	8	18.3
	임상병리학과		8	6	15.2	4.21	4.47	4.22	4.33	6	100%	91	12	7.59
	간호학과		14	8	25.6	3.24	4.46	3.33	4.46	3	38%	205	11	18.6
	동물보건복지학과		10	7	18.7	4.11	4.47	4.22	4.47	8	114%	131	15	8.73
공과대학	전기공학과		17	10	4.50	5.21	6.85	4.95	6.25	13	130%	45	23	1.96
	시스템제어공학과		13	7	1.71	5.97	7.26	5.66	5.89	4	57%	12	11	1.09
	안전소방학부		31	18	2.67	5.51	6.53	5.37	6.53	9	50%	48	27	1.78
	화학공학과		12	7	4.43	4.59	4.86	4.51	4.86	2	29%	31	9	3.45
	건축토목공학부		19	9	3.33	5.57	7.11	5.19	5.87	13	144%	30	22	1.36
	환경공학과		10	6	4.33	5.47	6.39	5.25	5.68	17	283%	26	23	1.13
	건축학과		11	7	7.29	4.47	4.88	4.41	4.80	10	143%	51	17	3.00
	기계자동차공학부		26	13	7.38	4.91	5.43	4.87	5.33	29	223%	96	42	2.28
	정보통신공학부		20	10	1.80	5.85	7.00	5.88	7.00	4	40%	18	14	1.29
	전자재료공학과		7	4	2.25					3	75%	9	7	1.29
	신소재공학과	당진	10	6	1.50	5.25	5.70	5.25	5.70	1	17%	9	7	1.29
	자동차ICT공학과	당진	10	6	2.33					5	83%	14	11	1.27
AI융합대학	로봇공학과	당진	10	6	2.17	5.71	7.56	5.62	7.56	4	67%	13	10	1.30
	빅데이터AI학과		22	10	2.80	6.03	7.17	5.84	6.26	10	100%	28	20	1.40
	컴퓨터공학부		32	20	5.45	5.09	5.94	5.03	5.94	29	145%	109	49	2.22
	게임소프트웨어학과		13	8	7.50	4.88	5.78	4.88	5.78	8	100%	60	16	3.75
	전자융합공학부		35	16	1.81	5.60	6.93	5.27	5.72	11	69%	29	27	1.07
예체능	문화영상학부		25											
인문	기독교학과		8											
합계			676	329	7.45	5.02	5.89	4.92	5.57	352	101%	2120	681	4.02

2021 지역학생

수능최저 없음						

▶ 내신 반영: 국영수사과 중 상위 3개 전체, 교과 100%
▶ 학년 비율: 30:35:35

대학	학과		2022 지역학생 모집인원	2021 지원 모집인원	2021 지원 경쟁률	최종등록 평균	최종등록 최저	최종80% 평균	최종80% 최종	충원인원	충원율	전체 지원자	모집+충원	실질경쟁률 ollim
인문사회대학	한국언어문화학과		4	6	2.67	6.30	6.30	6.30	6.30	10	167%	16	16	1.00
	영어영문학과		8	7	3.14	4.95	5.36	3.81	4.25	15	214%	22	22	1.00
	중국학과		5	6	5.00	5.38	5.81	4.46	5.28	14	233%	30	20	1.50
	법경찰행정학과		15	14	5.14	4.04	4.72	2.27	3.89	38	271%	72	52	1.38
	산업심리학과		7	7	3.43	4.47	5.47	3.29	4.13	16	229%	24	23	1.04
	사회복지학부		10	9	4.78	4.25	4.73	3.73	4.13	15	167%	43	24	1.79
	청소년문화·상담학		5	6	3.17	4.77	5.48	3.76	4.46	11	183%	19	17	1.12
	미디어커뮤니케이션		4	5	8.20	3.27	3.64	2.09	3.17	8	160%	41	13	3.15
	유아교육과		9	6	7.50	3.83	4.25	3.36	3.73	20	333%	45	26	1.73
경영대학	글로벌통상학과		11	14	2.50	5.19	6.23	4.00	4.87	17	121%	35	31	1.13
	경영학부		18	20	3.90	4.42	5.29	2.94	4.21	44	220%	78	64	1.22
	디지털기술경영학		9	8	2.50	5.41	6.48	4.60	4.98	12	150%	20	20	1.00
생명보건대학	식품공학과		6	6	3.17	5.23	5.51	5.03	5.09	13	217%	19	19	1.00
	제약공학과		6	6	6.67	4.08	4.47	3.46	3.98	9	150%	40	15	2.67
	화장품생명공학부		12	12	4.08	4.76	6.71	3.78	4.21	37	308%	49	49	1.00
	식품영양학과		5	5	3.80	3.88	4.16	2.95	3.81	5	100%	19	10	1.90
	물리치료학과		6	5	7.20	3.17	3.48	2.91	3.09	11	220%	36	16	2.25
	임상병리학과		6	5	5.00	3.55	3.91	3.38	3.46	7	140%	25	12	2.08
	간호학과		8	6	5.83	3.51	4.18	2.85	3.25	21	350%	35	27	1.30
	동물보건복지학과		7	7	7.00	3.88	4.57	3.11	3.65	25	357%	49	32	1.53
공과대학	전기공학과		10	9	3.11	4.71	5.93	3.57	4.42	15	167%	28	24	1.17
	시스템제어공학과		7	6	3.00	5.48	6.63	4.52	4.93	12	200%	18	18	1.00
	안전소방학부		14	15	3.47	4.62	5.55	3.43	4.45	21	140%	52	36	1.45
	화학공학과		8	6	2.50	5.11	6.89	3.90	4.32	9	150%	15	15	1.00
	건축토목공학부		10	8	3.63	4.88	5.62	3.36	4.60	16	200%	29	24	1.21
	환경공학과		6	6	6.17	4.69	5.07	4.29	4.56	14	233%	37	20	1.85
	건축학과		6											
	기계자동차공학부		13	10	4.00	4.23	4.80	3.77	4.10	18	180%	40	28	1.43
	정보통신공학부		10	10	3.40	5.21	5.70	4.77	5.11	11	110%	34	21	1.62
	전자재료공학과		3	4	3.75	5.06	5.20	4.82	5.01	8	200%	15	12	1.25
	신소재공학과	당진	6	7	4.00	6.53	6.82	5.87	6.24	21	300%	28	28	1.00
	자동차ICT공학과	당진	6	7	2.43	5.56	5.59	5.52	5.56	10	143%	17	17	1.00
AI융합대학	로봇공학과	당진	6	7	2.29	5.08	5.45	4.47	4.96	9	129%	16	16	1.00
	빅데이터AI학과		9	10	3.40	5.21	6.30	4.15	4.98	24	240%	34	34	1.00
	컴퓨터공학부		18	17	3.41	4.64	5.59	3.73	4.47	35	206%	58	52	1.11
	게임소프트웨어학과		9	7	3.14	4.55	5.07	3.39	4.35	8	114%	22	15	1.47
	전자융합공학부		17	18	2.11	5.59	6.83	4.56	5.15	20	111%	38	38	1.00
	합계		319	307	4.12	4.71	5.38	3.89	4.48	599	198%	1198	906	1.40

374

▶학교장추천/농어:교과(세종)
 인: 국영수사 자: 국영수과
▶논술: 12개, 등급만 반영
▶학년비율 없음 *논술 12개
▶이수단위 반영
▶공통/일반 등급 90%
▶진로선택 성취도 10%
▶공통/일반 및 진로 환산점수
 등급: 100-96-89-77-60
 성취도: A=10, B=9, C=7

1. 2022 교과전형 학교장추천 신설, 고교별 5명 이내
2. 내신반영 변화: 국영수사/국영수과, 등급 90%+성취도 10%
3. 모집단위 분할: 컴퓨터데이터공학→컴퓨터공, 산업데이터공
4. 교과(학교장) 139명 감소 및 사범/문과/예술 모집폐지★★
5. 학교생활우수자 모집인원 159명 대폭확대, 383명→542명
6. 고른기회1과 기초차상위전형 2022 수능최저 폐지
7. 학교장/고른기회1=서울캠, 교과/고른기회2=세종캠
8. 자율전공은 입학후 매학년 전공선택 변경가능
 (건축/사범/미술/제외)

* hongdaedaum ~ 2021. 05. 26 ollim

모집시기	전형명	사정모형	학생부종합 특별사항	2022 수시 접수기간 09. 10(금) ~ 14(화)	모집인원	학생부	논술	면접	서류	기타	2022 수능최저등급
	학교장추천 (교과전형) 3개년 경쟁률 8.35→8.26→9.14	일괄	학생부전형 학교장추천 고교별 5명 인: 국영수사 자: 국영수과 공통일반 90% 진로선택 10% 최종 12.16(목)	1. 학교장추천 신설, 고교 5명 2. 2022 전년대비 139명 감소 3. 사범, 문과대 모집 폐지 4. 교과전형 자연계열/캠퍼스자율전공(자연·예능)은 수학영어과학 70단위 이상 이수 필수 (전문교과I 포함)	244 2021 383 2020 386	교과 100					<2022 학교장추천 모집인원> 자전인문29 자전자연41 경영36 법학18 경제04 전자전기29 신소재18 컴공26 산업데이터10 기계시스템21 건설환경4 건축학4 도시공학4 / 인문: 3개합 7 (탐구1) 자연: 3개합 8 (탐구1) 史 4등급 포함 *자연 미적/기하,과탐 ※2020 최저참고 인문: 3개합 6 (탐구1) 자연: 3개합 7 (탐구1) 자연수가, ⓐ4등급
	학교생활 우수자 3개년 경쟁률 10.4→10.6→11.9	일괄	학생부종합 자소서제출 ~09.15(수) 최종 12.16(목)	1. 2022 전년대비 159명 증가	542 2021 383 2020 386	서류 100				①학업역량25% 성취추이태도 ②전공역량35% 전공이해관심성취 ③발전가능성30% 리더자기주도등 ④인성 15% 성실도덕나눔배려 ※성장잠재력 학과별핵심 2021 ★ ▶자율전공: 전공탐색 구체성 중요 전공관심도 구체화표명 ▶인문자연: 전공관련목표의식기록 ▶공통핵심: 열정/소양/자기주도성	인문: 3개합 7 (탐구1) 자연: 3개합 8 (탐구1) 史 4등급 포함 *자연 미적/기하,과탐 ※2020 최저참고 인문: 3개합 6 (탐구1) 자연: 3개합 7 (탐구1) 자연수가, ⓐ4등급
	논술전형 3개년 경쟁률 22.6→21.4→28.0	일괄	논술 국영수+사/과 총 12개 반영 자연 10.09(토) 인문 10.10(일) 최종 12.16(목)	1. 2022 전년대비 6명 증가 2. 예술학과 논술모집 폐지 120분, 인문 2,000자 내외 인문: 2~4개 제시문 자연: 2~4개 제시문 수학	389 2021 383 2020 386	교과 10 + 논술 90				①학업성취도: 관련교과 성취중요 성적상승추이, 성취도 균형 ②성장잠재력, 발전가능성 확인 ③인성평가: 성실성/공동체/리더십 ※ ②성장잠재력 학과별핵심 ★★ ▶자율전공: 전공탐색 구체성 중요 전공관심도 구체화표명 ▶인문자연: 전공관련목표의식기록 ▶공통핵심: 열정/소양/자기주도성	인문: 3개합 7 (탐구1) 자연: 3개합 8 (탐구1) 史 4등급 포함 *자연 미적/기하,과탐 ※2020 최저참고 인문: 3개합 6 (탐구1) 자연: 3개합 7 (탐구1) 자연수가, ⓐ4등급
	미술우수자 3개년 경쟁률 7.8→7.6→6.7	1단계	학생부종합 자/추 없음 미술활동보고서 1단계 11.12(금)	1. 미술 진로선택/전문교과1 1과목 이상 이수자 2. 전년대비 46명 인원증가 3. 3단계 →2단계 전형 변화 4. 미술자율63 미술기타230 5. 내신: 국영+수/사/과 택1	미술 293 2021 247	교과 20 서류 80				<서류평가 서울세종> 소양 예술적감수성 열정 잠재력 발전가능성 환경 서류진실성 객관성 종합 <자율전공> 학업성취 평가 등	미술: 3개합 9 (탐구1) 史 4등급 포함 ※2020 최저참고 미술: 3개합 8 (탐1) ⓐ4등급
		2단계	면접 11.27-28 최종 12.16(목)			1단계 40 면접 60					
	고른기회1 (고른2 세종캠)	일괄	학생부종합 자소서/서류 ~09.15(수) 최종 12.16(목)	보훈대상/소년소녀/군인자녀 장애자녀/조손가정/복지시설 다문화대상자	24	서류 100					2022 최저폐지 인/예/자: 1개 3 (탐1) 자연수가, ⓐ 5등급
	기초 차상위	일괄	학생부종합 자소서/서류 ~09.15(수) 최종 12.16(목)	기초수급자 및 차상위 대상자	27	서류 100					2022 최저폐지 인/예/자: 1개 3 (탐1) 자연수가, ⓐ 5등급
2020 홍익서울 지원참고 2020 0606	1. 2021 홍익대 수능최저완화 등 - 서울 1개등급 완화, 세종 적성폐지 2. 2019 수능최저통과율 40% (세종 수가통과율 생각보다 높음) 3. 커리큘럼 및 관리적측면: 서울캠퍼스 자율전공, 세종캠퍼스 광고홍보 4. 입결 및 지원풀 측면 강추: 서울캠퍼스 건설환경공, 불어불문, 독어독문 5. 예상대로 종합전형은 최저충족여부 과감히 지원 6. 자기소개서 4번 중요함 7. 미대 지원자 2개 지원전략: 미술우수자 및 자율전공										

2021~22 교과전형 학생부100% 국영수사/국영수과 수능최저 ▶인문: 3개합 7 (탐1) ▶자연: 3개합 8 (탐1) 자율전공 포함 ㉔4		2022 학교장 추천 인원	2021 교과전형 교과전형 인원 383명 평균경쟁률 10.7					2020 교과전형 교과전형 인원 382명 평균경쟁률 8.70 ★ 1.86 (95.04) 2020 독어독문 예비 1번 추합					
			인원	경쟁률	최종평균	충원율	교과 환산	인원	경쟁률	최종평균		충원율	교과 환산
자율전공	서울캠자율 자연	41	53	6.79	1.88	115.1%	95.55	54	6.56	1.97		75.9%	94.99
	서울캠자율 인문	29	38	8.24	1.85	144.7%	95.63	39	10.9	1.80		179.5%	96.07
공과대학	전자전기공학부	29	39	8.46	1.82	102.6%	95.96	40	10.6	1.99		80.0%	94.91
	신소재화공시스템	18	25	8.12	1.68	156.0%	96.85	25	6.20	1.85		100.0%	95.56
	컴퓨터공학과	26	39	7.95	1.91	107.7%	95.45	39	6.87	2.01		92.3%	94.77
	산업데이터공학	10	22 분리신설										
	기계시스템공	21	29	10.2	2.06	120.7%	94.39	29	6.07	2.37		68.9%	91.82
	건설환경공학	4	9	13.7	2.37	88.9%	92.64	9	6.78	2.63		44.4%	88.62
건축대학	건축학부1 건축	4	9	11.4	1.69	177.8%	96.78	9	7.00	1.91		200.0%	94.91
	건축학부2 실내	-	4	17.8	2.6	25.0%	90.44	4	7.75	3.28		0.0%	80.98
	도시공학과	4	9	10.6	2.31	100.0%	93.18	9	7.22	2.29		77.8%	92.78
사범대학	수학교육	-	5	9.80	1.63	60.0%	97.16	5	8.80	1.73		180.0%	96.54
	국어교육	-	5	9.20	1.54	180.0%	97.54	5	9.20	1.89		140.0%	95.33
	영어교육	-	5	7.40	2.04	22.0%	94.82	5	8.80	1.88		280.0%	95.37
	역사교육	-	4	21.5	1.76	200.0%	96.81	4	15.0	2.13		150.0%	94.6
	교육학과	-	5	10.6	1.53	80.0%	97.55	5	11.8	1.95		200.0%	95.28
경영대학	경영학부	36	49	9.24	1.93	197.9%	95.65	49	9.22	1.92		161.2%	95.39
문과대학	영어영문학	-	6	12.5	1.97	83.3%	95.30	6	8.50	2.25		183.3%	93.19
	독어독문학	-	5	12.6	2.29	140.0%	93.02	5	9.20	2.26		180.0%	93.37
	불어불문학	-	5	12.8	2.16	120.0%	94.03	5	13.0	2.06		80.0%	94.92
	국어국문학	-	4	9.00	2.08	150.0%	94.79	4	8.50	1.89		25.0%	95.76
법과대학	법학부	18	24	9.46	1.98	166.7%	95.02	20	7.21	2.06		100.0%	94.52
경제학부	경제학부	4	8	8.25	1.71	112.5%	96.39	8	8.25	1.94		75.0%	95.15
미술대학	예술학과	-	4	10.3			95.84	4	6.75				-
	평균	244	383	10.7	1.87	120.5%	95.23	382	8.70	1.94		121.5%	93.86

2021~22 종합전형 (서류100%) 수능최저 ▶인문 3개합 7 (탐1) ▶자연 3개합 8 (탐1) 자율전공 포함 ㉔4		2022 인원	2021 학교생활우수자 2021 종합전형 경쟁률평균 13.1					2020 학교생활우수자 2021 종합전형 경쟁률평균 11.3					
			인원	경쟁률	최종평균	최종최저	충원율	인원	경쟁률	최종평균	최종최저	ollim 2019	충원율
자율전공	서울캠자율 자연	65	53	9.87	2.51	3.81	33.9%	54	8.78	2.60	3.81	2.60-4.30	40.7%
	서울캠자율 인문	47	38	19.5	2.31	3.32	121.1%	39	19.4	2.43	3.90	2.50-4.14	156.4%
공과대학	전자전기공학부	49	39	8.05	2.52	3.31	48.7%	40	6.95	2.76	5.01	2.78-3.53	25.0%
	신소재화공시스	32	25	14.7	2.49	5.02	36.0%	25	11.9	2.35	3.17	2.40-3.84	56.0%
	컴퓨터공학과	44	39	9.92	2.42	3.07	38.5%	39	8.56	2.60	3.63	2.68-3.32	61.5%
	산업데이터공학	18	22 분리신설					-	-	-	-	-	-
	기계시스템공	37	29	8.34	2.54	3.35	72.4%	29	6.76	2.68	3.72	2.76-3.94	37.9%
	건설환경공학	14	9	11.8	2.70	3.36	44.4%	9	5.56	3.36	3.92	2.86-3.28	0.0%
건축대학	건축학부1 건축	14	9	19.7	1.85	2.50	100.0%	9	17.1	2.23	2.80	1.91-2.45	88.9%
	건축학부2 실내	8	4	9.50	2.34	2.63	25.0%	4	7.00	2.76	3.06	3.04-3.47	50.0%
	도시공학과	14	9	7.22	2.71	3.41	55.6%	9	7.67	2.84	3.23	-	55.6%
사범대학	수학교육	10	5	15.4	2.35	2.52	80.0%	5	9.00	2.22	2.81	1.97-2.46	80.0%
	국어교육	10	5	10.0	2.04	2.07	140.0%	5	14.4	2.14	2.42	2.46-3.00	120.0%
	영어교육	10	5	13.2	2.21	2.68	120.0%	5	8.60	2.54	4.08	1.99-2.24	60.0%
	역사교육	8	4	15.3	2.35	2.55	75.0%	4	20.5	2.15	2.26	1.97-2.24	100.0%
	교육학과	10	5	17.0	2.61	3.04	80.0%	5	15.6	2.32	2.76	2.08-2.25	20.0%
경영대학	경영학부	62	49	11.0	2.74	6.08	51.0%	49	10.2	2.43	3.01	2.70-5.08	53.1%
문과대학	영어영문학	12	6	18.8	2.50	2.93	100.0%	6	14.0	2.90	4.64	2.56-3.13	100.0%
	독어독문학	10	5	15.4	4.29	5.57	80.0%	5	10.4	4.30	5.92	3.59-6.31	0.0%
	불어불문학	10	5	11.2	3.95	5.84	160.0%	5	11.0	3.98	5.44	5.01-5.99	120.0%
	국어국문학	8	4	13.8	2.35	2.77	0%	4	15.0	2.39	2.64	2.65-3.35	0.0%
법과대학	법학부	30	24	11.4	2.69	4.62	62.5%	24	10.6	2.57	5.63	2.67-5.18	58.3%
경제학부	경제학부	12	8	11.1	2.44	2.79	75.0%	8	10.5	2.54	2.98	2.68-3.74	75.0%
미술대학	예술학부	8	4	19.3	3.44	6.27	75.0%			3.02		3.02~5.40	
		542	383	13.1	2.62	3.63	72.8%	382	11.3	2.70	3.67		61.7%

376

2021~22 논술 교과40+논술60 수능최저 ▶인문 3개합 7 (탐1) ▶자연 3개합 8 (탐1) 자율전공 포함 ㉔4		2022	홍익대 서울캠 논술전형과 정시 표준점수합										
			2021 논술전형 논술전형 인원 383명 평균경쟁률 28.4				2021정시 국수영탐 자체환산 표준평균	2020 논술전형 논술전형 인원 386명 평균경쟁률 21.2				2020 정시	
												국수영탐 자체환산 표준평균	
		인원	인원	경쟁률	내신환산	충원율		인원	경쟁률	내신환산	충원율		충원율
자율전공	서울캠 자율 자연	53	53	23.7	95.41	37.7%	135.01	54	19.1	95.64	18.5%	136.97	
	서울캠 자율 인문	38	38	38.1	93.42	28.9%	138.21	39	27.9	95.87	28.2%	146.05	
공과대학	전자전기공학부	39	39	21.9	94.97	23.1%	135.42	40	18.5	96.02	22.5%	137.22	
	신소재화공시스템	25	25	22.5	95.94	24.0%	133.83	25	19.7	96.08	8.0%	137.00	
	컴퓨터공학과	35	39	23.7	94.55	20.5%	134.42	39	19.5	95.80	23.1%	137.08	
	산업데이터공학	14	22 분리신설										
	기계시스템공	29	29	20.5	93.80	41.4%	134.67	29	18.4	96.03	6.9%	136.70	
	건설환경공학	9	9	18.9	93.68	22.2%	134.41	9	16.8	95.06	22.2%	135.96	-
건축대학	건축학부1 건축	9	9	40.3	94.15	44.4%	137.31	9	35.3	96.73	22.2%	138.61	-
	건축학부2 실내	4	4	20.0	94.96	0.0%	134.97	4	21.5	95.25	25.0%	136.26	-
	도시공학과	9	9	20.2	94.32	33.3%	134.51	9	17.2	94.37	44.4%	136.43	-
사범대학	수학교육	5	5	27.6	97.45	60.0%	135.22	5	21.8	96.68	20.0%	136.98	
	국어교육	5	5	26.4	94.50	40.0%	137.33	5	19.2	95.13	140%	144.85	
	영어교육	5	5	26.2	96.73	80.0%	137.02	5	19.0	96.93	60.0%	144.91	
	역사교육	4	4	31.5	91.22	50.0%	137.26	4	23.8	93.44	50.0%	145.19	-
	교육학과	5	5	30.0	96.14	0.0%	136.92	5	19.8	92.70	0.0%	144.60	
경영대학	경영학부	49	49	36.5	94.62	42.9%	137.30	49	24.5	96.85	38.8%	145.63	
문과대학	영어영문학	6	6	32.5	95.65	16.7%	136.83	6	20.7	94.88	16.7%	145.55	
	독어독문학	5	5	29.8	91.56	60.0%	136.88	5	20.2	95.65	40.0%	144.66	-
	불어불문학	5	5	31.6	92.87	60.0%	136.45	5	20.0	95.17	20.0%	145.17	-
	국어국문학	4	4	32.0	94.44	25.0%	136.39	4	19.5	96.90	75.0%	145.08	
법과대학	법학부	24	24	34.0	93.19	25.0%	137.20	24	22.3	95.61	25.0%	145.45	
경제학부	경제학부	8	8	30.6	95.78	62.5%	137.44	8	21.1	96.78	50.0%	145.38	
미술대학	예술학과	-	4	34.5	95.86	-	140.29	4	22.3	94.67	0.0%	149.25	-
평균		389	383	28.4	94.57	36.3%	136.32	386	21.2	95.58	32.9%	141.78	

<2021 정시수능 표준점수평균 산출방법>
▶인문/자율인문: 국30% : 수30% : 영15% : 탐2 25%
▶자연/자율자연: 국20% : 수35% : 영15% : 탐2 30%
▶미술계열: 국/수/탐2 택2 각 40%+ 영20%
▶영어환산: 200-195-188-179-168..
▶수능 평균점수 = 영역별반영비율 X 표준점수 ★★

2022 대학별 수시모집 요강		카이스트 KAIST		2022 대입 주요 특징	정시: 국수영과2 (미적/기하, 서로다른과탐Ⅰ,Ⅱ)
					영어 100-95-90-85-80 ... 정시 15명

▶국영수과 중심 정성평가
▶비율없음, 수시중복 불가
▶학과구분 없음
　1학년 말에 정원 제한없이
　학과 자유선택 정시 15명

1. 일반전형 면접 영어능력 평가
2. 모든 전형: 1단계 서류60%+2단계 면접40%
3. 인공지능(AI) 연구분야 및 창업지원프로그램 최고수준

▶2022 카이스트 인재상 - 도전, 창의, 배려
1. 과학기술 분야에 전문성을 갖추고 지식탐구가 즐거운 학생
2. 새로운 분야를 개척하려는 열정과 도전의지를 가진 학생
3. 높은 주인의식과 협력정신으로 국가와 사회에 이바지하는 학생
4. 윤리의식을 지니고 인류를 위해 환경을 깊이 생각하는 학생

모집시기	전형명	사정모형	학생부종합 특별사항	2022 수시 접수기간 09. 10(금) ~ 14(화)	모집인원	학생부	논술	면접	서류	기타	2022 수능최저등급
2022 수시 국내고 695명 정시 15명 외국고 40명 합계 753명 정시 서울대 의대공대 수준	**학교장추천** 2021 경쟁률 8.68 2020 경쟁률 10.0	1단계	학생부종합 학교장추천서 자소~09.14(화) 추천~09.15(수) 1단계: 11.19(금) 면접: 12.02(목) 최종: 12.16(목)	학교장추천 고교별 재학2명 <학교장추천기준> 1. 학업역량우수 수학·과학 영역 탁월 성과 열정 학생 2. 자기주도적학습능력과 창의성 갖춘 인재, 성장잠재력 3. 역경극복능력 도전정신 봉사정신 투철한 학생 4. 리더십 협동심, 준법정신 5. KAIST 학습의지 강한 학생	84 2021 85	▶1단계 서류평가 (60%)　1단계 3배수 1.학업성취도/학생충실도, 인성 및 창의/도전배려, 발전가능성 종합평가 2.교과외활동, 진학동기, 인성 등 <1단계 핵심> 학업성취도, 성취도 추이 ★ 과목간 학업 편차, 수과 교과이수 정도 ▶2단계 면접평가 (40%) 개인면접 1. 학업역량: 사고력/문제해결력 수학과학영어 구술 과학-물화생 중 택1 2. 학업외역량: 자소서기반 질문 및 구술					최저 없음 ▶카이스트 일정 2022 2021.09.10(금)~14(화) 1단계 발표: 11.19(금) 2단계 면접: 12.02(목) 최종: 12.16(목) ▶학교장추천 공문발송 09.10(금)~15(수) ▶최종합격 학생부제출 22.02.14(월)~18(금)
		2단계	과/외/국제고 등은 제외								
	일반전형 2021 경쟁률 4.41 2020 경쟁률 4.60	1단계	학생부종합 자소~09.14(화) 추천~09.15(수) 1단계: 11.19(금) 면접: 12.01(수) 최종: 12.16(목)	고3/조기졸업/과학영재 등 KAIST선발위원회 인정자	550 2021 550	▶1단계 서류평가 (60%)　1단계 2.5배수 1.학업성취도/학생충실도, 인성 및 창의/도전배려, 발전가능성 종합평가 2.교과외활동, 진학동기, 인성 등 ▶2단계 면접평가 (40%) 개인면접 1. 학업역량: 사고력 및 문제해결력 수학과학영어 구술 (과학-물화생 택1) 2. 학업외역량: 자소서기반 질문 및 구술					최저 없음 <고2 지원신청 2022> 07.27(화)~08.02(월) 서류제출: ~08.04(수) 심사발표: 08.26(목) 3개학기 20% 30% 50% 환산평균 일반고 96점 과학고 71점
		2단계									
	고른기회 2021 경쟁률 4.9 2020 경쟁률 6.4	1단계	학생부종합 자소~09.14(화) 추천~09.15(수) 1단계: 11.19(금) 면접: 12.02(목) 최종: 12.16(목)	1. 농어촌 해당자 2. 기초수급 및 차상위계층 3. 국가보훈대상자 4. 새터민	39 2021 40	▶1단계 서류평가 (60%)　1단계 2배수 1.학업성취도/학생충실도, 인성 및 창의/도전배려, 발전가능성 종합평가 2.교과외활동, 진학동기, 인성 등 ▶2단계 면접평가 (40%) 개인면접 1. 학업역량: 수학과학영어 구술 과학-물화생 중 택1 2. 학업외역량: 자소서기반 질문 및 구술					최저 없음
		2단계									
	특기자 2021 경쟁률 8.2 2020 경쟁률 8.4	1단계	학생부종합 자소~09.14(화) 추천~09.15(수) 입증목록/파일 1단계: 11.19(금) 면접: 12.02(목) 최종: 12.16(목)	중복지원 가능, 해외고 포함 4차 산업혁명 우수인재 소프트웨어/로봇/발명/창업 등 ※ 특정 분야 영재성 예시 국제올림피아드 수상, R&E 연구 실적, SW/로봇/산업 디자인 및 설계 등	25 2021 20	▶1단계 서류평가 (60%)　1단계 2배수 1.학업성취도/학생충실도, 인성 및 창의/도전배려, 발전가능성 종합평가 2.교과외활동, 진학동기, 인성 등 ▶2단계 면접평가 (40%) 개인면접 1. 특기역량: 특기관련우수성, 잠재력확인 2. 학업외역량: 자소서기반 질문 및 구술					최저 없음 ※ 특기입증자료 파일 최대 5개, 각 파일의 분량은 8M 이내. PDF 파일로 업로드
		2단계									
	2022 KAIST 참고사항	학사과정 개설 학과 및 전공	자연과학대학	물리학, 수리과학, 화학과		※ 특기자전형 지원사례 과년도 올림 1. 활동: 소프트웨어 개발, 발명, 특허 벤처(창업) 등 특정분야 결과물 산출 2. 연구: 국내외 학술지 논문 게재 우수 연구 수행한 경우 3. 교과: 특정교과 매우 탁월한 역량성과 4. 기타: 특수 교육환경, 특이 이력 소유					2022 기타전형 생략 1. 외국고전형 40명 2. 외국인전형 80명
			생명과학기술대학	생명과학과							
			공과대학	1. 기계공학과　2. 전산학부 3. 항공우주공학과 4. 바이오및뇌공학과 5 건설및환경공학과 6. 생명화학공학과 7. 신소재공학과 8. 원자력및양자공학과 9. 전기및전자공학부 10. 산업및시스템공학과 11. 산업디자인학과		KAIST 진로현황 : 2018~2020 기준 ▶석박사 진학, 산업체, 연구기관, 교육 및 정부기관 등 ▶학사졸업 : 대학원 진학 64%, 산업체 20%, 정부 1% 등 삼성/네이버/구글/하이닉스/LG/현대자동차/삼성전기 한화토탈/삼성SDS/LG전자/다음카카오 등 ▶인공지능(AI) 연구분야 및 창업지원프로그램 최고수준					
		1학년 무학과 2학년부터 전공선택	경영대학	기술경영학부							
			융합기초학부	융합인재학부							

2021. 05. 09 ollim

378

2022 대학별 수시모집 요강		포스텍 POSTECH		2022 대입 주요 특징	정시 없음
					연구중심 자연과학 명문 공과대학

| ▶ 내신반영: 국영수과 정성평가 동일비율 ★ POSTECH 중요핵심 올림 1. 자소서 (추천서 폐지) 2. 성적추이 및 3학년성적 | 1. 2단계 비율변화 유지: 1단계서류 67%+면접 33% 2. 현재 학업역량 (내신성적)+미래 성장가능 (성적추이, 3학년) 3. 성적추이와 5학기성적 매우 중요. 입학후 성장가능성★★ 4. 일반고 합격 70% 내외, 학기별 성적추이 첫화면 평가 시작 5. 교내 <방사광 가속기> 보유 자부심, 전국 28개 영재학교생 6. 지원 2,400명중 2,000명 최우수내신, 학업외활동 당락 변수 | 7. 인재상/자부심: 학문적 재능과 열정 가진 과학공학계 글로벌리더 ①전공 무학과 ②전공선택 자유 (3개 학기~최대 7학기 자유탐색) ③학과정원 무제한 ④성적 Pass/No Record (F학점 기록하지 않음) 8. 선발기준: 평가반영비율x, 학업성적x, 학생부변별x, 전공적합x ①개별 상황에 맞춘 정성적 평가 ②지적 창의적 도전정신 ③현재 학업역량을 통한 미래성장가능성 ④자기소개서 중요★ |

모집시기	전형명	사정 모형	학생부종합 특별사항	2022 수시 접수기간 09.10(금) ~ 14(화)	모집 인원	학생부	논술	면접	서류	기타	2022 수능최저등급
2022 수시 330명 **2021 수시 330명**	**일반전형** 2021 경쟁률 6.95 2020 경쟁률 7.17	1단계 2단계	학생부종합 자소서제출 ~09.15(수) 추천서폐지 1단계 11.12(금) 면접 11.20(토) ~11.22(월) 최종: 12.10(금)	<단일계열 무학과 2022> 1. 2022 20명 인원유지 2. 전형간 중복지원 불가 3. 자소서와 성적추이 중요 <POSTECH 인재상 2022> 학문적 재능과 열정을 가진 과학공학계 글로벌리더	320 2021 320						▶1단계 평가항목 : 서류평가 100% ▶2단계 : 서류 67% + 면접평가 33% ▶지원자 및 합격자 내신성적 ollim 1등급 극초반~1등급 초반대 항상유지 1.4~1.5 이내 지원 및 하향 전망 올림 일반고 60%, 과학/영재고 40% 등록 — 최저 없음 <자기소개서 업로드> ~ 2021.09.15(수)
	2022 일반전형 세부사항 ※ 2학년 배정→ 학과현황 참고	1단계	서류평가 1.학생부 2.자기소개서	일반전형 10개 단일계열 1. 수학과 2. 물리학과 3. 화학과 4. 생명과학 5. 신소재공학							▶1단계 평가항목 : 서류평가 100% (3배수) 국영수과 학업능력 1. 학업능력: 수과-영-국 교과중심평가 ①지원자의 학업능력 검증 2. 인성 및 잠재력 <비교과영역> ①대학이 지향하는 인재상 ②이공계분야 진로에 대한 이해 ③대인관계 및 공동체의식 <올림> 1.자소서와 추천서 한줄한줄꼼꼼 2. 정성평가 - 항목별/평가과정별점수화x 3. 인재상 반영한 창의적 자세 중시 4. 창의적학습 유도, 반복지양, 지적도전 — <자소서 2022 핵심> ①결과중심 아닌 동기와 과정중심 ②왜(why)를 통한★★ 학생의 특성발견 <추천서 과거 핵심> ※2022 추천서 폐지 ①역량의 객관화 ②직접제시방법 통한 구체화 선언표현 등 바람직한 이해자료 ③교직20년 최고학생 x ④3개년줄곧 1등모범○
		2단계	잠재력평가 1.서류확인 2.창의력문항	6. 기계공학과 7. 산업경영공 8. 전자전기공 9. 컴퓨터공학 10. 화학공학과							▶2단계 : 서류 67% + 면접평가 33% 잠재력과 전공적합성 개별면접평가 ★ ①제출서류확인면접+②창의력문항 창의력문항은 사교육의존 절대불가 2019 예시: 당신이 가상인간일 확률은? 페르미의 역설, 진보된문명은자멸x 1. 잠재력: 인성, 자질, 학업태도 등 과학 기술계 글로벌리더 성장가능성 평가 2. 사고력평가: 잠재력 및 전공적합평가 3. 창의성 4. 의사소통능력	<포스텍 인재상 2022> 학문적 재능 열정 가진 과학공학계 글로벌리더 <포스텍 인재상 2019> 과학 기술과 인문학적 상상력을 융합교육하여 자기주도적 문제해결 역량과 기업가정신을 갖춘 글로벌인재 양성
	고른기회전형 1. 저소득층 2. 농어촌	1단계 2단계	고른기회종합 자소서제출 ~09.15(수) 추천서폐지	1. 저소득 5명 2. 농어촌 5명	5 5						▶1단계: 서류평가 100% ▶2단계: 서류 67% + 면접평가 33% 1단계: 11.12(금) 면접: 11.20(토)~11.22(월) 최종: 12.10(금) — 재외국민/외국인 생략

| ▣ POSTECHIAN 입시진로리포트 올림 ollim 1. 과학은 발견이고, 공학은 발명이다. 과학은 이론의 규명, 공학은 응용이다. 2. 모든 공학에 물리학이 왜 필요하고, 모든 공학에 수학이 왜 필요한가. 3. 이러한 질문을 통한 자기주도성 기르기와 스스로 학과 특성 찾아가기. 4. 고교 시절의 <전공적합성>이란 <진로탐색>의 마지막 종착지일 뿐이다. 5. 대학과 미래 인생의 전혀 다른 출발을 보장하지 못하는 고교시절이다. 6. 미래 사회를 위해 직업보다 꿈을 좇는 이가 되자. <경험의 Base화> 7. POSTECHIAN의 학부 4개년 학업유형 분포   창업준비 25% 이상 ①연구경험 세계최고수준 100%   ②자기만의 분야 연구 몰두 21% ③해외경험과 장단기 유학 70%   ④연구소 및 대기업 등 인턴쉽 92% | ▣ 포스텍 2단계 면접평가 주안점 - 인재상 및 인성평가 기반 1. 문제해결능력: 문제에 대한 원인분석, 다양한 접근방식과 통찰력있는 사고로 처리하는 능력 2. 사고력: 이공계분야를 공부하는 데 필요한 기본 사고력 3. 창의성: 고정관념, 편견, 정형화된 사고패턴 탈피 유연사고 4. 의사소통능력: 공동체에서 구성원 간 의견교환 커뮤니능력 *2021. 05. 09 ollim* |

2022 대학별 수시모집 요강	지스트 GIST	2022 대입 주요 특징	정시: 국수영과2 (미적/기하, 서로다른과탐Ⅰ,Ⅱ) 영어 100-97-91-82-70 ... 수능70+서류30 과Ⅱ10%

▶정성평가 인문: 국영 자연: 수과 ▶인재상 ①창의성 ②협동심 3C→ ③의사소통능력 1P→ ①문제해결능력	1. 기초교육학부 (무학과) 선발, 학추/일반: 1단계 5배수 확대 2. 1등급 초중반 안정권 (입학처 주장), 일반고 1등급 극초 올림 3. 특기자전형 영재성 평가에 일반고 올림피아드 등 가치부여 4. 2020 등록자 고교유형: 일반고 55.4%, 과고영재고 44.6% 5. 최초합격-예비A-예비B-불합격, 모든전형 중복지원불가 6. 무학과 기초교육 이후 <7개 전공 선택-심화전공 선언>	7. 정성평가 서류평가의 정량화 작업 8. 지스트 인재상 2022 <3C+1P> ①창의성(Creativity): 창의적 생각을 하는 능력과 태도 ②의사소통능력(Communication): 정보공유습득/의견개진협의 ③협동심(Cooperation): 함께 문제 해결할 기본적 인성 및 소양 1P문제해결능력(Problem Solving): 지적수월성 종합사고 실천능력

모집시기	전형명	사정모형	학생부종합 특별사항	2022 수시 접수기간 09. 10(금) ~ 14(화)	모집인원	학생부	논술	면접	서류	기타	2022 수능최저등급
2022 수시 180명 정시 20명 2021 수시 180명 정시 20명	학교장추천 2021 경쟁률 15.5 2020 경쟁률 16.2	1단계 2단계	학생부종합 학/자/추 자기소개서 학교장추천서 및 추천공문 교사추천서 ~09.15(수) 1단계: 11.05(금) 면접: 11.12(금) ~11.13(토) 최종: 12.10(금) 일반/자율/특성 재학생만 지원 (과/외/특목제외)	학교장추천 고교별 재학2명 영재고/특목고 지원불가 일반고/자율/특성화 재학생만 1. GIST대학 학습 의지 학생 2. 학업역량 우수, 수학·과학 분야에 열정을 가진 학생 3. 자기주도적 학습능력과 탐구역량이 뛰어난 학생 4. 탁월한 리더십과 협동심 5. 일반고 비율: 98.44% 6. 이공계 전과목 영어수업 7. 2년 버클리 계절학기 유학 8. 석박사 비중 65% 9. SAP 해외프로그램 (10명) MIT/칼텍대 등 교류협력 10. 예비자의 96.2% 최종합격	40 2021 40	▶1단계 서류종합평가 1단계 5배수 ①이공계수학적합성 ②창의성, 의사소통능력 ③리더십, 협동심 ④진학열정과 잠재력 그 이상 ▶2단계 서류70%+면접30% 답변준비 25분 ①전공수학능력평가 (구술면접) 10~15분 수학+과Ⅰ,Ⅱ (물화생 택1) 3~4문항 ②지원자에 따라 내적역량 확인 5~10분					최저 없음 ▶접수일정 지스트 2021.09.10(금)~14(화) 자소/추천: ~09.15(수) 1단계 발표: 11.05(금) 2단계 면접: 11.12(목)~11.13(금) 최종: 12.10(금)
	일반전형 2021 경쟁률 13.0 2020 경쟁률 12.9	1단계 2단계	학생부종합 학/자/추 자소서/추천서 ~09.15(수) 1단계: 11.05(금) 면접: 11.12(금) ~11.13(토) 최종: 12.10(금)	1. 2022 5명 인원감소 2. 고3/조기졸업/과학영재 등 선발위원회 인정자 3. 등록자 고교유형 일반고 55.4% 과고/영재고 44.1%	110 2021 115	▶1단계 서류종합평가 1단계 5배수 이공계수학적합성, 창의성, 의사소통능력 리더십, 협동심, 진학열정, 잠재력 그이상 ▶2단계 서류70%+면접30% 개인면접: 20분 ①지원자에 따라 내적역량 확인 ②전공수학능력평가 (구술면접) 수학+과Ⅰ,Ⅱ (물화생 택1) 3~4문항					최저 없음 지스트(GIST) 전공선언 1,2학년: 기초교육학부 3,4학년: 전공선택 1. 물리전공 2. 화학전공 3. 생명과학전공 4. 전기전자컴공 5. 기계공학전공 6. 신소재공학전공 7. 지구환경공학전공
	고른기회 2021 경쟁률 11.0 2020 경쟁률 14.5	1단계 2단계	학생부종합 학/자/추 자소서/추천서 ~09.15(수) 1단계: 11.05(금) 면접: 11.12(금) ~11.13(토) 최종: 12.10(금)	1. 국가보훈대상자 2. 농어촌 대상자 3. 기초수급 및 차상위계층	15 2021 15	▶1단계 서류종합평가 1단계 4배수 이공계수학적합성, 창의성, 의사소통능력 리더십, 협동심, 진학열정, 잠재력 그이상 ▶2단계 서류70%+면접30% 개인면접: 20분 ①지원자에 따라 내적역량 확인 ②전공수학능력평가 (구술면접) 수학+과Ⅰ,Ⅱ (물화생 택1) 3~4문항					최저 없음 <지스트 비전> 미래를 향한 창의적 과학 기술의 요람 1. 과학기술 핵심인재 발굴하여 국제무대로 인도하는 대학 2. 연구 및 효율성 대학
	특기자 중복지원 불가 2021 경쟁률 13.0 2020 경쟁률 15.5	1단계 2단계	실기위주 자소서/추천서 ~09.15(수) 1단계: 11.05(금) 면접: 11.12(금) ~11.13(토) 최종: 12.10(금) 특기증빙목록 특기증빙자료 5건 이내	<GIST 특정분야 영재성> 1.활동: 벤처(창업), 소프트웨어 발명, 특허 등 우수산출자 2.연구: 국내·외 학술지 논문 게재, 우수연구자 3.수상: 올림피아드, 전국단위 대회 등 우수 성적자 4.기타 특이이력 잠재능력자 5. 증빙자료 제출 주요 3개 (500자 설명) 기타 7개 (300자 설명)	15 2021 10	▶1단계 서류종합평가 1단계 4배수 학/자/추+특기자증빙서류 종합 평가 ▶2단계 서류70%+면접30% ①개인면접 20분, 내적 특기역량, 영재성 ②지원자의 특기 확인, 인적성 등 평가 ③서류+면접 종합평가, 수과 면접 없음					최저 없음
											2021. 05. 09 ollim

▶서류평가 정성평가 ▶특징: 학부전담 교수제 　　융복합 전자교재 ▶자소서: 단일문항 삼천자 ▶인재상: ①창의 ②도전 　4C ③협력 ④배려	1. 디지스트 학교장추천 2022 고교별 추천인원 2명 유지 ★★ 2. 1,2학년 기초소양 후 3,4학년 전공 - 무학과 단일학부 3. 면접방식 유지: ①발표/개별/학업평가 (그룹토의 등 폐지) 4. 자소서 핵심 (구체성, 개조식 단문) ①꿈을 이룰 계획 　②자신 꿈고민 과정 피력 ③수상보다 의미, 교외활동기재가능 5. DGIST 진학의지를 바라는 진정성 자소서추천서 구체화 핵심	6. 2019 총등록자 고교유형: 일반고 62.6%, 과고영재고 등 37.4% 7. 학교장추천 등 면접시 자신에 맞는 DGIST 3대 교육철학 숙지 8. 디지스트의 교육철학, 입학 후 연구분야 등 본인과 잘 연계 　▶DGIST 3대 교육철학: 융복합교육, 리더십교육, 기업가정신교육 　▶DGIST 인재상 4C : 창의 ,도전, 협력, 배려　　전원 국비장학생 　▶선발 인재상: 도전/창의/호기심/분야개척/열정/인성/나눔리더십

모집시기	전형명	사정모형	학생부종합 특별사항	2022 수시 접수기간 09. 10(금) ~ 14(화)	모집인원	학생부	논술	면접	서류	기타	2022 수능최저등급
2022 수시 210명 정시 10명 2021 수시 210명 정시 10명	학교장추천 2021 경쟁률 14.6 2020 경쟁률 11.5	1단계 2단계	학생부종합 학교장추천서 및 추천공문 자소서제출 ~09.14(화) 추천서 폐지 우수성입증 등 기타자료 불가 일반/자율/특성 재학생만 지원 (과/외/국제외) 1단계 10.22(금) 면접 11.01(월) ~11.05(금) 최종 11.19(금)	학교장추천 고교별 2명 ▶디지스트 학교장추천기준 1. 수학·과학적 학업역량 탁월 2. 자기주도적 학습능력 탐구 　역량이 뛰어난 학생 3. 리더로서의 잠재력 따뜻한 　인성을 지닌 학생 4. 디지스트 학습 의지 학생 ▶기타 주요사항 리포트 올림 1. 별도 개인우수성자료 불허 2. 그룹토의 폐지 2020 3. 미래/브레인면접폐지2020 4. 내신 다소 불리해도 　수과 탁월한 학생 적극추천 5. 1단계통과 이후 3유형★ 　①불합격 (소수 인원) 　②후보 (추합 가능성) 　③최초 합격 6. 디지스트 고교유형/성비 　①일반62.6%, 과영재37.8% 　②남자67.9%, 여자32.1%	35 2021 40	▶1단계 서류종합평가　　1단계 5배수 1. 학업 및 탐구역량 ① 디지스트 수행능력 　②능동/새로운/해결/모색/잠재력 2. 사회적 역량: 리더 역량 (과학/국가발전) 　인성 역량 (나눔/배려/사회공익) ▶2단계 종합면접: 서류50+면접50★★ 2020 3단계 다단면접으로 변화 1. 발표면접 ①제시문기반발표 <당락좌우> 　(10분) ②문해력, 스토리, 창의력 확인 2. 개별면접 ①학생부와 자소서 서류기반 　(5분) ②탐구역량/사회적역량 3. 학업역량평가 ①수학+물화생 택1 후 　(10분) 10분간 개념확인 FaceBook 확인 ②일부 극소수 면제가능 ▶디지스트 자소서 3,000자 핵심★★★ 1. 학생부기반으로 장점어필 극대화 2. 자동봉진의 동기과정결과 상세 기록 3. 개조식 및 단문형태 가능하고 가독성○ 4. 이력서 형태의 열거방식 광탈~ 5. 인재상 활용전략 - DGIST 인재상 4C 6. 디지스트 학업의지 제일중요 7. 대학원 전공과정과 유학활용 미래계획					최저 없음
	일반전형 2021 경쟁률 10.1 2020 경쟁률 11.3	1단계 2단계	학생부종합 자소서제출 ~09.14(화) 추천서 폐지 1단계 10.22(금) 면접 11.01(월) ~11.05(금) 최종 11.19(금)	고3/조기졸업/과학영재 등 ▶디지스트 기초학부융복합대 ▶디지스트 대학원과정★★ →융합연구원 　①신물질과학전공 　②정보통신융합전공 　③로봇공학전공 　④에너지공학전공 　⑤뇌인지과학전공 　⑥뉴바이올로지전공	145 2021 145	▶1단계 서류종합평가　　1단계 5배수 1. 수학과학 학업역량: 디지스트 수행능력 2. 탐구역량: 능동/새로운/해결/모색/잠재력 3. 사회적 역량: 리더 역량 (과학/국가발전) 　인성역량 (나눔/배려/사회공익) ▶2단계 종합면접: 서류50+면접50★★ 1.발표면접: 제시문기반 문해력/스토리/창의 2.개별면접: 서류기반 탐구역량/사회적역량 3.학업역량평가: 수학+물화생 택1 확인					최저 없음
	고른기회 2021 경쟁률 12.2 2020 경쟁률 13.3	1단계 2단계	학생부종합 자소서제출 ~09.14(화) 추천서 폐지 1단계 10.22(금) 면접 11.01(월) ~11.05(금) 최종 11.19(금)	1. 농어촌 해당자 2. 기초수급 및 차상위계층 3. 국가보훈자녀 추가 * 2019 보훈자녀 2명 합격	15 2021 15	▶1단계 서류종합평가　　1단계 5배수 1. 수학과학 학업역량: 디지스트 수행능력 2. 탐구역량: 능동/새로운/해결/모색/잠재력 3. 사회적 역량: 리더 역량 (과학/국가발전) 　인성 역량 (나눔/배려/사회공익) ▶2단계 종합면접: 서류50+면접50★★ 1.발표면접: 제시문기반 문해력/스토리/창의 2.개별면접: 서류기반 탐구역량/사회적역량 3.학업역량평가: 수학+물화생 택1 확인					최저 없음
	특기자 2021 경쟁률 11.2 2020 경쟁률 9.50	1단계 2단계	학생부종합 자소서제출 ~09.14(화) 추천서 폐지 1단계 10.22(금) 면접 11.01(월) ~11.05(금) 최종 11.19(금)	★ 수과분야 특기의 우수성 과학기술분야 성장잠재력 1. 교과: 교과 관련 올림피아드 전국단위경시대회 등 성적 2. 연구: 국내외 학술지 논문 게재, 우수 연구 수행 결과 3. 활동: 발명, 특허, 소프트웨 어, 벤처(창업)등 특정 성취 4. 기타: 특수환경, 이력소유자	15 2021 10	▶1단계 서류종합평가　　1단계 5배수 1. 학업및 탐구역량: 디지스트 수행능력 2. 사회적 역량: 리더 역량 (과학/국가발전) 　인성 역량 (나눔/배려/사회공익) 3. 특기분야의 우수성 평가/피력 ▶2단계 종합면접: 서류50+면접50★★ 1.발표면접: 제시문기반 문해력/스토리/창의 2.개별면접: 서류기반 탐구역량/사회적역량 3.학업역량평가: 수학+물화생 택1 확인					최저 없음 우수성입증자료 최대 3건 분량제한없음

2022 대학별 수시모집 요강 — 유니스트 UNIST

2022 대입 주요 특징	정시: 국수영과2 (미적/기하, 서로다른과탐Ⅰ,Ⅱ)
	영어 100-95-90-85-80 … 정시10명, 과Ⅱ가산 10%

▶이공: 국영수과 (수과)
▶경영: 영수 중요
▶정성평가, 학년비율 없음
▶영어수업 100%

1. 2022 일반/고른기회: 단계면접폐지→서류일괄100% 변화★
2. 2022 지역인재 고교별 추천인원 무제한 (5명 제한 폐지)
3. 2022 정시 10명 선발, 국수영과2+한국사, 변환표준활용
4. 우수성입증자료: 공동협력일 경우 자신의 역할 반드시 기록
   ★입증자료=창체자료 ①자료선택사유 ②과정물 ③결과물
5. UNIST의 <14개 대표 연구분야>★★ 자소서 공략 ollim

<UNIST 입시결과 리포트 올림>
1. 이공계열: 국영수과 정량정성, 일반고 1.5~1.8 지원
2. 경영학과: 영어수학 내신중요, 외고 다수
3. 18~20 합격: 일반고 57.6%→51.1%→43.0% 자율고14.1%
   과학고 26.4%→30.5%→29.5%
4. <해수배터리> 연구 미개척분야 활용

모집시기	전형명	사정모형	학생부종합 특별사항	2022 수시 접수기간 09. 10(금) ~ 14(화)	모집인원	학생부	논술	면접	서류	기타	2022 수능최저등급
2022 수시 445명 외국인 15명 포함 정시 10명 전체 455명	**일반전형** <20/21 경쟁률> 이공 10.6→10.3 경영 8.74→11.8	★일괄변경 2022	학생부종합 자기소개서 ~ 09.15(수) 추천서없음 우수입증자료 미제출 무방함 최대 2개이내 각 3쪽 이내 최종 12.03(금)	1. 2021 경영 15명 감소 305명 모집, 조기졸 포함 2. 우수성입증자료: 최대 2개 (불이익 없음, 수상의 과정) 3. 지원 관련분야 학업역량 ▶이공계열: 수/과/국/영 ▶경영계열: 국/영/수/과/사★ 각 분야 열정이 뛰어난 자 <자소서 핵심 2021 ollim> 1. 학업역량, 지원계열관심 2. 학교생활충실도, 원대한 꿈 3. 어떻게 살아왔는가 4. 질문의 의도 파악 중요 5. 간절한 유니스트 희망여부	305 이공 280 경영 25 2021 320 이공 280 경영 40	▶종합서류평가 (4배수→일괄변화) 1. 학업역량: 교과 성적, 학년별 성적추이 교과관련 수상실적, 세부능력 특기사항 지원계열 관련 주요교과 이수 이력 2. 지원계열 관련활동: 지원계열 탐구활동 동아리활동, 방과후활동, 진로탐색 등 3. 학교생활 충실도 및 인성 반영교과외 성적, 독서활동, 체험활동 동아리활동, 방과후학교활동 리더십, 공동체 의식, 타인 배려 등 ※ 2022 종합다면 면접평가 폐지★					최저 없음
	특기자 (창업인재) <20/21 경쟁률> 이공 9.55→10.9	1단계 / 2단계	특기자전형 자기소개서및 우수입증자료 ~ 09.15(수) 최대 2개이내 각 5쪽 이내 1단계 11.03(수) 면접 11.06(토) 최종 12.03(금)	1. 지원 관련분야 학업역량 수학과학 학업역량 탁월 창의적 도전적 활동이력 발명 특허 창업 우수성취 우수한 결과물 산출 이력 우수성입증자료 최대 2개 교외수상, 공인외국어 가능 2. 창업역량 준비자세 필요 3. 경력이력특허 없어도 가능 4. 2022 서류비중 10% 증가	이공 20 2021 이공 20	▶종합서류평가 (4배수 내외) 학생부/자소서/입증자료 등 종합 학업역량, 해당분야 발전가능성 학교생활 충실도 등 종합 정성평가 ▶종합다면면접평가 (합격/후보/불합) 지원계열 적합성 및 서류확인, 인성 등 종합면접 정성평가, 20분 내외 융합형태의 제시문면접 실시 ★ 서류 60%+면접 40% (수과면접 없음)					최저 없음
	지역인재 학교장추천 <20/21 경쟁률> 이공 6.10→2.97	일괄	학생부종합 추천제한폐지 자기소개서및 우수입증자료 ~ 09.15(수) 최종 12.03(금)	1. 울산시 소재 일반고 자율고 2. 고교당 5명 추천제한 폐지 3. 학교생활충실, 선도적 리더 4. 우수성입증자료 최대 2개	65 이공 60 경영 5	▶일괄종합서류평가 100% (면접 없음) 학생부/자소서/입증자료 등 종합 학업역량, 지원계열관심도, 학교생활 충실도 등 종합 정성평가 ▶이공계열: 수/과/국/영★					최저 없음
	고른기회 (정원외) <20/21 경쟁률> 이공 5.97→10.7	★일괄변경 2022	학생부종합 자기소개서및 우수입증자료 ~ 09.15(수) 최대 2개이내 최종 12.03(금)	1. 기초수급 및 차상위 자녀 한부모 자녀 등 해당자 2. 국가보훈자녀 3. 소방공무원 20년이상 추가 4. 우수입증자료 최대 2개 5. 학생 본인의 평가 가치 중요	40 이공 40	▶종합서류평가 (4배수→일괄변화) 학생부/자소서/입증자료 등 종합 학업역량, 해당분야 발전가능성 학교생활 충실도 등 종합 정성평가 ▶종합다면 면접평가 폐지 2022★ ※ 2021 면접참고: 융합 제시문면접 지원계열 적합성 및 서류확인, 인성 등 종합면접 정성평가, 20분 내외					최저 없음

<UNIST 인재상 2021~2022>
1. UNIST의 비전 공유자
2. 정직하고 배려하는 인성
3. 글로벌마인드 적극적 변화주도자
4. 지원관련분야 우수학업성취
5. 학교충실 자기주도적 능력자
6. 특정분야의 재능과 창의성

<UNIST 2021 입학결과 주요사항>
1. 정원내 등록현황: 400명 모집, 최종등록 351명, 등록률 87.8%
2. 정원외 등록현황: 35명 모집, 최종등록 27명, 등록률 77.1%
3. 등록자 성비: 남자 287명, 여자 91명 - 총 378명
4. 고교유형별 등록현황: 일반계고 223명, 자율고 70명, 과학고 61명
   일반고 비율 58.9% 외국어고 9명, 영재고 8명 - 총 378명

<2022 UNIST 2학년 15개 전공학부>
▶공과대학: 기계공학과, 도시환경공학과, 신소재공학과 에너지화학공학과, 원자력공학과
▶정보바이오융합대학: 디자인학과, 바이오메디컬공학과 산업공학과, 생명과학과, 전기전자공학과, 컴퓨터공학과
▶자연과학대학: 물리학과, 수리과학과, 화학과
▶경영계열: 경영과학부

2021. 05. 09 ollim

2022 대학별 수시모집 요강	한전공대KENTECH	2022 대입 주요 특징	정시: 국수과2(미적분, 기하), 표준점수 영어는 최저활용, 정시최저: 수과1 2개3+영어2

▶수과 중심 정성평가	1. 2022 에너지특화 융복합 공과대학 개교 (전남나주 혁신도시) 2. 한전 및 그룹사, 정부, 지자체 공동지원 특수법인 대학설립 3. 에너지공학부 단일학부 선발 4. 3. 한전공대 5대중점 연구분야 　①에너지 AI　　②에너지 신소재 　③차세대 그리드　④수소 에너지 　⑤환경기후기술	5. KENTECH 졸업 후 진로분야 　①에너지 분야 창업가　②고급 연구자 　③글로벌 기업가　　④국제기구 전문가 등 6. KENTECH 핵심가치→핵심역량 　①탁월한 연구→수학적 사고 　②기업가 정신→인문적 통찰 　③글로벌 시민의식→ 협업적 소통

모집시기	전형명	사정모형	학생부종합 특별사항	2022 수시 접수기간 09. 10(금) ~ 14(화)	모집인원	학생부	논술	면접	서류	기타	2022 수능최저등급
2022 일반전형 90명 고른기회 10명 정시 수능우수 10명 전체 110명	일반전형	1단계	일반전형 자기소개서 ~09.15(수) 1단계 11.19(금) 면접 12.04(토) 최종 12.16(목)	1. 에너지분야 열정 잠재력 2. 에너지공학부 단일학부 　90명 선발 3. 한전공대 5대중점 연구분야 　①에너지 AI 　②에너지 신소재 　③차세대 그리드 　④수소 에너지 　⑤환경기후기술	에너지 공학부 90	▶종합서류평가 (4배수) 본교 핵심가치, 역량 지원적합성 평가 　①가치평가 　②역량평가(수학 과학) 　③지원적합성 평가 ▶서류평가 50+면접평가 50 　①창의성 면접 　②학생부기반 면접, 자기소개서 확인 　③발산적 사고력, 문제해결력, 인문적 　　통찰 역량 등 평가				최저 없음
	고른기회	1단계	일반전형 자기소개서 ~09.15(수) 1단계 11.19(금) 면접 12.04(토) 최종 12.16(목)	1. 에너지분야 열정 잠재력 2. 에너지공학부 단일학부 　10명 선발 3. 기초 및 차상위 등 대상자 4. 농어촌 대상자 5. 한전공대 5대중점 연구분야 　①에너지 AI 　②에너지 신소재 　③차세대 그리드 　④수소 에너지 　⑤환경기후기술	에너지 공학부 90	▶종합서류평가 (4배수) 본교 핵심가치, 역량 지원적합성 평가 　①가치평가 　②역량평가(수학 과학) 　③지원적합성 평가 ▶서류평가 50+면접평가 50 　①창의성 면접 　②학생부기반 면접, 자기소개서 확인 　③발산적 사고력, 문제해결력, 인문적 　　통찰 역량 등 평가				최저 없음
		2단계									

2021. 07. 06 ollim

2022
대입전략 수시올림

초판 1쇄 인쇄 2021년 7월 15일
초판 1쇄 발행 2021년 7월 20일

지은이　임병훈

펴낸이　김호석
펴낸곳　도서출판 대가
편집부　박은주
경영관리　박미경
마케팅　오중환
관 리　김경혜

주 소　경기도 고양시 일산동구 장항동 776-1 로데오 메탈릭타워 405호
전 화　02) 305-0210 / 306-0210 / 336-0204
팩 스　031) 905-0221
전자우편　dga1023@hanmail.net
홈페이지　www.bookdaega.com

ISBN 978-89-6285-281-3 43370